U0861531

# 彭阳县移民志

彭阳县党史地方志编纂委员会办公室　编

方志出版社
Publishing House of Local Records

**图书在版编目(CIP)数据**

彭阳县移民志/彭阳县党史地方志编纂委员会办公室编.--北京:方志出版社,2016.9

ISBN 978-7-5144-2117-0

Ⅰ.①彭… Ⅱ.①彭… Ⅲ.①移民-概况-彭阳县 Ⅳ.①D632.4

中国版本图书馆 CIP 数据核字(2016)第 241689 号

彭阳县移民志

**编　　者**:彭阳县党史地方志编纂委员会办公室
**责任编辑**:刘方圆
**出 版 人**:冀祥德
**出 版 者**:方志出版社
地址　北京市朝阳区潘家园东里 9 号(国家方志馆 4 层)
邮编　100021
网址　http://www.fzph.org
**发　　行**:方志出版社发行中心
电话(010)67110500
**经　　销**:各地新华书店
**印　　刷**:固原博奥彩色印刷有限公司
**开　　本**:889 ×1194　1/16
**印　　张**:30.25
**字　　数**:561 千字
**版　　次**:2016 年 9 月第 1 版　2016 年 9 月第 1 次印刷
**印　　数**:0001~2500 册

ISBN 978-7-5144-2117-0　**定价**:128.00 元

· **版权所有　翻印必究** ·

# 彭阳县地方志编纂委员会

顾　　问　赵晓东　邓万儒　冶三奎

主　　任　刘启冬

副 主 任　杨　军　杨天峰　陈玉玲　刘彩琴

委　　员　牛治忠　王志会　何少庸　李　龙

　　　　　虎　地　王永贤　王建军　王继讲

　　　　　陈宗惠　刘胜利　刘世锋　林生库

　　　　　章建波　曹永昕　杨占辉　祁悦章

史志顾问　杨　忠

# 《彭阳县移民志》编辑人员

主　　编　祁悦章

副 主 编　杨树林

编　　辑　张文明　李　娟　张智慧　李　静

# 彭阳县行政区划示意图

（2015 年）

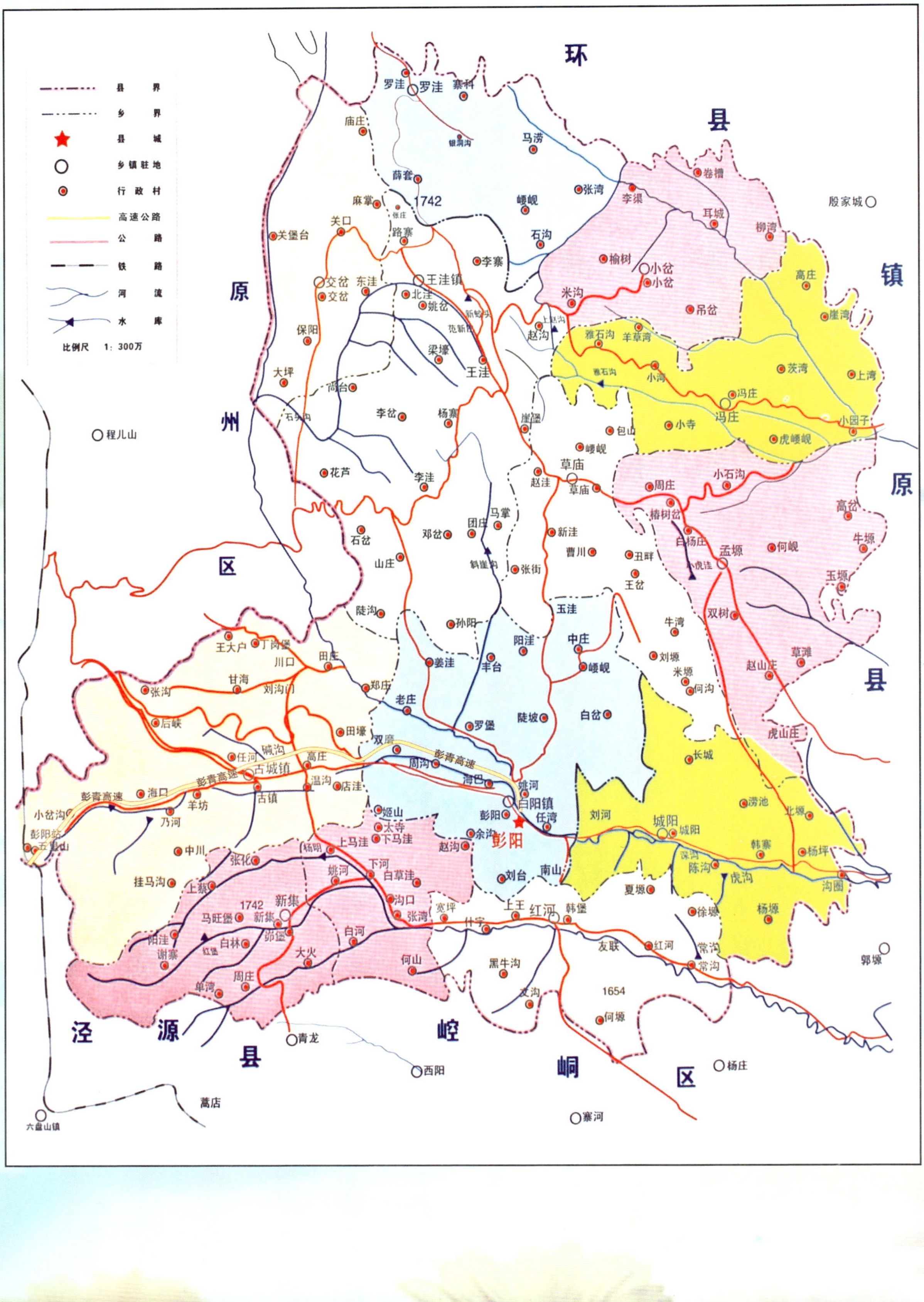

马家梁移民新居

红寺堡移民新居

县外生态移民搬迁

银川市金凤区良田乡和顺移民村

银川市兴庆区月牙湖乡滨河家园移民村

银川市西夏区镇北堡镇同阳移民村

彭阳县城保障性移民安居工程

城阳乡杨坪移民新村

城阳乡沟圈东彭移民新村

古城镇皇甫移民新村

草庙乡和谐移民新村

新集乡团结移民新村

移民就业培训

县内移民务工就业

古城镇温沟移民设施种植大棚

古城镇皇甫移民新村配套养殖棚

彭阳县移民迁出区生态恢复治理

战国秦长城彭阳白岔段

彭阳县打石沟新石器时代窑洞遗址

彭阳县岭儿沟旧石器时代遗址

# 序

中共彭阳县委书记　　赵晓东

彭阳县人民政府县长　　刘启冬

彭阳古代地处中原农耕文明与草原游牧文明的交汇地带，境内战国秦长城和众多的城、堡、寨遗址，见证着其独特而重要的军事地位。古往今来，这里曾发生过无数次的战事、灾荒等，造成人口频繁移出迁入。近年来，随着彭阳县工业化、城镇化、农业现代化步伐的加快，大批农村人口向县内外城镇转移，加之高校毕业生绝大多数在县外就业，彭阳户籍人口约有5万人长期在县外安居就业。对于祖祖辈辈生于斯长于斯的彭阳人来说，故乡就是一个魂牵梦萦的地方，不论现在他们身居何处，不论离开多久，故乡的人和事、山和水，永远留在他们美好的回忆里，永远是心中的念想，永远是难以忘怀的情结。为真实记录彭阳古今移民，重点展示中共彭阳县委和人民政府，拔贫困根，打赢脱贫攻坚战，组织实施的马家梁、红寺堡、银川三区一县等县外三次大移民的工作成就，留得住乡愁，记得住乡思，激发县内外彭阳人热爱家乡，建设家乡的情怀，正是编写《彭阳县移民志》的初衷所在。彭阳县史志办主动承担起了这个光荣任务，一班人执着守望，辛勤耕耘，搜集整理了大量的第一手资料，几易其稿，三载成书，可喜可贺。

党史研究和地方志编纂工作，是党和政府工作的重要组成部分。习近平总书记强调"要高度重视修史修志"，李克强总理提出"修志问道，以启未来"。贯彻落实党和国家领导人重要讲话、重要批示精神，当前和今后一个时期，彭阳史志工作要重点抓好《中国共产党彭阳历史(1921—1949)》(第一卷)的编纂工作。同时，编好"一年一鉴"，办好《彭阳史志》期刊，做好第三轮修志的准备工作。要指导协调县直各部门有计划地编修专业志，指导协调乡镇完成“一年一部乡镇志、一部村志”的编修任务。要广泛开展地方党的历史和地方史资料的搜集、整理、研究、宣传工作，撰写研讨文章，扩大学术交流，挖掘地方历史，特别是红色历史，利用研究成果，高起点布好彭阳县博物馆“红色彭阳”陈列展，让人们深切地体会到革命年代的艰苦，真正受到教育。

彭阳是“不到长城非好汉”名句的诞生地。1935年10月7日至9日，毛泽东率领中央红军长征过彭阳，在长城塬乔家渠著就了著名词篇《清平乐·六盘山》，词句“不到长城非好汉”已成为脍炙人口的名句广为流传。自治区党委十一届八次全会把“不到长城非好汉”确定为宁夏精神，这是继承和弘扬伟大的长征精神，利用“红色彭阳”资源，激励宁夏人民走好新的长征路，打赢脱贫攻坚战，实现“两个一百年”奋斗目标的重要举措，给彭阳全县各族人民以极大的鼓舞和激励。今年是纪念建党95周年暨红军长征胜利80周年，继承伟大的长征精神，就是要弘扬宁夏精神，缅怀先烈、不忘初心，走好新的长征路，决战脱贫攻坚、决胜全面建成小康社会，这是历史赋予我们的光荣使命，是全县人民的期盼，全县上下一定要弘扬“勇于探索、团结务实、锲而不舍、艰苦创业”的彭阳精神，传承“领导苦抓、部门苦帮、群众苦干”的优良作风，坚持“一任接着一任干，一代接着一代干，一张蓝图绘到底”的优良传统，坚决打赢脱贫攻坚这场硬仗，为全面建成小康社会而努力奋斗。

2016年10月

# 目　录

# 凡例

一、《彭阳县移民志》坚持辩证唯物主义和历史唯物主义历史观，以马列主义、毛泽东思想、邓小平理论、"三个代表"重要思想和科学发展观为指导，贯彻习近平总书记一系列重要讲话精神，力求思想性、科学性、资料性的统一。

二、本志中的"彭阳"指历史上不同时期的域地"彭阳"。

三、本志详今略古，上溯先秦，下止2015年底。其中，大事记从1983年彭阳建县开始。全志记述了历史上彭阳有关移民的史实，重点记述彭阳建县后三次较大规模的县外移民，并附移民花名表。由于篇幅所限，县内各类移民花名表未收入本志，只对部分移民新村做了简介。

四、本志按移民时间先后设章，章下设概述，详述原由。横排竖写，以章、节、目体分立记述，个别章节由于内容庞杂，目不能尽，设子目分述。

五、全志共设5章19节56万字。卷首设综述、大事记，殿后附录。

六、本志采用志、记、图、表、录等方式，文体以记述为主，内容以图表为主，图文并茂。

七、行文遵循国务院《地方志工作条例》，语言力求朴实、叙事简明、逻辑严密、通俗易懂。

八、用年号记年的，后括号内阿拉伯数字即公元年纪年，公元前的，在后括号数字前加"前"区分。

九、地名及历代政权、官职等名称，仍沿用历史通称。古今地名不一致者，在括号内加注今名；计量单位运用国家现行的计量标准。乡镇区划变更的仍用原名。

十、移民花名册、照片主要来源于彭阳县扶贫办、县移民办和吴忠市红寺堡区档案史志馆，古代移民、附录资料来源于有关文献史料。

# 综 述

彭阳县位于宁夏东南部，六盘山东麓，西连宁夏固原市原州区，东、南、北分别与甘肃省镇原县、平凉市和环县相接。1983年由固原县析置，2015年底，有4个镇8个乡，156个行政村、4个居民委员会，户籍总人口25.19万人，回族7.67万人，占30.5%，常住人口19.45万人。总土地面积为2533.49平方公里，耕地面积125.5万亩。海拔1248—2418米，年降水量450—550毫米，年均气温7.4—8.5℃，日照2311.2小时，无霜期140—170天，属温带半干旱大陆性季风气候。

彭阳历史悠久，距今3万年左右的旧石器时代，就有人类在红河、茹河流域繁衍生息。夏朝开始，居住在漠北以戎族为主体的少数民族相继进入当地，与土著民族相融合，统称"西戎诸国"，历经夏、商、周，春秋，义渠戎统一了戎族各部落，建立义渠国，本地属义渠国辖地。战国秦昭襄王三十五年(前272)，秦灭义渠戎国后在县境建朝那县(今古城镇政府驻地)，秦汉魏晋十六国前秦延续。十六国后秦设平凉郡。北魏西魏北周设长城郡、黄石县、长城县、平凉县。隋唐设百泉县，唐贞观十年(636)在百泉县驻彭阳折冲都尉府，唐末五代陷于吐蕃。宋初设东山县，咸平六年(1003)改为彭阳城。金复置东山县又设三川县。元明设广安县又升州，撤州并入开成县，境内无县级以上建制，至清、民国隶属固原州、固原直隶州、固原县。1936年，中共陕西省委在董家庄(今属环县)建立中共固北县委、县苏维埃政府，在三岔(今属镇原县)建立中共固原县委。中华人民共和国成立后，境内属固原县。1983年7月29日，国务院批复成立彭阳县。

1983年7月29日，中华人民共和国务院(83)国函字149号文件，以《国务院关于宁夏回族自治区设立彭阳县的批复》，同意设立彭阳县，辖固原东部15个人民公社，治所彭阳。彭阳建县以来，在党中央、国务院亲切关怀和区、市党委、政府的正确领导下，历届县委、县政府坚持"生态立县，特色富县，科教兴县，工业强县，依法治县"的"二十字"建县方针，一届接着一届干，一代接着一代干，一张蓝图绘到底，团结带领全县各级组织和广大干部群众，大力弘扬"不到长城非好汉"的六盘山精神和"勇于探索、团结务实、锲而不舍、艰苦创业"的彭阳精神，发扬"领导苦抓、干部苦帮、群众苦干"的三苦作风，改土治水，治贫致富，走出了一条符合彭阳实际的科学发展之路。"十二五"期间，全县地区生产总值突破40亿元大关，年均增长10.8%；全社会累计完成固定资产投资

216.96亿元,年均增长22.4%;地方公共财政预算收入年均增长19.5%;全社会消费品零售总额年均增长13.2%;城镇居民人均可支配收入年均增长11.1%;农村居民人均可支配收入年均增长13.8%。2015年,全县实现地区生产总值40.59亿元,增长7.3%;全社会固定资产投资57.52亿元,增长1.2%;地方公共财政预算收入2.21亿元,下降14.8%;全社会消费品零售总额7.30亿元,增长8.0%;城镇居民人均可支配收入20049元,增长7.8%;农村居民人均可支配收入7159元,增长9.6%。小康社会实现程度达到79.55%,居固原市第一。先后荣获全国造林绿化先进县、水土保持先进县、退耕还林先进县、绿化模范县、平安建设先进县、国家园林县城、全国文明县城、农村营养改善先进县、群众体育先进县、国家科技进步县、全区农村基层组织建设先进县、国家卫生县城等殊荣。

彭阳境内战国秦长城和众多的古城、堡、寨遗址,见证着彭阳独特而重要的军事战略地位。古往今来,这里曾发生过无数次的战事、灾荒、兵屯等,造成人口频繁移出和迁入。彭阳境内史前文化遗址多达41处,从这些古人类文化遗址看,旧石器时代,就有人类在茹河流域繁衍生息;距今四五千年,原始部族在红河、茹河流域普遍定居。夏、商、周时期,彭阳域地称"大原",是"戎狄"的活动范围,北方的匈奴的祖先迁入彭阳。春秋战国之际,生活在彭阳的少数民族为义渠戎族。随着战国时期秦国经济军事力量日益强大,秦国毗邻的北方义渠戎部族逐渐被秦国蚕食。今彭阳中南部开始纳入秦国版图。秦将国内囚徒和与六国征战俘获的战俘迁移至今彭阳地,修筑秦长城,人口大量迁入。秦汉时期,在中原王朝和北方匈奴较量的战乱中,彭阳出现了大规模的移民潮,移民实边成为这一时期移民的主流。随着秦末农民起义,秦朝统治迅速崩溃,彭阳及以北的广大地区,之前迁入的人口,因耐不住本地生活条件艰苦和天气的寒冷,大量逃离彭阳。北方匈奴趁机重入,今彭阳境内的战国秦长城一线在汉初又成为北方匈奴和农耕王朝的分界线。北方少数民族在兴起之初,特别在灾荒年份,不断对彭阳进行大规模掳掠,对象是人口、粮食、牲畜等重要资源。西汉初数十年间,匈奴每年数次跨越秦长城入彭阳,杀害掳掠人口牲畜财产无数。彭阳境内人口相对稠密的红、茹河河谷,被迫南迁出,口大量减少,边防空虚,无法应对匈奴强大的军事威胁。于是,汉武帝实行军垦戍边政策,通令全国招募大批人口到彭阳定居,战时守城或随军作战,平时进行农业生产和军事训练,又一次移民开始。先后迁入的有罪犯、奴婢、平民,数百万的外来移民进入到包括彭阳在内的大西北。为保证移民能长久居住,袭秦"边民不得内徙"旧制。充裕的劳动力,外来先进的农业技术,充足的水资源,建成彭阳茹河、红河、蒲河等河谷产粮区,极大地促进了彭阳经济社会发展。同时,又建成了抵御匈奴的一道坚实屏障。在汉武帝之后至西汉灭亡的百余年间，匈奴没有再内犯。彭阳本地的皇甫家族开始崭露头角，逐渐成为地方上的世家大族，对封建社会产生了一定的影响。25年，刘秀建东汉，相继灭掉各路农民起义军。在激烈动荡的两汉之际，包含彭阳在内的整个大西北，西汉苦心经营的移民成果，荡然无存。匈奴继续内犯，边民或死于战乱或大量逃难，边境防务空虚。东汉光武帝刘秀，一边用武力攻打匈奴，一边恢复凋敝的社会经济，下诏书再次移民，令原北地郡等北方八郡的人口全部迁回，并给予赐钱、给食诸多优惠，本地的人口得到了一定程度上的恢复。到东汉中后期，由于统治者民族政策的失当，出现了大规模的“羌叛”，持续十余年，蔓延至包括朝那在内的西北多个郡县。在朝那生活了近二百余年的名门望族皇甫氏，这一时期随朝那县南迁。汉武帝元鼎六年（前111）至西魏大统元年（535）的400余年间，由于匈奴入侵和东汉豪强官吏残暴统治，酿成羌族起义不断，迫使朝那县随安定郡三迁县治。羌乱平定后，皇甫、梁氏等名门望族，肯定在迁徙地留有人口，以应不测。由于从彭阳外迁的汉族人口不愿返回，统治力量严重削弱的东汉政府无力组织强有力的移民实边，只好将投降的羌族人口迁移至安定、陇西（彭阳）一带。东汉末年起，中国西部和北部周边的匈奴、鲜卑、羯、氐、羌等少数民族不断跨越秦、汉长城内迁，即所谓的“五胡内迁”，魏晋之际达到高潮。中原政权无法抵御少数民族内迁势力，逐渐从北方撤到江南。彭阳也呈现了少数民族进入、当地人口南迁的局面。隋唐相继建立，中国封建社会进入繁盛时期。北方突厥、西部吐蕃不敢内犯，丝绸之路畅通，大批外国商人来华经商，部分定居本地。安史之乱之后，吐蕃等少数民族又乘机寇边，大肆掳掠，造成彭阳人口的大量南迁。西夏为了获得人口，组成“擒生军”，在冬季常深入镇戎军、原州等地，掳掠人口。如1083年，进入乾兴寨（今彭阳王洼镇石岔村）界壕，掳掠了大量人口牲畜。又如1098年，又进入天圣寨（疑今彭阳县交岔乡观台堡村）掳掠人口、粮食。北宋和辽休战后，西夏成为北宋最大的敌人，面对强敌，北宋一边在缘边修筑堡寨，今彭阳境内属镇戎军管辖的堡寨有东山寨（今彭阳县古城镇政府驻地）、彭阳城（今彭阳县县人民政府驻地）、乾兴寨、天圣寨。属原州管辖的城寨有耳朵城（今彭阳小岔乡耳城村）、靖安寨（今彭阳县冯庄乡小园子村）、绥宁寨（今孟塬乡小石沟村）、立马城（今彭阳县孟塬乡苏喇城）、平安寨（今彭阳城阳乡城阳中学）。同时，还利用普遍授予官职、赏赐等手段，大范围招纳西夏境内的部族，以达到削弱西夏实力的目的。这一政策对习惯游牧、不善耕织的少数民族来说很有吸引力，大量西夏境内的部族纷纷归附北宋，并被安置在彭阳等地。北宋政府则从中挑出战斗力极强的“番兵”，抵御西夏的袭扰。彭阳境内各个北宋时期的堡寨，不乏这样的“番兵”。蒙古族在成吉思汗的领导下，在北方迅速崛起。1227年灭西夏，1234年灭金后，迅速南下，今彭阳一带纳入其统治版图。元代,先后6次有3万多蒙古兵士安置到六盘山为主的广大地区,在“柳树湾”(彭阳境)、开城堡、寺口子(今属原州区)以及李旺堡(今属海原县)一带,开荒种田,他们中有相当多的人信仰了伊斯兰教,成为彭阳最早的回族人口。1368年朱元璋建立明朝。明太祖洪武二年(1369),明朝大将徐达率军攻克隆德,浴血六盘山,占开城州。元军抵抗失败后,裹胁大量当地居民北逃河套,彭阳当地人口又一次外迁。驻守开城的蒙古人和色目人归附明朝,被大量编入明朝大将沐英部。洪武十四年(1381)八月,朱元璋下令征云贵。三年后得胜,留沐英镇守,彭阳柳树湾等地官兵家属随之南迁,安置在云贵乌蒙山地区。当时仅彭阳柳树湾迁入今贵州省毕节市威宁县的官兵及家属至少在16800人。这一时期,彭阳境内人口大幅减少,为巩固边防,明朝开始罪犯戍边、卫所移民,特别是“大槐树”移民等大规模移民政策,这些移民的后代成为今天彭阳的主体人口。鸦片战争后,资本主义国家强加给中国一系列不平等条约,给中国人民带来的新的灾难,大量的军费和赔款通过各种方式转嫁到劳动人民身上。国内固有的社会矛盾迅速激化,各族人民反清起义风起云涌。同治时期的陕甘回民起义,持续近20年之久,波及包括彭阳在内的整个西北。彭阳所在的整个平凉府,人口逃亡和死亡249.1万人,占起义前人口的88.6%。起义平息后,清政府将金积堡和陕西的部分回民迁移至六盘山区,人数大约12000人,今彭阳县部分回族人口在此时迁入。

中华人民共和国成立后,特别是彭阳建县以来,区、市党委、政府出台了一系列旨在帮助扶持生活在生态脆弱、生产生活条件极差的贫困片带群众尽快脱贫致富的政策措施。彭阳县委、县政府实施了中宁县马家梁;吴忠市红寺堡区;银川市金凤区、兴庆区、西夏区及灵武市的三次较大规模的县外移民,累计搬迁约9773户、44326人。一批批彭阳群众,响应党和政府号召,怀揣过上幸福生活的梦想,惜别亲人故土,异地他乡艰苦创业,收入快速增长,生产生活条件明显改善,正在向着他们期待的幸福美好生活稳步迈进。近年来,彭阳县委政府把城镇化作为推进全县经济社会发展的重大战略,出台了一系列加速城镇化发展的政策措施,有效促进了城镇化的发展,城镇化率逐年提高,人口大量有序向城镇转移。同时,伴随着高校毕业生就业移民、自主创业务工移民等人口的大规模转移。仅“十二五”期间,彭阳县生态移民8676户36333人,占农村总人口的15.5%,其中县外移民5444户22800人,县内移民3232户13533人。

# 大 事 记

## （1983—2015 年）

### 1983 年

**1 月 22 日**　国务院“三西”地区农业建设领导小组组长，农牧渔业部部长林乎加在银川主持召开“三西”地区农业建设领导小组第二次（扩大）会议，讨论制订了西海固地区农业建设的指导思想，安排了 1983 年建设项目和建设规划。

**7 月 29 日**　中华人民共和国国务院〔83〕国函字 149 号文件，以《国务院关于宁夏回族自治区设立彭阳县的批复》，同意设立彭阳县，辖固原县东部 15 个人民公社，治所彭阳。

**9 月 21 日**　“三西”农业建设领导小组第三次扩大会议，提出“有水路走水路，无水路走旱路，水旱路不通另找出路”的方针，确定了“三西”建设的三个目标，即三年停止破坏，五年解决群众温饱，十年二十年改变面貌；解决温饱的标准为人均年有粮 250—300 公斤，人均纯收入 80 元以上；制定“三西”农业建设规划。

**是年**　彭阳县被列入国家农业建设专项资金补助的“三西”（甘肃定西地区、河西地区和宁夏西海固地区）地区。

### 1984 年

**1 月 28 日**　国务院转发《三西地区农业建设领导小组第三次扩大会议的汇报提纲》，原则同意执行中央关于从 1983 年开始，每年拨出 2 亿元的专项资金，用 10 年时间，支持“三西”地区农业建设。

**3 月 8 日**　彭阳县开发建设马家梁新灌区指挥部成立。此前，自治区在中宁、中卫、同心三县交界处的马家梁划出 13.3 平方千米的土地供彭阳县开发，有计划、有步骤的搬迁部分干旱缺水山区、土石质山区和地方病多发的贫困户，建设移民“吊庄”。

**12 月 6 日**　国务院决定从 1983 年起，每年拨出 2 亿元专项资金，用于扶持开发甘肃省河西地区、定西地区 18 个县和宁夏西海固地区 8 个县（其中宁夏每年投入 3400

万元)。利用10年或更长一些时间,集中解决“三西”地区的贫困问题。同时,成立“三西”地区农业建设领导小组,开创了中国有计划、有组织和大规模扶贫开发之先河。

## 1985年

**10月17日** 国务院“三西”地区农业建设领导小组在甘肃定西召开第三次扩大会议,决定在10年内,宁夏完成20万山区贫困人口移民安置任务。

## 1986年

**2月** 自治区人民政府决定,彭阳县在中宁县马家梁建插户移民吊庄。

**5月20日** 中共中央政治局委员、国务院副总理田纪云,国务院“三西”建设领导小组组长林乎加到宁夏考察扶贫开发工作,同固原地区(含彭阳县)负责人座谈改造黄土高原和脱贫致富问题。

## 1987年

**10月30日** 国务院发出《关于加强贫困地区经济开发工作的通知》,指出全国贫困地区的脱贫致富工作,开始进入一个新的发展阶段。当前工作的关键是实现“七五”期间重点解决贫困地区大多数群众温饱问题的目标,加快脱贫致富步伐。

## 1989年

**5月30日** 自治区人民政府出台《宁夏回族自治区贫困地区吊庄移民管理试行办法》。

**10月12日** “三西”地区工作会议在宁夏中卫召开。国务委员、国务院贫困地区经济开发领导小组组长陈俊生出席会议并讲话。讲话认为,“三西”农业建设开创了成片扶贫开发之先河,在全国起到了示范作用。

## 1990年

**1月** 彭阳县在中宁马家梁吊庄正式成立“马家梁乡人民政府”,辖白岗、七墩、马家梁、彭建、沙沟5个行政村、20个村民小组。

## 1991年

**11月4日—9日** “三西”地区工作会议在甘肃平凉召开。自治区领导李成玉、吴尚贤及银南、固原地委和有关部门的负责人出席并发言。会议提出,1992年“三西”地区工作的主要任务是以提高经济效益为中心,以打好解决温饱攻坚战为重点,扎实做好“三西”十年建设工作,努力实现初步解决温饱的目标。

## 1993年

**2月10日** 西海固地区农业建设暨扶贫开发工作会议在银川召开。国务院发来贺电说,西海固地区是回族同胞聚居的地区,党中央、国务院一直十分关心这一地区人民群众的生产和生活。国务院已决定“三西”地区农业专项建设再延长10年。在这次会议上,彭阳县政府被评为先进集体,韩怀敏、梁志云等7人被评为先进个人,受到自治区人民政府的表彰奖励。

**8月26日** 中共中央政治局常委、全国政协主席李瑞环带着党中央的关怀到宁夏视察,了解到宁夏南部山区严酷的自然条件和人民贫困的生活现状。回京后,立即指示全国政协副主席、水利专家钱正英率农林水等方面的专家到宁夏调研,探索西海固人民脱贫的新路径。

## 1994年

**2月28日—3月3日** 全国扶贫开发工作会议在京召开。会议全面部署实施《国家“八七”扶贫攻坚计划》,目标是利用7年时间,解决现有8000万贫困人口的温饱问题,使七年人均纯收入达到500元以上。彭阳县被列入重点扶持贫困县之中。

**4月15日** 国务院下发《国家“八七”扶贫攻坚计划》(国发〔1994〕30号),决定从1994—2000年,力争用7年左右的时间,集中人力、物力、财力,动员全社会的力量,基本解决目前全国农村8000万贫困人口的温饱问题,使贫困人口年人均收入达到500元以上(按1990年不变价格),拉开了世纪之交扶贫攻坚的序幕。

**7月8日** 自治区人民政府以宁政发〔1994〕70号文印发了《关于宁夏“双百”扶贫

攻坚计划的通知》,决定从1994年至2000年,力争基本解决近100个贫困乡、100多万贫困人口的温饱问题,吹响了扶贫攻坚的进军号角。

**9月12日—17日**　全国政协副主席钱正英率农林水等方面的专家到宁夏调研,与自治区领导就从根本上改变贫困地区群众的生产、生活条件等问题交换意见后,共同提出了建设大柳树工程一期——宁夏扶贫扬黄灌溉工程的构想：大体用6年时间,投入30亿元,开发200万亩扬黄新灌区,解决宁南山区100万贫困人口脱贫问题(“1236”工程)。

**9月18日**　自治区党委、政府向党中央、国务院呈报了《关于将宁夏扶贫扬黄新灌区列为国家“九五”重点项目的请示报告》。

**10月27日**　全国政协调研组钱正英等7人向全国政协提交2027号建议案——《关于在宁夏回族自治区建设扬黄扶贫灌区作为大柳树第一期工程的建议案》,催生了“1236”工程。

**10月28日**　全国政协主席李瑞环致信江泽民总书记、李鹏总理,支持钱正英等人的“建议案”,认为“1236”工程对于加强民族团结,解决宗教纠纷,维护社会安定,有着不可低估的作用。建议将“1236”工程列入国家“九五”重点建设项目。李鹏在11月7日批示:“请锦华同志在‘九五’计划中加以平衡。”

## 1995年

**2月10日**　自治区主席白立忱在固原考察时指出,1995年宁夏南部山区工作,要围绕一个中心,开辟三个战场,打好扶贫攻坚战。第一个战场是抓好县域经济;第二个战场是建好“1236”工程;第三个战场是劳务输出。

**5月19日—24日**　国务院副总理李岚清率国家计委、水利部、外经贸部等到宁夏视察指导工作。在了解宁南山区人民严酷的生存现实后,李岚清指出:扶贫扬黄灌工程建设刻不容缓。还题写了“有水赛江南,无水泪亦干。引黄造绿洲,万民俱开颜”的诗句,表达对宁南山区贫困群众的牵挂和对建设扬黄工程的肯定。

**11月16日**　自治区扶贫扬黄灌溉一期工程红寺堡一泵站、固海扩灌一泵站“三通一平”启动仪式,在中宁县固海扩灌一泵站隆重举行。自治区党委、人大、政府、政协领导黄璜、马启智、刘国范、姚敏学、任启兴、马锡广、文力、张位正、张立志、王魁才、郝廷藻、吴尚贤、强锷、仝开锦及建设委员会委员参加了启动仪式。黄璜书记在讲话中强调,要“举全区之力,加快扶贫扬黄工程建设的步伐”。

**同日** 自治区宁夏扶贫扬黄灌溉工程（“1236”工程）一期工程正式启动。自治区党委、人大、政府、政协主要领导为工程启动培土奠基。

**12月13日** 全区人民关注的宁夏扶贫扬黄灌溉工程（“1236”工程）经国务院批准正式立项。工程总规划建设灌溉面积200万亩。工程静态投资32.89亿元，用6年时间建成，将解决宁夏中部干旱带和南部山区八县100万农民的搬迁脱贫问题。

## 1996年

**3月1日** 水利部部长钮茂生在黄璜、张位正等陪同下，对宁夏扶贫扬黄灌溉工程的主战场——红寺堡荒原进行实地考察。

**3月30日** 由自治区地矿厅主持勘察设计的《红寺堡移民灌区柳泉水源地水文地质勘察设计书》通过评审。专家们经过勘察发现，在红寺堡荒原规划区北部的柳泉地区，存在一个有价值的储水带。水源地的发现，为开发红寺堡带来了新希望。

**5月11日** 自治区扶贫扬黄灌溉工程奠基典礼仪式在红寺堡灌区一泵站隆重举行，拉开了决战荒原的序幕。国务院副总理邹家华出席奠基仪式并讲话，自治区党、政、军、政协领导黄璜、白立忱、马思忠、王永正、刘国范等出席。

**6月2日** 自治区地矿厅水文地质勘察院在红寺堡开发规划区西北10公里的柳泉地区打出了第一口深水井，日出水量2000立方米，水质符合饮用标准。这是红寺堡开发建设史上第一口生命之井。

**10月30日** 自治区政府第32次常务会议暨扶贫扬黄灌溉工程建设委员会第三次会议召开，自治区政府主席白立忱主持了会议。张位正总指挥就扶贫扬黄灌溉工程进展情况、存在问题和需要解决的事项做了汇报。

## 1997年

**1月29日** 自治区党委书记黄璜主持召开自治区党委第五次常委会议，研究红寺堡解放军某部场地易地重建问题。

**2月29日** 自治区政府召开第35次常务会议暨工程建设委员会第四次全体会议，专题研究扶贫扬黄灌溉工程涉及红寺堡解放军某部场地易地重建问题，原则同意按新选场址迁建，以最大的努力解决扬黄工程建设用地问题。

**5月14日** 自治区政府在红寺堡柳泉水源地召开现场办公会议。号召各参战单位以最大的努力,解决工程建设中的困难,为移民创造良好的生存条件。

**6月15日** 红寺堡一泵站全面开工建设。

**6月19日** 红寺堡荒原第一条重要交通干线——恩和至红寺堡公路开工建设,该公路全长28.5公里,于当年8月建成通车。

**6月21日** 恩和至红崖乡26公里10千伏输电线路建成。亘古荒原第一次亮起电灯。

**10月14日** 自治区领导毛如柏、白立忱和刘国范、姚敏学、任启兴、马锡广、张位正率自治区计委、财政厅、农建委、经委、科委、交通厅、建设厅、水利厅、农业厅、国土局、电力局、邮电管理局、宁夏军区、工商银行、建设银行及固原、银南行署等有关方面负责人到扶贫扬黄灌溉工程工地,现场研究解决工程建设中存在的难题。

**11月14日** 自治区政协主席刘国范、副主席刘闽生、吴尚贤、魏世成及部分自治区政协委员视察了红寺堡二、三泵站基坑、七星渠娘娘庙段扩整及七星渠清水河渡槽施工现场,察看了正在进行加压试水的红寺堡西部供水工程。

**12月9日** 自治区人大常委会主任马思忠、副主任白振华、汪愚、马启新、张立志、秘书长刘兴洲及部分自治区人大代表,视察了红寺堡一、二、三泵站基坑和红寺堡西部供水工程。

**12月17日** 国务院批准宁夏扶贫扬黄一期工程可行性研究报告。国家计委在印发的《关于审批宁夏扶贫扬黄灌溉一期工程可行性研究报告的请示》中指出:宁夏扶贫扬黄灌溉工程总体规划发展灌溉面积200万亩。根据工程轻重缓急和建设资金落实情况,确定将红寺堡灌区和固海扩灌灌区作为一期工程,建设内容为:新建、扩建骨干扬水泵站21座,修建引水干渠283公里,发展灌溉面积130万亩,解决南部山区67.5万贫困人口脱贫问题。一期工程静态投资23.35亿元,动态投资27.67亿元。工程建设期为6年。

**12月28日—29日** 红寺堡灌区西部供水工程经过两个多月的紧张施工,除水塔之外,全部进行了42小时通水试验,一次性试水成功。

## 1998年

**5月6日** 自治区扬黄工程总指挥部发出关于1998年在红寺堡灌区实施农业移民开发试点的安排。试点区规划开发净面积1.5万亩,建设8个农业移民开发试点村和一处工程总指挥部管理的节水灌溉试验示范区,包括渠系建设、村镇建设、农田配套工程及移民搬迁。

**9 月 5 日** 自治区党委书记毛如柏主持召开自治区党委第 35 次常委会议，为加强红寺堡灌区移民搬迁安置管理，决定成立“中共红寺堡开发区工委”、“红寺堡开发区管理委员会”，实行一套人员两块牌子，履行县级党政职能。这一决策，对加快宁夏扬黄灌溉工程建设进程、加强移民搬迁安置管理、推进移民区各项事业建设步伐具有极其深远的意义。

**9 月 16 日** 自治区扶贫扬黄灌溉工程开工典礼暨首次试水仪式在红寺堡一泵站隆重举行。毛如柏宣布宁夏扶贫扬黄灌溉工程正式开工。

**9 月 23 日** 自治区政府原主席黑伯理视察扶贫扬黄灌溉工程建设工地后，赋诗一首赠给参加宁夏扶贫扬黄灌溉工程建设的勇士们：“万年荒滩谁曾问，敢调黄河入滩身，高坡猛醒全披绿，人欢马叫不患贫。”激情赞扬扬黄河之水，上千年旱塬的壮美画面。

**11 月 2 日** 自治区党委办公厅、自治区政府办公厅下发《关于成立自治区扶贫扬黄灌溉工程移民工作领导小组的通知》，明确移民工作领导小组下设红寺堡管理委员会（正县级），驻地红寺堡，行使县级人民政府职能，管理红寺堡灌区开发建设各项事务。

**11 月 26 日** 红寺堡扬水工程当年先期建成的 3 座扬水泵站开始扬水冬灌。

**11 月 30 日** 自治区党委任命姚建国为中共红寺堡开发区工委书记、红寺堡开发区管理委员会主任。

**12 月 31 日** 自治区党委办公厅、自治区政府办公厅下发《关于成立红寺堡开发区管理委员会有关问题的通知》，文件指出，自治区扶贫扬黄灌溉工程移民工作领导小组下设红寺堡开发区管理委员会，与中共红寺堡开发区工作委员会实行一套人员两块牌子，为正县级单位，内设办公室、经济发展局、民政局、社会事业局（均为科级）。

**12 月 31 日** 自治区政府副主席马骏廷在扶贫扬黄灌溉工程总指挥部召开会议，研究移民搬迁事宜，首次明确了红寺堡开发区区域及划界事宜。

## 1999 年

**1 月 30 日** 中共红寺堡开发区工作委员会与红寺堡开发区管理委员会挂牌仪式在红寺堡开发区双井子村举行。自治区政府主席马启智、副主席马骏廷、宁夏军区政委王永正及红寺堡开发区工委书记、管委会主任姚建国；工委委员、管委会副主任田治国、马凯等出席挂牌仪式。

**2 月 8 日** 红寺堡开发区首次春耕生产会议在自治区扶贫扬黄灌溉工程总指挥部红崖基地召开。

**2月9日—11日** 自治区人民政府政策研究室副主任张海晏主持召开会议，专题研究讨论红寺堡开发区移民搬迁安置政策，重点研究了移民规划、组织移民、移民条件、产业定位、移民乡村建制、户籍管理、土地管理、优惠政策等一系列问题，为红寺堡开发区移民接管工作提出科学合理建议。

**3月3日** 红寺堡开发区管委会办公地点由银川迁往红寺堡开发区双井村办公。

**4月15日—16日** 全区红寺堡开发区移民工作会议在宁夏宾馆召开。自治区政府主席马启智出席会议并讲话，讲话要求认清工程建设的新形势、新任务，以全新的思路建设好红寺堡开发区。马骏廷作了题为《团结一心，奋力开拓，打好扶贫扬黄灌溉工程移民开发攻坚战》的讲话。总指挥部张国琴代表自治区移民工作领导小组同各移民县签订了移民工作目标责任书。

**5月14日** 红寺堡中部供水一期工程试水成功。供水工程设计日供水2万吨，解决14.6万人用水问题。一期工程包括红寺堡镇自来水厂和通达移民村镇的23.1公里供水管道。

**同日** 红寺堡开发区管委会召开第一次干部职工大会。姚建国作了题为《团结奋进，奋力开拓，努力开创开发区工作新局面》的动员报告。

**5月31日** 自治区党委决定，中共红寺堡开发区工作委员会由自治区党委委托区党委组织部管理。

**6月24日** 宁夏军区组织民兵预备役部队参建扶贫扬黄工程誓师大会在红寺堡灌区隆重举行。为支持扶贫扬黄工程建设，宁夏军区组织4000多名官兵和民兵预备役，调集2600多台机械，投入红寺堡灌区的田间配套工程和村镇建设。

**6月28日** 自治区扶贫攻坚会议在固原召开，自治区党委书记毛如柏作重要讲话，要求进一步动员全区干部群众，鼓足干劲，坚定信心，努力完成《国家"八七"扶贫攻坚计划》和全区扶贫攻坚目标。

**10月11日** 自治区政府马启智主持召开自治区政府第31次常务会议，专门听取扶贫扬黄灌溉工程总指挥部关于工程建设进展情况的汇报和姚建国关于移民搬迁安置和管理情况的汇报。会议决定：(1)原则同意自治区政府《关于红寺堡开发区移民搬迁安置工作的意见(讨论稿)》；(2)红寺堡开发区管委会行使县级人民政府的职权；(3)将红寺堡开发区纳入全区国民经济与社会发展总体规划之中，计划、财政实行单列。

**10月16日** 自治区人民政府印发《红寺堡开发区移民搬迁安置工作的办法》。从指导思想、组织领导、移民安置、集镇建设、土地管理、移民管理、扶持政策等七个方面作了规定,成为指导开发区移民搬迁安置工作的纲领性文件。

## 2000年

**3月15日** 红寺堡开发区成立绿化委员会。

**3月18日—30日** 自治区扶贫扬黄灌溉工程总指挥部各指挥分别带领有关人员,深入红寺堡灌区移民村,对移民生产、生活中存在的问题进行调查研究,并将调研情况专题报告自治区党委、政府主要领导,建议采取向移民发放贷款等方式,帮助移民解决生产资金短缺问题。

**4月3日** 自治区政府主席马启智、副主席陈进玉带领自治区有关部门负责人,实地察看宁夏扶贫扬黄灌溉工程一泵站、隆德、泾源、彭阳移民点和规划建设中的红寺堡城区后,在自治区扶贫扬黄灌溉工程指挥部召开主席办公会议,听取红寺堡开发区关于工程建设进展和移民生产生活情况的汇报,研究解决有关问题。

**7月8日** 红寺堡开发区第一所“民办公助”医院——红寺堡镇中心医院开业。

**9月8日** 红寺堡开发区移民接管工作会议在固原地区召开。各移民县政府县长、主管副县长及移民工作领导小组办公室、组织、人事、公安、民政、教育、计生等部门负责人参加会议。

**9月** 彭阳县马家梁乡移交中宁县管理。

## 2001年

**7月21日** 全国政协副主席毛致用率在湘全国政协委员30多人,在自治区政协副主席任怀祥的陪同下,视察红寺堡一泵站和固原、泾源、隆德、彭阳移民试点村、红崖新村和光彩新村。

**12月30日** 自治区政府主席马启智主持召开政府第84次常务会议。对红寺堡开发区划界及建县的有关问题进行专题研究,同意民政厅《关于红寺堡划界及建县方案》。至此,开发区行政区域范围面积1753平方千米,辖区人口总计14.2万人。

## 2002年

**6月** 彭阳县城阳乡长城塬县内移民搬迁正式启动，该工程是国家异地移民开发试点项目，计划建设 3 个居民点，搬迁移民 500 户、2486 人，计划投资 1375 万元。

7 月 26 日　自治区宣传劳务输出的现代眉户剧《走出大山》到彭阳公演。

## 2005 年

6 月 29 日　自治区大型眉户剧《村支书李玉荣》首次在固原体育场演出，该剧是以彭阳县城阳乡长城村党支部书记李玉荣为原型组织创作，再现了优秀共产党员李玉荣带领群众改变长城村贫困面貌的感人事迹。

## 2008 年

10 月　国务院决定再次延长“三西”农业建设专项补助资金使用期限，即从 2009 年延续至 2015 年，并将资金总量从当时的每年 2 亿元增加到 3 亿元。这是国务院第三次延长“三西”农业建设专项补助资金。

## 2010 年

9 月 4 日　自治区党委、政府印发《关于促进固原经济社会加快发展的若干意见》，指出进一步做好扶贫开发工作，继续坚持开发式扶贫方针，加大整村推进产业开发、劳务移民、互助资金等扶持力度，提高贫困群众自我发展能力。继续大力实施生态移民工程，用 5 年时间把宁夏南部山区和中部干旱带不适宜人类居住的贫困群众搬迁出来。

## 2011 年

6 月 9 日　固原市生态移民工作督查组，对彭阳县古城镇皇甫新村等县内移民安置点建设情况进行了督查，对彭阳县内移民安置点建设中的做法以及工程进度、质量给予肯定。

6 月 13 日　自治区政府督查组在自治区人大常委会委员、自治区政府特邀督查员金萍芬的带领下，到彭阳县督查生态移民工作，先后视察了古城皇甫新村和县城民生家园建设。金萍芬对彭阳县前一阶段工作给予肯定，认为彭阳县县内移民安置区工程建设进展快、质量高，县外移民对接工作积极有效。同时，对彭阳县在工程质量监管过程中实行的监管单位+建设单位+监理公司+质监机构+农民监督员“五位一体”的生态移民工程质量监督机制表示肯定。

**7月27日** 自治区移民局局长吴占东、副局长邹玉忠带领机关处室负责人到彭阳调研生态移民工作,吴占东一行在古城闽宁东山皇甫新村和民生家园劳务移民安置区进行了调研,实地察看了古城闽宁东山皇甫新村住房和产业配套建设后,对彭阳生态移民工作给予充分肯定。总体评价是彭阳县各移民安置点工程监管到位,质量高,进度快,产业配套有特色。

## 2012年

**7月3日** 自治区党委常委、固原市委书记李文章,固原政府市长白尚成带领全市县域经济观摩团,在彭阳县政府县长赵晓东陪同下,对上半年经济社会发展和重点工作完成情况进行了观摩。观摩团先后深入古城镇六盘山城市景观苗木基地、新集乡白河千亩设施农业示范点、县城南环路施工现场、草庙县内生态移民安置点、王洼煤业集团600万吨技改项目建设工地,对彭阳县招商引资、生态建设、设施农业、生态移民安置区建设、工业强县战略实施等情况进行了实地观摩。

**8月10日** 全国人大常委会委员、全国人大民族委员会主任委员、自治区政府原主席马启智,在固原市人大常委会副主任姜文奎、彭阳县领导赵晓东、杨忠、邓万儒、王萍陪同下,调研彭阳县民族地区经济社会发展情况。马启智先后深入古城镇六盘山景观苗木示范园工、古城皇甫新村、新集白河设施农业示范园,大沟湾流域四个一万亩治理点、县城栖凤山、长城塬“茹菌园”、乔家渠毛泽东长征宿营地、王洼煤业集团进行实地调研。

**8月12日** 自治区政府主席王正伟带领自治区发改、民政、农牧等厅局负责人在固原市委副书记、政府市长白尚成的陪同下到彭阳县调研。彭阳县政府县长赵晓东、人大常委会主任杨忠、政协主席邓万儒等陪同调研。

王正伟一行分别对六盘山林果景观苗木示范园区、古城镇古雁移民安置区、大县城建设情况及县第四中学进行实地调研。王正伟在调研中对彭阳县工作所取得的成绩给予肯定,并就保障性住房建设、大县城建设、特色产业的发展等重点工作提出了具体要求。在六盘山林果景观苗木示范园区,王正伟强调:要把生态效益和经济效益结合起来,抓好红梅杏、辣椒等特色产业发展,打造品牌优势,努力增加农民收入。在移民安置区,王正伟详细了解了移民安置区工程建设进度及工程质量、户型设计、产业配套、道路硬化及供排水情况，指出要妥善安排好移民的生产生活，全力以赴推进生态移民工程建设，确保按期完成这项惠民利民工程。

**8月28日** 彭阳县委、县政府在彭阳县会堂召开全县实施贫困人口扶贫攻坚战略动员大会。政府县长赵晓东、人大常委会主任杨忠、政协主席邓万儒及在家县级领导出席会议，会议由赵晓东主持。会上，县委副书记李世明传达了六盘山片区区域发展与扶贫攻坚启动会议和全区实施百万贫困人口扶贫攻坚战略动员会精神。会议要求要认真贯彻落实中央扶贫开发工作会议和《中国农村扶贫开发纲要（2011—2020年）》精神，按照自治区扶贫开发战略部署和要求，坚持易地扶贫搬迁与就地脱贫致富相结合，坚持专项扶贫、行业扶贫、社会扶贫三位一体工作格局和贫困片区为主、工作到村、扶贫到户工作机制，围绕彭阳县七次党代会提出的“1255”工作思路，以稳定解决扶贫对象温饱、尽快实现脱贫致富为首要任务，积极争取资金，加大工作力度，认真组织实施生态移民、整村推进扶贫开发、“双到”扶贫攻坚工程、村级发展互助资金、旱作基本农田建设、社会帮扶工作，推动贫困村特色产业、基础设施、社会事业、生态建设全面发展，贫困人口收入大幅提高。

**9月29日** 彭阳县政府代县长赵晓东、政府常务副县长何永吉带领相关部门负责人督查生态移民新村建设。赵晓东一行先后深入到古城皇甫新村、新集生态移民新村、城阳杨坪生态移民新村、草庙生态移民新村移民安置区施工现场，对移民住房建设标准、工程质量、施工安全、工程建设进度等进行实地督查。

**10月7日** 固原市委副书记、政府代市长马汉成，市委副书记方勇，市委常委、常务副市长赵旭辉，市委常委、组织部长王刚，市政府副市长马吉、黄思明等带领市发改委、工信局、住建局、规划局、农牧局负责人来彭阳县调研。彭阳县政府县长赵晓东，人大常委会主任邓万儒、政协主席冶三奎陪同调研。调研组一行通过听取汇报，看展板等方式，对王洼煤矿、城阳乡沟圈生态移民安置区及大县城建设进行实地调研。

**10月21日** 由固原市委宣传部、军分区政治部、彭阳县委宣传部、武装部联合组织开展的“军民互学党的十八大、建设美丽新家园”主题活动在古城镇皇甫新村举行。固原军分区政治部主任刘智峰，彭阳县委常委、武装部政委崔涛，县委宣传部、县文明办负责人及皇甫新村村民参加了活动。

**10月27日** 彭阳县总工会举办生态移民设施农业实用技术培训班。

**10月28日** 彭阳县首批县内移民搬迁入住仪式在古城镇闽宁皇甫新村举行。

**是日** 银川市西夏区、彭阳县生态移民工作对接会议在彭阳召开。

**10月30日** 银川市金凤区首批生态移民安置入住仪式在良田镇和顺新村隆重

举行。自治区党委副书记、银川市委书记崔波,自治区政府副主席郝林海等区、市、县领导出席。

## 2013 年

**3 月 8 日** 彭阳县农业农村暨生态移民工作会议在彭阳会堂召开。彭阳县政府县长赵晓东、县委副书记王萍、县人大常委会副主任张志禄、政府副县长杨天峰、政协副主席刘彩琴出席。会议总结了 2012 年度全县农业农村及生态移民工作;安排部署 2013 年工作;表彰奖励在 2012 年度全县农业农村和生态移民工作中涌现出的先进集体和产业发展带头人。

**3 月 28 日** 彭阳县政府县长赵晓东、政府副县长杨天峰深入冯庄乡小园子村、茨湾村,就小园子边贸市场规划建设和茨湾移民搬迁区生态修复示范点建设进行调研。要求在小园子边贸市场建设上要着眼长远,严格做好规划设计,合理选择政府建设地址,协调好土地、房屋拆迁补偿,尽快实施街道给排水建设工程,把茨湾移民搬迁区打造成为全县移民搬迁区生态修复新亮点,对全县移民搬迁区生态修复起到示范作用。

**4 月 8 日** 自治区党委常委、宣传部长蔡国英到彭阳县就宣传思想文化工作和精神文明建设工作进行调研。蔡国英先后深入彭阳县城阳乡沟圈村生态移民新居、刘河村群众文化活动中心、茹河瀑布景区、六盘山苗木花卉交易市场等实地调研。

**4 月 16 日** 自治区政协常委、文史和学习委员会副主任、自治区社科联主席杨占武带领调研组深入彭阳县民生家园就劳务移民安置工作进行调研。调研组深入县民生家园劳务移民安置区,走访移民搬迁户,与移民群众交谈,详细询问移民居住条件、家庭状况、收入及生产生活等情况。鼓励移民要学习新知识,掌握新本领,自主就业创业,不断拓宽发展致富的路子,真正融入新家园,开始新生活。

**6 月 4 日—8 日** 彭阳县人大常委会主任邓万儒带领调研组,赴银川市金凤区、西夏区、兴庆区和彭阳县古城镇、新集乡、红河乡、城阳乡、草庙乡、孟塬乡,对彭阳县生态移民工作进行专项调研。

调研组一行先后深入彭阳县县外移民安置区金凤区良田镇和顺新村、西夏区镇北堡镇同阳社区和兴庆区月牙湖乡滨河家园三村,实地察看移民安置点住房、学校、卫生室等基础建设和产业配套情况,与当地干部座谈交流,共商移民发展大计。随后,又深入到县内移民区红河乡何塬村、城阳乡沟圈村和杨坪村、草庙乡庙壕村、孟塬乡草滩村和玉塬村、古城镇古城村和皇甫新村、新集乡团结村,对 2013 年县内生态移民安置住房建设和历年移民搬迁入住、产业发展等情况进行了实地调研。

**6月14日** 自治区党委常委、固原市委书记李文章来彭阳县就“三同六送六帮”活动开展情况、整村推进扶贫开发工作进展以及生态移民迁出区生态修复情况进行调研，慰问困难群众。固原市委常委、原州区委书记吴万俊，市委常委、组织部长王刚，彭阳县人大常委会主任邓万儒陪同调研。

**6月19日** 自治区人大常委会副主任孙贵宝带领“中华环保世纪行—宁夏行动”视察组一行，在固原市人大常委会副主任、中华环保世纪行固原组委会主任云生元，彭阳县政府县长赵晓东、人大常委会主任邓万儒、政府副县长董永强等陪同下，对彭阳县农村环境综合治理、农村水源地保护、饮用水安全保护等工作进行视察。

视察组先后深入古城镇皇甫新村及污水处理站、红河乡污水处理站及垃圾填埋场等地，详细了解农村环保基础设施建设、管理、运行及农村饮水安全保障等情况。

**同日** 自治区国税局党组成员、总会计师杨勇带领扶贫组深入彭阳县孟塬乡牛耳塬村调研整村推进扶贫开发工作。先后召开乡、村干部和村民代表座谈会，走访部分养殖农户，检查验收“牛塬第一井”，审定《牛耳塬村扶贫计划》。

△ 自治区党建研究会会长马金虎一行在固原市政协主席田治富的陪同下到彭阳县调研，彭阳县委常委、组织部长杨秀鸿等陪同。马金虎一行先后深入彭阳县古城镇皇甫村、大沟湾流域退耕还林治理点和县城安德慈善工业园、悦龙山新区，实地查看村党支部建设、县内生态移民、退耕还林生态治理和大县城建设情况。

**10月19日** 自治区政协副主席张乐琴带领全区生态移民整村推进和农田建设现场观摩经验交流会山区观摩组参会人员来彭阳县观摩。彭阳县人大常委会主任邓万儒、政协主席冶三奎、县委副书记王萍、政府副县长杨天峰陪同。观摩组先后前往白阳镇陡坡村产业扶贫示范园、姬山生态移民迁出区和古城镇皇甫新村，彭阳县生态移民整村推进和农田建设情况进行观摩。认为，彭阳县生态移民整村推进和农田建设工作成效显著，移民住房设计独具特色、产业配套跟进和后续管理到位。彭阳县在移民迁出区生态恢复方面能以“建设生态文明”、“推进五位一体”、建设美丽彭阳为目标，坚持把迁出区生态恢复治理和迁入区建设同部署、同推进，扎实开展迁出区庄院修整、造林绿化和植被恢复，实现了“搬得出、稳得住、管得好、能致富”的目标。

**10月20日** 固原市人大常委会副主任朱培忠带领检查组到彭阳县检查林业生态建设和生态移民迁出区生态恢复工作，彭阳县人大常委会副主任张志禄、政府副县长邹炜新陪同。

朱培忠一行先后深入白阳镇姬山生态移民迁出区、任湾万亩经济林建设示范点、悦龙山新区等地，听汇报、实地查看等方式，对彭阳县大县城建设绿化、生态移民迁出区生态恢复、退耕还林成果巩固及后续产业发展等相关情况进行检查。对彭阳县林业生态建设和生态移民迁出区生态恢复情况给予充分肯定，认为彭阳县林业生态建设治理效果明显，能够结合本地发展，积极谋划，按照“山顶林草戴帽子，山腰梯田系带子，沟头库坝穿靴子”的治理模式，走出了一条独具特色的“生态立县”发展之路；移民迁出区生态恢复以“建设生态文明”、“推进五位一体”、建设美丽彭阳为目标，坚持把迁出区生态恢复治理和迁入区建设同部署、同推进，扎实开展迁出区庄院修整、造林绿化和植被恢复，各项工作取得了显著成绩。

**10 月 24 日** 固原市人大常委会副主任米超带领检查组来彭阳县检查市人大代表议案、建议办理工作。彭阳县人大常委会主任邓万儒、副主任张志禄，政府副县长马志强陪同。

米超一行前往彭阳县惠民家园实地检查了市人大代表议案之一“彭阳县县内移民安置区工程建设资金的议案”办理情况。对彭阳县办理市人大代表议案工作给予肯定，认为彭阳县高度重视，责任明确，措施得力，效果明显。

## 2014 年

**4 月 18 日—19 日** 彭阳县 2014 年第一批县外生态移民共搬迁移民 1248 户 5154 人。其中：白阳镇 105 户 411 人、红河乡 52 户 204 人、冯庄乡 121 户 501 人、新集乡 70 户 317 人、罗洼乡 206 户 834 人、古城镇 141 户 577 人、城阳乡 101 户 376 人、孟塬乡 123 户 537 人、交岔乡 306 户 1282 人、其他 23 户 115 人。

**8 月 28 日—29 日** 自治区党委常委、固原市委书记、市教育实践活动领导小组组长李文章全程参加指导彭阳县王洼镇机关党支部专题组织生活会，并和部分乡村干部座谈交流，还到彭阳县王洼墩墩梁水厂，县城宁南丝路商谷、工业园区，红河乡韩堡移民点、古城皇甫移民新村，调研了解中南部引水工程连通工程的建设情况和彭阳县大县城建设、产业发展、扶贫开发情况。固原市委常委、组织部部长、固原市教育实践活动领导小组副组长、办公室主任王刚一同参加了专题组织生活会和座谈会。

**9 月 16 日** 彭阳县 2014 年第二批县外生态移民共搬迁移民 257 户 1165 人。其中：金凤区 31 户 156 人（涉及小岔乡 7 户 38 人，草庙乡 24 户 118 人）、西夏区 226 户 1009 人（涉及交岔乡 61 户 255 人、王洼镇 80 户 358 人、草庙乡 85 户 396 人）。

## 2015年

**8月25日—28日** 彭阳县共搬迁移民326户1247人。其中：兴庆区253户957人,涉及古城镇73户299人、冯庄乡8户20人、城阳乡4户14人、白阳镇52户182人、红河镇29户115人、孟塬乡2户9人、交岔乡70户252人、新集乡3户11人、罗洼乡12户55人;西夏区73户290人,涉及红河镇31户115人、城阳乡3户17人、王洼镇1户3人、小岔乡5户19人、草庙乡33户136人。

**9月22日** 自治区人大常委会督办组在自治区人大常委会委员、农工委主任姚文明的带领下来彭阳现场督办生态移民迁出区生态修复情况。通过听汇报、实地察看了麻拉湾生态移民迁出区生态修复情况和刘台村生态移民迁出区生态移民修复情况,对彭阳县生态移民迁出区生态修复工作给予肯定。

# 第一章

# 古代移民

## 第一节 先 秦

彭阳人类活动的历史可以上溯到旧石器时代晚期。2003 年 4 月，中国科学院古脊椎动物与古人类研究所组织专家通过实地考察，在茹河流域的岭儿、刘河等地发现旧石器时代遗址，调查中采集到古人类石制品 60 余件，主要有尖状器、刮削器、雕刻器、石片、石核等类型。依据断崖地层和暴露出的石制品、动物化石、地质地层等考古学要素进行分析，确定该遗址属于旧石器时代晚期，地质年代与灵武水洞沟旧石器时代遗址相同，距今约 2.7 至 3.2 万年。考古发现，在三万年左右的旧石器时代晚期，彭阳境内气候湿润，草木丰茂，自然条件比较优越，适宜人类居住。在今彭阳县城南边的岭儿沟及城阳乡刘河等茹河流域河谷地带有远古人类生活留下的多处居住遗址，是迄今已知宁夏南部最早的人类居住遗址。古人类在这片神奇美丽的土地上繁衍生息，使用石器采集和狩猎，共同劳动，共同分配果实，团结在一个个原始氏族中，用勤劳的双手与其他先民一起共同创造了古代文明。

新石器时代，地处宁夏南部的彭阳是黄河中上游人类栖息繁衍的重要地区，先民们留下了丰富的文化遗存。迄今为止，调查、发掘和清理新石器时代遗址、遗迹和墓葬百余处，文化内涵有别于毗邻地区的同期文化，其中出土的生产工具、生活器皿、装饰品相关的石器、骨器和陶器等实物群体，种类、形制、纹饰和造型风格颇具特色。墓葬的葬俗，居住的窑洞显示出了自身的鲜明风格，具有浓郁的区域特征，为研究中华远古文化的多元性提供了实物依据。

考古工作者在今彭阳县茹河、红河、蒲河等多条河流两岸都发现了距今四五千年人类活动的遗迹。2011年,彭阳县第三次全国文物普查统计有聚落址80处,其中:史前文化遗址41处(见表1:彭阳史前文化遗址一览表),这些古人类不仅采集狩猎而且还已经学会经营原始的农业、牧业,在丧葬方面则一般采用土葬形式。从彭阳古人类文化遗址类型的多样性看出这些文化遗址受甘肃、陕西外来文化影响很大,这说明在四五千年前甘肃、陕西的相当一部分原始部族沿着河谷从下游往上游迁徙来到彭阳这块土地定居繁衍生息。

到了夏、商、周时期,整个固原、平凉一带在当时通称为“大原”,是少数民族“戎狄”的活动范围。由于在新石器时代晚期当地居民沿用的土葬形式,这一时期未曾出现,结合五千年来气候变化,可以推断在此期间彭阳本地又发生了一次大规模的人口迁移,可能北方匈奴的祖先的一支随着地球进入了寒冷期而南迁进入彭阳,当地的原有居民则受其影响、同化,最终导致生产生活方式也出现了明显变化。

进入春秋战国之际,生活在彭阳的少数民族终于有了正式名称——义渠。他们的活动范围在今天的固原、平凉、庆阳一带或者更大的区域。他们保持了原来的游牧习俗,“饮食长技与匈奴同”,在当时北方有很强的影响力。战国七雄中的秦国和魏国都和义渠保持着和平友好关系,甚至经常送其粮食布帛。

随着战国时期秦国经济军事力量日益强大,特别是经历了商鞅变法之后,开始“独霸西戎”,秦国毗邻的北方义渠部族逐渐被秦国蚕食。秦惠王时攻取了义渠二十五座城池。秦昭王时,杀义渠戎王於甘泉(今陕西省淳化县),并起兵清剿义渠残余势力,筑长城以拒胡。在秦的西北边地陇西、北地、上郡等外围修筑了西起今甘肃岷县(临洮),贯通彭阳中部约60公里,经古城镇、白阳镇、城阳乡、孟塬乡10个村20个村民小组,入甘肃省环县,直达黄河西岸的战国秦长城。今彭阳中南部开始纳入了秦国版图。就人口迁移来看,秦灭义渠修筑长城的过程中,秦国将国内囚徒、同六国征战中获得的战俘迁移至此,修筑长城,这些人带来了先进的生产工具和技术,进行农业生产,在长城遗址两侧的战国张街墓葬群、刘塬墓地、苋麻墓地、沟口白草洼墓地、店洼、川口郑庄等墓地中不仅出土了牛羊头骨,还出土了一批先进的农业生产工具鹤嘴斧、锛、斧、凿、锥等。由此可见,彭阳又出现了一次大规模的向内移民。通过这些墓葬的范围,还可以看出长城一线是战国时期秦国移民至此的重要地区之一。

## 彭阳史前文化遗址一览表

表1

| 名　　称 | 文化类型 | 地理位置 |
| --- | --- | --- |
| 岭儿旧石器遗址 | — | 彭阳县白阳镇姚河村岭儿组 |
| 刘河旧石器遗址 | — | 彭阳县城阳乡刘河村刘河组 |
| 峁头梁新石器遗址 | 齐家文化 | 彭阳县白阳镇余沟村杨树峁组 |
| 岭儿西新石器遗址 | 齐家文化 | 彭阳县白阳镇余沟村杨树峁组 |
| 庙湾新石器遗址 | 齐家文化 | 彭阳县红河乡宽坪村西组 |
| 城子胡同新石器遗址 | 齐家文化 | 彭阳县红河乡友联村马河组 |
| 坪上新石器遗址 | 齐家文化 | 彭阳县红河乡什字村油坊组 |
| 瓦罐梁新石器遗址 | 马家窑文化 | 彭阳县古城镇任河村海沟组 |
| 圪垯梁新石器遗址 | 马家窑文化 | 彭阳县古城镇罗山村天喜湾组 |
| 打石沟新石器遗址 | 马家窑文化 | 彭阳县白阳镇双磨村打石沟组 |
| 鹰鸽咀新石器遗址 | 马家窑文化 | 彭阳县古城镇任河村鹰鸽咀组 |
| 高山新石器遗址 | 马家窑文化 | 彭阳县古城镇乃河村石窑组 |
| 刘庄新石器遗址 | 马家窑文化 | 彭阳县新集乡张化村刘庄组 |
| 下蔡西新石器遗址 | 齐家文化 | 彭阳县新集乡上蔡村下蔡组 |
| 下蔡东新石器遗址 | 齐家文化 | 彭阳县新集乡上蔡村下蔡组 |
| 张化新石器遗址 | 马家窑文化 | 彭阳县新集乡张化村张化组 |
| 胡庄北新石器遗址 | 马家窑文化 | 彭阳县新集乡张化村胡庄组 |
| 胡庄南新石器遗址 | 马家窑文化 | 彭阳县新集乡张化村胡庄组 |
| 上蔡新石器遗址 | 齐家文化 | 彭阳县新集乡上蔡村上蔡组 |
| 新王庄北新石器遗址 | 齐家文化 | 彭阳县新集乡新集村新王庄组 |
| 谢寨新石器遗址 | 马家窑文化 | 彭阳县新集乡谢寨村谢寨组 |
| 海子新石器遗址 | 马家窑文化 | 彭阳县新集乡姚河村海子组 |
| 黑墩墩梁新石器遗址 | 齐家文化 | 彭阳县新集乡白草洼村白草洼组 |
| 马河新石器遗址 | 马家窑文化 | 彭阳县新集乡姚河村马河组 |
| 阳坡新石器遗址 | 齐家文化 | 彭阳县新集乡峁堡村阳坡组 |
| 高庄新石器遗址 | 齐家文化 | 彭阳县古城镇高庄村高庄组 |
| 白杨庄新石器遗址 | 齐家文化 | 彭阳县古城镇甘海村白杨庄组 |
| 阳嘴新石器遗址 | 马家窑文化 | 彭阳县城阳乡沟圈村河湾组 |
| 祁家梁头新石器遗址 | 马家窑文化 | 彭阳县城阳乡杨坪村祁家油坊组、西庄组 |
| 虎山峁新石器遗址 | 齐家文化 | 彭阳县冯庄乡小湾村小湾组 |

续表 1

| 名　　称 | 文化类型 | 地理位置 |
| --- | --- | --- |
| 庙洼新石器遗址 | 齐家文化 | 彭阳县冯庄乡小湾村陆湾组 |
| 庄坡梁新石器遗址 | 齐家文化 | 彭阳县冯庄乡虎山崾岘村虎湾组 |
| 小园子新石器遗址 | 齐家文化 | 彭阳县冯庄乡小园子村小园子组 |
| 黑山洼新石器遗址 | 齐家文化 | 彭阳县王洼镇李寨村叶崾岘组 |
| 石碑梁新石器遗址 | 齐家文化 | 彭阳县罗洼乡崾岘村崾岘组 |
| 贺渠新石器遗址 | 齐家文化 | 彭阳县罗洼乡崾岘村崾岘组 |
| 庙坪新石器遗址 | 齐家文化 | 彭阳县冯庄乡小园子村庙坪组 |
| 靶场沟新石器遗址 | 齐家文化 | 彭阳县白阳镇姚河村赵洼组 |
| 西庄新石器遗址 | 齐家文化 | 彭阳县城阳乡杨坪村西庄组 |
| 祁家油坊新石器遗址 | 马家窑文化 | 彭阳县城阳乡杨坪村祁家油坊组 |
| 下姚河新石器遗址 | 齐家文化 | 彭阳县新集乡姚河村下姚河组 |

## 第二节　秦　汉

秦朝和两汉时期,彭阳全境已经全部纳入了秦的封建统治,在和北方匈奴的较量中,彭阳及固原、平凉、庆阳一带,出现了大规模的移民潮流。彭阳的移民又进入了一个新的历史阶段。中央王朝的移民实边成为这一时期移民的主流。同时,北方匈奴经常袭扰,从彭阳等地掠夺财产、人口,以削弱农耕王朝对这里的统治。

### 一、秦朝移民实边

前 221 年,秦始皇完成了统一六国的军事行动,建立起中国历史上第一个统一的多民族的封建国家,废除分封制,推行郡县制,建立了一套完整的中央集权制度。

统一六国之后的秦朝,前 214 年开始对匈奴大规模用兵,夺取了从战国秦长城一线至河套之间的广大地区,设立了 44 个县。通过这次大规模军事行动,今彭阳北部地区才正式纳入秦的统治区域。

为了有效地统治这一区域,除了上面的修筑"亭障"以"逐戎人"外,更重要的是推行了移民实边政策。这次移民的主要对象是犯罪的官吏及其家人,包括一部分原六国贵族。为了把迁移人口牢牢控制在这片土地上,《秦律》进行了严苛的规定,"边民不得内徙",如果没有官府批准的文书,居民自由迁徙属非法行为,会受到严厉的惩处。

这样,在迁入人口数量众多的同时,

又保证了秦朝这一地区移民的稳定性，又从律法上保证了人口大量迁移至此后没有出现逃亡的可能性。经过十余年的开发，长城以北至河套以南的大片土地，成为又一个富饶的秦的关中地区，故名“新秦中”。这时彭阳北部即属于新秦中之地。

然而，这种情况持续时间不长，随着秦末农民起义，秦朝统治迅速崩溃，彭阳及以北的广大地区，之前所迁入人口耐不住本地生活条件的艰苦和天气的寒冷，又加之思乡情结，大量逃离彭阳等地，所剩移民无几。匈奴则趁机重新进入这一区域，今彭阳境内的战国秦长城一线在汉初又成为北方匈奴和农耕王朝的分界线。

**二、西汉的军垦戍边**

汉高祖刘邦建立西汉王朝，定都长安，但经历了秦末农民战争，统一后的西汉，人口因战争、饥荒，急剧减少，土地大量荒芜，国力虚弱。包括彭阳在内的广大西北地区，边防建设明显落滞后，直到汉武帝初年，这种情况仍然明显。汉武帝出萧关北巡时，不仅彭阳及彭阳以北农业生产严重落后，连随行官员的饭食都供养不起，而且，千里之内无防御匈奴的“亭徼”。

人口是极重要的生产力，是极重要的资源，人口数量多，国力就强大，人口的多寡是衡量一个政权是否强大的重要标志。北方少数民族在其兴起之初，又特别在灾荒的年份，不断对中原进行大规模掳掠，对象是人口、粮食、牲畜等重要资源。这样，北方少数民族即增加了劳动力，扩大了兵源，获得了财富，增强实力。又能削弱西汉在边境的防御，可谓一举多得。

所以匈奴利用汉初软弱的数十年间，每年数次跨越长城入关，杀害掳掠人口牲畜财产无数。其中，影响较大的几次是吕后七年（前 181）冬，掳掠人口两千余；汉孝文皇帝十四年（前 166），匈奴单于十四万骑入朝那萧关，杀北地都尉孙卬，虏人民畜产甚多。彭阳人口相对稠密的南部红、茹河河谷一带，由于匈奴的掳掠，又形成了一次被迫南迁移民潮。彭阳不仅北部人口稀少，由于匈奴掳掠南部人口亦大量减少。

空虚的北部边防，无法应对匈奴强大的军事威胁，汉武帝对此十分忧虑，采纳了晁错的建议，实现军垦戍政策，通令全国招募大批人口到彭阳等地定居，战时或参与守城或上马随军队作战，闲时进行农业生产和军事训练。于是，汉武帝时期的移民又开始了。最先迁移到这里的是一批罪犯，其中尤以原赵国、齐国、卫国、楚国的居多。不足则招募一部分奴婢，只要这些奴婢愿意迁移到此，则免其奴婢身份，给予人身自由。不足又开始在关中、河南、山东等地招募平民。由于故土难离，效果并不显著，直到汉武帝元狩四年（前 119）河南、山东等地发生水灾时，才有所改善。借这一次水灾的机会，汉朝政府把多达 72.5 万贫民、难民大量迁移至今甘肃、宁夏、陕北一带，尤其是“朔方以南新秦中”（含彭阳）。为了解决移民之初的生活问题，地方官府给予了衣服、粮食。不足时，则给予钱财作为安家补偿。到元封四年（前107），关东又出现了灾荒，流民多达二百万，又将这一部分贫民迁移至“河南、新秦中”。为了保证移民能固定居住，继续沿袭秦朝旧制“边民不得内徙”规定。

数百万的外来移民进入包括彭阳在内的大西北，这些移民不仅带来了充足的劳动力，而且带来了先进的农业技术，在一些河谷地带，水资源充足的地方，建成了一定规模的农业区。例如茹河、红河、安家川等河谷地，极大地促进了本地的经济文化发展。成了抵御匈奴的一道坚实屏障。在汉武帝之后至西汉灭亡的百余年间，匈奴没有再经过北地郡、朝那内犯。彭阳本地的皇甫家族开始崭露头角，逐渐成为地方上的世家大族，对社会经济产生了深远的影响。

**三、东汉移民**

西汉末年，外戚王莽篡夺西汉政权，于公元8年称帝，改国号为新。其在位期间，企图以改革来扭转国家经济的颓势，反而造成了国内矛盾激化。公元23年，新王朝在赤眉、绿林等农民起义军的打击下覆灭。公元25年，刘秀建立东汉，相继灭掉各路农民起义军。在激烈动荡的两汉之际，包含彭阳在内的整个西北，苦心经营的移民成果，荡然无存。匈奴内犯，边民或死于战乱或大量逃难进入内地给地方豪强充作奴婢。即使朝廷禁止内地豪强收容逃亡的边民，仍难以阻挡北部边民的内迁，毕竟在内地当奴婢，总比在北部经常面临的死亡威胁好得多。这样，西北边境防务又出现了空虚。

东汉光武帝刘秀在位时，一边用武力攻打匈奴，一边恢复各地残破的社会经济。再次进行移民，下诏书命令原北地郡等北方八郡的人口全部迁回，并给予诸多优惠，如赐钱、给食。本地的人口得到了一定程度上的恢复。

好景不长，到了东汉中后期，由于东汉统治者民族政策的失当，出现了大规模的“羌叛”，持续了十余年，蔓延至包括朝那在内的西北多个郡县。“边民死者不可胜数”，“安定、北地、上郡，流人避凶及饿者，归之不绝”。在朝那生活了近二百余年的名门望族皇甫氏，也在这一时期纷纷内迁，这次“羌叛”造成彭阳本地移民再次大量外迁。

民众内迁，政府机构也随之内迁。永初五年（111）至西魏大统元年（535）的424年间，由于匈奴入侵和东汉豪强官吏残暴统治，酿成羌族起义不断，东汉、西汉朝那县被迫随安定郡三次内迁。西魏大统元年（535）朝那县随安定郡迁良原（今灵台县西北）再未归建，直到隋朝废止。西汉末年，安定郡21个县，有户42725，口143294。每县人口平均约6824。东汉时期，汉顺帝永建四年（129），羌族势力衰败，安定郡迁回。连年战乱导致人口数量大幅减少，安定郡由东汉初的20县合并为8县，即临泾、朝那、乌氏、高平、三水、彭阳、阴盘、鹑觚。即使如此，人口的下降仍然惊人。《后汉书·郡国志五》记载，安定郡“八城，户六千九十四，口二万九千六十”。每县人口平均约3633人，只有西汉的53.2%。西晋时，战乱不止，朝那县治迁徙不详。迁徙途中百姓随道死亡，丧其大半，彭阳人口数量大幅减少。在耗费了大量人力物力财力后，羌乱才得以平定。由于从彭阳外迁的汉族人口不愿返回，统治力量严重削弱的东汉政府无力组织强有力的移民实边活动，只好将投降的羌族人迁移至安定、陇西一带。东汉建武八年(32)，光武帝亲征隗嚣，命伏波将军马援(伏波将军印在彭阳草庙出土，现存宁夏博物馆)收降高峻等，安置于朝那。从公元89年到101年，经过反复剿抚，先后三次安置羌族、匈奴降众于朝那。

## 第三节　魏晋南北朝

魏晋南北朝时期，全国整体移民形势是北方少数民族的跨越秦、汉长城内迁，即所谓的“五胡内迁”。东汉末年起，中国西部和北部周边的匈奴、鲜卑、羯、氐、羌等少数民族不断向内地迁徙，魏晋之际内迁达到高潮。在大规模南迁的同时，纷纷建立起少数民族政权，同中原政权对峙。中原政权无法抵御少数民族内迁的冲击，逐渐从北方撤退到江南。在这种大背景下，彭阳境的移民情况，也呈现了少数民族进入、汉族南迁的形势。

### 一、休屠族迁入

休屠族原来活动范围在今甘肃武威地区，早在汉武帝北征匈奴时，匈奴昆邪王部和休屠族部曾约定共同叛匈归汉，但后来休屠王反悔，于是“匈奴昆邪王杀休屠王，并将其众合四万余人来降，(西汉)置五属国以处之。”之后，休屠族部被安置在武威，昆邪王部被安置在酒泉，即《晋书》所言：“以其地为武威、酒泉郡。”

三国曹魏“正始元年(240)……凉州(即武威)休屠胡梁元碧等，率种落二千馀家附雍州”，朝廷将其安置在“安定(郡)之高平(县)”。为保护部落民众免受匈奴袭扰，还设置了“西川都尉”，梁元碧被拜为“前将军”这样的高级武官。至此，数百年间休屠族的梁姓一支在今固原、彭阳一带扎根繁衍。到前秦统治时期(350年—394年)，这支休屠族的梁姓已经在当地具有重大影响力，其首领梁阿广甚至被封王爵。

### 二、人口的继续外迁

晋太元十一年(386)，陇西羌族首领姚苌即皇帝位于长安，大赦，改元曰建初，国号大秦，为了应付同其他少数民族政权征战的需要，将周边居民迁移至统治的核心区域，以此增强自己的势力。先后分两次将安定郡六千余户迁移至关中。彭阳本地居民大幅减少。

晋义熙三年(407)，匈奴族首领赫连勃勃建立夏国后，又在彭阳及周边与其他政权发生激战，“赫连勃勃遣其将胡金纂将万余骑攻平凉。”“勃勃率骑三万攻安定，与姚兴将杨佛嵩战于青石，败之，降其众四万五千，获戎马二万匹。进攻姚兴将党智隆于东乡，降之，署智隆光禄勋，徙其三千余户于贰城。”“勃勃又攻兴将金洛生于黄石固（今彭阳县红河乡境），弥姐豪（麋地豪）地于我罗城，皆拔之，徙七千余家于大城”。经此几役，彭阳及周边又有相当数量的人口被迁走。

在魏晋南北朝三四百年的岁月里，彭阳及周边人口的大量迁入、迁出。一方面，由于少数民族的迁入，本地区在这一时期经济发展更侧重于畜牧业，农耕文化出现了退步现象。另一方面，使本地区人口的民族成分更加复杂，加剧了本地的民族大融合，少数民族进入彭阳，逐渐受汉族的影响，如梁阿广等少数民族首领，已经学习汉族文化，实行土葬，并刻立墓志。本地区以畜牧业为主的少数民族经济开始繁荣，成为当地的代表性产业。以至于到隋唐之后，这里每年交的贡品都成了“九尺白毡”。

## 第四节　隋唐宋金

经历了魏晋南北朝三个多世纪的动乱之后，隋唐相继建立，中国封建社会进入繁盛时期，社会经济、文化等各方面都取得突出成就。

就移民问题来看，隋唐政权强大之时，北方突厥、西部吐蕃不敢内犯，丝绸之路畅通，大批外国商人来唐经商，一部分留在了本地，仅长安一地唐代就有外国人4000余人。安史之乱之后，吐蕃等少数民族又乘机寇边，大肆掳掠，造成了人口的大量外迁。其间，还出现过党项族的迁入和中原政府将其北迁陕北的史实。

### 一、隋唐前期丝绸之路与昭武九姓的进入

彭阳在唐代是丝绸之路东段北线的必经地。西域、西亚的很多商人经常往返于中国和西亚、欧洲之间，有的还在固原，北周李贤夫妇墓中出土的玻璃碗、鎏金银壶、波斯银币等文物。彭阳县新集乡北朝隋唐时期的墓葬中，也出土了萨珊俾路斯银币、波斯银币，银币上还有拜火教的图案和古波斯铭文。

而在隋唐时期，上述西域西亚商人中，最著名的是“昭武九姓”，即康、史、安、曹、石、米、何、火寻和戊地九姓。这是对当时西域锡尔河以南至阿姆河流域的粟特民族和国家及其来华后裔之统称。这些民族善于经商，经常活跃在丝绸之路上，在唐代称“九姓胡”。

安史之乱的爆发，吐蕃迅速攻占河西走廊，丝绸之路几乎中断，这些人中的一部分留在了这一地区。今天彭阳本地的史、安、曹、米、火等姓氏，大多与这些少数民族有关。

### 二、党项族的迁入和迁出

党项族是中国古代北方少数民族之一，属西羌族的一支，故有“党项族党项羌”的称谓。据载，羌族发源于“赐支”或“析

支”，即今青海省东南部黄河边地，过着不知稼穑、草木记岁的原始游牧部落生活。

吐蕃在青藏高原兴起后，党项族迫于吐蕃的压力，开始内附，即《宋史》所言：“唐贞观至上元间内附，散居西北边。”具体活动区域主要是今宁夏南部、甘肃东部一带。唐政府在党项族聚集地设立羁縻州进行管理，有功的党项部落酋长被任命为州刺史等官职。

安史之乱后，唐朝担忧西部的吐蕃、党项、吐谷浑等联合对唐，采纳郭子仪建议，把散居在宁夏南部和庆州（今甘肃庆城县）一带的党项部落迁到银州（今陕西米脂县）以北、夏州（今陕西横山县）以东地区，党项族再次迁移。

**三、吐蕃入侵和藏族进入彭阳**

7至9世纪，古代藏族首领松赞干布在青藏高原建立吐蕃奴隶制政权，和唐朝政权基本同步。虽然有唐太宗时期的“文成公主入藏”，但吐蕃并不满足于统治区域仅仅局限在青藏高原，反而积极向周边扩张，和唐朝的边境摩擦冲突时有发生。

安史之乱后，唐朝统治者将防御西、北的军队调回内地，参与平叛，吐蕃则趁机占领了整个河西走廊，并进一步向关中扩张，甚至一度攻入长安城。彭阳地在广德元年（763）也被吐蕃占领，随后在大历六年（771），大历八年（773），大历九年（774），大历十一年（776），大历十三年（778），在彭阳及周边发生多次战争。这些战争造成本地人口大幅减少。除大量南迁外，每次吐蕃入侵，吐蕃部落贵族大肆掳掠当地百姓成为他们的奴隶，当地原有百姓学会吐蕃的生活习惯，成为吐蕃人。这些融合了汉族的吐蕃人，在唐末五代十国时期，一度成为这里的主要民族。这些吐蕃部落“大者数千家，小者数十家”。

**四、西夏招纳并掳掠彭阳及周边部族人口**

1038年，党项族建立少数民族政权西夏，建立之初，所占土地并不十分广大。人口数量的多寡往往反映一个政权实力。西夏为了增强自己实力，削弱北宋缘边防御力量，在建国前后，大规模招诱北宋境内的少数民族。在960年至1004年之间的近半个世纪里，利用宋、辽大战，北宋无暇西顾之机，经常侵掠军界蕃族，生活在镇戎军的少数民族部族，看到党项势力强大，率族北上归附的甚多，造成彭阳地人口向北迁移。时任北宋镇守李继和大臣为此多次上奏宋真宗，要求重视解决这类问题。

在宋朝和辽“澶渊之盟”后，宋辽关系缓和，北宋将主要精力对付西夏，采取有效措施阻止本地人口北流西夏。西夏为了继续获得人口，组成“擒生军”，在冬季时常深入镇戎军、原州等地，掳掠当地人口。如1083年，进入乾兴寨（今彭阳王洼镇石岔村）界壕，掳掠了大量人口牲畜。又如1098年，又进入天圣寨（疑今彭阳县交岔乡观台堡村）掳掠人口、粮食。

### 五、北宋招纳西夏境内部族进入彭阳

北宋和辽休战后，西夏成为北宋最大的敌人，面对强敌，北宋一边在缘边地区修筑堡寨，今彭阳境内属镇戎军管辖的堡寨有东山寨(今彭阳县古城镇政府驻地)、彭阳城(今彭阳县人民政府驻地)、乾兴寨(今彭阳王洼镇石岔村)、天圣寨(疑今彭阳县交岔乡观台堡村)。属原州管辖的城寨有耳朵城(今彭阳小岔乡耳城村)、靖安寨（今彭阳县冯庄乡小园子村)、绥宁寨(今孟塬乡小石沟村)、立马城(今彭阳县孟塬乡苏喇城)、平安寨(今彭阳城阳乡城阳中学)。同时，还大范围招纳西夏境内的部族，以此达到削弱西夏实力的目的。制定国策：只要是西夏境内投降过来的丁壮人口，都给予一定的赏赐，对招纳西夏部族有功的人员，每招纳丁壮 5 人，赏赐绢 20 匹。对归附的少数民族部族首领，普遍授予官职，并“给近地闲田处之”。

这类赏赐对习惯游牧、不善耕织的少数民族部族来说很有吸引力，大量西夏境内的部族纷纷归附北宋，并被安置在镇戎军、原州一带。例如：1004 年，茄罗、兀赃、成王等三族及宬移军主率属归顺。

1006 年，有叶市、潘、保、薛等四族来投镇戎军；同年，德明秒娥等族降于镇戎军。1014 年，叶市族大首领艳奴，率其族自北境归顺。1018 年樊家族九门都首领客厮铎并其族来归。1023 年，咩迷卡杏家族都指挥使杏友信、都监吹济鄂罗克等三百九十八人纳质子内附。1050 年，纳隆男阿斯鼎举族内附。1051 年，樊家族蕃密斯噶内附。1098 年，都啰漫丁、都啰漫娘昌来归附。由此形成西夏部族迁入彭阳地，使当地人口有所增加。

这些归附的部族，已经背离西夏为西夏所不容，北宋政府则从中挑选出战斗力极强的“番兵”，抵御西夏的袭扰。彭阳境内各个北宋时期的堡寨所驻扎的军队中，不乏这样的“番兵”。

## 第五节　元明清

### 一、中东、中亚穆斯林东迁彭阳

蒙古族在成吉思汗的领导下，在北方迅速崛起，1227 年灭西夏，1234 年灭金后，迅速南下，今彭阳一带纳入其统治区域。1219 至 1260 年的 40 余年时间，蒙古先后进行了三次大规模的西征，征服了中亚、中东等地区。一批批信仰伊斯兰教的中亚各族人以及阿拉伯人和波斯人不断地被签发或自动地东迁来到中国。他们中有工匠、军匠、炮手以及商人、平民、传教士和学术界的人士。他们到了中国以后，除传教士以外的大多数人从事戍边、屯垦、看守府库、纺织、冶炼和制革等工作，被编为各种亲军、卫军，总称“探马赤军”。例如，在攻陷中亚城市撒马尔罕时，被俘工匠就达 3 万人，还签发 3 万壮丁从军。一批又一批被征调的穆斯林(《元史》称回回)，被编入“回回军”，分驻各地。即有“元时回回遍天下”一说。《元史》记载：“若夫

军士,则初有蒙古军、探马赤军。蒙古军皆国人,探马赤军皆诸部族也。”这里的“诸部族”就是指迁徙来的信仰伊斯兰教的中亚、阿拉伯和波斯人。他们“上马则备战斗,下马则屯聚牧养”。就这部分迁移至中国的穆斯林的分布地区而言,陕、甘、宁居多,尤其是1227年灭西夏后,签发大批“回回军”进驻其地,至此宁夏大部皆有分布。在1278年至1296年间,迁移包括“回回军”在内的三万余人到六盘山一带屯田。当时开城驻守着安西王及其统属军队。安西王幼年曾被穆斯林父母抚养长大,个人对伊斯兰教的信仰十分坚定,连皇帝采取幽禁他的措施,他都没有改变信仰,其部十余万军队“闻而信从其教者居大半”。由于成吉思汗、蒙哥、忽必烈都先后在六盘山或驻跸,或避暑,大批的探马赤军也随之驻扎六盘山,在今海原县等地开辟牧马场,作军马、草料后勤补给地。忽必烈即大汗位后,全国政治形势趋于稳定,探马赤军的作用逐渐降低。他在至元十年(1273)下令“探马赤军,随地入社,与编民等”。之后十多年里,先后6次有3万多蒙古军队和探马赤军兵士到六盘山为主的广大地区,在固原“柳树湾”(今彭阳境内)、开城堡、寺口子(今属原州区)以及李旺堡(今属中卫市海原县)一带,开荒种田,他们中有相当多的人信仰了伊斯兰教,成为固原回族的先民。

## 二、元末农民起义彭阳遭战乱人口外流

元朝末年,朝政腐败,蒙汉地主的残酷剥削、土地的严重兼并、统治集团内部的腐败,使阶级矛盾和民族矛盾激化,各地起义不断发生。

1368年朱元璋建立明朝,继续派兵追剿元朝残余势力,元朝大将思道退兵至宁夏南部、庆阳、平凉一带,扩廓帖木儿则拥兵塞上。明太祖洪武二年(1369),明朝大将徐达率军攻占宁夏与元军血战六盘山区,攻克隆德,翻越六盘山攻占了开城州。元军抵抗失败后,裹胁大量当地居民北逃河套一带,彭阳当地人口又一次外迁。驻守开城的蒙古人和色目人归附明朝,他们被大量地编入明朝大将沐英的部队。

明朝屯兵的军事编制是卫所,每卫有5600人,每个千户所1120人(千户所下设10个百户所),每个百户所为112人,百户所设2个总旗,每个总旗下设5个小旗,每个小旗为10人。具体来说,军士立户籍,叫作军户,卫所官兵的军籍可以世代袭替。军户由国家分给土地,令其屯田自给,三分屯种,七分操守。其家属必须随军,称为“军余”,保证兵源不绝,稳定军心,使之“有亲属相依之势,有生理相安之心”。军人退伍或死,从家属中补充,若无家属,则从本籍族亲中补充。这样军人家属实际上和军人一道成为移民,卫所驻地及其周边,也就成为他们的居住地。按四口之家计算,通过此类军户移民,整个固原卫一带的军户移民至少要达到2万多人,形成了一人从军、全家前往、家属同守、军屯合一,以及军政合一的卫所屯垦

格局。洪武十四年(1381)八月,朱元璋令诸将简练将士共24.91万人以备南征。这支队伍先至湖广,沿途招募,人数达30万人。三年后,即洪武十七年(1384),傅友德、蓝玉率征南大军班师回朝,留沐英镇守云贵,柳树湾等地官兵家属随之南迁,后安置在云贵乌蒙山地区的曲靖卫、普安卫和乌撒卫。当时征云南的30万大军中有相当一部分被征调的固原士兵被安排就地屯田,其中,乌撒卫(贵州威宁县)的屯田有64屯。屯与屯之间鸡犬之声相闻。按万历《贵州通志》每户除正军外还有三人的记载概算,当时仅经彭阳"柳树湾"迁入乌撒卫(今贵州省毕节市威宁县)的官兵及家属至少在1.68万人以上,现在已经繁衍约25万人。如今在云贵乌蒙山地区保存的家谱、墓志中都有明确记载,在口口相传中还有许多清晰得记忆。至此,六盘山区一带北逃的加上南迁的,剩下的人口数极少,所以才有后来明初外地人口的大量迁入。

### 三、明代移民实边

整个明代,今彭阳县境行政上归陕西平凉府,军事上归陕西都司固原卫管辖,当时游牧于贺兰山以西大漠中和河套一带的蒙古部族屡屡通过固原进犯庆阳、平凉,威胁关中。为巩固边防,明朝开始了大规模移民。移民主要有三类:

第一,罪犯戍边。尤其是官吏贪赃枉法的,迁徙其全家于九边。固原为三边总制之所,位置重要,此类犯罪戍边移民不在少数。

第二,卫所移民。固原原为固原守御千户所,后改平凉府开城县为固原州,总管陕西三边军务。仅守彭阳城的军士就达350人。

第三,山西大槐树移民。为了边防需要,也为了解决山西地少人多,甘肃、宁夏地多人少的问题,明朝从永乐年间开始,大规模从山西向外移民。今彭阳县自明代移民实边时,由山西直接或间接迁入者居多。

### 四、清代同治西北兵祸与移民

鸦片战争后,外国资本主义强加给中国一系列不平等条约,给中国人民带来的新的灾难,大量的军费和赔款通过各种方式转嫁到劳动人民身上。国内固有的社会矛盾迅速激化,各族人民的反清起义风起云涌。陕甘地区的阶级矛盾是十分尖锐而激烈的,各族人民已深深陷入悲惨的境地,再也无法继续正常生活下去。同治时期的陕甘回民起义,正是清朝统治者残酷的剥削压迫造成的。这场起义持续近20年之久,波及了包括宁夏在内的整个西北。彭阳也未能幸免,大量人口死亡,庙宇道观绝大多数毁于这一时期。彭阳所在的整个平凉府,人口逃亡和死亡249.1万,占战前人口的88.6%。陕甘回民起义遭到镇压后,"陕西回民和在他处的甘肃回民一律迁徙到人迹断绝、荒绝无主的地方","一旦安插后,不得迁移,陕西回民不得回陕,甘肃回民亦不得返回原籍"。左宗棠入甘肃时,形容"远近城邑寨堡,惨遭杀掠,民靡孑遗。平（凉）、庆（阳）、泾（州）、固（原）间，千里荒芜，弥望白骨黄茅，炊烟断绝，被祸之惨，实为天下所无”。战乱平息后，“清军在固原东西两山（固原东山，即大致今彭阳境）收集五百余口，均捷赴平凉。”“在金积堡还有老弱妇女 1.2 万余人，由道员魏光焘前往固原一带履勘”。清政府将灵武金积堡和陕西的一部分回民迁移至六盘山区，人数大约有 1.2 万余人，今彭阳县部分回族在此时迁入。

**五、民国灾荒移民**

民国时期，旱灾是西北地区最常见、对民众生活影响最严重的自然灾害，在陕西、甘肃一带，旱灾年年都有县域发生。其中 1920 年、1924 年、1928 年、1929 年、1930 年、1931 年、1932 年、1942 年、1945 年受灾尤其严重。1927 年《大公报》称：“甘、肃、西宁大饥荒，流离死亡惨不忍睹，地方偏僻，世人少知”，“禾稼尽皆枯槁，赤地千里，草根树皮掘食殆尽，鬻子卖妻，惨状难言”。1927 至 1930 年间，甘肃一省死亡人数高达 250 万，接近全省人口一半。少壮者纷纷奔走远方以求食，老弱者则不免饥疲而死。

在这种大背景下，许多甘肃、陕西逃荒难民来固原县东山一带（今彭阳境）谋生。当时固原，地广人稀，劳动力缺乏。甘肃静宁、庄浪、会宁、天水、秦安等地难民逃荒来这里。其中，绝大部分在灾荒结束后没有返回直接定居下来。解放时，整个固原大多数雇工、佃农、小手工业者及小商小贩主要为外来人口。今白阳镇周沟村上塬队的张姓先民则是阴阳先生从秦安逃荒至今地。甘肃临夏的王慎之、王克明等人于 1924 年到大涝坝（今罗洼乡）、王洼一带逃荒，并定居。甘肃秦安的卢业广，民国初逃荒至固原三营一带，被当地张姓招为上门女婿，并于 1914 年 8 月到小岔乡虎房沟落脚定居，开设熬糖作坊。陕西的董世清，民国初逃荒至今王洼镇崖堡村。王思举，逃荒至今新集乡卯家堡。今草庙乡曹川村牛姓，先民在民国时从甘肃环县逃荒迁入。

**六、新编家谱中记载的彭阳移民**

彭阳县史志办公室从 2014 年至 2015 年征集到的县内新编 10 余部家谱记载和提供来的家族迁徙口述史表明，彭阳县境内已知绝大多数现居人口是元、明、清时期迁入彭阳境内。

城阳乡杨坪村杨氏，为东杨家、西南杨家、南杨家、麟州杨家、同州杨家、临泾杨家、仇池杨家和少数民族杨家等几大源流之一的南杨家。杨坪杨氏因避难从山西迁到陕西华阴仙峪（现五坊镇居住）。洪武二十四年（1391）到嘉靖元年（1522）在甘肃平凉、庆阳、固原三府，随军屯田，不定居，属陕西华阴卫军籍。嘉靖元年（1522）到康熙三十六年（1697），“军屯”落居“平凉卫后所三屯三旗”（今城阳乡杨坪村）。行政隶属陕西承宣布政司平凉府镇原县平安寨（现城阳中学驻址）杨坪屯。分下店子、西庄、大坪、振生民、土桥子五大支系，相对集中居住在城阳乡杨坪村、杨塬村、北塬村、涝池村小庄、长城村叶寨，草庙乡刘塬村亮马台，孟塬乡李家沟施坪，王洼镇路寨村下川等4乡7村19组，还散居在彭阳县其他乡和环县的14个村组。截至2014年底，约1890户、8556人。

城阳乡涝池村陈家涝池陈氏，明洪武年由河南颍川郡（今河南省禹州市）迁至陈家涝池（原亢家涝池）居住。陈氏分大户陈家、小户陈家、铁陈家、铜陈家四大系。陈家涝池陈氏属铁陈家分支，分里院陈遇翰、前院陈继福两支。里院先祖有名可考的历史从清咸丰朝贡生陈荣先之父陈遇翰开始。陈荣先为固原“东山文化之乡”的代表人物之一，曾任甘肃庆阳府合水县儒学训导，受清光绪朝皇恩诰封，其父被封“修职佐郎”，其母韩氏被封“八品孺人”。陈家涝子陈氏同族主要居住在红河镇夏塬村、孟塬乡草滩、小石沟、高岔三村及镇原县开边镇陈家坪村。陈家涝子里院支，截至2014年底约有60户239人。

王洼镇焦圪塄、姬阳洼刘氏家族属平凉红土崾岘支系。约在清朝中期从平凉刘寺巷移居镇原县开边乡万城子（现开边中学附近）。随着人口繁衍，族大人众，再迁武沟乡渠口村红土崾岘。民国18年（1929）在固原县王洼镇置地400余亩、庄院两处。民国34年（1945）从红土崾岘迁入彭阳。截至2014年底居住在彭阳、镇原两县的红土崾岘支系人口近百人。

城阳乡城阳村杨大庄杨氏。“洪武二十八（1395）年正月，山西马步官军二万六千六百人往塞北筑城屯田”，杨大庄杨氏先祖或军或民迁于其中。初迁地在陕西耀州，清初迁入今彭阳县城阳乡城阳村北山组杨大庄居住，除杨大庄外主要聚居在城阳乡陈沟村南沟组，草庙乡曹川村杨洼组，白阳镇玉洼村贺圪塄组。截至2010年底，约543人。

镇原县郭原乡西杨村明朝洪武九年（1376），杨姓家族从山西河东一带的汾县迁往西北。清咸丰八年（1858），分居于彭阳、王洼、草庙、红河、西杨等地。曾祖杨廷俊于民国15年（1926）由镇。

王洼镇北洼村蛟湾组惠氏一家，属甘肃省镇原县新城乡惠家沟门村惠氏支系。明中期从陕西迁居甘肃镇原县西北部，随人口的繁衍增多，又迁居惠家沟门。民国年间由惠家沟门洼上迁至彭阳县冯庄乡任阳洼后辗转定居蛟湾。截至2014年底，4户14口人。

城阳乡韩寨村韩氏一支来自甘肃省平凉市崆峒区花所乡。韩氏族内传为“金指”韩家，明洪武年间从山西洪洞县大槐树底下迁来，明后期，举室固原，落户韩寨。本支韩兴邦为清光绪朝恩贡，是固原“东山文化之乡”代表人物之一。截至2013年底，居住在彭阳县内的四支“金指”韩氏人口约1930人。

冯庄乡小园、上湾、崖湾、茨湾、高庄等村的安姓。孟塬乡高岔、玉原、何岘村的安姓。王洼镇崖堡、杨寨村的安姓均属甘肃省镇原县牵川乡和平村安枣园安氏族源，祖上安龙、安蛟为西汉将军，镇守安定郡，因“骂殿”遭追杀，逃难枣园，归耕田园。先辈口传祖籍山西，清康乾时迁入彭阳。截至2007年底，彭阳县境内安枣园安氏约476户、2562人。

王洼镇崖堡村前梁组马氏一支，清道光元年正月十五日从老坞山庄迁至甘肃省镇原县新城乡马家旋窝庄，民国年间迁入王洼镇崖堡村前梁，另有一支在本县冯庄乡上湾村上湾组和马嵝岘组居住。2014年底，有人口9户50多人。

冯庄乡上湾村石节子和刺卜湾董氏。清同治年间因避战乱，一支随董福祥逃难陕北瓦窑堡、新城、绥德一带，随董子三营克复金积、灵武后定居，一支定居冯庄乡上湾村石节子和刺卜湾。

红河镇徐塬村徐湾徐氏，清乾隆年间，徐氏先祖徐龙、徐虎、徐统三兄弟从今甘肃省镇原县平泉镇南徐村迁入徐塬，形成老家徐龙、书房徐虎、核桃树院徐统三大支系。据南徐村徐氏族人考证，本支徐氏先祖，在明朝初期移民大迁徙时，从江苏南徐迁居朱大庄垦耕旷土，建立家园。后因恋念故土，遂改朱大庄为南徐。徐塬徐氏族人现主要分布在红河镇徐塬村徐塬组、徐湾组、秦台组，常沟村常沟组、王石沟组，夏塬村夏塬组，上王村徐俭组、北山组。城阳乡城阳村梁沟组，白阳镇白岔村姚湾组、夏岔组，陡坡村杜沟组、杨湾组，小岔乡小岔村郝渠组以及环县殷家城乡等。现有人口约1000户4000人。

草庙乡牛湾村寨科组张氏，明洪武二十八年(1395)从山西大槐树迁入今甘肃省镇原县郭塬乡火张村火组，同治(1877)战乱结束，又从火张迁至寨科。张氏族人现主要居住在草庙乡牛湾村寨科组、牛湾组，王岔村王岔组以及镇原郭塬老户，截止2014年底彭阳境约有120户700人。

彭阳祁氏的发源地在城阳乡韩寨村祁家洼。祁家洼祁氏先祖，明洪武年间山西大槐树大移民时由今山西省晋中市祁县迁入今陕西省宝鸡市扶风县，明末清初迁至今甘肃省庆阳市镇原县城关镇祁家川定居。清康熙年间祁家川祁四能一支迁入今彭阳县城阳乡韩寨村祁家洼娶妻生子，定居农耕，被尊为祁家洼祁氏一世祖。祁四能兄弟四人：祁明、祁秀、祁能、祁四能。1.祁明支系主要定居在镇原县太平、祁焦、方山、祁家嘴、庆阳市西峰区和固原市原州区黑城镇祁家堡子。2.祁秀支系主要定居在镇原县祁家川、南川、新城、平泉和镇原县城。3.祁能支系主要定居在灵泾祁家庙。4.祁四能生三子，主要定居在今彭阳县，其分布：(1)城阳乡韩寨村祁家洼，杨坪村祁油坊，涝池村祁后沟、祁塬头、祁庄，长城村金岔、花园子、白马庙，沟圈村祁家庙山。(2)白阳镇阳洼村祁小岔、菜籽台。(3)冯庄乡石沟村山庄。(4)草庙乡祁嵝岘村。(5)孟塬乡草滩村。截至2015年底，祁家洼祁氏有人口约2000人。

彭阳县小岔乡李渠村上园子虎氏家

族。属虎家园子八大支系的小岔乡卷槽村虎家沟、虎山庄虎文祯之后。虎文祯生三子,长子支系居上园子,次子支系居老坟湾,三子支系居槐树庄。截至2015年底,上园子虎氏有人口约300人。

白阳镇姚河村冯氏家族明朝从山西洪洞县迁来。红河镇高家河、白阳镇高家槐沟高氏家族明朝自山西省洪洞县迁入。白阳镇罗堡村史崾岘组袁氏,1939年从甘肃省镇原县郭塬乡袁山根村袁趟子迁入现居地。彭阳县小岔乡七个山甄氏家族,世居甘肃省镇原县开边镇王凤沟故里,清末民国初年迁入。

**附:**

### 明初大槐树移民

明初大槐树移民主要指洪武、永乐年间的移民,是继西晋永嘉南渡、安史之乱唐人南奔、靖康之耻宋人南迁之后,中国历史上又一次大规模的人口迁移。根据《明史》《明实录》等史书记载,明洪武年间先后从山西移民10次,永乐年间移民8次,共计移民18次,移民总人口近百万。

明朝初年洪洞大槐树大规模的官方移民是有其政治、经济等社会原因和历史背景的。元朝是蒙古族建立的少数民族政权,由于阶级矛盾与民族矛盾的日益激化,再加上水、旱、蝗、瘟疫等灾害连续小断,据《元史五行志》记载,元朝末年的雨、旱灾次数,仅山东就多达19次,河南17次,河北15次,两淮8次之多。庄稼颗粒无收,百姓挣扎在死亡的边沿,很多地方出现"人相食"的现象。使河南、山东、河北、安徽、江苏、陕西等原黄河、两淮流域地区,民不聊生。据杜永明主编的《流民史》统计:在元代,流民人数高达全国人口的三分之一以上。

人民无法生活,纷纷揭竿而起。泰定二年(1325),河南息州赵丑厮、郭菩萨起义,提出"弥勒佛当有天下"的口号,揭开了元末农民起义的序幕,自此之后,农民起义此起彼伏,接连不断。元朝政府在镇压起义军的过程中常常"屠其城"。起义军和元朝统治者之间相互征伐,直到1368年朱元璋北伐攻灭元朝才结束,大量人口在战乱中死亡。河南、山东、河北、江苏、安徽、陕西等境内"户口凋残,十室九空",尤其"山东、河南多是无人之地"。

1368年,朱元璋在应天(南京)称帝,明朝建立。面对中原地区"积骸成丘,居民鲜少","人力小至,久致荒芜","累年租税不入"的荒凉情形,朱元璋认识到:"丧乱之后,中原草莽,人民稀少,所谓田野辟,户口增,此正中原之急务。"于是采纳了户部郎中刘九皋、国子监宋纳等人的建议,决定在全国范围内实行移民屯田、奖励开垦政策,掀开了明朝初年洪洞大槐树移民的序幕。

山西在我国历史上具有独特的地理形态,素有"表里河山"之称。它北有长城,南有太行山，西、南又有黄河，境内地势复杂多变，有山脉、丘陵、高原、盆地等，农业经济比较发达，地势易守难攻，使山西很少有大的战事发生。中原与山西临近，历史上每逢中原有大的战事，人们便大量逃到山西避难，到战事结束再同到家乡，一部分人却留在了山西，山西对我国社会的发展起到了很好的调节作用。葛剑雄在《家山何止大槐树》中指出“每当分裂或战乱时期，山西往往成为北部中国的战略要地或政治中心，因而既吸引了大量外来人口，也成为大批难民的庇护所，从而出现一个经济相当繁荣的阶段。”尤其是在元末全国其他地方遭受战乱、自然灾害侵袭人口大量锐减时，山西却社会稳定，风调雨顺，百姓生活稳定富足。元末农民起义中山西人口虽然也受到了一定的损失，但朱元璋非常注意恢复这一地区的农业，通过多次减免税粮等措施，鼓励发展经济，使山西的经济得到快速的恢复，人口快速增长，根据《明太祖实录》记载：明洪武14年，山西人口就达到了403万人，人多地少矛盾非常突出。因此，从山西往山东、河南、安徽、陕西、甘肃、宁夏移民势在必行。山西洪洞县大槐树是当时山西境内一个重要的移民出发点，随着历史的记忆与文化扩散，移民后裔都称自己来自洪洞“大槐树”，或言“要知祖先来何处，山西洪洞大槐树。”

明朝政府移民垦荒的原则是把农民从窄乡（人多地少）移到宽县（人少地多）。对迁移的人口，官府给予土地，发放银两衣物等优惠。为鼓励乡民开垦荒地，又下令凡州、县农民开荒及移民开荒，都归垦荒人所有，作为永业，还责成地方官散发耕牛种籽，使移民、流民能定居附籍。据《明史》《明实录》等史书记载和张青《洪洞大槐树移民考》一文记考述，明初共计从山西向外移民18次，其中：洪武年间10次、永乐年间8次。

1.洪武六年（1373），徙山西真定民屯凤阳。

2.洪武九年（1376）十一月，迁山西及真定民无产者于凤阳屯田，遣人赍冬衣给之。

3.洪武十三年（1380）五月，山西民为军者二万四千余户，悉还为民。

4.洪武二十一年（1388）八月，徙山西泽、潞二州民之无田者，往彰德、真定、临清、归德、太康等闲旷之地。同年八月，徙泽、潞民无业者垦河南、北田，赐钞备家具，复三年。

5.洪武二十二年（1389）九月，后军都督朱荣奏：“山西贫民徙居大名、广平、东昌三府者，凡给田二万六千七十二顷。”

6.洪武二十二年（1389）九月，山西沁州民张从整等一百一十六户告愿应募屯田，户部以闻，命赏从整等钞锭，送后都督佥事徐礼分田给之。

7.洪武二十五年（1392）八月，冯胜、傅友德帅开国公常升等分行山西，籍民为军，屯田于大同、东胜，立十六卫。同年八月，冯胜、傅友德等在大同等地屯田。计平阳选民十九卫，太原、辽、沁、汾，选民十七卫。……每卫五千六百人。

8.洪武二十五年(1392)十二月，后军都督府金事李烙、徐礼还京。先是命烙等往谕山西民愿迁居彰德者听。至是还报，彰德、卫辉、广平、大名、东昌、开封、怀庆等七府徙居者凡五百九十八户。

9.洪武二十八年(1395)正月，山西马步官军二万六千六百人往塞北筑城屯田。

10.洪武三十五年(1402)九月，徙山西民无田者实北平，赐之钞，复五年。同年九月，户部遣官核实太原、平阳二府，泽、潞、辽、汾、沁五州，丁多田少及无田之家，分其丁口以实北平各府州县。

11.永乐元年(1403)八月，定罪囚于北京为民种田例。其余有罪俱免，免杖编成里甲，并妻、子发北京、永平等府州县为民种田。礼部议奏:山东、山西、陕西、河南四布政司就本布政司编成里甲……上悉从之。

12.永乐二年(1404)九月，徙山西民万户实北平。同年九月，徙山西太原、平阳、泽、潞、辽、汾、沁民万户实北平。

13.永乐三年(1405)九月，徙山西民万户实北平。同年九月，徙山西太原、平阳、泽、潞、辽、汾、沁民万户实北平。

14.永乐四年(1406)正月，湖广、山西、山东等郡县吏李懋等二百十四人言愿为民北京。命户部给道里费遣之。

15.永乐五年(1407)五月，命户部从山西之平阳、泽、潞，山东之登、莱等府州五千户隶上林苑监，牧养栽种。户给道里费一百锭，口粮五斗。

16.永乐十二年(1414)三月，上以其(隆庆)当要冲，而土宜稼穑，改为隆庆州……而以有罪当迁谪者实之。本州原编东南、西南、东北、西北四隅，红门、黄报、白庙、版桥、富峪、红寺六屯，谓之前十里，谪发为事官吏充之。榆林、双营、西桑园、泥河岔道、新庄、东园、宝林、阜民九屯，连关厢谓之后十里，迁发山西等处流民充之，每户拨田五十亩，任种办纳粮差。

17.永乐十四年(1416)十一月，徙山东、山西、湖广流民于保安州，赐复三年。同年十一月，徙山东、山西、湖广流民二千三百余户于保安州，免赋役三年。

18.永乐十五年(1417)五月，山西平阳、大同、蔚州、广灵等府州申外山等诣阙上言“乞分丁于北京、广平、清河等宽闲之处，占籍为民，拨田耕种，依例输税，庶小失所”，从之。仍免田租一年。

根据《明史》《明实录》《日知录之余》等正史及笔记史料的记载和收集查阅的家谱、碑文、信函资料和大槐树祭祖园留言簿等不完全统计，明洪洞大槐树移民姓氏共800余个，移民分布共18个省(市)500余县(市)。其中:河南106县(市)，北京、天津、河北129县(市)，山东92县(市)，江苏、安徽、湖北、湖南62县(市)，陕西、甘肃、宁夏51县(市)，山西34县(市)，内蒙9县(市)，辽宁11县

(市),吉林3县(市),黑龙江3县(市),广西1县。

其中,陕西、甘肃、宁夏51县(市)主要分布在:固原、平凉、银川、青铜峡、中卫、石嘴山、庄浪、西安、铜川、宝鸡、岐山、武功、眉县、三原、户县、蒲城、韩城、大荔、合阳、白水、澄城、麟游、兰州、甘谷、天水、张掖、镇原、扶风、彬县、米脂、绥德、吴堡、周至、民乐、景泰、兴平、乾县、会宁、榆林、武威、商州、华阴、古浪、洛南、商南、山阳、丹凤、城固、威南、靖远、渭南、临泽、高台。

可以看出,今宁夏回族自治区辖银川、石嘴山、固原、中卫、青铜峡都是大槐树移民的重要分布区域,移民在宁夏这片土地上安家置业,拓荒耕植,辛勤劳作,耕地面积大量增加,使原来人烟稀少,荒凉凋蔽的景象得到改变,农业生产得到恢复和发展,对促进民族融合、文化交流做出了贡献。

## 彭阳县前100位姓氏排序

表2

| 序号 | 姓氏 | 序 | 姓氏 | 序 | 姓氏 | 序 | 姓氏 | 序 | 姓氏 |
|---|---|---|---|---|---|---|---|---|---|
| 1 | 马 | 21 | 何 | 41 | 秦 | 61 | 尚 | 81 | 党 |
| 2 | 王 | 22 | 周 | 42 | 惠 | 62 | 蔺 | 82 | 雷 |
| 3 | 张 | 23 | 贾 | 43 | 扈 | 63 | 满 | 83 | 孟 |
| 4 | 杨 | 24 | 黄 | 44 | 牛 | 64 | 叶 | 84 | 陆 |
| 5 | 李 | 25 | 苏 | 45 | 路 | 65 | 贺 | 85 | 崔 |
| 6 | 刘 | 26 | 常 | 46 | 邓 | 66 | 席 | 86 | 候 |
| 7 | 陈 | 27 | 任 | 47 | 罗 | 67 | 火 | 87 | 沈 |
| 8 | 虎 | 28 | 魏 | 48 | 石 | 68 | 宋 | 88 | 涂 |
| 9 | 韩 | 29 | 余 | 49 | 史 | 69 | 米 | 89 | 穆 |
| 10 | 赵 | 30 | 景 | 50 | 薛 | 70 | 许 | 90 | 甄 |
| 11 | 海 | 31 | 曹 | 51 | 姚 | 71 | 顾 | 91 | 潘 |
| 12 | 高 | 32 | 梁 | 52 | 文 | 72 | 台 | 92 | 蔡 |
| 13 | 安 | 33 | 白 | 53 | 乔 | 73 | 蒋 | 93 | 季 |
| 14 | 姬 | 34 | 孙 | 54 | 晁 | 74 | 尹 | 94 | 谈 |
| 15 | 兰 | 35 | 祁 | 55 | 闫 | 75 | 母 | 95 | 段 |
| 16 | 徐 | 36 | 郑 | 56 | 林 | 76 | 时 | 96 | 毛 |
| 17 | 吴 | 37 | 冯 | 57 | 杜 | 77 | 陶 | 97 | 柳 |
| 18 | 郭 | 38 | 胡 | 58 | 丁 | 78 | 吕 | 98 | 谢 |
| 19 | 袁 | 39 | 董 | 59 | 明 | 79 | 梅 | 99 | 苟 |
| 20 | 朱 | 40 | 田 | 60 | 庞 | 80 | 方 | 100 | 曾 |

注：数据来源于2010年彭阳县第六次全国人口普查资料

## 彭阳县前50位姓氏人口数

表3

| 姓氏 | 排序 | 人口数（人） | 占总人口百分比（%） | 姓氏 | 排序 | 人口数（人） | 占总人口百分比（%） |
|---|---|---|---|---|---|---|---|
| 马 | 1 | 29145 | 14.55 | 常 | 26 | 1515 | 0.75 |
| 王 | 2 | 17252 | 8.62 | 任 | 27 | 1348 | 0.67 |
| 张 | 3 | 15229 | 7.61 | 魏 | 28 | 1277 | 0.64 |
| 杨 | 4 | 12369 | 6.18 | 余 | 29 | 1218 | 0.61 |
| 李 | 5 | 10783 | 5.39 | 景 | 30 | 1181 | 0.59 |
| 刘 | 6 | 7378 | 3.68 | 曹 | 31 | 1168 | 0.58 |
| 陈 | 7 | 5456 | 2.73 | 梁 | 32 | 1112 | 0.56 |
| 虎 | 8 | 5138 | 2.57 | 白 | 33 | 1064 | 0.53 |
| 韩 | 9 | 4911 | 2.45 | 孙 | 34 | 1005 | 0.50 |
| 赵 | 10 | 3931 | 1.96 | 祁 | 35 | 937 | 0.47 |
| 海 | 11 | 3714 | 1.86 | 郑 | 36 | 917 | 0.46 |
| 高 | 12 | 2713 | 1.36 | 冯 | 37 | 910 | 0.45 |
| 安 | 13 | 2429 | 1.21 | 胡 | 38 | 890 | 0.44 |
| 姬 | 14 | 2387 | 1.19 | 董 | 39 | 887 | 0.44 |
| 兰 | 15 | 2309 | 1.06 | 田 | 40 | 844 | 0.42 |
| 徐 | 16 | 2261 | 1.15 | 秦 | 41 | 843 | 0.42 |
| 吴 | 17 | 1890 | 0.94 | 惠 | 42 | 808 | 0.40 |
| 郭 | 18 | 1842 | 0.99 | 扈 | 43 | 759 | 0.38 |
| 袁 | 19 | 1811 | 0.92 | 牛 | 44 | 712 | 0.36 |
| 朱 | 20 | 1801 | 0.90 | 路 | 45 | 708 | 0.35 |
| 何 | 21 | 1791 | 0.89 | 邓 | 46 | 691 | 0.34 |
| 周 | 22 | 1697 | 0.84 | 罗 | 47 | 648 | 0.32 |
| 贾 | 23 | 1554 | 0.77 | 石 | 48 | 636 | 0.32 |
| 黄 | 24 | 1533 | 0.76 | 史 | 49 | 585 | 0.29 |
| 苏 | 25 | 1520 | 0.76 | 薛 | 50 | 584 | 0.29 |

注：数据来源于2010年彭阳县第六次全国人口普查资料

## 彭阳县汉族前20位姓氏人口数

表4

| 姓氏 | 排序 | 人口数（人） | 占总人口百分比（%） | 姓氏 | 排序 | 人口数（人） | 占总人口百分比（%） |
|---|---|---|---|---|---|---|---|
| 王 | 1 | 16178 | 8.08 | 马 | 11 | 2400 | 1.20 |
| 张 | 2 | 12343 | 6.16 | 安 | 12 | 2144 | 1.07 |
| 杨 | 3 | 9536 | 4.76 | 徐 | 13 | 2053 | 1.03 |
| 李 | 4 | 9170 | 4.58 | 黄 | 14 | 1826 | 0.91 |
| 刘 | 5 | 6312 | 3.15 | 郭 | 15 | 1810 | 0.90 |
| 陈 | 6 | 5154 | 2.57 | 朱 | 16 | 1763 | 0.88 |
| 韩 | 7 | 4923 | 2.45 | 吴 | 17 | 1758 | 0.87 |
| 虎 | 8 | 4820 | 2.41 | 袁 | 18 | 1659 | 0.83 |
| 赵 | 9 | 3718 | 1.86 | 何 | 19 | 1531 | 0.76 |
| 高 | 10 | 2566 | 1.28 | 贾 | 20 | 1493 | 0.75 |

注：数据来源于2010年彭阳县第六次全国人口普查资料

## 彭阳县回族前20位姓氏人口数

表5

| 姓氏 | 排序 | 人口数（人） | 占总人口百分比（%） | 姓氏 | 排序 | 人口数（人） | 占总人口百分比（%） |
|---|---|---|---|---|---|---|---|
| 马 | 1 | 26738 | 13.36 | 王 | 11 | 654 | 0.33 |
| 海 | 2 | 3712 | 1.85 | 秦 | 12 | 601 | 0.30 |
| 张 | 3 | 2551 | 1.27 | 周 | 13 | 563 | 0.28 |
| 姬 | 4 | 2268 | 1.13 | 白 | 14 | 482 | 0.24 |
| 兰 | 5 | 2178 | 1.09 | 明 | 15 | 405 | 0.20 |
| 杨 | 6 | 2049 | 1.02 | 满 | 16 | 384 | 0.19 |
| 李 | 7 | 1515 | 0.76 | 赵 | 17 | 370 | 0.18 |
| 刘 | 8 | 921 | 0.46 | 苏 | 18 | 341 | 0.17 |
| 冯 | 9 | 764 | 0.38 | 丁 | 19 | 322 | 0.16 |
| 余 | 10 | 710 | 0.35 | 母 | 20 | 295 | 0.15 |

注：数据来源于2010年彭阳县第六次全国人口普查资料

# 第二章

# 马家梁移民

## 第一节 概 述

彭阳建县初，农业生产基础条件落后，生态环境脆弱，自然灾害频繁，干旱少雨，土地瘠薄，资源匮乏，交通不便，信息闭塞，经济与社会发展十分缓慢。贫困人口集中，许多农民群众长期生活在极端贫困中，是宁南山区最贫困的县之一。

1983年9月，国务院“三西”（甘肃定西地区、河西地区和宁夏西海固地区）地区农业建设领导小组在银川召开“三西”地区农业建设领导小组第二次（扩大）会议，着重讨论西海固地区农业建设的指导思想问题，提出“有水路走水路，无水路走旱路，水旱路不通另找出路”的方针，确定了“三西”建设的三个目标，即三年停止破坏，五年解决群众温饱，十年二十年改变面貌；解决温饱的标准为人均年有粮250—300公斤，人均纯收入80元以上；制定“三西”农业建设规划。是年，彭阳县被入选国家农业建设专项资金补助的“三西”地区。决定从1983年开始，用10年时间，支持“三西”地区农业建设这一重点项目。决定西海固地区的农民可以到引黄灌区潮湖、芦草洼、大战场设吊庄，兴河套之利，济西海固之贫。彭阳县委、政府紧紧抓住彭阳县被列入“三西”建设扶贫计划的历史机遇，确定了“有水路走水路，没水路走旱路，水旱路不通另找出路”的方针和“大力种草、种树，兴牧促农，因地制宜，农林牧副全面发展”的扶贫开发思路，开展了以解决农村贫困人口温饱问题为主要目标的大规模扶贫开发。1984年3月，自治区人民政府决定将中宁县马家梁13.3平方千米的沙荒地划分给彭阳县，有计划、有步骤的搬迁部分干旱缺水山区、土石质山区和地发病多发的贫困户到此定居落户,建设“吊庄”。同月,彭阳县开发建设马家梁新灌区指挥部成立,组织落实移民开发建设任务,首次向县外较大规模移民。1990年在吊庄正式成立“马家梁乡人民政府”,辖白岗、七墩、马家梁、彭建、沙沟5个行政村、20个村民小组。开发前为中卫、中宁两县群众的放牧之地,蒿草荒芜,黄沙肆虐,气候干燥,属干旱风沙区。1993年底,彭阳县共投入移民开发资金278.17万元,完成移民搬迁安置867户5029人。开发土地面积1.3万亩,修引水干渠3条,耕地均可灌溉。修建三级公路11.9千米,植成片林58.3万株,种草1450亩。马家梁全乡以农业为主,粮食多种春小麦,次种豌豆、玉米、马铃薯等作物。经济作物主要有胡麻、葵花、蔬菜等。移民彻底摆脱了昔日吃粮靠供应、花钱靠救济,食不饱腹、衣不遮体、房不避风的困难处境。经过十年的开发建设,这个昔日的戈壁荒滩如今已是土地肥沃、林网纵横,以农、畜、林业为发展重点,以枸杞、红枣、苹果、硒砂瓜为主的特色产业使马家梁移民人彻底甩掉了贫困的帽子,成为枸杞大乡,还成为周边最大的农产品、畜产品集散中心。实现了“七通七有两转变”,即通电、通(自来)水、通(柏油)路、通(公交)车、通广播电视、通邮、通电话;有学校、有村级活动场所、有医疗服务站、有劳动就业服务中心、有超市、有文化广场、有环保设施;群众的生产方式、生活观念发生了根本转变。不仅使移民群众的生活质量明显提高,而且为他们脱贫致富奠定了坚实基础,成为宁夏建设社会主义新农村的典范。

截至2000年8月,先后共移民976户4862人。2000年9月彭阳县马家梁移交中宁县管理。

## 第二节　机构管理及领导人名录

### 一、机构管理

1983年彭阳县成立后,撤销了彭阳、王洼两个区公所的建制。辖固原县东部的彭阳、城阳、红河、沟口、新集、古城、川口、王洼、草庙、孟塬、冯庄、小岔、罗洼、交岔、石岔15个人民公社。1983年10月在15个人民公社基础上改建为15个乡。1984年3月,成立了“彭阳县开发建设马家梁新灌区指挥部”,与县农业建设办公室共同组织实施大战场新灌区的开发和移民工作。1988年5月,彭阳县民政科向彭阳县人民政府呈报《关于马家梁乡设置行政村的报告》,县人民政府批复同意设置行政村5个。1990年1月,马家梁吊庄正式成立彭阳县马家梁乡人民政府,驻地马家梁村。正式开展工作,接管大战场指挥部和县农业建设办公室的移民和开发工作。辖白岗、七墩、马家梁、彭建、沙沟5个行政村、20个村民小组。兴建初级中学1所,小学2所,并设立粮站、医院、供销社、信用社、农机服务站、畜牧站等服务机构。

2000年9月,彭阳县马家梁整体移交中宁县管理。

二、领导人名录

**彭阳县农业建设办公室**

**主　任**　杨发科(1983—1984)
常德川(兼大战场指挥部指挥,1984—1985)
何国攀(1985—1986)
文效敏(1986—1987)
马海林(1987—1989)
马忠科(1989—1990.1)

**副主任**　胡志清(1983—1984)
陈克俭(1986—1990)
杨志立(1990.1—1990.9)

**大战场指挥部**(地址中宁县马家梁吊庄)

**指　挥**　常德川(1984.3-1985.6)
陈邦治(1985.6—)

**副指挥**　姬文杰(回,1985.6任)

**马家梁乡人民政府**(地址中宁县马家梁村)

**书　记**　白生华(中宁1990.1—1992.4)
何进武(兼人大主席,1992.4—1995.7)
张建贵(1995.7—2000.9)

**乡　长**　康建忠(中宁人1990.1—1992.4)
海潮荣(1992.4—1997.3)
马文学(1997.3—2000.9)

**副书记**　冯金荣(1992.4—2000.9)
马志平(1992.4—1997.3)
李治忠(1997.3—2000.9)

**副乡长**　马世雄(1990.1—1992.4)
李　刚(1995.8—2000.9)

## 第三节　移民花名表

表6

| 户　主 | 与户主关系 | 姓　名 | 移出乡(镇) | 移入乡(镇) |
|---|---|---|---|---|
| 秦志成 | 二子 | 秦长明 | 交岔乡 | 马家梁乡 |
| | 次女 | 秦东梅 | 交岔乡 | 马家梁乡 |
| | 儿媳 | 赵代儿 | 交岔乡 | 马家梁乡 |
| | 三子 | 秦付付 | 交岔乡 | 马家梁乡 |
| | 孙女 | 秦买颜 | 交岔乡 | 马家梁乡 |
| 马忠清 | 妻子 | 秦梅连 | 交岔乡 | 马家梁乡 |
| | 次子 | 马宝成 | 交岔乡 | 马家梁乡 |
| | 长子 | 马努思 | 交岔乡 | 马家梁乡 |
| | 三子 | 马吾旦 | 交岔乡 | 马家梁乡 |
| 马忠清 | 长女 | 马付杰 | 交岔乡 | 马家梁乡 |
| | 次女 | 马海杰 | 交岔乡 | 马家梁乡 |
| | 三女 | 马买彦 | 交岔乡 | 马家梁乡 |
| 何德保 | 妻子 | 马　艳 | 交岔乡 | 马家梁乡 |
| | 长女 | 何　萍 | 交岔乡 | 马家梁乡 |
| | 次女 | 何　珍 | 交岔乡 | 马家梁乡 |
| | 三女 | 何　芳 | 交岔乡 | 马家梁乡 |
| | 四女 | 何　蓉 | 交岔乡 | 马家梁乡 |
| | 长子 | 何　龙 | 交岔乡 | 马家梁乡 |

续表 6

| 户主 | 与户主关系 | 姓名 | 移出乡(镇) | 移入乡(镇) |
|---|---|---|---|---|
| 何德保 | 次子 | 何　伟 | 交岔乡 | 马家梁乡 |
| 张建仁 | 妻子 | 马文梅 | 交岔乡 | 马家梁乡 |
| | 长子 | 张会儿 | 交岔乡 | 马家梁乡 |
| | 女儿 | 张慧慧 | 交岔乡 | 马家梁乡 |
| | 次子 | 张平平 | 交岔乡 | 马家梁乡 |
| 喇生成 | 妻子 | 马改蕊 | 交岔乡 | 马家梁乡 |
| | 长子 | 喇志学 | 交岔乡 | 马家梁乡 |
| | 次女 | 喇志红 | 交岔乡 | 马家梁乡 |
| | 次子 | 喇志安 | 交岔乡 | 马家梁乡 |
| 兰发奎 | 妻子 | 马秀芳 | 交岔乡 | 马家梁乡 |
| | 次女 | 兰彩红 | 交岔乡 | 马家梁乡 |
| | 三女 | 兰彩莲 | 交岔乡 | 马家梁乡 |
| | 长子 | 兰进富 | 交岔乡 | 马家梁乡 |
| | 次子 | 兰进安 | 交岔乡 | 马家梁乡 |
| 秦国寿 | 妻子 | 余葡萄 | 交岔乡 | 马家梁乡 |
| | 儿子 | 秦　辉 | 交岔乡 | 马家梁乡 |
| 杨彦付 | 妻子 | 王学兰 | 交岔乡 | 马家梁乡 |
| | 长女 | 杨赛买 | 交岔乡 | 马家梁乡 |
| | 养女 | 杨古秀 | 交岔乡 | 马家梁乡 |
| | 长子 | 杨志敏 | 交岔乡 | 马家梁乡 |
| | 次子 | 杨旭东 | 交岔乡 | 马家梁乡 |
| 马明春 | 妻子 | 马荣梅 | 交岔乡 | 马家梁乡 |
| | 姐姐 | 马文翠 | 交岔乡 | 马家梁乡 |
| 马文仁 | 妻子 | 马法莹 | 交岔乡 | 马家梁乡 |
| | 三女 | 马祖祖 | 交岔乡 | 马家梁乡 |
| | 四女 | 马锁飞 | 交岔乡 | 马家梁乡 |
| 马成君 | 妻子 | 李秀梅 | 交岔乡 | 马家梁乡 |
| | 长女 | 马祖代 | 交岔乡 | 马家梁乡 |
| | 次女 | 马发秀 | 交岔乡 | 马家梁乡 |
| | 三女 | 马阿西 | 交岔乡 | 马家梁乡 |
| | 四女 | 马西教 | 交岔乡 | 马家梁乡 |
| 马俊安 | 妻子 | 剡克英 | 交岔乡 | 马家梁乡 |
| | 长女 | 马升兰 | 交岔乡 | 马家梁乡 |
| | 次女 | 马升英 | 交岔乡 | 马家梁乡 |
| | 长子 | 马升贵 | 交岔乡 | 马家梁乡 |
| 马俊安 | 次子 | 马升才 | 交岔乡 | 马家梁乡 |
| | 三子 | 马升日 | 交岔乡 | 马家梁乡 |
| | 四子 | 马盼社 | 交岔乡 | 马家梁乡 |
| | 五子 | 马衣核 | 交岔乡 | 马家梁乡 |
| 姬宝成 | 妻子 | 杨付荣 | 交岔乡 | 马家梁乡 |
| | 长子 | 姬小东 | 交岔乡 | 马家梁乡 |
| | 长女 | 姬梅夜 | 交岔乡 | 马家梁乡 |
| 马飞杰 | 妻子 | 马秀兰 | 交岔乡 | 马家梁乡 |
| | 长子 | 马有布 | 交岔乡 | 马家梁乡 |
| | 次子 | 马尔乃 | 交岔乡 | 马家梁乡 |
| | 三女 | 马蕊飞 | 交岔乡 | 马家梁乡 |
| 马文荣 | 妻子 | 马文秀 | 交岔乡 | 马家梁乡 |
| | 长女 | 马祖尔 | 交岔乡 | 马家梁乡 |
| | 次女 | 马社社 | 交岔乡 | 马家梁乡 |
| | 三女 | 马买儿 | 交岔乡 | 马家梁乡 |
| | 长子 | 马锁尔 | 交岔乡 | 马家梁乡 |
| 于秀荣 | 妻子 | 马合莲 | 交岔乡 | 马家梁乡 |
| | 弟弟 | 于秀海 | 交岔乡 | 马家梁乡 |
| | 长子 | 于小龙 | 交岔乡 | 马家梁乡 |
| | 长女 | 于小梅 | 交岔乡 | 马家梁乡 |
| | 次子 | 于小军 | 交岔乡 | 马家梁乡 |
| | 姐姐 | 马启兰 | 交岔乡 | 马家梁乡 |
| 马文改 | 妻子 | 杨志琴 | 交岔乡 | 马家梁乡 |
| | 长子 | 马占宝 | 交岔乡 | 马家梁乡 |
| | 父亲 | 马化标 | 交岔乡 | 马家梁乡 |
| | 母亲 | 海梅娃 | 交岔乡 | 马家梁乡 |
| | 妹妹 | 马文女 | 交岔乡 | 马家梁乡 |
| | 次子 | 马占龙 | 交岔乡 | 马家梁乡 |
| 海恒清 | 妻子 | 马合莲 | 交岔乡 | 马家梁乡 |
| | 长子 | 海生学 | 交岔乡 | 马家梁乡 |
| | 次子 | 海生忠 | 交岔乡 | 马家梁乡 |
| | 长女 | 海梅汝 | 交岔乡 | 马家梁乡 |
| | 次女 | 海生冬 | 交岔乡 | 马家梁乡 |
| | 三子 | 海　军 | 交岔乡 | 马家梁乡 |
| 于文华 | 妻子 | 马德珍 | 交岔乡 | 马家梁乡 |

续表 6

| 户　主 | 与户主关　系 | 姓　名 | 移　出乡(镇) | 移　入乡(镇) |
|---|---|---|---|---|
| 于文华 | 四子 | 于核赛 | 交岔乡 | 马家梁乡 |
| | 五子 | 于秀仁 | 交岔乡 | 马家梁乡 |
| | 女儿 | 于玲儿 | 交岔乡 | 马家梁乡 |
| 马付君 | 妻子 | 马态英 | 交岔乡 | 马家梁乡 |
| | 长子 | 马德禄 | 交岔乡 | 马家梁乡 |
| | 次子 | 马德忠 | 交岔乡 | 马家梁乡 |
| | 长女 | 马德莲 | 交岔乡 | 马家梁乡 |
| | 弟弟 | 马付义 | 交岔乡 | 马家梁乡 |
| | 妹妹 | 马镇格 | 交岔乡 | 马家梁乡 |
| 马德付 | 妻子 | 李梅贵 | 交岔乡 | 马家梁乡 |
| | 长女 | 马贸丽 | 交岔乡 | 马家梁乡 |
| | 长子 | 马贸睿 | 交岔乡 | 马家梁乡 |
| | 次子 | 马贸军 | 交岔乡 | 马家梁乡 |
| 马德仓 | 妻子 | 马德忠 | 交岔乡 | 马家梁乡 |
| | 次女 | 马席儿 | 交岔乡 | 马家梁乡 |
| | 三子 | 马买儿 | 交岔乡 | 马家梁乡 |
| | 四子 | 马义旦 | 交岔乡 | 马家梁乡 |
| 姬秀德 | 妻子 | 马燕子 | 交岔乡 | 马家梁乡 |
| | 长子 | 姬牙儿 | 交岔乡 | 马家梁乡 |
| | 次子 | 姬升儿 | 交岔乡 | 马家梁乡 |
| | 三子 | 姬油布 | 交岔乡 | 马家梁乡 |
| | 长义子 | 姬广等 | 交岔乡 | 马家梁乡 |
| | 次义子 | 姬广德 | 交岔乡 | 马家梁乡 |
| 马生贵 | 妻子 | 杨花杏 | 交岔乡 | 马家梁乡 |
| | 长子 | 马志明 | 交岔乡 | 马家梁乡 |
| | 次子 | 马志鹏 | 交岔乡 | 马家梁乡 |
| | 长女 | 马志旦 | 交岔乡 | 马家梁乡 |
| | 次女 | 马志梅 | 交岔乡 | 马家梁乡 |
| 马征明 | 妻子 | 喇志梅 | 交岔乡 | 马家梁乡 |
| | 长子 | 马　杰 | 交岔乡 | 马家梁乡 |
| 海　杰 | 妻子 | 穆明霞 | 交岔乡 | 马家梁乡 |
| | 长女 | 海红燕 | 交岔乡 | 马家梁乡 |
| | 哥哥 | 海玉清 | 交岔乡 | 马家梁乡 |
| | 嫂子 | 姬女娃 | 交岔乡 | 马家梁乡 |
| | 弟弟 | 海玉杰 | 交岔乡 | 马家梁乡 |
| | 弟弟 | 海友祥 | 交岔乡 | 马家梁乡 |
| 海玉龙 | 妻子 | 拜玉梅 | 交岔乡 | 马家梁乡 |
| | 长子 | 海连君 | 交岔乡 | 马家梁乡 |
| 妥　强 | 妻子 | 马玉莲 | 交岔乡 | 马家梁乡 |
| | 长子 | 妥小军 | 交岔乡 | 马家梁乡 |
| | 次子 | 妥小平 | 交岔乡 | 马家梁乡 |
| | 三女 | 妥小英 | 交岔乡 | 马家梁乡 |
| 张文荣 | 妻子 | 马玉莲 | 交岔乡 | 马家梁乡 |
| | 长子 | 张承忠 | 交岔乡 | 马家梁乡 |
| | 次女 | 张阿旦 | 交岔乡 | 马家梁乡 |
| | 次子 | 张核牙 | 交岔乡 | 马家梁乡 |
| 海玉等 | 妻子 | 马学兰 | 交岔乡 | 马家梁乡 |
| | 长子 | 海国忠 | 交岔乡 | 马家梁乡 |
| | 长女 | 海赛买 | 交岔乡 | 马家梁乡 |
| 马折中 | 妻子 | 余　效 | 交岔乡 | 马家梁乡 |
| | 长女 | 马代祖 | 交岔乡 | 马家梁乡 |
| | 次女 | 马发买 | 交岔乡 | 马家梁乡 |
| 周文仓 | 妻子 | 马佰兰 | 交岔乡 | 马家梁乡 |
| | 长女 | 周小英 | 交岔乡 | 马家梁乡 |
| | 次女 | 周小琴 | 交岔乡 | 马家梁乡 |
| | 长子 | 周小东 | 交岔乡 | 马家梁乡 |
| | 次子 | 周小荣 | 交岔乡 | 马家梁乡 |
| | 三子 | 周小强 | 交岔乡 | 马家梁乡 |
| 海国荣 | 妻子 | 马均梅 | 交岔乡 | 马家梁乡 |
| | 长子 | 海　军 | 交岔乡 | 马家梁乡 |
| | 长女 | 海　芳 | 交岔乡 | 马家梁乡 |
| | 次子 | 海　龙 | 交岔乡 | 马家梁乡 |
| 张晓东 | 妻子 | 马玉梅 | 交岔乡 | 马家梁乡 |
| | 长子 | 张　宝 | 交岔乡 | 马家梁乡 |
| 马飞权 | 妻子 | 丁生雪 | 交岔乡 | 马家梁乡 |
| | 长女 | 马兰子 | 交岔乡 | 马家梁乡 |
| | 次女 | 马彦梅 | 交岔乡 | 马家梁乡 |
| | 长子 | 马黑目 | 交岔乡 | 马家梁乡 |
| 海福英 | 儿子 | 海正国 | 交岔乡 | 马家梁乡 |
| | 女儿 | 海正冬 | 交岔乡 | 马家梁乡 |
| 马德营 | 妻子 | 马再拜 | 交岔乡 | 马家梁乡 |
| | 妹妹 | 马　妹 | 交岔乡 | 马家梁乡 |

续表 6

| 户 主 | 与户主关系 | 姓 名 | 移出乡(镇) | 移入乡(镇) |
|---|---|---|---|---|
| 马德营 | 弟弟 | 马盼儿 | 交岔乡 | 马家梁乡 |
| | 长子 | 马文贵 | 交岔乡 | 马家梁乡 |
| 马盼春 | 母亲 | 马文翠 | 交岔乡 | 马家梁乡 |
| | 弟弟 | 马路生 | 交岔乡 | 马家梁乡 |
| | 弟弟 | 马哈牙 | 交岔乡 | 马家梁乡 |
| | 弟弟 | 马宋塔 | 交岔乡 | 马家梁乡 |
| | 妹妹 | 马葡萄 | 交岔乡 | 马家梁乡 |
| 马太杖 | 妻子 | 马继莲 | 交岔乡 | 马家梁乡 |
| | 长女 | 马发买 | 交岔乡 | 马家梁乡 |
| | 妹妹 | 马太英 | 交岔乡 | 马家梁乡 |
| 买发奎 | 妻子 | 马秀芳 | 交岔乡 | 马家梁乡 |
| | 长女 | 买买彦 | 交岔乡 | 马家梁乡 |
| | 次女 | 买国芳 | 交岔乡 | 马家梁乡 |
| | 三女 | 买国梅 | 交岔乡 | 马家梁乡 |
| | 四女 | 买国承 | 交岔乡 | 马家梁乡 |
| | 长子 | 买贵福 | 交岔乡 | 马家梁乡 |
| 喇秀成 | 妻子 | 马俊连 | 交岔乡 | 马家梁乡 |
| | 长女 | 喇祖旦 | 交岔乡 | 马家梁乡 |
| | 长子 | 喇儿子 | 交岔乡 | 马家梁乡 |
| | 次女 | 喇女子 | 交岔乡 | 马家梁乡 |
| | 次子 | 喇胡赛 | 交岔乡 | 马家梁乡 |
| 余晓付 | 妻子 | 马秀兰 | 交岔乡 | 马家梁乡 |
| | 次女 | 余见梅 | 交岔乡 | 马家梁乡 |
| | 长子 | 余见冬 | 交岔乡 | 马家梁乡 |
| | 三女 | 余见英 | 交岔乡 | 马家梁乡 |
| 海飞东 | 妻子 | 叶德梅 | 交岔乡 | 马家梁乡 |
| | 弟弟 | 海飞山 | 交岔乡 | 马家梁乡 |
| | 长子 | 海向阳 | 交岔乡 | 马家梁乡 |
| | 次子 | 海向旭 | 交岔乡 | 马家梁乡 |
| 何 勇 | 二弟 | 何 平 | 交岔乡 | 马家梁乡 |
| | 父亲 | 何生荣 | 交岔乡 | 马家梁乡 |
| | 母亲 | 马 明 | 交岔乡 | 马家梁乡 |
| | 三弟 | 何 满 | 交岔乡 | 马家梁乡 |
| | 四弟 | 何 刚 | 交岔乡 | 马家梁乡 |
| | 妹妹 | 何丽丽 | 交岔乡 | 马家梁乡 |
| 杨彦光 | 妻子 | 何银兰 | 交岔乡 | 马家梁乡 |

| 户 主 | 与户主关系 | 姓 名 | 移出乡(镇) | 移入乡(镇) |
|---|---|---|---|---|
| 杨彦光 | 长子 | 杨阿社 | 交岔乡 | 马家梁乡 |
| | 长女 | 杨有拜 | 交岔乡 | 马家梁乡 |
| 韩德选 | 妻子 | 马志荣 | 交岔乡 | 马家梁乡 |
| | 长子 | 韩学亮 | 交岔乡 | 马家梁乡 |
| 马俊伟 | 妻子 | 王有兰 | 交岔乡 | 马家梁乡 |
| | 长女 | 马丽买 | 交岔乡 | 马家梁乡 |
| 李 成 | 妻子 | 马进花 | 交岔乡 | 马家梁乡 |
| | 长女 | 李 梅 | 交岔乡 | 马家梁乡 |
| | 长子 | 李 军 | 交岔乡 | 马家梁乡 |
| 马成山 | 妻子 | 杨占英 | 交岔乡 | 马家梁乡 |
| | 长女 | 马占梅 | 交岔乡 | 马家梁乡 |
| | 次女 | 马北子 | 交岔乡 | 马家梁乡 |
| 马成国 | 妻子 | 罗英莲 | 交岔乡 | 马家梁乡 |
| | 长子 | 马志岗 | 交岔乡 | 马家梁乡 |
| | 次子 | 马志祥 | 交岔乡 | 马家梁乡 |
| | 长女 | 马志梅 | 交岔乡 | 马家梁乡 |
| 马德霖 | 妻子 | 海梅桂 | 交岔乡 | 马家梁乡 |
| | 长女 | 马岁女 | 交岔乡 | 马家梁乡 |
| | 次女 | 马发旦 | 交岔乡 | 马家梁乡 |
| | 三女 | 马元女 | 交岔乡 | 马家梁乡 |
| | 长子 | 马文俊 | 交岔乡 | 马家梁乡 |
| 海恒斌 | 妻子 | 吴培冬 | 交岔乡 | 马家梁乡 |
| | 四子 | 海生元 | 交岔乡 | 马家梁乡 |
| | 五子 | 海小亮 | 交岔乡 | 马家梁乡 |
| | 长女 | 海彦齐 | 交岔乡 | 马家梁乡 |
| 单克英 | 妻子 | 摆连英 | 交岔乡 | 马家梁乡 |
| | 次子 | 单忠武 | 交岔乡 | 马家梁乡 |
| | 儿媳 | 单德秀 | 交岔乡 | 马家梁乡 |
| | 孙女 | 单春冬 | 交岔乡 | 马家梁乡 |
| | 儿子 | 单义哈 | 交岔乡 | 马家梁乡 |
| | 孙女 | 单 梅 | 交岔乡 | 马家梁乡 |
| | 孙女 | 单祖代 | 交岔乡 | 马家梁乡 |
| 海明忠 | 父亲 | 海殿荣 | 交岔乡 | 马家梁乡 |
| | 妹妹 | 海明霞 | 交岔乡 | 马家梁乡 |
| | 弟弟 | 海儿的 | 交岔乡 | 马家梁乡 |
| 马凤鹏 | 妻子 | 海文英 | 交岔乡 | 马家梁乡 |

续表 6

| 户　主 | 与户主关　系 | 姓　名 | 移　出乡(镇) | 移　入乡(镇) |
| --- | --- | --- | --- | --- |
| 马凤鹏 | 长女 | 马　英 | 交岔乡 | 马家梁乡 |
| | 次女 | 马女女 | 交岔乡 | 马家梁乡 |
| | 女婿 | 冷过龙 | 交岔乡 | 马家梁乡 |
| | 外孙 | 海男核 | 交岔乡 | 马家梁乡 |
| 马飞林 | 妻子 | 海　芳 | 交岔乡 | 马家梁乡 |
| | 三子 | 马东东 | 交岔乡 | 马家梁乡 |
| | 次子 | 马玉庭 | 交岔乡 | 马家梁乡 |
| | 长女 | 马发买 | 交岔乡 | 马家梁乡 |
| | 长子 | 马有社 | 交岔乡 | 马家梁乡 |
| | 次子 | 马晚嘎 | 交岔乡 | 马家梁乡 |
| 马生江 | 长子 | 马德录 | 交岔乡 | 马家梁乡 |
| | 儿媳 | 马社社 | 交岔乡 | 马家梁乡 |
| | 次子 | 马麻麻 | 交岔乡 | 马家梁乡 |
| | 三子 | 马岁旦 | 交岔乡 | 马家梁乡 |
| | 长女 | 马德娃 | 交岔乡 | 马家梁乡 |
| | 孙子 | 马茅等 | 交岔乡 | 马家梁乡 |
| | 妻子 | 于淑英 | 交岔乡 | 马家梁乡 |
| 马合仁 | 妻子 | 马克兰 | 交岔乡 | 马家梁乡 |
| | 长子 | 马儿旦 | 交岔乡 | 马家梁乡 |
| 马飞祥 | 妻子 | 马元桂 | 交岔乡 | 马家梁乡 |
| | 次子 | 马忠雷 | 交岔乡 | 马家梁乡 |
| | 次女 | 马忠芳 | 交岔乡 | 马家梁乡 |
| 马生林 | 妻子 | 马均荣 | 交岔乡 | 马家梁乡 |
| | 长女 | 马买买 | 交岔乡 | 马家梁乡 |
| | 长子 | 马哈格 | 交岔乡 | 马家梁乡 |
| | 次女 | 马女子 | 交岔乡 | 马家梁乡 |
| 马升财 | 母亲 | 马秀俊 | 交岔乡 | 马家梁乡 |
| | 妻子 | 马成梅 | 交岔乡 | 马家梁乡 |
| | 长女 | 马兰冬 | 交岔乡 | 马家梁乡 |
| | 长子 | 马格儿 | 交岔乡 | 马家梁乡 |
| 马太成 | 妻子 | 马志英 | 交岔乡 | 马家梁乡 |
| | 长子 | 马儿旦 | 交岔乡 | 马家梁乡 |
| | 次子 | 马小平 | 交岔乡 | 马家梁乡 |
| | 三子 | 马　元 | 交岔乡 | 马家梁乡 |
| 赵万祥 | 妻子 | 马杰冬 | 交岔乡 | 马家梁乡 |
| | 长女 | 赵进彩 | 交岔乡 | 马家梁乡 |

| 户　主 | 与户主关　系 | 姓　名 | 移　出乡(镇) | 移　入乡(镇) |
| --- | --- | --- | --- | --- |
| 赵万祥 | 次女 | 赵　梅 | 交岔乡 | 马家梁乡 |
| | 长子 | 赵阿旦 | 交岔乡 | 马家梁乡 |
| | 次子 | 赵元旦 | 交岔乡 | 马家梁乡 |
| 马成祥 | 妻子 | 马成英 | 交岔乡 | 马家梁乡 |
| | 父亲 | 马有奎 | 交岔乡 | 马家梁乡 |
| | 长子 | 马任拾 | 交岔乡 | 马家梁乡 |
| | 次子 | 马舍目 | 交岔乡 | 马家梁乡 |
| | 长女 | 马阿舍 | 交岔乡 | 马家梁乡 |
| 马德山 | 妻子 | 妥生英 | 交岔乡 | 马家梁乡 |
| | 长女 | 马小彦 | 交岔乡 | 马家梁乡 |
| | 次女 | 马买买 | 交岔乡 | 马家梁乡 |
| | 长子 | 马阿旦 | 交岔乡 | 马家梁乡 |
| 马飞林 | 妻子 | 马桂英 | 交岔乡 | 马家梁乡 |
| | 长子 | 马盘社 | 交岔乡 | 马家梁乡 |
| | 次子 | 马满克 | 交岔乡 | 马家梁乡 |
| | 长女 | 马小玲 | 交岔乡 | 马家梁乡 |
| 马成俊 | 妻子 | 马俊莹 | 交岔乡 | 马家梁乡 |
| | 儿子 | 马克有 | 交岔乡 | 马家梁乡 |
| | 女儿 | 马社儿 | 交岔乡 | 马家梁乡 |
| 马付林 | 妻子 | 马义梅 | 交岔乡 | 马家梁乡 |
| | 长子 | 马继红 | 交岔乡 | 马家梁乡 |
| | 次子 | 马冬儿 | 交岔乡 | 马家梁乡 |
| | 长女 | 马买儿 | 交岔乡 | 马家梁乡 |
| | 次女 | 马继芳 | 交岔乡 | 马家梁乡 |
| 马宗林 | 弟弟 | 马宗礼 | 交岔乡 | 马家梁乡 |
| | 妹妹 | 马阿社 | 交岔乡 | 马家梁乡 |
| | 妻子 | 马如儿 | 交岔乡 | 马家梁乡 |
| | 长女 | 马彦彦 | 交岔乡 | 马家梁乡 |
| | 弟媳 | 于秀平 | 交岔乡 | 马家梁乡 |
| | 长子 | 马太林 | 交岔乡 | 马家梁乡 |
| 马义仁 | 长女 | 马太梅 | 交岔乡 | 马家梁乡 |
| | 次女 | 马太英 | 交岔乡 | 马家梁乡 |
| | | 马继梅 | 交岔乡 | 马家梁乡 |
| | 孙女 | 马发秀 | 交岔乡 | 马家梁乡 |
| 马生清 | 妻子 | 剡春兰 | 交岔乡 | 马家梁乡 |
| | 长女 | 马文梅 | 交岔乡 | 马家梁乡 |

续表 6

| 户　主 | 与户主关系 | 姓　名 | 移　出乡(镇) | 移　入乡(镇) |
|---|---|---|---|---|
| 马生清 | 长子 | 马文秀 | 交岔乡 | 马家梁乡 |
| | 次子 | 马文林 | 交岔乡 | 马家梁乡 |
| | 儿媳 | 杨进梅 | 交岔乡 | 马家梁乡 |
| | 长孙 | 马哈戈 | 交岔乡 | 马家梁乡 |
| 马清克 | 弟弟 | 马清海 | 交岔乡 | 马家梁乡 |
| | 弟弟 | 马清林 | 交岔乡 | 马家梁乡 |
| | 弟弟 | 马清亮 | 交岔乡 | 马家梁乡 |
| | 弟弟 | 马清龙 | 交岔乡 | 马家梁乡 |
| | 长女 | 马阿社 | 交岔乡 | 马家梁乡 |
| | 妻子 | 马进芳 | 交岔乡 | 马家梁乡 |
| 马德升 | 妻子 | 李生梅 | 交岔乡 | 马家梁乡 |
| | 长女 | 马密乃 | 交岔乡 | 马家梁乡 |
| | 长子 | 马麦顺 | 交岔乡 | 马家梁乡 |
| | 次女 | 马发买 | 交岔乡 | 马家梁乡 |
| 杨德珍 | 妻子 | 杨生学 | 交岔乡 | 马家梁乡 |
| | 长子 | 杨彦彪 | 交岔乡 | 马家梁乡 |
| | 长女 | 杨飞锁 | 交岔乡 | 马家梁乡 |
| 马生海 | 妻子 | 马有冬 | 交岔乡 | 马家梁乡 |
| | 长子 | 马尔克 | 交岔乡 | 马家梁乡 |
| | 次子 | 马叶赛 | 交岔乡 | 马家梁乡 |
| | 长女 | 马秀祖 | 交岔乡 | 马家梁乡 |
| 杨彦堂 | 妻子 | 杨生冬 | 交岔乡 | 马家梁乡 |
| | 长子 | 杨热都 | 交岔乡 | 马家梁乡 |
| | 长女 | 杨燕子 | 交岔乡 | 马家梁乡 |
| 杨德发 | 妻子 | 马德承 | 交岔乡 | 马家梁乡 |
| | 母亲 | 何彦玉 | 交岔乡 | 马家梁乡 |
| | 长女 | 杨赛买 | 交岔乡 | 马家梁乡 |
| | 次女 | 杨儿买 | 交岔乡 | 马家梁乡 |
| | 三女 | 杨再拜 | 交岔乡 | 马家梁乡 |
| 马保山 | 次子 | 马福仓 | 交岔乡 | 马家梁乡 |
| | 长女 | 马峁丹 | 交岔乡 | 马家梁乡 |
| | 三女 | 马阿叶 | 交岔乡 | 马家梁乡 |
| | 次女 | 马元元 | 交岔乡 | 马家梁乡 |
| | 儿媳 | 马玉莲 | 交岔乡 | 马家梁乡 |
| 杨校英 | 母亲 | 李　氏 | 交岔乡 | 马家梁乡 |
| | 长子 | 杨万亮 | 交岔乡 | 马家梁乡 |
| 杨校英 | 次子 | 杨万科 | 交岔乡 | 马家梁乡 |
| | 三子 | 杨万学 | 交岔乡 | 马家梁乡 |
| | 长女 | 杨永检 | 交岔乡 | 马家梁乡 |
| | 四子 | 杨万永 | 交岔乡 | 马家梁乡 |
| 李占贵 | 儿媳 | 马克冬 | 交岔乡 | 马家梁乡 |
| | 妻子 | 海宝英 | 交岔乡 | 马家梁乡 |
| | 长子 | 李桂选 | 交岔乡 | 马家梁乡 |
| | 次子 | 李桂军 | 交岔乡 | 马家梁乡 |
| | 三子 | 李桂英 | 交岔乡 | 马家梁乡 |
| | 四子 | 李热儿 | 交岔乡 | 马家梁乡 |
| | 长女 | 李桂学 | 交岔乡 | 马家梁乡 |
| | 儿媳 | 马伢连 | 交岔乡 | 马家梁乡 |
| | 孙女 | 李发买 | 交岔乡 | 马家梁乡 |
| 海国元 | 妻子 | 马连芳 | 交岔乡 | 马家梁乡 |
| | 长子 | 海妥黑 | 交岔乡 | 马家梁乡 |
| | 次子 | 海古拜 | 交岔乡 | 马家梁乡 |
| | 次女 | 海岁女 | 交岔乡 | 马家梁乡 |
| | 三女 | 海哈乳 | 交岔乡 | 马家梁乡 |
| | 长女 | 海祖代 | 交岔乡 | 马家梁乡 |
| 冯连栋 | 妻子 | 马兆兰 | 交岔乡 | 马家梁乡 |
| | 长子 | 冯飞合 | 交岔乡 | 马家梁乡 |
| | 儿媳 | 马宋桂 | 交岔乡 | 马家梁乡 |
| | 儿子 | 冯哈齐 | 交岔乡 | 马家梁乡 |
| | 孙子 | 冯有志 | 交岔乡 | 马家梁乡 |
| 冯飞军 | 三子 | 冯有努 | 交岔乡 | 马家梁乡 |
| | 次女 | 冯赛买 | 交岔乡 | 马家梁乡 |
| | 三女 | 冯春冬 | 交岔乡 | 马家梁乡 |
| | 四子 | 冯牙儿 | 交岔乡 | 马家梁乡 |
| 马玉虎 | 妻子 | 马宪梅 | 交岔乡 | 马家梁乡 |
| | 父亲 | 马占明 | 交岔乡 | 马家梁乡 |
| | 母亲 | 海宝英 | 交岔乡 | 马家梁乡 |
| | 长女 | 马小平 | 交岔乡 | 马家梁乡 |
| | 长子 | 马小龙 | 交岔乡 | 马家梁乡 |
| 周文录 | 妻子 | 马成连 | 交岔乡 | 马家梁乡 |
| | 长子 | 周拾子 | 交岔乡 | 马家梁乡 |
| | 次子 | 周儿子 | 交岔乡 | 马家梁乡 |

续表 6

| 户　主 | 与户主关　系 | 姓　名 | 移　出乡(镇) | 移　入乡(镇) |
|---|---|---|---|---|
| 周文录 | 长女 | 周女子 | 交岔乡 | 马家梁乡 |
| | 次女 | 周赛买 | 交岔乡 | 马家梁乡 |
| 马　继 | 妻子 | 马飞连 | 交岔乡 | 马家梁乡 |
| | 长子 | 妥小军 | 交岔乡 | 马家梁乡 |
| | 次子 | 妥小平 | 交岔乡 | 马家梁乡 |
| | 长女 | 妥小琴 | 交岔乡 | 马家梁乡 |
| | 次女 | 妥小梅 | 交岔乡 | 马家梁乡 |
| | 三女 | 妥小英 | 交岔乡 | 马家梁乡 |
| 马生贵 | 妻子 | 杨莹杏 | 交岔乡 | 马家梁乡 |
| | 长子 | 马克明 | 交岔乡 | 马家梁乡 |
| | 次子 | 马克朋 | 交岔乡 | 马家梁乡 |
| | 长女 | 马白但 | 交岔乡 | 马家梁乡 |
| | 次女 | 马凤梅 | 交岔乡 | 马家梁乡 |
| 杨克川 | 妻子 | 马玉兰 | 交岔乡 | 马家梁乡 |
| | 三子 | 杨　福 | 交岔乡 | 马家梁乡 |
| | 四子 | 杨　成 | 交岔乡 | 马家梁乡 |
| | 五子 | 杨克银 | 交岔乡 | 马家梁乡 |
| | 三女 | 杨克琴 | 交岔乡 | 马家梁乡 |
| | 四女 | 杨克平 | 交岔乡 | 马家梁乡 |
| | 三儿媳 | 海玉兰 | 交岔乡 | 马家梁乡 |
| | 孙女 | 杨　玲 | 交岔乡 | 马家梁乡 |
| | 孙女 | 杨岁女 | 交岔乡 | 马家梁乡 |
| | 母亲 | 马秀英 | 交岔乡 | 马家梁乡 |
| 马生珍 | 妻子 | 马守英 | 交岔乡 | 马家梁乡 |
| | 次子 | 马俩西 | 交岔乡 | 马家梁乡 |
| | 三子 | 马必儿 | 交岔乡 | 马家梁乡 |
| | 孙子 | 马有儿 | 交岔乡 | 马家梁乡 |
| 赫生亮 | 妻子 | 海生连 | 交岔乡 | 马家梁乡 |
| | 长女 | 赫秃买 | 交岔乡 | 马家梁乡 |
| 周文仓 | 妻子 | 马生兰 | 交岔乡 | 马家梁乡 |
| | 长子 | 周枪儿 | 交岔乡 | 马家梁乡 |
| | 长女 | 周春子 | 交岔乡 | 马家梁乡 |
| | 次子 | 周文麻 | 交岔乡 | 马家梁乡 |
| | 三子 | 周牛娃 | 交岔乡 | 马家梁乡 |
| 海以连 | 长女 | 海玉莲 | 交岔乡 | 马家梁乡 |
| | 四女 | 海　娃 | 交岔乡 | 马家梁乡 |

| 户　主 | 与户主关　系 | 姓　名 | 移　出乡(镇) | 移　入乡(镇) |
|---|---|---|---|---|
| 海以连 | 五女 | 海玉女 | 交岔乡 | 马家梁乡 |
| | 六女 | 海发买 | 交岔乡 | 马家梁乡 |
| | 三女 | 海还梅 | 交岔乡 | 马家梁乡 |
| | 七女 | 海阿爱 | 交岔乡 | 马家梁乡 |
| 马生清 | 妻子 | 马成连 | 交岔乡 | 马家梁乡 |
| | 长子 | 马者乃 | 交岔乡 | 马家梁乡 |
| | 长女 | 马小女 | 交岔乡 | 马家梁乡 |
| | 次子 | 马有等 | 交岔乡 | 马家梁乡 |
| | 三子 | 马社么 | 交岔乡 | 马家梁乡 |
| 马文平 | 妻子 | 海国梅 | 交岔乡 | 马家梁乡 |
| | 长子 | 马赛娃 | 交岔乡 | 马家梁乡 |
| | 次子 | 马核娃 | 交岔乡 | 马家梁乡 |
| | 长女 | 马峁买 | 交岔乡 | 马家梁乡 |
| 马文学 | 长子 | 马义哈 | 交岔乡 | 马家梁乡 |
| | 次子 | 马乃儿 | 交岔乡 | 马家梁乡 |
| | 儿媳 | 马守琴 | 交岔乡 | 马家梁乡 |
| 马保东 | 父亲 | 马飞林 | 交岔乡 | 马家梁乡 |
| | 母亲 | 马小云 | 交岔乡 | 马家梁乡 |
| | 妹妹 | 马保冬 | 交岔乡 | 马家梁乡 |
| | 妹妹 | 马保霞 | 交岔乡 | 马家梁乡 |
| 马保仁 | 妻子 | 马志芳 | 交岔乡 | 马家梁乡 |
| | 长女 | 马买颜 | 交岔乡 | 马家梁乡 |
| 马有良 | 妻子 | 安玉梅 | 交岔乡 | 马家梁乡 |
| | 长女 | 马如祖 | 交岔乡 | 马家梁乡 |
| | 长子 | 马岁木 | 交岔乡 | 马家梁乡 |
| 马文福 | 妻子 | 马秀承 | 交岔乡 | 马家梁乡 |
| | 妹妹 | 马文冬 | 交岔乡 | 马家梁乡 |
| | 长女 | 马铃儿 | 交岔乡 | 马家梁乡 |
| | 长子 | 马戛儿 | 交岔乡 | 马家梁乡 |
| 剡克荣 | 妻子 | 马启英 | 交岔乡 | 马家梁乡 |
| | 长女 | 剡女子 | 交岔乡 | 马家梁乡 |
| | 次女 | 剡哈买 | 交岔乡 | 马家梁乡 |
| | 长子 | 剡木核买 | 交岔乡 | 马家梁乡 |
| 马志杰 | 妻子 | 马玉芳 | 交岔乡 | 马家梁乡 |
| | 长女 | 马代娃 | 交岔乡 | 马家梁乡 |
| | 次女 | 马良莹 | 交岔乡 | 马家梁乡 |

续表 6

| 户　主 | 与户主关　系 | 姓　名 | 移　出乡(镇) | 移　入乡(镇) | 户　主 | 与户主关　系 | 姓　名 | 移　出乡(镇) | 移　入乡(镇) |
|---|---|---|---|---|---|---|---|---|---|
| 马志杰 | 长子 | 马牛娃 | 交岔乡 | 马家梁乡 | 马成吉 | 长女 | 马文梅 | 交岔乡 | 马家梁乡 |
| | 弟弟 | 马志仓 | 交岔乡 | 马家梁乡 | | 长子 | 马文莹 | 交岔乡 | 马家梁乡 |
| 马志录 | 长子 | 马俊东 | 交岔乡 | 马家梁乡 | | 次子 | 马文生 | 交岔乡 | 马家梁乡 |
| | 长女 | 马俊琴 | 交岔乡 | 马家梁乡 | 马文林 | 妻子 | 马秀莲 | 交岔乡 | 马家梁乡 |
| | 次子 | 马俊林 | 交岔乡 | 马家梁乡 | | 长女 | 马祖代 | 交岔乡 | 马家梁乡 |
| 马文俭 | 长子 | 马打君 | 交岔乡 | 马家梁乡 | | 次女 | 马阿社 | 交岔乡 | 马家梁乡 |
| | 次女 | 马发秃买 | 交岔乡 | 马家梁乡 | 海生荣 | 妻子 | 马　英 | 交岔乡 | 马家梁乡 |
| | 次子 | 马吾旦 | 交岔乡 | 马家梁乡 | | 父亲 | 马晓鹏 | 交岔乡 | 马家梁乡 |
| | 母亲 | 曹福连 | 交岔乡 | 马家梁乡 | | 母亲 | 海文英 | 交岔乡 | 马家梁乡 |
| 马成贵 | 妻子 | 海国梅 | 交岔乡 | 马家梁乡 | | 长女 | 海热买 | 交岔乡 | 马家梁乡 |
| | 母亲 | 马文华 | 交岔乡 | 马家梁乡 | | 长子 | 海努海 | 交岔乡 | 马家梁乡 |
| | 长女 | 马生杆 | 交岔乡 | 马家梁乡 | | 次子 | 海吾旦 | 交岔乡 | 马家梁乡 |
| | 长子 | 马录军 | 交岔乡 | 马家梁乡 | 马小云 | 妻子 | 海恒兰 | 交岔乡 | 马家梁乡 |
| | 次子 | 马岁旦 | 交岔乡 | 马家梁乡 | | 长子 | 马　鹏 | 交岔乡 | 马家梁乡 |
| | 弟弟 | 马阿旦 | 交岔乡 | 马家梁乡 | | 次子 | 马　军 | 交岔乡 | 马家梁乡 |
| 赵珍海 | 妻子 | 马桂冬 | 交岔乡 | 马家梁乡 | | 长女 | 马　秀 | 交岔乡 | 马家梁乡 |
| | 长子 | 赵银贵 | 交岔乡 | 马家梁乡 | 杨德发 | 妻子 | 马德兰 | 交岔乡 | 马家梁乡 |
| | 次子 | 赵银亮 | 交岔乡 | 马家梁乡 | | 母亲 | 何秀兰 | 交岔乡 | 马家梁乡 |
| | 三子 | 赵银彪 | 交岔乡 | 马家梁乡 | | 长女 | 杨赛买 | 交岔乡 | 马家梁乡 |
| 马存祥 | 妻子 | 明生秀 | 交岔乡 | 马家梁乡 | | 次女 | 杨热买 | 交岔乡 | 马家梁乡 |
| | 长女 | 马也儿 | 交岔乡 | 马家梁乡 | | 三女 | 杨核拜 | 交岔乡 | 马家梁乡 |
| | 长子 | 马利儿 | 交岔乡 | 马家梁乡 | 马进权 | 妻子 | 马均莹 | 交岔乡 | 马家梁乡 |
| | 次女 | 马再拜 | 交岔乡 | 马家梁乡 | | 长女 | 马　买 | 交岔乡 | 马家梁乡 |
| | 次子 | 马发旦 | 交岔乡 | 马家梁乡 | | 长子 | 马哈格 | 交岔乡 | 马家梁乡 |
| 周志珍 | 妻子 | 马志梅 | 交岔乡 | 马家梁乡 | | 次女 | 马女子 | 交岔乡 | 马家梁乡 |
| | 三子 | 周文海 | 交岔乡 | 马家梁乡 | 马保科 | 妻子 | 马文英 | 交岔乡 | 马家梁乡 |
| | 四子 | 周毛三 | 交岔乡 | 马家梁乡 | | 次女 | 马哈买 | 交岔乡 | 马家梁乡 |
| | 五子 | 周文科 | 交岔乡 | 马家梁乡 | | 长子 | 马利哈 | 交岔乡 | 马家梁乡 |
| 周文财 | 妻子 | 李飞梅 | 交岔乡 | 马家梁乡 | | 次子 | 马学刚 | 交岔乡 | 马家梁乡 |
| | 长子 | 周盼盼 | 交岔乡 | 马家梁乡 | 马成科 | 妻子 | 马成英 | 交岔乡 | 马家梁乡 |
| | 次子 | 周而的 | 交岔乡 | 马家梁乡 | | 父亲 | 马有全 | 交岔乡 | 马家梁乡 |
| 海生功 | 妻子 | 马保莹 | 交岔乡 | 马家梁乡 | | 长子 | 马伍拾 | 交岔乡 | 马家梁乡 |
| | 长子 | 海　军 | 交岔乡 | 马家梁乡 | | 次子 | 马社月 | 交岔乡 | 马家梁乡 |
| | 长女 | 海　霞 | 交岔乡 | 马家梁乡 | | 长女 | 马阿社 | 交岔乡 | 马家梁乡 |
| | 次女 | 海　凤 | 交岔乡 | 马家梁乡 | | 儿媳 | 马祖格 | 交岔乡 | 马家梁乡 |
| 马成吉 | 妻子 | 马再拜 | 交岔乡 | 马家梁乡 | 马俊川 | 妻子 | 陈海梅 | 交岔乡 | 马家梁乡 |

续表 6

| 户　主 | 与户主关　系 | 姓　名 | 移　出乡(镇) | 移　入乡(镇) |
|---|---|---|---|---|
| 马俊川 | 长女 | 马买彦 | 交岔乡 | 马家梁乡 |
| | 长子 | 马盼儿 | 交岔乡 | 马家梁乡 |
| | 次女 | 马租代 | 交岔乡 | 马家梁乡 |
| 马占东 | 妻子 | 吴　英 | 交岔乡 | 马家梁乡 |
| | 长子 | 马义海 | 交岔乡 | 马家梁乡 |
| 马志忠 | 妻子 | 张文英 | 交岔乡 | 马家梁乡 |
| | 长子 | 马满志 | 交岔乡 | 马家梁乡 |
| | 次女 | 马小玲 | 交岔乡 | 马家梁乡 |
| 马志有 | 妻子 | 马祖尔 | 交岔乡 | 马家梁乡 |
| | 长子 | 马阿旦 | 交岔乡 | 马家梁乡 |
| 马继彦 | 妻子 | 兰彩霞 | 交岔乡 | 马家梁乡 |
| 马文仓 | 妻子 | 马保英 | 交岔乡 | 马家梁乡 |
| | 长子 | 马母河 | 交岔乡 | 马家梁乡 |
| | 次子 | 马尔河 | 交岔乡 | 马家梁乡 |
| | 长女 | 马入叶 | 交岔乡 | 马家梁乡 |
| 马飞玺 | 妻子 | 马如冬 | 交岔乡 | 马家梁乡 |
| | 长子 | 马利核 | 交岔乡 | 马家梁乡 |
| | 长女 | 马女儿 | 交岔乡 | 马家梁乡 |
| | 次女 | 马女儿 | 交岔乡 | 马家梁乡 |
| | 次子 | 马全海 | 交岔乡 | 马家梁乡 |
| 马德海 | 妻子 | 马启梅 | 交岔乡 | 马家梁乡 |
| | 长女 | 马代英 | 交岔乡 | 马家梁乡 |
| | 长子 | 马核牙 | 交岔乡 | 马家梁乡 |
| | 次女 | 马彦彦 | 交岔乡 | 马家梁乡 |
| | 三女 | 马拜拜 | 交岔乡 | 马家梁乡 |
| 马鹏博 | 妻子 | 马艳兰 | 古城镇 | 马家梁乡 |
| | 长子 | 马福川 | 古城镇 | 马家梁乡 |
| | 次子 | 马福宝 | 古城镇 | 马家梁乡 |
| | 长女 | 马福梅 | 古城镇 | 马家梁乡 |
| 马玉荣 | 妻子 | 杨　芳 | 古城镇 | 马家梁乡 |
| | 长子 | 马　兵 | 古城镇 | 马家梁乡 |
| | 长女 | 马　燕 | 古城镇 | 马家梁乡 |
| | 次子 | 马　成 | 古城镇 | 马家梁乡 |
| 呼德录 | 妻子 | 陈东莲 | 古城镇 | 马家梁乡 |
| | 长子 | 呼　忠 | 古城镇 | 马家梁乡 |
| | 长女 | 呼　英 | 古城镇 | 马家梁乡 |
| 呼德录 | 次子 | 呼　成 | 古城镇 | 马家梁乡 |
| 杨梅英 | 母亲 | 李　氏 | 古城镇 | 马家梁乡 |
| | 次子 | 杨万科 | 古城镇 | 马家梁乡 |
| | 三子 | 杨万学 | 古城镇 | 马家梁乡 |
| | 四子 | 杨万荣 | 古城镇 | 马家梁乡 |
| | 儿媳 | 杨小霞 | 古城镇 | 马家梁乡 |
| 马付贵 | 妻子 | 马文英 | 古城镇 | 马家梁乡 |
| | 次子 | 马油子 | 古城镇 | 马家梁乡 |
| | 三子 | 马而都 | 古城镇 | 马家梁乡 |
| | 次女 | 马　霞 | 古城镇 | 马家梁乡 |
| 杨海东 | 妻子 | 田继花 | 古城镇 | 马家梁乡 |
| | 长女 | 杨彦花 | 古城镇 | 马家梁乡 |
| | 父亲 | 杨佑前 | 古城镇 | 马家梁乡 |
| | 母亲 | 何艳花 | 古城镇 | 马家梁乡 |
| | 长子 | 杨彦俊 | 古城镇 | 马家梁乡 |
| 李忠道 | 妻子 | 马得莲 | 古城镇 | 马家梁乡 |
| | 长女 | 李发买 | 古城镇 | 马家梁乡 |
| | 次女 | 李赛买 | 古城镇 | 马家梁乡 |
| 李贵君 | 妻子 | 马何梅 | 古城镇 | 马家梁乡 |
| | 长子 | 李某核买 | 古城镇 | 马家梁乡 |
| | 长女 | 李核买 | 古城镇 | 马家梁乡 |
| 马守元 | 妻子 | 马兆梅 | 古城镇 | 马家梁乡 |
| | 长子 | 马儿都 | 古城镇 | 马家梁乡 |
| | 次子 | 马尔利 | 古城镇 | 马家梁乡 |
| 冯连玉 | 三子 | 冯有努 | 古城镇 | 马家梁乡 |
| | 次女 | 冯赛买 | 古城镇 | 马家梁乡 |
| | 三女 | 冯花兰 | 古城镇 | 马家梁乡 |
| | 四子 | 冯牙儿 | 古城镇 | 马家梁乡 |
| | 二子 | 冯　彦 | 古城镇 | 马家梁乡 |
| | 妻子 | 马守芳 | 古城镇 | 马家梁乡 |
| 杨　龙 | 妻子 | 虎玉梅 | 古城镇 | 马家梁乡 |
| | 父亲 | 杨志明 | 古城镇 | 马家梁乡 |
| | 母亲 | 马玉兰 | 古城镇 | 马家梁乡 |
| | 奶奶 | 马秀英 | 古城镇 | 马家梁乡 |
| 马成仓 | 三子 | 马玉明 | 古城镇 | 马家梁乡 |
| | 五女 | 马玉兰 | 古城镇 | 马家梁乡 |

续表 6

| 户　主 | 与户主关　系 | 姓　名 | 移　出乡(镇) | 移　入乡(镇) |
|---|---|---|---|---|
| 马成仓 | 孙女 | 马学莲 | 古城镇 | 马家梁乡 |
| 周文合 | 妻子 | 马志兰 | 古城镇 | 马家梁乡 |
| | 长子 | 周捨儿 | 古城镇 | 马家梁乡 |
| | 长女 | 周春子 | 古城镇 | 马家梁乡 |
| | 次子 | 周全海 | 古城镇 | 马家梁乡 |
| | 三子 | 周牛娃 | 古城镇 | 马家梁乡 |
| 马生洼 | 妻子 | 马成连 | 古城镇 | 马家梁乡 |
| | 次子 | 马有晓 | 古城镇 | 马家梁乡 |
| | 三子 | 马有龙 | 古城镇 | 马家梁乡 |
| 马生江 | 妻子 | 马淑英 | 古城镇 | 马家梁乡 |
| | 长子 | 马得学 | 古城镇 | 马家梁乡 |
| 冯金付 | 妻子 | 母生珍 | 古城镇 | 马家梁乡 |
| | 次子 | 冯连君 | 古城镇 | 马家梁乡 |
| | 三子 | 冯连成 | 古城镇 | 马家梁乡 |
| | 三女 | 冯连楠 | 古城镇 | 马家梁乡 |
| | 四女 | 冯连琴 | 古城镇 | 马家梁乡 |
| 马存良 | 妻子 | 安玉梅 | 古城镇 | 马家梁乡 |
| | 长女 | 马　梅 | 古城镇 | 马家梁乡 |
| | 次女 | 马　琴 | 古城镇 | 马家梁乡 |
| | 三女 | 马　燕 | 古城镇 | 马家梁乡 |
| 马玉宝 | 妻子 | 马志兰 | 古城镇 | 马家梁乡 |
| | 次女 | 马核力夫 | 古城镇 | 马家梁乡 |
| | 三女 | 马发买 | 古城镇 | 马家梁乡 |
| 马得江 | 妻子 | 马志芳 | 古城镇 | 马家梁乡 |
| | 长子 | 马阿旦 | 古城镇 | 马家梁乡 |
| 马得军 | 妻子 | 海　兰 | 古城镇 | 马家梁乡 |
| | 长女 | 马　燕 | 古城镇 | 马家梁乡 |
| | 长子 | 马　军 | 古城镇 | 马家梁乡 |
| 马文付 | 妻子 | 马秀花 | 古城镇 | 马家梁乡 |
| | 长女 | 马苗儿 | 古城镇 | 马家梁乡 |
| | 长子 | 马志元 | 古城镇 | 马家梁乡 |
| | 次女 | 马红梅 | 古城镇 | 马家梁乡 |
| 马成东 | 妻子 | 李忠英 | 古城镇 | 马家梁乡 |
| | 长子 | 马石子 | 古城镇 | 马家梁乡 |
| 马志杰 | 妻子 | 马玉芳 | 古城镇 | 马家梁乡 |
| | 长女 | 马代晓 | 古城镇 | 马家梁乡 |
| 马志杰 | 次女 | 马明花 | 古城镇 | 马家梁乡 |
| | 长子 | 马牛娃 | 古城镇 | 马家梁乡 |
| | 弟弟 | 马志含 | 古城镇 | 马家梁乡 |
| 马德权 | 妻子 | 田玉英 | 古城镇 | 马家梁乡 |
| | 长女 | 马密乃 | 古城镇 | 马家梁乡 |
| 马志杰 | 妻子 | 马玉梅 | 古城镇 | 马家梁乡 |
| | 长子 | 马　君 | 古城镇 | 马家梁乡 |
| | 长女 | 马　冬 | 古城镇 | 马家梁乡 |
| | 次女 | 马阿西 | 古城镇 | 马家梁乡 |
| 余飞梅 | 长子 | 周盼盼 | 古城镇 | 马家梁乡 |
| | 次子 | 周而的 | 古城镇 | 马家梁乡 |
| 伍生权 | 妻子 | 马玉兰 | 古城镇 | 马家梁乡 |
| | 长子 | 伍　平 | 古城镇 | 马家梁乡 |
| | 次子 | 伍哈买 | 古城镇 | 马家梁乡 |
| 马忠德 | 妻子 | 秦梅连 | 古城镇 | 马家梁乡 |
| | 次子 | 马得林 | 古城镇 | 马家梁乡 |
| | 四子 | 马得军 | 古城镇 | 马家梁乡 |
| | 三女 | 马买燕 | 古城镇 | 马家梁乡 |
| | 二子 | 马宝成 | 古城镇 | 马家梁乡 |
| | 儿媳 | 马秀珍 | 古城镇 | 马家梁乡 |
| | 孙女 | 马玉梅 | 古城镇 | 马家梁乡 |
| 杨启买 | 妻子 | 马继琴 | 古城镇 | 马家梁乡 |
| | 长子 | 杨　青 | 古城镇 | 马家梁乡 |
| | 二子 | 杨　明 | 古城镇 | 马家梁乡 |
| | 长女 | 杨　梅 | 古城镇 | 马家梁乡 |
| | 三子 | 杨　东 | 古城镇 | 马家梁乡 |
| 杨彦军 | 妻子 | 杨万秀 | 古城镇 | 马家梁乡 |
| | 长女 | 杨东哈 | 古城镇 | 马家梁乡 |
| | 次女 | 杨拜儿 | 古城镇 | 马家梁乡 |
| | 三女 | 杨密乃 | 古城镇 | 马家梁乡 |
| | 长子 | 杨儿利 | 古城镇 | 马家梁乡 |
| 余明军 | 妻子 | 妥学儿 | 古城镇 | 马家梁乡 |
| | 父亲 | 余瑞文 | 古城镇 | 马家梁乡 |
| | 母亲 | 武志花 | 古城镇 | 马家梁乡 |
| | 长女 | 余秀青 | 古城镇 | 马家梁乡 |
| | 妹妹 | 余　发 | 古城镇 | 马家梁乡 |

续表 6

| 户 主 | 与户主关 系 | 姓 名 | 移 出乡(镇) | 移 入乡(镇) | 户 主 | 与户主关 系 | 姓 名 | 移 出乡(镇) | 移 入乡(镇) |
|---|---|---|---|---|---|---|---|---|---|
| 余明军 | 长子 | 余西儿里 | 古城镇 | 马家梁乡 | 郭玉勤 | 长子 | 郭晓军 | 古城镇 | 马家梁乡 |
| 马生俊 | 妻子 | 明照莲 | 古城镇 | 马家梁乡 | 郭玉正 | 妻子 | 樊需芳 | 古城镇 | 马家梁乡 |
| | 次女 | 马玉兰 | 古城镇 | 马家梁乡 | | 长女 | 郭志利 | 古城镇 | 马家梁乡 |
| | 三女 | 马玉香 | 古城镇 | 马家梁乡 | | 次女 | 郭红利 | 古城镇 | 马家梁乡 |
| 马德英 | | 马发买 | 古城镇 | 马家梁乡 | 赵国栋 | 妻子 | 张彩楠 | 古城镇 | 马家梁乡 |
| | | 马旭霞 | 古城镇 | 马家梁乡 | | 长子 | 赵小明 | 古城镇 | 马家梁乡 |
| 马秀龙 | 妻子 | 姚春兰 | 古城镇 | 马家梁乡 | | 次子 | 赵小军 | 古城镇 | 马家梁乡 |
| | 长子 | 剡瑞朝 | 古城镇 | 马家梁乡 | | 长女 | 赵小萍 | 古城镇 | 马家梁乡 |
| | 长女 | 剡俊芳 | 古城镇 | 马家梁乡 | | 次女 | 赵小玲 | 古城镇 | 马家梁乡 |
| | 二子 | 剡瑞宝 | 古城镇 | 马家梁乡 | 周兴虎 | 妻子 | 牛风英 | 古城镇 | 马家梁乡 |
| | 二女 | 剡瑞花 | 古城镇 | 马家梁乡 | | 长女 | 周金花 | 古城镇 | 马家梁乡 |
| 王全德 | 长女 | 王志莲 | 古城镇 | 马家梁乡 | | 次女 | 周克芳 | 古城镇 | 马家梁乡 |
| | 孙女 | 王晓兰 | 古城镇 | 马家梁乡 | | 长子 | 周克徽 | 古城镇 | 马家梁乡 |
| | 孙女 | 王晓红 | 古城镇 | 马家梁乡 | 高证才 | 妻子 | 黄苗花 | 古城镇 | 马家梁乡 |
| | 孙女 | 王晓凤 | 古城镇 | 马家梁乡 | | 孙女 | 高引弟 | 古城镇 | 马家梁乡 |
| 王友军 | 妻子 | 黄应珍 | 古城镇 | 马家梁乡 | | 孙子 | 高攒辈 | 古城镇 | 马家梁乡 |
| | 长女 | 王银儿 | 古城镇 | 马家梁乡 | | 孙女 | 高风节 | 古城镇 | 马家梁乡 |
| | 长子 | 王林录 | 古城镇 | 马家梁乡 | 郭永性 | 妻子 | 高玉芳 | 古城镇 | 马家梁乡 |
| | 次子 | 王林立 | 古城镇 | 马家梁乡 | | 妹妹 | 郭赛荣 | 古城镇 | 马家梁乡 |
| | 四子 | 王得华 | 古城镇 | 马家梁乡 | | 长子 | 郭彦彦 | 古城镇 | 马家梁乡 |
| 黄应军 | 妻子 | 李 梅 | 古城镇 | 马家梁乡 | 黄佳旭 | 母亲 | 刘连芳 | 古城镇 | 马家梁乡 |
| | 长子 | 黄永安 | 古城镇 | 马家梁乡 | | 妻子 | 贾顺琴 | 古城镇 | 马家梁乡 |
| | 次子 | 黄槐怀 | 古城镇 | 马家梁乡 | | 长女 | 黄从风 | 古城镇 | 马家梁乡 |
| | 长女 | 黄永宁 | 古城镇 | 马家梁乡 | | 次女 | 黄小红 | 古城镇 | 马家梁乡 |
| | 三子 | 黄占平 | 古城镇 | 马家梁乡 | | 长子 | 黄土坡 | 古城镇 | 马家梁乡 |
| 叶强安 | 妻子 | 田 连 | 古城镇 | 马家梁乡 | 张学文 | 妻子 | 赵彩芳 | 古城镇 | 马家梁乡 |
| | 哥哥 | 叶强东 | 古城镇 | 马家梁乡 | | 长女 | 张列列 | 古城镇 | 马家梁乡 |
| | 长子 | 叶金房 | 古城镇 | 马家梁乡 | | 次女 | 张转转 | 古城镇 | 马家梁乡 |
| | 次子 | 叶金库 | 古城镇 | 马家梁乡 | | 三女 | 张琴琴 | 古城镇 | 马家梁乡 |
| | 侄女 | 叶秀珍 | 古城镇 | 马家梁乡 | 刘明发 | 二子 | 刘建国 | 古城镇 | 马家梁乡 |
| | 三子 | 叶满库 | 古城镇 | 马家梁乡 | | 二女 | 刘建会 | 古城镇 | 马家梁乡 |
| 叶强栋 | 二弟 | 叶怀安 | 古城镇 | 马家梁乡 | | 妹妹 | 刘玉怀 | 古城镇 | 马家梁乡 |
| | 小妹 | 叶月琴 | 古城镇 | 马家梁乡 | | 妹妹 | 刘玉红 | 古城镇 | 马家梁乡 |
| 郭玉勤 | 妻子 | 陈世莲 | 古城镇 | 马家梁乡 | 冶忠梅 | 丈夫 | 兰兴虎 | 古城镇 | 马家梁乡 |
| | 长女 | 郭 霞 | 古城镇 | 马家梁乡 | | 弟弟 | 兰小平 | 古城镇 | 马家梁乡 |
| | 次女 | 郭秀霞 | 古城镇 | 马家梁乡 | | 长女 | 兰 芳 | 古城镇 | 马家梁乡 |

续表 6

| 户　主 | 与户主关　系 | 姓　名 | 移　出乡(镇) | 移　入乡(镇) |
|---|---|---|---|---|
| 冶忠梅 | 二女 | 兰亚凤 | 古城镇 | 马家梁乡 |
| 王　成 | 妹妹 | 王　玲 | 古城镇 | 马家梁乡 |
| | 妹妹 | 王　蕊 | 古城镇 | 马家梁乡 |
| | 弟弟 | 王　星 | 古城镇 | 马家梁乡 |
| 海月芙 | 长女 | 马格叶 | 古城镇 | 马家梁乡 |
| | 长子 | 马利利 | 古城镇 | 马家梁乡 |
| | 二女 | 马荣荣 | 古城镇 | 马家梁乡 |
| | 弟弟 | 海正仓 | 古城镇 | 马家梁乡 |
| | 侄女 | 海　花 | 古城镇 | 马家梁乡 |
| | 妹夫 | 周金贵 | 古城镇 | 马家梁乡 |
| 惠　禄 | 二子 | 惠金生 | 古城镇 | 马家梁乡 |
| | 三子 | 惠学生 | 古城镇 | 马家梁乡 |
| | 长女 | 惠双红 | 古城镇 | 马家梁乡 |
| 王志忠 | 长女 | 王小利 | 古城镇 | 马家梁乡 |
| | 二女 | 王文利 | 古城镇 | 马家梁乡 |
| | 三女 | 王贵利 | 古城镇 | 马家梁乡 |
| | 四女 | 王贵琴 | 古城镇 | 马家梁乡 |
| 刘明亮 | 妻子 | 刘海青 | 古城镇 | 马家梁乡 |
| | 长女 | 刘利儿 | 古城镇 | 马家梁乡 |
| | 长子 | 刘安安 | 古城镇 | 马家梁乡 |
| | 二子 | 刘安白 | 古城镇 | 马家梁乡 |
| 马生虎 | 妻子 | 马生梅 | 古城镇 | 马家梁乡 |
| | 长子 | 马义全 | 古城镇 | 马家梁乡 |
| | 长女 | 马义兰 | 古城镇 | 马家梁乡 |
| | 次子 | 马义宝 | 古城镇 | 马家梁乡 |
| 马生斌 | 母亲 | 马玉瑛 | 古城镇 | 马家梁乡 |
| 马生德 | 妻子 | 马润润 | 古城镇 | 马家梁乡 |
| | 长女 | 马彩霞 | 古城镇 | 马家梁乡 |
| 马进良 | 妻子 | 马义花 | 古城镇 | 马家梁乡 |
| | 三子 | 马志忠 | 古城镇 | 马家梁乡 |
| 马生元 | 妻子 | 马存连 | 古城镇 | 马家梁乡 |
| | 长子 | 马义俊 | 古城镇 | 马家梁乡 |
| | 次子 | 马付俊 | 古城镇 | 马家梁乡 |
| | 长女 | 马彩珍 | 古城镇 | 马家梁乡 |
| | 次女 | 马彩梅 | 古城镇 | 马家梁乡 |
| | 三女 | 马买彦 | 古城镇 | 马家梁乡 |

| 户　主 | 与户主关　系 | 姓　名 | 移　出乡(镇) | 移　入乡(镇) |
|---|---|---|---|---|
| 马生学 | 妻子 | 刿长连 | 古城镇 | 马家梁乡 |
| | 长子 | 马义德 | 古城镇 | 马家梁乡 |
| | 次子 | 马义贵 | 古城镇 | 马家梁乡 |
| | 三子 | 马文利 | 古城镇 | 马家梁乡 |
| 马生治 | 妻子 | 刿进花 | 古城镇 | 马家梁乡 |
| | 长子 | 马成玺 | 古城镇 | 马家梁乡 |
| | 次子 | 马义宝 | 古城镇 | 马家梁乡 |
| | 三子 | 马义文 | 古城镇 | 马家梁乡 |
| | 四女 | 马麦女 | 古城镇 | 马家梁乡 |
| 马继祖 | 妻子 | 张俊梅 | 古城镇 | 马家梁乡 |
| | 长子 | 马儿子 | 古城镇 | 马家梁乡 |
| 马成仓 | 妻子 | 刿志兰 | 古城镇 | 马家梁乡 |
| | 长子 | 马学治 | 古城镇 | 马家梁乡 |
| | 次子 | 马学会 | 古城镇 | 马家梁乡 |
| | 长女 | 马桂花 | 古城镇 | 马家梁乡 |
| | 三子 | 马学珍 | 古城镇 | 马家梁乡 |
| 马合军 | 母亲 | 马桂英 | 古城镇 | 马家梁乡 |
| | 哥哥 | 马生贵 | 古城镇 | 马家梁乡 |
| | 嫂子 | 马启莲 | 古城镇 | 马家梁乡 |
| | 侄子 | 马主麻 | 古城镇 | 马家梁乡 |
| | 侄女 | 马海子 | 古城镇 | 马家梁乡 |
| 马得龙 | 妻子 | 马秀芳 | 古城镇 | 马家梁乡 |
| | 长女 | 马银花 | 古城镇 | 马家梁乡 |
| | 长子 | 马罗军 | 古城镇 | 马家梁乡 |
| | 次女 | 马玉花 | 古城镇 | 马家梁乡 |
| 马志宏 | 妻子 | 马成梅 | 古城镇 | 马家梁乡 |
| | 长女 | 马雪花 | 古城镇 | 马家梁乡 |
| 马进成 | 妻子 | 马保连 | 古城镇 | 马家梁乡 |
| | 次子 | 马正军 | 古城镇 | 马家梁乡 |
| | 三子 | 马文军 | 古城镇 | 马家梁乡 |
| | 次女 | 马志梅 | 古城镇 | 马家梁乡 |
| | 四子 | 马海军 | 古城镇 | 马家梁乡 |
| 马高荣 | 妻子 | 马生花 | 古城镇 | 马家梁乡 |
| | 四女 | 马小梅 | 古城镇 | 马家梁乡 |
| | 六女 | 马小莲 | 古城镇 | 马家梁乡 |
| | 次子 | 马　贵 | 古城镇 | 马家梁乡 |

续表 6

| 户　主 | 与户主关　系 | 姓　名 | 移　出乡(镇) | 移　入乡(镇) | 户　主 | 与户主关　系 | 姓　名 | 移　出乡(镇) | 移　入乡(镇) |
|---|---|---|---|---|---|---|---|---|---|
| 姬文昌 | 妻子 | 海玉兰 | 古城镇 | 马家梁乡 | 武金珠 | 长女 | 武　越 | 草庙乡 | 马家梁乡 |
| | 长子 | 姬秀宝 | 古城镇 | 马家梁乡 | | 次女 | 武　君 | 草庙乡 | 马家梁乡 |
| | 次子 | 姬秀全 | 古城镇 | 马家梁乡 | 刘金祥 | 妻子 | 童秀霞 | 草庙乡 | 马家梁乡 |
| | 长女 | 姬秀花 | 古城镇 | 马家梁乡 | | 长女 | 刘　蓉 | 草庙乡 | 马家梁乡 |
| 马付文 | 妻子 | 王拜拜 | 古城镇 | 马家梁乡 | | 长子 | 刘　勇 | 草庙乡 | 马家梁乡 |
| | 长女 | 马　兰 | 古城镇 | 马家梁乡 | 刘福海 | 弟弟 | 刘丁海 | 草庙乡 | 马家梁乡 |
| | 次女 | 马　荣 | 古城镇 | 马家梁乡 | | 弟弟 | 刘东海 | 草庙乡 | 马家梁乡 |
| | 父亲 | 马德芳 | 古城镇 | 马家梁乡 | 谢思龙 | 妻子 | 侯彩霞 | 草庙乡 | 马家梁乡 |
| 马德利 | 妻子 | 马高世 | 古城镇 | 马家梁乡 | | 长女 | 谢小贵 | 草庙乡 | 马家梁乡 |
| | 父亲 | 马玉省 | 古城镇 | 马家梁乡 | 石维山 | 妻子 | 郜芳珍 | 草庙乡 | 马家梁乡 |
| | 长女 | 马玲玲 | 古城镇 | 马家梁乡 | | 长子 | 石吉利 | 草庙乡 | 马家梁乡 |
| | 次女 | 马小玲 | 古城镇 | 马家梁乡 | | 长女 | 石燕燕 | 草庙乡 | 马家梁乡 |
| | 长子 | 马伍拾 | 古城镇 | 马家梁乡 | | 次子 | 石小利 | 草庙乡 | 马家梁乡 |
| 马成付 | 妻子 | 海心兰 | 古城镇 | 马家梁乡 | 苏世龙 | 妻子 | 侯玉芳 | 草庙乡 | 马家梁乡 |
| 张福银 | 妻子 | 徐淑芳 | 草庙乡 | 马家梁乡 | | 长子 | 苏　伟 | 草庙乡 | 马家梁乡 |
| | 长子 | 张君相 | 草庙乡 | 马家梁乡 | | 长女 | 苏　燕 | 草庙乡 | 马家梁乡 |
| | 父亲 | 张彦文 | 草庙乡 | 马家梁乡 | | 次女 | 苏　嫫 | 草庙乡 | 马家梁乡 |
| | 母亲 | 虎占花 | 草庙乡 | 马家梁乡 | 谢宗汉 | 妻子 | 马志英 | 草庙乡 | 马家梁乡 |
| | 弟弟 | 张福东 | 草庙乡 | 马家梁乡 | | 长子 | 谢思升 | 草庙乡 | 马家梁乡 |
| | 妹妹 | 张巧子 | 草庙乡 | 马家梁乡 | | 长女 | 谢喜梅 | 草庙乡 | 马家梁乡 |
| | 二子 | 张小军 | 草庙乡 | 马家梁乡 | | 次子 | 谢思元 | 草庙乡 | 马家梁乡 |
| 段玉文 | 妻子 | 牛生琴 | 草庙乡 | 马家梁乡 | | 三子 | 谢思鱼 | 草庙乡 | 马家梁乡 |
| | 长子 | 段会军 | 草庙乡 | 马家梁乡 | 谢思强 | 妻子 | 宋改连 | 草庙乡 | 马家梁乡 |
| | 长女 | 段会荣 | 草庙乡 | 马家梁乡 | | 妹妹 | 谢喜怀 | 草庙乡 | 马家梁乡 |
| | 二子 | 段小军 | 草庙乡 | 马家梁乡 | | 妹妹 | 谢思平 | 草庙乡 | 马家梁乡 |
| | 母亲 | 虎志英 | 草庙乡 | 马家梁乡 | 苏平喜 | 弟弟 | 苏俊喜 | 草庙乡 | 马家梁乡 |
| | 三子 | 段克红 | 草庙乡 | 马家梁乡 | | 奶奶 | 郜　氏 | 草庙乡 | 马家梁乡 |
| 安克平 | 妻子 | 张秀莲 | 草庙乡 | 马家梁乡 | 苏田喜 | 妻子 | 翁麦林 | 草庙乡 | 马家梁乡 |
| | 长子 | 安占荣 | 草庙乡 | 马家梁乡 | | 弟弟 | 苏喜军 | 草庙乡 | 马家梁乡 |
| | 次子 | 安占英 | 草庙乡 | 马家梁乡 | 苏俊清 | 妻子 | 王巧玲 | 草庙乡 | 马家梁乡 |
| 何世录 | 妻子 | 牛淑芳 | 草庙乡 | 马家梁乡 | | 长女 | 苏惠惠 | 草庙乡 | 马家梁乡 |
| | 长子 | 何政红 | 草庙乡 | 马家梁乡 | | 长子 | 苏永勇 | 草庙乡 | 马家梁乡 |
| | 次子 | 何全光 | 草庙乡 | 马家梁乡 | 苏俊才 | 弟弟 | 苏俊奎 | 草庙乡 | 马家梁乡 |
| 陈国祥 | 侄子 | 陈小荣 | 草庙乡 | 马家梁乡 | | 弟弟 | 苏利平 | 草庙乡 | 马家梁乡 |
| | 侄子 | 陈小刚 | 草庙乡 | 马家梁乡 | 苏志仁 | 妻子 | 蔡玉英 | 草庙乡 | 马家梁乡 |
| | 妹妹 | 陈国秀 | 草庙乡 | 马家梁乡 | | 三子 | 苏士俊 | 草庙乡 | 马家梁乡 |

续表 6

| 户　主 | 与户主关　系 | 姓　名 | 移　出乡(镇) | 移　入乡(镇) |
|---|---|---|---|---|
| 段玉文 | 妻子 | 牛生琴 | 草庙乡 | 马家梁乡 |
| | 长子 | 段会军 | 草庙乡 | 马家梁乡 |
| | 长女 | 段会荣 | 草庙乡 | 马家梁乡 |
| | 二子 | 段小军 | 草庙乡 | 马家梁乡 |
| | 母亲 | 虎志英 | 草庙乡 | 马家梁乡 |
| | 三子 | 段克红 | 草庙乡 | 马家梁乡 |
| 安克平 | 妻子 | 张秀莲 | 草庙乡 | 马家梁乡 |
| | 长子 | 安占荣 | 草庙乡 | 马家梁乡 |
| | 次子 | 安占英 | 草庙乡 | 马家梁乡 |
| 何世录 | 妻子 | 牛淑芳 | 草庙乡 | 马家梁乡 |
| | 长子 | 何政红 | 草庙乡 | 马家梁乡 |
| | 次子 | 何全光 | 草庙乡 | 马家梁乡 |
| 陈国祥 | 侄子 | 陈小荣 | 草庙乡 | 马家梁乡 |
| | 侄子 | 陈小刚 | 草庙乡 | 马家梁乡 |
| | 妹妹 | 陈国秀 | 草庙乡 | 马家梁乡 |
| 武金珠 | 长女 | 武　越 | 草庙乡 | 马家梁乡 |
| | 次女 | 武　君 | 草庙乡 | 马家梁乡 |
| 刘金祥 | 妻子 | 童秀霞 | 草庙乡 | 马家梁乡 |
| | 长女 | 刘　蓉 | 草庙乡 | 马家梁乡 |
| | 长子 | 刘　勇 | 草庙乡 | 马家梁乡 |
| 刘福海 | 弟弟 | 刘丁海 | 草庙乡 | 马家梁乡 |
| | 弟弟 | 刘东海 | 草庙乡 | 马家梁乡 |
| 谢思龙 | 妻子 | 侯彩霞 | 草庙乡 | 马家梁乡 |
| | 长女 | 谢小贵 | 草庙乡 | 马家梁乡 |
| 石维山 | 妻子 | 郜芳珍 | 草庙乡 | 马家梁乡 |
| | 长子 | 石吉利 | 草庙乡 | 马家梁乡 |
| | 长女 | 石燕燕 | 草庙乡 | 马家梁乡 |
| | 次子 | 石小利 | 草庙乡 | 马家梁乡 |
| 苏世龙 | 妻子 | 侯玉芳 | 草庙乡 | 马家梁乡 |
| | 长子 | 苏　伟 | 草庙乡 | 马家梁乡 |
| | 长女 | 苏　燕 | 草庙乡 | 马家梁乡 |
| | 次女 | 苏　媖 | 草庙乡 | 马家梁乡 |
| 谢宗汉 | 妻子 | 马志英 | 草庙乡 | 马家梁乡 |
| | 长子 | 谢思升 | 草庙乡 | 马家梁乡 |
| | 长女 | 谢喜梅 | 草庙乡 | 马家梁乡 |
| | 次子 | 谢思元 | 草庙乡 | 马家梁乡 |

| 户　主 | 与户主关　系 | 姓　名 | 移　出乡(镇) | 移　入乡(镇) |
|---|---|---|---|---|
| 谢宗汉 | 三子 | 谢思鱼 | 草庙乡 | 马家梁乡 |
| 谢思强 | 妻子 | 宋改连 | 草庙乡 | 马家梁乡 |
| | 妹妹 | 谢喜怀 | 草庙乡 | 马家梁乡 |
| | 妹妹 | 谢思平 | 草庙乡 | 马家梁乡 |
| 苏平喜 | 弟弟 | 苏俊喜 | 草庙乡 | 马家梁乡 |
| | 奶奶 | 郜　氏 | 草庙乡 | 马家梁乡 |
| 苏田喜 | 妻子 | 翁麦林 | 草庙乡 | 马家梁乡 |
| | 弟弟 | 苏喜军 | 草庙乡 | 马家梁乡 |
| 苏俊清 | 妻子 | 王巧玲 | 草庙乡 | 马家梁乡 |
| | 长女 | 苏惠惠 | 草庙乡 | 马家梁乡 |
| | 长子 | 苏永勇 | 草庙乡 | 马家梁乡 |
| 苏俊才 | 弟弟 | 苏俊奎 | 草庙乡 | 马家梁乡 |
| | 弟弟 | 苏利平 | 草庙乡 | 马家梁乡 |
| 苏志仁 | 妻子 | 蔡玉英 | 草庙乡 | 马家梁乡 |
| | 三子 | 苏士俊 | 草庙乡 | 马家梁乡 |
| 马宗元 | 妻子 | 马兆梅 | 新集乡 | 马家梁乡 |
| | 长子 | 马儿都 | 新集乡 | 马家梁乡 |
| | 次子 | 马尔利 | 新集乡 | 马家梁乡 |
| 杨克林 | 妻子 | 周文平 | 新集乡 | 马家梁乡 |
| | 长女 | 杨　梅 | 新集乡 | 马家梁乡 |
| | 次女 | 杨　英 | 新集乡 | 马家梁乡 |
| | 三女 | 杨　兰 | 新集乡 | 马家梁乡 |
| 兰有发 | 妻子 | 秦秀梅 | 新集乡 | 马家梁乡 |
| | 长子 | 兰古拜 | 新集乡 | 马家梁乡 |
| | 次子 | 兰有拜 | 新集乡 | 马家梁乡 |
| | 长女 | 马发买 | 新集乡 | 马家梁乡 |
| | 次女 | 兰赛买 | 新集乡 | 马家梁乡 |
| | 父亲 | 兰风林 | 新集乡 | 马家梁乡 |
| 马有拜 | 妻子 | 马忠兰 | 新集乡 | 马家梁乡 |
| | 长女 | 马发儿 | 新集乡 | 马家梁乡 |
| | 三子 | 马哈儿 | 新集乡 | 马家梁乡 |
| 马长江 | 妻子 | 马文芳 | 新集乡 | 马家梁乡 |
| | 长子 | 马儿都 | 新集乡 | 马家梁乡 |
| | 长女 | 马女子 | 新集乡 | 马家梁乡 |
| 杨志林 | 母亲 | 马秀兰 | 新集乡 | 马家梁乡 |
| | 妻子 | 田西秀 | 新集乡 | 马家梁乡 |

续表 6

| 户　主 | 与户主关系 | 姓　名 | 移出乡(镇) | 移入乡(镇) |
|---|---|---|---|---|
| 杨志林 | 长子 | 杨剑锋 | 新集乡 | 马家梁乡 |
| | 次子 | 杨生成 | 新集乡 | 马家梁乡 |
| | 三子 | 杨生权 | 新集乡 | 马家梁乡 |
| | 长女 | 杨生英 | 新集乡 | 马家梁乡 |
| | 次女 | 杨生兰 | 新集乡 | 马家梁乡 |
| 马得科 | 妻子 | 马守连 | 新集乡 | 马家梁乡 |
| | 妹妹 | 马发买 | 新集乡 | 马家梁乡 |
| | 弟弟 | 马母河 | 新集乡 | 马家梁乡 |
| | 长女 | 马女子 | 新集乡 | 马家梁乡 |
| 马玉梅 | 长女 | 马小红 | 新集乡 | 马家梁乡 |
| | 长子 | 马小云 | 新集乡 | 马家梁乡 |
| 马玉荣 | 妻子 | 马志梅 | 新集乡 | 马家梁乡 |
| | | 马梅儿 | 新集乡 | 马家梁乡 |
| | | 马儿子 | 新集乡 | 马家梁乡 |
| | 长女 | 马哈儿 | 新集乡 | 马家梁乡 |
| | 长子 | 马衣麻 | 新集乡 | 马家梁乡 |
| 马文学 | 长子 | 马　君 | 新集乡 | 马家梁乡 |
| | 长女 | 马女子 | 新集乡 | 马家梁乡 |
| 马列成 | 妻子 | 海玉英 | 新集乡 | 马家梁乡 |
| | 长子 | 马勺不 | 新集乡 | 马家梁乡 |
| 马进忠 | 长女 | 马菊兰 | 新集乡 | 马家梁乡 |
| | 三女 | 马志梅 | 新集乡 | 马家梁乡 |
| | 次女 | 马锁子 | 新集乡 | 马家梁乡 |
| | 长孙 | 马哈如 | 新集乡 | 马家梁乡 |
| | 长孙女 | 马祖儿 | 新集乡 | 马家梁乡 |
| | 次孙女 | 马可儿 | 新集乡 | 马家梁乡 |
| 杨彦付 | 妻子 | 王学兰 | 新集乡 | 马家梁乡 |
| | 长女 | 杨晒买 | 新集乡 | 马家梁乡 |
| 妥生海 | 妻子 | 马守芳 | 新集乡 | 马家梁乡 |
| | 长女 | 妥代儿 | 新集乡 | 马家梁乡 |
| | 次女 | 妥岁儿 | 新集乡 | 马家梁乡 |
| | 三女 | 妥拜儿 | 新集乡 | 马家梁乡 |
| | 长子 | 妥生麻 | 新集乡 | 马家梁乡 |
| | 四女 | 妥平儿 | 新集乡 | 马家梁乡 |
| 妥生江 | 妻子 | 马淑梅 | 新集乡 | 马家梁乡 |
| | 长子 | 妥　军 | 新集乡 | 马家梁乡 |
| 妥生江 | 二子 | 妥　明 | 新集乡 | 马家梁乡 |
| | 三子 | 妥　宁 | 新集乡 | 马家梁乡 |
| | 四子 | 妥　斌 | 新集乡 | 马家梁乡 |
| 兰长俊 | 长子 | 兰兴亮 | 新集乡 | 马家梁乡 |
| | 次子 | 兰兴龙 | 新集乡 | 马家梁乡 |
| 马宗元 | 妻子 | 马兆梅 | 新集乡 | 马家梁乡 |
| | 长子 | 马儿都 | 新集乡 | 马家梁乡 |
| | 次子 | 马尔利 | 新集乡 | 马家梁乡 |
| 杨克林 | 妻子 | 周文平 | 新集乡 | 马家梁乡 |
| | 长女 | 杨　梅 | 新集乡 | 马家梁乡 |
| | 次女 | 杨　英 | 新集乡 | 马家梁乡 |
| | 三女 | 杨　兰 | 新集乡 | 马家梁乡 |
| 兰有发 | 妻子 | 秦秀梅 | 新集乡 | 马家梁乡 |
| | 长子 | 兰古拜 | 新集乡 | 马家梁乡 |
| | 次子 | 兰有拜 | 新集乡 | 马家梁乡 |
| | 长女 | 马发买 | 新集乡 | 马家梁乡 |
| | 次女 | 兰赛买 | 新集乡 | 马家梁乡 |
| | 父亲 | 兰风林 | 新集乡 | 马家梁乡 |
| 马有拜 | 妻子 | 马忠兰 | 新集乡 | 马家梁乡 |
| | 长女 | 马发儿 | 新集乡 | 马家梁乡 |
| | 三子 | 马哈儿 | 新集乡 | 马家梁乡 |
| 马长江 | 妻子 | 马文芳 | 新集乡 | 马家梁乡 |
| | 长子 | 马儿都 | 新集乡 | 马家梁乡 |
| | 长女 | 马女子 | 新集乡 | 马家梁乡 |
| 杨志林 | 母亲 | 马秀兰 | 新集乡 | 马家梁乡 |
| | 妻子 | 田西秀 | 新集乡 | 马家梁乡 |
| | 长子 | 杨剑锋 | 新集乡 | 马家梁乡 |
| | 次子 | 杨生成 | 新集乡 | 马家梁乡 |
| | 三子 | 杨生权 | 新集乡 | 马家梁乡 |
| | 长女 | 杨生英 | 新集乡 | 马家梁乡 |
| | 次女 | 杨生兰 | 新集乡 | 马家梁乡 |
| 马得科 | 妻子 | 马守连 | 新集乡 | 马家梁乡 |
| | 妹妹 | 马发买 | 新集乡 | 马家梁乡 |
| | 弟弟 | 马母河 | 新集乡 | 马家梁乡 |
| | 长女 | 马女子 | 新集乡 | 马家梁乡 |
| 马玉梅 | 长女 | 马小红 | 新集乡 | 马家梁乡 |

续表 6

| 户　主 | 与户主关　系 | 姓　名 | 移　出乡(镇) | 移　入乡(镇) |
|---|---|---|---|---|
| 马玉梅 | 长子 | 马小云 | 新集乡 | 马家梁乡 |
| 马玉荣 | 妻子 | 马志梅 | 新集乡 | 马家梁乡 |
| | | 马梅儿 | 新集乡 | 马家梁乡 |
| | | 马儿子 | 新集乡 | 马家梁乡 |
| | 长女 | 马哈儿 | 新集乡 | 马家梁乡 |
| | 长子 | 马衣麻 | 新集乡 | 马家梁乡 |
| 马文学 | 长子 | 马　君 | 新集乡 | 马家梁乡 |
| | 长女 | 马女子 | 新集乡 | 马家梁乡 |
| 马列成 | 妻子 | 海玉英 | 新集乡 | 马家梁乡 |
| | 长子 | 马勺不 | 新集乡 | 马家梁乡 |
| 马进忠 | 长女 | 马菊兰 | 新集乡 | 马家梁乡 |
| | 三女 | 马志梅 | 新集乡 | 马家梁乡 |
| | 次女 | 马锁子 | 新集乡 | 马家梁乡 |
| | 长孙 | 马哈如 | 新集乡 | 马家梁乡 |
| | 长孙女 | 马祖儿 | 新集乡 | 马家梁乡 |
| | 次孙女 | 马可儿 | 新集乡 | 马家梁乡 |
| 杨彦付 | 妻子 | 王学兰 | 新集乡 | 马家梁乡 |
| | 长女 | 杨晒买 | 新集乡 | 马家梁乡 |
| 兰长俊 | 长子 | 兰兴亮 | 新集乡 | 马家梁乡 |
| | 次子 | 兰兴龙 | 新集乡 | 马家梁乡 |
| 赵庭芳 | 妻子 | 高秀英 | 孟塬乡 | 马家梁乡 |
| | 父亲 | 赵光明 | 孟塬乡 | 马家梁乡 |
| | 母亲 | 高雪梅 | 孟塬乡 | 马家梁乡 |
| | 长子 | 赵勇锋 | 孟塬乡 | 马家梁乡 |
| | 长女 | 赵正锋 | 孟塬乡 | 马家梁乡 |
| | 二子 | 赵泽锋 | 孟塬乡 | 马家梁乡 |
| 韩久东 | | 韩平芳 | 孟塬乡 | 马家梁乡 |
| | | 韩金芳 | 孟塬乡 | 马家梁乡 |
| | | 韩进女 | 孟塬乡 | 马家梁乡 |
| | | 韩久春 | 孟塬乡 | 马家梁乡 |
| 夏小红 | | 夏永富 | 孟塬乡 | 马家梁乡 |
| | | 夏红更 | 孟塬乡 | 马家梁乡 |
| | | 夏林红 | 孟塬乡 | 马家梁乡 |
| | | 夏女子 | 孟塬乡 | 马家梁乡 |
| 杨春天 | 妻子 | 韩会琴 | 孟塬乡 | 马家梁乡 |
| | 长子 | 杨栓青 | 孟塬乡 | 马家梁乡 |
| 杨春天 | 次子 | 杨根寿 | 孟塬乡 | 马家梁乡 |
| | 长女 | 杨俊英 | 孟塬乡 | 马家梁乡 |
| 张天友 | 妻子 | 余女桂 | 小岔乡 | 马家梁乡 |
| | 长女 | 张菊红 | 小岔乡 | 马家梁乡 |
| | 长子 | 张牙子 | 小岔乡 | 马家梁乡 |
| | 三子 | 张为宁 | 小岔乡 | 马家梁乡 |
| 刘　荣 | 妻子 | 高怀兰 | 小岔乡 | 马家梁乡 |
| | 长女 | 刘利利 | 小岔乡 | 马家梁乡 |
| | 次女 | 刘小利 | 小岔乡 | 马家梁乡 |
| | 三女 | 刘转利 | 小岔乡 | 马家梁乡 |
| | 长子 | 刘过平 | 小岔乡 | 马家梁乡 |
| 张得禄 | | 安古月 | 小岔乡 | 马家梁乡 |
| | | 张力俊 | 小岔乡 | 马家梁乡 |
| 杨凤祥 | 孙女 | 关小英 | 小岔乡 | 马家梁乡 |
| | 孙子 | 关志刚 | 小岔乡 | 马家梁乡 |
| 王淑琴 | 长女 | 王　娟 | 小岔乡 | 马家梁乡 |
| | 二女 | 王小赟 | 小岔乡 | 马家梁乡 |
| | 长子 | 王双贝 | 小岔乡 | 马家梁乡 |
| | 次子 | 王利军 | 小岔乡 | 马家梁乡 |
| | | 王贝贝 | 小岔乡 | 马家梁乡 |
| 张风清 | | 潘思连 | 小岔乡 | 马家梁乡 |
| | | 张志维 | 小岔乡 | 马家梁乡 |
| | | 张　雪 | 小岔乡 | 马家梁乡 |
| | | 张兆瑞 | 小岔乡 | 马家梁乡 |
| | | 张旺成 | 小岔乡 | 马家梁乡 |
| | | 张钱旺 | 小岔乡 | 马家梁乡 |
| 尚德春 | 妻子 | 姚顺梅 | 小岔乡 | 马家梁乡 |
| | 长子 | 尚胜利 | 小岔乡 | 马家梁乡 |
| | 二子 | 尚云贵 | 小岔乡 | 马家梁乡 |
| | 长女 | 尚利红 | 小岔乡 | 马家梁乡 |
| 杨　端 | 妻子 | 韩秀花 | 小岔乡 | 马家梁乡 |
| | 长子 | 杨巨思 | 小岔乡 | 马家梁乡 |
| | 长女 | 杨巨连 | 小岔乡 | 马家梁乡 |
| | 二女 | 杨巨琴 | 小岔乡 | 马家梁乡 |
| | 三女 | 杨巨霖 | 小岔乡 | 马家梁乡 |
| 任万亮 | 妻子 | 梁军连 | 小岔乡 | 马家梁乡 |

续表 6

| 户主 | 与户主关系 | 姓名 | 移出乡(镇) | 移入乡(镇) |
|---|---|---|---|---|
| 任万亮 | 长女 | 任有强 | 小岔乡 | 马家梁乡 |
| | 长子 | 任院阳 | 小岔乡 | 马家梁乡 |
| | 二子 | 任智利 | 小岔乡 | 马家梁乡 |
| 何彩雯 | 长女 | 梁粉珍 | 小岔乡 | 马家梁乡 |
| | 二女 | 梁秀珍 | 小岔乡 | 马家梁乡 |
| | 长子 | 梁科栋 | 小岔乡 | 马家梁乡 |
| | 二子 | 梁苏栋 | 小岔乡 | 马家梁乡 |
| | 儿媳 | 付利仙 | 小岔乡 | 马家梁乡 |
| 海现英 | | 海现梅 | 罗洼乡 | 马家梁乡 |
| | | 张文梅 | 罗洼乡 | 马家梁乡 |
| | | 海玲玲 | 罗洼乡 | 马家梁乡 |
| | | 海兰兰 | 罗洼乡 | 马家梁乡 |
| | | 海儿梨 | 罗洼乡 | 马家梁乡 |
| | | 海　刚 | 罗洼乡 | 马家梁乡 |
| 马生刚 | 妻子 | 韩桂连 | 罗洼乡 | 马家梁乡 |
| | 长子 | 马东忠 | 罗洼乡 | 马家梁乡 |
| | 长女 | 马东玲 | 罗洼乡 | 马家梁乡 |
| | 次女 | 马　霞 | 罗洼乡 | 马家梁乡 |
| 徐文长 | 长子 | 徐万林 | 罗洼乡 | 马家梁乡 |
| | 父亲 | 徐效彦 | 罗洼乡 | 马家梁乡 |
| | 孙子 | 徐顺川 | 罗洼乡 | 马家梁乡 |
| | 儿媳 | 韩继兰 | 罗洼乡 | 马家梁乡 |
| | 孙子 | 徐顺顺 | 罗洼乡 | 马家梁乡 |
| | 孙女 | 徐艳艳 | 罗洼乡 | 马家梁乡 |
| 董进富 | 妹妹 | 董银连 | 罗洼乡 | 马家梁乡 |
| | 侄女 | 董晓梅 | 罗洼乡 | 马家梁乡 |
| | 母亲 | 杨翻扣 | 罗洼乡 | 马家梁乡 |
| 庞小琴 | 长女 | 乔春琴 | 罗洼乡 | 马家梁乡 |
| | 儿子 | 乔银亲 | 罗洼乡 | 马家梁乡 |
| | 二女 | 乔彩雯 | 罗洼乡 | 马家梁乡 |
| 杨　志 | 长子 | 杨安荣 | 罗洼乡 | 马家梁乡 |
| | 长女 | 杨巧荣 | 罗洼乡 | 马家梁乡 |
| 杨培栋 | 女儿 | 杨芳叶 | 罗洼乡 | 马家梁乡 |
| | 二子 | 杨文端 | 罗洼乡 | 马家梁乡 |
| | 儿媳 | 党占梅 | 罗洼乡 | 马家梁乡 |
| | 孙子 | 杨彦广 | 罗洼乡 | 马家梁乡 |
| 杨培栋 | 孙女 | 杨燕燕 | 罗洼乡 | 马家梁乡 |
| | 孙女 | 杨海燕 | 罗洼乡 | 马家梁乡 |
| 马仲华 | 妻子 | 马金梅 | 罗洼乡 | 马家梁乡 |
| | 长女 | 马阿社 | 罗洼乡 | 马家梁乡 |
| | 长子 | 马　聪 | 罗洼乡 | 马家梁乡 |
| | 二子 | 马儿力 | 罗洼乡 | 马家梁乡 |
| | 三子 | 马军桂 | 罗洼乡 | 马家梁乡 |
| 毛双林 | 长女 | 毛君茹 | 罗洼乡 | 马家梁乡 |
| | 妻子 | 杨志番 | 罗洼乡 | 马家梁乡 |
| 徐万梅 | | 杨玉芳 | 罗洼乡 | 马家梁乡 |
| | | 杨长乾 | 罗洼乡 | 马家梁乡 |
| | | 王彩玲 | 罗洼乡 | 马家梁乡 |
| 马守林 | 妻子 | 马有兰 | 罗洼乡 | 马家梁乡 |
| | 长子 | 马海军 | 罗洼乡 | 马家梁乡 |
| | 二子 | 马户娃 | 罗洼乡 | 马家梁乡 |
| | 长女 | 马喜也 | 罗洼乡 | 马家梁乡 |
| | 妹妹 | 马守兰 | 罗洼乡 | 马家梁乡 |
| 马正邦 | 妻子 | 张学彦 | 罗洼乡 | 马家梁乡 |
| | 三子 | 马彦氏 | 罗洼乡 | 马家梁乡 |
| | 三女 | 马秀兰 | 罗洼乡 | 马家梁乡 |
| 秦　鱼 | 长女 | 任金令 | 罗洼乡 | 马家梁乡 |
| | 次女 | 任玲彩 | 罗洼乡 | 马家梁乡 |
| | 二子 | 任文全 | 罗洼乡 | 马家梁乡 |
| | 三女 | 任金叶 | 罗洼乡 | 马家梁乡 |
| | 孙子 | 任　杰 | 罗洼乡 | 马家梁乡 |
| | 儿子 | 任小银 | 罗洼乡 | 马家梁乡 |
| | 母亲 | 刘正省 | 罗洼乡 | 马家梁乡 |
| 禹兴才 | 二子 | 禹　华 | 罗洼乡 | 马家梁乡 |
| | 侄子 | 禹　强 | 罗洼乡 | 马家梁乡 |
| | 妻子 | 任绘玲 | 罗洼乡 | 马家梁乡 |
| 李德芳 | 妻子 | 张付兰 | 罗洼乡 | 马家梁乡 |
| | 长子 | 李志银 | 罗洼乡 | 马家梁乡 |
| | 长女 | 李志梅 | 罗洼乡 | 马家梁乡 |
| | 二子 | 李志付 | 罗洼乡 | 马家梁乡 |
| | 二女 | 李志兰 | 罗洼乡 | 马家梁乡 |
| | 三子 | 李志贵 | 罗洼乡 | 马家梁乡 |

续表 6

| 户　主 | 与户主关　系 | 姓　名 | 移　出乡(镇) | 移　入乡(镇) | 户　主 | 与户主关　系 | 姓　名 | 移　出乡(镇) | 移　入乡(镇) |
|---|---|---|---|---|---|---|---|---|---|
| 李德芳 | 长孙 | 李好瑞 | 罗洼乡 | 马家梁乡 | 杨三向 | 次女 | 杨彩霞 | 罗洼乡 | 马家梁乡 |
| 马有礼 | 妻子 | 马正兰 | 罗洼乡 | 马家梁乡 | 樊龙喜 | 妻子 | 张致琴 | 罗洼乡 | 马家梁乡 |
| | 长子 | 马有儿 | 罗洼乡 | 马家梁乡 | | 长女 | 樊风红 | 罗洼乡 | 马家梁乡 |
| 何宪思 | | 何　怀 | 罗洼乡 | 马家梁乡 | | 次女 | 樊小红 | 罗洼乡 | 马家梁乡 |
| | | 何　雨 | 罗洼乡 | 马家梁乡 | | 长子 | 樊小怀 | 罗洼乡 | 马家梁乡 |
| | | 何　明 | 罗洼乡 | 马家梁乡 | 李天亮 | 父亲 | 李文杰 | 小岔乡 | 马家梁乡 |
| | | 何　梅 | 罗洼乡 | 马家梁乡 | | 妻子 | 李　蓉 | 小岔乡 | 马家梁乡 |
| | | 何　娟 | 罗洼乡 | 马家梁乡 | | 长子 | 李　刚 | 小岔乡 | 马家梁乡 |
| 杨三向 | 妻子 | 陈桃叶 | 罗洼乡 | 马家梁乡 | | 次子 | 李　强 | 小岔乡 | 马家梁乡 |
| | 长女 | 杨红燕 | 罗洼乡 | 马家梁乡 | | | | | |

# 第三章

# 红寺堡生态扶贫移民

## 第一节　概　述

红寺堡生态移民扶贫开发区，位居宁夏中部（北纬 37°　28'08"—37°　37'23"，东经 105°　43'45"—106°　42'50"），北邻吴忠市利通区和青铜峡市、灵武市，南接同心县，东至盐池县，西北与中宁县毗邻。北距首府银川市 127 公里，南距固原市 220 公里，西距甘肃省兰州市 360 公里。2009 年 9 月，经国务院批复撤销红寺堡管委会设立吴忠市红寺堡区，政区面积 2767 平方公里，辖 2 个镇 3 个乡、1 个街道办事处、61 个行政村、2 个社区。红寺堡区驻地建成区面积 15.5 平方公里，城区人口约 5 万人。红寺堡地势南高北低，平均海拔 1240 米至 1450 米，属典型的温带大陆性气候，干旱少雨，昼夜温差大。平均降水量 251 毫米，年均蒸发量 2387 毫米，为降水量的 9 倍。年均气温 8.7℃，日温差 13.7℃，全年 >10℃积温可达 3200℃以上，年日照时数 2900—3550 小时，是我国太阳能资源较丰富的地区之一，年均风速 2.9 米 / 秒至 3.7 米 / 秒，大风日数 25d，风光资源丰富。境内有丰富的矿产资源，煤炭储量 127 亿吨，白云岩储量约 18 亿吨，石灰石的远景储量约 49 亿吨，石膏的探明储量 7994 万吨。境内盐中高速、福银高速、定武高速 3 条高速公路和盐兴公路、黄同公路、滚新公路、恩红 4 条县道纵横交错，太中银铁路、滚红高速公路和即将建设的红桃高速、银西高铁穿境而过。距银川河东机场，中卫香山机场均不超过 150 公里，宁夏中部交通枢纽型城市地位业已形成。

红寺堡生态移民扶贫开发区是宁夏回族自治区党委、政府贯彻落实《国家八七扶贫攻坚计划》和《宁夏双百扶贫攻坚计划》的重要战略举措，是为解决宁夏南部贫困山区脱贫致富而实施的国家重点工程，是宁夏扶贫扬黄灌溉工程（“1236”工程）的主战场，也是全国最大的生态移民扶贫开发区和移民开发脱贫致富的成功典范。1995年，经国务院批准红寺堡生态移民扶贫开发区立项，同年底开工建设。1998年上半年完成前期工程，同年9月16日，汩汩黄河水经过三级大功率泵站的逐级提升，以每秒25立方米的速度引到地势高出几十米的千年沉寂不毛之地红寺堡。1999年初，开始有计划、有组织、大规模的移民搬迁。历经十余年艰苦创业，累计开发整理水浇地50万亩，异地搬迁安置宁夏南部山区西吉、海原、原州、隆德、泾源、彭阳、同心、和中宁八县（区）移民约20万人，回族人口占总人口的61%。彭阳县迁入红寺堡的移民，比较集中的安置在红寺堡镇兴旺村、朝阳村，大和乡大和村，柳泉村豹子滩村，新庄集乡向阳村、白阳村。十多年的建设发展，红寺堡谱写了“沙丘起高楼，荒漠变绿洲”的生态建设壮歌，从根本上解决了搬迁贫困群众的温饱问题。如今成为宁夏中部崛起的一颗明珠，社会经济文化等各项事业快速发展，有了现代农业和以煤炭资源开发利用、太阳能、风力发电等为主的新型工业。实现了从传统的农业向现代工业的转变。葡萄种植、设施农业、黄牛养殖和经果林等产业已初具规模。建成宁夏第二大博物馆——移民博物馆，集中展示宁夏古今移民全过程，是对青少年进行爱国主义教育的基地，也是全国红色旅游线路和宁夏“黄河金岸”旅游圈一处独特景观。国家级自然保护区罗山，有近百种国家级、省级重点保护的动植物，具有极高的保护、观赏和研究价值，为宁夏第三座大山和中部最大的水源涵养地，素有“荒漠翡翠”和“瀚海明珠”之美誉。深藏于罗山密林深处的宋代云青寺，罗山脚下的新庄集移民旧址、航空旅游基地、万亩葡萄观光园等更是不可多得的旅游佳地。建成各级各类等级公路507公里，其中：高速公路42公里；二级公路101公里；农村公路364公里，实现了村村通公路，村村通公交。累计完成人工造林（含退耕还林、天然林保护、平原绿化、人工种草）125万亩，林木绿化率39%、绿地覆盖率75%。大力培育节水高效农业，累计发展酿酒葡萄11.6万亩、设施农业7.45万亩，黄牛养殖8万头，葡萄产业成为引领农业转型的特色优势产业，作为四大产区之一，已纳入宁夏贺兰山东麓葡萄产业长廊。依托境内丰富风光资源和国有未利用荒地，大力发展环保新型工业。老马清真食品厂、科冕葡萄酒厂、瑞丰葡萄榨汁厂、芦草井沟煤矿、罗花崖煤矿、卓德酒庄等重点工业项目快速推进；长山头、鲁家窑、嘉泽风电和宁夏发电集团50兆瓦光伏发电等新能源产业不断壮大。商贸服务、信息中介、金融保险、交通运输和清真餐饮等服务业快速发展。建成全国首个慈善工业产业园——弘德工业园，在全国率先开启了从慈善“输血”到产业“造血”的创新发展之路，构筑了企业效益和社会效益“双赢”的发展平台。目前，园区建成区面积约10平方公里，主要以劳动密集型产业、新能源装备制造、穆斯林用品加工等产业为主。神华集团、中石化燕山分公司、中烟总公司、中石油宁夏石化公司、金风科技等大型企业相继入驻园区。菊花台阳光家园照料中心建成并正式投运，有效解决了菊花台村重度残疾人基本生活和康复需求。试点推行重度残疾人福利津贴制度，切实解决残疾人实际困难和生活保障问题。中央电视台、人民日报、新华社等中央主流媒体对红寺堡发展慈善产业进行报道，营造了良好的发展环境。2014年，完成地区生产总值13.97亿元，公共财政预算收入1.75亿元，全社会固定投资67亿元，分别是2009年建区前的2.5倍、3.4倍和4.6倍，农村居民人均可支配收入由开发之初的不足500元增加到5836.6元。移民群众在这里落地生根，过上了幸福的生活，实现了“搬得来、稳得住、能致富”的目标。

## 第二节　机构管理及领导人名录

**主　任**：李　军（1998.7—1999.4）
（兼县农建办主任）
马应虎（1999.4—1999.8）
李占科（1999.8—2001.10）
马存虎（2001.10—2002.8）
（副主任主持工作）
马安生（2002.8—2006.7）
刘效刚（2006.7—2009.12）
（副主任主持工作）

**副主任**：杨应魁（1998.7—1999.4）
马存虎（1999.4—2002.8）
薛　云（1999.4—1999.8）
许　涛（2000.8—2005.10）
刘效刚（2006.7—2009.12）

## 第三节　移民花名表

### 新集乡

杨宗仁　宋文学　火耀旭　买奇龙　李世杰　王廷政　朱德科　王文祥　马天贵　姬满仁
苟文财　马启荣　杨进仁　马福银

马秀珍（5人）　马文义（5人）　海耀山（4人）　马秀城（3人）　马正财（2人）　马成贵（8人）
马正奎（5人）　马献俊（4人）　马进明（7人）　马进荣（6人）　马献荣（5人）　马成俊（5人）
马正铎（5人）　海玉祥（6人）　马吉珍（4人）　马献军（4人）　马继明（3人）　马文智（3人）
马正军（5人）　马秀仓（3人）　马进仁（4人）　马秀平（3人）　马兆海（3人）　马正清（4人）

马进忠(3人) 海恒德(8人) 马进芳(8人) 马进学(5人) 马进财(5人) 海生金(4人)
马正荣(3人) 马秀武(6人) 马守城(3人) 马生林(4人) 马献仁(5人) 马正林(7人)
马正龙(6人) 马吉成(7人) 李有林(7人) 马生明(5人) 马正明(6人) 马守杰(4人)
马献海(4人) 马正荣(5人) 李有祥(5人) 海生贵(5人) 马正福(4人) 海生奎(5人)
海生俊(7人) 马兆林(6人) 马兆龙(5人) 马国虎(5人) 海耀东(5人) 海学玺(4人)
李有福(5人) 海生林(6人) 海生银(3人) 马生虎(3人) 马凤元(4人) 马小明(3人)
马正华(3人) 马孝宏(5人) 马孝贵(4人) 马孝武(5人) 马孝兵(6人) 王如龙(6人)
王素财(6人) 王如平(6人) 王如贵(5人) 杨进成(5人) 杨德贵(7人) 李有仓(5人)
马守彪(5人) 杨进学(5人) 马成俊(3人) 马成明(1人) 马保仁(6人) 李德付(5人)
马良林(5人) 秦永成(3人) 秦耀成(6人) 兰正科(4人) 马全材(4人) 赵万贵(4人)
赵宝财(4人) 秦风德(3人) 李存俊(4人) 兰天明(4人) 秦文俊(7人) 马海学(3人)
苏万录(3人) 马良云(4人) 马良仓(4人) 马良贵(2人) 马生德(6人) 杨 霞(2人)
兰正芳(5人) 马良成(3人) 安长余(6人) 舍宏发(5人) 舍成俊(5人) 舍 福(3人)
杨进明(3人) 舍存有(3人) 马文祥(6人) 马登成(1人) 杨宝山(6人) 马忠秀(6人)
李亚萍(5人) 马进兵(5人) 马占军(5人) 兰国锋(6人) 张小军(5人) 秦付成(5人)
马志宝(3人) 李 强(3人) 马俊德(6人) 罗虎云(3人) 杨保林(7人) 马文举(8人)
马治国(5人) 马学明(4人) 马明素(5人) 秦付林(3人) 秦明祥(3人) 苏有存(4人)
马主麻(5人) 秦风明(6人) 兰正发(4人) 秦有发(3人) 李海明(5人) 李小刚(4人)
马明德(5人) 马明才(4人) 马明有(4人) 秦纪宁(5人) 马志军(5人) 马成云(3人)
马海军(3人) 兰正春(5人) 杨宝录(5人) 马有仓(4人) 马明录(4人) 苏小平(5人)
秦明才(4人) 秦国云(7人) 马良宝(5人) 秦风喜(5人) 马学东(3人) 杨宝清(5人)
马文俊(5人) 兰正仓(6人) 秦明珍(6人) 马成祥(3人) 马良富(5人) 马兴元(2人)
舍存宝(6人) 马明仓(5人) 秦有付(4人) 杨进成(5人) 马忠成(6人) 牛具平(3人)
牛德业(5人) 牛昌娃(6人) 牛进录(3人) 王选杰(4人) 王选仓(8人) 王选义(6人)
王进忠(6人) 牛德保(7人) 牛海成(6人) 牛德成(6人) 王进成(5人) 王 伟(6人)
牛德清(6人) 王海军(7人) 牛润成(4人) 王利平(3人) 舍存福(3人) 马良有(6人)
马学义(1人) 赵青山(5人) 马金川(5人) 马汉林(7人) 马明清(5人) 李志兴(4人)
马治国(3人) 马启兰(5人) 马进林(5人) 冯文武(6人) 马宏俊(6人)

## 川口乡

王 武 王生有 王 文 党孝东 何志俊 马彩珍 田润兵 马登林 马进彪 郑作恩
李 政 李 升 马安荣
罗应成(2人) 王汉国(2人) 罗应斌(3人) 马汉军(4人) 马汉强(3人) 王汉杰(5人)
王汉川(4人) 刘进仓(6人) 刘国兵(3人) 王汉仁(5人) 陈万仓(5人) 王治民(5人)
马汉儒(5人) 陈万有(5人) 陈 文(4人) 陈应军(5人) 罗应军(6人) 罗应龙(4人)
王 宽(4人) 王 功(5人) 王汉林(4人) 罗应平(3人) 陈应平(7人) 马学武(4人)

马汉杰(4人)　王学华(1人)　刘进英(4人)　陈秀琴(4人)　吴国仁(5人)　崔进璋(5人)
李　宝(3人)　张正平(5人)　马登吉(3人)　马学智(3人)　王海荣(4人)　张济仓(6人)
黄应科(7人)　马安仁(5人)　李　强(6人)　张济安(4人)　马安林(4人)　李　刚(1人)
李　生(5人)　马安武(4人)　马安福(6人)　马安宏(4人)　张彩梅(2人)　马安功(4人)
李桂贤(6人)　马　强(4人)　薛吉军(5人)　李　辉(4人)　黄应明(4人)　马登权(4人)
李　仁(5人)　夏玉龙(4人)　马安刚(6人)　王维君(6人)　李　安(4人)　李　明(4人)
黄应平(6人)　马安治(4人)　马安俭(4人)　马学强(3人)　马学军(3人)　马学刚(3人)
马安江(5人)　崔新明(5人)　薛吉礼(5人)　马安有(2人)　索金龙(5人)　王维刚(4人)
薛　文(4人)　薛吉彩(6人)　薛　勇(4人)　马登报(6人)　马登地(7人)　张济国(6人)
赵金柱(3人)　马安成(5人)　董生梅(2人)　马同英(2人)　薛吉明(4人)　薛　尊(1人)
夏国平(4人)　夏国军(3人)　马登雄(3人)　王海军(7人)　马登录(3人)　王维山(1人)
马登前(3人)　吴国林(4人)　吴玉中(5人)　马登丰(4人)　马登省(7人)　马安川(6人)
王志世(5人)　张建君(5人)　张建龙(4人)　夏国玺(4人)　夏玉平(5人)　马　伟(4人)
薛春晖(2人)　马登龙(3人)　王维强(5人)　王宏桂(3人)　王学成(8人)　王喜堂(4人)
王学兵(4人)　张国兵(4人)　牛养连(4人)　马　勇(3人)　马安明(3人)　黄应川(5人)
杨占彪(6人)　杨风山(5人)　张玉梅(4人)　张习俭(7人)　周进军(4人)　周进武(5人)
杨占林(6人)　王得忠(4人)　周进才(5人)　张玉学(4人)　杨占军(4人)　席廷贤(3人)
张玉东(5人)　席廷和(5人)　王金章(3人)　杨占兵(2人)　席秀英(4人)　张玉龙(4人)
张玉忠(6人)　王德洲(5人)　王德祥(4人)　杨占福(6人)　张习贤(4人)　张玉平(5人)
寿廷祥(6人)　罗　忠(5人)　张习让(3人)　张习庆(4人)　张习成(5人)　杨占川(6人)
高天福(6人)　文天寿(5人)　杨应祥(4人)　张　军(4人)　张习仁(6人)　张玉根(3人)
高天禄(2人)　寿廷明(4人)　王寿山(3人)　王帮福(3人)　王德明(3人)　席廷有(4人)
席志成(3人)　杨占财(7人)　杨占虎(3人)　罗　成(5人)　罗　军(3人)　王德荣(5人)
寿廷荣(6人)　王帮元(6人)　张习勤(4人)　张玉林(4人)　张寿山(4人)　马登位(4人)
张荣政(7人)　杨亚平(4人)　马安平(5人)　马志科(5人)　曹志敏(5人)　王汉宝(5人)
李清尉(5人)　张正清(5人)　孙晓毅(5人)　陈应锡(4人)　王汉军(5人)　虎秀连(5人)
李启发(4人)　王桂珍(5人)　马安海(3人)　黄应安(7人)　黄应国(4人)　黄应荣(6人)
黄正祥(5人)　张世安(4人)　张世兵(5人)　黄应仓(3人)　樊月香(3人)　马文瑞(5人)
马文伍(3人)　马文虎(4人)　马保龙(7人)　马保富(5人)　魏具银(5人)　田润玲(5人)
李树梅(2人)　李佰勤(5人)　李世学(7人)　王　刚(4人)　王彦兵(4人)　王彦祥(4人)
李世权(7人)　张正权(5人)　马天红(6人)　马治国(7人)　丁　敏(6人)　马治军(4人)
孙伯盛(4人)　刘振梅(5人)　郭　奎(7人)　王国忠(5人)　田志南(4人)　孙伯印(5人)
孙伯银(4人)　马文仁(5人)　马文荣(4人)　马志虎(4人)　何哈儿(2人)　马志川(5人)
马文仓(6人)　马玉忠(5人)　马志前(3人)　马　龙(3人)　马玉付(7人)　马文元(6人)
马玉兵(4人)　马志君(4人)　马志强(4人)　马志祥(4人)　马志学(3人)　马仲财(4人)
何生财(3人)　马志珍(5人)　马俊成(4人)　马玉龙(2人)　马志义(6人)　何有儿(4人)
马玉录(4人)　马志科(4人)　马文兵(6人)　何志荣(5人)　马志东(6人)　张秀英(1人)

马德龙(7人) 何志刚(5人) 何志忠(5人) 马玉山(5人) 何东岐(4人) 何生珍(4人)
马志兵(1人) 何生仓(6人) 马文录(6人) 马德科(4人) 马　军(6人) 马文忠(7人)
马玉学(5人) 何生付(7人) 马志忠(7人) 何志广(5人) 马文举(8人) 马玉俊(5人)
马志杰(6人) 马志山(6人) 马文福(4人) 马玉俭(5人) 马志清(4人) 马仲元(7人)
马文成(4人) 马志龙(5人) 马文治(5人) 马文廷(2人) 马志仓(4人) 马古拜(4人)
马俊仁(3人) 马义哈(2人) 马俊鹏(2人) 马有福(3人) 马仲祥(3人) 马宝兰(3人)
马仲学(6人) 马文满(5人) 何志亮(3人) 何志清(5人) 马德义(4人) 马彩英(4人)
张桂芳(5人) 海春霞(5人)

## 古城镇

马　斌 魏进明 马志军 杨志林 马成军 马同虎 魏进录 王建国 马宗银 马武刚
赫生有(6人) 马风贵(5人) 马成梅(1人) 冯连玉(3人) 海国兴(1人) 海国录(6人)
冯正林(6人) 冯连军(8人) 妥生林(7人) 冯连文(6人) 兰文江(4人) 马和仁(5人)
马志仁(6人) 马玉录(7人) 海国福(2人) 马和珍(6人) 马赵平(2人) 海玉龙(3人)
海连军(5人) 海连平(3人) 马存有(6人) 马虎刚(5人) 马虎林(4人) 马志清(5人)
赫保元(6人) 赫生龙(4人) 赫　军(1人) 马金花(5人) 海保荣(7人) 马玉潮(5人)
喇同刚(5人) 赫付龙(4人) 冯正学(3人) 海玉平(3人) 海玉贵(7人) 冯正孝(5人)
妥生珍(3人) 妥生春(5人) 赫保清(4人) 赫生贵(4人) 马玉西(4人) 赫付忠(7人)
赫生岐(4人) 赫付科(4人) 赫生付(5人) 马志英(9人) 赫生俊(5人) 丁玉林(2人)
丁守明(7人) 马吞肖(5人) 马生贵(3人) 海　红(3人) 马　忠(6人) 赫付银(4人)
赫付贵(7人) 海正银(4人) 海保忠(6人) 赫付祥(6人) 马尚忠(4人) 马成科(6人)
锁满芳(1人) 丁玉山(3人) 海玉国(4人) 马主麻(6人) 赫生平(6人) 海玉银(6人)
马尚潮(2人) 马尚海(4人) 马守梅(3人) 马存银(5人) 马尚文(8人) 马虎龙(6人)
马虎安(5人) 马虎成(5人) 马尚仁(5人) 丁进义(4人) 赫付强(3人) 赫生录(8人)
赫付珍(6人) 赫生文(4人) 赫付仓(4人) 赫付录(5人) 赫付兵(2人) 赫生林(5人)
海玉明(5人) 海保清(3人) 丁守军(4人) 马和明(6人) 赫生义(6人) 马玉花(5人)
海正清(4人) 海正明(5人) 海国龙(3人) 海国江(4人) 海正朝(6人) 明彦祥(5人)
妥应刚(5人) 锁正德(6人) 明彦林(7人) 刘兴义(6人) 刘生贵(5人) 刘兴礼(7人)
朱彦海(4人) 熊保林(4人) 熊志清(4人) 刘维付(5人) 刘维元(4人) 王旭东(5人)
刘生付(5人) 熊狗狗(3人) 刘兴刚(4人) 张建义(5人) 刘生财(5人) 熊正兵(5人)
熊正义(6人) 刘兴旺(5人) 刘兴军(6人) 熊正军(4人) 景占荣(4人) 刘兴熊(4人)
景旭升(5人) 杨生荣(2人) 朱彦德(3人) 康　义(4人) 杨生林(2人) 朱怀福(3人)
朱彦清(4人) 朱怀军(3人) 朱怀刚(5人) 朱彦山(4人) 杨生义(5人) 朱彦川(6人)
刘生权(6人) 景旭东(4人) 熊建忠(9人) 刘兴仓(5人) 熊志恩(5人) 景占清(5人)
景占春(5人) 张进付(5人) 熊正刚(4人) 景占兵(4人) 刘兴虎(4人) 杨生平(4人)
朱怀银(5人) 马秉兰(4人) 马　祥(6人) 马继祖(5人) 马　兵(5人) 马　辉(6人)

妥生虎(4人)　妥生平(5人)　妥生龙(5人)　妥应清(4人)　妥小军(3人)　明彦秀(4人)
妥哈立费(1人)马文帮(5人)　马　军(5人)　马　波(7人)　马　珍(5人)　马　超(5人)
马　福(8人)　海　安(3人)　妥生清(5人)　罗文俊(4人)　刘金堂(5人)　杨吉宁(5人)
刘金库(6人)　李玉忠(6人)　曹生荣(6人)　权　军(5人)　杨孝玉(4人)　李荣贵(3人)
杨吉成(4人)　李炳德(2人)　李文俊(3人)　李玉山(5人)　李文辉(4人)　李玉林(7人)
李文珍(7人)　李文科(4人)　杨麦满(2人)　李孝珍(5人)　李孝霞(4人)　李孝虎(5人)
李孝军(4人)　罗玉平(2人)　权克俭(8人)　李云珍(7人)　李志明(2人)　曹生林(4人)
曹智强(3人)　杨文选(3人)　李凤兰(2人)　曹智刚(4人)　杨文海(3人)　罗文智(4人)
杨吉永(5人)　刘金满(6人)　李玉川(4人)　张存霞(4人)　杨文仓(4人)　权锦福(4人)
李玉栋(4人)　李玉乾(8人)　权锦库(5人)　李孝先(4人)　刘金玉(3人)　权克勤(4人)
罗文意(5人)　杨吉库(4人)　李孝龙(4人)　权克温(4人)　权克良(1人)　罗玉林(4人)
李森林(4人)　李孝福(5人)　杨成文(3人)　杨智国(2人)　杨吉贵(1人)　刘永发(3人)
田志力(1人)　李国元(4人)　李孝安(7人)　李大集(5人)　赵根仲(3人)　赵　胜(4人)
张万华(1人)　王相民(2人)　李治宏(5人)　李相德(7人)　赵　江(6人)　林生柱(5人)
李玉宝(4人)　虎永斌(5人)　马有成(3人)　马生财(6人)　马义平(7人)　马有福(4人)
马文兵(4人)　马有君(4人)　马有平(4人)　马德成(6人)　马有军(5人)　马生水(6人)
马花龙(3人)　马德龙(6人)　马德江(6人)　马正财(4人)　马文举(6人)　海进福(5人)
马统清(5人)　周文福(5人)　周志成(3人)　周文智(5人)　马红珍(2人)　马花成(5人)
海进财(5人)　海进虎(4人)　海青林(3人)　海青山(4人)　海青鱼(3人)　海进付(4人)
马花贵(5人)　麻成仓(5人)　马武平(4人)　马有德(3人)　马有权(5人)　马武前(5人)
马德贵(6人)　马文杰(3人)　马文挥(5人)　马秀虎(4人)　海玉苹(4人)　马有前(5人)
马武祥(5人)　马有林(5人)　马武林(5人)　马丙录(4人)　马花平(5人)　马有杰(5人)
马武俊(4人)　马花有(3人)　马文科(2人)　马有龙(4人)　马秀贵(5人)　金福祥(7人)
马花堂(3人)　马武义(5人)　马武朋(4人)　马保连(5人)　马花仁(2人)　马秀珍(5人)
马丙科(5人)　马有君(5人)　马秀成(6人)　马志英(5人)　周文仓(5人)　周文礼(3人)
周文录(5人)　马有仓(2人)　周文学(5人)　周文贵(5人)　邹金花(3人)　马玉林(5人)
马有富(3人)　马秀林(6人)　麻玉仁(3人)　马有俊(4人)　马秀军(4人)　马武强(5人)
马武龙(4人)　马志和(2人)　周文武(8人)　鲜碧录(5人)　李建军(2人)　海青军(3人)
王生发(3人)　马和银(6人)　党孝义(4人)　马占林(5人)　刘振东(3人)　谭文军(4人)
谭文忠(4人)　马国元(5人)　杨吉平(4人)　马孝兵(6人)

## 红河乡

马江贵　杨金斗　魏生忠　苏荣花　余治国　马志良　常兆斌
张　伟(4人)　张晓录(4人)　张　仁(7人)　张　照(2人)　张　健(7人)　张晓堂(5人)
张　耀(7人)　张　科(7人)　张　侃(7人)　张士臣(4人)　王玉林(5人)　张　宝(4人)
陶正芳(5人)　张　龙(3人)　苏生云(5人)　赵芳荣(4人)　朱海平(7人)　徐志军(4人)
王安仁(7人)

## 彭阳乡

涂正龙　涂克选　涂志军　涂志成　涂志科　涂志根　涂克杰　涂克乾　涂志福　涂克连
涂克义　涂克俊　涂克信　涂志兵　张　刚　涂志仁　余治芳　杨志平
史世忠(7人)　张如良(5人)　沙世礼(4人)　赵雪平(4人)　史世功(5人)　杨占帮(3人)
沙世勇(4人)　沙世宏(6人)　史晓东(4人)　杨昌旺(4人)　张如强(3人)　张如仓(6人)
沙世银(4人)　史世兵(5人)　郑梅霞(5人)　杨昌东(5人)　刘进玉(6人)　张登寿(4人)
史会东(6人)　史世强(7人)　陈贵琴(2人)　杨昌时(5人)　石　云(5人)　石　忠(5人)
沙世朋(5人)　石　健(4人)　高来斌(6人)　杨占义(2人)　张如库(3人)　张如刚(3人)
沙世伟(4人)　黄玉忠(7人)　杨昌泰(7人)　史世库(4人)　吕维祥(5人)　刘　聪(5人)
高繁荣(4人)　张生川(5人)　晁建明(4人)　杨兆斌(4人)　杨惠儒(4人)　袁　强(7人)
高万仲(4人)　韩　良(7人)　石　柱(5人)　高启荣(5人)　张如成(4人)　杨沛儒(6人)
张登国(7人)　张生会(4人)　袁继国(4人)　史世宝(3人)　张提刚(4人)　高万有(4人)
尹效琴(5人)　杨昌元(7人)　袁治宏(5人)　杨兆君(6人)　马俊仁(5人)　马浩军(7人)

## 草庙乡

周世明　周世虎　武汉文　李生君　惠路明　王世新　陈正军　张绪堂　周国良　曹玉祥
魏文荣　赵满甲
郭生兰(5人)　张丽红(5人)　陈宗南(4人)　党生文(5人)　党生勇(4人)　陈宗保(4人)
曹昌珍(7人)　陈宗银(4人)　赵世文(6人)　虎小琴(3人)　安粉连(3人)　甄怀文(4人)
郭步霞(5人)　李玉平(4人)　安双喜(5人)　刘　萍(3人)　张建新(4人)　李泽平(5人)
扈建广(5人)

## 孟塬乡

王占国　虎忠歧　刘万能　贾仲英　张海成　韩　广　虎应奎　赵保富　陈江龙　魏效功
李世宽
张应娥(5人)　何淑琴(9人)　闫贵兰(4人)　魏孝院(4人)　魏孝礼(3人)　郭淑芳(4人)
高军军(4人)　王恒星(4人)　张效敬(5人)　赵进峰(4人)　许仲安(5人)　张金堂(5人)
陈效文(4人)　罗勤平(6人)　罗银玺(6人)　张词军(3人)　祁彩虹(5人)　李廷奎(5人)

## 沟口乡

兰风忠　马成军　李应才　马孝明　余生发　马存虎　马志琴　张占贵　马兆琴　马成刚
剡进莲(3人)　张牙儿(5人)　李平霞(4人)　马克军(8人)　马登仓(8人)

## 罗洼乡

安应才　海世元　史志刚　王国东　杜进平　陈明道　吴玉斌　郭兴双　尚　振　周玉文
海连山　贾继祖
周凤彩(4人)　丁义清(5人)　赵秀琴(7人)　虎　芳(6人)　蔺怀录(4人)

## 小岔乡

虎　地　马俊杰　刘自录　虎久汉　虎　东　白金文　虎　杰　周凤平　陈作义　蔺建春
万　虹(3人)　虎耀奎(5人)　史有权(3人)　虎金德(4人)　虎建国(4人)　韩秀花(5人)
王德军(4人)　孙国宝(4人)

## 王洼镇

范新文　毛会科　路　宏　武金保　张文斌　袁自春　万统军
武生贵(4人)　杨志芳(3人)　武生成(5人)　张勇福(5人)　马秀兰(2人)　张建兵(5人)
路　鹏(4人)　陈　奎(5人)　马金忠(6人)　张建军(4人)

## 城阳乡

张宗强(3人)　张宗铎(5人)　王　刚(2人)　虎治科(5人)

## 嵝岘乡

杨兆山　朱　科　高　登　刘福平　冯国君　张治忠　韩世雄　张生杰　海向军
任雅丽(4人)　何国武(8人)　叶会勤(4人)　祁国选(4人)　梁建国(5人)　张来生(7人)
吴志财(6人)

## 王洼乡

郭　军　张武珍　马得科　徐万仓　杨志科　雷　鸣　杨万江　马正俊　马成岳　朱金栋
韩忠军(7人)　安守勤(5人)　张　荣(4人)　张　珍(4人)　李　艳(5人)　文佐富(4人)

## 冯庄乡

张升儒　路旭明　安　彪　刘玉贵　安正兴　王应聪　安希俊　张志文　杨育才　陈永章

李鸿程　王廷智　邓志斌

王立聪(5人)　安正礼(5人)　王万军(5人)　王万祺(3人)　王永军(5人)　王正明(4人)
王永明(4人)　王会银(6人)　王风奎(4人)　安春波(4人)　袁　芸(3人)　王　玲(5人)
张　斌(4人)　张继梅(4人)　安正毕(4人)　安建升(3人)　杨明利(4人)　李建军(6人)
雅成章(7人)　郭锦霞(3人)　李宏伟(5人)

**交岔乡**

马学文　杨同森　王　军　海恒瑞　马贵军　海建忠　马　军　马玉荣　马玉杰　马荣花
顾吉昌　姬宗成　金秀兰

毛彩莲(3人)　马玉娥(8人)　李玉香(4人)　海恒西(6人)　杨志文(6人)

**刘塬乡**

苏生有　惠平和　张和良　魏文荣　庞　兴　孙志斌　王继萍　施登榜

王凤飞(5人)　米　忠(6人)　韩红梅(5人)　孙　涛(4人)

**石岔乡**

何志善　叶占林　叶占斌　姬佐荣　海生珍　董玉明　白忠信　何治虎　张秉东　虎小龙

薛治学(5人)　安耀东(5人)　何治香(5人)　何治刚(6人)　袁生祥(6人)　何治虎(7人)
张松林(5人)　王维升(5人)　袁　平(5人)　杨柳秦(6人)　黄彦荣(5人)

## 长山头农场

表 7

| 户　主 | 人口 | 民族 | 原户口所在地 | 户　主 | 人口 | 民族 | 原户口所在地 |
|---|---|---|---|---|---|---|---|
| 马有文 | 2 | 回族 | 古城镇掛马沟村车排沟队 | 马生明 | 4 | 回族 | 古城镇掛马沟村南岔队 |
| 马生雨 | 3 | 回族 | 古城镇掛马沟村车排沟队 | 马生礼 | 5 | 回族 | 古城镇掛马沟村南岔队 |
| 马有清 | 5 | 回族 | 古城镇掛马沟村车排沟队 | 马志山 | 4 | 回族 | 古城镇掛马沟村南岔队 |
| 马德祥 | 5 | 回族 | 古城镇掛马沟村车排沟队 | 马志君 | 3 | 回族 | 古城镇掛马沟村南岔队 |
| 马有财(小) | 6 | 回族 | 古城镇掛马沟村车排沟队 | 高文俊 | 4 | 回族 | 古城镇掛马沟村南岔队 |
| 海建荣 | 6 | 回族 | 古城镇掛马沟村车排沟队 | 马生贵 | 8 | 回族 | 古城镇掛马沟村南岔队 |
| 马生春 | 5 | 回族 | 古城镇掛马沟村车排沟队 | 马成龙 | 7 | 回族 | 古城镇掛马沟村南岔队 |
| 马登山 | 4 | 回族 | 古城镇掛马沟村车排沟队 | 马有君 | 3 | 回族 | 古城镇掛马沟村南岔队 |
| 马生富 | 4 | 回族 | 古城镇掛马沟村车排沟队 | 马有平 | 5 | 回族 | 古城镇掛马沟村南岔队 |
| 马有义 | 4 | 回族 | 古城镇掛马沟村车排沟队 | 马生荣 | 4 | 回族 | 古城镇掛马沟村南岔队 |
| 马有刚 | 3 | 回族 | 古城镇掛马沟村车排沟队 | 高慧霞 | 5 | 回族 | 古城镇掛马沟村南岔队 |
| 马有仁 | 4 | 回族 | 古城镇掛马沟村车排沟队 | 马生昌 | 4 | 回族 | 古城镇掛马沟村南岔队 |
| 周文选 | 6 | 回族 | 古城镇掛马沟村车排沟队 | 马去科 | 5 | 回族 | 古城镇掛马沟村南岔队 |
| 王天珍 | 4 | 回族 | 古城镇掛马沟村车排沟队 | 马去成 | 4 | 回族 | 古城镇掛马沟村南岔队 |
| 马有林 | 5 | 回族 | 古城镇掛马沟村车排沟队 | 马培贤 | 5 | 回族 | 古城镇掛马沟村南岔队 |
| 马有财(大) | 4 | 回族 | 古城镇掛马沟村车排沟队 | 马　东 | 3 | 回族 | 古城镇掛马沟村南岔队 |
| 马　军 | 3 | 回族 | 古城镇掛马沟村车排沟队 | 马生会 | 5 | 回族 | 古城镇掛马沟村南岔队 |
| 周文保 | 5 | 回族 | 古城镇掛马沟村车排沟队 | 马世财 | 6 | 回族 | 古城镇掛马沟村南岔队 |
| 周文明 | 4 | 回族 | 古城镇掛马沟村车排沟队 | 李金太 | 3 | 回族 | 古城镇掛马沟村南岔队 |
| 马有为 | 4 | 回族 | 古城镇掛马沟村车排沟队 | 马有余 | 4 | 回族 | 古城镇掛马沟村南岔队 |
| 马永吉 | 5 | 回族 | 古城镇掛马沟村车排沟队 | 马有明 | 5 | 回族 | 古城镇掛马沟村南岔队 |
| 马生奋 | 5 | 回族 | 古城镇掛马沟村车排沟队 | 马志川 | 5 | 回族 | 古城镇掛马沟村南岔队 |
| 马有付 | 4 | 回族 | 古城镇掛马沟村车排沟队 | 马成虎 | 6 | 回族 | 古城镇掛马沟村南岔队 |
| 马　立 | 4 | 回族 | 古城镇掛马沟村车排沟队 | 马志同 | 5 | 回族 | 古城镇掛马沟村南岔队 |
| 马秀芳 | 4 | 回族 | 古城镇掛马沟村南岔队 | 马生龙 | 2 | 回族 | 古城镇掛马沟村南岔队 |
| 李志明 | 4 | 回族 | 古城镇掛马沟村南岔队 | 马有仁 | 4 | 回族 | 古城镇掛马沟村南岔队 |
| 周旭东 | 3 | 回族 | 古城镇掛马沟村南岔队 | 马有刚 | 3 | 回族 | 古城镇掛马沟村南岔队 |
| 周志录 | 5 | 回族 | 古城镇掛马沟村南岔队 | 马　成 | 5 | 回族 | 古城镇掛马沟村南岔队 |
| 马　忠 | 4 | 回族 | 古城镇掛马沟村南岔队 | 马去涛 | 5 | 回族 | 古城镇掛马沟村南岔队 |
| 高　永 | 2 | 回族 | 古城镇掛马沟村南岔队 | 马秀花 | 4 | 回族 | 古城镇掛马沟村南岔队 |
| 马付财 | 5 | 回族 | 古城镇掛马沟村南岔队 | 鲜培慕 | 4 | 回族 | 古城镇掛马沟村南岔队 |
| 马玉和 | 6 | 回族 | 古城镇掛马沟村南岔队 | 张秉乾 | 2 | 汉族 | 古城镇小岔沟村前沟队 |
| 马付荣 | 5 | 回族 | 古城镇掛马沟村南岔队 | 戈孝贤 | 4 | 汉族 | 古城镇小岔沟村前沟队 |
| 马玉平 | 3 | 回族 | 古城镇掛马沟村南岔队 | 董　文 | 3 | 汉族 | 古城镇小岔沟村前沟队 |
| 马和云 | 3 | 回族 | 古城镇掛马沟村南岔队 | 张生荣 | 6 | 汉族 | 古城镇小岔沟村前沟队 |

续表7

| 户　主 | 人口 | 民族 | 原户口所在地 | 户　主 | 人口 | 民族 | 原户口所在地 |
|---|---|---|---|---|---|---|---|
| 张旭旭 | 2 | 汉族 | 古城镇小岔沟村前沟队 | 谢　恒 | 6 | 汉族 | 古城镇小岔沟村前沟队 |
| 谢宝贤 | 3 | 汉族 | 古城镇小岔沟村前沟队 | 刘世明 | 8 | 汉族 | 古城镇小岔沟村前沟队 |
| 张生垠 | 4 | 汉族 | 古城镇小岔沟村前沟队 | 张生红 | 4 | 汉族 | 古城镇小岔沟村前沟队 |
| 谢宋忠 | 6 | 汉族 | 古城镇小岔沟村前沟队 | 熊健杰 | 6 | 汉族 | 古城镇小岔沟村前沟队 |
| 尹爱军 | 6 | 汉族 | 古城镇小岔沟村前沟队 | 崔富强 | 5 | 汉族 | 古城镇小岔沟村前沟队 |
| 张小平 | 5 | 汉族 | 古城镇小岔沟村前沟队 | 董文库 | 4 | 汉族 | 古城镇小岔沟村前沟队 |
| 张秉军 | 6 | 汉族 | 古城镇小岔沟村前沟队 | 张秉信 | 6 | 汉族 | 古城镇小岔沟村前沟队 |
| 谢春文 | 3 | 汉族 | 古城镇小岔沟村前沟队 | 张生安 | 4 | 汉族 | 古城镇小岔沟村前沟队 |
| 谢　永 | 4 | 汉族 | 古城镇小岔沟村前沟队 | 张希俭 | 2 | 汉族 | 古城镇小岔沟村前沟队 |
| 董文祥 | 2 | 汉族 | 古城镇小岔沟村前沟队 | 张生会 | 5 | 汉族 | 古城镇小岔沟村前沟队 |
| 谢守清 | 5 | 汉族 | 古城镇小岔沟村前沟队 | 张志伟 | 3 | 汉族 | 古城镇小岔沟村前沟队 |
| 谢满垠 | 2 | 汉族 | 古城镇小岔沟村前沟队 | 董文成 | 4 | 汉族 | 古城镇小岔沟村前沟队 |
| 谢守君 | 4 | 汉族 | 古城镇小岔沟村前沟队 | 倪忠义 | 6 | 汉族 | 古城镇小岔沟村前沟队 |
| 戈效龙 | 2 | 汉族 | 古城镇小岔沟村前沟队 | 戈孝强 | 2 | 汉族 | 古城镇小岔沟村前沟队 |
| 尹醒明 | 5 | 汉族 | 古城镇小岔沟村前沟队 | 谢　兵 | 5 | 汉族 | 古城镇小岔沟村前沟队 |
| 吕淑文 | 3 | 汉族 | 古城镇小岔沟村前沟队 | 吕淑武 | 6 | 汉族 | 古城镇小岔沟村前沟队 |
| 谢守安 | 4 | 汉族 | 古城镇小岔沟村前沟队 | 高光武 | 5 | 汉族 | 古城镇小岔沟村前沟队 |
| 董耀武 | 7 | 汉族 | 古城镇小岔沟村前沟队 | 戈德库 | 4 | 汉族 | 古城镇小岔沟村前沟队 |
| 张志忠 | 4 | 汉族 | 古城镇小岔沟村前沟队 | 高登荣 | 5 | 汉族 | 古城镇小岔沟村前沟队 |
| 弋德仓 | 4 | 汉族 | 古城镇小岔沟村前沟队 | 高光喜 | 4 | 汉族 | 古城镇小岔沟村前沟队 |
| 高光汉 | 4 | 汉族 | 古城镇小岔沟村前沟队 | 杨永春 | 3 | 汉族 | 古城镇小岔沟村前沟队 |
| 谢　强 | 4 | 汉族 | 古城镇小岔沟村前沟队 | 任德俊 | 5 | 回族 | 古城镇小岔沟村前沟队 |
| 尹耀明 | 4 | 汉族 | 古城镇小岔沟村前沟队 | 马虎梅 | 5 | 汉族 | 古城镇小岔沟村前沟队 |

## 新庄集四支干一支

表8

| 户　主 | 人口 | 民族 | 原户口所在地 | 户　主 | 人口 | 民族 | 原户口所在地 |
|---|---|---|---|---|---|---|---|
| 谢守信 | 7 | 汉族 | 古城小岔沟阳洼 | 何世珍 | 3 | 汉族 | 古城高庄芦子沟 |
| 张玉录 | 5 | 汉族 | 古城小岔沟阳洼 | 何进军 | 5 | 汉族 | 古城王大户麻地沟 |
| 张志福 | 4 | 汉族 | 古城小岔沟阳洼 | 何治银 | 6 | 汉族 | 古城王大户麻地沟 |
| 张文平 | 3 | 汉族 | 古城小岔沟阳洼 | 何治权 | 3 | 汉族 | 古城王大户麻地沟 |
| 谢守财 | 4 | 汉族 | 古城小岔沟阳洼 | 张　君 | 4 | 汉族 | 古城王大户包头沟 |
| 谢守全 | 6 | 汉族 | 古城小岔沟阳洼 | 何世雄 | 4 | 汉族 | 古城王大户麻地沟 |
| 彭春林 | 5 | 汉族 | 古城高庄芦子沟 | 张正华 | 5 | 汉族 | 古城王大户包头沟 |
| 张　斌 | 7 | 汉族 | 古城高庄芦子沟 | 何治品 | 6 | 汉族 | 古城王大户麻地沟 |
| 张　斌 | 3 | 汉族 | 古城高庄芦子沟 | 张正斌 | 4 | 汉族 | 古城王大户包头沟 |

续表 8

| 户　主 | 人口 | 民族 | 原户口所在地 | 户　主 | 人口 | 民族 | 原户口所在地 |
|---|---|---|---|---|---|---|---|
| 张正龙 | 4 | 汉族 | 古城王大户包头沟 | 刘　武 | 6 | 汉族 | 古城店洼沟塬 |
| 黄金安 | 3 | 汉族 | 古城王大户包头沟 | 刘宗勤 | 3 | 汉族 | 古城店洼沟塬 |
| 何治军 | 5 | 汉族 | 古城王大户麻地沟 | 杨　智 | 5 | 汉族 | 古城店洼沟塬 |
| 何世银 | 5 | 汉族 | 古城王大户麻地沟 | 何德平 | 5 | 汉族 | 古城小岔三队 |
| 张正安 | 4 | 汉族 | 古城王大户包头沟 | 王彦武 | 5 | 汉族 | 古城田塬吴湾 |
| 何世忠 | 5 | 汉族 | 古城王大户麻地沟 | 宗文花 | 3 | 汉族 | 古城田塬吴湾 |
| 黄金平 | 4 | 汉族 | 古城王大户包头沟 | 王彦刚 | 6 | 汉族 | 古城田塬吴湾 |
| 何治虎 | 4 | 汉族 | 古城王大户麻地沟 | 王彦明 | 4 | 汉族 | 古城田塬吴湾 |
| 李玉花 | 4 | 汉族 | 古城王大户包头沟 | 杨　强 | 3 | 汉族 | 古城店洼沟塬 |
| 张正君 | 4 | 汉族 | 古城王大户包头沟 | 刘宗生 | 6 | 汉族 | 古城店洼沟塬 |
| 张正强 | 3 | 汉族 | 古城王大户包头沟 | 杨　民 | 3 | 汉族 | 古城店洼沟塬 |
| 李西功 | 4 | 汉族 | 古城王大户麻地沟 | 刘亚汉 | 3 | 汉族 | 古城店洼沟塬 |
| 何治刚 | 3 | 汉族 | 古城王大户麻地沟 | 杨　六 | 4 | 汉族 | 古城店洼沟塬 |
| 王进军 | 4 | 汉族 | 古城王大户麻地沟 | 杨占江 | 4 | 汉族 | 古城店洼沟塬 |
| 何进垠 | 8 | 汉族 | 古城王大户麻地沟 | 何进福 | 5 | 汉族 | 古城王大户麻地沟 |
| 海恒仓 | 4 | 回族 | 古城丁肖堡里湾 | 何治国 | 5 | 汉族 | 古城王大户麻地沟 |
| 杨　君 | 4 | 回族 | 古城阳洼杨河 | 何治安 | 5 | 汉族 | 古城王大户麻地沟 |
| 海正余 | 3 | 回族 | 古城丁肖堡里湾 | 何进财 | 5 | 汉族 | 古城王大户麻地沟 |
| 马君祥 | 5 | 回族 | 古城丁肖堡里湾 | 何进科 | 5 | 汉族 | 古城王大户麻地沟 |
| 马和湘 | 7 | 回族 | 古城古城高山 | 王进科 | 6 | 汉族 | 古城王大户麻地沟 |
| 马和海 | 9 | 回族 | 古城古城高山 | 何治平 | 5 | 汉族 | 古城王大户麻地沟 |
| 马虎虎 | 5 | 回族 | 古城古城高山 | 黄金库 | 6 | 汉族 | 古城王大户包头沟 |
| 马周章 | 3 | 回族 | 古城古城一队 | 何进山 | 5 | 汉族 | 古城王大户包头沟 |
| 马正功 | 8 | 回族 | 古城丁肖堡堡子 | 马守军 | 5 | 回族 | 古城罗山天嘉湾 |
| 马志义 | 5 | 回族 | 古城古城罗山 | 马文成 | 6 | 回族 | 古城任河黄寺 |
| 马守山 | 5 | 回族 | 古城天嘉湾 | 剡志虎 | 7 | 回族 | 古城古城西沟 |
| 马志功 | 6 | 回族 | 古城天嘉湾 | 白虎英 | 6 | 回族 | 古城王大户麻地沟 |
| 马文昌 | 5 | 回族 | 古城黄湾 | 马志合 | 5 | 回族 | 古城王罗山罗山 |
| 马青梅 | 6 | 回族 | 古城罗山赵山 | 马进财 | 5 | 回族 | 古城羊坊冯马 |
| 马成林 | 4 | 回族 | 古城古城二队 | 马成海 | 5 | 回族 | 古城古城古二队 |
| 杨正芳 | 4 | 汉族 | 古城镇店洼沟队 | 马成东 | 5 | 回族 | 古城温沟麻湾 |
| 杨化芳 | 4 | 汉族 | 古城镇店洼沟队 | 屈文俊 | 4 | 汉族 | 古城小岔沟五里一队 |
| 杨　忠 | 4 | 汉族 | 古城店洼沟塬 | 谢春武 | 4 | 汉族 | 古城小岔沟前沟 |
| 杨宗芳 | 1 | 汉族 | 古城店洼沟塬 | 张正家 | 3 | 汉族 | 古城王大户包头沟 |
| 杨金芳 | 6 | 汉族 | 古城店洼沟塬 | 张正科 | 5 | 汉族 | 古城王大户包头沟 |
| 杨　勇 | 5 | 汉族 | 古城店洼沟塬 | 黄金锐 | 1 | 汉族 | 古城王大户包头沟 |

续表 8

| 户　主 | 人口 | 民族 | 原户口所在地 | 户　主 | 人口 | 民族 | 原户口所在地 |
|---|---|---|---|---|---|---|---|
| 沙彦秀 | 4 | 回族 | 县新集乡上蔡村 | 陈治林 | 5 | 回族 | 县新集乡上蔡青草庙 |
| 陈治鹏 | 4 | 回族 | 县新集乡上蔡村 | 马和举 | 6 | 回族 | 县新集乡上蔡青草庙 |
| 马兆山 | 4 | 回族 | 县新集乡上蔡村 | 陈丙军 | 5 | 回族 | 县新集乡上蔡青草庙 |
| 马和海 | 4 | 回族 | 县新集乡上蔡村 | 马和义 | 6 | 回族 | 县新集乡上蔡青草庙 |
| 马和贵 | 5 | 回族 | 县新集乡上蔡村 | 陈治军 | 3 | 回族 | 县新集乡上蔡青草庙 |
| 刘学习 | 4 | 汉族 | 新集用庄 | 陈治玺 | 4 | 回族 | 县新集乡上蔡青草庙 |
| 马和有 | 4 | 汉族 | 新集用庄 | 马兆军 | 3 | 回族 | 县新集乡上蔡青草庙 |
| 陈丙东 | 5 | 汉族 | 新集用庄 | 马和林 | 6 | 回族 | 县新集乡上蔡青草庙 |
| 马庆海 | 2 | 汉族 | 新集用庄 | 陈秉亮 | 6 | 回族 | 县新集乡上蔡青草庙 |
| 陈秉汉 | 3 | 汉族 | 新集用庄 | 陈治贵 | 3 | 回族 | 县新集乡上蔡青草庙 |
| 陈治国 | 5 | 回族 | 县新集乡上蔡青草庙 | 马兆俊 | 5 | 回族 | 县新集乡上蔡青草庙 |
| 马尚武 | 6 | 回族 | 县新集乡上蔡青草庙 | 马正福 | 6 | 回族 | 县新集乡上蔡青草庙 |
| 马兆武 | 5 | 回族 | 县新集乡上蔡青草庙 | 陈丙玉 | 3 | 回族 | 县新集乡上蔡青草庙 |
| 陈治富 | 3 | 回族 | 县新集乡上蔡青草庙 | 陈治青 | 3 | 回族 | 县新集乡上蔡青草庙 |
| 陈治兵 | 4 | 回族 | 县新集乡上蔡青草庙 | 陈丙杰 | 5 | 回族 | 县新集乡上蔡青草庙 |
| 马兆文 | 4 | 汉族 | 县新集乡上蔡青草庙 | 马庆科 | 6 | 回族 | 县新集乡上蔡青草庙 |
| 马玉军 | 6 | 汉族 | 县新集乡上蔡青草庙 | 马正祥 | 6 | 回族 | 县新集乡上蔡青草庙 |
| 马和全 | 6 | 汉族 | 县新集乡上蔡青草庙 | 马生林 | 5 | 回族 | 县新集乡周庄大沟门 |
| 马兆兵 | 4 | 汉族 | 县新集乡上蔡青草庙 | 马生海 | 7 | 回族 | 县新集乡周庄大沟门 |
| 马玉海 | 4 | 汉族 | 县新集乡上蔡青草庙 | 剡治军 | 6 | 回族 | 县新集乡周庄大沟门 |
| 陈丙义 | 5 | 回族 | 县新集乡上蔡青草庙 | 郑文治 | 5 | 汉族 | 县新集乡周庄 |
| 马和仓 | 4 | 回族 | 县新集乡上蔡青草庙 | 马孝芳 | 4 | 回族 | 县新集乡马旺堡本 |
| 马和俊 | 3 | 回族 | 县新集乡上蔡青草庙 | | | | |

## 新庄集四支干十支

表 9

| 户　主 | 人口 | 民族 | 原户口所在地 | 户　主 | 人口 | 民族 | 原户口所在地 |
|---|---|---|---|---|---|---|---|
| 马　兵 | 5 | 回族 | 交岔乡关口大庄 | 马生军 | 6 | 回族 | 王洼花路马河 |
| 赵志荣 | 5 | 汉族 | 古城川口王湾 | 马生其 | 6 | 回族 | 王洼花路马河 |
| 朱克满 | 6 | 汉族 | 王洼陡沟 | 朱成学 | 4 | 汉族 | 草庙新洼菜川 |
| 文佐齐 | 4 | 汉族 | 王洼梁壕阳庄 | 王胜才 | 5 | 汉族 | 孟塬小石沟虎房 |
| 文志杰 | 6 | 汉族 | 王洼梁壕阳庄 | 王永俭 | 6 | 汉族 | 红河什字碳洼 |
| 魏国琪 | 5 | 汉族 | 孟塬高岔马山庄 | 马江仁 | 5 | 回族 | 红河什字碳洼 |
| 张宗君 | 4 | 汉族 | 红河常沟河堡 | 马万芳 | 5 | 回族 | 红河什字碳洼 |
| 马文德 | 5 | 回族 | 白了姬山里队 | 马万良 | 4 | 回族 | 红河什字碳洼 |
| 马　飞 | 5 | 回族 | 王洼花路马河 | 张启良 | 4 | 汉族 | 红河什字碳洼 |

续表 9

| 户　主 | 人口 | 民族 | 原户口所在地 | 户　主 | 人口 | 民族 | 原户口所在地 |
|---|---|---|---|---|---|---|---|
| 马万成 | 5 | 回族 | 红河什字碳洼 | 霍玉峰 | 4 | 汉族 | 草庙崾岘南梁 |
| 牛存满 | 5 | 汉族 | 红河什字碳洼 | 霍治忠 | 4 | 汉族 | 草庙崾岘南梁 |
| 冶金仁 | 5 | 回族 | 红河什字碳洼 | 伏正川 | 5 | 汉族 | 草庙崾岘南梁 |
| 王仲录 | 5 | 回族 | 红河什字碳洼 | 伏志宏 | 4 | 汉族 | 草庙崾岘南梁 |
| 兰万升 | 4 | 回族 | 红河什字碳洼 | 伏志文 | 4 | 汉族 | 草庙崾岘南梁 |
| 马万得 | 4 | 回族 | 红河什字碳洼 | 伏志荣 | 4 | 汉族 | 草庙崾岘南梁 |
| 马得宝 | 5 | 回族 | 红河什字碳洼 | 伏永科 | 4 | 汉族 | 草庙崾岘南梁 |
| 马得和 | 4 | 回族 | 红河什字碳洼 | 霍治奇 | 5 | 汉族 | 草庙崾岘南梁 |
| 冶金良 | 4 | 回族 | 红河什字碳洼 | 王永忠 | 4 | 汉族 | 草庙崾岘南梁 |
| 马有兵 | 4 | 回族 | 红河什字碳洼 | 霍亚平 | 4 | 汉族 | 草庙崾岘南梁 |
| 牛存学 | 3 | 汉族 | 红河什字碳洼 | 霍治富 | 6 | 汉族 | 草庙崾岘南梁 |
| 牛存科 | 5 | 汉族 | 红河什字碳洼 | 马成思 | 5 | 回族 | 新集阳洼村四队 |
| 杨治武 | 5 | 回族 | 红河什字碳洼 | 马义军 | 5 | 回族 | 新集阳洼村四队 |
| 牛　杰 | 5 | 回族 | 红河什字碳洼 | 马国潮 | 3 | 回族 | 新集阳洼村四队 |
| 虎永义 | 4 | 回族 | 小岔李渠槐庄 | 张万俊 | 6 | 回族 | 新集阳洼村四队 |
| 安维权 | 4 | 回族 | 小岔耳城庙咀 | 马启军 | 3 | 回族 | 新集阳洼村四队 |
| 贾延录 | 5 | 回族 | 小岔米沟米沟 | 马成青 | 5 | 回族 | 新集阳洼村四队 |
| 虎　亚 | 4 | 回族 | 小岔李渠槐庄 | 虎占江 | 6 | 回族 | 新集阳洼村四队 |
| 虎广辉 | 4 | 回族 | 小岔　庙咀 | 马成科 | 5 | 回族 | 新集阳洼村四队 |
| 白金钰 | 4 | 回族 | 小岔乡耳城 | 杨进福 | 5 | 回族 | 新集阳洼村四队 |
| 武　亮 | 3 | 汉族 | 小岔耳城庙咀 | 马宝林 | 5 | 回族 | 新集阳洼村四队 |
| 虎志恩 | 5 | 汉族 | 小岔乡耳城城河 | 马立平 | 3 | 回族 | 新集阳洼村四队 |
| 潘树仁 | 6 | 汉族 | 小岔米沟崾岘 | 马立治 | 5 | 回族 | 新集阳洼村四队 |
| 安国泰 | 4 | 汉族 | 小岔卷槽阳洼 | 马成义 | 3 | 回族 | 新集阳洼村四队 |
| 虎文财 | 4 | 汉族 | 小岔卷槽阳洼 | 马兆荣 | 5 | 回族 | 新集阳洼村四队 |
| 李文花 | 3 | 汉族 | 小岔耳城城河 | 马华成 | 5 | 回族 | 新集阳洼村四队 |
| 苏海斌 |  | 汉族 | 小岔乡小岔村 | 马成海 | 5 | 回族 | 新集阳洼村四队 |
| 虎　健 | 4 | 汉族 | 小岔李渠米园 | 马兆录 | 6 | 回族 | 新集阳洼村四队 |
| 虎永年 | 5 | 汉族 | 小岔李渠槐庄 | 马成斌 | 6 | 回族 | 新集乡上葵夹道湾 |
| 安亚峰 | 4 | 汉族 | 小岔卷槽庙咀 | 李玉林 | 6 | 回族 | 新集阳洼村四组 |
| 兰云广 | 4 | 回族 | 红河什字碳洼 | 马长富 | 5 | 回族 | 新集阳洼村四组 |
| 高忠梅 | 2 | 回族 | 古城丁岗堡崾岘 | 马成祥 | 7 | 回族 | 新集阳洼村四组 |
| 虎永忠 | 5 | 汉族 | 小岔李渠槐庄 | 马国良 | 5 | 回族 | 新集阳洼村四组 |
| 王建军 | 5 | 汉族 | 小岔李渠槐庄 | 马生平 | 3 | 回族 | 新集阳洼村四组 |
| 伏正德 | 7 | 汉族 | 草庙崾岘角梁 | 马成军 | 6 | 回族 | 新集阳洼村四组 |
| 霍治成 | 5 | 汉族 | 草庙崾岘南梁 | 马立龙 | 7 | 回族 | 新集阳洼村四组 |

续表 9

| 户　主 | 人口 | 民族 | 原户口所在地 | 户　主 | 人口 | 民族 | 原户口所在地 |
|---|---|---|---|---|---|---|---|
| 马成有 | 5 | 回族 | 新集阳洼村四队 | 马文仁 | 5 | 回族 | 新集张化村二队 |
| 海正云 | 4 | 回族 | 新集阳洼村四队 | 闫作功 | 5 | 汉族 | 小岔乡小岔村 |
| 李桂富 | 5 | 回族 | 新集乡上蔡夹道湾 | 王立文 | 5 | 汉族 | 王洼孙阳景沟 |
| 马国银 | 4 | 回族 | 新集阳洼村四组 | 马存录 | 4 | 回族 | 古城刘沟门麻良 |
| 马有山 | 4 | 回族 | 新集阳洼村四组 | 苏安会 | 4 | 汉族 | 王洼　李洼阳洼 |
| 马国栋 | 5 | 回族 | 新集阳洼村四组 | 苏安有 | 5 | 汉族 | 王洼　李洼阳洼 |
| 马正祥 | 4 | 回族 | 新集阳洼村四组 | 虎国权 | 7 | 汉族 | 孟塬白阳庄大岔队 |
| 马进科 | 5 | 回族 | 新集阳洼村四组 | 刘海荣 | 5 | 汉族 | 孟塬高岔胡岔 |
| 马成云 | 6 | 回族 | 新集阳洼村四组 | 朱万若 | 5 | 汉族 | 白阳镇陡坡金庄 |
| 马成彪 | 5 | 回族 | 新集阳洼村四组 | 杨成刚 | 5 | 汉族 | 杨庄乡茨湾孙湾 |
| 马兆俊 | 5 | 回族 | 新集乡上蔡夹道湾 | 海向录 | 7 | 回族 | 王洼镇杨寨 |
| 马国成 | 5 | 回族 | 新集阳洼村四队 | 杨维邦 | 5 | 汉族 | 王洼李岔 |
| 马云贵 | 5 | 回族 | 新集阳洼村四队 | 屈文华 | 3 | 汉族 | 古城小岔沟五里 |
| 马花继 | 4 | 回族 | 新集阳洼村四组 | 刘志忠 | 5 | 汉族 | 孟塬高岔马山庄 |
| 马　军 | 4 | 回族 | 新集乡上蔡八组 | 屈孝忠 | 5 | 汉族 | 古城小岔沟五里 |
| 马成忠 | 3 | 回族 | 新集乡上蔡夹道湾 | 王治发 | 4 | 汉族 | 古城任河石湾 |
| 海生龙 | 6 | 回族 | 新集阳洼村四组 | 王永东 | 3 | 汉族 | 古城任河石湾 |
| 马兆兵 | 6 | 回族 | 新集阳洼村四组 | 台国有 | 4 | 汉族 | 新集乡白河村四组 |
| 马国龙 | 6 | 回族 | 新集阳洼村四组 | 党维琴 | 4 | 汉族 | 城阳乡刘河村 |
| 马立军 | 5 | 回族 | 新集阳洼村四组 | 焦得雄 | 4 | 回族 | 古城镇川口焦河队 |
| 李贵青 | 5 | 回族 | 新集阳洼村四队 | 马成英 | 4 | 回族 | 新集谢寨三队 |
| 马成山 | 5 | 回族 | 新集阳洼村四队 | 杨　昇 | 4 | 汉族 | 城阳乡沟圈村阳洼队 |
| 马成元 | 4 | 回族 | 新集阳洼村四队 | 谢延汉 | 4 | 汉族 | 新集乡周庄村四队 |
| 马成川 | 6 | 回族 | 新集阳洼村四组 | 张启智 | 4 | 汉族 | 红河乡什字村郑山队 |
| 马成虎 | 5 | 回族 | 新集乡上蔡八组 | 张启鹏 | 7 | 汉族 | 红河乡什字村郑山队 |
| 杨如国 | 6 | 回族 | 新集乡上蔡村一队 | 王　锋 | 5 | 汉族 | 孟塬小石沟小石沟 |
| 马启龙 | 5 | 回族 | 新集上马洼顾山 | 任建军 | 4 | 汉族 | 小岔乡吊岔村常湾 |
| 马启华 | 5 | 回族 | 新集阳洼村四组 | 袁士刚 | 4 | 汉族 | 白阳镇老庄村老庄组 |
| 张万亮 | 6 | 回族 | 新集上马洼顾山 | 海金军 | 4 | 回族 | 罗洼薛地上崖村 |
| 马启仓 | 6 | 回族 | 新集上马洼顾山 | 祝秉成 | 4 | 汉族 | 城阳乡刘沟村宁湾 |
| 马生荣 | 3 | 回族 | 新集上马洼顾山 | 杨　明 | 5 | 汉族 | 草庙乡新洼村井岔队 |
| 马生元 | 4 | 回族 | 新集上马洼顾山 | 陈宗太 | 4 | 汉族 | 草庙乡新洼村藻银 |
| 马升福 | 6 | 回族 | 新集阳谢寨八队 | 马立俊 | 3 | 回族 | 新集乡上蔡夹道湾 |
| 马玉宝 | 5 | 回族 | 新集阳洼村四组 | 金生荣 | 3 | 回族 | 新集乡上蔡夹道湾 |
| 马占山 | 5 | 回族 | 新集阳洼村四组 | 金生虎 | 4 | 回族 | 新集乡上蔡夹道湾 |
| 马玉怀 | 5 | 回族 | 新集阳洼村四组 | 马继学 | 4 | 回族 | 新集乡上蔡夹道队 |

续表 9

| 户　主 | 人口 | 民族 | 原户口所在地 | 户　主 | 人口 | 民族 | 原户口所在地 |
|---|---|---|---|---|---|---|---|
| 马宏举 | 3 | 回族 | 新集乡上蔡夹道队 | 马云贵 | 5 | 回族 | 新集乡上蔡夹道湾 |
| 李贵虎 | 3 | 回族 | 新集乡上蔡夹道队 | 李贵平 | 5 | 回族 | 新集乡上蔡夹道湾 |
| 李贵林 | 4 | 回族 | 新集乡上蔡夹道队 | 马成孝 | 6 | 回族 | 新集乡上蔡夹道湾 |
| 马云清 | 3 | 回族 | 新集乡上蔡夹道队 | 马云虎 | 3 | 回族 | 新集乡上蔡夹道湾 |
| 海正清 | 3 | 回族 | 新集乡上蔡夹道队 | 马成功 | 5 | 回族 | 新集乡上蔡夹道湾 |
| 马兆科 | 3 | 回族 | 新集乡上蔡夹道湾 | 马国山 | 4 | 回族 | 新集乡上蔡夹道湾 |
| 马云付 | 5 | 回族 | 新集乡上蔡夹道湾 | 马立志 | 5 | 回族 | 新集乡上蔡夹道湾 |
| 海正平 | 5 | 回族 | 新集乡上蔡夹道湾 | 马国仁 | 6 | 回族 | 新集乡上蔡夹道湾 |
| 李贵军 | 4 | 回族 | 新集乡上蔡夹道湾 | 剡成东 | 5 | 回族 | 新集乡沟口剡堡 |
| 马启龙 | 4 | 回族 | 新集乡上蔡夹道湾 | 李　明 | 4 | 回族 | 新集乡上蔡夹道湾 |
| 马红福 | 3 | 回族 | 新集乡姚河村七组 | 勉在女 | 3 | 回族 | 新集乡上蔡夹道湾 |
| 马启彪 | 4 | 回族 | 新集乡上蔡夹道湾 | 马国虎 | 2 | 回族 | 新集乡上蔡夹道湾 |
| 马宏有 | 4 | 回族 | 新集乡姚河村七组 | 马主麻 | 2 | 回族 | 新集乡上蔡夹道湾 |
| 马支青 | 5 | 回族 | 新集乡上蔡夹道湾 | 马金花 | 3 | 回族 | 新集乡上蔡夹道湾 |
| 马启虎 | 5 | 回族 | 新集乡上蔡夹道湾 | 马文芳 | 3 | 回族 | 新集乡上蔡夹道湾 |
| 海正虎 | 5 | 回族 | 新集乡上蔡夹道湾 | 马和梅 | 2 | 回族 | 新集乡上蔡夹道湾 |
| 海正林 | 6 | 回族 | 新集乡上蔡夹道湾 | | | | |

## 渠口农场三村六组

表 10

| 户　主 | 人口 | 民族 | 原户口所在地 | 户　主 | 人口 | 民族 | 原户口所在地 |
|---|---|---|---|---|---|---|---|
| 张　旭 | 4 | 汉族 | 草庙牛湾张湾 | 拓玉玺 | 4 | 汉族 | 小岔李渠上园 |
| 惠文军 | 4 | 汉族 | 孟塬白杨庄雅石岔 | 谈仲秀 | 4 | 汉族 | 王洼崖堡崖堡 |
| 杨治东 | 4 | 汉族 | 王洼李洼阳洼 | 贾会权 | 3 | 汉族 | 冯庄石沟山庄 |
| 陈科章 | 3 | 汉族 | 冯庄小湾陆湾 | 王建军 | 4 | 汉族 | 白阳南斩刀山 |
| 王海水 | 4 | 汉族 | 古城店洼沟东 | 王会文 | 4 | 汉族 | 红河友联南山 |
| 王海发 | 4 | 汉族 | 古城店洼沟东 | 韩占江 | 4 | 汉族 | 城阳城阳 |
| 惠嘉明 | 3 | 汉族 | 红河宽坪中川 | 王永宁 | 4 | 汉族 | 红河什字郑山 |

## 高口一支

表 11

| 户　主 | 人口 | 民族 | 原户口所在地 | 户　主 | 人口 | 民族 | 原户口所在地 |
|---|---|---|---|---|---|---|---|
| 李桂花 | 4 | 汉族 | 冯庄石沟石沟 | 余虎晒 | 4 | 回族 | 红河黑牛沟 |
| 虎原勤 | 3 | 汉族 | 王洼崖堡油坊 | 冶明俊 | 6 | 回族 | 红河黑牛沟 |
| 李志钰 | 4 | 回族 | 王洼孙阳胡岔 | 袁　杰 | 5 | 汉族 | 红河友联韩湾 |
| 兰得祥 | 5 | 回族 | 红河友联韩湾 | 冶明付 | 3 | 回族 | 红河黑牛沟 |

续表 11

| 户　主 | 人口 | 民族 | 原户口所在地 | 户　主 | 人口 | 民族 | 原户口所在地 |
|---|---|---|---|---|---|---|---|
| 冶金宝 | 4 | 回族 | 红河什字碳洼 | 张志刚 | 4 | 汉族 | 王洼尚台尚台 |
| 冶木沙 | 4 | 回族 | 红河黑牛沟 | 张　录 | 5 | 汉族 | 王洼崖堡南湾 |
| 冶金贵 | 5 | 回族 | 红河什字郑山 | 王志力 | 5 | 汉族 | 红河友联南沟 |
| 兰春俊 | 5 | 回族 | 红可黑牛沟木洼 | 徐和平 | 4 | 汉族 | 王洼赵沟中庄 |
| 兰三明 | 5 | 回族 | 红河文沟中庄 | 张正鹏 | 4 | 回族 | 王洼李岔李岔 |
| 吴金明 | 5 | 回族 | 红河黑牛沟 | 李文珍 | 4 | 汉族 | 白阳中庄柳台 |
| 冶　文 | 4 | 回族 | 红河黑牛沟 | 张正清 | 5 | 汉族 | 白阳丰台明台 |
| 李金升 | 4 | 回族 | 红河黑牛沟 | 张仲清 | 4 | 汉族 | 王洼花路路寺峁 |
| 冶金田 | 4 | 回族 | 红河什字郑山 | 袁有锋 | 3 | 汉族 | 小岔米沟小南沟 |
| 马得仓 | 5 | 回族 | 县红河什字碳洼 | 潘维虎 | 5 | 汉族 | 小岔米沟米沟 |
| 常兴刚 | 5 | 汉族 | 王洼尚台南岔 | 张兴仓 | 4 | 汉族 | 小岔米沟小南沟 |
| 赵立德 | 6 | 汉族 | 王洼姚庄 | 虎宗文 | 4 | 汉族 | 小岔柳湾中庄 |
| 王安位 | 4 | 汉族 | 王洼李岔庙峁 | 虎天邦 | 54 | 汉族 | 小岔柳湾中庄 |
| 王旭东 | 4 | 汉族 | 王洼李岔庙峁 | 杨生军 | 5 | 汉族 | 小岔榆树麻地区 |
| 景文秀 | 3 | 汉族 | 王洼赵沟中庄 | 潘维川 | 5 | 汉族 | 小岔米沟米沟 |
| 王正保 | 6 | 汉族 | 王洼崖堡南湾 | 卢正鹏 | 5 | 汉族 | 小岔吊岔常湾 |
| 常兴忠 | 4 | 汉族 | 王洼尚台南岔 | 卢登奎 | 5 | 汉族 | 小岔李渠槐庄 |
| 高步荣 | 3 | 回族 | 王洼山庄上川 | 张富东 | 5 | 汉族 | 小岔小岔嵝岘 |
| 张　鹏 | 3 | 汉族 | 王洼李岔前台 | 虎建权 | 4 | 汉族 | 小岔柳湾中庄 |
| 张志明 | 6 | 汉族 | 王洼尚台尚台 | 马启琴 | 3 | 汉族 | 小岔李渠上园 |
| 张　平 | 5 | 汉族 | 王洼崖堡南湾 | 王　鹏 | 4 | 汉族 | 小岔小岔小岔 |
| 张正彪 | 4 | 回族 | 王洼李岔李岔 | 海维国 | 4 | 回族 | 罗洼薛套上崖村 |
| 魏效斌 | 5 | 汉族 | 孟塬高岔大庄 | 古玉清 | 6 | 汉族 | 古城店洼沟东 |
| 任玉兴 | 7 | 汉族 | 孟塬高岔瓦夫庄 | 王志红 | 6 | 汉族 | 古城店洼沟东 |
| 陈志强 | 4 | 汉族 | 孟塬赵三庄后湾 | 张国杰 | 3 | 汉族 | 冯庄崖湾四沟 |
| 徐生宝 | 5 | 汉族 | 孟塬高岔石桥山 | 张秉太 | 7 | 汉族 | 红河友联南沟 |
| 马玉梅 | 4 | 汉族 | 王洼梁壕阳庄 | 海恒举 | 4 | 回族 | 交岔大坪大坪 |
| 杨志平 | 4 | 汉族 | 交岔关口大庄 | 海恒选 | 4 | 回族 | 交岔大坪大坪 |
| 海　军 | 4 | 汉族 | 交岔大坪大坪 | 李建升 | 3 | 回族 | 红河黑牛沟黑牛沟 |
| 杨　辉 | 4 | 汉族 | 白阳中庄后庄 | 宗占花 | 3 | 回族 | 红河黑牛沟黑牛沟 |
| 闫小龙 | 3 | 汉族 | 王洼尚台尚台 | 杨凤森 | 3 | 回族 | 红河黑牛沟黑牛沟 |

## 渠口农场三村六组

表 12

| 户　主 | 人口 | 民族 | 原户口所在地 | 户　主 | 人口 | 民族 | 原户口所在地 |
|---|---|---|---|---|---|---|---|
| 张　旭 | 4 | 汉族 | 草庙牛湾张湾 | 惠文军 | 4 | 汉族 | 孟塬白杨庄雅石沟 |

续表 12

| 户　主 | 人口 | 民族 | 原户口所在地 | 户　主 | 人口 | 民族 | 原户口所在地 |
|---|---|---|---|---|---|---|---|
| 杨治东 | 4 | 汉族 | 王洼李洼阳洼 | 谈仲秀 | 4 | 汉族 | 王洼崖堡崖堡 |
| 陈科章 | 3 | 汉族 | 冯庄小湾陆湾 | 贾会权 | 3 | 汉族 | 冯庄石沟山庄 |
| 王海水 | 4 | 汉族 | 古城店洼沟东 | 王建军 | 4 | 汉族 | 白阳南斩刀山 |
| 王海发 | 4 | 汉族 | 古城店洼沟东 | 王会文 | 4 | 汉族 | 红河友联南山 |
| 惠嘉明 | 3 | 汉族 | 红河宽坪中川 | 韩占江 | 4 | 汉族 | 城阳城阳 |
| 拓玉玺 | 4 | 汉族 | 小岔李渠上园 | 王永宁 | 4 | 汉族 | 红河什字郑山 |

## 红寺堡三十一支

表 13

| 户　主 | 人口 | 民族 | 原户口所在地 | 户　主 | 人口 | 民族 | 原户口所在地 |
|---|---|---|---|---|---|---|---|
| 王志福 | 5 | 汉族 | 红河红河王沟 | 海向瑞 | 3 | 回族 | 古城田壕田壕 |
| 王　刚 | 5 | 汉族 | 红河红河王沟 | 袁继鳌 | 4 | 汉族 | 白阳丰台钻洞 |
| 李建慧 | 5 | 回族 | 红河黑牛沟哈湾 | 吴登高 | 5 | 汉族 | 古城中川大庄 |
| 王炳芳 | 3 | 汉族 | 红河红河王沟 | 王得永 | 4 | 汉族 | 王洼陡沟高庄 |
| 王国显 | 3 | 汉族 | 红河红河王沟 | 石伟清 | 4 | 汉族 | 草庙乡丑畔村丑畔队 |
| 冶军喜 | 4 | 回族 | 红河黑牛沟哈湾 | 李　军 | 4 | 汉族 | 孟塬乡双树村 |
| 冶红红 | 5 | 回族 | 红河黑牛沟哈湾 | 马文宽 | 5 | 回族 | 白阳镇姬山里队 |
| 冶文升 | 4 | 回族 | 红河黑牛沟哈湾 | 袁自龙 | 4 | 汉族 | 王洼镇路寨村路寨队 |
| 兰得芳 | 5 | 回族 | 红河友联韩湾 | 扈小珍 | 4 | 汉族 | 王洼镇路寨村路寨队 |
| 兰得科 | 6 | 回族 | 红河友联韩湾 | 张淑莲 | 5 | 汉族 | 新集乡大火一组 |
| 兰得昌 | 4 | 回族 | 红河友联韩湾 | 王志元 | 6 | 汉族 | 红河乡友联村南沟队 |
| 兰彦荣 | 5 | 回族 | 红河友联韩湾 | 王　德 | 4 | 汉族 | 红河乡友联村南沟队 |
| 兰彦非 | 5 | 回族 | 红河友联韩湾 | 张玉芳 | 5 | 汉族 | 红河乡友联村南沟队 |
| 王　瑞 | 4 | 汉族 | 红河红河王沟 | 高治平 | 5 | 汉族 | 红河乡友联村南沟队 |
| 李建华 | 7 | 回族 | 红河黑牛沟哈湾 | 杨世锋 | 4 | 汉族 | 红河乡友联村南沟队 |
| 李国锋 | 5 | 汉族 | 红河红河王沟 | 赵淑琴 | 4 | 汉族 | 红河乡友联村南沟队 |
| 兰彦学 | 5 | 回族 | 红河友联韩湾 | 黄泽泽 | 3 | 回族 | 红河乡友联村南沟队 |
| 王　荣 | 6 | 汉族 | 红河红河王沟 | 韩廷科 | 4 | 汉族 | 红河乡友联村南沟队 |
| 魏生辉 | 5 | 汉族 | 红河红河王沟 | 王永胜 | 4 | 汉族 | 红河乡什学村郑山队 |
| 兰彦仁 | 5 | 回 | 红河友联韩湾 | 王有宏 | 5 | 汉族 | 红河乡什学村郑山队 |
| 李维库 | 4 | 汉族 | 王洼团庄大路湾 | 杨永军 | 5 | 汉族 | 草庙乡新洼村牛岔队 |
| 马兆吉 | 6 | 回族 | 新集张湾三组 | 张汉鼎 | 4 | 汉族 | 红河乡什学村郑山队 |
| 文志礼 | 4 | 汉族 | 王洼梁壕阳庄 | 张汉仁 | 4 | 汉族 | 红河乡什学村郑山队 |
| 文佐锋 | 4 | 汉族 | 王洼梁壕阳庄 | 王学德 | 5 | 汉族 | 红河乡友联村南沟队 |
| 李维成 | 4 | 汉族 | 王洼团庄大路湾 | 陈生红 | 5 | 汉族 | 红河乡友联村下马河队 |
| 魏效俭 | 4 | 汉族 | 孟塬高岔大庄 | 张金生 | 5 | 汉族 | 孟塬乡小石沟村井岔队 |

续表 13

| 户　主 | 人口 | 民族 | 原户口所在地 | 户　主 | 人口 | 民族 | 原户口所在地 |
|---|---|---|---|---|---|---|---|
| 许仲英 | 6 | 回族 | 孟塬乡双树村砣岔队 | 张　慧 | 4 | 汉族 | 红河乡什学村郑山队 |
| 赵丕东 | 5 | 汉族 | 王洼镇李岔村庙峁队 | 赵万海 | 4 | 汉族 | 红河乡黑牛沟村黑牛沟队 |
| 张生杰 | 4 | 汉族 | 王洼镇崖堡村崖堡队 | 赵泽真 | 4 | 汉族 | 红河乡黑牛沟村黑牛沟队 |
| 虎仲有 | 5 | 汉族 | 孟塬乡小石沟村大岔队 | 李文科 | 4 | 汉族 | 红河乡什学村郑山队 |
| 邓伟君 | 5 | 汉族 | 孟塬乡交岔村石榴山队 | 王　天 | 4 | 汉族 | 古城镇任河村 |
| 王志根 | 5 | 汉族 | 孟塬乡小石沟村桃庄队 | 王　伟 | 4 | 汉族 | 古城镇什河村石湾队 |
| 卜根娃 | 3 | 汉族 | 红河乡什学村郑山队 | 杨连明 | 4 | 汉族 | 古城镇罗山村罗山队 |
| 袁继彪 | 5 | 汉族 | 白阳镇丰台村铭洞队 | 张万三 | 4 | 回族 | 新集乡上马洼村阮山队 |
| 袁继虎 | 4 | 汉族 | 白阳镇丰台村铭洞队 | 张舍舍 | 4 | 回族 | 新集乡上马洼村黄湾队 |
| 牛廷俊 | 5 | 汉族 | 新集乡周庄村第六组 | 李永明 | 4 | 汉族 | 新集乡大火村第四组 |
| 张志强 | 4 | 回族 | 红河乡什学村郑山队 | 郑慧珍 | 5 | 汉族 | 新集乡大火村第四组 |
| 李森林 | 4 | 汉族 | 古城镇田庄村四台队 | 韩尚乾 | 4 | 汉族 | 城阳乡城阳沟村南山队 |
| 陈志兵 | 3 | 汉族 | 红河乡夏源村夏湾队 | | | | |

## 红寺堡新庄三支

表 14

| 户　主 | 人口 | 民族 | 原户口所在地 | 户　主 | 人口 | 民族 | 原户口所在地 |
|---|---|---|---|---|---|---|---|
| 曹永堂 | 3 | 汉族 | 草苗乡包山村包山队 | 李维宗 | 6 | 汉族 | 小岔乡卷槽村庙咀队 |
| 张忠堂 | 5 | 汉族 | 草苗乡包山村包山队 | 马文龙 | 3 | 汉族 | 小岔乡吊岔村吊岔队 |
| 曹治忠 | 3 | 汉族 | 草苗乡包山村包山队 | 闫玉俭 | 6 | 汉族 | 小岔乡李渠村李渠队 |
| 张国忠 | 4 | 汉族 | 草苗乡包山村郑山庄队 | 贾效平 | 5 | 汉族 | 小岔乡李渠村李渠队 |
| 张国勤 | 5 | 汉族 | 草苗乡包山村郑山庄队 | 周凤和 | 4 | 汉族 | 小岔乡李渠村后峁队 |
| 张国玺 | 3 | 汉族 | 草苗乡包山村郑山庄队 | 刘步成 | 6 | 汉族 | 小岔乡吊岔村常湾队 |
| 魏性斌 | 6 | 汉族 | 草苗乡包山村郑山庄队 | 张占山 | 4 | 汉族 | 小岔乡米沟村小南沟队 |
| 马宏学 | 6 | 汉族 | 草苗乡包山村郑山庄队 | 袁　明 | 5 | 汉族 | 小岔乡米沟村小南沟队 |
| 范玉常 | 3 | 汉族 | 王洼镇北洼村蚁河队 | 牛生成 | 4 | 汉族 | 小岔乡米沟村小南沟队 |
| 范兴贵 | 4 | 汉族 | 王洼镇北洼村蚁河队 | 张占虎 | 3 | 汉族 | 小岔乡米沟村小南沟队 |
| 范兴伍 | 3 | 汉族 | 王洼镇北洼村蚁河队 | 张　生 | 6 | 汉族 | 小岔乡吊岔村曹沟队 |
| 马启文 | 4 | 汉族 | 王洼镇北洼村蚁河队 | 段建荣 | 4 | 汉族 | 小岔乡李渠村山庄队 |
| 张治君 | 5 | 汉族 | 崾岘乡阳洼后岔队 | 时学珍 | 3 | 汉族 | 小岔乡吊岔村吊岔队 |
| 牛生海 | 5 | 汉族 | 小岔乡米沟村小南沟队 | 张小年 | 2 | 汉族 | 小岔乡米沟村小南沟队 |
| 王世明 | 6 | 汉族 | 小岔乡米沟村小南沟队 | 虎彦刚 | 3 | 汉族 | 小岔乡卷槽村庙咀队 |
| 张世武 | 5 | 汉族 | 小岔乡米沟村小南沟队 | 李世正 | 8 | 汉族 | 小岔乡米沟村小南沟队 |
| 袁　平 | 6 | 汉族 | 小岔乡米沟村小南沟队 | 马付仁 | 5 | 回族 | 罗洼乡崾岘村贺台队 |
| 牛生明 | 2 | 汉族 | 小岔乡米沟村小南沟队 | 马付得 | 6 | 回族 | 罗洼乡崾岘村贺台队 |
| 刘志堂 | 3 | 汉族 | 小岔乡吊岔村曹沟队 | 度　正 | 4 | 回族 | 罗洼乡崾岘村贺台队 |

续表 14

| 户　主 | 人口 | 民族 | 原户口所在地 | 户　主 | 人口 | 民族 | 原户口所在地 |
|---|---|---|---|---|---|---|---|
| 马　主 | 3 | 回族 | 罗洼乡嵝岘村贺台队 | 李世杰 | 5 | 回族 | 罗洼乡嵝岘村贺台队 |
| 马文杰 | 2 | 回族 | 罗洼乡嵝岘村贺台队 | 李世贤 | 1 | 回族 | 罗洼乡嵝岘村贺台队 |
| 王正龙 | 6 | 回族 | 罗洼乡嵝岘村贺台队 | 母养生 | 6 | 回族 | 罗洼乡嵝岘村贺台队 |
| 马光忠 | 5 | 回族 | 罗洼乡嵝岘村贺台队 | 张赵琴 | 6 | 汉族 | 古城镇小岔沟村后沟队 |
| 李世明 | 4 | 回族 | 罗洼乡嵝岘村贺台队 | 王进禄 | 7 | 汉族 | 古城镇小岔沟村后沟队 |
| 马玉明 | 5 | 回族 | 罗洼乡嵝岘村贺台队 | 王建邦 | 3 | 汉族 | 古城镇小岔沟村后沟队 |
| 马赵廷 | 5 | 回族 | 罗洼乡嵝岘村贺台队 | 王　福 | 2 | 汉族 | 古城镇小岔沟村后沟队 |
| 马忠贤 | 4 | 回族 | 罗洼乡嵝岘村贺台队 | 姚风萍 | 3 | 汉族 | 古城镇小岔沟村后沟队 |
| 马付来 | 5 | 回族 | 罗洼乡嵝岘村贺台队 | 王克东 | 6 | 汉族 | 古城镇小岔沟村后沟队 |
| 马光军 | 5 | 回族 | 罗洼乡嵝岘村贺台队 | 李孝义 | 6 | 汉族 | 古城镇小岔沟村后沟队 |
| 马文军 | 5 | 回族 | 罗洼乡嵝岘村贺台队 | 王克俊 | 5 | 汉族 | 古城镇小岔沟村后沟队 |
| 王国明 | 6 | 回族 | 罗洼乡嵝岘村贺台队 | 李志军 | 4 | 汉族 | 古城镇小岔沟村后沟队 |
| 兰明廷 | 5 | 回族 | 罗洼乡嵝岘村贺台队 | 王克明 | 4 | 汉族 | 古城镇小岔沟村后沟队 |
| 马明杰 | 3 | 回族 | 罗洼乡嵝岘村贺台队 | 李孝贤 | 5 | 汉族 | 古城镇小岔沟村后沟队 |
| 王正君 | 5 | 回族 | 罗洼乡嵝岘村贺台队 | 王维奇 | 6 | 汉族 | 古城镇小岔沟村后沟队 |
| 马文玉 | 5 | 回族 | 罗洼乡嵝岘村贺台队 | 王克平 | 4 | 汉族 | 古城镇小岔沟村后沟队 |
| 马文涛 | 6 | 回族 | 罗洼乡嵝岘村贺台队 | 李孝文 | 4 | 汉族 | 古城镇小岔沟村后沟队 |
| 王正明 | 7 | 回族 | 罗洼乡嵝岘村贺台队 | 张风录 | 4 | 汉族 | 古城镇小岔沟村后沟队 |
| 马俊珍 | 5 | 回族 | 罗洼乡嵝岘村贺台队 | 刘志祥 | 5 | 汉族 | 古城镇小岔沟村后沟队 |
| 海　军 | 4 | 回族 | 罗洼乡嵝岘村贺台队 | 李进财 | 4 | 汉族 | 古城镇小岔沟村后沟队 |
| 海正山 | 5 | 回族 | 罗洼乡嵝岘村贺台队 | 王克杰 | 4 | 汉族 | 古城镇小岔沟村后沟队 |
| 李世军 | 4 | 回族 | 罗洼乡嵝岘村贺台队 | 李孝斌 | 1 | 汉族 | 古城镇小岔沟村后沟队 |
| 马忠涛 | 3 | 回族 | 罗洼乡嵝岘村贺台队 | 郝万明 | 4 | 汉族 | 古城镇小岔沟村后沟队 |
| 马世忠 | 2 | 回族 | 罗洼乡嵝岘村贺台队 | 魏西仓 | 2 | 汉族 | 古城镇小岔沟村后沟队 |
| 马付宝 | 4 | 回族 | 罗洼乡嵝岘村贺台队 | 张玉明 | 3 | 汉族 | 古城镇小岔沟村后沟队 |
| 马世学 | 5 | 回族 | 罗洼乡嵝岘村贺台队 | 王维全 | 5 | 汉族 | 古城镇小岔沟村后沟队 |
| 海维成 | 7 | 回族 | 罗洼乡嵝岘村贺台队 | 王军林 | 4 | 汉族 | 古城镇小岔沟村后沟队 |
| 王正义 | 7 | 回族 | 罗洼乡嵝岘村贺台队 | 郝正吉 | 2 | 汉族 | 古城镇小岔沟村后沟队 |
| 马付房 | 3 | 回族 | 罗洼乡嵝岘村贺台队 | 魏长录 | 3 | 汉族 | 古城镇小岔沟村后沟队 |
| 王正位 | 5 | 回族 | 罗洼乡嵝岘村贺台队 | 王建忠 | 5 | 汉族 | 古城镇小岔沟村后沟队 |
| 海　洋 | 4 | 回族 | 罗洼乡嵝岘村贺台队 | 李志勤 | 6 | 汉族 | 古城镇小岔沟村后沟队 |
| 李世伟 | 4 | 回族 | 罗洼乡薛套村上崖嵝队 | 王维珍 | 8 | 汉族 | 古城镇小岔沟村后沟队 |
| 杨德虎 | 4 | 回族 | 罗洼乡嵝岘村卷槽队 | 李彦彪 | 8 | 汉族 | 古城镇小岔沟村后沟队 |
| 马涛何 | 5 | 回族 | 罗洼乡嵝岘村嵝岘队 | 魏世贤 | 4 | 汉族 | 古城镇海口村细沟队 |
| 海金平 | 4 | 回族 | 罗洼乡嵝岘村卷槽队 | 魏东苍 | 5 | 汉族 | 古城镇小岔沟村后沟队 |
| 马付海 | 5 | 回族 | 罗洼乡嵝岘村贺台队 | 魏天录 | 5 | 汉族 | 古城镇小岔沟村后沟队 |

续表 14

| 户　主 | 人口 | 民族 | 原户口所在地 | 户　主 | 人口 | 民族 | 原户口所在地 |
|---|---|---|---|---|---|---|---|
| 魏进录 | 5 | 汉族 | 古城镇小岔沟村后沟队 | 李秉烛 | 4 | 汉族 | 古城镇海口村后湾队 |
| 李志忠 | 5 | 汉族 | 古城镇小岔沟村后沟队 | 王应芳 | 2 | 汉族 | 古城镇海口村后湾队 |
| 王维邦 | 4 | 汉族 | 古城镇小岔沟村后沟队 | 王生林 | 2 | 汉族 | 古城镇海口村细沟队 |
| 王克勤 | 4 | 汉族 | 古城镇小岔沟村后沟队 | 王生伍 | 4 | 汉族 | 古城镇海口村细沟队 |
| 赵彦林 | 6 | 汉族 | 古城镇小岔沟村后沟队 | 樊彦开 | 3 | 汉族 | 古城镇海口村细沟队 |
| 李进平 | 3 | 汉族 | 古城镇小岔沟村后沟队 | 樊彦兵 | 4 | 汉族 | 古城镇海口村细沟队 |
| 李进录 | 3 | 汉族 | 古城镇小岔沟村后沟队 | 樊彦宝 | 5 | 汉族 | 古城镇海口村细沟队 |
| 王克平 | 1 | 汉族 | 古城镇小岔沟村后沟队 | 李秉义 | 5 | 汉族 | 古城镇海口村后湾队 |
| 包进虎 | 6 | 汉族 | 古城镇海口村后湾队 | 樊彦有 | 3 | 汉族 | 古城镇海口村细沟队 |
| 王俊成 | 5 | 汉族 | 古城镇海口村后湾队 | 樊世云 | 5 | 汉族 | 古城镇海口村细沟队 |
| 李孝虎 | 5 | 汉族 | 古城镇海口村后湾队 | 樊世喜 | 3 | 汉族 | 古城镇海口村细沟队 |
| 包尚云 | 5 | 汉族 | 古城镇海口村后湾队 | 王德川 | 7 | 汉族 | 古城镇海口村细沟队 |
| 包文科 | 5 | 汉族 | 古城镇海口村后湾队 | 樊彦余 | 6 | 汉族 | 古城镇海口村细沟队 |
| 包进付 | 4 | 汉族 | 古城镇海口村后湾队 | 樊彦财 | 6 | 汉族 | 古城镇海口村细沟队 |
| 包文举 | 5 | 汉族 | 古城镇海口村后湾队 | 黄玉宽 | 3 | 汉族 | 古城镇海口村细沟队 |
| 何银国 | 4 | 汉族 | 古城镇海口村后湾队 | 樊彦文 | 4 | 汉族 | 古城镇海口村细沟队 |
| 包孝志 | 5 | 汉族 | 古城镇海口村后湾队 | 樊彦东 | 5 | 汉族 | 古城镇海口村细沟队 |
| 权成科 | 2 | 汉族 | 古城镇海口村后湾队 | 弋继付 | 5 | 汉族 | 古城镇海口村细沟队 |
| 金玉山 | 3 | 汉族 | 古城镇海口村后湾队 | 金德榜 | 2 | 汉族 | 古城镇海口村细沟队 |
| 权得珍 | 4 | 汉族 | 古城镇海口村后湾队 | 樊彦伍 | 5 | 汉族 | 古城镇海口村细沟队 |
| 杨雪琴 | 5 | 汉族 | 古城镇海口村后湾队 | 樊彦满 | 3 | 汉族 | 古城镇海口村细沟队 |
| 李秉忠 | 4 | 汉族 | 古城镇海口村后湾队 | 张晓龙 | 3 | 汉族 | 古城镇海口村细沟队 |
| 包文义 | 6 | 汉族 | 古城镇海口村后湾队 | 张秀春 | 3 | 汉族 | 古城镇海口村细沟队 |
| 李荣鑫 | 4 | 汉族 | 古城镇海口村后湾队 | 樊彦虎 | 5 | 汉族 | 古城镇海口村细沟队 |
| 包文祥 | 5 | 汉族 | 古城镇海口村后湾队 | 樊彦旭 | 5 | 汉族 | 古城镇海口村细沟队 |
| 李玉祥 | 5 | 汉族 | 古城镇海口村后湾队 | 樊彦奇 | 5 | 汉族 | 古城镇海口村细沟队 |
| 李荣福 | 3 | 汉族 | 古城镇海口村后湾队 | 尹正德 | 7 | 汉族 | 古城镇海口村细沟队 |
| 李玉忠 | 5 | 汉族 | 古城镇海口村后湾队 | 樊彦伟 | 7 | 汉族 | 古城镇海口村细沟队 |
| 包玉祥 | 3 | 汉族 | 古城镇海口村后湾队 | 樊存孝 | 3 | 汉族 | 古城镇海口村细沟队 |
| 包玉林 | 5 | 汉族 | 古城镇海口村后湾队 | 樊彦辉 | 4 | 汉族 | 古城镇海口村细沟队 |
| 李秉烛 | 4 | 汉族 | 古城镇海口村后湾队 | 包生玉 | 4 | 汉族 | 古城镇海口村细沟队 |
| 王应芳 | 2 | 汉族 | 古城镇海口村后湾队 | 李国林 | 6 | 汉族 | 古城镇海口村细沟队 |
| 王生林 | 2 | 汉族 | 古城镇海口村细沟队 | 樊世宗 | 4 | 汉族 | 古城镇海口村细沟队 |
| 王生伍 | 4 | 汉族 | 古城镇海口村细沟队 | 海青春 | 4 | 回族 | 古城镇中川村郭庄队 |
| 樊彦开 | 3 | 汉族 | 古城镇海口村细沟队 | 包登科 | 3 | 汉族 | 古城镇海口村后湾沟队 |
| 樊彦兵 | 4 | 汉族 | 古城镇海口村细沟队 | 马忠秀 | 5 | 回族 | 古城镇中川村芦子沟队 |

续表 14

| 户　主 | 人口 | 民族 | 原户口所在地 | 户　主 | 人口 | 民族 | 原户口所在地 |
|---|---|---|---|---|---|---|---|
| 王成龙 | 5 | 回族 | 古城镇海口村海口队 | 杨进荣 | 5 | 汉族 | 川口王大户村麻底沟队 |
| 海正虎 | 5 | 回族 | 古城镇海口村海口队 | 何进色 | 4 | 汉族 | 川口王大户村麻底沟队 |
| 闫登科 | 3 | 回族 | 古城镇海口村老庄洼队 | 王志荣 | 9 | 汉族 | 川口乡王大户麻底沟队 |
| 马同生 | 4 | 回族 | 古城镇海口村老庄洼队 | 杨进文 | 5 | 汉族 | 川口乡王大户麻底沟队 |
| 马正福 | 5 | 回族 | 古城镇海口村老庄洼队 | 何进国 | 5 | 汉族 | 川口乡王大户麻底沟队 |
| 马红伍 | 6 | 回族 | 古城镇海口村海口队 | 王玉军 | 4 | 汉族 | 川口乡王大户麻底沟队 |
| 海生伍 | 2 | 回族 | 古城镇海口村海口队 | 何治林 | 7 | 汉族 | 川口乡王大户麻底沟队 |
| 杨秀芳 | 5 | 回族 | 古城镇海口村海口队 | 何进生 | 4 | 汉族 | 川口乡王大户麻底沟队 |
| 海生科 | 5 | 回族 | 古城镇海口村海口队 | 何世林 | 5 | 汉族 | 川口乡王大户麻底沟队 |
| 马宏科 | 4 | 回族 | 古城镇海口村海口队 | 黄　军 | 4 | 汉族 | 川口乡王大户麻底沟队 |
| 马宏义 | 4 | 回族 | 古城镇海口村海口队 | 黄　廷 | 4 | 汉族 | 川口王大户麻底沟队 |
| 杨忠海 | 4 | 回族 | 古城镇海口村海口队 | 杨万忠 | 5 | 汉族 | 王大户村包头沟队 |
| 王志贵 | 6 | 回族 | 古城镇海口村海口队 | 李杨文 | 5 | 汉族 | 川口乡王大户村包头沟队 |
| 海玉珍 | 2 | 回族 | 古城镇中川村芦子沟队 | 包维琴 | 1 | 汉族 | 川口乡王大户包头沟队 |
| 海玉华 | 6 | 回族 | 古城镇中川村芦子沟队 | 杨进明 | 4 | 汉族 | 川口乡王大户麻底沟队 |
| 海玉山 | 3 | 回族 | 古城镇中川村芦子沟队 | 马宪军 | 5 | 回族 | 川口乡丁岗堡村涝子湾队 |
| 海青富 | 3 | 回族 | 古城镇中川村芦子沟队 | 陈生贵 | 4 | 汉族 | 川口乡甘海村甘海队 |
| 海青军 | 3 | 回族 | 古城镇中川村芦子沟队 | 杨进学 | 6 | 汉族 | 川口乡王大户麻村底沟队 |
| 海玉玺 | 5 | 回族 | 古城镇中川村芦子沟队 | 马正军 | 7 | 回族 | 川口乡丁岗堡村涝子湾队 |
| 海玉川 | 6 | 回族 | 古城镇中川村芦子沟队 | 马桂仓 | 5 | 回族 | 川口乡丁岗堡村涝子湾队 |
| 海玉科 | 5 | 回族 | 古城镇中川村芦子沟队 | 马桂礼 | 6 | 回族 | 川口乡丁岗堡村涝子湾队 |
| 周　安 | 4 | 回族 | 古城镇小岔沟村后沟队 | 马文录 | 4 | 回族 | 川口乡丁岗堡村涝子湾队 |
| 徐　璐 | 5 | 回族 | 古城镇小岔沟村后沟队 | 海哈赛 | 5 | 回族 | 川口乡丁岗堡村涝子湾队 |
| 张志珍 | 6 | 回族 | 古城镇小岔沟村阳洼队 | 马志龙 | 5 | 回族 | 川口乡丁岗堡村涝子湾队 |
| 王彦祥 | 5 | 回族 | 古城镇小岔沟村后沟队 | 马文选 | 6 | 回族 | 川口乡丁岗堡村涝子湾队 |
| 马志科 | 5 | 回族 | 古城镇海口村海口队 | 马德玉 | 8 | 回族 | 川口乡丁岗堡村涝子湾队 |
| 马成效 | 6 | 回族 | 古城镇温口村麻后队 | 海保山 | 7 | 回族 | 川口乡丁岗堡村涝子湾队 |
| 马均富 | 5 | 回族 | 古城镇小岔村下沟队 | 姚国花 | 2 | 汉族 | 川口乡王大户麻村底沟队 |
| 魏文益 | 5 | 汉族 | 草庙乡仓山村 | 剡志平 | 6 | 回族 | 川口乡丁岗堡村涝子湾队 |
| 郑作军 | 4 | 汉族 | 草苗乡郑庄村郑庄队 | 马文俊 | 7 | 回族 | 川口乡丁岗堡村涝子湾队 |
| 魏忠孝 | 4 | 汉族 | 草苗乡田庄村上庄队 | 剡长付 | 6 | 回族 | 川口乡丁岗堡村涝子湾队 |
| 王三珍 | 4 | 汉族 | 草苗乡郑庄村穆河队 | 马德岐 | 7 | 回族 | 川口乡丁岗堡村涝子湾队 |
| 张　军 | 5 | 汉族 | 草庙乡川口村川口队 | 海保仁 | 6 | 回族 | 川口乡丁岗堡村涝子湾队 |
| 焦得熊 | 5 | 汉族 | 草庙乡川口村川口队 | 海保全 | 5 | 回族 | 川口乡丁岗堡村涝子湾队 |
| 马玉成 | 7 | 回族 | 交岔乡关口村马莲队 | 马桂龙 | 5 | 回族 | 川口乡丁岗堡村涝子湾队 |
| 何　家 | 6 | 汉族 | 川口王大户麻底沟队 | 马德明 | 7 | 回族 | 川口乡丁岗堡村涝子湾队 |

续表 14

| 户　主 | 人口 | 民族 | 原户口所在地 | 户　主 | 人口 | 民族 | 原户口所在地 |
|---|---|---|---|---|---|---|---|
| 李治军 | 4 | 汉族 | 川口乡大王户村包头沟队 | 路　忠 | 5 | 汉族 | 冯庄乡崾岘村龙湾组 |
| 何世平 | 4 | 汉族 | 川口乡王大户村大王户队 | 陈九明 | 6 | 汉族 | 冯庄乡崾岘村崾岘组 |
| 杨进科 | 5 | 汉族 | 川口乡王大户村大王户队 | 路旭海 | 6 | 汉族 | 冯庄乡崾岘村大庄组 |
| 马学仁 | 4 | 回族 | 川口乡丁岗堡村涝子湾队 | 路旭珠 | 4 | 汉族 | 冯庄乡崾岘村大庄组 |
| 黄金贵 | 5 | 汉族 | 川口乡大王户村包头沟队 | 刘富军 | 6 | 汉族 | 冯庄乡崾岘村大庄组 |
| 张正国 | 4 | 汉族 | 川口乡大王户村包头沟队 | 虎维功 | 4 | 汉族 | 冯庄乡小园村小园组 |
| 张荣国 | 5 | 汉族 | 川口乡王大户村大王户队 | 李应川 | 7 | 汉族 | 冯庄乡崾岘村虎湾组 |
| 剡登奎 | 6 | 回族 | 石岔乡山庄村陡沟队 | 杨生岳 | 5 | 汉族 | 冯庄乡崾岘村大庄组 |
| 张　忠 | 6 | 汉族 | 孟塬乡牛塬村双岔渠队 | 刘粉花 | 2 | 汉族 | 冯庄乡崾岘村崾岘组 |
| 亢兴文 | 4 | 汉族 | 孟塬乡牛塬村双岔渠队 | 王应发 | 5 | 汉族 | 冯庄乡小园村石桥组 |
| 亢兴龙 | 5 | 汉族 | 孟塬乡牛塬村双岔渠队 | 安恩聪 | 7 | 汉族 | 冯庄乡茨湾村房心组 |
| 亢承祥 | 5 | 汉族 | 孟塬乡牛塬村双岔渠队 | 虎常礼 | 7 | 汉族 | 冯庄乡崾岘村崾岘组 |
| 郭纯喜 | 4 | 汉族 | 孟塬乡牛塬村双岔渠队 | 董桂莲 | 4 | 汉族 | 冯庄乡小园村董湾组 |
| 郭　铭 | 5 | 汉族 | 孟塬乡牛塬村双岔渠队 | 安彦刚 | 6 | 汉族 | 冯庄乡崖湾村崖湾组 |
| 曹进录 | 5 | 汉族 | 孟塬乡牛塬村双岔渠队 | 陈建新 | 6 | 汉族 | 冯庄乡小园村董湾组 |
| 曹进满 | 4 | 汉族 | 孟塬乡牛塬村双岔渠队 | 杨成俭 | 4 | 汉族 | 冯庄乡茨湾村孙湾组 |
| 郭生岐 | 3 | 汉族 | 孟塬乡牛塬村双岔渠队 | 杨成正 | 5 | 汉族 | 冯庄乡茨湾村孙湾组 |
| 王应权 | 4 | 汉族 | 孟塬乡高岔村瓦夫庄队 | 朱向平 | 3 | 汉族 | 新集乡谢寨村 |
| 王应元 | 5 | 汉族 | 孟塬乡高岔村瓦夫庄队 | 朱怀录 | 5 | 汉族 | 新集乡谢寨村 |
| 王　勇 | 5 | 汉族 | 孟塬乡高岔村瓦夫庄队 | 余　龙 | 4 | 汉族 | 新集乡谢寨村 |
| 王　宁 | 4 | 汉族 | 孟塬乡高岔村瓦夫庄队 | 余占平 | 3 | 汉族 | 新集乡谢寨村 |
| 王　会 | 4 | 汉族 | 孟塬乡高岔村瓦夫庄队 | 李孝祖 | 8 | 汉族 | 新集乡谢寨村 |
| 王　华 | 5 | 汉族 | 孟塬乡高岔村瓦夫庄队 | 朱怀全 | 5 | 汉族 | 新集乡谢寨村 |
| 王　伟 | 4 | 汉族 | 孟塬乡高岔村瓦夫庄队 | 马孝录 | 5 | 汉族 | 新集乡上蔡村第五队 |
| 杨秀兰 | 4 | 汉族 | 孟塬乡高岔村瓦夫庄队 | 马孝文 | 5 | 汉族 | 新集乡上蔡村第五队 |
| 王　应 | 8 | 汉族 | 孟塬乡高岔村瓦夫庄队 | 马小成 | 4 | 汉族 | 新集乡上蔡村第五队 |
| 王　鹏 | 6 | 汉族 | 孟塬乡高岔村瓦夫庄队 | 马俊梅 | 5 | 汉族 | 新集乡上蔡村第五队 |
| 王　军 | 4 | 汉族 | 孟塬乡高岔村瓦夫庄队 | 马军成 | 6 | 回族 | 新集乡上蔡村第五组 |
| 王　荣 | 5 | 汉族 | 孟塬乡高岔村瓦夫庄队 | 马小林 | 4 | 回族 | 新集乡上蔡村第五组 |
| 陈世龙 | 4 | 汉族 | 孟塬乡赵山庄村后沟队 | 马小君 | 4 | 回族 | 新集乡上蔡村第五组 |
| 魏文博 | 4 | 汉族 | 孟塬乡玉塬村崾岘队 | 马俊文 | 3 | 回族 | 新集乡上蔡村第五组 |
| 张彦录 | 5 | 汉族 | 孟塬乡何岘村福塬队 | 马军林 | 4 | 回族 | 新集乡上蔡村第五组 |
| 贾进龙 | 5 | 汉族 | 孟塬乡牛塬村双岔渠队 | 马升福 | 2 | 回族 | 新集乡上蔡村第五组 |
| 康继君 | 5 | 汉族 | 孟塬乡何岘村三合岔队 | 马军贵 | 5 | 回族 | 新集乡上蔡村第五组 |
| 虎昌周 | 7 | 汉族 | 冯庄乡崾岘村大庄组 | 杨如军 | 3 | 回族 | 新集乡上蔡村第五组 |
| 路　明 | 4 | 汉族 | 冯庄乡崾岘村大庄组 | 马去科 | 6 | 回族 | 新集乡上蔡村第五组 |

续表 14

| 户　主 | 人口 | 民族 | 原户口所在地 | 户　主 | 人口 | 民族 | 原户口所在地 |
|---|---|---|---|---|---|---|---|
| 马志祥 | 2 | 回族 | 新集乡上蔡村第五组 | 马建平 | 5 | 回族 | 新集乡上蔡村第一组 |
| 马如元 | 6 | 回族 | 新集乡上蔡村第五组 | 马尚彪 | 5 | 回族 | 新集乡上蔡村第一组 |
| 马如贵 | 5 | 回族 | 新集乡上蔡村第五组 | 赵德文 | 5 | 回族 | 新集乡上蔡村第一组 |
| 王进林 | 5 | 回族 | 新集乡上蔡村第五组 | 张治礼 | 3 | 回族 | 新集乡上蔡村第一组 |
| 王如只 | 3 | 回族 | 新集乡上蔡村第五组 | 张彦宝 | 3 | 回族 | 新集乡上蔡村第一组 |
| 王如虎 | 4 | 回族 | 新集乡上蔡村第五组 | 马尚福 | 3 | 回族 | 新集乡上蔡村第一组 |
| 张小军 | 3 | 回族 | 新集乡上蔡村第五组 | 马兆元 | 3 | 回族 | 新集乡上蔡村第一组 |
| 马小文 | 4 | 回族 | 新集乡上蔡村第五组 | 马如龙 | 3 | 回族 | 新集乡上蔡村第一组 |
| 王进财 | 3 | 回族 | 新集乡上蔡村第五组 | 马治梅 | 4 | 回族 | 新集乡上蔡村第一组 |
| 王如科 | 4 | 回族 | 新集乡上蔡村第五组 | 马进山 | 5 | 回族 | 新集乡上蔡村第一组 |
| 马国良 | 5 | 回族 | 新集乡上蔡村第五组 | 马兆珍 | 4 | 回族 | 新集乡上蔡村第一组 |
| 马小武 | 3 | 回族 | 新集乡上蔡村第五组 | 马兆贵 | 4 | 回族 | 新集乡上蔡村第一组 |
| 马俊录 | 3 | 回族 | 新集乡上蔡村第五组 | 马兆明 | 4 | 回族 | 新集乡上蔡村第一组 |
| 马小龙 | 3 | 回族 | 新集乡上蔡村第五组 | 马和德 | 5 | 回族 | 新集乡上蔡村第一组 |
| 王如军 | 5 | 回族 | 新集乡上蔡村第五组 | 马文林 | 5 | 回族 | 新集乡上蔡村第一组 |
| 喇德福 | 2 | 回族 | 新集乡上蔡村第五组 | 马和英 | 7 | 回族 | 新集乡上蔡村第二组 |
| 康秀梅 | 1 | 回族 | 新集乡上蔡村第五组 | 马得海 | 3 | 回族 | 新集乡上蔡村第三组 |
| 马俊海 | 3 | 回族 | 新集乡上蔡村第五组 | 马生梅 | 3 | 回族 | 新集乡上蔡村第三组 |
| 王进花 | 4 | 回族 | 新集乡上蔡村第五组 | 杨连秀 | 4 | 回族 | 新集乡上蔡村第三组 |
| 王进山 | 4 | 回族 | 新集乡上蔡村第五组 | 马文福 | 3 | 回族 | 新集乡上蔡村第三组 |
| 马兆合 | 3 | 回族 | 新集乡上蔡村第五组 | 马占涛 | 5 | 回族 | 新集乡上蔡村第三组 |
| 喇玉山 | 5 | 回族 | 新集乡上蔡村第五组 | 田德华 | 4 | 回族 | 新集乡上蔡村第三组 |
| 喇秀山 | 5 | 回族 | 新集乡上蔡村第五组 | 马文莲 | 4 | 回族 | 新集乡上蔡村第三组 |
| 马升贵 | 1 | 回族 | 新集乡上蔡村第五组 | 李廷俊 | 4 | 回族 | 新集乡上蔡村第三组 |
| 马如林 | 4 | 回族 | 新集乡上蔡村第五组 | 张福海 | 4 | 回族 | 新集乡上蔡村第三组 |
| 马登科 | 4 | 回族 | 新集乡上蔡村第五组 | 禹文林 | 1 | 回族 | 新集乡上蔡村第三组 |
| 马志发 | 5 | 回族 | 新集乡上蔡村第五组 | 李有仑 | 4 | 回族 | 新集乡上蔡村第三组 |
| 杨　军 | 4 | 回族 | 新集乡上蔡村第五组 | 李延仁 | 4 | 回族 | 新集乡上蔡村第三组 |
| 杨进奎 | 3 | 回族 | 新集乡上蔡村第五组 | 李延明 | 5 | 回族 | 新集乡上蔡村第三组 |
| 杨进武 | 6 | 回族 | 新集乡上蔡村第五组 | 马德文 | 2 | 回族 | 新集乡上蔡村第三组 |
| 杨生义 | 1 | 回族 | 新集乡上蔡村第五组 | 马文秀 | 3 | 回族 | 新集乡上蔡村第三组 |
| 赵德科 | 6 | 回族 | 新集乡上蔡村第一组 | 马文治 | 3 | 回族 | 新集乡上蔡村第三组 |
| 马庄福 | 4 | 回族 | 新集乡上蔡村第一组 | 李有成 | 4 | 回族 | 新集乡上蔡村第三组 |
| 马尚录 | 5 | 回族 | 新集乡上蔡村第一组 | 马占俊 | 2 | 回族 | 新集乡上蔡村第三组 |
| 陈雨科 | 3 | 回族 | 新集乡上蔡村第一组 | 马有才 | 4 | 回族 | 新集乡上蔡村第三组 |
| 马尚文 | 6 | 回族 | 新集乡上蔡村第一组 | 马华银 | 5 | 回族 | 新集乡上蔡村第三组 |

续表 14

| 户　主 | 人口 | 民族 | 原户口所在地 | 户　主 | 人口 | 民族 | 原户口所在地 |
|---|---|---|---|---|---|---|---|
| 马华龙 | 5 | 回族 | 新集乡上蔡村第三组 | 马玉林 | 4 | 回族 | 新集乡上蔡村第三组 |
| 马华珍 | 5 | 回族 | 新集乡上蔡村第三组 | 马占忠 | 2 | 回族 | 新集乡上蔡村第三组 |
| 马华成 | 3 | 回族 | 新集乡上蔡村第三组 | 马玉龙 | 5 | 回族 | 新集乡上蔡村第三组 |
| 马华明 | 4 | 回族 | 新集乡上蔡村第三组 | 马有忠 | 4 | 回族 | 新集乡上蔡村第五组 |
| 马　伟 | 4 | 回族 | 新集乡上蔡村第三组 | 马兆生 | 2 | 回族 | 新集乡上蔡村第五组 |
| 马成涛 | 3 | 回族 | 新集乡上蔡村第三组 | 郭志刚 | 7 | 回族 | 新集乡上蔡村第五组 |
| 马效林 | 5 | 回族 | 新集乡上蔡村第三组 | 剡春德 | 7 | 回族 | 新集乡上蔡村第五组 |
| 马文刚 | 6 | 回族 | 新集乡上蔡村第三组 | 马文科 | 6 | 回族 | 新集乡上蔡村第六组 |
| 马明亮 | 5 | 回族 | 新集乡上蔡村第三组 | 马玉涛 | 4 | 回族 | 新集乡上蔡村第六组 |
| 马文梅 | 3 | 回族 | 新集乡上蔡村第三组 | 马金明 | 3 | 回族 | 新集乡上蔡村第六组 |
| 张德科 | 5 | 回族 | 新集乡上蔡村第三组 | 马金军 | 1 | 回族 | 新集乡上蔡村第六组 |
| 张德元 | 5 | 回族 | 新集乡上蔡村第三组 | 马连成 | 5 | 回族 | 新集乡上蔡村第六组 |
| 张福成 | 4 | 回族 | 新集乡上蔡村第三组 | 剡治科 | 5 | 回族 | 新集乡上蔡村第六组 |
| 禹文涛 | 5 | 回族 | 新集乡上蔡村第三组 | 李　杰 | 5 | 回族 | 新集乡上蔡村第六组 |
| 马德成 | 3 | 回族 | 新集乡上蔡村第三组 | 李有生 | 6 | 回族 | 新集乡常湾村桃树洼队 |
| 马文福 | 2 | 回族 | 新集乡上蔡村第三组 | 杨兆根 | 4 | 回族 | 新集乡常湾村桃树洼队 |
| 马文仑 | 4 | 回族 | 新集乡上蔡村第三组 | 杨光珍 | 1 | 汉族 | 白阳镇姚河村河对面队 |
| 李延科 | 5 | 回族 | 新集乡上蔡村第三组 | 邓　毅 | 3 | 汉族 | 崾岘乡阳洼村后岔队 |
| 李延文 | 5 | 回族 | 新集乡上蔡村第三组 | 夏发勇 | 4 | 汉族 | 崾岘乡中庄春柳出队 |
| 李延玺 | 4 | 回族 | 新集乡上蔡村第三组 | 王应顺 | 5 | 汉族 | 孟塬乡高庄村瓦夫庄队 |
| 郭生财 | 2 | 回族 | 新集乡上蔡村第三组 | 马建明 | 5 | 回族 | 沟口乡上吗洼村上马洼队 |
| 马文华 | 3 | 回族 | 新集乡上蔡村第三组 | 陈宗平 | 3 | 汉族 | 草庙乡新洼村蔡川队 |
| 张德虎 | 3 | 回族 | 新集乡上蔡村第三组 | 海生霞 | 3 | 回族 | 新集乡上蔡村一队 |
| 马有福 | 4 | 回族 | 新集乡上蔡村第三组 | 文　钊 | 3 | 汉族 | 红河乡文沟村文渠队 |

## 红四干七支

表 15

| 户　主 | 人口 | 民族 | 原户口所在地 | 户　主 | 人口 | 民族 | 原户口所在地 |
|---|---|---|---|---|---|---|---|
| 王云军 | 5 | 汉族 | 古城镇温沟村戈家沟组 | 冯国兵 | 4 | 汉族 | 古城镇陡坡村李岔组 |
| 张风堂 | 6 | 回族 | 古城镇店洼村下沟组 | 王　成 | 4 | 汉族 | 古城镇姚河村河对面组 |
| 王　明 | 4 | 汉族 | 古城镇王大户村王大户组 | 海保科 | 5 | 汉族 | 古城镇丰台村丰台组 |
| 江玉洁 | 5 | 回族 | 古城镇任河村黄寺组 | 马生祥 | 5 | 回族 | 王洼镇邓岔村美子沟组 |
| 杨得清 | 4 | 汉族 | 古城镇罗山村罗山组 | 海向龙 | 7 | 汉族 | 王洼镇孙阳村胡麻岔组 |
| 叶强文 | 6 | 汉族 | 古城镇罗山村石湾组 | 樊玉明 | 5 | 回族 | 王洼镇崖堡村崖堡组 |
| 高　斌 | 6 | 汉族 | 古城镇丰台村丰台组 | 马成林 | 6 | 汉族 | 王洼镇孙阳村胡麻岔组 |
| 史生荣 | 5 | 汉族 | 古城镇陡坡村虎岔组 | 马义学 | 5 | 汉族 | 王洼镇孙阳村寺嘴组 |

续表 15

| 户　主 | 人口 | 民族 | 原户口所在地 | 户　主 | 人口 | 民族 | 原户口所在地 |
|---|---|---|---|---|---|---|---|
| 韩志强 | 5 | 汉族 | 王洼镇崖堡村崖堡组 | 李世俊 | 4 | 汉族 | 草庙乡包山村胡岔组 |
| 马应仓 | 5 | 汉族 | 王洼镇孙阳村刘山组 | 李生军 | 4 | 汉族 | 草庙乡牛湾村新洼组 |
| 姬俊红 | 5 | 汉族 | 王洼镇山庄村山庄组 | 赵天斗 | 3 | 汉族 | 草庙乡牛湾村寨科组 |
| 苏炳满 | 5 | 汉族 | 王洼镇李洼村高山组 | 罗俊玺 | 4 | 汉族 | 孟塬乡小石沟村虎坊组 |
| 吴建国 | 5 | 汉族 | 王洼镇陡沟村陡沟组 | 李治国 | 5 | 汉族 | 孟塬乡双树村碾盘山组 |
| 张生弟 | 4 | 回族 | 新集乡白林村三组 | 刘佰龙 | 4 | 汉族 | 孟塬乡双树村碾盘山组 |
| 马得录 | 5 | 汉族 | 新集乡张化村四组 | 杨秀兰 | 4 | 汉族 | 孟塬乡小石沟村小石沟组 |
| 冶有会 | 4 | 回族 | 新集乡白河村下河组 | 朱守义 | 4 | 汉族 | 冯庄乡崖湾村黄岔组 |
| 剡常录 | 4 | 汉族 | 新集乡大伙村郑沟组 | 袁宗科 | 4 | 汉族 | 冯庄乡崖湾村甘岔组 |
| 安文平 | 4 | 汉族 | 新集乡太寺村上沟组 | 张　东 | 4 | 汉族 | 冯庄乡崖湾村寺沟组 |
| 马拴女 | 4 | 汉族 | 新集乡上蔡村四组 | 贺　武 | 5 | 汉族 | 冯庄乡羊草湾村羊草湾组 |
| 杨有清 | 5 | 汉族 | 新集乡白河村韩寺组 | 袁举勤 | 5 | 汉族 | 冯庄乡小湾村小湾组 |
| 剡长清 | 3 | 汉族 | 新集乡马旺堡村红寺堡组 | 贺　文 | 5 | 汉族 | 冯庄乡羊草湾村马陆洼组 |
| 剡文海 | 3 | 汉族 | 新集乡新集村上川组 | 高生玉 | 3 | 汉族 | 冯庄乡茨湾村石坪组 |
| 剡文芳 | 3 | 回族 | 新集乡张化村刘庄组 | 赵风奎 | 2 | 汉族 | 冯庄乡石沟村山庄组 |
| 张　恭 | 4 | 汉族 | 红河乡什字村郑山组 | 虎　峰 | 4 | 汉族 | 小岔乡李渠村上园组 |
| 周天义 | 4 | 汉族 | 红河乡常沟村沙堡组 | 李　峰 | 4 | 汉族 | 小岔乡卷槽村阳洼组 |
| 罗志俊 | 5 | 回族 | 红河乡黑牛沟村哈湾组 | 惠　成 | 5 | 汉族 | 小岔乡吊岔村七个山组 |
| 林生贵 | 5 | 汉族 | 红河乡夏塬村北塬组 | 王德贵 | 5 | 汉族 | 小岔乡小岔村小岔组 |
| 祁　明 | 6 | 汉族 | 城阳乡杨坪村油坊组 | 海俊峰 | 4 | 回族 | 交岔乡关台村崖崾岘组 |
| 贾长录 | 4 | 汉族 | 城阳乡杨坪村油坊组 | 周廷乾 | 4 | 回族 | 交岔乡保阳村夏区组 |
| 贾长荣 | 3 | 汉族 | 城阳乡杨坪村油坊组 | 李得才 | 5 | 汉族 | 交岔乡东洼村东洼组 |
| 贾长清 | 3 | 汉族 | 城阳乡杨坪村油坊组 | 马生珍 | 5 | 回族 | 古城镇罗山村赵山组 |
| 祁院章 | 4 | 汉族 | 城阳乡杨坪村油坊组 | 马生潮 | 5 | 回族 | 古城镇罗山村赵山组 |
| 祁维章 | 4 | 回族 | 城阳乡杨坪村油坊组 | 马忠海 | 3 | 回族 | 古城镇罗山村赵山组 |
| 祁　德 | 5 | 汉族 | 城阳乡杨坪村油坊组 | 马玉成 | 2 | 回族 | 古城镇罗山村赵山组 |
| 祁焕章 | 5 | 汉族 | 城阳乡杨坪村油坊组 | 任玉宝 | 3 | 回族 | 古城镇罗山村赵山组 |
| 祁　权 | 5 | 回族 | 城阳乡杨坪村油坊组 | 马玉林 | 6 | 回族 | 古城镇罗山村赵山组 |
| 祁孝章 | 5 | 汉族 | 城阳乡杨坪村油坊组 | 马义麻 | 3 | 回族 | 古城镇罗山村赵山组 |
| 陈自忠 | 4 | 汉族 | 城阳乡北塬村大山组 | 马成功 | 5 | 回族 | 古城镇罗山村赵山组 |
| 罗　武 | 6 | 汉族 | 城阳乡北塬村大山组 | 马风江 | 4 | 回族 | 古城镇罗山村赵山组 |
| 刘秀梅 | 5 | 汉族 | 城阳乡杨坪村西庄组 | 马成俊 | 3 | 回族 | 古城镇罗山村赵山组 |
| 李有峰 | 5 | 汉族 | 城阳乡杨坪村王塬组 | 马成军 | 6 | 回族 | 古城镇罗山村赵山组 |
| 虎忠平 | 4 | 汉族 | 城阳乡杨坪村油坊组 | 马风录 | 3 | 回族 | 古城镇罗山村赵山组 |
| 祁　均 | 4 | 汉族 | 城阳乡杨坪村油坊组 | 马少孝 | 4 | 回族 | 古城镇罗山村赵山组 |
| 韩存发 | 5 | 汉族 | 城阳乡城阳村岔口组 | 马成忠 | 6 | 回族 | 古城镇罗山村赵山组 |
| 祁会章 | 5 | 汉族 | 城阳乡杨坪村油坊组 | 马得清 | 6 | 回族 | 古城镇罗山村赵山组 |

续表 15

| 户　主 | 人口 | 民族 | 原户口所在地 | 户　主 | 人口 | 民族 | 原户口所在地 |
|---|---|---|---|---|---|---|---|
| 马生川 | 5 | 回族 | 古城镇罗山村赵山组 | 马生得 | 3 | 回族 | 古城镇罗山村赵山组 |
| 海　勇 | 6 | 回族 | 古城镇罗山村赵山组 | 马得保 | 5 | 回族 | 古城镇罗山村赵山组 |
| 马成财 | 5 | 回族 | 古城镇罗山村赵山组 | 马志林 | 5 | 回族 | 古城镇罗山村赵山组 |
| 马成俭 | 4 | 回族 | 古城镇罗山村赵山组 | 马生昌 | 9 | 回族 | 古城镇罗山村赵山组 |
| 马得川 | 6 | 回族 | 古城镇罗山村赵山组 | 马有林 | 5 | 回族 | 古城镇挂马沟村挂马沟组 |
| 马玉兵 | 4 | 回族 | 古城镇罗山村赵山组 | 马武军 | 5 | 回族 | 古城镇挂马沟村挂马沟组 |
| 马成平 | 5 | 回族 | 古城镇罗山村赵山组 | 马秀平 | 2 | 回族 | 古城镇挂马沟村挂马沟组 |
| 马正川 | 6 | 回族 | 古城镇罗山村赵山组 | 马有礼 | 5 | 回族 | 古城镇挂马沟村挂马沟组 |
| 马得俊 | 5 | 回族 | 古城镇罗山村赵山组 | 马花明 | 5 | 回族 | 古城镇挂马沟村挂马沟组 |
| 马得林 | 6 | 回族 | 古城镇罗山村赵山组 | 马有科 | 5 | 回族 | 古城镇挂马沟村挂马沟组 |
| 马玉仁 | 7 | 回族 | 古城镇罗山村赵山组 | 马有兵 | 3 | 回族 | 古城镇挂马沟村挂马沟组 |
| 马得江 | 5 | 回族 | 古城镇罗山村赵山组 | 马生合 | 5 | 回族 | 古城镇挂马沟村挂马沟组 |
| 马成明 | 4 | 回族 | 古城镇罗山村赵山组 | 马德荣 | 3 | 回族 | 古城镇挂马沟村挂马沟组 |
| 马成刚 | 5 | 回族 | 古城镇罗山村赵山组 | 马花平 | 4 | 回族 | 古城镇挂马沟村挂马沟组 |
| 马得省 | 5 | 回族 | 古城镇罗山村赵山组 | 马正贵 | 4 | 回族 | 古城镇挂马沟村挂马沟组 |
| 马得良 | 3 | 回族 | 古城镇罗山村赵山组 | 马付贵 | 5 | 回族 | 古城镇挂马沟村挂马沟组 |
| 马成福 | 3 | 回族 | 古城镇罗山村赵山组 | 马秀林 | 5 | 回族 | 古城镇挂马沟村挂马沟组 |
| 马得录 | 3 | 回族 | 古城镇罗山村赵山组 | 虎小梅 | 2 | 回族 | 古城镇挂马沟村挂马沟组 |
| 马少礼 | 5 | 回族 | 古城镇罗山村赵山组 | 艾　风 | 3 | 回族 | 古城镇挂马沟村挂马沟组 |
| 马风兵 | 6 | 回族 | 古城镇罗山村赵山组 | 马有田 | 5 | 回族 | 古城镇挂马沟村挂马沟组 |
| 马得义 | 2 | 回族 | 古城镇罗山村赵山组 | 马生林 | 4 | 回族 | 古城镇挂马沟村挂马沟组 |
| 马得福 | 4 | 回族 | 古城镇罗山村赵山组 | 马进昌 | 4 | 回族 | 古城镇挂马沟村挂马沟组 |
| 马守刚 | 4 | 回族 | 古城镇罗山村赵山组 | 马有仓 | 5 | 回族 | 古城镇挂马沟村挂马沟组 |
| 马志荣 | 5 | 回族 | 古城镇罗山村赵山组 | 周　武 | 5 | 回族 | 古城镇挂马沟村挂马沟组 |
| 马保林 | 5 | 回族 | 古城镇罗山村赵山组 | 剡长梅 | 4 | 回族 | 古城镇挂马沟村挂马沟组 |
| 马得珍 | 5 | 回族 | 古城镇罗山村赵山组 | 马生贵 | 5 | 回族 | 古城镇挂马沟村挂马沟组 |
| 马生元 | 8 | 回族 | 古城镇罗山村赵山组 | 马文智 | 3 | 回族 | 古城镇挂马沟村挂马沟组 |
| 马生科 | 5 | 回族 | 古城镇罗山村赵山组 | 马　英 | 4 | 回族 | 古城镇挂马沟村挂马沟组 |
| 马生录 | 5 | 回族 | 古城镇罗山村赵山组 | 马文林 | 6 | 回族 | 古城镇挂马沟村挂马沟组 |
| 马六三 | 3 | 回族 | 古城镇罗山村赵山组 | 马文兴 | 7 | 回族 | 古城镇挂马沟村挂马沟组 |
| 马得云 | 5 | 回族 | 古城镇罗山村赵山组 | 马文祥 | 5 | 回族 | 古城镇挂马沟村挂马沟组 |
| 马世宗 | 3 | 回族 | 古城镇罗山村赵山组 | 马文祥 | 5 | 回族 | 古城镇挂马沟村挂马沟组 |
| 马玉珍 | 6 | 回族 | 古城镇罗山村赵山组 | 马有德 | 3 | 回族 | 古城镇挂马沟村挂马沟组 |
| 马占刚 | 3 | 回族 | 古城镇罗山村赵山组 | 马花俊 | 4 | 回族 | 古城镇挂马沟村挂马沟组 |
| 马得功 | 5 | 回族 | 古城镇罗山村赵山组 | 马生岐 | 6 | 回族 | 古城镇挂马沟村挂马沟组 |
| 马得雄 | 5 | 回族 | 古城镇罗山村赵山组 | 马生海 | 4 | 回族 | 古城镇挂马沟村挂马沟组 |
| 马得军 | 5 | 回族 | 古城镇罗山村赵山组 | 马生得 | 2 | 回族 | 古城镇挂马沟村挂马沟组 |

# 第四章

# 生态移民

## 第一节 概 述

宁夏“十二五”中南部地区生态移民，是把原州区、西吉、隆德、泾源、彭阳、同心、盐池、海原、沙坡头 9 个县(区)91 个乡镇 684 个行政村 1655 个自然村的 7.88 万户 34.6 万人，按照“山内的问题山外解决，山上的问题山下解决，面上的问题点线解决”的思路，采取开发土地集中安置、适度集中就近安置、因地制宜插花安置、劳务移民务工安置、特殊人群敬老院安置的方式，搬迁定居到打工近、上学近、就医近、吃水近的近水、沿路、靠城区域。到 2015 年全面完成搬迁安置任务，通过实施移民搬迁，使移民生产生活条件明显改善，初步形成以特色种养收入为基础、劳务收入为主体的新格局。到 2020 年实现脱贫致富，移民人均纯收入接近全区平均水平，安置区公共服务能力达到全区平均水平。

彭阳县地处宁南山区六盘山下，这一地区处于半干旱黄土高原向干旱风沙区过渡的农牧交错地带，生态脆弱，干旱少雨，土地瘠薄，资源贫乏，自然灾害频繁，水土流失严重，十年九旱，为全国最干旱缺水的地区之一，自古就有西海固贫瘠甲天下之称。区域内人口、资源、环境与社会经济发展极不协调。特别是有相当一部分人居住在交通偏远、信息闭塞、外出务工不便、生态失衡、干旱缺水、自然条件极为严酷、一方水土养活不了一方人的干旱山区、土石山区。为彻底改善这一地区群众的基本生活条件，彭阳县委、政府自成立以来，始终把这一地区群众的脱贫致富作为促进全区发展的重中之重，特别是把移民工作作为解决自然条件恶劣地区群众生存和发展问题的一项重要扶贫举措。从20世纪80年代开始，先后组织实施了吊庄移民、扶贫扬黄灌溉工程移民、易地扶贫搬迁移民，在改善群众生存条件、解决温饱等方面发挥了重要作用。为加快扶贫开发进程、实现民生大改善、全面建设小康社会，县委、县政府按照自治区党委、政府关于实施中南部地区生态移民的决策部署和《宁夏回族自治区国民经济和社会发展第十二个五年规划纲要》要求，在深入调研、摸清底数的基础上，坚持开发式扶贫方针，提出了“十二五”彭阳县生态移民总体思路、指导思想、基本原则、主要目标和建设任务，明确了搬迁对象、安置方式、投资估算及筹措方案，制定出台了《彭阳县2011年县内生态移民实施方案》《彭阳县2011年县外生态移民实施方案》，提出了有针对性的扶持政策和配套措施，总体规划从2011年开始至2015年，力用5年的时间，按照“搬得出、稳得住、能致富”的要求，有计划、有步骤地实施搬迁。坚持以人为本，全面贯彻落实区、市党委、政府关于生态移民的有关政策精神，力争利用5年时间将“六区”和就地难以脱贫致富的困难群众实行异地搬迁，走出一条产业支撑富民、生产生活及居住条件得到改善、移民收入稳定增长、生态环境不断恢复的生态移民新路子。生态移民采取就近适度集中安置，安置主要搬迁在六盘山水源涵养林外缘区、地质灾害区、煤矿采空区、水库淹没区以及不适宜居住、不适宜发展且难以脱贫致富的偏远艰苦地区等五个重点区域的贫困户。劳务移民主要搬迁安置移民迁出家庭人口在4人以内且有年龄在20–45周岁、初中以上文化程度、掌握一定务工技能的青壮年劳动力，确保“搬得出、稳得住、能致富”，按照移民政策，严格操作，确保了移民任务的圆满完成。

2011年，建设县内移民安置区5个，其中生态移民安置区4个，分别为古城皇甫新村安置区、新集移民新村安置区、草庙移民新村安置区、城阳杨坪移民安置区。劳务移民安置区1个，县城民生家园劳务移民安置区。共建生态移民安置房585套、劳务移民周转房463套。县内搬迁安置移民1048户4717人，占“十二五”县内移民总任务的32.4%。依据《宁夏“十二五”中南部地区生态移民规划》及自治区移民局文件精神，按照《彭阳县2011年县外生态移民实施方案》中移民的政策规定，2011年，彭阳县县外移民涉及8个乡镇、17个行政村29个自然村，涉及移民1556户6460人，占县外移民总数的28.6%。制定《彭阳县2012年县内生态移民实施方案》《彭阳县2012年县内生态移民实施方案》。按照“搬得出、稳得住、逐步能致富”的要求，坚持以人为本，确保将条件最艰苦、道路最难行、生活最贫困且最需要搬迁的群众尽快搬迁出来，挪出穷窝、拔掉穷根，实现异地置业、就业、创业致富。

2012年，建设县内移民安置区6个，

其中生态移民安置区5个，分别为城阳乡沟圈生态移民安置区、新集乡生态移民安置区、草庙乡南湾生态移民安置区、孟塬乡草滩生态移民安置区、古城镇古雁生态移民安置区；劳务移民安置区1个，彭阳县栖凤花园劳务移民安置区。共建生态移民安置房624套、劳务移民周转房504套。县内搬迁安置生态移民624户2622人、劳务移民504户2016人，共计1128户4638人，占“十二五”县内移民总任务的31.1%。按照《彭阳县2012年县外生态移民实施方案》要求，2012年彭阳县县外生态移民1294户5334人，其中金凤区244户1020人、兴庆区890户3655人、西夏区160户659人。制定《彭阳县2013年县内生态移民实施方案》《彭阳县2013年县外生态移民实施方案》，确保了全县生态移民工作的顺利推进。按照固原市委、市政府“十二五”县内生态移民“五年任务三年完成”的目标要求，因地制宜，科学规划，坚持与新农村建设、小城镇开发、边贸集镇有机结合，采取山川结合、城乡结合、宜工宜农结合，合理确定生态移民和劳务移民的比例，妥善安置移民，确保实现“搬得出、稳得住、能致富”。2013年，全年搬迁安置移民1082户4543人，其中生态移民143户600人、劳务移民939户3943人。其中，生态移民，涉及古城、红河、孟塬3个乡镇5个行政村（古城镇温沟、麺河村，红河乡夏塬村，孟塬乡何岘、玉塬村）10个村民小组。劳务移民，涉及11个乡镇34个行政村（小岔乡榆树村，古城镇川口、甘海、温沟、田壕村，城阳乡刘河、城阳村，孟塬乡草滩、小石沟村，草庙乡嵝岘、王岔、刘塬村，交岔乡关口村，白阳镇嵝岘、阳洼、刘台、周沟、白岔村，红河乡友联、韩堡、夏塬、常沟、徐塬、何塬、宽坪、红河村，王洼镇王洼、赵沟、北洼村，冯庄乡崖湾、高庄、嵝岘、冯庄村，新集乡沟口村）45个村民小组。建设县内移民安置区5个，其中生态移民安置区3个（古城镇生态移民安置区、红河乡夏塬生态移民安置区、孟塬乡玉塬生态移民安置区）、劳务移民安置区2个（县城惠民家园劳务移民安置区、王洼劳务移民安置区）。共建生态移民住房143套，劳务移民周转房939套。截至2013年底，彭阳县县内生态移民工作任务圆满完成。根据2013年度宁夏中南部地区生态移民计划任务及与银川市辖三区实际对接，彭阳县　搬迁县外生态移民1361户5700人，其中金凤区110户440人、兴庆区1056户4441人、西夏区195户819人。涉及全县12个乡镇37个行政村（罗洼乡罗洼、薛套村，古城镇小岔沟、羊坊、郑庄村，城阳乡长城、陈沟村，孟塬乡玉塬村，交岔乡关口、保阳、庙庄、交岔、前庄、马台村，白阳镇老庄、刘台村，红河乡友联、文沟村，冯庄乡小湾、崖湾村，新集乡白草洼、赵沟、谢寨、周庄、大火村，小岔乡榆树、米沟、李渠村，王洼镇崖堡、李寨、马掌、邓岔村，草庙乡赵洼、草庙、周庄、张街、曹川村）46个村民小组。

2014年，全县计划修建的3个劳务移民安置区全面建成，栖凤花园、王洼劳务移民安置区搬迁安置711户2808人。县城惠民家园劳务移民安置区 完成搬迁安置633户2680人，同时完成99户一人户的安置工作，届时完成总任务的100%。2015年，完成移民搬迁737户3080人，全部为劳务移民，完成总任务的100%。为使移民搬得出，留得住，早致富，对安置区的移民，推行“五扶机制”，解决移民生产生活困难。推行“1个部门帮扶多户移民解决生活困难，1个技术人员扶持多户移民发展生产”的“1+X”帮扶机制，帮助解决实际困难。制定养殖业扶持发展政策，加大“村级发展互助资金项目”的力度，扶持移民发展特色种养业。开展“三到户一联系”帮扶活动，帮助困难移民解决生产生活中的实际问题。扶持发展第三产业，在省区交界、交通枢纽地段规划建设商贸市场，引导移民发展商贸物流等服务业。引导企业扶持移民就业，依托龙头企业，建立生态移民创业园。结合移民新村的实际，积极探索出“政府引导、项目带动、村社联建、移民参与”的发展机制，在移民安置区域中，依托彭阳县林果发展有限责任公司、彭阳县果品开发公司等龙头企业，在城阳乡杨坪移民新村建设以红梅杏、曹杏、葡萄和林木繁育为主的设施果棚，鼓励和支持发展林果产业。积极引进资金、整合项目，利用移民区土地集中连片，水电路配套的优势，在新集、古城、城阳沟圈安置区为每户配套1亩大中型拱棚，着力培育以辣椒、西红柿等设施蔬菜。坚持把发展草畜产业作为移民增收的重要措施来抓，按照“先建圈、后扩群、再提质”的发展思路，重点发展优质肉牛繁育、育肥及优质牧草种植。在充分发挥公共就业服务机构职能的同时，在移民新村重点发展以商贸流通为主的服务业。重点发展以劳务输出为主的劳务产业，大力开展移民就业培训，为移民群众提供充分的就业岗位，开辟转移就业基地，鼓励移民进工厂、进工地、进商场、进家政、进餐馆，引导移民转换思想、开动脑筋，增长见识，有效弥补移民区产业单一、移民增收渠道不宽问题，开辟有利于移民能尽快致富奔小康的社会主义现代化新农村之路。

截至2015年底，县外移民共搬迁安置移民5491户23231人，其中金凤区750户3215人，兴庆区3979户16712人，西夏区715户3114人，灵武47户190人，完成总任务的100%。县内移民共建设县内移民安置区16个，计划安置移民3232户13454人，其中生态移民1309户5707人，劳务移民1923户7747人(含一人户99户)。

## 第二节 机构管理及领导人名录

为全面贯彻宁夏“十二五”中南部地区生态移民规划，为加强对全县生态移民工作的组织领导，确保生态移民工作有序推进。2010年11月，彭阳县委、县政府以彭党办发〔2010〕137 号文件,决定成立彭阳县生态移民工作领导小组。标志着彭阳县“十二五”生态移民工作拉开了序幕。

一、彭阳县生态移民工作领导小组

组　长:张隽华　县人民政府县长

副组长:杨耀峰　县委副书记

吴　璞　县委常委、政府副县长

郭富国　县人大常委会副主任

张志禄　县政协副主席

成　员:张文军　县委办公室主任

李　龙　县人民政府办公室主任

晁建勇　县发展和改革局局长

王复位　县教育体育局局长

祁俊明　县公安局副局长

马文山　县监察局局长

张　虎　县民政局局长

杨天峰　县财政局局长

陈　洁　县国土资源局局长

虎　地　县城乡建设和环境保护局局长

李　伟　县交通运输局局长

王永贤　县水务局局长

章建波　县农牧和科学技术局局长

万亚平　县文化旅游广播电视局局长

王俊锋　县卫生局局长

雅进坤　县审计局局长

袁　君　县林业和生态经济局局长

辛鹏科　县扶贫开发办公室主任

何少庸　县劳动就业局局长

赵相海　县供电局局长

袁继安　白阳镇人民政府镇长

马　福　古城镇人民政府镇长

王建军　王洼镇人民政府镇长

马文智　新集乡人民政府乡长

韩志琦　红河乡人民政府乡长

陈宗惠　城阳乡人民政府乡长

曹永昨　孟塬乡党委书记、政府乡长

徐　虎　草庙乡人民政府乡长

王汉英　冯庄乡人民政府乡长

常兆斌　小岔乡党委书记、政府乡长

赵志武　罗洼乡党委书记、政府乡长

李　刚　交岔乡人民政府乡长

领导小组办公室设在县发展和改革局,晁建勇兼办公室主任,韩春东兼办公室副主任。

2011 年 1 月,因工作需要,彭阳县委、县政府以彭党办发〔2011〕5 号文件,决定调整彭阳县生态移民工作领导小组组成人员:

组　　长:张佑昌　县委书记

第一副组长:张隽华　县人民政府县长

副　组　长：杨耀峰　县委副书记
吴　璞　县委常委、政府副县长
郭富国　县人大常委会副主任
张志禄　县政协副主席

成　　员：张文军　县委办公室主任
黄金仁　县委组织部副部长
李　龙　县人民政府办公室主任
晁建勇　县发展和改革局局长
王复位　县教育体育局局长
李夏生　县公安局副局长
马文山　县监察局局长
张　虎　县民政局局长
杨天峰　县财政局局长
台维斌　县人力资源和社会保障局局长
陈　洁　县国土资源局局长
虎　地　县城乡建设和环境保护局局长
李　伟　县交通运输局局长
王永贤　县水务局局长
章建波　县农牧和科学技术局局长
万亚平　县文化旅游广播电视局局长
王俊锋　县卫生局局长
刘胜利　县人口和计划生育局局长
雅进坤　县审计局局长
袁　君　县林业和生态经济局局长
辛鹏科　县扶贫开发办公室主任
赵相海　县供电局局长
党玉龙　白阳镇党委书记
郑小义　古城镇党委书记
宗继武　王洼镇党委书记
徐万廷　新集乡党委书记
刘世锋　红河乡党委书记
杨茹芝　城阳乡党委书记
曹永昨　孟塬乡党委书记
张小霞　草庙乡党委书记
张建荣　冯庄乡党委书记
常兆斌　小岔乡党委书记
赵志武　罗洼乡党委书记
马旭东　交岔乡党委书记

领导小组办公室设在县发展和改革局，晁建勇同志兼办公室主任，韩春东兼办公室副主任。

## 二、彭阳县县外移民工作领导小组

为扎实做好2011年县外生态移民工作，顺利完成移民移交安置任务，2011年6月，彭阳县委、县政府以彭党办发

〔2011〕87 号文件，决定成立西夏区、兴庆区、金凤区生态移民工作组：

一、工作机构

（一）西夏区生态移民工作组

组　长：杨志杰　县人大副主任

成　员：宗继武　王洼镇党委书记

张小霞　草庙乡党委书记

马旭东　交岔乡党委书记

虎　地　县建环局局长

袁　君　县林业局局长

赵银汉　县移民办专职副主任

何万兵　县移民办干部

（二）兴庆区生态移民工作组

组　长：李廷枢　县人大副主任

成　员：徐万廷　古城镇党委书记

马文智　新集乡党委书记

曹永昨　孟塬乡党委书记

张建荣　冯庄乡党委书记

陈宗惠　罗洼乡党委书记

杨天峰　县财政局局长

李　伟　县交通局局长

赵银汉　县移民办专职副主任

赵　波　县移民办干部

（三）金凤区生态移民工作组

组　长：张志禄　县政协副主席

成　员：韩志琦　小岔乡党委书记

王俊锋　县农科局局长

王永贤　县水务局局长

赵银汉　县移民办专职副主任

王登魁　县移民办干部

为了扎实做好“十二五”期间县外生态移民工作，顺利完成移民搬迁安置任务，2012 年 7 月，彭阳县委、政府以彭党办发〔2012〕105 号决定调整西夏区、兴庆区、金凤区生态移民工作组：

（一）西夏区生态移民工作组

组　长：杨志杰　县人大副主任

成　员：陈宗惠　王洼镇党委书记

张小霞　草庙乡党委书记

马旭东　交岔乡党委书记

赵银汉　县移民办专职副主任

（二）兴庆区生态移民工作组

组　长：李廷枢　县人大副主任

成　员：徐万廷　古城镇党委书记

马文智　新集乡党委书记

杨如芝　城阳乡党委书记

宗继武　红河乡党委书记

韩志琦　孟塬乡党委书记

李　刚　冯庄乡党委书记

张建荣　罗洼乡党委书记

马旭东　交岔乡党委书记

赵银汉　县移民办专职副主任

（三）金凤区生态移民工作组

组　长：张志禄　县政协副主席

成　员：陈宗惠　王洼镇党委书记

张小霞　草庙乡党委书记

王建军　小岔乡党委书记

赵银汉　县移民办专职副主任

## 第三节 县外移民花名表

### 金凤区移民花名表

表16

| 与户主关系 | 家庭成员 | 民族 | 原居住地 | | 与户主关系 | 家庭成员 | 民族 | 原居住地 | |
|---|---|---|---|---|---|---|---|---|---|
| | | | 乡(镇) | 行政村 | | | | 乡(镇) | 行政村 |
| 户主 | 安林义 | 汉族 | 小岔 | 卷槽 | 户主 | 袁志斌 | 汉族 | 小岔 | 卷槽 |
| 妻子 | 马宏梅 | 汉族 | 小岔 | 卷槽 | 妻子 | 张存梅 | 汉族 | 小岔 | 卷槽 |
| 长子 | 安应刚 | 汉族 | 小岔 | 卷槽 | 长子 | 袁 进 | 汉族 | 小岔 | 卷槽 |
| 次子 | 安应贵 | 汉族 | 小岔 | 卷槽 | 长女 | 袁 慧 | 汉族 | 小岔 | 卷槽 |
| 父亲 | 安有珍 | 汉族 | 小岔 | 卷槽 | 户主 | 韩永锋 | 汉族 | 小岔 | 卷槽 |
| 户主 | 安克勤 | 汉族 | 小岔 | 卷槽 | 妻子 | 朱建梅 | 汉族 | 小岔 | 卷槽 |
| 妻子 | 陈富梅 | 汉族 | 小岔 | 卷槽 | 长女 | 韩彩琴 | 汉族 | 小岔 | 卷槽 |
| 长女 | 安希红 | 汉族 | 小岔 | 卷槽 | 户主 | 安克荣 | 汉族 | 小岔 | 卷槽 |
| 长子 | 安希宁 | 汉族 | 小岔 | 卷槽 | 妻子 | 吴凤梅 | 汉族 | 小岔 | 卷槽 |
| 户主 | 韩治均 | 汉族 | 小岔 | 卷槽 | 长子 | 吴 昊 | 汉族 | 小岔 | 卷槽 |
| 妻子 | 李翠兰 | 汉族 | 小岔 | 卷槽 | 长女 | 安 瑞 | 汉族 | 小岔 | 卷槽 |
| 父亲 | 韩生付 | 汉族 | 小岔 | 卷槽 | 次女 | 安 静 | 汉族 | 小岔 | 卷槽 |
| 母亲 | 杨桂英 | 汉族 | 小岔 | 卷槽 | 户主 | 安维仪 | 汉族 | 小岔 | 卷槽 |
| 户主 | 安金义 | 汉族 | 小岔 | 卷槽 | 妻子 | 王秀连 | 汉族 | 小岔 | 卷槽 |
| 妻子 | 杨小兰 | 汉族 | 小岔 | 卷槽 | 长子 | 安克飞 | 汉族 | 小岔 | 卷槽 |
| 长子 | 安明明 | 汉族 | 小岔 | 卷槽 | 次子 | 安科龙 | 汉族 | 小岔 | 卷槽 |
| 次子 | 安应芳 | 汉族 | 小岔 | 卷槽 | 户主 | 武佐杰 | 汉族 | 小岔 | 卷槽 |
| 长女 | 安芳红 | 汉族 | 小岔 | 卷槽 | 妻子 | 张彩琴 | 汉族 | 小岔 | 卷槽 |
| 户主 | 安维虎 | 汉族 | 小岔 | 卷槽 | 次子 | 武 强 | 汉族 | 小岔 | 卷槽 |
| 妻子 | 刘倡琴 | 汉族 | 小岔 | 卷槽 | 儿媳 | 黄周平 | 汉族 | 小岔 | 卷槽 |
| 长女 | 安慧茸 | 汉族 | 小岔 | 卷槽 | 长女 | 武 颖 | 汉族 | 小岔 | 卷槽 |
| 次女 | 安慧霞 | 汉族 | 小岔 | 卷槽 | 户主 | 安克倡 | 汉族 | 小岔 | 卷槽 |
| 长子 | 安克思 | 汉族 | 小岔 | 卷槽 | 妻子 | 施林子 | 汉族 | 小岔 | 卷槽 |
| 户主 | 安维鹏 | 汉族 | 小岔 | 卷槽 | 长子 | 安西夏 | 汉族 | 小岔 | 卷槽 |
| 妻子 | 马金芳 | 汉族 | 小岔 | 卷槽 | 父亲 | 安维夺 | 汉族 | 小岔 | 卷槽 |
| 长女 | 安慧玲 | 汉族 | 小岔 | 卷槽 | 户主 | 虎 琴 | 汉族 | 小岔 | 卷槽 |
| 户主 | 李维虎 | 汉族 | 小岔 | 卷槽 | 长子 | 安克鹏 | 汉族 | 小岔 | 卷槽 |
| 妻子 | 刘秀芸 | 汉族 | 小岔 | 卷槽 | 次子 | 安克荣 | 汉族 | 小岔 | 卷槽 |
| 长子 | 李建华 | 汉族 | 小岔 | 卷槽 | 户主 | 武虎义 | 汉族 | 小岔 | 卷槽 |
| 次子 | 李建国 | 汉族 | 小岔 | 卷槽 | 妻子 | 白旭英 | 汉族 | 小岔 | 卷槽 |
| 长女 | 李莉莉 | 汉族 | 小岔 | 卷槽 | 长子 | 武 浩 | 汉族 | 小岔 | 卷槽 |
| 户主 | 安克鲜 | 汉族 | 小岔 | 卷槽 | 户主 | 焦 东 | 汉族 | 小岔 | 卷槽 |
| 妻子 | 曹国芳 | 汉族 | 小岔 | 卷槽 | 妻子 | 张为荣 | 汉族 | 小岔 | 卷槽 |
| 长子 | 安希宏 | 汉族 | 小岔 | 卷槽 | 长子 | 焦龙龙 | 汉族 | 小岔 | 卷槽 |
| 长女 | 安希粉 | 汉族 | 小岔 | 卷槽 | 长女 | 焦润玲 | 汉族 | 小岔 | 卷槽 |

续表 16

| 与户主关系 | 家庭成员 | 民族 | 原居住地 | | 与户主关系 | 家庭成员 | 民族 | 原居住地 | |
|---|---|---|---|---|---|---|---|---|---|
| | | | 乡(镇) | 行政村 | | | | 乡(镇) | 行政村 |
| 哥哥 | 焦　军 | 汉族 | 小岔 | 卷槽 | 三子 | 杨国斌 | 汉族 | 小岔 | 卷槽 |
| 父亲 | 焦有珍 | 汉族 | 小岔 | 卷槽 | 父亲 | 杨世财 | 汉族 | 小岔 | 卷槽 |
| 户主 | 武　刚 | 汉族 | 小岔 | 卷槽 | 户主 | 郭文龙 | 汉族 | 小岔 | 卷槽 |
| 妻子 | 潘米娇 | 汉族 | 小岔 | 卷槽 | 妻子 | 林小燕 | 汉族 | 小岔 | 卷槽 |
| 长女 | 武馨宇 | 汉族 | 小岔 | 卷槽 | 长子 | 郭　林 | 汉族 | 小岔 | 卷槽 |
| 户主 | 安维东 | 汉族 | 小岔 | 卷槽 | 次子 | 郭　伟 | 汉族 | 小岔 | 卷槽 |
| 妻子 | 白俊兰 | 汉族 | 小岔 | 卷槽 | 户主 | 郭建君 | 汉族 | 小岔 | 卷槽 |
| 长子 | 安克洲 | 汉族 | 小岔 | 卷槽 | 母亲 | 张学梅 | 汉族 | 小岔 | 卷槽 |
| 儿媳 | 祁小萍 | 汉族 | 小岔 | 卷槽 | 父亲 | 郭维成 | 汉族 | 小岔 | 卷槽 |
| 孙子 | 安希轩 | 汉族 | 小岔 | 卷槽 | 祖父 | 郭发旺 | 汉族 | 小岔 | 卷槽 |
| 孙女 | 安芳芳 | 汉族 | 小岔 | 卷槽 | 叔父 | 郭进林 | 汉族 | 小岔 | 卷槽 |
| 户主 | 安维亮 | 汉族 | 小岔 | 卷槽 | 户主 | 郭文君 | 汉族 | 小岔 | 卷槽 |
| 妻子 | 卢秀兰 | 汉族 | 小岔 | 卷槽 | 妻子 | 马冬梅 | 汉族 | 小岔 | 卷槽 |
| 长子 | 安克银 | 汉族 | 小岔 | 卷槽 | 长子 | 郭　锋 | 汉族 | 小岔 | 卷槽 |
| 次女 | 安亚苾 | 汉族 | 小岔 | 卷槽 | 户主 | 安陈山 | 汉族 | 小岔 | 卷槽 |
| 母亲 | 马英荣 | 汉族 | 小岔 | 卷槽 | 妻子 | 刘成兰 | 汉族 | 小岔 | 卷槽 |
| 户主 | 安克鹏 | 汉族 | 小岔 | 卷槽 | 儿子 | 安顺子 | 汉族 | 小岔 | 卷槽 |
| 妻子 | 虎慧蓉 | 汉族 | 小岔 | 卷槽 | 户主 | 李恒君 | 汉族 | 小岔 | 卷槽 |
| 长女 | 安娜娜 | 汉族 | 小岔 | 卷槽 | 次子 | 李　雄 | 汉族 | 小岔 | 卷槽 |
| 户主 | 安维宗 | 汉族 | 小岔 | 卷槽 | 户主 | 李维宗 | 汉族 | 小岔 | 卷槽 |
| 妻子 | 尚兴兰 | 汉族 | 小岔 | 卷槽 | 妻子 | 陈凤连 | 汉族 | 小岔 | 卷槽 |
| 次子 | 安克玺 | 汉族 | 小岔 | 卷槽 | 三子 | 李烜国 | 汉族 | 小岔 | 卷槽 |
| 户主 | 张国雄 | 汉族 | 小岔 | 卷槽 | 儿媳 | 马粉梅 | 汉族 | 小岔 | 卷槽 |
| 妻子 | 方秀兰 | 汉族 | 小岔 | 卷槽 | 二女 | 李小琴 | 汉族 | 小岔 | 卷槽 |
| 长女 | 张　蕊 | 汉族 | 小岔 | 卷槽 | 户主 | 陈永青 | 汉族 | 小岔 | 卷槽 |
| 次女 | 张　宁 | 汉族 | 小岔 | 卷槽 | 妻子 | 韩小女 | 汉族 | 小岔 | 卷槽 |
| 长子 | 张　伟 | 汉族 | 小岔 | 卷槽 | 长女 | 陈　凤 | 汉族 | 小岔 | 卷槽 |
| 户主 | 张国荣 | 汉族 | 小岔 | 卷槽 | 次女 | 陈飞燕 | 汉族 | 小岔 | 卷槽 |
| 妻子 | 马小琴 | 回族 | 小岔 | 卷槽 | 祖父 | 陈自谋 | 汉族 | 小岔 | 卷槽 |
| 母亲 | 常儒花 | 汉族 | 小岔 | 卷槽 | 户主 | 虎广珍 | 汉族 | 小岔 | 卷槽 |
| 长子 | 张　乐 | 汉族 | 小岔 | 卷槽 | 长子 | 虎来红 | 汉族 | 小岔 | 卷槽 |
| 户主 | 杨国忠 | 汉族 | 小岔 | 卷槽 | 长女 | 虎　霞 | 汉族 | 小岔 | 卷槽 |
| 妻子 | 姜飞林 | 汉族 | 小岔 | 卷槽 | 次女 | 虎　蕊 | 汉族 | 小岔 | 卷槽 |
| 户主 | 杨维儒 | 汉族 | 小岔 | 卷槽 | 三女 | 虎　芳 | 汉族 | 小岔 | 卷槽 |
| 妻子 | 徐应兰 | 汉族 | 小岔 | 卷槽 | 父亲 | 虎志刚 | 汉族 | 小岔 | 卷槽 |
| 长女 | 杨小燕 | 汉族 | 小岔 | 卷槽 | 户主 | 安有仓 | 汉族 | 小岔 | 卷槽 |

续表16

| 与户主关系 | 家庭成员 | 民族 | 原居住地 | | 与户主关系 | 家庭成员 | 民族 | 原居住地 | |
|---|---|---|---|---|---|---|---|---|---|
| | | | 乡(镇) | 行政村 | | | | 乡(镇) | 行政村 |
| 三子 | 安仁义 | 汉族 | 小岔 | 卷槽 | 妻子 | 石迎春 | 汉族 | 小岔 | 卷槽 |
| 四子 | 安武义 | 汉族 | 小岔 | 卷槽 | 长子 | 安俊生 | 汉族 | 小岔 | 卷槽 |
| 户主 | 安兴仪 | 汉族 | 小岔 | 卷槽 | 父亲 | 安有均 | 汉族 | 小岔 | 卷槽 |
| 妻子 | 马贵香 | 汉族 | 小岔 | 卷槽 | 母亲 | 陈忠梅 | 汉族 | 小岔 | 卷槽 |
| 长女 | 安红霞 | 汉族 | 小岔 | 卷槽 | 户主 | 李维奇 | 汉族 | 小岔 | 卷槽 |
| 长子 | 安应誓 | 汉族 | 小岔 | 卷槽 | 妻子 | 郝登秀 | 汉族 | 小岔 | 卷槽 |
| 父亲 | 安俊仓 | 汉族 | 小岔 | 卷槽 | 长子 | 李义虎 | 汉族 | 小岔 | 卷槽 |
| 母亲 | 何玉琴 | 汉族 | 小岔 | 卷槽 | 孙子 | 李　菲 | 汉族 | 小岔 | 卷槽 |
| 户主 | 安维贤 | 汉族 | 小岔 | 卷槽 | 户主 | 韩治兴 | 汉族 | 小岔 | 卷槽 |
| 妻子 | 沈改琴 | 汉族 | 小岔 | 卷槽 | 次子 | 韩显身 | 汉族 | 小岔 | 卷槽 |
| 长子 | 安克武 | 汉族 | 小岔 | 卷槽 | 孙女 | 韩　典 | 汉族 | 小岔 | 卷槽 |
| 长女 | 安慧琴 | 汉族 | 小岔 | 卷槽 | 户主 | 郭文虎 | 汉族 | 小岔 | 卷槽 |
| 父亲 | 安志斗 | 汉族 | 小岔 | 卷槽 | 妻子 | 柳建彩 | 汉族 | 小岔 | 卷槽 |
| 母亲 | 洪秀梅 | 汉族 | 小岔 | 卷槽 | 长子 | 郭　平 | 汉族 | 小岔 | 卷槽 |
| 户主 | 马登兴 | 汉族 | 小岔 | 卷槽 | 长女 | 郭　瑞 | 汉族 | 小岔 | 卷槽 |
| 妻子 | 安秀花 | 汉族 | 小岔 | 卷槽 | 祖母 | 惠秀英 | 汉族 | 小岔 | 卷槽 |
| 次子 | 马国平 | 汉族 | 小岔 | 卷槽 | 户主 | 安海义 | 汉族 | 小岔 | 卷槽 |
| 户主 | 陈永峰 | 汉族 | 小岔 | 卷槽 | 父亲 | 安有忠 | 汉族 | 小岔 | 卷槽 |
| 妻子 | 李彩玲 | 汉族 | 小岔 | 卷槽 | 母亲 | 叶秀英 | 汉族 | 小岔 | 卷槽 |
| 长子 | 陈　玺 | 汉族 | 小岔 | 卷槽 | 户主 | 安应斌 | 汉族 | 小岔 | 卷槽 |
| 长女 | 陈淑霞 | 汉族 | 小岔 | 卷槽 | 妻子 | 白　静 | 汉族 | 小岔 | 卷槽 |
| 次女 | 陈淑娜 | 汉族 | 小岔 | 卷槽 | 长子 | 安　瑞 | 汉族 | 小岔 | 卷槽 |
| 三女 | 李　楠 | 汉族 | 小岔 | 卷槽 | 户主 | 安罗勤 | 汉族 | 小岔 | 卷槽 |
| 户主 | 安有智 | 汉族 | 小岔 | 卷槽 | 妻子 | 马秀彩 | 汉族 | 小岔 | 卷槽 |
| 妻子 | 王银花 | 汉族 | 小岔 | 卷槽 | 次子 | 安应文 | 汉族 | 小岔 | 卷槽 |
| 孙女 | 安相利 | 汉族 | 小岔 | 卷槽 | 长女 | 安玉红 | 汉族 | 小岔 | 卷槽 |
| 户主 | 安廷义 | 汉族 | 小岔 | 卷槽 | 外甥 | 马彦明 | 汉族 | 小岔 | 卷槽 |
| 妻子 | 施广梅 | 汉族 | 小岔 | 卷槽 | 外甥女 | 马翠玲 | 汉族 | 小岔 | 卷槽 |
| 长女 | 安应玲 | 汉族 | 小岔 | 卷槽 | 户主 | 安维祖 | 汉族 | 小岔 | 卷槽 |
| 次女 | 安向彩 | 汉族 | 小岔 | 卷槽 | 妻子 | 虎转琴 | 汉族 | 小岔 | 卷槽 |
| 户主 | 安明义 | 汉族 | 小岔 | 卷槽 | 次子 | 安双强 | 汉族 | 小岔 | 卷槽 |
| 妻子 | 景翠琴 | 汉族 | 小岔 | 卷槽 | 母亲 | 白金翠 | 汉族 | 小岔 | 卷槽 |
| 长子 | 安应鹏 | 汉族 | 小岔 | 卷槽 | 户主 | 安克秀 | 汉族 | 小岔 | 卷槽 |
| 长女 | 安玉霞 | 汉族 | 小岔 | 卷槽 | 妻子 | 尹小霞 | 汉族 | 小岔 | 卷槽 |
| 次女 | 安彩霞 | 汉族 | 小岔 | 卷槽 | 长子 | 安鹏顺 | 汉族 | 小岔 | 卷槽 |
| 户主 | 安平义 | 汉族 | 小岔 | 卷槽 | 户主 | 陈永东 | 汉族 | 小岔 | 卷槽 |

续表 16

| 与户主关系 | 家庭成员 | 民族 | 原居住地 | | 与户主关系 | 家庭成员 | 民族 | 原居住地 | |
|---|---|---|---|---|---|---|---|---|---|
| | | | 乡(镇) | 行政村 | | | | 乡(镇) | 行政村 |
| 妻子 | 安跟筛 | 汉族 | 小岔 | 卷槽 | 母亲 | 杨风琴 | 汉族 | 小岔 | 卷槽 |
| 长女 | 陈淑琴 | 汉族 | 小岔 | 卷槽 | 妻子 | 黄海霞 | 汉族 | 小岔 | 卷槽 |
| 户主 | 陈浩鹏 | 汉族 | 小岔 | 卷槽 | 长子 | 安明亮 | 汉族 | 小岔 | 卷槽 |
| 妻子 | 白宇琴 | 汉族 | 小岔 | 卷槽 | 次子 | 安应峰 | 汉族 | 小岔 | 卷槽 |
| 长女 | 陈玥蓉 | 汉族 | 小岔 | 卷槽 | 父亲 | 安有荣 | 汉族 | 小岔 | 卷槽 |
| 户主 | 陈永邦 | 汉族 | 小岔 | 卷槽 | 户主 | 虎广清 | 汉族 | 小岔 | 卷槽 |
| 妻子 | 安桂生 | 汉族 | 小岔 | 卷槽 | 妻子 | 史荣连 | 汉族 | 小岔 | 卷槽 |
| 长子 | 陈浩杰 | 汉族 | 小岔 | 卷槽 | 长子 | 虎　君 | 汉族 | 小岔 | 卷槽 |
| 次子 | 刘海平 | 汉族 | 小岔 | 卷槽 | 次子 | 虎　全 | 汉族 | 小岔 | 卷槽 |
| 户主 | 陈彩霞 | 汉族 | 小岔 | 卷槽 | 儿媳 | 张翠亮 | 汉族 | 小岔 | 卷槽 |
| 祖父 | 陈文斌 | 汉族 | 小岔 | 卷槽 | 户主 | 陈光荣 | 汉族 | 小岔 | 卷槽 |
| 祖母 | 刘选翠 | 汉族 | 小岔 | 卷槽 | 妻子 | 虎再儿 | 汉族 | 小岔 | 卷槽 |
| 户主 | 安克森 | 汉族 | 小岔 | 卷槽 | 长女 | 陈秋静 | 汉族 | 小岔 | 卷槽 |
| 妻子 | 杨小燕 | 汉族 | 小岔 | 卷槽 | 户主 | 虎秀琴 | 汉族 | 小岔 | 卷槽 |
| 父亲 | 安维财 | 汉族 | 小岔 | 卷槽 | 母亲 | 王月英 | 汉族 | 小岔 | 卷槽 |
| 母亲 | 张瑞琴 | 汉族 | 小岔 | 卷槽 | 孙女 | 陈秋华 | 汉族 | 小岔 | 卷槽 |
| 户主 | 郭文强 | 汉族 | 小岔 | 卷槽 | 户主 | 安维国 | 汉族 | 小岔 | 卷槽 |
| 妻子 | 刘润香 | 汉族 | 小岔 | 卷槽 | 父亲 | 安志会 | 汉族 | 小岔 | 卷槽 |
| 长女 | 郭　燕 | 汉族 | 小岔 | 卷槽 | 母亲 | 马治花 | 汉族 | 小岔 | 卷槽 |
| 户主 | 张玉英 | 汉族 | 小岔 | 卷槽 | 弟弟 | 安维亚 | 汉族 | 小岔 | 卷槽 |
| 孙女 | 郭　蓉 | 汉族 | 小岔 | 卷槽 | 户主 | 安克俭 | 汉族 | 小岔 | 卷槽 |
| 孙女 | 郭　丽 | 汉族 | 小岔 | 卷槽 | 妻子 | 史万兰 | 汉族 | 小岔 | 卷槽 |
| 户主 | 安克功 | 汉族 | 小岔 | 卷槽 | 女儿 | 安希珍 | 汉族 | 小岔 | 卷槽 |
| 妻子 | 马秀兰 | 汉族 | 小岔 | 卷槽 | 父亲 | 安维君 | 汉族 | 小岔 | 卷槽 |
| 长子 | 安应飞 | 汉族 | 小岔 | 卷槽 | 母亲 | 李秀花 | 汉族 | 小岔 | 卷槽 |
| 次女 | 安玉芳 | 汉族 | 小岔 | 卷槽 | 外孙 | 李聪博 | 汉族 | 小岔 | 卷槽 |
| 户主 | 安维忠 | 汉族 | 小岔 | 卷槽 | 户主 | 安勤义 | 汉族 | 小岔 | 卷槽 |
| 妻子 | 马秀琴 | 汉族 | 小岔 | 卷槽 | 妻子 | 张彩霞 | 汉族 | 小岔 | 卷槽 |
| 长子 | 安克强 | 汉族 | 小岔 | 卷槽 | 长女 | 安红利 | 汉族 | 小岔 | 卷槽 |
| 儿媳 | 虎社会 | 汉族 | 小岔 | 卷槽 | 次女 | 安转利 | 汉族 | 小岔 | 卷槽 |
| 孙子 | 安喜园 | 汉族 | 小岔 | 卷槽 | 母亲 | 郭翠英 | 汉族 | 小岔 | 卷槽 |
| 孙女 | 安喜梅 | 汉族 | 小岔 | 卷槽 | 长子 | 安应强 | 汉族 | 小岔 | 卷槽 |
| 户主 | 马保梅 | 汉族 | 小岔 | 卷槽 | 户主 | 安维斌 | 汉族 | 小岔 | 卷槽 |
| 母亲 | 白秀来 | 汉族 | 小岔 | 卷槽 | 妻子 | 曹君彩 | 汉族 | 小岔 | 卷槽 |
| 女儿 | 虎燕燕 | 汉族 | 小岔 | 卷槽 | 长子 | 安永华 | 汉族 | 小岔 | 卷槽 |
| 户主 | 安克义 | 汉族 | 小岔 | 卷槽 | 长女 | 安　琪 | 汉族 | 小岔 | 卷槽 |

续表 16

| 与户主关系 | 家庭成员 | 民族 | 原居住地 | | 与户主关系 | 家庭成员 | 民族 | 原居住地 | |
|---|---|---|---|---|---|---|---|---|---|
| | | | 乡（镇） | 行政村 | | | | 乡（镇） | 行政村 |
| 户主 | 安维成 | 汉族 | 小岔 | 卷槽 | 长子 | 虎　博 | 汉族 | 小岔 | 卷槽 |
| 妻子 | 马金莲 | 汉族 | 小岔 | 卷槽 | 母亲 | 高登花 | 汉族 | 小岔 | 卷槽 |
| 长子 | 安克远 | 汉族 | 小岔 | 卷槽 | 户主 | 李治全 | 汉族 | 小岔 | 卷槽 |
| 儿媳 | 朱　芳 | 汉族 | 小岔 | 卷槽 | 妻子 | 常银环 | 汉族 | 小岔 | 卷槽 |
| 孙子 | 安西文 | 汉族 | 小岔 | 卷槽 | 弟弟 | 李治国 | 汉族 | 小岔 | 卷槽 |
| 孙子 | 安西武 | 汉族 | 小岔 | 卷槽 | 父亲 | 李占库 | 汉族 | 小岔 | 卷槽 |
| 户主 | 王志成 | 汉族 | 小岔 | 卷槽 | 母亲 | 张兰花 | 汉族 | 小岔 | 卷槽 |
| 妻子 | 邓玉莲 | 汉族 | 小岔 | 卷槽 | 弟弟 | 李忙怀 | 汉族 | 小岔 | 卷槽 |
| 长子 | 王小龙 | 汉族 | 小岔 | 卷槽 | 长女 | 李润香 | 汉族 | 小岔 | 卷槽 |
| 次子 | 王富明 | 汉族 | 小岔 | 卷槽 | 次女 | 李桂香 | 汉族 | 小岔 | 卷槽 |
| 祖母 | 虎翠花 | 汉族 | 小岔 | 卷槽 | 户主 | 马　刚 | 汉族 | 小岔 | 卷槽 |
| 户主 | 郭兴恒 | 汉族 | 小岔 | 卷槽 | 妻子 | 祁　彦 | 汉族 | 小岔 | 卷槽 |
| 妻子 | 张彩连 | 汉族 | 小岔 | 卷槽 | 长女 | 马子怡 | 汉族 | 小岔 | 卷槽 |
| 长子 | 郭　勇 | 汉族 | 小岔 | 卷槽 | 次女 | 马子涵 | 汉族 | 小岔 | 卷槽 |
| 户主 | 陈永勤 | 汉族 | 小岔 | 卷槽 | 户主 | 安维山 | 汉族 | 小岔 | 卷槽 |
| 妻子 | 马玉勤 | 汉族 | 小岔 | 卷槽 | 妻子 | 彭生风 | 汉族 | 小岔 | 卷槽 |
| 长子 | 陈　浩 | 汉族 | 小岔 | 卷槽 | 长子 | 安克平 | 汉族 | 小岔 | 卷槽 |
| 次子 | 陈　龙 | 汉族 | 小岔 | 卷槽 | 次子 | 安小平 | 汉族 | 小岔 | 卷槽 |
| 户主 | 安维海 | 汉族 | 小岔 | 卷槽 | 户主 | 王德兴 | 汉族 | 小岔 | 卷槽 |
| 妻子 | 贾翠梅 | 汉族 | 小岔 | 卷槽 | 妻子 | 马彩蓉 | 汉族 | 小岔 | 卷槽 |
| 户主 | 陈永恩 | 汉族 | 小岔 | 卷槽 | 长女 | 王　雪 | 汉族 | 小岔 | 卷槽 |
| 妻子 | 虎改过 | 汉族 | 小岔 | 卷槽 | 母亲 | 何彩梅 | 汉族 | 小岔 | 卷槽 |
| 长子 | 陈浩珍 | 汉族 | 小岔 | 卷槽 | 户主 | 马　东 | 汉族 | 小岔 | 卷槽 |
| 次子 | 陈浩飞 | 汉族 | 小岔 | 卷槽 | 妻子 | 郭虹利 | 汉族 | 小岔 | 卷槽 |
| 户主 | 安应龙 | 汉族 | 小岔 | 卷槽 | 长女 | 马慧荣 | 汉族 | 小岔 | 卷槽 |
| 父亲 | 安罗义 | 汉族 | 小岔 | 卷槽 | 户主 | 马保义 | 汉族 | 小岔 | 卷槽 |
| 母亲 | 刘彦花 | 汉族 | 小岔 | 卷槽 | 妻子 | 杨金兰 | 汉族 | 小岔 | 卷槽 |
| 弟弟 | 安应虎 | 汉族 | 小岔 | 卷槽 | 妹妹 | 马鸿霞 | 汉族 | 小岔 | 卷槽 |
| 户主 | 安维杰 | 汉族 | 小岔 | 卷槽 | 次子 | 马双喜 | 汉族 | 小岔 | 卷槽 |
| 母亲 | 马玉连 | 汉族 | 小岔 | 卷槽 | 户主 | 张　龙 | 汉族 | 小岔 | 卷槽 |
| 户主 | 陈永平 | 汉族 | 小岔 | 卷槽 | 妻子 | 许克霞 | 汉族 | 小岔 | 卷槽 |
| 妻子 | 虎小明 | 汉族 | 小岔 | 卷槽 | 长子 | 张博兵 | 汉族 | 小岔 | 卷槽 |
| 长子 | 陈　鑫 | 汉族 | 小岔 | 卷槽 | 长女 | 张向红 | 汉族 | 小岔 | 卷槽 |
| 次子 | 陈　珍 | 汉族 | 小岔 | 卷槽 | 户主 | 张　东 | 汉族 | 小岔 | 卷槽 |
| 户主 | 虎广平 | 汉族 | 小岔 | 卷槽 | 妻子 | 路玉霞 | 汉族 | 小岔 | 卷槽 |
| 妻子 | 石小花 | 汉族 | 小岔 | 卷槽 | 长女 | 张彩虹 | 汉族 | 小岔 | 卷槽 |

续表 16

| 与户主关系 | 家庭成员 | 民族 | 原居住地 | | 与户主关系 | 家庭成员 | 民族 | 原居住地 | |
|---|---|---|---|---|---|---|---|---|---|
| | | | 乡(镇) | 行政村 | | | | 乡(镇) | 行政村 |
| 母亲 | 苏生兰 | 汉族 | 小岔 | 卷槽 | 四女 | 王　霞 | 汉族 | 小岔 | 卷槽 |
| 户主 | 安克智 | 汉族 | 小岔 | 卷槽 | 户主 | 王　华 | 汉族 | 小岔 | 卷槽 |
| 长子 | 安永侦 | 汉族 | 小岔 | 卷槽 | 妹妹 | 王　英 | 汉族 | 小岔 | 卷槽 |
| 次子 | 安永宁 | 汉族 | 小岔 | 卷槽 | 妹妹 | 王　画 | 汉族 | 小岔 | 卷槽 |
| 户主 | 安维义 | 汉族 | 小岔 | 卷槽 | 户主 | 李小军 | 汉族 | 小岔 | 卷槽 |
| 妻子 | 王启连 | 汉族 | 小岔 | 卷槽 | 弟弟 | 李小东 | 汉族 | 小岔 | 卷槽 |
| 次子 | 安克存 | 汉族 | 小岔 | 卷槽 | 户主 | 安克己 | 汉族 | 小岔 | 卷槽 |
| 户主 | 郭玉海 | 汉族 | 小岔 | 卷槽 | 妻子 | 洪玉勤 | 汉族 | 小岔 | 卷槽 |
| 妻子 | 杨淑霞 | 汉族 | 小岔 | 卷槽 | 长子 | 安永恒 | 汉族 | 小岔 | 卷槽 |
| 长子 | 郭宏登 | 汉族 | 小岔 | 卷槽 | 次子 | 安永宏 | 汉族 | 小岔 | 卷槽 |
| 户主 | 郭玉堂 | 汉族 | 小岔 | 卷槽 | 孙女 | 安静静 | 汉族 | 小岔 | 卷槽 |
| 妻子 | 曹登芳 | 汉族 | 小岔 | 卷槽 | 户主 | 马　杰 | 汉族 | 小岔 | 卷槽 |
| 次子 | 郭宏昌 | 汉族 | 小岔 | 卷槽 | 妻子 | 杨小霞 | 汉族 | 小岔 | 卷槽 |
| 儿媳 | 王改平 | 汉族 | 小岔 | 卷槽 | 长子 | 马永涛 | 汉族 | 小岔 | 卷槽 |
| 弟弟 | 郭玉库 | 汉族 | 小岔 | 卷槽 | 户主 | 马保平 | 汉族 | 小岔 | 卷槽 |
| 孙子 | 郭　鑫 | 汉族 | 小岔 | 卷槽 | 妻子 | 路粉霞 | 汉族 | 小岔 | 卷槽 |
| 户主 | 高登荣 | 汉族 | 小岔 | 卷槽 | 长女 | 马雪滢 | 汉族 | 小岔 | 卷槽 |
| 妻子 | 白翠琴 | 汉族 | 小岔 | 卷槽 | 次女 | 马雨霏 | 汉族 | 小岔 | 卷槽 |
| 长子 | 高选柱 | 汉族 | 小岔 | 卷槽 | 父亲 | 马秉成 | 汉族 | 小岔 | 卷槽 |
| 次女 | 高引弟 | 汉族 | 小岔 | 卷槽 | 户主 | 马保山 | 汉族 | 小岔 | 卷槽 |
| 户主 | 马　浩 | 汉族 | 小岔 | 卷槽 | 妻子 | 张小兰 | 汉族 | 小岔 | 卷槽 |
| 妻子 | 柳金彩 | 汉族 | 小岔 | 卷槽 | 次子 | 马　强 | 汉族 | 小岔 | 卷槽 |
| 长子 | 马永强 | 汉族 | 小岔 | 卷槽 | 户主 | 安克龙 | 汉族 | 小岔 | 卷槽 |
| 长女 | 马永芳 | 汉族 | 小岔 | 卷槽 | 妻子 | 李国秀 | 汉族 | 小岔 | 卷槽 |
| 户主 | 安克虎 | 汉族 | 小岔 | 卷槽 | 次女 | 王盼盼 | 汉族 | 小岔 | 卷槽 |
| 妻子 | 施凤霞 | 汉族 | 小岔 | 卷槽 | 户主 | 马保清 | 汉族 | 小岔 | 卷槽 |
| 长子 | 安勇杰 | 汉族 | 小岔 | 卷槽 | 妻子 | 郭志梅 | 汉族 | 小岔 | 卷槽 |
| 长女 | 安相红 | 汉族 | 小岔 | 卷槽 | 父亲 | 马秉均 | 汉族 | 小岔 | 卷槽 |
| 次女 | 安淑萍 | 汉族 | 小岔 | 卷槽 | 母亲 | 白秀奇 | 汉族 | 小岔 | 卷槽 |
| 户主 | 拓玉忠 | 汉族 | 小岔 | 卷槽 | 户主 | 高成祥 | 汉族 | 小岔 | 卷槽 |
| 妻子 | 杨广兰 | 汉族 | 小岔 | 卷槽 | 妻子 | 杨广荣 | 汉族 | 小岔 | 卷槽 |
| 长子 | 拓文刚 | 汉族 | 小岔 | 卷槽 | 长子 | 高　伟 | 汉族 | 小岔 | 卷槽 |
| 儿媳 | 张喜红 | 汉族 | 小岔 | 卷槽 | 长女 | 高　丽 | 汉族 | 小岔 | 卷槽 |
| 户主 | 王得昌 | 汉族 | 小岔 | 卷槽 | 户主 | 王得发 | 汉族 | 小岔 | 卷槽 |
| 妻子 | 白玉粉 | 汉族 | 小岔 | 卷槽 | 妻子 | 史秀霞 | 汉族 | 小岔 | 卷槽 |
| 长子 | 王　智 | 汉族 | 小岔 | 卷槽 | 长女 | 王　丽 | 汉族 | 小岔 | 卷槽 |

续表 16

| 与户主关系 | 家庭成员 | 民族 | 原居住地 | | 与户主关系 | 家庭成员 | 民族 | 原居住地 | |
|---|---|---|---|---|---|---|---|---|---|
| | | | 乡(镇) | 行政村 | | | | 乡(镇) | 行政村 |
| 长子 | 王　东 | 汉族 | 小岔 | 卷槽 | 妻子 | 陈改琴 | 汉族 | 小岔 | 卷槽 |
| 母亲 | 李玉兰 | 汉族 | 小岔 | 卷槽 | 长子 | 王　博 | 汉族 | 小岔 | 卷槽 |
| 户主 | 高成珍 | 汉族 | 小岔 | 卷槽 | 次子 | 王　峰 | 汉族 | 小岔 | 卷槽 |
| 妻子 | 闫粉梅 | 汉族 | 小岔 | 卷槽 | 户主 | 王德仓 | 汉族 | 小岔 | 卷槽 |
| 长子 | 高　严 | 汉族 | 小岔 | 卷槽 | 妻子 | 侯金梅 | 汉族 | 小岔 | 卷槽 |
| 长女 | 高　研 | 汉族 | 小岔 | 卷槽 | 长子 | 王　军 | 汉族 | 小岔 | 卷槽 |
| 户主 | 张儒兴 | 汉族 | 小岔 | 卷槽 | 长女 | 王　琴 | 汉族 | 小岔 | 卷槽 |
| 妻子 | 王来花 | 汉族 | 小岔 | 卷槽 | 母亲 | 寇维兰 | 汉族 | 小岔 | 卷槽 |
| 长子 | 张博川 | 汉族 | 小岔 | 卷槽 | 户主 | 王　杰 | 汉族 | 小岔 | 卷槽 |
| 次子 | 张博荣 | 汉族 | 小岔 | 卷槽 | 妻子 | 韩　慧 | 汉族 | 小岔 | 卷槽 |
| 户主 | 高成仁 | 汉族 | 小岔 | 卷槽 | 长女 | 王娅男 | 汉族 | 小岔 | 卷槽 |
| 妻子 | 马宁子 | 汉族 | 小岔 | 卷槽 | 户主 | 王德栋 | 汉族 | 小岔 | 卷槽 |
| 长子 | 高有钱 | 汉族 | 小岔 | 卷槽 | 妻子 | 杨秀梅 | 汉族 | 小岔 | 卷槽 |
| 长女 | 高秀梅 | 汉族 | 小岔 | 卷槽 | 三子 | 王　鑫 | 汉族 | 小岔 | 卷槽 |
| 户主 | 安克玺 | 汉族 | 小岔 | 卷槽 | 长女 | 王　娟 | 汉族 | 小岔 | 卷槽 |
| 妻子 | 虎小琴 | 汉族 | 小岔 | 卷槽 | 户主 | 王世祥 | 汉族 | 小岔 | 卷槽 |
| 长子 | 安建国 | 汉族 | 小岔 | 卷槽 | 妻子 | 白怀贵 | 汉族 | 小岔 | 卷槽 |
| 长女 | 安婷婷 | 汉族 | 小岔 | 卷槽 | 户主 | 王　鹏 | 汉族 | 小岔 | 卷槽 |
| 母亲 | 马得生 | 汉族 | 小岔 | 卷槽 | 妻子 | 孙正红 | 汉族 | 小岔 | 卷槽 |
| 户主 | 高成福 | 汉族 | 小岔 | 卷槽 | 户主 | 虎　斌 | 汉族 | 小岔 | 卷槽 |
| 妻子 | 韩永连 | 汉族 | 小岔 | 卷槽 | 妻子 | 杨喜梅 | 汉族 | 小岔 | 卷槽 |
| 长子 | 高文钰 | 汉族 | 小岔 | 卷槽 | 长子 | 虎利森 | 汉族 | 小岔 | 卷槽 |
| 长女 | 高　凤 | 汉族 | 小岔 | 卷槽 | 长女 | 虎慧利 | 汉族 | 小岔 | 卷槽 |
| 次子 | 高文锐 | 汉族 | 小岔 | 卷槽 | 二女 | 虎慧玲 | 汉族 | 小岔 | 卷槽 |
| 户主 | 高成功 | 汉族 | 小岔 | 卷槽 | 户主 | 安维田 | 汉族 | 小岔 | 卷槽 |
| 妻子 | 刘喜红 | 汉族 | 小岔 | 卷槽 | 长子 | 安克文 | 汉族 | 小岔 | 卷槽 |
| 长女 | 高　琴 | 汉族 | 小岔 | 卷槽 | 长女 | 安　婧 | 汉族 | 小岔 | 卷槽 |
| 长子 | 高　森 | 汉族 | 小岔 | 卷槽 | 父亲 | 安志英 | 汉族 | 小岔 | 卷槽 |
| 父亲 | 高登科 | 汉族 | 小岔 | 卷槽 | 户主 | 虎志宽 | 汉族 | 小岔 | 卷槽 |
| 次女 | 刘海霞 | 汉族 | 小岔 | 卷槽 | 妻子 | 张志芳 | 汉族 | 小岔 | 卷槽 |
| 户主 | 王得顺 | 汉族 | 小岔 | 卷槽 | 长子 | 虎　岳 | 汉族 | 小岔 | 卷槽 |
| 妻子 | 宗小梅 | 汉族 | 小岔 | 卷槽 | 户主 | 虎慧宁 | 汉族 | 小岔 | 卷槽 |
| 父亲 | 王世珍 | 汉族 | 小岔 | 卷槽 | 妹妹 | 虎慧娟 | 汉族 | 小岔 | 卷槽 |
| 母亲 | 白金莲 | 汉族 | 小岔 | 卷槽 | 妹妹 | 虎慧芳 | 汉族 | 小岔 | 卷槽 |
| 哥哥 | 王德宏 | 汉族 | 小岔 | 卷槽 | 户主 | 拓玉毕 | 汉族 | 小岔 | 卷槽 |
| 户主 | 王得位 | 汉族 | 小岔 | 卷槽 | 妻子 | 郭玉梅 | 汉族 | 小岔 | 卷槽 |

续表 16

| 与户主关系 | 家庭成员 | 民族 | 原居住地 | | 与户主关系 | 家庭成员 | 民族 | 原居住地 | |
|---|---|---|---|---|---|---|---|---|---|
| | | | 乡(镇) | 行政村 | | | | 乡(镇) | 行政村 |
| 长子 | 拓文军 | 汉族 | 小岔 | 卷槽 | 次子 | 张博辉 | 汉族 | 小岔 | 卷槽 |
| 户主 | 王德平 | 汉族 | 小岔 | 卷槽 | 长子 | 张博林 | 汉族 | 小岔 | 卷槽 |
| 妻子 | 拓文霞 | 汉族 | 小岔 | 卷槽 | 户主 | 王小平 | 汉族 | 小岔 | 卷槽 |
| 长子 | 王　龙 | 汉族 | 小岔 | 卷槽 | 次子 | 王兴智 | 汉族 | 小岔 | 卷槽 |
| 长女 | 王　娟 | 汉族 | 小岔 | 卷槽 | 妻子 | 贺耀琴 | 汉族 | 小岔 | 卷槽 |
| 户主 | 安克礼 | 汉族 | 小岔 | 卷槽 | 长子 | 王兴仁 | 汉族 | 小岔 | 卷槽 |
| 妻子 | 苏小英 | 汉族 | 小岔 | 卷槽 | 户主 | 王作富 | 汉族 | 小岔 | 卷槽 |
| 次女 | 安续红 | 汉族 | 小岔 | 卷槽 | 三子 | 王小川 | 汉族 | 小岔 | 卷槽 |
| 长子 | 安永刚 | 汉族 | 小岔 | 卷槽 | 户主 | 王得俊 | 汉族 | 小岔 | 卷槽 |
| 户主 | 安红红 | 汉族 | 小岔 | 卷槽 | 妻子 | 张风梅 | 汉族 | 小岔 | 卷槽 |
| 弟弟 | 安永强 | 汉族 | 小岔 | 卷槽 | 长子 | 王　伟 | 汉族 | 小岔 | 卷槽 |
| 爷爷 | 安维录 | 汉族 | 小岔 | 卷槽 | 长女 | 王　芳 | 汉族 | 小岔 | 卷槽 |
| 奶奶 | 白春来 | 汉族 | 小岔 | 卷槽 | 户主 | 王德有 | 汉族 | 小岔 | 卷槽 |
| 户主 | 马保忠 | 汉族 | 小岔 | 卷槽 | 妻子 | 朱汉梅 | 汉族 | 小岔 | 卷槽 |
| 妻子 | 买冬梅 | 汉族 | 小岔 | 卷槽 | 长子 | 王　永 | 汉族 | 小岔 | 卷槽 |
| 长子 | 马　喆 | 汉族 | 小岔 | 卷槽 | 次子 | 王　成 | 汉族 | 小岔 | 卷槽 |
| 长女 | 马　萍 | 汉族 | 小岔 | 卷槽 | 户主 | 王得地 | 汉族 | 小岔 | 卷槽 |
| 户主 | 安维邦 | 汉族 | 小岔 | 卷槽 | 妻子 | 李慧彩 | 汉族 | 小岔 | 卷槽 |
| 妻子 | 郭凤叶 | 汉族 | 小岔 | 卷槽 | 长女 | 王　琴 | 汉族 | 小岔 | 卷槽 |
| 长子 | 安克耀 | 汉族 | 小岔 | 卷槽 | 户主 | 王德山 | 汉族 | 小岔 | 卷槽 |
| 户主 | 安克毕 | 汉族 | 小岔 | 卷槽 | 长女 | 王　丽 | 汉族 | 小岔 | 卷槽 |
| 长女 | 安永琴 | 汉族 | 小岔 | 卷槽 | 户主 | 虎　姝 | 汉族 | 小岔 | 卷槽 |
| 次女 | 安永瑞 | 汉族 | 小岔 | 卷槽 | 长子 | 虎润生 | 汉族 | 小岔 | 卷槽 |
| 三女 | 安小利 | 汉族 | 小岔 | 卷槽 | 户主 | 李应权 | 汉族 | 小岔 | 卷槽 |
| 母亲 | 白世莲 | 汉族 | 小岔 | 卷槽 | 妻子 | 张挡挡 | 汉族 | 小岔 | 卷槽 |
| 户主 | 高成军 | 汉族 | 小岔 | 卷槽 | 长子 | 李生荣 | 汉族 | 小岔 | 卷槽 |
| 妻子 | 安希香 | 汉族 | 小岔 | 卷槽 | 长女 | 李春香 | 汉族 | 小岔 | 卷槽 |
| 次子 | 高志博 | 汉族 | 小岔 | 卷槽 | 户主 | 虎志厚 | 汉族 | 小岔 | 卷槽 |
| 长子 | 高志林 | 汉族 | 小岔 | 卷槽 | 长女 | 虎　蕊 | 汉族 | 小岔 | 卷槽 |
| 父亲 | 高登昌 | 汉族 | 小岔 | 卷槽 | 孙女 | 虎转丽 | 汉族 | 小岔 | 卷槽 |
| 母亲 | 虎永秀 | 汉族 | 小岔 | 卷槽 | 孙子 | 虎博生 | 汉族 | 小岔 | 卷槽 |
| 户主 | 马保德 | 汉族 | 小岔 | 卷槽 | 户主 | 拓文强 | 汉族 | 小岔 | 卷槽 |
| 父亲 | 马秉旺 | 汉族 | 小岔 | 卷槽 | 妻子 | 马建花 | 汉族 | 小岔 | 卷槽 |
| 母亲 | 郭翠兰 | 汉族 | 小岔 | 卷槽 | 户主 | 拓玉玺 | 汉族 | 小岔 | 卷槽 |
| 户主 | 张儒义 | 汉族 | 小岔 | 卷槽 | 妻子 | 虎　芳 | 汉族 | 小岔 | 卷槽 |
| 妻子 | 王润来 | 汉族 | 小岔 | 卷槽 | 长女 | 拓燕玲 | 汉族 | 小岔 | 卷槽 |

续表 16

| 与户主关系 | 家庭成员 | 民族 | 原居住地 | | 与户主关系 | 家庭成员 | 民族 | 原居住地 | |
|---|---|---|---|---|---|---|---|---|---|
| | | | 乡(镇) | 行政村 | | | | 乡(镇) | 行政村 |
| 户主 | 高登兴 | 汉族 | 小岔 | 卷槽 | 户主 | 柳占川 | 汉族 | 小岔 | 柳湾 |
| 妻子 | 常玉梅 | 汉族 | 小岔 | 卷槽 | 妻子 | 张玉琴 | 汉族 | 小岔 | 柳湾 |
| 长子 | 高军军 | 汉族 | 小岔 | 卷槽 | 长女 | 柳冬香 | 汉族 | 小岔 | 柳湾 |
| 户主 | 闫金平 | 汉族 | 小岔 | 卷槽 | 长子 | 柳卫东 | 汉族 | 小岔 | 柳湾 |
| 妻子 | 焦秀苹 | 汉族 | 小岔 | 卷槽 | 户主 | 陈金武 | 汉族 | 小岔 | 柳湾 |
| 长子 | 阎喜鹏 | 汉族 | 小岔 | 卷槽 | 妻子 | 雷　琴 | 汉族 | 小岔 | 柳湾 |
| 三女 | 闫改琴 | 汉族 | 小岔 | 卷槽 | 长子 | 陈　彤 | 汉族 | 小岔 | 柳湾 |
| 户主 | 高成义 | 汉族 | 小岔 | 卷槽 | 户主 | 陈平武 | 汉族 | 小岔 | 柳湾 |
| 妻子 | 王亚茹 | 汉族 | 小岔 | 卷槽 | 妻子 | 孙正兰 | 汉族 | 小岔 | 柳湾 |
| 长女 | 高　锐 | 汉族 | 小岔 | 卷槽 | 长子 | 陈存智 | 汉族 | 小岔 | 柳湾 |
| 长子 | 高　强 | 汉族 | 小岔 | 卷槽 | 次子 | 陈存会 | 汉族 | 小岔 | 柳湾 |
| 父亲 | 高登锋 | 汉族 | 小岔 | 卷槽 | 儿媳 | 柳金丽 | 汉族 | 小岔 | 柳湾 |
| 母亲 | 马银花 | 汉族 | 小岔 | 卷槽 | 户主 | 柳占河 | 汉族 | 小岔 | 柳湾 |
| 户主 | 闫金翠 | 汉族 | 小岔 | 卷槽 | 妻子 | 韩丽霞 | 汉族 | 小岔 | 柳湾 |
| 长子 | 安克鼎 | 汉族 | 小岔 | 卷槽 | 长子 | 柳杨青 | 汉族 | 小岔 | 柳湾 |
| 户主 | 虎　刚 | 汉族 | 小岔 | 卷槽 | 长女 | 柳　锐 | 汉族 | 小岔 | 柳湾 |
| 妻子 | 李　蕊 | 汉族 | 小岔 | 卷槽 | 户主 | 柳登贵 | 汉族 | 小岔 | 柳湾 |
| 长子 | 虎雄雄 | 汉族 | 小岔 | 卷槽 | 妻子 | 黄秉红 | 汉族 | 小岔 | 柳湾 |
| 父亲 | 虎志铎 | 汉族 | 小岔 | 卷槽 | 长子 | 李柳清 | 汉族 | 小岔 | 柳湾 |
| 户主 | 高成录 | 汉族 | 小岔 | 卷槽 | 长女 | 李　娜 | 汉族 | 小岔 | 柳湾 |
| 妻子 | 柳玉勤 | 汉族 | 小岔 | 卷槽 | 次女 | 柳　娜 | 汉族 | 小岔 | 柳湾 |
| 长子 | 高文贤 | 汉族 | 小岔 | 卷槽 | 户主 | 柳占江 | 汉族 | 小岔 | 柳湾 |
| 三子 | 高文虎 | 汉族 | 小岔 | 卷槽 | 妻子 | 毛生红 | 汉族 | 小岔 | 柳湾 |
| 次子 | 高文杰 | 汉族 | 小岔 | 卷槽 | 长子 | 柳永刚 | 汉族 | 小岔 | 柳湾 |
| 儿媳 | 刘银霞 | 汉族 | 小岔 | 卷槽 | 长女 | 柳永霞 | 汉族 | 小岔 | 柳湾 |
| 户主 | 郭玉峰 | 汉族 | 小岔 | 卷槽 | 户主 | 柳登银 | 汉族 | 小岔 | 柳湾 |
| 妻子 | 贾海琴 | 汉族 | 小岔 | 卷槽 | 妻子 | 沈孝兰 | 汉族 | 小岔 | 柳湾 |
| 儿子 | 郭鸿东 | 汉族 | 小岔 | 卷槽 | 长子 | 柳占杰 | 汉族 | 小岔 | 柳湾 |
| 户主 | 高成勋 | 汉族 | 小岔 | 卷槽 | 长女 | 柳丽花 | 汉族 | 小岔 | 柳湾 |
| 妻子 | 苏顺红 | 汉族 | 小岔 | 卷槽 | 户主 | 柳登喜 | 汉族 | 小岔 | 柳湾 |
| 长子 | 赵　东 | 汉族 | 小岔 | 卷槽 | 妻子 | 安玉梅 | 汉族 | 小岔 | 柳湾 |
| 长女 | 赵　茹 | 汉族 | 小岔 | 卷槽 | 长子 | 柳占伟 | 汉族 | 小岔 | 柳湾 |
| 户主 | 安　慧 | 汉族 | 小岔 | 卷槽 | 户主 | 柳登湖 | 汉族 | 小岔 | 柳湾 |
| 长子 | 武　渤 | 汉族 | 小岔 | 卷槽 | 母亲 | 白玉香 | 汉族 | 小岔 | 柳湾 |
| 户主 | 虎　东 | 汉族 | 小岔 | 柳湾 | 户主 | 柳登富 | 汉族 | 小岔 | 柳湾 |
| 母亲 | 高梅香 | 汉族 | 小岔 | 柳湾 | 妻子 | 虎雪琴 | 汉族 | 小岔 | 柳湾 |

续表 16

| 与户主关系 | 家庭成员 | 民族 | 原居住地 | | 与户主关系 | 家庭成员 | 民族 | 原居住地 | |
|---|---|---|---|---|---|---|---|---|---|
| | | | 乡(镇) | 行政村 | | | | 乡(镇) | 行政村 |
| 长子 | 柳亮亮 | 汉族 | 小岔 | 柳湾 | 孙子 | 陈　岳 | 汉族 | 小岔 | 柳湾 |
| 儿媳 | 苟麦霞 | 汉族 | 小岔 | 柳湾 | 户主 | 陈　波 | 汉族 | 小岔 | 柳湾 |
| 孙子 | 柳明远 | 汉族 | 小岔 | 柳湾 | 妻子 | 卢翠云 | 汉族 | 小岔 | 柳湾 |
| 户主 | 郭海霞 | 汉族 | 小岔 | 柳湾 | 长女 | 陈姿梦 | 汉族 | 小岔 | 柳湾 |
| 长子 | 陈　勇 | 汉族 | 小岔 | 柳湾 | 户主 | 陈斌武 | 汉族 | 小岔 | 柳湾 |
| 长女 | 陈　嫣 | 汉族 | 小岔 | 柳湾 | 妻子 | 张兴翠 | 汉族 | 小岔 | 柳湾 |
| 户主 | 陈兴武 | 汉族 | 小岔 | 柳湾 | 长子 | 陈存章 | 汉族 | 小岔 | 柳湾 |
| 妻子 | 张玉娥 | 汉族 | 小岔 | 柳湾 | 次子 | 陈存伟 | 汉族 | 小岔 | 柳湾 |
| 次子 | 陈　涛 | 汉族 | 小岔 | 柳湾 | 户主 | 白秀梅 | 汉族 | 小岔 | 柳湾 |
| 长女 | 陈　娟 | 汉族 | 小岔 | 柳湾 | 长子 | 陈存虎 | 汉族 | 小岔 | 柳湾 |
| 户主 | 陈兴龙 | 汉族 | 小岔 | 柳湾 | 儿媳 | 王小芳 | 汉族 | 小岔 | 柳湾 |
| 长女 | 陈　琴 | 汉族 | 小岔 | 柳湾 | 孙女 | 陈思倩 | 汉族 | 小岔 | 柳湾 |
| 长子 | 陈　勇 | 汉族 | 小岔 | 柳湾 | 户主 | 许克兰 | 汉族 | 小岔 | 柳湾 |
| 户主 | 陈兴会 | 汉族 | 小岔 | 柳湾 | 长子 | 陈　曦 | 汉族 | 小岔 | 柳湾 |
| 妻子 | 常淑蓉 | 汉族 | 小岔 | 柳湾 | 户主 | 杨海燕 | 汉族 | 小岔 | 柳湾 |
| 长女 | 陈　丽 | 汉族 | 小岔 | 柳湾 | 长子 | 虎　涛 | 汉族 | 小岔 | 柳湾 |
| 父亲 | 陈百汉 | 汉族 | 小岔 | 柳湾 | 长女 | 虎　珍 | 汉族 | 小岔 | 柳湾 |
| 母亲 | 虎桂连 | 汉族 | 小岔 | 柳湾 | 户主 | 李怀喜 | 汉族 | 小岔 | 柳湾 |
| 户主 | 陈生武 | 汉族 | 小岔 | 柳湾 | 妻子 | 虎九翠 | 汉族 | 小岔 | 柳湾 |
| 妻子 | 张世英 | 汉族 | 小岔 | 柳湾 | 长子 | 陈李明 | 汉族 | 小岔 | 柳湾 |
| 长子 | 陈　军 | 汉族 | 小岔 | 柳湾 | 长女 | 李向艳 | 汉族 | 小岔 | 柳湾 |
| 户主 | 陈军武 | 汉族 | 小岔 | 柳湾 | 户主 | 虎久周 | 汉族 | 小岔 | 柳湾 |
| 妻子 | 杨彩莲 | 汉族 | 小岔 | 柳湾 | 妻子 | 马勤梅 | 汉族 | 小岔 | 柳湾 |
| 长子 | 陈　伟 | 汉族 | 小岔 | 柳湾 | 长子 | 虎恩杰 | 汉族 | 小岔 | 柳湾 |
| 长女 | 陈　宁 | 汉族 | 小岔 | 柳湾 | 户主 | 虎广福 | 汉族 | 小岔 | 柳湾 |
| 次女 | 陈　梅 | 汉族 | 小岔 | 柳湾 | 妻子 | 张兰英 | 汉族 | 小岔 | 柳湾 |
| 户主 | 陈恩武 | 汉族 | 小岔 | 柳湾 | 外孙 | 马利祥 | 汉族 | 小岔 | 柳湾 |
| 妻子 | 张　芳 | 汉族 | 小岔 | 柳湾 | 外孙女 | 马丽娜 | 汉族 | 小岔 | 柳湾 |
| 三女 | 陈　玲 | 汉族 | 小岔 | 柳湾 | 户主 | 虎久勤 | 汉族 | 小岔 | 柳湾 |
| 四女 | 陈　娜 | 汉族 | 小岔 | 柳湾 | 妻子 | 董院院 | 汉族 | 小岔 | 柳湾 |
| 户主 | 陈东武 | 汉族 | 小岔 | 柳湾 | 长女 | 虎娜娜 | 汉族 | 小岔 | 柳湾 |
| 妻子 | 刘　厅 | 汉族 | 小岔 | 柳湾 | 长子 | 虎永宁 | 汉族 | 小岔 | 柳湾 |
| 长子 | 陈　堡 | 汉族 | 小岔 | 柳湾 | 户主 | 虎久献 | 汉族 | 小岔 | 柳湾 |
| 户主 | 白粉琴 | 汉族 | 小岔 | 柳湾 | 妻子 | 安志梅 | 汉族 | 小岔 | 柳湾 |
| 长女 | 陈理云 | 汉族 | 小岔 | 柳湾 | 二女 | 虎恩萍 | 汉族 | 小岔 | 柳湾 |
| 次女 | 陈兴云 | 汉族 | 小岔 | 柳湾 | 三女 | 虎恩霞 | 汉族 | 小岔 | 柳湾 |

续表 16

| 与户主关系 | 家庭成员 | 民族 | 原居住地 | | 与户主关系 | 家庭成员 | 民族 | 原居住地 | |
|---|---|---|---|---|---|---|---|---|---|
| | | | 乡(镇) | 行政村 | | | | 乡(镇) | 行政村 |
| 户主 | 张学军 | 汉族 | 小岔 | 柳湾 | 长子 | 刘慰 | 汉族 | 小岔 | 柳湾 |
| 妻子 | 李彩霞 | 汉族 | 小岔 | 柳湾 | 儿媳 | 马向琴 | 汉族 | 小岔 | 柳湾 |
| 长子 | 张小龙 | 汉族 | 小岔 | 柳湾 | 孙女 | 刘雪玲 | 汉族 | 小岔 | 柳湾 |
| 次子 | 张玉龙 | 汉族 | 小岔 | 柳湾 | 孙子 | 刘一赟 | 汉族 | 小岔 | 柳湾 |
| 户主 | 虎久文 | 汉族 | 小岔 | 柳湾 | 户主 | 韩永宏 | 汉族 | 小岔 | 柳湾 |
| 妻子 | 王凤英 | 汉族 | 小岔 | 柳湾 | 妻子 | 路翠琴 | 汉族 | 小岔 | 柳湾 |
| 长子 | 虎彪 | 汉族 | 小岔 | 柳湾 | 长子 | 韩玉珠 | 汉族 | 小岔 | 柳湾 |
| 户主 | 虎久毕 | 汉族 | 小岔 | 柳湾 | 次子 | 韩玉珍 | 汉族 | 小岔 | 柳湾 |
| 妻子 | 陈桂梅 | 汉族 | 小岔 | 柳湾 | 妻子 | 张等红 | 汉族 | 小岔 | 柳湾 |
| 长子 | 虎勇 | 汉族 | 小岔 | 柳湾 | 户主 | 王树琪 | 汉族 | 小岔 | 柳湾 |
| 长女 | 虎恩玲 | 汉族 | 小岔 | 柳湾 | 妻子 | 杨翠英 | 汉族 | 小岔 | 柳湾 |
| 户主 | 虎久辉 | 汉族 | 小岔 | 柳湾 | 四女 | 王彩茸 | 汉族 | 小岔 | 柳湾 |
| 妻子 | 白志珍 | 汉族 | 小岔 | 柳湾 | 五女 | 王彩云 | 汉族 | 小岔 | 柳湾 |
| 长子 | 虎恩峰 | 汉族 | 小岔 | 柳湾 | 六女 | 王彩丽 | 汉族 | 小岔 | 柳湾 |
| 户主 | 虎久昌 | 汉族 | 小岔 | 柳湾 | 户主 | 段吉利 | 汉族 | 小岔 | 柳湾 |
| 妻子 | 张耀琴 | 汉族 | 小岔 | 柳湾 | 妻子 | 陈秀兰 | 汉族 | 小岔 | 柳湾 |
| 长女 | 虎玲 | 汉族 | 小岔 | 柳湾 | 长子 | 段得子 | 汉族 | 小岔 | 柳湾 |
| 户主 | 段永宏 | 汉族 | 小岔 | 柳湾 | 户主 | 张文杰 | 汉族 | 小岔 | 柳湾 |
| 妻子 | 张萍 | 汉族 | 小岔 | 柳湾 | 妻子 | 白富怀 | 汉族 | 小岔 | 柳湾 |
| 长子 | 段兴龙 | 汉族 | 小岔 | 柳湾 | 长子 | 张博 | 汉族 | 小岔 | 柳湾 |
| 次子 | 段兴虎 | 汉族 | 小岔 | 柳湾 | 户主 | 施广文 | 汉族 | 小岔 | 柳湾 |
| 父亲 | 段治国 | 汉族 | 小岔 | 柳湾 | 妻子 | 孟得梅 | 汉族 | 小岔 | 柳湾 |
| 母亲 | 马桂梅 | 汉族 | 小岔 | 柳湾 | 长子 | 施宏伟 | 汉族 | 小岔 | 柳湾 |
| 户主 | 施广斌 | 汉族 | 小岔 | 柳湾 | 次子 | 施宏刚 | 汉族 | 小岔 | 柳湾 |
| 妻子 | 虎小兰 | 汉族 | 小岔 | 柳湾 | 三子 | 施宏慧 | 汉族 | 小岔 | 柳湾 |
| 长子 | 施宏智 | 汉族 | 小岔 | 柳湾 | 长女 | 施宏芳 | 汉族 | 小岔 | 柳湾 |
| 长女 | 施宏艳 | 汉族 | 小岔 | 柳湾 | 户主 | 张文龙 | 汉族 | 小岔 | 柳湾 |
| 户主 | 施有仓 | 汉族 | 小岔 | 柳湾 | 妻子 | 奕红梅 | 汉族 | 小岔 | 柳湾 |
| 妻子 | 郭翠月 | 汉族 | 小岔 | 柳湾 | 长子 | 张丰 | 汉族 | 小岔 | 柳湾 |
| 户主 | 刘慧 | 汉族 | 小岔 | 柳湾 | 次子 | 张锐 | 汉族 | 小岔 | 柳湾 |
| 妻子 | 马春娥 | 汉族 | 小岔 | 柳湾 | 长女 | 张晓玲 | 汉族 | 小岔 | 柳湾 |
| 长女 | 刘雪萍 | 汉族 | 小岔 | 柳湾 | 户主 | 张文虎 | 汉族 | 小岔 | 柳湾 |
| 次女 | 刘雪琴 | 汉族 | 小岔 | 柳湾 | 妻子 | 马小娥 | 汉族 | 小岔 | 柳湾 |
| 长子 | 刘一国 | 汉族 | 小岔 | 柳湾 | 长子 | 张浩 | 汉族 | 小岔 | 柳湾 |
| 户主 | 刘振基 | 汉族 | 小岔 | 柳湾 | 次子 | 张贵 | 汉族 | 小岔 | 柳湾 |
| 妻子 | 孙治梅 | 汉族 | 小岔 | 柳湾 | 父亲 | 张志荣 | 汉族 | 小岔 | 柳湾 |

续表 16

| 与户主关系 | 家庭成员 | 民族 | 原居住地 | | 与户主关系 | 家庭成员 | 民族 | 原居住地 | |
|---|---|---|---|---|---|---|---|---|---|
| | | | 乡(镇) | 行政村 | | | | 乡(镇) | 行政村 |
| 母亲 | 郭进兰 | 汉族 | 小岔 | 柳湾 | 户主 | 刘　北 | 汉族 | 小岔 | 柳湾 |
| 户主 | 虎志成 | 汉族 | 小岔 | 柳湾 | 妻子 | 马　恩 | 汉族 | 小岔 | 柳湾 |
| 妻子 | 张占花 | 汉族 | 小岔 | 柳湾 | 长女 | 刘一界 | 汉族 | 小岔 | 柳湾 |
| 长子 | 虎　森 | 汉族 | 小岔 | 柳湾 | 长子 | 刘一球 | 汉族 | 小岔 | 柳湾 |
| 长女 | 虎　丽 | 汉族 | 小岔 | 柳湾 | 户主 | 刘　南 | 汉族 | 小岔 | 柳湾 |
| 户主 | 施广明 | 汉族 | 小岔 | 柳湾 | 妻子 | 虎芳琴 | 汉族 | 小岔 | 柳湾 |
| 妻子 | 党志兰 | 汉族 | 小岔 | 柳湾 | 长子 | 刘一童 | 汉族 | 小岔 | 柳湾 |
| 长子 | 施治银 | 汉族 | 小岔 | 柳湾 | 长女 | 刘一芝 | 汉族 | 小岔 | 柳湾 |
| 二女 | 施琴玲 | 汉族 | 小岔 | 柳湾 | 户主 | 陈自升 | 汉族 | 小岔 | 柳湾 |
| 三女 | 施晓芳 | 汉族 | 小岔 | 柳湾 | 妻子 | 孙维花 | 汉族 | 小岔 | 柳湾 |
| 户主 | 朱　炜 | 汉族 | 小岔 | 柳湾 | 孙子 | 陈永胜 | 汉族 | 小岔 | 柳湾 |
| 妻子 | 王建霞 | 汉族 | 小岔 | 柳湾 | 孙女 | 陈芳香 | 汉族 | 小岔 | 柳湾 |
| 长子 | 朱保纯 | 汉族 | 小岔 | 柳湾 | 户主 | 王树德 | 汉族 | 小岔 | 柳湾 |
| 长女 | 朱保亮 | 汉族 | 小岔 | 柳湾 | 妻子 | 虎润连 | 汉族 | 小岔 | 柳湾 |
| 二女 | 朱保鲜 | 汉族 | 小岔 | 柳湾 | 母亲 | 李春花 | 汉族 | 小岔 | 柳湾 |
| 户主 | 张志德 | 汉族 | 小岔 | 柳湾 | 户主 | 虎志义 | 汉族 | 小岔 | 柳湾 |
| 妻子 | 候金叶 | 汉族 | 小岔 | 柳湾 | 妻子 | 王兴琴 | 汉族 | 小岔 | 柳湾 |
| 长子 | 张文银 | 汉族 | 小岔 | 柳湾 | 父亲 | 虎正富 | 汉族 | 小岔 | 柳湾 |
| 次子 | 张文乾 | 汉族 | 小岔 | 柳湾 | 母亲 | 张志梅 | 汉族 | 小岔 | 柳湾 |
| 三子 | 张文钰 | 汉族 | 小岔 | 柳湾 | 户主 | 虎　君 | 汉族 | 小岔 | 柳湾 |
| 户主 | 刘　西 | 汉族 | 小岔 | 柳湾 | 妻子 | 张保花 | 汉族 | 小岔 | 柳湾 |
| 妻子 | 郭志连 | 汉族 | 小岔 | 柳湾 | 长女 | 虎秀静 | 汉族 | 小岔 | 柳湾 |
| 长子 | 刘一光 | 汉族 | 小岔 | 柳湾 | 户主 | 朱　炯 | 汉族 | 小岔 | 柳湾 |
| 次子 | 刘一斌 | 汉族 | 小岔 | 柳湾 | 妻子 | 陈永霞 | 汉族 | 小岔 | 柳湾 |
| 长女 | 刘一妙 | 汉族 | 小岔 | 柳湾 | 父亲 | 朱学科 | 汉族 | 小岔 | 柳湾 |
| 户主 | 刘振清 | 汉族 | 小岔 | 柳湾 | 母亲 | 柳学兰 | 汉族 | 小岔 | 柳湾 |
| 妻子 | 王凤梅 | 汉族 | 小岔 | 柳湾 | 长女 | 朱保丽 | 汉族 | 小岔 | 柳湾 |
| 五子 | 刘　中 | 汉族 | 小岔 | 柳湾 | 长子 | 朱保正 | 汉族 | 小岔 | 柳湾 |
| 儿媳 | 白　凤 | 汉族 | 小岔 | 柳湾 | 户主 | 韩治克 | 汉族 | 小岔 | 柳湾 |
| 孙女 | 刘缓缓 | 汉族 | 小岔 | 柳湾 | 妻子 | 王彦英 | 汉族 | 小岔 | 柳湾 |
| 孙子 | 刘一英 | 汉族 | 小岔 | 柳湾 | 长子 | 韩永祥 | 汉族 | 小岔 | 柳湾 |
| 户主 | 刘　东 | 汉族 | 小岔 | 柳湾 | 儿媳 | 施改宏 | 汉族 | 小岔 | 柳湾 |
| 妻子 | 施芳珍 | 汉族 | 小岔 | 柳湾 | 孙女 | 韩　焱 | 汉族 | 小岔 | 柳湾 |
| 长子 | 刘一辉 | 汉族 | 小岔 | 柳湾 | 户主 | 白彦俊 | 汉族 | 小岔 | 柳湾 |
| 长女 | 刘一菊 | 汉族 | 小岔 | 柳湾 | 妻子 | 李忙生 | 汉族 | 小岔 | 柳湾 |
| 次女 | 刘一分 | 汉族 | 小岔 | 柳湾 | 长子 | 白建国 | 汉族 | 小岔 | 柳湾 |

续表 16

| 与户主关系 | 家庭成员 | 民族 | 原居住地 | | 与户主关系 | 家庭成员 | 民族 | 原居住地 | |
|---|---|---|---|---|---|---|---|---|---|
| | | | 乡(镇) | 行政村 | | | | 乡(镇) | 行政村 |
| 户主 | 韩永鹏 | 汉族 | 小岔 | 柳湾 | 户主 | 虎　威 | 汉族 | 小岔 | 柳湾 |
| 妻子 | 郭秀芳 | 汉族 | 小岔 | 柳湾 | 妻子 | 马　琴 | 汉族 | 小岔 | 柳湾 |
| 长子 | 韩栓银 | 汉族 | 小岔 | 柳湾 | 长子 | 虎登峰 | 汉族 | 小岔 | 柳湾 |
| 长女 | 韩玉梅 | 汉族 | 小岔 | 柳湾 | 长女 | 虎晓春 | 汉族 | 小岔 | 柳湾 |
| 户主 | 施广华 | 汉族 | 小岔 | 柳湾 | 母亲 | 杨志兰 | 汉族 | 小岔 | 柳湾 |
| 妻子 | 范玉霞 | 汉族 | 小岔 | 柳湾 | 户主 | 段治礼 | 汉族 | 小岔 | 柳湾 |
| 长子 | 施佳乐 | 汉族 | 小岔 | 柳湾 | 妻子 | 虎永香 | 汉族 | 小岔 | 柳湾 |
| 长女 | 施佳英 | 汉族 | 小岔 | 柳湾 | 长子 | 段永伟 | 汉族 | 小岔 | 柳湾 |
| 户主 | 施玉仓 | 汉族 | 小岔 | 柳湾 | 父亲 | 段吉富 | 汉族 | 小岔 | 柳湾 |
| 妻子 | 孙治琴 | 汉族 | 小岔 | 柳湾 | 母亲 | 何志兰 | 汉族 | 小岔 | 柳湾 |
| 次子 | 施杰宝 | 汉族 | 小岔 | 柳湾 | 次女 | 段彩琴 | 汉族 | 小岔 | 柳湾 |
| 次女 | 施芳香 | 汉族 | 小岔 | 柳湾 | 女婿 | 任显刚 | 汉族 | 小岔 | 柳湾 |
| 儿媳 | 崔蓉萍 | 汉族 | 小岔 | 柳湾 | 户主 | 段治仪 | 汉族 | 小岔 | 柳湾 |
| 孙子 | 施云腾 | 汉族 | 小岔 | 柳湾 | 妻子 | 刘彩萍 | 汉族 | 小岔 | 柳湾 |
| 户主 | 刘振刚 | 汉族 | 小岔 | 柳湾 | 三女 | 段永梅 | 汉族 | 小岔 | 柳湾 |
| 妻子 | 韩金梅 | 汉族 | 小岔 | 柳湾 | 四女 | 段永花 | 汉族 | 小岔 | 柳湾 |
| 长子 | 刘小强 | 汉族 | 小岔 | 柳湾 | 长子 | 段永军 | 汉族 | 小岔 | 柳湾 |
| 次子 | 刘　峰 | 汉族 | 小岔 | 柳湾 | 户主 | 段永香 | 汉族 | 小岔 | 柳湾 |
| 儿媳 | 王满桌 | 汉族 | 小岔 | 柳湾 | 妹妹 | 段永春 | 汉族 | 小岔 | 柳湾 |
| 孙子 | 刘星语 | 汉族 | 小岔 | 柳湾 | 祖父 | 段吉祥 | 汉族 | 小岔 | 柳湾 |
| 户主 | 朱学礼 | 汉族 | 小岔 | 柳湾 | 祖母 | 虎秀英 | 汉族 | 小岔 | 柳湾 |
| 妻子 | 徐彩琴 | 汉族 | 小岔 | 柳湾 | 户主 | 朱学仁 | 汉族 | 小岔 | 柳湾 |
| 长子 | 朱昌明 | 汉族 | 小岔 | 柳湾 | 妻子 | 连彩霞 | 汉族 | 小岔 | 柳湾 |
| 次子 | 朱小明 | 汉族 | 小岔 | 柳湾 | 父亲 | 朱万德 | 汉族 | 小岔 | 柳湾 |
| 户主 | 陈世贵 | 汉族 | 小岔 | 柳湾 | 母亲 | 安喜花 | 汉族 | 小岔 | 柳湾 |
| 母亲 | 何玉莲 | 汉族 | 小岔 | 柳湾 | 长女 | 朱　玲 | 汉族 | 小岔 | 柳湾 |
| 户主 | 虎　啸 | 汉族 | 小岔 | 柳湾 | 户主 | 陈文卿 | 汉族 | 小岔 | 柳湾 |
| 妻子 | 苏贝子 | 汉族 | 小岔 | 柳湾 | 妻子 | 王巧花 | 汉族 | 小岔 | 柳湾 |
| 长子 | 虎培森 | 汉族 | 小岔 | 柳湾 | 母亲 | 柳进梅 | 汉族 | 小岔 | 柳湾 |
| 户主 | 张志福 | 汉族 | 小岔 | 柳湾 | 长子 | 陈焕少 | 汉族 | 小岔 | 柳湾 |
| 妻子 | 李秀花 | 汉族 | 小岔 | 柳湾 | 次子 | 陈焕新 | 汉族 | 小岔 | 柳湾 |
| 次子 | 张文礼 | 汉族 | 小岔 | 柳湾 | 户主 | 白玉奇 | 汉族 | 小岔 | 柳湾 |
| 儿媳 | 虎　芳 | 汉族 | 小岔 | 柳湾 | 妻子 | 王秀花 | 汉族 | 小岔 | 柳湾 |
| 孙子 | 张国栋 | 汉族 | 小岔 | 柳湾 | 长子 | 白彦杰 | 汉族 | 小岔 | 柳湾 |
| 户主 | 虎文孝 | 汉族 | 小岔 | 柳湾 | 户主 | 白彦清 | 汉族 | 小岔 | 柳湾 |
| 妻子 | 慕占梅 | 汉族 | 小岔 | 柳湾 | 妻子 | 施粉琴 | 汉族 | 小岔 | 柳湾 |

续表 16

| 与户主关系 | 家庭成员 | 民族 | 原居住地 | | 与户主关系 | 家庭成员 | 民族 | 原居住地 | |
|---|---|---|---|---|---|---|---|---|---|
| | | | 乡(镇) | 行政村 | | | | 乡(镇) | 行政村 |
| 长子 | 白小红 | 汉族 | 小岔 | 柳湾 | 妻子 | 马彩梅 | 汉族 | 小岔 | 柳湾 |
| 次子 | 白小平 | 汉族 | 小岔 | 柳湾 | 户主 | 王志武 | 汉族 | 小岔 | 柳湾 |
| 长女 | 白小玲 | 汉族 | 小岔 | 柳湾 | 妻子 | 马彩霞 | 汉族 | 小岔 | 柳湾 |
| 儿媳 | 李富花 | 汉族 | 小岔 | 柳湾 | 长子 | 王　涛 | 汉族 | 小岔 | 柳湾 |
| 户主 | 郭兴明 | 汉族 | 小岔 | 柳湾 | 长女 | 王粉丽 | 汉族 | 小岔 | 柳湾 |
| 妻子 | 白金芳 | 汉族 | 小岔 | 柳湾 | 父亲 | 王凤明 | 汉族 | 小岔 | 柳湾 |
| 长子 | 郭让利 | 汉族 | 小岔 | 柳湾 | 母亲 | 刘梅芳 | 汉族 | 小岔 | 柳湾 |
| 长女 | 郭利利 | 汉族 | 小岔 | 柳湾 | 户主 | 虎　洲 | 汉族 | 小岔 | 柳湾 |
| 母亲 | 虎玉兰 | 汉族 | 小岔 | 柳湾 | 妻子 | 张秀兰 | 汉族 | 小岔 | 柳湾 |
| 长女 | 虎亚妮 | 汉族 | 小岔 | 柳湾 | 长子 | 虎学礼 | 汉族 | 小岔 | 柳湾 |
| 母亲 | 惠玉英 | 汉族 | 小岔 | 柳湾 | 儿媳 | 谢金花 | 汉族 | 小岔 | 柳湾 |
| 户主 | 虎文彬 | 汉族 | 小岔 | 柳湾 | 孙子 | 虎飞岐 | 汉族 | 小岔 | 柳湾 |
| 妻子 | 郭秀连 | 汉族 | 小岔 | 柳湾 | 户主 | 陈占星 | 汉族 | 小岔 | 柳湾 |
| 长子 | 虎　地 | 汉族 | 小岔 | 柳湾 | 母亲 | 孙秀琴 | 汉族 | 小岔 | 柳湾 |
| 长女 | 虎　霞 | 汉族 | 小岔 | 柳湾 | 弟 | 陈百星 | 汉族 | 小岔 | 柳湾 |
| 二女 | 虎　琴 | 汉族 | 小岔 | 柳湾 | 长子 | 陈永伟 | 汉族 | 小岔 | 柳湾 |
| 户主 | 虎文杰 | 汉族 | 小岔 | 柳湾 | 户主 | 陈喜星 | 汉族 | 小岔 | 柳湾 |
| 妻子 | 奕彩梅 | 汉族 | 小岔 | 柳湾 | 妻子 | 安彩霞 | 汉族 | 小岔 | 柳湾 |
| 长子 | 虎　刚 | 汉族 | 小岔 | 柳湾 | 长女 | 陈芳玲 | 汉族 | 小岔 | 柳湾 |
| 二女 | 虎　茸 | 汉族 | 小岔 | 柳湾 | 父亲 | 陈彦太 | 汉族 | 小岔 | 柳湾 |
| 户主 | 林　峰 | 汉族 | 小岔 | 柳湾 | 户主 | 陈　虎 | 汉族 | 小岔 | 柳湾 |
| 妻子 | 柳慧琴 | 汉族 | 小岔 | 柳湾 | 妻子 | 杨翠兰 | 汉族 | 小岔 | 柳湾 |
| 长子 | 林建成 | 汉族 | 小岔 | 柳湾 | 长子 | 陈永宽 | 汉族 | 小岔 | 柳湾 |
| 次子 | 林建宁 | 汉族 | 小岔 | 柳湾 | 户主 | 虎　新 | 汉族 | 小岔 | 柳湾 |
| 户主 | 林发祥 | 汉族 | 小岔 | 柳湾 | 妻子 | 曹　芳 | 汉族 | 小岔 | 柳湾 |
| 妻子 | 王世梅 | 汉族 | 小岔 | 柳湾 | 长女 | 虎燕燕 | 汉族 | 小岔 | 柳湾 |
| 其他女儿 | 林彩琴 | 汉族 | 小岔 | 柳湾 | 长子 | 虎学龙 | 汉族 | 小岔 | 柳湾 |
| 户主 | 刘　飞 | 汉族 | 小岔 | 柳湾 | 户主 | 王志银 | 汉族 | 小岔 | 柳湾 |
| 妻子 | 刘彩铃 | 汉族 | 小岔 | 柳湾 | 妻子 | 虎桂能 | 汉族 | 小岔 | 柳湾 |
| 长子 | 刘乐乐 | 汉族 | 小岔 | 柳湾 | 长子 | 王　永 | 汉族 | 小岔 | 柳湾 |
| 长女 | 刘春丽 | 汉族 | 小岔 | 柳湾 | 长女 | 王　红 | 汉族 | 小岔 | 柳湾 |
| 次女 | 刘春萍 | 汉族 | 小岔 | 柳湾 | 户主 | 虎　地 | 汉族 | 小岔 | 柳湾 |
| 户主 | 虎文林 | 汉族 | 小岔 | 柳湾 | 妻子 | 安翠红 | 汉族 | 小岔 | 柳湾 |
| 妻子 | 马梅香 | 汉族 | 小岔 | 柳湾 | 长女 | 虎亚萍 | 汉族 | 小岔 | 柳湾 |
| 长子 | 虎　印 | 汉族 | 小岔 | 柳湾 | 二女 | 虎娅娟 | 汉族 | 小岔 | 柳湾 |
| 长女 | 虎　萍 | 汉族 | 小岔 | 柳湾 | 户主 | 虎建雄 | 汉族 | 小岔 | 柳湾 |

续表 16

| 与户主关系 | 家庭成员 | 民族 | 原居住地 | | 与户主关系 | 家庭成员 | 民族 | 原居住地 | |
|---|---|---|---|---|---|---|---|---|---|
| | | | 乡(镇) | 行政村 | | | | 乡(镇) | 行政村 |
| 妻子 | 黄炳琴 | 汉族 | 小岔 | 柳湾 | 妻子 | 景玉梅 | 汉族 | 小岔 | 柳湾 |
| 户主 | 虎　刚 | 汉族 | 小岔 | 柳湾 | 长子 | 陈永发 | 汉族 | 小岔 | 柳湾 |
| 妻子 | 高　燕 | 汉族 | 小岔 | 柳湾 | 次子 | 陈永毕 | 汉族 | 小岔 | 柳湾 |
| 二哥 | 虎　银 | 汉族 | 小岔 | 柳湾 | 户主 | 陈怀星 | 汉族 | 小岔 | 柳湾 |
| 长子 | 虎学睿 | 汉族 | 小岔 | 柳湾 | 妻子 | 柳爱子 | 汉族 | 小岔 | 柳湾 |
| 户主 | 虎　奎 | 汉族 | 小岔 | 柳湾 | 长子 | 陈永明 | 汉族 | 小岔 | 柳湾 |
| 妻子 | 景玉玲 | 汉族 | 小岔 | 柳湾 | 次子 | 陈永亮 | 汉族 | 小岔 | 柳湾 |
| 儿子 | 虎号平 | 汉族 | 小岔 | 柳湾 | 哥哥 | 陈权星 | 汉族 | 小岔 | 柳湾 |
| 户主 | 陈　龙 | 汉族 | 小岔 | 柳湾 | 户主 | 王志斌 | 汉族 | 小岔 | 柳湾 |
| 长子 | 陈永科 | 汉族 | 小岔 | 柳湾 | 妻子 | 虎转儿 | 汉族 | 小岔 | 柳湾 |
| 户主 | 陈百虎 | 汉族 | 小岔 | 柳湾 | 长子 | 王　录 | 汉族 | 小岔 | 柳湾 |
| 父亲 | 陈彦清 | 汉族 | 小岔 | 柳湾 | 长女 | 王　燕 | 汉族 | 小岔 | 柳湾 |
| 哥哥 | 陈忠星 | 汉族 | 小岔 | 柳湾 | 次女 | 王　霞 | 汉族 | 小岔 | 柳湾 |
| 弟 | 陈楼星 | 汉族 | 小岔 | 柳湾 | 户主 | 虎银德 | 汉族 | 小岔 | 柳湾 |
| 户主 | 陈　毅 | 汉族 | 小岔 | 柳湾 | 妻子 | 马小平 | 汉族 | 小岔 | 柳湾 |
| 妻子 | 李　英 | 汉族 | 小岔 | 柳湾 | 长子 | 虎岳龙 | 汉族 | 小岔 | 柳湾 |
| 长女 | 陈永霞 | 汉族 | 小岔 | 柳湾 | 次子 | 虎真龙 | 汉族 | 小岔 | 柳湾 |
| 长子 | 陈永福 | 汉族 | 小岔 | 柳湾 | 三子 | 虎成龙 | 汉族 | 小岔 | 柳湾 |
| 母亲 | 常兰英 | 汉族 | 小岔 | 柳湾 | 户主 | 虎银国 | 汉族 | 小岔 | 柳湾 |
| 户主 | 陈　奎 | 汉族 | 小岔 | 柳湾 | 妻子 | 刘小琴 | 汉族 | 小岔 | 柳湾 |
| 妻子 | 刘　琴 | 汉族 | 小岔 | 柳湾 | 长子 | 虎永珍 | 汉族 | 小岔 | 柳湾 |
| 长女 | 陈佳丽 | 汉族 | 小岔 | 柳湾 | 长女 | 虎永芳 | 汉族 | 小岔 | 柳湾 |
| 长子 | 陈永康 | 汉族 | 小岔 | 柳湾 | 次女 | 虎永香 | 汉族 | 小岔 | 柳湾 |
| 户主 | 王志祥 | 汉族 | 小岔 | 柳湾 | 户主 | 张占伟 | 汉族 | 小岔 | 柳湾 |
| 妻子 | 田小玲 | 汉族 | 小岔 | 柳湾 | 妻子 | 虎翻翻 | 汉族 | 小岔 | 柳湾 |
| 长子 | 王　宁 | 汉族 | 小岔 | 柳湾 | 长子 | 张春旺 | 汉族 | 小岔 | 柳湾 |
| 次子 | 王　逢 | 汉族 | 小岔 | 柳湾 | 次子 | 张　鑫 | 汉族 | 小岔 | 柳湾 |
| 长女 | 王彩虹 | 汉族 | 小岔 | 柳湾 | 兄 | 张占儒 | 汉族 | 小岔 | 柳湾 |
| 户主 | 王凤科 | 汉族 | 小岔 | 柳湾 | 母亲 | 虎翠莲 | 汉族 | 小岔 | 柳湾 |
| 妻子 | 石兴娥 | 汉族 | 小岔 | 柳湾 | 户主 | 张占军 | 汉族 | 小岔 | 柳湾 |
| 二子 | 王志忠 | 汉族 | 小岔 | 柳湾 | 妻子 | 王正琴 | 汉族 | 小岔 | 柳湾 |
| 长子 | 王志权 | 汉族 | 小岔 | 柳湾 | 长子 | 张　文 | 汉族 | 小岔 | 柳湾 |
| 儿媳 | 王彩燕 | 汉族 | 小岔 | 柳湾 | 儿媳 | 孙海霞 | 汉族 | 小岔 | 柳湾 |
| 孙子 | 王　伟 | 汉族 | 小岔 | 柳湾 | 次子 | 张　彦 | 汉族 | 小岔 | 柳湾 |
| 二儿媳 | 杨　琴 | 汉族 | 小岔 | 柳湾 | 孙女 | 张雅宁 | 汉族 | 小岔 | 柳湾 |
| 户主 | 陈世星 | 汉族 | 小岔 | 柳湾 | 二儿媳 | 袁　丽 | 汉族 | 小岔 | 柳湾 |

续表 16

| 与户主关系 | 家庭成员 | 民族 | 原居住地 | | 与户主关系 | 家庭成员 | 民族 | 原居住地 | |
|---|---|---|---|---|---|---|---|---|---|
| | | | 乡(镇) | 行政村 | | | | 乡(镇) | 行政村 |
| 户主 | 虎广礼 | 汉族 | 小岔 | 柳湾 | 长子 | 安　田 | 汉族 | 小岔 | 柳湾 |
| 妻子 | 安秀珍 | 汉族 | 小岔 | 柳湾 | 次子 | 安有田 | 汉族 | 小岔 | 柳湾 |
| 户主 | 虎久宏 | 汉族 | 小岔 | 柳湾 | 户主 | 安克敏 | 汉族 | 小岔 | 柳湾 |
| 妻子 | 安小花 | 汉族 | 小岔 | 柳湾 | 妻子 | 张淑芳 | 汉族 | 小岔 | 柳湾 |
| 长子 | 虎　磊 | 汉族 | 小岔 | 柳湾 | 父亲 | 安正均 | 汉族 | 小岔 | 柳湾 |
| 长女 | 虎　娜 | 汉族 | 小岔 | 柳湾 | 母亲 | 虎彦梅 | 汉族 | 小岔 | 柳湾 |
| 父亲 | 虎广玺 | 汉族 | 小岔 | 柳湾 | 户主 | 虎金伟 | 汉族 | 小岔 | 柳湾 |
| 母亲 | 张　琴 | 汉族 | 小岔 | 柳湾 | 妻子 | 韩彩霞 | 汉族 | 小岔 | 柳湾 |
| 户主 | 安彦银 | 汉族 | 小岔 | 柳湾 | 长子 | 虎宝明 | 汉族 | 小岔 | 柳湾 |
| 妻子 | 李正梅 | 汉族 | 小岔 | 柳湾 | 长女 | 虎　萍 | 汉族 | 小岔 | 柳湾 |
| 长女 | 安　吉 | 汉族 | 小岔 | 柳湾 | 户主 | 虎久勤 | 汉族 | 小岔 | 柳湾 |
| 女儿 | 安　霞 | 汉族 | 小岔 | 柳湾 | 妻子 | 白翠琴 | 汉族 | 小岔 | 柳湾 |
| 父亲 | 安克儒 | 汉族 | 小岔 | 柳湾 | 长子 | 虎　浩 | 汉族 | 小岔 | 柳湾 |
| 户主 | 虎玉杰 | 汉族 | 小岔 | 柳湾 | 母亲 | 张桂莲 | 汉族 | 小岔 | 柳湾 |
| 妻子 | 安克粉 | 汉族 | 小岔 | 柳湾 | 户主 | 虎　金 | 汉族 | 小岔 | 柳湾 |
| 户主 | 虎玉清 | 汉族 | 小岔 | 柳湾 | 妻子 | 胡会莲 | 汉族 | 小岔 | 柳湾 |
| 妻子 | 张翠芳 | 汉族 | 小岔 | 柳湾 | 长女 | 虎雪霞 | 汉族 | 小岔 | 柳湾 |
| 四女 | 虎金桃 | 汉族 | 小岔 | 柳湾 | 户主 | 朱桂芳 | 汉族 | 小岔 | 柳湾 |
| 五女 | 虎金燕 | 汉族 | 小岔 | 柳湾 | 长孙 | 虎俊杰 | 汉族 | 小岔 | 柳湾 |
| 户主 | 虎金录 | 汉族 | 小岔 | 柳湾 | 父亲 | 虎广录 | 汉族 | 小岔 | 柳湾 |
| 妻子 | 叶彩红 | 汉族 | 小岔 | 柳湾 | 母亲 | 安彦花 | 汉族 | 小岔 | 柳湾 |
| 长子 | 虎　博 | 汉族 | 小岔 | 柳湾 | 户主 | 虎荣邦 | 汉族 | 小岔 | 柳湾 |
| 户主 | 虎金库 | 汉族 | 小岔 | 柳湾 | 妻子 | 李凤梅 | 汉族 | 小岔 | 柳湾 |
| 妻子 | 樊会琴 | 汉族 | 小岔 | 柳湾 | 户主 | 虎金鹏 | 汉族 | 小岔 | 柳湾 |
| 长子 | 虎宗治 | 汉族 | 小岔 | 柳湾 | 妻子 | 王粉琴 | 汉族 | 小岔 | 柳湾 |
| 户主 | 虎久军 | 汉族 | 小岔 | 柳湾 | 长女 | 虎丽霞 | 汉族 | 小岔 | 柳湾 |
| 妻子 | 白小向 | 汉族 | 小岔 | 柳湾 | 二女 | 虎霞霞 | 汉族 | 小岔 | 柳湾 |
| 长女 | 虎散散 | 汉族 | 小岔 | 柳湾 | 户主 | 虎继邦 | 汉族 | 小岔 | 柳湾 |
| 弟弟 | 虎久选 | 汉族 | 小岔 | 柳湾 | 妻子 | 马金荣 | 汉族 | 小岔 | 柳湾 |
| 父亲 | 虎广权 | 汉族 | 小岔 | 柳湾 | 长子 | 虎宗仁 | 汉族 | 小岔 | 柳湾 |
| 户主 | 虎久武 | 汉族 | 小岔 | 柳湾 | 长女 | 虎宗香 | 汉族 | 小岔 | 柳湾 |
| 妻子 | 杨亮生 | 汉族 | 小岔 | 柳湾 | 父亲 | 虎玉明 | 汉族 | 小岔 | 柳湾 |
| 长子 | 虎建勋 | 汉族 | 小岔 | 柳湾 | 户主 | 虎金柱 | 汉族 | 小岔 | 柳湾 |
| 长女 | 虎金桃 | 汉族 | 小岔 | 柳湾 | 妻子 | 李生粉 | 汉族 | 小岔 | 柳湾 |
| 户主 | 安国泰 | 汉族 | 小岔 | 柳湾 | 二女 | 虎改霞 | 汉族 | 小岔 | 柳湾 |
| 妻子 | 张永梅 | 汉族 | 小岔 | 柳湾 | 三女 | 虎　霞 | 汉族 | 小岔 | 柳湾 |

续表 16

| 与户主关系 | 家庭成员 | 民族 | 原居住地 | | 与户主关系 | 家庭成员 | 民族 | 原居住地 | |
|---|---|---|---|---|---|---|---|---|---|
| | | | 乡(镇) | 行政村 | | | | 乡(镇) | 行政村 |
| 户主 | 刘军海 | 汉族 | 小岔 | 柳湾 | 长子 | 虎归森 | 汉族 | 小岔 | 柳湾 |
| 妻子 | 虎久霞 | 汉族 | 小岔 | 柳湾 | 长女 | 虎亚妮 | 汉族 | 小岔 | 柳湾 |
| 长女 | 刘　珍 | 汉族 | 小岔 | 柳湾 | 母亲 | 惠玉英 | 汉族 | 小岔 | 柳湾 |
| 长子 | 刘　明 | 汉族 | 小岔 | 柳湾 | 哥哥 | 张学友 | 汉族 | 小岔 | 柳湾 |
| 户主 | 虎宗武 | 汉族 | 小岔 | 柳湾 | 户主 | 陈树星 | 汉族 | 小岔 | 柳湾 |
| 妻子 | 王　霞 | 汉族 | 小岔 | 柳湾 | 妻子 | 张小琴 | 汉族 | 小岔 | 柳湾 |
| 长子 | 虎小雷 | 汉族 | 小岔 | 柳湾 | 长女 | 陈巧霞 | 汉族 | 小岔 | 柳湾 |
| 次子 | 虎　飞 | 汉族 | 小岔 | 柳湾 | 二女 | 陈巧燕 | 汉族 | 小岔 | 柳湾 |
| 户主 | 虎扶帮 | 汉族 | 小岔 | 柳湾 | 父亲 | 陈彦武 | 汉族 | 小岔 | 柳湾 |
| 妻子 | 杨成芳 | 汉族 | 小岔 | 柳湾 | 母亲 | 常绪娥 | 汉族 | 小岔 | 柳湾 |
| 父亲 | 虎玉章 | 汉族 | 小岔 | 柳湾 | 户主 | 朱长银 | 汉族 | 小岔 | 柳湾 |
| 户主 | 虎金良 | 汉族 | 小岔 | 柳湾 | 妻子 | 张等红 | 汉族 | 小岔 | 柳湾 |
| 妻子 | 惠秀莲 | 汉族 | 小岔 | 柳湾 | 长子 | 朱世峰 | 汉族 | 小岔 | 柳湾 |
| 父亲 | 虎玉锋 | 汉族 | 小岔 | 柳湾 | 户主 | 袁举玺 | 汉族 | 草庙 | 包山 |
| 母亲 | 王玉梅 | 汉族 | 小岔 | 柳湾 | 妻子 | 余粉琴 | 汉族 | 草庙 | 包山 |
| 户主 | 虎宗礼 | 汉族 | 小岔 | 柳湾 | 子女 | 袁　蓉 | 汉族 | 草庙 | 包山 |
| 弟弟 | 虎宗信 | 汉族 | 小岔 | 柳湾 | 子女 | 袁　芬 | 汉族 | 草庙 | 包山 |
| 妹妹 | 虎桂霞 | 汉族 | 小岔 | 柳湾 | 子女 | 袁　龙 | 汉族 | 草庙 | 包山 |
| 妹妹 | 虎春霞 | 汉族 | 小岔 | 柳湾 | 户主 | 雅成栋 | 汉族 | 草庙 | 包山 |
| 户主 | 安国荣 | 汉族 | 小岔 | 柳湾 | 配偶 | 刘玉霞 | 汉族 | 草庙 | 包山 |
| 妻子 | 慕占琴 | 汉族 | 小岔 | 柳湾 | 子女 | 雅玉莲 | 汉族 | 草庙 | 包山 |
| 长子 | 安　东 | 汉族 | 小岔 | 柳湾 | 户主 | 高万福 | 汉族 | 草庙 | 包山 |
| 长女 | 安　燕 | 汉族 | 小岔 | 柳湾 | 三子 | 高　鹏 | 汉族 | 草庙 | 包山 |
| 次女 | 安　萍 | 汉族 | 小岔 | 柳湾 | 户主 | 高　孔 | 汉族 | 草庙 | 包山 |
| 户主 | 虎玉朴 | 汉族 | 小岔 | 柳湾 | 配偶 | 李润芳 | 汉族 | 草庙 | 包山 |
| 妻子 | 安思莲 | 汉族 | 小岔 | 柳湾 | 长女 | 高永霞 | 汉族 | 草庙 | 包山 |
| 户主 | 梁建芳 | 汉族 | 小岔 | 卷槽 | 次女 | 高金霞 | 汉族 | 草庙 | 包山 |
| 户主 | 安维耀 | 汉族 | 小岔 | 卷槽 | 户主 | 雅成权 | 汉族 | 草庙 | 包山 |
| 户主 | 王志莲 | 汉族 | 小岔 | 柳湾 | 母亲 | 杨玉英 | 汉族 | 草庙 | 包山 |
| 户主 | 虎文忠 | 汉族 | 小岔 | 柳湾 | 配偶 | 王彩玲 | 汉族 | 草庙 | 包山 |
| 户主 | 施浩杰 | 汉族 | 小岔 | 柳湾 | 长子 | 雅玉民 | 汉族 | 草庙 | 包山 |
| 户主 | 施入仓 | 汉族 | 小岔 | 柳湾 | 次子 | 雅玉忠 | 汉族 | 草庙 | 包山 |
| 户主 | 陈浩武 | 汉族 | 小岔 | 柳湾 | 三子 | 雅玉心 | 汉族 | 草庙 | 包山 |
| 户主 | 张淑芬 | 汉族 | 小岔 | 柳湾 | 户主 | 雅成军 | 汉族 | 草庙 | 包山 |
| 户主 | 虎久立 | 汉族 | 小岔 | 柳湾 | 配偶 | 何治琴 | 汉族 | 草庙 | 包山 |
| 户主 | 虎文元 | 汉族 | 小岔 | 柳湾 | 三子 | 雅玉科 | 汉族 | 草庙 | 包山 |

续表 16

| 与户主关系 | 家庭成员 | 民族 | 原居住地 | | 与户主关系 | 家庭成员 | 民族 | 原居住地 | |
|---|---|---|---|---|---|---|---|---|---|
| | | | 乡(镇) | 行政村 | | | | 乡(镇) | 行政村 |
| 户主 | 雅进昌 | 汉族 | 草庙 | 包山 | 配偶 | 石秉琴 | 汉族 | 草庙 | 包山 |
| 配偶 | 贾生梅 | 汉族 | 草庙 | 包山 | 长女 | 曹金燕 | 汉族 | 草庙 | 包山 |
| 长媳 | 冯秀琴 | 汉族 | 草庙 | 包山 | 三女 | 曹迎霞 | 汉族 | 草庙 | 包山 |
| 长子 | 雅成东 | 汉族 | 草庙 | 包山 | 长子 | 曹银成 | 汉族 | 草庙 | 包山 |
| 户主 | 雅成功 | 汉族 | 草庙 | 包山 | 户主 | 曹举堂 | 汉族 | 草庙 | 包山 |
| 配偶 | 方粉彩 | 汉族 | 草庙 | 包山 | 长子 | 曹治军 | 汉族 | 草庙 | 包山 |
| 父亲 | 雅进堂 | 汉族 | 草庙 | 包山 | 户主 | 曹有川 | 汉族 | 草庙 | 包山 |
| 母亲 | 王如莲 | 汉族 | 草庙 | 包山 | 配偶 | 雅彩萍 | 汉族 | 草庙 | 包山 |
| 长子 | 雅玉清 | 汉族 | 草庙 | 包山 | 长子 | 曹　伟 | 汉族 | 草庙 | 包山 |
| 次子 | 雅玉玺 | 汉族 | 草庙 | 包山 | 次子 | 曹　辉 | 汉族 | 草庙 | 包山 |
| 户主 | 雅成家 | 汉族 | 草庙 | 包山 | 户主 | 曹银乾 | 汉族 | 草庙 | 包山 |
| 配偶 | 王治兰 | 汉族 | 草庙 | 包山 | 妹妹 | 曹金霞 | 汉族 | 草庙 | 包山 |
| 户主 | 雅成学 | 汉族 | 草庙 | 包山 | 户主 | 杨如清 | 汉族 | 草庙 | 包山 |
| 配偶 | 虎兴琴 | 汉族 | 草庙 | 包山 | 孙子 | 杨啸平 | 汉族 | 草庙 | 包山 |
| 次子 | 雅玉贵 | 汉族 | 草庙 | 包山 | 户主 | 安治忠 | 汉族 | 草庙 | 包山 |
| 次媳 | 陆喜红 | 汉族 | 草庙 | 包山 | 配偶 | 马志英 | 汉族 | 草庙 | 包山 |
| 孙子 | 雅振华 | 汉族 | 草庙 | 包山 | 长子 | 安卫宁 | 汉族 | 草庙 | 包山 |
| 户主 | 雅玉文 | 汉族 | 草庙 | 包山 | 次子 | 安卫永 | 汉族 | 草庙 | 包山 |
| 配偶 | 孟转琴 | 汉族 | 草庙 | 包山 | 户主 | 安治峰 | 汉族 | 草庙 | 包山 |
| 长女 | 雅盼盼 | 汉族 | 草庙 | 包山 | 配偶 | 贾世兰 | 汉族 | 草庙 | 包山 |
| 次女 | 雅媛媛 | 汉族 | 草庙 | 包山 | 长子 | 安永宁 | 汉族 | 草庙 | 包山 |
| 长子 | 雅凯钟 | 汉族 | 草庙 | 包山 | 次子 | 安永红 | 汉族 | 草庙 | 包山 |
| 户主 | 雅玉荣 | 汉族 | 草庙 | 包山 | 三子 | 安永固 | 汉族 | 草庙 | 包山 |
| 长子 | 雅扉扉 | 汉族 | 草庙 | 包山 | 次媳 | 李彩红 | 汉族 | 草庙 | 包山 |
| 户主 | 雅玉富 | 汉族 | 草庙 | 包山 | 户主 | 安治文 | 汉族 | 草庙 | 包山 |
| 配偶 | 陈慧丽 | 汉族 | 草庙 | 包山 | 配偶 | 马容霞 | 汉族 | 草庙 | 包山 |
| 长子 | 雅建华 | 汉族 | 草庙 | 包山 | 长女 | 安维宏 | 汉族 | 草庙 | 包山 |
| 户主 | 雅成海 | 汉族 | 草庙 | 包山 | 次女 | 安义宏 | 汉族 | 草庙 | 包山 |
| 配偶 | 贾建芳 | 汉族 | 草庙 | 包山 | 长子 | 安鹏博 | 汉族 | 草庙 | 包山 |
| 父亲 | 雅进升 | 汉族 | 草庙 | 包山 | 户主 | 安廷贵 | 汉族 | 草庙 | 包山 |
| 次女 | 雅粉琴 | 汉族 | 草庙 | 包山 | 四子 | 安治学 | 汉族 | 草庙 | 包山 |
| 户主 | 雅玉武 | 汉族 | 草庙 | 包山 | 儿媳 | 董　萍 | 汉族 | 草庙 | 包山 |
| 配偶 | 王丽霞 | 汉族 | 草庙 | 包山 | 孙子 | 安永龙 | 汉族 | 草庙 | 包山 |
| 长女 | 雅婷婷 | 汉族 | 草庙 | 包山 | 孙女 | 安永荣 | 汉族 | 草庙 | 包山 |
| 长子 | 雅建韬 | 汉族 | 草庙 | 包山 | 户主 | 曹　攀 | 汉族 | 草庙 | 包山 |
| 户主 | 曹治科 | 汉族 | 草庙 | 包山 | 配偶 | 贾世莲 | 汉族 | 草庙 | 包山 |

续表 16

| 与户主关系 | 家庭成员 | 民族 | 原居住地 | | 与户主关系 | 家庭成员 | 民族 | 原居住地 | |
|---|---|---|---|---|---|---|---|---|---|
| | | | 乡(镇) | 行政村 | | | | 乡(镇) | 行政村 |
| 孙子 | 曹国明 | 汉族 | 草庙 | 包山 | 长子 | 曹文文 | 汉族 | 草庙 | 包山 |
| 户主 | 王桂萍 | 汉族 | 草庙 | 包山 | 母亲 | 王有兰 | 汉族 | 草庙 | 包山 |
| 长子 | 曹　仁 | 汉族 | 草庙 | 包山 | 户主 | 安治刚 | 汉族 | 草庙 | 包山 |
| 次子 | 曹　东 | 汉族 | 草庙 | 包山 | 父亲 | 安廷芳 | 汉族 | 草庙 | 包山 |
| 户主 | 王万杰 | 汉族 | 草庙 | 包山 | 母亲 | 徐梅英 | 汉族 | 草庙 | 包山 |
| 配偶 | 刘秀兰 | 汉族 | 草庙 | 包山 | 配偶 | 王　琴 | 汉族 | 草庙 | 包山 |
| 长子 | 王　辉 | 汉族 | 草庙 | 包山 | 长子 | 安永利 | 汉族 | 草庙 | 包山 |
| 次女 | 王　瑞 | 汉族 | 草庙 | 包山 | 次子 | 安永瑞 | 汉族 | 草庙 | 包山 |
| 户主 | 虎玉林 | 汉族 | 草庙 | 包山 | 长女 | 安勇晶 | 汉族 | 草庙 | 包山 |
| 母亲 | 曹改莲 | 汉族 | 草庙 | 包山 | 户主 | 曹有良 | 汉族 | 草庙 | 包山 |
| 户主 | 曹秀梅 | 汉族 | 草庙 | 包山 | 配偶 | 张东梅 | 汉族 | 草庙 | 包山 |
| 长女 | 袁　丽 | 汉族 | 草庙 | 包山 | 长子 | 曹利军 | 汉族 | 草庙 | 包山 |
| 三女 | 袁　慧 | 汉族 | 草庙 | 包山 | 长女 | 曹　丽 | 汉族 | 草庙 | 包山 |
| 长子 | 袁　平 | 汉族 | 草庙 | 包山 | 户主 | 曹有东 | 汉族 | 草庙 | 包山 |
| 次子 | 袁小平 | 汉族 | 草庙 | 包山 | 配偶 | 虎栓琴 | 汉族 | 草庙 | 包山 |
| 户主 | 安治雄 | 汉族 | 草庙 | 包山 | 长子 | 曹亚博 | 汉族 | 草庙 | 包山 |
| 父亲 | 安廷儒 | 汉族 | 草庙 | 包山 | 户主 | 曹治忠 | 汉族 | 草庙 | 包山 |
| 配偶 | 刘　艳 | 汉族 | 草庙 | 包山 | 长女 | 曹丽娜 | 汉族 | 草庙 | 包山 |
| 长女 | 安永娟 | 汉族 | 草庙 | 包山 | 户主 | 伏国顺 | 汉族 | 王洼 | 崖堡 |
| 长子 | 安业龙 | 汉族 | 草庙 | 包山 | 妻子 | 杨金霞 | 汉族 | 王洼 | 崖堡 |
| 次女 | 安亚娟 | 汉族 | 草庙 | 包山 | 次子 | 伏举雄 | 汉族 | 王洼 | 崖堡 |
| 户主 | 曹永科 | 汉族 | 草庙 | 包山 | 三子 | 伏举宝 | 汉族 | 王洼 | 崖堡 |
| 配偶 | 袁玉琴 | 汉族 | 草庙 | 包山 | 户主 | 慕广勤 | 汉族 | 王洼 | 崖堡 |
| 长女 | 曹　瑞 | 汉族 | 草庙 | 包山 | 妻子 | 刘桂珍 | 汉族 | 王洼 | 崖堡 |
| 长子 | 曹　成 | 汉族 | 草庙 | 包山 | 长子 | 慕　亮 | 汉族 | 王洼 | 崖堡 |
| 户主 | 曹廷俊 | 汉族 | 草庙 | 包山 | 次子 | 慕　鑫 | 汉族 | 王洼 | 崖堡 |
| 配偶 | 张彩兰 | 汉族 | 草庙 | 包山 | 户主 | 朱建林 | 汉族 | 王洼 | 崖堡 |
| 三女 | 曹桂平 | 汉族 | 草庙 | 包山 | 妻子 | 刘彩霞 | 汉族 | 王洼 | 崖堡 |
| 长子 | 曹永鹏 | 汉族 | 草庙 | 包山 | 长子 | 朱满福 | 汉族 | 王洼 | 崖堡 |
| 户主 | 安治斌 | 汉族 | 草庙 | 包山 | 户主 | 朱建录 | 汉族 | 王洼 | 崖堡 |
| 配偶 | 谢应芳 | 汉族 | 草庙 | 包山 | 妻子 | 王小红 | 汉族 | 王洼 | 崖堡 |
| 长女 | 安咏梅 | 汉族 | 草庙 | 包山 | 长子 | 朱维杰 | 汉族 | 王洼 | 崖堡 |
| 长子 | 安　昊 | 汉族 | 草庙 | 包山 | 次子 | 朱维山 | 汉族 | 王洼 | 崖堡 |
| 户主 | 曹永祥 | 汉族 | 草庙 | 包山 | 父亲 | 朱正和 | 汉族 | 王洼 | 崖堡 |
| 配偶 | 虎淑霞 | 汉族 | 草庙 | 包山 | 母亲 | 伏永花 | 汉族 | 王洼 | 崖堡 |
| 长女 | 曹涛涛 | 汉族 | 草庙 | 包山 | 户主 | 虎元登 | 汉族 | 王洼 | 崖堡 |

续表 16

| 与户主关系 | 家庭成员 | 民族 | 原居住地 | | 与户主关系 | 家庭成员 | 民族 | 原居住地 | |
|---|---|---|---|---|---|---|---|---|---|
| | | | 乡(镇) | 行政村 | | | | 乡(镇) | 行政村 |
| 父亲 | 虎志月 | 汉族 | 王洼 | 崖堡 | 户主 | 朱建洲 | 汉族 | 王洼 | 崖堡 |
| 户主 | 慕恩治 | 汉族 | 王洼 | 崖堡 | 妻子 | 张翠琴 | 汉族 | 王洼 | 崖堡 |
| 妻子 | 杨树兰 | 汉族 | 王洼 | 崖堡 | 长子 | 朱维伟 | 汉族 | 王洼 | 崖堡 |
| 次子 | 慕广乾 | 汉族 | 王洼 | 崖堡 | 次子 | 朱维来 | 汉族 | 王洼 | 崖堡 |
| 儿媳 | 虎娥娥 | 汉族 | 王洼 | 崖堡 | 户主 | 伏国俊 | 汉族 | 王洼 | 崖堡 |
| 孙子 | 慕　军 | 汉族 | 王洼 | 崖堡 | 妻子 | 陈玉霞 | 汉族 | 王洼 | 崖堡 |
| 户主 | 虎原勤 | 汉族 | 王洼 | 崖堡 | 长子 | 伏　睿 | 汉族 | 王洼 | 崖堡 |
| 长女 | 虎　丽 | 汉族 | 王洼 | 崖堡 | 长女 | 伏　静 | 汉族 | 王洼 | 崖堡 |
| 弟 | 虎原凯 | 汉族 | 王洼 | 崖堡 | 次女 | 伏　健 | 汉族 | 王洼 | 崖堡 |
| 弟 | 虎原龙 | 汉族 | 王洼 | 崖堡 | 户主 | 路克广 | 汉族 | 王洼 | 崖堡 |
| 户主 | 虎原刚 | 汉族 | 王洼 | 崖堡 | 母亲 | 张正英 | 汉族 | 王洼 | 崖堡 |
| 弟 | 虎原宏 | 汉族 | 王洼 | 崖堡 | 户主 | 刘兴满 | 汉族 | 王洼 | 崖堡 |
| 侄女 | 虎　林 | 汉族 | 王洼 | 崖堡 | 妻子 | 王克连 | 汉族 | 王洼 | 崖堡 |
| 侄女 | 虎　芳 | 汉族 | 王洼 | 崖堡 | 次子 | 刘　伟 | 汉族 | 王洼 | 崖堡 |
| 户主 | 虎元章 | 汉族 | 王洼 | 崖堡 | 儿媳 | 雷存玲 | 汉族 | 王洼 | 崖堡 |
| 妻子 | 石玉凡 | 汉族 | 王洼 | 崖堡 | 户主 | 刘兴前 | 汉族 | 王洼 | 崖堡 |
| 长子 | 虎占学 | 汉族 | 王洼 | 崖堡 | 妻子 | 朱红琴 | 汉族 | 王洼 | 崖堡 |
| 次子 | 虎正学 | 汉族 | 王洼 | 崖堡 | 次子 | 刘　严 | 汉族 | 王洼 | 崖堡 |
| 户主 | 朱建龙 | 汉族 | 王洼 | 崖堡 | 户主 | 张亚军 | 汉族 | 王洼 | 崖堡 |
| 妻子 | 赵玉梅 | 汉族 | 王洼 | 崖堡 | 妻子 | 孙　秀 | 汉族 | 王洼 | 崖堡 |
| 长子 | 朱会宁 | 汉族 | 王洼 | 崖堡 | 父亲 | 张宏德 | 汉族 | 王洼 | 崖堡 |
| 次子 | 朱满顺 | 汉族 | 王洼 | 崖堡 | 母亲 | 陈福霞 | 汉族 | 王洼 | 崖堡 |
| 母亲 | 闫兴花 | 汉族 | 王洼 | 崖堡 | 户主 | 刘　军 | 汉族 | 王洼 | 崖堡 |
| 户主 | 虎原军 | 汉族 | 王洼 | 崖堡 | 妻子 | 高继瑞 | 汉族 | 王洼 | 崖堡 |
| 妻子 | 朱秀花 | 汉族 | 王洼 | 崖堡 | 长子 | 刘飞飞 | 汉族 | 王洼 | 崖堡 |
| 长子 | 虎宝学 | 汉族 | 王洼 | 崖堡 | 长女 | 刘兰兰 | 汉族 | 王洼 | 崖堡 |
| 户主 | 朱建成 | 汉族 | 王洼 | 崖堡 | 户主 | 张宏义 | 汉族 | 王洼 | 崖堡 |
| 妻子 | 郭玉霞 | 汉族 | 王洼 | 崖堡 | 妻子 | 王淑珍 | 汉族 | 王洼 | 崖堡 |
| 长子 | 朱维升 | 汉族 | 王洼 | 崖堡 | 长子 | 张亚明 | 汉族 | 王洼 | 崖堡 |
| 长女 | 朱小艳 | 汉族 | 王洼 | 崖堡 | 次子 | 张亚成 | 汉族 | 王洼 | 崖堡 |
| 户主 | 朱建祥 | 汉族 | 王洼 | 崖堡 | 长女 | 张建梅 | 汉族 | 王洼 | 崖堡 |
| 妻子 | 张玉兰 | 汉族 | 王洼 | 崖堡 | 儿媳 | 刘红红 | 汉族 | 王洼 | 崖堡 |
| 长子 | 朱维鑫 | 汉族 | 王洼 | 崖堡 | 孙女 | 张　燕 | 汉族 | 王洼 | 崖堡 |
| 长女 | 朱红娟 | 汉族 | 王洼 | 崖堡 | 户主 | 路开明 | 汉族 | 王洼 | 崖堡 |
| 次女 | 朱宏霞 | 汉族 | 王洼 | 崖堡 | 妻子 | 徐万芳 | 汉族 | 王洼 | 崖堡 |
| 母亲 | 李成兰 | 汉族 | 王洼 | 崖堡 | 长子 | 路鹏道 | 汉族 | 王洼 | 崖堡 |

续表 16

| 与户主关系 | 家庭成员 | 民族 | 原居住地 | | 与户主关系 | 家庭成员 | 民族 | 原居住地 | |
|---|---|---|---|---|---|---|---|---|---|
| | | | 乡(镇) | 行政村 | | | | 乡(镇) | 行政村 |
| 三子 | 路有道 | 汉族 | 王洼 | 崖堡 | 长子 | 刘奇发 | 汉族 | 王洼 | 崖堡 |
| 四子 | 路发道 | 汉族 | 王洼 | 崖堡 | 户主 | 张宏喜 | 汉族 | 王洼 | 崖堡 |
| 五子 | 路达道 | 汉族 | 王洼 | 崖堡 | 妻子 | 陈小玲 | 汉族 | 王洼 | 崖堡 |
| 户主 | 刘金玉 | 汉族 | 王洼 | 崖堡 | 长女 | 张晓玲 | 汉族 | 王洼 | 崖堡 |
| 妻子 | 闫廷梅 | 汉族 | 王洼 | 崖堡 | 长子 | 张亚文 | 汉族 | 王洼 | 崖堡 |
| 长子 | 刘广平 | 汉族 | 王洼 | 崖堡 | 母亲 | 叶志花 | 汉族 | 王洼 | 崖堡 |
| 儿媳 | 贾学红 | 汉族 | 王洼 | 崖堡 | 户主 | 路玉道 | 汉族 | 王洼 | 崖堡 |
| 孙子 | 刘博义 | 汉族 | 王洼 | 崖堡 | 妻子 | 张改变 | 汉族 | 王洼 | 崖堡 |
| 孙子 | 刘博涛 | 汉族 | 王洼 | 崖堡 | 长女 | 路春艳 | 汉族 | 王洼 | 崖堡 |
| 孙女 | 刘世燕 | 汉族 | 王洼 | 崖堡 | 二女 | 路文艳 | 汉族 | 王洼 | 崖堡 |
| 户主 | 安守祥 | 汉族 | 王洼 | 崖堡 | 三女 | 路勇涵 | 汉族 | 王洼 | 崖堡 |
| 妻子 | 刘彩红 | 汉族 | 王洼 | 崖堡 | 四女 | 路文华 | 汉族 | 王洼 | 崖堡 |
| 长子 | 安建宁 | 汉族 | 王洼 | 崖堡 | 户主 | 刘金堂 | 汉族 | 王洼 | 崖堡 |
| 长女 | 安　玲 | 汉族 | 王洼 | 崖堡 | 妻子 | 韩金莲 | 汉族 | 王洼 | 崖堡 |
| 次女 | 安　瑞 | 汉族 | 王洼 | 崖堡 | 户主 | 张亚春 | 汉族 | 王洼 | 崖堡 |
| 三女 | 安　瑾 | 汉族 | 王洼 | 崖堡 | 妻子 | 袁士玲 | 汉族 | 王洼 | 崖堡 |
| 户主 | 安守玺 | 汉族 | 王洼 | 崖堡 | 长子 | 张浩浩 | 汉族 | 王洼 | 崖堡 |
| 妻子 | 薛广勤 | 汉族 | 王洼 | 崖堡 | 长女 | 张　晶 | 汉族 | 王洼 | 崖堡 |
| 长子 | 安　楠 | 汉族 | 王洼 | 崖堡 | 父亲 | 张宏志 | 汉族 | 王洼 | 崖堡 |
| 次子 | 安　博 | 汉族 | 王洼 | 崖堡 | 母亲 | 张吉珍 | 汉族 | 王洼 | 崖堡 |
| 户主 | 安守宏 | 汉族 | 王洼 | 崖堡 | 户主 | 刘金文 | 汉族 | 王洼 | 崖堡 |
| 妻子 | 贾瑞芳 | 汉族 | 王洼 | 崖堡 | 长子 | 刘万元 | 汉族 | 王洼 | 崖堡 |
| 长子 | 安建博 | 汉族 | 王洼 | 崖堡 | 次子 | 刘万仓 | 汉族 | 王洼 | 崖堡 |
| 长女 | 安燕蓉 | 汉族 | 王洼 | 崖堡 | 三女 | 刘万红 | 汉族 | 王洼 | 崖堡 |
| 父亲 | 安志珍 | 汉族 | 王洼 | 崖堡 | 户主 | 刘金祥 | 汉族 | 王洼 | 崖堡 |
| 祖母 | 王生英 | 汉族 | 王洼 | 崖堡 | 妻子 | 王万梅 | 汉族 | 王洼 | 崖堡 |
| 户主 | 刘　银 | 汉族 | 王洼 | 崖堡 | 长子 | 刘广军 | 汉族 | 王洼 | 崖堡 |
| 妻子 | 朱宏芳 | 汉族 | 王洼 | 崖堡 | 长女 | 刘彩霞 | 汉族 | 王洼 | 崖堡 |
| 长女 | 刘文瑾 | 汉族 | 王洼 | 崖堡 | 户主 | 安守明 | 汉族 | 王洼 | 崖堡 |
| 户主 | 闫凤琴 | 汉族 | 王洼 | 崖堡 | 妻子 | 蔡　丽 | 汉族 | 王洼 | 崖堡 |
| 儿媳 | 韩桂贞 | 汉族 | 王洼 | 崖堡 | 长子 | 安建军 | 汉族 | 王洼 | 崖堡 |
| 孙子 | 路建国 | 汉族 | 王洼 | 崖堡 | 户主 | 路克元 | 汉族 | 王洼 | 崖堡 |
| 孙女 | 路　娟 | 汉族 | 王洼 | 崖堡 | 妻子 | 秦有兰 | 汉族 | 王洼 | 崖堡 |
| 孙女 | 路洋洋 | 汉族 | 王洼 | 崖堡 | 次子 | 路　刚 | 汉族 | 王洼 | 崖堡 |
| 户主 | 刘广明 | 汉族 | 王洼 | 崖堡 | 户主 | 路克忠 | 汉族 | 王洼 | 崖堡 |
| 妻子 | 张　娟 | 汉族 | 王洼 | 崖堡 | 妻子 | 张国兰 | 汉族 | 王洼 | 崖堡 |

续表 16

| 与户主关系 | 家庭成员 | 民族 | 原居住地 | | 与户主关系 | 家庭成员 | 民族 | 原居住地 | |
|---|---|---|---|---|---|---|---|---|---|
| | | | 乡(镇) | 行政村 | | | | 乡(镇) | 行政村 |
| 长子 | 路　平 | 汉族 | 王洼 | 崖堡 | 次子 | 安建飞 | 汉族 | 王洼 | 崖堡 |
| 二女 | 路玉花 | 汉族 | 王洼 | 崖堡 | 户主 | 刘　刚 | 汉族 | 王洼 | 崖堡 |
| 户主 | 马金花 | 汉族 | 王洼 | 崖堡 | 妻子 | 陈　颖 | 汉族 | 王洼 | 崖堡 |
| 长子 | 张　涛 | 汉族 | 王洼 | 崖堡 | 长子 | 刘宏斌 | 汉族 | 王洼 | 崖堡 |
| 户主 | 安兴财 | 汉族 | 王洼 | 崖堡 | 户主 | 张宏斌 | 汉族 | 王洼 | 崖堡 |
| 母亲 | 王统花 | 汉族 | 王洼 | 崖堡 | 妻子 | 董秀梅 | 汉族 | 王洼 | 崖堡 |
| 弟 | 安兴虎 | 汉族 | 王洼 | 崖堡 | 长子 | 张亚刚 | 汉族 | 王洼 | 崖堡 |
| 户主 | 安守义 | 汉族 | 王洼 | 崖堡 | 长女 | 张建荣 | 汉族 | 王洼 | 崖堡 |
| 妻子 | 张桂芳 | 汉族 | 王洼 | 崖堡 | 户主 | 路克俭 | 汉族 | 王洼 | 崖堡 |
| 长子 | 安建国 | 汉族 | 王洼 | 崖堡 | 妻子 | 谈桂芳 | 汉族 | 王洼 | 崖堡 |
| 长女 | 安　润 | 汉族 | 王洼 | 崖堡 | 长子 | 路　强 | 汉族 | 王洼 | 崖堡 |
| 儿女 | 安　玮 | 汉族 | 王洼 | 崖堡 | 长女 | 路　楠 | 汉族 | 王洼 | 崖堡 |
| 父亲 | 安兴彦 | 汉族 | 王洼 | 崖堡 | 户主 | 刘金仁 | 汉族 | 王洼 | 崖堡 |
| 户主 | 刘金福 | 汉族 | 王洼 | 崖堡 | 妻子 | 包孝梅 | 汉族 | 王洼 | 崖堡 |
| 妻子 | 范金莲 | 汉族 | 王洼 | 崖堡 | 次子 | 刘广城 | 汉族 | 王洼 | 崖堡 |
| 长子 | 刘银川 | 汉族 | 王洼 | 崖堡 | 户主 | 谈发彦 | 汉族 | 王洼 | 崖堡 |
| 次子 | 刘银海 | 汉族 | 王洼 | 崖堡 | 妻子 | 刘如琴 | 汉族 | 王洼 | 崖堡 |
| 母亲 | 王彦花 | 汉族 | 王洼 | 崖堡 | 三女 | 谈　敏 | 汉族 | 王洼 | 崖堡 |
| 户主 | 刘兴昌 | 汉族 | 王洼 | 崖堡 | 母亲 | 杨义英 | 汉族 | 王洼 | 崖堡 |
| 妻子 | 常志梅 | 汉族 | 王洼 | 崖堡 | 户主 | 高发明 | 汉族 | 王洼 | 崖堡 |
| 三子 | 刘　真 | 汉族 | 王洼 | 崖堡 | 母亲 | 党金玉 | 汉族 | 王洼 | 崖堡 |
| 户主 | 刘　升 | 汉族 | 王洼 | 崖堡 | 户主 | 陈秀琴 | 汉族 | 王洼 | 崖堡 |
| 妻子 | 郭　莉 | 汉族 | 王洼 | 崖堡 | 孙子 | 高少哲 | 汉族 | 王洼 | 崖堡 |
| 长子 | 刘宏亮 | 汉族 | 王洼 | 崖堡 | 户主 | 路克勤 | 汉族 | 王洼 | 崖堡 |
| 长女 | 刘宏慧 | 汉族 | 王洼 | 崖堡 | 妻子 | 王蕊琴 | 汉族 | 王洼 | 崖堡 |
| 二女 | 刘慧莲 | 汉族 | 王洼 | 崖堡 | 长子 | 路　鹏 | 汉族 | 王洼 | 崖堡 |
| 户主 | 刘治国 | 汉族 | 王洼 | 崖堡 | 次子 | 路　辉 | 汉族 | 王洼 | 崖堡 |
| 妻子 | 赵彩金 | 汉族 | 王洼 | 崖堡 | 长女 | 路　萍 | 汉族 | 王洼 | 崖堡 |
| 长子 | 刘建新 | 汉族 | 王洼 | 崖堡 | 二女 | 路雪萍 | 汉族 | 王洼 | 崖堡 |
| 户主 | 高发强 | 汉族 | 王洼 | 崖堡 | 户主 | 刘金林 | 汉族 | 王洼 | 崖堡 |
| 妻子 | 蔡小花 | 汉族 | 王洼 | 崖堡 | 妻子 | 陈秀珍 | 汉族 | 王洼 | 崖堡 |
| 长子 | 高启龙 | 汉族 | 王洼 | 崖堡 | 长子 | 刘治全 | 汉族 | 王洼 | 崖堡 |
| 长女 | 高文娟 | 汉族 | 王洼 | 崖堡 | 次女 | 刘银花 | 汉族 | 王洼 | 崖堡 |
| 户主 | 安守文 | 汉族 | 王洼 | 崖堡 | 户主 | 安兴全 | 汉族 | 王洼 | 崖堡 |
| 妻子 | 刘彩萍 | 汉族 | 王洼 | 崖堡 | 妻子 | 王克梅 | 汉族 | 王洼 | 崖堡 |
| 长子 | 安建华 | 汉族 | 王洼 | 崖堡 | 三子 | 安龙武 | 汉族 | 王洼 | 崖堡 |

续表 16

| 与户主关系 | 家庭成员 | 民族 | 原居住地 | | 与户主关系 | 家庭成员 | 民族 | 原居住地 | |
|---|---|---|---|---|---|---|---|---|---|
| | | | 乡(镇) | 行政村 | | | | 乡(镇) | 行政村 |
| 长女 | 安桂兰 | 汉族 | 王洼 | 崖堡 | 孙女 | 常小娥 | 汉族 | 王洼 | 尚台 |
| 户主 | 刘金忠 | 汉族 | 王洼 | 崖堡 | 孙女 | 常炫双 | 汉族 | 王洼 | 尚台 |
| 妻子 | 魏淑珍 | 汉族 | 王洼 | 崖堡 | 孙女 | 常炫晔 | 汉族 | 王洼 | 尚台 |
| 长子 | 刘银广 | 汉族 | 王洼 | 崖堡 | 孙女 | 常亚辉 | 汉族 | 王洼 | 尚台 |
| 次子 | 刘银德 | 汉族 | 王洼 | 崖堡 | 孙子 | 常永健 | 汉族 | 王洼 | 尚台 |
| 长女 | 刘银萍 | 汉族 | 王洼 | 崖堡 | 户主 | 白风歧 | 汉族 | 王洼 | 尚台 |
| 户主 | 路军 | 汉族 | 王洼 | 崖堡 | 外孙 | 虎峰 | 汉族 | 王洼 | 尚台 |
| 妻子 | 安桃花 | 汉族 | 王洼 | 崖堡 | 妻子 | 贾桂荣 | 汉族 | 王洼 | 尚台 |
| 长子 | 路建宁 | 汉族 | 王洼 | 崖堡 | 三子 | 白忠荣 | 汉族 | 王洼 | 尚台 |
| 户主 | 刘兴强 | 汉族 | 王洼 | 崖堡 | 儿媳 | 祁永翠 | 汉族 | 王洼 | 尚台 |
| 妻子 | 张世兰 | 汉族 | 王洼 | 崖堡 | 户主 | 白忠强 | 汉族 | 王洼 | 尚台 |
| 三子 | 刘智 | 汉族 | 王洼 | 崖堡 | 妻子 | 谢治莲 | 汉族 | 王洼 | 尚台 |
| 户主 | 刘龙 | 汉族 | 王洼 | 崖堡 | 长子 | 白文辉 | 汉族 | 王洼 | 尚台 |
| 妻子 | 汪慧荣 | 汉族 | 王洼 | 崖堡 | 户主 | 李江青 | 汉族 | 王洼 | 尚台 |
| 长子 | 刘浩泽 | 汉族 | 王洼 | 崖堡 | 妻子 | 余守兰 | 汉族 | 王洼 | 尚台 |
| 户主 | 刘鹏 | 汉族 | 王洼 | 崖堡 | 长子 | 李克东 | 汉族 | 王洼 | 尚台 |
| 妻子 | 王耀琴 | 汉族 | 王洼 | 崖堡 | 次子 | 李富东 | 汉族 | 王洼 | 尚台 |
| 长子 | 刘浩霖 | 汉族 | 王洼 | 崖堡 | 母亲 | 郑作连 | 汉族 | 王洼 | 尚台 |
| 户主 | 刘恩 | 汉族 | 王洼 | 崖堡 | 户主 | 李江宽 | 汉族 | 王洼 | 尚台 |
| 妻子 | 高丁霞 | 汉族 | 王洼 | 崖堡 | 妻子 | 杨贵连 | 汉族 | 王洼 | 尚台 |
| 长女 | 刘佳佳 | 汉族 | 王洼 | 崖堡 | 次女 | 李彩萍 | 汉族 | 王洼 | 尚台 |
| 户主 | 常兴军 | 汉族 | 王洼 | 尚台 | 长子 | 李虎东 | 汉族 | 王洼 | 尚台 |
| 妻子 | 白忠花 | 汉族 | 王洼 | 尚台 | 户主 | 王登贵 | 汉族 | 王洼 | 尚台 |
| 长子 | 常金龙 | 汉族 | 王洼 | 尚台 | 次子 | 王金海 | 汉族 | 王洼 | 尚台 |
| 儿媳 | 张霞 | 汉族 | 王洼 | 尚台 | 儿媳 | 郁艳 | 汉族 | 王洼 | 尚台 |
| 孙女 | 常晓婷 | 汉族 | 王洼 | 尚台 | 孙女 | 王雨婷 | 汉族 | 王洼 | 尚台 |
| 户主 | 常兴文 | 汉族 | 王洼 | 尚台 | 三子 | 王金库 | 汉族 | 王洼 | 尚台 |
| 妻子 | 马虎玲 | 汉族 | 王洼 | 尚台 | 长子 | 王金龙 | 汉族 | 王洼 | 尚台 |
| 长子 | 常金科 | 汉族 | 王洼 | 尚台 | 户主 | 薛志刚 | 汉族 | 王洼 | 尚台 |
| 长女 | 常金连 | 汉族 | 王洼 | 尚台 | 妻子 | 徐金连 | 汉族 | 王洼 | 尚台 |
| 次女 | 常金会 | 汉族 | 王洼 | 尚台 | 三女 | 薛天琴 | 汉族 | 王洼 | 尚台 |
| 儿媳 | 祁永娟 | 汉族 | 王洼 | 尚台 | 长子 | 薛天明 | 汉族 | 王洼 | 尚台 |
| 户主 | 常兴国 | 汉族 | 王洼 | 尚台 | 户主 | 薛占奎 | 汉族 | 王洼 | 尚台 |
| 妻子 | 张志霞 | 汉族 | 王洼 | 尚台 | 妻子 | 马凤连 | 汉族 | 王洼 | 尚台 |
| 长子 | 常金鹏 | 汉族 | 王洼 | 尚台 | 长子 | 薛江 | 汉族 | 王洼 | 尚台 |
| 儿媳 | 王玲 | 汉族 | 王洼 | 尚台 | 户主 | 张吉克 | 汉族 | 王洼 | 尚台 |

续表 16

| 与户主关系 | 家庭成员 | 民族 | 原居住地 | | 与户主关系 | 家庭成员 | 民族 | 原居住地 | |
|---|---|---|---|---|---|---|---|---|---|
| | | | 乡(镇) | 行政村 | | | | 乡(镇) | 行政村 |
| 妻子 | 攀玉兰 | 汉族 | 王洼 | 尚台 | 次子 | 蒋金库 | 汉族 | 王洼 | 尚台 |
| 户主 | 薛志俊 | 汉族 | 王洼 | 尚台 | 三子 | 蒋金龙 | 汉族 | 王洼 | 尚台 |
| 妻子 | 贾元彩 | 汉族 | 王洼 | 尚台 | 长女 | 蒋金叶 | 汉族 | 王洼 | 尚台 |
| 长子 | 薛天科 | 汉族 | 王洼 | 尚台 | 户主 | 蒋天亮 | 汉族 | 王洼 | 尚台 |
| 初中 | 薛天学 | 汉族 | 王洼 | 尚台 | 母亲 | 王守梅 | 汉族 | 王洼 | 尚台 |
| 户主 | 薛志义 | 汉族 | 王洼 | 尚台 | 父亲 | 蒋得荣 | 汉族 | 王洼 | 尚台 |
| 妻子 | 余守花 | 汉族 | 王洼 | 尚台 | 弟 | 蒋天喜 | 汉族 | 王洼 | 尚台 |
| 户主 | 薛志荣 | 汉族 | 王洼 | 尚台 | 弟媳 | 武爱华 | 汉族 | 王洼 | 尚台 |
| 妻子 | 古照彩 | 汉族 | 王洼 | 尚台 | 侄子 | 蒋国鹏 | 汉族 | 王洼 | 尚台 |
| 儿媳 | 徐　蓉 | 汉族 | 王洼 | 尚台 | 户主 | 叶培礼 | 汉族 | 王洼 | 尚台 |
| 孙女 | 薛晓娟 | 汉族 | 王洼 | 尚台 | 儿媳 | 薛天娥 | 汉族 | 王洼 | 尚台 |
| 三子 | 薛天平 | 汉族 | 王洼 | 尚台 | 次子 | 叶正江 | 汉族 | 王洼 | 尚台 |
| 儿媳 | 虎利琴 | 汉族 | 王洼 | 尚台 | 孙子 | 叶小童 | 汉族 | 王洼 | 尚台 |
| 次子 | 薛天成 | 汉族 | 王洼 | 尚台 | 孙女 | 叶小帆 | 汉族 | 王洼 | 尚台 |
| 户主 | 薛志智 | 汉族 | 王洼 | 尚台 | 妻子 | 闫秀玲 | 汉族 | 王洼 | 尚台 |
| 妻子 | 杨占梅 | 汉族 | 王洼 | 尚台 | 户主 | 闫尚贵 | 汉族 | 王洼 | 尚台 |
| 次子 | 薛天飞 | 汉族 | 王洼 | 尚台 | 妻子 | 罗彦秀 | 汉族 | 王洼 | 尚台 |
| 儿媳 | 袁晓娟 | 汉族 | 王洼 | 尚台 | 次子 | 闫小红 | 汉族 | 王洼 | 尚台 |
| 户主 | 叶正红 | 汉族 | 王洼 | 尚台 | 儿媳 | 叶金霞 | 汉族 | 王洼 | 尚台 |
| 长子 | 叶　武 | 汉族 | 王洼 | 尚台 | 孙女 | 闫婉茹 | 汉族 | 王洼 | 尚台 |
| 妻子 | 李彩霞 | 汉族 | 王洼 | 尚台 | 孙女 | 闫亚茹 | 汉族 | 王洼 | 尚台 |
| 长女 | 叶　娜 | 汉族 | 王洼 | 尚台 | 户主 | 叶正付 | 汉族 | 王洼 | 尚台 |
| 户主 | 王连忠 | 汉族 | 王洼 | 尚台 | 父亲 | 叶培孝 | 汉族 | 王洼 | 尚台 |
| 妻子 | 王亚子 | 汉族 | 王洼 | 尚台 | 母亲 | 刘彩花 | 汉族 | 王洼 | 尚台 |
| 长子 | 王　宏 | 汉族 | 王洼 | 尚台 | 妻子 | 陈　蓉 | 汉族 | 王洼 | 尚台 |
| 户主 | 薛志永 | 汉族 | 王洼 | 尚台 | 长女 | 叶　洁 | 汉族 | 王洼 | 尚台 |
| 妻子 | 何玉香 | 汉族 | 王洼 | 尚台 | 户主 | 白忠喜 | 汉族 | 王洼 | 尚台 |
| 长子 | 薛天对 | 汉族 | 王洼 | 尚台 | 妻子 | 陈　霞 | 汉族 | 王洼 | 尚台 |
| 次子 | 薛天双 | 汉族 | 王洼 | 尚台 | 长女 | 白宁霞 | 汉族 | 王洼 | 尚台 |
| 户主 | 何治军 | 汉族 | 王洼 | 尚台 | 母亲 | 张秉梅 | 汉族 | 王洼 | 尚台 |
| 母亲 | 王志兰 | 汉族 | 王洼 | 尚台 | 长子 | 白文铎 | 汉族 | 王洼 | 尚台 |
| 妻子 | 孟钦彩 | 汉族 | 王洼 | 尚台 | 户主 | 何治国 | 汉族 | 王洼 | 尚台 |
| 长女 | 何　琪 | 汉族 | 王洼 | 尚台 | 妻子 | 梁军霞 | 汉族 | 王洼 | 尚台 |
| 户主 | 蒋天明 | 汉族 | 王洼 | 尚台 | 长子 | 何　江 | 汉族 | 王洼 | 尚台 |
| 妻子 | 张志芳 | 汉族 | 王洼 | 尚台 | 户主 | 何治龙 | 汉族 | 王洼 | 尚台 |
| 长子 | 蒋金宝 | 汉族 | 王洼 | 尚台 | 妻子 | 张志琴 | 汉族 | 王洼 | 尚台 |

续表 16

| 与户主关系 | 家庭成员 | 民族 | 原居住地 | | 与户主关系 | 家庭成员 | 民族 | 原居住地 | |
|---|---|---|---|---|---|---|---|---|---|
| | | | 乡(镇) | 行政村 | | | | 乡(镇) | 行政村 |
| 长子 | 何　永 | 汉族 | 王洼 | 尚台 | 三子 | 白文彪 | 汉族 | 王洼 | 尚台 |
| 次子 | 何　强 | 汉族 | 王洼 | 尚台 | 户主 | 薛　刚 | 汉族 | 王洼 | 尚台 |
| 长女 | 何　蓉 | 汉族 | 王洼 | 尚台 | 妻子 | 杨明花 | 汉族 | 王洼 | 尚台 |
| 父亲 | 何进清 | 汉族 | 王洼 | 尚台 | 父亲 | 薛占库 | 汉族 | 王洼 | 尚台 |
| 母亲 | 叶秀清 | 汉族 | 王洼 | 尚台 | 母亲 | 赵守兴 | 汉族 | 王洼 | 尚台 |
| 户主 | 何进奎 | 汉族 | 王洼 | 尚台 | 妹妹 | 薛彩红 | 汉族 | 王洼 | 尚台 |
| 妻子 | 张桂芳 | 汉族 | 王洼 | 尚台 | 户主 | 叶培强 | 汉族 | 王洼 | 尚台 |
| 户主 | 何治东 | 汉族 | 王洼 | 尚台 | 妻子 | 陈占霞 | 汉族 | 王洼 | 尚台 |
| 次子 | 何　伟 | 汉族 | 王洼 | 尚台 | 长子 | 叶正龙 | 汉族 | 王洼 | 尚台 |
| 户主 | 闫尚虎 | 汉族 | 王洼 | 尚台 | 母亲 | 张仲花 | 汉族 | 王洼 | 尚台 |
| 母亲 | 苏连英 | 汉族 | 王洼 | 尚台 | 次女 | 叶彩霞 | 汉族 | 王洼 | 尚台 |
| 户主 | 薛志会 | 汉族 | 王洼 | 尚台 | 户主 | 张志成 | 汉族 | 王洼 | 尚台 |
| 妻子 | 李君芳 | 汉族 | 王洼 | 尚台 | 妻子 | 何治彩 | 汉族 | 王洼 | 尚台 |
| 长女 | 薛晓艳 | 汉族 | 王洼 | 尚台 | 长子 | 张为红 | 汉族 | 王洼 | 尚台 |
| 长子 | 薛小露 | 汉族 | 王洼 | 尚台 | 长女 | 张跳红 | 汉族 | 王洼 | 尚台 |
| 户主 | 薛志虎 | 汉族 | 王洼 | 尚台 | 母亲 | 叶培英 | 汉族 | 王洼 | 尚台 |
| 母亲 | 苏成秀 | 汉族 | 王洼 | 尚台 | 弟 | 张志平 | 汉族 | 王洼 | 尚台 |
| 父亲 | 薛占礼 | 汉族 | 王洼 | 尚台 | 户主 | 薛占武 | 汉族 | 王洼 | 尚台 |
| 三弟 | 薛志平 | 汉族 | 王洼 | 尚台 | 妻子 | 韩亚子 | 汉族 | 王洼 | 尚台 |
| 四弟 | 薛志川 | 汉族 | 王洼 | 尚台 | 长子 | 薛　强 | 汉族 | 王洼 | 尚台 |
| 户主 | 薛志强 | 汉族 | 王洼 | 尚台 | 次子 | 薛　勇 | 汉族 | 王洼 | 尚台 |
| 妻子 | 郑月芳 | 汉族 | 王洼 | 尚台 | 户主 | 袁粉香 | 汉族 | 王洼 | 尚台 |
| 长子 | 薛天良 | 汉族 | 王洼 | 尚台 | 孙子 | 蒋金鑫 | 汉族 | 王洼 | 尚台 |
| 长女 | 薛天宁 | 汉族 | 王洼 | 尚台 | 儿媳 | 杨秀虹 | 汉族 | 王洼 | 尚台 |
| 次女 | 薛天静 | 汉族 | 王洼 | 尚台 | 孙女 | 蒋婧璐 | 汉族 | 王洼 | 尚台 |
| 母亲 | 张玉英 | 汉族 | 王洼 | 尚台 | 孙女 | 蒋婧钰 | 汉族 | 王洼 | 尚台 |
| 户主 | 何治付 | 汉族 | 王洼 | 尚台 | 户主 | 何进孝 | 汉族 | 王洼 | 尚台 |
| 妻子 | 张志霞 | 汉族 | 王洼 | 尚台 | 妻子 | 王芳梅 | 汉族 | 王洼 | 尚台 |
| 长女 | 何伟红 | 汉族 | 王洼 | 尚台 | 长子 | 何金鹏 | 汉族 | 王洼 | 尚台 |
| 次女 | 何伟娟 | 汉族 | 王洼 | 尚台 | 户主 | 张志信 | 汉族 | 王洼 | 尚台 |
| 三女 | 何伟蓉 | 汉族 | 王洼 | 尚台 | 妻子 | 张彩玲 | 汉族 | 王洼 | 尚台 |
| 长子 | 何张伟 | 汉族 | 王洼 | 尚台 | 长子 | 张　利 | 汉族 | 王洼 | 尚台 |
| 户主 | 白忠玺 | 汉族 | 王洼 | 尚台 | 次子 | 张　恩 | 汉族 | 王洼 | 尚台 |
| 妻子 | 贾秀玲 | 汉族 | 王洼 | 尚台 | 儿媳 | 王　慧 | 汉族 | 王洼 | 尚台 |
| 长子 | 白文龙 | 汉族 | 王洼 | 尚台 | 孙女 | 张雅婷 | 汉族 | 王洼 | 尚台 |
| 次子 | 白文虎 | 汉族 | 王洼 | 尚台 | 户主 | 张志东 | 汉族 | 王洼 | 尚台 |

续表 16

| 与户主关系 | 家庭成员 | 民族 | 原居住地 | | 与户主关系 | 家庭成员 | 民族 | 原居住地 | |
|---|---|---|---|---|---|---|---|---|---|
| | | | 乡(镇) | 行政村 | | | | 乡(镇) | 行政村 |
| 妻子 | 刘玲霞 | 汉族 | 王洼 | 尚台 | 户主 | 王连成 | 汉族 | 王洼 | 尚台 |
| 长子 | 张　军 | 汉族 | 王洼 | 尚台 | 妻子 | 王永驻 | 汉族 | 王洼 | 尚台 |
| 次子 | 张　伟 | 汉族 | 王洼 | 尚台 | 长子 | 王　平 | 汉族 | 王洼 | 尚台 |
| 户主 | 薛天柱 | 汉族 | 王洼 | 尚台 | 次子 | 王　东 | 汉族 | 王洼 | 尚台 |
| 妻子 | 李沛萍 | 汉族 | 王洼 | 尚台 | 户主 | 薛天兵 | 汉族 | 王洼 | 尚台 |
| 长女 | 薛　娟 | 汉族 | 王洼 | 尚台 | 妻子 | 赵彩芳 | 汉族 | 王洼 | 尚台 |
| 次女 | 薛　燕 | 汉族 | 王洼 | 尚台 | 长子 | 薛　伟 | 汉族 | 王洼 | 尚台 |
| 三女 | 薛　静 | 汉族 | 王洼 | 尚台 | 次子 | 薛　锐 | 汉族 | 王洼 | 尚台 |
| 长子 | 薛　宁 | 汉族 | 王洼 | 尚台 | 长女 | 薛　玲 | 汉族 | 王洼 | 尚台 |
| 户主 | 闫上有 | 汉族 | 王洼 | 尚台 | 户主 | 薛天鹏 | 汉族 | 王洼 | 尚台 |
| 妻子 | 黄彦梅 | 汉族 | 王洼 | 尚台 | 妻子 | 李淑彩 | 汉族 | 王洼 | 尚台 |
| 长子 | 闫　如 | 汉族 | 王洼 | 尚台 | 长女 | 薛娟娟 | 汉族 | 王洼 | 尚台 |
| 次子 | 闫　广 | 汉族 | 王洼 | 尚台 | 次女 | 薛晓慧 | 汉族 | 王洼 | 尚台 |
| 户主 | 张志和 | 汉族 | 王洼 | 尚台 | 户主 | 闫上付 | 汉族 | 王洼 | 尚台 |
| 妻子 | 吴彩琴 | 汉族 | 王洼 | 尚台 | 妻子 | 王良香 | 汉族 | 王洼 | 尚台 |
| 长女 | 张　萍 | 汉族 | 王洼 | 尚台 | 长子 | 闫　科 | 汉族 | 王洼 | 尚台 |
| 长子 | 张　辉 | 汉族 | 王洼 | 尚台 | 次子 | 闫　忠 | 汉族 | 王洼 | 尚台 |
| 次女 | 张　娟 | 汉族 | 王洼 | 尚台 | 三子 | 闫　满 | 汉族 | 王洼 | 尚台 |
| 户主 | 张志春 | 汉族 | 王洼 | 尚台 | 儿媳 | 袁晓娟 | 汉族 | 王洼 | 尚台 |
| 妻子 | 祁彦彩 | 汉族 | 王洼 | 尚台 | 户主 | 常兴平 | 汉族 | 王洼 | 尚台 |
| 长子 | 张　鹏 | 汉族 | 王洼 | 尚台 | 妻子 | 柳安芳 | 汉族 | 王洼 | 尚台 |
| 户主 | 薛天水 | 汉族 | 王洼 | 尚台 | 次女 | 常番琴 | 汉族 | 王洼 | 尚台 |
| 妻子 | 罗银娥 | 汉族 | 王洼 | 尚台 | 长子 | 常金峰 | 汉族 | 王洼 | 尚台 |
| 长子 | 薛小文 | 汉族 | 王洼 | 尚台 | 长女 | 常彩霞 | 汉族 | 王洼 | 尚台 |
| 次子 | 薛小翔 | 汉族 | 王洼 | 尚台 | 户主 | 常宝利 | 汉族 | 王洼 | 尚台 |
| 户主 | 薛志信 | 汉族 | 王洼 | 尚台 | 弟 | 常金库 | 汉族 | 王洼 | 尚台 |
| 妻子 | 黄俊兰 | 汉族 | 王洼 | 尚台 | 长女 | 常金润 | 汉族 | 王洼 | 尚台 |
| 次子 | 薛天堂 | 汉族 | 王洼 | 尚台 | 弟媳 | 朱　花 | 汉族 | 王洼 | 尚台 |
| 户主 | 薛天玉 | 汉族 | 王洼 | 尚台 | 妻子 | 李番平 | 汉族 | 王洼 | 尚台 |
| 妻子 | 闫金秀 | 汉族 | 王洼 | 尚台 | 长子 | 常　浩 | 汉族 | 王洼 | 尚台 |
| 长女 | 薛　娜 | 汉族 | 王洼 | 尚台 | 母亲 | 叶培芳 | 汉族 | 王洼 | 尚台 |
| 长子 | 薛　鑫 | 汉族 | 王洼 | 尚台 | 户主 | 铁金梅 | 汉族 | 王洼 | 尚台 |
| 弟弟 | 薛天红 | 汉族 | 王洼 | 尚台 | 次女 | 王　燕 | 汉族 | 王洼 | 尚台 |
| 母亲 | 常秀兰 | 汉族 | 王洼 | 尚台 | 长子 | 王　军 | 汉族 | 王洼 | 尚台 |
| 户主 | 薛占兵 | 汉族 | 王洼 | 尚台 | 户主 | 王志升 | 汉族 | 王洼 | 尚台 |
| 长女 | 薛　婷 | 汉族 | 王洼 | 尚台 | 妻子 | 龚　银 | 汉族 | 王洼 | 尚台 |

续表 16

| 与户主关系 | 家庭成员 | 民族 | 原居住地 | | 与户主关系 | 家庭成员 | 民族 | 原居住地 | |
|---|---|---|---|---|---|---|---|---|---|
| | | | 乡(镇) | 行政村 | | | | 乡(镇) | 行政村 |
| 长子 | 王飞 | 汉族 | 王洼 | 尚台 | 长子 | 马虎东 | 汉族 | 王洼 | 王洼 |
| 次子 | 王伟 | 汉族 | 王洼 | 尚台 | 母亲 | 赵玉花 | 汉族 | 王洼 | 王洼 |
| 户主 | 雅进军 | 汉族 | 王洼 | 王洼 | 户主 | 马永章 | 汉族 | 王洼 | 王洼 |
| 妻子 | 杨德兰 | 汉族 | 王洼 | 王洼 | 长子 | 马志洲 | 汉族 | 王洼 | 王洼 |
| 长子 | 雅向 | 汉族 | 王洼 | 王洼 | 儿媳 | 李志芳 | 汉族 | 王洼 | 王洼 |
| 次子 | 雅勇 | 汉族 | 王洼 | 王洼 | 孙子 | 马小波 | 汉族 | 王洼 | 王洼 |
| 三子 | 雅武 | 汉族 | 王洼 | 王洼 | 户主 | 马沛章 | 汉族 | 王洼 | 王洼 |
| 四子 | 雅强 | 汉族 | 王洼 | 王洼 | 妻子 | 周桂芳 | 汉族 | 王洼 | 王洼 |
| 长子妻子 | 刘琴 | 汉族 | 王洼 | 王洼 | 四女 | 马会娟 | 汉族 | 王洼 | 王洼 |
| 户主 | 杜治新 | 汉族 | 王洼 | 王洼 | 五女 | 马会丽 | 汉族 | 王洼 | 王洼 |
| 妻子 | 贾生芳 | 汉族 | 王洼 | 王洼 | 六女 | 马文娟 | 汉族 | 王洼 | 王洼 |
| 长女 | 杜雪莉 | 汉族 | 王洼 | 王洼 | 户主 | 马志道 | 汉族 | 王洼 | 王洼 |
| 次女 | 杜丽霞 | 汉族 | 王洼 | 王洼 | 妻子 | 周利霞 | 汉族 | 王洼 | 王洼 |
| 四女 | 杜彩霞 | 汉族 | 王洼 | 王洼 | 户主 | 马峰章 | 汉族 | 王洼 | 王洼 |
| 三女 | 杜瑞霞 | 汉族 | 王洼 | 王洼 | 妻子 | 贾淑芳 | 汉族 | 王洼 | 王洼 |
| 户主 | 杜治平 | 汉族 | 王洼 | 王洼 | 长子 | 马志仓 | 汉族 | 王洼 | 王洼 |
| 长子 | 杜效刚 | 汉族 | 王洼 | 王洼 | 户主 | 马志明 | 汉族 | 王洼 | 王洼 |
| 长子妻子 | 朱艳宁 | 汉族 | 王洼 | 王洼 | 妻子 | 叶正丽 | 汉族 | 王洼 | 王洼 |
| 孙子 | 杜鹏辉 | 汉族 | 王洼 | 王洼 | 长女 | 马海波 | 汉族 | 王洼 | 王洼 |
| 户主 | 杜治元 | 汉族 | 王洼 | 王洼 | 长子 | 马海浪 | 汉族 | 王洼 | 王洼 |
| 妻子 | 徐万彩 | 汉族 | 王洼 | 王洼 | 户主 | 马志通 | 汉族 | 王洼 | 王洼 |
| 长子 | 杜博文 | 汉族 | 王洼 | 王洼 | 长子 | 马小涛 | 汉族 | 王洼 | 王洼 |
| 长子妻子 | 王红弟 | 汉族 | 王洼 | 王洼 | 次子 | 马小科 | 汉族 | 王洼 | 王洼 |
| 户主 | 贺富芳 | 汉族 | 王洼 | 王洼 | 户主 | 马志文 | 汉族 | 王洼 | 王洼 |
| 长女 | 马婷婷 | 汉族 | 王洼 | 王洼 | 妻子 | 王利霞 | 汉族 | 王洼 | 王洼 |
| 长子 | 马家骥 | 汉族 | 王洼 | 王洼 | 长子 | 马小伟 | 汉族 | 王洼 | 王洼 |
| 户主 | 马君 | 汉族 | 王洼 | 王洼 | 长女 | 马小琴 | 汉族 | 王洼 | 王洼 |
| 妻子 | 郭俊莉 | 汉族 | 王洼 | 王洼 | 户主 | 朱广宏 | 汉族 | 王洼 | 王洼 |
| 长子 | 马家驰 | 汉族 | 王洼 | 王洼 | 妻子 | 慕占琴 | 汉族 | 王洼 | 王洼 |
| 长女 | 马家丽 | 汉族 | 王洼 | 王洼 | 长子 | 朱金露 | 汉族 | 王洼 | 王洼 |
| 次女 | 马家静 | 汉族 | 王洼 | 王洼 | 次女 | 朱金妮 | 汉族 | 王洼 | 王洼 |
| 户主 | 杨春红 | 汉族 | 王洼 | 王洼 | 次子 | 朱金乐 | 汉族 | 王洼 | 王洼 |
| 长女 | 马海燕 | 汉族 | 王洼 | 王洼 | 母亲 | 祁彦珍 | 汉族 | 王洼 | 王洼 |
| 次女 | 马海棠 | 汉族 | 王洼 | 王洼 | 户主 | 马秉成 | 汉族 | 王洼 | 王洼 |
| 三女 | 马海涛 | 汉族 | 王洼 | 王洼 | 妻子 | 叶艳萍 | 汉族 | 王洼 | 王洼 |
| 四女 | 马海静 | 汉族 | 王洼 | 王洼 | 长女 | 马粉粉 | 汉族 | 王洼 | 王洼 |

续表 16

| 与户主关系 | 家庭成员 | 民族 | 原居住地 | | 与户主关系 | 家庭成员 | 民族 | 原居住地 | |
|---|---|---|---|---|---|---|---|---|---|
| | | | 乡(镇) | 行政村 | | | | 乡(镇) | 行政村 |
| 次女 | 马粉霞 | 汉族 | 王洼 | 王洼 | 三子 | 吴　明 | 汉族 | 王洼 | 王洼 |
| 三女 | 马粉玲 | 汉族 | 王洼 | 王洼 | 户主 | 袁翠琴 | 汉族 | 王洼 | 王洼 |
| 户主 | 马志家 | 汉族 | 王洼 | 王洼 | 次子 | 马炳龙 | 汉族 | 王洼 | 王洼 |
| 妻子 | 张润琴 | 汉族 | 王洼 | 王洼 | 户主 | 马炳奇 | 汉族 | 王洼 | 王洼 |
| 长子 | 马晓勇 | 汉族 | 王洼 | 王洼 | 妻子 | 李小花 | 汉族 | 王洼 | 王洼 |
| 户主 | 马志学 | 汉族 | 王洼 | 王洼 | 长女 | 马春梅 | 汉族 | 王洼 | 王洼 |
| 父亲 | 马秀章 | 汉族 | 王洼 | 王洼 | 户主 | 周凤祥 | 汉族 | 王洼 | 王洼 |
| 母亲 | 邓秀珍 | 汉族 | 王洼 | 王洼 | 妻子 | 贾秀梅 | 汉族 | 王洼 | 王洼 |
| 户主 | 马志乾 | 汉族 | 王洼 | 王洼 | 三子 | 周　东 | 汉族 | 王洼 | 王洼 |
| 妻子 | 魏文香 | 汉族 | 王洼 | 王洼 | 孙女 | 周盈盈 | 汉族 | 王洼 | 王洼 |
| 次女 | 马　春 | 汉族 | 王洼 | 王洼 | 三子妻子 | 李改荣 | 汉族 | 王洼 | 王洼 |
| 三女 | 马　琴 | 汉族 | 王洼 | 王洼 | 户主 | 周　荣 | 汉族 | 王洼 | 王洼 |
| 四女 | 马　晶 | 汉族 | 王洼 | 王洼 | 妻子 | 王彩兰 | 汉族 | 王洼 | 王洼 |
| 户主 | 马志元 | 汉族 | 王洼 | 王洼 | 长女 | 周梦茹 | 汉族 | 王洼 | 王洼 |
| 妻子 | 卢玉芳 | 汉族 | 王洼 | 王洼 | 户主 | 周凤平 | 汉族 | 王洼 | 王洼 |
| 长女 | 马　强 | 汉族 | 王洼 | 王洼 | 妻子 | 焦永萍 | 汉族 | 王洼 | 王洼 |
| 长子 | 马　飞 | 汉族 | 王洼 | 王洼 | 长女 | 周　蓉 | 汉族 | 王洼 | 王洼 |
| 父亲 | 马贵章 | 汉族 | 王洼 | 王洼 | 长子 | 周　文 | 汉族 | 王洼 | 王洼 |
| 母亲 | 雅桂花 | 汉族 | 王洼 | 王洼 | 次女 | 周　会 | 汉族 | 王洼 | 王洼 |
| 嫂子 | 雅进兰 | 汉族 | 王洼 | 王洼 | 户主 | 马志刚 | 汉族 | 王洼 | 王洼 |
| 侄子 | 马晓章 | 汉族 | 王洼 | 王洼 | 妻子 | 陈晓玲 | 汉族 | 王洼 | 王洼 |
| 户主 | 马志钊 | 汉族 | 王洼 | 王洼 | 长女 | 马文文 | 汉族 | 王洼 | 王洼 |
| 妻子 | 张凤兰 | 汉族 | 王洼 | 王洼 | 户主 | 马志金 | 汉族 | 王洼 | 王洼 |
| 次子 | 马向宏 | 汉族 | 王洼 | 王洼 | 妻子 | 张芳琴 | 汉族 | 王洼 | 王洼 |
| 户主 | 朱广业 | 汉族 | 王洼 | 王洼 | 长子 | 马世华 | 汉族 | 王洼 | 王洼 |
| 妻子 | 惠生兰 | 汉族 | 王洼 | 王洼 | 弟弟 | 马志宁 | 汉族 | 王洼 | 王洼 |
| 户主 | 安克福 | 汉族 | 王洼 | 王洼 | 弟媳 | 谢　茹 | 汉族 | 王洼 | 王洼 |
| 妻子 | 马玉梅 | 汉族 | 王洼 | 王洼 | 户主 | 马志成 | 汉族 | 王洼 | 王洼 |
| 户主 | 马志斌 | 汉族 | 王洼 | 王洼 | 妻子 | 张孔霞 | 汉族 | 王洼 | 王洼 |
| 长子 | 马继宏 | 汉族 | 王洼 | 王洼 | 长子 | 马世杰 | 汉族 | 王洼 | 王洼 |
| 次子 | 马利宏 | 汉族 | 王洼 | 王洼 | 户主 | 马志鹏 | 汉族 | 王洼 | 王洼 |
| 户主 | 朱金聪 | 汉族 | 王洼 | 王洼 | 妻子 | 寇晓兰 | 汉族 | 王洼 | 王洼 |
| 妻子 | 汪　萍 | 汉族 | 王洼 | 王洼 | 长子 | 马少骅 | 汉族 | 王洼 | 王洼 |
| 父亲 | 朱广成 | 汉族 | 王洼 | 王洼 | 长女 | 马怡宁 | 汉族 | 王洼 | 王洼 |
| 母亲 | 王志荣 | 汉族 | 王洼 | 王洼 | 母亲 | 屈梅英 | 汉族 | 王洼 | 王洼 |
| 户主 | 刘彩梅 | 汉族 | 王洼 | 王洼 | 户主 | 马志广 | 汉族 | 王洼 | 王洼 |

续表 16

| 与户主关系 | 家庭成员 | 民族 | 原居住地 | | 与户主关系 | 家庭成员 | 民族 | 原居住地 | |
|---|---|---|---|---|---|---|---|---|---|
| | | | 乡(镇) | 行政村 | | | | 乡(镇) | 行政村 |
| 妻子 | 柳小花 | 汉族 | 王洼 | 王洼 | 妻子 | 张世梅 | 汉族 | 王洼 | 王洼 |
| 长女 | 马　晶 | 汉族 | 王洼 | 王洼 | 长子 | 马　鑫 | 汉族 | 王洼 | 王洼 |
| 户主 | 马志未 | 汉族 | 王洼 | 王洼 | 户主 | 马志军 | 汉族 | 王洼 | 王洼 |
| 妻子 | 黄相林 | 汉族 | 王洼 | 王洼 | 妻子 | 张利红 | 汉族 | 王洼 | 王洼 |
| 长女 | 马锦霞 | 汉族 | 王洼 | 王洼 | 长子 | 马　健 | 汉族 | 王洼 | 王洼 |
| 户主 | 马志钰 | 汉族 | 王洼 | 王洼 | 户主 | 马林章 | 汉族 | 王洼 | 王洼 |
| 妻子 | 沈鸿娟 | 汉族 | 王洼 | 王洼 | 妻子 | 贾生兰 | 汉族 | 王洼 | 王洼 |
| 长女 | 马琴琴 | 汉族 | 王洼 | 王洼 | 次子 | 马志高 | 汉族 | 王洼 | 王洼 |
| 户主 | 马志强 | 汉族 | 王洼 | 王洼 | 次子妻子 | 袁小琴 | 汉族 | 王洼 | 王洼 |
| 妻子 | 王炳琴 | 汉族 | 王洼 | 王洼 | 户主 | 雅化信 | 汉族 | 王洼 | 王洼 |
| 长女 | 马明霞 | 汉族 | 王洼 | 王洼 | 妻子 | 景焕梅 | 汉族 | 王洼 | 王洼 |
| 次女 | 马宏霞 | 汉族 | 王洼 | 王洼 | 三子 | 雅进贞 | 汉族 | 王洼 | 王洼 |
| 三女 | 马朝霞 | 汉族 | 王洼 | 王洼 | 三子妻子 | 贺富萍 | 汉族 | 王洼 | 王洼 |
| 户主 | 马银章 | 汉族 | 王洼 | 王洼 | 孙女 | 雅　慧 | 汉族 | 王洼 | 王洼 |
| 妻子 | 景秀梅 | 汉族 | 王洼 | 王洼 | 户主 | 雅进奇 | 汉族 | 王洼 | 王洼 |
| 次子 | 马福元 | 汉族 | 王洼 | 王洼 | 妻子 | 刘彩琴 | 汉族 | 王洼 | 王洼 |
| 次子妻子 | 李小慧 | 汉族 | 王洼 | 王洼 | 长女 | 雅　霞 | 汉族 | 王洼 | 王洼 |
| 孙女 | 马茹琪 | 汉族 | 王洼 | 王洼 | 次女 | 雅　楠 | 汉族 | 王洼 | 王洼 |
| 户主 | 马志栋 | 汉族 | 王洼 | 王洼 | 户主 | 刘　波 | 汉族 | 王洼 | 王洼 |
| 妻子 | 王桂琴 | 汉族 | 王洼 | 王洼 | 长女 | 刘晓娟 | 汉族 | 王洼 | 王洼 |
| 长女 | 马海霞 | 汉族 | 王洼 | 王洼 | 父亲 | 刘兴鹏 | 汉族 | 王洼 | 王洼 |
| 次女 | 马露霞 | 汉族 | 王洼 | 王洼 | 户主 | 雅进义 | 汉族 | 王洼 | 王洼 |
| 长子 | 马振骏 | 汉族 | 王洼 | 王洼 | 妻子 | 李应芳 | 汉族 | 王洼 | 王洼 |
| 三女 | 马翻霞 | 汉族 | 王洼 | 王洼 | 长女 | 雅　娜 | 汉族 | 王洼 | 王洼 |
| 户主 | 杜治军 | 汉族 | 王洼 | 王洼 | 户主 | 雅进德 | 汉族 | 王洼 | 王洼 |
| 妻子 | 景彩宏 | 汉族 | 王洼 | 王洼 | 妻子 | 刘彩玲 | 汉族 | 王洼 | 王洼 |
| 户主 | 马志福 | 汉族 | 王洼 | 王洼 | 长子 | 雅　坤 | 汉族 | 王洼 | 王洼 |
| 妻子 | 景春燕 | 汉族 | 王洼 | 王洼 | 户主 | 雅进元 | 汉族 | 王洼 | 王洼 |
| 长子 | 马正国 | 汉族 | 王洼 | 王洼 | 妻子 | 陈彦英 | 汉族 | 王洼 | 王洼 |
| 长女 | 马雯琪 | 汉族 | 王洼 | 王洼 | 母亲 | 胡玉莲 | 汉族 | 王洼 | 王洼 |
| 户主 | 雅　玺 | 汉族 | 王洼 | 王洼 | 儿子 | 雅　刚 | 汉族 | 王洼 | 王洼 |
| 妻子 | 曹金萍 | 汉族 | 王洼 | 王洼 | 儿媳 | 马雪莲 | 汉族 | 王洼 | 王洼 |
| 长女 | 雅志莹 | 汉族 | 王洼 | 王洼 | 孙女 | 雅志乐 | 汉族 | 王洼 | 王洼 |
| 次女 | 雅志玲 | 汉族 | 王洼 | 王洼 | 户主 | 毛万昌 | 汉族 | 王洼 | 王洼 |
| 长子 | 雅建华 | 汉族 | 王洼 | 王洼 | 妻子 | 马淑英 | 汉族 | 王洼 | 王洼 |
| 户主 | 马志武 | 汉族 | 王洼 | 王洼 | 长子 | 毛生富 | 汉族 | 王洼 | 王洼 |

续表 16

| 与户主关系 | 家庭成员 | 民族 | 原居住地 | | 与户主关系 | 家庭成员 | 民族 | 原居住地 | |
|---|---|---|---|---|---|---|---|---|---|
| | | | 乡(镇) | 行政村 | | | | 乡(镇) | 行政村 |
| 长子妻子 | 吴炳辉 | 汉族 | 王洼 | 王洼 | 长孙 | 赵　越 | 汉族 | 王洼 | 王洼 |
| 孙子 | 毛　勇 | 汉族 | 王洼 | 王洼 | 户主 | 赵凤红 | 汉族 | 王洼 | 王洼 |
| 户主 | 毛生文 | 汉族 | 王洼 | 王洼 | 丈夫 | 陈占军 | 汉族 | 王洼 | 王洼 |
| 妻子 | 郭文彩 | 汉族 | 王洼 | 王洼 | 长子 | 陈　驰 | 汉族 | 王洼 | 王洼 |
| 长子 | 毛　伟 | 汉族 | 王洼 | 王洼 | 侄子 | 赵　耀 | 汉族 | 王洼 | 王洼 |
| 户主 | 石彦祥 | 汉族 | 王洼 | 王洼 | 侄女 | 赵　蕾 | 汉族 | 王洼 | 王洼 |
| 妻子 | 贾金芳 | 汉族 | 王洼 | 王洼 | 侄女 | 赵文静 | 汉族 | 王洼 | 王洼 |
| 长子 | 石俊伟 | 汉族 | 王洼 | 王洼 | 户主 | 王淑琴 | 汉族 | 王洼 | 王洼 |
| 长女 | 石俊瑜 | 汉族 | 王洼 | 王洼 | 三子 | 赵　勇 | 汉族 | 王洼 | 王洼 |
| 户主 | 景秀梅 | 汉族 | 王洼 | 王洼 | 户主 | 雅成刚 | 汉族 | 王洼 | 王洼 |
| 母亲 | 马万华 | 汉族 | 王洼 | 王洼 | 妻子 | 田红霞 | 汉族 | 王洼 | 王洼 |
| 户主 | 石彦斌 | 汉族 | 王洼 | 王洼 | 次女 | 雅　帆 | 汉族 | 王洼 | 王洼 |
| 妻子 | 王芳琴 | 汉族 | 王洼 | 王洼 | 长女 | 雅　瑞 | 汉族 | 王洼 | 王洼 |
| 次子 | 石俊刚 | 汉族 | 王洼 | 王洼 | 户主 | 雅进治 | 汉族 | 王洼 | 王洼 |
| 长子妻子 | 任雪红 | 汉族 | 王洼 | 王洼 | 妻子 | 杨继梅 | 汉族 | 王洼 | 王洼 |
| 长子 | 石俊乾 | 汉族 | 王洼 | 王洼 | 次女 | 雅彩荣 | 汉族 | 王洼 | 王洼 |
| 孙子 | 石　昊 | 汉族 | 王洼 | 王洼 | 三女 | 雅彩霞 | 汉族 | 王洼 | 王洼 |
| 孙女 | 石　瑞 | 汉族 | 王洼 | 王洼 | 长子妻子 | 王小梅 | 汉族 | 王洼 | 王洼 |
| 户主 | 石俊平 | 汉族 | 王洼 | 王洼 | 户主 | 贺　萍 | 汉族 | 王洼 | 王洼 |
| 妻子 | 王　琴 | 汉族 | 王洼 | 王洼 | 长子 | 雅　腾 | 汉族 | 王洼 | 王洼 |
| 长女 | 石佳佳 | 汉族 | 王洼 | 王洼 | 次子 | 雅　鹏 | 汉族 | 王洼 | 王洼 |
| 母亲 | 赵秀兰 | 汉族 | 王洼 | 王洼 | 户主 | 赵凤岐 | 汉族 | 王洼 | 王洼 |
| 户主 | 石彦军 | 汉族 | 王洼 | 王洼 | 妻子 | 张彩玲 | 汉族 | 王洼 | 王洼 |
| 妻子 | 张兴强 | 汉族 | 王洼 | 王洼 | 三女 | 赵　翠 | 汉族 | 王洼 | 王洼 |
| 次子 | 石俊珠 | 汉族 | 王洼 | 王洼 | 户主 | 马　斌 | 汉族 | 王洼 | 王洼 |
| 三子 | 石俊明 | 汉族 | 王洼 | 王洼 | 妻子 | 王　梅 | 汉族 | 王洼 | 王洼 |
| 长子 | 石俊吉 | 汉族 | 王洼 | 王洼 | 长女 | 马丽娜 | 汉族 | 王洼 | 王洼 |
| 长子妻子 | 赵石珠 | 汉族 | 王洼 | 王洼 | 次女 | 马文娜 | 汉族 | 王洼 | 王洼 |
| 户主 | 石彦权 | 汉族 | 王洼 | 王洼 | 长子 | 马一帆 | 汉族 | 王洼 | 王洼 |
| 妻子 | 王秀琴 | 汉族 | 王洼 | 王洼 | 户主 | 常兆廷 | 汉族 | 草庙 | 草庙 |
| 长子 | 石俊德 | 汉族 | 王洼 | 王洼 | 妻子 | 钱永娣 | 汉族 | 草庙 | 草庙 |
| 长女 | 石俊珍 | 汉族 | 王洼 | 王洼 | 女儿 | 常盈盈 | 汉族 | 草庙 | 草庙 |
| 长子妻子 | 安芳芳 | 汉族 | 王洼 | 王洼 | 女儿 | 常　丽 | 汉族 | 草庙 | 草庙 |
| 户主 | 赵立儒 | 汉族 | 王洼 | 王洼 | 父亲 | 常得秀 | 汉族 | 草庙 | 草庙 |
| 妻子 | 甄彦梅 | 汉族 | 王洼 | 王洼 | 母亲 | 张梅英 | 汉族 | 草庙 | 草庙 |
| 长子 | 赵凤毅 | 汉族 | 王洼 | 王洼 | 哥哥 | 常兆龙 | 汉族 | 草庙 | 草庙 |

续表 16

| 与户主关系 | 家庭成员 | 民族 | 原居住地 | | 与户主关系 | 家庭成员 | 民族 | 原居住地 | |
|---|---|---|---|---|---|---|---|---|---|
| | | | 乡(镇) | 行政村 | | | | 乡(镇) | 行政村 |
| 妹妹 | 常兆蓉 | 汉族 | 草庙 | 草庙 | 儿子 | 马　智 | 汉族 | 草庙 | 草庙 |
| 户主 | 杨得金 | 汉族 | 草庙 | 草庙 | 儿媳 | 乔向红 | 汉族 | 草庙 | 草庙 |
| 妻子 | 常得红 | 汉族 | 草庙 | 草庙 | 孙子 | 马文龙 | 汉族 | 草庙 | 草庙 |
| 女儿 | 杨益粉 | 汉族 | 草庙 | 草庙 | 户主 | 马秉忠 | 汉族 | 草庙 | 草庙 |
| 儿子 | 杨益明 | 汉族 | 草庙 | 草庙 | 妻子 | 张菊梅 | 汉族 | 草庙 | 草庙 |
| 户主 | 马占荣 | 汉族 | 草庙 | 草庙 | 儿子 | 马　宁 | 汉族 | 草庙 | 草庙 |
| 妻子 | 韩孔梅 | 汉族 | 草庙 | 草庙 | 儿妻子 | 刘小敏 | 汉族 | 草庙 | 草庙 |
| 儿子 | 马成仁 | 汉族 | 草庙 | 草庙 | 孙子 | 马文昊 | 汉族 | 草庙 | 草庙 |
| 户主 | 马成升 | 汉族 | 草庙 | 草庙 | 孙女 | 马雪茹 | 汉族 | 草庙 | 草庙 |
| 妻子 | 刘秀霞 | 汉族 | 草庙 | 草庙 | 户主 | 马　亭 | 汉族 | 草庙 | 草庙 |
| 弟弟 | 马成德 | 汉族 | 草庙 | 草庙 | 妻子 | 韩海燕 | 汉族 | 草庙 | 草庙 |
| 女儿 | 马　盼 | 汉族 | 草庙 | 草庙 | 女儿 | 马淑琪 | 汉族 | 草庙 | 草庙 |
| 女儿 | 马　婧 | 汉族 | 草庙 | 草庙 | 户主 | 马秉迪 | 汉族 | 草庙 | 草庙 |
| 侄女 | 马　慧 | 汉族 | 草庙 | 草庙 | 妻子 | 宁喜玲 | 汉族 | 草庙 | 草庙 |
| 侄女 | 马静怡 | 汉族 | 草庙 | 草庙 | 儿子 | 马　啸 | 汉族 | 草庙 | 草庙 |
| 妹妹 | 马桂琴 | 汉族 | 草庙 | 草庙 | 女儿 | 马　磊 | 汉族 | 草庙 | 草庙 |
| 户主 | 马成义 | 汉族 | 草庙 | 草庙 | 女儿 | 马　瑜 | 汉族 | 草庙 | 草庙 |
| 妻子 | 女　儿 | 汉族 | 草庙 | 草庙 | 户主 | 马秉慧 | 汉族 | 草庙 | 草庙 |
| 女儿 | 马　巍 | 汉族 | 草庙 | 草庙 | 妻子 | 张彩霞 | 汉族 | 草庙 | 草庙 |
| 女儿 | 马　荣 | 汉族 | 草庙 | 草庙 | 儿子 | 马晓楠 | 汉族 | 草庙 | 草庙 |
| 儿子 | 马　宁 | 汉族 | 草庙 | 草庙 | 孙子 | 马　国 | 汉族 | 草庙 | 草庙 |
| 女儿 | 马　洁 | 汉族 | 草庙 | 草庙 | 孙子 | 马　伟 | 汉族 | 草庙 | 草庙 |
| 户主 | 马成乾 | 汉族 | 草庙 | 草庙 | 户主 | 马秉福 | 汉族 | 草庙 | 草庙 |
| 女儿 | 马　娜 | 汉族 | 草庙 | 草庙 | 妻子 | 张有芳 | 汉族 | 草庙 | 草庙 |
| 父亲 | 马占林 | 汉族 | 草庙 | 草庙 | 户主 | 马秉伟 | 汉族 | 草庙 | 草庙 |
| 母亲 | 贾玉秀 | 汉族 | 草庙 | 草庙 | 妻子 | 王小丽 | 汉族 | 草庙 | 草庙 |
| 妻子 | 王志兰 | 汉族 | 草庙 | 草庙 | 儿子 | 马　峰 | 汉族 | 草庙 | 草庙 |
| 儿子 | 马　杰 | 汉族 | 草庙 | 草庙 | 儿子 | 马　旭 | 汉族 | 草庙 | 草庙 |
| 户主 | 马成西 | 汉族 | 草庙 | 草庙 | 长女 | 乔　雪 | 汉族 | 草庙 | 草庙 |
| 妻子 | 陈翠芳 | 汉族 | 草庙 | 草庙 | 户主 | 马成章 | 汉族 | 草庙 | 草庙 |
| 女儿 | 马　苗 | 汉族 | 草庙 | 草庙 | 妻子 | 郭玉蓉 | 汉族 | 草庙 | 草庙 |
| 儿子 | 马　岩 | 汉族 | 草庙 | 草庙 | 女儿 | 马　滢 | 汉族 | 草庙 | 草庙 |
| 女儿 | 马　甜 | 汉族 | 草庙 | 草庙 | 儿子 | 马　健 | 汉族 | 草庙 | 草庙 |
| 户主 | 马秉生 | 汉族 | 草庙 | 草庙 | 户主 | 米占国 | 汉族 | 草庙 | 草庙 |
| 妻子 | 周淑会 | 汉族 | 草庙 | 草庙 | 妻子 | 徐宏珍 | 汉族 | 草庙 | 草庙 |
| 儿子 | 马　杰 | 汉族 | 草庙 | 草庙 | 女儿 | 米丽艳 | 汉族 | 草庙 | 草庙 |

续表 16

| 与户主关系 | 家庭成员 | 民族 | 原居住地 | | 与户主关系 | 家庭成员 | 民族 | 原居住地 | |
|---|---|---|---|---|---|---|---|---|---|
| | | | 乡(镇) | 行政村 | | | | 乡(镇) | 行政村 |
| 儿子 | 米建刚 | 汉族 | 草庙 | 草庙 | 次子 | 曹瑞龙 | 汉族 | 草庙 | 包山 |
| 户主 | 米占忠 | 汉族 | 草庙 | 草庙 | 丈夫 | 曹永堂 | 汉族 | 草庙 | 包山 |
| 妻子 | 曹彩莲 | 汉族 | 草庙 | 草庙 | 长子 | 曹瑞军 | 汉族 | 草庙 | 包山 |
| 儿子 | 米建强 | 汉族 | 草庙 | 草庙 | 户主 | 虎久财 | 汉族 | 小岔 | 耳城 |
| 女儿 | 米丽荣 | 汉族 | 草庙 | 草庙 | 长子 | 虎东勇 | 汉族 | 小岔 | 耳城 |
| 儿子 | 米建洋 | 汉族 | 草庙 | 草庙 | 长女 | 虎东雪 | 汉族 | 小岔 | 耳城 |
| 父亲 | 米益仓 | 汉族 | 草庙 | 草庙 | 父亲 | 虎秀邦 | 汉族 | 小岔 | 耳城 |
| 儿媳 | 杨　兰 | 汉族 | 草庙 | 草庙 | 母亲 | 安桂梅 | 汉族 | 小岔 | 耳城 |
| 孙女 | 米　朵 | 汉族 | 草庙 | 草庙 | 户主 | 虎久学 | 汉族 | 小岔 | 耳城 |
| 户主 | 杨付仓 | 汉族 | 草庙 | 草庙 | 妻子 | 甄丁相 | 汉族 | 小岔 | 耳城 |
| 妻子 | 闫登梅 | 汉族 | 草庙 | 草庙 | 长子 | 虎东平 | 汉族 | 小岔 | 耳城 |
| 儿子 | 杨义成 | 汉族 | 草庙 | 草庙 | 次子 | 虎东银 | 汉族 | 小岔 | 耳城 |
| 儿妻子 | 虎顺利 | 汉族 | 草庙 | 草庙 | 户主 | 常玉乾 | 汉族 | 小岔 | 耳城 |
| 孙女 | 杨　晓 | 汉族 | 草庙 | 草庙 | 哥哥 | 常玉发 | 汉族 | 小岔 | 耳城 |
| 孙女 | 杨　琦 | 汉族 | 草庙 | 草庙 | 嫂子 | 张巧荣 | 汉族 | 小岔 | 耳城 |
| 户主 | 马　玉 | 汉族 | 草庙 | 草庙 | 侄子 | 常　存 | 汉族 | 小岔 | 耳城 |
| 妻子 | 陈爱霞 | 汉族 | 草庙 | 草庙 | 父亲 | 常学章 | 汉族 | 小岔 | 耳城 |
| 女儿 | 马媛媛 | 汉族 | 草庙 | 草庙 | 母亲 | 王凤琴 | 汉族 | 小岔 | 耳城 |
| 儿子 | 马文涵 | 汉族 | 草庙 | 草庙 | 户主 | 尹建会 | 汉族 | 小岔 | 米沟 |
| 户主 | 常兆全 | 汉族 | 草庙 | 草庙 | 妻子 | 赵　玲 | 汉族 | 小岔 | 米沟 |
| 妻子 | 曹昌琴 | 汉族 | 草庙 | 草庙 | 长子 | 尹　鑫 | 汉族 | 小岔 | 米沟 |
| 女儿 | 常艳艳 | 汉族 | 草庙 | 草庙 | 长女 | 尹　妍 | 汉族 | 小岔 | 米沟 |
| 儿子 | 常　飞 | 汉族 | 草庙 | 草庙 | 户主 | 虎　峰 | 汉族 | 小岔 | 柳湾 |
| 户主 | 陆合金 | 汉族 | 草庙 | 草庙 | 妻子 | 马燕宏 | 汉族 | 小岔 | 柳湾 |
| 妻子 | 曹占明 | 汉族 | 草庙 | 草庙 | 长女 | 虎恩芳 | 汉族 | 小岔 | 柳湾 |
| 儿子 | 陆少华 | 汉族 | 草庙 | 草庙 | 二女 | 虎恩妍 | 汉族 | 小岔 | 柳湾 |
| 户主 | 陆合玉 | 汉族 | 草庙 | 草庙 | 户主 | 朱学义 | 汉族 | 小岔 | 柳湾 |
| 妻子 | 陈天丽 | 汉族 | 草庙 | 草庙 | 妻子 | 马彩梅 | 汉族 | 小岔 | 柳湾 |
| 儿子 | 陆建国 | 汉族 | 草庙 | 草庙 | 长子 | 朱长寿 | 汉族 | 小岔 | 柳湾 |
| 儿子 | 陆卫国 | 汉族 | 草庙 | 草庙 | 户主 | 曹永效 | 汉族 | 草庙 | 包山 |
| 户主 | 常兆银 | 汉族 | 草庙 | 草庙 | 母亲 | 虎秀英 | 汉族 | 草庙 | 包山 |
| 妻子 | 杨　芳 | 汉族 | 草庙 | 草庙 | 配偶 | 谈小蓉 | 汉族 | 草庙 | 包山 |
| 女儿 | 常娜娜 | 汉族 | 草庙 | 草庙 | 户主 | 虎生林 | 汉族 | 草庙 | 包山 |
| 女儿 | 常容容 | 汉族 | 草庙 | 草庙 | 长子 | 虎星星 | 汉族 | 草庙 | 包山 |
| 户主 | 雅秀丽 | 汉族 | 草庙 | 包山 | 长女 | 虎振华 | 汉族 | 草庙 | 包山 |
| 次女 | 曹瑞红 | 汉族 | 草庙 | 包山 | 户主 | 邓志辉 | 汉族 | 草庙 | 赵洼 |

续表16

| 与户主关系 | 家庭成员 | 民族 | 原居住地 | | 与户主关系 | 家庭成员 | 民族 | 原居住地 | |
|---|---|---|---|---|---|---|---|---|---|
| | | | 乡(镇) | 行政村 | | | | 乡(镇) | 行政村 |
| 妻子 | 高香香 | 汉族 | 草庙 | 赵洼 | 女儿 | 常　雪 | 汉族 | 草庙 | 草庙 |
| 长女 | 邓欣然 | 汉族 | 草庙 | 赵洼 | 户主 | 杨得川 | 汉族 | 草庙 | 草庙 |
| 次女 | 邓嫣然 | 汉族 | 草庙 | 赵洼 | 妻子 | 师登莲 | 汉族 | 草庙 | 草庙 |
| 户主 | 陈　秀 | 汉族 | 草庙 | 赵洼 | 子女 | 杨益琴 | 汉族 | 草庙 | 草庙 |
| 母亲 | 邓桂珍 | 汉族 | 草庙 | 赵洼 | 子女 | 杨益玲 | 汉族 | 草庙 | 草庙 |
| 户主 | 周万堂 | 汉族 | 草庙 | 赵洼 | 子女 | 杨益春 | 汉族 | 草庙 | 草庙 |
| 妻子 | 王海萍 | 汉族 | 草庙 | 赵洼 | 户主 | 曹廷贵 | 汉族 | 草庙 | 包山 |
| 长子 | 周国伟 | 汉族 | 草庙 | 赵洼 | 儿子 | 曹有文 | 汉族 | 草庙 | 包山 |
| 次子 | 周国星 | 汉族 | 草庙 | 赵洼 | 户主 | 曹有龙 | 汉族 | 草庙 | 包山 |
| 户主 | 邓世玉 | 汉族 | 草庙 | 赵洼 | 妻子 | 祁国霞 | 汉族 | 草庙 | 包山 |
| 妻子 | 张　婧 | 汉族 | 草庙 | 赵洼 | 长女 | 曹　荣 | 汉族 | 草庙 | 包山 |
| 长子 | 邓文博 | 汉族 | 草庙 | 赵洼 | 长子 | 曹　瑞 | 汉族 | 草庙 | 包山 |
| 长女 | 邓雯慧 | 汉族 | 草庙 | 赵洼 | 次女 | 曹　霖 | 汉族 | 草庙 | 包山 |
| 户主 | 徐永攀 | 汉族 | 草庙 | 赵洼 | 户主 | 曹有刚 | 汉族 | 草庙 | 包山 |
| 妻子 | 佘小红 | 汉族 | 草庙 | 赵洼 | 妻子 | 张翠红 | 汉族 | 草庙 | 包山 |
| 长子 | 徐　春 | 汉族 | 草庙 | 赵洼 | 长女 | 曹菊若 | 汉族 | 草庙 | 包山 |
| 次子 | 徐　博 | 汉族 | 草庙 | 赵洼 | 户主 | 伏永东 | 汉族 | 王洼 | 崖堡 |
| 户主 | 陈小龙 | 汉族 | 草庙 | 赵洼 | 妻子 | 杨桂兰 | 汉族 | 王洼 | 崖堡 |
| 妻子 | 张德彩 | 汉族 | 草庙 | 赵洼 | 户主 | 朱建平 | 汉族 | 王洼 | 崖堡 |
| 长女 | 陈艳艳 | 汉族 | 草庙 | 赵洼 | 妻子 | 刘彩梅 | 汉族 | 王洼 | 崖堡 |
| 户主 | 常兆勇 | 汉族 | 草庙 | 草庙 | 长子 | 朱维科 | 汉族 | 王洼 | 崖堡 |
| 妻子 | 赵　丽 | 汉族 | 草庙 | 草庙 | 户主 | 韩进平 | 汉族 | 王洼 | 崖堡 |
| 女儿 | 常　蓉 | 汉族 | 草庙 | 草庙 | 妻子 | 张晓琴 | 汉族 | 王洼 | 崖堡 |
| 母亲 | 马彩莲 | 汉族 | 草庙 | 草庙 | 长女 | 韩　雪 | 汉族 | 王洼 | 崖堡 |
| 户主 | 白占德 | 汉族 | 草庙 | 草庙 | 户主 | 朱建元 | 汉族 | 王洼 | 崖堡 |
| 妻子 | 虎桂花 | 汉族 | 草庙 | 草庙 | 妻子 | 刘彩霞 | 汉族 | 王洼 | 崖堡 |
| 儿子 | 白东平 | 汉族 | 草庙 | 草庙 | 次子 | 朱满库 | 汉族 | 王洼 | 崖堡 |
| 儿子 | 白小平 | 汉族 | 草庙 | 草庙 | 孙子 | 朱帅帅 | 汉族 | 王洼 | 崖堡 |
| 儿妻子 | 曹晓春 | 汉族 | 草庙 | 草庙 | 儿媳 | 黄志红 | 汉族 | 王洼 | 崖堡 |
| 户主 | 张举儒 | 汉族 | 草庙 | 草庙 | 长子 | 朱满仓 | 汉族 | 王洼 | 崖堡 |
| 妻子 | 马志梅 | 汉族 | 草庙 | 草庙 | 户主 | 李怀军 | 汉族 | 王洼 | 崖堡 |
| 女儿 | 陆晓辉 | 汉族 | 草庙 | 草庙 | 长子 | 李　杰 | 汉族 | 王洼 | 崖堡 |
| 儿子 | 张　翔 | 汉族 | 草庙 | 草庙 | 户主 | 李怀忠 | 汉族 | 王洼 | 崖堡 |
| 户主 | 常兆福 | 汉族 | 草庙 | 草庙 | 妻子 | 刘国琴 | 汉族 | 王洼 | 崖堡 |
| 妻子 | 邓彩霞 | 汉族 | 草庙 | 草庙 | 长子 | 李　伟 | 汉族 | 王洼 | 崖堡 |
| 女儿 | 常　艳 | 汉族 | 草庙 | 草庙 | 长女 | 李　蓉 | 汉族 | 王洼 | 崖堡 |

续表 16

| 与户主关系 | 家庭成员 | 民族 | 原居住地 | | 与户主关系 | 家庭成员 | 民族 | 原居住地 | |
|---|---|---|---|---|---|---|---|---|---|
| | | | 乡(镇) | 行政村 | | | | 乡(镇) | 行政村 |
| 户主 | 李怀勤 | 汉族 | 王洼 | 崖堡 | 妻子 | 郝转霞 | 汉族 | 王洼 | 崖堡 |
| 妻子 | 曹　萍 | 汉族 | 王洼 | 崖堡 | 长子 | 虎　鑫 | 汉族 | 王洼 | 崖堡 |
| 户主 | 伏国平 | 汉族 | 王洼 | 崖堡 | 父亲 | 虎元忠 | 汉族 | 王洼 | 崖堡 |
| 妻子 | 朱秀兰 | 汉族 | 王洼 | 崖堡 | 母亲 | 梁锦梅 | 汉族 | 王洼 | 崖堡 |
| 长子 | 伏　鑫 | 汉族 | 王洼 | 崖堡 | 户主 | 李怀儒 | 汉族 | 王洼 | 崖堡 |
| 长女 | 伏　阳 | 汉族 | 王洼 | 崖堡 | 妻子 | 韩永玲 | 汉族 | 王洼 | 崖堡 |
| 户主 | 王春斌 | 汉族 | 王洼 | 崖堡 | 长子 | 李　龚 | 汉族 | 王洼 | 崖堡 |
| 妻子 | 惠秀英 | 汉族 | 王洼 | 崖堡 | 次子 | 李　建 | 汉族 | 王洼 | 崖堡 |
| 长子 | 王　龙 | 汉族 | 王洼 | 崖堡 | 户主 | 韩耀武 | 汉族 | 王洼 | 崖堡 |
| 长女 | 王　蓉 | 汉族 | 王洼 | 崖堡 | 妻子 | 张国梅 | 汉族 | 王洼 | 崖堡 |
| 户主 | 韩永斌 | 汉族 | 王洼 | 崖堡 | 长子 | 韩占怀 | 汉族 | 王洼 | 崖堡 |
| 妻子 | 李彩芳 | 汉族 | 王洼 | 崖堡 | 次子 | 韩进鹏 | 汉族 | 王洼 | 崖堡 |
| 长子 | 韩进东 | 汉族 | 王洼 | 崖堡 | 儿媳 | 罗永霞 | 汉族 | 王洼 | 崖堡 |
| 长女 | 韩丽蓉 | 汉族 | 王洼 | 崖堡 | 户主 | 韩志俭 | 汉族 | 王洼 | 崖堡 |
| 次子 | 韩进财 | 汉族 | 王洼 | 崖堡 | 妻子 | 袁举兰 | 汉族 | 王洼 | 崖堡 |
| 户主 | 韩永祥 | 汉族 | 王洼 | 崖堡 | 次子 | 韩永清 | 汉族 | 王洼 | 崖堡 |
| 妻子 | 虎　芳 | 汉族 | 王洼 | 崖堡 | 户主 | 韩永章 | 汉族 | 王洼 | 崖堡 |
| 长女 | 韩鑫鑫 | 汉族 | 王洼 | 崖堡 | 长子 | 韩　宁 | 汉族 | 王洼 | 崖堡 |
| 次女 | 韩婷婷 | 汉族 | 王洼 | 崖堡 | 户主 | 王志梅 | 汉族 | 王洼 | 崖堡 |
| 户主 | 韩志恒 | 汉族 | 王洼 | 崖堡 | 长子 | 韩世金 | 汉族 | 王洼 | 崖堡 |
| 妻子 | 朱正连 | 汉族 | 王洼 | 崖堡 | 长女 | 韩红红 | 汉族 | 王洼 | 崖堡 |
| 四子 | 韩永强 | 汉族 | 王洼 | 崖堡 | 儿媳 | 董　慧 | 汉族 | 王洼 | 崖堡 |
| 儿媳 | 叶彩凤 | 汉族 | 王洼 | 崖堡 | 户主 | 韩永峰 | 汉族 | 王洼 | 崖堡 |
| 孙子 | 韩晋升 | 汉族 | 王洼 | 崖堡 | 妻子 | 段彩琴 | 汉族 | 王洼 | 崖堡 |
| 户主 | 虎文学 | 汉族 | 王洼 | 崖堡 | 长子 | 韩进学 | 汉族 | 王洼 | 崖堡 |
| 妻子 | 杨翻琴 | 汉族 | 王洼 | 崖堡 | 次子 | 韩进文 | 汉族 | 王洼 | 崖堡 |
| 长女 | 虎娥娥 | 汉族 | 王洼 | 崖堡 | 长女 | 韩进荣 | 汉族 | 王洼 | 崖堡 |
| 次女 | 虎金瑞 | 汉族 | 王洼 | 崖堡 | 户主 | 虎原成 | 汉族 | 王洼 | 崖堡 |
| 户主 | 李怀银 | 汉族 | 王洼 | 崖堡 | 妻子 | 李彩萍 | 汉族 | 王洼 | 崖堡 |
| 妻子 | 周金红 | 汉族 | 王洼 | 崖堡 | 长子 | 虎育林 | 汉族 | 王洼 | 崖堡 |
| 长子 | 李　鑫 | 汉族 | 王洼 | 崖堡 | 长女 | 虎会会 | 汉族 | 王洼 | 崖堡 |
| 长女 | 李　霞 | 汉族 | 王洼 | 崖堡 | 户主 | 伏举杰 | 汉族 | 王洼 | 崖堡 |
| 户主 | 李得录 | 汉族 | 王洼 | 崖堡 | 妻子 | 惠　琴 | 汉族 | 王洼 | 崖堡 |
| 妻子 | 牛志兰 | 汉族 | 王洼 | 崖堡 | 长女 | 伏娜娜 | 汉族 | 王洼 | 崖堡 |
| 次子 | 李文辉 | 汉族 | 王洼 | 崖堡 | 户主 | 虎原品 | 汉族 | 王洼 | 崖堡 |
| 户主 | 虎武学 | 汉族 | 王洼 | 崖堡 | 妻子 | 贾春梅 | 汉族 | 王洼 | 崖堡 |

续表 16

| 与户主关系 | 家庭成员 | 民族 | 原居住地 | | 与户主关系 | 家庭成员 | 民族 | 原居住地 | |
|---|---|---|---|---|---|---|---|---|---|
| | | | 乡(镇) | 行政村 | | | | 乡(镇) | 行政村 |
| 长子 | 虎万林 | 汉族 | 王洼 | 崖堡 | 户主 | 刘　成 | 汉族 | 王洼 | 崖堡 |
| 长女 | 虎乐乐 | 汉族 | 王洼 | 崖堡 | 妻子 | 陈治秀 | 汉族 | 王洼 | 崖堡 |
| 户主 | 虎原雄 | 汉族 | 王洼 | 崖堡 | 长女 | 刘峥嵘 | 汉族 | 王洼 | 崖堡 |
| 妻子 | 徐向芳 | 汉族 | 王洼 | 崖堡 | 长子 | 刘伟宁 | 汉族 | 王洼 | 崖堡 |
| 长女 | 虎婷婷 | 汉族 | 王洼 | 崖堡 | 户主 | 路克科 | 汉族 | 王洼 | 崖堡 |
| 户主 | 朱建良 | 汉族 | 王洼 | 崖堡 | 妻子 | 薛治叶 | 汉族 | 王洼 | 崖堡 |
| 妻子 | 曹登娟 | 汉族 | 王洼 | 崖堡 | 长子 | 路文浩 | 汉族 | 王洼 | 崖堡 |
| 长女 | 朱满晶 | 汉族 | 王洼 | 崖堡 | 次子 | 路文杰 | 汉族 | 王洼 | 崖堡 |
| 母亲 | 张梅花 | 汉族 | 王洼 | 崖堡 | 弟弟 | 路开耀 | 汉族 | 王洼 | 崖堡 |
| 户主 | 朱建川 | 汉族 | 王洼 | 崖堡 | 妹妹 | 路彩慧 | 汉族 | 王洼 | 崖堡 |
| 妻子 | 陈秀兰 | 汉族 | 王洼 | 崖堡 | 户主 | 刘治军 | 汉族 | 王洼 | 崖堡 |
| 长子 | 朱满升 | 汉族 | 王洼 | 崖堡 | 妻子 | 吴花萍 | 汉族 | 王洼 | 崖堡 |
| 长女 | 朱满琴 | 汉族 | 王洼 | 崖堡 | 长子 | 刘震博 | 汉族 | 王洼 | 崖堡 |
| 户主 | 韩志勤 | 汉族 | 王洼 | 崖堡 | 户主 | 虎皆城 | 汉族 | 小岔 | 李渠 |
| 妻子 | 伏永梅 | 汉族 | 王洼 | 崖堡 | 妻子 | 史云玲 | 汉族 | 小岔 | 李渠 |
| 次子 | 韩万军 | 汉族 | 王洼 | 崖堡 | 长子 | 虎文斌 | 汉族 | 小岔 | 李渠 |
| 儿媳 | 张彩霞 | 汉族 | 王洼 | 崖堡 | 次子 | 虎武斌 | 汉族 | 小岔 | 李渠 |
| 孙子 | 韩进程 | 汉族 | 王洼 | 崖堡 | 户主 | 虎鹏城 | 汉族 | 小岔 | 李渠 |
| 孙女 | 韩蓉蓉 | 汉族 | 王洼 | 崖堡 | 妻子 | 贾翠琴 | 汉族 | 小岔 | 李渠 |
| 户主 | 贾治斌 | 汉族 | 王洼 | 崖堡 | 长子 | 虎文智 | 汉族 | 小岔 | 李渠 |
| 妻子 | 李成琴 | 汉族 | 王洼 | 崖堡 | 长女 | 虎文娟 | 汉族 | 小岔 | 李渠 |
| 长子 | 贾国柱 | 汉族 | 王洼 | 崖堡 | 户主 | 虎皆有 | 汉族 | 小岔 | 李渠 |
| 长女 | 贾国荣 | 汉族 | 王洼 | 崖堡 | 妻子 | 陈立秀 | 汉族 | 小岔 | 李渠 |
| 侄子 | 贾国成 | 汉族 | 王洼 | 崖堡 | 长子 | 虎文昊 | 汉族 | 小岔 | 李渠 |
| 户主 | 伏彦俊 | 汉族 | 王洼 | 崖堡 | 长女 | 虎芳红 | 汉族 | 小岔 | 李渠 |
| 长子 | 伏博洋 | 汉族 | 王洼 | 崖堡 | 二女 | 虎彩虹 | 汉族 | 小岔 | 李渠 |
| 户主 | 伏国存 | 汉族 | 王洼 | 崖堡 | 父亲 | 虎永得 | 汉族 | 小岔 | 李渠 |
| 父亲 | 伏永信 | 汉族 | 王洼 | 崖堡 | 母亲 | 洪贵兰 | 汉族 | 小岔 | 李渠 |
| 母亲 | 曹连花 | 汉族 | 王洼 | 崖堡 | 户主 | 虎永礼 | 汉族 | 小岔 | 李渠 |
| 户主 | 贾治存 | 汉族 | 王洼 | 崖堡 | 妻子 | 吴燕兰 | 汉族 | 小岔 | 李渠 |
| 妻子 | 虎付兰 | 汉族 | 王洼 | 崖堡 | 二女 | 虎翠亮 | 汉族 | 小岔 | 李渠 |
| 长子 | 贾国军 | 汉族 | 王洼 | 崖堡 | 户主 | 虎永智 | 汉族 | 小岔 | 李渠 |
| 次子 | 贾国宏 | 汉族 | 王洼 | 崖堡 | 妻子 | 白兴兰 | 汉族 | 小岔 | 李渠 |
| 户主 | 张秉儒 | 汉族 | 王洼 | 尚台 | 长女 | 虎　荣 | 汉族 | 小岔 | 李渠 |
| 妻子 | 张志连 | 汉族 | 王洼 | 尚台 | 二女 | 虎　睿 | 汉族 | 小岔 | 李渠 |
| 二女 | 张旭芳 | 汉族 | 王洼 | 尚台 | 户主 | 虎永卿 | 汉族 | 小岔 | 李渠 |

续表 16

| 与户主关系 | 家庭成员 | 民族 | 原居住地 | | 与户主关系 | 家庭成员 | 民族 | 原居住地 | |
|---|---|---|---|---|---|---|---|---|---|
| | | | 乡(镇) | 行政村 | | | | 乡(镇) | 行政村 |
| 妻子 | 刘玲玲 | 汉族 | 小岔 | 李渠 | 户主 | 虎连会 | 汉族 | 小岔 | 李渠 |
| 长子 | 虎琛伟 | 汉族 | 小岔 | 李渠 | 妻子 | 张忠玲 | 汉族 | 小岔 | 李渠 |
| 母亲 | 卢秀生 | 汉族 | 小岔 | 李渠 | 长子 | 虎怀楠 | 汉族 | 小岔 | 李渠 |
| 次子 | 虎琛国 | 汉族 | 小岔 | 李渠 | 长女 | 虎倩倩 | 汉族 | 小岔 | 李渠 |
| 户主 | 虎永信 | 汉族 | 小岔 | 李渠 | 户主 | 虎占勤 | 汉族 | 小岔 | 李渠 |
| 妻子 | 苏银平 | 汉族 | 小岔 | 李渠 | 妻子 | 陈有莲 | 汉族 | 小岔 | 李渠 |
| 长子 | 虎　刚 | 汉族 | 小岔 | 李渠 | 长子 | 虎永平 | 汉族 | 小岔 | 李渠 |
| 次子 | 虎　强 | 汉族 | 小岔 | 李渠 | 儿媳 | 宋金后 | 汉族 | 小岔 | 李渠 |
| 长女 | 虎　英 | 汉族 | 小岔 | 李渠 | 户主 | 王彩萍 | 汉族 | 小岔 | 耳城 |
| 二女 | 虎　芳 | 汉族 | 小岔 | 李渠 | 长子 | 虎佳磊 | 汉族 | 小岔 | 耳城 |
| 户主 | 虎永银 | 汉族 | 小岔 | 李渠 | 户主 | 张清德 | 汉族 | 小岔 | 耳城 |
| 妻子 | 路淑琴 | 汉族 | 小岔 | 李渠 | 妻子 | 马琴琴 | 汉族 | 小岔 | 耳城 |
| 长子 | 虎军存 | 汉族 | 小岔 | 李渠 | 长女 | 张　丽 | 汉族 | 小岔 | 耳城 |
| 次子 | 虎　成 | 汉族 | 小岔 | 李渠 | 二女 | 张　蕊 | 汉族 | 小岔 | 耳城 |
| 户主 | 虎永富 | 汉族 | 小岔 | 李渠 | 户主 | 张清荣 | 汉族 | 小岔 | 耳城 |
| 妻子 | 马秀兰 | 汉族 | 小岔 | 李渠 | 妻子 | 马德梅 | 汉族 | 小岔 | 耳城 |
| 长子 | 虎建功 | 汉族 | 小岔 | 李渠 | 长子 | 张　伟 | 汉族 | 小岔 | 耳城 |
| 侄女 | 虎成徍 | 汉族 | 小岔 | 李渠 | 长女 | 张　芳 | 汉族 | 小岔 | 耳城 |
| 弟弟 | 虎永贵 | 汉族 | 小岔 | 李渠 | 户主 | 张永汉 | 汉族 | 小岔 | 耳城 |
| 妻子 | 杨永霞 | 汉族 | 小岔 | 李渠 | 妻子 | 高翠英 | 汉族 | 小岔 | 耳城 |
| 长子 | 虎成名 | 汉族 | 小岔 | 李渠 | 次子 | 张清军 | 汉族 | 小岔 | 耳城 |
| 父亲 | 虎占文 | 汉族 | 小岔 | 李渠 | 孙子 | 张　文 | 汉族 | 小岔 | 耳城 |
| 母亲 | 安志莲 | 汉族 | 小岔 | 李渠 | 儿媳 | 曹　凤 | 汉族 | 小岔 | 耳城 |
| 户主 | 虎永金 | 汉族 | 小岔 | 李渠 | 孙女 | 张　艳 | 汉族 | 小岔 | 耳城 |
| 妻子 | 白秀梅 | 汉族 | 小岔 | 李渠 | 户主 | 虎广兵 | 汉族 | 小岔 | 耳城 |
| 长子 | 虎成功 | 汉族 | 小岔 | 李渠 | 妻子 | 张会梅 | 汉族 | 小岔 | 耳城 |
| 长女 | 虎翠芳 | 汉族 | 小岔 | 李渠 | 长子 | 虎　威 | 汉族 | 小岔 | 耳城 |
| 户主 | 虎志远 | 汉族 | 小岔 | 李渠 | 长女 | 虎麦麦 | 汉族 | 小岔 | 耳城 |
| 妻子 | 刘粉梅 | 汉族 | 小岔 | 李渠 | 二女 | 虎玲玲 | 汉族 | 小岔 | 耳城 |
| 次子 | 虎连鹏 | 汉族 | 小岔 | 李渠 | 父亲 | 虎志荣 | 汉族 | 小岔 | 耳城 |
| 儿媳 | 张彦粉 | 汉族 | 小岔 | 李渠 | 母亲 | 赵学兰 | 汉族 | 小岔 | 耳城 |
| 孙女 | 虎　祥 | 汉族 | 小岔 | 李渠 | 户主 | 魏君成 | 汉族 | 小岔 | 耳城 |
| 户主 | 虎连杰 | 汉族 | 小岔 | 李渠 | 妻子 | 赵香兰 | 汉族 | 小岔 | 耳城 |
| 妻子 | 徐　燕 | 汉族 | 小岔 | 李渠 | 长子 | 魏利东 | 汉族 | 小岔 | 耳城 |
| 长子 | 虎　健 | 汉族 | 小岔 | 李渠 | 长女 | 魏彩霞 | 汉族 | 小岔 | 耳城 |
| 长女 | 虎　慧 | 汉族 | 小岔 | 李渠 | 户主 | 牛志武 | 汉族 | 小岔 | 耳城 |

续表 16

| 与户主关系 | 家庭成员 | 民族 | 原居住地 | | 与户主关系 | 家庭成员 | 民族 | 原居住地 | |
|---|---|---|---|---|---|---|---|---|---|
| | | | 乡(镇) | 行政村 | | | | 乡(镇) | 行政村 |
| 妻子 | 虎永花 | 汉族 | 小岔 | 耳城 | 长子 | 李向清 | 汉族 | 小岔 | 耳城 |
| 长女 | 牛立梅 | 汉族 | 小岔 | 耳城 | 次子 | 李富生 | 汉族 | 小岔 | 耳城 |
| 长子 | 牛立飞 | 汉族 | 小岔 | 耳城 | 儿媳 | 路玉春 | 汉族 | 小岔 | 耳城 |
| 户主 | 龚治宗 | 汉族 | 小岔 | 耳城 | 孙子 | 李明轩 | 汉族 | 小岔 | 耳城 |
| 妻子 | 常小玲 | 汉族 | 小岔 | 耳城 | 户主 | 李学君 | 汉族 | 小岔 | 耳城 |
| 长女 | 龚有蓉 | 汉族 | 小岔 | 耳城 | 妻子 | 钟国丽 | 汉族 | 小岔 | 耳城 |
| 次女 | 龚有娟 | 汉族 | 小岔 | 耳城 | 长女 | 李　芹 | 汉族 | 小岔 | 耳城 |
| 父亲 | 龚学仕 | 汉族 | 小岔 | 耳城 | 长子 | 李　刚 | 汉族 | 小岔 | 耳城 |
| 母亲 | 杨桂兰 | 汉族 | 小岔 | 耳城 | 户主 | 李学义 | 汉族 | 小岔 | 耳城 |
| 户主 | 虎金彩 | 汉族 | 小岔 | 耳城 | 妻子 | 慕彩梅 | 汉族 | 小岔 | 耳城 |
| 次子 | 龚有武 | 汉族 | 小岔 | 耳城 | 长子 | 李无宵 | 汉族 | 小岔 | 耳城 |
| 孙子 | 龚子恒 | 汉族 | 小岔 | 耳城 | 次子 | 李向元 | 汉族 | 小岔 | 耳城 |
| 户主 | 张永堂 | 汉族 | 小岔 | 耳城 | 户主 | 史云祥 | 汉族 | 小岔 | 耳城 |
| 妻子 | 叶秀兰 | 汉族 | 小岔 | 耳城 | 妻子 | 安亚卷 | 汉族 | 小岔 | 耳城 |
| 户主 | 史有会 | 汉族 | 小岔 | 耳城 | 长子 | 史建宁 | 汉族 | 小岔 | 耳城 |
| 妻子 | 郭秀梅 | 汉族 | 小岔 | 耳城 | 长女 | 史建霞 | 汉族 | 小岔 | 耳城 |
| 次子 | 史云腾 | 汉族 | 小岔 | 耳城 | 母亲 | 马翠梅 | 汉族 | 小岔 | 耳城 |
| 长女 | 史鸿雁 | 汉族 | 小岔 | 耳城 | 户主 | 史云录 | 汉族 | 小岔 | 耳城 |
| 二女 | 史鸿鹄 | 汉族 | 小岔 | 耳城 | 妻子 | 张引君 | 汉族 | 小岔 | 耳城 |
| 三女 | 史文华 | 汉族 | 小岔 | 耳城 | 长子 | 史建伟 | 汉族 | 小岔 | 耳城 |
| 户主 | 史有义 | 汉族 | 小岔 | 耳城 | 次子 | 史建树 | 汉族 | 小岔 | 耳城 |
| 妻子 | 虎翠莲 | 汉族 | 小岔 | 耳城 | 户主 | 史有怀 | 汉族 | 小岔 | 耳城 |
| 长子 | 史云升 | 汉族 | 小岔 | 耳城 | 妻子 | 姚志琴 | 汉族 | 小岔 | 耳城 |
| 长女 | 史月芳 | 汉族 | 小岔 | 耳城 | 户主 | 史建鹏 | 汉族 | 小岔 | 耳城 |
| 户主 | 史有智 | 汉族 | 小岔 | 耳城 | 妻子 | 刘神丽 | 汉族 | 小岔 | 耳城 |
| 妻子 | 安正霞 | 汉族 | 小岔 | 耳城 | 长女 | 史芳芳 | 汉族 | 小岔 | 耳城 |
| 长女 | 史云娟 | 汉族 | 小岔 | 耳城 | 户主 | 史云成 | 汉族 | 小岔 | 耳城 |
| 二女 | 史红娟 | 汉族 | 小岔 | 耳城 | 妻子 | 虎翠莲 | 汉族 | 小岔 | 耳城 |
| 三女 | 史云睿 | 汉族 | 小岔 | 耳城 | 次子 | 史建飞 | 汉族 | 小岔 | 耳城 |
| 四女 | 史云洁 | 汉族 | 小岔 | 耳城 | 长女 | 史　霞 | 汉族 | 小岔 | 耳城 |
| 父亲 | 史明斗 | 汉族 | 小岔 | 耳城 | 户主 | 陈广斌 | 汉族 | 小岔 | 耳城 |
| 户主 | 史云贵 | 汉族 | 小岔 | 耳城 | 妻子 | 虎晓霞 | 汉族 | 小岔 | 耳城 |
| 妻子 | 李世娥 | 汉族 | 小岔 | 耳城 | 次子 | 陈建生 | 汉族 | 小岔 | 耳城 |
| 长子 | 史建卓 | 汉族 | 小岔 | 耳城 | 长女 | 陈建梅 | 汉族 | 小岔 | 耳城 |
| 次子 | 史建勋 | 汉族 | 小岔 | 耳城 | 三女 | 陈建香 | 汉族 | 小岔 | 耳城 |
| 户主 | 李学兵 | 汉族 | 小岔 | 耳城 | 母亲 | 何凤英 | 汉族 | 小岔 | 耳城 |

续表 16

| 与户主关系 | 家庭成员 | 民族 | 原居住地 | | 与户主关系 | 家庭成员 | 民族 | 原居住地 | |
|---|---|---|---|---|---|---|---|---|---|
| | | | 乡(镇) | 行政村 | | | | 乡(镇) | 行政村 |
| 户主 | 史云龙 | 汉族 | 小岔 | 耳城 | 户主 | 虎志英 | 汉族 | 小岔 | 柳湾 |
| 妻子 | 白芬梅 | 汉族 | 小岔 | 耳城 | 妻子 | 常玉彩 | 汉族 | 小岔 | 柳湾 |
| 长子 | 史建国 | 汉族 | 小岔 | 耳城 | 长女 | 虎红燕 | 汉族 | 小岔 | 柳湾 |
| 长女 | 史　娜 | 汉族 | 小岔 | 耳城 | 长子 | 虎攀峰 | 汉族 | 小岔 | 柳湾 |
| 户主 | 史有福 | 汉族 | 小岔 | 耳城 | 母亲 | 白秀兰 | 汉族 | 小岔 | 柳湾 |
| 妻子 | 路世珍 | 汉族 | 小岔 | 耳城 | 户主 | 虎　森 | 汉族 | 小岔 | 柳湾 |
| 三女 | 史香玉 | 汉族 | 小岔 | 耳城 | 妻子 | 杨秀秀 | 汉族 | 小岔 | 柳湾 |
| 母亲 | 景翠花 | 汉族 | 小岔 | 耳城 | 长子 | 虎恩会 | 汉族 | 小岔 | 柳湾 |
| 户主 | 史有平 | 汉族 | 小岔 | 耳城 | 长女 | 虎乐乐 | 汉族 | 小岔 | 柳湾 |
| 妻子 | 孙会霞 | 汉族 | 小岔 | 耳城 | 户主 | 强玉莲 | 汉族 | 小岔 | 吊岔 |
| 长女 | 史栓红 | 汉族 | 小岔 | 耳城 | 次子 | 曹国省 | 汉族 | 小岔 | 吊岔 |
| 户主 | 史云国 | 汉族 | 小岔 | 耳城 | 户主 | 常玉川 | 汉族 | 小岔 | 耳城 |
| 妻子 | 叶　相 | 汉族 | 小岔 | 耳城 | 妻子 | 韩永兰 | 汉族 | 小岔 | 耳城 |
| 长女 | 史彩霞 | 汉族 | 小岔 | 耳城 | 长子 | 常　伟 | 汉族 | 小岔 | 耳城 |
| 长子 | 史　亮 | 汉族 | 小岔 | 耳城 | 长女 | 常　瑞 | 汉族 | 小岔 | 耳城 |
| 次女 | 史　雨 | 汉族 | 小岔 | 耳城 | 户主 | 常玉东 | 汉族 | 小岔 | 耳城 |
| 户主 | 史云忠 | 汉族 | 小岔 | 耳城 | 妻子 | 王志红 | 汉族 | 小岔 | 耳城 |
| 妻子 | 王正霞 | 汉族 | 小岔 | 耳城 | 长子 | 常　斐 | 汉族 | 小岔 | 耳城 |
| 长子 | 史　涛 | 汉族 | 小岔 | 耳城 | 长女 | 常　珍 | 汉族 | 小岔 | 耳城 |
| 长女 | 史　蕊 | 汉族 | 小岔 | 耳城 | 母亲 | 梁梅英 | 汉族 | 小岔 | 耳城 |
| 父亲 | 史有库 | 汉族 | 小岔 | 耳城 | 户主 | 虎久清 | 汉族 | 小岔 | 柳湾 |
| 母亲 | 朱桂兰 | 汉族 | 小岔 | 耳城 | 母亲 | 张桂英 | 汉族 | 小岔 | 柳湾 |
| 户主 | 祁秀玲 | 汉族 | 小岔 | 耳城 | 长子 | 虎建邦 | 汉族 | 小岔 | 柳湾 |
| 长子 | 虎伟聪 | 汉族 | 小岔 | 耳城 | 妻子 | 常学梅 | 汉族 | 小岔 | 柳湾 |
| 次子 | 虎伟仁 | 汉族 | 小岔 | 耳城 | 孙女 | 虎雪红 | 汉族 | 小岔 | 柳湾 |
| 户主 | 虎志养 | 汉族 | 小岔 | 耳城 | 户主 | 张占昌 | 汉族 | 小岔 | 柳湾 |
| 妻子 | 郭凤兰 | 汉族 | 小岔 | 耳城 | 妻子 | 朱彩琴 | 汉族 | 小岔 | 柳湾 |
| 长子 | 虎广文 | 汉族 | 小岔 | 耳城 | 长子 | 张　波 | 汉族 | 小岔 | 柳湾 |
| 长儿媳 | 漆雪霞 | 汉族 | 小岔 | 耳城 | 长女 | 张　丽 | 汉族 | 小岔 | 柳湾 |
| 长孙 | 虎睿博 | 汉族 | 小岔 | 耳城 | 户主 | 虎久生 | 汉族 | 小岔 | 柳湾 |
| 次儿媳 | 党巧丽 | 汉族 | 小岔 | 耳城 | 妻子 | 王万翠 | 汉族 | 小岔 | 柳湾 |
| 次子 | 虎广武 | 汉族 | 小岔 | 耳城 | 长子 | 虎　塬 | 汉族 | 小岔 | 柳湾 |
| 户主 | 陈海星 | 汉族 | 小岔 | 柳湾 | 次子 | 虎　岩 | 汉族 | 小岔 | 柳湾 |
| 长子 | 陈永发 | 汉族 | 小岔 | 柳湾 | 户主 | 张占宏 | 汉族 | 小岔 | 柳湾 |
| 长女 | 陈贵霞 | 汉族 | 小岔 | 柳湾 | 妻子 | 马金华 | 汉族 | 小岔 | 柳湾 |
| 次女 | 虎恩妍 | 汉族 | 小岔 | 柳湾 | 长子 | 张东峰 | 汉族 | 小岔 | 柳湾 |

续表 16

| 与户主关系 | 家庭成员 | 民族 | 原居住地 | | 与户主关系 | 家庭成员 | 民族 | 原居住地 | |
|---|---|---|---|---|---|---|---|---|---|
| | | | 乡(镇) | 行政村 | | | | 乡(镇) | 行政村 |
| 长女 | 张丽霞 | 汉族 | 小岔 | 柳湾 | 妻子 | 白素琴 | 汉族 | 小岔 | 柳湾 |
| 户主 | 张占科 | 汉族 | 小岔 | 柳湾 | 父亲 | 虎朝山 | 汉族 | 小岔 | 柳湾 |
| 妻子 | 张翠珍 | 汉族 | 小岔 | 柳湾 | 母亲 | 安志芳 | 汉族 | 小岔 | 柳湾 |
| 四女 | 张丽萍 | 汉族 | 小岔 | 柳湾 | 户主 | 安希建 | 汉族 | 小岔 | 柳湾 |
| 长子 | 张东旺 | 汉族 | 小岔 | 柳湾 | 妻子 | 马应宏 | 汉族 | 小岔 | 柳湾 |
| 母亲 | 惠岐英 | 汉族 | 小岔 | 柳湾 | 长女 | 安乐琴 | 汉族 | 小岔 | 柳湾 |
| 户主 | 虎广君 | 汉族 | 小岔 | 柳湾 | 长子 | 安富东 | 汉族 | 小岔 | 柳湾 |
| 妻子 | 杨成花 | 汉族 | 小岔 | 柳湾 | 父亲 | 安克林 | 汉族 | 小岔 | 柳湾 |
| 长子 | 虎久科 | 汉族 | 小岔 | 柳湾 | 母亲 | 刘粉琴 | 汉族 | 小岔 | 柳湾 |
| 儿媳 | 闫育玲 | 汉族 | 小岔 | 柳湾 | 户主 | 虎志文 | 汉族 | 小岔 | 柳湾 |
| 长孙 | 虎喜龙 | 汉族 | 小岔 | 柳湾 | 妻子 | 韩翠兰 | 汉族 | 小岔 | 柳湾 |
| 次孙 | 虎喜鹏 | 汉族 | 小岔 | 柳湾 | 长子 | 虎友峰 | 汉族 | 小岔 | 柳湾 |
| 户主 | 高勤儒 | 汉族 | 小岔 | 柳湾 | 长女 | 虎秋燕 | 汉族 | 小岔 | 柳湾 |
| 妻子 | 孙国彩 | 汉族 | 小岔 | 柳湾 | 父亲 | 虎喜山 | 汉族 | 小岔 | 柳湾 |
| 长子 | 高　忠 | 汉族 | 小岔 | 柳湾 | 户主 | 安桂琴 | 汉族 | 小岔 | 柳湾 |
| 长孙 | 高宇祥 | 汉族 | 小岔 | 柳湾 | 五女 | 虎　玲 | 汉族 | 小岔 | 柳湾 |
| 户主 | 虎志成 | 汉族 | 小岔 | 柳湾 | 长子 | 虎　伟 | 汉族 | 小岔 | 柳湾 |
| 妻子 | 柳雪琴 | 汉族 | 小岔 | 柳湾 | 户主 | 虎广斌 | 汉族 | 小岔 | 柳湾 |
| 户主 | 虎广平 | 汉族 | 小岔 | 柳湾 | 妻子 | 陈叔琴 | 汉族 | 小岔 | 柳湾 |
| 妻子 | 何金霞 | 汉族 | 小岔 | 柳湾 | 长女 | 虎　鹏 | 汉族 | 小岔 | 柳湾 |
| 长女 | 虎蓉蓉 | 汉族 | 小岔 | 柳湾 | 次女 | 虎　蓉 | 汉族 | 小岔 | 柳湾 |
| 长子 | 虎　林 | 汉族 | 小岔 | 柳湾 | 三女 | 虎　琴 | 汉族 | 小岔 | 柳湾 |
| 户主 | 梁　芳 | 汉族 | 小岔 | 柳湾 | 长子 | 虎亚峰 | 汉族 | 小岔 | 柳湾 |
| 丈夫 | 景爱虎 | 汉族 | 小岔 | 柳湾 | 户主 | 柳金龙 | 汉族 | 小岔 | 柳湾 |
| 长子 | 虎　勇 | 汉族 | 小岔 | 柳湾 | 妻子 | 张金凤 | 汉族 | 小岔 | 柳湾 |
| 长女 | 虎小燕 | 汉族 | 小岔 | 柳湾 | 长女 | 柳明珠 | 汉族 | 小岔 | 柳湾 |
| 户主 | 虎广义 | 汉族 | 小岔 | 柳湾 | 次女 | 柳雪琴 | 汉族 | 小岔 | 柳湾 |
| 妻子 | 安润琴 | 汉族 | 小岔 | 柳湾 | 长子 | 柳卫青 | 汉族 | 小岔 | 柳湾 |
| 次女 | 虎金霞 | 汉族 | 小岔 | 柳湾 | 户主 | 陈满星 | 汉族 | 小岔 | 柳湾 |
| 长子 | 虎　贵 | 汉族 | 小岔 | 柳湾 | 妻子 | 常登花 | 汉族 | 小岔 | 柳湾 |
| 父亲 | 虎汉山 | 汉族 | 小岔 | 柳湾 | 长子 | 孙永贤 | 汉族 | 小岔 | 柳湾 |
| 母亲 | 胡凤莲 | 汉族 | 小岔 | 柳湾 | 长女 | 陈彩玲 | 汉族 | 小岔 | 柳湾 |
| 户主 | 虎广学 | 汉族 | 小岔 | 柳湾 | 户主 | 王　明 | 汉族 | 小岔 | 榆树 |
| 妻子 | 范志芳 | 汉族 | 小岔 | 柳湾 | 妻子 | 时蕊玲 | 汉族 | 小岔 | 榆树 |
| 长子 | 虎小宁 | 汉族 | 小岔 | 柳湾 | 长女 | 王奥妮 | 汉族 | 小岔 | 榆树 |
| 户主 | 虎志武 | 汉族 | 小岔 | 柳湾 | 户主 | 李世财 | 汉族 | 小岔 | 榆树 |

续表 16

| 与户主关系 | 家庭成员 | 民族 | 原居住地 | | 与户主关系 | 家庭成员 | 民族 | 原居住地 | |
|---|---|---|---|---|---|---|---|---|---|
| | | | 乡(镇) | 行政村 | | | | 乡(镇) | 行政村 |
| 妻子 | 惠彩丽 | 汉族 | 小岔 | 榆树 | 长女 | 贺兰兰 | 汉族 | 小岔 | 李渠 |
| 长女 | 李　琴 | 汉族 | 小岔 | 榆树 | 父亲 | 贺荣虎 | 汉族 | 小岔 | 李渠 |
| 户主 | 贾德龙 | 汉族 | 小岔 | 榆树 | 母亲 | 孙维秀 | 汉族 | 小岔 | 李渠 |
| 妻子 | 白兴秀 | 汉族 | 小岔 | 榆树 | 二女 | 贺芳兰 | 汉族 | 小岔 | 李渠 |
| 长子 | 贾小刚 | 汉族 | 小岔 | 榆树 | 户主 | 贺荣昇 | 汉族 | 小岔 | 李渠 |
| 母亲 | 虎桂梅 | 汉族 | 小岔 | 榆树 | 妻子 | 张小琴 | 汉族 | 小岔 | 李渠 |
| 户主 | 王万强 | 汉族 | 小岔 | 榆树 | 长女 | 贺　娜 | 汉族 | 小岔 | 李渠 |
| 妻子 | 候　霞 | 汉族 | 小岔 | 榆树 | 母亲 | 马玉英 | 汉族 | 小岔 | 李渠 |
| 长子 | 王　涵 | 汉族 | 小岔 | 榆树 | 户主 | 贺玉智 | 汉族 | 小岔 | 李渠 |
| 父亲 | 王占勤 | 汉族 | 小岔 | 榆树 | 妻子 | 路文芳 | 汉族 | 小岔 | 李渠 |
| 户主 | 尹建刚 | 汉族 | 小岔 | 米沟 | 长子 | 贺　忠 | 汉族 | 小岔 | 李渠 |
| 妻子 | 张特特 | 汉族 | 小岔 | 米沟 | 长女 | 贺　晶 | 汉族 | 小岔 | 李渠 |
| 长女 | 尹　雪 | 汉族 | 小岔 | 米沟 | 户主 | 贺　鹏 | 汉族 | 小岔 | 李渠 |
| 户主 | 尹建平 | 汉族 | 小岔 | 米沟 | 妻子 | 吴改宏 | 汉族 | 小岔 | 李渠 |
| 长子 | 尹舒飞 | 汉族 | 小岔 | 米沟 | 长子 | 贺　赟 | 汉族 | 小岔 | 李渠 |
| 户主 | 张占发 | 汉族 | 小岔 | 米沟 | 长女 | 贺雪玲 | 汉族 | 小岔 | 李渠 |
| 妻子 | 陈彩花 | 汉族 | 小岔 | 米沟 | 次女 | 贺雪瑞 | 汉族 | 小岔 | 李渠 |
| 长子 | 张文文 | 汉族 | 小岔 | 米沟 | 母亲 | 马　桂 | 汉族 | 小岔 | 李渠 |
| 长女 | 张金亮 | 汉族 | 小岔 | 米沟 | 户主 | 贺玉军 | 汉族 | 小岔 | 李渠 |
| 二女 | 张引弟 | 汉族 | 小岔 | 米沟 | 妻子 | 李七月 | 汉族 | 小岔 | 李渠 |
| 户主 | 陈　宏 | 汉族 | 小岔 | 米沟 | 长子 | 贺　地 | 汉族 | 小岔 | 李渠 |
| 妻子 | 虎　娟 | 汉族 | 小岔 | 米沟 | 长女 | 贺　琴 | 汉族 | 小岔 | 李渠 |
| 长子 | 陈博昊 | 汉族 | 小岔 | 米沟 | 父亲 | 贺荣象 | 汉族 | 小岔 | 李渠 |
| 户主 | 毛生有 | 汉族 | 小岔 | 米沟 | 户主 | 贺荣斌 | 汉族 | 小岔 | 李渠 |
| 妻子 | 祁爱花 | 汉族 | 小岔 | 米沟 | 妻子 | 虎佐莲 | 汉族 | 小岔 | 李渠 |
| 长子 | 毛　昇 | 汉族 | 小岔 | 米沟 | 长子 | 贺　强 | 汉族 | 小岔 | 李渠 |
| 长女 | 毛　培 | 汉族 | 小岔 | 米沟 | 次女 | 贺　霞 | 汉族 | 小岔 | 李渠 |
| 户主 | 庞志忠 | 汉族 | 小岔 | 米沟 | 三女 | 贺　欣 | 汉族 | 小岔 | 李渠 |
| 次子 | 庞海龙 | 汉族 | 小岔 | 米沟 | 儿媳 | 张红霞 | 汉族 | 小岔 | 李渠 |
| 儿媳 | 雅忠琴 | 汉族 | 小岔 | 米沟 | 孙女 | 贺雅鑫 | 汉族 | 小岔 | 李渠 |
| 孙子 | 庞治原 | 汉族 | 小岔 | 米沟 | 户主 | 孙国顺 | 汉族 | 小岔 | 李渠 |
| 户主 | 贺玉国 | 汉族 | 小岔 | 李渠 | 妻子 | 柳金花 | 汉族 | 小岔 | 李渠 |
| 妻子 | 虎金霞 | 汉族 | 小岔 | 李渠 | 长女 | 孙正芳 | 汉族 | 小岔 | 李渠 |
| 长子 | 贺　锋 | 汉族 | 小岔 | 李渠 | 次女 | 孙振华 | 汉族 | 小岔 | 李渠 |
| 次子 | 贺　锐 | 汉族 | 小岔 | 李渠 | 三女 | 孙振琴 | 汉族 | 小岔 | 李渠 |
| 三子 | 贺　旭 | 汉族 | 小岔 | 李渠 | 四女 | 孙振倩 | 汉族 | 小岔 | 李渠 |

续表 16

| 与户主关系 | 家庭成员 | 民族 | 原居住地 | | 与户主关系 | 家庭成员 | 民族 | 原居住地 | |
|---|---|---|---|---|---|---|---|---|---|
| | | | 乡(镇) | 行政村 | | | | 乡(镇) | 行政村 |
| 五女 | 孙振蕊 | 汉族 | 小岔 | 李渠 | 长子 | 虎建伟 | 汉族 | 小岔 | 李渠 |
| 户主 | 孙国宏 | 汉族 | 小岔 | 李渠 | 长女 | 虎东芸 | 汉族 | 小岔 | 李渠 |
| 母亲 | 贾文莲 | 汉族 | 小岔 | 李渠 | 次女 | 虎菲菲 | 汉族 | 小岔 | 李渠 |
| 户主 | 韩玉忠 | 汉族 | 小岔 | 李渠 | 户主 | 王德贤 | 汉族 | 小岔 | 李渠 |
| 妻子 | 惠耀兰 | 汉族 | 小岔 | 李渠 | 妻子 | 景文梅 | 汉族 | 小岔 | 李渠 |
| 长子 | 韩德贵 | 汉族 | 小岔 | 李渠 | 长子 | 王　军 | 汉族 | 小岔 | 李渠 |
| 户主 | 韩钰城 | 汉族 | 小岔 | 李渠 | 长女 | 王　芳 | 汉族 | 小岔 | 李渠 |
| 妻子 | 贾生翠 | 汉族 | 小岔 | 李渠 | 户主 | 王久和 | 汉族 | 小岔 | 李渠 |
| 长子 | 韩金贵 | 汉族 | 小岔 | 李渠 | 妻子 | 樊得花 | 汉族 | 小岔 | 李渠 |
| 长女 | 韩彩宏 | 汉族 | 小岔 | 李渠 | 次子 | 王银库 | 汉族 | 小岔 | 李渠 |
| 户主 | 虎永兴 | 汉族 | 小岔 | 李渠 | 三子 | 王善明 | 汉族 | 小岔 | 李渠 |
| 妻子 | 张翠梅 | 汉族 | 小岔 | 李渠 | 户主 | 王善申 | 汉族 | 小岔 | 李渠 |
| 长子 | 虎　宁 | 汉族 | 小岔 | 李渠 | 妻子 | 柳彩城 | 汉族 | 小岔 | 李渠 |
| 次女 | 虎　丽 | 汉族 | 小岔 | 李渠 | 长子 | 王　强 | 汉族 | 小岔 | 李渠 |
| 户主 | 虎占峰 | 汉族 | 小岔 | 李渠 | 长女 | 王　琴 | 汉族 | 小岔 | 李渠 |
| 妻子 | 孙维莲 | 汉族 | 小岔 | 李渠 | 次女 | 王　玲 | 汉族 | 小岔 | 李渠 |
| 次子 | 虎军让 | 汉族 | 小岔 | 李渠 | 户主 | 王德雄 | 汉族 | 小岔 | 李渠 |
| 三子 | 虎永社 | 汉族 | 小岔 | 李渠 | 妻子 | 王建芳 | 汉族 | 小岔 | 李渠 |
| 户主 | 韩钰仓 | 汉族 | 小岔 | 李渠 | 长子 | 王　刚 | 汉族 | 小岔 | 李渠 |
| 妻子 | 李改银 | 汉族 | 小岔 | 李渠 | 长女 | 王　艳 | 汉族 | 小岔 | 李渠 |
| 长女 | 韩彩花 | 汉族 | 小岔 | 李渠 | 户主 | 虎　鹏 | 汉族 | 小岔 | 李渠 |
| 长子 | 韩之贵 | 汉族 | 小岔 | 李渠 | 妻子 | 杨吉芳 | 汉族 | 小岔 | 李渠 |
| 户主 | 贺佩强 | 汉族 | 小岔 | 李渠 | 长女 | 虎会莹 | 汉族 | 小岔 | 李渠 |
| 妻子 | 杨彩琴 | 汉族 | 小岔 | 李渠 | 次女 | 虎会琴 | 汉族 | 小岔 | 李渠 |
| 长子 | 贺永福 | 汉族 | 小岔 | 李渠 | 母亲 | 刘彩花 | 汉族 | 小岔 | 李渠 |
| 次子 | 贺永义 | 汉族 | 小岔 | 李渠 | 户主 | 虎天喜 | 汉族 | 小岔 | 李渠 |
| 外甥女 | 李翠翠 | 汉族 | 小岔 | 李渠 | 妻子 | 汪改云 | 汉族 | 小岔 | 李渠 |
| 户主 | 虎　森 | 汉族 | 小岔 | 李渠 | 弟弟 | 虎耀晟 | 汉族 | 小岔 | 李渠 |
| 妻子 | 殷玉霞 | 汉族 | 小岔 | 李渠 | 母亲 | 安维莲 | 汉族 | 小岔 | 李渠 |
| 长子 | 虎建国 | 汉族 | 小岔 | 李渠 | 户主 | 李振国 | 汉族 | 小岔 | 李渠 |
| 长女 | 虎建芳 | 汉族 | 小岔 | 李渠 | 妻子 | 王玲玲 | 汉族 | 小岔 | 李渠 |
| 次女 | 虎建琴 | 汉族 | 小岔 | 李渠 | 父亲 | 李志昌 | 汉族 | 小岔 | 李渠 |
| 父亲 | 虎志荣 | 汉族 | 小岔 | 李渠 | 母亲 | 梁蕊花 | 汉族 | 小岔 | 李渠 |
| 母亲 | 贺生莲 | 汉族 | 小岔 | 李渠 | 长女 | 李胜花 | 汉族 | 小岔 | 李渠 |
| 户主 | 虎　林 | 汉族 | 小岔 | 李渠 | 儿媳 | 庞玉宏 | 汉族 | 小岔 | 李渠 |
| 妻子 | 刘爱花 | 汉族 | 小岔 | 李渠 | 孙女 | 李淑晨 | 汉族 | 小岔 | 李渠 |

续表 16

| 与户主关系 | 家庭成员 | 民族 | 原居住地 | | 与户主关系 | 家庭成员 | 民族 | 原居住地 | |
|---|---|---|---|---|---|---|---|---|---|
| | | | 乡(镇) | 行政村 | | | | 乡(镇) | 行政村 |
| 孙女 | 李淑瑶 | 汉族 | 小岔 | 李渠 | 户主 | 贺耀荣 | 汉族 | 小岔 | 李渠 |
| 孙子 | 李旭龙 | 汉族 | 小岔 | 李渠 | 妻子 | 王彩霞 | 汉族 | 小岔 | 李渠 |
| 儿子 | 李　哲 | 汉族 | 小岔 | 李渠 | 次女 | 贺利琴 | 汉族 | 小岔 | 李渠 |
| 妻子 | 杨平燕 | 汉族 | 小岔 | 李渠 | 户主 | 贺玉洲 | 汉族 | 小岔 | 李渠 |
| 户主 | 贺正芳 | 汉族 | 小岔 | 李渠 | 妻子 | 李秀琴 | 汉族 | 小岔 | 李渠 |
| 长子 | 虎　平 | 汉族 | 小岔 | 李渠 | 长子 | 贺　刚 | 汉族 | 小岔 | 李渠 |
| 女婿 | 甄　孝 | 汉族 | 小岔 | 李渠 | 次子 | 贺　俊 | 汉族 | 小岔 | 李渠 |
| 五女 | 虎　宁 | 汉族 | 小岔 | 李渠 | 儿媳 | 赵绍团 | 汉族 | 小岔 | 李渠 |
| 外孙 | 甄博玉 | 汉族 | 小岔 | 李渠 | 孙女 | 贺　璐 | 汉族 | 小岔 | 李渠 |
| 户主 | 虎　富 | 汉族 | 小岔 | 李渠 | 户主 | 贺荣亮 | 汉族 | 小岔 | 李渠 |
| 妻子 | 刘小玲 | 汉族 | 小岔 | 李渠 | 妻子 | 陈凤君 | 汉族 | 小岔 | 李渠 |
| 父亲 | 虎志耀 | 汉族 | 小岔 | 李渠 | 三女 | 贺　霞 | 汉族 | 小岔 | 李渠 |
| 母亲 | 赵桂梅 | 汉族 | 小岔 | 李渠 | 四女 | 贺　萍 | 汉族 | 小岔 | 李渠 |
| 长子 | 虎凌霄 | 汉族 | 小岔 | 李渠 | 长子 | 贺　腾 | 汉族 | 小岔 | 李渠 |
| 长女 | 虎凌雯 | 汉族 | 小岔 | 李渠 | 户主 | 贺玉礼 | 汉族 | 小岔 | 李渠 |
| 户主 | 虎　尚 | 汉族 | 小岔 | 李渠 | 妻子 | 马洪彩 | 汉族 | 小岔 | 李渠 |
| 妻子 | 于换霞 | 汉族 | 小岔 | 李渠 | 长子 | 贺　文 | 汉族 | 小岔 | 李渠 |
| 长子 | 虎天永 | 汉族 | 小岔 | 李渠 | 长女 | 贺　丽 | 汉族 | 小岔 | 李渠 |
| 户主 | 贺玉华 | 汉族 | 小岔 | 李渠 | 户主 | 贺玉宏 | 汉族 | 小岔 | 李渠 |
| 妻子 | 虎　彩 | 汉族 | 小岔 | 李渠 | 妻子 | 孙小利 | 汉族 | 小岔 | 李渠 |
| 长女 | 贺　娜 | 汉族 | 小岔 | 李渠 | 长女 | 贺　蕊 | 汉族 | 小岔 | 李渠 |
| 长子 | 贺　涛 | 汉族 | 小岔 | 李渠 | 长子 | 贺　鑫 | 汉族 | 小岔 | 李渠 |
| 次子 | 虎晓辉 | 汉族 | 小岔 | 李渠 | 户主 | 贺玉富 | 汉族 | 小岔 | 李渠 |
| 户主 | 贺耀林 | 汉族 | 小岔 | 李渠 | 妻子 | 郭宏琴 | 汉族 | 小岔 | 李渠 |
| 妻子 | 安维玲 | 汉族 | 小岔 | 李渠 | 长女 | 贺　婷 | 汉族 | 小岔 | 李渠 |
| 长女 | 贺　丽 | 汉族 | 小岔 | 李渠 | 次女 | 贺东东 | 汉族 | 小岔 | 李渠 |
| 次女 | 贺　琴 | 汉族 | 小岔 | 李渠 | 父亲 | 贺荣祖 | 汉族 | 小岔 | 李渠 |
| 长子 | 贺佩鑫 | 汉族 | 小岔 | 李渠 | 母亲 | 郭玉兰 | 汉族 | 小岔 | 李渠 |
| 父亲 | 贺玉奎 | 汉族 | 小岔 | 李渠 | 户主 | 虎耀周 | 汉族 | 小岔 | 耳城 |
| 户主 | 李　赟 | 汉族 | 小岔 | 李渠 | 妻子 | 路学花 | 汉族 | 小岔 | 耳城 |
| 妻子 | 闫彩霞 | 汉族 | 小岔 | 李渠 | 长子 | 虎利军 | 汉族 | 小岔 | 耳城 |
| 长女 | 李淑琴 | 汉族 | 小岔 | 李渠 | 母亲 | 周文莲 | 汉族 | 小岔 | 耳城 |
| 户主 | 贺佩东 | 汉族 | 小岔 | 李渠 | 父亲 | 虎俭俭 | 汉族 | 小岔 | 耳城 |
| 妻子 | 王慧玲 | 汉族 | 小岔 | 李渠 | 户主 | 虎耀邦 | 汉族 | 小岔 | 耳城 |
| 长子 | 贺永旺 | 汉族 | 小岔 | 李渠 | 妻子 | 王双旋 | 汉族 | 小岔 | 耳城 |
| 长女 | 贺委珍 | 汉族 | 小岔 | 李渠 | 长女 | 虎旭禄 | 汉族 | 小岔 | 耳城 |

续表 16

| 与户主关系 | 家庭成员 | 民族 | 原居住地 | | 与户主关系 | 家庭成员 | 民族 | 原居住地 | |
|---|---|---|---|---|---|---|---|---|---|
| | | | 乡(镇) | 行政村 | | | | 乡(镇) | 行政村 |
| 长女 | 虎旭霞 | 汉族 | 小岔 | 耳城 | 次子 | 虎旭辉 | 汉族 | 小岔 | 耳城 |
| 户主 | 虎耀昌 | 汉族 | 小岔 | 耳城 | 长女 | 虎旭芳 | 汉族 | 小岔 | 耳城 |
| 妻子 | 景翠霞 | 汉族 | 小岔 | 耳城 | 母亲 | 白桂莲 | 汉族 | 小岔 | 耳城 |
| 长子 | 虎　佐 | 汉族 | 小岔 | 耳城 | 户主 | 虎耀珍 | 汉族 | 小岔 | 耳城 |
| 长女 | 虎　娜 | 汉族 | 小岔 | 耳城 | 妻子 | 孙岁女 | 汉族 | 小岔 | 耳城 |
| 户主 | 虎耀财 | 汉族 | 小岔 | 耳城 | 长子 | 虎利明 | 汉族 | 小岔 | 耳城 |
| 妻子 | 徐玉芳 | 汉族 | 小岔 | 耳城 | 次子 | 虎利龙 | 汉族 | 小岔 | 耳城 |
| 长子 | 虎小平 | 汉族 | 小岔 | 耳城 | 户主 | 虎耀岐 | 汉族 | 小岔 | 耳城 |
| 户主 | 虎耀杰 | 汉族 | 小岔 | 耳城 | 妻子 | 胡学梅 | 汉族 | 小岔 | 耳城 |
| 妻子 | 刘　蕊 | 汉族 | 小岔 | 耳城 | 长子 | 虎军利 | 汉族 | 小岔 | 耳城 |
| 长子 | 虎　登 | 汉族 | 小岔 | 耳城 | 次子 | 虎军会 | 汉族 | 小岔 | 耳城 |
| 长女 | 虎　娜 | 汉族 | 小岔 | 耳城 | 户主 | 虎耀省 | 汉族 | 小岔 | 耳城 |
| 父亲 | 虎久平 | 汉族 | 小岔 | 耳城 | 妻子 | 韩彩梅 | 汉族 | 小岔 | 耳城 |
| 母亲 | 杨凤梅 | 汉族 | 小岔 | 耳城 | 次子 | 虎森林 | 汉族 | 小岔 | 耳城 |
| 户主 | 虎耀金 | 汉族 | 小岔 | 耳城 | 三子 | 虎　辉 | 汉族 | 小岔 | 耳城 |
| 妻子 | 白建翠 | 汉族 | 小岔 | 耳城 | 户主 | 虎耀鹏 | 汉族 | 小岔 | 耳城 |
| 长子 | 虎　刚 | 汉族 | 小岔 | 耳城 | 长子 | 虎进阳 | 汉族 | 小岔 | 耳城 |
| 长女 | 虎　丽 | 汉族 | 小岔 | 耳城 | 户主 | 虎耀军 | 汉族 | 小岔 | 耳城 |
| 父亲 | 虎久忠 | 汉族 | 小岔 | 耳城 | 妻子 | 景会琴 | 汉族 | 小岔 | 耳城 |
| 母亲 | 张兴莲 | 汉族 | 小岔 | 耳城 | 次子 | 虎永泽 | 汉族 | 小岔 | 耳城 |
| 户主 | 虎耀斌 | 汉族 | 小岔 | 耳城 | 长子 | 虎永福 | 汉族 | 小岔 | 耳城 |
| 妻子 | 马秀芳 | 汉族 | 小岔 | 耳城 | 儿媳 | 王彩霞 | 汉族 | 小岔 | 耳城 |
| 长子 | 虎　福 | 汉族 | 小岔 | 耳城 | 孙子 | 虎晓冬 | 汉族 | 小岔 | 耳城 |
| 长女 | 虎芳芳 | 汉族 | 小岔 | 耳城 | 孙女 | 虎晓瑞 | 汉族 | 小岔 | 耳城 |
| 父亲 | 虎久明 | 汉族 | 小岔 | 耳城 | 父亲 | 虎久德 | 汉族 | 小岔 | 耳城 |
| 户主 | 马志银 | 汉族 | 小岔 | 耳城 | 户主 | 虎耀宗 | 汉族 | 小岔 | 耳城 |
| 长子 | 马凤虎 | 汉族 | 小岔 | 耳城 | 妻子 | 安彩萍 | 汉族 | 小岔 | 耳城 |
| 儿媳 | 李海霞 | 汉族 | 小岔 | 耳城 | 长子 | 虎　腾 | 汉族 | 小岔 | 耳城 |
| 孙女 | 马佳怡 | 汉族 | 小岔 | 耳城 | 长女 | 虎　雅 | 汉族 | 小岔 | 耳城 |
| 户主 | 虎久仁 | 汉族 | 小岔 | 耳城 | 次女 | 虎　静 | 汉族 | 小岔 | 耳城 |
| 妻子 | 杜金霞 | 汉族 | 小岔 | 耳城 | 户主 | 虎耀森 | 汉族 | 小岔 | 耳城 |
| 长子 | 虎东贵 | 汉族 | 小岔 | 耳城 | 妻子 | 杨维兰 | 汉族 | 小岔 | 耳城 |
| 长女 | 虎东燕 | 汉族 | 小岔 | 耳城 | 父亲 | 虎文安 | 汉族 | 小岔 | 耳城 |
| 户主 | 虎耀武 | 汉族 | 小岔 | 耳城 | 长子 | 虎宁远 | 汉族 | 小岔 | 耳城 |
| 妻子 | 常小红 | 汉族 | 小岔 | 耳城 | 户主 | 虎耀东 | 汉族 | 小岔 | 耳城 |
| 长子 | 虎旭珍 | 汉族 | 小岔 | 耳城 | 妻子 | 田列列 | 汉族 | 小岔 | 耳城 |

续表 16

| 与户主关系 | 家庭成员 | 民族 | 原居住地 | | 与户主关系 | 家庭成员 | 民族 | 原居住地 | |
|---|---|---|---|---|---|---|---|---|---|
| | | | 乡(镇) | 行政村 | | | | 乡(镇) | 行政村 |
| 父亲 | 虎久龙 | 汉族 | 小岔 | 耳城 | 户主 | 虎耀聪 | 汉族 | 小岔 | 耳城 |
| 弟弟 | 虎耀玺 | 汉族 | 小岔 | 耳城 | 妻子 | 高锁香 | 汉族 | 小岔 | 耳城 |
| 长子 | 虎 攀 | 汉族 | 小岔 | 耳城 | 长女 | 虎画画 | 汉族 | 小岔 | 耳城 |
| 次子 | 虎 丰 | 汉族 | 小岔 | 耳城 | 长子 | 虎 勇 | 汉族 | 小岔 | 耳城 |
| 侄子 | 虎 博 | 汉族 | 小岔 | 耳城 | 户主 | 虎耀伟 | 汉族 | 小岔 | 耳城 |
| 户主 | 虎耀文 | 汉族 | 小岔 | 耳城 | 长女 | 虎 娜 | 汉族 | 小岔 | 耳城 |
| 妻子 | 徐跟彩 | 汉族 | 小岔 | 耳城 | 母亲 | 魏梅芳 | 汉族 | 小岔 | 耳城 |
| 长子 | 虎旭鹏 | 汉族 | 小岔 | 耳城 | 妻子 | 寇玉花 | 汉族 | 小岔 | 耳城 |
| 长女 | 虎 燕 | 汉族 | 小岔 | 耳城 | 长子 | 虎全才 | 汉族 | 小岔 | 耳城 |

## 兴庆区移民花名表

表 17

| 与户主关系 | 家庭成员 | 民族 | 原居住地 | | 与户主关系 | 家庭成员 | 民族 | 原居住地 | |
|---|---|---|---|---|---|---|---|---|---|
| | | | 乡(镇) | 行政村 | | | | 乡(镇) | 行政村 |
| 户主 | 安耀平 | 汉族 | 古城 | 挂马沟 | 户主 | 王军生 | 汉族 | 古城 | 挂马沟 |
| 次子 | 安旭东 | 汉族 | 古城 | 挂马沟 | 长女 | 王军跳 | 汉族 | 古城 | 挂马沟 |
| 母亲 | 韩秀英 | 汉族 | 古城 | 挂马沟 | 二女 | 王列跳 | 汉族 | 古城 | 挂马沟 |
| 户主 | 秦治国 | 回族 | 古城 | 挂马沟 | 三女 | 王跳思 | 汉族 | 古城 | 挂马沟 |
| 妻子 | 马有兰 | 回族 | 古城 | 挂马沟 | 户主 | 马生平 | 回族 | 古城 | 挂马沟 |
| 长子 | 秦亚东 | 回族 | 古城 | 挂马沟 | 妻子 | 马贵英 | 回族 | 古城 | 挂马沟 |
| 次子 | 秦明明 | 回族 | 古城 | 挂马沟 | 户主 | 马进合 | 回族 | 古城 | 挂马沟 |
| 户主 | 秦治文 | 回族 | 古城 | 挂马沟 | 妻子 | 海月英 | 回族 | 古城 | 挂马沟 |
| 妻子 | 马文梅 | 回族 | 古城 | 挂马沟 | 长子 | 马 英 | 回族 | 古城 | 挂马沟 |
| 长子 | 秦 军 | 回族 | 古城 | 挂马沟 | 二女 | 马玉兰 | 回族 | 古城 | 挂马沟 |
| 长女 | 秦 梅 | 回族 | 古城 | 挂马沟 | 三女 | 马发发 | 回族 | 古城 | 挂马沟 |
| 二女 | 秦莲莲 | 回族 | 古城 | 挂马沟 | 户主 | 马生芳 | 回族 | 古城 | 挂马沟 |
| 三女 | 秦灵灵 | 回族 | 古城 | 挂马沟 | 妻子 | 马正梅 | 回族 | 古城 | 挂马沟 |
| 户主 | 秦忠孝 | 回族 | 古城 | 挂马沟 | 次子 | 马有智 | 回族 | 古城 | 挂马沟 |
| 妻子 | 马义兰 | 回族 | 古城 | 挂马沟 | 长女 | 马发买 | 回族 | 古城 | 挂马沟 |
| 户主 | 秦贵礼 | 回族 | 古城 | 挂马沟 | 户主 | 秦付义 | 回族 | 古城 | 挂马沟 |
| 妻子 | 海生兰 | 回族 | 古城 | 挂马沟 | 妻子 | 马成秀 | 回族 | 古城 | 挂马沟 |
| 长子 | 秦治平 | 回族 | 古城 | 挂马沟 | 户主 | 秦贵荣 | 回族 | 古城 | 挂马沟 |
| 长女 | 秦治兰 | 回族 | 古城 | 挂马沟 | 妻子 | 马国花 | 回族 | 古城 | 挂马沟 |
| 二女 | 秦治梅 | 回族 | 古城 | 挂马沟 | 长子 | 秦治军 | 回族 | 古城 | 挂马沟 |
| 母亲 | 马进英 | 回族 | 古城 | 挂马沟 | 次子 | 秦治龙 | 回族 | 古城 | 挂马沟 |

续表 17

| 与户主关系 | 家庭成员 | 民族 | 原居住地 | | 与户主关系 | 家庭成员 | 民族 | 原居住地 | |
|---|---|---|---|---|---|---|---|---|---|
| | | | 乡(镇) | 行政村 | | | | 乡(镇) | 行政村 |
| 儿媳 | 杨　梅 | 回族 | 古城 | 挂马沟 | 长子 | 马有清 | 回族 | 古城 | 挂马沟 |
| 户主 | 秦贵海 | 回族 | 古城 | 挂马沟 | 长女 | 马有兰 | 回族 | 古城 | 挂马沟 |
| 妻子 | 李廷梅 | 回族 | 古城 | 挂马沟 | 二女 | 马有梅 | 回族 | 古城 | 挂马沟 |
| 长女 | 秦治花 | 回族 | 古城 | 挂马沟 | 户主 | 马生保 | 回族 | 古城 | 挂马沟 |
| 二女 | 秦　梅 | 回族 | 古城 | 挂马沟 | 妻子 | 马进芳 | 回族 | 古城 | 挂马沟 |
| 三女 | 秦治梅 | 回族 | 古城 | 挂马沟 | 长子 | 马有强 | 回族 | 古城 | 挂马沟 |
| 户主 | 秦贵学 | 回族 | 古城 | 挂马沟 | 次子 | 马有乾 | 回族 | 古城 | 挂马沟 |
| 妻子 | 马月梅 | 回族 | 古城 | 挂马沟 | 父亲 | 马耀武 | 回族 | 古城 | 挂马沟 |
| 长子 | 秦　伟 | 回族 | 古城 | 挂马沟 | 户主 | 马生会 | 回族 | 古城 | 挂马沟 |
| 长女 | 秦　兰 | 回族 | 古城 | 挂马沟 | 妻子 | 海玉英 | 回族 | 古城 | 挂马沟 |
| 二女 | 秦玉花 | 回族 | 古城 | 挂马沟 | 次子 | 马有富 | 回族 | 古城 | 挂马沟 |
| 户主 | 秦贵平 | 回族 | 古城 | 挂马沟 | 儿媳 | 海在拜 | 回族 | 古城 | 挂马沟 |
| 妻子 | 马玉梅 | 回族 | 古城 | 挂马沟 | 孙子 | 马小虎 | 回族 | 古城 | 挂马沟 |
| 长子 | 秦　文 | 回族 | 古城 | 挂马沟 | 孙女 | 马小梅 | 回族 | 古城 | 挂马沟 |
| 次子 | 秦　武 | 回族 | 古城 | 挂马沟 | 户主 | 马宗良 | 回族 | 古城 | 挂马沟 |
| 户主 | 马生林 | 回族 | 古城 | 挂马沟 | 妻子 | 马志英 | 回族 | 古城 | 挂马沟 |
| 妻子 | 海青梅 | 回族 | 古城 | 挂马沟 | 长子 | 马生清 | 回族 | 古城 | 挂马沟 |
| 长子 | 马有君 | 回族 | 古城 | 挂马沟 | 长女 | 马有芳 | 回族 | 古城 | 挂马沟 |
| 次子 | 马有成 | 回族 | 古城 | 挂马沟 | 儿媳 | 马红芳 | 回族 | 古城 | 挂马沟 |
| 户主 | 马生虎 | 回族 | 古城 | 挂马沟 | 孙子 | 马有平 | 回族 | 古城 | 挂马沟 |
| 妻子 | 王正梅 | 回族 | 古城 | 挂马沟 | 孙女 | 马有梅 | 回族 | 古城 | 挂马沟 |
| 长子 | 马　军 | 回族 | 古城 | 挂马沟 | 户主 | 马生荣 | 回族 | 古城 | 挂马沟 |
| 二女 | 马　秀 | 回族 | 古城 | 挂马沟 | 妻子 | 张付花 | 回族 | 古城 | 挂马沟 |
| 户主 | 马合荣 | 回族 | 古城 | 挂马沟 | 长子 | 马有君 | 回族 | 古城 | 挂马沟 |
| 次子 | 马向林 | 回族 | 古城 | 挂马沟 | 儿媳 | 王彦花 | 回族 | 古城 | 挂马沟 |
| 户主 | 王发军 | 汉族 | 古城 | 挂马沟 | 孙子 | 马宏阳 | 回族 | 古城 | 挂马沟 |
| 妻子 | 安旭梅 | 汉族 | 古城 | 挂马沟 | 孙女 | 马宏梅 | 回族 | 古城 | 挂马沟 |
| 长子 | 王亚龙 | 汉族 | 古城 | 挂马沟 | 户主 | 马生彦 | 回族 | 古城 | 挂马沟 |
| 父亲 | 王全礼 | 汉族 | 古城 | 挂马沟 | 妻子 | 马成梅 | 回族 | 古城 | 挂马沟 |
| 母亲 | 吴登兰 | 汉族 | 古城 | 挂马沟 | 长子 | 马　龙 | 回族 | 古城 | 挂马沟 |
| 户主 | 王发财 | 汉族 | 古城 | 挂马沟 | 次子 | 马有伟 | 回族 | 古城 | 挂马沟 |
| 妻子 | 元菜胡 | 汉族 | 古城 | 挂马沟 | 三子 | 马　强 | 回族 | 古城 | 挂马沟 |
| 长子 | 王亚东 | 汉族 | 古城 | 挂马沟 | 户主 | 马进德 | 回族 | 古城 | 挂马沟 |
| 长女 | 王媛媛 | 汉族 | 古城 | 挂马沟 | 妻子 | 海青梅 | 回族 | 古城 | 挂马沟 |
| 户主 | 马生珍 | 回族 | 古城 | 挂马沟 | 长子 | 马玉虎 | 回族 | 古城 | 挂马沟 |
| 妻子 | 张志兰 | 回族 | 古城 | 挂马沟 | 长女 | 马玉梅 | 回族 | 古城 | 挂马沟 |

续表 17

| 与户主关系 | 家庭成员 | 民族 | 原居住地 | | 与户主关系 | 家庭成员 | 民族 | 原居住地 | |
|---|---|---|---|---|---|---|---|---|---|
| | | | 乡(镇) | 行政村 | | | | 乡(镇) | 行政村 |
| 二女 | 马玉兰 | 回族 | 古城 | 挂马沟 | 妻子 | 马文梅 | 回族 | 古城 | 挂马沟 |
| 户主 | 马生海 | 回族 | 古城 | 挂马沟 | 长子 | 禹世平 | 回族 | 古城 | 挂马沟 |
| 妻子 | 白春兰 | 回族 | 古城 | 挂马沟 | 次子 | 禹世龙 | 回族 | 古城 | 挂马沟 |
| 长子 | 马有中 | 回族 | 古城 | 挂马沟 | 户主 | 禹全智 | 回族 | 古城 | 挂马沟 |
| 次子 | 马有贵 | 回族 | 古城 | 挂马沟 | 妻子 | 马阿西 | 回族 | 古城 | 挂马沟 |
| 长女 | 马有梅 | 回族 | 古城 | 挂马沟 | 长子 | 禹世明 | 回族 | 古城 | 挂马沟 |
| 户主 | 马生玉 | 回族 | 古城 | 挂马沟 | 次子 | 禹世玉 | 回族 | 古城 | 挂马沟 |
| 妻子 | 王月花 | 回族 | 古城 | 挂马沟 | 长女 | 禹雪梅 | 回族 | 古城 | 挂马沟 |
| 长子 | 马六旦 | 回族 | 古城 | 挂马沟 | 户主 | 安具仁 | 汉族 | 古城 | 挂马沟 |
| 户主 | 禹全君 | 回族 | 古城 | 挂马沟 | 妻子 | 张会玲 | 汉族 | 古城 | 挂马沟 |
| 妻子 | 安东梅 | 回族 | 古城 | 挂马沟 | 长子 | 安旭君 | 汉族 | 古城 | 挂马沟 |
| 长子 | 禹安政 | 回族 | 古城 | 挂马沟 | 户主 | 马生贵 | 回族 | 古城 | 挂马沟 |
| 次子 | 禹世侠 | 回族 | 古城 | 挂马沟 | 妻子 | 赫生梅 | 回族 | 古城 | 挂马沟 |
| 长女 | 禹世梅 | 回族 | 古城 | 挂马沟 | 长子 | 马有付 | 回族 | 古城 | 挂马沟 |
| 岳母 | 马占英 | 回族 | 古城 | 挂马沟 | 次子 | 马保强 | 回族 | 古城 | 挂马沟 |
| 户主 | 马玉保 | 回族 | 古城 | 挂马沟 | 父亲 | 马宗有 | 回族 | 古城 | 挂马沟 |
| 妻子 | 马志连 | 回族 | 古城 | 挂马沟 | 儿媳 | 马阿也 | 回族 | 古城 | 挂马沟 |
| 三子 | 马　飞 | 回族 | 古城 | 挂马沟 | 户主 | 马生富 | 回族 | 古城 | 挂马沟 |
| 父亲 | 马吉祖 | 回族 | 古城 | 挂马沟 | 妻子 | 白桂芳 | 回族 | 古城 | 挂马沟 |
| 母亲 | 马文秀 | 回族 | 古城 | 挂马沟 | 次子 | 马有成 | 回族 | 古城 | 挂马沟 |
| 户主 | 马生元 | 回族 | 古城 | 挂马沟 | 儿媳 | 张进霞 | 回族 | 古城 | 挂马沟 |
| 妻子 | 马忠芳 | 回族 | 古城 | 挂马沟 | 孙子 | 马宝龙 | 回族 | 古城 | 挂马沟 |
| 长子 | 马润润 | 回族 | 古城 | 挂马沟 | 孙子 | 马宝誉 | 回族 | 古城 | 挂马沟 |
| 二女 | 马有琴 | 回族 | 古城 | 挂马沟 | 户主 | 马兴江 | 回族 | 古城 | 挂马沟 |
| 户主 | 马进贵 | 回族 | 古城 | 挂马沟 | 妻子 | 马秀珍 | 回族 | 古城 | 挂马沟 |
| 妻子 | 海春梅 | 回族 | 古城 | 挂马沟 | 次子 | 马进虎 | 回族 | 古城 | 挂马沟 |
| 长子 | 马玉军 | 回族 | 古城 | 挂马沟 | 三子 | 马进乍 | 回族 | 古城 | 挂马沟 |
| 长女 | 马玉梅 | 回族 | 古城 | 挂马沟 | 儿媳 | 马社社 | 回族 | 古城 | 挂马沟 |
| 户主 | 禹占江 | 回族 | 古城 | 挂马沟 | 孙子 | 马玉财 | 回族 | 古城 | 挂马沟 |
| 妻子 | 马志兰 | 回族 | 古城 | 挂马沟 | 户主 | 马生成 | 回族 | 古城 | 挂马沟 |
| 长子 | 禹哈子 | 回族 | 古城 | 挂马沟 | 妻子 | 马进兰 | 回族 | 古城 | 挂马沟 |
| 儿媳 | 马生梅 | 回族 | 古城 | 挂马沟 | 长子 | 马统军 | 回族 | 古城 | 挂马沟 |
| 孙子 | 禹阳阳 | 回族 | 古城 | 挂马沟 | 次子 | 马统朝 | 回族 | 古城 | 挂马沟 |
| 孙子 | 禹　喆 | 回族 | 古城 | 挂马沟 | 户主 | 马生财 | 回族 | 古城 | 挂马沟 |
| 孙女 | 禹卓琳 | 回族 | 古城 | 挂马沟 | 妻子 | 马良花 | 回族 | 古城 | 挂马沟 |
| 户主 | 禹全德 | 回族 | 古城 | 挂马沟 | 长女 | 马有梅 | 回族 | 古城 | 挂马沟 |

续表 17

| 与户主关系 | 家庭成员 | 民族 | 原居住地 | | 与户主关系 | 家庭成员 | 民族 | 原居住地 | |
|---|---|---|---|---|---|---|---|---|---|
| | | | 乡(镇) | 行政村 | | | | 乡(镇) | 行政村 |
| 二女 | 马红霞 | 回族 | 古城 | 挂马沟 | 户主 | 马有龙 | 回族 | 古城 | 挂马沟 |
| 三女 | 马有翠 | 回族 | 古城 | 挂马沟 | 妻子 | 海有梅 | 回族 | 古城 | 挂马沟 |
| 户主 | 马兴成 | 回族 | 古城 | 挂马沟 | 次子 | 马小军 | 回族 | 古城 | 挂马沟 |
| 妻子 | 马风俊 | 回族 | 古城 | 挂马沟 | 长女 | 马小兰 | 回族 | 古城 | 挂马沟 |
| 次子 | 马进平 | 回族 | 古城 | 挂马沟 | 二女 | 马小琴 | 回族 | 古城 | 挂马沟 |
| 儿媳 | 马维芳 | 回族 | 古城 | 挂马沟 | 户主 | 马生明 | 回族 | 古城 | 挂马沟 |
| 孙子 | 马玉刚 | 回族 | 古城 | 挂马沟 | 妻子 | 马正梅 | 回族 | 古城 | 挂马沟 |
| 孙女 | 马玉琴 | 回族 | 古城 | 挂马沟 | 次子 | 马有珍 | 回族 | 古城 | 挂马沟 |
| 户主 | 马有贵 | 回族 | 古城 | 挂马沟 | 户主 | 马有智 | 回族 | 古城 | 挂马沟 |
| 妻子 | 鲜买燕 | 回族 | 古城 | 挂马沟 | 妻子 | 王九女 | 回族 | 古城 | 挂马沟 |
| 长子 | 马　平 | 回族 | 古城 | 挂马沟 | 长子 | 马晓军 | 回族 | 古城 | 挂马沟 |
| 长女 | 马兰兰 | 回族 | 古城 | 挂马沟 | 次子 | 马晓明 | 回族 | 古城 | 挂马沟 |
| 父亲 | 马生林 | 回族 | 古城 | 挂马沟 | 长女 | 马晓丽 | 回族 | 古城 | 挂马沟 |
| 母亲 | 鲜金梅 | 回族 | 古城 | 挂马沟 | 户主 | 王发林 | 汉族 | 古城 | 挂马沟 |
| 户主 | 马生龙 | 回族 | 古城 | 挂马沟 | 妻子 | 曾迎平 | 汉族 | 古城 | 挂马沟 |
| 妻子 | 马守兰 | 回族 | 古城 | 挂马沟 | 长子 | 王亚楠 | 汉族 | 古城 | 挂马沟 |
| 长子 | 马有义 | 回族 | 古城 | 挂马沟 | 长女 | 王亚妮 | 汉族 | 古城 | 挂马沟 |
| 儿媳 | 马进芳 | 回族 | 古城 | 挂马沟 | 户主 | 马有君 | 回族 | 古城 | 挂马沟 |
| 孙女 | 马珂鑫 | 回族 | 古城 | 挂马沟 | 妻子 | 马平兰 | 回族 | 古城 | 挂马沟 |
| 孙女 | 马蓉 | 回族 | 古城 | 挂马沟 | 长子 | 马望升 | 回族 | 古城 | 挂马沟 |
| 孙女 | 马小琴 | 回族 | 古城 | 挂马沟 | 长女 | 马克霞 | 回族 | 古城 | 挂马沟 |
| 户主 | 马进明 | 回族 | 古城 | 挂马沟 | 户主 | 马进学 | 回族 | 古城 | 挂马沟 |
| 妻子 | 马义芳 | 回族 | 古城 | 挂马沟 | 妻子 | 马红花 | 回族 | 古城 | 挂马沟 |
| 次子 | 马玉虎 | 回族 | 古城 | 挂马沟 | 长女 | 马玉琴 | 回族 | 古城 | 挂马沟 |
| 父亲 | 马兴林 | 回族 | 古城 | 挂马沟 | 户主 | 秦贵智 | 回族 | 古城 | 挂马沟 |
| 儿媳 | 马买艳 | 回族 | 古城 | 挂马沟 | 妻子 | 马巧霞 | 回族 | 古城 | 挂马沟 |
| 户主 | 马继先 | 回族 | 古城 | 挂马沟 | 长子 | 秦治星 | 回族 | 古城 | 挂马沟 |
| 妻子 | 马红俊 | 回族 | 古城 | 挂马沟 | 次子 | 秦治伟 | 回族 | 古城 | 挂马沟 |
| 户主 | 马玉成 | 回族 | 古城 | 挂马沟 | 户主 | 马有杰 | 回族 | 古城 | 挂马沟 |
| 妻子 | 马玉兰 | 回族 | 古城 | 挂马沟 | 妻子 | 马立英 | 回族 | 古城 | 挂马沟 |
| 三子 | 马春清 | 回族 | 古城 | 挂马沟 | 长子 | 马小飞 | 回族 | 古城 | 挂马沟 |
| 户主 | 马虎梅 | 回族 | 古城 | 挂马沟 | 长女 | 马小霞 | 回族 | 古城 | 挂马沟 |
| 长子 | 秦　龙 | 回族 | 古城 | 挂马沟 | 三女 | 马小兰 | 回族 | 古城 | 挂马沟 |
| 长女 | 秦　芳 | 回族 | 古城 | 挂马沟 | 户主 | 马有明 | 回族 | 古城 | 挂马沟 |
| 二女 | 秦　兰 | 回族 | 古城 | 挂马沟 | 妻子 | 马守兰 | 回族 | 古城 | 挂马沟 |
| 三女 | 秦　梅 | 回族 | 古城 | 挂马沟 | 长子 | 马小虎 | 回族 | 古城 | 挂马沟 |

续表 17

| 与户主关系 | 家庭成员 | 民族 | 原居住地 | | 与户主关系 | 家庭成员 | 民族 | 原居住地 | |
|---|---|---|---|---|---|---|---|---|---|
| | | | 乡(镇) | 行政村 | | | | 乡(镇) | 行政村 |
| 长女 | 马小梅 | 回族 | 古城 | 挂马沟 | 妻子 | 海晓雪 | 回族 | 古城 | 挂马沟 |
| 二女 | 马小兰 | 回族 | 古城 | 挂马沟 | 长女 | 马燕妮 | 回族 | 古城 | 挂马沟 |
| 三女 | 马小琴 | 回族 | 古城 | 挂马沟 | 户主 | 马春虎 | 回族 | 古城 | 挂马沟 |
| 户主 | 马有东 | 回族 | 古城 | 挂马沟 | 妻子 | 马生梅 | 回族 | 古城 | 挂马沟 |
| 妻子 | 马　英 | 回族 | 古城 | 挂马沟 | 长女 | 马　雪 | 回族 | 古城 | 挂马沟 |
| 长子 | 马保虎 | 回族 | 古城 | 挂马沟 | 户主 | 马春贵 | 回族 | 古城 | 挂马沟 |
| 长女 | 马保琴 | 回族 | 古城 | 挂马沟 | 妻子 | 薛秀霞 | 回族 | 古城 | 挂马沟 |
| 户主 | 马有君 | 回族 | 古城 | 挂马沟 | 长子 | 马逸豪 | 回族 | 古城 | 挂马沟 |
| 妻子 | 王　梅 | 回族 | 古城 | 挂马沟 | 户主 | 马生科 | 回族 | 古城 | 挂马沟 |
| 长子 | 马小勇 | 回族 | 古城 | 挂马沟 | 妻子 | 马台秀 | 回族 | 古城 | 挂马沟 |
| 长女 | 马元元 | 回族 | 古城 | 挂马沟 | 次子 | 马正花 | 回族 | 古城 | 挂马沟 |
| 二女 | 马燕燕 | 回族 | 古城 | 挂马沟 | 户主 | 马正权 | 回族 | 古城 | 挂马沟 |
| 户主 | 马向君 | 回族 | 古城 | 挂马沟 | 妻子 | 妥应兰 | 回族 | 古城 | 挂马沟 |
| 妻子 | 马　兰 | 回族 | 古城 | 挂马沟 | 长子 | 马秀武 | 回族 | 古城 | 挂马沟 |
| 长子 | 马小飞 | 回族 | 古城 | 挂马沟 | 长女 | 马秀梅 | 回族 | 古城 | 挂马沟 |
| 长女 | 马小兰 | 回族 | 古城 | 挂马沟 | 二女 | 马秀花 | 回族 | 古城 | 挂马沟 |
| 二女 | 马小花 | 回族 | 古城 | 挂马沟 | 户主 | 马正德 | 回族 | 古城 | 挂马沟 |
| 三女 | 马小梅 | 回族 | 古城 | 挂马沟 | 妻子 | 马玉兰 | 回族 | 古城 | 挂马沟 |
| 户主 | 马玉龙 | 回族 | 古城 | 挂马沟 | 次子 | 马秀虎 | 回族 | 古城 | 挂马沟 |
| 妻子 | 马彩霞 | 回族 | 古城 | 挂马沟 | 三子 | 马秀宝 | 回族 | 古城 | 挂马沟 |
| 长子 | 马小平 | 回族 | 古城 | 挂马沟 | 二女 | 马秀芳 | 回族 | 古城 | 挂马沟 |
| 长女 | 马明馨 | 回族 | 古城 | 挂马沟 | 三女 | 马秀莲 | 回族 | 古城 | 挂马沟 |
| 户主 | 马玉林 | 回族 | 古城 | 挂马沟 | 户主 | 马正军 | 回族 | 古城 | 挂马沟 |
| 妻子 | 马红兰 | 回族 | 古城 | 挂马沟 | 妻子 | 剡文军 | 回族 | 古城 | 挂马沟 |
| 长子 | 马瑞平 | 回族 | 古城 | 挂马沟 | 长子 | 马　君 | 回族 | 古城 | 挂马沟 |
| 次子 | 马瑞军 | 回族 | 古城 | 挂马沟 | 次子 | 马秀成 | 回族 | 古城 | 挂马沟 |
| 户主 | 马春林 | 回族 | 古城 | 挂马沟 | 长女 | 马秀梅 | 回族 | 古城 | 挂马沟 |
| 妻子 | 马和兰 | 回族 | 古城 | 挂马沟 | 户主 | 马正贵 | 回族 | 古城 | 挂马沟 |
| 长子 | 马博宇 | 回族 | 古城 | 挂马沟 | 妻子 | 马祖带 | 回族 | 古城 | 挂马沟 |
| 户主 | 秦贵仁 | 回族 | 古城 | 挂马沟 | 长子 | 马秀平 | 回族 | 古城 | 挂马沟 |
| 妻子 | 马存珍 | 回族 | 古城 | 挂马沟 | 次子 | 马秀礼 | 回族 | 古城 | 挂马沟 |
| 长子 | 秦　羊 | 回族 | 古城 | 挂马沟 | 二女 | 马秀燕 | 回族 | 古城 | 挂马沟 |
| 户主 | 马有平 | 回族 | 古城 | 挂马沟 | 户主 | 马宗仁 | 回族 | 古城 | 挂马沟 |
| 妻子 | 马立芳 | 回族 | 古城 | 挂马沟 | 妻子 | 马德梅 | 回族 | 古城 | 挂马沟 |
| 长子 | 马小龙 | 回族 | 古城 | 挂马沟 | 长子 | 马生武 | 回族 | 古城 | 挂马沟 |
| 户主 | 马小平 | 回族 | 古城 | 挂马沟 | 二女 | 马生连 | 回族 | 古城 | 挂马沟 |

续表 17

| 与户主关系 | 家庭成员 | 民族 | 原居住地 | | 与户主关系 | 家庭成员 | 民族 | 原居住地 | |
|---|---|---|---|---|---|---|---|---|---|
| | | | 乡(镇) | 行政村 | | | | 乡(镇) | 行政村 |
| 户主 | 马宗银 | 回族 | 古城 | 挂马沟 | 长女 | 马　梅 | 回族 | 古城 | 挂马沟 |
| 妻子 | 海　梅 | 回族 | 古城 | 挂马沟 | 二女 | 马　玲 | 回族 | 古城 | 挂马沟 |
| 三子 | 马生杰 | 回族 | 古城 | 挂马沟 | 户主 | 马正有 | 回族 | 古城 | 挂马沟 |
| 儿媳 | 姬海霞 | 回族 | 古城 | 挂马沟 | 妻子 | 海梅花 | 回族 | 古城 | 挂马沟 |
| 孙子 | 马　俭 | 回族 | 古城 | 挂马沟 | 长子 | 马秀君 | 回族 | 古城 | 挂马沟 |
| 孙子 | 马　荣 | 回族 | 古城 | 挂马沟 | 三女 | 马秀娟 | 回族 | 古城 | 挂马沟 |
| 户主 | 马宗财 | 回族 | 古城 | 挂马沟 | 户主 | 马正仓 | 回族 | 古城 | 挂马沟 |
| 妻子 | 马贵花 | 回族 | 古城 | 挂马沟 | 妻子 | 海春梅 | 回族 | 古城 | 挂马沟 |
| 长子 | 马生智 | 回族 | 古城 | 挂马沟 | 长子 | 马秀龙 | 回族 | 古城 | 挂马沟 |
| 次子 | 马生成 | 回族 | 古城 | 挂马沟 | 二女 | 马秀兰 | 回族 | 古城 | 挂马沟 |
| 三子 | 马生龙 | 回族 | 古城 | 挂马沟 | 三女 | 马秀芳 | 回族 | 古城 | 挂马沟 |
| 户主 | 马生祥 | 回族 | 古城 | 挂马沟 | 户主 | 马成平 | 回族 | 古城 | 挂马沟 |
| 妻子 | 虎正花 | 回族 | 古城 | 挂马沟 | 父亲 | 马凤明 | 回族 | 古城 | 挂马沟 |
| 户主 | 马正龙 | 回族 | 古城 | 挂马沟 | 母亲 | 马学兰 | 回族 | 古城 | 挂马沟 |
| 妻子 | 马军兰 | 回族 | 古城 | 挂马沟 | 弟 | 马成军 | 回族 | 古城 | 挂马沟 |
| 长子 | 马秀琪 | 回族 | 古城 | 挂马沟 | 户主 | 马文奎 | 回族 | 古城 | 挂马沟 |
| 次子 | 马秀忠 | 回族 | 古城 | 挂马沟 | 长女 | 马小燕 | 回族 | 古城 | 挂马沟 |
| 长女 | 马秀红 | 回族 | 古城 | 挂马沟 | 户主 | 马文海 | 回族 | 古城 | 挂马沟 |
| 户主 | 马正刚 | 回族 | 古城 | 挂马沟 | 妻子 | 马国平 | 回族 | 古城 | 挂马沟 |
| 妻子 | 虎占芳 | 回族 | 古城 | 挂马沟 | 长女 | 马小蓉 | 回族 | 古城 | 挂马沟 |
| 长子 | 马小君 | 回族 | 古城 | 挂马沟 | 二女 | 马小兰 | 回族 | 古城 | 挂马沟 |
| 次子 | 马秀海 | 回族 | 古城 | 挂马沟 | 三女 | 马小慧 | 回族 | 古城 | 挂马沟 |
| 儿媳 | 马红梅 | 回族 | 古城 | 挂马沟 | 户主 | 马正明 | 回族 | 古城 | 挂马沟 |
| 孙女 | 马娅婷 | 回族 | 古城 | 挂马沟 | 妻子 | 马孝芳 | 回族 | 古城 | 挂马沟 |
| 户主 | 马国梅 | 回族 | 古城 | 挂马沟 | 户主 | 马文章 | 回族 | 古城 | 挂马沟 |
| 长子 | 马苏荣 | 回族 | 古城 | 挂马沟 | 妻子 | 张列芳 | 回族 | 古城 | 挂马沟 |
| 次子 | 马志东 | 回族 | 古城 | 挂马沟 | 长子 | 马志军 | 回族 | 古城 | 挂马沟 |
| 儿媳 | 杨生莲 | 回族 | 古城 | 挂马沟 | 长女 | 马小花 | 回族 | 古城 | 挂马沟 |
| 户主 | 马正义 | 回族 | 古城 | 挂马沟 | 二女 | 马志芳 | 回族 | 古城 | 挂马沟 |
| 妻子 | 马俊花 | 回族 | 古城 | 挂马沟 | 户主 | 马生林 | 回族 | 古城 | 挂马沟 |
| 次子 | 马秀财 | 回族 | 古城 | 挂马沟 | 妻子 | 马花兰 | 回族 | 古城 | 挂马沟 |
| 二女 | 马秀梅 | 回族 | 古城 | 挂马沟 | 长子 | 马有君 | 回族 | 古城 | 挂马沟 |
| 三女 | 马秀蓉 | 回族 | 古城 | 挂马沟 | 次子 | 马有军 | 回族 | 古城 | 挂马沟 |
| 户主 | 马生俊 | 回族 | 古城 | 挂马沟 | 长女 | 马有梅 | 回族 | 古城 | 挂马沟 |
| 妻子 | 海春连 | 回族 | 古城 | 挂马沟 | 户主 | 马生虎 | 回族 | 古城 | 挂马沟 |
| 长子 | 马有君 | 回族 | 古城 | 挂马沟 | 妻子 | 马玉兰 | 回族 | 古城 | 挂马沟 |

续表 17

| 与户主关系 | 家庭成员 | 民族 | 原居住地 | | 与户主关系 | 家庭成员 | 民族 | 原居住地 | |
|---|---|---|---|---|---|---|---|---|---|
| | | | 乡(镇) | 行政村 | | | | 乡(镇) | 行政村 |
| 长子 | 马有杰 | 回族 | 古城 | 挂马沟 | 次子 | 马小平 | 回族 | 古城 | 挂马沟 |
| 次子 | 马有忠 | 回族 | 古城 | 挂马沟 | 三子 | 马小龙 | 回族 | 古城 | 挂马沟 |
| 长女 | 马桂花 | 回族 | 古城 | 挂马沟 | 户主 | 马正祥 | 回族 | 古城 | 挂马沟 |
| 二女 | 马有玲 | 回族 | 古城 | 挂马沟 | 妻子 | 马台兰 | 回族 | 古城 | 挂马沟 |
| 户主 | 马和义 | 回族 | 古城 | 挂马沟 | 次子 | 马　付 | 回族 | 古城 | 挂马沟 |
| 妻子 | 马保兰 | 回族 | 古城 | 挂马沟 | 儿媳 | 马永兰 | 回族 | 古城 | 挂马沟 |
| 次子 | 马　军 | 回族 | 古城 | 挂马沟 | 孙子 | 马天瑞 | 回族 | 古城 | 挂马沟 |
| 儿媳 | 冶文梅 | 回族 | 古城 | 挂马沟 | 户主 | 马学花 | 回族 | 古城 | 挂马沟 |
| 孙子 | 马建宝 | 回族 | 古城 | 挂马沟 | 弟 | 马天龙 | 回族 | 古城 | 挂马沟 |
| 孙女 | 马佳芯 | 回族 | 古城 | 挂马沟 | 户主 | 马正龙 | 回族 | 古城 | 挂马沟 |
| 户主 | 冶武奎 | 回族 | 古城 | 挂马沟 | 妻子 | 马启梅 | 回族 | 古城 | 挂马沟 |
| 妻子 | 马秀兰 | 回族 | 古城 | 挂马沟 | 户主 | 马正礼 | 回族 | 古城 | 挂马沟 |
| 长子 | 冶小君 | 回族 | 古城 | 挂马沟 | 妻子 | 勉海儿 | 回族 | 古城 | 挂马沟 |
| 户主 | 鲜碧军 | 回族 | 古城 | 挂马沟 | 长子 | 马秀兵 | 回族 | 古城 | 挂马沟 |
| 妻子 | 海军兰 | 回族 | 古城 | 挂马沟 | 次子 | 马秀文 | 回族 | 古城 | 挂马沟 |
| 长子 | 鲜仲林 | 回族 | 古城 | 挂马沟 | 长女 | 马秀芳 | 回族 | 古城 | 挂马沟 |
| 次子 | 鲜重萧 | 回族 | 古城 | 挂马沟 | 户主 | 马秀成 | 回族 | 古城 | 挂马沟 |
| 长女 | 鲜仲兰 | 回族 | 古城 | 挂马沟 | 妻子 | 马国香 | 回族 | 古城 | 挂马沟 |
| 户主 | 鲜碧军 | 回族 | 古城 | 挂马沟 | 长子 | 马小军 | 回族 | 古城 | 挂马沟 |
| 长子 | 鲜仲明 | 回族 | 古城 | 挂马沟 | 长女 | 马小玲 | 回族 | 古城 | 挂马沟 |
| 三子 | 鲜仲杰 | 回族 | 古城 | 挂马沟 | 二女 | 马小艳 | 回族 | 古城 | 挂马沟 |
| 户主 | 鲜仲宗 | 回族 | 古城 | 挂马沟 | 户主 | 马秀文 | 回族 | 古城 | 挂马沟 |
| 妻子 | 刘国花 | 回族 | 古城 | 挂马沟 | 妻子 | 马　红 | 回族 | 古城 | 挂马沟 |
| 长子 | 鲜建鑫 | 回族 | 古城 | 挂马沟 | 长子 | 马学福 | 回族 | 古城 | 挂马沟 |
| 次子 | 鲜建锋 | 回族 | 古城 | 挂马沟 | 次子 | 马学治 | 回族 | 古城 | 挂马沟 |
| 父亲 | 鲜碧玺 | 回族 | 古城 | 挂马沟 | 户主 | 马志刚 | 回族 | 古城 | 挂马沟 |
| 母亲 | 海文兰 | 回族 | 古城 | 挂马沟 | 妻子 | 马梅花 | 回族 | 古城 | 挂马沟 |
| 户主 | 马玉虎 | 回族 | 古城 | 挂马沟 | 长子 | 马　智 | 回族 | 古城 | 挂马沟 |
| 妻子 | 马义兴 | 回族 | 古城 | 挂马沟 | 次子 | 马　龙 | 回族 | 古城 | 挂马沟 |
| 长子 | 马秀平 | 回族 | 古城 | 挂马沟 | 户主 | 马　伟 | 回族 | 古城 | 挂马沟 |
| 儿媳 | 剡贵花 | 回族 | 古城 | 挂马沟 | 妻子 | 丁义琴 | 回族 | 古城 | 挂马沟 |
| 孙子 | 马小军 | 回族 | 古城 | 挂马沟 | 长女 | 马国楠 | 回族 | 古城 | 挂马沟 |
| 孙子 | 马小兵 | 回族 | 古城 | 挂马沟 | 弟 | 马　鑫 | 回族 | 古城 | 挂马沟 |
| 户主 | 马秀军 | 回族 | 古城 | 挂马沟 | 妹妹 | 马　娟 | 回族 | 古城 | 挂马沟 |
| 妻子 | 马贵花 | 回族 | 古城 | 挂马沟 | 户主 | 马文德 | 回族 | 古城 | 挂马沟 |
| 长子 | 马小成 | 回族 | 古城 | 挂马沟 | 三子 | 马学智 | 回族 | 古城 | 挂马沟 |

续表 17

| 与户主关系 | 家庭成员 | 民族 | 原居住地 | | 与户主关系 | 家庭成员 | 民族 | 原居住地 | |
|---|---|---|---|---|---|---|---|---|---|
| | | | 乡(镇) | 行政村 | | | | 乡(镇) | 行政村 |
| 孙子 | 马　强 | 回族 | 古城 | 挂马沟 | 户主 | 马小玲 | 回族 | 古城 | 挂马沟 |
| 户主 | 马占成 | 回族 | 古城 | 挂马沟 | 妻子 | 马海车 | 回族 | 古城 | 挂马沟 |
| 妻子 | 马贵花 | 回族 | 古城 | 挂马沟 | 长子 | 马军军 | 回族 | 古城 | 挂马沟 |
| 长子 | 马福强 | 回族 | 古城 | 挂马沟 | 长女 | 马兰兰 | 回族 | 古城 | 挂马沟 |
| 长女 | 马君丽 | 回族 | 古城 | 挂马沟 | 二女 | 马　英 | 回族 | 古城 | 挂马沟 |
| 二女 | 马君莹 | 回族 | 古城 | 挂马沟 | 户主 | 马文科 | 回族 | 古城 | 挂马沟 |
| 户主 | 马宗水 | 回族 | 古城 | 挂马沟 | 妻子 | 海玉梅 | 回族 | 古城 | 挂马沟 |
| 妻子 | 马占花 | 回族 | 古城 | 挂马沟 | 长子 | 马志强 | 回族 | 古城 | 挂马沟 |
| 户主 | 李占花 | 回族 | 古城 | 挂马沟 | 长女 | 马　玲 | 回族 | 古城 | 挂马沟 |
| 妻子 | 马合英 | 回族 | 古城 | 挂马沟 | 户主 | 马文武 | 回族 | 古城 | 挂马沟 |
| 儿媳 | 马成丽 | 回族 | 古城 | 挂马沟 | 妻子 | 马祖各 | 回族 | 古城 | 挂马沟 |
| 孙女 | 李晓婷 | 回族 | 古城 | 挂马沟 | 长子 | 马志鹏 | 回族 | 古城 | 挂马沟 |
| 其他子 | 李文杰 | 回族 | 古城 | 挂马沟 | 长女 | 马志芳 | 回族 | 古城 | 挂马沟 |
| 户主 | 马文武 | 回族 | 古城 | 挂马沟 | 户主 | 马正红 | 回族 | 古城 | 挂马沟 |
| 妻子 | 马玉莲 | 回族 | 古城 | 挂马沟 | 妻子 | 马学花 | 回族 | 古城 | 挂马沟 |
| 长子 | 马者不 | 回族 | 古城 | 挂马沟 | 长女 | 马晓红 | 回族 | 古城 | 挂马沟 |
| 次子 | 马　强 | 回族 | 古城 | 挂马沟 | 二女 | 马秀芳 | 回族 | 古城 | 挂马沟 |
| 长女 | 马武梅 | 回族 | 古城 | 挂马沟 | 户主 | 李　军 | 回族 | 古城 | 挂马沟 |
| 户主 | 马生川 | 回族 | 古城 | 挂马沟 | 妻子 | 马青莲 | 回族 | 古城 | 挂马沟 |
| 妻子 | 海向花 | 回族 | 古城 | 挂马沟 | 长子 | 李相亲 | 回族 | 古城 | 挂马沟 |
| 长子 | 马军军 | 回族 | 古城 | 挂马沟 | 次子 | 李虎虎 | 回族 | 古城 | 挂马沟 |
| 次子 | 马有龙 | 回族 | 古城 | 挂马沟 | 长女 | 李晓燕 | 回族 | 古城 | 挂马沟 |
| 长女 | 马兰兰 | 回族 | 古城 | 挂马沟 | 户主 | 马正付 | 回族 | 古城 | 挂马沟 |
| 户主 | 马秀福 | 回族 | 古城 | 挂马沟 | 妻子 | 马太花 | 回族 | 古城 | 挂马沟 |
| 妻子 | 明彦秀 | 回族 | 古城 | 挂马沟 | 长子 | 马秀君 | 回族 | 古城 | 挂马沟 |
| 长子 | 马小明 | 回族 | 古城 | 挂马沟 | 次子 | 马秀平 | 回族 | 古城 | 挂马沟 |
| 次子 | 马小刚 | 回族 | 古城 | 挂马沟 | 长女 | 马秀梅 | 回族 | 古城 | 挂马沟 |
| 长女 | 马小英 | 回族 | 古城 | 挂马沟 | 户主 | 马秀云 | 回族 | 古城 | 挂马沟 |
| 户主 | 马秀平 | 回族 | 古城 | 挂马沟 | 妻子 | 马成连 | 回族 | 古城 | 挂马沟 |
| 妻子 | 马香花 | 回族 | 古城 | 挂马沟 | 长子 | 马小龙 | 回族 | 古城 | 挂马沟 |
| 长子 | 马学军 | 回族 | 古城 | 挂马沟 | 次子 | 马小富 | 回族 | 古城 | 挂马沟 |
| 长女 | 马晓红 | 回族 | 古城 | 挂马沟 | 三子 | 马小贵 | 回族 | 古城 | 挂马沟 |
| 二女 | 马小兰 | 回族 | 古城 | 挂马沟 | 户主 | 鲜仲科 | 回族 | 古城 | 挂马沟 |
| 户主 | 马秀文 | 回族 | 古城 | 挂马沟 | 妻子 | 马继兰 | 回族 | 古城 | 挂马沟 |
| 妻子 | 海进梅 | 回族 | 古城 | 挂马沟 | 长子 | 鲜嘉鑫 | 回族 | 古城 | 挂马沟 |
| 长子 | 马天财 | 回族 | 古城 | 挂马沟 | 长女 | 鲜　琴 | 回族 | 古城 | 挂马沟 |

续表 17

| 与户主关系 | 家庭成员 | 民族 | 原居住地 | | 与户主关系 | 家庭成员 | 民族 | 原居住地 | |
|---|---|---|---|---|---|---|---|---|---|
| | | | 乡(镇) | 行政村 | | | | 乡(镇) | 行政村 |
| 二女 | 鲜　婕 | 回族 | 古城 | 挂马沟 | 孙女 | 马志慧 | 回族 | 古城 | 挂马沟 |
| 户主 | 李文珍 | 回族 | 古城 | 挂马沟 | 户主 | 马生武 | 回族 | 古城 | 挂马沟 |
| 妻子 | 马买儿 | 回族 | 古城 | 挂马沟 | 妻子 | 马小艳 | 回族 | 古城 | 挂马沟 |
| 长女 | 李小芳 | 回族 | 古城 | 挂马沟 | 长子 | 马有兵 | 回族 | 古城 | 挂马沟 |
| 户主 | 马　兵 | 回族 | 古城 | 挂马沟 | 长女 | 马有红 | 回族 | 古城 | 挂马沟 |
| 妻子 | 马德琴 | 回族 | 古城 | 挂马沟 | 户主 | 鲜少文 | 回族 | 古城 | 挂马沟 |
| 长子 | 马建国 | 回族 | 古城 | 挂马沟 | 妻子 | 摆　莹 | 回族 | 古城 | 挂马沟 |
| 户主 | 鲜少林 | 回族 | 古城 | 挂马沟 | 长女 | 鲜善莹 | 回族 | 古城 | 挂马沟 |
| 妻子 | 海　燕 | 回族 | 古城 | 挂马沟 | 二女 | 鲜梓莹 | 回族 | 古城 | 挂马沟 |
| 长女 | 鲜明月 | 回族 | 古城 | 挂马沟 | 户主 | 马秀录 | 回族 | 古城 | 挂马沟 |
| 二女 | 鲜明雪 | 回族 | 古城 | 挂马沟 | 祖父 | 马东光 | 回族 | 古城 | 挂马沟 |
| 户主 | 李文山 | 回族 | 古城 | 挂马沟 | 祖母 | 马梅英 | 回族 | 古城 | 挂马沟 |
| 妻子 | 杨生梅 | 回族 | 古城 | 挂马沟 | 户主 | 马秀君 | 回族 | 古城 | 挂马沟 |
| 长子 | 李小龙 | 回族 | 古城 | 挂马沟 | 妻子 | 马　慧 | 回族 | 古城 | 挂马沟 |
| 二女 | 李芳玲 | 回族 | 古城 | 挂马沟 | 长子 | 马小龙 | 回族 | 古城 | 挂马沟 |
| 户主 | 马生俊 | 回族 | 古城 | 挂马沟 | 户主 | 马宗礼 | 回族 | 古城 | 挂马沟 |
| 妻子 | 马福连 | 回族 | 古城 | 挂马沟 | 妻子 | 马祖儿 | 回族 | 古城 | 挂马沟 |
| 长女 | 马有蕊 | 回族 | 古城 | 挂马沟 | 三子 | 马生付 | 回族 | 古城 | 挂马沟 |
| 二女 | 马玲玲 | 回族 | 古城 | 挂马沟 | 长女 | 马方方 | 回族 | 古城 | 挂马沟 |
| 户主 | 马生文 | 回族 | 古城 | 挂马沟 | 户主 | 马德福 | 回族 | 古城 | 挂马沟 |
| 妻子 | 海　兰 | 回族 | 古城 | 挂马沟 | 妻子 | 海玉连 | 回族 | 古城 | 挂马沟 |
| 长女 | 马　燕 | 回族 | 古城 | 挂马沟 | 次子 | 马文元 | 回族 | 古城 | 挂马沟 |
| 户主 | 马正军 | 回族 | 古城 | 挂马沟 | 儿媳 | 马兆花 | 回族 | 古城 | 挂马沟 |
| 妻子 | 普祖代 | 回族 | 古城 | 挂马沟 | 孙子 | 马志亮 | 回族 | 古城 | 挂马沟 |
| 长女 | 马秀琴 | 回族 | 古城 | 挂马沟 | 孙子 | 马明明 | 回族 | 古城 | 挂马沟 |
| 户主 | 马　伟 | 回族 | 古城 | 挂马沟 | 孙女 | 马小静 | 回族 | 古城 | 挂马沟 |
| 妻子 | 马贵兰 | 回族 | 古城 | 挂马沟 | 户主 | 马成军 | 回族 | 古城 | 挂马沟 |
| 长子 | 马小平 | 回族 | 古城 | 挂马沟 | 妻子 | 马金莲 | 回族 | 古城 | 挂马沟 |
| 次子 | 马小龙 | 回族 | 古城 | 挂马沟 | 长子 | 马琴琴 | 回族 | 古城 | 挂马沟 |
| 户主 | 马秀虎 | 回族 | 古城 | 挂马沟 | 二女 | 马　芳 | 回族 | 古城 | 挂马沟 |
| 妻子 | 海玉琴 | 回族 | 古城 | 挂马沟 | 三女 | 马小红 | 回族 | 古城 | 挂马沟 |
| 户主 | 马德华 | 回族 | 古城 | 挂马沟 | 四女 | 马小莉 | 回族 | 古城 | 挂马沟 |
| 妻子 | 张梅英 | 回族 | 古城 | 挂马沟 | 祖母 | 马秀英 | 回族 | 古城 | 挂马沟 |
| 次子 | 马文虎 | 回族 | 古城 | 挂马沟 | 户主 | 马风祥 | 回族 | 古城 | 挂马沟 |
| 儿媳 | 马秀芳 | 东乡 | 古城 | 挂马沟 | 妻子 | 李孝兰 | 回族 | 古城 | 挂马沟 |
| 孙子 | 马志成 | 回族 | 古城 | 挂马沟 | 长子 | 马和林 | 回族 | 古城 | 挂马沟 |

续表 17

| 与户主关系 | 家庭成员 | 民族 | 原居住地 | | 与户主关系 | 家庭成员 | 民族 | 原居住地 | |
|---|---|---|---|---|---|---|---|---|---|
| | | | 乡(镇) | 行政村 | | | | 乡(镇) | 行政村 |
| 儿媳 | 马生梅 | 回族 | 古城 | 挂马沟 | 儿媳 | 马　玲 | 回族 | 古城 | 挂马沟 |
| 孙女 | 马　琴 | 回族 | 古城 | 挂马沟 | 孙子 | 马　军 | 回族 | 古城 | 挂马沟 |
| 孙女 | 马　兰 | 回族 | 古城 | 挂马沟 | 户主 | 马生朝 | 回族 | 古城 | 挂马沟 |
| 孙女 | 马　梅 | 回族 | 古城 | 挂马沟 | 妻子 | 马玉兰 | 回族 | 古城 | 挂马沟 |
| 户主 | 马和仁 | 回族 | 古城 | 挂马沟 | 长子 | 马有科 | 回族 | 古城 | 挂马沟 |
| 妻子 | 王生兰 | 回族 | 古城 | 挂马沟 | 二女 | 马有红 | 回族 | 古城 | 挂马沟 |
| 长子 | 马福贵 | 回族 | 古城 | 挂马沟 | 户主 | 鲜金贵 | 回族 | 古城 | 挂马沟 |
| 儿媳 | 马志梅 | 回族 | 古城 | 挂马沟 | 妻子 | 海连梅 | 回族 | 古城 | 挂马沟 |
| 孙子 | 马宏伟 | 回族 | 古城 | 挂马沟 | 母亲 | 海贵芳 | 回族 | 古城 | 挂马沟 |
| 孙女 | 马红梅 | 回族 | 古城 | 挂马沟 | 户主 | 马志俊 | 回族 | 古城 | 挂马沟 |
| 孙女 | 马红艳 | 回族 | 古城 | 挂马沟 | 妻子 | 海梅芳 | 回族 | 古城 | 挂马沟 |
| 孙女 | 马红霞 | 回族 | 古城 | 挂马沟 | 孙子 | 马嘉宏 | 回族 | 古城 | 挂马沟 |
| 户主 | 鲜碧文 | 回族 | 古城 | 挂马沟 | 户主 | 马生财 | 回族 | 古城 | 挂马沟 |
| 妻子 | 苏生梅 | 回族 | 古城 | 挂马沟 | 妻子 | 海万兰 | 回族 | 古城 | 挂马沟 |
| 长子 | 鲜仲才 | 回族 | 古城 | 挂马沟 | 次子 | 马小军 | 回族 | 古城 | 挂马沟 |
| 长女 | 鲜仲玲 | 回族 | 古城 | 挂马沟 | 户主 | 马秀武 | 回族 | 古城 | 挂马沟 |
| 二女 | 鲜仲琴 | 回族 | 古城 | 挂马沟 | 妻子 | 刘国兰 | 回族 | 古城 | 挂马沟 |
| 父亲 | 鲜培让 | 回族 | 古城 | 挂马沟 | 长子 | 马小文 | 回族 | 古城 | 挂马沟 |
| 母亲 | 顾占英 | 回族 | 古城 | 挂马沟 | 次子 | 马小俊 | 回族 | 古城 | 挂马沟 |
| 户主 | 马正军 | 回族 | 古城 | 挂马沟 | 户主 | 马秀军 | 回族 | 古城 | 挂马沟 |
| 妻子 | 海有兰 | 回族 | 古城 | 挂马沟 | 妻子 | 金玉花 | 回族 | 古城 | 挂马沟 |
| 长子 | 马麻安 | 回族 | 古城 | 挂马沟 | 长子 | 马广俊 | 回族 | 古城 | 挂马沟 |
| 长女 | 马秀芳 | 回族 | 古城 | 挂马沟 | 户主 | 马立功 | 回族 | 新集 | 谢寨 |
| 二女 | 马秀琴 | 回族 | 古城 | 挂马沟 | 配偶 | 马付俊 | 回族 | 新集 | 谢寨 |
| 父亲 | 马生元 | 回族 | 古城 | 挂马沟 | 次子 | 马品德 | 回族 | 新集 | 谢寨 |
| 母亲 | 马合英 | 回族 | 古城 | 挂马沟 | 户主 | 马俊有 | 回族 | 新集 | 谢寨 |
| 户主 | 马志付 | 回族 | 古城 | 挂马沟 | 妻子 | 单百花 | 回族 | 新集 | 谢寨 |
| 妻子 | 马正英 | 回族 | 古城 | 挂马沟 | 母亲 | 罗得英 | 回族 | 新集 | 谢寨 |
| 次子 | 马文学 | 回族 | 古城 | 挂马沟 | 三子 | 马耀虎 | 回族 | 新集 | 谢寨 |
| 儿媳 | 马阿也 | 回族 | 古城 | 挂马沟 | 长子 | 马耀成 | 回族 | 新集 | 谢寨 |
| 孙子 | 马小军 | 回族 | 古城 | 挂马沟 | 次子 | 马耀军 | 回族 | 新集 | 谢寨 |
| 孙女 | 马小平 | 回族 | 古城 | 挂马沟 | 父亲 | 马占贵 | 回族 | 新集 | 谢寨 |
| 孙女 | 马小花 | 回族 | 古城 | 挂马沟 | 户主 | 马登贵 | 回族 | 新集 | 谢寨 |
| 户主 | 马宗成 | 回族 | 古城 | 挂马沟 | 妻子 | 马成秀 | 回族 | 新集 | 谢寨 |
| 妻子 | 鲜金梅 | 回族 | 古城 | 挂马沟 | 户主 | 马登华 | 回族 | 新集 | 谢寨 |
| 次子 | 马生武 | 回族 | 古城 | 挂马沟 | 妻子 | 马兆兰 | 回族 | 新集 | 谢寨 |

续表 17

| 与户主关系 | 家庭成员 | 民族 | 原居住地 | | 与户主关系 | 家庭成员 | 民族 | 原居住地 | |
|---|---|---|---|---|---|---|---|---|---|
| | | | 乡(镇) | 行政村 | | | | 乡(镇) | 行政村 |
| 孙子 | 马天龙 | 回族 | 新集 | 谢寨 | 妻子 | 马成英 | 回族 | 新集 | 谢寨 |
| 户主 | 马红仓 | 回族 | 新集 | 谢寨 | 长子 | 马忠祥 | 回族 | 新集 | 谢寨 |
| 次子 | 马玉军 | 回族 | 新集 | 谢寨 | 四子 | 马忠仁 | 回族 | 新集 | 谢寨 |
| 妻子 | 马国兰 | 回族 | 新集 | 谢寨 | 户主 | 铁耀军 | 回族 | 新集 | 谢寨 |
| 长子 | 马玉海 | 回族 | 新集 | 谢寨 | 妻子 | 马兆兰 | 回族 | 新集 | 谢寨 |
| 长女 | 马玉梅 | 回族 | 新集 | 谢寨 | 长女 | 铁小梅 | 回族 | 新集 | 谢寨 |
| 二女 | 马玉莲 | 回族 | 新集 | 谢寨 | 长子 | 铁小平 | 回族 | 新集 | 谢寨 |
| 户主 | 马登科 | 回族 | 新集 | 谢寨 | 次子 | 铁小虎 | 回族 | 新集 | 谢寨 |
| 孙女 | 马小兰 | 回族 | 新集 | 谢寨 | 户主 | 马文忠 | 回族 | 新集 | 谢寨 |
| 配偶 | 马志梅 | 回族 | 新集 | 谢寨 | 妻子 | 马祖代 | 回族 | 新集 | 谢寨 |
| 户主 | 马红成 | 回族 | 新集 | 谢寨 | 长女 | 马银花 | 回族 | 新集 | 谢寨 |
| 妻子 | 马秀梅 | 回族 | 新集 | 谢寨 | 次女 | 马太花 | 回族 | 新集 | 谢寨 |
| 父亲 | 马登付 | 回族 | 新集 | 谢寨 | 户主 | 马文礼 | 回族 | 新集 | 谢寨 |
| 次子 | 马玉军 | 回族 | 新集 | 谢寨 | 妻子 | 马义兰 | 回族 | 新集 | 谢寨 |
| 母亲 | 马得英 | 回族 | 新集 | 谢寨 | 户主 | 马忠仁 | 回族 | 新集 | 谢寨 |
| 长子 | 马玉宝 | 回族 | 新集 | 谢寨 | 妻子 | 马国琴 | 回族 | 新集 | 谢寨 |
| 户主 | 马登才 | 回族 | 新集 | 谢寨 | 长子 | 马玉军 | 回族 | 新集 | 谢寨 |
| 妻子 | 马兆英 | 回族 | 新集 | 谢寨 | 长女 | 马玉荣 | 回族 | 新集 | 谢寨 |
| 四子 | 马宏平 | 回族 | 新集 | 谢寨 | 次女 | 马玉兰 | 回族 | 新集 | 谢寨 |
| 母亲 | 马文连 | 回族 | 新集 | 谢寨 | 户主 | 马红才 | 回族 | 新集 | 谢寨 |
| 户主 | 马红荣 | 回族 | 新集 | 谢寨 | 妻子 | 马玉花 | 回族 | 新集 | 谢寨 |
| 妻子 | 陈芳梅 | 回族 | 新集 | 谢寨 | 长女 | 马小梅 | 回族 | 新集 | 谢寨 |
| 次子 | 马玉德 | 回族 | 新集 | 谢寨 | 长子 | 马小军 | 回族 | 新集 | 谢寨 |
| 户主 | 马文明 | 回族 | 新集 | 谢寨 | 户主 | 马红福 | 回族 | 新集 | 谢寨 |
| 妻子 | 马正梅 | 回族 | 新集 | 谢寨 | 妻子 | 马启梅 | 回族 | 新集 | 谢寨 |
| 长子 | 马太俊 | 回族 | 新集 | 谢寨 | 长子 | 马玉成 | 回族 | 新集 | 谢寨 |
| 二女 | 马太梅 | 回族 | 新集 | 谢寨 | 长女 | 马玉花 | 回族 | 新集 | 谢寨 |
| 三女 | 马太兰 | 回族 | 新集 | 谢寨 | 户主 | 马忠清 | 回族 | 新集 | 谢寨 |
| 儿媳 | 马付梅 | 回族 | 新集 | 谢寨 | 妻子 | 马秀花 | 回族 | 新集 | 谢寨 |
| 户主 | 马文贵 | 回族 | 新集 | 谢寨 | 长子 | 马建平 | 回族 | 新集 | 谢寨 |
| 妻子 | 马金莲 | 回族 | 新集 | 谢寨 | 次子 | 马建林 | 回族 | 新集 | 谢寨 |
| 户主 | 马太云 | 回族 | 新集 | 谢寨 | 三子 | 马建军 | 回族 | 新集 | 谢寨 |
| 妻子 | 马得连 | 回族 | 新集 | 谢寨 | 户主 | 马义德 | 回族 | 新集 | 谢寨 |
| 长子 | 马　平 | 回族 | 新集 | 谢寨 | 妻子 | 马生兰 | 回族 | 新集 | 谢寨 |
| 三女 | 马小霞 | 回族 | 新集 | 谢寨 | 妹妹 | 马义兰 | 回族 | 新集 | 谢寨 |
| 户主 | 马正付 | 回族 | 新集 | 谢寨 | 户主 | 马玉宝 | 回族 | 新集 | 谢寨 |

续表 17

| 与户主关系 | 家庭成员 | 民族 | 原居住地 | | 与户主关系 | 家庭成员 | 民族 | 原居住地 | |
|---|---|---|---|---|---|---|---|---|---|
| | | | 乡(镇) | 行政村 | | | | 乡(镇) | 行政村 |
| 妻子 | 马玉花 | 回族 | 新集 | 谢寨 | 次子 | 马虎龙 | 回族 | 新集 | 谢寨 |
| 长女 | 马希夜 | 回族 | 新集 | 谢寨 | 户主 | 马太俊 | 回族 | 新集 | 谢寨 |
| 长子 | 马小刚 | 回族 | 新集 | 谢寨 | 妻子 | 张进花 | 回族 | 新集 | 谢寨 |
| 户主 | 马太红 | 回族 | 新集 | 谢寨 | 长子 | 马玉宝 | 回族 | 新集 | 谢寨 |
| 妻子 | 何锁燕 | 回族 | 新集 | 谢寨 | 长女 | 马玉梅 | 回族 | 新集 | 谢寨 |
| 次子 | 马玉成 | 回族 | 新集 | 谢寨 | 次子 | 马玉成 | 回族 | 新集 | 谢寨 |
| 三子 | 马义权 | 回族 | 新集 | 谢寨 | 户主 | 马红仓 | 回族 | 新集 | 谢寨 |
| 户主 | 马太录 | 回族 | 新集 | 谢寨 | 妻子 | 马建琴 | 回族 | 新集 | 谢寨 |
| 妻子 | 马虎芳 | 回族 | 新集 | 谢寨 | 长女 | 马小梅 | 回族 | 新集 | 谢寨 |
| 次子 | 马玉波 | 回族 | 新集 | 谢寨 | 次女 | 马晓兰 | 回族 | 新集 | 谢寨 |
| 长子 | 马玉涛 | 回族 | 新集 | 谢寨 | 户主 | 马金毕 | 回族 | 新集 | 谢寨 |
| 三子 | 马玉山 | 回族 | 新集 | 谢寨 | 妻子 | 马阿叶 | 回族 | 新集 | 谢寨 |
| 户主 | 马太虎 | 回族 | 新集 | 谢寨 | 长子 | 马　忠 | 回族 | 新集 | 谢寨 |
| 妻子 | 马学英 | 回族 | 新集 | 谢寨 | 次子 | 马　平 | 回族 | 新集 | 谢寨 |
| 长子 | 马玉军 | 回族 | 新集 | 谢寨 | 户主 | 马文祥 | 回族 | 新集 | 谢寨 |
| 母亲 | 马步英 | 回族 | 新集 | 谢寨 | 妻子 | 马志花 | 回族 | 新集 | 谢寨 |
| 长女 | 马玉霞 | 回族 | 新集 | 谢寨 | 长子 | 马太文 | 回族 | 新集 | 谢寨 |
| 次子 | 马玉刚 | 回族 | 新集 | 谢寨 | 长女 | 马太花 | 回族 | 新集 | 谢寨 |
| 户主 | 铁玉文 | 回族 | 新集 | 谢寨 | 户主 | 马太平 | 回族 | 新集 | 谢寨 |
| 妻子 | 马志莲 | 回族 | 新集 | 谢寨 | 妻子 | 马生梅 | 回族 | 新集 | 谢寨 |
| 长子 | 铁耀龙 | 回族 | 新集 | 谢寨 | 长子 | 马宏杨 | 回族 | 新集 | 谢寨 |
| 儿媳 | 马文梅 | 回族 | 新集 | 谢寨 | 长女 | 马　梅 | 回族 | 新集 | 谢寨 |
| 次女 | 铁小兰 | 回族 | 新集 | 谢寨 | 户主 | 马太忠 | 回族 | 新集 | 谢寨 |
| 户主 | 马文虎 | 回族 | 新集 | 谢寨 | 妻子 | 马进梅 | 回族 | 新集 | 谢寨 |
| 妻子 | 马生芳 | 回族 | 新集 | 谢寨 | 长子 | 马玉刚 | 回族 | 新集 | 谢寨 |
| 长子 | 马太俊 | 回族 | 新集 | 谢寨 | 次子 | 马玉龙 | 回族 | 新集 | 谢寨 |
| 三女 | 马太花 | 回族 | 新集 | 谢寨 | 三子 | 马玉保 | 回族 | 新集 | 谢寨 |
| 儿媳 | 马金花 | 回族 | 新集 | 谢寨 | 户主 | 马红海 | 回族 | 新集 | 谢寨 |
| 孙女 | 马玉琴 | 回族 | 新集 | 谢寨 | 妻子 | 陈治梅 | 回族 | 新集 | 谢寨 |
| 户主 | 马立虎 | 回族 | 新集 | 谢寨 | 长女 | 马玉英 | 回族 | 新集 | 谢寨 |
| 妻子 | 单玉玲 | 回族 | 新集 | 谢寨 | 长子 | 马玉虎 | 回族 | 新集 | 谢寨 |
| 长子 | 马品学 | 回族 | 新集 | 谢寨 | 户主 | 铁玉才 | 回族 | 新集 | 谢寨 |
| 长女 | 马品花 | 回族 | 新集 | 谢寨 | 妻子 | 马志英 | 回族 | 新集 | 谢寨 |
| 户主 | 马正忠 | 回族 | 新集 | 谢寨 | 长子 | 铁耀东 | 回族 | 新集 | 谢寨 |
| 妻子 | 马俊连 | 回族 | 新集 | 谢寨 | 儿媳 | 马小霞 | 回族 | 新集 | 谢寨 |
| 长子 | 马虎军 | 回族 | 新集 | 谢寨 | 三女 | 铁耀花 | 回族 | 新集 | 谢寨 |

续表 17

| 与户主关系 | 家庭成员 | 民族 | 原居住地 | | 与户主关系 | 家庭成员 | 民族 | 原居住地 | |
|---|---|---|---|---|---|---|---|---|---|
| | | | 乡(镇) | 行政村 | | | | 乡(镇) | 行政村 |
| 五女 | 铁小女 | 回族 | 新集 | 谢寨 | 妻子 | 杜转转 | 回族 | 新集 | 谢寨 |
| 户主 | 马太宝 | 回族 | 新集 | 谢寨 | 长女 | 马月月 | 回族 | 新集 | 谢寨 |
| 妻子 | 马国英 | 回族 | 新集 | 谢寨 | 户主 | 马义军 | 回族 | 新集 | 谢寨 |
| 长子 | 马玉海 | 回族 | 新集 | 谢寨 | 妻子 | 马国梅 | 回族 | 新集 | 谢寨 |
| 次子 | 马玉平 | 回族 | 新集 | 谢寨 | 长女 | 马小琴 | 回族 | 新集 | 谢寨 |
| 户主 | 马虎成 | 回族 | 新集 | 谢寨 | 次女 | 马晓玲 | 回族 | 新集 | 谢寨 |
| 长子 | 马生虎 | 回族 | 新集 | 谢寨 | 户主 | 马忠科 | 回族 | 新集 | 谢寨 |
| 母亲 | 马守连 | 回族 | 新集 | 谢寨 | 妻子 | 马海海 | 回族 | 新集 | 谢寨 |
| 户主 | 马文福 | 回族 | 新集 | 谢寨 | 长子 | 马玉龙 | 回族 | 新集 | 谢寨 |
| 妻子 | 马进连 | 回族 | 新集 | 谢寨 | 次子 | 马玉虎 | 回族 | 新集 | 谢寨 |
| 长子 | 马太成 | 回族 | 新集 | 谢寨 | 户主 | 马太军 | 回族 | 新集 | 谢寨 |
| 户主 | 马占东 | 回族 | 新集 | 谢寨 | 妻子 | 马启兰 | 回族 | 新集 | 谢寨 |
| 妻子 | 马武花 | 回族 | 新集 | 谢寨 | 长子 | 马　军 | 回族 | 新集 | 谢寨 |
| 长子 | 马金林 | 回族 | 新集 | 谢寨 | 长女 | 马玉兰 | 回族 | 新集 | 谢寨 |
| 次子 | 马金虎 | 回族 | 新集 | 谢寨 | 户主 | 马占军 | 回族 | 新集 | 谢寨 |
| 户主 | 马文付 | 回族 | 新集 | 谢寨 | 妻子 | 马太花 | 回族 | 新集 | 谢寨 |
| 妻子 | 马兆梅 | 回族 | 新集 | 谢寨 | 长女 | 马俊梅 | 回族 | 新集 | 谢寨 |
| 长子 | 马太智 | 回族 | 新集 | 谢寨 | 三女 | 马金霞 | 回族 | 新集 | 谢寨 |
| 儿媳 | 明保兰 | 回族 | 新集 | 谢寨 | 四女 | 马金花 | 回族 | 新集 | 谢寨 |
| 孙女 | 马玉梅 | 回族 | 新集 | 谢寨 | 二女 | 马俊连 | 回族 | 新集 | 谢寨 |
| 孙女 | 马玉珍 | 回族 | 新集 | 谢寨 | 户主 | 马玉林 | 回族 | 新集 | 谢寨 |
| 孙女 | 马玉花 | 回族 | 新集 | 谢寨 | 妻子 | 马志梅 | 回族 | 新集 | 谢寨 |
| 孙女 | 马玉连 | 回族 | 新集 | 谢寨 | 孙女 | 马金花 | 回族 | 新集 | 谢寨 |
| 孙子 | 马玉林 | 回族 | 新集 | 谢寨 | 二女 | 马金英 | 回族 | 新集 | 谢寨 |
| 户主 | 马金盆 | 回族 | 新集 | 谢寨 | 户主 | 马太林 | 回族 | 新集 | 谢寨 |
| 妻子 | 单玉梅 | 回族 | 新集 | 谢寨 | 妻子 | 虎占芳 | 回族 | 新集 | 谢寨 |
| 长子 | 马　军 | 回族 | 新集 | 谢寨 | 长女 | 马　丽 | 回族 | 新集 | 谢寨 |
| 长女 | 马　月 | 回族 | 新集 | 谢寨 | 长子 | 马小平 | 回族 | 新集 | 谢寨 |
| 次女 | 马　娟 | 回族 | 新集 | 谢寨 | 二女 | 马梅女 | 回族 | 新集 | 谢寨 |
| 次子 | 马　斌 | 回族 | 新集 | 谢寨 | 户主 | 马太和 | 回族 | 新集 | 谢寨 |
| 户主 | 马太龙 | 回族 | 新集 | 谢寨 | 妻子 | 马进梅 | 回族 | 新集 | 谢寨 |
| 妻子 | 马兴花 | 回族 | 新集 | 谢寨 | 孙子 | 马小奇 | 回族 | 新集 | 谢寨 |
| 长子 | 马玉祥 | 回族 | 新集 | 谢寨 | 孙女 | 马琴兰 | 回族 | 新集 | 谢寨 |
| 次子 | 马玉治 | 回族 | 新集 | 谢寨 | 户主 | 铁耀武 | 回族 | 新集 | 谢寨 |
| 三子 | 马玉怀 | 回族 | 新集 | 谢寨 | 妻子 | 马忠英 | 回族 | 新集 | 谢寨 |
| 户主 | 马金贵 | 回族 | 新集 | 谢寨 | 长子 | 铁小辉 | 回族 | 新集 | 谢寨 |

续表 17

| 与户主关系 | 家庭成员 | 民族 | 原居住地 | | 与户主关系 | 家庭成员 | 民族 | 原居住地 | |
|---|---|---|---|---|---|---|---|---|---|
| | | | 乡(镇) | 行政村 | | | | 乡(镇) | 行政村 |
| 户主 | 马文成 | 回族 | 新集 | 谢寨 | 户主 | 马太有 | 回族 | 新集 | 谢寨 |
| 妻子 | 张润连 | 回族 | 新集 | 谢寨 | 妻子 | 苏保秀 | 回族 | 新集 | 谢寨 |
| 五子 | 马金虎 | 回族 | 新集 | 谢寨 | 长子 | 马玉虎 | 回族 | 新集 | 谢寨 |
| 儿媳 | 马东梅 | 回族 | 新集 | 谢寨 | 户主 | 马玉虎 | 回族 | 新集 | 谢寨 |
| 孙子 | 马　鑫 | 回族 | 新集 | 谢寨 | 妻子 | 马和梅 | 回族 | 新集 | 谢寨 |
| 户主 | 马忠青 | 回族 | 新集 | 谢寨 | 长女 | 马小琴 | 回族 | 新集 | 谢寨 |
| 妻子 | 李治梅 | 回族 | 新集 | 谢寨 | 户主 | 铁耀成 | 回族 | 新集 | 谢寨 |
| 长女 | 马　丽 | 回族 | 新集 | 谢寨 | 长女 | 铁小玲 | 回族 | 新集 | 谢寨 |
| 户主 | 马太明 | 回族 | 新集 | 谢寨 | 妻子 | 马　叶 | 回族 | 新集 | 谢寨 |
| 妻子 | 白春花 | 回族 | 新集 | 谢寨 | 户主 | 马太军 | 回族 | 新集 | 谢寨 |
| 长子 | 马玉福 | 回族 | 新集 | 谢寨 | 妻子 | 秦治梅 | 回族 | 新集 | 谢寨 |
| 长女 | 马志梅 | 回族 | 新集 | 谢寨 | 长女 | 马　玲 | 回族 | 新集 | 谢寨 |
| 二女 | 马　琴 | 回族 | 新集 | 谢寨 | 长子 | 马　锐 | 回族 | 新集 | 谢寨 |
| 户主 | 马忠林 | 回族 | 新集 | 谢寨 | 次女 | 马　蓝 | 回族 | 新集 | 谢寨 |
| 妻子 | 铁海车 | 回族 | 新集 | 谢寨 | 户主 | 马忠仁 | 回族 | 新集 | 谢寨 |
| 户主 | 马正云 | 回族 | 新集 | 谢寨 | 妻子 | 周文连 | 回族 | 新集 | 谢寨 |
| 次子 | 马忠科 | 回族 | 新集 | 谢寨 | 长女 | 马　兰 | 回族 | 新集 | 谢寨 |
| 四子 | 马忠义 | 回族 | 新集 | 谢寨 | 二女 | 马　媛 | 回族 | 新集 | 谢寨 |
| 户主 | 马德林 | 回族 | 新集 | 谢寨 | 三女 | 马建梅 | 回族 | 新集 | 谢寨 |
| 弟弟 | 马德祥 | 回族 | 新集 | 谢寨 | 长子 | 马建国 | 回族 | 新集 | 谢寨 |
| 弟弟 | 马德清 | 回族 | 新集 | 谢寨 | 户主 | 陈海莲 | 回族 | 新集 | 谢寨 |
| 弟弟 | 马德俊 | 回族 | 新集 | 谢寨 | 长子 | 马旭才 | 回族 | 新集 | 谢寨 |
| 户主 | 马太成 | 回族 | 新集 | 谢寨 | 长女 | 马耀花 | 回族 | 新集 | 谢寨 |
| 妻子 | 马义兰 | 回族 | 新集 | 谢寨 | 户主 | 马红仓 | 回族 | 新集 | 谢寨 |
| 长子 | 马古拜 | 回族 | 新集 | 谢寨 | 妻子 | 马祖代 | 回族 | 新集 | 谢寨 |
| 次子 | 马小龙 | 回族 | 新集 | 谢寨 | 长女 | 马义梅 | 回族 | 新集 | 谢寨 |
| 户主 | 马金良 | 回族 | 新集 | 谢寨 | 二女 | 马玉莹 | 回族 | 新集 | 谢寨 |
| 妻子 | 马学兰 | 回族 | 新集 | 谢寨 | 户主 | 金生龙 | 回族 | 新集 | 上蔡 |
| 长子 | 马　涛 | 回族 | 新集 | 谢寨 | 妻子 | 马锁锁 | 回族 | 新集 | 上蔡 |
| 户主 | 马文义 | 回族 | 新集 | 谢寨 | 三女 | 金玉莲 | 回族 | 新集 | 上蔡 |
| 妻子 | 马玉花 | 回族 | 新集 | 谢寨 | 长子 | 金玉福 | 回族 | 新集 | 上蔡 |
| 孙女 | 马小芳 | 回族 | 新集 | 谢寨 | 二女 | 金玉梅 | 回族 | 新集 | 上蔡 |
| 户主 | 马金彪 | 回族 | 新集 | 谢寨 | 户主 | 马启付 | 回族 | 新集 | 上蔡 |
| 妻子 | 苏保秀 | 回族 | 新集 | 谢寨 | 妻子 | 海占兰 | 回族 | 新集 | 上蔡 |
| 长子 | 马勇勇 | 回族 | 新集 | 谢寨 | 户主 | 金生贵 | 回族 | 新集 | 上蔡 |
| 次子 | 马　琪 | 回族 | 新集 | 谢寨 | 妻子 | 马成梅 | 回族 | 新集 | 上蔡 |

续表 17

| 与户主关系 | 家庭成员 | 民族 | 原居住地 | | 与户主关系 | 家庭成员 | 民族 | 原居住地 | |
|---|---|---|---|---|---|---|---|---|---|
| | | | 乡(镇) | 行政村 | | | | 乡(镇) | 行政村 |
| 父亲 | 金纪祖 | 回族 | 新集 | 上蔡 | 外孙女 | 张梅梅 | 回族 | 新集 | 谢寨 |
| 母亲 | 马成英 | 回族 | 新集 | 上蔡 | 儿媳 | 马宏兰 | 回族 | 新集 | 谢寨 |
| 长女 | 金玉琴 | 回族 | 新集 | 上蔡 | 孙子 | 马天助 | 回族 | 新集 | 谢寨 |
| 长子 | 金玉平 | 回族 | 新集 | 上蔡 | 户主 | 马生平 | 回族 | 新集 | 谢寨 |
| 户主 | 马志珍 | 回族 | 新集 | 上蔡 | 母亲 | 马玉梅 | 回族 | 新集 | 谢寨 |
| 妻子 | 马生莲 | 回族 | 新集 | 上蔡 | 长女 | 马清兰 | 回族 | 新集 | 谢寨 |
| 次子 | 马宏奇 | 回族 | 新集 | 上蔡 | 长子 | 马清治 | 回族 | 新集 | 谢寨 |
| 儿媳 | 马金凤 | 回族 | 新集 | 上蔡 | 户主 | 罗玉林 | 回族 | 新集 | 谢寨 |
| 孙子 | 马治军 | 回族 | 新集 | 上蔡 | 妻子 | 马米爱 | 回族 | 新集 | 谢寨 |
| 孙女 | 马小梅 | 回族 | 新集 | 上蔡 | 长子 | 罗军虎 | 回族 | 新集 | 谢寨 |
| 户主 | 马得福 | 回族 | 新集 | 上蔡 | 次子 | 罗军礼 | 回族 | 新集 | 谢寨 |
| 妻子 | 马成连 | 回族 | 新集 | 上蔡 | 户主 | 马清林 | 回族 | 新集 | 谢寨 |
| 次子 | 马启珍 | 回族 | 新集 | 上蔡 | 妻子 | 马小兰 | 回族 | 新集 | 谢寨 |
| 四女 | 马启梅 | 回族 | 新集 | 上蔡 | 长子 | 马小剑 | 回族 | 新集 | 谢寨 |
| 户主 | 马启忠 | 回族 | 新集 | 上蔡 | 长女 | 马　璐 | 回族 | 新集 | 谢寨 |
| 妻子 | 马　霞 | 回族 | 新集 | 上蔡 | 户主 | 马文华 | 回族 | 新集 | 谢寨 |
| 长子 | 马海明 | 回族 | 新集 | 上蔡 | 妻子 | 罗玉梅 | 回族 | 新集 | 谢寨 |
| 次子 | 马海成 | 回族 | 新集 | 上蔡 | 长女 | 马金琴 | 回族 | 新集 | 谢寨 |
| 户主 | 罗得成 | 回族 | 新集 | 谢寨 | 户主 | 海春英 | 回族 | 新集 | 谢寨 |
| 妻子 | 冶连香 | 回族 | 新集 | 谢寨 | 次子 | 马　伟 | 回族 | 新集 | 谢寨 |
| 三子 | 罗玉虎 | 回族 | 新集 | 谢寨 | 长女 | 马　莉 | 回族 | 新集 | 谢寨 |
| 孙子 | 罗　军 | 回族 | 新集 | 谢寨 | 户主 | 马　强 | 回族 | 新集 | 谢寨 |
| 儿媳 | 黑正秀 | 回族 | 新集 | 谢寨 | 妻子 | 海立花 | 回族 | 新集 | 谢寨 |
| 孙女 | 罗君梅 | 回族 | 新集 | 谢寨 | 户主 | 马俊虎 | 回族 | 新集 | 谢寨 |
| 孙子 | 罗君成 | 回族 | 新集 | 谢寨 | 妻子 | 马太梅 | 回族 | 新集 | 谢寨 |
| 户主 | 马升仓 | 回族 | 新集 | 谢寨 | 次子 | 马　军 | 回族 | 新集 | 谢寨 |
| 妻子 | 马有莲 | 回族 | 新集 | 谢寨 | 三子 | 马　成 | 回族 | 新集 | 谢寨 |
| 长子 | 马小刚 | 回族 | 新集 | 谢寨 | 户主 | 马在花 | 回族 | 新集 | 谢寨 |
| 次子 | 马小明 | 回族 | 新集 | 谢寨 | 丈夫 | 马清山 | 回族 | 新集 | 谢寨 |
| 户主 | 马庆才 | 回族 | 新集 | 谢寨 | 长子 | 马建富 | 回族 | 新集 | 谢寨 |
| 儿媳 | 刘发梅 | 回族 | 新集 | 谢寨 | 长女 | 马建梅 | 回族 | 新集 | 谢寨 |
| 孙子 | 马　明 | 回族 | 新集 | 谢寨 | 户主 | 马国梅 | 回族 | 新集 | 谢寨 |
| 孙子 | 马　亮 | 回族 | 新集 | 谢寨 | 长子 | 马　军 | 回族 | 新集 | 谢寨 |
| 户主 | 马生俊 | 回族 | 新集 | 谢寨 | 长女 | 马　艳 | 回族 | 新集 | 谢寨 |
| 妻子 | 马桂梅 | 回族 | 新集 | 谢寨 | 户主 | 马俊福 | 回族 | 新集 | 谢寨 |
| 四子 | 马清雄 | 回族 | 新集 | 谢寨 | 妻子 | 黑桂花 | 回族 | 新集 | 谢寨 |

续表 17

| 与户主关系 | 家庭成员 | 民族 | 原居住地 | | 与户主关系 | 家庭成员 | 民族 | 原居住地 | |
|---|---|---|---|---|---|---|---|---|---|
| | | | 乡(镇) | 行政村 | | | | 乡(镇) | 行政村 |
| 户主 | 马延君 | 回族 | 新集 | 谢寨 | 妻子 | 马阿西 | 回族 | 新集 | 谢寨 |
| 妻子 | 陈海梅 | 回族 | 新集 | 谢寨 | 长女 | 马升琴 | 回族 | 新集 | 谢寨 |
| 长子 | 马　越 | 回族 | 新集 | 谢寨 | 户主 | 罗德荣 | 回族 | 新集 | 谢寨 |
| 长女 | 马　霞 | 回族 | 新集 | 谢寨 | 妻子 | 陈斌兰 | 回族 | 新集 | 谢寨 |
| 户主 | 马付有 | 回族 | 新集 | 谢寨 | 长子 | 罗万兵 | 回族 | 新集 | 谢寨 |
| 妻子 | 兰桂梅 | 回族 | 新集 | 谢寨 | 长女 | 罗万萍 | 回族 | 新集 | 谢寨 |
| 长子 | 马军鹏 | 回族 | 新集 | 谢寨 | 次子 | 罗万军 | 回族 | 新集 | 谢寨 |
| 长女 | 马军霞 | 回族 | 新集 | 谢寨 | 三女 | 罗万苓 | 回族 | 新集 | 谢寨 |
| 次女 | 马军红 | 回族 | 新集 | 谢寨 | 户主 | 马庆玉 | 回族 | 新集 | 谢寨 |
| 户主 | 马俊祥 | 回族 | 新集 | 谢寨 | 妻子 | 马继梅 | 回族 | 新集 | 谢寨 |
| 儿子 | 马升林 | 回族 | 新集 | 谢寨 | 户主 | 马俊青 | 回族 | 新集 | 谢寨 |
| 儿媳 | 马金红 | 回族 | 新集 | 谢寨 | 妻子 | 陈治英 | 回族 | 新集 | 谢寨 |
| 孙子 | 马小斌 | 回族 | 新集 | 谢寨 | 长子 | 马小兵 | 回族 | 新集 | 谢寨 |
| 孙女 | 马小鑫 | 回族 | 新集 | 谢寨 | 户主 | 马德林 | 回族 | 新集 | 谢寨 |
| 户主 | 马俊宝 | 回族 | 新集 | 谢寨 | 妻子 | 马秀连 | 回族 | 新集 | 谢寨 |
| 妻子 | 马祖夜 | 回族 | 新集 | 谢寨 | 次子 | 马小明 | 回族 | 新集 | 谢寨 |
| 长子 | 马升君 | 回族 | 新集 | 谢寨 | 二女 | 马海折 | 回族 | 新集 | 谢寨 |
| 长女 | 马升花 | 回族 | 新集 | 谢寨 | 户主 | 马俊科 | 回族 | 新集 | 谢寨 |
| 次子 | 马升龙 | 回族 | 新集 | 谢寨 | 妻子 | 杨如花 | 回族 | 新集 | 谢寨 |
| 户主 | 马升海 | 回族 | 新集 | 谢寨 | 长子 | 马金虎 | 回族 | 新集 | 谢寨 |
| 妻子 | 哈平花 | 回族 | 新集 | 谢寨 | 长女 | 马金花 | 回族 | 新集 | 谢寨 |
| 长子 | 马小龙 | 回族 | 新集 | 谢寨 | 户主 | 马清亮 | 回族 | 新集 | 谢寨 |
| 长女 | 马雪梅 | 回族 | 新集 | 谢寨 | 妻子 | 李贵梅 | 回族 | 新集 | 谢寨 |
| 次女 | 马芹芹 | 回族 | 新集 | 谢寨 | 长子 | 马天星 | 回族 | 新集 | 谢寨 |
| 户主 | 海生宝 | 回族 | 新集 | 谢寨 | 次子 | 马天明 | 回族 | 新集 | 谢寨 |
| 妻子 | 马彦梅 | 回族 | 新集 | 谢寨 | 三子 | 马天忠 | 回族 | 新集 | 谢寨 |
| 长子 | 海　强 | 回族 | 新集 | 谢寨 | 户主 | 马生荣 | 回族 | 新集 | 谢寨 |
| 次子 | 海军军 | 回族 | 新集 | 谢寨 | 妻子 | 马生英 | 回族 | 新集 | 谢寨 |
| 户主 | 海万祥 | 回族 | 新集 | 谢寨 | 次子 | 马清宝 | 回族 | 新集 | 谢寨 |
| 妻子 | 马佰英 | 回族 | 新集 | 谢寨 | 长女 | 马清兰 | 回族 | 新集 | 谢寨 |
| 户主 | 海生贵 | 回族 | 新集 | 谢寨 | 户主 | 马俊吉 | 回族 | 新集 | 谢寨 |
| 妻子 | 马兆梅 | 回族 | 新集 | 谢寨 | 妻子 | 马进花 | 回族 | 新集 | 谢寨 |
| 长子 | 海　洋 | 回族 | 新集 | 谢寨 | 长女 | 马小兰 | 回族 | 新集 | 谢寨 |
| 长女 | 海　蓉 | 回族 | 新集 | 谢寨 | 长子 | 马小林 | 回族 | 新集 | 谢寨 |
| 二女 | 海　燕 | 回族 | 新集 | 谢寨 | 次子 | 马小平 | 回族 | 新集 | 谢寨 |
| 户主 | 马俊岐 | 回族 | 新集 | 谢寨 | 户主 | 马庆贵 | 回族 | 新集 | 谢寨 |

续表 17

| 与户主关系 | 家庭成员 | 民族 | 原居住地 | | 与户主关系 | 家庭成员 | 民族 | 原居住地 | |
|---|---|---|---|---|---|---|---|---|---|
| | | | 乡(镇) | 行政村 | | | | 乡(镇) | 行政村 |
| 妻子 | 马志莲 | 回族 | 新集 | 谢寨 | 次子 | 马　辉 | 回族 | 新集 | 谢寨 |
| 次子 | 马付学 | 回族 | 新集 | 谢寨 | 长女 | 马　怡 | 回族 | 新集 | 谢寨 |
| 长女 | 马付兰 | 回族 | 新集 | 谢寨 | 户主 | 马俊海 | 回族 | 新集 | 谢寨 |
| 儿媳 | 马小女 | 回族 | 新集 | 谢寨 | 妻子 | 马耀兰 | 回族 | 新集 | 谢寨 |
| 孙女 | 马　龙 | 回族 | 新集 | 谢寨 | 长子 | 马升才 | 回族 | 新集 | 谢寨 |
| 户主 | 马清虎 | 回族 | 新集 | 谢寨 | 儿媳 | 马开卖 | 回族 | 新集 | 谢寨 |
| 妻子 | 马金梅 | 回族 | 新集 | 谢寨 | 三女 | 马升香 | 回族 | 新集 | 谢寨 |
| 次子 | 马天柱 | 回族 | 新集 | 谢寨 | 孙女 | 马蓉蓉 | 回族 | 新集 | 谢寨 |
| 次女 | 马天莉 | 回族 | 新集 | 谢寨 | 户主 | 海　江 | 回族 | 新集 | 谢寨 |
| 长子 | 马天麟 | 回族 | 新集 | 谢寨 | 长子 | 海鹏余 | 回族 | 新集 | 谢寨 |
| 户主 | 马廷福 | 回族 | 新集 | 谢寨 | 户主 | 海　兵 | 回族 | 新集 | 谢寨 |
| 妻子 | 马保桂 | 回族 | 新集 | 谢寨 | 妻子 | 海　燕 | 回族 | 新集 | 谢寨 |
| 三子 | 马天义 | 回族 | 新集 | 谢寨 | 长子 | 海鹏飞 | 回族 | 新集 | 谢寨 |
| 儿媳 | 杨　梅 | 回族 | 新集 | 谢寨 | 长女 | 海萍萍 | 回族 | 新集 | 谢寨 |
| 孙女 | 马　琴 | 回族 | 新集 | 谢寨 | 户主 | 海　军 | 回族 | 新集 | 谢寨 |
| 户主 | 马天鹏 | 回族 | 新集 | 谢寨 | 长子 | 海晓虎 | 回族 | 新集 | 谢寨 |
| 妻子 | 海　霞 | 回族 | 新集 | 谢寨 | 长女 | 海晓龙 | 回族 | 新集 | 谢寨 |
| 长女 | 马　莉 | 回族 | 新集 | 谢寨 | 户主 | 马正虎 | 回族 | 新集 | 谢寨 |
| 户主 | 马俊仓 | 回族 | 新集 | 谢寨 | 妻子 | 陈治花 | 回族 | 新集 | 谢寨 |
| 妻子 | 马社儿 | 回族 | 新集 | 谢寨 | 长子 | 马军成 | 回族 | 新集 | 谢寨 |
| 母亲 | 马志梅 | 回族 | 新集 | 谢寨 | 次子 | 马军虎 | 回族 | 新集 | 谢寨 |
| 长女 | 马兰兰 | 回族 | 新集 | 谢寨 | 三子 | 马军林 | 回族 | 新集 | 谢寨 |
| 长子 | 马　勇 | 回族 | 新集 | 谢寨 | 户主 | 罗玉宝 | 回族 | 新集 | 谢寨 |
| 户主 | 马俊忠 | 回族 | 新集 | 谢寨 | 妻子 | 马正梅 | 回族 | 新集 | 谢寨 |
| 妻子 | 母剑霞 | 回族 | 新集 | 谢寨 | 长子 | 罗　强 | 回族 | 新集 | 谢寨 |
| 长子 | 马　飞 | 回族 | 新集 | 谢寨 | 长女 | 罗　梅 | 回族 | 新集 | 谢寨 |
| 次子 | 马　明 | 回族 | 新集 | 谢寨 | 二女 | 罗晓芳 | 回族 | 新集 | 谢寨 |
| 户主 | 马占富 | 回族 | 新集 | 谢寨 | 户主 | 马福升 | 回族 | 新集 | 谢寨 |
| 妻子 | 剡代梅 | 回族 | 新集 | 谢寨 | 妻子 | 陈治芳 | 回族 | 新集 | 谢寨 |
| 儿子 | 马俊仁 | 回族 | 新集 | 谢寨 | 长子 | 马军章 | 回族 | 新集 | 谢寨 |
| 儿媳 | 海　梅 | 回族 | 新集 | 谢寨 | 儿媳 | 马玉红 | 回族 | 新集 | 谢寨 |
| 长孙女 | 马升琴 | 回族 | 新集 | 谢寨 | 二女 | 马军霞 | 回族 | 新集 | 谢寨 |
| 次孙女 | 马升霞 | 回族 | 新集 | 谢寨 | 户主 | 马进芳 | 回族 | 新集 | 谢寨 |
| 户主 | 马福银 | 回族 | 新集 | 谢寨 | 长女 | 海正梅 | 回族 | 新集 | 谢寨 |
| 妻子 | 海春芳 | 回族 | 新集 | 谢寨 | 户主 | 马福忠 | 回族 | 新集 | 谢寨 |
| 长子 | 马　朝 | 回族 | 新集 | 谢寨 | 妻子 | 妥海车 | 回族 | 新集 | 谢寨 |

续表 17

| 与户主关系 | 家庭成员 | 民族 | 原居住地 | | 与户主关系 | 家庭成员 | 民族 | 原居住地 | |
|---|---|---|---|---|---|---|---|---|---|
| | | | 乡(镇) | 行政村 | | | | 乡(镇) | 行政村 |
| 长子 | 马　君 | 回族 | 新集 | 谢寨 | 弟媳 | 马润子 | 回族 | 新集 | 谢寨 |
| 户主 | 马正福 | 回族 | 新集 | 谢寨 | 侄女 | 马小艳 | 回族 | 新集 | 谢寨 |
| 妻子 | 马义琴 | 回族 | 新集 | 谢寨 | 户主 | 马升忠 | 回族 | 新集 | 谢寨 |
| 长子 | 马存兵 | 回族 | 新集 | 谢寨 | 妻子 | 马女子 | 回族 | 新集 | 谢寨 |
| 二女 | 马存梅 | 回族 | 新集 | 谢寨 | 长女 | 马晓梅 | 回族 | 新集 | 谢寨 |
| 户主 | 马金山 | 回族 | 新集 | 谢寨 | 儿女 | 马晓琴 | 回族 | 新集 | 谢寨 |
| 妻子 | 马秀花 | 回族 | 新集 | 谢寨 | 户主 | 马清兵 | 回族 | 新集 | 谢寨 |
| 户主 | 马清明 | 回族 | 新集 | 谢寨 | 妻子 | 马生兰 | 回族 | 新集 | 谢寨 |
| 妻子 | 马慧芳 | 回族 | 新集 | 谢寨 | 长子 | 马天海 | 回族 | 新集 | 谢寨 |
| 长子 | 马　勇 | 回族 | 新集 | 谢寨 | 户主 | 马俊元 | 回族 | 新集 | 谢寨 |
| 次子 | 马　乐 | 回族 | 新集 | 谢寨 | 妻子 | 马启梅 | 回族 | 新集 | 谢寨 |
| 户主 | 马俊龙 | 回族 | 新集 | 谢寨 | 户主 | 马小平 | 回族 | 新集 | 谢寨 |
| 妻子 | 马筛买 | 回族 | 新集 | 谢寨 | 妻子 | 马有花 | 回族 | 新集 | 谢寨 |
| 长女 | 马　丽 | 回族 | 新集 | 谢寨 | 户主 | 马俊文 | 回族 | 新集 | 谢寨 |
| 长子 | 马　军 | 回族 | 新集 | 谢寨 | 妻子 | 马兆梅 | 回族 | 新集 | 谢寨 |
| 户主 | 马升虎 | 回族 | 新集 | 谢寨 | 长女 | 马升兰 | 回族 | 新集 | 谢寨 |
| 妻子 | 海春兰 | 回族 | 新集 | 谢寨 | 次女 | 马升娟 | 回族 | 新集 | 谢寨 |
| 长子 | 马国林 | 回族 | 新集 | 谢寨 | 三女 | 马升丽 | 回族 | 新集 | 谢寨 |
| 次子 | 马国军 | 回族 | 新集 | 谢寨 | 长子 | 马升福 | 回族 | 新集 | 谢寨 |
| 长女 | 马国梅 | 回族 | 新集 | 谢寨 | 儿媳 | 马治花 | 回族 | 新集 | 谢寨 |
| 户主 | 马　斌 | 回族 | 新集 | 谢寨 | 长孙 | 马　伟 | 回族 | 新集 | 谢寨 |
| 妻子 | 苏买彦 | 回族 | 新集 | 谢寨 | 次孙 | 马　军 | 回族 | 新集 | 谢寨 |
| 三女 | 马甜甜 | 回族 | 新集 | 谢寨 | 户主 | 马金龙 | 回族 | 新集 | 谢寨 |
| 二女 | 马媛媛 | 回族 | 新集 | 谢寨 | 长女 | 马思彤 | 回族 | 新集 | 谢寨 |
| 长子 | 马天昕 | 回族 | 新集 | 谢寨 | 户主 | 马　义 | 回族 | 新集 | 谢寨 |
| 户主 | 马升清 | 回族 | 新集 | 谢寨 | 妻子 | 马义梅 | 回族 | 新集 | 谢寨 |
| 妻子 | 马秘爱 | 回族 | 新集 | 谢寨 | 长女 | 马海梅 | 回族 | 新集 | 谢寨 |
| 长子 | 马小林 | 回族 | 新集 | 谢寨 | 长子 | 马海涛 | 回族 | 新集 | 谢寨 |
| 次子 | 马小军 | 回族 | 新集 | 谢寨 | 户主 | 马文富 | 回族 | 新集 | 谢寨 |
| 户主 | 马天刚 | 回族 | 新集 | 谢寨 | 妻子 | 马应芳 | 回族 | 新集 | 谢寨 |
| 妻子 | 陈治莲 | 回族 | 新集 | 谢寨 | 次子 | 马金鹏 | 回族 | 新集 | 谢寨 |
| 长子 | 马平安 | 回族 | 新集 | 谢寨 | 户主 | 马正虎 | 回族 | 新集 | 谢寨 |
| 长女 | 马　燕 | 回族 | 新集 | 谢寨 | 妻子 | 马效英 | 回族 | 新集 | 谢寨 |
| 户主 | 马升林 | 回族 | 新集 | 谢寨 | 长子 | 马正荣 | 回族 | 新集 | 谢寨 |
| 母亲 | 虎正英 | 回族 | 新集 | 谢寨 | 户主 | 马文青 | 回族 | 新集 | 谢寨 |
| 二弟 | 马升虎 | 回族 | 新集 | 谢寨 | 妻子 | 剡克梅 | 回族 | 新集 | 谢寨 |

续表 17

| 与户主关系 | 家庭成员 | 民族 | 原居住地 | | 与户主关系 | 家庭成员 | 民族 | 原居住地 | |
|---|---|---|---|---|---|---|---|---|---|
| | | | 乡(镇) | 行政村 | | | | 乡(镇) | 行政村 |
| 长女 | 马彩女 | 回族 | 新集 | 谢寨 | 户主 | 张会山 | 汉族 | 罗洼 | 张湾 |
| 长子 | 马小平 | 回族 | 新集 | 谢寨 | 妻子 | 马海燕 | 汉族 | 罗洼 | 张湾 |
| 次女 | 马彩霞 | 回族 | 新集 | 谢寨 | 长女 | 张　怡 | 汉族 | 罗洼 | 张湾 |
| 户主 | 马文海 | 回族 | 新集 | 谢寨 | 父亲 | 王永生 | 汉族 | 罗洼 | 张湾 |
| 长女 | 马　艳 | 回族 | 新集 | 谢寨 | 母亲 | 李世梅 | 汉族 | 罗洼 | 张湾 |
| 次女 | 马　蓝 | 回族 | 新集 | 谢寨 | 户主 | 王克平 | 汉族 | 罗洼 | 张湾 |
| 户主 | 杜学明 | 汉族 | 新集 | 谢寨 | 户主 | 王学宁 | 汉族 | 罗洼 | 张湾 |
| 妻子 | 张淑霞 | 汉族 | 新集 | 谢寨 | 妻子 | 段翠莲 | 汉族 | 罗洼 | 张湾 |
| 长女 | 杜　娟 | 汉族 | 新集 | 谢寨 | 外孙女 | 王　丽 | 汉族 | 罗洼 | 张湾 |
| 次女 | 杜　娜 | 汉族 | 新集 | 谢寨 | 外孙子 | 王　刚 | 汉族 | 罗洼 | 张湾 |
| 三女 | 杜媛媛 | 汉族 | 新集 | 谢寨 | 父亲 | 段世碧 | 汉族 | 罗洼 | 张湾 |
| 四女 | 杜合合 | 汉族 | 新集 | 谢寨 | 母亲 | 高发秀 | 汉族 | 罗洼 | 张湾 |
| 五女 | 杜东东 | 汉族 | 新集 | 谢寨 | 户主 | 段帅章 | 汉族 | 罗洼 | 张湾 |
| 长子 | 杜润泽 | 汉族 | 新集 | 谢寨 | 妻子 | 赵亚宁 | 汉族 | 罗洼 | 张湾 |
| 户主 | 马占华 | 回族 | 新集 | 谢寨 | 长女 | 段丽婷 | 汉族 | 罗洼 | 张湾 |
| 孙女 | 马买彦 | 回族 | 新集 | 谢寨 | 妻子 | 王桂红 | 汉族 | 罗洼 | 张湾 |
| 儿媳 | 陈丑女 | 回族 | 新集 | 谢寨 | 长女 | 刘　芳 | 汉族 | 罗洼 | 张湾 |
| 次子 | 马俊虎 | 回族 | 新集 | 谢寨 | 户主 | 刘振旭 | 汉族 | 罗洼 | 张湾 |
| 户主 | 马文云 | 回族 | 新集 | 谢寨 | 二女 | 刘　慧 | 汉族 | 罗洼 | 张湾 |
| 妻子 | 叶保兰 | 回族 | 新集 | 谢寨 | 妻子 | 王桂琴 | 汉族 | 罗洼 | 张湾 |
| 长子 | 马占军 | 回族 | 新集 | 谢寨 | 户主 | 李毅龙 | 汉族 | 罗洼 | 张湾 |
| 长女 | 马成花 | 回族 | 新集 | 谢寨 | 长女 | 李　燕 | 汉族 | 罗洼 | 张湾 |
| 儿媳 | 马秀琴 | 回族 | 新集 | 谢寨 | 长子 | 李　瑞 | 汉族 | 罗洼 | 张湾 |
| 孙子 | 马雅兵 | 回族 | 新集 | 谢寨 | 户主 | 段治慧 | 汉族 | 罗洼 | 张湾 |
| 孙女 | 马雅楠 | 回族 | 新集 | 谢寨 | 母亲 | 贺荣梅 | 汉族 | 罗洼 | 张湾 |
| 户主 | 马清元 | 回族 | 新集 | 谢寨 | 妻子 | 刘春英 | 汉族 | 罗洼 | 张湾 |
| 妻子 | 丁福花 | 回族 | 新集 | 谢寨 | 长子 | 王　瑞 | 汉族 | 罗洼 | 张湾 |
| 长女 | 马娅琴 | 回族 | 新集 | 谢寨 | 户主 | 王克吉 | 汉族 | 罗洼 | 张湾 |
| 户主 | 马文贵 | 回族 | 新集 | 谢寨 | 长女 | 王　婷 | 汉族 | 罗洼 | 张湾 |
| 妻子 | 陈治梅 | 回族 | 新集 | 谢寨 | 户主 | 段国章 | 汉族 | 罗洼 | 张湾 |
| 长子 | 马金龙 | 回族 | 新集 | 谢寨 | 妻子 | 张巧林 | 汉族 | 罗洼 | 张湾 |
| 长女 | 马金梅 | 回族 | 新集 | 谢寨 | 长子 | 段治飞 | 汉族 | 罗洼 | 张湾 |
| 户主 | 王克文 | 汉族 | 罗洼 | 张湾 | 户主 | 王克璧 | 汉族 | 罗洼 | 张湾 |
| 妻子 | 刘红芳 | 汉族 | 罗洼 | 张湾 | 妻子 | 党俊萍 | 汉族 | 罗洼 | 张湾 |
| 长女 | 王菲菲 | 汉族 | 罗洼 | 张湾 | 长女 | 王　静 | 汉族 | 罗洼 | 张湾 |
| 长子 | 王　磊 | 汉族 | 罗洼 | 张湾 | 二女 | 王　瑞 | 汉族 | 罗洼 | 张湾 |

续表 17

| 与户主关系 | 家庭成员 | 民族 | 原居住地 | | 与户主关系 | 家庭成员 | 民族 | 原居住地 | |
|---|---|---|---|---|---|---|---|---|---|
| | | | 乡(镇) | 行政村 | | | | 乡(镇) | 行政村 |
| 长子 | 王文波 | 汉族 | 罗洼 | 张湾 | 妻子 | 张兴翠 | 汉族 | 罗洼 | 张湾 |
| 户主 | 王克仓 | 汉族 | 罗洼 | 张湾 | 长子 | 王　博 | 汉族 | 罗洼 | 张湾 |
| 妻子 | 宋治琴 | 汉族 | 罗洼 | 张湾 | 户主 | 王克明 | 汉族 | 罗洼 | 张湾 |
| 长子 | 王　龙 | 汉族 | 罗洼 | 张湾 | 妻子 | 陈世兰 | 汉族 | 罗洼 | 张湾 |
| 次子 | 王　凤 | 汉族 | 罗洼 | 张湾 | 长子 | 王　卓 | 汉族 | 罗洼 | 张湾 |
| 长女 | 王　雯 | 汉族 | 罗洼 | 张湾 | 次子 | 王　宏 | 汉族 | 罗洼 | 张湾 |
| 户主 | 王克俭 | 汉族 | 罗洼 | 张湾 | 长女 | 王　彩 | 汉族 | 罗洼 | 张湾 |
| 妻子 | 杨志兰 | 汉族 | 罗洼 | 张湾 | 户主 | 王永军 | 汉族 | 罗洼 | 张湾 |
| 长女 | 王　芳 | 汉族 | 罗洼 | 张湾 | 妻子 | 卢秀梅 | 汉族 | 罗洼 | 张湾 |
| 长子 | 王　旭 | 汉族 | 罗洼 | 张湾 | 五女 | 王桂花 | 汉族 | 罗洼 | 张湾 |
| 次子 | 王　怡 | 汉族 | 罗洼 | 张湾 | 长子 | 王克喜 | 汉族 | 罗洼 | 张湾 |
| 户主 | 王永海 | 汉族 | 罗洼 | 张湾 | 户主 | 王克斌 | 汉族 | 罗洼 | 张湾 |
| 次子 | 王克利 | 汉族 | 罗洼 | 张湾 | 妻子 | 景翠玲 | 汉族 | 罗洼 | 张湾 |
| 父亲 | 王久万 | 汉族 | 罗洼 | 张湾 | 长子 | 王　飞 | 汉族 | 罗洼 | 张湾 |
| 母亲 | 虎志莲 | 汉族 | 罗洼 | 张湾 | 户主 | 王克升 | 汉族 | 罗洼 | 张湾 |
| 妻子 | 拓玉芳 | 汉族 | 罗洼 | 张湾 | 妻子 | 刘振莲 | 汉族 | 罗洼 | 张湾 |
| 户主 | 王克安 | 汉族 | 罗洼 | 张湾 | 长子 | 王　强 | 汉族 | 罗洼 | 张湾 |
| 长子 | 王　英 | 汉族 | 罗洼 | 张湾 | 二女 | 王　玲 | 汉族 | 罗洼 | 张湾 |
| 次子 | 王　雄 | 汉族 | 罗洼 | 张湾 | 户主 | 王永秀 | 汉族 | 罗洼 | 张湾 |
| 户主 | 王永山 | 汉族 | 罗洼 | 张湾 | 妻子 | 李世莲 | 汉族 | 罗洼 | 张湾 |
| 妻子 | 张粉莲 | 汉族 | 罗洼 | 张湾 | 户主 | 王克仁 | 汉族 | 罗洼 | 张湾 |
| 次子 | 王克亮 | 汉族 | 罗洼 | 张湾 | 长子 | 王刘德 | 汉族 | 罗洼 | 张湾 |
| 三子 | 王克东 | 汉族 | 罗洼 | 张湾 | 户主 | 王克道 | 汉族 | 罗洼 | 张湾 |
| 四子 | 王克辉 | 汉族 | 罗洼 | 张湾 | 妻子 | 贾建花 | 汉族 | 罗洼 | 张湾 |
| 户主 | 王克国 | 汉族 | 罗洼 | 张湾 | 长子 | 王　凯 | 汉族 | 罗洼 | 张湾 |
| 妻子 | 周桂梅 | 汉族 | 罗洼 | 张湾 | 长女 | 王　欢 | 汉族 | 罗洼 | 张湾 |
| 长女 | 王　蕊 | 汉族 | 罗洼 | 张湾 | 户主 | 王永学 | 汉族 | 罗洼 | 张湾 |
| 二女 | 王　琴 | 汉族 | 罗洼 | 张湾 | 妻子 | 张翠兰 | 汉族 | 罗洼 | 张湾 |
| 长子 | 王　鑫 | 汉族 | 罗洼 | 张湾 | 三子 | 王克春 | 汉族 | 罗洼 | 张湾 |
| 母亲 | 虎志花 | 汉族 | 罗洼 | 张湾 | 儿媳 | 杨　绒 | 汉族 | 罗洼 | 张湾 |
| 户主 | 王克富 | 汉族 | 罗洼 | 张湾 | 户主 | 王克德 | 汉族 | 罗洼 | 张湾 |
| 长女 | 王　萍 | 汉族 | 罗洼 | 张湾 | 妻子 | 张小霞 | 汉族 | 罗洼 | 张湾 |
| 二女 | 王　霞 | 汉族 | 罗洼 | 张湾 | 长子 | 王　杰 | 汉族 | 罗洼 | 张湾 |
| 三女 | 王　蓉 | 汉族 | 罗洼 | 张湾 | 长女 | 王　晶 | 汉族 | 罗洼 | 张湾 |
| 四女 | 王　苁 | 汉族 | 罗洼 | 张湾 | 户主 | 李慧彩 | 汉族 | 罗洼 | 张湾 |
| 户主 | 王克成 | 汉族 | 罗洼 | 张湾 | 长子 | 王克廷 | 汉族 | 罗洼 | 张湾 |

续表 17

| 与户主关系 | 家庭成员 | 民族 | 原居住地 | | 与户主关系 | 家庭成员 | 民族 | 原居住地 | |
|---|---|---|---|---|---|---|---|---|---|
| | | | 乡(镇) | 行政村 | | | | 乡(镇) | 行政村 |
| 户主 | 王克鹏 | 汉族 | 罗洼 | 张湾 | 父亲 | 段玉章 | 汉族 | 罗洼 | 张湾 |
| 妻子 | 李毅芳 | 汉族 | 罗洼 | 张湾 | 母亲 | 吴维梅 | 汉族 | 罗洼 | 张湾 |
| 长子 | 王　辉 | 汉族 | 罗洼 | 张湾 | 母亲 | 寇世莲 | 汉族 | 罗洼 | 张湾 |
| 长女 | 王　婷 | 汉族 | 罗洼 | 张湾 | 户主 | 段楷章 | 汉族 | 罗洼 | 张湾 |
| 户主 | 王克让 | 汉族 | 罗洼 | 张湾 | 妻子 | 寇小丽 | 汉族 | 罗洼 | 张湾 |
| 妻子 | 张彦琴 | 汉族 | 罗洼 | 张湾 | 妹妹 | 段润霞 | 汉族 | 罗洼 | 张湾 |
| 长女 | 王　慧 | 汉族 | 罗洼 | 张湾 | 次子 | 段成龙 | 汉族 | 罗洼 | 张湾 |
| 二女 | 王　娜 | 汉族 | 罗洼 | 张湾 | 长子 | 段龙龙 | 汉族 | 罗洼 | 张湾 |
| 长子 | 王　天 | 汉族 | 罗洼 | 张湾 | 户主 | 段平章 | 汉族 | 罗洼 | 张湾 |
| 户主 | 王克社 | 汉族 | 罗洼 | 张湾 | 妻子 | 虎　霞 | 汉族 | 罗洼 | 张湾 |
| 妻子 | 王彩琴 | 汉族 | 罗洼 | 张湾 | 长女 | 段妍红 | 汉族 | 罗洼 | 张湾 |
| 长子 | 王　相 | 汉族 | 罗洼 | 张湾 | 二女 | 段俊红 | 汉族 | 罗洼 | 张湾 |
| 次子 | 王　锋 | 汉族 | 罗洼 | 张湾 | 长子 | 段治钰 | 汉族 | 罗洼 | 张湾 |
| 妻子 | 李桂兰 | 汉族 | 罗洼 | 张湾 | 父亲 | 段世儒 | 汉族 | 罗洼 | 张湾 |
| 户主 | 段世黎 | 汉族 | 罗洼 | 张湾 | 母亲 | 富有花 | 汉族 | 罗洼 | 张湾 |
| 孙子 | 段　瑞 | 汉族 | 罗洼 | 张湾 | 户主 | 段爱章 | 汉族 | 罗洼 | 张湾 |
| 户主 | 王耀武 | 汉族 | 罗洼 | 张湾 | 妻子 | 张文花 | 汉族 | 罗洼 | 张湾 |
| 妻子 | 虎翠梅 | 汉族 | 罗洼 | 张湾 | 长子 | 段治俭 | 汉族 | 罗洼 | 张湾 |
| 长子 | 王　琦 | 汉族 | 罗洼 | 张湾 | 长女 | 段治红 | 汉族 | 罗洼 | 张湾 |
| 次子 | 王　磊 | 汉族 | 罗洼 | 张湾 | 二女 | 段改红 | 汉族 | 罗洼 | 张湾 |
| 户主 | 段治富 | 汉族 | 罗洼 | 张湾 | 儿媳 | 孙小霞 | 汉族 | 罗洼 | 张湾 |
| 妻子 | 田慧琴 | 汉族 | 罗洼 | 张湾 | 母亲 | 马翠英 | 汉族 | 罗洼 | 张湾 |
| 长子 | 段磊磊 | 汉族 | 罗洼 | 张湾 | 户主 | 段孝章 | 汉族 | 罗洼 | 张湾 |
| 长女 | 段媛媛 | 汉族 | 罗洼 | 张湾 | 妻子 | 李小琴 | 汉族 | 罗洼 | 张湾 |
| 户主 | 段廷武 | 汉族 | 罗洼 | 张湾 | 长女 | 段彩红 | 汉族 | 罗洼 | 张湾 |
| 妻子 | 寇玉芳 | 汉族 | 罗洼 | 张湾 | 长子 | 段治军 | 汉族 | 罗洼 | 张湾 |
| 长子 | 段治伟 | 汉族 | 罗洼 | 张湾 | 妻子 | 李　萍 | 汉族 | 罗洼 | 张湾 |
| 三女 | 段治霞 | 汉族 | 罗洼 | 张湾 | 父亲 | 段世秀 | 汉族 | 罗洼 | 张湾 |
| 户主 | 段珍武 | 汉族 | 罗洼 | 张湾 | 母亲 | 张淑道 | 汉族 | 罗洼 | 张湾 |
| 妻子 | 张金叶 | 汉族 | 罗洼 | 张湾 | 户主 | 段晓章 | 汉族 | 罗洼 | 张湾 |
| 长女 | 段治香 | 汉族 | 罗洼 | 张湾 | 户主 | 段云章 | 汉族 | 罗洼 | 张湾 |
| 长子 | 段治勇 | 汉族 | 罗洼 | 张湾 | 妻子 | 刘银霞 | 汉族 | 罗洼 | 张湾 |
| 户主 | 段治仓 | 汉族 | 罗洼 | 张湾 | 次女 | 段丽帆 | 汉族 | 罗洼 | 张湾 |
| 妻子 | 邵举红 | 汉族 | 罗洼 | 张湾 | 长女 | 段丽娜 | 汉族 | 罗洼 | 张湾 |
| 长女 | 段　玲 | 汉族 | 罗洼 | 张湾 | 户主 | 段廷章 | 汉族 | 罗洼 | 张湾 |
| 长子 | 段　辉 | 汉族 | 罗洼 | 张湾 | 妻子 | 田淑芳 | 汉族 | 罗洼 | 张湾 |

续表 17

| 与户主关系 | 家庭成员 | 民族 | 原居住地 | | 与户主关系 | 家庭成员 | 民族 | 原居住地 | |
|---|---|---|---|---|---|---|---|---|---|
| | | | 乡(镇) | 行政村 | | | | 乡(镇) | 行政村 |
| 长子 | 段金仓 | 汉族 | 罗洼 | 张湾 | 妻子 | 史会子 | 汉族 | 罗洼 | 张湾 |
| 长女 | 段爱花 | 汉族 | 罗洼 | 张湾 | 长女 | 张宏霞 | 汉族 | 罗洼 | 张湾 |
| 母亲 | 拓玉粉 | 汉族 | 罗洼 | 张湾 | 长子 | 张宏磊 | 汉族 | 罗洼 | 张湾 |
| 户主 | 段平武 | 汉族 | 罗洼 | 张湾 | 长子 | 张鸿飞 | 汉族 | 罗洼 | 张湾 |
| 妻子 | 贺小菊 | 汉族 | 罗洼 | 张湾 | 次子 | 张晓乾 | 汉族 | 罗洼 | 张湾 |
| 长子 | 段锦龙 | 汉族 | 罗洼 | 张湾 | 户主 | 张银山 | 汉族 | 罗洼 | 张湾 |
| 长女 | 段锦红 | 汉族 | 罗洼 | 张湾 | 妻子 | 毛万秀 | 汉族 | 罗洼 | 张湾 |
| 父亲 | 段世峰 | 汉族 | 罗洼 | 张湾 | 儿媳 | 黄　芳 | 汉族 | 罗洼 | 张湾 |
| 户主 | 段耀武 | 汉族 | 罗洼 | 张湾 | 户主 | 郭兴浩 | 汉族 | 罗洼 | 张湾 |
| 妻子 | 陈小燕 | 汉族 | 罗洼 | 张湾 | 妻子 | 吴维梅 | 汉族 | 罗洼 | 张湾 |
| 长女 | 段彩琴 | 汉族 | 罗洼 | 张湾 | 户主 | 寇文武 | 汉族 | 罗洼 | 张湾 |
| 次女 | 段盼盼 | 汉族 | 罗洼 | 张湾 | 妻子 | 郭晓琴 | 汉族 | 罗洼 | 张湾 |
| 三女 | 段涛涛 | 汉族 | 罗洼 | 张湾 | 长子 | 寇　海 | 汉族 | 罗洼 | 张湾 |
| 四女 | 段小涛 | 汉族 | 罗洼 | 张湾 | 长女 | 寇　莉 | 汉族 | 罗洼 | 张湾 |
| 户主 | 段明武 | 汉族 | 罗洼 | 张湾 | 母亲 | 高翠花 | 汉族 | 罗洼 | 张湾 |
| 妻子 | 张梅兰 | 汉族 | 罗洼 | 张湾 | 父亲 | 寇占雄 | 汉族 | 罗洼 | 张湾 |
| 长子 | 段金花 | 汉族 | 罗洼 | 张湾 | 户主 | 寇文周 | 汉族 | 罗洼 | 张湾 |
| 次子 | 段金涛 | 汉族 | 罗洼 | 张湾 | 妻子 | 张会香 | 汉族 | 罗洼 | 张湾 |
| 长女 | 段琴花 | 汉族 | 罗洼 | 张湾 | 长子 | 寇　江 | 汉族 | 罗洼 | 张湾 |
| 户主 | 段仁武 | 汉族 | 罗洼 | 张湾 | 户主 | 韩玉勤 | 汉族 | 罗洼 | 张湾 |
| 长子 | 段治宝 | 汉族 | 罗洼 | 张湾 | 妻子 | 贺富莲 | 汉族 | 罗洼 | 张湾 |
| 妻子 | 杜晓玲 | 汉族 | 罗洼 | 张湾 | 次子 | 韩兴文 | 汉族 | 罗洼 | 张湾 |
| 长女 | 段　雪 | 汉族 | 罗洼 | 张湾 | 长女 | 韩　蓉 | 汉族 | 罗洼 | 张湾 |
| 户主 | 段文武 | 汉族 | 罗洼 | 张湾 | 父亲 | 贺生林 | 汉族 | 罗洼 | 张湾 |
| 妻子 | 孙粉梅 | 汉族 | 罗洼 | 张湾 | 母亲 | 虎志梅 | 汉族 | 罗洼 | 张湾 |
| 长子 | 段金亮 | 汉族 | 罗洼 | 张湾 | 户主 | 王选琴 | 汉族 | 罗洼 | 张湾 |
| 次子 | 段金强 | 汉族 | 罗洼 | 张湾 | 长子 | 贺　伟 | 汉族 | 罗洼 | 张湾 |
| 长女 | 段金瑞 | 汉族 | 罗洼 | 张湾 | 次子 | 贺　臻 | 汉族 | 罗洼 | 张湾 |
| 户主 | 张大山 | 汉族 | 罗洼 | 张湾 | 户主 | 赵良耀 | 汉族 | 罗洼 | 张湾 |
| 妻子 | 王桂红 | 汉族 | 罗洼 | 张湾 | 妻子 | 王永莲 | 汉族 | 罗洼 | 张湾 |
| 长子 | 张宏斌 | 汉族 | 罗洼 | 张湾 | 妻子 | 郭文淑 | 汉族 | 罗洼 | 张湾 |
| 长女 | 张宏妍 | 汉族 | 罗洼 | 张湾 | 户主 | 赵明军 | 汉族 | 罗洼 | 张湾 |
| 二女 | 张宏蕊 | 汉族 | 罗洼 | 张湾 | 长子 | 赵　强 | 汉族 | 罗洼 | 张湾 |
| 母亲 | 贾秀琴 | 汉族 | 罗洼 | 张湾 | 次子 | 赵　亮 | 汉族 | 罗洼 | 张湾 |
| 户主 | 张金山 | 汉族 | 罗洼 | 张湾 | 户主 | 赵明毕 | 汉族 | 罗洼 | 张湾 |
| 弟 | 张忠山 | 汉族 | 罗洼 | 张湾 | 妻子 | 李慧珠 | 汉族 | 罗洼 | 张湾 |

续表 17

| 与户主关系 | 家庭成员 | 民族 | 原居住地 | | 与户主关系 | 家庭成员 | 民族 | 原居住地 | |
|---|---|---|---|---|---|---|---|---|---|
| | | | 乡(镇) | 行政村 | | | | 乡(镇) | 行政村 |
| 长子 | 赵刚 | 汉族 | 罗洼 | 张湾 | 户主 | 寇占贵 | 汉族 | 罗洼 | 张湾 |
| 次子 | 赵龙 | 汉族 | 罗洼 | 张湾 | 妻子 | 虎永玲 | 汉族 | 罗洼 | 张湾 |
| 户主 | 贺生明 | 汉族 | 罗洼 | 张湾 | 长子 | 寇宁 | 汉族 | 罗洼 | 张湾 |
| 妻子 | 宋治兰 | 汉族 | 罗洼 | 张湾 | 长女 | 寇瑞 | 汉族 | 罗洼 | 张湾 |
| 长子 | 贺富荣 | 汉族 | 罗洼 | 张湾 | 户主 | 寇占明 | 汉族 | 罗洼 | 张湾 |
| 次子 | 贺富东 | 汉族 | 罗洼 | 张湾 | 妻子 | 郑彩霞 | 汉族 | 罗洼 | 张湾 |
| 三子 | 李正云 | 汉族 | 罗洼 | 张湾 | 长女 | 寇红 | 汉族 | 罗洼 | 张湾 |
| 户主 | 李志德 | 汉族 | 罗洼 | 张湾 | 长子 | 寇东 | 汉族 | 罗洼 | 张湾 |
| 妻子 | 虎永兰 | 汉族 | 罗洼 | 张湾 | 二女 | 寇芳 | 汉族 | 罗洼 | 张湾 |
| 次子 | 李正宏 | 汉族 | 罗洼 | 张湾 | 父亲 | 寇占山 | 汉族 | 罗洼 | 张湾 |
| 户主 | 郭兴银 | 汉族 | 罗洼 | 张湾 | 母亲 | 虎志叶 | 汉族 | 罗洼 | 张湾 |
| 妻子 | 吴维莲 | 汉族 | 罗洼 | 张湾 | 户主 | 寇文录 | 汉族 | 罗洼 | 张湾 |
| 户主 | 寇占银 | 汉族 | 罗洼 | 张湾 | 妻子 | 王桂梅 | 汉族 | 罗洼 | 张湾 |
| 妻子 | 王得翠 | 汉族 | 罗洼 | 张湾 | 长子 | 寇昊 | 汉族 | 罗洼 | 张湾 |
| 长子 | 寇文斌 | 汉族 | 罗洼 | 张湾 | 长女 | 寇媛 | 汉族 | 罗洼 | 张湾 |
| 长女 | 寇向红 | 汉族 | 罗洼 | 张湾 | 户主 | 张成荣 | 汉族 | 罗洼 | 张湾 |
| 妻子 | 王志英 | 汉族 | 罗洼 | 张湾 | 妻子 | 杜海燕 | 汉族 | 罗洼 | 张湾 |
| 户主 | 景满龙 | 汉族 | 罗洼 | 张湾 | 长女 | 张丽 | 汉族 | 罗洼 | 张湾 |
| 次子 | 景生祥 | 汉族 | 罗洼 | 张湾 | 长子 | 张春春 | 汉族 | 罗洼 | 张湾 |
| 儿媳 | 邱晓琴 | 汉族 | 罗洼 | 张湾 | 户主 | 郭文天 | 汉族 | 罗洼 | 张湾 |
| 孙女 | 景秋月 | 汉族 | 罗洼 | 张湾 | 妻子 | 陆怀秀 | 汉族 | 罗洼 | 张湾 |
| 二女 | 景彩虹 | 汉族 | 罗洼 | 张湾 | 长子 | 李文 | 汉族 | 罗洼 | 张湾 |
| 次子 | 景利平 | 汉族 | 罗洼 | 张湾 | 户主 | 郭兴洲 | 汉族 | 罗洼 | 张湾 |
| 户主 | 景生学 | 汉族 | 罗洼 | 张湾 | 妻子 | 朱正莲 | 汉族 | 罗洼 | 张湾 |
| 妻子 | 郭玉香 | 汉族 | 罗洼 | 张湾 | 长子 | 郭文广 | 汉族 | 罗洼 | 张湾 |
| 长子 | 景安全 | 汉族 | 罗洼 | 张湾 | 儿媳 | 何晓英 | 汉族 | 罗洼 | 张湾 |
| 父亲 | 寇占林 | 汉族 | 罗洼 | 张湾 | 长孙 | 郭鸿 | 汉族 | 罗洼 | 张湾 |
| 妻子 | 吴琴琴 | 汉族 | 罗洼 | 张湾 | 次孙 | 郭福 | 汉族 | 罗洼 | 张湾 |
| 长子 | 寇飞 | 汉族 | 罗洼 | 张湾 | 户主 | 郭文通 | 汉族 | 罗洼 | 张湾 |
| 母亲 | 梁志花 | 汉族 | 罗洼 | 张湾 | 长女 | 郭卉 | 汉族 | 罗洼 | 张湾 |
| 户主 | 寇文平 | 汉族 | 罗洼 | 张湾 | 次女 | 郭菲 | 汉族 | 罗洼 | 张湾 |
| 户主 | 寇文学 | 汉族 | 罗洼 | 张湾 | 父亲 | 郭兴钦 | 汉族 | 罗洼 | 张湾 |
| 妻子 | 安正琴 | 汉族 | 罗洼 | 张湾 | 母亲 | 王志兰 | 汉族 | 罗洼 | 张湾 |
| 长子 | 寇勇 | 汉族 | 罗洼 | 张湾 | 妻子 | 常彩琴 | 汉族 | 罗洼 | 张湾 |
| 次子 | 寇伟 | 汉族 | 罗洼 | 张湾 | 长女 | 郭鑫 | 汉族 | 罗洼 | 张湾 |
| 长女 | 寇瑞 | 汉族 | 罗洼 | 张湾 | 户主 | 郭文达 | 汉族 | 罗洼 | 张湾 |

续表 17

| 与户主关系 | 家庭成员 | 民族 | 原居住地 | | 与户主关系 | 家庭成员 | 民族 | 原居住地 | |
|---|---|---|---|---|---|---|---|---|---|
| | | | 乡(镇) | 行政村 | | | | 乡(镇) | 行政村 |
| 户主 | 郭文义 | 汉族 | 罗洼 | 张湾 | 户主 | 张得权 | 汉族 | 罗洼 | 张湾 |
| 妻子 | 周　萍 | 汉族 | 罗洼 | 张湾 | 妻子 | 张占花 | 汉族 | 罗洼 | 张湾 |
| 长子 | 郭　靖 | 汉族 | 罗洼 | 张湾 | 长女 | 张岳玲 | 汉族 | 罗洼 | 张湾 |
| 次子 | 郭　忠 | 汉族 | 罗洼 | 张湾 | 二女 | 张岳红 | 汉族 | 罗洼 | 张湾 |
| 户主 | 郭文学 | 汉族 | 罗洼 | 张湾 | 长子 | 张岳岐 | 汉族 | 罗洼 | 张湾 |
| 妻子 | 刘文有 | 汉族 | 罗洼 | 张湾 | 户主 | 张得兴 | 汉族 | 罗洼 | 张湾 |
| 长女 | 郭　蓉 | 汉族 | 罗洼 | 张湾 | 妻子 | 李保粉 | 汉族 | 罗洼 | 张湾 |
| 二女 | 郭　蕊 | 汉族 | 罗洼 | 张湾 | 次子 | 张岳平 | 汉族 | 罗洼 | 张湾 |
| 三女 | 郭　芙 | 汉族 | 罗洼 | 张湾 | 三子 | 张岳东 | 汉族 | 罗洼 | 张湾 |
| 户主 | 郭文武 | 汉族 | 罗洼 | 张湾 | 儿媳 | 贾利红 | 汉族 | 罗洼 | 张湾 |
| 妻子 | 刘文霞 | 汉族 | 罗洼 | 张湾 | 父亲 | 寇为福 | 汉族 | 罗洼 | 张湾 |
| 长子 | 郭　强 | 汉族 | 罗洼 | 张湾 | 母亲 | 王启花 | 汉族 | 罗洼 | 张湾 |
| 户主 | 郭兴毕 | 汉族 | 罗洼 | 张湾 | 妻子 | 景生兰 | 汉族 | 罗洼 | 张湾 |
| 次子 | 郭文军 | 汉族 | 罗洼 | 张湾 | 户主 | 寇占全 | 汉族 | 罗洼 | 张湾 |
| 五子 | 郭文权 | 汉族 | 罗洼 | 张湾 | 户主 | 陈永军 | 汉族 | 罗洼 | 寨科 |
| 户主 | 张德兵 | 汉族 | 罗洼 | 张湾 | 祖母 | 郭志梅 | 汉族 | 罗洼 | 寨科 |
| 妻子 | 王义莲 | 汉族 | 罗洼 | 张湾 | 母亲 | 张彩英 | 汉族 | 罗洼 | 寨科 |
| 长子 | 张岳明 | 汉族 | 罗洼 | 张湾 | 妻子 | 刘慧霞 | 汉族 | 罗洼 | 寨科 |
| 次子 | 张岳贵 | 汉族 | 罗洼 | 张湾 | 次子 | 陈　升 | 汉族 | 罗洼 | 寨科 |
| 户主 | 朱义德 | 汉族 | 罗洼 | 张湾 | 户主 | 陈彦湖 | 汉族 | 罗洼 | 寨科 |
| 妻子 | 宗玉翠 | 汉族 | 罗洼 | 张湾 | 妻子 | 苏玉梅 | 汉族 | 罗洼 | 寨科 |
| 长子 | 朱昭渊 | 汉族 | 罗洼 | 张湾 | 长子 | 陈勇奇 | 汉族 | 罗洼 | 寨科 |
| 长女 | 朱明霞 | 汉族 | 罗洼 | 张湾 | 儿媳 | 张丽丽 | 汉族 | 罗洼 | 寨科 |
| 三女 | 朱昭萍 | 汉族 | 罗洼 | 张湾 | 母亲 | 韩贵兰 | 汉族 | 罗洼 | 寨科 |
| 户主 | 侯金莲 | 汉族 | 罗洼 | 张湾 | 户主 | 陈永福 | 汉族 | 罗洼 | 寨科 |
| 儿媳 | 张和霞 | 汉族 | 罗洼 | 张湾 | 妻子 | 冯永霞 | 汉族 | 罗洼 | 寨科 |
| 母亲 | 张玉英 | 汉族 | 罗洼 | 张湾 | 父亲 | 陈彦和 | 汉族 | 罗洼 | 寨科 |
| 户主 | 曹淑琴 | 汉族 | 罗洼 | 张湾 | 母亲 | 周风花 | 汉族 | 罗洼 | 寨科 |
| 次子 | 张岳勇 | 汉族 | 罗洼 | 张湾 | 户主 | 陈永安 | 汉族 | 罗洼 | 寨科 |
| 妻子 | 虎永叶 | 汉族 | 罗洼 | 张湾 | 妻子 | 陈俊琴 | 汉族 | 罗洼 | 寨科 |
| 户主 | 张德学 | 汉族 | 罗洼 | 张湾 | 二女 | 陈玉春 | 汉族 | 罗洼 | 寨科 |
| 户主 | 张玉龙 | 汉族 | 罗洼 | 张湾 | 长子 | 陈神春 | 汉族 | 罗洼 | 寨科 |
| 妻子 | 虎占梅 | 汉族 | 罗洼 | 张湾 | 妻子 | 杜玉香 | 汉族 | 罗洼 | 寨科 |
| 其他子 | 张得军 | 汉族 | 罗洼 | 张湾 | 户主 | 高发祥 | 汉族 | 罗洼 | 寨科 |
| 其他子 | 张德银 | 汉族 | 罗洼 | 张湾 | 儿媳 | 乃改琴 | 汉族 | 罗洼 | 寨科 |
| 儿媳 | 张彩云 | 汉族 | 罗洼 | 张湾 | 长子 | 高生玉 | 汉族 | 罗洼 | 寨科 |

续表 17

| 与户主关系 | 家庭成员 | 民族 | 原居住地 | | 与户主关系 | 家庭成员 | 民族 | 原居住地 | |
|---|---|---|---|---|---|---|---|---|---|
| | | | 乡(镇) | 行政村 | | | | 乡(镇) | 行政村 |
| 孙女 | 高婷婷 | 汉族 | 罗洼 | 寨科 | 长女 | 陈润润 | 汉族 | 罗洼 | 寨科 |
| 孙子 | 高强强 | 汉族 | 罗洼 | 寨科 | 长子 | 陈　相 | 汉族 | 罗洼 | 寨科 |
| 母亲 | 杨过英 | 汉族 | 罗洼 | 寨科 | 二女 | 陈　霞 | 汉族 | 罗洼 | 寨科 |
| 弟 | 周　荣 | 汉族 | 罗洼 | 寨科 | 长子 | 宋　辉 | 汉族 | 罗洼 | 寨科 |
| 户主 | 周　建 | 汉族 | 罗洼 | 寨科 | 户主 | 宋克勤 | 汉族 | 罗洼 | 寨科 |
| 妻子 | 何红元 | 汉族 | 罗洼 | 寨科 | 妻子 | 冯贵平 | 汉族 | 罗洼 | 寨科 |
| 长子 | 周世炜 | 汉族 | 罗洼 | 寨科 | 二女 | 宋　旭 | 汉族 | 罗洼 | 寨科 |
| 长女 | 周秀秀 | 汉族 | 罗洼 | 寨科 | 儿媳 | 李晓霞 | 汉族 | 罗洼 | 寨科 |
| 母亲 | 郭翠英 | 汉族 | 罗洼 | 寨科 | 户主 | 宋治水 | 汉族 | 罗洼 | 寨科 |
| 户主 | 周　万 | 汉族 | 罗洼 | 寨科 | 侄女 | 宋　倩 | 汉族 | 罗洼 | 寨科 |
| 妻子 | 陈院秀 | 汉族 | 罗洼 | 寨科 | 户主 | 宋治川 | 汉族 | 罗洼 | 寨科 |
| 长女 | 周贝贝 | 汉族 | 罗洼 | 寨科 | 长女 | 宋　敏 | 汉族 | 罗洼 | 寨科 |
| 长子 | 周世勤 | 汉族 | 罗洼 | 寨科 | 二女 | 宋　娜 | 汉族 | 罗洼 | 寨科 |
| 次子 | 周世涛 | 汉族 | 罗洼 | 寨科 | 三女 | 宋　慧 | 汉族 | 罗洼 | 寨科 |
| 妻子 | 蔺　苹 | 汉族 | 罗洼 | 寨科 | 妻子 | 杨金梅 | 汉族 | 罗洼 | 寨科 |
| 户主 | 周　迁 | 汉族 | 罗洼 | 寨科 | 长女 | 梁　红 | 汉族 | 罗洼 | 寨科 |
| 次子 | 周世双 | 汉族 | 罗洼 | 寨科 | 长子 | 梁　军 | 汉族 | 罗洼 | 寨科 |
| 儿媳 | 张文秀 | 汉族 | 罗洼 | 寨科 | 二女 | 梁　桂 | 汉族 | 罗洼 | 寨科 |
| 户主 | 陈志杰 | 汉族 | 罗洼 | 寨科 | 户主 | 梁永财 | 汉族 | 罗洼 | 寨科 |
| 妻子 | 黄贵芳 | 汉族 | 罗洼 | 寨科 | 户主 | 吴桂兰 | 汉族 | 罗洼 | 寨科 |
| 四子 | 陈世乾 | 汉族 | 罗洼 | 寨科 | 孙女 | 宋　艳 | 汉族 | 罗洼 | 寨科 |
| 孙女 | 陈　琴 | 汉族 | 罗洼 | 寨科 | 父亲 | 宋耀兵 | 汉族 | 罗洼 | 寨科 |
| 户主 | 陈志刚 | 汉族 | 罗洼 | 寨科 | 母亲 | 虎志秀 | 汉族 | 罗洼 | 寨科 |
| 次儿媳 | 杨鹏敏 | 汉族 | 罗洼 | 寨科 | 户主 | 宋治银 | 汉族 | 罗洼 | 寨科 |
| 妻子 | 杜三月 | 汉族 | 罗洼 | 寨科 | 妻子 | 刘会萍 | 汉族 | 罗洼 | 寨科 |
| 次子 | 陈世明 | 汉族 | 罗洼 | 寨科 | 长女 | 宋　丽 | 汉族 | 罗洼 | 寨科 |
| 户主 | 陈世德 | 汉族 | 罗洼 | 寨科 | 户主 | 陈世海 | 汉族 | 罗洼 | 寨科 |
| 长女 | 陈　瑞 | 汉族 | 罗洼 | 寨科 | 妻子 | 刘慧萍 | 汉族 | 罗洼 | 寨科 |
| 长子 | 陈　浩 | 汉族 | 罗洼 | 寨科 | 长子 | 陈　勇 | 汉族 | 罗洼 | 寨科 |
| 次子 | 陈　伟 | 汉族 | 罗洼 | 寨科 | 次子 | 陈　鑫 | 汉族 | 罗洼 | 寨科 |
| 户主 | 陈志廷 | 汉族 | 罗洼 | 寨科 | 户主 | 周　明 | 汉族 | 罗洼 | 寨科 |
| 妻子 | 刘志英 | 汉族 | 罗洼 | 寨科 | 长女 | 周胜霞 | 汉族 | 罗洼 | 寨科 |
| 孙女 | 陈婷婷 | 汉族 | 罗洼 | 寨科 | 长子 | 周胜鹏 | 汉族 | 罗洼 | 寨科 |
| 户主 | 陈玉存 | 汉族 | 罗洼 | 寨科 | 户主 | 梁学文 | 汉族 | 罗洼 | 寨科 |
| 妻子 | 虎粉粉 | 汉族 | 罗洼 | 寨科 | 妻子 | 杨有风 | 汉族 | 罗洼 | 寨科 |
| 户主 | 陈世铎 | 汉族 | 罗洼 | 寨科 | 次子 | 梁永德 | 汉族 | 罗洼 | 寨科 |

续表 17

| 与户主关系 | 家庭成员 | 民族 | 原居住地 | | 与户主关系 | 家庭成员 | 民族 | 原居住地 | |
|---|---|---|---|---|---|---|---|---|---|
| | | | 乡(镇) | 行政村 | | | | 乡(镇) | 行政村 |
| 儿媳 | 王世英 | 汉族 | 罗洼 | 寨科 | 户主 | 王立柱 | 汉族 | 罗洼 | 马涝 |
| 孙女 | 梁 瑞 | 汉族 | 罗洼 | 寨科 | 妻子 | 吴月琴 | 汉族 | 罗洼 | 马涝 |
| 孙子 | 梁 峰 | 汉族 | 罗洼 | 寨科 | 长子 | 王强强 | 汉族 | 罗洼 | 马涝 |
| 户主 | 郝铭军 | 汉族 | 罗洼 | 寨科 | 户主 | 张耀荣 | 汉族 | 罗洼 | 马涝 |
| 妻子 | 张万梅 | 汉族 | 罗洼 | 寨科 | 妻子 | 杨粉兰 | 汉族 | 罗洼 | 马涝 |
| 长女 | 郝 银 | 汉族 | 罗洼 | 寨科 | 长女 | 张丁月 | 汉族 | 罗洼 | 马涝 |
| 长子 | 郝 勇 | 汉族 | 罗洼 | 寨科 | 户主 | 张登入 | 汉族 | 罗洼 | 马涝 |
| 户主 | 郝志彦 | 汉族 | 罗洼 | 寨科 | 妻子 | 周风英 | 汉族 | 罗洼 | 马涝 |
| 妻子 | 王春秀 | 汉族 | 罗洼 | 寨科 | 长子 | 张耀军 | 汉族 | 罗洼 | 马涝 |
| 次子 | 郝明亮 | 汉族 | 罗洼 | 寨科 | 户主 | 张耀鹏 | 汉族 | 罗洼 | 马涝 |
| 儿媳 | 卢兴荣 | 汉族 | 罗洼 | 寨科 | 妻子 | 李秀玲 | 汉族 | 罗洼 | 马涝 |
| 长孙 | 郝 杰 | 汉族 | 罗洼 | 寨科 | 长子 | 张振星 | 汉族 | 罗洼 | 马涝 |
| 户主 | 田有兵 | 汉族 | 罗洼 | 马涝 | 父亲 | 田玉荣 | 汉族 | 罗洼 | 马涝 |
| 妻子 | 高进花 | 汉族 | 罗洼 | 马涝 | 户主 | 田有东 | 汉族 | 罗洼 | 马涝 |
| 长女 | 田瑞琴 | 汉族 | 罗洼 | 马涝 | 妻子 | 范小凤 | 汉族 | 罗洼 | 马涝 |
| 三女 | 田锐玲 | 汉族 | 罗洼 | 马涝 | 长子 | 田 科 | 汉族 | 罗洼 | 马涝 |
| 长子 | 田金龙 | 汉族 | 罗洼 | 马涝 | 次子 | 田 鑫 | 汉族 | 罗洼 | 马涝 |
| 户主 | 田玉贵 | 汉族 | 罗洼 | 马涝 | 户主 | 田有军 | 汉族 | 罗洼 | 马涝 |
| 妻子 | 王化梅 | 汉族 | 罗洼 | 马涝 | 妻子 | 高桂梅 | 汉族 | 罗洼 | 马涝 |
| 户主 | 田有存 | 汉族 | 罗洼 | 马涝 | 长子 | 田 辉 | 汉族 | 罗洼 | 马涝 |
| 妻子 | 陈小红 | 汉族 | 罗洼 | 马涝 | 二女 | 田慧丽 | 汉族 | 罗洼 | 马涝 |
| 长女 | 田粉亮 | 汉族 | 罗洼 | 马涝 | 户主 | 蔺怀治 | 汉族 | 罗洼 | 马涝 |
| 长子 | 田跟愿 | 汉族 | 罗洼 | 马涝 | 妻子 | 孙玉梅 | 汉族 | 罗洼 | 马涝 |
| 三女 | 田慧艳 | 汉族 | 罗洼 | 马涝 | 长子 | 蔺永刚 | 汉族 | 罗洼 | 马涝 |
| 长子 | 田小续 | 汉族 | 罗洼 | 马涝 | 户主 | 蔺怀章 | 汉族 | 罗洼 | 马涝 |
| 户主 | 田有福 | 汉族 | 罗洼 | 马涝 | 妻子 | 李小兰 | 汉族 | 罗洼 | 马涝 |
| 妻子 | 陈桂芳 | 汉族 | 罗洼 | 马涝 | 弟 | 蔺怀仁 | 汉族 | 罗洼 | 马涝 |
| 二女 | 田慧林 | 汉族 | 罗洼 | 马涝 | 长子 | 蔺志强 | 汉族 | 罗洼 | 马涝 |
| 户主 | 张德何 | 汉族 | 罗洼 | 马涝 | 次子 | 蔺志瑞 | 汉族 | 罗洼 | 马涝 |
| 父亲 | 张登吉 | 汉族 | 罗洼 | 马涝 | 户主 | 蔺怀甲 | 汉族 | 罗洼 | 马涝 |
| 母亲 | 马彦花 | 汉族 | 罗洼 | 马涝 | 妻子 | 吴春梅 | 汉族 | 罗洼 | 马涝 |
| 长女 | 张 艳 | 汉族 | 罗洼 | 马涝 | 长子 | 蔺治国 | 汉族 | 罗洼 | 马涝 |
| 妻子 | 杨晓霞 | 汉族 | 罗洼 | 马涝 | 户主 | 蔺怀宝 | 汉族 | 罗洼 | 马涝 |
| 户主 | 范维俊 | 汉族 | 罗洼 | 马涝 | 妻子 | 郑岁萍 | 汉族 | 罗洼 | 马涝 |
| 妻子 | 郭治梅 | 汉族 | 罗洼 | 马涝 | 长女 | 蔺向宁 | 汉族 | 罗洼 | 马涝 |
| 母亲 | 王兰香 | 汉族 | 罗洼 | 马涝 | 二女 | 蔺爱宁 | 汉族 | 罗洼 | 马涝 |

续表 17

| 与户主关系 | 家庭成员 | 民族 | 原居住地 | | 与户主关系 | 家庭成员 | 民族 | 原居住地 | |
|---|---|---|---|---|---|---|---|---|---|
| | | | 乡(镇) | 行政村 | | | | 乡(镇) | 行政村 |
| 长子 | 蔺志龙 | 汉族 | 罗洼 | 马涝 | 妻子 | 刘世兰 | 汉族 | 罗洼 | 马涝 |
| 次子 | 蔺志虎 | 汉族 | 罗洼 | 马涝 | 户主 | 周风莲 | 汉族 | 罗洼 | 马涝 |
| 户主 | 蔺怀玉 | 汉族 | 罗洼 | 马涝 | 长子 | 刘华清 | 汉族 | 罗洼 | 马涝 |
| 妻子 | 吴春英 | 汉族 | 罗洼 | 马涝 | 儿媳 | 韩小玲 | 汉族 | 罗洼 | 马涝 |
| 长子 | 蔺文科 | 汉族 | 罗洼 | 马涝 | 户主 | 周　全 | 汉族 | 罗洼 | 马涝 |
| 次子 | 蔺文亮 | 汉族 | 罗洼 | 马涝 | 妻子 | 万　霞 | 汉族 | 罗洼 | 马涝 |
| 孙女 | 周改花 | 汉族 | 罗洼 | 马涝 | 长子 | 周雪强 | 汉族 | 罗洼 | 马涝 |
| 孙女 | 周顺花 | 汉族 | 罗洼 | 马涝 | 长女 | 周世霞 | 汉族 | 罗洼 | 马涝 |
| 户主 | 周　勤 | 汉族 | 罗洼 | 马涝 | 户主 | 周　岐 | 汉族 | 罗洼 | 马涝 |
| 长子 | 周玉库 | 汉族 | 罗洼 | 马涝 | 妻子 | 杨　红 | 汉族 | 罗洼 | 马涝 |
| 儿媳 | 刘彦萍 | 汉族 | 罗洼 | 马涝 | 父亲 | 周义宗 | 汉族 | 罗洼 | 马涝 |
| 孙子 | 周浩锋 | 汉族 | 罗洼 | 马涝 | 母亲 | 田玉连 | 汉族 | 罗洼 | 马涝 |
| 孙女 | 周浩蕊 | 汉族 | 罗洼 | 马涝 | 长女 | 周倩男 | 汉族 | 罗洼 | 马涝 |
| 妻子 | 陈慧玲 | 汉族 | 罗洼 | 马涝 | 户主 | 杨发银 | 汉族 | 罗洼 | 马涝 |
| 户主 | 周玉奇 | 汉族 | 罗洼 | 马涝 | 长子 | 杨彦云 | 汉族 | 罗洼 | 马涝 |
| 长子 | 周浩仁 | 汉族 | 罗洼 | 马涝 | 长女 | 杨桂萍 | 汉族 | 罗洼 | 马涝 |
| 长女 | 周浩蓉 | 汉族 | 罗洼 | 马涝 | 户主 | 李广军 | 汉族 | 罗洼 | 马涝 |
| 母亲 | 李玉花 | 汉族 | 罗洼 | 马涝 | 妻子 | 白粉花 | 汉族 | 罗洼 | 马涝 |
| 户主 | 周　平 | 汉族 | 罗洼 | 马涝 | 长女 | 李蓉蓉 | 汉族 | 罗洼 | 马涝 |
| 妻子 | 范小英 | 汉族 | 罗洼 | 马涝 | 户主 | 李宝玺 | 汉族 | 罗洼 | 马涝 |
| 户主 | 周　荣 | 汉族 | 罗洼 | 马涝 | 妻子 | 杨秀琴 | 汉族 | 罗洼 | 马涝 |
| 户主 | 周　刚 | 汉族 | 罗洼 | 马涝 | 户主 | 周　德 | 汉族 | 罗洼 | 马涝 |
| 妻子 | 苏栓梅 | 汉族 | 罗洼 | 马涝 | 妻子 | 王会霞 | 汉族 | 罗洼 | 马涝 |
| 长女 | 周利霞 | 汉族 | 罗洼 | 马涝 | 长女 | 周玉芳 | 汉族 | 罗洼 | 马涝 |
| 二女 | 周会霞 | 汉族 | 罗洼 | 马涝 | 长子 | 周小龙 | 汉族 | 罗洼 | 马涝 |
| 长子 | 周玺宁 | 汉族 | 罗洼 | 马涝 | 户主 | 田有平 | 汉族 | 罗洼 | 马涝 |
| 三女 | 周明霞 | 汉族 | 罗洼 | 马涝 | 长子 | 田小龙 | 汉族 | 罗洼 | 马涝 |
| 母亲 | 杨淑兰 | 汉族 | 罗洼 | 马涝 | 妻子 | 杨翠梅 | 汉族 | 罗洼 | 马涝 |
| 户主 | 周　炎 | 汉族 | 罗洼 | 马涝 | 次子 | 田小文 | 汉族 | 罗洼 | 马涝 |
| 妻子 | 张彩秀 | 汉族 | 罗洼 | 马涝 | 户主 | 刘俊银 | 汉族 | 罗洼 | 马涝 |
| 次子 | 周玉学 | 汉族 | 罗洼 | 马涝 | 妻子 | 陈永秀 | 汉族 | 罗洼 | 马涝 |
| 三子 | 周玉甲 | 汉族 | 罗洼 | 马涝 | 长女 | 刘　瑞 | 汉族 | 罗洼 | 马涝 |
| 户主 | 刘向军 | 汉族 | 罗洼 | 马涝 | 户主 | 刘志义 | 汉族 | 罗洼 | 马涝 |
| 长女 | 刘成成 | 汉族 | 罗洼 | 马涝 | 妻子 | 王贵芳 | 汉族 | 罗洼 | 马涝 |
| 二女 | 刘　霞 | 汉族 | 罗洼 | 马涝 | 户主 | 路金鹏 | 汉族 | 孟塬 | 高岔 |
| 母亲 | 陈秀兰 | 汉族 | 罗洼 | 马涝 | 妻子 | 苏　丽 | 汉族 | 孟塬 | 高岔 |

续表 17

| 与户主关系 | 家庭成员 | 民族 | 原居住地 | | 与户主关系 | 家庭成员 | 民族 | 原居住地 | |
|---|---|---|---|---|---|---|---|---|---|
| | | | 乡(镇) | 行政村 | | | | 乡(镇) | 行政村 |
| 长女 | 路 婷 | 汉族 | 孟塬 | 高岔 | 户主 | 王 哲 | 汉族 | 孟塬 | 高岔 |
| 次子 | 路 勇 | 汉族 | 孟塬 | 高岔 | 妻子 | 谈飞鹏 | 汉族 | 孟塬 | 高岔 |
| 长子 | 路 攀 | 汉族 | 孟塬 | 高岔 | 长子 | 王绪阳 | 汉族 | 孟塬 | 高岔 |
| 户主 | 张志顺 | 汉族 | 孟塬 | 高岔 | 户主 | 邓伟锋 | 汉族 | 孟塬 | 高岔 |
| 妻子 | 李金彩 | 汉族 | 孟塬 | 高岔 | 妻子 | 张彩香 | 汉族 | 孟塬 | 高岔 |
| 长子 | 张健健 | 汉族 | 孟塬 | 高岔 | 二女 | 邓 宁 | 汉族 | 孟塬 | 高岔 |
| 长女 | 张星星 | 汉族 | 孟塬 | 高岔 | 长女 | 邓 蓉 | 汉族 | 孟塬 | 高岔 |
| 户主 | 魏秀芳 | 汉族 | 孟塬 | 高岔 | 兄 | 邓伟东 | 汉族 | 孟塬 | 高岔 |
| 次子 | 刘璐璐 | 汉族 | 孟塬 | 高岔 | 母亲 | 何国连 | 汉族 | 孟塬 | 高岔 |
| 长子 | 刘 微 | 汉族 | 孟塬 | 高岔 | 父亲 | 邓志坚 | 汉族 | 孟塬 | 高岔 |
| 户主 | 郭金龙 | 汉族 | 孟塬 | 高岔 | 户主 | 徐生珍 | 汉族 | 孟塬 | 高岔 |
| 妻子 | 安彩荣 | 汉族 | 孟塬 | 高岔 | 妻子 | 郭长梅 | 汉族 | 孟塬 | 高岔 |
| 长子 | 郭浩南 | 汉族 | 孟塬 | 高岔 | 长女 | 徐 艳 | 汉族 | 孟塬 | 高岔 |
| 户主 | 郭 瑞 | 汉族 | 孟塬 | 高岔 | 户主 | 郭义明 | 汉族 | 孟塬 | 高岔 |
| 长子 | 郭伟权 | 汉族 | 孟塬 | 高岔 | 妻子 | 王金连 | 汉族 | 孟塬 | 高岔 |
| 妻子 | 王亚琴 | 汉族 | 孟塬 | 高岔 | 次子 | 郭顺捧 | 汉族 | 孟塬 | 高岔 |
| 弟 | 郭 赟 | 汉族 | 孟塬 | 高岔 | 长子 | 郭捧心 | 汉族 | 孟塬 | 高岔 |
| 户主 | 张 奎 | 汉族 | 孟塬 | 高岔 | 长女 | 郭捧转 | 汉族 | 孟塬 | 高岔 |
| 妻子 | 席霞霞 | 汉族 | 孟塬 | 高岔 | 户主 | 徐 明 | 汉族 | 孟塬 | 高岔 |
| 长女 | 张晶晶 | 汉族 | 孟塬 | 高岔 | 二女 | 徐和瑞 | 汉族 | 孟塬 | 高岔 |
| 户主 | 何栓贵 | 汉族 | 孟塬 | 高岔 | 长女 | 徐强强 | 汉族 | 孟塬 | 高岔 |
| 长子 | 徐玉童 | 汉族 | 孟塬 | 高岔 | 户主 | 王应军 | 汉族 | 孟塬 | 高岔 |
| 次子 | 徐医童 | 汉族 | 孟塬 | 高岔 | 妻子 | 胡凤荣 | 汉族 | 孟塬 | 高岔 |
| 户主 | 郭铁军 | 汉族 | 孟塬 | 高岔 | 二女 | 王雪霞 | 汉族 | 孟塬 | 高岔 |
| 妻子 | 李荣花 | 汉族 | 孟塬 | 高岔 | 次子 | 王招财 | 汉族 | 孟塬 | 高岔 |
| 长子 | 郭向阳 | 汉族 | 孟塬 | 高岔 | 户主 | 何元录 | 汉族 | 孟塬 | 高岔 |
| 长女 | 郭 萍 | 汉族 | 孟塬 | 高岔 | 妻子 | 李应梅 | 汉族 | 孟塬 | 高岔 |
| 户主 | 邓伟星 | 汉族 | 孟塬 | 高岔 | 长子 | 何 军 | 汉族 | 孟塬 | 高岔 |
| 妻子 | 张效琴 | 汉族 | 孟塬 | 高岔 | 三女 | 何 宁 | 汉族 | 孟塬 | 高岔 |
| 长子 | 邓龙龙 | 汉族 | 孟塬 | 高岔 | 二女 | 何 琴 | 汉族 | 孟塬 | 高岔 |
| 长女 | 邓转转 | 汉族 | 孟塬 | 高岔 | 母亲 | 常秀梅 | 汉族 | 孟塬 | 高岔 |
| 户主 | 郭鸡换 | 汉族 | 孟塬 | 高岔 | 父亲 | 何其良 | 汉族 | 孟塬 | 高岔 |
| 妻子 | 杨海霞 | 汉族 | 孟塬 | 高岔 | 户主 | 何国珍 | 汉族 | 孟塬 | 高岔 |
| 长子 | 郭永亮 | 汉族 | 孟塬 | 高岔 | 妻子 | 孙秀兰 | 汉族 | 孟塬 | 高岔 |
| 母亲 | 田粉英 | 汉族 | 孟塬 | 高岔 | 长子 | 何攀龙 | 汉族 | 孟塬 | 高岔 |
| 次子 | 郭永新 | 汉族 | 孟塬 | 高岔 | 二女 | 何利纳 | 汉族 | 孟塬 | 高岔 |

续表 17

| 与户主关系 | 家庭成员 | 民族 | 原居住地 | | 与户主关系 | 家庭成员 | 民族 | 原居住地 | |
|---|---|---|---|---|---|---|---|---|---|
| | | | 乡(镇) | 行政村 | | | | 乡(镇) | 行政村 |
| 长女 | 何军霞 | 汉族 | 孟塬 | 高岔 | 户主 | 郭长瑾 | 汉族 | 孟塬 | 高岔 |
| 户主 | 郭长芳 | 汉族 | 孟塬 | 高岔 | 妻子 | 王生兰 | 汉族 | 孟塬 | 高岔 |
| 长子 | 李继军 | 汉族 | 孟塬 | 高岔 | 三子 | 郭金柱 | 汉族 | 孟塬 | 高岔 |
| 户主 | 邓伟怀 | 汉族 | 孟塬 | 高岔 | 次子 | 郭金虎 | 汉族 | 孟塬 | 高岔 |
| 妻子 | 李会荣 | 汉族 | 孟塬 | 高岔 | 户主 | 郭玉平 | 汉族 | 孟塬 | 高岔 |
| 次子 | 邓　盼 | 汉族 | 孟塬 | 高岔 | 孙女 | 郭　彤 | 汉族 | 孟塬 | 高岔 |
| 母亲 | 董桂连 | 汉族 | 孟塬 | 高岔 | 妻子 | 王小燕 | 汉族 | 孟塬 | 高岔 |
| 父亲 | 邓志珍 | 汉族 | 孟塬 | 高岔 | 孙子 | 郭捧捧 | 汉族 | 孟塬 | 高岔 |
| 长子 | 邓　凯 | 汉族 | 孟塬 | 高岔 | 妻子 | 王凤梅 | 汉族 | 孟塬 | 高岔 |
| 长女 | 邓娜娜 | 汉族 | 孟塬 | 高岔 | 户主 | 郭长书 | 汉族 | 孟塬 | 高岔 |
| 户主 | 王应智 | 汉族 | 孟塬 | 高岔 | 妻子 | 杨彩霞 | 汉族 | 孟塬 | 高岔 |
| 妻子 | 常喜玲 | 汉族 | 孟塬 | 高岔 | 二女 | 郭红丽 | 汉族 | 孟塬 | 高岔 |
| 次子 | 王宝才 | 汉族 | 孟塬 | 高岔 | 长女 | 郭丽红 | 汉族 | 孟塬 | 高岔 |
| 长子 | 王　丰 | 汉族 | 孟塬 | 高岔 | 户主 | 李继堂 | 汉族 | 孟塬 | 高岔 |
| 户主 | 马忠平 | 汉族 | 孟塬 | 高岔 | 妻子 | 陈建梅 | 汉族 | 孟塬 | 高岔 |
| 妻子 | 邓志芳 | 汉族 | 孟塬 | 高岔 | 三子 | 李少荣 | 汉族 | 孟塬 | 高岔 |
| 孙女 | 马　艳 | 汉族 | 孟塬 | 高岔 | 次子 | 李向荣 | 汉族 | 孟塬 | 高岔 |
| 孙子 | 马　兴 | 汉族 | 孟塬 | 高岔 | 长子 | 李纯奇 | 汉族 | 孟塬 | 高岔 |
| 儿媳 | 虎芳芳 | 汉族 | 孟塬 | 高岔 | 户主 | 郭长录 | 汉族 | 孟塬 | 高岔 |
| 次子 | 马登军 | 汉族 | 孟塬 | 高岔 | 妻子 | 董淑霞 | 汉族 | 孟塬 | 高岔 |
| 户主 | 王福才 | 汉族 | 孟塬 | 高岔 | 次子 | 郭明亮 | 汉族 | 孟塬 | 高岔 |
| 长女 | 王位位 | 汉族 | 孟塬 | 高岔 | 长子 | 郭亮亮 | 汉族 | 孟塬 | 高岔 |
| 母亲 | 李振花 | 汉族 | 孟塬 | 高岔 | 户主 | 李继科 | 汉族 | 孟塬 | 高岔 |
| 户主 | 何元珍 | 汉族 | 孟塬 | 高岔 | 妻子 | 张兴梅 | 汉族 | 孟塬 | 高岔 |
| 妻子 | 王志霞 | 汉族 | 孟塬 | 高岔 | 孙子 | 李康康 | 汉族 | 孟塬 | 高岔 |
| 次子 | 何　鹏 | 汉族 | 孟塬 | 高岔 | 孙女 | 李苗苗 | 汉族 | 孟塬 | 高岔 |
| 长子 | 何　宏 | 汉族 | 孟塬 | 高岔 | 儿媳 | 王利霞 | 汉族 | 孟塬 | 高岔 |
| 三子 | 何　昊 | 汉族 | 孟塬 | 高岔 | 次子 | 李永明 | 汉族 | 孟塬 | 高岔 |
| 户主 | 郭长兵 | 汉族 | 孟塬 | 高岔 | 长子 | 李明娃 | 汉族 | 孟塬 | 高岔 |
| 妻子 | 虎秀琴 | 汉族 | 孟塬 | 高岔 | 儿媳 | 胡　霞 | 汉族 | 孟塬 | 高岔 |
| 长子 | 郭成娃 | 汉族 | 孟塬 | 高岔 | 户主 | 李纪平 | 汉族 | 孟塬 | 高岔 |
| 长女 | 郭红娟 | 汉族 | 孟塬 | 高岔 | 妻子 | 吴来强 | 汉族 | 孟塬 | 高岔 |
| 侄女 | 郭强强 | 汉族 | 孟塬 | 高岔 | 次子 | 李宝明 | 汉族 | 孟塬 | 高岔 |
| 户主 | 何国彩 | 汉族 | 孟塬 | 高岔 | 长子 | 李进明 | 汉族 | 孟塬 | 高岔 |
| 妻子 | 虎凯兰 | 汉族 | 孟塬 | 高岔 | 二女 | 李明霞 | 汉族 | 孟塬 | 高岔 |
| 次子 | 何昀虎 | 汉族 | 孟塬 | 高岔 | 长女 | 李永霞 | 汉族 | 孟塬 | 高岔 |

续表 17

| 与户主关系 | 家庭成员 | 民族 | 原居住地 | | 与户主关系 | 家庭成员 | 民族 | 原居住地 | |
|---|---|---|---|---|---|---|---|---|---|
| | | | 乡(镇) | 行政村 | | | | 乡(镇) | 行政村 |
| 母亲 | 王德花 | 汉族 | 孟塬 | 高岔 | 次子 | 张　银 | 汉族 | 孟塬 | 高岔 |
| 户主 | 李纪文 | 汉族 | 孟塬 | 高岔 | 户主 | 张志荣 | 汉族 | 孟塬 | 高岔 |
| 妻子 | 张秀连 | 汉族 | 孟塬 | 高岔 | 妻子 | 董顺强 | 汉族 | 孟塬 | 高岔 |
| 户主 | 王应春 | 汉族 | 孟塬 | 高岔 | 次子 | 张　恒 | 汉族 | 孟塬 | 高岔 |
| 妻子 | 姚秀琴 | 汉族 | 孟塬 | 高岔 | 长女 | 张巧娟 | 汉族 | 孟塬 | 高岔 |
| 次子 | 王富才 | 汉族 | 孟塬 | 高岔 | 长子 | 张　仁 | 汉族 | 孟塬 | 高岔 |
| 户主 | 王应延 | 汉族 | 孟塬 | 高岔 | 母亲 | 马秀花 | 汉族 | 孟塬 | 高岔 |
| 妻子 | 董丽霞 | 汉族 | 孟塬 | 高岔 | 户主 | 张志彪 | 汉族 | 孟塬 | 高岔 |
| 长子 | 王正宇 | 汉族 | 孟塬 | 高岔 | 妻子 | 惠珍春 | 汉族 | 孟塬 | 高岔 |
| 三女 | 王秀宇 | 汉族 | 孟塬 | 高岔 | 次子 | 张　煦 | 汉族 | 孟塬 | 高岔 |
| 长女 | 王明宇 | 汉族 | 孟塬 | 高岔 | 长子 | 张　祎 | 汉族 | 孟塬 | 高岔 |
| 母亲 | 李桂兰 | 汉族 | 孟塬 | 高岔 | 长女 | 张　瑞 | 汉族 | 孟塬 | 高岔 |
| 父亲 | 王建德 | 汉族 | 孟塬 | 高岔 | 父亲 | 张俊儒 | 汉族 | 孟塬 | 高岔 |
| 二女 | 王辰宇 | 汉族 | 孟塬 | 高岔 | 母亲 | 苏选花 | 汉族 | 孟塬 | 高岔 |
| 户主 | 马占军 | 汉族 | 孟塬 | 高岔 | 户主 | 张志伟 | 汉族 | 孟塬 | 高岔 |
| 妻子 | 何国琴 | 汉族 | 孟塬 | 高岔 | 妻子 | 何玉梅 | 汉族 | 孟塬 | 高岔 |
| 长女 | 马　雪 | 汉族 | 孟塬 | 高岔 | 三女 | 张等利 | 汉族 | 孟塬 | 高岔 |
| 长子 | 马　骁 | 汉族 | 孟塬 | 高岔 | 次子 | 张　杰 | 汉族 | 孟塬 | 高岔 |
| 户主 | 苏玉军 | 汉族 | 孟塬 | 高岔 | 户主 | 李世连 | 汉族 | 孟塬 | 高岔 |
| 妻子 | 郭明霞 | 汉族 | 孟塬 | 高岔 | 丈夫 | 郭飞虎 | 汉族 | 孟塬 | 高岔 |
| 三女 | 苏亚楠 | 汉族 | 孟塬 | 高岔 | 户主 | 王应鹏 | 汉族 | 孟塬 | 高岔 |
| 二女 | 苏亚梅 | 汉族 | 孟塬 | 高岔 | 妻子 | 高秀琴 | 汉族 | 孟塬 | 高岔 |
| 长女 | 苏红燕 | 汉族 | 孟塬 | 高岔 | 长子 | 王纪才 | 汉族 | 孟塬 | 高岔 |
| 户主 | 徐　鹏 | 汉族 | 孟塬 | 高岔 | 二女 | 王转过 | 汉族 | 孟塬 | 高岔 |
| 弟 | 徐　飞 | 汉族 | 孟塬 | 高岔 | 长女 | 王转霞 | 汉族 | 孟塬 | 高岔 |
| 姐姐 | 徐　丽 | 汉族 | 孟塬 | 高岔 | 户主 | 张芳儒 | 汉族 | 孟塬 | 高岔 |
| 户主 | 何其玉 | 汉族 | 孟塬 | 高岔 | 三子 | 张志科 | 汉族 | 孟塬 | 高岔 |
| 妻子 | 虎俊花 | 汉族 | 孟塬 | 高岔 | 妻子 | 魏粉花 | 汉族 | 孟塬 | 高岔 |
| 户主 | 张志军 | 汉族 | 孟塬 | 高岔 | 户主 | 张志宗 | 汉族 | 孟塬 | 高岔 |
| 妻子 | 张小燕 | 汉族 | 孟塬 | 高岔 | 妻子 | 康有琴 | 汉族 | 孟塬 | 高岔 |
| 次子 | 张向阳 | 汉族 | 孟塬 | 高岔 | 长女 | 张巧莲 | 汉族 | 孟塬 | 高岔 |
| 长子 | 张向东 | 汉族 | 孟塬 | 高岔 | 长子 | 张胜利 | 汉族 | 孟塬 | 高岔 |
| 长女 | 张向娜 | 汉族 | 孟塬 | 高岔 | 户主 | 李银鹏 | 汉族 | 孟塬 | 高岔 |
| 户主 | 张志雄 | 汉族 | 孟塬 | 高岔 | 妻子 | 魏东玲 | 汉族 | 孟塬 | 高岔 |
| 妻子 | 魏国芳 | 汉族 | 孟塬 | 高岔 | 长子 | 李　博 | 汉族 | 孟塬 | 高岔 |
| 长女 | 张　丽 | 汉族 | 孟塬 | 高岔 | 长女 | 李　婧 | 汉族 | 孟塬 | 高岔 |

续表 17

| 与户主关系 | 家庭成员 | 民族 | 原居住地 | | 与户主关系 | 家庭成员 | 民族 | 原居住地 | |
|---|---|---|---|---|---|---|---|---|---|
| | | | 乡(镇) | 行政村 | | | | 乡(镇) | 行政村 |
| 母亲 | 何国花 | 汉族 | 孟塬 | 高岔 | 妻子 | 孟忠爱 | 汉族 | 孟塬 | 高岔 |
| 父亲 | 路李清 | 汉族 | 孟塬 | 高岔 | 长女 | 王雪丰 | 汉族 | 孟塬 | 高岔 |
| 户主 | 王富兰 | 汉族 | 孟塬 | 高岔 | 长子 | 王雪龙 | 汉族 | 孟塬 | 高岔 |
| 长女 | 何　璟 | 汉族 | 孟塬 | 高岔 | 户主 | 王应玺 | 汉族 | 孟塬 | 高岔 |
| 户主 | 刘治权 | 汉族 | 孟塬 | 高岔 | 妻子 | 张翠兰 | 汉族 | 孟塬 | 高岔 |
| 母亲 | 王桂花 | 汉族 | 孟塬 | 高岔 | 户主 | 王　军 | 汉族 | 孟塬 | 高岔 |
| 父亲 | 刘志荣 | 汉族 | 孟塬 | 高岔 | 妻子 | 李春玲 | 汉族 | 孟塬 | 高岔 |
| 妻子 | 施琴芳 | 汉族 | 孟塬 | 高岔 | 长女 | 王阿倩 | 汉族 | 孟塬 | 高岔 |
| 户主 | 王应良 | 汉族 | 孟塬 | 高岔 | 长子 | 王阿磊 | 汉族 | 孟塬 | 高岔 |
| 妻子 | 何芹英 | 汉族 | 孟塬 | 高岔 | 户主 | 王应忠 | 汉族 | 孟塬 | 高岔 |
| 户主 | 郭　宏 | 汉族 | 孟塬 | 高岔 | 妻子 | 李金兰 | 汉族 | 孟塬 | 高岔 |
| 妻子 | 安秀琴 | 汉族 | 孟塬 | 高岔 | 孙女 | 王景欣 | 汉族 | 孟塬 | 高岔 |
| 儿媳 | 何　芳 | 汉族 | 孟塬 | 高岔 | 次子 | 王　强 | 汉族 | 孟塬 | 高岔 |
| 次子 | 郭武利 | 汉族 | 孟塬 | 高岔 | 户主 | 王　成 | 汉族 | 孟塬 | 高岔 |
| 长子 | 郭永发 | 汉族 | 孟塬 | 高岔 | 妻子 | 安小玲 | 汉族 | 孟塬 | 高岔 |
| 户主 | 郭　军 | 汉族 | 孟塬 | 高岔 | 长子 | 王智星 | 汉族 | 孟塬 | 高岔 |
| 父亲 | 郭长岐 | 汉族 | 孟塬 | 高岔 | 长女 | 王三星 | 汉族 | 孟塬 | 高岔 |
| 妻子 | 王继芳 | 汉族 | 孟塬 | 高岔 | 母亲 | 杨秀花 | 汉族 | 孟塬 | 高岔 |
| 长女 | 郭婷婷 | 汉族 | 孟塬 | 高岔 | 父亲 | 王应选 | 汉族 | 孟塬 | 高岔 |
| 长子 | 郭磊磊 | 汉族 | 孟塬 | 高岔 | 户主 | 王　毅 | 汉族 | 孟塬 | 高岔 |
| 户主 | 郭　创 | 汉族 | 孟塬 | 高岔 | 妻子 | 白亚利 | 汉族 | 孟塬 | 高岔 |
| 妻子 | 张志娥 | 汉族 | 孟塬 | 高岔 | 长子 | 王星星 | 汉族 | 孟塬 | 高岔 |
| 二女 | 郭双利 | 汉族 | 孟塬 | 高岔 | 二女 | 王阿宁 | 汉族 | 孟塬 | 高岔 |
| 长子 | 郭斐利 | 汉族 | 孟塬 | 高岔 | 户主 | 王应平 | 汉族 | 孟塬 | 高岔 |
| 户主 | 郭　鑫 | 汉族 | 孟塬 | 高岔 | 妻子 | 牛粉珍 | 汉族 | 孟塬 | 高岔 |
| 妻子 | 王秀琴 | 汉族 | 孟塬 | 高岔 | 孙子 | 王甲星 | 汉族 | 孟塬 | 高岔 |
| 长子 | 郭栋栋 | 汉族 | 孟塬 | 高岔 | 儿媳 | 安海霞 | 汉族 | 孟塬 | 高岔 |
| 二女 | 郭慧芳 | 汉族 | 孟塬 | 高岔 | 长子 | 王　琪 | 汉族 | 孟塬 | 高岔 |
| 长女 | 郭淑芳 | 汉族 | 孟塬 | 高岔 | 户主 | 王　博 | 汉族 | 孟塬 | 高岔 |
| 户主 | 王应权 | 汉族 | 孟塬 | 高岔 | 妻子 | 安海霞 | 汉族 | 孟塬 | 高岔 |
| 妻子 | 张桂莲 | 汉族 | 孟塬 | 高岔 | 长子 | 王一飞 | 汉族 | 孟塬 | 高岔 |
| 次子 | 王　沛 | 汉族 | 孟塬 | 高岔 | 户主 | 王　伟 | 汉族 | 孟塬 | 高岔 |
| 长子 | 王永军 | 汉族 | 孟塬 | 高岔 | 妻子 | 何喜梅 | 汉族 | 孟塬 | 高岔 |
| 户主 | 何淑珍 | 汉族 | 孟塬 | 高岔 | 长女 | 王宁娟 | 汉族 | 孟塬 | 高岔 |
| 孙子 | 王亚星 | 汉族 | 孟塬 | 高岔 | 长子 | 王攀龙 | 汉族 | 孟塬 | 高岔 |
| 户主 | 王　会 | 汉族 | 孟塬 | 高岔 | 父亲 | 王应凯 | 汉族 | 孟塬 | 高岔 |

续表 17

| 与户主关系 | 家庭成员 | 民族 | 原居住地 | |
|---|---|---|---|---|
| | | | 乡(镇) | 行政村 |
| 母亲 | 李芳兰 | 汉族 | 孟塬 | 高岔 |
| 户主 | 王　宏 | 汉族 | 孟塬 | 高岔 |
| 妻子 | 路小荣 | 汉族 | 孟塬 | 高岔 |
| 长女 | 王梅花 | 汉族 | 孟塬 | 高岔 |
| 长子 | 王攀贵 | 汉族 | 孟塬 | 高岔 |
| 户主 | 王应兴 | 汉族 | 孟塬 | 高岔 |
| 妻子 | 田永粉 | 汉族 | 孟塬 | 高岔 |
| 次子 | 王小廷 | 汉族 | 孟塬 | 高岔 |
| 父亲 | 王志儒 | 汉族 | 孟塬 | 高岔 |
| 长子 | 王晓伟 | 汉族 | 孟塬 | 高岔 |
| 户主 | 王应顺 | 汉族 | 孟塬 | 高岔 |
| 妻子 | 郭彩琴 | 汉族 | 孟塬 | 高岔 |
| 户主 | 王应毕 | 汉族 | 孟塬 | 高岔 |
| 妻子 | 韩秀兰 | 汉族 | 孟塬 | 高岔 |
| 孙女 | 王鹏芮 | 汉族 | 孟塬 | 高岔 |
| 孙子 | 王旭鹏 | 汉族 | 孟塬 | 高岔 |
| 儿媳 | 张丽娟 | 汉族 | 孟塬 | 高岔 |
| 长子 | 王　银 | 汉族 | 孟塬 | 高岔 |
| 户主 | 王小辉 | 汉族 | 孟塬 | 高岔 |
| 妻子 | 安云霞 | 汉族 | 孟塬 | 高岔 |
| 长子 | 王展鹏 | 汉族 | 孟塬 | 高岔 |
| 母亲 | 虎秀梅 | 汉族 | 孟塬 | 高岔 |
| 父亲 | 王应堂 | 汉族 | 孟塬 | 高岔 |
| 户主 | 王应东 | 汉族 | 孟塬 | 高岔 |
| 妻子 | 王粉荣 | 汉族 | 孟塬 | 高岔 |
| 长子 | 王　波 | 汉族 | 孟塬 | 高岔 |
| 次子 | 王　佩 | 汉族 | 孟塬 | 高岔 |
| 户主 | 王应付 | 汉族 | 孟塬 | 高岔 |
| 妻子 | 虎秀琴 | 汉族 | 孟塬 | 高岔 |
| 次子 | 王永辉 | 汉族 | 孟塬 | 高岔 |
| 户主 | 任玉彪 | 汉族 | 孟塬 | 高岔 |
| 妻子 | 李春霞 | 汉族 | 孟塬 | 高岔 |
| 长子 | 任自鸿 | 汉族 | 孟塬 | 高岔 |
| 户主 | 任发动 | 汉族 | 孟塬 | 高岔 |
| 妻子 | 张翠珍 | 汉族 | 孟塬 | 高岔 |
| 儿媳 | 张小红 | 汉族 | 孟塬 | 高岔 |
| 次子 | 任玉平 | 汉族 | 孟塬 | 高岔 |
| 户主 | 任玉川 | 汉族 | 孟塬 | 高岔 |
| 妻子 | 张世霞 | 汉族 | 孟塬 | 高岔 |
| 长子 | 任祥祥 | 汉族 | 孟塬 | 高岔 |
| 次子 | 任麦祥 | 汉族 | 孟塬 | 高岔 |
| 长女 | 任明娟 | 汉族 | 孟塬 | 高岔 |
| 户主 | 罗同春 | 汉族 | 孟塬 | 高岔 |
| 妻子 | 刘秀琴 | 汉族 | 孟塬 | 高岔 |
| 孙子 | 罗盼苗 | 汉族 | 孟塬 | 高岔 |
| 二女 | 罗林森 | 汉族 | 孟塬 | 高岔 |
| 户主 | 罗青春 | 汉族 | 孟塬 | 高岔 |
| 长子 | 罗西科 | 汉族 | 孟塬 | 高岔 |
| 妻子 | 胡彩琴 | 汉族 | 孟塬 | 高岔 |
| 户主 | 罗秀春 | 汉族 | 孟塬 | 高岔 |
| 妻子 | 张桂琴 | 汉族 | 孟塬 | 高岔 |
| 三子 | 罗权科 | 汉族 | 孟塬 | 高岔 |
| 孙女 | 罗茸茸 | 汉族 | 孟塬 | 高岔 |
| 户主 | 任发海 | 汉族 | 孟塬 | 高岔 |
| 妻子 | 郭长娥 | 汉族 | 孟塬 | 高岔 |
| 次子 | 任利君 | 汉族 | 孟塬 | 高岔 |
| 长子 | 任会军 | 汉族 | 孟塬 | 高岔 |
| 户主 | 任玉军 | 汉族 | 孟塬 | 高岔 |
| 妻子 | 常清梅 | 汉族 | 孟塬 | 高岔 |
| 二女 | 任巧娟 | 汉族 | 孟塬 | 高岔 |
| 户主 | 任玉珍 | 汉族 | 孟塬 | 高岔 |
| 妻子 | 张彩琴 | 汉族 | 孟塬 | 高岔 |
| 次子 | 任文文 | 汉族 | 孟塬 | 高岔 |
| 二女 | 任冬娟 | 汉族 | 孟塬 | 高岔 |
| 户主 | 李桂兰 | 汉族 | 孟塬 | 高岔 |
| 五女 | 任姣燕 | 汉族 | 孟塬 | 高岔 |
| 长子 | 任堂堂 | 汉族 | 孟塬 | 高岔 |
| 四女 | 任转转 | 汉族 | 孟塬 | 高岔 |
| 户主 | 任付权 | 汉族 | 孟塬 | 高岔 |
| 妻子 | 何术兰 | 汉族 | 孟塬 | 高岔 |
| 次子 | 任　鸿 | 汉族 | 孟塬 | 高岔 |
| 母亲 | 石风英 | 汉族 | 孟塬 | 高岔 |

续表 17

| 与户主关系 | 家庭成员 | 民族 | 原居住地 | | 与户主关系 | 家庭成员 | 民族 | 原居住地 | |
|---|---|---|---|---|---|---|---|---|---|
| | | | 乡(镇) | 行政村 | | | | 乡(镇) | 行政村 |
| 长子 | 任 鹏 | 汉族 | 孟塬 | 高岔 | 祖母 | 魏效花 | 汉族 | 孟塬 | 高岔 |
| 三女 | 任 艳 | 汉族 | 孟塬 | 高岔 | 户主 | 罗武科 | 汉族 | 孟塬 | 高岔 |
| 二女 | 任 瑞 | 汉族 | 孟塬 | 高岔 | 妻子 | 张 莉 | 汉族 | 孟塬 | 高岔 |
| 户主 | 任付忠 | 汉族 | 孟塬 | 高岔 | 长女 | 罗睿华 | 汉族 | 孟塬 | 高岔 |
| 妻子 | 李纪琴 | 汉族 | 孟塬 | 高岔 | 户主 | 任勇昕 | 汉族 | 孟塬 | 高岔 |
| 次子 | 任永康 | 汉族 | 孟塬 | 高岔 | 妻子 | 吴小兰 | 汉族 | 孟塬 | 高岔 |
| 户主 | 任付海 | 汉族 | 孟塬 | 高岔 | 次子 | 任锦魁 | 汉族 | 孟塬 | 高岔 |
| 妻子 | 王粉琴 | 汉族 | 孟塬 | 高岔 | 长子 | 任锦涛 | 汉族 | 孟塬 | 高岔 |
| 长子 | 任永刚 | 汉族 | 孟塬 | 高岔 | 户主 | 王永宁 | 汉族 | 孟塬 | 高岔 |
| 长女 | 任宏宏 | 汉族 | 孟塬 | 高岔 | 妻子 | 朱芳芳 | 汉族 | 孟塬 | 高岔 |
| 户主 | 何东堂 | 汉族 | 孟塬 | 高岔 | 户主 | 任永军 | 汉族 | 孟塬 | 高岔 |
| 妻子 | 王建彩 | 汉族 | 孟塬 | 高岔 | 妻子 | 王宏霞 | 汉族 | 孟塬 | 高岔 |
| 二女 | 何 芳 | 汉族 | 孟塬 | 高岔 | 户主 | 邓自红 | 汉族 | 孟塬 | 双树 |
| 长女 | 何 娟 | 汉族 | 孟塬 | 高岔 | 妻子 | 刘淑平 | 汉族 | 孟塬 | 双树 |
| 长子 | 何金明 | 汉族 | 孟塬 | 高岔 | 长女 | 邓 娜 | 汉族 | 孟塬 | 双树 |
| 户主 | 陈佰侨 | 汉族 | 孟塬 | 高岔 | 户主 | 邓自明 | 汉族 | 孟塬 | 双树 |
| 妻子 | 纳秀平 | 汉族 | 孟塬 | 高岔 | 妻子 | 安桂香 | 汉族 | 孟塬 | 双树 |
| 长女 | 陈永霞 | 汉族 | 孟塬 | 高岔 | 长女 | 邓小苗 | 汉族 | 孟塬 | 双树 |
| 长子 | 陈万龙 | 汉族 | 孟塬 | 高岔 | 长子 | 邓 兴 | 汉族 | 孟塬 | 双树 |
| 户主 | 陈佰玉 | 汉族 | 孟塬 | 高岔 | 户主 | 张 俭 | 汉族 | 孟塬 | 双树 |
| 长子 | 陈万祥 | 汉族 | 孟塬 | 高岔 | 妻子 | 王会连 | 汉族 | 孟塬 | 双树 |
| 户主 | 陈佰东 | 汉族 | 孟塬 | 高岔 | 长女 | 张甜甜 | 汉族 | 孟塬 | 双树 |
| 弟 | 陈佰海 | 汉族 | 孟塬 | 高岔 | 长子 | 张鲁宁 | 汉族 | 孟塬 | 双树 |
| 母亲 | 刘桂花 | 汉族 | 孟塬 | 高岔 | 妹妹 | 张 榕 | 汉族 | 孟塬 | 双树 |
| 伯父 | 陈彦常 | 汉族 | 孟塬 | 高岔 | 弟 | 张 辉 | 汉族 | 孟塬 | 双树 |
| 户主 | 孙 霞 | 汉族 | 孟塬 | 高岔 | 母亲 | 徐生花 | 汉族 | 孟塬 | 双树 |
| 长女 | 何 娜 | 汉族 | 孟塬 | 高岔 | 户主 | 刘长福 | 汉族 | 孟塬 | 双树 |
| 长子 | 何 鹏 | 汉族 | 孟塬 | 高岔 | 妻子 | 张桂玲 | 汉族 | 孟塬 | 双树 |
| 户主 | 何东海 | 汉族 | 孟塬 | 高岔 | 次子 | 刘天荣 | 汉族 | 孟塬 | 双树 |
| 母亲 | 常粉娥 | 汉族 | 孟塬 | 高岔 | 二女 | 刘丽霞 | 汉族 | 孟塬 | 双树 |
| 户主 | 任伍祥 | 汉族 | 孟塬 | 高岔 | 母亲 | 张翠英 | 汉族 | 孟塬 | 双树 |
| 妻子 | 常亮娥 | 汉族 | 孟塬 | 高岔 | 长子 | 刘天喜 | 汉族 | 孟塬 | 双树 |
| 长子 | 任 博 | 汉族 | 孟塬 | 高岔 | 户主 | 邓步阔 | 汉族 | 孟塬 | 双树 |
| 长女 | 任婷婷 | 汉族 | 孟塬 | 高岔 | 妻子 | 张丽珍 | 汉族 | 孟塬 | 双树 |
| 户主 | 任鹏祥 | 汉族 | 孟塬 | 高岔 | 次子 | 邓自武 | 汉族 | 孟塬 | 双树 |
| 妹妹 | 任 娟 | 汉族 | 孟塬 | 高岔 | 三女 | 邓 媛 | 汉族 | 孟塬 | 双树 |

续表 17

| 与户主关系 | 家庭成员 | 民族 | 原居住地 | | 与户主关系 | 家庭成员 | 民族 | 原居住地 | |
|---|---|---|---|---|---|---|---|---|---|
| | | | 乡(镇) | 行政村 | | | | 乡(镇) | 行政村 |
| 户主 | 张进军 | 汉族 | 孟塬 | 双树 | 妻子 | 郭小琴 | 汉族 | 孟塬 | 双树 |
| 妻子 | 虎秀霞 | 汉族 | 孟塬 | 双树 | 母亲 | 苏瑞兰 | 汉族 | 孟塬 | 双树 |
| 孙女 | 张婷婷 | 汉族 | 孟塬 | 双树 | 父亲 | 张进忠 | 汉族 | 孟塬 | 双树 |
| 次子 | 张　鹏 | 汉族 | 孟塬 | 双树 | 长女 | 张雪燕 | 汉族 | 孟塬 | 双树 |
| 三女 | 张文娟 | 汉族 | 孟塬 | 双树 | 户主 | 张进前 | 汉族 | 孟塬 | 双树 |
| 长子 | 张　鑫 | 汉族 | 孟塬 | 双树 | 妻子 | 张淑梅 | 汉族 | 孟塬 | 双树 |
| 儿媳 | 苏芳霞 | 汉族 | 孟塬 | 双树 | 次子 | 张治发 | 汉族 | 孟塬 | 双树 |
| 户主 | 张进玺 | 汉族 | 孟塬 | 双树 | 户主 | 张川宁 | 汉族 | 孟塬 | 双树 |
| 妻子 | 王秀连 | 汉族 | 孟塬 | 双树 | 祖父 | 张兴学 | 汉族 | 孟塬 | 双树 |
| 二女 | 张　捷 | 汉族 | 孟塬 | 双树 | 户主 | 张进德 | 汉族 | 孟塬 | 双树 |
| 次子 | 张来会 | 汉族 | 孟塬 | 双树 | 妻子 | 李风梅 | 汉族 | 孟塬 | 双树 |
| 长女 | 张小燕 | 汉族 | 孟塬 | 双树 | 二女 | 张霞霞 | 汉族 | 孟塬 | 双树 |
| 长子 | 张来治 | 汉族 | 孟塬 | 双树 | 长女 | 张丽霞 | 汉族 | 孟塬 | 双树 |
| 户主 | 张来武 | 汉族 | 孟塬 | 双树 | 长子 | 张军军 | 汉族 | 孟塬 | 双树 |
| 妻子 | 李有琴 | 汉族 | 孟塬 | 双树 | 户主 | 张进营 | 汉族 | 孟塬 | 双树 |
| 三女 | 张翻丽 | 汉族 | 孟塬 | 双树 | 妻子 | 张粉琴 | 汉族 | 孟塬 | 双树 |
| 长子 | 张　锋 | 汉族 | 孟塬 | 双树 | 孙子 | 张文文 | 汉族 | 孟塬 | 双树 |
| 二女 | 张翻荣 | 汉族 | 孟塬 | 双树 | 儿媳 | 刘　媛 | 汉族 | 孟塬 | 双树 |
| 户主 | 张来红 | 汉族 | 孟塬 | 双树 | 长子 | 张志发 | 汉族 | 孟塬 | 双树 |
| 妻子 | 虎玉红 | 汉族 | 孟塬 | 双树 | 孙子 | 张文鹏 | 汉族 | 孟塬 | 双树 |
| 长女 | 张芳丽 | 汉族 | 孟塬 | 双树 | 孙女 | 张娟娟 | 汉族 | 孟塬 | 双树 |
| 长子 | 张永丰 | 汉族 | 孟塬 | 双树 | 户主 | 张进永 | 汉族 | 孟塬 | 双树 |
| 母亲 | 王淑兰 | 汉族 | 孟塬 | 双树 | 妻子 | 虎凤梅 | 汉族 | 孟塬 | 双树 |
| 户主 | 张进录 | 汉族 | 孟塬 | 双树 | 二女 | 张彩霞 | 汉族 | 孟塬 | 双树 |
| 妻子 | 李小琴 | 汉族 | 孟塬 | 双树 | 长女 | 张利霞 | 汉族 | 孟塬 | 双树 |
| 三子 | 张　明 | 汉族 | 孟塬 | 双树 | 次子 | 张利红 | 汉族 | 孟塬 | 双树 |
| 母亲 | 任元英 | 汉族 | 孟塬 | 双树 | 长子 | 张利军 | 汉族 | 孟塬 | 双树 |
| 户主 | 张　斌 | 汉族 | 孟塬 | 双树 | 母亲 | 陈玉英 | 汉族 | 孟塬 | 双树 |
| 妻子 | 张治霞 | 汉族 | 孟塬 | 双树 | 户主 | 陈志龙 | 汉族 | 孟塬 | 双树 |
| 长子 | 张来星 | 汉族 | 孟塬 | 双树 | 妻子 | 王绪琴 | 汉族 | 孟塬 | 双树 |
| 母亲 | 虎登花 | 汉族 | 孟塬 | 双树 | 次子 | 陈立宝 | 汉族 | 孟塬 | 双树 |
| 户主 | 张俊发 | 汉族 | 孟塬 | 双树 | 户主 | 魏效芳 | 汉族 | 孟塬 | 双树 |
| 妻子 | 何粉霞 | 汉族 | 孟塬 | 双树 | 父亲 | 陈玉琢 | 汉族 | 孟塬 | 双树 |
| 长子 | 张雨林 | 汉族 | 孟塬 | 双树 | 长女 | 陈瑞雪 | 汉族 | 孟塬 | 双树 |
| 长女 | 张雪静 | 汉族 | 孟塬 | 双树 | 母亲 | 马振英 | 汉族 | 孟塬 | 双树 |
| 户主 | 张小军 | 汉族 | 孟塬 | 双树 | 户主 | 陈　道 | 汉族 | 孟塬 | 双树 |

续表 17

| 与户主关系 | 家庭成员 | 民族 | 原居住地 | | 与户主关系 | 家庭成员 | 民族 | 原居住地 | |
|---|---|---|---|---|---|---|---|---|---|
| | | | 乡(镇) | 行政村 | | | | 乡(镇) | 行政村 |
| 妻子 | 虎　花 | 汉族 | 孟塬 | 双树 | 长女 | 席　婧 | 汉族 | 孟塬 | 双树 |
| 长子 | 陈立彤 | 汉族 | 孟塬 | 双树 | 户主 | 魏国珍 | 汉族 | 孟塬 | 双树 |
| 长女 | 陈春燕 | 汉族 | 孟塬 | 双树 | 妻子 | 路秀芳 | 汉族 | 孟塬 | 双树 |
| 户主 | 邓自礼 | 汉族 | 孟塬 | 双树 | 二女 | 魏亚莉 | 汉族 | 孟塬 | 双树 |
| 妻子 | 张桂荣 | 汉族 | 孟塬 | 双树 | 长女 | 魏亚辉 | 汉族 | 孟塬 | 双树 |
| 长子 | 邓　乾 | 汉族 | 孟塬 | 双树 | 长子 | 魏海堂 | 汉族 | 孟塬 | 双树 |
| 儿媳 | 张　燕 | 汉族 | 孟塬 | 双树 | 户主 | 魏效虎 | 汉族 | 孟塬 | 双树 |
| 孙子 | 邓鹏飞 | 汉族 | 孟塬 | 双树 | 妻子 | 张振花 | 汉族 | 孟塬 | 双树 |
| 长女 | 邓　娟 | 汉族 | 孟塬 | 双树 | 孙女 | 魏雅娟 | 汉族 | 孟塬 | 双树 |
| 户主 | 陈　建 | 汉族 | 孟塬 | 双树 | 孙子 | 魏亚彤 | 汉族 | 孟塬 | 双树 |
| 母亲 | 常存珍 | 汉族 | 孟塬 | 双树 | 次子 | 魏国林 | 汉族 | 孟塬 | 双树 |
| 父亲 | 陈玉才 | 汉族 | 孟塬 | 双树 | 儿媳 | 李维芳 | 汉族 | 孟塬 | 双树 |
| 户主 | 陈　选 | 汉族 | 孟塬 | 双树 | 户主 | 魏国朴 | 汉族 | 孟塬 | 双树 |
| 妻子 | 魏国梅 | 汉族 | 孟塬 | 双树 | 妻子 | 朱安梅 | 汉族 | 孟塬 | 双树 |
| 长子 | 陈立杰 | 汉族 | 孟塬 | 双树 | 长女 | 魏会会 | 汉族 | 孟塬 | 双树 |
| 长女 | 陈婷婷 | 汉族 | 孟塬 | 双树 | 长子 | 魏会亮 | 汉族 | 孟塬 | 双树 |
| 户主 | 刘志雄 | 汉族 | 孟塬 | 双树 | 母亲 | 张玉花 | 汉族 | 孟塬 | 双树 |
| 妻子 | 路玉琴 | 汉族 | 孟塬 | 双树 | 父亲 | 魏效栋 | 汉族 | 孟塬 | 双树 |
| 长女 | 刘婷婷 | 汉族 | 孟塬 | 双树 | 户主 | 魏国礼 | 汉族 | 孟塬 | 双树 |
| 长子 | 刘　钊 | 汉族 | 孟塬 | 双树 | 妻子 | 贾万绒 | 汉族 | 孟塬 | 双树 |
| 户主 | 刘万儒 | 汉族 | 孟塬 | 双树 | 母亲 | 李廷花 | 汉族 | 孟塬 | 双树 |
| 妻子 | 魏效兰 | 汉族 | 孟塬 | 双树 | 父亲 | 魏效平 | 汉族 | 孟塬 | 双树 |
| 孙女 | 刘　璐 | 汉族 | 孟塬 | 双树 | 长子 | 魏朋朋 | 汉族 | 孟塬 | 双树 |
| 孙子 | 刘　博 | 汉族 | 孟塬 | 双树 | 三女 | 魏　玲 | 汉族 | 孟塬 | 双树 |
| 儿媳 | 刘英萍 | 汉族 | 孟塬 | 双树 | 二女 | 魏芳芳 | 汉族 | 孟塬 | 双树 |
| 三子 | 刘志珍 | 汉族 | 孟塬 | 双树 | 长女 | 魏永芳 | 汉族 | 孟塬 | 双树 |
| 户主 | 刘志成 | 汉族 | 孟塬 | 双树 | 四女 | 魏　梅 | 汉族 | 孟塬 | 双树 |
| 妻子 | 虎春芳 | 汉族 | 孟塬 | 双树 | 户主 | 魏国付 | 汉族 | 孟塬 | 双树 |
| 长女 | 刘粉粉 | 汉族 | 孟塬 | 双树 | 妻子 | 陈小平 | 汉族 | 孟塬 | 双树 |
| 户主 | 席万科 | 汉族 | 孟塬 | 双树 | 长子 | 魏永刚 | 汉族 | 孟塬 | 双树 |
| 妻子 | 张彦琴 | 汉族 | 孟塬 | 双树 | 长女 | 魏利霞 | 汉族 | 孟塬 | 双树 |
| 长子 | 席　玮 | 汉族 | 孟塬 | 双树 | 父亲 | 魏效连 | 汉族 | 孟塬 | 双树 |
| 三女 | 席　芳 | 汉族 | 孟塬 | 双树 | 户主 | 何元珍 | 汉族 | 孟塬 | 双树 |
| 长女 | 席玲玲 | 汉族 | 孟塬 | 双树 | 母亲 | 张粉兰 | 汉族 | 孟塬 | 双树 |
| 四女 | 席　丽 | 汉族 | 孟塬 | 双树 | 父亲 | 何其红 | 汉族 | 孟塬 | 双树 |
| 户主 | 刘秀梅 | 汉族 | 孟塬 | 双树 | 户主 | 何其礼 | 汉族 | 孟塬 | 双树 |

续表 17

| 与户主关系 | 家庭成员 | 民族 | 原居住地 | | 与户主关系 | 家庭成员 | 民族 | 原居住地 | |
|---|---|---|---|---|---|---|---|---|---|
| | | | 乡(镇) | 行政村 | | | | 乡(镇) | 行政村 |
| 妻子 | 虎进兰 | 汉族 | 孟塬 | 双树 | 户主 | 邓自成 | 汉族 | 孟塬 | 双树 |
| 三子 | 何文文 | 汉族 | 孟塬 | 双树 | 妻子 | 马兰芳 | 汉族 | 孟塬 | 双树 |
| 长女 | 何亮亮 | 汉族 | 孟塬 | 双树 | 长子 | 邓　攀 | 汉族 | 孟塬 | 双树 |
| 次子 | 何　兵 | 汉族 | 孟塬 | 双树 | 户主 | 张　奇 | 汉族 | 孟塬 | 双树 |
| 户主 | 何福权 | 汉族 | 孟塬 | 双树 | 妻子 | 虎彬彬 | 汉族 | 孟塬 | 双树 |
| 妻子 | 李利完 | 汉族 | 孟塬 | 双树 | 户主 | 虎万利 | 汉族 | 孟塬 | 高岔 |
| 母亲 | 虎国花 | 汉族 | 孟塬 | 双树 | 妻子 | 王　霞 | 汉族 | 孟塬 | 高岔 |
| 长女 | 何宝玲 | 汉族 | 孟塬 | 双树 | 二女 | 虎晓楠 | 汉族 | 孟塬 | 高岔 |
| 户主 | 何其银 | 汉族 | 孟塬 | 双树 | 长子 | 虎戊寅 | 汉族 | 孟塬 | 高岔 |
| 妻子 | 吴　芳 | 汉族 | 孟塬 | 双树 | 长女 | 虎婷婷 | 汉族 | 孟塬 | 高岔 |
| 三子 | 何元成 | 汉族 | 孟塬 | 双树 | 妹妹 | 虎万花 | 汉族 | 孟塬 | 高岔 |
| 长女 | 何春霞 | 汉族 | 孟塬 | 双树 | 母亲 | 何粉琴 | 汉族 | 孟塬 | 高岔 |
| 二女 | 何彩霞 | 汉族 | 孟塬 | 双树 | 父亲 | 虎维宁 | 汉族 | 孟塬 | 高岔 |
| 次子 | 何元斌 | 汉族 | 孟塬 | 双树 | 户主 | 虎海龙 | 汉族 | 孟塬 | 高岔 |
| 母亲 | 陈秀英 | 汉族 | 孟塬 | 双树 | 妻子 | 赵德美 | 布依 | 孟塬 | 高岔 |
| 父亲 | 何士明 | 汉族 | 孟塬 | 双树 | 母亲 | 吴桂霞 | 汉族 | 孟塬 | 高岔 |
| 户主 | 陈　卿 | 汉族 | 孟塬 | 双树 | 父亲 | 虎维和 | 汉族 | 孟塬 | 高岔 |
| 妻子 | 虎连花 | 汉族 | 孟塬 | 双树 | 户主 | 徐保山 | 汉族 | 孟塬 | 高岔 |
| 长子 | 陈恒彤 | 汉族 | 孟塬 | 双树 | 妻子 | 魏芳林 | 汉族 | 孟塬 | 高岔 |
| 长女 | 陈小璐 | 汉族 | 孟塬 | 双树 | 三子 | 徐东宏 | 汉族 | 孟塬 | 高岔 |
| 户主 | 邓自生 | 汉族 | 孟塬 | 双树 | 儿媳 | 虎翻娥 | 汉族 | 孟塬 | 高岔 |
| 妻子 | 雅翠珍 | 汉族 | 孟塬 | 双树 | 户主 | 徐泰山 | 汉族 | 孟塬 | 高岔 |
| 三子 | 邓学勇 | 汉族 | 孟塬 | 双树 | 长子 | 徐登辉 | 汉族 | 孟塬 | 高岔 |
| 次子 | 邓学东 | 汉族 | 孟塬 | 双树 | 户主 | 路科永 | 汉族 | 孟塬 | 高岔 |
| 户主 | 杨爱荣 | 汉族 | 孟塬 | 双树 | 二女 | 路翻丽 | 汉族 | 孟塬 | 高岔 |
| 长女 | 刘丽娜 | 汉族 | 孟塬 | 双树 | 长女 | 路翻玲 | 汉族 | 孟塬 | 高岔 |
| 户主 | 何元龙 | 汉族 | 孟塬 | 双树 | 次子 | 路建立 | 汉族 | 孟塬 | 高岔 |
| 妻子 | 张彩利 | 汉族 | 孟塬 | 双树 | 长子 | 路建强 | 汉族 | 孟塬 | 高岔 |
| 长女 | 何粉粉 | 汉族 | 孟塬 | 双树 | 妻子 | 王会霞 | 汉族 | 孟塬 | 高岔 |
| 户主 | 何元春 | 汉族 | 孟塬 | 双树 | 父亲 | 路兴春 | 汉族 | 孟塬 | 高岔 |
| 妻子 | 刘金梅 | 汉族 | 孟塬 | 双树 | 户主 | 李国朴 | 汉族 | 孟塬 | 高岔 |
| 长子 | 何俊俊 | 汉族 | 孟塬 | 双树 | 妻子 | 虎淑荣 | 汉族 | 孟塬 | 高岔 |
| 户主 | 张东发 | 汉族 | 孟塬 | 双树 | 次子 | 李　岩 | 汉族 | 孟塬 | 高岔 |
| 妻子 | 李利玲 | 汉族 | 孟塬 | 双树 | 长子 | 李　伟 | 汉族 | 孟塬 | 高岔 |
| 次子 | 张玉龙 | 汉族 | 孟塬 | 双树 | 户主 | 虎东宏 | 汉族 | 孟塬 | 高岔 |
| 长子 | 张云龙 | 汉族 | 孟塬 | 双树 | 妻子 | 野宏霞 | 汉族 | 孟塬 | 高岔 |

续表 17

| 与户主关系 | 家庭成员 | 民族 | 原居住地 | | 与户主关系 | 家庭成员 | 民族 | 原居住地 | |
|---|---|---|---|---|---|---|---|---|---|
| | | | 乡(镇) | 行政村 | | | | 乡(镇) | 行政村 |
| 长子 | 虎朝立 | 汉族 | 孟塬 | 高岔 | 养子 | 段　银 | 汉族 | 孟塬 | 高岔 |
| 母亲 | 李清兰 | 汉族 | 孟塬 | 高岔 | 长女 | 虎　瑞 | 汉族 | 孟塬 | 高岔 |
| 户主 | 王占国 | 汉族 | 孟塬 | 高岔 | 户主 | 虎维山 | 汉族 | 孟塬 | 高岔 |
| 孙子 | 王亚博 | 汉族 | 孟塬 | 高岔 | 妻子 | 肖彩花 | 汉族 | 孟塬 | 高岔 |
| 户主 | 虎维耀 | 汉族 | 孟塬 | 高岔 | 长子 | 虎世人 | 汉族 | 孟塬 | 高岔 |
| 次子 | 虎　亮 | 汉族 | 孟塬 | 高岔 | 户主 | 虎世伟 | 汉族 | 孟塬 | 高岔 |
| 妻子 | 姬宏月 | 汉族 | 孟塬 | 高岔 | 妻子 | 牛荣芳 | 汉族 | 孟塬 | 高岔 |
| 户主 | 李国军 | 汉族 | 孟塬 | 高岔 | 次子 | 虎双博 | 汉族 | 孟塬 | 高岔 |
| 妻子 | 王辉强 | 汉族 | 孟塬 | 高岔 | 长子 | 虎品博 | 汉族 | 孟塬 | 高岔 |
| 母亲 | 张玉兰 | 汉族 | 孟塬 | 高岔 | 长女 | 虎改改 | 汉族 | 孟塬 | 高岔 |
| 三女 | 李　媛 | 汉族 | 孟塬 | 高岔 | 母亲 | 肖忠花 | 汉族 | 孟塬 | 高岔 |
| 长子 | 李　田 | 汉族 | 孟塬 | 高岔 | 户主 | 虎维明 | 汉族 | 孟塬 | 高岔 |
| 二女 | 李　芳 | 汉族 | 孟塬 | 高岔 | 二女 | 虎海娥 | 汉族 | 孟塬 | 高岔 |
| 长女 | 李　娟 | 汉族 | 孟塬 | 高岔 | 长女 | 虎海娟 | 汉族 | 孟塬 | 高岔 |
| 户主 | 王　鹏 | 汉族 | 孟塬 | 高岔 | 长子 | 虎　攀 | 汉族 | 孟塬 | 高岔 |
| 妻子 | 王晓燕 | 汉族 | 孟塬 | 高岔 | 户主 | 虎维正 | 汉族 | 孟塬 | 高岔 |
| 父亲 | 王占权 | 汉族 | 孟塬 | 高岔 | 妻子 | 朱桂琴 | 汉族 | 孟塬 | 高岔 |
| 次子 | 王亚新 | 汉族 | 孟塬 | 高岔 | 长子 | 虎　鑫 | 汉族 | 孟塬 | 高岔 |
| 长子 | 王亚洲 | 汉族 | 孟塬 | 高岔 | 儿媳 | 张淑霞 | 汉族 | 孟塬 | 高岔 |
| 户主 | 郭玉花 | 汉族 | 孟塬 | 高岔 | 孙子 | 虎栋梁 | 汉族 | 孟塬 | 高岔 |
| 长子 | 牛荣山 | 汉族 | 孟塬 | 高岔 | 二女 | 虎　丽 | 汉族 | 孟塬 | 高岔 |
| 儿媳 | 董秀琴 | 汉族 | 孟塬 | 高岔 | 户主 | 虎维元 | 汉族 | 孟塬 | 高岔 |
| 孙女 | 牛粉宏 | 汉族 | 孟塬 | 高岔 | 妻子 | 王兴兰 | 汉族 | 孟塬 | 高岔 |
| 孙子 | 牛建兴 | 汉族 | 孟塬 | 高岔 | 长女 | 虎佩佩 | 汉族 | 孟塬 | 高岔 |
| 孙子 | 牛建伟 | 汉族 | 孟塬 | 高岔 | 长子 | 虎军红 | 汉族 | 孟塬 | 高岔 |
| 户主 | 虎维升 | 汉族 | 孟塬 | 高岔 | 户主 | 虎维兵 | 汉族 | 孟塬 | 高岔 |
| 妻子 | 王爱霞 | 汉族 | 孟塬 | 高岔 | 妻子 | 杜改琴 | 汉族 | 孟塬 | 高岔 |
| 长子 | 虎万成 | 汉族 | 孟塬 | 高岔 | 长女 | 虎艳艳 | 汉族 | 孟塬 | 高岔 |
| 二女 | 虎翻翻 | 汉族 | 孟塬 | 高岔 | 长子 | 虎兴隆 | 汉族 | 孟塬 | 高岔 |
| 长女 | 虎春花 | 汉族 | 孟塬 | 高岔 | 户主 | 虎伟伟 | 汉族 | 孟塬 | 高岔 |
| 户主 | 虎维东 | 汉族 | 孟塬 | 高岔 | 妻子 | 余金莲 | 汉族 | 孟塬 | 高岔 |
| 妻子 | 董改琴 | 汉族 | 孟塬 | 高岔 | 长女 | 虎粉粉 | 汉族 | 孟塬 | 高岔 |
| 次子 | 虎万福 | 汉族 | 孟塬 | 高岔 | 长子 | 虎飞飞 | 汉族 | 孟塬 | 高岔 |
| 长子 | 虎万明 | 汉族 | 孟塬 | 高岔 | 户主 | 虎安平 | 汉族 | 孟塬 | 高岔 |
| 户主 | 虎维权 | 汉族 | 孟塬 | 高岔 | 妻子 | 柳淑琴 | 汉族 | 孟塬 | 高岔 |
| 妻子 | 张世梅 | 汉族 | 孟塬 | 高岔 | 长子 | 虎红刚 | 汉族 | 孟塬 | 高岔 |

续表 17

| 与户主关系 | 家庭成员 | 民族 | 原居住地 | | 与户主关系 | 家庭成员 | 民族 | 原居住地 | |
|---|---|---|---|---|---|---|---|---|---|
| | | | 乡(镇) | 行政村 | | | | 乡(镇) | 行政村 |
| 长女 | 虎彦娥 | 汉族 | 孟塬 | 高岔 | 长子 | 虎　渊 | 汉族 | 孟塬 | 高岔 |
| 户主 | 虎维江 | 汉族 | 孟塬 | 高岔 | 母亲 | 韩秀英 | 汉族 | 孟塬 | 高岔 |
| 妻子 | 何亚琼 | 汉族 | 孟塬 | 高岔 | 父亲 | 虎俊英 | 汉族 | 孟塬 | 高岔 |
| 长子 | 虎捧贵 | 汉族 | 孟塬 | 高岔 | 户主 | 虎维库 | 汉族 | 孟塬 | 高岔 |
| 长女 | 虎娟娟 | 汉族 | 孟塬 | 高岔 | 妻子 | 魏国琴 | 汉族 | 孟塬 | 高岔 |
| 户主 | 虎俊奎 | 汉族 | 孟塬 | 高岔 | 长女 | 虎荣华 | 汉族 | 孟塬 | 高岔 |
| 妻子 | 柳彩玲 | 汉族 | 孟塬 | 高岔 | 长子 | 虎富贵 | 汉族 | 孟塬 | 高岔 |
| 次子 | 虎维发 | 汉族 | 孟塬 | 高岔 | 户主 | 虎维甲 | 汉族 | 孟塬 | 高岔 |
| 儿媳 | 马永琴 | 汉族 | 孟塬 | 高岔 | 妻子 | 白生粉 | 汉族 | 孟塬 | 高岔 |
| 孙子 | 虎　尧 | 汉族 | 孟塬 | 高岔 | 长子 | 虎　荣 | 汉族 | 孟塬 | 高岔 |
| 孙子 | 虎　焘 | 汉族 | 孟塬 | 高岔 | 儿媳 | 王彩霞 | 汉族 | 孟塬 | 高岔 |
| 户主 | 虎维继 | 汉族 | 孟塬 | 高岔 | 孙子 | 虎钰刚 | 汉族 | 孟塬 | 高岔 |
| 妻子 | 杨粉琴 | 汉族 | 孟塬 | 高岔 | 次子 | 虎军向 | 汉族 | 孟塬 | 高岔 |
| 次子 | 虎　栋 | 汉族 | 孟塬 | 高岔 | 户主 | 虎世雄 | 汉族 | 孟塬 | 高岔 |
| 户主 | 虎维前 | 汉族 | 孟塬 | 高岔 | 妻子 | 安彩琴 | 汉族 | 孟塬 | 高岔 |
| 妻子 | 刘　霞 | 汉族 | 孟塬 | 高岔 | 长女 | 虎娜娜 | 汉族 | 孟塬 | 高岔 |
| 长女 | 虎　怡 | 汉族 | 孟塬 | 高岔 | 次子 | 虎朝光 | 汉族 | 孟塬 | 高岔 |
| 次子 | 虎　洁 | 汉族 | 孟塬 | 高岔 | 长子 | 虎朝阳 | 汉族 | 孟塬 | 高岔 |
| 长子 | 虎　康 | 汉族 | 孟塬 | 高岔 | 户主 | 虎向宏 | 汉族 | 孟塬 | 高岔 |
| 母亲 | 王彩英 | 汉族 | 孟塬 | 高岔 | 妻子 | 张宏燕 | 汉族 | 孟塬 | 高岔 |
| 父亲 | 虎俊文 | 汉族 | 孟塬 | 高岔 | 次子 | 虎甜甜 | 汉族 | 孟塬 | 高岔 |
| 户主 | 虎维续 | 汉族 | 孟塬 | 高岔 | 长子 | 虎朝山 | 汉族 | 孟塬 | 高岔 |
| 妻子 | 王纪梅 | 汉族 | 孟塬 | 高岔 | 长女 | 虎　霞 | 汉族 | 孟塬 | 高岔 |
| 长子 | 虎　贵 | 汉族 | 孟塬 | 高岔 | 户主 | 虎永富 | 汉族 | 孟塬 | 高岔 |
| 长女 | 虎　荣 | 汉族 | 孟塬 | 高岔 | 妻子 | 李爱霞 | 汉族 | 孟塬 | 高岔 |
| 户主 | 虎维国 | 汉族 | 孟塬 | 高岔 | 长女 | 虎雪怡 | 汉族 | 孟塬 | 高岔 |
| 妻子 | 韩金梅 | 汉族 | 孟塬 | 高岔 | 长子 | 虎剑峰 | 汉族 | 孟塬 | 高岔 |
| 长子 | 虎　奇 | 汉族 | 孟塬 | 高岔 | 户主 | 徐东选 | 汉族 | 孟塬 | 高岔 |
| 儿媳 | 苏　艳 | 汉族 | 孟塬 | 高岔 | 妻子 | 李世琴 | 汉族 | 孟塬 | 高岔 |
| 孙女 | 虎楠楠 | 汉族 | 孟塬 | 高岔 | 长子 | 徐双武 | 汉族 | 孟塬 | 高岔 |
| 孙女 | 虎月月 | 汉族 | 孟塬 | 高岔 | 户主 | 许佐君 | 汉族 | 孟塬 | 双树 |
| 户主 | 虎维仓 | 汉族 | 孟塬 | 高岔 | 长子 | 许宝龙 | 汉族 | 孟塬 | 双树 |
| 妻子 | 何岁女 | 汉族 | 孟塬 | 高岔 | 户主 | 刘玉堂 | 汉族 | 孟塬 | 双树 |
| 户主 | 虎维良 | 汉族 | 孟塬 | 高岔 | 妻子 | 虎东琴 | 汉族 | 孟塬 | 双树 |
| 妻子 | 陈淑玲 | 汉族 | 孟塬 | 高岔 | 父亲 | 刘永平 | 汉族 | 孟塬 | 双树 |
| 次子 | 虎　博 | 汉族 | 孟塬 | 高岔 | 母亲 | 何贵英 | 汉族 | 孟塬 | 双树 |

续表 17

| 与户主关系 | 家庭成员 | 民族 | 原居住地 | | 与户主关系 | 家庭成员 | 民族 | 原居住地 | |
|---|---|---|---|---|---|---|---|---|---|
| | | | 乡(镇) | 行政村 | | | | 乡(镇) | 行政村 |
| 养女 | 刘　彤 | 汉族 | 孟塬 | 双树 | 妻子 | 王月琴 | 汉族 | 孟塬 | 双树 |
| 长女 | 刘　娟 | 汉族 | 孟塬 | 双树 | 父亲 | 席天珍 | 汉族 | 孟塬 | 双树 |
| 二女 | 刘　倩 | 汉族 | 孟塬 | 双树 | 母亲 | 赵西英 | 汉族 | 孟塬 | 双树 |
| 长子 | 刘　强 | 汉族 | 孟塬 | 双树 | 长子 | 席亮亮 | 汉族 | 孟塬 | 双树 |
| 户主 | 刘永成 | 汉族 | 孟塬 | 双树 | 户主 | 许佐功 | 汉族 | 孟塬 | 双树 |
| 妻子 | 张巧生 | 汉族 | 孟塬 | 双树 | 妻子 | 赵志琴 | 汉族 | 孟塬 | 双树 |
| 长子 | 刘利军 | 汉族 | 孟塬 | 双树 | 母亲 | 何发莲 | 汉族 | 孟塬 | 双树 |
| 二女 | 刘会存 | 汉族 | 孟塬 | 双树 | 父亲 | 许仲宽 | 汉族 | 孟塬 | 双树 |
| 长女 | 刘小存 | 汉族 | 孟塬 | 双树 | 长女 | 许晓霞 | 汉族 | 孟塬 | 双树 |
| 户主 | 贾志荣 | 汉族 | 孟塬 | 双树 | 二女 | 许转霞 | 汉族 | 孟塬 | 双树 |
| 妻子 | 赵国荣 | 汉族 | 孟塬 | 双树 | 长子 | 许小龙 | 汉族 | 孟塬 | 双树 |
| 长子 | 贾卜鸣 | 汉族 | 孟塬 | 双树 | 户主 | 李世宽 | 汉族 | 孟塬 | 双树 |
| 次子 | 贾卜宁 | 汉族 | 孟塬 | 双树 | 妻子 | 王桂琴 | 汉族 | 孟塬 | 双树 |
| 母亲 | 王粉琴 | 汉族 | 孟塬 | 双树 | 次子 | 李培海 | 汉族 | 孟塬 | 双树 |
| 妹妹 | 贾会梅 | 汉族 | 孟塬 | 双树 | 三子 | 李培龙 | 汉族 | 孟塬 | 双树 |
| 户主 | 刘川堂 | 汉族 | 孟塬 | 双树 | 儿媳 | 王彩娥 | 汉族 | 孟塬 | 双树 |
| 父亲 | 刘永清 | 汉族 | 孟塬 | 双树 | 孙女 | 李欣谣 | 汉族 | 孟塬 | 双树 |
| 妻子 | 虎红红 | 汉族 | 孟塬 | 双树 | 户主 | 郭玉堂 | 汉族 | 孟塬 | 双树 |
| 母亲 | 闫贵英 | 汉族 | 孟塬 | 双树 | 妻子 | 安秀琴 | 汉族 | 孟塬 | 双树 |
| 长子 | 刘　聪 | 汉族 | 孟塬 | 双树 | 长子 | 郭志仁 | 汉族 | 孟塬 | 双树 |
| 次子 | 刘　鹏 | 汉族 | 孟塬 | 双树 | 次子 | 郭志军 | 汉族 | 孟塬 | 双树 |
| 户主 | 刘书堂 | 汉族 | 孟塬 | 双树 | 长女 | 郭彩虹 | 汉族 | 孟塬 | 双树 |
| 妻子 | 陈粉琴 | 汉族 | 孟塬 | 双树 | 母亲 | 安治莲 | 汉族 | 孟塬 | 双树 |
| 长女 | 刘荣荣 | 汉族 | 孟塬 | 双树 | 户主 | 许仲良 | 汉族 | 孟塬 | 双树 |
| 次子 | 刘帅帅 | 汉族 | 孟塬 | 双树 | 妻子 | 王金梅 | 汉族 | 孟塬 | 双树 |
| 户主 | 席克孝 | 汉族 | 孟塬 | 双树 | 长子 | 许继堂 | 汉族 | 孟塬 | 双树 |
| 妻子 | 王海芳 | 汉族 | 孟塬 | 双树 | 儿媳 | 魏国琴 | 汉族 | 孟塬 | 双树 |
| 长女 | 席博书 | 汉族 | 孟塬 | 双树 | 次子 | 许进堂 | 汉族 | 孟塬 | 双树 |
| 长子 | 席维国 | 汉族 | 孟塬 | 双树 | 三子 | 许玉堂 | 汉族 | 孟塬 | 双树 |
| 次子 | 席维强 | 汉族 | 孟塬 | 双树 | 孙女 | 许润润 | 汉族 | 孟塬 | 双树 |
| 户主 | 席克勇 | 汉族 | 孟塬 | 双树 | 孙女 | 许翻荣 | 汉族 | 孟塬 | 双树 |
| 妻子 | 李晓霞 | 汉族 | 孟塬 | 双树 | 户主 | 许仲乐 | 汉族 | 孟塬 | 双树 |
| 父亲 | 席天吉 | 汉族 | 孟塬 | 双树 | 妻子 | 张淑萍 | 汉族 | 孟塬 | 双树 |
| 母亲 | 虎志英 | 汉族 | 孟塬 | 双树 | 母亲 | 甄步芳 | 汉族 | 孟塬 | 双树 |
| 长女 | 席　琼 | 汉族 | 孟塬 | 双树 | 长女 | 许涛涛 | 汉族 | 孟塬 | 双树 |
| 户主 | 席克化 | 汉族 | 孟塬 | 双树 | 长子 | 许明利 | 汉族 | 孟塬 | 双树 |

续表 17

| 与户主关系 | 家庭成员 | 民族 | 原居住地 | | 与户主关系 | 家庭成员 | 民族 | 原居住地 | |
|---|---|---|---|---|---|---|---|---|---|
| | | | 乡(镇) | 行政村 | | | | 乡(镇) | 行政村 |
| 户主 | 虎粉琴 | 汉族 | 孟塬 | 双树 | 妻子 | 郭彩琴 | 汉族 | 冯庄 | 崖湾 |
| 长女 | 许雅诗 | 汉族 | 孟塬 | 双树 | 长子 | 陈拴成 | 汉族 | 冯庄 | 崖湾 |
| 长子 | 许永飞 | 汉族 | 孟塬 | 双树 | 长女 | 陈淑红 | 汉族 | 冯庄 | 崖湾 |
| 二女 | 许红娟 | 汉族 | 孟塬 | 双树 | 次子 | 陈建宁 | 汉族 | 冯庄 | 崖湾 |
| 户主 | 许利选 | 汉族 | 孟塬 | 双树 | 父亲 | 陈廷贤 | 汉族 | 冯庄 | 崖湾 |
| 父亲 | 许重俭 | 汉族 | 孟塬 | 双树 | 母亲 | 张志英 | 汉族 | 冯庄 | 崖湾 |
| 户主 | 王正杰 | 汉族 | 冯庄 | 崖湾 | 户主 | 徐生银 | 汉族 | 冯庄 | 崖湾 |
| 妻子 | 陈　艳 | 汉族 | 冯庄 | 崖湾 | 妻子 | 石生琴 | 汉族 | 冯庄 | 崖湾 |
| 长女 | 王婷婷 | 汉族 | 冯庄 | 崖湾 | 长子 | 徐永宏 | 汉族 | 冯庄 | 崖湾 |
| 二女 | 王娟娟 | 汉族 | 冯庄 | 崖湾 | 儿媳 | 洪小燕 | 汉族 | 冯庄 | 崖湾 |
| 三女 | 王涛涛 | 汉族 | 冯庄 | 崖湾 | 长孙 | 徐　军 | 汉族 | 冯庄 | 崖湾 |
| 四女 | 王玲玲 | 汉族 | 冯庄 | 崖湾 | 二孙 | 徐　攀 | 汉族 | 冯庄 | 崖湾 |
| 长子 | 王培培 | 汉族 | 冯庄 | 崖湾 | 长女 | 徐翻林 | 汉族 | 冯庄 | 崖湾 |
| 母亲 | 王玉莲 | 汉族 | 冯庄 | 崖湾 | 户主 | 王正林 | 汉族 | 冯庄 | 崖湾 |
| 户主 | 惠宗仁 | 汉族 | 冯庄 | 崖湾 | 妻子 | 张巧梅 | 汉族 | 冯庄 | 崖湾 |
| 妻子 | 沈彩霞 | 汉族 | 冯庄 | 崖湾 | 长女 | 王　晶 | 汉族 | 冯庄 | 崖湾 |
| 长子 | 惠兴武 | 汉族 | 冯庄 | 崖湾 | 长子 | 王　飞 | 汉族 | 冯庄 | 崖湾 |
| 长女 | 惠淑娟 | 汉族 | 冯庄 | 崖湾 | 二女 | 王　燕 | 汉族 | 冯庄 | 崖湾 |
| 弟弟 | 惠国仁 | 汉族 | 冯庄 | 崖湾 | 户主 | 惠贵仁 | 汉族 | 冯庄 | 崖湾 |
| 母亲 | 米万梅 | 汉族 | 冯庄 | 崖湾 | 妻子 | 徐永梅 | 汉族 | 冯庄 | 崖湾 |
| 祖母 | 路炳莲 | 汉族 | 冯庄 | 崖湾 | 长女 | 惠春燕 | 汉族 | 冯庄 | 崖湾 |
| 户主 | 陈富平 | 汉族 | 冯庄 | 崖湾 | 长子 | 惠新虎 | 汉族 | 冯庄 | 崖湾 |
| 妻子 | 虎　芳 | 汉族 | 冯庄 | 崖湾 | 户主 | 王全玺 | 汉族 | 冯庄 | 崖湾 |
| 长子 | 陈旭东 | 汉族 | 冯庄 | 崖湾 | 妻子 | 郭玉莲 | 汉族 | 冯庄 | 崖湾 |
| 长女 | 陈　娜 | 汉族 | 冯庄 | 崖湾 | 户主 | 刘正伟 | 汉族 | 冯庄 | 崖湾 |
| 二女 | 陈　倩 | 汉族 | 冯庄 | 崖湾 | 妻子 | 王玲叶 | 汉族 | 冯庄 | 崖湾 |
| 父亲 | 陈文贤 | 汉族 | 冯庄 | 崖湾 | 长子 | 刘　鹏 | 汉族 | 冯庄 | 崖湾 |
| 母亲 | 祁占花 | 汉族 | 冯庄 | 崖湾 | 户主 | 祁应科 | 汉族 | 冯庄 | 崖湾 |
| 户主 | 惠有仁 | 汉族 | 冯庄 | 崖湾 | 妻子 | 马慧琴 | 汉族 | 冯庄 | 崖湾 |
| 妻子 | 李宝运 | 汉族 | 冯庄 | 崖湾 | 长子 | 祁　亮 | 汉族 | 冯庄 | 崖湾 |
| 长子 | 惠兴亮 | 汉族 | 冯庄 | 崖湾 | 长女 | 祁　婷 | 汉族 | 冯庄 | 崖湾 |
| 次子 | 惠文卓 | 汉族 | 冯庄 | 崖湾 | 次子 | 祁　卓 | 汉族 | 冯庄 | 崖湾 |
| 长女 | 惠兴瑞 | 汉族 | 冯庄 | 崖湾 | 户主 | 徐生万 | 汉族 | 冯庄 | 崖湾 |
| 父亲 | 惠继军 | 汉族 | 冯庄 | 崖湾 | 妻子 | 王生琴 | 汉族 | 冯庄 | 崖湾 |
| 母亲 | 白永兰 | 汉族 | 冯庄 | 崖湾 | 长子 | 徐永春 | 汉族 | 冯庄 | 崖湾 |
| 户主 | 陈广学 | 汉族 | 冯庄 | 崖湾 | 儿媳 | 马武梅 | 汉族 | 冯庄 | 崖湾 |

续表 17

| 与户主关系 | 家庭成员 | 民族 | 原居住地 | | 与户主关系 | 家庭成员 | 民族 | 原居住地 | |
|---|---|---|---|---|---|---|---|---|---|
| | | | 乡(镇) | 行政村 | | | | 乡(镇) | 行政村 |
| 户主 | 苏兴邦 | 汉族 | 冯庄 | 崖湾 | 次子 | 张建武 | 汉族 | 冯庄 | 崖湾 |
| 妻子 | 吕桂琴 | 汉族 | 冯庄 | 崖湾 | 三子 | 张建成 | 汉族 | 冯庄 | 崖湾 |
| 次子 | 苏满仓 | 汉族 | 冯庄 | 崖湾 | 公公 | 张治忠 | 汉族 | 冯庄 | 崖湾 |
| 三子 | 苏富仓 | 汉族 | 冯庄 | 崖湾 | 户主 | 苏银苍 | 汉族 | 冯庄 | 崖湾 |
| 儿媳 | 安向荣 | 汉族 | 冯庄 | 崖湾 | 妻子 | 安秀霞 | 汉族 | 冯庄 | 崖湾 |
| 户主 | 虎元珍 | 汉族 | 冯庄 | 崖湾 | 长女 | 苏　慧 | 汉族 | 冯庄 | 崖湾 |
| 妻子 | 安治粉 | 汉族 | 冯庄 | 崖湾 | 长子 | 苏　伟 | 汉族 | 冯庄 | 崖湾 |
| 长子 | 虎建银 | 汉族 | 冯庄 | 崖湾 | 妹妹 | 苏晓霞 | 汉族 | 冯庄 | 崖湾 |
| 次子 | 虎建宏 | 汉族 | 冯庄 | 崖湾 | 户主 | 王建平 | 汉族 | 冯庄 | 崖湾 |
| 儿媳 | 张转宏 | 汉族 | 冯庄 | 崖湾 | 妻子 | 王正芳 | 汉族 | 冯庄 | 崖湾 |
| 孙子 | 虎文文 | 汉族 | 冯庄 | 崖湾 | 户主 | 祁应平 | 汉族 | 冯庄 | 崖湾 |
| 户主 | 祁应乾 | 汉族 | 冯庄 | 崖湾 | 妻子 | 李淑霞 | 汉族 | 冯庄 | 崖湾 |
| 妻子 | 虎久兰 | 汉族 | 冯庄 | 崖湾 | 长子 | 祁　强 | 汉族 | 冯庄 | 崖湾 |
| 长女 | 祁　润 | 汉族 | 冯庄 | 崖湾 | 长女 | 祁　锐 | 汉族 | 冯庄 | 崖湾 |
| 二女 | 祁　娜 | 汉族 | 冯庄 | 崖湾 | 户主 | 祁加儒 | 汉族 | 冯庄 | 崖湾 |
| 户主 | 祁加录 | 汉族 | 冯庄 | 崖湾 | 妻子 | 张世花 | 汉族 | 冯庄 | 崖湾 |
| 妻子 | 李世花 | 汉族 | 冯庄 | 崖湾 | 孙子 | 祁　翔 | 汉族 | 冯庄 | 崖湾 |
| 户主 | 王正军 | 汉族 | 冯庄 | 崖湾 | 户主 | 祁应军 | 汉族 | 冯庄 | 崖湾 |
| 妻子 | 魏孝琴 | 汉族 | 冯庄 | 崖湾 | 妻子 | 王志莲 | 汉族 | 冯庄 | 崖湾 |
| 长子 | 王　宁 | 汉族 | 冯庄 | 崖湾 | 二女 | 祁彩琴 | 汉族 | 冯庄 | 崖湾 |
| 户主 | 张治国 | 汉族 | 冯庄 | 崖湾 | 三女 | 祁春芳 | 汉族 | 冯庄 | 崖湾 |
| 妻子 | 安莲英 | 汉族 | 冯庄 | 崖湾 | 长子 | 祁　林 | 汉族 | 冯庄 | 崖湾 |
| 二女 | 张　倩 | 汉族 | 冯庄 | 崖湾 | 户主 | 祁伟鹏 | 汉族 | 冯庄 | 崖湾 |
| 户主 | 王正兵 | 汉族 | 冯庄 | 崖湾 | 妻子 | 马金莲 | 汉族 | 冯庄 | 崖湾 |
| 妻子 | 虎麦忙 | 汉族 | 冯庄 | 崖湾 | 长子 | 祁　疆 | 汉族 | 冯庄 | 崖湾 |
| 长子 | 王　彻 | 汉族 | 冯庄 | 崖湾 | 户主 | 陈广财 | 汉族 | 冯庄 | 崖湾 |
| 初中 | 王　同 | 汉族 | 冯庄 | 崖湾 | 妻子 | 朱秀兰 | 汉族 | 冯庄 | 崖湾 |
| 户主 | 陈广孝 | 汉族 | 冯庄 | 崖湾 | 户主 | 陈建明 | 汉族 | 冯庄 | 崖湾 |
| 妻子 | 虎秀霞 | 汉族 | 冯庄 | 崖湾 | 妻子 | 虎改萍 | 汉族 | 冯庄 | 崖湾 |
| 户主 | 祁应龙 | 汉族 | 冯庄 | 崖湾 | 长女 | 陈　锐 | 汉族 | 冯庄 | 崖湾 |
| 妻子 | 吕志新 | 汉族 | 冯庄 | 崖湾 | 二女 | 陈　芳 | 汉族 | 冯庄 | 崖湾 |
| 长子 | 祁　东 | 汉族 | 冯庄 | 崖湾 | 三女 | 陈　玲 | 汉族 | 冯庄 | 崖湾 |
| 户主 | 张国雄 | 汉族 | 冯庄 | 崖湾 | 四女 | 陈　芸 | 汉族 | 冯庄 | 崖湾 |
| 妹妹 | 张彩霞 | 汉族 | 冯庄 | 崖湾 | 户主 | 陈建富 | 汉族 | 冯庄 | 崖湾 |
| 母亲 | 常如花 | 汉族 | 冯庄 | 崖湾 | 妻子 | 虎春芬 | 汉族 | 冯庄 | 崖湾 |
| 户主 | 刘云霞 | 汉族 | 冯庄 | 崖湾 | 长子 | 陈　浩 | 汉族 | 冯庄 | 崖湾 |

续表 17

| 与户主关系 | 家庭成员 | 民族 | 原居住地 | | 与户主关系 | 家庭成员 | 民族 | 原居住地 | |
|---|---|---|---|---|---|---|---|---|---|
| | | | 乡(镇) | 行政村 | | | | 乡(镇) | 行政村 |
| 户主 | 惠继荣 | 汉族 | 冯庄 | 崖湾 | 母亲 | 白有香 | 汉族 | 冯庄 | 崖湾 |
| 妻子 | 虎改兰 | 汉族 | 冯庄 | 崖湾 | 姐姐 | 刘正梅 | 汉族 | 冯庄 | 崖湾 |
| 长女 | 惠晓粉 | 汉族 | 冯庄 | 崖湾 | 户主 | 陈广东 | 汉族 | 冯庄 | 崖湾 |
| 长子 | 惠秉仁 | 汉族 | 冯庄 | 崖湾 | 妻子 | 刘彩萍 | 汉族 | 冯庄 | 崖湾 |
| 次子 | 惠正仁 | 汉族 | 冯庄 | 崖湾 | 长女 | 陈琦琦 | 汉族 | 冯庄 | 崖湾 |
| 母亲 | 安占英 | 汉族 | 冯庄 | 崖湾 | 父亲 | 陈录贤 | 汉族 | 冯庄 | 崖湾 |
| 户主 | 陈建德 | 汉族 | 冯庄 | 崖湾 | 户主 | 陈广峰 | 汉族 | 冯庄 | 崖湾 |
| 妻子 | 路翠琴 | 汉族 | 冯庄 | 崖湾 | 妻子 | 虎翠琴 | 汉族 | 冯庄 | 崖湾 |
| 长子 | 陈　伟 | 汉族 | 冯庄 | 崖湾 | 长子 | 陈　波 | 汉族 | 冯庄 | 崖湾 |
| 次子 | 陈　功 | 汉族 | 冯庄 | 崖湾 | 初中 | 陈　勇 | 汉族 | 冯庄 | 崖湾 |
| 户主 | 陈广福 | 汉族 | 冯庄 | 崖湾 | 户主 | 徐永平 | 汉族 | 冯庄 | 崖湾 |
| 妻子 | 胡秀琴 | 汉族 | 冯庄 | 崖湾 | 妻子 | 郭有霞 | 汉族 | 冯庄 | 崖湾 |
| 次子 | 陈　鹏 | 汉族 | 冯庄 | 崖湾 | 长子 | 徐　明 | 汉族 | 冯庄 | 崖湾 |
| 儿媳 | 王巧亮 | 汉族 | 冯庄 | 崖湾 | 长女 | 徐　燕 | 汉族 | 冯庄 | 崖湾 |
| 户主 | 惠富仁 | 汉族 | 冯庄 | 崖湾 | 户主 | 陈建省 | 汉族 | 冯庄 | 崖湾 |
| 妻子 | 安　粉 | 汉族 | 冯庄 | 崖湾 | 母亲 | 路玉莲 | 汉族 | 冯庄 | 崖湾 |
| 长子 | 惠兴伟 | 汉族 | 冯庄 | 崖湾 | 户主 | 陈建祥 | 汉族 | 冯庄 | 崖湾 |
| 长女 | 惠新燕 | 汉族 | 冯庄 | 崖湾 | 妻子 | 秦　凤 | 汉族 | 冯庄 | 崖湾 |
| 户主 | 张学荣 | 汉族 | 冯庄 | 崖湾 | 长子 | 陈向前 | 汉族 | 冯庄 | 崖湾 |
| 妻子 | 虎淑兰 | 汉族 | 冯庄 | 崖湾 | 户主 | 陈建岗 | 汉族 | 冯庄 | 崖湾 |
| 长子 | 张钰宏 | 汉族 | 冯庄 | 崖湾 | 妻子 | 李秀梅 | 汉族 | 冯庄 | 崖湾 |
| 长女 | 张红红 | 汉族 | 冯庄 | 崖湾 | 三女 | 陈翻翻 | 汉族 | 冯庄 | 崖湾 |
| 户主 | 刘正富 | 汉族 | 冯庄 | 崖湾 | 四女 | 陈粉霞 | 汉族 | 冯庄 | 崖湾 |
| 妻子 | 虎建霞 | 汉族 | 冯庄 | 崖湾 | 长子 | 陈　立 | 汉族 | 冯庄 | 崖湾 |
| 长子 | 刘　辉 | 汉族 | 冯庄 | 崖湾 | 户主 | 张国东 | 汉族 | 冯庄 | 崖湾 |
| 父亲 | 刘彦荣 | 汉族 | 冯庄 | 崖湾 | 妻子 | 张小荣 | 汉族 | 冯庄 | 崖湾 |
| 户主 | 祁应兵 | 汉族 | 冯庄 | 崖湾 | 长子 | 张建生 | 汉族 | 冯庄 | 崖湾 |
| 妻子 | 米如香 | 汉族 | 冯庄 | 崖湾 | 长女 | 张涛涛 | 汉族 | 冯庄 | 崖湾 |
| 长女 | 祁　星 | 汉族 | 冯庄 | 崖湾 | 户主 | 张学林 | 汉族 | 冯庄 | 崖湾 |
| 长子 | 祁　明 | 汉族 | 冯庄 | 崖湾 | 妻子 | 张巧荣 | 汉族 | 冯庄 | 崖湾 |
| 二女 | 祁　燕 | 汉族 | 冯庄 | 崖湾 | 长女 | 张佳琪 | 汉族 | 冯庄 | 崖湾 |
| 户主 | 刘正兴 | 汉族 | 冯庄 | 崖湾 | 户主 | 张学东 | 汉族 | 冯庄 | 崖湾 |
| 妻子 | 惠金萍 | 汉族 | 冯庄 | 崖湾 | 妻子 | 刘润霞 | 汉族 | 冯庄 | 崖湾 |
| 户主 | 刘正东 | 汉族 | 冯庄 | 崖湾 | 长女 | 张雪琴 | 汉族 | 冯庄 | 崖湾 |
| 妻子 | 虎巧丽 | 汉族 | 冯庄 | 崖湾 | 户主 | 王正龙 | 汉族 | 冯庄 | 崖湾 |
| 父亲 | 刘彦斌 | 汉族 | 冯庄 | 崖湾 | 妻子 | 童旭琴 | 汉族 | 冯庄 | 崖湾 |

续表 17

| 与户主关系 | 家庭成员 | 民族 | 原居住地 | | 与户主关系 | 家庭成员 | 民族 | 原居住地 | |
|---|---|---|---|---|---|---|---|---|---|
| | | | 乡（镇） | 行政村 | | | | 乡（镇） | 行政村 |
| 长女 | 王　婷 | 汉族 | 冯庄 | 崖湾 | 妻子 | 冯利霞 | 汉族 | 冯庄 | 崖湾 |
| 户主 | 陈辉贤 | 汉族 | 冯庄 | 崖湾 | 户主 | 徐有杰 | 汉族 | 冯庄 | 崖湾 |
| 次子 | 陈兴胜 | 汉族 | 冯庄 | 崖湾 | 妻子 | 苏莉宏 | 汉族 | 冯庄 | 崖湾 |
| 儿媳 | 徐海霞 | 汉族 | 冯庄 | 崖湾 | 户主 | 徐飞龙 | 汉族 | 冯庄 | 崖湾 |
| 户主 | 陈广乾 | 汉族 | 冯庄 | 崖湾 | 妻子 | 虎风花 | 汉族 | 冯庄 | 崖湾 |
| 妻子 | 吕志媛 | 汉族 | 冯庄 | 崖湾 | 长女 | 徐月利 | 汉族 | 冯庄 | 崖湾 |
| 长女 | 陈　艺 | 汉族 | 冯庄 | 崖湾 | 四女 | 徐月萍 | 汉族 | 冯庄 | 崖湾 |
| 户主 | 虎兢梅 | 汉族 | 冯庄 | 崖湾 | 二女 | 徐德燕 | 汉族 | 冯庄 | 崖湾 |
| 长女 | 惠晓琴 | 汉族 | 冯庄 | 崖湾 | 长子 | 徐攀武 | 汉族 | 冯庄 | 崖湾 |
| 二女 | 惠军芳 | 汉族 | 冯庄 | 崖湾 | 母亲 | 张玉莲 | 汉族 | 冯庄 | 崖湾 |
| 长子 | 惠泽仁 | 汉族 | 冯庄 | 崖湾 | 三女 | 徐　萍 | 汉族 | 冯庄 | 崖湾 |
| 户主 | 肖宋富 | 汉族 | 冯庄 | 崖湾 | 五女 | 徐利萍 | 汉族 | 冯庄 | 崖湾 |
| 妻子 | 惠粉环 | 汉族 | 冯庄 | 崖湾 | 户主 | 姚廷学 | 汉族 | 冯庄 | 崖湾 |
| 长子 | 肖丁丁 | 汉族 | 冯庄 | 崖湾 | 妻子 | 董负芳 | 汉族 | 冯庄 | 崖湾 |
| 长女 | 肖燕霞 | 汉族 | 冯庄 | 崖湾 | 长女 | 姚　慧 | 汉族 | 冯庄 | 崖湾 |
| 户主 | 高　兰 | 汉族 | 冯庄 | 崖湾 | 二女 | 姚　强 | 汉族 | 冯庄 | 崖湾 |
| 长子 | 王　浩 | 汉族 | 冯庄 | 崖湾 | 父亲 | 姚志贵 | 汉族 | 冯庄 | 崖湾 |
| 次子 | 王　鹏 | 汉族 | 冯庄 | 崖湾 | 母亲 | 安玉英 | 汉族 | 冯庄 | 崖湾 |
| 户主 | 张清儒 | 汉族 | 冯庄 | 崖湾 | 长子 | 姚立成 | 汉族 | 冯庄 | 崖湾 |
| 妻子 | 李翠玲 | 汉族 | 冯庄 | 崖湾 | 户主 | 张治学 | 汉族 | 冯庄 | 崖湾 |
| 长子 | 张　银 | 汉族 | 冯庄 | 崖湾 | 妻子 | 白玉莲 | 汉族 | 冯庄 | 崖湾 |
| 次子 | 张　成 | 汉族 | 冯庄 | 崖湾 | 长子 | 张国龙 | 汉族 | 冯庄 | 崖湾 |
| 母亲 | 安秀霞 | 汉族 | 冯庄 | 崖湾 | 儿媳 | 李军霞 | 汉族 | 冯庄 | 崖湾 |
| 户主 | 徐拴银 | 汉族 | 冯庄 | 崖湾 | 户主 | 吕志科 | 汉族 | 冯庄 | 崖湾 |
| 父亲 | 徐步明 | 汉族 | 冯庄 | 崖湾 | 妻子 | 张彩宏 | 汉族 | 冯庄 | 崖湾 |
| 母亲 | 安风英 | 汉族 | 冯庄 | 崖湾 | 长子 | 吕　晖 | 汉族 | 冯庄 | 崖湾 |
| 户主 | 徐有儒 | 汉族 | 冯庄 | 崖湾 | 父亲 | 吕廷栋 | 汉族 | 冯庄 | 崖湾 |
| 妻子 | 孟跳过 | 汉族 | 冯庄 | 崖湾 | 母亲 | 陈启芳 | 汉族 | 冯庄 | 崖湾 |
| 长子 | 徐永锐 | 汉族 | 冯庄 | 崖湾 | 祖母 | 王万英 | 汉族 | 冯庄 | 崖湾 |
| 次子 | 徐永利 | 汉族 | 冯庄 | 崖湾 | 户主 | 李生海 | 汉族 | 冯庄 | 崖湾 |
| 户主 | 张永儒 | 汉族 | 冯庄 | 崖湾 | 妻子 | 董淑琴 | 汉族 | 冯庄 | 崖湾 |
| 长子 | 张　刚 | 汉族 | 冯庄 | 崖湾 | 二女 | 李　慧 | 汉族 | 冯庄 | 崖湾 |
| 户主 | 徐有智 | 汉族 | 冯庄 | 崖湾 | 户主 | 姚廷东 | 汉族 | 冯庄 | 崖湾 |
| 妻子 | 田淑玲 | 汉族 | 冯庄 | 崖湾 | 妻子 | 柳转丽 | 汉族 | 冯庄 | 崖湾 |
| 长女 | 徐圆圆 | 汉族 | 冯庄 | 崖湾 | 长女 | 姚靓茹 | 汉族 | 冯庄 | 崖湾 |
| 户主 | 徐有慧 | 汉族 | 冯庄 | 崖湾 | 户主 | 姚廷生 | 汉族 | 冯庄 | 崖湾 |

续表 17

| 与户主关系 | 家庭成员 | 民族 | 原居住地 | | 与户主关系 | 家庭成员 | 民族 | 原居住地 | |
|---|---|---|---|---|---|---|---|---|---|
| | | | 乡(镇) | 行政村 | | | | 乡(镇) | 行政村 |
| 妻子 | 李春霞 | 汉族 | 冯庄 | 崖湾 | 户主 | 路新平 | 汉族 | 冯庄 | 崖湾 |
| 二女 | 姚立萍 | 汉族 | 冯庄 | 崖湾 | 妻子 | 安怀琴 | 汉族 | 冯庄 | 崖湾 |
| 长女 | 姚晓艳 | 汉族 | 冯庄 | 崖湾 | 户主 | 路永遐 | 汉族 | 冯庄 | 崖湾 |
| 长子 | 姚立文 | 汉族 | 冯庄 | 崖湾 | 妻子 | 米玉英 | 汉族 | 冯庄 | 崖湾 |
| 三女 | 姚立荣 | 汉族 | 冯庄 | 崖湾 | 次子 | 路　街 | 汉族 | 冯庄 | 崖湾 |
| 户主 | 姚廷鹏 | 汉族 | 冯庄 | 崖湾 | 户主 | 张科儒 | 汉族 | 冯庄 | 崖湾 |
| 妻子 | 虎相相 | 汉族 | 冯庄 | 崖湾 | 妻子 | 刘翠霞 | 汉族 | 冯庄 | 崖湾 |
| 长子 | 姚立杰 | 汉族 | 冯庄 | 崖湾 | 长子 | 张　峰 | 汉族 | 冯庄 | 崖湾 |
| 长女 | 姚燕燕 | 汉族 | 冯庄 | 崖湾 | 长女 | 张　莉 | 汉族 | 冯庄 | 崖湾 |
| 二女 | 姚　瑞 | 汉族 | 冯庄 | 崖湾 | 父亲 | 张世福 | 汉族 | 冯庄 | 崖湾 |
| 弟 | 姚廷儒 | 汉族 | 冯庄 | 崖湾 | 母亲 | 樊玉莲 | 汉族 | 冯庄 | 崖湾 |
| 母亲 | 王应花 | 汉族 | 冯庄 | 崖湾 | 户主 | 吕志金 | 汉族 | 冯庄 | 崖湾 |
| 户主 | 姚廷栋 | 汉族 | 冯庄 | 崖湾 | 妻子 | 张世红 | 汉族 | 冯庄 | 崖湾 |
| 妻子 | 高正霞 | 汉族 | 冯庄 | 崖湾 | 长子 | 吕云飞 | 汉族 | 冯庄 | 崖湾 |
| 长子 | 姚立明 | 汉族 | 冯庄 | 崖湾 | 次子 | 吕捧飞 | 汉族 | 冯庄 | 崖湾 |
| 户主 | 李生军 | 汉族 | 冯庄 | 崖湾 | 户主 | 张广儒 | 汉族 | 冯庄 | 崖湾 |
| 妻子 | 陈春英 | 汉族 | 冯庄 | 崖湾 | 妻子 | 王虎莲 | 汉族 | 冯庄 | 崖湾 |
| 长女 | 李　琳 | 汉族 | 冯庄 | 崖湾 | 长子 | 张琴锁 | 汉族 | 冯庄 | 崖湾 |
| 长子 | 李　明 | 汉族 | 冯庄 | 崖湾 | 次子 | 张小平 | 汉族 | 冯庄 | 崖湾 |
| 二女 | 李　霞 | 汉族 | 冯庄 | 崖湾 | 长女 | 张粉翠 | 汉族 | 冯庄 | 崖湾 |
| 户主 | 李生平 | 汉族 | 冯庄 | 崖湾 | 户主 | 李生来 | 汉族 | 冯庄 | 崖湾 |
| 妻子 | 张永香 | 汉族 | 冯庄 | 崖湾 | 妻子 | 姬翠林 | 汉族 | 冯庄 | 崖湾 |
| 长子 | 李佩升 | 汉族 | 冯庄 | 崖湾 | 次子 | 李　宁 | 汉族 | 冯庄 | 崖湾 |
| 长女 | 李佩秀 | 汉族 | 冯庄 | 崖湾 | 父亲 | 李玉财 | 汉族 | 冯庄 | 崖湾 |
| 次子 | 李佩权 | 汉族 | 冯庄 | 崖湾 | 户主 | 李生龙 | 汉族 | 冯庄 | 崖湾 |
| 户主 | 张鑫儒 | 汉族 | 冯庄 | 崖湾 | 妻子 | 张云翠 | 汉族 | 冯庄 | 崖湾 |
| 妻子 | 白向红 | 汉族 | 冯庄 | 崖湾 | 长子 | 李　康 | 汉族 | 冯庄 | 崖湾 |
| 长女 | 张　燕 | 汉族 | 冯庄 | 崖湾 | 户主 | 张天儒 | 汉族 | 冯庄 | 崖湾 |
| 二女 | 张　雪 | 汉族 | 冯庄 | 崖湾 | 妻子 | 杨金凤 | 汉族 | 冯庄 | 崖湾 |
| 户主 | 李生俊 | 汉族 | 冯庄 | 崖湾 | 长子 | 杨　永 | 汉族 | 冯庄 | 崖湾 |
| 妻子 | 王生粉 | 汉族 | 冯庄 | 崖湾 | 长女 | 张　雪 | 汉族 | 冯庄 | 崖湾 |
| 长子 | 李　奎 | 汉族 | 冯庄 | 崖湾 | 次子 | 张　先 | 汉族 | 冯庄 | 崖湾 |
| 户主 | 李生兵 | 汉族 | 冯庄 | 崖湾 | 户主 | 张广钱 | 汉族 | 冯庄 | 崖湾 |
| 妻子 | 安彩霞 | 汉族 | 冯庄 | 崖湾 | 妻子 | 李翠琴 | 汉族 | 冯庄 | 崖湾 |
| 长子 | 李　东 | 汉族 | 冯庄 | 崖湾 | 长子 | 张　进 | 汉族 | 冯庄 | 崖湾 |
| 长女 | 李娟娟 | 汉族 | 冯庄 | 崖湾 | 次子 | 张　德 | 汉族 | 冯庄 | 崖湾 |

续表 17

| 与户主关系 | 家庭成员 | 民族 | 原居住地 | | 与户主关系 | 家庭成员 | 民族 | 原居住地 | |
|---|---|---|---|---|---|---|---|---|---|
| | | | 乡(镇) | 行政村 | | | | 乡(镇) | 行政村 |
| 二女 | 张有 | 汉族 | 冯庄 | 崖湾 | 妻子 | 白宗粉 | 汉族 | 冯庄 | 崖湾 |
| 长女 | 张娟 | 汉族 | 冯庄 | 崖湾 | 长子 | 张攀 | 汉族 | 冯庄 | 崖湾 |
| 户主 | 张琳 | 汉族 | 冯庄 | 崖湾 | 次子 | 张纪 | 汉族 | 冯庄 | 崖湾 |
| 妻子 | 苏花 | 汉族 | 冯庄 | 崖湾 | 母亲 | 徐秀琴 | 汉族 | 冯庄 | 崖湾 |
| 长子 | 张菲龙 | 汉族 | 冯庄 | 崖湾 | 户主 | 常玉琴 | 汉族 | 冯庄 | 崖湾 |
| 长女 | 张蓉霞 | 汉族 | 冯庄 | 崖湾 | 丈夫 | 张正杰 | 汉族 | 冯庄 | 崖湾 |
| 母亲 | 王文英 | 汉族 | 冯庄 | 崖湾 | 长女 | 张婷婷 | 汉族 | 冯庄 | 崖湾 |
| 户主 | 李强 | 汉族 | 冯庄 | 崖湾 | 二女 | 张金兰 | 汉族 | 冯庄 | 崖湾 |
| 祖父 | 何国仓 | 汉族 | 冯庄 | 崖湾 | 长子 | 张金富 | 汉族 | 冯庄 | 崖湾 |
| 祖母 | 董桂莲 | 汉族 | 冯庄 | 崖湾 | 母亲 | 秦宗梅 | 汉族 | 冯庄 | 崖湾 |
| 长女 | 何英慧 | 汉族 | 冯庄 | 崖湾 | 户主 | 张礼儒 | 汉族 | 冯庄 | 崖湾 |
| 二女 | 何英淑 | 汉族 | 冯庄 | 崖湾 | 妻子 | 杨正霞 | 汉族 | 冯庄 | 崖湾 |
| 户主 | 张鹏 | 汉族 | 冯庄 | 崖湾 | 二女 | 张琴 | 汉族 | 冯庄 | 崖湾 |
| 妻子 | 王金梅 | 汉族 | 冯庄 | 崖湾 | 三女 | 张珍 | 汉族 | 冯庄 | 崖湾 |
| 长子 | 张廷武 | 汉族 | 冯庄 | 崖湾 | 长子 | 张博 | 汉族 | 冯庄 | 崖湾 |
| 次子 | 张廷玺 | 汉族 | 冯庄 | 崖湾 | 长女 | 张燕 | 汉族 | 冯庄 | 崖湾 |
| 户主 | 吕志敏 | 汉族 | 冯庄 | 崖湾 | 户主 | 张锡儒 | 汉族 | 冯庄 | 崖湾 |
| 妻子 | 张晓明 | 汉族 | 冯庄 | 崖湾 | 妻子 | 张绘 | 汉族 | 冯庄 | 崖湾 |
| 长女 | 吕芳 | 汉族 | 冯庄 | 崖湾 | 长子 | 张伟 | 汉族 | 冯庄 | 崖湾 |
| 二女 | 吕宏霞 | 汉族 | 冯庄 | 崖湾 | 长女 | 张彩 | 汉族 | 冯庄 | 崖湾 |
| 长子 | 吕康 | 汉族 | 冯庄 | 崖湾 | 二女 | 张珍 | 汉族 | 冯庄 | 崖湾 |
| 父亲 | 吕廷峰 | 汉族 | 冯庄 | 崖湾 | 父亲 | 张世忠 | 汉族 | 冯庄 | 崖湾 |
| 户主 | 姚志孝 | 汉族 | 冯庄 | 崖湾 | 母亲 | 贾满花 | 汉族 | 冯庄 | 崖湾 |
| 张 | 安粉琴 | 汉族 | 冯庄 | 崖湾 | 户主 | 张正德 | 汉族 | 冯庄 | 崖湾 |
| 三子 | 姚廷富 | 汉族 | 冯庄 | 崖湾 | 妻子 | 张翻云 | 汉族 | 冯庄 | 崖湾 |
| 儿媳 | 白银丽 | 汉族 | 冯庄 | 崖湾 | 长女 | 张金红 | 汉族 | 冯庄 | 崖湾 |
| 孙子 | 姚泓鑫 | 汉族 | 冯庄 | 崖湾 | 长子 | 张金鑫 | 汉族 | 冯庄 | 崖湾 |
| 户主 | 李生林 | 汉族 | 冯庄 | 崖湾 | 户主 | 李生富 | 汉族 | 冯庄 | 崖湾 |
| 妻子 | 王秀芳 | 汉族 | 冯庄 | 崖湾 | 妻子 | 王档林 | 汉族 | 冯庄 | 崖湾 |
| 长女 | 李佩花 | 汉族 | 冯庄 | 崖湾 | 长女 | 李丽 | 汉族 | 冯庄 | 崖湾 |
| 二女 | 李佩丽 | 汉族 | 冯庄 | 崖湾 | 二女 | 李娟 | 汉族 | 冯庄 | 崖湾 |
| 长子 | 李佩庭 | 汉族 | 冯庄 | 崖湾 | 三女 | 李荣 | 汉族 | 冯庄 | 崖湾 |
| 父亲 | 李玉珠 | 汉族 | 冯庄 | 崖湾 | 四女 | 李娜 | 汉族 | 冯庄 | 崖湾 |
| 户主 | 徐步升 | 汉族 | 冯庄 | 崖湾 | 母亲 | 张德花 | 汉族 | 冯庄 | 崖湾 |
| 妻子 | 安秀梅 | 汉族 | 冯庄 | 崖湾 | 户主 | 张华 | 汉族 | 冯庄 | 崖湾 |
| 户主 | 张伟儒 | 汉族 | 冯庄 | 崖湾 | 妻子 | 彭喜红 | 汉族 | 冯庄 | 崖湾 |

续表 17

| 与户主关系 | 家庭成员 | 民族 | 原居住地 | | 与户主关系 | 家庭成员 | 民族 | 原居住地 | |
|---|---|---|---|---|---|---|---|---|---|
| | | | 乡(镇) | 行政村 | | | | 乡(镇) | 行政村 |
| 长女 | 张盼艳 | 汉族 | 冯庄 | 崖湾 | 户主 | 张建锋 | 汉族 | 冯庄 | 崖湾 |
| 母亲 | 吕桂芳 | 汉族 | 冯庄 | 崖湾 | 妻子 | 张有丽 | 汉族 | 冯庄 | 崖湾 |
| 户主 | 张　锐 | 汉族 | 冯庄 | 崖湾 | 长子 | 张　武 | 汉族 | 冯庄 | 崖湾 |
| 妻子 | 王福林 | 汉族 | 冯庄 | 崖湾 | 长女 | 张　琴 | 汉族 | 冯庄 | 崖湾 |
| 二女 | 张霞霞 | 汉族 | 冯庄 | 崖湾 | 次子 | 张　元 | 汉族 | 冯庄 | 崖湾 |
| 三女 | 张粉霞 | 汉族 | 冯庄 | 崖湾 | 二女 | 张　芳 | 汉族 | 冯庄 | 崖湾 |
| 四女 | 张月霞 | 汉族 | 冯庄 | 崖湾 | 户主 | 徐军军 | 汉族 | 冯庄 | 崖湾 |
| 长子 | 张旭奎 | 汉族 | 冯庄 | 崖湾 | 妻子 | 施芳会 | 汉族 | 冯庄 | 崖湾 |
| 长女 | 张燕霞 | 汉族 | 冯庄 | 崖湾 | 长子 | 徐永亮 | 汉族 | 冯庄 | 崖湾 |
| 户主 | 张　毅 | 汉族 | 冯庄 | 崖湾 | 户主 | 张国虎 | 汉族 | 冯庄 | 崖湾 |
| 妻子 | 虎玉梅 | 汉族 | 冯庄 | 崖湾 | 妻子 | 朱小兰 | 汉族 | 冯庄 | 崖湾 |
| 长子 | 张鑫鑫 | 汉族 | 冯庄 | 崖湾 | 长子 | 张　涛 | 汉族 | 冯庄 | 崖湾 |
| 长女 | 张新娟 | 汉族 | 冯庄 | 崖湾 | 次子 | 张　晋 | 汉族 | 冯庄 | 崖湾 |
| 次子 | 张旭聪 | 汉族 | 冯庄 | 崖湾 | 户主 | 张　赟 | 汉族 | 冯庄 | 崖湾 |
| 父亲 | 张万儒 | 汉族 | 冯庄 | 崖湾 | 妻子 | 瓮金梅 | 汉族 | 冯庄 | 崖湾 |
| 祖母 | 李月亭 | 汉族 | 冯庄 | 崖湾 | 次子 | 张正礼 | 汉族 | 冯庄 | 崖湾 |
| 户主 | 李伟龙 | 汉族 | 冯庄 | 崖湾 | 长女 | 张荣霞 | 汉族 | 冯庄 | 崖湾 |
| 妻子 | 柳建花 | 汉族 | 冯庄 | 崖湾 | 长子 | 张正鹏 | 汉族 | 冯庄 | 崖湾 |
| 长子 | 李　鑫 | 汉族 | 冯庄 | 崖湾 | 户主 | 李生栋 | 汉族 | 冯庄 | 崖湾 |
| 长女 | 李雅蕊 | 汉族 | 冯庄 | 崖湾 | 妻子 | 安治霞 | 汉族 | 冯庄 | 崖湾 |
| 户主 | 何怀军 | 汉族 | 冯庄 | 崖湾 | 长子 | 李　刚 | 汉族 | 冯庄 | 崖湾 |
| 妻子 | 秦芳芳 | 汉族 | 冯庄 | 崖湾 | 儿媳 | 王　琴 | 汉族 | 冯庄 | 崖湾 |
| 长女 | 何小花 | 汉族 | 冯庄 | 崖湾 | 孙女 | 李若男 | 汉族 | 冯庄 | 崖湾 |
| 二女 | 何利花 | 汉族 | 冯庄 | 崖湾 | 户主 | 李　勇 | 汉族 | 冯庄 | 崖湾 |
| 长子 | 何金红 | 汉族 | 冯庄 | 崖湾 | 妻子 | 王会霞 | 汉族 | 冯庄 | 崖湾 |
| 三女 | 何彩花 | 汉族 | 冯庄 | 崖湾 | 长女 | 李雅妮 | 汉族 | 冯庄 | 崖湾 |
| 父亲 | 何国文 | 汉族 | 冯庄 | 崖湾 | 父亲 | 李生学 | 汉族 | 冯庄 | 崖湾 |
| 母亲 | 李玉兰 | 汉族 | 冯庄 | 崖湾 | 户主 | 李玉玺 | 汉族 | 冯庄 | 崖湾 |
| 户主 | 徐有林 | 汉族 | 冯庄 | 崖湾 | 妻子 | 吕廷兰 | 汉族 | 冯庄 | 崖湾 |
| 妻子 | 白凤英 | 汉族 | 冯庄 | 崖湾 | 长女 | 李芳霞 | 汉族 | 冯庄 | 崖湾 |
| 长女 | 徐俐荣 | 汉族 | 冯庄 | 崖湾 | 户主 | 李玉珍 | 汉族 | 冯庄 | 崖湾 |
| 长子 | 徐永乐 | 汉族 | 冯庄 | 崖湾 | 妻子 | 惠树兰 | 汉族 | 冯庄 | 崖湾 |
| 户主 | 张国荣 | 汉族 | 冯庄 | 崖湾 | 户主 | 吕志富 | 汉族 | 冯庄 | 崖湾 |
| 妻子 | 安双强 | 汉族 | 冯庄 | 崖湾 | 妻子 | 虎应莲 | 汉族 | 冯庄 | 崖湾 |
| 长子 | 张　凯 | 汉族 | 冯庄 | 崖湾 | 长女 | 吕　艳 | 汉族 | 冯庄 | 崖湾 |
| 次子 | 张　辉 | 汉族 | 冯庄 | 崖湾 | 长子 | 吕阳阳 | 汉族 | 冯庄 | 崖湾 |

续表 17

| 与户主关系 | 家庭成员 | 民族 | 原居住地 | | 与户主关系 | 家庭成员 | 民族 | 原居住地 | |
|---|---|---|---|---|---|---|---|---|---|
| | | | 乡(镇) | 行政村 | | | | 乡(镇) | 行政村 |
| 母亲 | 李秀琴 | 汉族 | 冯庄 | 崖湾 | 长子 | 安平珪 | 汉族 | 冯庄 | 茨湾 |
| 户主 | 郭小霞 | 汉族 | 冯庄 | 崖湾 | 户主 | 安振平 | 汉族 | 冯庄 | 茨湾 |
| 丈夫 | 张国川 | 汉族 | 冯庄 | 崖湾 | 妻子 | 黄彩霞 | 汉族 | 冯庄 | 茨湾 |
| 户主 | 张治岳 | 汉族 | 冯庄 | 崖湾 | 长子 | 安建利 | 汉族 | 冯庄 | 茨湾 |
| 妻子 | 李翠兰 | 汉族 | 冯庄 | 崖湾 | 长女 | 安春艳 | 汉族 | 冯庄 | 茨湾 |
| 户主 | 张治邦 | 汉族 | 冯庄 | 崖湾 | 次女 | 安春妮 | 汉族 | 冯庄 | 茨湾 |
| 妻子 | 安希翠 | 汉族 | 冯庄 | 崖湾 | 儿媳 | 陆红燕 | 汉族 | 冯庄 | 茨湾 |
| 长子 | 张国发 | 汉族 | 冯庄 | 崖湾 | 户主 | 安振华 | 汉族 | 冯庄 | 茨湾 |
| 户主 | 张国锋 | 汉族 | 冯庄 | 崖湾 | 妻子 | 郭彩云 | 汉族 | 冯庄 | 茨湾 |
| 妻子 | 路翠玲 | 汉族 | 冯庄 | 崖湾 | 长女 | 安存丽 | 汉族 | 冯庄 | 茨湾 |
| 长女 | 张琴琴 | 汉族 | 冯庄 | 崖湾 | 长子 | 安建武 | 汉族 | 冯庄 | 茨湾 |
| 长子 | 张沉沉 | 汉族 | 冯庄 | 崖湾 | 户主 | 安振鹏 | 汉族 | 冯庄 | 茨湾 |
| 初次子 | 张　伟 | 汉族 | 冯庄 | 崖湾 | 妻子 | 杜岁玲 | 汉族 | 冯庄 | 茨湾 |
| 户主 | 姚廷治 | 汉族 | 冯庄 | 崖湾 | 长女 | 安艳妮 | 汉族 | 冯庄 | 茨湾 |
| 妻子 | 张云云 | 汉族 | 冯庄 | 崖湾 | 次女 | 安双项 | 汉族 | 冯庄 | 茨湾 |
| 长子 | 姚立宝 | 汉族 | 冯庄 | 崖湾 | 父亲 | 安希珍 | 汉族 | 冯庄 | 茨湾 |
| 长女 | 姚立彩 | 汉族 | 冯庄 | 崖湾 | 母亲 | 王俊花 | 汉族 | 冯庄 | 茨湾 |
| 户主 | 徐有廷 | 汉族 | 冯庄 | 崖湾 | 户主 | 安振席 | 汉族 | 冯庄 | 茨湾 |
| 妻子 | 马占兰 | 汉族 | 冯庄 | 崖湾 | 妻子 | 赵金梅 | 汉族 | 冯庄 | 茨湾 |
| 长子 | 徐永锋 | 汉族 | 冯庄 | 崖湾 | 次女 | 安小春 | 汉族 | 冯庄 | 茨湾 |
| 长女 | 徐巧燕 | 汉族 | 冯庄 | 崖湾 | 长子 | 安建鹏 | 汉族 | 冯庄 | 茨湾 |
| 二女 | 徐得萍 | 汉族 | 冯庄 | 崖湾 | 父亲 | 安希贤 | 汉族 | 冯庄 | 茨湾 |
| 三女 | 徐宁宁 | 汉族 | 冯庄 | 崖湾 | 户主 | 安振荣 | 汉族 | 冯庄 | 茨湾 |
| 户主 | 安彩霞 | 汉族 | 冯庄 | 崖湾 | 妻子 | 赵金梅 | 汉族 | 冯庄 | 茨湾 |
| 长女 | 徐婷婷 | 汉族 | 冯庄 | 崖湾 | 次子 | 安建发 | 汉族 | 冯庄 | 茨湾 |
| 长子 | 徐攀武 | 汉族 | 冯庄 | 崖湾 | 母亲 | 史金兰 | 汉族 | 冯庄 | 茨湾 |
| 二女 | 徐翻翻 | 汉族 | 冯庄 | 崖湾 | 户主 | 安振清 | 汉族 | 冯庄 | 茨湾 |
| 三女 | 徐婧婧 | 汉族 | 冯庄 | 崖湾 | 妻子 | 虎秀兰 | 汉族 | 冯庄 | 茨湾 |
| 婆婆 | 孙玉莲 | 汉族 | 冯庄 | 崖湾 | 三子 | 安建龙 | 汉族 | 冯庄 | 茨湾 |
| 户主 | 徐　鹏 | 汉族 | 冯庄 | 崖湾 | 儿媳 | 惠彩玲 | 汉族 | 冯庄 | 茨湾 |
| 长女 | 徐菲菲 | 汉族 | 冯庄 | 崖湾 | 户主 | 安建明 | 汉族 | 冯庄 | 茨湾 |
| 妻子 | 张翠梅 | 汉族 | 冯庄 | 崖湾 | 妻子 | 郑　钰 | 汉族 | 冯庄 | 茨湾 |
| 户主 | 肖登琴 | 汉族 | 冯庄 | 茨湾 | 长子 | 安平康 | 汉族 | 冯庄 | 茨湾 |
| 母亲 | 王国英 | 汉族 | 冯庄 | 茨湾 | 长女 | 安　璟 | 汉族 | 冯庄 | 茨湾 |
| 户主 | 郭丽霞 | 汉族 | 冯庄 | 茨湾 | 户主 | 吕廷忠 | 汉族 | 冯庄 | 茨湾 |
| 长女 | 安雯静 | 汉族 | 冯庄 | 茨湾 | 妻子 | 王凤琴 | 汉族 | 冯庄 | 茨湾 |

续表 17

| 与户主关系 | 家庭成员 | 民族 | 原居住地 | | 与户主关系 | 家庭成员 | 民族 | 原居住地 | |
|---|---|---|---|---|---|---|---|---|---|
| | | | 乡(镇) | 行政村 | | | | 乡(镇) | 行政村 |
| 长子 | 吕志文 | 汉族 | 冯庄 | 茨湾 | 长子 | 安建峒 | 汉族 | 冯庄 | 茨湾 |
| 儿媳 | 朱娟娟 | 汉族 | 冯庄 | 茨湾 | 户主 | 吕志军 | 汉族 | 冯庄 | 茨湾 |
| 孙子 | 吕建民 | 汉族 | 冯庄 | 茨湾 | 妻子 | 杜凤琴 | 汉族 | 冯庄 | 茨湾 |
| 次女 | 吕志粉 | 汉族 | 冯庄 | 茨湾 | 长子 | 吕　魁 | 汉族 | 冯庄 | 茨湾 |
| 户主 | 吕志洲 | 汉族 | 冯庄 | 茨湾 | 孙女 | 吕元梅 | 汉族 | 冯庄 | 茨湾 |
| 妻子 | 虎银芳 | 汉族 | 冯庄 | 茨湾 | 孙女 | 吕春梅 | 汉族 | 冯庄 | 茨湾 |
| 长子 | 吕　刚 | 汉族 | 冯庄 | 茨湾 | 孙子 | 吕向阳 | 汉族 | 冯庄 | 茨湾 |
| 次子 | 吕　龙 | 汉族 | 冯庄 | 茨湾 | 户主 | 吕志清 | 汉族 | 冯庄 | 茨湾 |
| 母亲 | 王梅英 | 汉族 | 冯庄 | 茨湾 | 妻子 | 李维兰 | 汉族 | 冯庄 | 茨湾 |
| 户主 | 吕志学 | 汉族 | 冯庄 | 茨湾 | 父亲 | 吕廷玺 | 汉族 | 冯庄 | 茨湾 |
| 妻子 | 张桂琴 | 汉族 | 冯庄 | 茨湾 | 母亲 | 李玉芳 | 汉族 | 冯庄 | 茨湾 |
| 户主 | 安振忠 | 汉族 | 冯庄 | 茨湾 | 户主 | 吕　鹏 | 汉族 | 冯庄 | 茨湾 |
| 妻子 | 杨翠琴 | 汉族 | 冯庄 | 茨湾 | 妻子 | 苏彩彩 | 汉族 | 冯庄 | 茨湾 |
| 长女 | 安润花 | 汉族 | 冯庄 | 茨湾 | 长女 | 吕江楠 | 汉族 | 冯庄 | 茨湾 |
| 孙女 | 王安琦 | 汉族 | 冯庄 | 茨湾 | 长子 | 吕旭伟 | 汉族 | 冯庄 | 茨湾 |
| 户主 | 安亚利 | 汉族 | 冯庄 | 茨湾 | 户主 | 安希彦 | 汉族 | 冯庄 | 茨湾 |
| 妻子 | 王云云 | 汉族 | 冯庄 | 茨湾 | 妻子 | 陈玉勤 | 汉族 | 冯庄 | 茨湾 |
| 长女 | 安佳媛 | 汉族 | 冯庄 | 茨湾 | 长子 | 安振春 | 汉族 | 冯庄 | 茨湾 |
| 户主 | 吕廷毕 | 汉族 | 冯庄 | 茨湾 | 儿媳 | 祁彩玲 | 汉族 | 冯庄 | 茨湾 |
| 妻子 | 王凤兰 | 汉族 | 冯庄 | 茨湾 | 孙女 | 安吉萍 | 汉族 | 冯庄 | 茨湾 |
| 户主 | 安思忠 | 汉族 | 冯庄 | 茨湾 | 户主 | 张振锋 | 汉族 | 冯庄 | 茨湾 |
| 妻子 | 陈金花 | 汉族 | 冯庄 | 茨湾 | 妻子 | 安　梅 | 汉族 | 冯庄 | 茨湾 |
| 户主 | 吕廷兵 | 汉族 | 冯庄 | 茨湾 | 长女 | 张春燕 | 汉族 | 冯庄 | 茨湾 |
| 妻子 | 董粉梅 | 汉族 | 冯庄 | 茨湾 | 长子 | 张崇刚 | 汉族 | 冯庄 | 茨湾 |
| 户主 | 安振斌 | 汉族 | 冯庄 | 茨湾 | 次子 | 安崇继 | 汉族 | 冯庄 | 茨湾 |
| 妻子 | 白有芳 | 汉族 | 冯庄 | 茨湾 | 户主 | 吕志昌 | 汉族 | 冯庄 | 茨湾 |
| 次子 | 安兴利 | 汉族 | 冯庄 | 茨湾 | 妻子 | 陈彩琴 | 汉族 | 冯庄 | 茨湾 |
| 长女 | 安凤利 | 汉族 | 冯庄 | 茨湾 | 次子 | 吕　元 | 汉族 | 冯庄 | 茨湾 |
| 母亲 | 黄翠秉 | 汉族 | 冯庄 | 茨湾 | 长女 | 吕　霞 | 汉族 | 冯庄 | 茨湾 |
| 户主 | 安振财 | 汉族 | 冯庄 | 茨湾 | 户主 | 吕志平 | 汉族 | 冯庄 | 茨湾 |
| 妻子 | 陈彩琴 | 汉族 | 冯庄 | 茨湾 | 妻子 | 刘粉琴 | 汉族 | 冯庄 | 茨湾 |
| 长子 | 安兴龙 | 汉族 | 冯庄 | 茨湾 | 长子 | 吕小明 | 汉族 | 冯庄 | 茨湾 |
| 次子 | 安兴建 | 汉族 | 冯庄 | 茨湾 | 儿媳 | 路翠霞 | 汉族 | 冯庄 | 茨湾 |
| 户主 | 安振雄 | 汉族 | 冯庄 | 茨湾 | 孙女 | 吕冬梅 | 汉族 | 冯庄 | 茨湾 |
| 妻子 | 郭彩霞 | 汉族 | 冯庄 | 茨湾 | 户主 | 安振伟 | 汉族 | 冯庄 | 茨湾 |
| 次女 | 安春花 | 汉族 | 冯庄 | 茨湾 | 妻子 | 王耀霞 | 汉族 | 冯庄 | 茨湾 |

续表 17

| 与户主关系 | 家庭成员 | 民族 | 原居住地 | | 与户主关系 | 家庭成员 | 民族 | 原居住地 | |
|---|---|---|---|---|---|---|---|---|---|
| | | | 乡(镇) | 行政村 | | | | 乡(镇) | 行政村 |
| 长子 | 安旭东 | 汉族 | 冯庄 | 茨湾 | 妻子 | 杜金兰 | 汉族 | 冯庄 | 茨湾 |
| 长女 | 安旭娟 | 汉族 | 冯庄 | 茨湾 | 次女 | 安永红 | 汉族 | 冯庄 | 茨湾 |
| 母亲 | 卢金花 | 汉族 | 冯庄 | 茨湾 | 母亲 | 郭玉兰 | 汉族 | 冯庄 | 茨湾 |
| 户主 | 安占文 | 汉族 | 冯庄 | 茨湾 | 户主 | 安占法 | 汉族 | 冯庄 | 茨湾 |
| 妻子 | 路秀芳 | 汉族 | 冯庄 | 茨湾 | 长子 | 安志新 | 汉族 | 冯庄 | 茨湾 |
| 长子 | 安志乾 | 汉族 | 冯庄 | 茨湾 | 孙子 | 安永虎 | 汉族 | 冯庄 | 茨湾 |
| 次子 | 安志坤 | 汉族 | 冯庄 | 茨湾 | 儿媳 | 白转红 | 汉族 | 冯庄 | 茨湾 |
| 户主 | 姚正清 | 汉族 | 冯庄 | 茨湾 | 长女 | 安林琴 | 汉族 | 冯庄 | 茨湾 |
| 妻子 | 袁桂梅 | 汉族 | 冯庄 | 茨湾 | 户主 | 安占和 | 汉族 | 冯庄 | 茨湾 |
| 长子 | 姚志鹏 | 汉族 | 冯庄 | 茨湾 | 长子 | 安志锋 | 汉族 | 冯庄 | 茨湾 |
| 户主 | 吕　福 | 汉族 | 冯庄 | 茨湾 | 户主 | 姚志成 | 汉族 | 冯庄 | 茨湾 |
| 妹妹 | 吕芳红 | 汉族 | 冯庄 | 茨湾 | 妻子 | 李凤勤 | 汉族 | 冯庄 | 茨湾 |
| 母亲 | 王志琴 | 汉族 | 冯庄 | 茨湾 | 长子 | 姚进国 | 汉族 | 冯庄 | 茨湾 |
| 户主 | 安占海 | 汉族 | 冯庄 | 茨湾 | 次子 | 姚永平 | 汉族 | 冯庄 | 茨湾 |
| 妻子 | 张玉银 | 汉族 | 冯庄 | 茨湾 | 长女 | 姚小燕 | 汉族 | 冯庄 | 茨湾 |
| 次女 | 安秀会 | 汉族 | 冯庄 | 茨湾 | 父亲 | 姚正发 | 汉族 | 冯庄 | 茨湾 |
| 户主 | 安志忠 | 汉族 | 冯庄 | 茨湾 | 户主 | 姚志军 | 汉族 | 冯庄 | 茨湾 |
| 妻子 | 贾转娥 | 汉族 | 冯庄 | 茨湾 | 妻子 | 郭彩芳 | 汉族 | 冯庄 | 茨湾 |
| 长女 | 安永霞 | 汉族 | 冯庄 | 茨湾 | 长子 | 姚占国 | 汉族 | 冯庄 | 茨湾 |
| 长子 | 安永龙 | 汉族 | 冯庄 | 茨湾 | 长女 | 姚淑平 | 汉族 | 冯庄 | 茨湾 |
| 户主 | 吕志锋 | 汉族 | 冯庄 | 茨湾 | 次女 | 姚晶晶 | 汉族 | 冯庄 | 茨湾 |
| 妻子 | 张粉霞 | 汉族 | 冯庄 | 茨湾 | 户主 | 安希奋 | 汉族 | 冯庄 | 茨湾 |
| 次子 | 吕　浩 | 汉族 | 冯庄 | 茨湾 | 妻子 | 安希林 | 汉族 | 冯庄 | 茨湾 |
| 户主 | 吕志亮 | 汉族 | 冯庄 | 茨湾 | 户主 | 安振东 | 汉族 | 冯庄 | 茨湾 |
| 妻子 | 张文花 | 汉族 | 冯庄 | 茨湾 | 长子 | 安建基 | 汉族 | 冯庄 | 茨湾 |
| 次女 | 吕　丽 | 汉族 | 冯庄 | 茨湾 | 儿媳 | 石利红 | 汉族 | 冯庄 | 茨湾 |
| 三女 | 吕翻翻 | 汉族 | 冯庄 | 茨湾 | 孙女 | 安双芳 | 汉族 | 冯庄 | 茨湾 |
| 四女 | 吕翻过 | 汉族 | 冯庄 | 茨湾 | 孙子 | 安继宝 | 汉族 | 冯庄 | 茨湾 |
| 长子 | 吕宝利 | 汉族 | 冯庄 | 茨湾 | 户主 | 安志堂 | 汉族 | 冯庄 | 茨湾 |
| 户主 | 安振国 | 汉族 | 冯庄 | 茨湾 | 妻子 | 王　兰 | 汉族 | 冯庄 | 茨湾 |
| 妻子 | 贾秀兰 | 汉族 | 冯庄 | 茨湾 | 长女 | 安雪艳 | 汉族 | 冯庄 | 茨湾 |
| 次女 | 安春琴 | 汉族 | 冯庄 | 茨湾 | 长子 | 安永康 | 汉族 | 冯庄 | 茨湾 |
| 户主 | 安希锋 | 汉族 | 冯庄 | 茨湾 | 户主 | 安建科 | 汉族 | 冯庄 | 茨湾 |
| 妻子 | 徐步兰 | 汉族 | 冯庄 | 茨湾 | 妻子 | 吴秀琴 | 汉族 | 冯庄 | 茨湾 |
| 次子 | 安振富 | 汉族 | 冯庄 | 茨湾 | 长子 | 安平川 | 汉族 | 冯庄 | 茨湾 |
| 户主 | 安志兵 | 汉族 | 冯庄 | 茨湾 | 次子 | 安平原 | 汉族 | 冯庄 | 茨湾 |

续表 17

| 与户主关系 | 家庭成员 | 民族 | 原居住地 | | 与户主关系 | 家庭成员 | 民族 | 原居住地 | |
|---|---|---|---|---|---|---|---|---|---|
| | | | 乡(镇) | 行政村 | | | | 乡(镇) | 行政村 |
| 户主 | 安希道 | 汉族 | 冯庄 | 茨湾 | 次子 | 安旭涛 | 汉族 | 冯庄 | 茨湾 |
| 妻子 | 李建花 | 汉族 | 冯庄 | 茨湾 | 户主 | 吕志元 | 汉族 | 冯庄 | 茨湾 |
| 孙子 | 安旭升 | 汉族 | 冯庄 | 茨湾 | 妻子 | 黄炳蓉 | 汉族 | 冯庄 | 茨湾 |
| 户主 | 安希刚 | 汉族 | 冯庄 | 茨湾 | 长子 | 吕　涛 | 汉族 | 冯庄 | 茨湾 |
| 妻子 | 王志莲 | 汉族 | 冯庄 | 茨湾 | 次子 | 吕　凯 | 汉族 | 冯庄 | 茨湾 |
| 次女 | 安红红 | 汉族 | 冯庄 | 茨湾 | 户主 | 安吉贵 | 汉族 | 冯庄 | 茨湾 |
| 长子 | 安振玺 | 汉族 | 冯庄 | 茨湾 | 妻子 | 虎彩兰 | 汉族 | 冯庄 | 茨湾 |
| 户主 | 吕志银 | 汉族 | 冯庄 | 茨湾 | 户主 | 安粉荣 | 汉族 | 冯庄 | 茨湾 |
| 妻子 | 安秀兰 | 汉族 | 冯庄 | 茨湾 | 妹妹 | 安彩荣 | 汉族 | 冯庄 | 茨湾 |
| 长子 | 吕　斌 | 汉族 | 冯庄 | 茨湾 | 户主 | 张生龙 | 汉族 | 冯庄 | 茨湾 |
| 次子 | 吕　宁 | 汉族 | 冯庄 | 茨湾 | 妻子 | 惠　琴 | 汉族 | 冯庄 | 茨湾 |
| 户主 | 安振琪 | 汉族 | 冯庄 | 茨湾 | 长子 | 张　旭 | 汉族 | 冯庄 | 茨湾 |
| 妻子 | 台金霞 | 汉族 | 冯庄 | 茨湾 | 次子 | 张　锐 | 汉族 | 冯庄 | 茨湾 |
| 长子 | 安旭佳 | 汉族 | 冯庄 | 茨湾 | 户主 | 安正田 | 汉族 | 冯庄 | 茨湾 |
| 户主 | 吕　权 | 汉族 | 冯庄 | 茨湾 | 妻子 | 路翠琴 | 汉族 | 冯庄 | 茨湾 |
| 妻子 | 谈玉霞 | 汉族 | 冯庄 | 茨湾 | 长子 | 安让让 | 汉族 | 冯庄 | 茨湾 |
| 长子 | 吕广军 | 汉族 | 冯庄 | 茨湾 | 长女 | 安浩荣 | 汉族 | 冯庄 | 茨湾 |
| 长女 | 吕倩倩 | 汉族 | 冯庄 | 茨湾 | 次女 | 安浩霞 | 汉族 | 冯庄 | 茨湾 |
| 户主 | 安亚军 | 汉族 | 冯庄 | 茨湾 | 户主 | 安正元 | 汉族 | 冯庄 | 茨湾 |
| 妻子 | 杨元丽 | 汉族 | 冯庄 | 茨湾 | 妻子 | 朱学梅 | 汉族 | 冯庄 | 茨湾 |
| 长子 | 安　邦 | 汉族 | 冯庄 | 茨湾 | 长子 | 安浩银 | 汉族 | 冯庄 | 茨湾 |
| 户主 | 安建新 | 汉族 | 冯庄 | 茨湾 | 母亲 | 梁山英 | 汉族 | 冯庄 | 茨湾 |
| 妻子 | 朱　芳 | 汉族 | 冯庄 | 茨湾 | 户主 | 高　仓 | 汉族 | 冯庄 | 茨湾 |
| 长女 | 安　蕊 | 汉族 | 冯庄 | 茨湾 | 妻子 | 杨粉琴 | 汉族 | 冯庄 | 茨湾 |
| 户主 | 吕志虎 | 汉族 | 冯庄 | 茨湾 | 长子 | 高占彪 | 汉族 | 冯庄 | 茨湾 |
| 妻子 | 赵彩莉 | 汉族 | 冯庄 | 茨湾 | 长女 | 高占兰 | 汉族 | 冯庄 | 茨湾 |
| 长子 | 吕　悦 | 汉族 | 冯庄 | 茨湾 | 户主 | 安正伟 | 汉族 | 冯庄 | 茨湾 |
| 户主 | 吕志龙 | 汉族 | 冯庄 | 茨湾 | 妻子 | 杜金绒 | 汉族 | 冯庄 | 茨湾 |
| 妻子 | 雅　荣 | 汉族 | 冯庄 | 茨湾 | 长女 | 安佳乐 | 汉族 | 冯庄 | 茨湾 |
| 户主 | 安振金 | 汉族 | 冯庄 | 茨湾 | 长子 | 安甲宁 | 汉族 | 冯庄 | 茨湾 |
| 妻子 | 张丽萍 | 汉族 | 冯庄 | 茨湾 | 父亲 | 安思柱 | 汉族 | 冯庄 | 茨湾 |
| 长子 | 安建春 | 汉族 | 冯庄 | 茨湾 | 户主 | 安思岳 | 汉族 | 冯庄 | 茨湾 |
| 次子 | 安东东 | 汉族 | 冯庄 | 茨湾 | 长子 | 安正奎 | 汉族 | 冯庄 | 茨湾 |
| 户主 | 姚彩虹 | 汉族 | 冯庄 | 茨湾 | 户主 | 高　库 | 汉族 | 冯庄 | 茨湾 |
| 妹妹 | 姚彩艳 | 汉族 | 冯庄 | 茨湾 | 妻子 | 王志玲 | 汉族 | 冯庄 | 茨湾 |
| 户主 | 孟淑兰 | 汉族 | 冯庄 | 茨湾 | 户主 | 李国平 | 汉族 | 冯庄 | 茨湾 |

续表 17

| 与户主关系 | 家庭成员 | 民族 | 原居住地 | | 与户主关系 | 家庭成员 | 民族 | 原居住地 | |
|---|---|---|---|---|---|---|---|---|---|
| | | | 乡(镇) | 行政村 | | | | 乡(镇) | 行政村 |
| 妻子 | 苏彦霞 | 汉族 | 冯庄 | 茨湾 | 次女 | 安乐乐 | 汉族 | 冯庄 | 茨湾 |
| 长子 | 李奋勇 | 汉族 | 冯庄 | 茨湾 | 长子 | 安义东 | 汉族 | 冯庄 | 茨湾 |
| 长女 | 李奋娜 | 汉族 | 冯庄 | 茨湾 | 户主 | 安正军 | 汉族 | 冯庄 | 茨湾 |
| 儿媳 | 杨彩慧 | 汉族 | 冯庄 | 茨湾 | 妻子 | 刘利娃 | 汉族 | 冯庄 | 茨湾 |
| 孙女 | 李佩瑶 | 汉族 | 冯庄 | 茨湾 | 长女 | 安玉婷 | 汉族 | 冯庄 | 茨湾 |
| 侄女 | 李欣雨 | 汉族 | 冯庄 | 茨湾 | 父亲 | 安思礼 | 汉族 | 冯庄 | 茨湾 |
| 母亲 | 刘万花 | 汉族 | 冯庄 | 茨湾 | 妹妹 | 安彩荣 | 汉族 | 冯庄 | 茨湾 |
| 户主 | 苏彦忠 | 汉族 | 冯庄 | 茨湾 | 母亲 | 白春勤 | 汉族 | 冯庄 | 茨湾 |
| 妻子 | 虎秀珍 | 汉族 | 冯庄 | 茨湾 | 户主 | 高　银 | 汉族 | 冯庄 | 茨湾 |
| 长女 | 苏　玲 | 汉族 | 冯庄 | 茨湾 | 妻子 | 伏秀琴 | 汉族 | 冯庄 | 茨湾 |
| 长子 | 苏　俭 | 汉族 | 冯庄 | 茨湾 | 长子 | 高占平 | 汉族 | 冯庄 | 茨湾 |
| 父亲 | 苏生福 | 汉族 | 冯庄 | 茨湾 | 次子 | 高占元 | 汉族 | 冯庄 | 茨湾 |
| 母亲 | 白治梅 | 汉族 | 冯庄 | 茨湾 | 长女 | 高占宏 | 汉族 | 冯庄 | 茨湾 |
| 户主 | 苏彦武 | 汉族 | 冯庄 | 茨湾 | 户主 | 安正福 | 汉族 | 冯庄 | 茨湾 |
| 妻子 | 黄炳琴 | 汉族 | 冯庄 | 茨湾 | 妻子 | 王小琴 | 汉族 | 冯庄 | 茨湾 |
| 长子 | 苏　凯 | 汉族 | 冯庄 | 茨湾 | 长子 | 安珍珍 | 汉族 | 冯庄 | 茨湾 |
| 户主 | 苏彦祥 | 汉族 | 冯庄 | 茨湾 | 长女 | 安芳红 | 汉族 | 冯庄 | 茨湾 |
| 妻子 | 姜宏霞 | 汉族 | 冯庄 | 茨湾 | 儿媳 | 柳春丽 | 汉族 | 冯庄 | 茨湾 |
| 长子 | 苏　伟 | 汉族 | 冯庄 | 茨湾 | 父亲 | 安思良 | 汉族 | 冯庄 | 茨湾 |
| 长女 | 苏　瑞 | 汉族 | 冯庄 | 茨湾 | 户主 | 伍应龙 | 汉族 | 冯庄 | 茨湾 |
| 户主 | 王继宏 | 汉族 | 冯庄 | 茨湾 | 妻子 | 洪向宏 | 汉族 | 冯庄 | 茨湾 |
| 妻子 | 朱永红 | 汉族 | 冯庄 | 茨湾 | 长子 | 伍永刚 | 汉族 | 冯庄 | 茨湾 |
| 长女 | 王　丽 | 汉族 | 冯庄 | 茨湾 | 长女 | 伍永霞 | 汉族 | 冯庄 | 茨湾 |
| 长子 | 王　鑫 | 汉族 | 冯庄 | 茨湾 | 父亲 | 伍关录 | 汉族 | 冯庄 | 茨湾 |
| 户主 | 高　荣 | 汉族 | 冯庄 | 茨湾 | 母亲 | 白翠琴 | 汉族 | 冯庄 | 茨湾 |
| 妻子 | 慕翠琴 | 汉族 | 冯庄 | 茨湾 | 户主 | 张志军 | 汉族 | 冯庄 | 茨湾 |
| 长女 | 高红红 | 汉族 | 冯庄 | 茨湾 | 父亲 | 张俊林 | 汉族 | 冯庄 | 茨湾 |
| 次女 | 高翻翻 | 汉族 | 冯庄 | 茨湾 | 母亲 | 白春华 | 汉族 | 冯庄 | 茨湾 |
| 户主 | 高　斌 | 汉族 | 冯庄 | 茨湾 | 户主 | 张志明 | 汉族 | 冯庄 | 茨湾 |
| 妻子 | 虎勤花 | 汉族 | 冯庄 | 茨湾 | 妻子 | 王维玲 | 汉族 | 冯庄 | 茨湾 |
| 长子 | 高占鹏 | 汉族 | 冯庄 | 茨湾 | 长子 | 张生荣 | 汉族 | 冯庄 | 茨湾 |
| 孙子 | 高恩泽 | 汉族 | 冯庄 | 茨湾 | 儿媳 | 野文艳 | 汉族 | 冯庄 | 茨湾 |
| 孙女 | 高雪盈 | 汉族 | 冯庄 | 茨湾 | 孙子 | 张纪童 | 汉族 | 冯庄 | 茨湾 |
| 户主 | 安正鹏 | 汉族 | 冯庄 | 茨湾 | 户主 | 安正勤 | 汉族 | 冯庄 | 茨湾 |
| 妻子 | 李占梅 | 汉族 | 冯庄 | 茨湾 | 妻子 | 李秀兰 | 汉族 | 冯庄 | 茨湾 |
| 长女 | 安强强 | 汉族 | 冯庄 | 茨湾 | 长子 | 安文波 | 汉族 | 冯庄 | 茨湾 |

续表 17

| 与户主关系 | 家庭成员 | 民族 | 原居住地 | | 与户主关系 | 家庭成员 | 民族 | 原居住地 | |
|---|---|---|---|---|---|---|---|---|---|
| | | | 乡(镇) | 行政村 | | | | 乡(镇) | 行政村 |
| 次女 | 安　蓉 | 汉族 | 冯庄 | 茨湾 | 长女 | 安　润 | 汉族 | 冯庄 | 茨湾 |
| 户主 | 安正乾 | 汉族 | 冯庄 | 茨湾 | 长子 | 安　攀 | 汉族 | 冯庄 | 茨湾 |
| 妻子 | 肖小琴 | 汉族 | 冯庄 | 茨湾 | 户主 | 高　伟 | 汉族 | 冯庄 | 茨湾 |
| 户主 | 苏彦清 | 汉族 | 冯庄 | 茨湾 | 妻子 | 黄红玉 | 汉族 | 冯庄 | 茨湾 |
| 妻子 | 黄炳琴 | 汉族 | 冯庄 | 茨湾 | 长子 | 高向宁 | 汉族 | 冯庄 | 茨湾 |
| 长子 | 苏正东 | 汉族 | 冯庄 | 茨湾 | 次子 | 高向阳 | 汉族 | 冯庄 | 茨湾 |
| 儿媳 | 李君霞 | 汉族 | 冯庄 | 茨湾 | 户主 | 张生文 | 汉族 | 冯庄 | 茨湾 |
| 孙女 | 苏浩楠 | 汉族 | 冯庄 | 茨湾 | 妻子 | 安等强 | 汉族 | 冯庄 | 茨湾 |
| 户主 | 苏彦荣 | 汉族 | 冯庄 | 茨湾 | 长子 | 张　魁 | 汉族 | 冯庄 | 茨湾 |
| 妻子 | 惠孝兰 | 汉族 | 冯庄 | 茨湾 | 次子 | 张　奥 | 汉族 | 冯庄 | 茨湾 |
| 长子 | 苏正西 | 汉族 | 冯庄 | 茨湾 | 父亲 | 张秉枢 | 汉族 | 冯庄 | 茨湾 |
| 儿媳 | 虎玉晓 | 汉族 | 冯庄 | 茨湾 | 母亲 | 白宗兰 | 汉族 | 冯庄 | 茨湾 |
| 孙女 | 苏倩楠 | 汉族 | 冯庄 | 茨湾 | 户主 | 张生虎 | 汉族 | 冯庄 | 茨湾 |
| 户主 | 苏彦军 | 汉族 | 冯庄 | 茨湾 | 长子 | 张　辉 | 汉族 | 冯庄 | 茨湾 |
| 儿媳 | 李小兰 | 汉族 | 冯庄 | 茨湾 | 长女 | 张　婧 | 汉族 | 冯庄 | 茨湾 |
| 长女 | 苏娟宏 | 汉族 | 冯庄 | 茨湾 | 户主 | 高　杰 | 汉族 | 冯庄 | 茨湾 |
| 长子 | 苏正伟 | 汉族 | 冯庄 | 茨湾 | 妻子 | 苏彦芳 | 汉族 | 冯庄 | 茨湾 |
| 父亲 | 苏生珍 | 汉族 | 冯庄 | 茨湾 | 长子 | 高占辉 | 汉族 | 冯庄 | 茨湾 |
| 母亲 | 孟佰莲 | 汉族 | 冯庄 | 茨湾 | 长女 | 高甜甜 | 汉族 | 冯庄 | 茨湾 |
| 户主 | 苏彦斌 | 汉族 | 冯庄 | 茨湾 | 户主 | 李彩琴 | 汉族 | 冯庄 | 茨湾 |
| 长女 | 苏等红 | 汉族 | 冯庄 | 茨湾 | 长女 | 惠银娣 | 汉族 | 冯庄 | 茨湾 |
| 父亲 | 苏生贵 | 汉族 | 冯庄 | 茨湾 | 长子 | 惠冬冬 | 汉族 | 冯庄 | 茨湾 |
| 母亲 | 朱万琴 | 汉族 | 冯庄 | 茨湾 | 户主 | 高占川 | 汉族 | 冯庄 | 茨湾 |
| 户主 | 安正伦 | 汉族 | 冯庄 | 茨湾 | 妻子 | 朱永香 | 汉族 | 冯庄 | 茨湾 |
| 妻子 | 张秀梅 | 汉族 | 冯庄 | 茨湾 | 长女 | 高婷婷 | 汉族 | 冯庄 | 茨湾 |
| 次子 | 安春记 | 汉族 | 冯庄 | 茨湾 | 长子 | 高敬涛 | 汉族 | 冯庄 | 茨湾 |
| 儿媳 | 张生倩 | 汉族 | 冯庄 | 茨湾 | 户主 | 张志鹏 | 汉族 | 冯庄 | 茨湾 |
| 户主 | 惠孝广 | 汉族 | 冯庄 | 茨湾 | 妻子 | 李凤琴 | 汉族 | 冯庄 | 茨湾 |
| 妻子 | 洪秀琴 | 汉族 | 冯庄 | 茨湾 | 长子 | 张生武 | 汉族 | 冯庄 | 茨湾 |
| 长子 | 惠冬平 | 汉族 | 冯庄 | 茨湾 | 次子 | 张生云 | 汉族 | 冯庄 | 茨湾 |
| 儿媳 | 张锁琴 | 汉族 | 冯庄 | 茨湾 | 户主 | 关应虎 | 汉族 | 冯庄 | 茨湾 |
| 孙子 | 惠博洋 | 汉族 | 冯庄 | 茨湾 | 妻子 | 安秀琴 | 汉族 | 冯庄 | 茨湾 |
| 户主 | 安思秀 | 汉族 | 冯庄 | 茨湾 | 长女 | 关永娥 | 汉族 | 冯庄 | 茨湾 |
| 妻子 | 虎秀兰 | 汉族 | 冯庄 | 茨湾 | 长子 | 关永民 | 汉族 | 冯庄 | 茨湾 |
| 户主 | 安正新 | 汉族 | 冯庄 | 茨湾 | 户主 | 王俊英 | 汉族 | 冯庄 | 茨湾 |
| 妻子 | 苟新霞 | 汉族 | 冯庄 | 茨湾 | 孙女 | 王明明 | 汉族 | 冯庄 | 茨湾 |

续表 17

| 与户主关系 | 家庭成员 | 民族 | 原居住地 | | 与户主关系 | 家庭成员 | 民族 | 原居住地 | |
|---|---|---|---|---|---|---|---|---|---|
| | | | 乡(镇) | 行政村 | | | | 乡(镇) | 行政村 |
| 户主 | 高占乾 | 汉族 | 冯庄 | 茨湾 | 三子 | 安金豹 | 汉族 | 冯庄 | 小园子 |
| 妻子 | 白　莉 | 汉族 | 冯庄 | 茨湾 | 户主 | 安希军 | 汉族 | 冯庄 | 小园子 |
| 长女 | 高静华 | 汉族 | 冯庄 | 茨湾 | 妻子 | 虎兴霞 | 汉族 | 冯庄 | 小园子 |
| 户主 | 高　雄 | 汉族 | 冯庄 | 茨湾 | 长子 | 安　侗 | 汉族 | 冯庄 | 小园子 |
| 妻子 | 郭秀琴 | 汉族 | 冯庄 | 茨湾 | 次子 | 安　贵 | 汉族 | 冯庄 | 小园子 |
| 长女 | 高雪艳 | 汉族 | 冯庄 | 茨湾 | 户主 | 安希文 | 汉族 | 冯庄 | 小园子 |
| 次女 | 高雪丽 | 汉族 | 冯庄 | 茨湾 | 妻子 | 肖彦梅 | 汉族 | 冯庄 | 小园子 |
| 长子 | 高占金 | 汉族 | 冯庄 | 茨湾 | 户主 | 安　勇 | 汉族 | 冯庄 | 小园子 |
| 户主 | 安转子 | 汉族 | 冯庄 | 茨湾 | 妻子 | 肖瑞霞 | 汉族 | 冯庄 | 小园子 |
| 妻子 | 张生莲 | 汉族 | 冯庄 | 茨湾 | 长女 | 安娜娜 | 汉族 | 冯庄 | 小园子 |
| 长子 | 安金琦 | 汉族 | 冯庄 | 茨湾 | 母亲 | 杨淑梅 | 汉族 | 冯庄 | 小园子 |
| 户主 | 安永贵 | 汉族 | 冯庄 | 小园子 | 妹 | 安宝燕 | 汉族 | 冯庄 | 小园子 |
| 妻子 | 李　莉 | 汉族 | 冯庄 | 小园子 | 户主 | 安希锋 | 汉族 | 冯庄 | 小园子 |
| 次子 | 安　鹏 | 汉族 | 冯庄 | 小园子 | 妻子 | 白向红 | 汉族 | 冯庄 | 小园子 |
| 三子 | 安　东 | 汉族 | 冯庄 | 小园子 | 长女 | 安春燕 | 汉族 | 冯庄 | 小园子 |
| 户主 | 董兴花 | 汉族 | 冯庄 | 小园子 | 长子 | 安　杰 | 汉族 | 冯庄 | 小园子 |
| 长子 | 安　辉 | 汉族 | 冯庄 | 小园子 | 次女 | 安雪燕 | 汉族 | 冯庄 | 小园子 |
| 孙子 | 安婷婷 | 汉族 | 冯庄 | 小园子 | 户主 | 安　平 | 汉族 | 冯庄 | 小园子 |
| 户主 | 安永和 | 汉族 | 冯庄 | 小园子 | 妻子 | 马改霞 | 汉族 | 冯庄 | 小园子 |
| 妻子 | 杨彩莲 | 汉族 | 冯庄 | 小园子 | 长女 | 安粉艳 | 汉族 | 冯庄 | 小园子 |
| 长子 | 安　伟 | 汉族 | 冯庄 | 小园子 | 长子 | 安静维 | 汉族 | 冯庄 | 小园子 |
| 次女 | 安珠萍 | 汉族 | 冯庄 | 小园子 | 次女 | 安小艳 | 汉族 | 冯庄 | 小园子 |
| 三女 | 安鑫萍 | 汉族 | 冯庄 | 小园子 | 母亲 | 何志华 | 汉族 | 冯庄 | 小园子 |
| 母亲 | 孙梅英 | 汉族 | 冯庄 | 小园子 | 户主 | 安希明 | 汉族 | 冯庄 | 小园子 |
| 户主 | 窦生芳 | 汉族 | 冯庄 | 小园子 | 妻子 | 陈慧兰 | 汉族 | 冯庄 | 小园子 |
| 长子 | 安　军 | 汉族 | 冯庄 | 小园子 | 长子 | 安　奎 | 汉族 | 冯庄 | 小园子 |
| 儿媳 | 薛　丽 | 汉族 | 冯庄 | 小园子 | 户主 | 安希聪 | 汉族 | 冯庄 | 小园子 |
| 母亲 | 虎芳英 | 汉族 | 冯庄 | 小园子 | 妻子 | 张玉玲 | 汉族 | 冯庄 | 小园子 |
| 孙女 | 安雅琦 | 汉族 | 冯庄 | 小园子 | 长女 | 安红燕 | 汉族 | 冯庄 | 小园子 |
| 户主 | 安永儒 | 汉族 | 冯庄 | 小园子 | 长子 | 安　刚 | 汉族 | 冯庄 | 小园子 |
| 妻子 | 王志莲 | 汉族 | 冯庄 | 小园子 | 次子 | 安　强 | 汉族 | 冯庄 | 小园子 |
| 三子 | 安　琛 | 汉族 | 冯庄 | 小园子 | 次女 | 安喜燕 | 汉族 | 冯庄 | 小园子 |
| 户主 | 安希亮 | 汉族 | 冯庄 | 小园子 | 户主 | 虎乃萍 | 汉族 | 冯庄 | 小园子 |
| 妻子 | 陈粉琴 | 汉族 | 冯庄 | 小园子 | 长女 | 安　瑞 | 汉族 | 冯庄 | 小园子 |
| 长女 | 安金霞 | 汉族 | 冯庄 | 小园子 | 长子 | 安　磊 | 汉族 | 冯庄 | 小园子 |
| 次子 | 安金龙 | 汉族 | 冯庄 | 小园子 | 户主 | 安希有 | 汉族 | 冯庄 | 小园子 |

续表 17

| 与户主关系 | 家庭成员 | 民族 | 原居住地 | | 与户主关系 | 家庭成员 | 民族 | 原居住地 | |
|---|---|---|---|---|---|---|---|---|---|
| | | | 乡(镇) | 行政村 | | | | 乡(镇) | 行政村 |
| 妻子 | 吕志霞 | 汉族 | 冯庄 | 小园子 | 长子 | 安　鹏 | 汉族 | 冯庄 | 小园子 |
| 长女 | 安　琪 | 汉族 | 冯庄 | 小园子 | 次子 | 安　成 | 汉族 | 冯庄 | 小园子 |
| 长子 | 安　博 | 汉族 | 冯庄 | 小园子 | 户主 | 安希温 | 汉族 | 冯庄 | 小园子 |
| 父亲 | 安克忠 | 汉族 | 冯庄 | 小园子 | 长子 | 安　辉 | 汉族 | 冯庄 | 小园子 |
| 母亲 | 杨成花 | 汉族 | 冯庄 | 小园子 | 户主 | 安希海 | 汉族 | 冯庄 | 小园子 |
| 户主 | 安希珍 | 汉族 | 冯庄 | 小园子 | 妻子 | 陈志莲 | 汉族 | 冯庄 | 小园子 |
| 妻子 | 张志梅 | 汉族 | 冯庄 | 小园子 | 户主 | 安　虎 | 汉族 | 冯庄 | 小园子 |
| 次子 | 安　伟 | 汉族 | 冯庄 | 小园子 | 妻子 | 曹向红 | 汉族 | 冯庄 | 小园子 |
| 户主 | 安　泉 | 汉族 | 冯庄 | 小园子 | 长女 | 安雪燕 | 汉族 | 冯庄 | 小园子 |
| 姐 | 安红梅 | 汉族 | 冯庄 | 小园子 | 长子 | 安飞鹏 | 汉族 | 冯庄 | 小园子 |
| 户主 | 安希强 | 汉族 | 冯庄 | 小园子 | 次女 | 安晓阳 | 汉族 | 冯庄 | 小园子 |
| 妻子 | 陈新红 | 汉族 | 冯庄 | 小园子 | 父亲 | 安希元 | 汉族 | 冯庄 | 小园子 |
| 长女 | 安　蓉 | 汉族 | 冯庄 | 小园子 | 母亲 | 段秀梅 | 汉族 | 冯庄 | 小园子 |
| 长子 | 安　军 | 汉族 | 冯庄 | 小园子 | 户主 | 安志荣 | 汉族 | 冯庄 | 小园子 |
| 母亲 | 亢玉兰 | 汉族 | 冯庄 | 小园子 | 妻子 | 王淑云 | 汉族 | 冯庄 | 小园子 |
| 哥 | 安希省 | 汉族 | 冯庄 | 小园子 | 长女 | 安小芳 | 汉族 | 冯庄 | 小园子 |
| 户主 | 何　刚 | 汉族 | 冯庄 | 小园子 | 长子 | 安小伟 | 汉族 | 冯庄 | 小园子 |
| 妻子 | 虎秉琴 | 汉族 | 冯庄 | 小园子 | 户主 | 安希龙 | 汉族 | 冯庄 | 小园子 |
| 长女 | 何苗苗 | 汉族 | 冯庄 | 小园子 | 妻子 | 刘小华 | 汉族 | 冯庄 | 小园子 |
| 三子 | 何亮亮 | 汉族 | 冯庄 | 小园子 | 长子 | 安伟伟 | 汉族 | 冯庄 | 小园子 |
| 四子 | 何金军 | 汉族 | 冯庄 | 小园子 | 次子 | 安富富 | 汉族 | 冯庄 | 小园子 |
| 儿媳 | 张芳燕 | 汉族 | 冯庄 | 小园子 | 户主 | 安　鑫 | 汉族 | 冯庄 | 小园子 |
| 户主 | 安希财 | 汉族 | 冯庄 | 小园子 | 姐 | 安玉兰 | 汉族 | 冯庄 | 小园子 |
| 妻子 | 胡玉梅 | 汉族 | 冯庄 | 小园子 | 户主 | 安永华 | 汉族 | 冯庄 | 小园子 |
| 长子 | 安　富 | 汉族 | 冯庄 | 小园子 | 妻子 | 米如莲 | 汉族 | 冯庄 | 小园子 |
| 六女 | 安彩玲 | 汉族 | 冯庄 | 小园子 | 次子 | 安　银 | 汉族 | 冯庄 | 小园子 |
| 户主 | 安付有 | 汉族 | 冯庄 | 小园子 | 户主 | 常学文 | 汉族 | 冯庄 | 小园子 |
| 妻子 | 董会会 | 汉族 | 冯庄 | 小园子 | 妻子 | 刘永强 | 汉族 | 冯庄 | 小园子 |
| 长女 | 安攀攀 | 汉族 | 冯庄 | 小园子 | 长子 | 常小明 | 汉族 | 冯庄 | 小园子 |
| 长子 | 安小刚 | 汉族 | 冯庄 | 小园子 | 次女 | 常粉琴 | 汉族 | 冯庄 | 小园子 |
| 弟 | 安志成 | 汉族 | 冯庄 | 小园子 | 三女 | 常粉荣 | 汉族 | 冯庄 | 小园子 |
| 父亲 | 安占杰 | 汉族 | 冯庄 | 小园子 | 儿媳 | 尹娜娜 | 汉族 | 冯庄 | 小园子 |
| 母亲 | 张风兰 | 汉族 | 冯庄 | 小园子 | 孙女 | 常　娟 | 汉族 | 冯庄 | 小园子 |
| 户主 | 安希清 | 汉族 | 冯庄 | 小园子 | 户主 | 常学兵 | 汉族 | 冯庄 | 小园子 |
| 妻子 | 虎秀琴 | 汉族 | 冯庄 | 小园子 | 妻子 | 姚志莲 | 汉族 | 冯庄 | 小园子 |
| 长女 | 安泽伟 | 汉族 | 冯庄 | 小园子 | 长子 | 常金明 | 汉族 | 冯庄 | 小园子 |

续表 17

| 与户主关系 | 家庭成员 | 民族 | 原居住地 | | 与户主关系 | 家庭成员 | 民族 | 原居住地 | |
|---|---|---|---|---|---|---|---|---|---|
| | | | 乡(镇) | 行政村 | | | | 乡(镇) | 行政村 |
| 儿媳 | 白翻霞 | 汉族 | 冯庄 | 小园子 | 户主 | 安希宁 | 汉族 | 冯庄 | 小园子 |
| 母亲 | 安耀花 | 汉族 | 冯庄 | 小园子 | 次子 | 安　波 | 汉族 | 冯庄 | 小园子 |
| 户主 | 安付良 | 汉族 | 冯庄 | 小园子 | 母亲 | 郭生芳 | 汉族 | 冯庄 | 小园子 |
| 妻子 | 张志兰 | 汉族 | 冯庄 | 小园子 | 户主 | 安希刚 | 汉族 | 冯庄 | 小园子 |
| 长女 | 安拴女 | 汉族 | 冯庄 | 小园子 | 妻子 | 张彦兰 | 汉族 | 冯庄 | 小园子 |
| 次女 | 安翻翻 | 汉族 | 冯庄 | 小园子 | 长子 | 安　南 | 汉族 | 冯庄 | 小园子 |
| 三女 | 安让过 | 汉族 | 冯庄 | 小园子 | 户主 | 安金虎 | 汉族 | 冯庄 | 小园子 |
| 四女 | 安拴让 | 汉族 | 冯庄 | 小园子 | 妻子 | 陈永霞 | 汉族 | 冯庄 | 小园子 |
| 父亲 | 安占俊 | 汉族 | 冯庄 | 小园子 | 长女 | 安静静 | 汉族 | 冯庄 | 小园子 |
| 母亲 | 陈兴梅 | 汉族 | 冯庄 | 小园子 | 长子 | 安彭南 | 汉族 | 冯庄 | 小园子 |
| 户主 | 安占林 | 汉族 | 冯庄 | 小园子 | 户主 | 安　升 | 汉族 | 冯庄 | 小园子 |
| 妻子 | 刘桂兰 | 汉族 | 冯庄 | 小园子 | 妻子 | 王雪芹 | 汉族 | 冯庄 | 小园子 |
| 长子 | 安金仓 | 汉族 | 冯庄 | 小园子 | 长女 | 安根莲 | 汉族 | 冯庄 | 小园子 |
| 四女 | 安彩花 | 汉族 | 冯庄 | 小园子 | 长子 | 安根龙 | 汉族 | 冯庄 | 小园子 |
| 孙女 | 刘永彩 | 汉族 | 冯庄 | 小园子 | 户主 | 安希宗 | 汉族 | 冯庄 | 小园子 |
| 女婿 | 刘存德 | 汉族 | 冯庄 | 小园子 | 妻子 | 王代弟 | 汉族 | 冯庄 | 小园子 |
| 孙子 | 刘永安 | 汉族 | 冯庄 | 小园子 | 户主 | 安　珠 | 汉族 | 冯庄 | 小园子 |
| 户主 | 安希宏 | 汉族 | 冯庄 | 小园子 | 妻子 | 王兰强 | 汉族 | 冯庄 | 小园子 |
| 妻子 | 钟国芳 | 汉族 | 冯庄 | 小园子 | 长子 | 安文涛 | 汉族 | 冯庄 | 小园子 |
| 长女 | 安　卓 | 汉族 | 冯庄 | 小园子 | 户主 | 安　平 | 汉族 | 冯庄 | 小园子 |
| 长子 | 安　启 | 汉族 | 冯庄 | 小园子 | 妻子 | 马　艳 | 汉族 | 冯庄 | 小园子 |
| 户主 | 陈贵霞 | 汉族 | 冯庄 | 小园子 | 长子 | 安国涛 | 汉族 | 冯庄 | 小园子 |
| 长子 | 安　康 | 汉族 | 冯庄 | 小园子 | 户主 | 安　龙 | 汉族 | 冯庄 | 小园子 |
| 次子 | 安　宁 | 汉族 | 冯庄 | 小园子 | 妻子 | 郭小霞 | 汉族 | 冯庄 | 小园子 |
| 户主 | 安　宗 | 汉族 | 冯庄 | 小园子 | 长女 | 安婷婷 | 汉族 | 冯庄 | 小园子 |
| 妻子 | 陈亚玲 | 汉族 | 冯庄 | 小园子 | 长子 | 安宁宁 | 汉族 | 冯庄 | 小园子 |
| 长子 | 安文博 | 汉族 | 冯庄 | 小园子 | 次女 | 安田田 | 汉族 | 冯庄 | 小园子 |
| 户主 | 安希鹏 | 汉族 | 冯庄 | 小园子 | 户主 | 何金勇 | 汉族 | 冯庄 | 小园子 |
| 妻子 | 李银粉 | 汉族 | 冯庄 | 小园子 | 妻子 | 高粉粉 | 汉族 | 冯庄 | 小园子 |
| 长子 | 安　康 | 汉族 | 冯庄 | 小园子 | 长子 | 何磊磊 | 汉族 | 冯庄 | 小园子 |
| 母亲 | 徐步莲 | 汉族 | 冯庄 | 小园子 | 次子 | 何飞飞 | 汉族 | 冯庄 | 小园子 |
| 哥 | 安希成 | 汉族 | 冯庄 | 小园子 | 户主 | 何金锋 | 汉族 | 冯庄 | 小园子 |
| 户主 | 安　珍 | 汉族 | 冯庄 | 小园子 | 妻子 | 赵红霞 | 汉族 | 冯庄 | 小园子 |
| 妻子 | 郭宏芳 | 汉族 | 冯庄 | 小园子 | 户主 | 安　锋 | 汉族 | 冯庄 | 小园子 |
| 长女 | 安根兰 | 汉族 | 冯庄 | 小园子 | 妻子 | 王彦清 | 汉族 | 冯庄 | 小园子 |
| 长子 | 安根锋 | 汉族 | 冯庄 | 小园子 | 长女 | 安静娥 | 汉族 | 冯庄 | 小园子 |

续表 17

| 与户主关系 | 家庭成员 | 民族 | 原居住地 | | 与户主关系 | 家庭成员 | 民族 | 原居住地 | |
|---|---|---|---|---|---|---|---|---|---|
| | | | 乡(镇) | 行政村 | | | | 乡(镇) | 行政村 |
| 长子 | 安进宝 | 汉族 | 冯庄 | 小园子 | 户主 | 雅化孔 | 汉族 | 冯庄 | 石沟 |
| 户主 | 安　章 | 汉族 | 冯庄 | 小园子 | 妻子 | 张雪萍 | 汉族 | 冯庄 | 石沟 |
| 妻子 | 黄　琴 | 汉族 | 冯庄 | 小园子 | 长子 | 雅进勇 | 汉族 | 冯庄 | 石沟 |
| 长女 | 安玲玲 | 汉族 | 冯庄 | 小园子 | 母亲 | 赵玉英 | 汉族 | 冯庄 | 石沟 |
| 长子 | 安丰丰 | 汉族 | 冯庄 | 小园子 | 户主 | 杨金兰 | 汉族 | 冯庄 | 石沟 |
| 户主 | 王有甲 | 汉族 | 冯庄 | 石沟 | 二女 | 雅红红 | 汉族 | 冯庄 | 石沟 |
| 妻子 | 祁秀莲 | 汉族 | 冯庄 | 石沟 | 户主 | 刘淑琴 | 汉族 | 冯庄 | 石沟 |
| 户主 | 雅化斌 | 汉族 | 冯庄 | 石沟 | 长子 | 王　楠 | 汉族 | 冯庄 | 石沟 |
| 长子 | 雅进国 | 汉族 | 冯庄 | 石沟 | 长女 | 王　玉 | 汉族 | 冯庄 | 石沟 |
| 户主 | 雅进俭 | 汉族 | 冯庄 | 石沟 | 次女 | 王　璐 | 汉族 | 冯庄 | 石沟 |
| 妻子 | 虎彩琴 | 汉族 | 冯庄 | 石沟 | 户主 | 雅进林 | 汉族 | 冯庄 | 石沟 |
| 长子 | 雅　安 | 汉族 | 冯庄 | 石沟 | 妻子 | 刘国娥 | 汉族 | 冯庄 | 石沟 |
| 次子 | 雅　平 | 汉族 | 冯庄 | 石沟 | 长子 | 雅　岩 | 汉族 | 冯庄 | 石沟 |
| 户主 | 王守甲 | 汉族 | 冯庄 | 石沟 | 长女 | 雅　瑞 | 汉族 | 冯庄 | 石沟 |
| 妻子 | 朱芳兰 | 汉族 | 冯庄 | 石沟 | 次子 | 雅　磊 | 汉族 | 冯庄 | 石沟 |
| 户主 | 景玉乾 | 汉族 | 冯庄 | 石沟 | 户主 | 雅进虎 | 汉族 | 冯庄 | 石沟 |
| 妻子 | 陈小荣 | 汉族 | 冯庄 | 石沟 | 妻子 | 常彩萍 | 汉族 | 冯庄 | 石沟 |
| 长女 | 景慧芳 | 汉族 | 冯庄 | 石沟 | 长女 | 雅　霞 | 汉族 | 冯庄 | 石沟 |
| 次女 | 景圆圆 | 汉族 | 冯庄 | 石沟 | 长子 | 雅　伟 | 汉族 | 冯庄 | 石沟 |
| 长子 | 景慧生 | 汉族 | 冯庄 | 石沟 | 户主 | 徐　平 | 汉族 | 冯庄 | 石沟 |
| 户主 | 雅化锋 | 汉族 | 冯庄 | 石沟 | 父亲 | 徐永祥 | 汉族 | 冯庄 | 石沟 |
| 母亲 | 马秀邦 | 汉族 | 冯庄 | 石沟 | 户主 | 雅进川 | 汉族 | 冯庄 | 石沟 |
| 户主 | 景玉军 | 汉族 | 冯庄 | 石沟 | 妻子 | 曹翠琴 | 汉族 | 冯庄 | 石沟 |
| 母亲 | 刘兴花 | 汉族 | 冯庄 | 石沟 | 长女 | 雅　娟 | 汉族 | 冯庄 | 石沟 |
| 户主 | 雅化龙 | 汉族 | 冯庄 | 石沟 | 长子 | 雅　亮 | 汉族 | 冯庄 | 石沟 |
| 妻子 | 刘彩兰 | 汉族 | 冯庄 | 石沟 | 户主 | 毛万虎 | 汉族 | 冯庄 | 石沟 |
| 长女 | 雅进慧 | 汉族 | 冯庄 | 石沟 | 妻子 | 张秀兰 | 汉族 | 冯庄 | 石沟 |
| 长子 | 雅进勇 | 汉族 | 冯庄 | 石沟 | 长子 | 毛生奇 | 汉族 | 冯庄 | 石沟 |
| 户主 | 雅进平 | 汉族 | 冯庄 | 石沟 | 次子 | 毛生勇 | 汉族 | 冯庄 | 石沟 |
| 母亲 | 秦秀兰 | 汉族 | 冯庄 | 石沟 | 户主 | 雅化鹏 | 汉族 | 冯庄 | 石沟 |
| 父亲 | 雅化贤 | 汉族 | 冯庄 | 石沟 | 妻子 | 赵玉萍 | 汉族 | 冯庄 | 石沟 |
| 兄 | 雅进刚 | 汉族 | 冯庄 | 石沟 | 长子 | 雅进伟 | 汉族 | 冯庄 | 石沟 |
| 户主 | 王彦科 | 汉族 | 冯庄 | 石沟 | 次子 | 雅进旭 | 汉族 | 冯庄 | 石沟 |
| 妻子 | 张　荣 | 汉族 | 冯庄 | 石沟 | 长女 | 雅进盼 | 汉族 | 冯庄 | 石沟 |
| 长女 | 王倩倩 | 汉族 | 冯庄 | 石沟 | 户主 | 司文学 | 汉族 | 冯庄 | 石沟 |
| 次女 | 王佩佩 | 汉族 | 冯庄 | 石沟 | 次子 | 司成强 | 汉族 | 冯庄 | 石沟 |

续表 17

| 与户主关系 | 家庭成员 | 民族 | 原居住地 | | 与户主关系 | 家庭成员 | 民族 | 原居住地 | |
|---|---|---|---|---|---|---|---|---|---|
| | | | 乡(镇) | 行政村 | | | | 乡(镇) | 行政村 |
| 次子妻子 | 张丽娟 | 汉族 | 冯庄 | 石沟 | 父亲 | 李维常 | 汉族 | 冯庄 | 上湾 |
| 户主 | 雅进森 | 汉族 | 冯庄 | 石沟 | 母亲 | 虎志兰 | 汉族 | 冯庄 | 上湾 |
| 妻子 | 杨东海 | 汉族 | 冯庄 | 石沟 | 妹妹 | 李淑芳 | 汉族 | 冯庄 | 上湾 |
| 长子 | 雅　宁 | 汉族 | 冯庄 | 石沟 | 户主 | 安治伟 | 汉族 | 冯庄 | 上湾 |
| 父亲 | 雅化选 | 汉族 | 冯庄 | 石沟 | 长子 | 安振泽 | 汉族 | 冯庄 | 上湾 |
| 母亲 | 虎金莲 | 汉族 | 冯庄 | 石沟 | 户主 | 闫双宏 | 汉族 | 冯庄 | 上湾 |
| 户主 | 王彦武 | 汉族 | 冯庄 | 石沟 | 父亲 | 闫治学 | 汉族 | 冯庄 | 上湾 |
| 妻子 | 翟玉红 | 汉族 | 冯庄 | 石沟 | 母亲 | 陈玉琴 | 汉族 | 冯庄 | 上湾 |
| 长子 | 王　鑫 | 汉族 | 冯庄 | 石沟 | 户主 | 吴社琴 | 汉族 | 冯庄 | 上湾 |
| 户主 | 毛万兵 | 汉族 | 冯庄 | 石沟 | 母亲 | 王玉花 | 汉族 | 冯庄 | 上湾 |
| 妻子 | 周风叶 | 汉族 | 冯庄 | 石沟 | 长子 | 董　瑞 | 汉族 | 冯庄 | 上湾 |
| 长子 | 毛生乾 | 汉族 | 冯庄 | 石沟 | 户主 | 安治旭 | 汉族 | 冯庄 | 上湾 |
| 长女 | 毛霞霞 | 汉族 | 冯庄 | 石沟 | 父亲 | 安耀平 | 汉族 | 冯庄 | 上湾 |
| 户主 | 雅进科 | 汉族 | 冯庄 | 石沟 | 母亲 | 陈彦秀 | 汉族 | 冯庄 | 上湾 |
| 妻子 | 杨桂芳 | 汉族 | 冯庄 | 石沟 | 户主 | 安治宁 | 汉族 | 冯庄 | 上湾 |
| 长子 | 雅　文 | 汉族 | 冯庄 | 石沟 | 兄弟 | 安治会 | 汉族 | 冯庄 | 上湾 |
| 次子 | 雅　武 | 汉族 | 冯庄 | 石沟 | 户主 | 董占虎 | 汉族 | 冯庄 | 上湾 |
| 户主 | 安万广 | 汉族 | 冯庄 | 上湾 | 妻子 | 虎淑琴 | 汉族 | 冯庄 | 上湾 |
| 妻子 | 张　慧 | 汉族 | 冯庄 | 上湾 | 长女 | 董会娟 | 汉族 | 冯庄 | 上湾 |
| 户主 | 安治银 | 汉族 | 冯庄 | 上湾 | 次女 | 董秀娟 | 汉族 | 冯庄 | 上湾 |
| 妻子 | 陈百霞 | 汉族 | 冯庄 | 上湾 | 长子 | 董飞飞 | 汉族 | 冯庄 | 上湾 |
| 长子 | 安捧捧 | 汉族 | 冯庄 | 上湾 | 户主 | 董　升 | 汉族 | 冯庄 | 上湾 |
| 户主 | 安治国 | 汉族 | 冯庄 | 上湾 | 妻子 | 胡　梅 | 汉族 | 冯庄 | 上湾 |
| 妻子 | 杨志花 | 汉族 | 冯庄 | 上湾 | 长女 | 董月娟 | 汉族 | 冯庄 | 上湾 |
| 长女 | 安芳芳 | 汉族 | 冯庄 | 上湾 | 次女 | 董秀娟 | 汉族 | 冯庄 | 上湾 |
| 次女 | 安娟娟 | 汉族 | 冯庄 | 上湾 | 三女 | 董麦燕 | 汉族 | 冯庄 | 上湾 |
| 三女 | 安涛涛 | 汉族 | 冯庄 | 上湾 | 长子 | 董向阳 | 汉族 | 冯庄 | 上湾 |
| 户主 | 虎如林 | 汉族 | 冯庄 | 上湾 | 户主 | 安治勇 | 汉族 | 冯庄 | 上湾 |
| 长女 | 虎丽档 | 汉族 | 冯庄 | 上湾 | 妻子 | 曹菊香 | 汉族 | 冯庄 | 上湾 |
| 兄弟 | 虎占银 | 汉族 | 冯庄 | 上湾 | 长子 | 安　宁 | 汉族 | 冯庄 | 上湾 |
| 父亲 | 虎志明 | 汉族 | 冯庄 | 上湾 | 户主 | 安治宽 | 汉族 | 冯庄 | 上湾 |
| 户主 | 李正军 | 汉族 | 冯庄 | 上湾 | 妻子 | 惠效琴 | 汉族 | 冯庄 | 上湾 |
| 妻子 | 安彩霞 | 汉族 | 冯庄 | 上湾 | 长子 | 安正升 | 汉族 | 冯庄 | 上湾 |
| 长子 | 李勇飞 | 汉族 | 冯庄 | 上湾 | 长女 | 安东红 | 汉族 | 冯庄 | 上湾 |
| 长女 | 李若囡 | 汉族 | 冯庄 | 上湾 | 户主 | 安永春 | 汉族 | 冯庄 | 上湾 |
| 二女 | 李若彤 | 汉族 | 冯庄 | 上湾 | 姐姐 | 安永红 | 汉族 | 冯庄 | 上湾 |

续表 17

| 与户主关系 | 家庭成员 | 民族 | 原居住地 | | 与户主关系 | 家庭成员 | 民族 | 原居住地 | |
|---|---|---|---|---|---|---|---|---|---|
| | | | 乡(镇) | 行政村 | | | | 乡(镇) | 行政村 |
| 户主 | 董进福 | 汉族 | 冯庄 | 上湾 | 户主 | 董汉科 | 汉族 | 冯庄 | 上湾 |
| 妻子 | 张秀琴 | 汉族 | 冯庄 | 上湾 | 妻子 | 郭凤兰 | 汉族 | 冯庄 | 上湾 |
| 二女 | 董小岐 | 汉族 | 冯庄 | 上湾 | 次子 | 董　龙 | 汉族 | 冯庄 | 上湾 |
| 三女 | 董小云 | 汉族 | 冯庄 | 上湾 | 儿媳 | 房小琴 | 汉族 | 冯庄 | 上湾 |
| 户主 | 董　广 | 汉族 | 冯庄 | 上湾 | 三子 | 董小兵 | 汉族 | 冯庄 | 上湾 |
| 妻子 | 白粉香 | 汉族 | 冯庄 | 上湾 | 长女 | 董小霞 | 汉族 | 冯庄 | 上湾 |
| 户主 | 董进儒 | 汉族 | 冯庄 | 上湾 | 次子 | 董红鑫 | 汉族 | 冯庄 | 上湾 |
| 妻子 | 亢会莲 | 汉族 | 冯庄 | 上湾 | 次女 | 董红霞 | 汉族 | 冯庄 | 上湾 |
| 长子 | 董　飞 | 汉族 | 冯庄 | 上湾 | 户主 | 安治佳 | 汉族 | 冯庄 | 上湾 |
| 次子 | 董　鹏 | 汉族 | 冯庄 | 上湾 | 妻子 | 李应兰 | 汉族 | 冯庄 | 上湾 |
| 儿媳 | 张　娟 | 汉族 | 冯庄 | 上湾 | 长子 | 安彦军 | 汉族 | 冯庄 | 上湾 |
| 户主 | 董　辉 | 汉族 | 冯庄 | 上湾 | 次子 | 安彦利 | 汉族 | 冯庄 | 上湾 |
| 二女 | 董春燕 | 汉族 | 冯庄 | 上湾 | 户主 | 安治合 | 汉族 | 冯庄 | 上湾 |
| 户主 | 董汉平 | 汉族 | 冯庄 | 上湾 | 妻子 | 吴会琴 | 汉族 | 冯庄 | 上湾 |
| 妻子 | 陈凤兰 | 汉族 | 冯庄 | 上湾 | 长女 | 安军艳 | 汉族 | 冯庄 | 上湾 |
| 户主 | 董汉军 | 汉族 | 冯庄 | 上湾 | 户主 | 闫永儒 | 汉族 | 冯庄 | 上湾 |
| 妻子 | 王建花 | 汉族 | 冯庄 | 上湾 | 妻子 | 冯志娥 | 汉族 | 冯庄 | 上湾 |
| 次女 | 董雅楠 | 汉族 | 冯庄 | 上湾 | 长子 | 闫金钱 | 汉族 | 冯庄 | 上湾 |
| 户主 | 董汉忠 | 汉族 | 冯庄 | 上湾 | 次子 | 闫金宝 | 汉族 | 冯庄 | 上湾 |
| 妻子 | 郭秀琴 | 汉族 | 冯庄 | 上湾 | 三子 | 闫金贵 | 汉族 | 冯庄 | 上湾 |
| 长子 | 董应虎 | 汉族 | 冯庄 | 上湾 | 四子 | 闫宝贵 | 汉族 | 冯庄 | 上湾 |
| 次女 | 董应霞 | 汉族 | 冯庄 | 上湾 | 儿媳 | 马栓琴 | 汉族 | 冯庄 | 上湾 |
| 户主 | 董占发 | 汉族 | 冯庄 | 上湾 | 儿媳 | 魏筛霞 | 汉族 | 冯庄 | 上湾 |
| 妻子 | 安彩琴 | 汉族 | 冯庄 | 上湾 | 户主 | 安小堂 | 汉族 | 冯庄 | 上湾 |
| 长子 | 董永永 | 汉族 | 冯庄 | 上湾 | 妻子 | 任喜宏 | 汉族 | 冯庄 | 上湾 |
| 长女 | 董小娟 | 汉族 | 冯庄 | 上湾 | 长子 | 安飞飞 | 汉族 | 冯庄 | 上湾 |
| 二女 | 董小燕 | 汉族 | 冯庄 | 上湾 | 长女 | 安娇娇 | 汉族 | 冯庄 | 上湾 |
| 三女 | 董小丽 | 汉族 | 冯庄 | 上湾 | 户主 | 虎维聪 | 汉族 | 冯庄 | 上湾 |
| 户主 | 陈利民 | 汉族 | 冯庄 | 上湾 | 妻子 | 王应霞 | 汉族 | 冯庄 | 上湾 |
| 妻子 | 虎春梅 | 汉族 | 冯庄 | 上湾 | 长子 | 虎向刚 | 汉族 | 冯庄 | 上湾 |
| 次子 | 陈　瑞 | 汉族 | 冯庄 | 上湾 | 长女 | 虎小燕 | 汉族 | 冯庄 | 上湾 |
| 长子 | 陈　涛 | 汉族 | 冯庄 | 上湾 | 二女 | 虎小琴 | 汉族 | 冯庄 | 上湾 |
| 户主 | 安耀枢 | 汉族 | 冯庄 | 上湾 | 三女 | 虎向向 | 汉族 | 冯庄 | 上湾 |
| 妻子 | 贾进兰 | 汉族 | 冯庄 | 上湾 | 四女 | 虎龙龙 | 汉族 | 冯庄 | 上湾 |
| 户主 | 董　虎 | 汉族 | 冯庄 | 上湾 | 五女 | 虎娇娇 | 汉族 | 冯庄 | 上湾 |
| 妻子 | 李燕虾 | 汉族 | 冯庄 | 上湾 | 六女 | 虎当当 | 汉族 | 冯庄 | 上湾 |

续表 17

| 与户主关系 | 家庭成员 | 民族 | 原居住地 | | 与户主关系 | 家庭成员 | 民族 | 原居住地 | |
|---|---|---|---|---|---|---|---|---|---|
| | | | 乡(镇) | 行政村 | | | | 乡(镇) | 行政村 |
| 户主 | 安治世 | 汉族 | 冯庄 | 上湾 | 次子 | 李龙飞 | 汉族 | 冯庄 | 上湾 |
| 妻子 | 虎粉莲 | 汉族 | 冯庄 | 上湾 | 长女 | 李芳芳 | 汉族 | 冯庄 | 上湾 |
| 长子 | 安文科 | 汉族 | 冯庄 | 上湾 | 次女 | 李融融 | 汉族 | 冯庄 | 上湾 |
| 次子 | 安明科 | 汉族 | 冯庄 | 上湾 | 户主 | 安耀鹏 | 汉族 | 冯庄 | 上湾 |
| 三子 | 安永明 | 汉族 | 冯庄 | 上湾 | 母亲 | 何世梅 | 汉族 | 冯庄 | 上湾 |
| 长女 | 安彩芸 | 汉族 | 冯庄 | 上湾 | 父亲 | 安维林 | 汉族 | 冯庄 | 上湾 |
| 户主 | 安亮儿 | 汉族 | 冯庄 | 上湾 | 户主 | 安耀玺 | 汉族 | 冯庄 | 上湾 |
| 妻子 | 魏艳艳 | 汉族 | 冯庄 | 上湾 | 妻子 | 郭秀珍 | 汉族 | 冯庄 | 上湾 |
| 长子 | 安涛涛 | 汉族 | 冯庄 | 上湾 | 三子 | 安小亮 | 汉族 | 冯庄 | 上湾 |
| 次子 | 安乐乐 | 汉族 | 冯庄 | 上湾 | 长女 | 安小云 | 汉族 | 冯庄 | 上湾 |
| 户主 | 安治雄 | 汉族 | 冯庄 | 上湾 | 二女 | 安小转 | 汉族 | 冯庄 | 上湾 |
| 妻子 | 虎永琴 | 汉族 | 冯庄 | 上湾 | 户主 | 安石喜 | 汉族 | 冯庄 | 上湾 |
| 长子 | 安宏伟 | 汉族 | 冯庄 | 上湾 | 长子 | 常维宏 | 汉族 | 冯庄 | 上湾 |
| 长女 | 安红艳 | 汉族 | 冯庄 | 上湾 | 次子 | 安永军 | 汉族 | 冯庄 | 上湾 |
| 次女 | 安红霞 | 汉族 | 冯庄 | 上湾 | 父亲 | 石生玉 | 汉族 | 冯庄 | 上湾 |
| 三女 | 安红娟 | 汉族 | 冯庄 | 上湾 | 户主 | 虎维明 | 汉族 | 冯庄 | 上湾 |
| 户主 | 虎常青 | 汉族 | 冯庄 | 上湾 | 妻子 | 邓海娥 | 汉族 | 冯庄 | 上湾 |
| 妻子 | 刘银秀 | 汉族 | 冯庄 | 上湾 | 长子 | 虎向龙 | 汉族 | 冯庄 | 上湾 |
| 长子 | 虎文博 | 汉族 | 冯庄 | 上湾 | 次子 | 虎向军 | 汉族 | 冯庄 | 上湾 |
| 次子 | 虎文华 | 汉族 | 冯庄 | 上湾 | 母亲 | 闫治梅 | 汉族 | 冯庄 | 上湾 |
| 户主 | 安治静 | 汉族 | 冯庄 | 上湾 | 户主 | 董汉林 | 汉族 | 冯庄 | 上湾 |
| 妻子 | 王贵香 | 汉族 | 冯庄 | 上湾 | 妻子 | 安芳香 | 汉族 | 冯庄 | 上湾 |
| 长子 | 安富科 | 汉族 | 冯庄 | 上湾 | 父亲 | 董万仁 | 汉族 | 冯庄 | 上湾 |
| 次子 | 安富军 | 汉族 | 冯庄 | 上湾 | 户主 | 董宝生 | 汉族 | 冯庄 | 上湾 |
| 长女 | 安丽霞 | 汉族 | 冯庄 | 上湾 | 妻子 | 张转过 | 汉族 | 冯庄 | 上湾 |
| 儿媳 | 卢东雪 | 汉族 | 冯庄 | 上湾 | 长子 | 董国伟 | 汉族 | 冯庄 | 上湾 |
| 父亲 | 安耀川 | 汉族 | 冯庄 | 上湾 | 次子 | 董建伟 | 汉族 | 冯庄 | 上湾 |
| 母亲 | 陈秀英 | 汉族 | 冯庄 | 上湾 | 户主 | 虎维章 | 汉族 | 冯庄 | 上湾 |
| 户主 | 虎维智 | 汉族 | 冯庄 | 上湾 | 母亲 | 孙玉英 | 汉族 | 冯庄 | 上湾 |
| 妻子 | 何元琴 | 汉族 | 冯庄 | 上湾 | 兄 | 虎维金 | 汉族 | 冯庄 | 上湾 |
| 长子 | 虎　伟 | 汉族 | 冯庄 | 上湾 | 户主 | 安治玺 | 汉族 | 冯庄 | 上湾 |
| 次子 | 虎　选 | 汉族 | 冯庄 | 上湾 | 妻子 | 朱生琴 | 汉族 | 冯庄 | 上湾 |
| 长女 | 虎文利 | 汉族 | 冯庄 | 上湾 | 长子 | 安万虎 | 汉族 | 冯庄 | 上湾 |
| 户主 | 李正堂 | 汉族 | 冯庄 | 上湾 | 儿媳 | 王利红 | 汉族 | 冯庄 | 上湾 |
| 妻子 | 常粉梅 | 汉族 | 冯庄 | 上湾 | 四女 | 安彩莲 | 汉族 | 冯庄 | 上湾 |
| 长子 | 李鹏飞 | 汉族 | 冯庄 | 上湾 | 孙子 | 安贝贝 | 汉族 | 冯庄 | 上湾 |

续表 17

| 与户主关系 | 家庭成员 | 民族 | 原居住地 | | 与户主关系 | 家庭成员 | 民族 | 原居住地 | |
|---|---|---|---|---|---|---|---|---|---|
| | | | 乡(镇) | 行政村 | | | | 乡(镇) | 行政村 |
| 户主 | 陈玉贵 | 汉族 | 冯庄 | 上湾 | 户主 | 董进步 | 汉族 | 冯庄 | 上湾 |
| 妻子 | 董凤兰 | 汉族 | 冯庄 | 上湾 | 妻子 | 安米换 | 汉族 | 冯庄 | 上湾 |
| 三子 | 陈刚明 | 汉族 | 冯庄 | 上湾 | 长子 | 董军刚 | 汉族 | 冯庄 | 上湾 |
| 户主 | 安治军 | 汉族 | 冯庄 | 上湾 | 长女 | 董军霞 | 汉族 | 冯庄 | 上湾 |
| 妻子 | 虎彩霞 | 汉族 | 冯庄 | 上湾 | 二女 | 董军花 | 汉族 | 冯庄 | 上湾 |
| 二女 | 安翻翻 | 汉族 | 冯庄 | 上湾 | 户主 | 虎安刚 | 汉族 | 冯庄 | 上湾 |
| 户主 | 安耀科 | 汉族 | 冯庄 | 上湾 | 妻子 | 何　粉 | 汉族 | 冯庄 | 上湾 |
| 妻子 | 路银琴 | 汉族 | 冯庄 | 上湾 | 次子 | 安保军 | 汉族 | 冯庄 | 上湾 |
| 长子 | 安称称 | 汉族 | 冯庄 | 上湾 | 三子 | 虎维维 | 汉族 | 冯庄 | 上湾 |
| 二女 | 安七斤 | 汉族 | 冯庄 | 上湾 | 母亲 | 仁风英 | 汉族 | 冯庄 | 上湾 |
| 三女 | 安翻过 | 汉族 | 冯庄 | 上湾 | 户主 | 虎宝升 | 汉族 | 冯庄 | 上湾 |
| 四女 | 安跳跳 | 汉族 | 冯庄 | 上湾 | 妻子 | 白丰香 | 汉族 | 冯庄 | 上湾 |
| 五女 | 安春春 | 汉族 | 冯庄 | 上湾 | 长女 | 虎　晴 | 汉族 | 冯庄 | 上湾 |
| 户主 | 董汉银 | 汉族 | 冯庄 | 上湾 | 户主 | 董宝仓 | 汉族 | 冯庄 | 上湾 |
| 妻子 | 罗生粉 | 汉族 | 冯庄 | 上湾 | 妻子 | 张　翠 | 汉族 | 冯庄 | 上湾 |
| 长子 | 董生虎 | 汉族 | 冯庄 | 上湾 | 长子 | 董乐乐 | 汉族 | 冯庄 | 上湾 |
| 次子 | 董立虎 | 汉族 | 冯庄 | 上湾 | 户主 | 安万忠 | 汉族 | 冯庄 | 上湾 |
| 三女 | 董彩霞 | 汉族 | 冯庄 | 上湾 | 妻子 | 冯满红 | 汉族 | 冯庄 | 上湾 |
| 户主 | 董汉东 | 汉族 | 冯庄 | 上湾 | 户主 | 马志录 | 回族 | 古城 | 挂马沟 |
| 长女 | 董乐荣 | 汉族 | 冯庄 | 上湾 | 妻子 | 马占梅 | 回族 | 古城 | 挂马沟 |
| 户主 | 虎维科 | 汉族 | 冯庄 | 上湾 | 次子 | 马白旦 | 回族 | 古城 | 挂马沟 |
| 妻子 | 董淑莲 | 汉族 | 冯庄 | 上湾 | 四子 | 马　成 | 回族 | 古城 | 挂马沟 |
| 长子 | 虎玉鹏 | 汉族 | 冯庄 | 上湾 | 次子 | 马　林 | 回族 | 古城 | 挂马沟 |
| 户主 | 董进义 | 汉族 | 冯庄 | 上湾 | 户主 | 马有福 | 回族 | 古城 | 挂马沟 |
| 妻子 | 李继梅 | 汉族 | 冯庄 | 上湾 | 妻子 | 海　燕 | 回族 | 古城 | 挂马沟 |
| 长子 | 董　发 | 汉族 | 冯庄 | 上湾 | 长子 | 马　鹏 | 回族 | 古城 | 挂马沟 |
| 长女 | 董凤利 | 汉族 | 冯庄 | 上湾 | 长女 | 马玲玲 | 回族 | 古城 | 挂马沟 |
| 二女 | 董岁丽 | 汉族 | 冯庄 | 上湾 | 户主 | 马志付 | 回族 | 古城 | 挂马沟 |
| 户主 | 董　福 | 汉族 | 冯庄 | 上湾 | 妻子 | 明月俊 | 回族 | 古城 | 挂马沟 |
| 妻子 | 张春霞 | 汉族 | 冯庄 | 上湾 | 长女 | 海小琴 | 回族 | 古城 | 挂马沟 |
| 长女 | 董丽娟 | 汉族 | 冯庄 | 上湾 | 二女 | 海小花 | 回族 | 古城 | 挂马沟 |
| 父亲 | 董汉存 | 汉族 | 冯庄 | 上湾 | 户主 | 海　生 | 回族 | 古城 | 挂马沟 |
| 长子 | 董丽鹏 | 汉族 | 冯庄 | 上湾 | 妻子 | 张金儿 | 回族 | 古城 | 挂马沟 |
| 户主 | 董汉收 | 汉族 | 冯庄 | 上湾 | 三女 | 海小同 | 回族 | 古城 | 挂马沟 |
| 妻子 | 韩彩梅 | 汉族 | 冯庄 | 上湾 | 户主 | 马启武 | 回族 | 古城 | 挂马沟 |
| 长子 | 董飞虎 | 汉族 | 冯庄 | 上湾 | 妻子 | 海连英 | 回族 | 古城 | 挂马沟 |

续表 17

| 与户主关系 | 家庭成员 | 民族 | 原居住地 | | 与户主关系 | 家庭成员 | 民族 | 原居住地 | |
|---|---|---|---|---|---|---|---|---|---|
| | | | 乡(镇) | 行政村 | | | | 乡(镇) | 行政村 |
| 姐姐 | 马哈哈 | 回族 | 古城 | 挂马沟 | 妻子 | 李金花 | 回族 | 古城 | 挂马沟 |
| 长女 | 马玉兰 | 回族 | 古城 | 挂马沟 | 户主 | 鲜重贵 | 回族 | 古城 | 挂马沟 |
| 户主 | 马小君 | 回族 | 古城 | 挂马沟 | 长子 | 鲜小林 | 回族 | 古城 | 挂马沟 |
| 妻子 | 赵常花 | 回族 | 古城 | 挂马沟 | 二女 | 鲜小梅 | 回族 | 古城 | 挂马沟 |
| 长子 | 马治成 | 回族 | 古城 | 挂马沟 | 户主 | 鲜金荣 | 回族 | 古城 | 挂马沟 |
| 长女 | 马娟娟 | 回族 | 古城 | 挂马沟 | 妻子 | 姬采梅 | 回族 | 古城 | 挂马沟 |
| 二女 | 马 芳 | 回族 | 古城 | 挂马沟 | 次子 | 鲜仲军 | 回族 | 古城 | 挂马沟 |
| 户主 | 海学文 | 回族 | 古城 | 挂马沟 | 儿媳 | 马晓琴 | 回族 | 古城 | 挂马沟 |
| 妻子 | 金萍萍 | 回族 | 古城 | 挂马沟 | 妻子 | 马德兰 | 回族 | 古城 | 挂马沟 |
| 长子 | 海威龙 | 回族 | 古城 | 挂马沟 | 户主 | 海 平 | 回族 | 古城 | 挂马沟 |
| 次子 | 海威军 | 回族 | 古城 | 挂马沟 | 长子 | 海有君 | 回族 | 古城 | 挂马沟 |
| 户主 | 海 果 | 回族 | 古城 | 挂马沟 | 次子 | 海有付 | 回族 | 古城 | 挂马沟 |
| 妻子 | 马武梅 | 回族 | 古城 | 挂马沟 | 户主 | 海春元 | 回族 | 古城 | 挂马沟 |
| 户主 | 马玉贵 | 回族 | 古城 | 挂马沟 | 孙女 | 海小蓉 | 回族 | 古城 | 挂马沟 |
| 妻子 | 任克燕 | 回族 | 古城 | 挂马沟 | 孙女 | 海小玲 | 回族 | 古城 | 挂马沟 |
| 长女 | 马红霞 | 回族 | 古城 | 挂马沟 | 户主 | 海小鹏 | 回族 | 古城 | 挂马沟 |
| 二女 | 马红玲 | 回族 | 古城 | 挂马沟 | 妻子 | 马有连 | 回族 | 古城 | 挂马沟 |
| 户主 | 马玉龙 | 回族 | 古城 | 挂马沟 | 长女 | 海亚卓 | 回族 | 古城 | 挂马沟 |
| 妻子 | 马世平 | 回族 | 古城 | 挂马沟 | 二女 | 海亚妮 | 回族 | 古城 | 挂马沟 |
| 次子 | 马小东 | 回族 | 古城 | 挂马沟 | 长子 | 海亚飞 | 回族 | 古城 | 挂马沟 |
| 三子 | 马小平 | 回族 | 古城 | 挂马沟 | 户主 | 海小龙 | 回族 | 古城 | 挂马沟 |
| 户主 | 海 祥 | 回族 | 古城 | 挂马沟 | 妻子 | 马 兰 | 回族 | 古城 | 挂马沟 |
| 妻子 | 马桂芳 | 回族 | 古城 | 挂马沟 | 长子 | 海亚东 | 回族 | 古城 | 挂马沟 |
| 长子 | 海有付 | 回族 | 古城 | 挂马沟 | 次子 | 海亚军 | 回族 | 古城 | 挂马沟 |
| 儿媳 | 马德英 | 回族 | 古城 | 挂马沟 | 长女 | 海亚雪 | 回族 | 古城 | 挂马沟 |
| 孙子 | 海建成 | 回族 | 古城 | 挂马沟 | 妻子 | 母连花 | 回族 | 古城 | 挂马沟 |
| 孙子 | 海建龙 | 回族 | 古城 | 挂马沟 | 次子 | 海 斌 | 回族 | 古城 | 挂马沟 |
| 二女 | 海广艳 | 回族 | 古城 | 挂马沟 | 户主 | 海春田 | 回族 | 古城 | 挂马沟 |
| 户主 | 海有财 | 回族 | 古城 | 挂马沟 | 儿媳 | 李兰花 | 回族 | 古城 | 挂马沟 |
| 妻子 | 海玉兰 | 回族 | 古城 | 挂马沟 | 孙女 | 海小红 | 回族 | 古城 | 挂马沟 |
| 长子 | 海广军 | 回族 | 古城 | 挂马沟 | 孙子 | 海小平 | 回族 | 古城 | 挂马沟 |
| 妻子 | 马成芳 | 回族 | 古城 | 挂马沟 | 妻子 | 马晓艳 | 回族 | 古城 | 挂马沟 |
| 长女 | 海伶霞 | 回族 | 古城 | 挂马沟 | 户主 | 海 文 | 回族 | 古城 | 挂马沟 |
| 二女 | 海伶俐 | 回族 | 古城 | 挂马沟 | 二女 | 海 芳 | 回族 | 古城 | 挂马沟 |
| 户主 | 海有钱 | 回族 | 古城 | 挂马沟 | 三女 | 海小红 | 回族 | 古城 | 挂马沟 |
| 三女 | 海伶兰 | 回族 | 古城 | 挂马沟 | 长子 | 海小强 | 回族 | 古城 | 挂马沟 |

续表 17

| 与户主关系 | 家庭成员 | 民族 | 原居住地 | | 与户主关系 | 家庭成员 | 民族 | 原居住地 | |
|---|---|---|---|---|---|---|---|---|---|
| | | | 乡(镇) | 行政村 | | | | 乡(镇) | 行政村 |
| 户主 | 海春奎 | 回族 | 古城 | 挂马沟 | 户主 | 马彦龙 | 回族 | 古城 | 挂马沟 |
| 妻子 | 马秀梅 | 回族 | 古城 | 挂马沟 | 长子 | 马小平 | 回族 | 古城 | 挂马沟 |
| 户主 | 海　富 | 回族 | 古城 | 挂马沟 | 儿媳 | 马保琴 | 回族 | 古城 | 挂马沟 |
| 妻子 | 马自梅 | 回族 | 古城 | 挂马沟 | 长子 | 马　斌 | 回族 | 古城 | 挂马沟 |
| 长女 | 海晓琴 | 回族 | 古城 | 挂马沟 | 户主 | 马志荣 | 回族 | 古城 | 挂马沟 |
| 长子 | 海小明 | 回族 | 古城 | 挂马沟 | 妻子 | 马生英 | 回族 | 古城 | 挂马沟 |
| 次子 | 海小军 | 回族 | 古城 | 挂马沟 | 长女 | 马　林 | 回族 | 古城 | 挂马沟 |
| 户主 | 海春虎 | 回族 | 古城 | 挂马沟 | 二女 | 马　琴 | 回族 | 古城 | 挂马沟 |
| 妻子 | 马生芳 | 回族 | 古城 | 挂马沟 | 祖母 | 海金莲 | 回族 | 古城 | 挂马沟 |
| 次子 | 海　龙 | 回族 | 古城 | 挂马沟 | 户主 | 马　平 | 回族 | 古城 | 挂马沟 |
| 户主 | 海　强 | 回族 | 古城 | 挂马沟 | 妻子 | 海文文 | 回族 | 古城 | 挂马沟 |
| 妻子 | 姬文连 | 回族 | 古城 | 挂马沟 | 长女 | 马媛慧 | 回族 | 古城 | 挂马沟 |
| 二女 | 海梅子 | 回族 | 古城 | 挂马沟 | 户主 | 马玉虎 | 回族 | 古城 | 挂马沟 |
| 长子 | 海明伟 | 回族 | 古城 | 挂马沟 | 妻子 | 李红霞 | 回族 | 古城 | 挂马沟 |
| 次子 | 海明武 | 回族 | 古城 | 挂马沟 | 长子 | 马晨煜 | 回族 | 古城 | 挂马沟 |
| 户主 | 海　林 | 回族 | 古城 | 挂马沟 | 户主 | 马玉付 | 回族 | 古城 | 挂马沟 |
| 妻子 | 马有梅 | 回族 | 古城 | 挂马沟 | 妻子 | 丁从花 | 回族 | 古城 | 挂马沟 |
| 次子 | 海小春 | 回族 | 古城 | 挂马沟 | 长女 | 马小梅 | 回族 | 古城 | 挂马沟 |
| 长子 | 海小斌 | 回族 | 古城 | 挂马沟 | 二女 | 马小兰 | 回族 | 古城 | 挂马沟 |
| 二女 | 海小红 | 回族 | 古城 | 挂马沟 | 三女 | 马小娟 | 回族 | 古城 | 挂马沟 |
| 户主 | 海　财 | 回族 | 古城 | 挂马沟 | 户主 | 海　涛 | 回族 | 古城 | 挂马沟 |
| 妻子 | 马买子 | 回族 | 古城 | 挂马沟 | 妻子 | 冶文兰 | 回族 | 古城 | 挂马沟 |
| 户主 | 马　旭 | 回族 | 古城 | 挂马沟 | 长子 | 海小付 | 回族 | 古城 | 挂马沟 |
| 父亲 | 马志贵 | 回族 | 古城 | 挂马沟 | 次子 | 海小虎 | 回族 | 古城 | 挂马沟 |
| 母亲 | 马占连 | 回族 | 古城 | 挂马沟 | 三子 | 海小林 | 回族 | 古城 | 挂马沟 |
| 长子 | 马国俊 | 回族 | 古城 | 挂马沟 | 户主 | 海　忠 | 回族 | 古城 | 挂马沟 |
| 长女 | 马红霞 | 回族 | 古城 | 挂马沟 | 妻子 | 马成芳 | 回族 | 古城 | 挂马沟 |
| 户主 | 马　英 | 回族 | 古城 | 挂马沟 | 长子 | 海小鹏 | 回族 | 古城 | 挂马沟 |
| 妻子 | 米小琴 | 回族 | 古城 | 挂马沟 | 二女 | 海小兰 | 回族 | 古城 | 挂马沟 |
| 次子 | 马国雄 | 回族 | 古城 | 挂马沟 | 户主 | 鲜金成 | 回族 | 古城 | 挂马沟 |
| 户主 | 马　军 | 回族 | 古城 | 挂马沟 | 妻子 | 杨如花 | 回族 | 古城 | 挂马沟 |
| 妻子 | 马　宁 | 回族 | 古城 | 挂马沟 | 次子 | 鲜仲福 | 回族 | 古城 | 挂马沟 |
| 长女 | 马若楠 | 回族 | 古城 | 挂马沟 | 父亲 | 鲜培仁 | 回族 | 古城 | 挂马沟 |
| 二女 | 马若恒 | 回族 | 古城 | 挂马沟 | 母亲 | 姬凤英 | 回族 | 古城 | 挂马沟 |
| 三女 | 马若岩 | 回族 | 古城 | 挂马沟 | 儿媳 | 张进萍 | 回族 | 古城 | 挂马沟 |
| 妻子 | 马生兰 | 回族 | 古城 | 挂马沟 | 孙女 | 鲜　艳 | 回族 | 古城 | 挂马沟 |

续表 17

| 与户主关系 | 家庭成员 | 民族 | 原居住地 | | 与户主关系 | 家庭成员 | 民族 | 原居住地 | |
|---|---|---|---|---|---|---|---|---|---|
| | | | 乡(镇) | 行政村 | | | | 乡(镇) | 行政村 |
| 孙女 | 鲜玲卓 | 回族 | 古城 | 挂马沟 | 长子 | 马国强 | 回族 | 古城 | 挂马沟 |
| 户主 | 鲜金毕 | 回族 | 古城 | 挂马沟 | 长女 | 马海霞 | 回族 | 古城 | 挂马沟 |
| 妻子 | 鱼加梅 | 回族 | 古城 | 挂马沟 | 户主 | 海小龙 | 回族 | 古城 | 挂马沟 |
| 长子 | 鲜仲林 | 回族 | 古城 | 挂马沟 | 妻子 | 马桂花 | 回族 | 古城 | 挂马沟 |
| 长女 | 鲜春香 | 回族 | 古城 | 挂马沟 | 长女 | 海冬玲 | 回族 | 古城 | 挂马沟 |
| 二女 | 鲜在儿 | 回族 | 古城 | 挂马沟 | 户主 | 鲜仲平 | 回族 | 古城 | 挂马沟 |
| 户主 | 鲜金虎 | 回族 | 古城 | 挂马沟 | 妻子 | 苏付连 | 回族 | 古城 | 挂马沟 |
| 长子 | 鲜仲鹏 | 回族 | 古城 | 挂马沟 | 长女 | 鲜春玲 | 回族 | 古城 | 挂马沟 |
| 五女 | 鲜仲芳 | 回族 | 古城 | 挂马沟 | 二女 | 鲜旭梅 | 回族 | 古城 | 挂马沟 |
| 户主 | 马占仓 | 回族 | 古城 | 挂马沟 | 户主 | 鲜仲奎 | 回族 | 古城 | 挂马沟 |
| 妻子 | 马玉连 | 回族 | 古城 | 挂马沟 | 妻子 | 苏桂花 | 回族 | 古城 | 挂马沟 |
| 长子 | 马吉文 | 回族 | 古城 | 挂马沟 | 长女 | 鲜晓梅 | 回族 | 古城 | 挂马沟 |
| 户主 | 马　强 | 回族 | 古城 | 挂马沟 | 二女 | 鲜小琴 | 回族 | 古城 | 挂马沟 |
| 妻子 | 马继红 | 回族 | 古城 | 挂马沟 | 户主 | 海　英 | 回族 | 古城 | 挂马沟 |
| 长子 | 马国斌 | 回族 | 古城 | 挂马沟 | 妻子 | 陈学娟 | 回族 | 古城 | 挂马沟 |
| 长女 | 马赛买 | 回族 | 古城 | 挂马沟 | 长子 | 海小成 | 回族 | 古城 | 挂马沟 |
| 户主 | 海　武 | 回族 | 古城 | 挂马沟 | 户主 | 马小付 | 回族 | 古城 | 挂马沟 |
| 妻子 | 马海英 | 回族 | 古城 | 挂马沟 | 妻子 | 剡得芳 | 回族 | 古城 | 挂马沟 |
| 长子 | 海小龙 | 回族 | 古城 | 挂马沟 | 长女 | 马　莉 | 回族 | 古城 | 挂马沟 |
| 长女 | 海小琴 | 回族 | 古城 | 挂马沟 | 户主 | 海小虎 | 回族 | 古城 | 挂马沟 |
| 户主 | 马吉林 | 回族 | 古城 | 挂马沟 | 妻子 | 张海兰 | 回族 | 古城 | 挂马沟 |
| 妻子 | 丁丽梅 | 回族 | 古城 | 挂马沟 | 户主 | 马玉峰 | 回族 | 古城 | 挂马沟 |
| 长子 | 马小丁 | 回族 | 古城 | 挂马沟 | 妻子 | 赵孝花 | 回族 | 古城 | 挂马沟 |
| 次子 | 马小红 | 回族 | 古城 | 挂马沟 | 长女 | 马书琴 | 回族 | 古城 | 挂马沟 |
| 户主 | 马玉军 | 回族 | 古城 | 挂马沟 | 户主 | 海　贵 | 回族 | 古城 | 挂马沟 |
| 妻子 | 刘　艳 | 回族 | 古城 | 挂马沟 | 妻子 | 铁　梅 | 回族 | 古城 | 挂马沟 |
| 长女 | 马小霞 | 回族 | 古城 | 挂马沟 | 长子 | 海军军 | 回族 | 古城 | 挂马沟 |
| 二女 | 马小红 | 回族 | 古城 | 挂马沟 | 次子 | 海小瑞 | 回族 | 古城 | 挂马沟 |
| 父亲 | 马正林 | 回族 | 古城 | 挂马沟 | 户主 | 马　生 | 回族 | 古城 | 挂马沟 |
| 母亲 | 马启连 | 回族 | 古城 | 挂马沟 | 妻子 | 马建梅 | 回族 | 古城 | 挂马沟 |
| 户主 | 马　银 | 回族 | 古城 | 挂马沟 | 长女 | 马蓉蓉 | 回族 | 古城 | 挂马沟 |
| 妻子 | 马吉兰 | 回族 | 古城 | 挂马沟 | 长子 | 马治虎 | 回族 | 古城 | 挂马沟 |
| 长子 | 马小龙 | 回族 | 古城 | 挂马沟 | 二女 | 马治红 | 回族 | 古城 | 挂马沟 |
| 次子 | 马小恩 | 回族 | 古城 | 挂马沟 | 户主 | 海小挥 | 回族 | 古城 | 挂马沟 |
| 户主 | 马　付 | 回族 | 古城 | 挂马沟 | 妻子 | 马勇红 | 回族 | 古城 | 挂马沟 |
| 妻子 | 户耀云 | 回族 | 古城 | 挂马沟 | 户主 | 马志林 | 回族 | 古城 | 挂马沟 |

续表 17

| 与户主关系 | 家庭成员 | 民族 | 原居住地 | | 与户主关系 | 家庭成员 | 民族 | 原居住地 | |
|---|---|---|---|---|---|---|---|---|---|
| | | | 乡(镇) | 行政村 | | | | 乡(镇) | 行政村 |
| 次子 | 马　君 | 回族 | 古城 | 挂马沟 | 长子 | 马小明 | 回族 | 古城 | 挂马沟 |
| 长女 | 马阿旦 | 回族 | 古城 | 挂马沟 | 长女 | 马小玲 | 回族 | 古城 | 挂马沟 |
| 母亲 | 马生英 | 回族 | 古城 | 挂马沟 | 户主 | 马小霞 | 回族 | 古城 | 挂马沟 |
| 儿媳 | 马俊花 | 回族 | 古城 | 挂马沟 | 长女 | 马桂花 | 回族 | 古城 | 挂马沟 |
| 孙女 | 马　艳 | 回族 | 古城 | 挂马沟 | 户主 | 马生成 | 回族 | 古城 | 挂马沟 |
| 孙女 | 马小燕 | 回族 | 古城 | 挂马沟 | 妻子 | 白玉连 | 回族 | 古城 | 挂马沟 |
| 户主 | 马志君 | 回族 | 古城 | 挂马沟 | 次子 | 马有飞 | 回族 | 古城 | 挂马沟 |
| 妻子 | 马密儿 | 回族 | 古城 | 挂马沟 | 户主 | 单正芳 | 回族 | 古城 | 挂马沟 |
| 长女 | 马发买 | 回族 | 古城 | 挂马沟 | 四女 | 马　蓉 | 回族 | 古城 | 挂马沟 |
| 户主 | 马志高 | 回族 | 古城 | 挂马沟 | 户主 | 马生奎 | 回族 | 古城 | 挂马沟 |
| 妻子 | 海青梅 | 回族 | 古城 | 挂马沟 | 妻子 | 海春芳 | 回族 | 古城 | 挂马沟 |
| 父亲 | 马保仓 | 回族 | 古城 | 挂马沟 | 四子 | 马有录 | 回族 | 古城 | 挂马沟 |
| 母亲 | 杨志梅 | 回族 | 古城 | 挂马沟 | 儿媳 | 海　梅 | 回族 | 古城 | 挂马沟 |
| 户主 | 马有余 | 回族 | 古城 | 挂马沟 | 孙子 | 马　飞 | 回族 | 古城 | 挂马沟 |
| 妻子 | 马文俊 | 回族 | 古城 | 挂马沟 | 孙子 | 马恒儒 | 回族 | 古城 | 挂马沟 |
| 长子 | 马存辉 | 回族 | 古城 | 挂马沟 | 户主 | 马良东 | 回族 | 古城 | 挂马沟 |
| 长女 | 马存莲 | 回族 | 古城 | 挂马沟 | 妻子 | 马　兰 | 回族 | 古城 | 挂马沟 |
| 二女 | 马存娟 | 回族 | 古城 | 挂马沟 | 长子 | 马　飞 | 回族 | 古城 | 挂马沟 |
| 三女 | 马存琴 | 回族 | 古城 | 挂马沟 | 长女 | 马　玲 | 回族 | 古城 | 挂马沟 |
| 户主 | 马武海 | 回族 | 古城 | 挂马沟 | 外祖母 | 马德英 | 回族 | 古城 | 挂马沟 |
| 妻子 | 海　玲 | 回族 | 古城 | 挂马沟 | 户主 | 马有真 | 回族 | 古城 | 挂马沟 |
| 长子 | 马主麻 | 回族 | 古城 | 挂马沟 | 妻子 | 马在拜 | 回族 | 古城 | 挂马沟 |
| 长女 | 马东香 | 回族 | 古城 | 挂马沟 | 长子 | 马　富 | 回族 | 古城 | 挂马沟 |
| 二女 | 马东梅 | 回族 | 古城 | 挂马沟 | 次子 | 马　军 | 回族 | 古城 | 挂马沟 |
| 户主 | 马生怀 | 回族 | 古城 | 挂马沟 | 长女 | 马　玲 | 回族 | 古城 | 挂马沟 |
| 妻子 | 马维兰 | 回族 | 古城 | 挂马沟 | 户主 | 马有强 | 回族 | 古城 | 挂马沟 |
| 次子 | 马小完 | 回族 | 古城 | 挂马沟 | 妻子 | 马阿社 | 回族 | 古城 | 挂马沟 |
| 长女 | 马小平 | 回族 | 古城 | 挂马沟 | 长子 | 马金虎 | 回族 | 古城 | 挂马沟 |
| 户主 | 马文奎 | 回族 | 古城 | 挂马沟 | 户主 | 马　成 | 回族 | 古城 | 挂马沟 |
| 妻子 | 马和连 | 回族 | 古城 | 挂马沟 | 妻子 | 海耀芳 | 回族 | 古城 | 挂马沟 |
| 长子 | 马武虎 | 回族 | 古城 | 挂马沟 | 长子 | 马　飞 | 回族 | 古城 | 挂马沟 |
| 儿媳 | 马燕燕 | 回族 | 古城 | 挂马沟 | 户主 | 马有忠 | 回族 | 古城 | 挂马沟 |
| 孙子 | 马　伟 | 回族 | 古城 | 挂马沟 | 妻子 | 张阿舍 | 回族 | 古城 | 挂马沟 |
| 孙子 | 马　斌 | 回族 | 古城 | 挂马沟 | 长子 | 马　亮 | 回族 | 古城 | 挂马沟 |
| 户主 | 马文义 | 回族 | 古城 | 挂马沟 | 户主 | 马文琴 | 回族 | 古城 | 挂马沟 |
| 妻子 | 马维芳 | 回族 | 古城 | 挂马沟 | 长女 | 马雪雪 | 回族 | 古城 | 挂马沟 |

续表 17

| 与户主关系 | 家庭成员 | 民族 | 原居住地 | | 与户主关系 | 家庭成员 | 民族 | 原居住地 | |
|---|---|---|---|---|---|---|---|---|---|
| | | | 乡(镇) | 行政村 | | | | 乡(镇) | 行政村 |
| 户主 | 马继芳 | 回族 | 古城 | 挂马沟 | 儿媳 | 李小红 | 回族 | 古城 | 中川 |
| 长子 | 马二利 | 回族 | 古城 | 挂马沟 | 孙女 | 韩 婷 | 回族 | 古城 | 中川 |
| 长女 | 马有兰 | 回族 | 古城 | 挂马沟 | 户主 | 李 中 | 回族 | 古城 | 中川 |
| 二女 | 马 蓉 | 回族 | 古城 | 挂马沟 | 妻子 | 秦小梅 | 回族 | 古城 | 中川 |
| 户主 | 海玉雄 | 回族 | 古城 | 中川 | 长子 | 李小龙 | 回族 | 古城 | 中川 |
| 妻子 | 剡俊梅 | 回族 | 古城 | 中川 | 长女 | 李晓娟 | 回族 | 古城 | 中川 |
| 长子 | 海晓军 | 回族 | 古城 | 中川 | 户主 | 李万东 | 回族 | 古城 | 中川 |
| 二女 | 海燕燕 | 回族 | 古城 | 中川 | 妻子 | 李买儿 | 回族 | 古城 | 中川 |
| 三女 | 海晓霞 | 回族 | 古城 | 中川 | 长子 | 李雪贵 | 回族 | 古城 | 中川 |
| 户主 | 李志西 | 回族 | 古城 | 中川 | 长女 | 李雪蓉 | 回族 | 古城 | 中川 |
| 妻子 | 马小连 | 回族 | 古城 | 中川 | 二女 | 李雪燕 | 回族 | 古城 | 中川 |
| 长子 | 李 平 | 回族 | 古城 | 中川 | 三女 | 李雪芳 | 回族 | 古城 | 中川 |
| 次子 | 李晓东 | 回族 | 古城 | 中川 | 户主 | 马玉山 | 回族 | 古城 | 中川 |
| 母亲 | 马玉梅 | 回族 | 古城 | 中川 | 妻子 | 周白女 | 回族 | 古城 | 中川 |
| 户主 | 李志成 | 回族 | 古城 | 中川 | 长子 | 马小虎 | 回族 | 古城 | 中川 |
| 妻子 | 马吉兰 | 回族 | 古城 | 中川 | 儿媳 | 张风莲 | 回族 | 古城 | 中川 |
| 长子 | 李有福 | 回族 | 古城 | 中川 | 孙女 | 马玲玲 | 回族 | 古城 | 中川 |
| 次子 | 李小东 | 回族 | 古城 | 中川 | 户主 | 马玉祥 | 回族 | 古城 | 中川 |
| 长女 | 李有梅 | 回族 | 古城 | 中川 | 妻子 | 安玉连 | 回族 | 古城 | 中川 |
| 户主 | 李志俊 | 回族 | 古城 | 中川 | 长子 | 马儿利 | 回族 | 古城 | 中川 |
| 妻子 | 马菊金 | 回族 | 古城 | 中川 | 二女 | 马小燕 | 回族 | 古城 | 中川 |
| 长子 | 李有军 | 回族 | 古城 | 中川 | 户主 | 海玉荣 | 回族 | 古城 | 中川 |
| 长女 | 李 玲 | 回族 | 古城 | 中川 | 妻子 | 马女儿 | 回族 | 古城 | 中川 |
| 二女 | 李有梅 | 回族 | 古城 | 中川 | 次子 | 海青东 | 回族 | 古城 | 中川 |
| 户主 | 海玉华 | 回族 | 古城 | 中川 | 户主 | 李孝廷 | 回族 | 古城 | 中川 |
| 妻子 | 马梅英 | 回族 | 古城 | 中川 | 妻子 | 马成兰 | 回族 | 古城 | 中川 |
| 三子 | 海青付 | 回族 | 古城 | 中川 | 长子 | 李志虎 | 回族 | 古城 | 中川 |
| 儿媳 | 马治花 | 回族 | 古城 | 中川 | 儿媳 | 海 霞 | 回族 | 古城 | 中川 |
| 孙子 | 海 东 | 回族 | 古城 | 中川 | 孙子 | 李 华 | 回族 | 古城 | 中川 |
| 户主 | 李生成 | 回族 | 古城 | 中川 | 孙子 | 李 伟 | 回族 | 古城 | 中川 |
| 妻子 | 马向英 | 回族 | 古城 | 中川 | 户主 | 海玉明 | 回族 | 古城 | 中川 |
| 长子 | 李 军 | 回族 | 古城 | 中川 | 妻子 | 李生芳 | 回族 | 古城 | 中川 |
| 父亲 | 李得华 | 回族 | 古城 | 中川 | 长子 | 海君君 | 回族 | 古城 | 中川 |
| 户主 | 韩生林 | 回族 | 古城 | 中川 | 长女 | 海 红 | 回族 | 古城 | 中川 |
| 妻子 | 马志连 | 回族 | 古城 | 中川 | 二女 | 海燕娃 | 回族 | 古城 | 中川 |
| 次子 | 韩永斌 | 回族 | 古城 | 中川 | 三女 | 海六十 | 回族 | 古城 | 中川 |

续表 17

| 与户主关系 | 家庭成员 | 民族 | 原居住地 | | 与户主关系 | 家庭成员 | 民族 | 原居住地 | |
|---|---|---|---|---|---|---|---|---|---|
| | | | 乡(镇) | 行政村 | | | | 乡(镇) | 行政村 |
| 母亲 | 马秀花 | 回族 | 古城 | 中川 | 二女 | 海　芳 | 回族 | 古城 | 中川 |
| 户主 | 海玉发 | 回族 | 古城 | 中川 | 弟 | 海青平 | 回族 | 古城 | 中川 |
| 妻子 | 海　梅 | 回族 | 古城 | 中川 | 户主 | 海青江 | 回族 | 古城 | 中川 |
| 长子 | 海小龙 | 回族 | 古城 | 中川 | 妻子 | 姬小梅 | 回族 | 古城 | 中川 |
| 次子 | 海小燕 | 回族 | 古城 | 中川 | 长子 | 海春军 | 回族 | 古城 | 中川 |
| 三子 | 海小花 | 回族 | 古城 | 中川 | 长女 | 海　霞 | 回族 | 古城 | 中川 |
| 户主 | 李生清 | 回族 | 古城 | 中川 | 二女 | 海　云 | 回族 | 古城 | 中川 |
| 妻子 | 海玉兰 | 回族 | 古城 | 中川 | 三女 | 海　圆 | 回族 | 古城 | 中川 |
| 长子 | 李　东 | 回族 | 古城 | 中川 | 户主 | 海青平 | 回族 | 古城 | 中川 |
| 户主 | 海青林 | 回族 | 古城 | 中川 | 妻子 | 明阿社 | 回族 | 古城 | 中川 |
| 妻子 | 马玉梅 | 回族 | 古城 | 中川 | 长子 | 海　利 | 回族 | 古城 | 中川 |
| 长子 | 海　军 | 回族 | 古城 | 中川 | 次子 | 海　龙 | 回族 | 古城 | 中川 |
| 户主 | 海青武 | 回族 | 古城 | 中川 | 长女 | 海　兰 | 回族 | 古城 | 中川 |
| 妻子 | 母车儿 | 回族 | 古城 | 中川 | 二女 | 海粉粉 | 回族 | 古城 | 中川 |
| 长子 | 海春平 | 回族 | 古城 | 中川 | 户主 | 海　平 | 回族 | 古城 | 中川 |
| 次子 | 海春贵 | 回族 | 古城 | 中川 | 妻子 | 马海扯 | 回族 | 古城 | 中川 |
| 父亲 | 海玉仓 | 回族 | 古城 | 中川 | 长女 | 海　霞 | 回族 | 古城 | 中川 |
| 母亲 | 马凤梅 | 回族 | 古城 | 中川 | 户主 | 李贵荣 | 回族 | 古城 | 中川 |
| 户主 | 海青虎 | 回族 | 古城 | 中川 | 妻子 | 马有兰 | 回族 | 古城 | 中川 |
| 妻子 | 金生梅 | 回族 | 古城 | 中川 | 次子 | 李　鹏 | 回族 | 古城 | 中川 |
| 长子 | 海春林 | 回族 | 古城 | 中川 | 母亲 | 马学英 | 回族 | 古城 | 中川 |
| 次子 | 海春辉 | 回族 | 古城 | 中川 | 儿媳 | 王发梅 | 回族 | 古城 | 中川 |
| 户主 | 海玉富 | 回族 | 古城 | 中川 | 户主 | 李桂仁 | 回族 | 古城 | 中川 |
| 妻子 | 马桂英 | 回族 | 古城 | 中川 | 妻子 | 马和兰 | 回族 | 古城 | 中川 |
| 长子 | 海　军 | 回族 | 古城 | 中川 | 三子 | 李　勇 | 回族 | 古城 | 中川 |
| 户主 | 妥应德 | 回族 | 古城 | 中川 | 次子 | 李　东 | 回族 | 古城 | 中川 |
| 妻子 | 马志英 | 回族 | 古城 | 中川 | 儿媳 | 赵买儿 | 回族 | 古城 | 中川 |
| 长子 | 妥生虎 | 回族 | 古城 | 中川 | 户主 | 海保仓 | 回族 | 古城 | 中川 |
| 母亲 | 海保花 | 回族 | 古城 | 中川 | 妻子 | 马均梅 | 回族 | 古城 | 中川 |
| 儿媳 | 马国兰 | 回族 | 古城 | 中川 | 次子 | 海玉军 | 回族 | 古城 | 中川 |
| 孙子 | 妥金龙 | 回族 | 古城 | 中川 | 儿媳 | 马玉霞 | 回族 | 古城 | 中川 |
| 孙女 | 妥治花 | 回族 | 古城 | 中川 | 孙子 | 海亚军 | 回族 | 古城 | 中川 |
| 孙女 | 妥治芳 | 回族 | 古城 | 中川 | 孙女 | 海亚楠 | 回族 | 古城 | 中川 |
| 户主 | 海青俊 | 回族 | 古城 | 中川 | 户主 | 海玉春 | 回族 | 古城 | 中川 |
| 妻子 | 海赛买 | 回族 | 古城 | 中川 | 长子 | 海青军 | 回族 | 古城 | 中川 |
| 长女 | 海　燕 | 回族 | 古城 | 中川 | 户主 | 李生林 | 回族 | 古城 | 中川 |

续表 17

| 与户主关系 | 家庭成员 | 民族 | 原居住地 | | 与户主关系 | 家庭成员 | 民族 | 原居住地 | |
|---|---|---|---|---|---|---|---|---|---|
| | | | 乡(镇) | 行政村 | | | | 乡(镇) | 行政村 |
| 妻子 | 马国莲 | 回族 | 古城 | 中川 | 妻子 | 赫耀梅 | 回族 | 古城 | 中川 |
| 四子 | 李万平 | 回族 | 古城 | 中川 | 长子 | 海春虎 | 回族 | 古城 | 中川 |
| 儿媳 | 马桂芳 | 回族 | 古城 | 中川 | 长女 | 海女娃 | 回族 | 古城 | 中川 |
| 孙子 | 李小富 | 回族 | 古城 | 中川 | 户主 | 马玉成 | 回族 | 古城 | 中川 |
| 户主 | 韩永军 | 回族 | 古城 | 中川 | 母亲 | 冶金花 | 回族 | 古城 | 中川 |
| 妻子 | 马彦梅 | 回族 | 古城 | 中川 | 户主 | 李勤俭 | 汉族 | 城阳 | 杨塬 |
| 长子 | 韩荣荣 | 回族 | 古城 | 中川 | 妻子 | 王学翠 | 汉族 | 城阳 | 杨塬 |
| 户主 | 海玉学 | 回族 | 古城 | 中川 | 养女 | 李佐霞 | 汉族 | 城阳 | 杨塬 |
| 妻子 | 马占兰 | 回族 | 古城 | 中川 | 养子 | 郭成坤 | 汉族 | 城阳 | 杨塬 |
| 长女 | 海　红 | 回族 | 古城 | 中川 | 户主 | 李俊银 | 汉族 | 城阳 | 杨塬 |
| 二女 | 海　兰 | 回族 | 古城 | 中川 | 妻子 | 杨润娥 | 汉族 | 城阳 | 杨塬 |
| 母亲 | 马启秀 | 回族 | 古城 | 中川 | 户主 | 李佐耀 | 汉族 | 城阳 | 杨塬 |
| 户主 | 李　涛 | 回族 | 古城 | 中川 | 妻子 | 杨烈霞 | 汉族 | 城阳 | 杨塬 |
| 妻子 | 赵格夜 | 回族 | 古城 | 中川 | 户主 | 李维清 | 汉族 | 城阳 | 杨塬 |
| 长子 | 李志强 | 回族 | 古城 | 中川 | 三子 | 李佐涛 | 汉族 | 城阳 | 杨塬 |
| 次子 | 李志忠 | 回族 | 古城 | 中川 | 户主 | 李维福 | 汉族 | 城阳 | 杨塬 |
| 户主 | 李万军 | 回族 | 古城 | 中川 | 妻子 | 王会琴 | 汉族 | 城阳 | 杨塬 |
| 妻子 | 母金连 | 回族 | 古城 | 中川 | 长女 | 李栓兰 | 汉族 | 城阳 | 杨塬 |
| 长子 | 李小伟 | 回族 | 古城 | 中川 | 次女 | 李满存 | 汉族 | 城阳 | 杨塬 |
| 次子 | 李小明 | 回族 | 古城 | 中川 | 长子 | 李德祥 | 汉族 | 城阳 | 杨塬 |
| 户主 | 海青荣 | 回族 | 古城 | 中川 | 户主 | 李天明 | 汉族 | 城阳 | 杨塬 |
| 妻子 | 袁发秃 | 回族 | 古城 | 中川 | 妻子 | 惠万林 | 汉族 | 城阳 | 杨塬 |
| 长子 | 海春平 | 回族 | 古城 | 中川 | 长子 | 李　博 | 汉族 | 城阳 | 杨塬 |
| 次子 | 海春宝 | 回族 | 古城 | 中川 | 户主 | 李占元 | 汉族 | 城阳 | 杨塬 |
| 父亲 | 海玉龙 | 回族 | 古城 | 中川 | 儿媳 | 苏香梅 | 汉族 | 城阳 | 杨塬 |
| 母亲 | 马进连 | 回族 | 古城 | 中川 | 孙子 | 李　维 | 汉族 | 城阳 | 杨塬 |
| 户主 | 海玉奇 | 回族 | 古城 | 中川 | 孙子 | 李　刚 | 汉族 | 城阳 | 杨塬 |
| 妻子 | 姬文芳 | 回族 | 古城 | 中川 | 孙女 | 李小燕 | 汉族 | 城阳 | 杨塬 |
| 长子 | 海帅帅 | 回族 | 古城 | 中川 | 户主 | 李天仁 | 汉族 | 城阳 | 杨塬 |
| 长女 | 海莹莹 | 回族 | 古城 | 中川 | 妻子 | 虎秀芳 | 汉族 | 城阳 | 杨塬 |
| 二女 | 海婷婷 | 回族 | 古城 | 中川 | 祖母 | 刘玉花 | 汉族 | 城阳 | 杨塬 |
| 户主 | 海青平 | 回族 | 古城 | 中川 | 长女 | 李　倩 | 汉族 | 城阳 | 杨塬 |
| 妻子 | 王成梅 | 回族 | 古城 | 中川 | 次女 | 李　英 | 汉族 | 城阳 | 杨塬 |
| 长女 | 海春梅 | 回族 | 古城 | 中川 | 妹妹 | 李小娟 | 汉族 | 城阳 | 杨塬 |
| 二女 | 海存女 | 回族 | 古城 | 中川 | 户主 | 李晓龙 | 汉族 | 城阳 | 杨塬 |
| 户主 | 海青富 | 回族 | 古城 | 中川 | 妻子 | 王　芳 | 汉族 | 城阳 | 杨塬 |

续表 17

| 与户主关系 | 家庭成员 | 民族 | 原居住地 | | 与户主关系 | 家庭成员 | 民族 | 原居住地 | |
|---|---|---|---|---|---|---|---|---|---|
| | | | 乡(镇) | 行政村 | | | | 乡(镇) | 行政村 |
| 户主 | 李佐武 | 汉族 | 城阳 | 杨塬 | 长女 | 李小丽 | 汉族 | 城阳 | 杨塬 |
| 妻子 | 徐明莲 | 汉族 | 城阳 | 杨塬 | 长子 | 李　冲 | 汉族 | 城阳 | 杨塬 |
| 三女 | 李改花 | 汉族 | 城阳 | 杨塬 | 户主 | 景雪梅 | 汉族 | 城阳 | 杨塬 |
| 二女 | 李爱花 | 汉族 | 城阳 | 杨塬 | 母亲 | 李凤英 | 汉族 | 城阳 | 杨塬 |
| 户主 | 李自强 | 汉族 | 城阳 | 杨塬 | 长女 | 李玉霞 | 汉族 | 城阳 | 杨塬 |
| 妻子 | 王秀琴 | 汉族 | 城阳 | 杨塬 | 长子 | 李志文 | 汉族 | 城阳 | 杨塬 |
| 长女 | 李元元 | 汉族 | 城阳 | 杨塬 | 户主 | 李进良 | 汉族 | 城阳 | 杨塬 |
| 二女 | 李静静 | 汉族 | 城阳 | 杨塬 | 妻子 | 王　霞 | 汉族 | 城阳 | 杨塬 |
| 户主 | 李佐林 | 汉族 | 城阳 | 杨塬 | 户主 | 李佐峰 | 汉族 | 城阳 | 杨塬 |
| 妻子 | 仁桂梅 | 汉族 | 城阳 | 杨塬 | 妻子 | 张会兰 | 汉族 | 城阳 | 杨塬 |
| 三子 | 李自平 | 汉族 | 城阳 | 杨塬 | 弟弟 | 李左福 | 汉族 | 城阳 | 杨塬 |
| 儿媳 | 王兆平 | 汉族 | 城阳 | 杨塬 | 长子 | 李晓斌 | 汉族 | 城阳 | 杨塬 |
| 户主 | 李佐民 | 汉族 | 城阳 | 杨塬 | 三子 | 李进强 | 汉族 | 城阳 | 杨塬 |
| 妻子 | 王秀梅 | 汉族 | 城阳 | 杨塬 | 侄女 | 李小娟 | 汉族 | 城阳 | 杨塬 |
| 四女 | 李雪霞 | 汉族 | 城阳 | 杨塬 | 户主 | 李应成 | 汉族 | 城阳 | 杨塬 |
| 长子 | 李志福 | 汉族 | 城阳 | 杨塬 | 妻子 | 杨树英 | 汉族 | 城阳 | 杨塬 |
| 户主 | 李佐珍 | 汉族 | 城阳 | 杨塬 | 长子 | 李宏伟 | 汉族 | 城阳 | 杨塬 |
| 妻子 | 刘世香 | 汉族 | 城阳 | 杨塬 | 次子 | 李宏愿 | 汉族 | 城阳 | 杨塬 |
| 长女 | 李俊兰 | 汉族 | 城阳 | 杨塬 | 长女 | 李宏娟 | 汉族 | 城阳 | 杨塬 |
| 长子 | 李俊平 | 汉族 | 城阳 | 杨塬 | 户主 | 李佐科 | 汉族 | 城阳 | 杨塬 |
| 次子 | 李俊升 | 汉族 | 城阳 | 杨塬 | 妻子 | 刘粉霞 | 汉族 | 城阳 | 杨塬 |
| 户主 | 李佐龙 | 汉族 | 城阳 | 杨塬 | 户主 | 李自有 | 汉族 | 城阳 | 杨塬 |
| 妻子 | 刘金梅 | 汉族 | 城阳 | 杨塬 | 妻子 | 陈淑兰 | 汉族 | 城阳 | 杨塬 |
| 四女 | 李小强 | 汉族 | 城阳 | 杨塬 | 长女 | 李娜娜 | 汉族 | 城阳 | 杨塬 |
| 五女 | 李改红 | 汉族 | 城阳 | 杨塬 | 长子 | 李等银 | 汉族 | 城阳 | 杨塬 |
| 户主 | 李佐录 | 汉族 | 城阳 | 杨塬 | 户主 | 李佐会 | 汉族 | 城阳 | 杨塬 |
| 妻子 | 虎秀梅 | 汉族 | 城阳 | 杨塬 | 长子 | 李玉龙 | 汉族 | 城阳 | 杨塬 |
| 二女 | 李玉霞 | 汉族 | 城阳 | 杨塬 | 妻子 | 王建霞 | 汉族 | 城阳 | 杨塬 |
| 弟弟 | 李佐萍 | 汉族 | 城阳 | 杨塬 | 长女 | 李玉玲 | 汉族 | 城阳 | 杨塬 |
| 户主 | 李俊社 | 汉族 | 城阳 | 杨塬 | 二女 | 李玉碧 | 汉族 | 城阳 | 杨塬 |
| 妻子 | 徐雪琴 | 汉族 | 城阳 | 杨塬 | 户主 | 李佐聪 | 汉族 | 城阳 | 杨塬 |
| 长子 | 李小伟 | 汉族 | 城阳 | 杨塬 | 妻子 | 郭俊霞 | 汉族 | 城阳 | 杨塬 |
| 次子 | 李红伟 | 汉族 | 城阳 | 杨塬 | 母亲 | 虎秀花 | 汉族 | 城阳 | 杨塬 |
| 长女 | 李小会 | 汉族 | 城阳 | 杨塬 | 父亲 | 李维吉 | 汉族 | 城阳 | 杨塬 |
| 户主 | 李俊虎 | 汉族 | 城阳 | 杨塬 | 户主 | 李佐敏 | 汉族 | 城阳 | 杨塬 |
| 妻子 | 夏发琴 | 汉族 | 城阳 | 杨塬 | 妻子 | 景雅丽 | 汉族 | 城阳 | 杨塬 |

续表 17

| 与户主关系 | 家庭成员 | 民族 | 原居住地 | | 与户主关系 | 家庭成员 | 民族 | 原居住地 | |
|---|---|---|---|---|---|---|---|---|---|
| | | | 乡(镇) | 行政村 | | | | 乡(镇) | 行政村 |
| 长女 | 李强强 | 汉族 | 城阳 | 杨塬 | 妻子 | 庞克芳 | 汉族 | 城阳 | 杨塬 |
| 长子 | 李永强 | 汉族 | 城阳 | 杨塬 | 次子 | 李　斌 | 汉族 | 城阳 | 杨塬 |
| 户主 | 李佐新 | 汉族 | 城阳 | 杨塬 | 长子 | 李　军 | 汉族 | 城阳 | 杨塬 |
| 妻子 | 王巧珍 | 汉族 | 城阳 | 杨塬 | 长女 | 李　琴 | 汉族 | 城阳 | 杨塬 |
| 母亲 | 杨桂花 | 汉族 | 城阳 | 杨塬 | 户主 | 李佐海 | 汉族 | 城阳 | 杨塬 |
| 二女 | 李小琴 | 汉族 | 城阳 | 杨塬 | 妻子 | 王会兰 | 汉族 | 城阳 | 杨塬 |
| 户主 | 李小忠 | 汉族 | 城阳 | 杨塬 | 长女 | 李晓霞 | 汉族 | 城阳 | 杨塬 |
| 妻子 | 王　静 | 汉族 | 城阳 | 杨塬 | 二女 | 李红霞 | 汉族 | 城阳 | 杨塬 |
| 户主 | 李佐兵 | 汉族 | 城阳 | 杨塬 | 长子 | 李文平 | 汉族 | 城阳 | 杨塬 |
| 妻子 | 李　芳 | 汉族 | 城阳 | 杨塬 | 三女 | 李艳霞 | 汉族 | 城阳 | 杨塬 |
| 蛋蛋 | 李佐宝 | 汉族 | 城阳 | 杨塬 | 父亲 | 李维有 | 汉族 | 城阳 | 杨塬 |
| 长子 | 李自春 | 汉族 | 城阳 | 杨塬 | 户主 | 朱秀英 | 汉族 | 城阳 | 杨塬 |
| 儿媳 | 黄文霞 | 汉族 | 城阳 | 杨塬 | 长子 | 贾海福 | 汉族 | 城阳 | 杨塬 |
| 户主 | 李虎林 | 汉族 | 城阳 | 杨塬 | 侄子 | 李文福 | 汉族 | 城阳 | 杨塬 |
| 妻子 | 惠菊叶 | 汉族 | 城阳 | 杨塬 | 长女 | 贾有珍 | 汉族 | 城阳 | 杨塬 |
| 长女 | 李娟娟 | 汉族 | 城阳 | 杨塬 | 次子 | 李文贾 | 汉族 | 城阳 | 杨塬 |
| 次女 | 李燕燕 | 汉族 | 城阳 | 杨塬 | 二女 | 李银珍 | 汉族 | 城阳 | 杨塬 |
| 长子 | 李亮亮 | 汉族 | 城阳 | 杨塬 | 户主 | 惠兰英 | 汉族 | 城阳 | 杨塬 |
| 户主 | 李建明 | 汉族 | 城阳 | 杨塬 | 五子 | 王天同 | 汉族 | 城阳 | 杨塬 |
| 妻子 | 杨荣娟 | 汉族 | 城阳 | 杨塬 | 户主 | 李志刚 | 汉族 | 城阳 | 杨塬 |
| 母亲 | 郭秀梅 | 汉族 | 城阳 | 杨塬 | 妻子 | 王小怀 | 汉族 | 城阳 | 杨塬 |
| 父亲 | 李俊福 | 汉族 | 城阳 | 杨塬 | 户主 | 李佐西 | 汉族 | 城阳 | 杨塬 |
| 长子 | 李宁康 | 汉族 | 城阳 | 杨塬 | 妻子 | 王梅英 | 汉族 | 城阳 | 杨塬 |
| 户主 | 李勤发 | 汉族 | 城阳 | 杨塬 | 儿媳 | 虎有霞 | 汉族 | 城阳 | 杨塬 |
| 妻子 | 耿玉芳 | 汉族 | 城阳 | 杨塬 | 长子 | 李志钊 | 汉族 | 城阳 | 杨塬 |
| 长子 | 李佐存 | 汉族 | 城阳 | 杨塬 | 户主 | 王万龙 | 汉族 | 城阳 | 杨塬 |
| 次子 | 李佐跟 | 汉族 | 城阳 | 杨塬 | 妻子 | 杨巧云 | 汉族 | 城阳 | 杨塬 |
| 户主 | 李俊明 | 汉族 | 城阳 | 杨塬 | 长子 | 王亚会 | 汉族 | 城阳 | 杨塬 |
| 妻子 | 刘志兰 | 汉族 | 城阳 | 杨塬 | 次子 | 王亚贵 | 汉族 | 城阳 | 杨塬 |
| 户主 | 李世荣 | 汉族 | 城阳 | 杨塬 | 户主 | 李正昌 | 汉族 | 城阳 | 杨塬 |
| 妻子 | 徐新女 | 汉族 | 城阳 | 杨塬 | 妻子 | 祁赵芳 | 汉族 | 城阳 | 杨塬 |
| 户主 | 李泽顺 | 汉族 | 城阳 | 杨塬 | 长子 | 李有军 | 汉族 | 城阳 | 杨塬 |
| 妻子 | 陈　霞 | 汉族 | 城阳 | 杨塬 | 次子 | 李小军 | 汉族 | 城阳 | 杨塬 |
| 户主 | 李应录 | 汉族 | 城阳 | 杨塬 | 儿媳 | 孟丽丽 | 汉族 | 城阳 | 杨塬 |
| 三子 | 李泽虎 | 汉族 | 城阳 | 杨塬 | 户主 | 王万吉 | 汉族 | 城阳 | 杨塬 |
| 户主 | 李佐恩 | 汉族 | 城阳 | 杨塬 | 母亲 | 虎世梅 | 汉族 | 城阳 | 杨塬 |

续表 17

| 与户主关系 | 家庭成员 | 民族 | 原居住地 | | 与户主关系 | 家庭成员 | 民族 | 原居住地 | |
|---|---|---|---|---|---|---|---|---|---|
| | | | 乡（镇） | 行政村 | | | | 乡（镇） | 行政村 |
| 姐姐 | 王粉过 | 汉族 | 城阳 | 杨塬 | 长子 | 陈志贤 | 汉族 | 城阳 | 北塬 |
| 妹妹 | 王从过 | 汉族 | 城阳 | 杨塬 | 户主 | 陈志远 | 汉族 | 城阳 | 北塬 |
| 妻子 | 韩改让 | 汉族 | 城阳 | 杨塬 | 长子 | 陈　杰 | 汉族 | 城阳 | 北塬 |
| 户主 | 李志明 | 汉族 | 城阳 | 杨塬 | 妻子 | 魏效琴 | 汉族 | 城阳 | 北塬 |
| 妻子 | 王文花 | 汉族 | 城阳 | 杨塬 | 户主 | 陈东雄 | 汉族 | 城阳 | 北塬 |
| 次子 | 李有强 | 汉族 | 城阳 | 杨塬 | 妻子 | 王志兰 | 汉族 | 城阳 | 北塬 |
| 三子 | 李有虎 | 汉族 | 城阳 | 杨塬 | 长女 | 陈　丽 | 汉族 | 城阳 | 北塬 |
| 户主 | 王忠财 | 汉族 | 城阳 | 杨塬 | 户主 | 陈加琰 | 汉族 | 城阳 | 北塬 |
| 弟弟 | 王来财 | 汉族 | 城阳 | 杨塬 | 长女 | 陈静荣 | 汉族 | 城阳 | 北塬 |
| 母亲 | 虎占花 | 汉族 | 城阳 | 杨塬 | 次子 | 陈福军 | 汉族 | 城阳 | 北塬 |
| 父亲 | 王文秀 | 汉族 | 城阳 | 杨塬 | 长子 | 陈福荣 | 汉族 | 城阳 | 北塬 |
| 弟媳 | 刘爱迪 | 汉族 | 城阳 | 杨塬 | 妻子 | 韩芳兰 | 汉族 | 城阳 | 北塬 |
| 兄长 | 王万合 | 汉族 | 城阳 | 杨塬 | 户主 | 陈东海 | 汉族 | 城阳 | 北塬 |
| 侄女 | 王燕霞 | 汉族 | 城阳 | 杨塬 | 妻子 | 何社琴 | 汉族 | 城阳 | 北塬 |
| 侄子 | 王亚鑫 | 汉族 | 城阳 | 杨塬 | 次子 | 陈健华 | 汉族 | 城阳 | 北塬 |
| 户主 | 陈东斌 | 汉族 | 城阳 | 北塬 | 母亲 | 刘玉珍 | 汉族 | 城阳 | 北塬 |
| 母亲 | 李培梅 | 汉族 | 城阳 | 北塬 | 户主 | 陈志伟 | 汉族 | 城阳 | 北塬 |
| 父亲 | 陈自明 | 汉族 | 城阳 | 北塬 | 长子 | 陈佩佩 | 汉族 | 城阳 | 北塬 |
| 祖母 | 杨玉花 | 汉族 | 城阳 | 北塬 | 妻子 | 韩金梅 | 汉族 | 城阳 | 北塬 |
| 妹 | 陈小燕 | 汉族 | 城阳 | 北塬 | 户主 | 陈志仪 | 汉族 | 城阳 | 北塬 |
| 妹 | 陈双燕 | 汉族 | 城阳 | 北塬 | 长子 | 陈　锋 | 汉族 | 城阳 | 北塬 |
| 户主 | 罗天玺 | 汉族 | 城阳 | 北塬 | 四女 | 陈小唤 | 汉族 | 城阳 | 北塬 |
| 其他女儿 | 罗小丽 | 汉族 | 城阳 | 北塬 | 三女 | 陈会兰 | 汉族 | 城阳 | 北塬 |
| 五女 | 罗春丽 | 汉族 | 城阳 | 北塬 | 妻子 | 刘女林 | 汉族 | 城阳 | 北塬 |
| 三子 | 罗　宵 | 汉族 | 城阳 | 北塬 | 户主 | 刘　辉 | 汉族 | 城阳 | 北塬 |
| 户主 | 罗　雄 | 汉族 | 城阳 | 北塬 | 妻子 | 徐爱琴 | 汉族 | 城阳 | 北塬 |
| 长子 | 罗广银 | 汉族 | 城阳 | 北塬 | 户主 | 刘　禄 | 汉族 | 城阳 | 北塬 |
| 妻子 | 杨存儿 | 汉族 | 城阳 | 北塬 | 长女 | 刘　娟 | 汉族 | 城阳 | 北塬 |
| 户主 | 罗　伟 | 汉族 | 城阳 | 北塬 | 妻子 | 王润芳 | 汉族 | 城阳 | 北塬 |
| 妻子 | 刘睿斐 | 汉族 | 城阳 | 北塬 | 户主 | 刘正忠 | 汉族 | 城阳 | 北塬 |
| 户主 | 罗　诚 | 汉族 | 城阳 | 北塬 | 儿媳 | 刘会彭 | 汉族 | 城阳 | 北塬 |
| 长子 | 罗广东 | 汉族 | 城阳 | 北塬 | 三子 | 刘　斌 | 汉族 | 城阳 | 北塬 |
| 二女 | 罗列荣 | 汉族 | 城阳 | 北塬 | 妻子 | 孟秀英 | 汉族 | 城阳 | 北塬 |
| 长女 | 罗彩荣 | 汉族 | 城阳 | 北塬 | 户主 | 刘正贵 | 汉族 | 城阳 | 北塬 |
| 妻子 | 郭秀珍 | 汉族 | 城阳 | 北塬 | 三子 | 刘　唐 | 汉族 | 城阳 | 北塬 |
| 户主 | 陈志斌 | 汉族 | 城阳 | 北塬 | 次子 | 刘　清 | 汉族 | 城阳 | 北塬 |

续表 17

| 与户主关系 | 家庭成员 | 民族 | 原居住地 | | 与户主关系 | 家庭成员 | 民族 | 原居住地 | |
|---|---|---|---|---|---|---|---|---|---|
| | | | 乡(镇) | 行政村 | | | | 乡(镇) | 行政村 |
| 长子 | 刘　俊 | 汉族 | 城阳 | 北塬 | 次子 | 海东江 | 回族 | 交岔 | 关台 |
| 妻子 | 杨连梅 | 汉族 | 城阳 | 北塬 | 三子 | 海东富 | 回族 | 交岔 | 关台 |
| 户主 | 张志武 | 汉族 | 城阳 | 北塬 | 户主 | 海殿学 | 回族 | 交岔 | 关台 |
| 妹妹 | 张亚莉 | 汉族 | 城阳 | 北塬 | 妻子 | 马学连 | 回族 | 交岔 | 关台 |
| 户主 | 刘正仁 | 汉族 | 城阳 | 北塬 | 户主 | 海怀治 | 回族 | 交岔 | 关台 |
| 长女 | 刘晓霞 | 汉族 | 城阳 | 北塬 | 妻子 | 杨　梅 | 回族 | 交岔 | 关台 |
| 次子 | 刘　勇 | 汉族 | 城阳 | 北塬 | 长子 | 海　林 | 回族 | 交岔 | 关台 |
| 妻子 | 陈彩兰 | 汉族 | 城阳 | 北塬 | 户主 | 海怀平 | 回族 | 交岔 | 关台 |
| 户主 | 刘正兴 | 汉族 | 城阳 | 北塬 | 妻子 | 张凤莲 | 回族 | 交岔 | 关台 |
| 次子 | 刘　瑞 | 汉族 | 城阳 | 北塬 | 长子 | 海东云 | 回族 | 交岔 | 关台 |
| 长女 | 刘巧玲 | 汉族 | 城阳 | 北塬 | 长女 | 海东花 | 回族 | 交岔 | 关台 |
| 长子 | 刘　文 | 汉族 | 城阳 | 北塬 | 户主 | 马付宝 | 回族 | 交岔 | 关台 |
| 妻子 | 王存秀 | 汉族 | 城阳 | 北塬 | 妻子 | 李栓女 | 回族 | 交岔 | 关台 |
| 母亲 | 杨治英 | 汉族 | 城阳 | 北塬 | 长女 | 马佰琴 | 回族 | 交岔 | 关台 |
| 户主 | 刘正义 | 汉族 | 城阳 | 北塬 | 户主 | 周　梅 | 回族 | 交岔 | 关台 |
| 儿媳 | 刘　莹 | 汉族 | 城阳 | 北塬 | 长子 | 马佰治 | 回族 | 交岔 | 关台 |
| 妻子 | 杨秀琴 | 汉族 | 城阳 | 北塬 | 户主 | 马佰云 | 回族 | 交岔 | 关台 |
| 儿媳 | 方改艳 | 汉族 | 城阳 | 北塬 | 妻子 | 海春霞 | 回族 | 交岔 | 关台 |
| 户主 | 刘正刚 | 汉族 | 城阳 | 北塬 | 长女 | 马慧媛 | 回族 | 交岔 | 关台 |
| 次子 | 刘　琦 | 汉族 | 城阳 | 北塬 | 长子 | 马慧翔 | 回族 | 交岔 | 关台 |
| 长子 | 刘利红 | 汉族 | 城阳 | 北塬 | 户主 | 海怀录 | 回族 | 交岔 | 关台 |
| 妻子 | 张锁银 | 汉族 | 城阳 | 北塬 | 妻子 | 马玉英 | 回族 | 交岔 | 关台 |
| 户主 | 刘　慧 | 汉族 | 城阳 | 北塬 | 长子 | 海东国 | 回族 | 交岔 | 关台 |
| 妻子 | 赵银莲 | 汉族 | 城阳 | 北塬 | 长女 | 海东梅 | 回族 | 交岔 | 关台 |
| 户主 | 海怀财 | 回族 | 交岔 | 关台 | 户主 | 海殿堂 | 回族 | 交岔 | 关台 |
| 妻子 | 马爱娃 | 回族 | 交岔 | 关台 | 妻子 | 姬文梅 | 回族 | 交岔 | 关台 |
| 长子 | 海东旭 | 回族 | 交岔 | 关台 | 长子 | 海　明 | 回族 | 交岔 | 关台 |
| 次子 | 海东兵 | 回族 | 交岔 | 关台 | 户主 | 海殿军 | 回族 | 交岔 | 关台 |
| 户主 | 海殿林 | 回族 | 交岔 | 关台 | 妻子 | 杨占连 | 回族 | 交岔 | 关台 |
| 妻子 | 马文梅 | 回族 | 交岔 | 关台 | 四子 | 海怀贵 | 回族 | 交岔 | 关台 |
| 户主 | 海怀东 | 回族 | 交岔 | 关台 | 户主 | 海怀亮 | 回族 | 交岔 | 关台 |
| 妻子 | 冯丽君 | 回族 | 交岔 | 关台 | 妻子 | 丁成莲 | 回族 | 交岔 | 关台 |
| 长子 | 海东胜 | 回族 | 交岔 | 关台 | 户主 | 马佰学 | 回族 | 交岔 | 关台 |
| 户主 | 海怀飞 | 回族 | 交岔 | 关台 | 妻子 | 马玉芳 | 回族 | 交岔 | 关台 |
| 妻子 | 马兴兰 | 回族 | 交岔 | 关台 | 长子 | 马　成 | 回族 | 交岔 | 关台 |
| 长子 | 海东成 | 回族 | 交岔 | 关台 | 长女 | 马　兰 | 回族 | 交岔 | 关台 |

续表 17

| 与户主关系 | 家庭成员 | 民族 | 原居住地 | | 与户主关系 | 家庭成员 | 民族 | 原居住地 | |
|---|---|---|---|---|---|---|---|---|---|
| | | | 乡(镇) | 行政村 | | | | 乡(镇) | 行政村 |
| 户主 | 马付贵 | 回族 | 交岔 | 关台 | 妻子 | 海冬梅 | 回族 | 交岔 | 大坪 |
| 妻子 | 马玉花 | 回族 | 交岔 | 关台 | 长子 | 丁奎亮 | 回族 | 交岔 | 大坪 |
| 户主 | 海怀林 | 回族 | 交岔 | 关台 | 次子 | 丁奎武 | 回族 | 交岔 | 大坪 |
| 妻子 | 妥维红 | 回族 | 交岔 | 关台 | 户主 | 马正祥 | 回族 | 交岔 | 大坪 |
| 长女 | 海　兰 | 回族 | 交岔 | 关台 | 妻子 | 海生芳 | 回族 | 交岔 | 大坪 |
| 二女 | 海　霞 | 回族 | 交岔 | 关台 | 长子 | 马玉军 | 回族 | 交岔 | 大坪 |
| 户主 | 海殿忠 | 回族 | 交岔 | 关台 | 户主 | 海登富 | 回族 | 交岔 | 大坪 |
| 妻子 | 白治连 | 回族 | 交岔 | 关台 | 妻子 | 海正霞 | 回族 | 交岔 | 大坪 |
| 三子 | 海怀科 | 回族 | 交岔 | 关台 | 长子 | 海启智 | 回族 | 交岔 | 大坪 |
| 四子 | 海小福 | 回族 | 交岔 | 关台 | 儿媳 | 马利花 | 回族 | 交岔 | 大坪 |
| 户主 | 海克莲 | 回族 | 交岔 | 关台 | 户主 | 海启文 | 回族 | 交岔 | 大坪 |
| 长子 | 母德众 | 回族 | 交岔 | 关台 | 妻子 | 海生梅 | 回族 | 交岔 | 大坪 |
| 户主 | 海怀武 | 回族 | 交岔 | 关台 | 长女 | 海文梅 | 回族 | 交岔 | 大坪 |
| 妻子 | 马廷芳 | 回族 | 交岔 | 关台 | 次女 | 海文兰 | 回族 | 交岔 | 大坪 |
| 长子 | 海　斌 | 回族 | 交岔 | 关台 | 三女 | 海文秀 | 回族 | 交岔 | 大坪 |
| 户主 | 丁汉忠 | 回族 | 交岔 | 大坪 | 户主 | 海有满 | 回族 | 交岔 | 大坪 |
| 妻子 | 马孝莲 | 回族 | 交岔 | 大坪 | 妻子 | 海生兰 | 回族 | 交岔 | 大坪 |
| 长子 | 丁成君 | 回族 | 交岔 | 大坪 | 次子 | 海启刚 | 回族 | 交岔 | 大坪 |
| 长媳 | 姬文彩 | 回族 | 交岔 | 大坪 | 儿媳 | 母得花 | 回族 | 交岔 | 大坪 |
| 长孙 | 丁奎洋 | 回族 | 交岔 | 大坪 | 孙子 | 海蝴蝶 | 回族 | 交岔 | 大坪 |
| 长孙女 | 丁　香 | 回族 | 交岔 | 大坪 | 孙女 | 海文霞 | 回族 | 交岔 | 大坪 |
| 户主 | 马正龙 | 回族 | 交岔 | 大坪 | 孙女 | 海飞彩 | 回族 | 交岔 | 大坪 |
| 妻子 | 海正菊 | 回族 | 交岔 | 大坪 | 户主 | 海启忠 | 回族 | 交岔 | 大坪 |
| 弟弟 | 马龙龙 | 回族 | 交岔 | 大坪 | 妻子 | 丁锁也儿 | 回族 | 交岔 | 大坪 |
| 母亲 | 宝文花 | 回族 | 交岔 | 大坪 | 长女 | 海　花 | 回族 | 交岔 | 大坪 |
| 长女 | 马圆圆 | 回族 | 交岔 | 大坪 | 母亲 | 马应花 | 回族 | 交岔 | 大坪 |
| 次女 | 马玲玲 | 回族 | 交岔 | 大坪 | 次女 | 海雪莹 | 回族 | 交岔 | 大坪 |
| 户主 | 马正效 | 回族 | 交岔 | 大坪 | 户主 | 海启保 | 回族 | 交岔 | 大坪 |
| 妻子 | 海发买 | 回族 | 交岔 | 大坪 | 妻子 | 丁文花 | 回族 | 交岔 | 大坪 |
| 长子 | 马拜克 | 回族 | 交岔 | 大坪 | 长子 | 海保安 | 回族 | 交岔 | 大坪 |
| 次子 | 马目哈 | 回族 | 交岔 | 大坪 | 长女 | 海密耐 | 回族 | 交岔 | 大坪 |
| 三子 | 马乃麻 | 回族 | 交岔 | 大坪 | 次女 | 海雪蓉 | 回族 | 交岔 | 大坪 |
| 户主 | 丁汉荣 | 回族 | 交岔 | 大坪 | 户主 | 海启林 | 回族 | 交岔 | 大坪 |
| 妻子 | 海玉兰 | 回族 | 交岔 | 大坪 | 妻子 | 李向霞 | 回族 | 交岔 | 大坪 |
| 次子 | 丁成祥 | 回族 | 交岔 | 大坪 | 长女 | 海文梅 | 回族 | 交岔 | 大坪 |
| 户主 | 丁成兵 | 回族 | 交岔 | 大坪 | 长子 | 海宝伟 | 回族 | 交岔 | 大坪 |

续表 17

| 与户主关系 | 家庭成员 | 民族 | 原居住地 | | 与户主关系 | 家庭成员 | 民族 | 原居住地 | |
|---|---|---|---|---|---|---|---|---|---|
| | | | 乡(镇) | 行政村 | | | | 乡(镇) | 行政村 |
| 户主 | 马金星 | 回族 | 交岔 | 大坪 | 妻子 | 李玉芳 | 回族 | 交岔 | 大坪 |
| 妻子 | 海晓霞 | 回族 | 交岔 | 大坪 | 次子 | 马金贵 | 回族 | 交岔 | 大坪 |
| 长女 | 马　梅 | 回族 | 交岔 | 大坪 | 次女 | 马金霞 | 回族 | 交岔 | 大坪 |
| 户主 | 马和忠 | 回族 | 交岔 | 大坪 | 户主 | 马正兵 | 回族 | 交岔 | 大坪 |
| 妻子 | 海生莲 | 回族 | 交岔 | 大坪 | 妻子 | 海恒萍 | 回族 | 交岔 | 大坪 |
| 次子 | 马金昌 | 回族 | 交岔 | 大坪 | 四女 | 马玲琴 | 回族 | 交岔 | 大坪 |
| 儿媳 | 马　琴 | 回族 | 交岔 | 大坪 | 长子 | 马贵生 | 回族 | 交岔 | 大坪 |
| 父亲 | 马风龙 | 回族 | 交岔 | 大坪 | 父亲 | 马福清 | 回族 | 交岔 | 大坪 |
| 孙女 | 马　瑾 | 回族 | 交岔 | 大坪 | 母亲 | 海万英 | 回族 | 交岔 | 大坪 |
| 户主 | 马玉平 | 回族 | 交岔 | 大坪 | 户主 | 马志明 | 回族 | 交岔 | 大坪 |
| 妻子 | 海　琴 | 回族 | 交岔 | 大坪 | 次子 | 马文兵 | 回族 | 交岔 | 大坪 |
| 长子 | 马　涛 | 回族 | 交岔 | 大坪 | 户主 | 马文军 | 回族 | 交岔 | 大坪 |
| 次子 | 马　忠 | 回族 | 交岔 | 大坪 | 妻子 | 丁成英 | 回族 | 交岔 | 大坪 |
| 长女 | 马兰兰 | 回族 | 交岔 | 大坪 | 长子 | 马孝鹏 | 回族 | 交岔 | 大坪 |
| 户主 | 马金虎 | 回族 | 交岔 | 大坪 | 长女 | 马孝霞 | 回族 | 交岔 | 大坪 |
| 妻子 | 海生兰 | 回族 | 交岔 | 大坪 | 户主 | 马玉安 | 回族 | 交岔 | 大坪 |
| 长女 | 马玉兰 | 回族 | 交岔 | 大坪 | 妻子 | 母全花 | 回族 | 交岔 | 大坪 |
| 次女 | 马哈耐 | 回族 | 交岔 | 大坪 | 长子 | 马　剑 | 回族 | 交岔 | 大坪 |
| 父亲 | 马福祥 | 回族 | 交岔 | 大坪 | 父亲 | 马正明 | 回族 | 交岔 | 大坪 |
| 母亲 | 海正秀 | 回族 | 交岔 | 大坪 | 母亲 | 马文兰 | 回族 | 交岔 | 大坪 |
| 户主 | 马正川 | 回族 | 交岔 | 大坪 | 妹妹 | 马阿西 | 回族 | 交岔 | 大坪 |
| 妻子 | 海恒风 | 回族 | 交岔 | 大坪 | 户主 | 马和虎 | 回族 | 交岔 | 大坪 |
| 户主 | 马金瑞 | 回族 | 交岔 | 大坪 | 妻子 | 海恒梅 | 回族 | 交岔 | 大坪 |
| 妻子 | 马发买 | 回族 | 交岔 | 大坪 | 长女 | 马荀涛 | 回族 | 交岔 | 大坪 |
| 长子 | 马　利 | 回族 | 交岔 | 大坪 | 长子 | 马无旦 | 回族 | 交岔 | 大坪 |
| 户主 | 马进喜 | 回族 | 交岔 | 大坪 | 次女 | 马销叶 | 回族 | 交岔 | 大坪 |
| 三女 | 马玉霞 | 回族 | 交岔 | 大坪 | 户主 | 海启涛 | 回族 | 交岔 | 大坪 |
| 四女 | 马玉花 | 回族 | 交岔 | 大坪 | 妻子 | 马志芳 | 回族 | 交岔 | 大坪 |
| 五女 | 马玉琴 | 回族 | 交岔 | 大坪 | 长子 | 海文武 | 回族 | 交岔 | 大坪 |
| 长子 | 马玉龙 | 回族 | 交岔 | 大坪 | 户主 | 海蓉蓉 | 回族 | 交岔 | 大坪 |
| 户主 | 马正杰 | 回族 | 交岔 | 大坪 | 长女 | 张雨雨 | 回族 | 交岔 | 大坪 |
| 妻子 | 海正秀 | 回族 | 交岔 | 大坪 | 次女 | 张雪雪 | 回族 | 交岔 | 大坪 |
| 长子 | 马云林 | 回族 | 交岔 | 大坪 | 户主 | 马正西 | 回族 | 交岔 | 大坪 |
| 次子 | 马贵林 | 回族 | 交岔 | 大坪 | 妻子 | 海春兰 | 回族 | 交岔 | 大坪 |
| 儿媳 | 马成花 | 回族 | 交岔 | 大坪 | 长子 | 马啊旦 | 回族 | 交岔 | 大坪 |
| 户主 | 马和清 | 回族 | 交岔 | 大坪 | 次子 | 马玉鹏 | 回族 | 交岔 | 大坪 |

续表 17

| 与户主关系 | 家庭成员 | 民族 | 原居住地 | | 与户主关系 | 家庭成员 | 民族 | 原居住地 | |
|---|---|---|---|---|---|---|---|---|---|
| | | | 乡(镇) | 行政村 | | | | 乡(镇) | 行政村 |
| 户主 | 海启珍 | 回族 | 交岔 | 大坪 | 母亲 | 马进梅 | 回族 | 交岔 | 大坪 |
| 妻子 | 马启花 | 回族 | 交岔 | 大坪 | 户主 | 马文孝 | 回族 | 交岔 | 大坪 |
| 长子 | 海文利 | 回族 | 交岔 | 大坪 | 妻子 | 海生梅 | 回族 | 交岔 | 大坪 |
| 长女 | 海文梅 | 回族 | 交岔 | 大坪 | 长子 | 马主麻 | 回族 | 交岔 | 大坪 |
| 次女 | 海文兰 | 回族 | 交岔 | 大坪 | 儿媳 | 海金梅 | 回族 | 交岔 | 大坪 |
| 户主 | 海有贵 | 回族 | 交岔 | 大坪 | 户主 | 海　苍 | 回族 | 交岔 | 大坪 |
| 妻子 | 马进莲 | 回族 | 交岔 | 大坪 | 妻子 | 马海子 | 回族 | 交岔 | 大坪 |
| 三子 | 海主麻 | 回族 | 交岔 | 大坪 | 长子 | 海哮坤 | 回族 | 交岔 | 大坪 |
| 户主 | 马正峰 | 回族 | 交岔 | 大坪 | 长女 | 海秀儿 | 回族 | 交岔 | 大坪 |
| 妻子 | 撒　玲 | 回族 | 交岔 | 大坪 | 次女 | 海金霞 | 回族 | 交岔 | 大坪 |
| 长子 | 马克利 | 回族 | 交岔 | 大坪 | 户主 | 海　刚 | 回族 | 交岔 | 大坪 |
| 次女 | 马老女 | 回族 | 交岔 | 大坪 | 妻子 | 母全桂 | 回族 | 交岔 | 大坪 |
| 儿媳 | 海　蓉 | 回族 | 交岔 | 大坪 | 长子 | 海金耀 | 回族 | 交岔 | 大坪 |
| 孙女 | 马　琴 | 回族 | 交岔 | 大坪 | 长女 | 海　艳 | 回族 | 交岔 | 大坪 |
| 孙子 | 马建国 | 回族 | 交岔 | 大坪 | 户主 | 海主麻 | 回族 | 交岔 | 大坪 |
| 户主 | 丁成仁 | 回族 | 交岔 | 大坪 | 妻子 | 苏凤琴 | 回族 | 交岔 | 大坪 |
| 妻子 | 李秀梅 | 回族 | 交岔 | 大坪 | 长子 | 海　斌 | 回族 | 交岔 | 大坪 |
| 户主 | 马玉虎 | 回族 | 交岔 | 大坪 | 母亲 | 马应花 | 回族 | 交岔 | 大坪 |
| 妻子 | 海金霞 | 回族 | 交岔 | 大坪 | 三哥 | 海恒江 | 回族 | 交岔 | 大坪 |
| 长子 | 马　兵 | 回族 | 交岔 | 大坪 | 户主 | 海恒机 | 回族 | 交岔 | 大坪 |
| 次子 | 马牛旦 | 回族 | 交岔 | 大坪 | 长女 | 海金梅 | 回族 | 交岔 | 大坪 |
| 三子 | 马五三 | 回族 | 交岔 | 大坪 | 户主 | 海正连 | 回族 | 交岔 | 大坪 |
| 户主 | 马玉贵 | 回族 | 交岔 | 大坪 | 妻子 | 杨占花 | 回族 | 交岔 | 大坪 |
| 妻子 | 海正菊 | 回族 | 交岔 | 大坪 | 三子 | 海　满 | 回族 | 交岔 | 大坪 |
| 长子 | 马　军 | 回族 | 交岔 | 大坪 | 儿媳 | 冶　连 | 回族 | 交岔 | 大坪 |
| 长媳 | 杨改琴 | 回族 | 交岔 | 大坪 | 户主 | 海　湖 | 回族 | 交岔 | 大坪 |
| 次子 | 马　飞 | 回族 | 交岔 | 大坪 | 妻子 | 马勇芳 | 回族 | 交岔 | 大坪 |
| 三子 | 马　刚 | 回族 | 交岔 | 大坪 | 长子 | 海金钰 | 回族 | 交岔 | 大坪 |
| 户主 | 海恒飞 | 回族 | 交岔 | 大坪 | 户主 | 海　良 | 回族 | 交岔 | 大坪 |
| 妻子 | 马宪花 | 回族 | 交岔 | 大坪 | 妻子 | 马海儿 | 回族 | 交岔 | 大坪 |
| 长女 | 海金莲 | 回族 | 交岔 | 大坪 | 长子 | 海金成 | 回族 | 交岔 | 大坪 |
| 长子 | 海金成 | 回族 | 交岔 | 大坪 | 次子 | 海　龙 | 回族 | 交岔 | 大坪 |
| 次子 | 海金全 | 回族 | 交岔 | 大坪 | 户主 | 海　库 | 回族 | 交岔 | 大坪 |
| 户主 | 海　峰 | 回族 | 交岔 | 大坪 | 妻子 | 冶玉梅 | 回族 | 交岔 | 大坪 |
| 妻子 | 马勇梅 | 回族 | 交岔 | 大坪 | 长女 | 海金鱼 | 回族 | 交岔 | 大坪 |
| 父亲 | 海正明 | 回族 | 交岔 | 大坪 | 次女 | 海金燕 | 回族 | 交岔 | 大坪 |

续表 17

| 与户主关系 | 家庭成员 | 民族 | 原居住地 | | 与户主关系 | 家庭成员 | 民族 | 原居住地 | |
|---|---|---|---|---|---|---|---|---|---|
| | | | 乡（镇） | 行政村 | | | | 乡（镇） | 行政村 |
| 户主 | 海恒春 | 回族 | 交岔 | 大坪 | 四子 | 张东社 | 汉族 | 白阳 | 刘台 |
| 妻子 | 姬小梅 | 回族 | 交岔 | 大坪 | 户主 | 张世忠 | 汉族 | 白阳 | 刘台 |
| 长女 | 海雪琴 | 回族 | 交岔 | 大坪 | 妻子 | 李金莲 | 汉族 | 白阳 | 刘台 |
| 次女 | 海淑琴 | 回族 | 交岔 | 大坪 | 长女 | 张涛涛 | 汉族 | 白阳 | 刘台 |
| 长子 | 海　瑞 | 回族 | 交岔 | 大坪 | 户主 | 张力锋 | 汉族 | 白阳 | 刘台 |
| 户主 | 海恒林 | 回族 | 交岔 | 大坪 | 妻子 | 王明珠 | 汉族 | 白阳 | 刘台 |
| 妻子 | 马　蓉 | 回族 | 交岔 | 大坪 | 长女 | 张转转 | 汉族 | 白阳 | 刘台 |
| 长子 | 海金鹏 | 回族 | 交岔 | 大坪 | 长子 | 张亮亮 | 汉族 | 白阳 | 刘台 |
| 户主 | 海恒方 | 回族 | 交岔 | 大坪 | 户主 | 杨勤军 | 汉族 | 白阳 | 刘台 |
| 妻子 | 杨志梅 | 回族 | 交岔 | 大坪 | 长子 | 杨鹏祥 | 汉族 | 白阳 | 刘台 |
| 长子 | 海国庆 | 回族 | 交岔 | 大坪 | 妻子 | 时骄霞 | 汉族 | 白阳 | 刘台 |
| 次子 | 海国富 | 回族 | 交岔 | 大坪 | 父亲 | 杨维池 | 汉族 | 白阳 | 刘台 |
| 户主 | 海陆鹏 | 回族 | 交岔 | 大坪 | 户主 | 杨勤论 | 汉族 | 白阳 | 刘台 |
| 妻子 | 马云玲 | 回族 | 交岔 | 大坪 | 儿媳 | 许亚萍 | 汉族 | 白阳 | 刘台 |
| 长子 | 海盘龙 | 回族 | 交岔 | 大坪 | 妻子 | 张　玲 | 汉族 | 白阳 | 刘台 |
| 长女 | 海青青 | 回族 | 交岔 | 大坪 | 长子 | 杨晓利 | 汉族 | 白阳 | 刘台 |
| 户主 | 海　洋 | 回族 | 交岔 | 大坪 | 长孙 | 杨　昊 | 汉族 | 白阳 | 刘台 |
| 妻子 | 母文秀 | 回族 | 交岔 | 大坪 | 户主 | 杨勤依 | 汉族 | 白阳 | 刘台 |
| 长子 | 海小波 | 回族 | 交岔 | 大坪 | 妻子 | 刘桂琴 | 汉族 | 白阳 | 刘台 |
| 次子 | 海小东 | 回族 | 交岔 | 大坪 | 长女 | 杨丽霞 | 汉族 | 白阳 | 刘台 |
| 三子 | 海尔沙 | 回族 | 交岔 | 大坪 | 次女 | 杨润琴 | 汉族 | 白阳 | 刘台 |
| 长女 | 海晒买 | 回族 | 交岔 | 大坪 | 三女 | 杨晓娟 | 汉族 | 白阳 | 刘台 |
| 户主 | 海　兵 | 回族 | 交岔 | 大坪 | 长子 | 杨晓博 | 汉族 | 白阳 | 刘台 |
| 妻子 | 明生花 | 回族 | 交岔 | 大坪 | 户主 | 杨勤作 | 汉族 | 白阳 | 刘台 |
| 长女 | 海　霞 | 回族 | 交岔 | 大坪 | 妻子 | 牛玉芳 | 汉族 | 白阳 | 刘台 |
| 次女 | 海　燕 | 回族 | 交岔 | 大坪 | 次女 | 杨亚玲 | 汉族 | 白阳 | 刘台 |
| 长子 | 海　岩 | 回族 | 交岔 | 大坪 | 长子 | 杨永强 | 汉族 | 白阳 | 刘台 |
| 父亲 | 海有龙 | 回族 | 交岔 | 大坪 | 户主 | 杨勤成 | 汉族 | 白阳 | 刘台 |
| 户主 | 马晚嘎 | 回族 | 交岔 | 大坪 | 妻子 | 朱彩莲 | 汉族 | 白阳 | 刘台 |
| 母亲 | 海文花 | 回族 | 交岔 | 大坪 | 长女 | 杨亚萍 | 汉族 | 白阳 | 刘台 |
| 户主 | 张力银 | 汉族 | 白阳 | 刘台 | 母亲 | 张玉梅 | 汉族 | 白阳 | 刘台 |
| 妻子 | 张秀霞 | 汉族 | 白阳 | 刘台 | 户主 | 杨勤俭 | 汉族 | 白阳 | 刘台 |
| 次女 | 张淑红 | 汉族 | 白阳 | 刘台 | 妻子 | 张全英 | 汉族 | 白阳 | 刘台 |
| 长子 | 张勇刚 | 汉族 | 白阳 | 刘台 | 长子 | 杨小龙 | 汉族 | 白阳 | 刘台 |
| 户主 | 张世雄 | 汉族 | 白阳 | 刘台 | 长女 | 杨小凤 | 汉族 | 白阳 | 刘台 |
| 妻子 | 贾桂梅 | 汉族 | 白阳 | 刘台 | 次女 | 杨小向 | 汉族 | 白阳 | 刘台 |

续表 17

| 与户主关系 | 家庭成员 | 民族 | 原居住地 | | 与户主关系 | 家庭成员 | 民族 | 原居住地 | |
|---|---|---|---|---|---|---|---|---|---|
| | | | 乡(镇) | 行政村 | | | | 乡(镇) | 行政村 |
| 户主 | 杨勤昌 | 汉族 | 白阳 | 刘台 | 长子 | 王 宁 | 汉族 | 白阳 | 刘台 |
| 妻子 | 杨生兰 | 汉族 | 白阳 | 刘台 | 次子 | 王 勇 | 汉族 | 白阳 | 刘台 |
| 长子 | 杨小涛 | 汉族 | 白阳 | 刘台 | 长女 | 王 瑜 | 汉族 | 白阳 | 刘台 |
| 长女 | 杨亚萍 | 汉族 | 白阳 | 刘台 | 户主 | 马 成 | 汉族 | 白阳 | 刘台 |
| 户主 | 何生成 | 汉族 | 白阳 | 刘台 | 妻子 | 徐秀芳 | 汉族 | 白阳 | 刘台 |
| 妻子 | 任生芳 | 汉族 | 白阳 | 刘台 | 长子 | 马万虎 | 汉族 | 白阳 | 刘台 |
| 长子媳 | 曹存甫 | 汉族 | 白阳 | 刘台 | 长女 | 马振宁 | 汉族 | 白阳 | 刘台 |
| 长子 | 何 斌 | 汉族 | 白阳 | 刘台 | 户主 | 马 理 | 汉族 | 白阳 | 刘台 |
| 户主 | 何生忠 | 汉族 | 白阳 | 刘台 | 兄弟 | 马 奇 | 汉族 | 白阳 | 刘台 |
| 妻子 | 王占英 | 汉族 | 白阳 | 刘台 | 父亲 | 马世龙 | 汉族 | 白阳 | 刘台 |
| 长子 | 何 睿 | 汉族 | 白阳 | 刘台 | 户主 | 马 真 | 汉族 | 白阳 | 刘台 |
| 次子 | 何 峰 | 汉族 | 白阳 | 刘台 | 弟媳 | 安向平 | 汉族 | 白阳 | 刘台 |
| 儿媳 | 陈亚楠 | 汉族 | 白阳 | 刘台 | 侄儿 | 马晓宁 | 汉族 | 白阳 | 刘台 |
| 户主 | 王德俭 | 汉族 | 白阳 | 刘台 | 户主 | 马 宝 | 汉族 | 白阳 | 刘台 |
| 妻子 | 蔡玉莲 | 汉族 | 白阳 | 刘台 | 妻子 | 赵凤莲 | 汉族 | 白阳 | 刘台 |
| 长子 | 王志明 | 汉族 | 白阳 | 刘台 | 儿媳 | 何玉霞 | 汉族 | 白阳 | 刘台 |
| 次子 | 王志亮 | 汉族 | 白阳 | 刘台 | 长子 | 马明东 | 汉族 | 白阳 | 刘台 |
| 户主 | 辛化章 | 汉族 | 白阳 | 刘台 | 孙女 | 马洋洋 | 汉族 | 白阳 | 刘台 |
| 妻子 | 李秀花 | 汉族 | 白阳 | 刘台 | 户主 | 李正齐 | 汉族 | 白阳 | 刘台 |
| 次子 | 辛小强 | 汉族 | 白阳 | 刘台 | 妻子 | 王惠兰 | 汉族 | 白阳 | 刘台 |
| 次女 | 辛运红 | 汉族 | 白阳 | 刘台 | 长子 | 李 龙 | 汉族 | 白阳 | 刘台 |
| 孙子 | 辛建勋 | 汉族 | 白阳 | 刘台 | 户主 | 马凤得 | 回族 | 白阳 | 姬山 |
| 侄女 | 辛 蕊 | 汉族 | 白阳 | 刘台 | 妻子 | 姬秀丽 | 回族 | 白阳 | 姬山 |
| 儿媳 | 方永霞 | 汉族 | 白阳 | 刘台 | 长子 | 马龙龙 | 回族 | 白阳 | 姬山 |
| 户主 | 辛玉章 | 汉族 | 白阳 | 刘台 | 长女 | 马兰兰 | 回族 | 白阳 | 姬山 |
| 次子 | 辛志强 | 汉族 | 白阳 | 刘台 | 次子 | 马成瑞 | 回族 | 白阳 | 姬山 |
| 孙子 | 辛建华 | 汉族 | 白阳 | 刘台 | 户主 | 马均林 | 回族 | 白阳 | 姬山 |
| 儿媳 | 陈 丽 | 汉族 | 白阳 | 刘台 | 妻子 | 姬文连 | 回族 | 白阳 | 姬山 |
| 妻子 | 王俊英 | 汉族 | 白阳 | 刘台 | 六子 | 马凤才 | 回族 | 白阳 | 姬山 |
| 户主 | 王菊英 | 汉族 | 白阳 | 刘台 | 儿媳 | 马国梅 | 回族 | 白阳 | 姬山 |
| 次女 | 辛晓娟 | 汉族 | 白阳 | 刘台 | 孙女 | 马成兰 | 回族 | 白阳 | 姬山 |
| 户主 | 辛 勇 | 汉族 | 白阳 | 刘台 | 孙子 | 马成成 | 回族 | 白阳 | 姬山 |
| 妻子 | 杨志芳 | 汉族 | 白阳 | 刘台 | 三女 | 马凤梅 | 回族 | 白阳 | 姬山 |
| 妹妹 | 辛会玲 | 汉族 | 白阳 | 刘台 | 户主 | 马义得 | 回族 | 白阳 | 姬山 |
| 户主 | 王志军 | 汉族 | 白阳 | 刘台 | 妻子 | 马爱叶 | 回族 | 白阳 | 姬山 |
| 妻子 | 李存萍 | 汉族 | 白阳 | 刘台 | 长女 | 马佳蕊 | 回族 | 白阳 | 姬山 |

续表 17

| 与户主关系 | 家庭成员 | 民族 | 原居住地 | | 与户主关系 | 家庭成员 | 民族 | 原居住地 | |
|---|---|---|---|---|---|---|---|---|---|
| | | | 乡(镇) | 行政村 | | | | 乡(镇) | 行政村 |
| 户主 | 马凤德 | 回族 | 白阳 | 姬山 | 户主 | 马成有 | 回族 | 白阳 | 姬山 |
| 妻子 | 苏景红 | 回族 | 白阳 | 姬山 | 妻子 | 马梅莲 | 回族 | 白阳 | 姬山 |
| 长子 | 马会飞 | 回族 | 白阳 | 姬山 | 长女 | 马玉兰 | 回族 | 白阳 | 姬山 |
| 长女 | 马慧琴 | 回族 | 白阳 | 姬山 | 次女 | 马　芹 | 回族 | 白阳 | 姬山 |
| 户主 | 张凤奇 | 回族 | 白阳 | 姬山 | 户主 | 张俊珍 | 回族 | 白阳 | 姬山 |
| 妻子 | 马守英 | 回族 | 白阳 | 姬山 | 儿媳 | 杨凤娟 | 回族 | 白阳 | 姬山 |
| 三女 | 张　红 | 回族 | 白阳 | 姬山 | 妻子 | 马同连 | 回族 | 白阳 | 姬山 |
| 长子 | 张　宽 | 回族 | 白阳 | 姬山 | 三子 | 张凤海 | 回族 | 白阳 | 姬山 |
| 户主 | 姬秀科 | 回族 | 白阳 | 姬山 | 四子 | 张凤岐 | 回族 | 白阳 | 姬山 |
| 妻子 | 杨法秃 | 回族 | 白阳 | 姬山 | 户主 | 张俊良 | 回族 | 白阳 | 姬山 |
| 长子 | 姬丕章 | 回族 | 白阳 | 姬山 | 五子 | 张凤生 | 回族 | 白阳 | 姬山 |
| 长女 | 姬　梅 | 回族 | 白阳 | 姬山 | 户主 | 张成林 | 回族 | 白阳 | 姬山 |
| 户主 | 姬文海 | 回族 | 白阳 | 姬山 | 母亲 | 马建花 | 回族 | 白阳 | 姬山 |
| 妻子 | 马凤莲 | 回族 | 白阳 | 姬山 | 妻子 | 赫旭芳 | 回族 | 白阳 | 姬山 |
| 四子 | 姬秀明 | 回族 | 白阳 | 姬山 | 长子 | 张继国 | 回族 | 白阳 | 姬山 |
| 儿媳 | 马筛儿 | 回族 | 白阳 | 姬山 | 户主 | 张凤林 | 回族 | 白阳 | 姬山 |
| 孙女 | 姬玉梅 | 回族 | 白阳 | 姬山 | 妻子 | 杨万梅 | 回族 | 白阳 | 姬山 |
| 孙子 | 姬玉平 | 回族 | 白阳 | 姬山 | 长女 | 张　琴 | 回族 | 白阳 | 姬山 |
| 户主 | 马凤明 | 回族 | 白阳 | 姬山 | 长子 | 张　利 | 回族 | 白阳 | 姬山 |
| 儿媳 | 马义兰 | 回族 | 白阳 | 姬山 | 户主 | 杨生兰 | 回族 | 白阳 | 姬山 |
| 妻子 | 海玉连 | 回族 | 白阳 | 姬山 | 长子 | 姬玉军 | 回族 | 白阳 | 姬山 |
| 长子 | 马成宝 | 回族 | 白阳 | 姬山 | 户主 | 姬秀龙 | 回族 | 白阳 | 姬山 |
| 孙子 | 马玉宁 | 回族 | 白阳 | 姬山 | 妻子 | 海　霞 | 回族 | 白阳 | 姬山 |
| 户主 | 张俊成 | 回族 | 白阳 | 姬山 | 长女 | 姬　霞 | 回族 | 白阳 | 姬山 |
| 妻子 | 王正连 | 回族 | 白阳 | 姬山 | 次女 | 姬佩琴 | 回族 | 白阳 | 姬山 |
| 长子 | 张凤兵 | 回族 | 白阳 | 姬山 | 户主 | 张俊得 | 回族 | 白阳 | 姬山 |
| 户主 | 张俊富 | 回族 | 白阳 | 姬山 | 妻子 | 马玉霞 | 回族 | 白阳 | 姬山 |
| 妻子 | 海进梅 | 回族 | 白阳 | 姬山 | 长子 | 张　杰 | 回族 | 白阳 | 姬山 |
| 次子 | 张奋辉 | 回族 | 白阳 | 姬山 | 长女 | 张连连 | 回族 | 白阳 | 姬山 |
| 三子 | 张奋斌 | 回族 | 白阳 | 姬山 | 户主 | 张成三 | 回族 | 白阳 | 姬山 |
| 户主 | 马凤林 | 回族 | 白阳 | 姬山 | 妻子 | 剡治梅 | 回族 | 白阳 | 姬山 |
| 妻子 | 余金花 | 回族 | 白阳 | 姬山 | 长子 | 张继组 | 回族 | 白阳 | 姬山 |
| 三子 | 马成银 | 回族 | 白阳 | 姬山 | 长女 | 张继兰 | 回族 | 白阳 | 姬山 |
| 户主 | 马凤成 | 回族 | 白阳 | 姬山 | 次子 | 张继军 | 回族 | 白阳 | 姬山 |
| 妻子 | 张文英 | 回族 | 白阳 | 姬山 | 户主 | 张凤军 | 回族 | 白阳 | 姬山 |
| 次子 | 马成军 | 回族 | 白阳 | 姬山 | 长子 | 张　科 | 回族 | 白阳 | 姬山 |

续表 17

| 与户主关系 | 家庭成员 | 民族 | 原居住地 | | 与户主关系 | 家庭成员 | 民族 | 原居住地 | |
|---|---|---|---|---|---|---|---|---|---|
| | | | 乡(镇) | 行政村 | | | | 乡(镇) | 行政村 |
| 三女 | 张　红 | 回族 | 白阳 | 姬山 | 妻子 | 马忠芳 | 回族 | 白阳 | 姬山 |
| 妻子 | 麻志连 | 回族 | 白阳 | 姬山 | 次子 | 张风同 | 回族 | 白阳 | 姬山 |
| 户主 | 姬秀忠 | 回族 | 白阳 | 姬山 | 长子 | 张风东 | 回族 | 白阳 | 姬山 |
| 妻子 | 马成玲 | 回族 | 白阳 | 姬山 | 儿媳 | 咸彦红 | 回族 | 白阳 | 姬山 |
| 长子 | 姬丕荣 | 回族 | 白阳 | 姬山 | 孙女 | 张　倩 | 回族 | 白阳 | 姬山 |
| 长女 | 姬丕花 | 回族 | 白阳 | 姬山 | 户主 | 张俊仓 | 回族 | 白阳 | 姬山 |
| 次女 | 姬　丕 | 回族 | 白阳 | 姬山 | 母亲 | 马进英 | 回族 | 白阳 | 姬山 |
| 户主 | 姬秀荣 | 回族 | 白阳 | 姬山 | 妻子 | 周志兰 | 回族 | 白阳 | 姬山 |
| 妻子 | 周文梅 | 回族 | 白阳 | 姬山 | 长女 | 张风花 | 回族 | 白阳 | 姬山 |
| 长女 | 姬玉兰 | 回族 | 白阳 | 姬山 | 长子 | 张风龙 | 回族 | 白阳 | 姬山 |
| 长子 | 姬玉林 | 回族 | 白阳 | 姬山 | 户主 | 张俊鹏 | 回族 | 白阳 | 姬山 |
| 户主 | 姬佩林 | 回族 | 白阳 | 姬山 | 妻子 | 海生梅 | 回族 | 白阳 | 姬山 |
| 妻子 | 马小兰 | 回族 | 白阳 | 姬山 | 次子 | 张风贵 | 回族 | 白阳 | 姬山 |
| 长子 | 姬　博 | 回族 | 白阳 | 姬山 | 长子 | 张风虎 | 回族 | 白阳 | 姬山 |
| 户主 | 姬秀春 | 回族 | 白阳 | 姬山 | 儿媳 | 马小琴 | 回族 | 白阳 | 姬山 |
| 妻子 | 马启梅 | 回族 | 白阳 | 姬山 | 户主 | 马成青 | 回族 | 白阳 | 姬山 |
| 次子 | 姬佩军 | 回族 | 白阳 | 姬山 | 妻子 | 姬秀兰 | 回族 | 白阳 | 姬山 |
| 户主 | 张俊才 | 回族 | 白阳 | 姬山 | 长子 | 马元旦 | 回族 | 白阳 | 姬山 |
| 妻子 | 海　珍 | 回族 | 白阳 | 姬山 | 长女 | 马玉兰 | 回族 | 白阳 | 姬山 |
| 长子 | 张风斌 | 回族 | 白阳 | 姬山 | 次女 | 马玉慧 | 回族 | 白阳 | 姬山 |
| 长女 | 张风霞 | 回族 | 白阳 | 姬山 | 户主 | 张俊奎 | 回族 | 白阳 | 姬山 |
| 户主 | 张俊林 | 回族 | 白阳 | 姬山 | 妻子 | 余金花 | 回族 | 白阳 | 姬山 |
| 长女 | 张风兰 | 回族 | 白阳 | 姬山 | 次女 | 张风梅 | 回族 | 白阳 | 姬山 |
| 妻子 | 马正梅 | 回族 | 白阳 | 姬山 | 长子 | 张风武 | 回族 | 白阳 | 姬山 |
| 长子 | 张　军 | 回族 | 白阳 | 姬山 | 户主 | 张俊梅 | 回族 | 白阳 | 姬山 |
| 户主 | 张俊林 | 回族 | 白阳 | 姬山 | 长女 | 冶阿也 | 回族 | 白阳 | 姬山 |
| 次子 | 张风仁 | 回族 | 白阳 | 姬山 | 长子 | 马　强 | 回族 | 白阳 | 姬山 |
| 长女 | 张风琴 | 回族 | 白阳 | 姬山 | 次女 | 马　慧 | 回族 | 白阳 | 姬山 |
| 长子 | 张风兵 | 回族 | 白阳 | 姬山 | 户主 | 张风平 | 回族 | 白阳 | 姬山 |
| 妻子 | 韩银花 | 回族 | 白阳 | 姬山 | 妻子 | 姬秀花 | 回族 | 白阳 | 姬山 |
| 户主 | 张得贵 | 回族 | 白阳 | 姬山 | 长子 | 张　忠 | 回族 | 白阳 | 姬山 |
| 三子 | 张俊得 | 回族 | 白阳 | 姬山 | 长女 | 张红丽 | 回族 | 白阳 | 姬山 |
| 儿媳 | 秦治梅 | 回族 | 白阳 | 姬山 | 父亲 | 张俊义 | 回族 | 白阳 | 姬山 |
| 孙女 | 张凤梅 | 回族 | 白阳 | 姬山 | 母亲 | 马秀芬 | 回族 | 白阳 | 姬山 |
| 孙子 | 张　军 | 回族 | 白阳 | 姬山 | 户主 | 张金山 | 汉族 | 白阳 | 姜洼 |
| 户主 | 张俊明 | 回族 | 白阳 | 姬山 | 妻子 | 杨雪艳 | 汉族 | 白阳 | 姜洼 |

续表 17

| 与户主关系 | 家庭成员 | 民族 | 原居住地 | | 与户主关系 | 家庭成员 | 民族 | 原居住地 | |
|---|---|---|---|---|---|---|---|---|---|
| | | | 乡(镇) | 行政村 | | | | 乡(镇) | 行政村 |
| 长女 | 张婷婷 | 汉族 | 白阳 | 姜洼 | 长子 | 张博阳 | 汉族 | 白阳 | 姜洼 |
| 父亲 | 张　俊 | 汉族 | 白阳 | 姜洼 | 长女 | 张向霞 | 汉族 | 白阳 | 姜洼 |
| 户主 | 张　哲 | 汉族 | 白阳 | 姜洼 | 户主 | 张　策 | 汉族 | 白阳 | 姜洼 |
| 长子 | 张向院 | 汉族 | 白阳 | 姜洼 | 妻子 | 王升花 | 汉族 | 白阳 | 姜洼 |
| 次子 | 张向辉 | 汉族 | 白阳 | 姜洼 | 父亲 | 张勤刚 | 汉族 | 白阳 | 姜洼 |
| 妹 | 张　娟 | 汉族 | 白阳 | 姜洼 | 长子 | 张昊阳 | 汉族 | 白阳 | 姜洼 |
| 户主 | 张向利 | 汉族 | 白阳 | 姜洼 | 户主 | 张建刚 | 汉族 | 白阳 | 姜洼 |
| 妻子 | 董桃英 | 汉族 | 白阳 | 姜洼 | 妻子 | 杨志花 | 汉族 | 白阳 | 姜洼 |
| 长女 | 张新蕾 | 汉族 | 白阳 | 姜洼 | 长子 | 张　登 | 汉族 | 白阳 | 姜洼 |
| 户主 | 张　敏 | 汉族 | 白阳 | 姜洼 | 儿媳 | 樊列改 | 汉族 | 白阳 | 姜洼 |
| 妻子 | 史生芳 | 汉族 | 白阳 | 姜洼 | 孙子 | 张亮明 | 汉族 | 白阳 | 姜洼 |
| 次子 | 张向武 | 汉族 | 白阳 | 姜洼 | 孙女 | 张向凤 | 汉族 | 白阳 | 姜洼 |
| 长女 | 张青云 | 汉族 | 白阳 | 姜洼 | 户主 | 张　涛 | 汉族 | 白阳 | 姜洼 |
| 户主 | 张翠萍 | 汉族 | 白阳 | 姜洼 | 长子 | 张向明 | 汉族 | 白阳 | 姜洼 |
| 次子 | 张　晓 | 汉族 | 白阳 | 姜洼 | 次子 | 张向乐 | 汉族 | 白阳 | 姜洼 |
| 长女 | 张　洋 | 汉族 | 白阳 | 姜洼 | 妻子 | 王小玲 | 汉族 | 白阳 | 姜洼 |
| 户主 | 张永刚 | 汉族 | 白阳 | 姜洼 | 父亲 | 张文刚 | 汉族 | 白阳 | 姜洼 |
| 妻子 | 杨生芳 | 汉族 | 白阳 | 姜洼 | 母亲 | 刘正莲 | 汉族 | 白阳 | 姜洼 |
| 长子 | 张　玺 | 汉族 | 白阳 | 姜洼 | 户主 | 张　君 | 汉族 | 白阳 | 姜洼 |
| 长女 | 张爱琴 | 汉族 | 白阳 | 姜洼 | 妻子 | 朱建月 | 汉族 | 白阳 | 姜洼 |
| 次女 | 张安琴 | 汉族 | 白阳 | 姜洼 | 长子 | 张向龙 | 汉族 | 白阳 | 姜洼 |
| 侄子 | 张　广 | 汉族 | 白阳 | 姜洼 | 长女 | 张向琴 | 汉族 | 白阳 | 姜洼 |
| 户主 | 张　成 | 汉族 | 白阳 | 姜洼 | 户主 | 张　治 | 汉族 | 白阳 | 姜洼 |
| 妻子 | 赵志风 | 汉族 | 白阳 | 姜洼 | 妻子 | 杨　霞 | 汉族 | 白阳 | 姜洼 |
| 长子 | 张育衔 | 汉族 | 白阳 | 姜洼 | 长子 | 张向锋 | 汉族 | 白阳 | 姜洼 |
| 长子妻子 | 张慧琴 | 汉族 | 白阳 | 姜洼 | 长女 | 张向红 | 汉族 | 白阳 | 姜洼 |
| 长女 | 张朝阳 | 汉族 | 白阳 | 姜洼 | 户主 | 张　明 | 汉族 | 白阳 | 姜洼 |
| 户主 | 张　瑞 | 汉族 | 白阳 | 姜洼 | 妻子 | 朱健琴 | 汉族 | 白阳 | 姜洼 |
| 母亲 | 韩玉梅 | 汉族 | 白阳 | 姜洼 | 长子 | 张向睿 | 汉族 | 白阳 | 姜洼 |
| 户主 | 张　生 | 汉族 | 白阳 | 姜洼 | 长女 | 张小娟 | 汉族 | 白阳 | 姜洼 |
| 妻子 | 杨金霞 | 汉族 | 白阳 | 姜洼 | 父亲 | 张存刚 | 汉族 | 白阳 | 姜洼 |
| 长子 | 张卫阳 | 汉族 | 白阳 | 姜洼 | 母亲 | 史怀兰 | 汉族 | 白阳 | 姜洼 |
| 次子 | 张风阳 | 汉族 | 白阳 | 姜洼 | 户主 | 赵金芳 | 汉族 | 白阳 | 姜洼 |
| 长女 | 张向荣 | 汉族 | 白阳 | 姜洼 | 长子 | 张　硕 | 汉族 | 白阳 | 姜洼 |
| 户主 | 张　虎 | 汉族 | 白阳 | 姜洼 | 次子 | 张　亮 | 汉族 | 白阳 | 姜洼 |
| 妻子 | 朱喜琴 | 汉族 | 白阳 | 姜洼 | 户主 | 张　华 | 汉族 | 白阳 | 姜洼 |

续表 17

| 与户主关系 | 家庭成员 | 民族 | 原居住地 | | 与户主关系 | 家庭成员 | 民族 | 原居住地 | |
|---|---|---|---|---|---|---|---|---|---|
| | | | 乡(镇) | 行政村 | | | | 乡(镇) | 行政村 |
| 妻子 | 刘芳琴 | 汉族 | 白阳 | 姜洼 | 孙子 | 张嘉乐 | 汉族 | 白阳 | 姜洼 |
| 长女 | 张秀林 | 汉族 | 白阳 | 姜洼 | 户主 | 袁雪婧 | 汉族 | 白阳 | 姜洼 |
| 长子 | 张向东 | 汉族 | 白阳 | 姜洼 | 长子 | 张　鹤 | 汉族 | 白阳 | 姜洼 |
| 户主 | 张　科 | 汉族 | 白阳 | 姜洼 | 户主 | 张　强 | 汉族 | 白阳 | 姜洼 |
| 妻子 | 杨生霞 | 汉族 | 白阳 | 姜洼 | 长女 | 张丽娜 | 汉族 | 白阳 | 姜洼 |
| 长子 | 张向杰 | 汉族 | 白阳 | 姜洼 | 长子 | 张多佳 | 汉族 | 白阳 | 姜洼 |
| 长女 | 张向娥 | 汉族 | 白阳 | 姜洼 | 户主 | 张玉刚 | 汉族 | 白阳 | 姜洼 |
| 次女 | 张向梅 | 汉族 | 白阳 | 姜洼 | 妻子 | 韩　英 | 汉族 | 白阳 | 姜洼 |
| 户主 | 张向刚 | 汉族 | 白阳 | 姜洼 | 长子 | 张　兴 | 汉族 | 白阳 | 姜洼 |
| 妻子 | 韩　英 | 汉族 | 白阳 | 姜洼 | 二子 | 张　升 | 汉族 | 白阳 | 姜洼 |
| 长女 | 张　芳 | 汉族 | 白阳 | 姜洼 | 户主 | 韩俊兰 | 汉族 | 白阳 | 姜洼 |
| 户主 | 张　斌 | 汉族 | 白阳 | 姜洼 | 长子 | 张　让 | 汉族 | 白阳 | 姜洼 |
| 妻子 | 王军莲 | 汉族 | 白阳 | 姜洼 | 长女 | 张　粉 | 汉族 | 白阳 | 姜洼 |
| 长子 | 张向团 | 汉族 | 白阳 | 姜洼 | 儿媳 | 苏　灿 | 汉族 | 白阳 | 姜洼 |
| 长女 | 张丽荣 | 汉族 | 白阳 | 姜洼 | 户主 | 黄世莲 | 汉族 | 白阳 | 阳洼 |
| 父亲 | 张礼刚 | 汉族 | 白阳 | 姜洼 | 长子 | 王克升 | 汉族 | 白阳 | 阳洼 |
| 母亲 | 高世英 | 汉族 | 白阳 | 姜洼 | 长女 | 王　涵 | 汉族 | 白阳 | 阳洼 |
| 户主 | 张　鹏 | 汉族 | 白阳 | 姜洼 | 户主 | 杨有福 | 汉族 | 白阳 | 阳洼 |
| 妻子 | 刘治芳 | 汉族 | 白阳 | 姜洼 | 妻子 | 张　瑜 | 汉族 | 白阳 | 阳洼 |
| 长子 | 张向钰 | 汉族 | 白阳 | 姜洼 | 长女 | 杨　蓉 | 汉族 | 白阳 | 阳洼 |
| 长女 | 张云霞 | 汉族 | 白阳 | 姜洼 | 次女 | 杨　慧 | 汉族 | 白阳 | 阳洼 |
| 儿媳 | 冯小艳 | 汉族 | 白阳 | 姜洼 | 长子 | 杨　洋 | 汉族 | 白阳 | 阳洼 |
| 户主 | 张　祥 | 汉族 | 白阳 | 姜洼 | 户主 | 罗宗科 | 汉族 | 白阳 | 阳洼 |
| 妻子 | 白淑慧 | 汉族 | 白阳 | 姜洼 | 妻子 | 伏国琴 | 汉族 | 白阳 | 阳洼 |
| 长子 | 张向研 | 汉族 | 白阳 | 姜洼 | 长子 | 罗　鹏 | 汉族 | 白阳 | 阳洼 |
| 长女 | 张向荣 | 汉族 | 白阳 | 姜洼 | 户主 | 张　智 | 汉族 | 白阳 | 阳洼 |
| 户主 | 张　东 | 汉族 | 白阳 | 姜洼 | 长子 | 张昊武 | 汉族 | 白阳 | 阳洼 |
| 妻子 | 杨发梅 | 汉族 | 白阳 | 姜洼 | 妻子 | 裴兰英 | 汉族 | 白阳 | 阳洼 |
| 户主 | 王有英 | 汉族 | 白阳 | 姜洼 | 户主 | 袁继奎 | 汉族 | 白阳 | 阳洼 |
| 长子 | 张向乾 | 汉族 | 白阳 | 姜洼 | 长子 | 袁成贵 | 汉族 | 白阳 | 阳洼 |
| 儿媳 | 安小霞 | 汉族 | 白阳 | 姜洼 | 儿媳 | 朱秀琴 | 汉族 | 白阳 | 阳洼 |
| 户主 | 张连刚 | 汉族 | 白阳 | 姜洼 | 孙女 | 袁芳芳 | 汉族 | 白阳 | 阳洼 |
| 儿媳 | 李彩菊 | 汉族 | 白阳 | 姜洼 | 妻子 | 王维芳 | 汉族 | 白阳 | 阳洼 |
| 户主 | 张正选 | 汉族 | 白阳 | 姜洼 | 长女 | 袁　雪 | 汉族 | 白阳 | 阳洼 |
| 长子 | 张　勇 | 汉族 | 白阳 | 姜洼 | 户主 | 袁成军 | 汉族 | 白阳 | 阳洼 |
| 儿媳 | 王志霞 | 汉族 | 白阳 | 姜洼 | 长孙女 | 袁小蓉 | 汉族 | 白阳 | 阳洼 |

续表 17

| 与户主关系 | 家庭成员 | 民族 | 原居住地 | | 与户主关系 | 家庭成员 | 民族 | 原居住地 | |
|---|---|---|---|---|---|---|---|---|---|
| | | | 乡（镇） | 行政村 | | | | 乡（镇） | 行政村 |
| 次孙女 | 袁向荣 | 汉族 | 白阳 | 阳洼 | 次子 | 武世怀 | 汉族 | 白阳 | 老庄 |
| 户主 | 袁继科 | 汉族 | 白阳 | 阳洼 | 儿媳 | 王瑞红 | 汉族 | 白阳 | 老庄 |
| 长子 | 袁　强 | 汉族 | 白阳 | 阳洼 | 孙女 | 武雅婷 | 汉族 | 白阳 | 老庄 |
| 儿媳 | 贾淑花 | 汉族 | 白阳 | 阳洼 | 孙子 | 武雅豪 | 汉族 | 白阳 | 老庄 |
| 妻子 | 田土兰 | 汉族 | 白阳 | 阳洼 | 户主 | 张生弟 | 汉族 | 白阳 | 老庄 |
| 户主 | 袁　宏 | 汉族 | 白阳 | 阳洼 | 妻子 | 张雪芳 | 汉族 | 白阳 | 老庄 |
| 妻子 | 张　丽 | 汉族 | 白阳 | 阳洼 | 长女 | 张小燕 | 汉族 | 白阳 | 老庄 |
| 长子 | 袁晓东 | 汉族 | 白阳 | 阳洼 | 次女 | 张小娟 | 汉族 | 白阳 | 老庄 |
| 长女 | 袁晓芬 | 汉族 | 白阳 | 阳洼 | 长子 | 张小飞 | 汉族 | 白阳 | 老庄 |
| 次子 | 袁晓龙 | 汉族 | 白阳 | 阳洼 | 次子 | 张小文 | 汉族 | 白阳 | 老庄 |
| 长子 | 刘　鹏 | 汉族 | 白阳 | 阳洼 | 户主 | 张文俊 | 汉族 | 白阳 | 老庄 |
| 户主 | 刘效君 | 汉族 | 白阳 | 阳洼 | 妻子 | 袁淑玲 | 汉族 | 白阳 | 老庄 |
| 妻子 | 梁玉芳 | 汉族 | 白阳 | 阳洼 | 父亲 | 张志德 | 汉族 | 白阳 | 老庄 |
| 妻子 | 黄选珍 | 汉族 | 白阳 | 阳洼 | 长子 | 张　宁 | 汉族 | 白阳 | 老庄 |
| 长女 | 袁小惠 | 汉族 | 白阳 | 阳洼 | 次子 | 张　建 | 汉族 | 白阳 | 老庄 |
| 户主 | 袁成龙 | 汉族 | 白阳 | 阳洼 | 母亲 | 杨正梅 | 汉族 | 白阳 | 老庄 |
| 妻子 | 朱克银 | 汉族 | 白阳 | 阳洼 | 户主 | 张续帮 | 汉族 | 白阳 | 老庄 |
| 儿子 | 袁晓明 | 汉族 | 白阳 | 阳洼 | 妻子 | 扈左梅 | 汉族 | 白阳 | 老庄 |
| 户主 | 张　梅 | 汉族 | 白阳 | 阳洼 | 户主 | 王世俊 | 汉族 | 白阳 | 老庄 |
| 长女 | 武晓燕 | 汉族 | 白阳 | 阳洼 | 妻子 | 任九生 | 汉族 | 白阳 | 老庄 |
| 长子 | 武晓龙 | 汉族 | 白阳 | 阳洼 | 次女 | 王丁丁 | 汉族 | 白阳 | 老庄 |
| 户主 | 袁成虎 | 汉族 | 白阳 | 阳洼 | 户主 | 王国君 | 汉族 | 白阳 | 老庄 |
| 儿子 | 袁晓韵 | 汉族 | 白阳 | 阳洼 | 父亲 | 王世杰 | 汉族 | 白阳 | 老庄 |
| 次子 | 袁晓平 | 汉族 | 白阳 | 阳洼 | 妻子 | 沙桂兰 | 汉族 | 白阳 | 老庄 |
| 户主 | 袁　栋 | 汉族 | 白阳 | 阳洼 | 次女 | 王晓英 | 汉族 | 白阳 | 老庄 |
| 长女 | 袁佳丽 | 汉族 | 白阳 | 阳洼 | 三女 | 王晓芳 | 汉族 | 白阳 | 老庄 |
| 女婿 | 陈　斌 | 汉族 | 白阳 | 阳洼 | 户主 | 张生科 | 汉族 | 白阳 | 老庄 |
| 户主 | 张　奎 | 汉族 | 白阳 | 老庄 | 妻子 | 宋登霞 | 汉族 | 白阳 | 老庄 |
| 妻子 | 张静雯 | 汉族 | 白阳 | 老庄 | 长女 | 张　莉 | 汉族 | 白阳 | 老庄 |
| 长子 | 张博辉 | 汉族 | 白阳 | 老庄 | 户主 | 张富银 | 汉族 | 白阳 | 老庄 |
| 次子 | 张博龙 | 汉族 | 白阳 | 老庄 | 妻子 | 王俊玲 | 汉族 | 白阳 | 老庄 |
| 户主 | 张世川 | 汉族 | 白阳 | 老庄 | 户主 | 袁士恩 | 汉族 | 白阳 | 老庄 |
| 妻子 | 张彩花 | 汉族 | 白阳 | 老庄 | 妻子 | 田永强 | 汉族 | 白阳 | 老庄 |
| 次子 | 张雅鹏 | 汉族 | 白阳 | 老庄 | 长子 | 袁志博 | 汉族 | 白阳 | 老庄 |
| 长子 | 张固鹏 | 汉族 | 白阳 | 老庄 | 次子 | 袁志昊 | 汉族 | 白阳 | 老庄 |
| 户主 | 武汉隆 | 汉族 | 白阳 | 老庄 | 母亲 | 王凤英 | 汉族 | 白阳 | 老庄 |

续表 17

| 与户主关系 | 家庭成员 | 民族 | 原居住地 | | 与户主关系 | 家庭成员 | 民族 | 原居住地 | |
|---|---|---|---|---|---|---|---|---|---|
| | | | 乡(镇) | 行政村 | | | | 乡(镇) | 行政村 |
| 户主 | 张生强 | 汉族 | 白阳 | 老庄 | 户主 | 张志平 | 汉族 | 白阳 | 老庄 |
| 妻子 | 邹丽丽 | 汉族 | 白阳 | 老庄 | 妻子 | 韩桂霞 | 汉族 | 白阳 | 老庄 |
| 长子 | 张　俊 | 汉族 | 白阳 | 老庄 | 母亲 | 杨文莲 | 汉族 | 白阳 | 老庄 |
| 次子 | 张　伟 | 汉族 | 白阳 | 老庄 | 长子 | 张文君 | 汉族 | 白阳 | 老庄 |
| 户主 | 袁士东 | 汉族 | 白阳 | 老庄 | 儿媳 | 张悦华 | 汉族 | 白阳 | 老庄 |
| 妻子 | 李秉彩 | 汉族 | 白阳 | 老庄 | 孙子 | 张　涵 | 汉族 | 白阳 | 老庄 |
| 长子 | 袁志科 | 汉族 | 白阳 | 老庄 | 妹妹 | 张静静 | 汉族 | 白阳 | 老庄 |
| 户主 | 袁士宝 | 汉族 | 白阳 | 老庄 | 户主 | 张　红 | 汉族 | 白阳 | 老庄 |
| 妻子 | 张文兰 | 汉族 | 白阳 | 老庄 | 妻子 | 张安安 | 汉族 | 白阳 | 老庄 |
| 长子 | 袁志郡 | 汉族 | 白阳 | 老庄 | 长女 | 张雅娟 | 汉族 | 白阳 | 老庄 |
| 长女 | 袁志霞 | 汉族 | 白阳 | 老庄 | 次女 | 张雅莹 | 汉族 | 白阳 | 老庄 |
| 户主 | 李志芳 | 汉族 | 白阳 | 老庄 | 三女 | 张亚蓉 | 汉族 | 白阳 | 老庄 |
| 妻子 | 陈志连 | 汉族 | 白阳 | 老庄 | 四女 | 张雅倩 | 汉族 | 白阳 | 老庄 |
| 长子 | 李文新 | 汉族 | 白阳 | 老庄 | 五女 | 张亚芬 | 汉族 | 白阳 | 老庄 |
| 儿媳 | 杨金虹 | 汉族 | 白阳 | 老庄 | 六女 | 张雅雯 | 汉族 | 白阳 | 老庄 |
| 次子 | 李文军 | 汉族 | 白阳 | 老庄 | 户主 | 张君帮 | 汉族 | 白阳 | 老庄 |
| 孙子 | 李　刚 | 汉族 | 白阳 | 老庄 | 妻子 | 王桂玲 | 汉族 | 白阳 | 老庄 |
| 户主 | 武世昌 | 汉族 | 白阳 | 老庄 | 长子 | 张永明 | 汉族 | 白阳 | 老庄 |
| 妻子 | 刘玉霞 | 汉族 | 白阳 | 老庄 | 长女 | 张永琴 | 汉族 | 白阳 | 老庄 |
| 长女 | 武雅萍 | 汉族 | 白阳 | 老庄 | 次子 | 张永会 | 汉族 | 白阳 | 老庄 |
| 长子 | 武亚文 | 汉族 | 白阳 | 老庄 | 户主 | 张富存 | 汉族 | 白阳 | 老庄 |
| 户主 | 赵德福 | 汉族 | 白阳 | 老庄 | 妻子 | 张喜林 | 汉族 | 白阳 | 老庄 |
| 妻子 | 王俊花 | 汉族 | 白阳 | 老庄 | 次子 | 张生治 | 汉族 | 白阳 | 老庄 |
| 长子 | 赵　宏 | 汉族 | 白阳 | 老庄 | 儿媳 | 王彩霞 | 汉族 | 白阳 | 老庄 |
| 次子 | 赵　君 | 汉族 | 白阳 | 老庄 | 孙子 | 张　斌 | 汉族 | 白阳 | 老庄 |
| 三子 | 赵　云 | 汉族 | 白阳 | 老庄 | 孙女 | 张　雪 | 汉族 | 白阳 | 老庄 |
| 户主 | 田德仓 | 汉族 | 白阳 | 老庄 | 户主 | 袁继升 | 汉族 | 白阳 | 老庄 |
| 妻子 | 张桂兰 | 汉族 | 白阳 | 老庄 | 妻子 | 朱秉花 | 汉族 | 白阳 | 老庄 |
| 长子 | 田世川 | 汉族 | 白阳 | 老庄 | 长子 | 袁士虎 | 汉族 | 白阳 | 老庄 |
| 孙女 | 田晓艳 | 汉族 | 白阳 | 老庄 | 儿媳 | 刘俊梅 | 汉族 | 白阳 | 老庄 |
| 户主 | 张志和 | 汉族 | 白阳 | 老庄 | 孙子 | 袁志卫 | 汉族 | 白阳 | 老庄 |
| 妻子 | 张有琴 | 汉族 | 白阳 | 老庄 | 孙子 | 袁志高 | 汉族 | 白阳 | 老庄 |
| 长子 | 张文斌 | 汉族 | 白阳 | 老庄 | 孙媳 | 彭晚蓉 | 汉族 | 白阳 | 老庄 |
| 次子 | 张文军 | 汉族 | 白阳 | 老庄 | 重孙女 | 袁　晨 | 汉族 | 白阳 | 老庄 |
| 儿媳 | 郭改蕊 | 汉族 | 白阳 | 老庄 | 重孙子 | 袁雨涵 | 汉族 | 白阳 | 老庄 |
| 孙女 | 张　婷 | 汉族 | 白阳 | 老庄 | 孙女 | 袁志红 | 汉族 | 白阳 | 老庄 |

续表 17

| 与户主关系 | 家庭成员 | 民族 | 原居住地 | | 与户主关系 | 家庭成员 | 民族 | 原居住地 | |
|---|---|---|---|---|---|---|---|---|---|
| | | | 乡(镇) | 行政村 | | | | 乡(镇) | 行政村 |
| 户主 | 袁继春 | 汉族 | 白阳 | 老庄 | 户主 | 李拴连 | 汉族 | 白阳 | 老庄 |
| 妻子 | 叶风兰 | 汉族 | 白阳 | 老庄 | 长女 | 张晓玲 | 汉族 | 白阳 | 老庄 |
| 次子 | 袁士伟 | 汉族 | 白阳 | 老庄 | 次女 | 张雪玲 | 汉族 | 白阳 | 老庄 |
| 儿媳 | 王建霞 | 汉族 | 白阳 | 老庄 | 长子 | 张成范 | 汉族 | 白阳 | 老庄 |
| 孙子 | 袁志恒 | 汉族 | 白阳 | 老庄 | 户主 | 张富祥 | 汉族 | 白阳 | 老庄 |
| 孙女 | 袁越洋 | 汉族 | 白阳 | 老庄 | 妻子 | 尚勤兰 | 汉族 | 白阳 | 老庄 |
| 户主 | 张生红 | 汉族 | 白阳 | 老庄 | 长子 | 张生宝 | 汉族 | 白阳 | 老庄 |
| 父亲 | 张富明 | 汉族 | 白阳 | 老庄 | 户主 | 张玉龙 | 汉族 | 白阳 | 老庄 |
| 长女 | 张　慧 | 汉族 | 白阳 | 老庄 | 妻子 | 王春香 | 汉族 | 白阳 | 老庄 |
| 次女 | 张　荣 | 汉族 | 白阳 | 老庄 | 长女 | 张青青 | 汉族 | 白阳 | 老庄 |
| 长子 | 张　东 | 汉族 | 白阳 | 老庄 | 次女 | 张青利 | 汉族 | 白阳 | 老庄 |
| 妻子 | 张彩琴 | 汉族 | 白阳 | 老庄 | 三女 | 张　健 | 汉族 | 白阳 | 老庄 |
| 户主 | 袁士有 | 汉族 | 白阳 | 老庄 | 长子 | 张　辉 | 汉族 | 白阳 | 老庄 |
| 妻子 | 刘金顺 | 汉族 | 白阳 | 老庄 | 户主 | 张世宏 | 汉族 | 白阳 | 老庄 |
| 长子 | 袁志鹏 | 汉族 | 白阳 | 老庄 | 妻子 | 张生琴 | 汉族 | 白阳 | 老庄 |
| 次子 | 袁志涛 | 汉族 | 白阳 | 老庄 | 长子 | 张雅君 | 汉族 | 白阳 | 老庄 |
| 户主 | 袁继祖 | 汉族 | 白阳 | 老庄 | 长女 | 张亚婷 | 汉族 | 白阳 | 老庄 |
| 妻子 | 崔　连 | 汉族 | 白阳 | 老庄 | 父亲 | 张汉杰 | 汉族 | 白阳 | 老庄 |
| 长子 | 袁士斌 | 汉族 | 白阳 | 老庄 | 母亲 | 张志莲 | 汉族 | 白阳 | 老庄 |
| 儿媳 | 汪海霞 | 汉族 | 白阳 | 老庄 | 户主 | 赵德有 | 汉族 | 白阳 | 老庄 |
| 次子 | 袁士强 | 汉族 | 白阳 | 老庄 | 长女 | 赵　芳 | 汉族 | 白阳 | 老庄 |
| 儿媳 | 徐　娟 | 汉族 | 白阳 | 老庄 | 次女 | 赵晓芬 | 汉族 | 白阳 | 老庄 |
| 孙女 | 袁志丽 | 汉族 | 白阳 | 老庄 | 三女 | 赵　慧 | 汉族 | 白阳 | 老庄 |
| 孙女 | 袁予婷 | 汉族 | 白阳 | 老庄 | 长子 | 赵　亮 | 汉族 | 白阳 | 老庄 |
| 户主 | 张生龙 | 汉族 | 白阳 | 老庄 | 母亲 | 王海花 | 汉族 | 白阳 | 老庄 |
| 妻子 | 李小红 | 汉族 | 白阳 | 老庄 | 户主 | 张生学 | 汉族 | 白阳 | 老庄 |
| 长女 | 张巧利 | 汉族 | 白阳 | 老庄 | 妻子 | 罗桂勤 | 汉族 | 白阳 | 老庄 |
| 长子 | 张文德 | 汉族 | 白阳 | 老庄 | 长子 | 张静新 | 汉族 | 白阳 | 老庄 |
| 父亲 | 张富贵 | 汉族 | 白阳 | 老庄 | 户主 | 张振邦 | 汉族 | 白阳 | 老庄 |
| 母亲 | 康梅英 | 汉族 | 白阳 | 老庄 | 父亲 | 张左堂 | 汉族 | 白阳 | 老庄 |
| 户主 | 邓国帮 | 汉族 | 白阳 | 老庄 | 母亲 | 高正兰 | 汉族 | 白阳 | 老庄 |
| 妻子 | 冯彩琴 | 汉族 | 白阳 | 老庄 | 孙女 | 张　露 | 汉族 | 白阳 | 老庄 |
| 长子 | 邓　乾 | 汉族 | 白阳 | 老庄 | 户主 | 张生信 | 汉族 | 白阳 | 老庄 |
| 次子 | 邓　坤 | 汉族 | 白阳 | 老庄 | 妻子 | 李云云 | 汉族 | 白阳 | 老庄 |
| 儿媳 | 王丽金 | 汉族 | 白阳 | 老庄 | 父亲 | 张富财 | 汉族 | 白阳 | 老庄 |
| 孙子 | 邓佳辉 | 汉族 | 白阳 | 老庄 | 母亲 | 袁士花 | 汉族 | 白阳 | 老庄 |

续表 17

| 与户主关系 | 家庭成员 | 民族 | 原居住地 | | 与户主关系 | 家庭成员 | 民族 | 原居住地 | |
|---|---|---|---|---|---|---|---|---|---|
| | | | 乡(镇) | 行政村 | | | | 乡(镇) | 行政村 |
| 长女 | 张　娜 | 汉族 | 白阳 | 老庄 | 次女 | 张　萍 | 汉族 | 白阳 | 老庄 |
| 户主 | 王国政 | 汉族 | 白阳 | 老庄 | 户主 | 王世意 | 汉族 | 白阳 | 老庄 |
| 妻子 | 李彩花 | 汉族 | 白阳 | 老庄 | 妻子 | 朱步桂 | 汉族 | 白阳 | 老庄 |
| 长子 | 王小强 | 汉族 | 白阳 | 老庄 | 长子 | 王国兴 | 汉族 | 白阳 | 老庄 |
| 户主 | 张生动 | 汉族 | 白阳 | 老庄 | 长女 | 王国艳 | 汉族 | 白阳 | 老庄 |
| 妻子 | 韩　英 | 汉族 | 白阳 | 老庄 | 户主 | 张小平 | 汉族 | 白阳 | 老庄 |
| 长子 | 张　军 | 汉族 | 白阳 | 老庄 | 妻子 | 张志燕 | 汉族 | 白阳 | 老庄 |
| 次子 | 张　瑞 | 汉族 | 白阳 | 老庄 | 长女 | 张蓉蓉 | 汉族 | 白阳 | 老庄 |
| 户主 | 张生帮 | 汉族 | 白阳 | 老庄 | 次女 | 张慧慧 | 汉族 | 白阳 | 老庄 |
| 妻子 | 孙如香 | 汉族 | 白阳 | 老庄 | 户主 | 刘治国 | 汉族 | 白阳 | 老庄 |
| 次子 | 张　海 | 汉族 | 白阳 | 老庄 | 妻子 | 张丽粉 | 汉族 | 白阳 | 老庄 |
| 儿媳 | 扈世芳 | 汉族 | 白阳 | 老庄 | 长女 | 刘　娟 | 汉族 | 白阳 | 老庄 |
| 孙女 | 张雅宁 | 汉族 | 白阳 | 老庄 | 次女 | 刘　云 | 汉族 | 白阳 | 老庄 |
| 户主 | 张文科 | 汉族 | 白阳 | 老庄 | 户主 | 邓国贤 | 汉族 | 白阳 | 老庄 |
| 妻子 | 陈玉莲 | 汉族 | 白阳 | 老庄 | 妻子 | 韩志霞 | 汉族 | 白阳 | 老庄 |
| 长子 | 张　勇 | 汉族 | 白阳 | 老庄 | 长子 | 邓　飞 | 汉族 | 白阳 | 老庄 |
| 户主 | 张富斌 | 汉族 | 白阳 | 老庄 | 次子 | 邓　岩 | 汉族 | 白阳 | 老庄 |
| 长女 | 张丽萍 | 汉族 | 白阳 | 老庄 | 户主 | 王连芳 | 汉族 | 白阳 | 老庄 |
| 户主 | 张付帮 | 汉族 | 白阳 | 老庄 | 长子 | 王志富 | 汉族 | 白阳 | 老庄 |
| 妻子 | 张志生 | 汉族 | 白阳 | 老庄 | 户主 | 张生君 | 汉族 | 白阳 | 老庄 |
| 长子 | 张小明 | 汉族 | 白阳 | 老庄 | 妻子 | 朱志琴 | 汉族 | 白阳 | 老庄 |
| 儿媳 | 黄东东 | 汉族 | 白阳 | 老庄 | 长子 | 张飞龙 | 汉族 | 白阳 | 老庄 |
| 户主 | 张继帮 | 汉族 | 白阳 | 老庄 | 长女 | 张　芳 | 汉族 | 白阳 | 老庄 |
| 妻子 | 许存香 | 汉族 | 白阳 | 老庄 | 户主 | 田世海 | 汉族 | 白阳 | 老庄 |
| 长子 | 张　辉 | 汉族 | 白阳 | 老庄 | 妻子 | 郑小琴 | 汉族 | 白阳 | 老庄 |
| 户主 | 张世英 | 汉族 | 白阳 | 老庄 | 长子 | 田国玉 | 汉族 | 白阳 | 老庄 |
| 妻子 | 袁琴粉 | 汉族 | 白阳 | 老庄 | 次子 | 田国玺 | 汉族 | 白阳 | 老庄 |
| 长子 | 张雅东 | 汉族 | 白阳 | 老庄 | 户主 | 王　明 | 汉族 | 白阳 | 老庄 |
| 长女 | 张雅凤 | 汉族 | 白阳 | 老庄 | 长女 | 王心雅 | 汉族 | 白阳 | 老庄 |
| 户主 | 张生虎 | 汉族 | 白阳 | 老庄 | 妻子 | 马来琴 | 汉族 | 白阳 | 老庄 |
| 妻子 | 张银花 | 汉族 | 白阳 | 老庄 | 户主 | 张　禄 | 汉族 | 白阳 | 老庄 |
| 长女 | 张　洁 | 汉族 | 白阳 | 老庄 | 妻子 | 郑存女 | 汉族 | 白阳 | 老庄 |
| 户主 | 张生伟 | 汉族 | 白阳 | 老庄 | 长子 | 张博文 | 汉族 | 白阳 | 老庄 |
| 妻子 | 王占琴 | 汉族 | 白阳 | 老庄 | 长女 | 张博君 | 汉族 | 白阳 | 老庄 |
| 长子 | 张　宁 | 汉族 | 白阳 | 老庄 | 户主 | 王万权 | 汉族 | 白阳 | 玉洼 |
| 长女 | 张　婷 | 汉族 | 白阳 | 老庄 | 妻子 | 王克玲 | 汉族 | 白阳 | 玉洼 |

续表 17

| 与户主关系 | 家庭成员 | 民族 | 原居住地 | | 与户主关系 | 家庭成员 | 民族 | 原居住地 | |
|---|---|---|---|---|---|---|---|---|---|
| | | | 乡(镇) | 行政村 | | | | 乡(镇) | 行政村 |
| 长女 | 王玉婷 | 汉族 | 白阳 | 玉洼 | 长女 | 韩慧云 | 汉族 | 白阳 | 玉洼 |
| 户主 | 祁国宏 | 汉族 | 白阳 | 玉洼 | 户主 | 张世儒 | 汉族 | 白阳 | 玉洼 |
| 妻子 | 张秀兰 | 汉族 | 白阳 | 玉洼 | 母亲 | 高桂兰 | 汉族 | 白阳 | 玉洼 |
| 长女 | 祁占琴 | 汉族 | 白阳 | 玉洼 | 长子 | 张　卓 | 汉族 | 白阳 | 玉洼 |
| 次女 | 祁　娜 | 汉族 | 白阳 | 玉洼 | 户主 | 祁国荣 | 汉族 | 白阳 | 玉洼 |
| 母亲 | 付广花 | 汉族 | 白阳 | 玉洼 | 妻子 | 李俊玲 | 汉族 | 白阳 | 玉洼 |
| 户主 | 吕永红 | 汉族 | 白阳 | 玉洼 | 长子 | 祁　伟 | 汉族 | 白阳 | 玉洼 |
| 妻子 | 杨拴菊 | 汉族 | 白阳 | 玉洼 | 户主 | 祁国贤 | 汉族 | 白阳 | 玉洼 |
| 长女 | 吕　玫 | 汉族 | 白阳 | 玉洼 | 妻子 | 胡爱玲 | 汉族 | 白阳 | 玉洼 |
| 长子 | 吕　卓 | 汉族 | 白阳 | 玉洼 | 长子 | 祁　博 | 汉族 | 白阳 | 玉洼 |
| 次女 | 吕雯雯 | 汉族 | 白阳 | 玉洼 | 长女 | 祁海燕 | 汉族 | 白阳 | 玉洼 |
| 户主 | 吕国太 | 汉族 | 白阳 | 玉洼 | 户主 | 祁国俊 | 汉族 | 白阳 | 玉洼 |
| 妻子 | 庞红香 | 汉族 | 白阳 | 玉洼 | 妻子 | 姬翠林 | 汉族 | 白阳 | 玉洼 |
| 长子 | 吕永龙 | 汉族 | 白阳 | 玉洼 | 长子 | 祁　云 | 汉族 | 白阳 | 玉洼 |
| 户主 | 杨占仁 | 汉族 | 白阳 | 玉洼 | 长女 | 祁芳红 | 汉族 | 白阳 | 玉洼 |
| 妻子 | 雷步彩 | 汉族 | 白阳 | 玉洼 | 次子 | 祁永发 | 汉族 | 白阳 | 玉洼 |
| 次子 | 杨孝军 | 汉族 | 白阳 | 玉洼 | 户主 | 杨效强 | 汉族 | 白阳 | 玉洼 |
| 次媳 | 郭　霞 | 汉族 | 白阳 | 玉洼 | 父亲 | 杨占义 | 汉族 | 白阳 | 玉洼 |
| 孙子 | 杨　政 | 汉族 | 白阳 | 玉洼 | 母亲 | 徐玉珍 | 汉族 | 白阳 | 玉洼 |
| 孙女 | 杨　梅 | 汉族 | 白阳 | 玉洼 | 户主 | 祁国强 | 汉族 | 白阳 | 玉洼 |
| 户主 | 吕国民 | 汉族 | 白阳 | 玉洼 | 妻子 | 庞菊香 | 汉族 | 白阳 | 玉洼 |
| 妻子 | 杨锡琴 | 汉族 | 白阳 | 玉洼 | 长子 | 祁　剑 | 汉族 | 白阳 | 玉洼 |
| 三子 | 吕来保 | 汉族 | 白阳 | 玉洼 | 长女 | 祁宝霞 | 汉族 | 白阳 | 玉洼 |
| 三媳 | 党芳芳 | 汉族 | 白阳 | 玉洼 | 户主 | 祁国军 | 汉族 | 白阳 | 玉洼 |
| 长女 | 吕荣荣 | 汉族 | 白阳 | 玉洼 | 长女 | 祁　静 | 汉族 | 白阳 | 玉洼 |
| 孙子 | 吕　升 | 汉族 | 白阳 | 玉洼 | 妻子 | 杨金梅 | 汉族 | 白阳 | 玉洼 |
| 户主 | 吕占红 | 汉族 | 白阳 | 玉洼 | 户主 | 祁效武 | 汉族 | 白阳 | 玉洼 |
| 妻子 | 张雪兰 | 汉族 | 白阳 | 玉洼 | 儿媳 | 王　玲 | 汉族 | 白阳 | 玉洼 |
| 长子 | 吕　浩 | 汉族 | 白阳 | 玉洼 | 长子 | 祁国翔 | 汉族 | 白阳 | 玉洼 |
| 次子 | 吕　行 | 汉族 | 白阳 | 玉洼 | 长子 | 祁宏福 | 汉族 | 白阳 | 玉洼 |
| 户主 | 张继儒 | 汉族 | 白阳 | 玉洼 | 户主 | 杨孝龙 | 汉族 | 白阳 | 玉洼 |
| 妻子 | 党占秀 | 汉族 | 白阳 | 玉洼 | 妻子 | 张桂琴 | 汉族 | 白阳 | 玉洼 |
| 长子 | 张昌栋 | 汉族 | 白阳 | 玉洼 | 次女 | 杨双燕 | 汉族 | 白阳 | 玉洼 |
| 户主 | 张翠莲 | 汉族 | 白阳 | 玉洼 | 长子 | 杨海燕 | 汉族 | 白阳 | 玉洼 |
| 长子 | 韩凌云 | 汉族 | 白阳 | 玉洼 | 长女 | 杨艳艳 | 汉族 | 白阳 | 玉洼 |
| 次子 | 韩峥嵘 | 汉族 | 白阳 | 玉洼 | 户主 | 杨孝虎 | 汉族 | 白阳 | 玉洼 |

续表 17

| 与户主关系 | 家庭成员 | 民族 | 原居住地 | | 与户主关系 | 家庭成员 | 民族 | 原居住地 | |
|---|---|---|---|---|---|---|---|---|---|
| | | | 乡(镇) | 行政村 | | | | 乡(镇) | 行政村 |
| 妻子 | 罗　娜 | 汉族 | 白阳 | 玉洼 | 妻子 | 郭俊梅 | 汉族 | 白阳 | 玉洼 |
| 长女 | 杨睿涵 | 汉族 | 白阳 | 玉洼 | 次女 | 祁丽琴 | 汉族 | 白阳 | 玉洼 |
| 长子 | 杨柏骅 | 汉族 | 白阳 | 玉洼 | 三女 | 祁翻琴 | 汉族 | 白阳 | 玉洼 |
| 户主 | 张孝儒 | 汉族 | 白阳 | 玉洼 | 长子 | 祁　渊 | 汉族 | 白阳 | 玉洼 |
| 妻子 | 高怀英 | 汉族 | 白阳 | 玉洼 | 户主 | 杨桂霞 | 汉族 | 白阳 | 玉洼 |
| 父亲 | 张朋仁 | 汉族 | 白阳 | 玉洼 | 次子 | 张有财 | 汉族 | 白阳 | 玉洼 |
| 母亲 | 梁随花 | 汉族 | 白阳 | 玉洼 | 长女 | 张向宁 | 汉族 | 白阳 | 玉洼 |
| 长子 | 张建龙 | 汉族 | 白阳 | 玉洼 | 户主 | 张有保 | 汉族 | 白阳 | 玉洼 |
| 长女 | 张育能 | 汉族 | 白阳 | 玉洼 | 妻子 | 虎　瑞 | 汉族 | 白阳 | 玉洼 |
| 次女 | 张　荣 | 汉族 | 白阳 | 玉洼 | 户主 | 张登峰 | 汉族 | 白阳 | 玉洼 |
| 户主 | 贾继兴 | 汉族 | 白阳 | 玉洼 | 弟 | 张登云 | 汉族 | 白阳 | 玉洼 |
| 父亲 | 贾锡瑞 | 汉族 | 白阳 | 玉洼 | 弟 | 张登龙 | 汉族 | 白阳 | 玉洼 |
| 长女 | 贾紫妍 | 汉族 | 白阳 | 玉洼 | 户主 | 张智儒 | 汉族 | 白阳 | 玉洼 |
| 妻子 | 虎小亮 | 汉族 | 白阳 | 玉洼 | 妻子 | 庞　霞 | 汉族 | 白阳 | 玉洼 |
| 长子 | 贾紫轩 | 汉族 | 白阳 | 玉洼 | 长子 | 张昌元 | 汉族 | 白阳 | 玉洼 |
| 户主 | 王志印 | 汉族 | 白阳 | 玉洼 | 户主 | 张攀儒 | 汉族 | 白阳 | 玉洼 |
| 妻子 | 韩佐梅 | 汉族 | 白阳 | 玉洼 | 父亲 | 张朋明 | 汉族 | 白阳 | 玉洼 |
| 长子 | 王万夺 | 汉族 | 白阳 | 玉洼 | 母亲 | 李文芳 | 汉族 | 白阳 | 玉洼 |
| 户主 | 张耀儒 | 汉族 | 白阳 | 玉洼 | 妻子 | 冯玉霞 | 汉族 | 白阳 | 玉洼 |
| 妻子 | 陈风霞 | 汉族 | 白阳 | 玉洼 | 户主 | 祁效兵 | 汉族 | 白阳 | 玉洼 |
| 长子 | 张昌国 | 汉族 | 白阳 | 玉洼 | 次子 | 祁国升 | 汉族 | 白阳 | 玉洼 |
| 次子 | 张奥运 | 汉族 | 白阳 | 玉洼 | 次媳 | 李婷婷 | 汉族 | 白阳 | 玉洼 |
| 户主 | 祁国成 | 汉族 | 白阳 | 玉洼 | 户主 | 王志仁 | 汉族 | 白阳 | 玉洼 |
| 妻子 | 王天霞 | 汉族 | 白阳 | 玉洼 | 妻子 | 张和梅 | 汉族 | 白阳 | 玉洼 |
| 长女 | 祁玉玲 | 汉族 | 白阳 | 玉洼 | 次子 | 王小龙 | 汉族 | 白阳 | 玉洼 |
| 次女 | 祁玉杰 | 汉族 | 白阳 | 玉洼 | 户主 | 吕国玺 | 汉族 | 白阳 | 玉洼 |
| 长子 | 祁金峰 | 汉族 | 白阳 | 玉洼 | 妻子 | 李桂珍 | 汉族 | 白阳 | 玉洼 |
| 户主 | 王志成 | 汉族 | 白阳 | 玉洼 | 次子 | 吕占富 | 汉族 | 白阳 | 玉洼 |
| 妻子 | 韩麦玲 | 汉族 | 白阳 | 玉洼 | 户主 | 雷　红 | 汉族 | 白阳 | 玉洼 |
| 长子 | 王万科 | 汉族 | 白阳 | 玉洼 | 次子 | 张　建 | 汉族 | 白阳 | 玉洼 |
| 户主 | 张新儒 | 汉族 | 白阳 | 玉洼 | 户主 | 祁效文 | 汉族 | 白阳 | 玉洼 |
| 妻子 | 韩玉琴 | 汉族 | 白阳 | 玉洼 | 妻子 | 贾玉花 | 汉族 | 白阳 | 玉洼 |
| 长子 | 张昌华 | 汉族 | 白阳 | 玉洼 | 次子 | 祁国昌 | 汉族 | 白阳 | 玉洼 |
| 次子 | 张昌盛 | 汉族 | 白阳 | 玉洼 | 户主 | 祁国雄 | 汉族 | 白阳 | 玉洼 |
| 长女 | 张昌英 | 汉族 | 白阳 | 玉洼 | 长子 | 祁亚楠 | 汉族 | 白阳 | 玉洼 |
| 户主 | 祁国儒 | 汉族 | 白阳 | 玉洼 | 户主 | 祁国会 | 汉族 | 白阳 | 玉洼 |

续表 17

| 与户主关系 | 家庭成员 | 民族 | 原居住地 | | 与户主关系 | 家庭成员 | 民族 | 原居住地 | |
|---|---|---|---|---|---|---|---|---|---|
| | | | 乡(镇) | 行政村 | | | | 乡(镇) | 行政村 |
| 妻子 | 徐润霞 | 汉族 | 白阳 | 玉洼 | 母亲 | 罗天花 | 汉族 | 白阳 | 罗堡 |
| 长子 | 祁 广 | 汉族 | 白阳 | 玉洼 | 妻子 | 惠 芳 | 汉族 | 白阳 | 罗堡 |
| 次子 | 祁 召 | 汉族 | 白阳 | 玉洼 | 长子 | 史学辉 | 汉族 | 白阳 | 罗堡 |
| 户主 | 杨孝刚 | 汉族 | 白阳 | 玉洼 | 次子 | 史国辉 | 汉族 | 白阳 | 罗堡 |
| 妻子 | 袁彩琴 | 汉族 | 白阳 | 玉洼 | 户主 | 韩香玲 | 汉族 | 白阳 | 罗堡 |
| 长女 | 杨 雪 | 汉族 | 白阳 | 玉洼 | 长女 | 李晓霞 | 汉族 | 白阳 | 罗堡 |
| 次女 | 杨引雪 | 汉族 | 白阳 | 玉洼 | 母亲 | 史玉莲 | 汉族 | 白阳 | 罗堡 |
| 长子 | 杨 硕 | 汉族 | 白阳 | 玉洼 | 户主 | 高万顺 | 汉族 | 白阳 | 罗堡 |
| 户主 | 姬文银 | 回族 | 白阳 | 陡坡 | 妻子 | 李荟芳 | 汉族 | 白阳 | 罗堡 |
| 妻子 | 马俊英 | 回族 | 白阳 | 陡坡 | 长女 | 高巨红 | 汉族 | 白阳 | 罗堡 |
| 长女 | 姬桂花 | 回族 | 白阳 | 陡坡 | 长子 | 高 科 | 汉族 | 白阳 | 罗堡 |
| 户主 | 姬俊儒 | 回族 | 白阳 | 陡坡 | 户主 | 高 升 | 汉族 | 白阳 | 罗堡 |
| 妻子 | 海莲秀 | 回族 | 白阳 | 陡坡 | 妻子 | 张登彩 | 汉族 | 白阳 | 罗堡 |
| 次女 | 姬晓玲 | 回族 | 白阳 | 陡坡 | 长女 | 高建琴 | 汉族 | 白阳 | 罗堡 |
| 孙女 | 姬瑞英 | 回族 | 白阳 | 陡坡 | 次女 | 高建萍 | 汉族 | 白阳 | 罗堡 |
| 长子 | 姬小光 | 回族 | 白阳 | 陡坡 | 长子 | 高建华 | 汉族 | 白阳 | 罗堡 |
| 户主 | 姬小鹏 | 回族 | 白阳 | 陡坡 | 户主 | 高万刚 | 汉族 | 白阳 | 罗堡 |
| 妻子 | 马红莲 | 回族 | 白阳 | 陡坡 | 妻子 | 韩风霞 | 汉族 | 白阳 | 罗堡 |
| 长子 | 姬锐瑞 | 回族 | 白阳 | 陡坡 | 儿子 | 高 召 | 汉族 | 白阳 | 罗堡 |
| 户主 | 姬文玉 | 回族 | 白阳 | 陡坡 | 儿媳 | 张信霞 | 汉族 | 白阳 | 罗堡 |
| 妻子 | 李德兰 | 回族 | 白阳 | 陡坡 | 儿媳 | 朱喜梅 | 汉族 | 白阳 | 罗堡 |
| 长子 | 姬秀得 | 回族 | 白阳 | 陡坡 | 儿子 | 高 文 | 汉族 | 白阳 | 罗堡 |
| 次子 | 姬秀昌 | 回族 | 白阳 | 陡坡 | 孙女 | 高建雅 | 汉族 | 白阳 | 罗堡 |
| 儿媳 | 海立粉 | 回族 | 白阳 | 陡坡 | 孙女 | 高建宁 | 汉族 | 白阳 | 罗堡 |
| 户主 | 姬秀杰 | 回族 | 白阳 | 陡坡 | 孙子 | 高建宇 | 汉族 | 白阳 | 罗堡 |
| 妻子 | 海 莲 | 回族 | 白阳 | 陡坡 | 户主 | 高万君 | 汉族 | 白阳 | 罗堡 |
| 长子 | 姬佩贤 | 回族 | 白阳 | 陡坡 | 妻子 | 张转平 | 汉族 | 白阳 | 罗堡 |
| 户主 | 姬秀全 | 回族 | 白阳 | 陡坡 | 母亲 | 张正梅 | 汉族 | 白阳 | 罗堡 |
| 妻子 | 李治花 | 回族 | 白阳 | 陡坡 | 长女 | 高 慧 | 汉族 | 白阳 | 罗堡 |
| 长子 | 姬路君 | 回族 | 白阳 | 陡坡 | 长子 | 高 涛 | 汉族 | 白阳 | 罗堡 |
| 户主 | 姬俊宏 | 回族 | 白阳 | 陡坡 | 弟 | 高万良 | 汉族 | 白阳 | 罗堡 |
| 妻子 | 海明兰 | 回族 | 白阳 | 陡坡 | 弟媳 | 陈桂兰 | 汉族 | 白阳 | 罗堡 |
| 长子 | 姬小平 | 回族 | 白阳 | 陡坡 | 侄女 | 高锦晶 | 汉族 | 白阳 | 罗堡 |
| 次子 | 姬小冬 | 回族 | 白阳 | 陡坡 | 户主 | 高万成 | 汉族 | 白阳 | 罗堡 |
| 儿媳 | 马俊英 | 回族 | 白阳 | 陡坡 | 妻子 | 张兰英 | 汉族 | 白阳 | 罗堡 |
| 户主 | 史世科 | 汉族 | 白阳 | 罗堡 | 长子 | 高 瑞 | 汉族 | 白阳 | 罗堡 |

续表 17

| 与户主关系 | 家庭成员 | 民族 | 原居住地 | | 与户主关系 | 家庭成员 | 民族 | 原居住地 | |
|---|---|---|---|---|---|---|---|---|---|
| | | | 乡(镇) | 行政村 | | | | 乡(镇) | 行政村 |
| 长女 | 高　芳 | 汉族 | 白阳 | 罗堡 | 妻子 | 陈浩连 | 汉族 | 白阳 | 罗堡 |
| 户主 | 高万胜 | 汉族 | 白阳 | 罗堡 | 长子 | 高万库 | 汉族 | 白阳 | 罗堡 |
| 妻子 | 丰国莲 | 汉族 | 白阳 | 罗堡 | 长女 | 高双萍 | 汉族 | 白阳 | 罗堡 |
| 儿子 | 高　登 | 汉族 | 白阳 | 罗堡 | 户主 | 高万富 | 汉族 | 白阳 | 罗堡 |
| 儿子 | 高　政 | 汉族 | 白阳 | 罗堡 | 妻子 | 张彩霞 | 汉族 | 白阳 | 罗堡 |
| 儿媳 | 王转霞 | 汉族 | 白阳 | 罗堡 | 长女 | 高　雯 | 汉族 | 白阳 | 罗堡 |
| 儿子 | 高　铎 | 汉族 | 白阳 | 罗堡 | 户主 | 高万斌 | 汉族 | 白阳 | 罗堡 |
| 儿媳 | 张小霞 | 汉族 | 白阳 | 罗堡 | 父亲 | 高仁雲 | 汉族 | 白阳 | 罗堡 |
| 户主 | 高万智 | 汉族 | 白阳 | 罗堡 | 母亲 | 施登花 | 汉族 | 白阳 | 罗堡 |
| 妻子 | 袁继玲 | 汉族 | 白阳 | 罗堡 | 户主 | 高占云 | 汉族 | 白阳 | 罗堡 |
| 母亲 | 席鸿兰 | 汉族 | 白阳 | 罗堡 | 妻子 | 张金花 | 汉族 | 白阳 | 罗堡 |
| 长子 | 高　伟 | 汉族 | 白阳 | 罗堡 | 三女 | 高　娟 | 汉族 | 白阳 | 罗堡 |
| 长女 | 高　婷 | 汉族 | 白阳 | 罗堡 | 四女 | 高　琴 | 汉族 | 白阳 | 罗堡 |
| 户主 | 高　文 | 汉族 | 白阳 | 罗堡 | 长子 | 高万东 | 汉族 | 白阳 | 罗堡 |
| 妻子 | 朱喜梅 | 汉族 | 白阳 | 罗堡 | 户主 | 高万广 | 汉族 | 白阳 | 罗堡 |
| 长子 | 高建宇 | 汉族 | 白阳 | 罗堡 | 妻子 | 袁磐登 | 汉族 | 白阳 | 罗堡 |
| 长女 | 高健雅 | 汉族 | 白阳 | 罗堡 | 长女 | 高雅静 | 汉族 | 白阳 | 罗堡 |
| 次女 | 高健宁 | 汉族 | 白阳 | 罗堡 | 长子 | 高　伟 | 汉族 | 白阳 | 罗堡 |
| 户主 | 高万良 | 汉族 | 白阳 | 罗堡 | 户主 | 王国富 | 汉族 | 白阳 | 老庄 |
| 妻子 | 陈桂兰 | 汉族 | 白阳 | 罗堡 | 父亲 | 王世明 | 汉族 | 白阳 | 老庄 |
| 长女 | 高琛锦 | 汉族 | 白阳 | 罗堡 | 弟弟 | 王国玉 | 汉族 | 白阳 | 老庄 |
| 户主 | 高锦云 | 汉族 | 白阳 | 罗堡 | 户主 | 张志会 | 汉族 | 白阳 | 老庄 |
| 妻子 | 李万连 | 汉族 | 白阳 | 罗堡 | 妻子 | 李永红 | 汉族 | 白阳 | 老庄 |
| 儿子 | 高　飞 | 汉族 | 白阳 | 罗堡 | 户主 | 张孝俊 | 汉族 | 白阳 | 老庄 |
| 儿媳 | 刘路琴 | 汉族 | 白阳 | 罗堡 | 父亲 | 张权义 | 汉族 | 白阳 | 老庄 |
| 孙女 | 高建娥 | 汉族 | 白阳 | 罗堡 | 妻子 | 虎志琴 | 汉族 | 白阳 | 老庄 |
| 孙子 | 高建国 | 汉族 | 白阳 | 罗堡 | 长女 | 张金丽 | 汉族 | 白阳 | 老庄 |
| 户主 | 高万满 | 汉族 | 白阳 | 罗堡 | 长子 | 张志杰 | 汉族 | 白阳 | 老庄 |
| 妻子 | 张春秀 | 汉族 | 白阳 | 罗堡 | 次女 | 张金玉 | 汉族 | 白阳 | 老庄 |
| 母亲 | 宁国香 | 汉族 | 白阳 | 罗堡 | 户主 | 张孝岐 | 汉族 | 白阳 | 老庄 |
| 儿子 | 高文博 | 汉族 | 白阳 | 罗堡 | 妻子 | 赵生梅 | 汉族 | 白阳 | 老庄 |
| 户主 | 高廷荣 | 汉族 | 白阳 | 罗堡 | 长子 | 张拴海 | 汉族 | 白阳 | 老庄 |
| 妻子 | 邹建花 | 汉族 | 白阳 | 罗堡 | 户主 | 赵志伟 | 汉族 | 白阳 | 老庄 |
| 长女 | 高海娟 | 汉族 | 白阳 | 罗堡 | 妻子 | 申翠兰 | 汉族 | 白阳 | 老庄 |
| 三女 | 高晓娟 | 汉族 | 白阳 | 罗堡 | 次子 | 赵建宽 | 汉族 | 白阳 | 老庄 |
| 户主 | 高银荣 | 汉族 | 白阳 | 罗堡 | 长子 | 赵建红 | 汉族 | 白阳 | 老庄 |

续表 17

| 与户主关系 | 家庭成员 | 民族 | 原居住地 | | 与户主关系 | 家庭成员 | 民族 | 原居住地 | |
|---|---|---|---|---|---|---|---|---|---|
| | | | 乡(镇) | 行政村 | | | | 乡(镇) | 行政村 |
| 户主 | 赵登福 | 汉族 | 白阳 | 老庄 | 长子 | 赵　伟 | 汉族 | 白阳 | 老庄 |
| 妻子 | 余秀兰 | 汉族 | 白阳 | 老庄 | 户主 | 赵国君 | 汉族 | 白阳 | 老庄 |
| 长子 | 赵志银 | 汉族 | 白阳 | 老庄 | 妻子 | 张　芳 | 汉族 | 白阳 | 老庄 |
| 长女 | 赵丽蓉 | 汉族 | 白阳 | 老庄 | 长子 | 赵　勇 | 汉族 | 白阳 | 老庄 |
| 户主 | 张　成 | 汉族 | 白阳 | 老庄 | 次子 | 赵　鹏 | 汉族 | 白阳 | 老庄 |
| 妻子 | 杨秀琴 | 汉族 | 白阳 | 老庄 | 户主 | 白海荣 | 汉族 | 白阳 | 老庄 |
| 长子 | 张永强 | 汉族 | 白阳 | 老庄 | 妻子 | 口正花 | 汉族 | 白阳 | 老庄 |
| 长女 | 张永贞 | 汉族 | 白阳 | 老庄 | 长子 | 白万伟 | 汉族 | 白阳 | 老庄 |
| 次子 | 张永刚 | 汉族 | 白阳 | 老庄 | 长女 | 白万慧 | 汉族 | 白阳 | 老庄 |
| 户主 | 张志明 | 汉族 | 白阳 | 老庄 | 次女 | 白万媛 | 汉族 | 白阳 | 老庄 |
| 妻子 | 孙桂花 | 汉族 | 白阳 | 老庄 | 户主 | 赵生科 | 汉族 | 白阳 | 老庄 |
| 次子 | 张　伟 | 汉族 | 白阳 | 老庄 | 妻子 | 袁秉林 | 汉族 | 白阳 | 老庄 |
| 户主 | 张　平 | 汉族 | 白阳 | 老庄 | 次子 | 赵国斌 | 汉族 | 白阳 | 老庄 |
| 妻子 | 申东兰 | 汉族 | 白阳 | 老庄 | 儿媳 | 谢雪云 | 汉族 | 白阳 | 老庄 |
| 长女 | 张会会 | 汉族 | 白阳 | 老庄 | 孙女 | 赵淑艳 | 汉族 | 白阳 | 老庄 |
| 长子 | 张永贤 | 汉族 | 白阳 | 老庄 | 孙子 | 赵　杰 | 汉族 | 白阳 | 老庄 |
| 次女 | 张淑琴 | 汉族 | 白阳 | 老庄 | 户主 | 赵国成 | 汉族 | 白阳 | 老庄 |
| 次女 | 张淑艳 | 汉族 | 白阳 | 老庄 | 长女 | 赵　娜 | 汉族 | 白阳 | 老庄 |
| 户主 | 赵登会 | 汉族 | 白阳 | 老庄 | 长子 | 赵　龙 | 汉族 | 白阳 | 老庄 |
| 长子 | 赵志强 | 汉族 | 白阳 | 老庄 | 户主 | 赵国兴 | 汉族 | 白阳 | 老庄 |
| 妻子 | 张志梅 | 汉族 | 白阳 | 老庄 | 妻子 | 张俊香 | 汉族 | 白阳 | 老庄 |
| 长女 | 赵愿蓉 | 汉族 | 白阳 | 老庄 | 长女 | 赵　丽 | 汉族 | 白阳 | 老庄 |
| 户主 | 赵登发 | 汉族 | 白阳 | 老庄 | 长子 | 赵　军 | 汉族 | 白阳 | 老庄 |
| 妻子 | 张凤英 | 汉族 | 白阳 | 老庄 | 户主 | 白海君 | 汉族 | 白阳 | 老庄 |
| 长子 | 赵志雄 | 汉族 | 白阳 | 老庄 | 妻子 | 朱克芳 | 汉族 | 白阳 | 老庄 |
| 孙子 | 赵建民 | 汉族 | 白阳 | 老庄 | 长女 | 白万燕 | 汉族 | 白阳 | 老庄 |
| 户主 | 赵生珍 | 汉族 | 白阳 | 老庄 | 次女 | 白万雪 | 汉族 | 白阳 | 老庄 |
| 妻子 | 王秀梅 | 汉族 | 白阳 | 老庄 | 长子 | 白万斐 | 汉族 | 白阳 | 老庄 |
| 次子 | 赵国强 | 汉族 | 白阳 | 老庄 | 次女 | 白万倩 | 汉族 | 白阳 | 老庄 |
| 户主 | 赵国平 | 汉族 | 白阳 | 老庄 | 次女 | 白万婷 | 汉族 | 白阳 | 老庄 |
| 母亲 | 袁梅福 | 汉族 | 白阳 | 老庄 | 户主 | 白生玉 | 汉族 | 白阳 | 老庄 |
| 父亲 | 赵生良 | 汉族 | 白阳 | 老庄 | 妻子 | 马芳花 | 汉族 | 白阳 | 老庄 |
| 长子 | 赵文杰 | 汉族 | 白阳 | 老庄 | 次子 | 白海宏 | 汉族 | 白阳 | 老庄 |
| 户主 | 赵国明 | 汉族 | 白阳 | 老庄 | 儿媳 | 李文娟 | 汉族 | 白阳 | 老庄 |
| 妻子 | 刘淑芳 | 汉族 | 白阳 | 老庄 | 长孙 | 白万斌 | 汉族 | 白阳 | 老庄 |
| 长女 | 赵　慧 | 汉族 | 白阳 | 老庄 | 户主 | 赵国顺 | 汉族 | 白阳 | 老庄 |

续表 17

| 与户主关系 | 家庭成员 | 民族 | 原居住地 | | 与户主关系 | 家庭成员 | 民族 | 原居住地 | |
|---|---|---|---|---|---|---|---|---|---|
| | | | 乡(镇) | 行政村 | | | | 乡(镇) | 行政村 |
| 妻子 | 魏玉珍 | 汉族 | 白阳 | 老庄 | 三女 | 陈淑琴 | 汉族 | 白阳 | 老庄 |
| 长子 | 赵　健 | 汉族 | 白阳 | 老庄 | 户主 | 袁士保 | 汉族 | 白阳 | 老庄 |
| 长女 | 赵　丽 | 汉族 | 白阳 | 老庄 | 妻子 | 曹小强 | 汉族 | 白阳 | 老庄 |
| 户主 | 赵国盛 | 汉族 | 白阳 | 老庄 | 长女 | 袁　琳 | 汉族 | 白阳 | 老庄 |
| 妻子 | 黄艳红 | 汉族 | 白阳 | 老庄 | 长子 | 袁志航 | 汉族 | 白阳 | 老庄 |
| 长女 | 赵　玲 | 汉族 | 白阳 | 老庄 | 户主 | 尚勤学 | 汉族 | 白阳 | 老庄 |
| 户主 | 张　忠 | 汉族 | 白阳 | 老庄 | 妻子 | 王世花 | 汉族 | 白阳 | 老庄 |
| 妻子 | 韩晓霞 | 汉族 | 白阳 | 老庄 | 户主 | 袁士学 | 汉族 | 白阳 | 老庄 |
| 长女 | 张乐乐 | 汉族 | 白阳 | 老庄 | 妻子 | 王润玲 | 汉族 | 白阳 | 老庄 |
| 次女 | 张淑丽 | 汉族 | 白阳 | 老庄 | 长子 | 袁志牛 | 汉族 | 白阳 | 老庄 |
| 长子 | 张博华 | 汉族 | 白阳 | 老庄 | 户主 | 袁继兵 | 汉族 | 白阳 | 阳洼 |
| 次女 | 张淑玲 | 汉族 | 白阳 | 老庄 | 妻子 | 杨西芳 | 汉族 | 白阳 | 阳洼 |
| 户主 | 赵国忠 | 汉族 | 白阳 | 老庄 | 户主 | 袁继忠 | 汉族 | 白阳 | 阳洼 |
| 妻子 | 张金霞 | 汉族 | 白阳 | 老庄 | 妻子 | 刘文香 | 汉族 | 白阳 | 阳洼 |
| 长子 | 赵浩楠 | 汉族 | 白阳 | 老庄 | 户主 | 朱广兰 | 汉族 | 白阳 | 阳洼 |
| 次子 | 赵浩阳 | 汉族 | 白阳 | 老庄 | 婆婆 | 刘秉英 | 汉族 | 白阳 | 阳洼 |
| 户主 | 白俊海 | 汉族 | 白阳 | 老庄 | 户主 | 袁　治 | 汉族 | 白阳 | 阳洼 |
| 妻子 | 申秀琴 | 汉族 | 白阳 | 老庄 | 妻子 | 张　菊 | 汉族 | 白阳 | 阳洼 |
| 次女 | 白万明 | 汉族 | 白阳 | 老庄 | 长子 | 袁建华 | 汉族 | 白阳 | 阳洼 |
| 次女 | 白万亮 | 汉族 | 白阳 | 老庄 | 次子 | 袁建文 | 汉族 | 白阳 | 阳洼 |
| 长子 | 白万里 | 汉族 | 白阳 | 老庄 | 户主 | 姬俊成 | 回族 | 白阳 | 陡坡 |
| 户主 | 白海平 | 汉族 | 白阳 | 老庄 | 妻子 | 马志贵 | 回族 | 白阳 | 陡坡 |
| 妻子 | 吴令琴 | 汉族 | 白阳 | 老庄 | 长子 | 姬小龙 | 回族 | 白阳 | 陡坡 |
| 长子 | 白万浩 | 汉族 | 白阳 | 老庄 | 户主 | 姬俊发 | 回族 | 白阳 | 陡坡 |
| 长女 | 白万洁 | 汉族 | 白阳 | 老庄 | 妻子 | 海俊儿 | 回族 | 白阳 | 陡坡 |
| 户主 | 赵生春 | 汉族 | 白阳 | 老庄 | 长子 | 姬　强 | 回族 | 白阳 | 陡坡 |
| 妻子 | 曹淑琴 | 汉族 | 白阳 | 老庄 | 母亲 | 海万英 | 回族 | 白阳 | 陡坡 |
| 次女 | 赵金艳 | 汉族 | 白阳 | 老庄 | 户主 | 姬俊奇 | 回族 | 白阳 | 陡坡 |
| 长子 | 赵富贤 | 汉族 | 白阳 | 老庄 | 妻子 | 海　梅 | 回族 | 白阳 | 陡坡 |
| 户主 | 马爱君 | 汉族 | 白阳 | 老庄 | 长子 | 姬　鹏 | 回族 | 白阳 | 陡坡 |
| 妻子 | 王顺英 | 汉族 | 白阳 | 老庄 | 长女 | 姬成梅 | 回族 | 白阳 | 陡坡 |
| 长子 | 马小兵 | 汉族 | 白阳 | 老庄 | 户主 | 姬俊珍 | 回族 | 白阳 | 陡坡 |
| 次子 | 马小平 | 汉族 | 白阳 | 老庄 | 妻子 | 海保霞 | 回族 | 白阳 | 陡坡 |
| 户主 | 陈永祥 | 汉族 | 白阳 | 老庄 | 长女 | 姬　芳 | 回族 | 白阳 | 陡坡 |
| 母亲 | 谢多风 | 汉族 | 白阳 | 老庄 | 次女 | 姬　燕 | 回族 | 白阳 | 陡坡 |
| 长子 | 陈福安 | 汉族 | 白阳 | 老庄 | 三女 | 姬　媛 | 回族 | 白阳 | 陡坡 |

续表 17

| 与户主关系 | 家庭成员 | 民族 | 原居住地 | |
|---|---|---|---|---|
| | | | 乡(镇) | 行政村 |
| 长子 | 姬勇 | 回族 | 白阳 | 陡坡 |
| 户主 | 姬俊仓 | 回族 | 白阳 | 陡坡 |
| 妻子 | 海保英 | 回族 | 白阳 | 陡坡 |
| 次子 | 姬军 | 回族 | 白阳 | 陡坡 |
| 户主 | 姬俊岳 | 回族 | 白阳 | 陡坡 |
| 妻子 | 海文莲 | 回族 | 白阳 | 陡坡 |
| 长女 | 姬小豆 | 回族 | 白阳 | 陡坡 |
| 次女 | 姬小雨 | 回族 | 白阳 | 陡坡 |
| 长子 | 姬小泽 | 回族 | 白阳 | 陡坡 |
| 户主 | 姬金 | 回族 | 白阳 | 陡坡 |
| 妻子 | 马金连 | 回族 | 白阳 | 陡坡 |
| 长女 | 姬亚楠 | 回族 | 白阳 | 陡坡 |
| 长子 | 姬亚军 | 回族 | 白阳 | 陡坡 |
| 户主 | 姬俊明 | 回族 | 白阳 | 陡坡 |
| 妻子 | 马义芳 | 回族 | 白阳 | 陡坡 |
| 户主 | 姬俊贵 | 回族 | 白阳 | 陡坡 |
| 次子 | 姬宁 | 回族 | 白阳 | 陡坡 |
| 户主 | 姬俊峰 | 回族 | 白阳 | 陡坡 |
| 妻子 | 海立梅 | 回族 | 白阳 | 陡坡 |
| 长女 | 姬彩霞 | 回族 | 白阳 | 陡坡 |
| 次女 | 姬召娣 | 回族 | 白阳 | 陡坡 |
| 长子 | 姬智 | 回族 | 白阳 | 陡坡 |
| 户主 | 姬小明 | 回族 | 白阳 | 陡坡 |
| 妻子 | 马守梅 | 回族 | 白阳 | 陡坡 |
| 长子 | 姬国杰 | 回族 | 白阳 | 陡坡 |
| 妹妹 | 姬小楠 | 回族 | 白阳 | 陡坡 |
| 爷爷 | 姬云贵 | 回族 | 白阳 | 陡坡 |
| 奶奶 | 海正花 | 回族 | 白阳 | 陡坡 |
| 户主 | 姬俊鹏 | 回族 | 白阳 | 陡坡 |
| 妻子 | 李登花 | 回族 | 白阳 | 陡坡 |
| 长子 | 姬小荣 | 回族 | 白阳 | 陡坡 |
| 次子 | 姬晓冬 | 回族 | 白阳 | 陡坡 |
| 长女 | 姬小琴 | 回族 | 白阳 | 陡坡 |
| 母亲 | 马文花 | 回族 | 白阳 | 陡坡 |
| 户主 | 姬俊银 | 回族 | 白阳 | 陡坡 |
| 妻子 | 海玉梅 | 回族 | 白阳 | 陡坡 |
| 次子 | 姬勇 | 回族 | 白阳 | 陡坡 |
| 三子 | 姬冬 | 回族 | 白阳 | 陡坡 |
| 户主 | 姬明成 | 回族 | 白阳 | 陡坡 |
| 妻子 | 海玉琴 | 回族 | 白阳 | 陡坡 |
| 长女 | 姬琴 | 回族 | 白阳 | 陡坡 |
| 父亲 | 姬俊海 | 回族 | 白阳 | 陡坡 |
| 母亲 | 海保兰 | 回族 | 白阳 | 陡坡 |
| 户主 | 姬明义 | 回族 | 白阳 | 陡坡 |
| 妻子 | 马登兰 | 回族 | 白阳 | 陡坡 |
| 长女 | 姬玲玲 | 回族 | 白阳 | 陡坡 |
| 次女 | 姬春花 | 回族 | 白阳 | 陡坡 |
| 长子 | 姬东辉 | 回族 | 白阳 | 陡坡 |
| 户主 | 姬宏 | 回族 | 白阳 | 陡坡 |
| 妻子 | 冶成梅 | 回族 | 白阳 | 陡坡 |
| 长女 | 姬永花 | 回族 | 白阳 | 陡坡 |
| 户主 | 姬俊龙 | 回族 | 白阳 | 陡坡 |
| 长女 | 姬博雅 | 回族 | 白阳 | 陡坡 |
| 户主 | 姬俊金 | 回族 | 白阳 | 陡坡 |
| 母亲 | 王正梅 | 回族 | 白阳 | 陡坡 |
| 户主 | 姬银 | 回族 | 白阳 | 陡坡 |
| 妻子 | 马进兰 | 回族 | 白阳 | 陡坡 |
| 长女 | 姬亚兰 | 回族 | 白阳 | 陡坡 |
| 次女 | 姬亚丽 | 回族 | 白阳 | 陡坡 |
| 长子 | 姬雅斐 | 回族 | 白阳 | 陡坡 |
| 户主 | 姬俊虎 | 回族 | 白阳 | 陡坡 |
| 长女 | 姬雅飞 | 回族 | 白阳 | 陡坡 |
| 次女 | 姬雅童 | 回族 | 白阳 | 陡坡 |
| 户主 | 景宏仓 | 汉族 | 白阳 | 白岔 |
| 妻子 | 吴巧叶 | 汉族 | 白阳 | 白岔 |
| 长子 | 景振华 | 汉族 | 白阳 | 白岔 |
| 长女 | 景荣华 | 汉族 | 白阳 | 白岔 |
| 父亲 | 景维兵 | 汉族 | 白阳 | 白岔 |
| 母亲 | 张梅英 | 汉族 | 白阳 | 白岔 |
| 户主 | 景维亮 | 汉族 | 白阳 | 白岔 |
| 妻子 | 王梅 | 汉族 | 白阳 | 白岔 |
| 长女 | 景婷婷 | 汉族 | 白阳 | 白岔 |

续表 17

| 与户主关系 | 家庭成员 | 民族 | 原居住地 | | 与户主关系 | 家庭成员 | 民族 | 原居住地 | |
|---|---|---|---|---|---|---|---|---|---|
| | | | 乡(镇) | 行政村 | | | | 乡(镇) | 行政村 |
| 长女 | 景洋洋 | 汉族 | 白阳 | 白岔 | 妻子 | 陈国林 | 汉族 | 冯庄 | 茨湾 |
| 户主 | 景维福 | 汉族 | 白阳 | 白岔 | 长子 | 安永鹏 | 汉族 | 冯庄 | 茨湾 |
| 妻子 | 陈麦兰 | 汉族 | 白阳 | 白岔 | 次子 | 安永珍 | 汉族 | 冯庄 | 茨湾 |
| 长子 | 景玉发 | 汉族 | 白阳 | 白岔 | 长女 | 安永丰 | 汉族 | 冯庄 | 茨湾 |
| 孙子 | 景国宾 | 汉族 | 白阳 | 白岔 | 户主 | 姬凤仁 | 回族 | 交岔 | 保阳 |
| 户主 | 景维军 | 汉族 | 白阳 | 白岔 | 妻子 | 剡凤琴 | 回族 | 交岔 | 保阳 |
| 妻子 | 李巧英 | 汉族 | 白阳 | 白岔 | 长女 | 姬锁兰 | 回族 | 交岔 | 保阳 |
| 长子 | 景建文 | 汉族 | 白阳 | 白岔 | 户主 | 王仲录 | 汉族 | 红河 | 什字 |
| 长女 | 景亮红 | 汉族 | 白阳 | 白岔 | 孙女 | 王　婧 | 汉族 | 红河 | 什字 |
| 户主 | 景维星 | 汉族 | 白阳 | 白岔 | 四子 | 王永平 | 汉族 | 红河 | 什字 |
| 妻子 | 仁雪莲 | 汉族 | 白阳 | 白岔 | 孙子 | 王嘉齐 | 汉族 | 红河 | 什字 |
| 长子 | 景建勇 | 汉族 | 白阳 | 白岔 | 孙女 | 王莹莹 | 汉族 | 红河 | 什字 |
| 户主 | 景维村 | 汉族 | 白阳 | 白岔 | 户主 | 王　伟 | 汉族 | 红河 | 什字 |
| 妻子 | 祁　静 | 汉族 | 白阳 | 白岔 | 妹妹 | 王　瑞 | 汉族 | 红河 | 什字 |
| 长子 | 景建宁 | 汉族 | 白阳 | 白岔 | 妹妹 | 王　娟 | 汉族 | 红河 | 什字 |
| 长女 | 景雪宁 | 汉族 | 白阳 | 白岔 | 户主 | 张启强 | 汉族 | 红河 | 什字 |
| 户主 | 景维录 | 汉族 | 白阳 | 白岔 | 妹妹 | 张双凤 | 汉族 | 红河 | 什字 |
| 妻子 | 贾慧莲 | 汉族 | 白阳 | 白岔 | 户主 | 王　力 | 汉族 | 红河 | 什字 |
| 长子 | 景建国 | 汉族 | 白阳 | 白岔 | 配偶 | 雅　琴 | 汉族 | 红河 | 什字 |
| 儿媳 | 李淘淘 | 汉族 | 白阳 | 白岔 | 户主 | 王秀珠 | 汉族 | 红河 | 什字 |
| 户主 | 景维科 | 汉族 | 白阳 | 白岔 | 长子 | 张俊俊 | 汉族 | 红河 | 什字 |
| 次子 | 景建财 | 汉族 | 白阳 | 白岔 | 户主 | 张启存 | 汉族 | 红河 | 什字 |
| 户主 | 徐　芳 | 汉族 | 白阳 | 白岔 | 配偶 | 赵银兰 | 汉族 | 红河 | 什字 |
| 长女 | 赵雨涵 | 汉族 | 白阳 | 白岔 | 长子 | 张　升 | 汉族 | 红河 | 什字 |
| 户主 | 梁生仓 | 汉族 | 白阳 | 白岔 | 长女 | 张　娟 | 汉族 | 红河 | 什字 |
| 妻子 | 张进霞 | 汉族 | 白阳 | 白岔 | 母亲 | 火应秀 | 汉族 | 红河 | 什字 |
| 长女 | 梁芳琴 | 汉族 | 白阳 | 白岔 | 户主 | 张志刚 | 汉族 | 红河 | 什字 |
| 次女 | 梁芳迪 | 汉族 | 白阳 | 白岔 | 配偶 | 徐宏霞 | 汉族 | 红河 | 什字 |
| 长子 | 梁建园 | 汉族 | 白阳 | 白岔 | 户主 | 马江录 | 汉族 | 红河 | 什字 |
| 户主 | 梁存祖 | 汉族 | 白阳 | 白岔 | 配偶 | 余富香 | 汉族 | 红河 | 什字 |
| 长女 | 梁雪琴 | 汉族 | 白阳 | 白岔 | 长子 | 马小红 | 汉族 | 红河 | 什字 |
| 女婿 | 张志民 | 汉族 | 白阳 | 白岔 | 户主 | 苏路平 | 汉族 | 红河 | 上王 |
| 长子 | 张　帅 | 汉族 | 白阳 | 白岔 | 配偶 | 李治霞 | 汉族 | 红河 | 上王 |
| 长女 | 张　霞 | 汉族 | 白阳 | 白岔 | 长女 | 苏　薇 | 汉族 | 红河 | 上王 |
| 次子 | 梁建吉 | 汉族 | 白阳 | 白岔 | 户主 | 张向前 | 汉族 | 红河 | 上王 |
| 户主 | 安正玺 | 汉族 | 冯庄 | 茨湾 | 配偶 | 安莉平 | 汉族 | 红河 | 上王 |

续表 17

| 与户主关系 | 家庭成员 | 民族 | 原居住地 | | 与户主关系 | 家庭成员 | 民族 | 原居住地 | |
|---|---|---|---|---|---|---|---|---|---|
| | | | 乡(镇) | 行政村 | | | | 乡(镇) | 行政村 |
| 长子 | 张睿彧 | 汉族 | 红河 | 上王 | 户主 | 杨五斤 | 回族 | 红河 | 黑牛沟 |
| 次子 | 张哲彧 | 汉族 | 红河 | 上王 | 配偶 | 兰秀琴 | 回族 | 红河 | 黑牛沟 |
| 户主 | 吴金成 | 回族 | 红河 | 黑牛沟 | 长子 | 杨少雄 | 回族 | 红河 | 黑牛沟 |
| 配偶 | 兰金花 | 回族 | 红河 | 黑牛沟 | 户主 | 兰玉发 | 回族 | 红河 | 黑牛沟 |
| 长女 | 吴月琴 | 回族 | 红河 | 黑牛沟 | 配偶 | 马　绸 | 回族 | 红河 | 黑牛沟 |
| 长子 | 吴存亮 | 回族 | 红河 | 黑牛沟 | 长女 | 兰霞霞 | 回族 | 红河 | 黑牛沟 |
| 户主 | 吴金贵 | 回族 | 红河 | 黑牛沟 | 长子 | 兰志东 | 回族 | 红河 | 黑牛沟 |
| 配偶 | 秦粉粉 | 回族 | 红河 | 黑牛沟 | 户主 | 兰玉华 | 回族 | 红河 | 黑牛沟 |
| 长子 | 吴存智 | 回族 | 红河 | 黑牛沟 | 配偶 | 马小彦 | 回族 | 红河 | 黑牛沟 |
| 次子 | 吴存博 | 回族 | 红河 | 黑牛沟 | 长子 | 兰志彬 | 回族 | 红河 | 黑牛沟 |
| 长女 | 吴风琴 | 回族 | 红河 | 黑牛沟 | 户主 | 兰玉文 | 回族 | 红河 | 黑牛沟 |
| 次女 | 吴惠兰 | 回族 | 红河 | 黑牛沟 | 配偶 | 马梅花 | 回族 | 红河 | 黑牛沟 |
| 母亲 | 余　花 | 回族 | 红河 | 黑牛沟 | 长子 | 兰小强 | 回族 | 红河 | 黑牛沟 |
| 户主 | 吴文芳 | 回族 | 红河 | 黑牛沟 | 三女 | 兰秀霞 | 回族 | 红河 | 黑牛沟 |
| 配偶 | 秦芳梅 | 回族 | 红河 | 黑牛沟 | 户主 | 冶明玉 | 回族 | 红河 | 黑牛沟 |
| 长女 | 吴雅娟 | 回族 | 红河 | 黑牛沟 | 长子 | 冶小红 | 回族 | 红河 | 黑牛沟 |
| 长子 | 吴正刚 | 回族 | 红河 | 黑牛沟 | 儿媳 | 兰秀芳 | 回族 | 红河 | 黑牛沟 |
| 户主 | 余牡丹 | 回族 | 红河 | 黑牛沟 | 孙子 | 冶青云 | 回族 | 红河 | 黑牛沟 |
| 长子 | 吴海军 | 回族 | 红河 | 黑牛沟 | 户主 | 余世荣 | 回族 | 红河 | 黑牛沟 |
| 次子 | 吴海强 | 回族 | 红河 | 黑牛沟 | 配偶 | 冶玉根 | 回族 | 红河 | 黑牛沟 |
| 户主 | 兰金芳 | 回族 | 红河 | 黑牛沟 | 次子 | 余军汪 | 回族 | 红河 | 黑牛沟 |
| 配偶 | 冶川草 | 回族 | 红河 | 黑牛沟 | 儿媳 | 海葡萄 | 回族 | 红河 | 黑牛沟 |
| 次子 | 兰惠军 | 回族 | 红河 | 黑牛沟 | 户主 | 余明付 | 回族 | 红河 | 黑牛沟 |
| 户主 | 吴金玉 | 回族 | 红河 | 黑牛沟 | 配偶 | 余发土 | 回族 | 红河 | 黑牛沟 |
| 配偶 | 安西梅 | 回族 | 红河 | 黑牛沟 | 长女 | 余玉梅 | 回族 | 红河 | 黑牛沟 |
| 长女 | 吴秀琴 | 回族 | 红河 | 黑牛沟 | 次女 | 余金梅 | 回族 | 红河 | 黑牛沟 |
| 长子 | 吴文军 | 回族 | 红河 | 黑牛沟 | 户主 | 吴占发 | 回族 | 红河 | 黑牛沟 |
| 次女 | 吴晓燕 | 回族 | 红河 | 黑牛沟 | 配偶 | 杨玉芳 | 回族 | 红河 | 黑牛沟 |
| 父亲 | 吴登发 | 回族 | 红河 | 黑牛沟 | 长子 | 吴永军 | 回族 | 红河 | 黑牛沟 |
| 母亲 | 兰香心 | 回族 | 红河 | 黑牛沟 | 次子 | 吴永红 | 回族 | 红河 | 黑牛沟 |
| 户主 | 吴文广 | 回族 | 红河 | 黑牛沟 | 儿媳 | 柳秀英 | 回族 | 红河 | 黑牛沟 |
| 配偶 | 马　兰 | 回族 | 红河 | 黑牛沟 | 户主 | 吴文奎 | 回族 | 红河 | 黑牛沟 |
| 妹妹 | 吴玲玲 | 回族 | 红河 | 黑牛沟 | 父亲 | 吴金升 | 回族 | 红河 | 黑牛沟 |
| 长女 | 吴　霞 | 回族 | 红河 | 黑牛沟 | 长子 | 吴　昊 | | 红河 | 黑牛沟 |
| 次女 | 吴　彤 | 回族 | 红河 | 黑牛沟 | 户主 | 勉智龙 | 回族 | 红河 | 黑牛沟 |
| 母亲 | 禹书叶 | 回族 | 红河 | 黑牛沟 | 配偶 | 马有连 | 回族 | 红河 | 黑牛沟 |

续表 17

| 与户主关系 | 家庭成员 | 民族 | 原居住地 | | 与户主关系 | 家庭成员 | 民族 | 原居住地 | |
|---|---|---|---|---|---|---|---|---|---|
| | | | 乡(镇) | 行政村 | | | | 乡(镇) | 行政村 |
| 长女 | 勉玲芳 | 回族 | 红河 | 黑牛沟 | 次女 | 王海燕 | 汉族 | 红河 | 红河 |
| 户主 | 勉生成 | 回族 | 红河 | 黑牛沟 | 长子 | 王维祥 | 汉族 | 红河 | 红河 |
| 妻子 | 马西梅 | 回族 | 红河 | 黑牛沟 | 户主 | 王　锋 | 汉族 | 红河 | 红河 |
| 长子 | 勉治斌 | 回族 | 红河 | 黑牛沟 | 妻子 | 朱玲香 | 汉族 | 红河 | 红河 |
| 次子 | 勉智科 | 回族 | 红河 | 黑牛沟 | 长女 | 王院利 | 汉族 | 红河 | 红河 |
| 二女 | 勉彩红 | 回族 | 红河 | 黑牛沟 | 次女 | 王维宁 | 汉族 | 红河 | 红河 |
| 户主 | 勉生文 | 回族 | 红河 | 黑牛沟 | 户主 | 张登虎 | 汉族 | 红河 | 红河 |
| 妻子 | 余桂连 | 回族 | 红河 | 黑牛沟 | 长子 | 张宝宝 | 汉族 | 红河 | 红河 |
| 次子 | 勉宏志 | 回族 | 红河 | 黑牛沟 | 次子 | 张洋洋 | 汉族 | 红河 | 红河 |
| 儿媳 | 兰凤连 | 回族 | 红河 | 黑牛沟 | 三子 | 张文斌 | 汉族 | 红河 | 红河 |
| 户主 | 张登彪 | 汉族 | 红河 | 红河 | 妻子 | 徐秀花 | 汉族 | 红河 | 红河 |
| 妻子 | 乔向红 | 汉族 | 红河 | 红河 | 户主 | 王　信 | 汉族 | 红河 | 红河 |
| 长女 | 张琴琴 | 汉族 | 红河 | 红河 | 长子 | 王维升 | 汉族 | 红河 | 红河 |
| 次女 | 张　露 | 汉族 | 红河 | 红河 | 户主 | 李付民 | 汉族 | 红河 | 红河 |
| 长子 | 张　磊 | 汉族 | 红河 | 红河 | 妻子 | 黄秀霞 | 汉族 | 红河 | 红河 |
| 户主 | 王　忠 | 汉族 | 红河 | 红河 | 次子 | 李栓平 | 汉族 | 红河 | 红河 |
| 妻子 | 杨志花 | 汉族 | 红河 | 红河 | 长女 | 李琴琴 | 汉族 | 红河 | 红河 |
| 长子 | 王建君 | 汉族 | 红河 | 红河 | 户主 | 王安良 | 汉族 | 红河 | 红河 |
| 次子 | 王勇红 | 汉族 | 红河 | 红河 | 妻子 | 张彩霞 | 汉族 | 红河 | 红河 |
| 孙子 | 王海洋 | 汉族 | 红河 | 红河 | 户主 | 王　智 | 汉族 | 红河 | 红河 |
| 户主 | 王　孝 | 汉族 | 红河 | 红河 | 妻子 | 文志兰 | 汉族 | 红河 | 红河 |
| 妻子 | 徐会霞 | 汉族 | 红河 | 红河 | 长女 | 王莹莹 | 汉族 | 红河 | 红河 |
| 长子 | 王建华 | 汉族 | 红河 | 红河 | 次女 | 王宁宁 | 汉族 | 红河 | 红河 |
| 长女 | 王雅兰 | 汉族 | 红河 | 红河 | 长子 | 王维虎 | 汉族 | 红河 | 红河 |
| 户主 | 王　珠 | 汉族 | 红河 | 红河 | 户主 | 王　璞 | 汉族 | 红河 | 红河 |
| 妻子 | 苏丽娜 | 汉族 | 红河 | 红河 | 长子 | 王希琛 | 汉族 | 红河 | 红河 |
| 长子 | 王盼盼 | 汉族 | 红河 | 红河 | 户主 | 王　锐 | 汉族 | 红河 | 红河 |
| 长女 | 王雪红 | 汉族 | 红河 | 红河 | 妻子 | 惠粉勤 | 汉族 | 红河 | 红河 |
| 户主 | 王　珩 | 汉族 | 红河 | 红河 | 长子 | 王小虎 | 汉族 | 红河 | 红河 |
| 妻子 | 韩翠莲 | 汉族 | 红河 | 红河 | 户主 | 王述昭 | 汉族 | 红河 | 红河 |
| 次子 | 王希瑞 | 汉族 | 红河 | 红河 | 妻子 | 朱跳过 | 汉族 | 红河 | 红河 |
| 长女 | 王瑞霞 | 汉族 | 红河 | 红河 | 长女 | 王志华 | 汉族 | 红河 | 红河 |
| 长子 | 王希贵 | 汉族 | 红河 | 红河 | 长子 | 王志鹏 | 汉族 | 红河 | 红河 |
| 户主 | 王　毅 | 汉族 | 红河 | 红河 | 户主 | 王述贤 | 汉族 | 红河 | 红河 |
| 妻子 | 王志芳 | 汉族 | 红河 | 红河 | 妻子 | 常兆花 | 汉族 | 红河 | 红河 |
| 长女 | 王栓栓 | 汉族 | 红河 | 红河 | 户主 | 李付珍 | 汉族 | 红河 | 红河 |

续表 17

| 与户主关系 | 家庭成员 | 民族 | 原居住地 | | 与户主关系 | 家庭成员 | 民族 | 原居住地 | |
|---|---|---|---|---|---|---|---|---|---|
| | | | 乡(镇) | 行政村 | | | | 乡(镇) | 行政村 |
| 妻子 | 景秀花 | 汉族 | 红河 | 红河 | 长女 | 李能能 | 汉族 | 红河 | 红河 |
| 户主 | 王　瑜 | 汉族 | 红河 | 红河 | 户主 | 王占福 | 汉族 | 红河 | 红河 |
| 妻子 | 李　勤 | 汉族 | 红河 | 红河 | 妻子 | 徐桂兰 | 汉族 | 红河 | 红河 |
| 长子 | 王希才 | 汉族 | 红河 | 红河 | 儿媳 | 张翻红 | 汉族 | 红河 | 红河 |
| 母亲 | 李秀兰 | 汉族 | 红河 | 红河 | 孙子 | 王　楠 | 汉族 | 红河 | 红河 |
| 父亲 | 王述祖 | 汉族 | 红河 | 红河 | 户主 | 王锡福 | 汉族 | 红河 | 红河 |
| 户主 | 王　礼 | 汉族 | 红河 | 红河 | 妻子 | 罗久兰 | 汉族 | 红河 | 红河 |
| 妻子 | 袁士连 | 汉族 | 红河 | 红河 | 户主 | 王占郡 | 汉族 | 红河 | 红河 |
| 长子 | 王维雄 | 汉族 | 红河 | 红河 | 妻子 | 袁雪荣 | 汉族 | 红河 | 红河 |
| 户主 | 王述道 | 汉族 | 红河 | 红河 | 长女 | 王飞飞 | 汉族 | 红河 | 红河 |
| 妻子 | 高应玉 | 汉族 | 红河 | 红河 | 长子 | 王文兵 | 汉族 | 红河 | 红河 |
| 长女 | 王月娥 | 汉族 | 红河 | 红河 | 户主 | 王占士 | 汉族 | 红河 | 红河 |
| 长子 | 王根强 | 汉族 | 红河 | 红河 | 妻子 | 孙会芳 | 汉族 | 红河 | 红河 |
| 户主 | 王占荣 | 汉族 | 红河 | 红河 | 次子 | 王小兵 | 汉族 | 红河 | 红河 |
| 妻子 | 高粉花 | 汉族 | 红河 | 红河 | 长女 | 王彩玲 | 汉族 | 红河 | 红河 |
| 二女 | 王维霞 | 汉族 | 红河 | 红河 | 户主 | 王　吉 | 汉族 | 红河 | 红河 |
| 三女 | 王艳霞 | 汉族 | 红河 | 红河 | 妻子 | 张维琴 | 汉族 | 红河 | 红河 |
| 四女 | 王银霞 | 汉族 | 红河 | 红河 | 长子 | 王维红 | 汉族 | 红河 | 红河 |
| 五女 | 王金霞 | 汉族 | 红河 | 红河 | 次子 | 王维东 | 汉族 | 红河 | 红河 |
| 户主 | 张生礼 | 汉族 | 红河 | 红河 | 户主 | 王志武 | 汉族 | 红河 | 红河 |
| 妻子 | 胡志兰 | 汉族 | 红河 | 红河 | 妻子 | 余翠梅 | 汉族 | 红河 | 红河 |
| 长子 | 张登明 | 汉族 | 红河 | 红河 | 长子 | 王东升 | 汉族 | 红河 | 红河 |
| 儿媳 | 吴富宏 | 汉族 | 红河 | 红河 | 次子 | 王云升 | 汉族 | 红河 | 红河 |
| 孙子 | 张文文 | 汉族 | 红河 | 红河 | 户主 | 王占文 | 汉族 | 红河 | 红河 |
| 孙女 | 张媛媛 | 汉族 | 红河 | 红河 | 妻子 | 徐彩兰 | 汉族 | 红河 | 红河 |
| 户主 | 王述发 | 汉族 | 红河 | 红河 | 长女 | 王丽娜 | 汉族 | 红河 | 红河 |
| 长子 | 王志伟 | 汉族 | 红河 | 红河 | 母亲 | 高　英 | 汉族 | 红河 | 红河 |
| 次子 | 王志刚 | 汉族 | 红河 | 红河 | 户主 | 王俊龙 | 汉族 | 红河 | 红河 |
| 长女 | 王志霞 | 汉族 | 红河 | 红河 | 妻子 | 吴秀英 | 汉族 | 红河 | 红河 |
| 妻子 | 王彩莲 | 汉族 | 红河 | 红河 | 长子 | 王军成 | 汉族 | 红河 | 红河 |
| 母亲 | 王玉勤 | 汉族 | 红河 | 红河 | 次子 | 王忠海 | 汉族 | 红河 | 红河 |
| 户主 | 王好祖 | 汉族 | 红河 | 红河 | 长女 | 王丽玲 | 汉族 | 红河 | 红河 |
| 妻子 | 穆玉芳 | 汉族 | 红河 | 红河 | 父亲 | 王安仓 | 汉族 | 红河 | 红河 |
| 户主 | 李付忠 | 汉族 | 红河 | 红河 | 户主 | 王维富 | 汉族 | 红河 | 红河 |
| 妻子 | 张廷连 | 汉族 | 红河 | 红河 | 妻子 | 常列云 | 汉族 | 红河 | 红河 |
| 长子 | 李雪成 | 汉族 | 红河 | 红河 | 长子 | 王博文 | 汉族 | 红河 | 红河 |

续表 17

| 与户主关系 | 家庭成员 | 民族 | 原居住地 | | 与户主关系 | 家庭成员 | 民族 | 原居住地 | |
|---|---|---|---|---|---|---|---|---|---|
| | | | 乡(镇) | 行政村 | | | | 乡(镇) | 行政村 |
| 长女 | 王娟娟 | 汉族 | 红河 | 红河 | 母亲 | 王存花 | 汉族 | 红河 | 友联 |
| 次女 | 王院宁 | 汉族 | 红河 | 红河 | 弟弟 | 王志功 | 汉族 | 红河 | 友联 |
| 户主 | 张登龙 | 汉族 | 红河 | 红河 | 户主 | 杨文彦 | 汉族 | 红河 | 友联 |
| 妻子 | 张彩霞 | 汉族 | 红河 | 红河 | 妻子 | 惠彩兰 | 汉族 | 红河 | 友联 |
| 长女 | 张　娟 | 汉族 | 红河 | 红河 | 户主 | 杨文杰 | 汉族 | 红河 | 友联 |
| 次女 | 张　萍 | 汉族 | 红河 | 红河 | 妻子 | 文桂兰 | 汉族 | 红河 | 友联 |
| 三女 | 张　瑾 | 汉族 | 红河 | 红河 | 长子 | 杨世军 | 汉族 | 红河 | 友联 |
| 户主 | 杨世明 | 汉族 | 红河 | 友联 | 长孙女 | 杨　涛 | 汉族 | 红河 | 友联 |
| 妻子 | 雷存华 | 汉族 | 红河 | 友联 | 户主 | 杨志儒 | 汉族 | 红河 | 友联 |
| 长子 | 杨向娟 | 汉族 | 红河 | 友联 | 妻子 | 王秀连 | 汉族 | 红河 | 友联 |
| 长女 | 杨小娟 | 汉族 | 红河 | 友联 | 次子 | 杨彦龙 | 汉族 | 红河 | 友联 |
| 户主 | 杨有前 | 汉族 | 红河 | 友联 | 长女 | 杨红红 | 汉族 | 红河 | 友联 |
| 妻子 | 刘媛媛 | 汉族 | 红河 | 友联 | 母亲 | 景梅英 | 汉族 | 红河 | 友联 |
| 长子 | 杨　洁 | 汉族 | 红河 | 友联 | 户主 | 雷炳让 | 汉族 | 红河 | 友联 |
| 户主 | 杨文全 | 汉族 | 红河 | 友联 | 妻子 | 常海英 | 汉族 | 红河 | 友联 |
| 妻子 | 王正芳 | 汉族 | 红河 | 友联 | 长子 | 雷天忠 | 汉族 | 红河 | 友联 |
| 户主 | 张　军 | 汉族 | 红河 | 友联 | 儿媳 | 惠小丽 | 汉族 | 红河 | 友联 |
| 妻子 | 黄小明 | 汉族 | 红河 | 友联 | 孙子 | 雷　丁 | 汉族 | 红河 | 友联 |
| 次子 | 张喜红 | 汉族 | 红河 | 友联 | 孙子 | 雷　敏 | 汉族 | 红河 | 友联 |
| 三子 | 张玉虎 | 汉族 | 红河 | 友联 | 户主 | 常小杨 | 汉族 | 红河 | 友联 |
| 父亲 | 张文彦 | 汉族 | 红河 | 友联 | 妻子 | 任丽红 | 汉族 | 红河 | 友联 |
| 母亲 | 袁士英 | 汉族 | 红河 | 友联 | 长女 | 常　玲 | 汉族 | 红河 | 友联 |
| 户主 | 王志川 | 汉族 | 红河 | 友联 | 长子 | 常济杨 | 汉族 | 红河 | 友联 |
| 妻子 | 马桂英 | 汉族 | 红河 | 友联 | 户主 | 杨世笼 | 汉族 | 红河 | 友联 |
| 长子 | 王　兵 | 汉族 | 红河 | 友联 | 妻子 | 常小琴 | 汉族 | 红河 | 友联 |
| 儿媳 | 王翠玲 | 汉族 | 红河 | 友联 | 长子 | 杨　振 | 汉族 | 红河 | 友联 |
| 长孙 | 王玉宝 | 汉族 | 红河 | 友联 | 儿子 | 杨　耀 | 汉族 | 红河 | 友联 |
| 次孙 | 王玉鹏 | 汉族 | 红河 | 友联 | 户主 | 杨世刚 | 汉族 | 红河 | 友联 |
| 次女 | 王小玲 | 汉族 | 红河 | 友联 | 妻子 | 李雪玲 | 汉族 | 红河 | 友联 |
| 户主 | 兰得有 | 回族 | 红河 | 友联 | 长女 | 杨文文 | 汉族 | 红河 | 友联 |
| 配偶 | 马川草 | 回族 | 红河 | 友联 | 二女 | 杨　静 | 汉族 | 红河 | 友联 |
| 长女 | 兰小燕 | 回族 | 红河 | 友联 | 长子 | 杨　勇 | 汉族 | 红河 | 友联 |
| 次女 | 兰红梅 | 回族 | 红河 | 友联 | 户主 | 杨世斌 | 汉族 | 红河 | 友联 |
| 户主 | 王志新 | 汉族 | 红河 | 友联 | 妻子 | 刘小琴 | 汉族 | 红河 | 友联 |
| 妻子 | 任会霞 | 汉族 | 红河 | 友联 | 长女 | 杨　丽 | 汉族 | 红河 | 友联 |
| 长女 | 王强强 | 汉族 | 红河 | 友联 | 长子 | 杨　强 | 汉族 | 红河 | 友联 |

续表 17

| 与户主关系 | 家庭成员 | 民族 | 原居住地 | | 与户主关系 | 家庭成员 | 民族 | 原居住地 | |
|---|---|---|---|---|---|---|---|---|---|
| | | | 乡(镇) | 行政村 | | | | 乡(镇) | 行政村 |
| 户主 | 王　军 | 汉族 | 红河 | 友联 | 长子 | 虎天贵 | 汉族 | 冯庄 | 小寺 |
| 母亲 | 常士连 | 汉族 | 红河 | 友联 | 次子 | 虎天明 | 汉族 | 冯庄 | 小寺 |
| 户主 | 杨文学 | 汉族 | 红河 | 友联 | 户主 | 虎天海 | 汉族 | 冯庄 | 小寺 |
| 妻子 | 李粉英 | 汉族 | 红河 | 友联 | 次子 | 虎满有 | 汉族 | 冯庄 | 小寺 |
| 长子 | 杨军海 | 汉族 | 红河 | 友联 | 三子 | 虎满军 | 汉族 | 冯庄 | 小寺 |
| 次子 | 杨小军 | 汉族 | 红河 | 友联 | 户主 | 虎天忠 | 汉族 | 冯庄 | 小寺 |
| 户主 | 杨文俊 | 汉族 | 红河 | 友联 | 长子 | 虎利权 | 汉族 | 冯庄 | 小寺 |
| 长子 | 杨世玉 | 汉族 | 红河 | 友联 | 父亲 | 虎彩山 | 汉族 | 冯庄 | 小寺 |
| 孙女 | 杨宁宁 | 汉族 | 红河 | 友联 | 户主 | 虎天录 | 汉族 | 冯庄 | 小寺 |
| 次子 | 杨世鑫 | 汉族 | 红河 | 友联 | 妻子 | 杨凤梅 | 汉族 | 冯庄 | 小寺 |
| 户主 | 禹正红 | 回族 | 红河 | 友联 | 长女 | 虎巧莉 | 汉族 | 冯庄 | 小寺 |
| 妻子 | 兰成花 | 回族 | 红河 | 友联 | 次女 | 虎巧能 | 汉族 | 冯庄 | 小寺 |
| 长子 | 禹义麻 | 回族 | 红河 | 友联 | 户主 | 虎天明 | 汉族 | 冯庄 | 小寺 |
| 长女 | 禹月琴 | 回族 | 红河 | 友联 | 妻子 | 何国丽 | 汉族 | 冯庄 | 小寺 |
| 次女 | 禹小琴 | 回族 | 红河 | 友联 | 长子 | 虎利伟 | 汉族 | 冯庄 | 小寺 |
| 户主 | 杨世敏 | 汉族 | 红河 | 友联 | 次子 | 虎利永 | 汉族 | 冯庄 | 小寺 |
| 长女 | 杨淑淼 | 汉族 | 红河 | 友联 | 长女 | 虎雪莉 | 汉族 | 冯庄 | 小寺 |
| 户主 | 王维军 | 汉族 | 红河 | 宽坪 | 户主 | 虎天军 | 汉族 | 冯庄 | 小寺 |
| 配偶 | 宋彩萍 | 汉族 | 红河 | 宽坪 | 妻子 | 张文兰 | 汉族 | 冯庄 | 小寺 |
| 长子 | 王彦龙 | 汉族 | 红河 | 宽坪 | 长女 | 虎向琴 | 汉族 | 冯庄 | 小寺 |
| 次子 | 王勇龙 | 汉族 | 红河 | 宽坪 | 次女 | 虎跟琴 | 汉族 | 冯庄 | 小寺 |
| 户主 | 王鸿烈 | 汉族 | 红河 | 宽坪 | 长子 | 虎跟宏 | 汉族 | 冯庄 | 小寺 |
| 配偶 | 尹巨珍 | 汉族 | 红河 | 宽坪 | 母亲 | 王存英 | 汉族 | 冯庄 | 小寺 |
| 户主 | 王鸿提 | 汉族 | 红河 | 宽坪 | 户主 | 虎天秀 | 汉族 | 冯庄 | 小寺 |
| 配偶 | 苏生珍 | 汉族 | 红河 | 宽坪 | 妻子 | 罗秀英 | 汉族 | 冯庄 | 小寺 |
| 户主 | 陈振华 | 汉族 | 冯庄 | 小寺 | 长子 | 虎向龙 | 汉族 | 冯庄 | 小寺 |
| 妻子 | 安春霞 | 汉族 | 冯庄 | 小寺 | 次子 | 虎利龙 | 汉族 | 冯庄 | 小寺 |
| 长子 | 陈利民 | 汉族 | 冯庄 | 小寺 | 户主 | 虎天社 | 汉族 | 冯庄 | 小寺 |
| 次子 | 陈利军 | 汉族 | 冯庄 | 小寺 | 长子 | 虎喜贵 | 汉族 | 冯庄 | 小寺 |
| 户主 | 虎天文 | 汉族 | 冯庄 | 小寺 | 次子 | 虎贵喜 | 汉族 | 冯庄 | 小寺 |
| 妻子 | 甄秀梅 | 汉族 | 冯庄 | 小寺 | 户主 | 虎文科 | 汉族 | 冯庄 | 小寺 |
| 次子 | 虎广军 | 汉族 | 冯庄 | 小寺 | 妻子 | 王连芳 | 汉族 | 冯庄 | 小寺 |
| 四子 | 虎凯军 | 汉族 | 冯庄 | 小寺 | 长子 | 虎维东 | 汉族 | 冯庄 | 小寺 |
| 户主 | 虎昌军 | 汉族 | 冯庄 | 小寺 | 次子 | 虎维升 | 汉族 | 冯庄 | 小寺 |
| 长子 | 虎向阳 | 汉族 | 冯庄 | 小寺 | 三子 | 虎维乾 | 汉族 | 冯庄 | 小寺 |
| 户主 | 虎荣山 | 汉族 | 冯庄 | 小寺 | 户主 | 虎文广 | 汉族 | 冯庄 | 小寺 |

续表 17

| 与户主关系 | 家庭成员 | 民族 | 原居住地 | | 与户主关系 | 家庭成员 | 民族 | 原居住地 | |
|---|---|---|---|---|---|---|---|---|---|
| | | | 乡(镇) | 行政村 | | | | 乡(镇) | 行政村 |
| 妻子 | 王秀琴 | 汉族 | 冯庄 | 小寺 | 长子 | 高建国 | 汉族 | 冯庄 | 小寺 |
| 长子 | 虎有成 | 汉族 | 冯庄 | 小寺 | 四女 | 高玉玲 | 汉族 | 冯庄 | 小寺 |
| 次子 | 虎有鹏 | 汉族 | 冯庄 | 小寺 | 五女 | 高永玲 | 汉族 | 冯庄 | 小寺 |
| 户主 | 虎天峰 | 汉族 | 冯庄 | 小寺 | 户主 | 石生娥 | 汉族 | 冯庄 | 小寺 |
| 妻子 | 陈国兰 | 汉族 | 冯庄 | 小寺 | 长子 | 虎建仁 | 汉族 | 冯庄 | 小寺 |
| 次子 | 虎永发 | 汉族 | 冯庄 | 小寺 | 次子 | 虎建义 | 汉族 | 冯庄 | 小寺 |
| 三子 | 虎永安 | 汉族 | 冯庄 | 小寺 | 父亲 | 虎仓林 | 汉族 | 冯庄 | 小寺 |
| 户主 | 虎天佑 | 汉族 | 冯庄 | 小寺 | 户主 | 许翠兰 | 汉族 | 冯庄 | 小寺 |
| 妻子 | 雷芳霞 | 汉族 | 冯庄 | 小寺 | 长子 | 王　勇 | 汉族 | 冯庄 | 小寺 |
| 长子 | 虎　刚 | 汉族 | 冯庄 | 小寺 | 户主 | 陈汉兵 | 汉族 | 冯庄 | 小寺 |
| 长女 | 虎　丽 | 汉族 | 冯庄 | 小寺 | 妻子 | 袁　玲 | 汉族 | 冯庄 | 小寺 |
| 母亲 | 刘翠英 | 汉族 | 冯庄 | 小寺 | 户主 | 王应财 | 汉族 | 冯庄 | 上湾 |
| 户主 | 虎天东 | 汉族 | 冯庄 | 小寺 | 妻子 | 虎倩慧 | 汉族 | 冯庄 | 上湾 |
| 妻子 | 王巧莲 | 汉族 | 冯庄 | 小寺 | 长子 | 王宁宁 | 汉族 | 冯庄 | 上湾 |
| 长女 | 虎彩云 | 汉族 | 冯庄 | 小寺 | 户主 | 王应山 | 汉族 | 冯庄 | 上湾 |
| 次女 | 虎彩虹 | 汉族 | 冯庄 | 小寺 | 母亲 | 席秀珍 | 汉族 | 冯庄 | 上湾 |
| 长子 | 虎文雯 | 汉族 | 冯庄 | 小寺 | 户主 | 张志武 | 汉族 | 冯庄 | 上湾 |
| 户主 | 虎文权 | 汉族 | 冯庄 | 小寺 | 妻子 | 高长琴 | 汉族 | 冯庄 | 上湾 |
| 妻子 | 董小丽 | 汉族 | 冯庄 | 小寺 | 长女 | 张巧玲 | 汉族 | 冯庄 | 上湾 |
| 长女 | 虎丽娟 | 汉族 | 冯庄 | 小寺 | 长子 | 张龙龙 | 汉族 | 冯庄 | 上湾 |
| 长子 | 虎　卫 | 汉族 | 冯庄 | 小寺 | 户主 | 张志文 | 汉族 | 冯庄 | 上湾 |
| 户主 | 陈君梅 | 汉族 | 冯庄 | 小寺 | 妻子 | 张转琴 | 汉族 | 冯庄 | 上湾 |
| 长女 | 虎丽娜 | 汉族 | 冯庄 | 小寺 | 长女 | 张圆圆 | 汉族 | 冯庄 | 上湾 |
| 户主 | 虎永荣 | 汉族 | 冯庄 | 小寺 | 次女 | 张丽丽 | 汉族 | 冯庄 | 上湾 |
| 妻子 | 陈富霞 | 汉族 | 冯庄 | 小寺 | 户主 | 张志金 | 汉族 | 冯庄 | 上湾 |
| 长子 | 虎博文 | 汉族 | 冯庄 | 小寺 | 妻子 | 惠过粉 | 汉族 | 冯庄 | 上湾 |
| 户主 | 王世怀 | 汉族 | 冯庄 | 小寺 | 长子 | 张芙龙 | 汉族 | 冯庄 | 上湾 |
| 妻子 | 路粉莲 | 汉族 | 冯庄 | 小寺 | 长女 | 张芙蓉 | 汉族 | 冯庄 | 上湾 |
| 长子 | 王小亮 | 汉族 | 冯庄 | 小寺 | 父亲 | 张怀义 | 汉族 | 冯庄 | 上湾 |
| 次子 | 李　红 | 汉族 | 冯庄 | 小寺 | 母亲 | 董玉莲 | 汉族 | 冯庄 | 上湾 |
| 户主 | 王俊秀 | 汉族 | 冯庄 | 小寺 | 户主 | 张　龙 | 汉族 | 冯庄 | 上湾 |
| 妻子 | 杨继英 | 汉族 | 冯庄 | 小寺 | 妻子 | 虎玉红 | 汉族 | 冯庄 | 上湾 |
| 孙子 | 王晓阳 | 汉族 | 冯庄 | 小寺 | 长女 | 张巧霞 | 汉族 | 冯庄 | 上湾 |
| 孙女 | 王　婷 | 汉族 | 冯庄 | 小寺 | 次女 | 张小霞 | 汉族 | 冯庄 | 上湾 |
| 户主 | 高　权 | 汉族 | 冯庄 | 小寺 | 三女 | 张巧娟 | 汉族 | 冯庄 | 上湾 |
| 妻子 | 王玉梅 | 汉族 | 冯庄 | 小寺 | 四女 | 张巧转 | 汉族 | 冯庄 | 上湾 |

续表 17

| 与户主关系 | 家庭成员 | 民族 | 原居住地 | | 与户主关系 | 家庭成员 | 民族 | 原居住地 | |
|---|---|---|---|---|---|---|---|---|---|
| | | | 乡(镇) | 行政村 | | | | 乡(镇) | 行政村 |
| 长子 | 张博武 | 汉族 | 冯庄 | 上湾 | 妻子 | 王俊霞 | 汉族 | 冯庄 | 上湾 |
| 户主 | 张　浩 | 汉族 | 冯庄 | 上湾 | 长子 | 董金龙 | 汉族 | 冯庄 | 上湾 |
| 妻子 | 张秀秀 | 汉族 | 冯庄 | 上湾 | 长女 | 董海丽 | 汉族 | 冯庄 | 上湾 |
| 长子 | 张宁宁 | 汉族 | 冯庄 | 上湾 | 母亲 | 虎秀花 | 汉族 | 冯庄 | 上湾 |
| 长女 | 张娇宁 | 汉族 | 冯庄 | 上湾 | 户主 | 董生厚 | 汉族 | 冯庄 | 上湾 |
| 父亲 | 张应宗 | 汉族 | 冯庄 | 上湾 | 妻子 | 张会勤 | 汉族 | 冯庄 | 上湾 |
| 户主 | 张　科 | 汉族 | 冯庄 | 上湾 | 长子 | 董建春 | 汉族 | 冯庄 | 上湾 |
| 妻子 | 魏翠琴 | 汉族 | 冯庄 | 上湾 | 次子 | 董建章 | 汉族 | 冯庄 | 上湾 |
| 长子 | 王怀斌 | 汉族 | 冯庄 | 上湾 | 长女 | 董　洁 | 汉族 | 冯庄 | 上湾 |
| 父亲 | 张应廷 | 汉族 | 冯庄 | 上湾 | 父亲 | 董发财 | 汉族 | 冯庄 | 上湾 |
| 母亲 | 王金莲 | 汉族 | 冯庄 | 上湾 | 母亲 | 安翠兰 | 汉族 | 冯庄 | 上湾 |
| 户主 | 孙志峰 | 汉族 | 冯庄 | 上湾 | 户主 | 虎建权 | 汉族 | 冯庄 | 上湾 |
| 妻子 | 郭秀琴 | 汉族 | 冯庄 | 上湾 | 妻子 | 董小丽 | 汉族 | 冯庄 | 上湾 |
| 长子 | 孙亮亮 | 汉族 | 冯庄 | 上湾 | 长女 | 虎婷婷 | 汉族 | 冯庄 | 上湾 |
| 次女 | 孙丽霞 | 汉族 | 冯庄 | 上湾 | 次女 | 虎娇娇 | 汉族 | 冯庄 | 上湾 |
| 户主 | 孙志富 | 汉族 | 冯庄 | 上湾 | 三女 | 虎婧婧 | 汉族 | 冯庄 | 上湾 |
| 妻子 | 虎小强 | 汉族 | 冯庄 | 上湾 | 户主 | 董生军 | 汉族 | 冯庄 | 上湾 |
| 长子 | 孙　博 | 汉族 | 冯庄 | 上湾 | 妻子 | 郭秀丽 | 汉族 | 冯庄 | 上湾 |
| 长女 | 孙　楠 | 汉族 | 冯庄 | 上湾 | 长子 | 董建华 | 汉族 | 冯庄 | 上湾 |
| 父亲 | 孙孝贤 | 汉族 | 冯庄 | 上湾 | 次女 | 董娇娇 | 汉族 | 冯庄 | 上湾 |
| 母亲 | 王德花 | 汉族 | 冯庄 | 上湾 | 户主 | 董生辉 | 汉族 | 冯庄 | 上湾 |
| 户主 | 孙志海 | 汉族 | 冯庄 | 上湾 | 妻子 | 虎维霞 | 汉族 | 冯庄 | 上湾 |
| 妻子 | 常　芳 | 汉族 | 冯庄 | 上湾 | 长女 | 董春春 | 汉族 | 冯庄 | 上湾 |
| 长子 | 孙　瑞 | 汉族 | 冯庄 | 上湾 | 三女 | 董亮亮 | 汉族 | 冯庄 | 上湾 |
| 长女 | 孙　娜 | 汉族 | 冯庄 | 上湾 | 四女 | 董兴亮 | 汉族 | 冯庄 | 上湾 |
| 户主 | 董发伟 | 汉族 | 冯庄 | 上湾 | 长子 | 董建学 | 汉族 | 冯庄 | 上湾 |
| 妻子 | 王淑琴 | 汉族 | 冯庄 | 上湾 | 户主 | 董生龙 | 汉族 | 冯庄 | 上湾 |
| 长女 | 董娇艳 | 汉族 | 冯庄 | 上湾 | 长女 | 董明捧 | 汉族 | 冯庄 | 上湾 |
| 长子 | 董生苗 | 汉族 | 冯庄 | 上湾 | 母亲 | 时玉花 | 汉族 | 冯庄 | 上湾 |
| 次女 | 董海燕 | 汉族 | 冯庄 | 上湾 | 户主 | 惠效军 | 汉族 | 冯庄 | 上湾 |
| 户主 | 董发科 | 汉族 | 冯庄 | 上湾 | 妻子 | 安有琴 | 汉族 | 冯庄 | 上湾 |
| 妻子 | 赵小丰 | 汉族 | 冯庄 | 上湾 | 长女 | 惠丽丽 | 汉族 | 冯庄 | 上湾 |
| 长子 | 董生勇 | 汉族 | 冯庄 | 上湾 | 次女 | 惠春春 | 汉族 | 冯庄 | 上湾 |
| 儿媳 | 马　玲 | 汉族 | 冯庄 | 上湾 | 三女 | 惠男男 | 汉族 | 冯庄 | 上湾 |
| 孙子 | 董旭鹏 | 汉族 | 冯庄 | 上湾 | 四女 | 惠番番 | 汉族 | 冯庄 | 上湾 |
| 户主 | 董发平 | 汉族 | 冯庄 | 上湾 | 五女 | 惠涛涛 | 汉族 | 冯庄 | 上湾 |

续表 17

| 与户主关系 | 家庭成员 | 民族 | 原居住地 | | 与户主关系 | 家庭成员 | 民族 | 原居住地 | |
|---|---|---|---|---|---|---|---|---|---|
| | | | 乡(镇) | 行政村 | | | | 乡(镇) | 行政村 |
| 长子 | 惠磊磊 | 汉族 | 冯庄 | 上湾 | 户主 | 董生岐 | 汉族 | 冯庄 | 上湾 |
| 户主 | 张有俊 | 汉族 | 冯庄 | 上湾 | 妻子 | 安荣儿 | 汉族 | 冯庄 | 上湾 |
| 妻子 | 虎粉娥 | 汉族 | 冯庄 | 上湾 | 长子 | 董建宁 | 汉族 | 冯庄 | 上湾 |
| 长子 | 董国章 | 汉族 | 冯庄 | 上湾 | 户主 | 邓怀明 | 汉族 | 冯庄 | 上湾 |
| 长女 | 张小霞 | 汉族 | 冯庄 | 上湾 | 妻子 | 安希兰 | 汉族 | 冯庄 | 上湾 |
| 户主 | 张有斌 | 汉族 | 冯庄 | 上湾 | 次女 | 邓彩霞 | 汉族 | 冯庄 | 上湾 |
| 妻子 | 虎小玲 | 汉族 | 冯庄 | 上湾 | 户主 | 吴征东 | 汉族 | 冯庄 | 上湾 |
| 长女 | 张捧春 | 汉族 | 冯庄 | 上湾 | 妻子 | 董　兰 | 汉族 | 冯庄 | 上湾 |
| 户主 | 张有成 | 汉族 | 冯庄 | 上湾 | 长子 | 吴喜龙 | 汉族 | 冯庄 | 上湾 |
| 母亲 | 亢生花 | 汉族 | 冯庄 | 上湾 | 长女 | 吴喜梅 | 汉族 | 冯庄 | 上湾 |
| 户主 | 王军生 | 汉族 | 冯庄 | 上湾 | 次女 | 吴喜玲 | 汉族 | 冯庄 | 上湾 |
| 妻子 | 张存芳 | 汉族 | 冯庄 | 上湾 | 三女 | 吴喜洋 | 汉族 | 冯庄 | 上湾 |
| 长子 | 王金鹏 | 汉族 | 冯庄 | 上湾 | 四女 | 吴喜慧 | 汉族 | 冯庄 | 上湾 |
| 户主 | 路成学 | 汉族 | 冯庄 | 上湾 | 户主 | 贾万梅 | 汉族 | 冯庄 | 上湾 |
| 妻子 | 席小娟 | 汉族 | 冯庄 | 上湾 | 长子 | 吴来喜 | 汉族 | 冯庄 | 上湾 |
| 长子 | 路志斌 | 汉族 | 冯庄 | 上湾 | 次子 | 吴贵喜 | 汉族 | 冯庄 | 上湾 |
| 次子 | 路志俊 | 汉族 | 冯庄 | 上湾 | 次女 | 吴淑玲 | 汉族 | 冯庄 | 上湾 |
| 父亲 | 路玉章 | 汉族 | 冯庄 | 上湾 | 儿媳 | 张珍梅 | 汉族 | 冯庄 | 上湾 |
| 母亲 | 刘席花 | 汉族 | 冯庄 | 上湾 | 户主 | 张进宝 | 汉族 | 冯庄 | 上湾 |
| 户主 | 张　勇 | 汉族 | 冯庄 | 上湾 | 妻子 | 董淑霞 | 汉族 | 冯庄 | 上湾 |
| 妻子 | 郭秀梅 | 汉族 | 冯庄 | 上湾 | 长女 | 张彩琴 | 汉族 | 冯庄 | 上湾 |
| 长子 | 张怀珍 | 汉族 | 冯庄 | 上湾 | 长子 | 张小东 | 汉族 | 冯庄 | 上湾 |
| 次子 | 张怀升 | 汉族 | 冯庄 | 上湾 | 次子 | 张过亮 | 汉族 | 冯庄 | 上湾 |
| 长女 | 张娟萍 | 汉族 | 冯庄 | 上湾 | 父亲 | 张有福 | 汉族 | 冯庄 | 上湾 |
| 父亲 | 张应枢 | 汉族 | 冯庄 | 上湾 | 母亲 | 陈贵英 | 汉族 | 冯庄 | 上湾 |
| 母亲 | 安桂莲 | 汉族 | 冯庄 | 上湾 | 户主 | 路成杰 | 汉族 | 冯庄 | 上湾 |
| 户主 | 邓志银 | 汉族 | 冯庄 | 上湾 | 妻子 | 张喜凤 | 汉族 | 冯庄 | 上湾 |
| 妻子 | 董　霞 | 汉族 | 冯庄 | 上湾 | 长子 | 路龙龙 | 汉族 | 冯庄 | 上湾 |
| 户主 | 吴向明 | 汉族 | 冯庄 | 上湾 | 户主 | 张柳儒 | 汉族 | 冯庄 | 上湾 |
| 妻子 | 李彩花 | 汉族 | 冯庄 | 上湾 | 妻子 | 孙志琴 | 汉族 | 冯庄 | 上湾 |
| 长子 | 吴小亮 | 汉族 | 冯庄 | 上湾 | 次子 | 柳永全 | 汉族 | 冯庄 | 上湾 |
| 次子 | 吴小钱 | 汉族 | 冯庄 | 上湾 | 户主 | 张有发 | 汉族 | 冯庄 | 上湾 |
| 长女 | 吴锄儿 | 汉族 | 冯庄 | 上湾 | 长女 | 柳雪雪 | 汉族 | 冯庄 | 上湾 |
| 户主 | 张宗儒 | 汉族 | 冯庄 | 上湾 | 户主 | 惠效凯 | 汉族 | 冯庄 | 上湾 |
| 妻子 | 米万琴 | 汉族 | 冯庄 | 上湾 | 妻子 | 安粉琴 | 汉族 | 冯庄 | 上湾 |
| 长女 | 张小霞 | 汉族 | 冯庄 | 上湾 | 长女 | 惠春丽 | 汉族 | 冯庄 | 上湾 |

续表 17

| 与户主关系 | 家庭成员 | 民族 | 原居住地 | | 与户主关系 | 家庭成员 | 民族 | 原居住地 | |
|---|---|---|---|---|---|---|---|---|---|
| | | | 乡(镇) | 行政村 | | | | 乡(镇) | 行政村 |
| 次女 | 惠丽娜 | 汉族 | 冯庄 | 上湾 | 配偶 | 剡梅芳 | 回族 | 新集 | 周庄 |
| 哥哥 | 惠效乾 | 汉族 | 冯庄 | 上湾 | 次子 | 马　武 | 回族 | 新集 | 周庄 |
| 侄子 | 惠丽东 | 汉族 | 冯庄 | 上湾 | 户主 | 马有军 | 回族 | 新集 | 周庄 |
| 父亲 | 惠治明 | 汉族 | 冯庄 | 上湾 | 配偶 | 马秀梅 | 回族 | 新集 | 周庄 |
| 户主 | 董风平 | 汉族 | 冯庄 | 上湾 | 长子 | 马　涛 | 回族 | 新集 | 周庄 |
| 妻子 | 朱彩兰 | 汉族 | 冯庄 | 上湾 | 次子 | 马　勇 | 回族 | 新集 | 周庄 |
| 长子 | 董海龙 | 汉族 | 冯庄 | 上湾 | 三子 | 马　玮 | 回族 | 新集 | 周庄 |
| 次女 | 董秀霞 | 汉族 | 冯庄 | 上湾 | 户主 | 马忠平 | 回族 | 新集 | 周庄 |
| 祖母 | 虎彩梅 | 汉族 | 冯庄 | 上湾 | 配偶 | 马启花 | 回族 | 新集 | 周庄 |
| 户主 | 王应宝 | 汉族 | 冯庄 | 上湾 | 长女 | 马晓燕 | 回族 | 新集 | 周庄 |
| 妻子 | 张巧花 | 汉族 | 冯庄 | 上湾 | 长子 | 马晓林 | 回族 | 新集 | 周庄 |
| 次女 | 王喜兰 | 汉族 | 冯庄 | 上湾 | 次女 | 马晓梅 | 回族 | 新集 | 周庄 |
| 长子 | 王龙龙 | 汉族 | 冯庄 | 上湾 | 户主 | 马志付 | 回族 | 新集 | 周庄 |
| 父亲 | 王义德 | 汉族 | 冯庄 | 上湾 | 配偶 | 马彩花 | 回族 | 新集 | 周庄 |
| 母亲 | 郭秀英 | 汉族 | 冯庄 | 上湾 | 长子 | 马忠财 | 回族 | 新集 | 周庄 |
| 户主 | 张满儒 | 汉族 | 冯庄 | 上湾 | 长媳 | 马福兰 | 回族 | 新集 | 周庄 |
| 孙子 | 张金院 | 汉族 | 冯庄 | 上湾 | 孙女 | 马芳芳 | 回族 | 新集 | 周庄 |
| 户主 | 张　军 | 汉族 | 冯庄 | 上湾 | 户主 | 马有忠 | 回族 | 新集 | 周庄 |
| 妻子 | 王茹琴 | 汉族 | 冯庄 | 上湾 | 配偶 | 马秀珍 | 回族 | 新集 | 周庄 |
| 次女 | 张东平 | 汉族 | 冯庄 | 上湾 | 长子 | 马　利 | 回族 | 新集 | 周庄 |
| 长子 | 张怀文 | 汉族 | 冯庄 | 上湾 | 次子 | 马　明 | 回族 | 新集 | 周庄 |
| 三女 | 张月霞 | 汉族 | 冯庄 | 上湾 | 三子 | 马　强 | 回族 | 新集 | 周庄 |
| 四女 | 张向东 | 汉族 | 冯庄 | 上湾 | 户主 | 马义有 | 回族 | 新集 | 周庄 |
| 次子 | 张　力 | 汉族 | 冯庄 | 上湾 | 配偶 | 李长英 | 回族 | 新集 | 周庄 |
| 户主 | 马忠保 | 回族 | 新集 | 周庄 | 次女 | 马　丽 | 回族 | 新集 | 周庄 |
| 配偶 | 马玉兰 | 回族 | 新集 | 周庄 | 三女 | 马　艳 | 回族 | 新集 | 周庄 |
| 长子 | 马小明 | 回族 | 新集 | 周庄 | 长子 | 马　飞 | 回族 | 新集 | 周庄 |
| 长女 | 马小琴 | 回族 | 新集 | 周庄 | 户主 | 剡国俊 | 回族 | 新集 | 周庄 |
| 次女 | 马小雪 | 回族 | 新集 | 周庄 | 配偶 | 马成兰 | 回族 | 新集 | 周庄 |
| 父亲 | 马志成 | 回族 | 新集 | 周庄 | 长女 | 剡得霞 | 回族 | 新集 | 周庄 |
| 母亲 | 海秀兰 | 回族 | 新集 | 周庄 | 长子 | 剡　鑫 | 回族 | 新集 | 周庄 |
| 户主 | 马文武 | 回族 | 新集 | 周庄 | 次子 | 剡　平 | 回族 | 新集 | 周庄 |
| 妻子 | 马　蓉 | 回族 | 新集 | 周庄 | 户主 | 赵有付 | 回族 | 新集 | 周庄 |
| 长女 | 马　玲 | 回族 | 新集 | 周庄 | 配偶 | 马君花 | 回族 | 新集 | 周庄 |
| 长子 | 马　兵 | 回族 | 新集 | 周庄 | 长女 | 赵文治 | 回族 | 新集 | 周庄 |
| 户主 | 马付得 | 回族 | 新集 | 周庄 | 长子 | 赵文霞 | 回族 | 新集 | 周庄 |

续表 17

| 与户主关系 | 家庭成员 | 民族 | 原居住地 | | 与户主关系 | 家庭成员 | 民族 | 原居住地 | |
|---|---|---|---|---|---|---|---|---|---|
| | | | 乡(镇) | 行政村 | | | | 乡(镇) | 行政村 |
| 次子 | 赵文蓉 | 回族 | 新集 | 周庄 | 户主 | 马忠效 | 回族 | 新集 | 周庄 |
| 户主 | 赵有军 | 回族 | 新集 | 周庄 | 配偶 | 张德英 | 回族 | 新集 | 周庄 |
| 母亲 | 马俊英 | 回族 | 新集 | 周庄 | 长子 | 马　文 | 回族 | 新集 | 周庄 |
| 长子 | 赵文龙 | 回族 | 新集 | 周庄 | 儿媳 | 庞生花 | 回族 | 新集 | 周庄 |
| 妻子 | 马彦儿 | 回族 | 新集 | 周庄 | 次子 | 马晓军 | 回族 | 新集 | 周庄 |
| 长女 | 赵银银 | 回族 | 新集 | 周庄 | 户主 | 马义强 | 回族 | 新集 | 周庄 |
| 姐姐 | 赵锁锁 | 回族 | 新集 | 周庄 | 配偶 | 马小玲 | 回族 | 新集 | 周庄 |
| 户主 | 赵有仓 | 回族 | 新集 | 周庄 | 长女 | 马荣荣 | 回族 | 新集 | 周庄 |
| 配偶 | 杨风梅 | 回族 | 新集 | 周庄 | 长子 | 马　锐 | 回族 | 新集 | 周庄 |
| 次子 | 赵文祥 | 回族 | 新集 | 周庄 | 户主 | 马德忠 | 回族 | 新集 | 周庄 |
| 儿媳 | 马福梅 | 回族 | 新集 | 周庄 | 配偶 | 马玉花 | 回族 | 新集 | 周庄 |
| 长孙 | 赵圆圆 | 回族 | 新集 | 周庄 | 长子 | 马　龙 | 回族 | 新集 | 周庄 |
| 户主 | 剡国祥 | 回族 | 新集 | 周庄 | 次子 | 马　勇 | 回族 | 新集 | 周庄 |
| 配偶 | 马世芳 | 回族 | 新集 | 周庄 | 三子 | 马　阳 | 回族 | 新集 | 周庄 |
| 次女 | 剡得芳 | 回族 | 新集 | 周庄 | 户主 | 马德军 | 回族 | 新集 | 周庄 |
| 长子 | 剡得平 | 回族 | 新集 | 周庄 | 配偶 | 王小萍 | 回族 | 新集 | 周庄 |
| 户主 | 马忠学 | 回族 | 新集 | 周庄 | 母亲 | 海银花 | 回族 | 新集 | 周庄 |
| 长女 | 马金花 | 回族 | 新集 | 周庄 | 长子 | 马　旭 | 回族 | 新集 | 周庄 |
| 长子 | 马金虎 | 回族 | 新集 | 周庄 | 户主 | 马继海 | 回族 | 新集 | 周庄 |
| 次子 | 马小辉 | 回族 | 新集 | 周庄 | 长子 | 马　鹏 | 回族 | 新集 | 周庄 |
| 户主 | 马成得 | 回族 | 新集 | 周庄 | 户主 | 马继明 | 回族 | 新集 | 周庄 |
| 次女 | 马存女 | 回族 | 新集 | 周庄 | 配偶 | 王喜兰 | 回族 | 新集 | 周庄 |
| 三女 | 马买彦 | 回族 | 新集 | 周庄 | 长子 | 马　辉 | 回族 | 新集 | 周庄 |
| 户主 | 马义军 | 回族 | 新集 | 周庄 | 次子 | 马　兵 | 回族 | 新集 | 周庄 |
| 配偶 | 李长梅 | 回族 | 新集 | 周庄 | 户主 | 杨文俊 | 回族 | 新集 | 周庄 |
| 长子 | 马　友 | 回族 | 新集 | 周庄 | 配偶 | 张德花 | 回族 | 新集 | 周庄 |
| 次子 | 马　贵 | 回族 | 新集 | 周庄 | 次子 | 杨耀武 | 回族 | 新集 | 周庄 |
| 母亲 | 马银花 | 回族 | 新集 | 周庄 | 次媳 | 剡文霞 | 回族 | 新集 | 周庄 |
| 户主 | 剡治学 | 回族 | 新集 | 周庄 | 长孙子 | 杨　明 | 回族 | 新集 | 周庄 |
| 配偶 | 海生琴 | 回族 | 新集 | 周庄 | 户主 | 马志科 | 回族 | 新集 | 周庄 |
| 长子 | 剡得龙 | 回族 | 新集 | 周庄 | 配偶 | 赵梅英 | 回族 | 新集 | 周庄 |
| 次子 | 剡　荣 | 回族 | 新集 | 周庄 | 四子 | 马忠清 | 回族 | 新集 | 周庄 |
| 户主 | 马有付 | 回族 | 新集 | 周庄 | 儿媳 | 马兆花 | 回族 | 新集 | 周庄 |
| 配偶 | 王梅芳 | 回族 | 新集 | 周庄 | 长孙子 | 马小龙 | 回族 | 新集 | 周庄 |
| 长子 | 马桂红 | 回族 | 新集 | 周庄 | 户主 | 马忠海 | 回族 | 新集 | 周庄 |
| 次子 | 马桂成 | 回族 | 新集 | 周庄 | 妻子 | 马英儿 | 回族 | 新集 | 周庄 |

续表 17

| 与户主关系 | 家庭成员 | 民族 | 原居住地 | | 与户主关系 | 家庭成员 | 民族 | 原居住地 | |
|---|---|---|---|---|---|---|---|---|---|
| | | | 乡(镇) | 行政村 | | | | 乡(镇) | 行政村 |
| 长女 | 马　琴 | 回族 | 新集 | 周庄 | 配偶 | 马志梅 | 回族 | 新集 | 周庄 |
| 长子 | 马小兵 | 回族 | 新集 | 周庄 | 长子 | 马小龙 | 回族 | 新集 | 周庄 |
| 户主 | 杨文科 | 回族 | 新集 | 周庄 | 次子 | 马小荣 | 回族 | 新集 | 周庄 |
| 配偶 | 马存玲 | 回族 | 新集 | 周庄 | 户主 | 赵文明 | 回族 | 新集 | 周庄 |
| 长女 | 杨　霞 | 回族 | 新集 | 周庄 | 配偶 | 张海梅 | 回族 | 新集 | 周庄 |
| 长子 | 杨　勇 | 回族 | 新集 | 周庄 | 长子 | 赵亮亮 | 回族 | 新集 | 周庄 |
| 次女 | 杨　艳 | 回族 | 新集 | 周庄 | 长女 | 赵琴琴 | 回族 | 新集 | 周庄 |
| 户主 | 马忠虎 | 回族 | 新集 | 周庄 | 户主 | 杨文忠 | 回族 | 新集 | 周庄 |
| 配偶 | 马国香 | 回族 | 新集 | 周庄 | 妻子 | 马永芳 | 回族 | 新集 | 周庄 |
| 长女 | 马　琴 | 回族 | 新集 | 周庄 | 长女 | 杨　雪 | 回族 | 新集 | 周庄 |
| 父亲 | 马志龙 | 回族 | 新集 | 周庄 | 长子 | 杨　智 | 回族 | 新集 | 周庄 |
| 母亲 | 马进连 | 回族 | 新集 | 周庄 | 户主 | 马义虎 | 回族 | 新集 | 周庄 |
| 长子 | 马　军 | 回族 | 新集 | 周庄 | 妻子 | 单树月 | 回族 | 新集 | 周庄 |
| 次女 | 马　玲 | 回族 | 新集 | 周庄 | 长女 | 马昕慧 | 回族 | 新集 | 周庄 |
| 三女 | 马　丽 | 回族 | 新集 | 行政村 | 长子 | 马昕勇 | 回族 | 新集 | 周庄 |
| 四女 | 马　艳 | 回族 | 新集 | 周庄 | 户主 | 杨耀东 | 回族 | 新集 | 周庄 |
| 户主 | 马德福 | 回族 | 新集 | 周庄 | 妻子 | 张治芳 | 回族 | 新集 | 周庄 |
| 妻子 | 单启花 | 回族 | 新集 | 周庄 | 长女 | 杨　洋 | 回族 | 新集 | 周庄 |
| 长子 | 马　平 | 回族 | 新集 | 周庄 | 长子 | 杨小龙 | 回族 | 新集 | 周庄 |
| 户主 | 马德虎 | 回族 | 新集 | 周庄 | 户主 | 马正远 | 回族 | 新集 | 周庄 |
| 配偶 | 马晓花 | 回族 | 新集 | 周庄 | 母亲 | 马富兰 | 回族 | 新集 | 周庄 |
| 长女 | 马　玲 | 回族 | 新集 | 周庄 | 弟弟 | 马正亚 | 回族 | 新集 | 周庄 |
| 户主 | 马进财 | 回族 | 新集 | 周庄 | 弟弟 | 马正军 | 回族 | 新集 | 周庄 |
| 配偶 | 马德梅 | 回族 | 新集 | 周庄 | 户主 | 马效梅 | 回族 | 新集 | 周庄 |
| 长子 | 马铁军 | 回族 | 新集 | 周庄 | 长子 | 马红付 | 回族 | 新集 | 周庄 |
| 三子 | 马正军 | 回族 | 新集 | 周庄 | 户主 | 虎占梅 | 回族 | 新集 | 周庄 |
| 户主 | 马生明 | 回族 | 新集 | 周庄 | 长女 | 马　艳 | 回族 | 新集 | 周庄 |
| 配偶 | 马银梅 | 回族 | 新集 | 周庄 | 长子 | 马　亮 | 回族 | 新集 | 周庄 |
| 四子 | 马义虎 | 回族 | 新集 | 周庄 | 户主 | 马兴龙 | 回族 | 新集 | 张湾 |
| 户主 | 马俊海 | 回族 | 新集 | 周庄 | 妻子 | 母全荣 | 回族 | 新集 | 张湾 |
| 妻子 | 马自梅 | 回族 | 新集 | 周庄 | 长子 | 马利剑 | 回族 | 新集 | 张湾 |
| 长兄 | 马继录 | 回族 | 新集 | 周庄 | 长女 | 马　丽 | 回族 | 新集 | 张湾 |
| 户主 | 马生川 | 回族 | 新集 | 周庄 | 次子 | 马　凯 | 回族 | 新集 | 张湾 |
| 妻子 | 马忠梅 | 回族 | 新集 | 周庄 | 父亲 | 马步玉 | 回族 | 新集 | 张湾 |
| 三子 | 马义明 | 回族 | 新集 | 周庄 | 母亲 | 马秀连 | 回族 | 新集 | 张湾 |
| 户主 | 马忠有 | 回族 | 新集 | 周庄 | 户主 | 马德青 | 回族 | 新集 | 张湾 |

续表 17

| 与户主关系 | 家庭成员 | 民族 | 原居住地 | | 与户主关系 | 家庭成员 | 民族 | 原居住地 | |
|---|---|---|---|---|---|---|---|---|---|
| | | | 乡（镇） | 行政村 | | | | 乡（镇） | 行政村 |
| 妻子 | 王玉花 | 回族 | 新集 | 张湾 | 长子 | 马军 | 回族 | 新集 | 张湾 |
| 长子 | 马龙 | 回族 | 新集 | 张湾 | 长女 | 马虎玲 | 回族 | 新集 | 张湾 |
| 长女 | 马玉玲 | 回族 | 新集 | 张湾 | 孙子 | 马星驰 | 回族 | 新集 | 张湾 |
| 次女 | 马芳 | 回族 | 新集 | 张湾 | 孙子 | 马奥尼 | 回族 | 新集 | 张湾 |
| 户主 | 马德川 | 回族 | 新集 | 张湾 | 儿媳 | 姚春花 | 回族 | 新集 | 张湾 |
| 妻子 | 马桂英 | 回族 | 新集 | 张湾 | 户主 | 马尚荣 | 回族 | 新集 | 张湾 |
| 长女 | 马涛涛 | 回族 | 新集 | 张湾 | 妻子 | 马智兰 | 回族 | 新集 | 张湾 |
| 次女 | 马青青 | 回族 | 新集 | 张湾 | 次子 | 马存军 | 回族 | 新集 | 张湾 |
| 长子 | 马岩松 | 回族 | 新集 | 张湾 | 户主 | 白如忠 | 回族 | 新集 | 张湾 |
| 户主 | 马德生 | 回族 | 新集 | 张湾 | 妻子 | 海生兰 | 回族 | 新集 | 张湾 |
| 妻子 | 李桂萍 | 回族 | 新集 | 张湾 | 长子 | 白永鹏 | 回族 | 新集 | 张湾 |
| 长子 | 马常平 | 回族 | 新集 | 张湾 | 长女 | 白永琴 | 回族 | 新集 | 张湾 |
| 户主 | 马得仓 | 回族 | 新集 | 张湾 | 次女 | 白永芳 | 回族 | 新集 | 张湾 |
| 妻子 | 白永琴 | 回族 | 新集 | 张湾 | 母亲 | 海梅连 | 回族 | 新集 | 张湾 |
| 长子 | 马亮 | 回族 | 新集 | 张湾 | 户主 | 马兴奎 | 回族 | 新集 | 张湾 |
| 户主 | 马得虎 | 回族 | 新集 | 张湾 | 妻子 | 马希子 | 回族 | 新集 | 张湾 |
| 妻子 | 马存金 | 回族 | 新集 | 张湾 | 三子 | 马利宏 | 回族 | 新集 | 张湾 |
| 长子 | 马鑫 | 回族 | 新集 | 张湾 | 儿媳 | 李英 | 回族 | 新集 | 张湾 |
| 次子 | 马科 | 回族 | 新集 | 张湾 | 户主 | 马步成 | 回族 | 新集 | 张湾 |
| 户主 | 马步君 | 回族 | 新集 | 张湾 | 妻子 | 马玉英 | 回族 | 新集 | 张湾 |
| 妻子 | 兰永白 | 回族 | 新集 | 张湾 | 户主 | 马步川 | 回族 | 新集 | 张湾 |
| 四子 | 马四虎 | 回族 | 新集 | 张湾 | 妻子 | 惠金花 | 回族 | 新集 | 张湾 |
| 三子 | 马三虎 | 回族 | 新集 | 张湾 | 长子 | 马兴君 | 回族 | 新集 | 张湾 |
| 儿媳 | 冶文琴 | 回族 | 新集 | 张湾 | 儿媳 | 马风霞 | 回族 | 新集 | 张湾 |
| 户主 | 张治学 | 回族 | 新集 | 张湾 | 孙女 | 马雪梅 | 回族 | 新集 | 张湾 |
| 妻子 | 桐爱莲 | 回族 | 新集 | 张湾 | 孙女 | 马建玲 | 回族 | 新集 | 张湾 |
| 长子 | 张风虎 | 回族 | 新集 | 张湾 | 户主 | 白永详 | 回族 | 新集 | 张湾 |
| 次子 | 张奋兵 | 回族 | 新集 | 张湾 | 妻子 | 马志兰 | 回族 | 新集 | 张湾 |
| 长女 | 张小林 | 回族 | 新集 | 张湾 | 长子 | 白云飞 | 回族 | 新集 | 张湾 |
| 户主 | 马得山 | 回族 | 新集 | 张湾 | 户主 | 马得乾 | 回族 | 新集 | 张湾 |
| 妻子 | 明生兰 | 回族 | 新集 | 张湾 | 妻子 | 海梅芳 | 回族 | 新集 | 张湾 |
| 长子 | 马财东 | 回族 | 新集 | 张湾 | 长女 | 马恩慧 | 回族 | 新集 | 张湾 |
| 长女 | 马玲 | 回族 | 新集 | 张湾 | 长女 | 马慧 | 回族 | 新集 | 张湾 |
| 次女 | 马霞 | 回族 | 新集 | 张湾 | 次女 | 马彩玲 | 回族 | 新集 | 张湾 |
| 户主 | 马进林 | 回族 | 新集 | 张湾 | 户主 | 马进军 | 回族 | 新集 | 张湾 |
| 妻子 | 海清兰 | 回族 | 新集 | 张湾 | 妻子 | 马治霞 | 回族 | 新集 | 张湾 |

续表 17

| 与户主关系 | 家庭成员 | 民族 | 原居住地 | | 与户主关系 | 家庭成员 | 民族 | 原居住地 | |
|---|---|---|---|---|---|---|---|---|---|
| | | | 乡(镇) | 行政村 | | | | 乡(镇) | 行政村 |
| 长子 | 马存虎 | 回族 | 新集 | 张湾 | 长子 | 马　强 | 回族 | 新集 | 张湾 |
| 次子 | 马存龙 | 回族 | 新集 | 张湾 | 次子 | 马　宁 | 回族 | 新集 | 张湾 |
| 兄长 | 马进秀 | 回族 | 新集 | 张湾 | 长女 | 马　利 | 回族 | 新集 | 张湾 |
| 户主 | 马得俊 | 回族 | 新集 | 张湾 | 次女 | 马　雪 | 回族 | 新集 | 张湾 |
| 妻子 | 杨付花 | 回族 | 新集 | 张湾 | 兄长 | 马进海 | 回族 | 新集 | 张湾 |
| 长子 | 马小明 | 回族 | 新集 | 张湾 | 户主 | 马国成 | 回族 | 新集 | 张湾 |
| 次子 | 马小军 | 回族 | 新集 | 张湾 | 妻子 | 马志梅 | 回族 | 新集 | 张湾 |
| 户主 | 马利民 | 回族 | 新集 | 张湾 | 长子 | 马利君 | 回族 | 新集 | 张湾 |
| 妻子 | 马进花 | 回族 | 新集 | 张湾 | 次子 | 马云云 | 回族 | 新集 | 张湾 |
| 长女 | 马　琴 | 回族 | 新集 | 张湾 | 长女 | 马云平 | 回族 | 新集 | 张湾 |
| 长子 | 马　博 | 回族 | 新集 | 张湾 | 户主 | 马兴义 | 回族 | 新集 | 张湾 |
| 户主 | 马兴虎 | 回族 | 新集 | 张湾 | 妻子 | 马祖代 | 回族 | 新集 | 张湾 |
| 妻子 | 明燕子 | 回族 | 新集 | 张湾 | 长女 | 马晓红 | 回族 | 新集 | 张湾 |
| 长子 | 马小平 | 回族 | 新集 | 张湾 | 次女 | 马小慧 | 回族 | 新集 | 张湾 |
| 次子 | 马小龙 | 回族 | 新集 | 张湾 | 户主 | 马兴龙 | 回族 | 新集 | 张湾 |
| 长女 | 马小花 | 回族 | 新集 | 张湾 | 妻子 | 姬文梅 | 回族 | 新集 | 张湾 |
| 户主 | 马国君 | 回族 | 新集 | 张湾 | 长女 | 马小花 | 回族 | 新集 | 张湾 |
| 妻子 | 马桃儿 | 回族 | 新集 | 张湾 | 次女 | 马小玲 | 回族 | 新集 | 张湾 |
| 长子 | 马东东 | 回族 | 新集 | 张湾 | 三女 | 马小梅 | 回族 | 新集 | 张湾 |
| 次子 | 马小虎 | 回族 | 新集 | 张湾 | 户主 | 马存福 | 回族 | 新集 | 张湾 |
| 长女 | 马叶叶 | 回族 | 新集 | 张湾 | 妻子 | 麻秀花 | 回族 | 新集 | 张湾 |
| 母亲 | 马成风 | 回族 | 新集 | 张湾 | 长子 | 马　军 | 回族 | 新集 | 张湾 |
| 户主 | 马兴帮 | 回族 | 新集 | 张湾 | 长女 | 马　梅 | 回族 | 新集 | 张湾 |
| 妻子 | 马成花 | 回族 | 新集 | 张湾 | 户主 | 马利君 | 回族 | 新集 | 张湾 |
| 长子 | 马小龙 | 回族 | 新集 | 张湾 | 妻子 | 马　真 | 回族 | 新集 | 张湾 |
| 次子 | 马小虎 | 回族 | 新集 | 张湾 | 长子 | 马　帆 | 回族 | 新集 | 张湾 |
| 长女 | 马小兰 | 回族 | 新集 | 张湾 | 户主 | 白如霜 | 回族 | 新集 | 张湾 |
| 孙子 | 马天乐 | 回族 | 新集 | 张湾 | 妻子 | 马占琴 | 回族 | 新集 | 张湾 |
| 儿媳 | 赫晓丽 | 回族 | 新集 | 张湾 | 长子 | 白永春 | 回族 | 新集 | 张湾 |
| 户主 | 马步省 | 回族 | 新集 | 张湾 | 次子 | 白永清 | 回族 | 新集 | 张湾 |
| 妻子 | 海生莲 | 回族 | 新集 | 张湾 | 户主 | 马得银 | 回族 | 新集 | 张湾 |
| 长子 | 马德元 | 回族 | 新集 | 张湾 | 父亲 | 马树林 | 回族 | 新集 | 张湾 |
| 儿媳 | 马　梅 | 回族 | 新集 | 张湾 | 妻子 | 马学梅 | 回族 | 新集 | 张湾 |
| 孙子 | 马　龙 | 回族 | 新集 | 张湾 | 长子 | 马小合 | 回族 | 新集 | 张湾 |
| 户主 | 马进仁 | 回族 | 新集 | 张湾 | 户主 | 马步德 | 回族 | 新集 | 张湾 |
| 妻子 | 马国芳 | 回族 | 新集 | 张湾 | 妻子 | 李发买 | 回族 | 新集 | 张湾 |

续表 17

| 与户主关系 | 家庭成员 | 民族 | 原居住地 | | 与户主关系 | 家庭成员 | 民族 | 原居住地 | |
|---|---|---|---|---|---|---|---|---|---|
| | | | 乡(镇) | 行政村 | | | | 乡(镇) | 行政村 |
| 长子 | 马兴礼 | 回族 | 新集 | 张湾 | 长子 | 马小军 | 回族 | 新集 | 张湾 |
| 次子 | 马兴学 | 回族 | 新集 | 张湾 | 长女 | 马小琴 | 回族 | 新集 | 张湾 |
| 儿媳 | 糟小燕 | 回族 | 新集 | 张湾 | 户主 | 马德文 | 回族 | 新集 | 张湾 |
| 户主 | 张风奇 | 回族 | 新集 | 张湾 | 妻子 | 马　叶 | 回族 | 新集 | 张湾 |
| 妻子 | 马　梅 | 回族 | 新集 | 张湾 | 长子 | 马　有 | 回族 | 新集 | 张湾 |
| 户主 | 马兴宏 | 回族 | 新集 | 张湾 | 长女 | 马　桃 | 回族 | 新集 | 张湾 |
| 妻子 | 张治琴 | 回族 | 新集 | 张湾 | 父亲 | 马步荣 | 回族 | 新集 | 张湾 |
| 长女 | 马　玲 | 回族 | 新集 | 张湾 | 户主 | 马进龙 | 回族 | 新集 | 张湾 |
| 次女 | 马　燕 | 回族 | 新集 | 张湾 | 妻子 | 余风英 | 回族 | 新集 | 张湾 |
| 三女 | 马　荣 | 回族 | 新集 | 张湾 | 长子 | 马得银 | 回族 | 新集 | 张湾 |
| 户主 | 张治川 | 回族 | 新集 | 张湾 | 儿媳 | 杨学梅 | 回族 | 新集 | 张湾 |
| 妻子 | 马同梅 | 回族 | 新集 | 张湾 | 孙子 | 马宏明 | 回族 | 新集 | 张湾 |
| 长子 | 张风义 | 回族 | 新集 | 张湾 | 孙子 | 马宏成 | 回族 | 新集 | 张湾 |
| 儿媳 | 李会霞 | 回族 | 新集 | 张湾 | 孙女 | 马宏花 | 回族 | 新集 | 张湾 |
| 户主 | 马兴海 | 回族 | 新集 | 张湾 | 户主 | 马存付 | 回族 | 新集 | 张湾 |
| 妻子 | 马志芳 | 回族 | 新集 | 张湾 | 妻子 | 马密子 | 回族 | 新集 | 张湾 |
| 长子 | 马　君 | 回族 | 新集 | 张湾 | 长子 | 马小利 | 回族 | 新集 | 张湾 |
| 长女 | 马　琴 | 回族 | 新集 | 张湾 | 次女 | 马小军 | 回族 | 新集 | 张湾 |
| 次女 | 马　梅 | 回族 | 新集 | 张湾 | 长女 | 马花玲 | 回族 | 新集 | 张湾 |
| 户主 | 马志芳 | 回族 | 新集 | 张湾 | 父亲 | 马进元 | 回族 | 新集 | 张湾 |
| 儿子 | 张　兵 | 回族 | 新集 | 张湾 | 母亲 | 马守梅 | 回族 | 新集 | 张湾 |
| 长女 | 张　玲 | 回族 | 新集 | 张湾 | 户主 | 白如明 | 回族 | 新集 | 张湾 |
| 母亲 | 马得英 | 回族 | 新集 | 张湾 | 妻子 | 张香儿 | 回族 | 新集 | 张湾 |
| 户主 | 剡志梅 | 回族 | 新集 | 张湾 | 次子 | 白永刚 | 回族 | 新集 | 张湾 |
| 长子 | 马存林 | 回族 | 新集 | 张湾 | 儿媳 | 李梅英 | 回族 | 新集 | 张湾 |
| 儿媳 | 张治花 | 回族 | 新集 | 张湾 | 长子 | 白永成 | 回族 | 新集 | 张湾 |
| 孙子 | 马　东 | 回族 | 新集 | 张湾 | 儿媳 | 马海丽 | 回族 | 新集 | 张湾 |
| 次子 | 马存兵 | 回族 | 新集 | 张湾 | 弟媳 | 李买彦 | 回族 | 新集 | 张湾 |
| 次媳 | 何　英 | 回族 | 新集 | 张湾 | 侄子 | 白　龙 | 回族 | 新集 | 张湾 |
| 兄弟 | 马进喜 | 回族 | 新集 | 张湾 | 侄子 | 白　虎 | 回族 | 新集 | 张湾 |
| 户主 | 马得才 | 回族 | 新集 | 张湾 | 侄女 | 白永梅 | 回族 | 新集 | 张湾 |
| 妻子 | 剡文梅 | 回族 | 新集 | 张湾 | 侄媳 | 秦贵霞 | 回族 | 新集 | 张湾 |
| 父亲 | 马步英 | 回族 | 新集 | 张湾 | 户主 | 马进付 | 回族 | 新集 | 张湾 |
| 长子 | 马世虎 | 回族 | 新集 | 张湾 | 妻子 | 马　叶 | 回族 | 新集 | 张湾 |
| 户主 | 马世贤 | 回族 | 新集 | 张湾 | 次子 | 马盼儿 | 回族 | 新集 | 张湾 |
| 妻子 | 马义花 | 回族 | 新集 | 张湾 | 三子 | 马利儿 | 回族 | 新集 | 张湾 |

续表 17

| 与户主关系 | 家庭成员 | 民族 | 原居住地 | | 与户主关系 | 家庭成员 | 民族 | 原居住地 | |
|---|---|---|---|---|---|---|---|---|---|
| | | | 乡(镇) | 行政村 | | | | 乡(镇) | 行政村 |
| 长女 | 马存花 | 回族 | 新集 | 张湾 | 长子 | 张风虎 | 回族 | 新集 | 张湾 |
| 儿媳 | 张　琴 | 回族 | 新集 | 张湾 | 儿媳 | 海向兰 | 回族 | 新集 | 张湾 |
| 长子 | 马俊儿 | 回族 | 新集 | 张湾 | 孙子 | 张　林 | 回族 | 新集 | 张湾 |
| 儿媳 | 马小娟 | 回族 | 新集 | 张湾 | 户主 | 马治平 | 回族 | 新集 | 张湾 |
| 户主 | 马步林 | 回族 | 新集 | 张湾 | 母亲 | 杨玉梅 | 回族 | 新集 | 张湾 |
| 妻子 | 马文英 | 回族 | 新集 | 张湾 | 父亲 | 张进有 | 回族 | 新集 | 张湾 |
| 长子 | 马兴忠 | 回族 | 新集 | 张湾 | 妻子 | 张发秃 | 回族 | 新集 | 张湾 |
| 儿媳 | 马小红 | 回族 | 新集 | 张湾 | 长子 | 张　伟 | 回族 | 新集 | 张湾 |
| 孙子 | 马洋洋 | 回族 | 新集 | 张湾 | 次子 | 马　伟 | 回族 | 新集 | 张湾 |
| 孙子 | 马斌斌 | 回族 | 新集 | 张湾 | 三子 | 马　飞 | 回族 | 新集 | 张湾 |
| 户主 | 马得有 | 回族 | 新集 | 张湾 | 户主 | 张治宏 | 回族 | 新集 | 张湾 |
| 妻子 | 马成梅 | 回族 | 新集 | 张湾 | 妻子 | 马得花 | 回族 | 新集 | 张湾 |
| 长子 | 马小东 | 回族 | 新集 | 张湾 | 长子 | 张　军 | 回族 | 新集 | 张湾 |
| 户主 | 马　伟 | 回族 | 新集 | 张湾 | 儿媳 | 马玉梅 | 回族 | 新集 | 张湾 |
| 母亲 | 剡海车 | 回族 | 新集 | 张湾 | 孙女 | 张小娟 | 回族 | 新集 | 张湾 |
| 兄弟 | 马　义 | 回族 | 新集 | 张湾 | 户主 | 马德中 | 回族 | 新集 | 张湾 |
| 妹 | 马　芳 | 回族 | 新集 | 张湾 | 妻子 | 马发买 | 回族 | 新集 | 张湾 |
| 妻子 | 马生芳 | 回族 | 新集 | 张湾 | 长女 | 马菊花 | 回族 | 新集 | 张湾 |
| 长子 | 马晓航 | 回族 | 新集 | 张湾 | 次女 | 马　霞 | 回族 | 新集 | 张湾 |
| 侄子 | 马文涛 | 回族 | 新集 | 张湾 | 三女 | 马　玲 | 回族 | 新集 | 张湾 |
| 弟媳 | 海春花 | 回族 | 新集 | 张湾 | 长子 | 马小龙 | 回族 | 新集 | 张湾 |
| 户主 | 马存珍 | 回族 | 新集 | 张湾 | 户主 | 李秀兰 | 回族 | 新集 | 张湾 |
| 妻子 | 马桂花 | 回族 | 新集 | 张湾 | 长子 | 白永其 | 回族 | 新集 | 张湾 |
| 长女 | 马雅露 | 回族 | 新集 | 张湾 | 户主 | 张治林 | 回族 | 新集 | 张湾 |
| 长子 | 马雅涛 | 回族 | 新集 | 张湾 | 妻子 | 马世梅 | 回族 | 新集 | 张湾 |
| 户主 | 姚婉荣 | 回族 | 新集 | 张湾 | 长女 | 张雪梅 | 回族 | 新集 | 张湾 |
| 长女 | 张小娟 | 回族 | 新集 | 张湾 | 长子 | 张　元 | 回族 | 新集 | 张湾 |
| 户主 | 马得付 | 回族 | 新集 | 张湾 | 户主 | 张凤林 | 回族 | 新集 | 张湾 |
| 母亲 | 白雪花 | 回族 | 新集 | 张湾 | 妻子 | 剡学花 | 回族 | 新集 | 张湾 |
| 妻子 | 马小丽 | 回族 | 新集 | 张湾 | 长子 | 张　涛 | 回族 | 新集 | 张湾 |
| 户主 | 张治中 | 回族 | 新集 | 张湾 | 长女 | 张　澜 | 回族 | 新集 | 张湾 |
| 妻子 | 马兴梅 | 回族 | 新集 | 张湾 | 户主 | 张风珍 | 回族 | 新集 | 张湾 |
| 长子 | 张　平 | 回族 | 新集 | 张湾 | 父亲 | 张治保 | 回族 | 新集 | 张湾 |
| 儿媳 | 杨兴萍 | 回族 | 新集 | 张湾 | 长子 | 张阿丹 | 回族 | 新集 | 张湾 |
| 孙女 | 张学瑞 | 回族 | 新集 | 张湾 | 户主 | 白如珍 | 回族 | 新集 | 张湾 |
| 户主 | 海白花 | 回族 | 新集 | 张湾 | 妻子 | 马月梅 | 回族 | 新集 | 张湾 |

续表 17

| 与户主关系 | 家庭成员 | 民族 | 原居住地 | | 与户主关系 | 家庭成员 | 民族 | 原居住地 | |
|---|---|---|---|---|---|---|---|---|---|
| | | | 乡(镇) | 行政村 | | | | 乡(镇) | 行政村 |
| 长子 | 白永龙 | 回族 | 新集 | 张湾 | 户主 | 马存良 | 回族 | 新集 | 张湾 |
| 次子 | 白永虎 | 回族 | 新集 | 张湾 | 妻子 | 马夜子 | 回族 | 新集 | 张湾 |
| 三子 | 白永林 | 回族 | 新集 | 张湾 | 长女 | 马　荣 | 回族 | 新集 | 张湾 |
| 户主 | 白如林 | 回族 | 新集 | 张湾 | 长子 | 马　军 | 回族 | 新集 | 张湾 |
| 妻子 | 剡俊花 | 回族 | 新集 | 张湾 | 户主 | 马海儿 | 回族 | 新集 | 张湾 |
| 长子 | 白主麻 | 回族 | 新集 | 张湾 | 长子 | 马小飞 | 回族 | 新集 | 张湾 |
| 次子 | 白龙哥 | 回族 | 新集 | 张湾 | 长女 | 马小英 | 回族 | 新集 | 张湾 |
| 三子 | 白永科 | 回族 | 新集 | 张湾 | 户主 | 马进仓 | 回族 | 新集 | 张湾 |
| 户主 | 张治龙 | 回族 | 新集 | 张湾 | 长子 | 马　新 | 回族 | 新集 | 张湾 |
| 妻子 | 马兰花 | 回族 | 新集 | 张湾 | 户主 | 马德军 | 回族 | 新集 | 张湾 |
| 长女 | 张凤莲 | 回族 | 新集 | 张湾 | 妻子 | 余生梅 | 回族 | 新集 | 张湾 |
| 长子 | 张凤平 | 回族 | 新集 | 张湾 | 长子 | 马志忠 | 回族 | 新集 | 张湾 |
| 次女 | 张凤梅 | 回族 | 新集 | 张湾 | 次子 | 马志付 | 回族 | 新集 | 张湾 |
| 户主 | 张治虎 | 回族 | 新集 | 张湾 | 户主 | 马志连 | 回族 | 新集 | 赵沟 |
| 妻子 | 明建花 | 回族 | 新集 | 张湾 | 长子 | 余海兵 | 回族 | 新集 | 赵沟 |
| 长子 | 张西满 | 回族 | 新集 | 张湾 | 次女 | 余海容 | 回族 | 新集 | 赵沟 |
| 长女 | 张凤梅 | 回族 | 新集 | 张湾 | 三女 | 余海萍 | 回族 | 新集 | 赵沟 |
| 次女 | 张　芳 | 回族 | 新集 | 张湾 | 户主 | 余志祥 | 回族 | 新集 | 赵沟 |
| 户主 | 马兴万 | 回族 | 新集 | 张湾 | 配偶 | 马成芳 | 回族 | 新集 | 赵沟 |
| 妻子 | 马德花 | 回族 | 新集 | 张湾 | 长子 | 余七金 | 回族 | 新集 | 赵沟 |
| 次子 | 马　勇 | 回族 | 新集 | 张湾 | 次子 | 余买了 | 回族 | 新集 | 赵沟 |
| 三子 | 马　杰 | 回族 | 新集 | 张湾 | 儿媳 | 秦粉花 | 回族 | 新集 | 赵沟 |
| 长女 | 马小兰 | 回族 | 新集 | 张湾 | 户主 | 关忠虎 | 回族 | 新集 | 赵沟 |
| 户主 | 马　兵 | 回族 | 新集 | 张湾 | 配偶 | 冶桂花 | 回族 | 新集 | 赵沟 |
| 妻子 | 马玉花 | 回族 | 新集 | 张湾 | 次子 | 关付林 | 回族 | 新集 | 赵沟 |
| 长子 | 马小童 | 回族 | 新集 | 张湾 | 儿媳 | 马　玲 | 回族 | 新集 | 赵沟 |
| 户主 | 张凤君 | 回族 | 新集 | 张湾 | 孙女 | 关晓兰 | 回族 | 新集 | 赵沟 |
| 妻子 | 马正莲 | 回族 | 新集 | 张湾 | 孙女 | 关会宝 | 回族 | 新集 | 赵沟 |
| 长女 | 张晓琴 | 回族 | 新集 | 张湾 | 户主 | 余奋朝 | 回族 | 新集 | 赵沟 |
| 长女 | 张海洋 | 回族 | 新集 | 张湾 | 配偶 | 马金梅 | 回族 | 新集 | 赵沟 |
| 户主 | 张治清 | 回族 | 新集 | 张湾 | 户主 | 关廷俊 | 回族 | 新集 | 赵沟 |
| 妻子 | 马德花 | 回族 | 新集 | 张湾 | 配偶 | 余存白 | 回族 | 新集 | 赵沟 |
| 长女 | 张兰兰 | 回族 | 新集 | 张湾 | 长子 | 关君才 | 回族 | 新集 | 赵沟 |
| 次女 | 张　桐 | 回族 | 新集 | 张湾 | 次子 | 关贵才 | 回族 | 新集 | 赵沟 |
| 父亲 | 张进发 | 回族 | 新集 | 张湾 | 三子 | 关付才 | 回族 | 新集 | 赵沟 |
| 母亲 | 马成兰 | 回族 | 新集 | 张湾 | 户主 | 关廷龙 | 回族 | 新集 | 赵沟 |

续表 17

| 与户主关系 | 家庭成员 | 民族 | 原居住地 | | 与户主关系 | 家庭成员 | 民族 | 原居住地 | |
|---|---|---|---|---|---|---|---|---|---|
| | | | 乡(镇) | 行政村 | | | | 乡(镇) | 行政村 |
| 配偶 | 丁菊兰 | 回族 | 新集 | 赵沟 | 次子 | 马顺成 | 汉族 | 罗洼 | 寨科 |
| 次女 | 关小艳 | 回族 | 新集 | 赵沟 | 三子 | 马进国 | 汉族 | 罗洼 | 寨科 |
| 长子 | 关晓帆 | 回族 | 新集 | 赵沟 | 户主 | 景繁荣 | 汉族 | 罗洼 | 寨科 |
| 户主 | 关廷云 | 回族 | 新集 | 赵沟 | 妻子 | 虎莲琴 | 汉族 | 罗洼 | 寨科 |
| 配偶 | 兰秀草 | 回族 | 新集 | 赵沟 | 长子 | 景　亮 | 汉族 | 罗洼 | 寨科 |
| 三女 | 关会琴 | 回族 | 新集 | 赵沟 | 次子 | 景　旭 | 汉族 | 罗洼 | 寨科 |
| 长子 | 关　龙 | 回族 | 新集 | 赵沟 | 户主 | 景焕军 | 汉族 | 罗洼 | 寨科 |
| 孙子 | 关嘉欣 | 回族 | 新集 | 赵沟 | 妻子 | 刘文琴 | 汉族 | 罗洼 | 寨科 |
| 儿媳 | 马　莹 | 回族 | 新集 | 赵沟 | 长子 | 景新荣 | 汉族 | 罗洼 | 寨科 |
| 户主 | 余海生 | 回族 | 新集 | 赵沟 | 长女 | 景向萍 | 汉族 | 罗洼 | 寨科 |
| 配偶 | 马玉香 | 回族 | 新集 | 赵沟 | 户主 | 景焕文 | 汉族 | 罗洼 | 寨科 |
| 长子 | 余世伟 | 回族 | 新集 | 赵沟 | 妻子 | 王彩霞 | 汉族 | 罗洼 | 寨科 |
| 长女 | 余世霞 | 回族 | 新集 | 赵沟 | 长子 | 景向荣 | 汉族 | 罗洼 | 寨科 |
| 次子 | 余世军 | 回族 | 新集 | 赵沟 | 长女 | 景向琴 | 汉族 | 罗洼 | 寨科 |
| 户主 | 任雪白 | 回族 | 新集 | 赵沟 | 户主 | 马德元 | 汉族 | 罗洼 | 寨科 |
| 次子 | 余海荣 | 回族 | 新集 | 赵沟 | 妻子 | 郭秀英 | 汉族 | 罗洼 | 寨科 |
| 次女 | 余海燕 | 回族 | 新集 | 赵沟 | 次子 | 马进程 | 汉族 | 罗洼 | 寨科 |
| 儿媳 | 单桂琴 | 回族 | 新集 | 赵沟 | 三子 | 马进功 | 汉族 | 罗洼 | 寨科 |
| 户主 | 余奋清 | 回族 | 新集 | 赵沟 | 户主 | 马进忠 | 汉族 | 罗洼 | 寨科 |
| 配偶 | 马秀梅 | 回族 | 新集 | 赵沟 | 妻子 | 陈雪霞 | 汉族 | 罗洼 | 寨科 |
| 长子 | 余小君 | 回族 | 新集 | 赵沟 | 长女 | 马思宇 | 汉族 | 罗洼 | 寨科 |
| 儿媳 | 冶雪梅 | 回族 | 新集 | 赵沟 | 户主 | 闫林汉 | 汉族 | 罗洼 | 寨科 |
| 孙女 | 余彩霞 | 回族 | 新集 | 赵沟 | 妻子 | 刘学花 | 汉族 | 罗洼 | 寨科 |
| 户主 | 余海龙 | 回族 | 新集 | 赵沟 | 户主 | 闫启军 | 汉族 | 罗洼 | 寨科 |
| 配偶 | 李秀连 | 回族 | 新集 | 赵沟 | 妻子 | 余志琴 | 汉族 | 罗洼 | 寨科 |
| 长子 | 余哈买 | 回族 | 新集 | 赵沟 | 长女 | 闫　芳 | 汉族 | 罗洼 | 寨科 |
| 长女 | 余世英 | 回族 | 新集 | 赵沟 | 次女 | 闫　珍 | 汉族 | 罗洼 | 寨科 |
| 户主 | 杨廷仁 | 回族 | 新集 | 赵沟 | 长子 | 闫　波 | 汉族 | 罗洼 | 寨科 |
| 配偶 | 禹西梅 | 回族 | 新集 | 赵沟 | 户主 | 夏　勇 | 汉族 | 罗洼 | 寨科 |
| 母亲 | 温志英 | 回族 | 新集 | 赵沟 | 妻子 | 安海萍 | 汉族 | 罗洼 | 寨科 |
| 弟弟 | 杨廷海 | 回族 | 新集 | 赵沟 | 长女 | 夏晓燕 | 汉族 | 罗洼 | 寨科 |
| 弟弟 | 杨廷喜 | 回族 | 新集 | 赵沟 | 长子 | 夏晓龙 | 汉族 | 罗洼 | 寨科 |
| 户主 | 关付仓 | 回族 | 新集 | 赵沟 | 母亲 | 李文莲 | 汉族 | 罗洼 | 寨科 |
| 妻子 | 马阿迈 | 回族 | 新集 | 赵沟 | 户主 | 夏生玉 | 汉族 | 罗洼 | 寨科 |
| 户主 | 马德海 | 汉族 | 罗洼 | 寨科 | 妻子 | 张　惠 | 汉族 | 罗洼 | 寨科 |
| 妻子 | 张世莲 | 汉族 | 罗洼 | 寨科 | 次女 | 夏金娥 | 汉族 | 罗洼 | 寨科 |

续表 17

| 与户主关系 | 家庭成员 | 民族 | 原居住地 | | 与户主关系 | 家庭成员 | 民族 | 原居住地 | |
|---|---|---|---|---|---|---|---|---|---|
| | | | 乡(镇) | 行政村 | | | | 乡(镇) | 行政村 |
| 次子 | 夏　飞 | 汉族 | 罗洼 | 寨科 | 长女 | 李雅丽 | 汉族 | 罗洼 | 寨科 |
| 户主 | 夏　伟 | 汉族 | 罗洼 | 寨科 | 长子 | 李寅文 | 汉族 | 罗洼 | 寨科 |
| 妻子 | 高文丽 | 汉族 | 罗洼 | 寨科 | 次子 | 李寅武 | 汉族 | 罗洼 | 寨科 |
| 户主 | 刘玉宝 | 汉族 | 罗洼 | 寨科 | 三子 | 李寅平 | 汉族 | 罗洼 | 寨科 |
| 妻子 | 景繁霞 | 汉族 | 罗洼 | 寨科 | 户主 | 李正林 | 汉族 | 罗洼 | 寨科 |
| 长子 | 刘　恩 | 汉族 | 罗洼 | 寨科 | 妻子 | 张小利 | 汉族 | 罗洼 | 寨科 |
| 长女 | 刘　洋 | 汉族 | 罗洼 | 寨科 | 长子 | 李　乾 | 汉族 | 罗洼 | 寨科 |
| 父亲 | 刘学义 | 汉族 | 罗洼 | 寨科 | 长女 | 李　塬 | 汉族 | 罗洼 | 寨科 |
| 母亲 | 李春莲 | 汉族 | 罗洼 | 寨科 | 户主 | 尚占铎 | 汉族 | 罗洼 | 寨科 |
| 户主 | 张天荣 | 汉族 | 罗洼 | 寨科 | 妻子 | 李彩琴 | 汉族 | 罗洼 | 寨科 |
| 妻子 | 史志兰 | 汉族 | 罗洼 | 寨科 | 长女 | 尚永瑞 | 汉族 | 罗洼 | 寨科 |
| 长子 | 张　祥 | 汉族 | 罗洼 | 寨科 | 长子 | 尚永升 | 汉族 | 罗洼 | 寨科 |
| 长女 | 张　圆 | 汉族 | 罗洼 | 寨科 | 母亲 | 张秀英 | 汉族 | 罗洼 | 寨科 |
| 次女 | 张　蓉 | 汉族 | 罗洼 | 寨科 | 户主 | 尚永刚 | 汉族 | 罗洼 | 寨科 |
| 三女 | 张　燕 | 汉族 | 罗洼 | 寨科 | 妻子 | 海怀玲 | 汉族 | 罗洼 | 寨科 |
| 四女 | 张　玲 | 汉族 | 罗洼 | 寨科 | 户主 | 赵志菊 | 汉族 | 罗洼 | 寨科 |
| 五女 | 张　瑞 | 汉族 | 罗洼 | 寨科 | 长女 | 尚永亮 | 汉族 | 罗洼 | 寨科 |
| 父亲 | 张作洲 | 汉族 | 罗洼 | 寨科 | 次子 | 尚永堂 | 汉族 | 罗洼 | 寨科 |
| 户主 | 张天顺 | 汉族 | 罗洼 | 寨科 | 户主 | 赵培奋 | 汉族 | 罗洼 | 寨科 |
| 妻子 | 刘万翠 | 汉族 | 罗洼 | 寨科 | 妻子 | 周　英 | 汉族 | 罗洼 | 寨科 |
| 长子 | 张飞龙 | 汉族 | 罗洼 | 寨科 | 次子 | 赵志伟 | 汉族 | 罗洼 | 寨科 |
| 儿媳 | 谢建粉 | 汉族 | 罗洼 | 寨科 | 户主 | 赵志祥 | 汉族 | 罗洼 | 寨科 |
| 次女 | 张彩霞 | 汉族 | 罗洼 | 寨科 | 妻子 | 张香萍 | 汉族 | 罗洼 | 寨科 |
| 户主 | 魏孝忠 | 汉族 | 罗洼 | 寨科 | 长女 | 赵　丽 | 汉族 | 罗洼 | 寨科 |
| 妻子 | 刘粉琴 | 汉族 | 罗洼 | 寨科 | 长子 | 赵　东 | 汉族 | 罗洼 | 寨科 |
| 长子 | 魏国定 | 汉族 | 罗洼 | 寨科 | 户主 | 李志珍 | 汉族 | 罗洼 | 寨科 |
| 长女 | 魏艳霞 | 汉族 | 罗洼 | 寨科 | 妻子 | 林维彩 | 汉族 | 罗洼 | 寨科 |
| 次女 | 刘　霞 | 汉族 | 罗洼 | 寨科 | 长女 | 李瑞红 | 汉族 | 罗洼 | 寨科 |
| 次子 | 刘　伟 | 汉族 | 罗洼 | 寨科 | 长子 | 李瑞强 | 汉族 | 罗洼 | 寨科 |
| 户主 | 侯耀花 | 汉族 | 罗洼 | 寨科 | 户主 | 雷天斗 | 汉族 | 罗洼 | 寨科 |
| 次子 | 李国成 | 汉族 | 罗洼 | 寨科 | 妻子 | 闫秀梅 | 汉族 | 罗洼 | 寨科 |
| 三子 | 李国忠 | 汉族 | 罗洼 | 寨科 | 户主 | 赵志仁 | 汉族 | 罗洼 | 寨科 |
| 长子 | 李国龙 | 汉族 | 罗洼 | 寨科 | 妻子 | 吴玉娥 | 汉族 | 罗洼 | 寨科 |
| 儿媳 | 刘彩霞 | 汉族 | 罗洼 | 寨科 | 三子 | 赵金刚 | 汉族 | 罗洼 | 寨科 |
| 户主 | 李正江 | 汉族 | 罗洼 | 寨科 | 儿媳 | 刘翻红 | 汉族 | 罗洼 | 寨科 |
| 妻子 | 杨慧玲 | 汉族 | 罗洼 | 寨科 | 孙女 | 赵　娜 | 汉族 | 罗洼 | 寨科 |

续表 17

| 与户主关系 | 家庭成员 | 民族 | 原居住地 | | 与户主关系 | 家庭成员 | 民族 | 原居住地 | |
|---|---|---|---|---|---|---|---|---|---|
| | | | 乡(镇) | 行政村 | | | | 乡(镇) | 行政村 |
| 户主 | 赵志安 | 汉族 | 罗洼 | 寨科 | 户主 | 杨继学 | 汉族 | 罗洼 | 石沟 |
| 妻子 | 吴丽霞 | 汉族 | 罗洼 | 寨科 | 妻子 | 席粉兰 | 汉族 | 罗洼 | 石沟 |
| 长子 | 赵金辉 | 汉族 | 罗洼 | 寨科 | 五女 | 杨晓彩 | 汉族 | 罗洼 | 石沟 |
| 侄子 | 赵金朝 | 汉族 | 罗洼 | 寨科 | 户主 | 张聚仓 | 汉族 | 罗洼 | 石沟 |
| 侄媳 | 郭　瑞 | 汉族 | 罗洼 | 寨科 | 妻子 | 王金英 | 汉族 | 罗洼 | 石沟 |
| 孙子 | 赵　杰 | 汉族 | 罗洼 | 寨科 | 长女 | 石小霞 | 汉族 | 罗洼 | 石沟 |
| 户主 | 赵培生 | 汉族 | 罗洼 | 寨科 | 长子 | 石小文 | 汉族 | 罗洼 | 石沟 |
| 妻子 | 姚改琴 | 汉族 | 罗洼 | 寨科 | 户主 | 杨连仁 | 汉族 | 罗洼 | 石沟 |
| 长子 | 赵志科 | 汉族 | 罗洼 | 寨科 | 妻子 | 虎秀琴 | 汉族 | 罗洼 | 石沟 |
| 户主 | 赵志信 | 汉族 | 罗洼 | 寨科 | 长女 | 杨　梅 | 汉族 | 罗洼 | 石沟 |
| 妻子 | 周风琴 | 汉族 | 罗洼 | 寨科 | 长子 | 杨　斌 | 汉族 | 罗洼 | 石沟 |
| 长子 | 赵　飞 | 汉族 | 罗洼 | 寨科 | 户主 | 席桂香 | 汉族 | 罗洼 | 石沟 |
| 次子 | 赵　明 | 汉族 | 罗洼 | 寨科 | 长子 | 杨　阳 | 汉族 | 罗洼 | 石沟 |
| 三子 | 赵　勇 | 汉族 | 罗洼 | 寨科 | 次子 | 杨　凯 | 汉族 | 罗洼 | 石沟 |
| 户主 | 贾继周 | 汉族 | 罗洼 | 石沟 | 户主 | 方聚海 | 汉族 | 罗洼 | 石沟 |
| 妻子 | 雅彩琴 | 汉族 | 罗洼 | 石沟 | 妻子 | 苏秀梅 | 汉族 | 罗洼 | 石沟 |
| 长子 | 贾宝柱 | 汉族 | 罗洼 | 石沟 | 长子 | 方　虎 | 汉族 | 罗洼 | 石沟 |
| 次子 | 贾宝银 | 汉族 | 罗洼 | 石沟 | 次子 | 方　龙 | 汉族 | 罗洼 | 石沟 |
| 父亲 | 贾满汉 | 汉族 | 罗洼 | 石沟 | 户主 | 杨连明 | 汉族 | 罗洼 | 石沟 |
| 母亲 | 杨金花 | 汉族 | 罗洼 | 石沟 | 妻子 | 孙粉兰 | 汉族 | 罗洼 | 石沟 |
| 户主 | 贾继全 | 汉族 | 罗洼 | 石沟 | 长子 | 杨　宁 | 汉族 | 罗洼 | 石沟 |
| 妻子 | 陈淑琴 | 汉族 | 罗洼 | 石沟 | 次子 | 杨　林 | 汉族 | 罗洼 | 石沟 |
| 次子 | 贾建祥 | 汉族 | 罗洼 | 石沟 | 三子 | 杨　浩 | 汉族 | 罗洼 | 石沟 |
| 户主 | 宗彩琴 | 汉族 | 罗洼 | 石沟 | 户主 | 杨连杰 | 汉族 | 罗洼 | 石沟 |
| 长子 | 张承玺 | 汉族 | 罗洼 | 石沟 | 妻子 | 苗风香 | 汉族 | 罗洼 | 石沟 |
| 长女 | 张　丽 | 汉族 | 罗洼 | 石沟 | 长子 | 杨　伟 | 汉族 | 罗洼 | 石沟 |
| 户主 | 张富财 | 汉族 | 罗洼 | 石沟 | 弟弟 | 杨连武 | 汉族 | 罗洼 | 石沟 |
| 妻子 | 刘　丽 | 汉族 | 罗洼 | 石沟 | 户主 | 杨鸿洲 | 汉族 | 罗洼 | 石沟 |
| 长子 | 张国华 | 汉族 | 罗洼 | 石沟 | 妻子 | 吴应霞 | 汉族 | 罗洼 | 石沟 |
| 长女 | 张雅静 | 汉族 | 罗洼 | 石沟 | 长女 | 杨莲莲 | 汉族 | 罗洼 | 石沟 |
| 母亲 | 孟银花 | 汉族 | 罗洼 | 石沟 | 户主 | 贾继盈 | 汉族 | 罗洼 | 石沟 |
| 户主 | 杨继荣 | 汉族 | 罗洼 | 石沟 | 妻子 | 韩秀琴 | 汉族 | 罗洼 | 石沟 |
| 妻子 | 李秀云 | 汉族 | 罗洼 | 石沟 | 长女 | 贾婷婷 | 汉族 | 罗洼 | 石沟 |
| 长子 | 杨　洋 | 汉族 | 罗洼 | 石沟 | 长子 | 贾建国 | 汉族 | 罗洼 | 石沟 |
| 次子 | 杨　涛 | 汉族 | 罗洼 | 石沟 | 母亲 | 王玉连 | 汉族 | 罗洼 | 石沟 |
| 二女 | 杨小晶 | 汉族 | 罗洼 | 石沟 | 户主 | 杨占文 | 汉族 | 罗洼 | 石沟 |

续表 17

| 与户主关系 | 家庭成员 | 民族 | 原居住地 | | 与户主关系 | 家庭成员 | 民族 | 原居住地 | |
|---|---|---|---|---|---|---|---|---|---|
| | | | 乡(镇) | 行政村 | | | | 乡(镇) | 行政村 |
| 妻子 | 张彩琴 | 汉族 | 罗洼 | 石沟 | 长子 | 许佐华 | 汉族 | 孟塬 | 双树 |
| 户主 | 张孝平 | 汉族 | 罗洼 | 石沟 | 次子 | 许喜奎 | 汉族 | 孟塬 | 双树 |
| 妻子 | 贾桂萍 | 汉族 | 罗洼 | 石沟 | 户主 | 许重恩 | 汉族 | 孟塬 | 双树 |
| 二女 | 张　瑞 | 汉族 | 罗洼 | 石沟 | 三子 | 许佐武 | 汉族 | 孟塬 | 双树 |
| 三女 | 张　慧 | 汉族 | 罗洼 | 石沟 | 妻子 | 李淑兰 | 汉族 | 孟塬 | 双树 |
| 长子 | 张　鹏 | 汉族 | 罗洼 | 石沟 | 户主 | 许重仁 | 汉族 | 孟塬 | 双树 |
| 户主 | 张聚明 | 汉族 | 罗洼 | 石沟 | 妻子 | 吴秀琴 | 汉族 | 孟塬 | 双树 |
| 妻子 | 佘金芳 | 汉族 | 罗洼 | 石沟 | 长子 | 许存选 | 汉族 | 孟塬 | 双树 |
| 长子 | 张文武 | 汉族 | 罗洼 | 石沟 | 户主 | 许佐周 | 汉族 | 孟塬 | 双树 |
| 长女 | 张文霞 | 汉族 | 罗洼 | 石沟 | 妻子 | 李粉粉 | 汉族 | 孟塬 | 双树 |
| 户主 | 张聚守 | 汉族 | 罗洼 | 石沟 | 父亲 | 许重雄 | 汉族 | 孟塬 | 双树 |
| 妻子 | 张海芳 | 汉族 | 罗洼 | 石沟 | 长子 | 许　博 | 汉族 | 孟塬 | 双树 |
| 长子 | 张文平 | 汉族 | 罗洼 | 石沟 | 长女 | 许　颖 | 汉族 | 孟塬 | 双树 |
| 户主 | 杨连仁 | 汉族 | 罗洼 | 石沟 | 户主 | 许仲奇 | 汉族 | 孟塬 | 双树 |
| 妻子 | 杨晓琴 | 汉族 | 罗洼 | 石沟 | 妻子 | 杨粉梅 | 汉族 | 孟塬 | 双树 |
| 长子 | 杨　勇 | 汉族 | 罗洼 | 石沟 | 长子 | 许治功 | 汉族 | 孟塬 | 双树 |
| 次子 | 杨　东 | 汉族 | 罗洼 | 石沟 | 次子 | 许进功 | 汉族 | 孟塬 | 双树 |
| 户主 | 杨乾仁 | 汉族 | 罗洼 | 石沟 | 三子 | 许成功 | 汉族 | 孟塬 | 双树 |
| 弟 | 杨乾仪 | 汉族 | 罗洼 | 石沟 | 户主 | 许连仓 | 汉族 | 孟塬 | 双树 |
| 祖母 | 陈玉莲 | 汉族 | 罗洼 | 石沟 | 妻子 | 何秀珍 | 汉族 | 孟塬 | 双树 |
| 户主 | 马秀荣 | 汉族 | 罗洼 | 石沟 | 次子 | 许双元 | 汉族 | 孟塬 | 双树 |
| 长女 | 贾燕燕 | 汉族 | 罗洼 | 石沟 | 长女 | 许小荟 | 汉族 | 孟塬 | 双树 |
| 二女 | 贾荣荣 | 汉族 | 罗洼 | 石沟 | 户主 | 许国仓 | 汉族 | 孟塬 | 双树 |
| 户主 | 马金彩 | 汉族 | 罗洼 | 石沟 | 妻子 | 虎佐梅 | 汉族 | 孟塬 | 双树 |
| 长子 | 贾建宁 | 汉族 | 罗洼 | 石沟 | 户主 | 王续山 | 汉族 | 孟塬 | 双树 |
| 次子 | 贾建华 | 汉族 | 罗洼 | 石沟 | 长子 | 王世玉 | 汉族 | 孟塬 | 双树 |
| 户主 | 杨鸿宾 | 汉族 | 罗洼 | 石沟 | 户主 | 许平仓 | 汉族 | 孟塬 | 双树 |
| 妻子 | 韩玉梅 | 汉族 | 罗洼 | 石沟 | 妻子 | 雅成霞 | 汉族 | 孟塬 | 双树 |
| 户主 | 张秀琴 | 汉族 | 罗洼 | 石沟 | 长子 | 许克龙 | 汉族 | 孟塬 | 双树 |
| 长子 | 张承壁 | 汉族 | 罗洼 | 石沟 | 次子 | 许克鑫 | 汉族 | 孟塬 | 双树 |
| 次子 | 张承钰 | 汉族 | 罗洼 | 石沟 | 户主 | 李培城 | 汉族 | 孟塬 | 双树 |
| 户主 | 杨鸿奎 | 汉族 | 罗洼 | 石沟 | 妻子 | 张小慧 | 汉族 | 孟塬 | 双树 |
| 妻子 | 曹军兰 | 汉族 | 罗洼 | 石沟 | 长子 | 李建民 | 汉族 | 孟塬 | 双树 |
| 长子 | 杨连银 | 汉族 | 罗洼 | 石沟 | 户主 | 席克平 | 汉族 | 孟塬 | 双树 |
| 孙子 | 杨　刚 | 汉族 | 罗洼 | 石沟 | 妻子 | 张荣丽 | 汉族 | 孟塬 | 双树 |
| 户主 | 张秀兰 | 汉族 | 孟塬 | 双树 | 长女 | 席婷婷 | 汉族 | 孟塬 | 双树 |

续表 17

| 与户主关系 | 家庭成员 | 民族 | 原居住地 | | 与户主关系 | 家庭成员 | 民族 | 原居住地 | |
|---|---|---|---|---|---|---|---|---|---|
| | | | 乡(镇) | 行政村 | | | | 乡(镇) | 行政村 |
| 长子 | 席誉侨 | 汉族 | 孟塬 | 双树 | 户主 | 刘富堂 | 汉族 | 孟塬 | 双树 |
| 户主 | 许佐堂 | 汉族 | 孟塬 | 双树 | 妻子 | 虎冬桂 | 汉族 | 孟塬 | 双树 |
| 妻子 | 陈彩霞 | 汉族 | 孟塬 | 双树 | 长子 | 刘毅龙 | 汉族 | 孟塬 | 双树 |
| 长子 | 许生富 | 汉族 | 孟塬 | 双树 | 户主 | 刘海堂 | 汉族 | 孟塬 | 双树 |
| 次子 | 许生贵 | 汉族 | 孟塬 | 双树 | 妻子 | 杨晓萍 | 汉族 | 孟塬 | 双树 |
| 户主 | 郭玉龙 | 汉族 | 孟塬 | 双树 | 长子 | 刘富荣 | 汉族 | 孟塬 | 双树 |
| 妻子 | 马秀琴 | 汉族 | 孟塬 | 双树 | 次子 | 刘兵兵 | 汉族 | 孟塬 | 双树 |
| 长女 | 郭志贞 | 汉族 | 孟塬 | 双树 | 户主 | 刘递堂 | 汉族 | 孟塬 | 双树 |
| 长子 | 郭志成 | 汉族 | 孟塬 | 双树 | 妻子 | 俱晓娥 | 汉族 | 孟塬 | 双树 |
| 次子 | 郭志超 | 汉族 | 孟塬 | 双树 | 父亲 | 刘永录 | 汉族 | 孟塬 | 双树 |
| 户主 | 许佐文 | 汉族 | 孟塬 | 双树 | 长子 | 刘　洋 | 汉族 | 孟塬 | 双树 |
| 妻子 | 魏爱萍 | 汉族 | 孟塬 | 双树 | 次子 | 刘　路 | 汉族 | 孟塬 | 双树 |
| 长子 | 许　磊 | 汉族 | 孟塬 | 双树 | 户主 | 柳生虎 | 汉族 | 孟塬 | 双树 |
| 户主 | 席克东 | 汉族 | 孟塬 | 双树 | 妻子 | 相治梅 | 汉族 | 孟塬 | 双树 |
| 父亲 | 席天刚 | 汉族 | 孟塬 | 双树 | 长子 | 柳加昇 | 汉族 | 孟塬 | 双树 |
| 母亲 | 孟兰英 | 汉族 | 孟塬 | 双树 | 次子 | 柳加伍 | 汉族 | 孟塬 | 双树 |
| 户主 | 刘培堂 | 汉族 | 孟塬 | 双树 | 三子 | 柳加录 | 汉族 | 孟塬 | 双树 |
| 次子 | 刘伯文 | 汉族 | 孟塬 | 双树 | 户主 | 杨秀芳 | 汉族 | 孟塬 | 双树 |
| 妻子 | 陈秀梅 | 汉族 | 孟塬 | 双树 | 次子 | 李海斌 | 汉族 | 孟塬 | 双树 |
| 长子 | 刘伯城 | 汉族 | 孟塬 | 双树 | 母亲 | 何发桂 | 汉族 | 孟塬 | 双树 |
| 长女 | 刘雪婷 | 汉族 | 孟塬 | 双树 | 户主 | 许克发 | 汉族 | 孟塬 | 双树 |
| 母亲 | 何粉花 | 汉族 | 孟塬 | 双树 | 妻子 | 杨秀琴 | 汉族 | 孟塬 | 双树 |
| 户主 | 刘兴堂 | 汉族 | 孟塬 | 双树 | 母亲 | 张粉兰 | 汉族 | 孟塬 | 双树 |
| 妻子 | 张秀琴 | 汉族 | 孟塬 | 双树 | 长子 | 许文文 | 汉族 | 孟塬 | 双树 |
| 户主 | 刘金堂 | 汉族 | 孟塬 | 双树 | 长女 | 许文丽 | 汉族 | 孟塬 | 双树 |
| 妻子 | 席会霞 | 汉族 | 孟塬 | 双树 | 二女 | 许雅婷 | 汉族 | 孟塬 | 双树 |
| 长女 | 刘燕燕 | 汉族 | 孟塬 | 双树 | 户主 | 刘雅琴 | 汉族 | 孟塬 | 双树 |
| 二女 | 刘海燕 | 汉族 | 孟塬 | 双树 | 婆婆 | 魏彩莲 | 汉族 | 孟塬 | 双树 |
| 三女 | 刘双燕 | 汉族 | 孟塬 | 双树 | 长子 | 许睿东 | 汉族 | 孟塬 | 双树 |
| 长子 | 刘攀龙 | 汉族 | 孟塬 | 双树 | 户主 | 许明仓 | 汉族 | 孟塬 | 双树 |
| 户主 | 刘永珍 | 汉族 | 孟塬 | 双树 | 妻子 | 李莲香 | 汉族 | 孟塬 | 双树 |
| 妻子 | 李秀珍 | 汉族 | 孟塬 | 双树 | 儿媳 | 王　琴 | 汉族 | 孟塬 | 双树 |
| 长女 | 刘书霞 | 汉族 | 孟塬 | 双树 | 孙女 | 许金梅 | 汉族 | 孟塬 | 双树 |
| 户主 | 刘永山 | 汉族 | 孟塬 | 双树 | 孙女 | 许金霞 | 汉族 | 孟塬 | 双树 |
| 三子 | 刘会堂 | 汉族 | 孟塬 | 双树 | 户主 | 许向前 | 汉族 | 孟塬 | 双树 |
| 妻子 | 胡粉琴 | 汉族 | 孟塬 | 双树 | 妻子 | 张永霞 | 汉族 | 孟塬 | 双树 |

续表 17

| 与户主关系 | 家庭成员 | 民族 | 原居住地 | | 与户主关系 | 家庭成员 | 民族 | 原居住地 | |
|---|---|---|---|---|---|---|---|---|---|
| | | | 乡（镇） | 行政村 | | | | 乡（镇） | 行政村 |
| 父亲 | 许具仓 | 汉族 | 孟塬 | 双树 | 长子 | 刘明明 | 汉族 | 孟塬 | 双树 |
| 母亲 | 李芬兰 | 汉族 | 孟塬 | 双树 | 次子 | 刘建明 | 汉族 | 孟塬 | 双树 |
| 长子 | 许文博 | 汉族 | 孟塬 | 双树 | 户主 | 刘进堂 | 汉族 | 孟塬 | 双树 |
| 户主 | 张义许 | 汉族 | 孟塬 | 双树 | 妻子 | 何翠兰 | 汉族 | 孟塬 | 双树 |
| 长子 | 许丽丽 | 汉族 | 孟塬 | 双树 | 次子 | 刘飞顺 | 汉族 | 孟塬 | 双树 |
| 次子 | 张　衡 | 汉族 | 孟塬 | 双树 | 儿媳 | 王院红 | 汉族 | 孟塬 | 双树 |
| 户主 | 刘攀堂 | 汉族 | 孟塬 | 双树 | 三子 | 刘万顺 | 汉族 | 孟塬 | 双树 |
| 妻子 | 李　萍 | 汉族 | 孟塬 | 双树 | 户主 | 刘义堂 | 汉族 | 孟塬 | 双树 |
| 长子 | 刘小龙 | 汉族 | 孟塬 | 双树 | 妻子 | 赵彩艳 | 汉族 | 孟塬 | 双树 |
| 户主 | 许克智 | 汉族 | 孟塬 | 双树 | 长子 | 刘元顺 | 汉族 | 孟塬 | 双树 |
| 嫂 | 张效芳 | 汉族 | 孟塬 | 双树 | 次子 | 刘元朝 | 汉族 | 孟塬 | 双树 |
| 侄子 | 许旭辉 | 汉族 | 孟塬 | 双树 | 户主 | 刘坐堂 | 汉族 | 孟塬 | 双树 |
| 户主 | 许克俊 | 汉族 | 孟塬 | 双树 | 妻子 | 王巧琴 | 汉族 | 孟塬 | 双树 |
| 妻子 | 赵海娥 | 汉族 | 孟塬 | 双树 | 长子 | 刘元帅 | 汉族 | 孟塬 | 双树 |
| 长子 | 许旭东 | 汉族 | 孟塬 | 双树 | 户主 | 刘正堂 | 汉族 | 孟塬 | 双树 |
| 长女 | 许晓艳 | 汉族 | 孟塬 | 双树 | 妻子 | 邓会琴 | 汉族 | 孟塬 | 双树 |
| 二女 | 许晓阳 | 汉族 | 孟塬 | 双树 | 长女 | 刘　玲 | 汉族 | 孟塬 | 双树 |
| 三女 | 许晓辉 | 汉族 | 孟塬 | 双树 | 长子 | 刘元甲 | 汉族 | 孟塬 | 双树 |
| 母亲 | 杨月英 | 汉族 | 孟塬 | 双树 | 户主 | 许同仓 | 汉族 | 孟塬 | 双树 |
| 户主 | 许克政 | 汉族 | 孟塬 | 双树 | 妻子 | 张志芳 | 汉族 | 孟塬 | 双树 |
| 妻子 | 何姣丽 | 汉族 | 孟塬 | 双树 | 次子 | 许伍科 | 汉族 | 孟塬 | 双树 |
| 长子 | 许帅帅 | 汉族 | 孟塬 | 双树 | 三子 | 许双武 | 汉族 | 孟塬 | 双树 |
| 次子 | 许宝宝 | 汉族 | 孟塬 | 双树 | 户主 | 许双科 | 汉族 | 孟塬 | 双树 |
| 户主 | 刘升堂 | 汉族 | 孟塬 | 双树 | 妻子 | 王彩琴 | 汉族 | 孟塬 | 双树 |
| 妻子 | 安存年 | 汉族 | 孟塬 | 双树 | 户主 | 李世平 | 汉族 | 孟塬 | 双树 |
| 长子 | 刘波涛 | 汉族 | 孟塬 | 双树 | 妻子 | 刘　莉 | 汉族 | 孟塬 | 双树 |
| 户主 | 柳生玺 | 汉族 | 孟塬 | 双树 | 长女 | 李　洋 | 汉族 | 孟塬 | 双树 |
| 妻子 | 刘彩萍 | 汉族 | 孟塬 | 双树 | 二女 | 李　静 | 汉族 | 孟塬 | 双树 |
| 二女 | 柳　鑫 | 汉族 | 孟塬 | 双树 | 长子 | 李　博 | 汉族 | 孟塬 | 双树 |
| 长子 | 柳　博 | 汉族 | 孟塬 | 双树 | 户主 | 李培军 | 汉族 | 孟塬 | 双树 |
| 长女 | 柳　荣 | 汉族 | 孟塬 | 双树 | 妻子 | 袁士芳 | 汉族 | 孟塬 | 双树 |
| 户主 | 刘永刚 | 汉族 | 孟塬 | 双树 | 母亲 | 杨树英 | 汉族 | 孟塬 | 双树 |
| 四子 | 刘天堂 | 汉族 | 孟塬 | 双树 | 长子 | 李象红 | 汉族 | 孟塬 | 双树 |
| 妻子 | 李彩琴 | 汉族 | 孟塬 | 双树 | 儿媳 | 魏军霞 | 汉族 | 孟塬 | 双树 |
| 户主 | 刘佰顺 | 汉族 | 孟塬 | 双树 | 孙子 | 李博文 | 汉族 | 孟塬 | 双树 |
| 妻子 | 虎翠梅 | 汉族 | 孟塬 | 双树 | 户主 | 李培同 | 汉族 | 孟塬 | 双树 |

续表 17

| 与户主关系 | 家庭成员 | 民族 | 原居住地 | | 与户主关系 | 家庭成员 | 民族 | 原居住地 | |
|---|---|---|---|---|---|---|---|---|---|
| | | | 乡(镇) | 行政村 | | | | 乡(镇) | 行政村 |
| 妻子 | 张建秀 | 汉族 | 孟塬 | 双树 | 户主 | 虎有峰 | 汉族 | 孟塬 | 双树 |
| 长子 | 李　宁 | 汉族 | 孟塬 | 双树 | 妻子 | 范金粉 | 汉族 | 孟塬 | 双树 |
| 次子 | 李　瑞 | 汉族 | 孟塬 | 双树 | 长子 | 虎富俊 | 汉族 | 孟塬 | 双树 |
| 户主 | 刘克银 | 汉族 | 孟塬 | 双树 | 次子 | 虎天军 | 汉族 | 孟塬 | 双树 |
| 妻子 | 虎玉平 | 汉族 | 孟塬 | 双树 | 户主 | 李世军 | 汉族 | 孟塬 | 双树 |
| 弟 | 刘克武 | 汉族 | 孟塬 | 双树 | 妻子 | 朱小兰 | 汉族 | 孟塬 | 双树 |
| 长子 | 刘　伟 | 汉族 | 孟塬 | 双树 | 长女 | 李　娟 | 汉族 | 孟塬 | 双树 |
| 长女 | 刘　凤 | 汉族 | 孟塬 | 双树 | 二女 | 李　敏 | 汉族 | 孟塬 | 双树 |
| 户主 | 张玉杰 | 汉族 | 孟塬 | 双树 | 三女 | 李涛涛 | 汉族 | 孟塬 | 双树 |
| 长子 | 刘存喜 | 汉族 | 孟塬 | 双树 | 四女 | 李海晶 | 汉族 | 孟塬 | 双树 |
| 长女 | 刘晓芳 | 汉族 | 孟塬 | 双树 | 母亲 | 闫治梅 | 汉族 | 孟塬 | 双树 |
| 户主 | 李治军 | 汉族 | 孟塬 | 双树 | 父亲 | 李廷武 | 汉族 | 孟塬 | 双树 |
| 妻子 | 张小琴 | 汉族 | 孟塬 | 双树 | 户主 | 虎　魁 | 汉族 | 孟塬 | 双树 |
| 长女 | 李　艳 | 汉族 | 孟塬 | 双树 | 妻子 | 韩玉霞 | 汉族 | 孟塬 | 双树 |
| 二女 | 李　婷 | 汉族 | 孟塬 | 双树 | 母亲 | 陈效兰 | 汉族 | 孟塬 | 双树 |
| 户主 | 虎忠峰 | 汉族 | 孟塬 | 双树 | 父亲 | 虎社峰 | 汉族 | 孟塬 | 双树 |
| 妻子 | 李彩霞 | 汉族 | 孟塬 | 双树 | 长子 | 虎浩德 | 汉族 | 孟塬 | 双树 |
| 长女 | 虎利红 | 汉族 | 孟塬 | 双树 | 长女 | 虎浩婷 | 汉族 | 孟塬 | 双树 |
| 长子 | 虎　伟 | 汉族 | 孟塬 | 双树 | 户主 | 李培发 | 汉族 | 孟塬 | 双树 |
| 次子 | 虎　富 | 汉族 | 孟塬 | 双树 | 长子 | 李　敬 | 汉族 | 孟塬 | 双树 |
| 户主 | 李培祥 | 汉族 | 孟塬 | 双树 | 父亲 | 李世财 | 汉族 | 孟塬 | 双树 |
| 儿媳 | 甄　芳 | 汉族 | 孟塬 | 双树 | 儿媳 | 虎亚蓉 | 汉族 | 孟塬 | 双树 |
| 三子 | 李　伟 | 汉族 | 孟塬 | 双树 | 户主 | 李廷权 | 汉族 | 孟塬 | 双树 |
| 孙子 | 李鑫博 | 汉族 | 孟塬 | 双树 | 妻子 | 杨贵花 | 汉族 | 孟塬 | 双树 |
| 户主 | 虎占峰 | 汉族 | 孟塬 | 双树 | 二女 | 李利娥 | 汉族 | 孟塬 | 双树 |
| 妻子 | 袁秀莲 | 汉族 | 孟塬 | 双树 | 长子 | 李军利 | 汉族 | 孟塬 | 双树 |
| 养子 | 陈　虎 | 汉族 | 孟塬 | 双树 | 三女 | 李小娥 | 汉族 | 孟塬 | 双树 |
| 儿媳 | 何小霞 | 汉族 | 孟塬 | 双树 | 户主 | 李宝银 | 汉族 | 孟塬 | 双树 |
| 孙子 | 虎培存 | 汉族 | 孟塬 | 双树 | 妻子 | 李志芳 | 汉族 | 孟塬 | 双树 |
| 母亲 | 赵玉英 | 汉族 | 孟塬 | 双树 | 儿媳 | 时红霞 | 汉族 | 孟塬 | 双树 |
| 户主 | 虎麦峰 | 汉族 | 孟塬 | 双树 | 长子 | 李治博 | 汉族 | 孟塬 | 双树 |
| 长女 | 虎淑霞 | 汉族 | 孟塬 | 双树 | 次子 | 李治龙 | 汉族 | 孟塬 | 双树 |
| 户主 | 刘克俭 | 汉族 | 孟塬 | 双树 | 孙女 | 李　芳 | 汉族 | 孟塬 | 双树 |
| 妻子 | 王彩莲 | 汉族 | 孟塬 | 双树 | 户主 | 李德山 | 汉族 | 孟塬 | 双树 |
| 长子 | 刘会成 | 汉族 | 孟塬 | 双树 | 妻子 | 王秀芳 | 汉族 | 孟塬 | 双树 |
| 次子 | 刘会兵 | 汉族 | 孟塬 | 双树 | 长子 | 李东升 | 汉族 | 孟塬 | 双树 |

续表 17

| 与户主关系 | 家庭成员 | 民族 | 原居住地 | | 与户主关系 | 家庭成员 | 民族 | 原居住地 | |
|---|---|---|---|---|---|---|---|---|---|
| | | | 乡(镇) | 行政村 | | | | 乡(镇) | 行政村 |
| 父亲 | 李生福 | 汉族 | 孟塬 | 双树 | 长女 | 李雪霞 | 汉族 | 孟塬 | 双树 |
| 次子 | 李东鹏 | 汉族 | 孟塬 | 双树 | 户主 | 虎　军 | 汉族 | 孟塬 | 双树 |
| 三子 | 李东红 | 汉族 | 孟塬 | 双树 | 妻子 | 吴进怀 | 汉族 | 孟塬 | 双树 |
| 户主 | 魏效花 | 汉族 | 孟塬 | 双树 | 父亲 | 虎过峰 | 汉族 | 孟塬 | 双树 |
| 长女 | 李雪琴 | 汉族 | 孟塬 | 双树 | 长女 | 虎苗苗 | 汉族 | 孟塬 | 双树 |
| 母亲 | 李莲梅 | 汉族 | 孟塬 | 双树 | 次女 | 虎改苗 | 汉族 | 孟塬 | 双树 |
| 户主 | 刘永文 | 汉族 | 孟塬 | 双树 | 户主 | 刘国正 | 汉族 | 孟塬 | 双树 |
| 妻子 | 魏书琴 | 汉族 | 孟塬 | 双树 | 妻子 | 虎月芒 | 汉族 | 孟塬 | 双树 |
| 二女 | 刘桂芳 | 汉族 | 孟塬 | 双树 | 长女 | 刘　婷 | 汉族 | 孟塬 | 双树 |
| 三女 | 刘桂霞 | 汉族 | 孟塬 | 双树 | 户主 | 虎西峰 | 汉族 | 孟塬 | 双树 |
| 长子 | 刘锦龙 | 汉族 | 孟塬 | 双树 | 妻子 | 王　琴 | 汉族 | 孟塬 | 双树 |
| 户主 | 刘永忠 | 汉族 | 孟塬 | 双树 | 母亲 | 王梅花 | 汉族 | 孟塬 | 双树 |
| 次子 | 刘贵堂 | 汉族 | 孟塬 | 双树 | 长女 | 虎元元 | 汉族 | 孟塬 | 双树 |
| 户主 | 刘永奎 | 汉族 | 孟塬 | 双树 | 二女 | 虎燕燕 | 汉族 | 孟塬 | 双树 |
| 妻子 | 高　梅 | 汉族 | 孟塬 | 双树 | 长子 | 虎　升 | 汉族 | 孟塬 | 双树 |
| 次子 | 刘占堂 | 汉族 | 孟塬 | 双树 | 户主 | 虎保峰 | 汉族 | 孟塬 | 双树 |
| 三子 | 刘喜堂 | 汉族 | 孟塬 | 双树 | 妻子 | 何平花 | 汉族 | 孟塬 | 双树 |
| 户主 | 刘永仁 | 汉族 | 孟塬 | 双树 | 户主 | 虎　俊 | 汉族 | 孟塬 | 双树 |
| 妻子 | 姚廷花 | 汉族 | 孟塬 | 双树 | 妻子 | 周淑琳 | 汉族 | 孟塬 | 双树 |
| 长子 | 刘进辉 | 汉族 | 孟塬 | 双树 | 长子 | 虎培新 | 汉族 | 孟塬 | 双树 |
| 儿媳 | 张小红 | 汉族 | 孟塬 | 双树 | 男 | 虎培红 | 汉族 | 孟塬 | 双树 |
| 二女 | 刘凡琴 | 汉族 | 孟塬 | 双树 | 户主 | 李述银 | 汉族 | 孟塬 | 双树 |
| 孙女 | 刘卓宁 | 汉族 | 孟塬 | 双树 | 妻子 | 王翠兰 | 汉族 | 孟塬 | 双树 |
| 孙子 | 刘佰强 | 汉族 | 孟塬 | 双树 | 户主 | 虎志峰 | 汉族 | 孟塬 | 双树 |
| 户主 | 虎秀琴 | 汉族 | 孟塬 | 双树 | 母亲 | 时金花 | 汉族 | 孟塬 | 双树 |
| 母亲 | 安志英 | 汉族 | 孟塬 | 双树 | 次子 | 虎　强 | 汉族 | 孟塬 | 双树 |
| 儿媳 | 何晓华 | 汉族 | 孟塬 | 双树 | 长子 | 虎　刚 | 汉族 | 孟塬 | 双树 |
| 户主 | 刘海录 | 汉族 | 孟塬 | 双树 | 妻子 | 刘秀琴 | 汉族 | 孟塬 | 双树 |
| 妻子 | 赵海霞 | 汉族 | 孟塬 | 双树 | 户主 | 王学仁 | 汉族 | 白阳 | 刘台 |
| 长子 | 刘　宾 | 汉族 | 孟塬 | 双树 | 妻子 | 王秀兰 | 汉族 | 白阳 | 刘台 |
| 长女 | 刘　怡 | 汉族 | 孟塬 | 双树 | 长子 | 王维成 | 汉族 | 白阳 | 刘台 |
| 户主 | 虎有明 | 汉族 | 孟塬 | 双树 | 长妻子 | 陈亮亮 | 汉族 | 白阳 | 刘台 |
| 父亲 | 虎伟珍 | 汉族 | 孟塬 | 双树 | 户主 | 王银邦 | 汉族 | 白阳 | 刘台 |
| 母亲 | 姚树梅 | 汉族 | 孟塬 | 双树 | 妻子 | 刘玉梅 | 汉族 | 白阳 | 刘台 |
| 户主 | 李仁山 | 汉族 | 孟塬 | 双树 | 五子 | 王学平 | 汉族 | 白阳 | 刘台 |
| 妻子 | 石贵兰 | 汉族 | 孟塬 | 双树 | 户主 | 王学理 | 汉族 | 白阳 | 刘台 |

续表 17

| 与户主关系 | 家庭成员 | 民族 | 原居住地 | | 与户主关系 | 家庭成员 | 民族 | 原居住地 | |
|---|---|---|---|---|---|---|---|---|---|
| | | | 乡(镇) | 行政村 | | | | 乡(镇) | 行政村 |
| 妻子 | 王喜玲 | 汉族 | 白阳 | 刘台 | 次女 | 马 涛 | 汉族 | 白阳 | 刘台 |
| 长子 | 王维军 | 汉族 | 白阳 | 刘台 | 三女 | 马 玲 | 汉族 | 白阳 | 刘台 |
| 次子 | 王维富 | 汉族 | 白阳 | 刘台 | 长子 | 马 斌 | 汉族 | 白阳 | 刘台 |
| 户主 | 王文邦 | 汉族 | 白阳 | 刘台 | 次子 | 马 越 | 汉族 | 白阳 | 刘台 |
| 妻子 | 余彩兰 | 汉族 | 白阳 | 刘台 | 户主 | 马来红 | 汉族 | 白阳 | 刘台 |
| 次子 | 王致军 | 汉族 | 白阳 | 刘台 | 妻子 | 李晓红 | 汉族 | 白阳 | 刘台 |
| 三子 | 王致海 | 汉族 | 白阳 | 刘台 | 长女 | 马 慧 | 汉族 | 白阳 | 刘台 |
| 四子 | 王万龙 | 汉族 | 白阳 | 刘台 | 长子 | 马 文 | 汉族 | 白阳 | 刘台 |
| 户主 | 王致科 | 汉族 | 白阳 | 刘台 | 户主 | 景少俊 | 汉族 | 白阳 | 刘台 |
| 妻子 | 徐志玲 | 汉族 | 白阳 | 刘台 | 长女 | 景淑娟 | 汉族 | 白阳 | 刘台 |
| 户主 | 王贵邦 | 汉族 | 白阳 | 刘台 | 户主 | 景鹏飞 | 汉族 | 白阳 | 刘台 |
| 妻子 | 张秀梅 | 汉族 | 白阳 | 刘台 | 长子 | 景海峰 | 汉族 | 白阳 | 刘台 |
| 户主 | 王万才 | 汉族 | 白阳 | 刘台 | 次子 | 景世峰 | 汉族 | 白阳 | 刘台 |
| 妻子 | 张晓荣 | 汉族 | 白阳 | 刘台 | 妻子 | 王丽霞 | 汉族 | 白阳 | 刘台 |
| 长子 | 王喜云 | 汉族 | 白阳 | 刘台 | 户主 | 马来科 | 汉族 | 白阳 | 刘台 |
| 次子 | 王喜宏 | 汉族 | 白阳 | 刘台 | 妻子 | 杜月琴 | 汉族 | 白阳 | 刘台 |
| 户主 | 王定邦 | 汉族 | 白阳 | 刘台 | 长子 | 马 瑞 | 汉族 | 白阳 | 刘台 |
| 妻子 | 黄芳琴 | 汉族 | 白阳 | 刘台 | 母亲 | 张有花 | 汉族 | 白阳 | 刘台 |
| 长子 | 王 忠 | 汉族 | 白阳 | 刘台 | 户主 | 马来荣 | 汉族 | 白阳 | 刘台 |
| 儿媳 | 高改能 | 汉族 | 白阳 | 刘台 | 妻子 | 张粉莲 | 汉族 | 白阳 | 刘台 |
| 孙子 | 王锐祥 | 汉族 | 白阳 | 刘台 | 长女 | 马院利 | 汉族 | 白阳 | 刘台 |
| 孙女 | 王锐馨 | 汉族 | 白阳 | 刘台 | 次女 | 马婷婷 | 汉族 | 白阳 | 刘台 |
| 户主 | 马来刚 | 汉族 | 白阳 | 刘台 | 户主 | 段玉龙 | 汉族 | 白阳 | 刘台 |
| 妻子 | 段彩花 | 汉族 | 白阳 | 刘台 | 兄弟 | 段玉虎 | 汉族 | 白阳 | 刘台 |
| 长子 | 马 俊 | 汉族 | 白阳 | 刘台 | 母亲 | 张惠琴 | 汉族 | 白阳 | 刘台 |
| 次子 | 马 杰 | 汉族 | 白阳 | 刘台 | 妻子 | 常慧英 | 汉族 | 白阳 | 刘台 |
| 户主 | 马生金 | 汉族 | 白阳 | 刘台 | 户主 | 景德成 | 汉族 | 白阳 | 刘台 |
| 妻子 | 黄金花 | 汉族 | 白阳 | 刘台 | 妻子 | 张银彩 | 汉族 | 白阳 | 刘台 |
| 次子 | 马彦贵 | 汉族 | 白阳 | 刘台 | 长女 | 景雅楠 | 汉族 | 白阳 | 刘台 |
| 儿媳 | 徐巧燕 | 汉族 | 白阳 | 刘台 | 长子 | 景少江 | 汉族 | 白阳 | 刘台 |
| 户主 | 马燕云 | 汉族 | 白阳 | 刘台 | 次子 | 景少海 | 汉族 | 白阳 | 刘台 |
| 妻子 | 张 莉 | 汉族 | 白阳 | 刘台 | 户主 | 张建成 | 汉族 | 白阳 | 刘台 |
| 长女 | 马 绣 | 汉族 | 白阳 | 刘台 | 妻子 | 王春霞 | 汉族 | 白阳 | 刘台 |
| 户主 | 马来功 | 汉族 | 白阳 | 刘台 | 长子 | 张 文 | 汉族 | 白阳 | 刘台 |
| 妻子 | 黄金霞 | 汉族 | 白阳 | 刘台 | 长女 | 张文静 | 汉族 | 白阳 | 刘台 |
| 长女 | 马 琴 | 汉族 | 白阳 | 刘台 | 户主 | 李学兴 | 汉族 | 白阳 | 刘台 |

续表 17

| 与户主关系 | 家庭成员 | 民族 | 原居住地 | | 与户主关系 | 家庭成员 | 民族 | 原居住地 | |
|---|---|---|---|---|---|---|---|---|---|
| | | | 乡(镇) | 行政村 | | | | 乡(镇) | 行政村 |
| 妻子 | 陆秀玲 | 汉族 | 白阳 | 刘台 | 妻子 | 王新红 | 汉族 | 白阳 | 刘台 |
| 户主 | 李正发 | 汉族 | 白阳 | 刘台 | 长子 | 马彦宁 | 汉族 | 白阳 | 刘台 |
| 兄弟 | 李正聪 | 汉族 | 白阳 | 刘台 | 户主 | 贾世满 | 汉族 | 白阳 | 刘台 |
| 长子 | 李　强 | 汉族 | 白阳 | 刘台 | 妻子 | 马根莲 | 汉族 | 白阳 | 刘台 |
| 妻子 | 梁晓荣 | 汉族 | 白阳 | 刘台 | 二女 | 贾慧荣 | 汉族 | 白阳 | 刘台 |
| 父亲 | 李学忠 | 汉族 | 白阳 | 刘台 | 长子 | 贾金贵 | 汉族 | 白阳 | 刘台 |
| 母亲 | 苏彩兰 | 汉族 | 白阳 | 刘台 | 次子 | 贾廷强 | 汉族 | 白阳 | 刘台 |
| 户主 | 李正海 | 汉族 | 白阳 | 刘台 | 户主 | 马生银 | 汉族 | 白阳 | 刘台 |
| 妻子 | 黄粉萍 | 汉族 | 白阳 | 刘台 | 妻子 | 张新玲 | 汉族 | 白阳 | 刘台 |
| 长女 | 李　媛 | 汉族 | 白阳 | 刘台 | 长子 | 马彦虎 | 汉族 | 白阳 | 刘台 |
| 长子 | 李　龙 | 汉族 | 白阳 | 刘台 | 次子 | 马彦红 | 汉族 | 白阳 | 刘台 |
| 户主 | 李正太 | 汉族 | 白阳 | 刘台 | 儿媳 | 王伟宁 | 汉族 | 白阳 | 刘台 |
| 妻子 | 方治莲 | 汉族 | 白阳 | 刘台 | 户主 | 马有清 | 汉族 | 白阳 | 刘台 |
| 长女 | 李　娟 | 汉族 | 白阳 | 刘台 | 次子 | 朱彩梅 | 汉族 | 白阳 | 刘台 |
| 户主 | 李正科 | 汉族 | 白阳 | 刘台 | 次子 | 马志伟 | 汉族 | 白阳 | 刘台 |
| 妻子 | 虎拴琴 | 汉族 | 白阳 | 刘台 | 户主 | 张小花 | 汉族 | 白阳 | 刘台 |
| 长子 | 李　荣 | 汉族 | 白阳 | 刘台 | 长子 | 马栋驰 | 汉族 | 白阳 | 刘台 |
| 母亲 | 郭奋英 | 汉族 | 白阳 | 刘台 | 长女 | 马　蕊 | 汉族 | 白阳 | 刘台 |
| 户主 | 李学东 | 汉族 | 白阳 | 刘台 | 户主 | 马有红 | 汉族 | 白阳 | 刘台 |
| 妻子 | 王其花 | 汉族 | 白阳 | 刘台 | 妻子 | 王巧润 | 汉族 | 白阳 | 刘台 |
| 长子 | 李正福 | 汉族 | 白阳 | 刘台 | 长女 | 马晓琴 | 汉族 | 白阳 | 刘台 |
| 长女 | 李　苗 | 汉族 | 白阳 | 刘台 | 次女 | 马小伟 | 汉族 | 白阳 | 刘台 |
| 户主 | 李正升 | 汉族 | 白阳 | 刘台 | 长子 | 马志富 | 汉族 | 白阳 | 刘台 |
| 母亲 | 刘明英 | 汉族 | 白阳 | 刘台 | 户主 | 马有智 | 汉族 | 白阳 | 刘台 |
| 户主 | 李正锋 | 汉族 | 白阳 | 刘台 | 妻子 | 党占莲 | 汉族 | 白阳 | 刘台 |
| 妻子 | 段捧燕 | 汉族 | 白阳 | 刘台 | 长女 | 马燕子 | 汉族 | 白阳 | 刘台 |
| 长女 | 李丹阳 | 汉族 | 白阳 | 刘台 | 长子 | 马志万 | 汉族 | 白阳 | 刘台 |
| 长子 | 李　沛 | 汉族 | 白阳 | 刘台 | 户主 | 马生科 | 汉族 | 白阳 | 刘台 |
| 父亲 | 李学平 | 汉族 | 白阳 | 刘台 | 妻子 | 张生琴 | 汉族 | 白阳 | 刘台 |
| 母亲 | 田玉英 | 汉族 | 白阳 | 刘台 | 户主 | 袁继生 | 汉族 | 白阳 | 刘台 |
| 户主 | 李正刚 | 汉族 | 白阳 | 刘台 | 妻子 | 许顺珍 | 汉族 | 白阳 | 刘台 |
| 妻子 | 赵银怀 | 汉族 | 白阳 | 刘台 | 次子 | 袁士利 | 汉族 | 白阳 | 刘台 |
| 次女 | 李晓惠 | 汉族 | 白阳 | 刘台 | 户主 | 张俊义 | 回族 | 白阳 | 姬山 |
| 三女 | 李晓瑞 | 汉族 | 白阳 | 刘台 | 妻子 | 马秀芬 | 回族 | 白阳 | 姬山 |
| 长子 | 李晓顺 | 汉族 | 白阳 | 刘台 | 户主 | 何生明 | 汉族 | 白阳 | 刘台 |
| 户主 | 马生富 | 汉族 | 白阳 | 刘台 | 长女 | 何思语 | 汉族 | 白阳 | 刘台 |

续表 17

| 与户主关系 | 家庭成员 | 民族 | 原居住地 | | 与户主关系 | 家庭成员 | 民族 | 原居住地 | |
|---|---|---|---|---|---|---|---|---|---|
| | | | 乡(镇) | 行政村 | | | | 乡(镇) | 行政村 |
| 户主 | 张发贵 | 汉族 | 白阳 | 刘台 | 妻子 | 海春梅 | 回族 | 白阳 | 余沟 |
| 母亲 | 辛秀兰 | 汉族 | 白阳 | 刘台 | 次子 | 丁成都 | 回族 | 白阳 | 余沟 |
| 户主 | 张　升 | 汉族 | 白阳 | 刘台 | 户主 | 丁玉玺 | 回族 | 白阳 | 余沟 |
| 妻子 | 虎雪萍 | 汉族 | 白阳 | 刘台 | 五子 | 丁汉平 | 回族 | 白阳 | 余沟 |
| 长女 | 张欣亚 | 汉族 | 白阳 | 刘台 | 儿媳 | 姬秀莲 | 回族 | 白阳 | 余沟 |
| 二女 | 张亚雯 | 汉族 | 白阳 | 刘台 | 孙子 | 丁成林 | 回族 | 白阳 | 余沟 |
| 长子 | 张雯乐 | 汉族 | 白阳 | 刘台 | 孙子 | 丁成才 | 回族 | 白阳 | 余沟 |
| 户主 | 丁汉财 | 回族 | 白阳 | 余沟 | 户主 | 丁汉军 | 回族 | 白阳 | 余沟 |
| 妻子 | 马销也 | 回族 | 白阳 | 余沟 | 妻子 | 禹凤兰 | 回族 | 白阳 | 余沟 |
| 长女 | 丁晓妍 | 回族 | 白阳 | 余沟 | 长子 | 丁成兵 | 回族 | 白阳 | 余沟 |
| 次女 | 丁晓萱 | 回族 | 白阳 | 余沟 | 次子 | 丁成福 | 回族 | 白阳 | 余沟 |
| 户主 | 丁玉俊 | 回族 | 白阳 | 余沟 | 户主 | 丁玉满 | 回族 | 白阳 | 余沟 |
| 妻子 | 马文莲 | 回族 | 白阳 | 余沟 | 妻子 | 马进莲 | 回族 | 白阳 | 余沟 |
| 次子 | 丁汉华 | 回族 | 白阳 | 余沟 | 次子 | 丁汉鹏 | 回族 | 白阳 | 余沟 |
| 四子 | 丁汉强 | 回族 | 白阳 | 余沟 | 儿媳 | 李秀花 | 回族 | 白阳 | 余沟 |
| 儿媳 | 马　霞 | 回族 | 白阳 | 余沟 | 户主 | 丁汉福 | 回族 | 白阳 | 余沟 |
| 孙女 | 丁晓婷 | 回族 | 白阳 | 余沟 | 妻子 | 拜志芳 | 回族 | 白阳 | 余沟 |
| 三子 | 丁汉录 | 回族 | 白阳 | 余沟 | 长子 | 丁成明 | 回族 | 白阳 | 余沟 |
| 儿媳 | 马秀花 | 回族 | 白阳 | 余沟 | 户主 | 马月芳 | 回族 | 白阳 | 余沟 |
| 户主 | 丁玉兵 | 回族 | 白阳 | 余沟 | 长子 | 丁成科 | 回族 | 白阳 | 余沟 |
| 妻子 | 咸存兰 | 回族 | 白阳 | 余沟 | 次女 | 丁成霞 | 回族 | 白阳 | 余沟 |
| 次子 | 丁　勇 | 回族 | 白阳 | 余沟 | 户主 | 丁汉杰 | 回族 | 白阳 | 余沟 |
| 儿媳 | 李梅兰 | 回族 | 白阳 | 余沟 | 妻子 | 海　琴 | 回族 | 白阳 | 余沟 |
| 孙子 | 丁旭东 | 回族 | 白阳 | 余沟 | 母亲 | 马玉兰 | 回族 | 白阳 | 余沟 |
| 长子 | 丁　祥 | 回族 | 白阳 | 余沟 | 长子 | 丁小平 | 回族 | 白阳 | 余沟 |
| 儿媳 | 海小玲 | 回族 | 白阳 | 余沟 | 户主 | 丁汉文 | 回族 | 白阳 | 余沟 |
| 长孙 | 丁旭升 | 回族 | 白阳 | 余沟 | 妻子 | 姬彩莲 | 回族 | 白阳 | 余沟 |
| 户主 | 丁汉宝 | 回族 | 白阳 | 余沟 | 长子 | 丁春春 | 回族 | 白阳 | 余沟 |
| 妻子 | 马清莲 | 回族 | 白阳 | 余沟 | 次子 | 丁　成 | 回族 | 白阳 | 余沟 |
| 次子 | 丁成龙 | 回族 | 白阳 | 余沟 | 长女 | 丁玲玲 | 回族 | 白阳 | 余沟 |
| 儿媳 | 陈贵花 | 回族 | 白阳 | 余沟 | 户主 | 丁汉成 | 回族 | 白阳 | 余沟 |
| 次子 | 丁成虎 | 回族 | 白阳 | 余沟 | 妻子 | 马新兰 | 回族 | 白阳 | 余沟 |
| 儿媳 | 马会会 | 回族 | 白阳 | 余沟 | 次子 | 丁正君 | 回族 | 白阳 | 余沟 |
| 孙子 | 丁建国 | 回族 | 白阳 | 余沟 | 儿子 | 丁正清 | 回族 | 白阳 | 余沟 |
| 孙子 | 丁建军 | 回族 | 白阳 | 余沟 | 儿媳 | 海玉霞 | 回族 | 白阳 | 余沟 |
| 户主 | 丁汉奎 | 回族 | 白阳 | 余沟 | 孙女 | 丁建慧 | 回族 | 白阳 | 余沟 |

续表 17

| 与户主关系 | 家庭成员 | 民族 | 原居住地 | | 与户主关系 | 家庭成员 | 民族 | 原居住地 | |
|---|---|---|---|---|---|---|---|---|---|
| | | | 乡(镇) | 行政村 | | | | 乡(镇) | 行政村 |
| 孙女 | 丁建蓉 | 回族 | 白阳 | 余沟 | 次女 | 马小琴 | 回族 | 白阳 | 余沟 |
| 户主 | 闫登峰 | 汉族 | 白阳 | 余沟 | 外孙女 | 马一诺 | 回族 | 白阳 | 余沟 |
| 妻子 | 张会东 | 汉族 | 白阳 | 余沟 | 外孙子 | 马一凡 | 回族 | 白阳 | 余沟 |
| 长子 | 闫小龙 | 汉族 | 白阳 | 余沟 | 户主 | 剡进芳 | 回族 | 白阳 | 余沟 |
| 长女 | 闫婷婷 | 汉族 | 白阳 | 余沟 | 妻子 | 马红莲 | 回族 | 白阳 | 余沟 |
| 户主 | 闫登奎 | 汉族 | 白阳 | 余沟 | 外孙 | 马小花 | 回族 | 白阳 | 余沟 |
| 母亲 | 杨世梅 | 汉族 | 白阳 | 余沟 | 四女 | 剡学灵 | 回族 | 白阳 | 余沟 |
| 弟弟 | 闫登虎 | 汉族 | 白阳 | 余沟 | 户主 | 剡进荣 | 回族 | 白阳 | 余沟 |
| 户主 | 马玉花 | 回族 | 白阳 | 余沟 | 妻子 | 马正梅 | 回族 | 白阳 | 余沟 |
| 孙女 | 禹晓芳 | 回族 | 白阳 | 余沟 | 二女 | 剡学洋 | 回族 | 白阳 | 余沟 |
| 次孙女 | 禹女子 | 回族 | 白阳 | 余沟 | 户主 | 剡学亮 | 回族 | 白阳 | 余沟 |
| 户主 | 王彦君 | 回族 | 白阳 | 余沟 | 妻子 | 何　红 | 回族 | 白阳 | 余沟 |
| 妻子 | 马廷兰 | 回族 | 白阳 | 余沟 | 长女 | 剡浩东 | 回族 | 白阳 | 余沟 |
| 长子 | 王星阳 | 回族 | 白阳 | 余沟 | 户主 | 剡学刚 | 回族 | 白阳 | 余沟 |
| 户主 | 剡学仁 | 回族 | 白阳 | 余沟 | 妻子 | 马晓霞 | 回族 | 白阳 | 余沟 |
| 妻子 | 赵栓女 | 回族 | 白阳 | 余沟 | 长女 | 剡浩红 | 回族 | 白阳 | 余沟 |
| 长子 | 剡文武 | 回族 | 白阳 | 余沟 | 户主 | 剡　武 | 回族 | 白阳 | 余沟 |
| 长女 | 剡　蓉 | 回族 | 白阳 | 余沟 | 妻子 | 张进香 | 回族 | 白阳 | 余沟 |
| 户主 | 剡学斌 | 回族 | 白阳 | 余沟 | 长女 | 剡浩楠 | 回族 | 白阳 | 余沟 |
| 妻子 | 妥红霞 | 回族 | 白阳 | 余沟 | 户主 | 剡学福 | 回族 | 白阳 | 余沟 |
| 长女 | 剡　莉 | 回族 | 白阳 | 余沟 | 妻子 | 姬秀莲 | 回族 | 白阳 | 余沟 |
| 长子 | 剡　鑫 | 回族 | 白阳 | 余沟 | 户主 | 海向琴 | 回族 | 白阳 | 余沟 |
| 户主 | 剡学成 | 回族 | 白阳 | 余沟 | 长子 | 剡海龙 | 回族 | 白阳 | 余沟 |
| 母亲 | 李玉英 | 回族 | 白阳 | 余沟 | 长女 | 剡桂花 | 回族 | 白阳 | 余沟 |
| 户主 | 剡登虎 | 回族 | 白阳 | 余沟 | 四女 | 剡桂林 | 回族 | 白阳 | 余沟 |
| 妻子 | 马　倩 | 回族 | 白阳 | 余沟 | 户主 | 剡学治 | 回族 | 白阳 | 余沟 |
| 长子 | 剡克刚 | 回族 | 白阳 | 余沟 | 妻子 | 马金莲 | 回族 | 白阳 | 余沟 |
| 长女 | 剡宁雪 | 回族 | 白阳 | 余沟 | 次子 | 剡　成 | 回族 | 白阳 | 余沟 |
| 户主 | 剡登君 | 回族 | 白阳 | 余沟 | 户主 | 剡　虎 | 回族 | 白阳 | 余沟 |
| 妻子 | 苏生梅 | 回族 | 白阳 | 余沟 | 妻子 | 张雪玲 | 回族 | 白阳 | 余沟 |
| 长子 | 剡铭浩 | 回族 | 白阳 | 余沟 | 户主 | 剡进录 | 回族 | 白阳 | 余沟 |
| 父亲 | 剡进财 | 回族 | 白阳 | 余沟 | 妻子 | 马占英 | 回族 | 白阳 | 余沟 |
| 母亲 | 李贵荣 | 回族 | 白阳 | 余沟 | 次子 | 剡登云 | 回族 | 白阳 | 余沟 |
| 户主 | 马进龙 | 回族 | 白阳 | 余沟 | 儿媳 | 海荣花 | 回族 | 白阳 | 余沟 |
| 妻子 | 剡学兰 | 回族 | 白阳 | 余沟 | 孙子 | 剡克思 | 回族 | 白阳 | 余沟 |
| 长女 | 马小平 | 回族 | 白阳 | 余沟 | 孙女 | 剡小凤 | 回族 | 白阳 | 余沟 |

续表 17

| 与户主关系 | 家庭成员 | 民族 | 原居住地 | | 与户主关系 | 家庭成员 | 民族 | 原居住地 | |
|---|---|---|---|---|---|---|---|---|---|
| | | | 乡(镇) | 行政村 | | | | 乡(镇) | 行政村 |
| 户主 | 剡登吉 | 回族 | 白阳 | 余沟 | 妻子 | 马德莲 | 回族 | 白阳 | 余沟 |
| 妻子 | 海哈子 | 回族 | 白阳 | 余沟 | 长女 | 剡 红 | 回族 | 白阳 | 余沟 |
| 长子 | 剡克仁 | 回族 | 白阳 | 余沟 | 二女 | 剡 霞 | 回族 | 白阳 | 余沟 |
| 长女 | 剡梅梅 | 回族 | 白阳 | 余沟 | 户主 | 剡进福 | 回族 | 白阳 | 余沟 |
| 二女 | 剡克睿 | 回族 | 白阳 | 余沟 | 妻子 | 马合梅 | 回族 | 白阳 | 余沟 |
| 户主 | 剡登科 | 回族 | 白阳 | 余沟 | 户主 | 胡正文 | 汉族 | 白阳 | 余沟 |
| 二女 | 剡琴琴 | 回族 | 白阳 | 余沟 | 妻子 | 李 艳 | 汉族 | 白阳 | 余沟 |
| 户主 | 剡学财 | 回族 | 白阳 | 余沟 | 长子 | 胡瑞国 | 汉族 | 白阳 | 余沟 |
| 妻子 | 马会莲 | 回族 | 白阳 | 余沟 | 次子 | 胡瑞博 | 汉族 | 白阳 | 余沟 |
| 长子 | 剡 童 | 回族 | 白阳 | 余沟 | 户主 | 剡 鹏 | 回族 | 白阳 | 余沟 |
| 长女 | 剡 玲 | 回族 | 白阳 | 余沟 | 妻子 | 白小艳 | 回族 | 白阳 | 余沟 |
| 二女 | 剡 瑞 | 回族 | 白阳 | 余沟 | 户主 | 胡正权 | 汉族 | 白阳 | 余沟 |
| 户主 | 剡进会 | 回族 | 白阳 | 余沟 | 妻子 | 杨春琴 | 汉族 | 白阳 | 余沟 |
| 妻子 | 马玉英 | 回族 | 白阳 | 余沟 | 长女 | 胡雅楠 | 汉族 | 白阳 | 余沟 |
| 户主 | 剡进龙 | 回族 | 白阳 | 余沟 | 长子 | 胡瑞楠 | 汉族 | 白阳 | 余沟 |
| 妻子 | 马德花 | 回族 | 白阳 | 余沟 | 父亲 | 胡生林 | 汉族 | 白阳 | 余沟 |
| 长子 | 剡 涛 | 回族 | 白阳 | 余沟 | 母亲 | 任万梅 | 汉族 | 白阳 | 余沟 |
| 长女 | 剡 蓉 | 回族 | 白阳 | 余沟 | 户主 | 王占兵 | 汉族 | 白阳 | 余沟 |
| 母亲 | 马梅芳 | 回族 | 白阳 | 余沟 | 妻子 | 张云云 | 汉族 | 白阳 | 余沟 |
| 户主 | 剡进虎 | 回族 | 白阳 | 余沟 | 长女 | 王 凤 | 汉族 | 白阳 | 余沟 |
| 长子 | 剡晨泽 | 回族 | 白阳 | 余沟 | 户主 | 马有学 | 汉族 | 白阳 | 南山 |
| 长女 | 剡慧泽 | 回族 | 白阳 | 余沟 | 妻子 | 韩 花 | 汉族 | 白阳 | 南山 |
| 户主 | 剡进鹏 | 回族 | 白阳 | 余沟 | 长子 | 马宏志 | 汉族 | 白阳 | 南山 |
| 妻子 | 马良兴 | 回族 | 白阳 | 余沟 | 其他女儿 | 马红娟 | 汉族 | 白阳 | 南山 |
| 次子 | 剡学俊 | 回族 | 白阳 | 余沟 | 其他女儿 | 马红改 | 汉族 | 白阳 | 南山 |
| 儿媳 | 马治芳 | 回族 | 白阳 | 余沟 | 户主 | 马有海 | 汉族 | 白阳 | 南山 |
| 户主 | 剡学成 | 回族 | 白阳 | 余沟 | 妻子 | 王 萍 | 汉族 | 白阳 | 南山 |
| 妻子 | 姬冬梅 | 回族 | 白阳 | 余沟 | 二女 | 马 皎 | 汉族 | 白阳 | 南山 |
| 长子 | 剡涛亮 | 回族 | 白阳 | 余沟 | 户主 | 马玉平 | 汉族 | 白阳 | 南山 |
| 户主 | 剡学君 | 回族 | 白阳 | 余沟 | 妻子 | 席拴拴 | 汉族 | 白阳 | 南山 |
| 妻子 | 马生秀 | 回族 | 白阳 | 余沟 | 长子 | 马勇亮 | 汉族 | 白阳 | 南山 |
| 次子 | 剡 伟 | 回族 | 白阳 | 余沟 | 长女 | 马咏洁 | 汉族 | 白阳 | 南山 |
| 三子 | 剡 银 | 回族 | 白阳 | 余沟 | 母亲 | 余治梅 | 汉族 | 白阳 | 南山 |
| 长子 | 剡 平 | 回族 | 白阳 | 余沟 | 户主 | 马志功 | 汉族 | 白阳 | 南山 |
| 儿媳 | 马红红 | 回族 | 白阳 | 余沟 | 妻子 | 杨顺琴 | 汉族 | 白阳 | 南山 |
| 户主 | 剡学发 | 回族 | 白阳 | 余沟 | 长子 | 马向军 | 汉族 | 白阳 | 南山 |

续表 17

| 与户主关系 | 家庭成员 | 民族 | 原居住地 | | 与户主关系 | 家庭成员 | 民族 | 原居住地 | |
|---|---|---|---|---|---|---|---|---|---|
| | | | 乡(镇) | 行政村 | | | | 乡(镇) | 行政村 |
| 次子 | 马向东 | 汉族 | 白阳 | 南山 | 长女 | 吴旭蕊 | 汉族 | 城阳 | 长城 |
| 户主 | 马平帮 | 汉族 | 白阳 | 南山 | 长子 | 吴浩浩 | 汉族 | 城阳 | 长城 |
| 妻子 | 何玉兰 | 汉族 | 白阳 | 南山 | 妻子 | 周巧琴 | 汉族 | 城阳 | 长城 |
| 户主 | 张　飞 | 汉族 | 白阳 | 姜洼 | 户主 | 吴治坤 | 汉族 | 城阳 | 长城 |
| 妻子 | 王利霞 | 汉族 | 白阳 | 姜洼 | 父亲 | 吴　敏 | 汉族 | 城阳 | 长城 |
| 长女 | 张向新 | 汉族 | 白阳 | 姜洼 | 户主 | 吴　东 | 汉族 | 城阳 | 长城 |
| 父亲 | 张同刚 | 汉族 | 白阳 | 姜洼 | 二女 | 吴粉丽 | 汉族 | 城阳 | 长城 |
| 母亲 | 杨秀莲 | 汉族 | 白阳 | 姜洼 | 长女 | 吴粉艳 | 汉族 | 城阳 | 长城 |
| 户主 | 张　宽 | 汉族 | 白阳 | 姜洼 | 长子 | 吴治鹏 | 汉族 | 城阳 | 长城 |
| 妻子 | 徐　芬 | 汉族 | 白阳 | 姜洼 | 妻子 | 韩志梅 | 汉族 | 城阳 | 长城 |
| 长子 | 张向元 | 汉族 | 白阳 | 姜洼 | 父亲 | 吴占儒 | 汉族 | 城阳 | 长城 |
| 母亲 | 张巧花 | 汉族 | 白阳 | 姜洼 | 户主 | 吴　永 | 汉族 | 城阳 | 长城 |
| 户主 | 张　宁 | 汉族 | 白阳 | 姜洼 | 三女 | 吴粉乾 | 汉族 | 城阳 | 长城 |
| 妻子 | 苏　琴 | 汉族 | 白阳 | 姜洼 | 长子 | 吴治玺 | 汉族 | 城阳 | 长城 |
| 长子 | 张向楠 | 汉族 | 白阳 | 姜洼 | 二女 | 吴粉丽 | 汉族 | 城阳 | 长城 |
| 次子 | 张忆军 | 汉族 | 白阳 | 姜洼 | 长女 | 吴红玲 | 汉族 | 城阳 | 长城 |
| 户主 | 张　德 | 汉族 | 白阳 | 姜洼 | 妻子 | 贾社连 | 汉族 | 城阳 | 长城 |
| 妻子 | 张　艳 | 汉族 | 白阳 | 姜洼 | 母亲 | 蔺菊花 | 汉族 | 城阳 | 长城 |
| 长女 | 张合一同 | 汉族 | 白阳 | 姜洼 | 父亲 | 吴占连 | 汉族 | 城阳 | 长城 |
| 二女 | 张合一诺 | 汉族 | 白阳 | 姜洼 | 妻子 | 杨宗芳 | 汉族 | 城阳 | 长城 |
| 户主 | 张　雄 | 汉族 | 白阳 | 姜洼 | 户主 | 吴　瑞 | 汉族 | 城阳 | 长城 |
| 妻子 | 武进玲 | 汉族 | 白阳 | 姜洼 | 二女 | 吴雪洁 | 汉族 | 城阳 | 长城 |
| 长子 | 张红红 | 汉族 | 白阳 | 姜洼 | 长子 | 吴振国 | 汉族 | 城阳 | 长城 |
| 次子 | 张向宝 | 汉族 | 白阳 | 姜洼 | 长女 | 吴雪艳 | 汉族 | 城阳 | 长城 |
| 户主 | 吴治军 | 汉族 | 城阳 | 长城 | 妻子 | 晁玉珍 | 汉族 | 城阳 | 长城 |
| 二女 | 吴丽娜 | 汉族 | 城阳 | 长城 | 户主 | 吴　德 | 汉族 | 城阳 | 长城 |
| 长女 | 吴丽萍 | 汉族 | 城阳 | 长城 | 长子 | 吴治发 | 汉族 | 城阳 | 长城 |
| 长子 | 吴利辈 | 汉族 | 城阳 | 长城 | 妻子 | 张淑琴 | 汉族 | 城阳 | 长城 |
| 妻子 | 牛社玲 | 汉族 | 城阳 | 长城 | 户主 | 吴　俊 | 汉族 | 城阳 | 长城 |
| 户主 | 吴治福 | 汉族 | 城阳 | 长城 | 长子 | 吴治宏 | 汉族 | 城阳 | 长城 |
| 妻子 | 杨淑勤 | 汉族 | 城阳 | 长城 | 妻子 | 梁志梅 | 汉族 | 城阳 | 长城 |
| 长子 | 吴兴会 | 汉族 | 城阳 | 长城 | 户主 | 吴　明 | 汉族 | 城阳 | 长城 |
| 户主 | 吴　钰 | 汉族 | 城阳 | 长城 | 长子 | 吴让海 | 汉族 | 城阳 | 长城 |
| 妻子 | 闫军红 | 汉族 | 城阳 | 长城 | 妻子 | 杨志勤 | 汉族 | 城阳 | 长城 |
| 母亲 | 王安兰 | 汉族 | 城阳 | 长城 | 户主 | 吴　强 | 汉族 | 城阳 | 长城 |
| 户主 | 吴治乾 | 汉族 | 城阳 | 长城 | 二女 | 吴金花 | 汉族 | 城阳 | 长城 |

续表 17

| 与户主关系 | 家庭成员 | 民族 | 原居住地 | | 与户主关系 | 家庭成员 | 民族 | 原居住地 | |
|---|---|---|---|---|---|---|---|---|---|
| | | | 乡(镇) | 行政村 | | | | 乡(镇) | 行政村 |
| 长子 | 吴治栋 | 汉族 | 城阳 | 长城 | 次子 | 吴林军 | 汉族 | 城阳 | 长城 |
| 次子 | 吴治虎 | 汉族 | 城阳 | 长城 | 儿媳 | 王　静 | 汉族 | 城阳 | 长城 |
| 妻子 | 乔守英 | 汉族 | 城阳 | 长城 | 户主 | 吴东海 | 汉族 | 城阳 | 长城 |
| 户主 | 吴　宽 | 汉族 | 城阳 | 长城 | 父亲 | 吴　杰 | 汉族 | 城阳 | 长城 |
| 长女 | 吴雅萍 | 汉族 | 城阳 | 长城 | 户主 | 吴　齐 | 汉族 | 城阳 | 长城 |
| 次子 | 吴治安 | 汉族 | 城阳 | 长城 | 长子 | 吴拴军 | 汉族 | 城阳 | 长城 |
| 长子 | 吴治全 | 汉族 | 城阳 | 长城 | 四女 | 吴吉勤 | 汉族 | 城阳 | 长城 |
| 妻子 | 张雪玲 | 汉族 | 城阳 | 长城 | 二女 | 吴雪琴 | 汉族 | 城阳 | 长城 |
| 户主 | 吴　锋 | 汉族 | 城阳 | 长城 | 妻子 | 贾秀琴 | 汉族 | 城阳 | 长城 |
| 次子 | 吴振虎 | 汉族 | 城阳 | 长城 | 户主 | 吴　有 | 汉族 | 城阳 | 长城 |
| 长子 | 吴振龙 | 汉族 | 城阳 | 长城 | 二女 | 吴金艳 | 汉族 | 城阳 | 长城 |
| 长女 | 吴雅凤 | 汉族 | 城阳 | 长城 | 二女 | 吴金丽 | 汉族 | 城阳 | 长城 |
| 妻子 | 冯占花 | 汉族 | 城阳 | 长城 | 妻子 | 赵生秀 | 汉族 | 城阳 | 长城 |
| 户主 | 吴　俭 | 汉族 | 城阳 | 长城 | 户主 | 李佐有 | 汉族 | 城阳 | 杨塬 |
| 妻子 | 刘玉兰 | 汉族 | 城阳 | 长城 | 长子 | 李　宁 | 汉族 | 城阳 | 杨塬 |
| 户主 | 吴国殿 | 汉族 | 城阳 | 长城 | 户主 | 王天发 | 汉族 | 城阳 | 杨塬 |
| 长子 | 吴广博 | 汉族 | 城阳 | 长城 | 妻子 | 李小琴 | 汉族 | 城阳 | 杨塬 |
| 妻子 | 韩丽芳 | 汉族 | 城阳 | 长城 | 长子 | 王立龙 | 汉族 | 城阳 | 杨塬 |
| 户主 | 吴国顺 | 汉族 | 城阳 | 长城 | 二女 | 王娇娇 | 汉族 | 城阳 | 杨塬 |
| 长子 | 吴世万 | 汉族 | 城阳 | 长城 | 长女 | 王莹莹 | 汉族 | 城阳 | 杨塬 |
| 长女 | 吴世芳 | 汉族 | 城阳 | 长城 | 户主 | 王天维 | 汉族 | 城阳 | 杨塬 |
| 妻子 | 李秀萍 | 汉族 | 城阳 | 长城 | 妻子 | 杨亚燕 | 汉族 | 城阳 | 杨塬 |
| 户主 | 吴治录 | 汉族 | 城阳 | 长城 | 长子 | 王立功 | 汉族 | 城阳 | 杨塬 |
| 二女 | 吴雪连 | 汉族 | 城阳 | 长城 | 次子 | 王立新 | 汉族 | 城阳 | 杨塬 |
| 长子 | 吴鹏程 | 汉族 | 城阳 | 长城 | 户主 | 王万生 | 汉族 | 城阳 | 杨塬 |
| 妻子 | 王佩霞 | 汉族 | 城阳 | 长城 | 妻子 | 杨惠珍 | 汉族 | 城阳 | 杨塬 |
| 户主 | 吴国栋 | 汉族 | 城阳 | 长城 | 四子 | 王天雄 | 汉族 | 城阳 | 杨塬 |
| 长子 | 吴永才 | 汉族 | 城阳 | 长城 | 二女 | 李小娟 | 汉族 | 城阳 | 杨塬 |
| 户主 | 吴治国 | 汉族 | 城阳 | 长城 | 孙子 | 王立刚 | 汉族 | 城阳 | 杨塬 |
| 长女 | 吴彩云 | 汉族 | 城阳 | 长城 | 孙女 | 王乐乐 | 汉族 | 城阳 | 杨塬 |
| 长子 | 吴兴平 | 汉族 | 城阳 | 长城 | 户主 | 王成财 | 汉族 | 城阳 | 杨塬 |
| 妻子 | 何上海 | 汉族 | 城阳 | 长城 | 妻子 | 王贵清 | 汉族 | 城阳 | 杨塬 |
| 户主 | 杨庭军 | 汉族 | 城阳 | 长城 | 户主 | 王树荣 | 汉族 | 城阳 | 杨塬 |
| 父亲 | 吴　荣 | 汉族 | 城阳 | 长城 | 妻子 | 欧岁霞 | 汉族 | 城阳 | 杨塬 |
| 妻子 | 吴彩梅 | 汉族 | 城阳 | 长城 | 长女 | 王　琪 | 汉族 | 城阳 | 杨塬 |
| 户主 | 吴　天 | 汉族 | 城阳 | 长城 | 长子 | 王　辉 | 汉族 | 城阳 | 杨塬 |

续表 17

| 与户主关系 | 家庭成员 | 民族 | 原居住地 | | 与户主关系 | 家庭成员 | 民族 | 原居住地 | |
|---|---|---|---|---|---|---|---|---|---|
| | | | 乡(镇) | 行政村 | | | | 乡(镇) | 行政村 |
| 户主 | 王天智 | 汉族 | 城阳 | 杨塬 | 次子 | 牛多璧 | 汉族 | 城阳 | 长城 |
| 妻子 | 景 妮 | 汉族 | 城阳 | 杨塬 | 长子 | 牛多睿 | 汉族 | 城阳 | 长城 |
| 长女 | 王 怡 | 汉族 | 城阳 | 杨塬 | 妻子 | 韩志琴 | 汉族 | 城阳 | 长城 |
| 二女 | 王俊怡 | 汉族 | 城阳 | 杨塬 | 户主 | 牛治银 | 汉族 | 城阳 | 长城 |
| 户主 | 牛治成 | 汉族 | 城阳 | 长城 | 长子 | 牛多春 | 汉族 | 城阳 | 长城 |
| 三子 | 牛富军 | 汉族 | 城阳 | 长城 | 户主 | 牛占会 | 汉族 | 城阳 | 长城 |
| 次子 | 牛福福 | 汉族 | 城阳 | 长城 | 次子 | 牛省录 | 汉族 | 城阳 | 长城 |
| 长子 | 牛多杰 | 汉族 | 城阳 | 长城 | 长子 | 牛治赟 | 汉族 | 城阳 | 长城 |
| 妻子 | 乔芳琴 | 汉族 | 城阳 | 长城 | 妻子 | 陈吉兰 | 汉族 | 城阳 | 长城 |
| 户主 | 牛治山 | 汉族 | 城阳 | 长城 | 户主 | 牛治录 | 汉族 | 城阳 | 长城 |
| 二女 | 牛丽丽 | 汉族 | 城阳 | 长城 | 长女 | 牛丽平 | 汉族 | 城阳 | 长城 |
| 长子 | 牛多荣 | 汉族 | 城阳 | 长城 | 长子 | 牛多刚 | 汉族 | 城阳 | 长城 |
| 妻子 | 韩兴霞 | 汉族 | 城阳 | 长城 | 妻子 | 景秀琴 | 汉族 | 城阳 | 长城 |
| 户主 | 牛治发 | 汉族 | 城阳 | 长城 | 户主 | 牛满青 | 汉族 | 城阳 | 长城 |
| 长女 | 牛海彦 | 汉族 | 城阳 | 长城 | 长女 | 牛桃桃 | 汉族 | 城阳 | 长城 |
| 妻子 | 孙丽萍 | 汉族 | 城阳 | 长城 | 长子 | 牛治广 | 汉族 | 城阳 | 长城 |
| 户主 | 牛炳青 | 汉族 | 城阳 | 长城 | 妻子 | 李秀花 | 汉族 | 城阳 | 长城 |
| 儿媳 | 祁霞霞 | 汉族 | 城阳 | 长城 | 户主 | 牛治家 | 汉族 | 城阳 | 长城 |
| 长子 | 牛治强 | 汉族 | 城阳 | 长城 | 长子 | 牛文柱 | 汉族 | 城阳 | 长城 |
| 妻子 | 乔国玲 | 汉族 | 城阳 | 长城 | 妻子 | 虎勤花 | 汉族 | 城阳 | 长城 |
| 户主 | 牛占武 | 汉族 | 城阳 | 长城 | 次子 | 牛多勤 | 汉族 | 城阳 | 长城 |
| 儿媳 | 虎进霞 | 汉族 | 城阳 | 长城 | 户主 | 牛治宝 | 汉族 | 城阳 | 长城 |
| 次子 | 牛治雄 | 汉族 | 城阳 | 长城 | 妻子 | 李小兰 | 汉族 | 城阳 | 长城 |
| 妻子 | 赵青兰 | 汉族 | 城阳 | 长城 | 母亲 | 冯桂萍 | 汉族 | 城阳 | 长城 |
| 户主 | 牛占明 | 汉族 | 城阳 | 长城 | 户主 | 牛多儒 | 汉族 | 城阳 | 长城 |
| 妻子 | 张梅芳 | 汉族 | 城阳 | 长城 | 二女 | 牛玉象 | 汉族 | 城阳 | 长城 |
| 次子 | 牛治春 | 汉族 | 城阳 | 长城 | 长女 | 牛玉兰 | 汉族 | 城阳 | 长城 |
| 户主 | 牛占才 | 汉族 | 城阳 | 长城 | 长子 | 牛保通 | 汉族 | 城阳 | 长城 |
| 妻子 | 耿彩霞 | 汉族 | 城阳 | 长城 | 妻子 | 吴国芳 | 汉族 | 城阳 | 长城 |
| 户主 | 牛治勇 | 汉族 | 城阳 | 长城 | 户主 | 牛中华 | 汉族 | 城阳 | 长城 |
| 弟 | 牛广广 | 汉族 | 城阳 | 长城 | 长女 | 牛 婷 | 汉族 | 城阳 | 长城 |
| 户主 | 牛占升 | 汉族 | 城阳 | 长城 | 妻子 | 米晓琴 | 汉族 | 城阳 | 长城 |
| 长子 | 牛林录 | 汉族 | 城阳 | 长城 | 户主 | 牛国华 | 汉族 | 城阳 | 长城 |
| 妻子 | 施彩连 | 汉族 | 城阳 | 长城 | 妻子 | 贾淑霞 | 汉族 | 城阳 | 长城 |
| 户主 | 牛治星 | 汉族 | 城阳 | 长城 | 户主 | 牛正强 | 汉族 | 城阳 | 长城 |
| 母亲 | 庞有兰 | 汉族 | 城阳 | 长城 | 妻子 | 杨桂花 | 汉族 | 城阳 | 长城 |

续表 17

| 与户主关系 | 家庭成员 | 民族 | 原居住地 | | 与户主关系 | 家庭成员 | 民族 | 原居住地 | |
|---|---|---|---|---|---|---|---|---|---|
| | | | 乡(镇) | 行政村 | | | | 乡(镇) | 行政村 |
| 户主 | 牛新华 | 汉族 | 城阳 | 长城 | 长子 | 虎彦刚 | 汉族 | 城阳 | 陈沟 |
| 母亲 | 王耀粉 | 汉族 | 城阳 | 长城 | 户主 | 虎安吉 | 汉族 | 城阳 | 陈沟 |
| 妻子 | 黄玉霞 | 汉族 | 城阳 | 长城 | 父亲 | 虎治忠 | 汉族 | 城阳 | 陈沟 |
| 户主 | 牛明星 | 汉族 | 城阳 | 长城 | 母亲 | 景秀英 | 汉族 | 城阳 | 陈沟 |
| 次子 | 牛心平 | 汉族 | 城阳 | 长城 | 长女 | 虎亚楠 | 汉族 | 城阳 | 陈沟 |
| 长子 | 牛心位 | 汉族 | 城阳 | 长城 | 妻子 | 徐万香 | 汉族 | 城阳 | 陈沟 |
| 妻子 | 王玉娥 | 汉族 | 城阳 | 长城 | 户主 | 虎安勤 | 汉族 | 城阳 | 陈沟 |
| 父亲 | 牛治栋 | 汉族 | 城阳 | 长城 | 妻子 | 王志花 | 汉族 | 城阳 | 陈沟 |
| 户主 | 牛占位 | 汉族 | 城阳 | 长城 | 母亲 | 贾月梅 | 汉族 | 城阳 | 陈沟 |
| 儿子 | 牛能录 | 汉族 | 城阳 | 长城 | 父亲 | 虎治财 | 汉族 | 城阳 | 陈沟 |
| 儿媳 | 周芳琴 | 汉族 | 城阳 | 长城 | 儿媳 | 虎翠霞 | 汉族 | 城阳 | 陈沟 |
| 户主 | 牛治权 | 汉族 | 城阳 | 长城 | 长女 | 虎海霞 | 汉族 | 城阳 | 陈沟 |
| 次子 | 牛多利 | 汉族 | 城阳 | 长城 | 户主 | 虎治彪 | 汉族 | 城阳 | 陈沟 |
| 妻子 | 马玉霞 | 汉族 | 城阳 | 长城 | 妻子 | 李文容 | 汉族 | 城阳 | 陈沟 |
| 户主 | 牛正帮 | 汉族 | 城阳 | 长城 | 长子 | 虎　峰 | 汉族 | 城阳 | 陈沟 |
| 长子 | 牛玉平 | 汉族 | 城阳 | 长城 | 长女 | 虎小兰 | 汉族 | 城阳 | 陈沟 |
| 妻子 | 徐芳勤 | 汉族 | 城阳 | 长城 | 户主 | 虎玉高 | 汉族 | 城阳 | 陈沟 |
| 户主 | 虎治宏 | 汉族 | 城阳 | 陈沟 | 妻子 | 祁月梅 | 汉族 | 城阳 | 陈沟 |
| 妻子 | 邓志琴 | 汉族 | 城阳 | 陈沟 | 次子 | 虎佩章 | 汉族 | 城阳 | 陈沟 |
| 次子 | 虎双龙 | 汉族 | 城阳 | 陈沟 | 户主 | 虎治东 | 汉族 | 城阳 | 陈沟 |
| 长子 | 虎小龙 | 汉族 | 城阳 | 陈沟 | 妻子 | 赵登霞 | 汉族 | 城阳 | 陈沟 |
| 户主 | 虎治满 | 汉族 | 城阳 | 陈沟 | 长女 | 虎小霞 | 汉族 | 城阳 | 陈沟 |
| 母亲 | 韩玉兰 | 汉族 | 城阳 | 陈沟 | 长子 | 虎　攀 | 汉族 | 城阳 | 陈沟 |
| 父亲 | 虎世玉 | 汉族 | 城阳 | 陈沟 | 户主 | 虎治昆 | 汉族 | 城阳 | 陈沟 |
| 户主 | 虎治明 | 汉族 | 城阳 | 陈沟 | 妻子 | 冯德华 | 汉族 | 城阳 | 陈沟 |
| 妻子 | 韩秀英 | 汉族 | 城阳 | 陈沟 | 长子 | 虎　鑫 | 汉族 | 城阳 | 陈沟 |
| 长女 | 虎春燕 | 汉族 | 城阳 | 陈沟 | 户主 | 史世彪 | 汉族 | 城阳 | 陈沟 |
| 户主 | 虎玉平 | 汉族 | 城阳 | 陈沟 | 母亲 | 朱连花 | 汉族 | 城阳 | 陈沟 |
| 母亲 | 梁兴梅 | 汉族 | 城阳 | 陈沟 | 户主 | 史世广 | 汉族 | 城阳 | 陈沟 |
| 儿媳 | 高翻存 | 汉族 | 城阳 | 陈沟 | 妻子 | 杨玉红 | 汉族 | 城阳 | 陈沟 |
| 长子 | 虎治惠 | 汉族 | 城阳 | 陈沟 | 长女 | 史亚明 | 汉族 | 城阳 | 陈沟 |
| 妹妹 | 虎丽艳 | 汉族 | 城阳 | 陈沟 | 户主 | 史世宽 | 汉族 | 城阳 | 陈沟 |
| 妻子 | 常士连 | 汉族 | 城阳 | 陈沟 | 妻子 | 李秀霞 | 汉族 | 城阳 | 陈沟 |
| 户主 | 虎安池 | 汉族 | 城阳 | 陈沟 | 三女 | 史亚莉 | 汉族 | 城阳 | 陈沟 |
| 妻子 | 常玉琴 | 汉族 | 城阳 | 陈沟 | 二女 | 史亚琴 | 汉族 | 城阳 | 陈沟 |
| 儿媳 | 韩亚娟 | 汉族 | 城阳 | 陈沟 | 长女 | 史亚玲 | 汉族 | 城阳 | 陈沟 |

续表 17

| 与户主关系 | 家庭成员 | 民族 | 原居住地 | | 与户主关系 | 家庭成员 | 民族 | 原居住地 | |
|---|---|---|---|---|---|---|---|---|---|
| | | | 乡(镇) | 行政村 | | | | 乡(镇) | 行政村 |
| 户主 | 史怀兴 | 汉族 | 城阳 | 陈沟 | 户主 | 杜生春 | 汉族 | 城阳 | 陈沟 |
| 孙子 | 史小龙 | 汉族 | 城阳 | 陈沟 | 妻子 | 殷巧红 | 汉族 | 城阳 | 陈沟 |
| 长女 | 史婷宇 | 汉族 | 城阳 | 陈沟 | 长女 | 杜海燕 | 汉族 | 城阳 | 陈沟 |
| 次子 | 史世宁 | 汉族 | 城阳 | 陈沟 | 次子 | 杜海明 | 汉族 | 城阳 | 陈沟 |
| 长子 | 史世林 | 汉族 | 城阳 | 陈沟 | 长子 | 杜海涛 | 汉族 | 城阳 | 陈沟 |
| 儿媳 | 冯玉英 | 汉族 | 城阳 | 陈沟 | 户主 | 杜生林 | 汉族 | 城阳 | 陈沟 |
| 户主 | 虎玉林 | 汉族 | 城阳 | 陈沟 | 妻子 | 乔秀玲 | 汉族 | 城阳 | 陈沟 |
| 妻子 | 周会芳 | 汉族 | 城阳 | 陈沟 | 长子 | 杜彦云 | 汉族 | 城阳 | 陈沟 |
| 次子 | 虎德才 | 汉族 | 城阳 | 陈沟 | 二女 | 杜燕勤 | 汉族 | 城阳 | 陈沟 |
| 三子 | 虎德宝 | 汉族 | 城阳 | 陈沟 | 户主 | 杜生旺 | 汉族 | 城阳 | 陈沟 |
| 长子 | 虎德发 | 汉族 | 城阳 | 陈沟 | 弟 | 杜永林 | 汉族 | 城阳 | 陈沟 |
| 户主 | 虎治贵 | 汉族 | 城阳 | 陈沟 | 户主 | 虎忠玉 | 汉族 | 城阳 | 陈沟 |
| 妻子 | 李慧娟 | 汉族 | 城阳 | 陈沟 | 妻子 | 冯　英 | 汉族 | 城阳 | 陈沟 |
| 户主 | 虎治发 | 汉族 | 城阳 | 陈沟 | 长子 | 虎生东 | 汉族 | 城阳 | 陈沟 |
| 妻子 | 闫社花 | 汉族 | 城阳 | 陈沟 | 长女 | 虎小燕 | 汉族 | 城阳 | 陈沟 |
| 二女 | 虎东燕 | 汉族 | 城阳 | 陈沟 | 户主 | 吴治才 | 汉族 | 城阳 | 长城 |
| 长女 | 虎小荣 | 汉族 | 城阳 | 陈沟 | 长女 | 吴建芬 | 汉族 | 城阳 | 长城 |
| 户主 | 虎安孔 | 汉族 | 城阳 | 陈沟 | 户主 | 李国忠 | 汉族 | 冯庄 | 崖湾 |
| 妻子 | 韩西兰 | 汉族 | 城阳 | 陈沟 | 妻子 | 韩彩芳 | 汉族 | 冯庄 | 崖湾 |
| 长女 | 虎亚荣 | 汉族 | 城阳 | 陈沟 | 三女 | 李月琴 | 汉族 | 冯庄 | 崖湾 |
| 长子 | 虎亮刚 | 汉族 | 城阳 | 陈沟 | 长子 | 李　昊 | 汉族 | 冯庄 | 崖湾 |
| 妹妹 | 虎有琴 | 汉族 | 城阳 | 陈沟 | 哥哥 | 李国兵 | 汉族 | 冯庄 | 崖湾 |
| 户主 | 虎安亮 | 汉族 | 城阳 | 陈沟 | 户主 | 张俊明 | 汉族 | 冯庄 | 崖湾 |
| 妻子 | 周莉花 | 汉族 | 城阳 | 陈沟 | 妻子 | 钟小梅 | 汉族 | 冯庄 | 崖湾 |
| 母亲 | 李梅花 | 汉族 | 城阳 | 陈沟 | 长女 | 张　粉 | 汉族 | 冯庄 | 崖湾 |
| 户主 | 虎治文 | 汉族 | 城阳 | 陈沟 | 母亲 | 安克琴 | 汉族 | 冯庄 | 崖湾 |
| 次子 | 虎安恒 | 汉族 | 城阳 | 陈沟 | 父亲 | 张怀羲 | 汉族 | 冯庄 | 崖湾 |
| 妻子 | 董秀林 | 汉族 | 城阳 | 陈沟 | 户主 | 李仲德 | 汉族 | 冯庄 | 崖湾 |
| 户主 | 虎安海 | 汉族 | 城阳 | 陈沟 | 妻子 | 刘生花 | 汉族 | 冯庄 | 崖湾 |
| 妻子 | 林宁花 | 汉族 | 城阳 | 陈沟 | 户主 | 安正有 | 汉族 | 冯庄 | 崖湾 |
| 次子 | 虎宵春 | 汉族 | 城阳 | 陈沟 | 妻子 | 虎彩兰 | 汉族 | 冯庄 | 崖湾 |
| 长子 | 虎向春 | 汉族 | 城阳 | 陈沟 | 长子 | 安明明 | 汉族 | 冯庄 | 崖湾 |
| 户主 | 虎玉科 | 汉族 | 城阳 | 陈沟 | 次子 | 安春云 | 汉族 | 冯庄 | 崖湾 |
| 妻子 | 任会霞 | 汉族 | 城阳 | 陈沟 | 户主 | 安广东 | 汉族 | 冯庄 | 崖湾 |
| 次子 | 虎　强 | 汉族 | 城阳 | 陈沟 | 妻子 | 张彩霞 | 汉族 | 冯庄 | 崖湾 |
| 长子 | 虎　帅 | 汉族 | 城阳 | 陈沟 | 长子 | 安蝉明 | 汉族 | 冯庄 | 崖湾 |

续表 17

| 与户主关系 | 家庭成员 | 民族 | 原居住地 | | 与户主关系 | 家庭成员 | 民族 | 原居住地 | |
|---|---|---|---|---|---|---|---|---|---|
| | | | 乡(镇) | 行政村 | | | | 乡(镇) | 行政村 |
| 长女 | 安明香 | 汉族 | 冯庄 | 崖湾 | 妻子 | 虎桂琴 | 汉族 | 冯庄 | 崖湾 |
| 二女 | 安银香 | 汉族 | 冯庄 | 崖湾 | 次子 | 安军平 | 汉族 | 冯庄 | 崖湾 |
| 户主 | 张俊元 | 汉族 | 冯庄 | 崖湾 | 儿媳 | 陈永芳 | 汉族 | 冯庄 | 崖湾 |
| 妻子 | 李粉琴 | 汉族 | 冯庄 | 崖湾 | 孙女 | 安　阳 | 汉族 | 冯庄 | 崖湾 |
| 长子 | 张　辉 | 汉族 | 冯庄 | 崖湾 | 二女 | 安芸芸 | 汉族 | 冯庄 | 崖湾 |
| 次子 | 张向伟 | 汉族 | 冯庄 | 崖湾 | 孙女 | 安　婷 | 汉族 | 冯庄 | 崖湾 |
| 长女 | 张　荣 | 汉族 | 冯庄 | 崖湾 | 户主 | 安有平 | 汉族 | 冯庄 | 崖湾 |
| 父亲 | 张怀仁 | 汉族 | 冯庄 | 崖湾 | 妻子 | 王树霞 | 汉族 | 冯庄 | 崖湾 |
| 母亲 | 李兰花 | 汉族 | 冯庄 | 崖湾 | 长女 | 安　蕊 | 汉族 | 冯庄 | 崖湾 |
| 户主 | 张俊武 | 汉族 | 冯庄 | 崖湾 | 长子 | 安　彪 | 汉族 | 冯庄 | 崖湾 |
| 妻子 | 虎书红 | 汉族 | 冯庄 | 崖湾 | 户主 | 安东平 | 汉族 | 冯庄 | 崖湾 |
| 长子 | 张　涛 | 汉族 | 冯庄 | 崖湾 | 妻子 | 马清梅 | 汉族 | 冯庄 | 崖湾 |
| 长女 | 张　靓 | 汉族 | 冯庄 | 崖湾 | 三女 | 安巧兰 | 汉族 | 冯庄 | 崖湾 |
| 户主 | 李万祥 | 汉族 | 冯庄 | 崖湾 | 四女 | 安新兰 | 汉族 | 冯庄 | 崖湾 |
| 妻子 | 虎学琴 | 汉族 | 冯庄 | 崖湾 | 五女 | 安玉兰 | 汉族 | 冯庄 | 崖湾 |
| 次子 | 李　斌 | 汉族 | 冯庄 | 崖湾 | 六女 | 安润兰 | 汉族 | 冯庄 | 崖湾 |
| 长子 | 李　军 | 汉族 | 冯庄 | 崖湾 | 户主 | 安彦纲 | 汉族 | 冯庄 | 崖湾 |
| 户主 | 李志平 | 汉族 | 冯庄 | 崖湾 | 妻子 | 白文翠 | 汉族 | 冯庄 | 崖湾 |
| 妻子 | 虎建琴 | 汉族 | 冯庄 | 崖湾 | 长子 | 安广军 | 汉族 | 冯庄 | 崖湾 |
| 长女 | 李春乐 | 汉族 | 冯庄 | 崖湾 | 儿媳 | 刘　丽 | 汉族 | 冯庄 | 崖湾 |
| 二女 | 李春秀 | 汉族 | 冯庄 | 崖湾 | 孙子 | 安　毅 | 汉族 | 冯庄 | 崖湾 |
| 长子 | 李春谷 | 汉族 | 冯庄 | 崖湾 | 孙女 | 安　晶 | 汉族 | 冯庄 | 崖湾 |
| 户主 | 安希银 | 汉族 | 冯庄 | 崖湾 | 户主 | 李万有 | 汉族 | 冯庄 | 崖湾 |
| 妻子 | 王树芳 | 汉族 | 冯庄 | 崖湾 | 妻子 | 张彩梅 | 汉族 | 冯庄 | 崖湾 |
| 长子 | 安嘉宁 | 汉族 | 冯庄 | 崖湾 | 孙子 | 李　忠 | 汉族 | 冯庄 | 崖湾 |
| 户主 | 安克忠 | 汉族 | 冯庄 | 崖湾 | 户主 | 安正兵 | 汉族 | 冯庄 | 崖湾 |
| 妻子 | 李正莲 | 汉族 | 冯庄 | 崖湾 | 妻子 | 朱贵粉 | 汉族 | 冯庄 | 崖湾 |
| 三子 | 安希宝 | 汉族 | 冯庄 | 崖湾 | 长子 | 安忙生 | 汉族 | 冯庄 | 崖湾 |
| 儿媳 | 张　潇 | 汉族 | 冯庄 | 崖湾 | 儿媳 | 虎　玲 | 汉族 | 冯庄 | 崖湾 |
| 孙女 | 安　琪 | 汉族 | 冯庄 | 崖湾 | 孙子 | 安　雷 | 汉族 | 冯庄 | 崖湾 |
| 户主 | 李万福 | 汉族 | 冯庄 | 崖湾 | 母亲 | 雅化兰 | 汉族 | 冯庄 | 崖湾 |
| 妻子 | 刘秀梅 | 汉族 | 冯庄 | 崖湾 | 户主 | 安思杰 | 汉族 | 冯庄 | 崖湾 |
| 长子 | 李　东 | 汉族 | 冯庄 | 崖湾 | 妻子 | 郭梅荣 | 汉族 | 冯庄 | 崖湾 |
| 儿媳 | 张永丽 | 汉族 | 冯庄 | 崖湾 | 长女 | 安　琴 | 汉族 | 冯庄 | 崖湾 |
| 长女 | 李　霞 | 汉族 | 冯庄 | 崖湾 | 长女 | 安　龙 | 汉族 | 冯庄 | 崖湾 |
| 户主 | 安希康 | 汉族 | 冯庄 | 崖湾 | 母亲 | 杜兰花 | 汉族 | 冯庄 | 崖湾 |

续表 17

| 与户主关系 | 家庭成员 | 民族 | 原居住地 | | 与户主关系 | 家庭成员 | 民族 | 原居住地 | |
|---|---|---|---|---|---|---|---|---|---|
| | | | 乡(镇) | 行政村 | | | | 乡(镇) | 行政村 |
| 户主 | 安彦玺 | 汉族 | 冯庄 | 崖湾 | 三女 | 安金芳 | 汉族 | 冯庄 | 崖湾 |
| 妻子 | 朱彩银 | 汉族 | 冯庄 | 崖湾 | 户主 | 安希贵 | 汉族 | 冯庄 | 崖湾 |
| 长女 | 安亮亮 | 汉族 | 冯庄 | 崖湾 | 妻子 | 胡桂芳 | 汉族 | 冯庄 | 崖湾 |
| 二女 | 安兴亮 | 汉族 | 冯庄 | 崖湾 | 长子 | 安　军 | 汉族 | 冯庄 | 崖湾 |
| 三女 | 安明亮 | 汉族 | 冯庄 | 崖湾 | 四女 | 安小银 | 汉族 | 冯庄 | 崖湾 |
| 户主 | 安彦勤 | 汉族 | 冯庄 | 崖湾 | 五女 | 安小萍 | 汉族 | 冯庄 | 崖湾 |
| 妻子 | 常玉红 | 汉族 | 冯庄 | 崖湾 | 户主 | 蔺杰山 | 汉族 | 冯庄 | 崖湾 |
| 长子 | 安银平 | 汉族 | 冯庄 | 崖湾 | 妻子 | 白玉琴 | 汉族 | 冯庄 | 崖湾 |
| 户主 | 安思明 | 汉族 | 冯庄 | 崖湾 | 长子 | 蔺建章 | 汉族 | 冯庄 | 崖湾 |
| 妻子 | 张银梅 | 汉族 | 冯庄 | 崖湾 | 次子 | 蔺小明 | 汉族 | 冯庄 | 崖湾 |
| 长女 | 安　丽 | 汉族 | 冯庄 | 崖湾 | 户主 | 安国雄 | 汉族 | 冯庄 | 崖湾 |
| 二女 | 安芳芳 | 汉族 | 冯庄 | 崖湾 | 妻子 | 李生月 | 汉族 | 冯庄 | 崖湾 |
| 父亲 | 安彦仑 | 汉族 | 冯庄 | 崖湾 | 长子 | 安文会 | 汉族 | 冯庄 | 崖湾 |
| 户主 | 安彦军 | 汉族 | 冯庄 | 崖湾 | 次子 | 安　浩 | 汉族 | 冯庄 | 崖湾 |
| 妻子 | 刘登粉 | 汉族 | 冯庄 | 崖湾 | 三子 | 安新勇 | 汉族 | 冯庄 | 崖湾 |
| 次子 | 安思伟 | 汉族 | 冯庄 | 崖湾 | 父亲 | 安彦成 | 汉族 | 冯庄 | 崖湾 |
| 儿媳 | 白生瑞 | 汉族 | 冯庄 | 崖湾 | 户主 | 蔺春山 | 汉族 | 冯庄 | 崖湾 |
| 孙女 | 安田田 | 汉族 | 冯庄 | 崖湾 | 妻子 | 刘慧珍 | 汉族 | 冯庄 | 崖湾 |
| 孙女 | 安乔乔 | 汉族 | 冯庄 | 崖湾 | 长女 | 蔺建弟 | 汉族 | 冯庄 | 崖湾 |
| 孙子 | 安员员 | 汉族 | 冯庄 | 崖湾 | 二女 | 蔺建建 | 汉族 | 冯庄 | 崖湾 |
| 户主 | 安希成 | 汉族 | 冯庄 | 崖湾 | 长子 | 蔺建博 | 汉族 | 冯庄 | 崖湾 |
| 父亲 | 安克生 | 汉族 | 冯庄 | 崖湾 | 母亲 | 曹玉英 | 汉族 | 冯庄 | 崖湾 |
| 母亲 | 李春花 | 汉族 | 冯庄 | 崖湾 | 户主 | 杨广林 | 汉族 | 冯庄 | 崖湾 |
| 户主 | 安克珍 | 汉族 | 冯庄 | 崖湾 | 妻子 | 张　芳 | 汉族 | 冯庄 | 崖湾 |
| 妻子 | 王俊兰 | 汉族 | 冯庄 | 崖湾 | 长子 | 杨　磊 | 汉族 | 冯庄 | 崖湾 |
| 户主 | 安希礼 | 汉族 | 冯庄 | 崖湾 | 户主 | 安希明 | 汉族 | 冯庄 | 崖湾 |
| 妻子 | 闫玉萍 | 汉族 | 冯庄 | 崖湾 | 妻子 | 梁　琴 | 汉族 | 冯庄 | 崖湾 |
| 长子 | 安　斌 | 汉族 | 冯庄 | 崖湾 | 长子 | 安九龙 | 汉族 | 冯庄 | 崖湾 |
| 长女 | 安晓霞 | 汉族 | 冯庄 | 崖湾 | 次子 | 安新龙 | 汉族 | 冯庄 | 崖湾 |
| 户主 | 安希文 | 汉族 | 冯庄 | 崖湾 | 户主 | 安希龙 | 汉族 | 冯庄 | 崖湾 |
| 妻子 | 陈小利 | 汉族 | 冯庄 | 崖湾 | 妻子 | 常玉霞 | 汉族 | 冯庄 | 崖湾 |
| 长女 | 安　霞 | 汉族 | 冯庄 | 崖湾 | 长子 | 安　勇 | 汉族 | 冯庄 | 崖湾 |
| 二女 | 安福霞 | 汉族 | 冯庄 | 崖湾 | 次子 | 安　强 | 汉族 | 冯庄 | 崖湾 |
| 长子 | 安　龙 | 汉族 | 冯庄 | 崖湾 | 父亲 | 安克祥 | 汉族 | 冯庄 | 崖湾 |
| 户主 | 米如兰 | 汉族 | 冯庄 | 崖湾 | 户主 | 李　静 | 汉族 | 冯庄 | 崖湾 |
| 长子 | 安希鹏 | 汉族 | 冯庄 | 崖湾 | 长女 | 安映燃 | 汉族 | 冯庄 | 崖湾 |

续表 17

| 与户主关系 | 家庭成员 | 民族 | 原居住地 | | 与户主关系 | 家庭成员 | 民族 | 原居住地 | |
|---|---|---|---|---|---|---|---|---|---|
| | | | 乡(镇) | 行政村 | | | | 乡(镇) | 行政村 |
| 婆婆 | 马金花 | 汉族 | 冯庄 | 崖湾 | 妻子 | 白春琴 | 汉族 | 冯庄 | 高庄 |
| 户主 | 安希武 | 汉族 | 冯庄 | 崖湾 | 次子 | 安利军 | 汉族 | 冯庄 | 高庄 |
| 妻子 | 张小艳 | 汉族 | 冯庄 | 崖湾 | 户主 | 马占科 | 汉族 | 冯庄 | 高庄 |
| 长子 | 安义龙 | 汉族 | 冯庄 | 崖湾 | 次子 | 马丁荣 | 汉族 | 冯庄 | 高庄 |
| 次子 | 安玉龙 | 汉族 | 冯庄 | 崖湾 | 父亲 | 马建文 | 汉族 | 冯庄 | 高庄 |
| 长女 | 安亚萍 | 汉族 | 冯庄 | 崖湾 | 母亲 | 白玉兰 | 汉族 | 冯庄 | 高庄 |
| 户主 | 安正国 | 汉族 | 冯庄 | 崖湾 | 户主 | 安真献 | 汉族 | 冯庄 | 高庄 |
| 妻子 | 卢玉芳 | 汉族 | 冯庄 | 崖湾 | 妻子 | 柳风莲 | 汉族 | 冯庄 | 高庄 |
| 户主 | 李正芳 | 汉族 | 冯庄 | 崖湾 | 长子 | 安胜利 | 汉族 | 冯庄 | 高庄 |
| 长子 | 安　涛 | 汉族 | 冯庄 | 崖湾 | 长女 | 安永蓉 | 汉族 | 冯庄 | 高庄 |
| 三子 | 安　博 | 汉族 | 冯庄 | 崖湾 | 户主 | 陈秀花 | 汉族 | 冯庄 | 高庄 |
| 户主 | 安彦付 | 汉族 | 冯庄 | 崖湾 | 次女 | 安永彩 | 汉族 | 冯庄 | 高庄 |
| 妻子 | 张明芳 | 汉族 | 冯庄 | 崖湾 | 长子 | 安永平 | 汉族 | 冯庄 | 高庄 |
| 次子 | 安思强 | 汉族 | 冯庄 | 崖湾 | 户主 | 魏润兰 | 汉族 | 冯庄 | 高庄 |
| 户主 | 安小明 | 汉族 | 冯庄 | 崖湾 | 长女 | 安云霞 | 汉族 | 冯庄 | 高庄 |
| 弟弟 | 安亮亮 | 汉族 | 冯庄 | 崖湾 | 长子 | 安云利 | 汉族 | 冯庄 | 高庄 |
| 户主 | 张俊堂 | 汉族 | 冯庄 | 崖湾 | 户主 | 张翻霞 | 汉族 | 冯庄 | 高庄 |
| 妻子 | 卢金芳 | 汉族 | 冯庄 | 崖湾 | 兄弟 | 张金库 | 汉族 | 冯庄 | 高庄 |
| 长子 | 张　乐 | 汉族 | 冯庄 | 崖湾 | 祖母 | 虎梅英 | 汉族 | 冯庄 | 高庄 |
| 二女 | 张　蓉 | 汉族 | 冯庄 | 崖湾 | 户主 | 安彦虎 | 汉族 | 冯庄 | 高庄 |
| 户主 | 安希武 | 汉族 | 冯庄 | 崖湾 | 次子 | 安保向 | 汉族 | 冯庄 | 高庄 |
| 妻子 | 柳彩强 | 汉族 | 冯庄 | 崖湾 | 三子 | 安保利 | 汉族 | 冯庄 | 高庄 |
| 长子 | 安新平 | 汉族 | 冯庄 | 崖湾 | 母亲 | 白世莲 | 汉族 | 冯庄 | 高庄 |
| 次子 | 安新军 | 汉族 | 冯庄 | 崖湾 | 儿媳 | 李雪花 | 汉族 | 冯庄 | 高庄 |
| 长女 | 安军霞 | 汉族 | 冯庄 | 崖湾 | 孙子 | 安佳琪 | 汉族 | 冯庄 | 高庄 |
| 户主 | 安彦科 | 汉族 | 冯庄 | 高庄 | 户主 | 胡会成 | 汉族 | 冯庄 | 高庄 |
| 妻子 | 梁彩红 | 汉族 | 冯庄 | 高庄 | 父亲 | 胡学忠 | 汉族 | 冯庄 | 高庄 |
| 次女 | 安翻霞 | 汉族 | 冯庄 | 高庄 | 母亲 | 虎桂芳 | 汉族 | 冯庄 | 高庄 |
| 户主 | 安禛魁 | 汉族 | 冯庄 | 高庄 | 户主 | 胡永军 | 汉族 | 冯庄 | 高庄 |
| 妻子 | 杨彩琴 | 汉族 | 冯庄 | 高庄 | 妻子 | 李琴芳 | 汉族 | 冯庄 | 高庄 |
| 次子 | 安小荣 | 汉族 | 冯庄 | 高庄 | 次女 | 胡金霞 | 汉族 | 冯庄 | 高庄 |
| 户主 | 马占仓 | 汉族 | 冯庄 | 高庄 | 长子 | 胡锦伟 | 汉族 | 冯庄 | 高庄 |
| 妻子 | 张秀梅 | 汉族 | 冯庄 | 高庄 | 户主 | 安怀怀 | 汉族 | 冯庄 | 高庄 |
| 长子 | 马金闰 | 汉族 | 冯庄 | 高庄 | 兄弟 | 安玉怀 | 汉族 | 冯庄 | 高庄 |
| 次女 | 马晓瑞 | 汉族 | 冯庄 | 高庄 | 父亲 | 安真治 | 汉族 | 冯庄 | 高庄 |
| 户主 | 安彦昌 | 汉族 | 冯庄 | 高庄 | 母亲 | 肖登兰 | 汉族 | 冯庄 | 高庄 |

续表 17

| 与户主关系 | 家庭成员 | 民族 | 原居住地 | | 与户主关系 | 家庭成员 | 民族 | 原居住地 | |
|---|---|---|---|---|---|---|---|---|---|
| | | | 乡(镇) | 行政村 | | | | 乡(镇) | 行政村 |
| 户主 | 张　满 | 汉族 | 冯庄 | 高庄 | 户主 | 安思强 | 汉族 | 冯庄 | 高庄 |
| 妻子 | 沈孝兰 | 汉族 | 冯庄 | 高庄 | 长子 | 安博伟 | 汉族 | 冯庄 | 高庄 |
| 四女 | 张金霞 | 汉族 | 冯庄 | 高庄 | 户主 | 高秀儒 | 汉族 | 冯庄 | 高庄 |
| 长子 | 张金峰 | 汉族 | 冯庄 | 高庄 | 妻子 | 闫继粉 | 汉族 | 冯庄 | 高庄 |
| 户主 | 白　蓉 | 汉族 | 冯庄 | 高庄 | 长子 | 高　栋 | 汉族 | 冯庄 | 高庄 |
| 长女 | 安　静 | 汉族 | 冯庄 | 高庄 | 次子 | 高　洋 | 汉族 | 冯庄 | 高庄 |
| 长子 | 安子腾 | 汉族 | 冯庄 | 高庄 | 户主 | 王志坚 | 汉族 | 冯庄 | 茨湾 |
| 母亲 | 虎风兰 | 汉族 | 冯庄 | 高庄 | 妻子 | 马海兰 | 汉族 | 冯庄 | 茨湾 |
| 户主 | 闫玉芳 | 汉族 | 冯庄 | 高庄 | 长子 | 王　静 | 汉族 | 冯庄 | 茨湾 |
| 长子 | 安玉玉 | 汉族 | 冯庄 | 高庄 | 次子 | 王　鹏 | 汉族 | 冯庄 | 茨湾 |
| 次女 | 安娟利 | 汉族 | 冯庄 | 高庄 | 长女 | 王　蕾 | 汉族 | 冯庄 | 茨湾 |
| 户主 | 安彦堂 | 汉族 | 冯庄 | 高庄 | 母亲 | 马德梅 | 汉族 | 冯庄 | 茨湾 |
| 妻子 | 闫淑兰 | 汉族 | 冯庄 | 高庄 | 户主 | 王志忠 | 汉族 | 冯庄 | 茨湾 |
| 次子 | 安建军 | 汉族 | 冯庄 | 高庄 | 妻子 | 董巧莲 | 汉族 | 冯庄 | 茨湾 |
| 长女 | 安喜翠 | 汉族 | 冯庄 | 高庄 | 长子 | 王　锋 | 汉族 | 冯庄 | 茨湾 |
| 次女 | 安建翠 | 汉族 | 冯庄 | 高庄 | 次女 | 王换过 | 汉族 | 冯庄 | 茨湾 |
| 孙女 | 安佳颖 | 汉族 | 冯庄 | 高庄 | 户主 | 高万龙 | 汉族 | 冯庄 | 茨湾 |
| 孙女 | 安佳锐 | 汉族 | 冯庄 | 高庄 | 妻子 | 董　琴 | 汉族 | 冯庄 | 茨湾 |
| 户主 | 安彦平 | 汉族 | 冯庄 | 高庄 | 长子 | 高　楠 | 汉族 | 冯庄 | 茨湾 |
| 妻子 | 张秀兰 | 汉族 | 冯庄 | 高庄 | 长女 | 高　莉 | 汉族 | 冯庄 | 茨湾 |
| 长女 | 安玉翠 | 汉族 | 冯庄 | 高庄 | 户主 | 高万虎 | 汉族 | 冯庄 | 茨湾 |
| 次女 | 安玉红 | 汉族 | 冯庄 | 高庄 | 妻子 | 李彩红 | 汉族 | 冯庄 | 茨湾 |
| 长子 | 安满军 | 汉族 | 冯庄 | 高庄 | 长子 | 高　伟 | 汉族 | 冯庄 | 茨湾 |
| 户主 | 安彦龙 | 汉族 | 冯庄 | 高庄 | 父亲 | 高正军 | 汉族 | 冯庄 | 茨湾 |
| 妻子 | 马润花 | 汉族 | 冯庄 | 高庄 | 母亲 | 袁秀琴 | 汉族 | 冯庄 | 茨湾 |
| 长女 | 安玉婷 | 汉族 | 冯庄 | 高庄 | 户主 | 高万峰 | 汉族 | 冯庄 | 茨湾 |
| 长子 | 安亚军 | 汉族 | 冯庄 | 高庄 | 妻子 | 张淑琴 | 汉族 | 冯庄 | 茨湾 |
| 次女 | 安军霞 | 汉族 | 冯庄 | 高庄 | 长女 | 高　娟 | 汉族 | 冯庄 | 茨湾 |
| 父亲 | 安真文 | 汉族 | 冯庄 | 高庄 | 长子 | 高　勇 | 汉族 | 冯庄 | 茨湾 |
| 母亲 | 王佐莲 | 汉族 | 冯庄 | 高庄 | 父亲 | 高正雄 | 汉族 | 冯庄 | 茨湾 |
| 户主 | 安彦全 | 汉族 | 冯庄 | 高庄 | 母亲 | 李进娥 | 汉族 | 冯庄 | 茨湾 |
| 妻子 | 杨成兰 | 汉族 | 冯庄 | 高庄 | 妹妹 | 高红红 | 汉族 | 冯庄 | 茨湾 |
| 长子 | 安勇军 | 汉族 | 冯庄 | 高庄 | 户主 | 杨柱生 | 汉族 | 冯庄 | 茨湾 |
| 长女 | 安永红 | 汉族 | 冯庄 | 高庄 | 妻子 | 朱德玲 | 汉族 | 冯庄 | 茨湾 |
| 户主 | 安彦学 | 汉族 | 冯庄 | 高庄 | 长子 | 杨　斌 | 汉族 | 冯庄 | 茨湾 |
| 母亲 | 景玉英 | 汉族 | 冯庄 | 高庄 | 母亲 | 白兴兰 | 汉族 | 冯庄 | 茨湾 |

续表 17

| 与户主关系 | 家庭成员 | 民族 | 原居住地 | | 与户主关系 | 家庭成员 | 民族 | 原居住地 | |
|---|---|---|---|---|---|---|---|---|---|
| | | | 乡(镇) | 行政村 | | | | 乡(镇) | 行政村 |
| 户主 | 杨占山 | 汉族 | 冯庄 | 茨湾 | 长女 | 安　雪 | 汉族 | 冯庄 | 茨湾 |
| 妻子 | 刘粉强 | 汉族 | 冯庄 | 茨湾 | 户主 | 安思川 | 汉族 | 冯庄 | 茨湾 |
| 长女 | 杨芳芳 | 汉族 | 冯庄 | 茨湾 | 妻子 | 秦秀兰 | 汉族 | 冯庄 | 茨湾 |
| 次女 | 杨苗苗 | 汉族 | 冯庄 | 茨湾 | 次子 | 安瑞钰 | 汉族 | 冯庄 | 茨湾 |
| 长子 | 杨永伟 | 汉族 | 冯庄 | 茨湾 | 儿媳 | 白秋燕 | 汉族 | 冯庄 | 茨湾 |
| 户主 | 王志军 | 汉族 | 冯庄 | 茨湾 | 孙子 | 安治发 | 汉族 | 冯庄 | 茨湾 |
| 妻子 | 安顺利 | 汉族 | 冯庄 | 茨湾 | 户主 | 安思齐 | 汉族 | 冯庄 | 茨湾 |
| 长女 | 王麦换 | 汉族 | 冯庄 | 茨湾 | 妻子 | 白银梅 | 汉族 | 冯庄 | 茨湾 |
| 次女 | 王婷婷 | 汉族 | 冯庄 | 茨湾 | 长子 | 安瑞鹏 | 汉族 | 冯庄 | 茨湾 |
| 长子 | 王　博 | 汉族 | 冯庄 | 茨湾 | 长女 | 安瑞丽 | 汉族 | 冯庄 | 茨湾 |
| 户主 | 安正义 | 汉族 | 冯庄 | 茨湾 | 次子 | 安瑞军 | 汉族 | 冯庄 | 茨湾 |
| 妻子 | 路伟英 | 汉族 | 冯庄 | 茨湾 | 户主 | 安思俭 | 汉族 | 冯庄 | 茨湾 |
| 长子 | 安　勇 | 汉族 | 冯庄 | 茨湾 | 妻子 | 张兴兰 | 汉族 | 冯庄 | 茨湾 |
| 长女 | 安丽芳 | 汉族 | 冯庄 | 茨湾 | 次子 | 安瑞虎 | 汉族 | 冯庄 | 茨湾 |
| 户主 | 安思斌 | 汉族 | 冯庄 | 茨湾 | 户主 | 安彦升 | 汉族 | 冯庄 | 茨湾 |
| 妻子 | 史秀兰 | 汉族 | 冯庄 | 茨湾 | 次子 | 安富平 | 汉族 | 冯庄 | 茨湾 |
| 长子 | 安正锴 | 汉族 | 冯庄 | 茨湾 | 三子 | 安富银 | 汉族 | 冯庄 | 茨湾 |
| 次子 | 安正权 | 汉族 | 冯庄 | 茨湾 | 四子 | 安思银 | 汉族 | 冯庄 | 茨湾 |
| 三子 | 安正理 | 汉族 | 冯庄 | 茨湾 | 户主 | 陆世发 | 汉族 | 冯庄 | 小湾 |
| 长女 | 安春艳 | 汉族 | 冯庄 | 茨湾 | 妻子 | 刘翠梅 | 汉族 | 冯庄 | 小湾 |
| 弟弟 | 安思银 | 汉族 | 冯庄 | 茨湾 | 长子 | 陆　楠 | 汉族 | 冯庄 | 小湾 |
| 户主 | 安思来 | 汉族 | 冯庄 | 茨湾 | 次子 | 陆　柏 | 汉族 | 冯庄 | 小湾 |
| 妻子 | 陈玉芳 | 汉族 | 冯庄 | 茨湾 | 父 | 陆占成 | 汉族 | 冯庄 | 小湾 |
| 长子 | 安　瑞 | 汉族 | 冯庄 | 茨湾 | 母 | 段世兰 | 汉族 | 冯庄 | 小湾 |
| 长女 | 安　娟 | 汉族 | 冯庄 | 茨湾 | 户主 | 陆世荣 | 汉族 | 冯庄 | 小湾 |
| 次子 | 安　鹏 | 汉族 | 冯庄 | 茨湾 | 妻子 | 马彩琴 | 汉族 | 冯庄 | 小湾 |
| 户主 | 安思新 | 汉族 | 冯庄 | 茨湾 | 长子 | 陆　有 | 汉族 | 冯庄 | 小湾 |
| 妻子 | 李志梅 | 汉族 | 冯庄 | 茨湾 | 户主 | 张文平 | 汉族 | 冯庄 | 小湾 |
| 次子 | 安军全 | 汉族 | 冯庄 | 茨湾 | 长子 | 张　军 | 汉族 | 冯庄 | 小湾 |
| 三子 | 安向军 | 汉族 | 冯庄 | 茨湾 | 次子 | 张　成 | 汉族 | 冯庄 | 小湾 |
| 户主 | 安瑞宗 | 汉族 | 冯庄 | 茨湾 | 妻子 | 张丽琴 | 汉族 | 冯庄 | 小湾 |
| 妻子 | 马巧梅 | 汉族 | 冯庄 | 茨湾 | 户主 | 陆世科 | 汉族 | 冯庄 | 小湾 |
| 长女 | 安莉莉 | 汉族 | 冯庄 | 茨湾 | 妻子 | 高玉琴 | 汉族 | 冯庄 | 小湾 |
| 长子 | 安慧智 | 汉族 | 冯庄 | 茨湾 | 次子 | 陆　勇 | 汉族 | 冯庄 | 小湾 |
| 户主 | 安思羲 | 汉族 | 冯庄 | 茨湾 | 户主 | 陈雄章 | 汉族 | 冯庄 | 小湾 |
| 妻子 | 杨　玲 | 汉族 | 冯庄 | 茨湾 | 妻子 | 周彩霞 | 汉族 | 冯庄 | 小湾 |

续表 17

| 与户主关系 | 家庭成员 | 民族 | 原居住地 | | 与户主关系 | 家庭成员 | 民族 | 原居住地 | |
|---|---|---|---|---|---|---|---|---|---|
| | | | 乡(镇) | 行政村 | | | | 乡(镇) | 行政村 |
| 长女 | 陈　娜 | 汉族 | 冯庄 | 小湾 | 母 | 慕秀英 | 汉族 | 冯庄 | 小湾 |
| 次女 | 陈　楠 | 汉族 | 冯庄 | 小湾 | 户主 | 陆占银 | 汉族 | 冯庄 | 小湾 |
| 父 | 陈富栋 | 汉族 | 冯庄 | 小湾 | 妻子 | 周世莲 | 汉族 | 冯庄 | 小湾 |
| 户主 | 陈宏章 | 汉族 | 冯庄 | 小湾 | 长女 | 陆彩娟 | 汉族 | 冯庄 | 小湾 |
| 妻子 | 杨如兰 | 汉族 | 冯庄 | 小湾 | 长子 | 陆治国 | 汉族 | 冯庄 | 小湾 |
| 户主 | 陆占奎 | 汉族 | 冯庄 | 小湾 | 户主 | 陆占斌 | 汉族 | 冯庄 | 小湾 |
| 妻子 | 张希莲 | 汉族 | 冯庄 | 小湾 | 妻子 | 张正梅 | 汉族 | 冯庄 | 小湾 |
| 户主 | 陆占军 | 汉族 | 冯庄 | 小湾 | 长子 | 陆世虎 | 汉族 | 冯庄 | 小湾 |
| 妻子 | 景玉梅 | 汉族 | 冯庄 | 小湾 | 儿媳 | 石向丽 | 汉族 | 冯庄 | 小湾 |
| 长子 | 陆世锋 | 汉族 | 冯庄 | 小湾 | 户主 | 王兴福 | 汉族 | 冯庄 | 小湾 |
| 次子 | 陆世利 | 汉族 | 冯庄 | 小湾 | 妻子 | 纳世琴 | 汉族 | 冯庄 | 小湾 |
| 户主 | 杨荣东 | 汉族 | 冯庄 | 小湾 | 长子 | 王国刚 | 汉族 | 冯庄 | 小湾 |
| 妻子 | 李治琳 | 汉族 | 冯庄 | 小湾 | 次子 | 王国强 | 汉族 | 冯庄 | 小湾 |
| 长子 | 杨彦杰 | 汉族 | 冯庄 | 小湾 | 户主 | 杨荣奎 | 汉族 | 冯庄 | 小湾 |
| 父 | 杨生海 | 汉族 | 冯庄 | 小湾 | 妻子 | 曹慧芳 | 汉族 | 冯庄 | 小湾 |
| 母 | 安志明 | 汉族 | 冯庄 | 小湾 | 长子 | 杨彦刚 | 汉族 | 冯庄 | 小湾 |
| 长女 | 杨　兰 | 汉族 | 冯庄 | 小湾 | 次子 | 杨彦斌 | 汉族 | 冯庄 | 小湾 |
| 户主 | 王国平 | 汉族 | 冯庄 | 小湾 | 户主 | 陆世兴 | 汉族 | 冯庄 | 小湾 |
| 妻子 | 景　燕 | 汉族 | 冯庄 | 小湾 | 妻子 | 陈文丽 | 汉族 | 冯庄 | 小湾 |
| 长女 | 王　雪 | 汉族 | 冯庄 | 小湾 | 长子 | 陆　辉 | 汉族 | 冯庄 | 小湾 |
| 长子 | 王　海 | 汉族 | 冯庄 | 小湾 | 次女 | 陆　睿 | 汉族 | 冯庄 | 小湾 |
| 户主 | 王国仁 | 汉族 | 冯庄 | 小湾 | 户主 | 马作花 | 汉族 | 冯庄 | 小湾 |
| 父 | 王兴财 | 汉族 | 冯庄 | 小湾 | 丈夫 | 安治科 | 汉族 | 冯庄 | 小湾 |
| 户主 | 王兴荣 | 汉族 | 冯庄 | 小湾 | 次子 | 安岁平 | 汉族 | 冯庄 | 小湾 |
| 妻子 | 王麦忙 | 汉族 | 冯庄 | 小湾 | 户主 | 陆世聪 | 汉族 | 冯庄 | 小湾 |
| 长子 | 王玉升 | 汉族 | 冯庄 | 小湾 | 妻子 | 王小菊 | 汉族 | 冯庄 | 小湾 |
| 长女 | 王玉霞 | 汉族 | 冯庄 | 小湾 | 长子 | 陆　康 | 汉族 | 冯庄 | 小湾 |
| 户主 | 王国珍 | 汉族 | 冯庄 | 小湾 | 长女 | 陆　静 | 汉族 | 冯庄 | 小湾 |
| 妻子 | 历金鹏 | 汉族 | 冯庄 | 小湾 | 户主 | 王兴科 | 汉族 | 冯庄 | 小湾 |
| 长子 | 王伟强 | 汉族 | 冯庄 | 小湾 | 妻子 | 郭秀梅 | 汉族 | 冯庄 | 小湾 |
| 次子 | 王伟涛 | 汉族 | 冯庄 | 小湾 | 长子 | 王国祥 | 汉族 | 冯庄 | 小湾 |
| 户主 | 陆占雄 | 汉族 | 冯庄 | 小湾 | 次子 | 王国利 | 汉族 | 冯庄 | 小湾 |
| 妻子 | 刘秀芳 | 汉族 | 冯庄 | 小湾 | 户主 | 陈文章 | 汉族 | 冯庄 | 小湾 |
| 长女 | 陆婷婷 | 汉族 | 冯庄 | 小湾 | 妻子 | 景秀梅 | 汉族 | 冯庄 | 小湾 |
| 次女 | 陆妮妮 | 汉族 | 冯庄 | 小湾 | 长子 | 陈　云 | 汉族 | 冯庄 | 小湾 |
| 长子 | 陆治伟 | 汉族 | 冯庄 | 小湾 | 户主 | 王兴明 | 汉族 | 冯庄 | 小湾 |

续表17

| 与户主关系 | 家庭成员 | 民族 | 原居住地 | | 与户主关系 | 家庭成员 | 民族 | 原居住地 | |
|---|---|---|---|---|---|---|---|---|---|
| | | | 乡(镇) | 行政村 | | | | 乡(镇) | 行政村 |
| 妻子 | 贺忠梅 | 汉族 | 冯庄 | 小湾 | 长女 | 袁俊娜 | 汉族 | 冯庄 | 小湾 |
| 长子 | 王国玺 | 汉族 | 冯庄 | 小湾 | 户主 | 安春玲 | 汉族 | 冯庄 | 小湾 |
| 次子 | 王国涛 | 汉族 | 冯庄 | 小湾 | 长子 | 袁俊威 | 汉族 | 冯庄 | 小湾 |
| 长女 | 王小琴 | 汉族 | 冯庄 | 小湾 | 户主 | 马生龙 | 回族 | 古城 | 海口 |
| 父 | 王万仓 | 汉族 | 冯庄 | 小湾 | 长子 | 马志军 | 回族 | 古城 | 海口 |
| 户主 | 陆世平 | 汉族 | 冯庄 | 小湾 | 妻子 | 马拜儿 | 回族 | 古城 | 海口 |
| 妻子 | 马　丽 | 汉族 | 冯庄 | 小湾 | 户主 | 周文军 | 回族 | 古城 | 海口 |
| 长子 | 陆　迪 | 汉族 | 冯庄 | 小湾 | 三女 | 周　琴 | 回族 | 古城 | 海口 |
| 户主 | 杨荣虎 | 汉族 | 冯庄 | 小湾 | 妻子 | 马有花 | 回族 | 古城 | 海口 |
| 妻子 | 雅红梅 | 汉族 | 冯庄 | 小湾 | 四女 | 周小红 | 回族 | 古城 | 海口 |
| 长女 | 杨　静 | 汉族 | 冯庄 | 小湾 | 二女 | 周小梅 | 回族 | 古城 | 海口 |
| 长子 | 杨彦辉 | 汉族 | 冯庄 | 小湾 | 户主 | 海正玉 | 回族 | 古城 | 海口 |
| 次女 | 杨　锐 | 汉族 | 冯庄 | 小湾 | 长女 | 海　霞 | 回族 | 古城 | 海口 |
| 户主 | 王兴亮 | 汉族 | 冯庄 | 小湾 | 次子 | 周贵平 | 回族 | 古城 | 海口 |
| 父 | 王贵仓 | 汉族 | 冯庄 | 小湾 | 长子 | 海　军 | 回族 | 古城 | 海口 |
| 户主 | 陆世升 | 汉族 | 冯庄 | 小湾 | 妻子 | 周文梅 | 回族 | 古城 | 海口 |
| 妻子 | 苏　静 | 汉族 | 冯庄 | 小湾 | 岳母 | 马正兰 | 回族 | 古城 | 海口 |
| 长子 | 陆　健 | 汉族 | 冯庄 | 小湾 | 岳父 | 周志昌 | 回族 | 古城 | 海口 |
| 父 | 陆占奇 | 汉族 | 冯庄 | 小湾 | 户主 | 周志仓 | 回族 | 古城 | 海口 |
| 母 | 马秀琴 | 汉族 | 冯庄 | 小湾 | 妻子 | 海生莲 | 回族 | 古城 | 海口 |
| 户主 | 陆占富 | 汉族 | 冯庄 | 小湾 | 长子 | 周文虎 | 回族 | 古城 | 海口 |
| 长子 | 陆治廷 | 汉族 | 冯庄 | 小湾 | 户主 | 周志付 | 回族 | 古城 | 海口 |
| 妻子 | 周彩琴 | 汉族 | 冯庄 | 小湾 | 妻子 | 马照芳 | 回族 | 古城 | 海口 |
| 户主 | 杨荣科 | 汉族 | 冯庄 | 小湾 | 长子 | 周文虎 | 回族 | 古城 | 海口 |
| 妻子 | 马丽萍 | 汉族 | 冯庄 | 小湾 | 长女 | 周文梅 | 回族 | 古城 | 海口 |
| 长子 | 杨　武 | 汉族 | 冯庄 | 小湾 | 次子 | 周　伟 | 回族 | 古城 | 海口 |
| 户主 | 鲁占山 | 汉族 | 冯庄 | 小湾 | 户主 | 周青龙 | 回族 | 古城 | 海口 |
| 弟 | 鲁占元 | 汉族 | 冯庄 | 小湾 | 父亲 | 周文珍 | 回族 | 古城 | 海口 |
| 弟妻子 | 曹国粉 | 汉族 | 冯庄 | 小湾 | 母亲 | 海万梅 | 回族 | 古城 | 海口 |
| 侄子 | 鲁奥运 | 汉族 | 冯庄 | 小湾 | 妻子 | 杨晓梅 | 回族 | 古城 | 海口 |
| 户主 | 虎永儒 | 汉族 | 冯庄 | 小湾 | 侄女 | 周小梅 | 回族 | 古城 | 海口 |
| 妻子 | 王　英 | 汉族 | 冯庄 | 小湾 | 长子 | 周　涛 | 回族 | 古城 | 海口 |
| 长子 | 虎浩鑫 | 汉族 | 冯庄 | 小湾 | 长女 | 周　蓉 | 回族 | 古城 | 海口 |
| 户主 | 袁　勇 | 汉族 | 冯庄 | 小湾 | 户主 | 姬永元 | 回族 | 古城 | 海口 |
| 妻子 | 刘丽琴 | 汉族 | 冯庄 | 小湾 | 妻子 | 马照梅 | 回族 | 古城 | 海口 |
| 长子 | 袁俊章 | 汉族 | 冯庄 | 小湾 | 长子 | 姬素福 | 回族 | 古城 | 海口 |

续表 17

| 与户主关系 | 家庭成员 | 民族 | 原居住地 | | 与户主关系 | 家庭成员 | 民族 | 原居住地 | |
|---|---|---|---|---|---|---|---|---|---|
| | | | 乡(镇) | 行政村 | | | | 乡(镇) | 行政村 |
| 次子 | 姬平飞 | 回族 | 古城 | 海口 | 长子 | 马志龙 | 回族 | 古城 | 海口 |
| 户主 | 姬正连 | 回族 | 古城 | 海口 | 儿媳 | 海正琴 | 回族 | 古城 | 海口 |
| 三子 | 姬永飞 | 回族 | 古城 | 海口 | 孙子 | 马　伟 | 回族 | 古城 | 海口 |
| 三媳 | 马明玉 | 回族 | 古城 | 海口 | 户主 | 马金虎 | 回族 | 古城 | 海口 |
| 户主 | 马生云 | 回族 | 古城 | 海口 | 次子 | 马　兴 | 回族 | 古城 | 海口 |
| 妻子 | 姬永花 | 回族 | 古城 | 海口 | 长子 | 马　腾 | 回族 | 古城 | 海口 |
| 五子 | 马七十 | 回族 | 古城 | 海口 | 妻子 | 海润花 | 回族 | 古城 | 海口 |
| 六子 | 马志强 | 回族 | 古城 | 海口 | 户主 | 姬永录 | 回族 | 古城 | 海口 |
| 儿媳 | 海社儿 | 回族 | 古城 | 海口 | 长子 | 姬平翔 | 回族 | 古城 | 海口 |
| 儿媳 | 海　红 | 回族 | 古城 | 海口 | 长女 | 姬平芳 | 回族 | 古城 | 海口 |
| 户主 | 马志祥 | 回族 | 古城 | 海口 | 妻子 | 海正花 | 回族 | 古城 | 海口 |
| 妻子 | 海岁女 | 回族 | 古城 | 海口 | 户主 | 姬永林 | 回族 | 古城 | 海口 |
| 长女 | 马　琴 | 回族 | 古城 | 海口 | 三子 | 姬平龙 | 回族 | 古城 | 海口 |
| 户主 | 姬永仓 | 回族 | 古城 | 海口 | 次子 | 姬平虎 | 回族 | 古城 | 海口 |
| 妻子 | 马成梅 | 回族 | 古城 | 海口 | 长子 | 姬平升 | 回族 | 古城 | 海口 |
| 长子 | 姬平福 | 回族 | 古城 | 海口 | 妻子 | 马永花 | 回族 | 古城 | 海口 |
| 次子 | 姬小平 | 回族 | 古城 | 海口 | 户主 | 马生忠 | 回族 | 古城 | 海口 |
| 户主 | 姬平虎 | 回族 | 古城 | 海口 | 妻子 | 马海花 | 回族 | 古城 | 海口 |
| 妻子 | 马义梅 | 回族 | 古城 | 海口 | 父亲 | 马德芳 | 回族 | 古城 | 海口 |
| 长女 | 姬秀琴 | 回族 | 古城 | 海口 | 母亲 | 马正科 | 回族 | 古城 | 海口 |
| 户主 | 姬平龙 | 回族 | 古城 | 海口 | 长女 | 马志兰 | 回族 | 古城 | 海口 |
| 妻子 | 海桂花 | 回族 | 古城 | 海口 | 长子 | 马志龙 | 回族 | 古城 | 海口 |
| 父亲 | 姬永川 | 回族 | 古城 | 海口 | 户主 | 马正元 | 回族 | 古城 | 海口 |
| 母亲 | 海万芳 | 回族 | 古城 | 海口 | 次子 | 马生义 | 回族 | 古城 | 海口 |
| 长子 | 姬秀财 | 回族 | 古城 | 海口 | 户主 | 马生军 | 回族 | 古城 | 海口 |
| 长女 | 姬秀萍 | 回族 | 古城 | 海口 | 妻子 | 马　娟 | 回族 | 古城 | 海口 |
| 户主 | 姬永山 | 回族 | 古城 | 海口 | 长女 | 马　琴 | 回族 | 古城 | 海口 |
| 三子 | 姬平贵 | 回族 | 古城 | 海口 | 户主 | 马生全 | 回族 | 古城 | 海口 |
| 母亲 | 马世英 | 回族 | 古城 | 海口 | 妻子 | 张女子 | 回族 | 古城 | 海口 |
| 户主 | 马登会 | 回族 | 古城 | 海口 | 母亲 | 马启梅 | 回族 | 古城 | 海口 |
| 妻子 | 海玉秀 | 回族 | 古城 | 海口 | 户主 | 马生虎 | 回族 | 古城 | 海口 |
| 次子 | 马金平 | 回族 | 古城 | 海口 | 妻子 | 马文琴 | 回族 | 古城 | 海口 |
| 三子 | 马金富 | 回族 | 古城 | 海口 | 长子 | 马志平 | 回族 | 古城 | 海口 |
| 次媳 | 马小花 | 回族 | 古城 | 海口 | 长女 | 马志梅 | 回族 | 古城 | 海口 |
| 妻子 | 海建梅 | 回族 | 古城 | 海口 | 户主 | 马生兵 | 回族 | 古城 | 海口 |
| 父亲 | 马正明 | 回族 | 古城 | 海口 | 妻子 | 马有花 | 回族 | 古城 | 海口 |

续表 17

| 与户主关系 | 家庭成员 | 民族 | 原居住地 | | 与户主关系 | 家庭成员 | 民族 | 原居住地 | |
|---|---|---|---|---|---|---|---|---|---|
| | | | 乡(镇) | 行政村 | | | | 乡(镇) | 行政村 |
| 长子 | 马志福 | 回族 | 古城 | 海口 | 妻子 | 马生萍 | 回族 | 古城 | 海口 |
| 户主 | 马正雄 | 回族 | 古城 | 海口 | 长子 | 海玉龙 | 回族 | 古城 | 海口 |
| 妻子 | 姬照连 | 回族 | 古城 | 海口 | 儿媳 | 马明梅 | 回族 | 古城 | 海口 |
| 母亲 | 马秀成 | 回族 | 古城 | 海口 | 孙子 | 海　浪 | 回族 | 古城 | 海口 |
| 长子 | 马生春 | 回族 | 古城 | 海口 | 户主 | 马秀林 | 回族 | 古城 | 海口 |
| 次子 | 马玉龙 | 回族 | 古城 | 海口 | 妻子 | 田德芳 | 回族 | 古城 | 海口 |
| 长女 | 马玉梅 | 回族 | 古城 | 海口 | 二女 | 马蓉梅 | 回族 | 古城 | 海口 |
| 户主 | 马有祥 | 回族 | 古城 | 海口 | 次子 | 马正财 | 回族 | 古城 | 海口 |
| 妻子 | 马生花 | 回族 | 古城 | 海口 | 长子 | 马正东 | 回族 | 古城 | 海口 |
| 母亲 | 马小东 | 回族 | 古城 | 海口 | 户主 | 杨万俊 | 回族 | 古城 | 海口 |
| 长子 | 马小琴 | 回族 | 古城 | 海口 | 妻子 | 马成花 | 回族 | 古城 | 海口 |
| 次子 | 马小虎 | 回族 | 古城 | 海口 | 长子 | 杨　录 | 回族 | 古城 | 海口 |
| 户主 | 马有龙 | 回族 | 古城 | 海口 | 次子 | 杨　平 | 回族 | 古城 | 海口 |
| 妻子 | 海玉梅 | 回族 | 古城 | 海口 | 户主 | 杨万贵 | 回族 | 古城 | 海口 |
| 长子 | 马小福 | 回族 | 古城 | 海口 | 母亲 | 马生连 | 回族 | 古城 | 海口 |
| 户主 | 杨万林 | 回族 | 古城 | 海口 | 妻子 | 海　燕 | 回族 | 古城 | 海口 |
| 妻子 | 李志梅 | 回族 | 古城 | 海口 | 户主 | 马生祥 | 回族 | 古城 | 海口 |
| 三女 | 杨　娟 | 回族 | 古城 | 海口 | 妻子 | 马志英 | 回族 | 古城 | 海口 |
| 四女 | 杨　冰 | 回族 | 古城 | 海口 | 次子 | 马志同 | 回族 | 古城 | 海口 |
| 长子 | 杨　成 | 回族 | 古城 | 海口 | 儿媳 | 马秀花 | 回族 | 古城 | 海口 |
| 户主 | 普进虎 | 回族 | 古城 | 海口 | 户主 | 杨万富 | 回族 | 古城 | 海口 |
| 兄弟 | 普进军 | 回族 | 古城 | 海口 | 妻子 | 苏启红 | 回族 | 古城 | 海口 |
| 母亲 | 马正花 | 回族 | 古城 | 海口 | 长子 | 杨　兵 | 回族 | 古城 | 海口 |
| 长女 | 普芳芳 | 回族 | 古城 | 海口 | 次子 | 杨　军 | 回族 | 古城 | 海口 |
| 户主 | 普进录 | 回族 | 古城 | 海口 | 户主 | 马登云 | 回族 | 古城 | 海口 |
| 妻子 | 马志兰 | 回族 | 古城 | 海口 | 孙子 | 马雪梅 | 回族 | 古城 | 海口 |
| 三女 | 普彩琴 | 回族 | 古城 | 海口 | 长子 | 马锦林 | 回族 | 古城 | 海口 |
| 户主 | 马玉兰 | 回族 | 古城 | 海口 | 儿媳 | 马发发 | 回族 | 古城 | 海口 |
| 长女 | 普桂红 | 回族 | 古城 | 海口 | 妻子 | 姬永梅 | 回族 | 古城 | 海口 |
| 户主 | 海建军 | 回族 | 古城 | 海口 | 户主 | 马志龙 | 回族 | 古城 | 海口 |
| 妻子 | 马生琴 | 回族 | 古城 | 海口 | 长子 | 马晓飞 | 回族 | 古城 | 海口 |
| 父亲 | 海国清 | 回族 | 古城 | 海口 | 妻子 | 马有花 | 回族 | 古城 | 海口 |
| 母亲 | 马正兰 | 回族 | 古城 | 海口 | 户主 | 姬永成 | 回族 | 古城 | 海口 |
| 长子 | 海龙龙 | 回族 | 古城 | 海口 | 妻子 | 海春梅 | 回族 | 古城 | 海口 |
| 次女 | 海玉芳 | 回族 | 古城 | 海口 | 长子 | 姬平杰 | 回族 | 古城 | 海口 |
| 户主 | 海建云 | 回族 | 古城 | 海口 | 次子 | 姬平龙 | 回族 | 古城 | 海口 |

续表 17

| 与户主关系 | 家庭成员 | 民族 | 原居住地 | | 与户主关系 | 家庭成员 | 民族 | 原居住地 | |
|---|---|---|---|---|---|---|---|---|---|
| | | | 乡(镇) | 行政村 | | | | 乡(镇) | 行政村 |
| 户主 | 魏世忠 | 汉族 | 古城 | 海口 | 长子 | 樊亮亮 | 汉族 | 古城 | 海口 |
| 妻子 | 宋淑娥 | 汉族 | 古城 | 海口 | 妻子 | 何应莲 | 汉族 | 古城 | 海口 |
| 长子 | 魏永飞 | 汉族 | 古城 | 海口 | 户主 | 魏玉奇 | 汉族 | 古城 | 海口 |
| 户主 | 权举银 | 汉族 | 古城 | 海口 | 妻子 | 叶桂花 | 汉族 | 古城 | 海口 |
| 妻子 | 樊世秀 | 汉族 | 古城 | 海口 | 次子 | 魏国贤 | 汉族 | 古城 | 海口 |
| 户主 | 权金贵 | 汉族 | 古城 | 海口 | 户主 | 樊彦兴 | 汉族 | 古城 | 海口 |
| 妻子 | 王淑琴 | 汉族 | 古城 | 海口 | 妻子 | 潘秀萍 | 汉族 | 古城 | 海口 |
| 二女 | 权　琦 | 汉族 | 古城 | 海口 | 长子 | 樊金库 | 汉族 | 古城 | 海口 |
| 长子 | 权　晶 | 汉族 | 古城 | 海口 | 三女 | 樊金梅 | 汉族 | 古城 | 海口 |
| 户主 | 王玉富 | 汉族 | 古城 | 海口 | 户主 | 李应刚 | 汉族 | 古城 | 海口 |
| 妻子 | 李世霞 | 汉族 | 古城 | 海口 | 妻子 | 李　琴 | 汉族 | 古城 | 海口 |
| 长子 | 王军亮 | 汉族 | 古城 | 海口 | 长子 | 李勇强 | 汉族 | 古城 | 海口 |
| 户主 | 王玉林 | 汉族 | 古城 | 海口 | 次子 | 李富强 | 汉族 | 古城 | 海口 |
| 妻子 | 王小琴 | 汉族 | 古城 | 海口 | 户主 | 李世成 | 汉族 | 古城 | 海口 |
| 长子 | 王亚明 | 汉族 | 古城 | 海口 | 妻子 | 王桂英 | 汉族 | 古城 | 海口 |
| 母亲 | 张选花 | 汉族 | 古城 | 海口 | 三子 | 李应川 | 汉族 | 古城 | 海口 |
| 户主 | 王玉清 | 汉族 | 古城 | 海口 | 户主 | 尹林科 | 汉族 | 古城 | 海口 |
| 妻子 | 赵秉英 | 汉族 | 古城 | 海口 | 妻子 | 谢翠兰 | 汉族 | 古城 | 海口 |
| 四子 | 王军全 | 汉族 | 古城 | 海口 | 母亲 | 李春花 | 汉族 | 古城 | 海口 |
| 户主 | 王军平 | 汉族 | 古城 | 海口 | 户主 | 魏孝军 | 汉族 | 古城 | 海口 |
| 长子 | 王正东 | 汉族 | 古城 | 海口 | 妻子 | 刘延琴 | 汉族 | 古城 | 海口 |
| 妻子 | 司红霞 | 汉族 | 古城 | 海口 | 长女 | 魏　悦 | 汉族 | 古城 | 海口 |
| 长女 | 王婷婷 | 汉族 | 古城 | 海口 | 户主 | 魏玉录 | 汉族 | 古城 | 海口 |
| 户主 | 李世雄 | 汉族 | 古城 | 海口 | 妻子 | 张玉莲 | 汉族 | 古城 | 海口 |
| 妻子 | 雷秀梅 | 汉族 | 古城 | 海口 | 次子 | 魏孝斌 | 汉族 | 古城 | 海口 |
| 长子 | 李应财 | 汉族 | 古城 | 海口 | 儿媳 | 申　红 | 汉族 | 古城 | 海口 |
| 此子 | 李进财 | 汉族 | 古城 | 海口 | 孙女 | 魏明月 | 汉族 | 古城 | 海口 |
| 此子妻子 | 李凤霞 | 汉族 | 古城 | 海口 | 户主 | 李孝军 | 汉族 | 古城 | 海口 |
| 长孙 | 李泽辉 | 汉族 | 古城 | 海口 | 妻子 | 辛俊霞 | 汉族 | 古城 | 海口 |
| 户主 | 樊彦龙 | 汉族 | 古城 | 海口 | 长子 | 李　磊 | 汉族 | 古城 | 海口 |
| 妻子 | 李　琴 | 汉族 | 古城 | 海口 | 二女 | 李　雪 | 汉族 | 古城 | 海口 |
| 次子 | 樊治国 | 汉族 | 古城 | 海口 | 长女 | 李　晶 | 汉族 | 古城 | 海口 |
| 儿媳 | 刘建华 | 汉族 | 古城 | 海口 | 户主 | 李世军 | 汉族 | 古城 | 海口 |
| 孙子 | 樊　瑞 | 汉族 | 古城 | 海口 | 妻子 | 谢要梅 | 汉族 | 古城 | 海口 |
| 户主 | 樊金国 | 汉族 | 古城 | 海口 | 长子 | 李宝才 | 汉族 | 古城 | 海口 |
| 次子 | 樊　飞 | 汉族 | 古城 | 海口 | 户主 | 李世兵 | 汉族 | 古城 | 海口 |

续表 17

| 与户主关系 | 家庭成员 | 民族 | 原居住地 | | 与户主关系 | 家庭成员 | 民族 | 原居住地 | |
|---|---|---|---|---|---|---|---|---|---|
| | | | 乡（镇） | 行政村 | | | | 乡（镇） | 行政村 |
| 长女 | 李小红 | 汉族 | 古城 | 海口 | 长子 | 金　伟 | 汉族 | 古城 | 海口 |
| 长子 | 李聚财 | 汉族 | 古城 | 海口 | 妻子 | 陈红红 | 汉族 | 古城 | 海口 |
| 妻子 | 董菊叶 | 汉族 | 古城 | 海口 | 户主 | 权金龙 | 汉族 | 古城 | 海口 |
| 户主 | 李德明 | 汉族 | 古城 | 海口 | 次子 | 权　磊 | 汉族 | 古城 | 海口 |
| 妻子 | 刘梅芳 | 汉族 | 古城 | 海口 | 长子 | 权　杰 | 汉族 | 古城 | 海口 |
| 户主 | 樊彦盆 | 汉族 | 古城 | 海口 | 妻子 | 刘发义 | 汉族 | 古城 | 海口 |
| 次子 | 樊　毅 | 汉族 | 古城 | 海口 | 户主 | 樊彦林 | 汉族 | 古城 | 海口 |
| 长子 | 樊　勇 | 汉族 | 古城 | 海口 | 长子 | 樊马丽 | 汉族 | 古城 | 海口 |
| 长女 | 樊　英 | 汉族 | 古城 | 海口 | 长女 | 樊丽荣 | 汉族 | 古城 | 海口 |
| 妻子 | 张向明 | 汉族 | 古城 | 海口 | 妻子 | 李淑霞 | 汉族 | 古城 | 海口 |
| 户主 | 樊彦章 | 汉族 | 古城 | 海口 | 母亲 | 李玉花 | 汉族 | 古城 | 海口 |
| 长子 | 樊丽军 | 汉族 | 古城 | 海口 | 户主 | 王金国 | 汉族 | 古城 | 海口 |
| 二女 | 樊丽霞 | 汉族 | 古城 | 海口 | 妻子 | 李红红 | 汉族 | 古城 | 海口 |
| 妻子 | 袁彩珍 | 汉族 | 古城 | 海口 | 长子 | 王　昊 | 汉族 | 古城 | 海口 |
| 户主 | 樊彦全 | 汉族 | 古城 | 海口 | 户主 | 张玉林 | 汉族 | 古城 | 海口 |
| 长女 | 樊晓凤 | 汉族 | 古城 | 海口 | 长子 | 张明亮 | 汉族 | 古城 | 海口 |
| 妻子 | 李文兰 | 汉族 | 古城 | 海口 | 户主 | 何小明 | 汉族 | 古城 | 海口 |
| 母亲 | 张秀花 | 汉族 | 古城 | 海口 | 次子 | 樊亚军 | 汉族 | 古城 | 海口 |
| 长子 | 樊利国 | 汉族 | 古城 | 海口 | 长子 | 樊亚辉 | 汉族 | 古城 | 海口 |
| 户主 | 樊彦科 | 汉族 | 古城 | 海口 | 户主 | 杨丽萍 | 汉族 | 古城 | 海口 |
| 妻子 | 李文琴 | 汉族 | 古城 | 海口 | 长子 | 魏亚明 | 汉族 | 古城 | 海口 |
| 长子 | 樊永国 | 汉族 | 古城 | 海口 | 次子 | 魏亚博 | 汉族 | 古城 | 海口 |
| 二女 | 樊小莉 | 汉族 | 古城 | 海口 | 户主 | 韩永奇 | 回族 | 古城 | 中川 |
| 长女 | 樊荣霞 | 汉族 | 古城 | 海口 | 妻子 | 马花儿 | 回族 | 古城 | 中川 |
| 户主 | 樊彦贵 | 汉族 | 古城 | 海口 | 长子 | 韩占科 | 回族 | 古城 | 中川 |
| 妻子 | 何喜存 | 汉族 | 古城 | 海口 | 二女 | 韩红红 | 回族 | 古城 | 中川 |
| 次女 | 樊淑芳 | 汉族 | 古城 | 海口 | 户主 | 海玉军 | 回族 | 古城 | 中川 |
| 长子 | 樊永军 | 汉族 | 古城 | 海口 | 妻子 | 马兔买 | 回族 | 古城 | 中川 |
| 户主 | 金得川 | 汉族 | 古城 | 海口 | 长子 | 海主麻 | 回族 | 古城 | 中川 |
| 次子 | 金广成 | 汉族 | 古城 | 海口 | 次子 | 海青彪 | 回族 | 古城 | 中川 |
| 户主 | 金广军 | 汉族 | 古城 | 海口 | 三子 | 海青武 | 回族 | 古城 | 中川 |
| 次子 | 金勇伟 | 汉族 | 古城 | 海口 | 长女 | 海阿西 | 回族 | 古城 | 中川 |
| 长子 | 金小伟 | 汉族 | 古城 | 海口 | 户主 | 海青龙 | 回族 | 古城 | 中川 |
| 妻子 | 何应霞 | 汉族 | 古城 | 海口 | 妻子 | 马银花 | 回族 | 古城 | 中川 |
| 户主 | 金广东 | 汉族 | 古城 | 海口 | 长子 | 海春军 | 回族 | 古城 | 中川 |
| 长女 | 金　玲 | 汉族 | 古城 | 海口 | 次子 | 海春有 | 回族 | 古城 | 中川 |

续表 17

| 与户主关系 | 家庭成员 | 民族 | 原居住地 | | 与户主关系 | 家庭成员 | 民族 | 原居住地 | |
|---|---|---|---|---|---|---|---|---|---|
| | | | 乡(镇) | 行政村 | | | | 乡(镇) | 行政村 |
| 三子 | 海春秀 | 回族 | 古城 | 中川 | 长子 | 马　双 | 回族 | 古城 | 羊坊 |
| 户主 | 顾存平 | 回族 | 古城 | 中川 | 长女 | 马　雪 | 回族 | 古城 | 羊坊 |
| 妻子 | 马成梅 | 回族 | 古城 | 中川 | 户主 | 马　荣 | 回族 | 古城 | 羊坊 |
| 长女 | 顾　燕 | 回族 | 古城 | 中川 | 妻子 | 海玉霞 | 回族 | 古城 | 羊坊 |
| 二女 | 顾　兰 | 回族 | 古城 | 中川 | 父亲 | 马志仓 | 回族 | 古城 | 羊坊 |
| 户主 | 海青辉 | 回族 | 古城 | 中川 | 母亲 | 杨志兰 | 回族 | 古城 | 羊坊 |
| 妻子 | 马军芳 | 回族 | 古城 | 中川 | 户主 | 马文珍 | 回族 | 古城 | 羊坊 |
| 孙女 | 海　霞 | 回族 | 古城 | 中川 | 妻子 | 妥应梅 | 回族 | 古城 | 羊坊 |
| 户主 | 李　刚 | 回族 | 古城 | 中川 | 户主 | 马志全 | 回族 | 古城 | 羊坊 |
| 妻子 | 马　芹 | 回族 | 古城 | 中川 | 妻子 | 周志琴 | 回族 | 古城 | 羊坊 |
| 长子 | 李志平 | 回族 | 古城 | 中川 | 长子 | 马　荣 | 回族 | 古城 | 羊坊 |
| 长女 | 李雅蓉 | 回族 | 古城 | 中川 | 母亲 | 贾兰花 | 回族 | 古城 | 羊坊 |
| 户主 | 马和清 | 回族 | 古城 | 羊坊 | 户主 | 马志和 | 回族 | 古城 | 羊坊 |
| 妻子 | 杨晓花 | 回族 | 古城 | 羊坊 | 妻子 | 张正花 | 回族 | 古城 | 羊坊 |
| 长子 | 马小东 | 回族 | 古城 | 羊坊 | 长子 | 马　东 | 回族 | 古城 | 羊坊 |
| 长女 | 马小玲 | 回族 | 古城 | 羊坊 | 次子 | 马　楠 | 回族 | 古城 | 羊坊 |
| 户主 | 马玉付 | 回族 | 古城 | 羊坊 | 长女 | 马海棠 | 回族 | 古城 | 羊坊 |
| 妻子 | 海春梅 | 回族 | 古城 | 羊坊 | 户主 | 马志军 | 回族 | 古城 | 羊坊 |
| 长子 | 马　露 | 回族 | 古城 | 羊坊 | 妻子 | 王多梅 | 回族 | 古城 | 羊坊 |
| 户主 | 马玉贵 | 回族 | 古城 | 羊坊 | 长子 | 马　平 | 回族 | 古城 | 羊坊 |
| 母亲 | 海甲花 | 回族 | 古城 | 羊坊 | 长女 | 马　兰 | 回族 | 古城 | 羊坊 |
| 户主 | 马志义 | 回族 | 古城 | 羊坊 | 父亲 | 马文录 | 回族 | 古城 | 羊坊 |
| 妻子 | 马玉香 | 回族 | 古城 | 羊坊 | 母亲 | 马成花 | 回族 | 古城 | 羊坊 |
| 长子 | 马　强 | 回族 | 古城 | 羊坊 | 户主 | 马志忠 | 回族 | 古城 | 羊坊 |
| 次子 | 马　瑞 | 回族 | 古城 | 羊坊 | 妻子 | 秦玉花 | 回族 | 古城 | 羊坊 |
| 户主 | 马志林 | 回族 | 古城 | 羊坊 | 长子 | 马　斌 | 回族 | 古城 | 羊坊 |
| 妻子 | 苏玉梅 | 回族 | 古城 | 羊坊 | 儿媳 | 苏彦芬 | 回族 | 古城 | 羊坊 |
| 次子 | 马　会 | 回族 | 古城 | 羊坊 | 孙女 | 马彩薇 | 回族 | 古城 | 羊坊 |
| 长子 | 马　红 | 回族 | 古城 | 羊坊 | 户主 | 妥应林 | 回族 | 古城 | 羊坊 |
| 长子妻子 | 马石榴 | 回族 | 古城 | 羊坊 | 妻子 | 马进梅 | 回族 | 古城 | 羊坊 |
| 户主 | 马志科 | 回族 | 古城 | 羊坊 | 长子 | 妥　军 | 回族 | 古城 | 羊坊 |
| 妻子 | 海青兰 | 回族 | 古城 | 羊坊 | 长女 | 妥生梅 | 回族 | 古城 | 羊坊 |
| 长子 | 马　军 | 回族 | 古城 | 羊坊 | 三女 | 妥生琴 | 回族 | 古城 | 羊坊 |
| 次子 | 马玉平 | 回族 | 古城 | 羊坊 | 四女 | 妥生芳 | 回族 | 古城 | 羊坊 |
| 户主 | 马志荣 | 回族 | 古城 | 羊坊 | 父亲 | 妥忠连 | 回族 | 古城 | 羊坊 |
| 妻子 | 白小春 | 回族 | 古城 | 羊坊 | 户主 | 马和付 | 回族 | 古城 | 羊坊 |

续表 17

| 与户主关系 | 家庭成员 | 民族 | 原居住地 | | 与户主关系 | 家庭成员 | 民族 | 原居住地 | |
|---|---|---|---|---|---|---|---|---|---|
| | | | 乡(镇) | 行政村 | | | | 乡(镇) | 行政村 |
| 妻子 | 海向连 | 回族 | 古城 | 羊坊 | 户主 | 马成仓 | 回族 | 古城 | 羊坊 |
| 长子 | 马　东 | 回族 | 古城 | 羊坊 | 妻子 | 马守英 | 回族 | 古城 | 羊坊 |
| 户主 | 马成福 | 回族 | 古城 | 羊坊 | 次子 | 马和发 | 回族 | 古城 | 羊坊 |
| 妻子 | 马文英 | 回族 | 古城 | 羊坊 | 儿媳 | 马玉花 | 回族 | 古城 | 羊坊 |
| 次子 | 马　平 | 回族 | 古城 | 羊坊 | 孙子 | 马红亮 | 回族 | 古城 | 羊坊 |
| 儿媳 | 马玉梅 | 回族 | 古城 | 羊坊 | 孙女 | 马红娟 | 回族 | 古城 | 羊坊 |
| 户主 | 马成军 | 回族 | 古城 | 羊坊 | 孙女 | 马红兰 | 回族 | 古城 | 羊坊 |
| 妻子 | 剡进英 | 回族 | 古城 | 羊坊 | 户主 | 马成礼 | 回族 | 古城 | 羊坊 |
| 户主 | 马和荣 | 回族 | 古城 | 羊坊 | 妻子 | 马文连 | 回族 | 古城 | 羊坊 |
| 妻子 | 海生梅 | 回族 | 古城 | 羊坊 | 次子 | 马尚明 | 回族 | 古城 | 羊坊 |
| 长女 | 马　梅 | 回族 | 古城 | 羊坊 | 长女 | 马宇歌 | 回族 | 古城 | 羊坊 |
| 二女 | 马　红 | 回族 | 古城 | 羊坊 | 户主 | 马成林 | 回族 | 古城 | 羊坊 |
| 三女 | 马　兰 | 回族 | 古城 | 羊坊 | 妻子 | 马玉芳 | 回族 | 古城 | 羊坊 |
| 四女 | 马晓艳 | 回族 | 古城 | 羊坊 | 长子 | 马　君 | 回族 | 古城 | 羊坊 |
| 户主 | 马　军 | 回族 | 古城 | 羊坊 | 次子 | 马　清 | 回族 | 古城 | 羊坊 |
| 妻子 | 马志梅 | 回族 | 古城 | 羊坊 | 三子 | 马　武 | 回族 | 古城 | 羊坊 |
| 长子 | 马小平 | 回族 | 古城 | 羊坊 | 长女 | 马　娟 | 回族 | 古城 | 羊坊 |
| 长女 | 马小琴 | 回族 | 古城 | 羊坊 | 户主 | 马成岐 | 回族 | 古城 | 羊坊 |
| 二女 | 马莹英 | 回族 | 古城 | 羊坊 | 妻子 | 马文梅 | 回族 | 古城 | 羊坊 |
| 户主 | 马和军 | 回族 | 古城 | 羊坊 | 三子 | 马虎虎 | 回族 | 古城 | 羊坊 |
| 妻子 | 马守梅 | 回族 | 古城 | 羊坊 | 户主 | 马和林 | 回族 | 古城 | 羊坊 |
| 长子 | 马红宝 | 回族 | 古城 | 羊坊 | 妻子 | 马志秀 | 回族 | 古城 | 羊坊 |
| 次子 | 马存辉 | 回族 | 古城 | 羊坊 | 次子 | 马　东 | 回族 | 古城 | 羊坊 |
| 长女 | 马　琳 | 回族 | 古城 | 羊坊 | 儿媳 | 海　蓉 | 回族 | 古城 | 羊坊 |
| 户主 | 马成科 | 回族 | 古城 | 羊坊 | 户主 | 马　军 | 回族 | 古城 | 羊坊 |
| 妻子 | 姬文英 | 回族 | 古城 | 羊坊 | 妻子 | 马进英 | 回族 | 古城 | 羊坊 |
| 次子 | 马和岐 | 回族 | 古城 | 羊坊 | 长子 | 马贵明 | 回族 | 古城 | 羊坊 |
| 儿媳 | 马福梅 | 回族 | 古城 | 羊坊 | 二女 | 马秀兰 | 回族 | 古城 | 羊坊 |
| 孙子 | 马　武 | 回族 | 古城 | 羊坊 | 户主 | 妥生有 | 回族 | 古城 | 羊坊 |
| 孙子 | 马　文 | 回族 | 古城 | 羊坊 | 妻子 | 马兆梅 | 回族 | 古城 | 羊坊 |
| 孙女 | 马　琴 | 回族 | 古城 | 羊坊 | 长子 | 妥治武 | 回族 | 古城 | 羊坊 |
| 户主 | 马志俊 | 回族 | 古城 | 羊坊 | 次子 | 妥治发 | 回族 | 古城 | 羊坊 |
| 妻子 | 海春兰 | 回族 | 古城 | 羊坊 | 长女 | 妥治芳 | 回族 | 古城 | 羊坊 |
| 次子 | 马　鹏 | 回族 | 古城 | 羊坊 | 父亲 | 妥应德 | 回族 | 古城 | 羊坊 |
| 父亲 | 马成龙 | 回族 | 古城 | 羊坊 | 户主 | 妥生林 | 回族 | 古城 | 羊坊 |
| 母亲 | 海万英 | 回族 | 古城 | 羊坊 | 妻子 | 马学芳 | 回族 | 古城 | 羊坊 |

续表 17

| 与户主关系 | 家庭成员 | 民族 | 原居住地 | | 与户主关系 | 家庭成员 | 民族 | 原居住地 | |
|---|---|---|---|---|---|---|---|---|---|
| | | | 乡(镇) | 行政村 | | | | 乡(镇) | 行政村 |
| 长子 | 妥治平 | 回族 | 古城 | 羊坊 | 妻子 | 马生梅 | 回族 | 古城 | 羊坊 |
| 二女 | 妥治红 | 回族 | 古城 | 羊坊 | 长子 | 马宏平 | 回族 | 古城 | 羊坊 |
| 户主 | 陈志林 | 回族 | 古城 | 羊坊 | 次子 | 马宏福 | 回族 | 古城 | 羊坊 |
| 妻子 | 马和莉 | 回族 | 古城 | 羊坊 | 长女 | 马红莲 | 回族 | 古城 | 羊坊 |
| 长子 | 陈小东 | 回族 | 古城 | 羊坊 | 户主 | 马和治 | 回族 | 古城 | 羊坊 |
| 长女 | 陈小兰 | 回族 | 古城 | 羊坊 | 妻子 | 兰维花 | 回族 | 古城 | 羊坊 |
| 户主 | 马和刚 | 回族 | 古城 | 羊坊 | 长子 | 马　龙 | 回族 | 古城 | 羊坊 |
| 妻子 | 马现梅 | 回族 | 古城 | 羊坊 | 次子 | 马　波 | 回族 | 古城 | 羊坊 |
| 长子 | 马宏军 | 回族 | 古城 | 羊坊 | 户主 | 马桂明 | 回族 | 古城 | 羊坊 |
| 长女 | 马春花 | 回族 | 古城 | 羊坊 | 妻子 | 马红梅 | 回族 | 古城 | 羊坊 |
| 二女 | 马　玲 | 回族 | 古城 | 羊坊 | 长子 | 马晓雨 | 回族 | 古城 | 羊坊 |
| 父亲 | 马成财 | 回族 | 古城 | 羊坊 | 户主 | 马志福 | 回族 | 古城 | 羊坊 |
| 母亲 | 杨生兰 | 回族 | 古城 | 羊坊 | 妻子 | 马治兰 | 回族 | 古城 | 羊坊 |
| 妹妹 | 马和梅 | 回族 | 古城 | 羊坊 | 长子 | 马小东 | 回族 | 古城 | 羊坊 |
| 户主 | 马成贵 | 回族 | 古城 | 羊坊 | 长女 | 马　玲 | 回族 | 古城 | 羊坊 |
| 妻子 | 海玉梅 | 回族 | 古城 | 羊坊 | 二女 | 马小花 | 回族 | 古城 | 羊坊 |
| 户主 | 马成俊 | 回族 | 古城 | 羊坊 | 三女 | 马晓丽 | 回族 | 古城 | 羊坊 |
| 妻子 | 马进芳 | 回族 | 古城 | 羊坊 | 户主 | 马玉强 | 回族 | 古城 | 羊坊 |
| 次子 | 马和清 | 回族 | 古城 | 羊坊 | 妻子 | 马永兰 | 回族 | 古城 | 羊坊 |
| 三子 | 马和忠 | 回族 | 古城 | 羊坊 | 长子 | 马　瑞 | 回族 | 古城 | 羊坊 |
| 儿媳 | 剡女子 | 回族 | 古城 | 羊坊 | 户主 | 马和林 | 回族 | 古城 | 羊坊 |
| 户主 | 马玉付 | 回族 | 古城 | 羊坊 | 妻子 | 马玉梅 | 回族 | 古城 | 羊坊 |
| 妻子 | 丁玉兰 | 回族 | 古城 | 羊坊 | 长子 | 马　伟 | 回族 | 古城 | 羊坊 |
| 长子 | 马固拜 | 回族 | 古城 | 羊坊 | 户主 | 马志伟 | 回族 | 古城 | 羊坊 |
| 次子 | 马哈格 | 回族 | 古城 | 羊坊 | 妻子 | 马志霞 | 回族 | 古城 | 羊坊 |
| 长女 | 马贵兰 | 回族 | 古城 | 羊坊 | 长子 | 马　越 | 回族 | 古城 | 羊坊 |
| 二女 | 马贵梅 | 回族 | 古城 | 羊坊 | 次子 | 马　楠 | 回族 | 古城 | 羊坊 |
| 户主 | 马玉林 | 回族 | 古城 | 羊坊 | 户主 | 马　平 | 回族 | 古城 | 羊坊 |
| 妻子 | 马进兰 | 回族 | 古城 | 羊坊 | 妻子 | 姬秀莲 | 回族 | 古城 | 羊坊 |
| 长子 | 马　强 | 回族 | 古城 | 羊坊 | 长女 | 马银银 | 回族 | 古城 | 羊坊 |
| 长女 | 马莹莹 | 回族 | 古城 | 羊坊 | 户主 | 马和俊 | 回族 | 古城 | 羊坊 |
| 户主 | 马克俊 | 回族 | 古城 | 羊坊 | 妻子 | 马会玲 | 回族 | 古城 | 羊坊 |
| 妻子 | 明彦芳 | 回族 | 古城 | 羊坊 | 长子 | 马小阳 | 回族 | 古城 | 羊坊 |
| 长子 | 马　伟 | 回族 | 古城 | 羊坊 | 长女 | 马　雪 | 回族 | 古城 | 羊坊 |
| 长女 | 马　琴 | 回族 | 古城 | 羊坊 | 户主 | 马　鹏 | 回族 | 古城 | 羊坊 |
| 户主 | 马和明 | 回族 | 古城 | 羊坊 | 妻子 | 海　玲 | 回族 | 古城 | 羊坊 |

续表 17

| 与户主关系 | 家庭成员 | 民族 | 原居住地 | | 与户主关系 | 家庭成员 | 民族 | 原居住地 | |
|---|---|---|---|---|---|---|---|---|---|
| | | | 乡(镇) | 行政村 | | | | 乡(镇) | 行政村 |
| 长子 | 马　冬 | 回族 | 古城 | 羊坊 | 姐姐 | 王小玲 | 汉族 | 红河 | 红河 |
| 次子 | 马　瑞 | 回族 | 古城 | 羊坊 | 户主 | 徐文俭 | 汉族 | 红河 | 夏塬 |
| 户主 | 马文财 | 回族 | 古城 | 羊坊 | 配偶 | 杨粉英 | 汉族 | 红河 | 夏塬 |
| 妻子 | 马合花 | 回族 | 古城 | 羊坊 | 三子 | 徐万广 | 汉族 | 红河 | 夏塬 |
| 户主 | 马和文 | 回族 | 古城 | 羊坊 | 户主 | 夏万仁 | 汉族 | 红河 | 夏塬 |
| 妻子 | 马志连 | 回族 | 古城 | 羊坊 | 配偶 | 车秀锋 | 汉族 | 红河 | 夏塬 |
| 长子 | 马宏仁 | 回族 | 古城 | 羊坊 | 户主 | 杨世锋 | 汉族 | 红河 | 夏塬 |
| 长女 | 马宏梅 | 回族 | 古城 | 羊坊 | 配偶 | 林生花 | 汉族 | 红河 | 夏塬 |
| 二女 | 马宏兰 | 回族 | 古城 | 羊坊 | 长子 | 杨东海 | 汉族 | 红河 | 夏塬 |
| 户主 | 马和亮 | 回族 | 古城 | 羊坊 | 户主 | 徐明亮 | 汉族 | 红河 | 夏塬 |
| 妻子 | 马　玲 | 回族 | 古城 | 羊坊 | 配偶 | 杨亚萍 | 汉族 | 红河 | 夏塬 |
| 长女 | 马雪媛 | 回族 | 古城 | 羊坊 | 长子 | 徐银浩 | 汉族 | 红河 | 夏塬 |
| 户主 | 马志荣 | 回族 | 古城 | 羊坊 | 次子 | 徐军浩 | 汉族 | 红河 | 夏塬 |
| 妻子 | 冶　花 | 回族 | 古城 | 羊坊 | 户主 | 徐麦红 | 汉族 | 红河 | 夏塬 |
| 户主 | 马宏军 | 回族 | 古城 | 羊坊 | 配偶 | 林琴琴 | 汉族 | 红河 | 夏塬 |
| 妻子 | 马祖代 | 回族 | 古城 | 羊坊 | 长女 | 徐银霞 | 汉族 | 红河 | 夏塬 |
| 长女 | 马莹莹 | 回族 | 古城 | 羊坊 | 次女 | 徐营雪 | 汉族 | 红河 | 夏塬 |
| 户主 | 马文德 | 回族 | 古城 | 羊坊 | 长子 | 徐银华 | 汉族 | 红河 | 夏塬 |
| 妻子 | 马成梅 | 回族 | 古城 | 羊坊 | 户主 | 徐明吉 | 汉族 | 红河 | 夏塬 |
| 户主 | 马虎成 | 回族 | 古城 | 羊坊 | 配偶 | 陈旭珍 | 汉族 | 红河 | 夏塬 |
| 妻子 | 海春梅 | 回族 | 古城 | 羊坊 | 长女 | 徐春霞 | 汉族 | 红河 | 夏塬 |
| 长子 | 马福军 | 回族 | 古城 | 羊坊 | 户主 | 王志文 | 汉族 | 红河 | 夏塬 |
| 长女 | 马　红 | 回族 | 古城 | 羊坊 | 配偶 | 吴秀东 | 汉族 | 红河 | 夏塬 |
| 二女 | 马　丽 | 回族 | 古城 | 羊坊 | 长子 | 王旦娃 | 汉族 | 红河 | 夏塬 |
| 户主 | 妥应龙 | 回族 | 古城 | 羊坊 | 次子 | 王得胜 | 汉族 | 红河 | 夏塬 |
| 妻子 | 马梅花 | 回族 | 古城 | 羊坊 | 户主 | 徐文奎 | 汉族 | 红河 | 夏塬 |
| 长女 | 妥生梅 | 回族 | 古城 | 羊坊 | 配偶 | 杨秀英 | 汉族 | 红河 | 夏塬 |
| 外孙女 | 马小燕 | 回族 | 古城 | 羊坊 | 长子 | 徐锁成 | 汉族 | 红河 | 夏塬 |
| 户主 | 马玉清 | 回族 | 古城 | 羊坊 | 户主 | 李文清 | 汉族 | 红河 | 常沟 |
| 妻子 | 俞小琴 | 回族 | 古城 | 羊坊 | 配偶 | 吴　芳 | 汉族 | 红河 | 常沟 |
| 长子 | 马晓强 | 回族 | 古城 | 羊坊 | 长子 | 李怀德 | 汉族 | 红河 | 常沟 |
| 次子 | 马　勇 | 回族 | 古城 | 羊坊 | 户主 | 李小平 | 汉族 | 红河 | 常沟 |
| 户主 | 王新民 | 汉族 | 红河 | 红河 | 母亲 | 雷秀英 | 汉族 | 红河 | 常沟 |
| 妻子 | 吴秉莲 | 汉族 | 红河 | 红河 | 妹妹 | 李军彩 | 汉族 | 红河 | 常沟 |
| 次子 | 王述俊 | 汉族 | 红河 | 红河 | 户主 | 常士文 | 汉族 | 红河 | 徐塬 |
| 户主 | 王述雄 | 汉族 | 红河 | 红河 | 妻子 | 梁小兰 | 汉族 | 红河 | 徐塬 |

续表 17

| 与户主关系 | 家庭成员 | 民族 | 原居住地 | | 与户主关系 | 家庭成员 | 民族 | 原居住地 | |
|---|---|---|---|---|---|---|---|---|---|
| | | | 乡(镇) | 行政村 | | | | 乡(镇) | 行政村 |
| 长女 | 常亚利 | 汉族 | 红河 | 徐塬 | 妻子 | 冶春草 | 回族 | 红河 | 黑牛沟 |
| 长子 | 常富宁 | 汉族 | 红河 | 徐塬 | 母亲 | 兰　叶 | 回族 | 红河 | 黑牛沟 |
| 户主 | 常士升 | 汉族 | 红河 | 徐塬 | 户主 | 冶　成 | 回族 | 红河 | 黑牛沟 |
| 妻子 | 张粉梅 | 汉族 | 红河 | 徐塬 | 妻子 | 兰闪花 | 回族 | 红河 | 黑牛沟 |
| 长子 | 常永龙 | 汉族 | 红河 | 徐塬 | 户主 | 李明德 | 回族 | 红河 | 黑牛沟 |
| 户主 | 徐有仁 | 汉族 | 红河 | 徐塬 | 妻子 | 丁月子 | 回族 | 红河 | 黑牛沟 |
| 妻子 | 张步琴 | 汉族 | 红河 | 徐塬 | 次子 | 李建刚 | 回族 | 红河 | 黑牛沟 |
| 长女 | 徐容容 | 汉族 | 红河 | 徐塬 | 户主 | 冶峰军 | 回族 | 红河 | 黑牛沟 |
| 长子 | 徐建才 | 汉族 | 红河 | 徐塬 | 妻子 | 兰彩连 | 回族 | 红河 | 黑牛沟 |
| 户主 | 徐明轩 | 汉族 | 红河 | 徐塬 | 长女 | 兰　英 | 回族 | 红河 | 黑牛沟 |
| 次子 | 徐明春 | 汉族 | 红河 | 徐塬 | 二女 | 兰　艳 | 回族 | 红河 | 黑牛沟 |
| 户主 | 秦　伟 | 汉族 | 红河 | 徐塬 | 户主 | 吴金全 | 回族 | 红河 | 黑牛沟 |
| 母亲 | 韩秀林 | 汉族 | 红河 | 徐塬 | 妻子 | 秦莲花 | 回族 | 红河 | 黑牛沟 |
| 妹妹 | 秦丽荣 | 汉族 | 红河 | 徐塬 | 长女 | 吴惠琴 | 回族 | 红河 | 黑牛沟 |
| 户主 | 吴金元 | 回族 | 红河 | 黑牛沟 | 长子 | 吴伟红 | 回族 | 红河 | 黑牛沟 |
| 妻子 | 兰娥儿 | 回族 | 红河 | 黑牛沟 | 次子 | 吴凤德 | 回族 | 红河 | 黑牛沟 |
| 长子 | 吴存江 | 回族 | 红河 | 黑牛沟 | 三子 | 吴伟国 | 回族 | 红河 | 黑牛沟 |
| 儿媳 | 兰西连 | 回族 | 红河 | 黑牛沟 | 父亲 | 吴登虎 | 回族 | 红河 | 黑牛沟 |
| 孙子 | 吴正强 | 回族 | 红河 | 黑牛沟 | 户主 | 吴金成 | 回族 | 红河 | 黑牛沟 |
| 孙子 | 吴正云 | 回族 | 红河 | 黑牛沟 | 妻子 | 禹牡丹 | 回族 | 红河 | 黑牛沟 |
| 户主 | 吴金昌 | 回族 | 红河 | 黑牛沟 | 长子 | 吴伟军 | 回族 | 红河 | 黑牛沟 |
| 妻子 | 兰绒花 | 回族 | 红河 | 黑牛沟 | 次子 | 吴伟荣 | 回族 | 红河 | 黑牛沟 |
| 长子 | 吴文杰 | 回族 | 红河 | 黑牛沟 | 三子 | 吴伟杰 | 回族 | 红河 | 黑牛沟 |
| 次子 | 吴建峰 | 回族 | 红河 | 黑牛沟 | 户主 | 吴五山 | 回族 | 红河 | 黑牛沟 |
| 户主 | 吴占江 | 回族 | 红河 | 黑牛沟 | 妻子 | 余花女 | 回族 | 红河 | 黑牛沟 |
| 妻子 | 兰玛瑙 | 回族 | 红河 | 黑牛沟 | 长女 | 吴会玲 | 回族 | 红河 | 黑牛沟 |
| 长子 | 吴奴思 | 回族 | 红河 | 黑牛沟 | 次女 | 吴小玲 | 回族 | 红河 | 黑牛沟 |
| 次子 | 吴小龙 | 回族 | 红河 | 黑牛沟 | 侄子 | 吴保惠 | 回族 | 红河 | 黑牛沟 |
| 长女 | 吴海者 | 回族 | 红河 | 黑牛沟 | 父亲 | 吴金付 | 回族 | 红河 | 黑牛沟 |
| 三子 | 吴小惠 | 回族 | 红河 | 黑牛沟 | 母亲 | 禹夫女 | 回族 | 红河 | 黑牛沟 |
| 孙子 | 吴治国 | 回族 | 红河 | 黑牛沟 | 户主 | 常兆祖 | 汉族 | 红河 | 常沟 |
| 孙子 | 吴国彬 | 回族 | 红河 | 黑牛沟 | 配偶 | 惠素琴 | 汉族 | 红河 | 常沟 |
| 二儿媳 | 兰海梅 | 回族 | 红河 | 黑牛沟 | 户主 | 常兆珍 | 汉族 | 红河 | 常沟 |
| 孙子 | 吴治童 | 回族 | 红河 | 黑牛沟 | 配偶 | 李万花 | 汉族 | 红河 | 常沟 |
| 儿媳 | 剡俊兰 | 回族 | 红河 | 黑牛沟 | 三子 | 常士辉 | 汉族 | 红河 | 常沟 |
| 户主 | 马占昌 | 回族 | 红河 | 黑牛沟 | 孙子 | 常　杰 | 汉族 | 红河 | 常沟 |

续表 17

| 与户主关系 | 家庭成员 | 民族 | 原居住地 | | 与户主关系 | 家庭成员 | 民族 | 原居住地 | |
|---|---|---|---|---|---|---|---|---|---|
| | | | 乡(镇) | 行政村 | | | | 乡(镇) | 行政村 |
| 户主 | 常士勇 | 汉族 | 红河 | 常沟 | 次子 | 张　强 | 汉族 | 红河 | 上王 |
| 配偶 | 薛玉萍 | 汉族 | 红河 | 常沟 | 户主 | 赵　鹏 | 汉族 | 红河 | 上王 |
| 长子 | 常清磊 | 汉族 | 红河 | 常沟 | 配偶 | 李桂霞 | 汉族 | 红河 | 上王 |
| 户主 | 常思定 | 汉族 | 红河 | 常沟 | 户主 | 赵力剑 | 汉族 | 红河 | 上王 |
| 长子 | 常付学 | 汉族 | 红河 | 常沟 | 配偶 | 余海霞 | 汉族 | 红河 | 上王 |
| 儿媳 | 时军梅 | 汉族 | 红河 | 常沟 | 长子 | 赵　云 | 汉族 | 红河 | 上王 |
| 孙子 | 常龙龙 | 汉族 | 红河 | 常沟 | 次子 | 赵　平 | 汉族 | 红河 | 上王 |
| 孙女 | 常玲玲 | 汉族 | 红河 | 常沟 | 户主 | 赵力军 | 汉族 | 红河 | 上王 |
| 户主 | 常思荣 | 汉族 | 红河 | 常沟 | 配偶 | 晁宝铎 | 汉族 | 红河 | 上王 |
| 配偶 | 王桂梅 | 汉族 | 红河 | 常沟 | 长女 | 赵家华 | 汉族 | 红河 | 上王 |
| 次子 | 常　浩 | 汉族 | 红河 | 常沟 | 二女 | 赵培炎 | 汉族 | 红河 | 上王 |
| 三子 | 常　琪 | 汉族 | 红河 | 常沟 | 三女 | 赵蓉炎 | 汉族 | 红河 | 上王 |
| 户主 | 李　刚 | 汉族 | 红河 | 常沟 | 户主 | 白凤海 | 回族 | 交岔 | 庙庄 |
| 配偶 | 秦彩梅 | 汉族 | 红河 | 常沟 | 妻子 | 杨占琴 | 回族 | 交岔 | 庙庄 |
| 长女 | 李雪雪 | 汉族 | 红河 | 常沟 | 长子 | 白治虎 | 回族 | 交岔 | 庙庄 |
| 次女 | 李文文 | 汉族 | 红河 | 常沟 | 次女 | 白治花 | 回族 | 交岔 | 庙庄 |
| 户主 | 常思海 | 汉族 | 红河 | 常沟 | 母亲 | 马守香 | 回族 | 交岔 | 庙庄 |
| 配偶 | 崔玉平 | 汉族 | 红河 | 常沟 | 户主 | 白治军 | 回族 | 交岔 | 庙庄 |
| 长女 | 常罗荣 | 汉族 | 红河 | 常沟 | 妻子 | 马发儿 | 回族 | 交岔 | 庙庄 |
| 长子 | 常富宗 | 汉族 | 红河 | 常沟 | 长子 | 白万虎 | 回族 | 交岔 | 庙庄 |
| 次子 | 常小荣 | 汉族 | 红河 | 常沟 | 母亲 | 马百荣 | 回族 | 交岔 | 庙庄 |
| 户主 | 常思荣 | 汉族 | 红河 | 常沟 | 户主 | 海云贵 | 回族 | 交岔 | 庙庄 |
| 配偶 | 韩义云 | 汉族 | 红河 | 常沟 | 妻子 | 周　梅 | 回族 | 交岔 | 庙庄 |
| 长女 | 常　芳 | 汉族 | 红河 | 常沟 | 长子 | 海　军 | 回族 | 交岔 | 庙庄 |
| 长子 | 常　博 | 汉族 | 红河 | 常沟 | 次子 | 海　宾 | 回族 | 交岔 | 庙庄 |
| 长子 | 赵　兴 | 汉族 | 红河 | 上王 | 户主 | 白风有 | 回族 | 交岔 | 庙庄 |
| 户主 | 赵登发 | 汉族 | 红河 | 上王 | 妻子 | 马　玲 | 回族 | 交岔 | 庙庄 |
| 配偶 | 胡粉梅 | 汉族 | 红河 | 上王 | 长子 | 白治才 | 回族 | 交岔 | 庙庄 |
| 户主 | 张生宏 | 汉族 | 红河 | 上王 | 长女 | 白治琴 | 回族 | 交岔 | 庙庄 |
| 配偶 | 杨会琴 | 汉族 | 红河 | 上王 | 户主 | 海鹏举 | 回族 | 交岔 | 庙庄 |
| 弟弟 | 张生军 | 汉族 | 红河 | 上王 | 妻子 | 李生花 | 回族 | 交岔 | 庙庄 |
| 长女 | 张　倩 | 汉族 | 红河 | 上王 | 长子 | 海恒林 | 回族 | 交岔 | 庙庄 |
| 次女 | 张　彤 | 汉族 | 红河 | 上王 | 次子 | 海恒春 | 回族 | 交岔 | 庙庄 |
| 户主 | 高生张 | 汉族 | 红河 | 上王 | 三子 | 海恒礼 | 回族 | 交岔 | 庙庄 |
| 长女 | 高少华 | 汉族 | 红河 | 上王 | 四子 | 海恒龙 | 回族 | 交岔 | 庙庄 |
| 长子 | 高少平 | 汉族 | 红河 | 上王 | 户主 | 海占鹏 | 回族 | 交岔 | 庙庄 |

续表 17

| 与户主关系 | 家庭成员 | 民族 | 原居住地 | | 与户主关系 | 家庭成员 | 民族 | 原居住地 | |
|---|---|---|---|---|---|---|---|---|---|
| | | | 乡(镇) | 行政村 | | | | 乡(镇) | 行政村 |
| 妻子 | 马守琴 | 回族 | 交岔 | 庙庄 | 长子 | 海小龙 | 回族 | 交岔 | 庙庄 |
| 长子 | 海何东 | 回族 | 交岔 | 庙庄 | 户主 | 海正鹏 | 回族 | 交岔 | 庙庄 |
| 儿媳 | 白生琴 | 回族 | 交岔 | 庙庄 | 妻子 | 马玉连 | 回族 | 交岔 | 庙庄 |
| 孙子 | 海　军 | 回族 | 交岔 | 庙庄 | 长子 | 海小虎 | 回族 | 交岔 | 庙庄 |
| 户主 | 海正东 | 回族 | 交岔 | 庙庄 | 次子 | 海小军 | 回族 | 交岔 | 庙庄 |
| 妻子 | 母养梅 | 回族 | 交岔 | 庙庄 | 长女 | 海小梅 | 回族 | 交岔 | 庙庄 |
| 长女 | 海　霞 | 回族 | 交岔 | 庙庄 | 户主 | 海东峰 | 回族 | 交岔 | 庙庄 |
| 次女 | 海　茹 | 回族 | 交岔 | 庙庄 | 妻子 | 马巧玲 | 回族 | 交岔 | 庙庄 |
| 长子 | 海　洋 | 回族 | 交岔 | 庙庄 | 长子 | 海瑞龙 | 回族 | 交岔 | 庙庄 |
| 户主 | 杨志霞 | 回族 | 交岔 | 庙庄 | 次子 | 海锦涛 | 回族 | 交岔 | 庙庄 |
| 长子 | 海正堃 | 回族 | 交岔 | 庙庄 | 父亲 | 海启俊 | 回族 | 交岔 | 庙庄 |
| 户主 | 海宏智 | 回族 | 交岔 | 庙庄 | 母亲 | 杨孝花 | 回族 | 交岔 | 庙庄 |
| 妻子 | 杨生霞 | 回族 | 交岔 | 庙庄 | 户主 | 海正林 | 回族 | 交岔 | 庙庄 |
| 弟弟 | 海正平 | 回族 | 交岔 | 庙庄 | 妻子 | 母全香 | 回族 | 交岔 | 庙庄 |
| 长女 | 海　琴 | 回族 | 交岔 | 庙庄 | 长子 | 海小军 | 回族 | 交岔 | 庙庄 |
| 长子 | 海　平 | 回族 | 交岔 | 庙庄 | 户主 | 杨风军 | 回族 | 交岔 | 庙庄 |
| 户主 | 海占贵 | 回族 | 交岔 | 庙庄 | 妻子 | 海伽花 | 回族 | 交岔 | 庙庄 |
| 妻子 | 李世花 | 回族 | 交岔 | 庙庄 | 长子 | 杨世虎 | 回族 | 交岔 | 庙庄 |
| 长女 | 海正娟 | 回族 | 交岔 | 庙庄 | 长女 | 杨世琴 | 回族 | 交岔 | 庙庄 |
| 次女 | 海正梅 | 回族 | 交岔 | 庙庄 | 户主 | 白风贵 | 回族 | 交岔 | 庙庄 |
| 长子 | 海正宝 | 回族 | 交岔 | 庙庄 | 次子 | 白黑目 | 回族 | 交岔 | 庙庄 |
| 三女 | 海　燕 | 回族 | 交岔 | 庙庄 | 长子 | 白哈如 | 回族 | 交岔 | 庙庄 |
| 户主 | 海启清 | 回族 | 交岔 | 庙庄 | 户主 | 海恒宽 | 回族 | 交岔 | 庙庄 |
| 妻子 | 米永花 | 回族 | 交岔 | 庙庄 | 妻子 | 马学花 | 回族 | 交岔 | 庙庄 |
| 长子 | 海占付 | 回族 | 交岔 | 庙庄 | 长女 | 海　燕 | 回族 | 交岔 | 庙庄 |
| 孙子 | 海峻熙 | 回族 | 交岔 | 庙庄 | 户主 | 海云飞 | 回族 | 交岔 | 庙庄 |
| 户主 | 妥见花 | 回族 | 交岔 | 庙庄 | 次女 | 海正梅 | 回族 | 交岔 | 庙庄 |
| 长子 | 海　伟 | 回族 | 交岔 | 庙庄 | 三女 | 海正连 | 回族 | 交岔 | 庙庄 |
| 次子 | 海　键 | 回族 | 交岔 | 庙庄 | 户主 | 海云平 | 回族 | 交岔 | 庙庄 |
| 户主 | 海国峰 | 回族 | 交岔 | 庙庄 | 妻子 | 马志梅 | 回族 | 交岔 | 庙庄 |
| 妻子 | 周玲利 | 回族 | 交岔 | 庙庄 | 长女 | 海正霞 | 回族 | 交岔 | 庙庄 |
| 长子 | 海　洋 | 回族 | 交岔 | 庙庄 | 长子 | 海正龙 | 回族 | 交岔 | 庙庄 |
| 次子 | 海　军 | 回族 | 交岔 | 庙庄 | 户主 | 撒占川 | 回族 | 交岔 | 庙庄 |
| 长女 | 海　娟 | 回族 | 交岔 | 庙庄 | 妻子 | 海　兰 | 回族 | 交岔 | 庙庄 |
| 户主 | 海正云 | 回族 | 交岔 | 庙庄 | 母亲 | 海启英 | 回族 | 交岔 | 庙庄 |
| 妻子 | 海玉连 | 回族 | 交岔 | 庙庄 | 长子 | 撒东荣 | 回族 | 交岔 | 庙庄 |

续表 17

| 与户主关系 | 家庭成员 | 民族 | 原居住地 | | 与户主关系 | 家庭成员 | 民族 | 原居住地 | |
|---|---|---|---|---|---|---|---|---|---|
| | | | 乡(镇) | 行政村 | | | | 乡(镇) | 行政村 |
| 长女 | 撒丽梅 | 回族 | 交岔 | 庙庄 | 妻子 | 马　蓉 | 回族 | 交岔 | 庙庄 |
| 三女 | 撒丽雅 | 回族 | 交岔 | 庙庄 | 母亲 | 李生芳 | 回族 | 交岔 | 庙庄 |
| 次子 | 撒东旭 | 回族 | 交岔 | 庙庄 | 弟弟 | 杨生朝 | 回族 | 交岔 | 庙庄 |
| 次女 | 撒丽娜 | 回族 | 交岔 | 庙庄 | 长子 | 杨发财 | 回族 | 交岔 | 庙庄 |
| 户主 | 杨维岳 | 汉族 | 交岔 | 庙庄 | 长女 | 杨发蓉 | 回族 | 交岔 | 庙庄 |
| 妻子 | 王连花 | 汉族 | 交岔 | 庙庄 | 户主 | 杨风兵 | 回族 | 交岔 | 庙庄 |
| 长子 | 杨　军 | 汉族 | 交岔 | 庙庄 | 妻子 | 海　兰 | 回族 | 交岔 | 庙庄 |
| 次子 | 杨　成 | 汉族 | 交岔 | 庙庄 | 长女 | 杨玲玲 | 回族 | 交岔 | 庙庄 |
| 长媳 | 赵永琴 | 汉族 | 交岔 | 庙庄 | 户主 | 海占清 | 回族 | 交岔 | 庙庄 |
| 次媳 | 陈　萍 | 汉族 | 交岔 | 庙庄 | 四子 | 海正满 | 回族 | 交岔 | 庙庄 |
| 孙女 | 杨瑞玲 | 汉族 | 交岔 | 庙庄 | 四媳 | 杨　芳 | 回族 | 交岔 | 庙庄 |
| 孙子 | 杨瑞国 | 汉族 | 交岔 | 庙庄 | 孙女 | 海小兰 | 回族 | 交岔 | 庙庄 |
| 户主 | 海占春 | 回族 | 交岔 | 庙庄 | 孙子 | 海小兵 | 回族 | 交岔 | 庙庄 |
| 妻子 | 兰有花 | 回族 | 交岔 | 庙庄 | 户主 | 张玉和 | 汉族 | 交岔 | 庙庄 |
| 长子 | 海正鹏 | 回族 | 交岔 | 庙庄 | 妻子 | 李治平 | 汉族 | 交岔 | 庙庄 |
| 次子 | 海正成 | 回族 | 交岔 | 庙庄 | 长子 | 张小龙 | 汉族 | 交岔 | 庙庄 |
| 长媳 | 余　莲 | 回族 | 交岔 | 庙庄 | 次子 | 张孝军 | 汉族 | 交岔 | 庙庄 |
| 孙子 | 海小平 | 回族 | 交岔 | 庙庄 | 户主 | 海入刚 | 回族 | 交岔 | 庙庄 |
| 户主 | 海占学 | 回族 | 交岔 | 庙庄 | 妻子 | 兰有芳 | 回族 | 交岔 | 庙庄 |
| 妻子 | 韩风秀 | 回族 | 交岔 | 庙庄 | 长子 | 海小龙 | 回族 | 交岔 | 庙庄 |
| 次子 | 海鹏成 | 回族 | 交岔 | 庙庄 | 次子 | 海小虎 | 回族 | 交岔 | 庙庄 |
| 次媳 | 顾佰秀 | 回族 | 交岔 | 庙庄 | 户主 | 杨文月 | 汉族 | 交岔 | 庙庄 |
| 孙女 | 海恒花 | 回族 | 交岔 | 庙庄 | 母亲 | 张连英 | 汉族 | 交岔 | 庙庄 |
| 孙子 | 海恒东 | 回族 | 交岔 | 庙庄 | 户主 | 张志鹏 | 回族 | 交岔 | 庙庄 |
| 户主 | 海云书 | 回族 | 交岔 | 庙庄 | 妻子 | 暴　凤 | 汉族 | 交岔 | 庙庄 |
| 妻子 | 姬宗芳 | 回族 | 交岔 | 庙庄 | 母亲 | 王巧丽 | 汉族 | 交岔 | 庙庄 |
| 次子 | 海正军 | 回族 | 交岔 | 庙庄 | 长女 | 张　苗 | 汉族 | 交岔 | 庙庄 |
| 三子 | 海正宁 | 回族 | 交岔 | 庙庄 | 户主 | 杨平月 | 汉族 | 交岔 | 庙庄 |
| 长子 | 海正兵 | 回族 | 交岔 | 庙庄 | 妻子 | 刘雪兰 | 汉族 | 交岔 | 庙庄 |
| 儿媳 | 白　梅 | 回族 | 交岔 | 庙庄 | 次子 | 杨建明 | 汉族 | 交岔 | 庙庄 |
| 户主 | 海正龙 | 回族 | 交岔 | 庙庄 | 次媳 | 孟彩红 | 汉族 | 交岔 | 庙庄 |
| 妻子 | 马志花 | 回族 | 交岔 | 庙庄 | 孙女 | 杨家婷 | 汉族 | 交岔 | 庙庄 |
| 长子 | 海晓峰 | 回族 | 交岔 | 庙庄 | 户主 | 白治龙 | 回族 | 交岔 | 庙庄 |
| 长女 | 海晓花 | 回族 | 交岔 | 庙庄 | 爷爷 | 白生付 | 回族 | 交岔 | 庙庄 |
| 次子 | 海晓荣 | 回族 | 交岔 | 庙庄 | 奶奶 | 海梅英 | 回族 | 交岔 | 庙庄 |
| 户主 | 杨生茂 | 回族 | 交岔 | 庙庄 | 户主 | 白风成 | 回族 | 交岔 | 庙庄 |

续表 17

| 与户主关系 | 家庭成员 | 民族 | 原居住地 | | 与户主关系 | 家庭成员 | 民族 | 原居住地 | |
|---|---|---|---|---|---|---|---|---|---|
| | | | 乡(镇) | 行政村 | | | | 乡(镇) | 行政村 |
| 妻子 | 马福兰 | 回族 | 交岔 | 庙庄 | 次女 | 海　芳 | 回族 | 交岔 | 庙庄 |
| 长子 | 白有素 | 回族 | 交岔 | 庙庄 | 长子 | 海　雅 | 回族 | 交岔 | 庙庄 |
| 户主 | 白风科 | 回族 | 交岔 | 庙庄 | 户主 | 李永龙 | 回族 | 交岔 | 庙庄 |
| 妻子 | 海风梅 | 回族 | 交岔 | 庙庄 | 妻子 | 马桂兰 | 回族 | 交岔 | 庙庄 |
| 长子 | 白治旺 | 回族 | 交岔 | 庙庄 | 户主 | 李永虎 | 回族 | 交岔 | 庙庄 |
| 长女 | 白治兰 | 回族 | 交岔 | 庙庄 | 妻子 | 海社社 | 回族 | 交岔 | 庙庄 |
| 儿媳 | 姬学梅 | 回族 | 交岔 | 庙庄 | 长子 | 李小军 | 回族 | 交岔 | 庙庄 |
| 长孙 | 白万财 | 回族 | 交岔 | 庙庄 | 父亲 | 李占荣 | 回族 | 交岔 | 庙庄 |
| 孙女 | 白　蓉 | 回族 | 交岔 | 庙庄 | 母亲 | 白万花 | 回族 | 交岔 | 庙庄 |
| 户主 | 杨风刚 | 回族 | 交岔 | 庙庄 | 户主 | 李存银 | 回族 | 交岔 | 庙庄 |
| 妻子 | 马桂兰 | 回族 | 交岔 | 庙庄 | 儿媳 | 海占琴 | 回族 | 交岔 | 庙庄 |
| 户主 | 海启强 | 回族 | 交岔 | 庙庄 | 孙子 | 李瑞平 | 回族 | 交岔 | 庙庄 |
| 妻子 | 姬风英 | 回族 | 交岔 | 庙庄 | 孙女 | 李瑞英 | 回族 | 交岔 | 庙庄 |
| 长子 | 海荣录 | 回族 | 交岔 | 庙庄 | 户主 | 海国虎 | 回族 | 交岔 | 庙庄 |
| 儿媳 | 马佰花 | 回族 | 交岔 | 庙庄 | 妻子 | 杨启梅 | 回族 | 交岔 | 庙庄 |
| 次子 | 马栓娃 | 回族 | 交岔 | 庙庄 | 长子 | 海清洁 | 回族 | 交岔 | 庙庄 |
| 户主 | 海正荣 | 回族 | 交岔 | 庙庄 | 父亲 | 海保付 | 回族 | 交岔 | 庙庄 |
| 妻子 | 母玉兰 | 回族 | 交岔 | 庙庄 | 母亲 | 马全芳 | 回族 | 交岔 | 庙庄 |
| 二女 | 海恒霞 | 回族 | 交岔 | 庙庄 | 户主 | 马玉权 | 回族 | 交岔 | 庙庄 |
| 户主 | 海云峰 | 回族 | 交岔 | 庙庄 | 妻子 | 周玉兰 | 回族 | 交岔 | 庙庄 |
| 妻子 | 母全梅 | 回族 | 交岔 | 庙庄 | 长子 | 马金东 | 回族 | 交岔 | 庙庄 |
| 长子 | 海正发 | 回族 | 交岔 | 庙庄 | 长女 | 马金琴 | 回族 | 交岔 | 庙庄 |
| 儿媳 | 杨雪梅 | 回族 | 交岔 | 庙庄 | 次子 | 马金刚 | 回族 | 交岔 | 庙庄 |
| 孙女 | 海晓雨 | 回族 | 交岔 | 庙庄 | 户主 | 马玉省 | 回族 | 交岔 | 庙庄 |
| 户主 | 母文连 | 回族 | 交岔 | 庙庄 | 妻子 | 马志梅 | 回族 | 交岔 | 庙庄 |
| 丈夫 | 白风朝 | 回族 | 交岔 | 庙庄 | 长子 | 马金平 | 回族 | 交岔 | 庙庄 |
| 长子 | 白治慧 | 回族 | 交岔 | 庙庄 | 次子 | 马金鹏 | 回族 | 交岔 | 庙庄 |
| 次子 | 白治利 | 回族 | 交岔 | 庙庄 | 户主 | 海国林 | 回族 | 交岔 | 庙庄 |
| 次媳 | 海　霞 | 回族 | 交岔 | 庙庄 | 妻子 | 母养花 | 回族 | 交岔 | 庙庄 |
| 长媳 | 海思蓉 | 回族 | 交岔 | 庙庄 | 父亲 | 海保刚 | 回族 | 交岔 | 庙庄 |
| 户主 | 杨　龙 | 汉族 | 交岔 | 庙庄 | 母亲 | 马虎秀 | 回族 | 交岔 | 庙庄 |
| 妻子 | 王红红 | 汉族 | 交岔 | 庙庄 | 长女 | 海东梅 | 回族 | 交岔 | 庙庄 |
| 长子 | 杨浩浩 | 汉族 | 交岔 | 庙庄 | 户主 | 母义花 | 回族 | 交岔 | 庙庄 |
| 户主 | 海洋安 | 回族 | 交岔 | 庙庄 | 母亲 | 海恒花 | 回族 | 交岔 | 庙庄 |
| 妻子 | 杨生霞 | 回族 | 交岔 | 庙庄 | 长子 | 李　鹏 | 回族 | 交岔 | 庙庄 |
| 长女 | 海　娟 | 回族 | 交岔 | 庙庄 | 长女 | 李　琴 | 回族 | 交岔 | 庙庄 |

续表 17

| 与户主关系 | 家庭成员 | 民族 | 原居住地 | | 与户主关系 | 家庭成员 | 民族 | 原居住地 | |
|---|---|---|---|---|---|---|---|---|---|
| | | | 乡(镇) | 行政村 | | | | 乡(镇) | 行政村 |
| 户主 | 李瑞虎 | 回族 | 交岔 | 庙庄 | 次子 | 马金成 | 回族 | 交岔 | 庙庄 |
| 妹妹 | 李瑞钰 | 回族 | 交岔 | 庙庄 | 户主 | 马守银 | 回族 | 交岔 | 庙庄 |
| 母亲 | 海秀梅 | 回族 | 交岔 | 庙庄 | 妻子 | 杨志莲 | 回族 | 交岔 | 庙庄 |
| 户主 | 李瑞军 | 回族 | 交岔 | 庙庄 | 孙女 | 马金梅 | 回族 | 交岔 | 庙庄 |
| 妻子 | 杨生兰 | 回族 | 交岔 | 庙庄 | 户主 | 马文学 | 回族 | 交岔 | 庙庄 |
| 长女 | 李小彦 | 回族 | 交岔 | 庙庄 | 妻子 | 海发买 | 回族 | 交岔 | 庙庄 |
| 户主 | 李存学 | 回族 | 交岔 | 庙庄 | 长子 | 马海迪 | 回族 | 交岔 | 庙庄 |
| 三子 | 李彦仁 | 回族 | 交岔 | 庙庄 | 户主 | 海恒东 | 回族 | 交岔 | 庙庄 |
| 四子 | 李彦明 | 回族 | 交岔 | 庙庄 | 妻子 | 马国琴 | 回族 | 交岔 | 庙庄 |
| 儿媳 | 李东花 | 回族 | 交岔 | 庙庄 | 长子 | 海殿平 | 回族 | 交岔 | 庙庄 |
| 孙子 | 李　辉 | 回族 | 交岔 | 庙庄 | 次子 | 海殿录 | 回族 | 交岔 | 庙庄 |
| 户主 | 马银贵 | 回族 | 交岔 | 庙庄 | 长女 | 海殿霞 | 回族 | 交岔 | 庙庄 |
| 长子 | 马金鑫 | 回族 | 交岔 | 庙庄 | 户主 | 海正全 | 回族 | 交岔 | 庙庄 |
| 次子 | 马金荣 | 回族 | 交岔 | 庙庄 | 妻子 | 杨志秀 | 回族 | 交岔 | 庙庄 |
| 长女 | 马金连 | 回族 | 交岔 | 庙庄 | 三子 | 海　龙 | 回族 | 交岔 | 庙庄 |
| 户主 | 李彦军 | 回族 | 交岔 | 庙庄 | 五子 | 海恒兵 | 回族 | 交岔 | 庙庄 |
| 妻子 | 海建芳 | 回族 | 交岔 | 庙庄 | 户主 | 海恒品 | 回族 | 交岔 | 庙庄 |
| 长子 | 李瑞锋 | 回族 | 交岔 | 庙庄 | 母亲 | 杨占芳 | 回族 | 交岔 | 庙庄 |
| 次子 | 李瑞鹏 | 回族 | 交岔 | 庙庄 | 妻子 | 马　梅 | 回族 | 交岔 | 庙庄 |
| 户主 | 王　成 | 回族 | 交岔 | 庙庄 | 长女 | 海玲玲 | 回族 | 交岔 | 庙庄 |
| 父亲 | 王月山 | 回族 | 交岔 | 庙庄 | 长子 | 海　涛 | 回族 | 交岔 | 庙庄 |
| 母亲 | 姬凤梅 | 回族 | 交岔 | 庙庄 | 户主 | 李彦成 | 回族 | 交岔 | 庙庄 |
| 妻子 | 李永玲 | 回族 | 交岔 | 庙庄 | 妻子 | 麻晓琴 | 回族 | 交岔 | 庙庄 |
| 户主 | 海国举 | 回族 | 交岔 | 庙庄 | 长女 | 李瑞彦 | 回族 | 交岔 | 庙庄 |
| 妻子 | 马德兰 | 回族 | 交岔 | 庙庄 | 母亲 | 周风英 | 回族 | 交岔 | 庙庄 |
| 长子 | 海向成 | 回族 | 交岔 | 庙庄 | 外甥 | 李瑞梅 | 回族 | 交岔 | 庙庄 |
| 次子 | 海向龙 | 回族 | 交岔 | 庙庄 | 户主 | 海保录 | 回族 | 交岔 | 庙庄 |
| 长女 | 海向兰 | 回族 | 交岔 | 庙庄 | 妻子 | 马孝连 | 回族 | 交岔 | 庙庄 |
| 户主 | 马玉军 | 回族 | 交岔 | 庙庄 | 次子 | 海国宝 | 回族 | 交岔 | 庙庄 |
| 妻子 | 海　梅 | 回族 | 交岔 | 庙庄 | 儿媳 | 周买艳 | 回族 | 交岔 | 庙庄 |
| 长女 | 马金梅 | 回族 | 交岔 | 庙庄 | 孙子 | 海向军 | 回族 | 交岔 | 庙庄 |
| 长子 | 马金虎 | 回族 | 交岔 | 庙庄 | 户主 | 李占军 | 回族 | 交岔 | 庙庄 |
| 次子 | 马金龙 | 回族 | 交岔 | 庙庄 | 妻子 | 海恒芳 | 回族 | 交岔 | 庙庄 |
| 户主 | 马玉贵 | 回族 | 交岔 | 庙庄 | 次子 | 李　鹏 | 回族 | 交岔 | 庙庄 |
| 妻子 | 海正梅 | 回族 | 交岔 | 庙庄 | 长女 | 李　琴 | 回族 | 交岔 | 庙庄 |
| 长子 | 马金荣 | 回族 | 交岔 | 庙庄 | 户主 | 李　龙 | 回族 | 交岔 | 庙庄 |

续表 17

| 与户主关系 | 家庭成员 | 民族 | 原居住地 | | 与户主关系 | 家庭成员 | 民族 | 原居住地 | |
|---|---|---|---|---|---|---|---|---|---|
| | | | 乡(镇) | 行政村 | | | | 乡(镇) | 行政村 |
| 妻子 | 杨发卖 | 回族 | 交岔 | 庙庄 | 户主 | 马　琴 | 回族 | 交岔 | 庙庄 |
| 户主 | 海　金 | 回族 | 交岔 | 庙庄 | 长子 | 海卓钰 | 回族 | 交岔 | 庙庄 |
| 妻子 | 杨生兰 | 回族 | 交岔 | 庙庄 | 户主 | 马应莲 | 回族 | 交岔 | 庙庄 |
| 长子 | 海洋平 | 回族 | 交岔 | 庙庄 | 长子 | 李瑞贤 | 回族 | 交岔 | 庙庄 |
| 长女 | 海贵花 | 回族 | 交岔 | 庙庄 | 长女 | 李瑞霞 | 回族 | 交岔 | 庙庄 |
| 次女 | 海荷花 | 回族 | 交岔 | 庙庄 | 户主 | 李向阳 | 回族 | 交岔 | 庙庄 |
| 户主 | 海恒富 | 回族 | 交岔 | 庙庄 | 妻子 | 海　兰 | 回族 | 交岔 | 庙庄 |
| 妻子 | 周万花 | 回族 | 交岔 | 庙庄 | 长子 | 李瑞生 | 回族 | 交岔 | 庙庄 |
| 长子 | 海殿军 | 回族 | 交岔 | 庙庄 | 长女 | 李晓荣 | 回族 | 交岔 | 庙庄 |
| 长女 | 海殿梅 | 回族 | 交岔 | 庙庄 | 户主 | 李彦平 | 回族 | 交岔 | 庙庄 |
| 次女 | 海殿琴 | 回族 | 交岔 | 庙庄 | 妻子 | 海金花 | 回族 | 交岔 | 庙庄 |
| 户主 | 海恒成 | 回族 | 交岔 | 庙庄 | 母亲 | 海金兰 | 回族 | 交岔 | 庙庄 |
| 妻子 | 李彦梅 | 回族 | 交岔 | 庙庄 | 父亲 | 李存元 | 回族 | 交岔 | 庙庄 |
| 长子 | 海殿功 | 回族 | 交岔 | 庙庄 | 长子 | 李瑞博 | 回族 | 交岔 | 庙庄 |
| 次子 | 海殿鹏 | 回族 | 交岔 | 庙庄 | 户主 | 李付成 | 回族 | 交岔 | 庙庄 |
| 户主 | 李彦学 | 回族 | 交岔 | 庙庄 | 妻子 | 杨风英 | 回族 | 交岔 | 庙庄 |
| 母亲 | 杨启梅 | 回族 | 交岔 | 庙庄 | 长子 | 李　平 | 回族 | 交岔 | 庙庄 |
| 妻子 | 马福琴 | 回族 | 交岔 | 庙庄 | 次子 | 李　兵 | 回族 | 交岔 | 庙庄 |
| 长女 | 李晓蕊 | 回族 | 交岔 | 庙庄 | 长女 | 李　兰 | 回族 | 交岔 | 庙庄 |
| 户主 | 海恒强 | 回族 | 交岔 | 庙庄 | 户主 | 李向军 | 回族 | 交岔 | 庙庄 |
| 父亲 | 海正清 | 回族 | 交岔 | 庙庄 | 妻子 | 周世花 | 回族 | 交岔 | 庙庄 |
| 母亲 | 李存花 | 回族 | 交岔 | 庙庄 | 长子 | 李瑞璞 | 回族 | 交岔 | 庙庄 |
| 户主 | 李彦宝 | 回族 | 交岔 | 庙庄 | 次子 | 李瑞宁 | 回族 | 交岔 | 庙庄 |
| 妻子 | 张维梅 | 回族 | 交岔 | 庙庄 | 长女 | 李瑞慧 | 回族 | 交岔 | 庙庄 |
| 长女 | 李瑞琴 | 回族 | 交岔 | 庙庄 | 户主 | 李存义 | 回族 | 交岔 | 庙庄 |
| 次女 | 李瑞芳 | 回族 | 交岔 | 庙庄 | 妻子 | 杨启连 | 回族 | 交岔 | 庙庄 |
| 户主 | 海耀凤 | 回族 | 交岔 | 庙庄 | 三子 | 李彦清 | 回族 | 交岔 | 庙庄 |
| 长子 | 李瑞怀 | 回族 | 交岔 | 庙庄 | 三媳 | 马玉琴 | 回族 | 交岔 | 庙庄 |
| 长女 | 李晶晶 | 回族 | 交岔 | 庙庄 | 孙子 | 李瑞龙 | 回族 | 交岔 | 庙庄 |
| 母亲 | 周风琴 | 回族 | 交岔 | 庙庄 | 孙女 | 李瑞艳 | 回族 | 交岔 | 庙庄 |
| 次子 | 李瑞宁 | 回族 | 交岔 | 庙庄 | 户主 | 李向东 | 回族 | 交岔 | 庙庄 |
| 户主 | 李彦俊 | 回族 | 交岔 | 庙庄 | 妻子 | 海世芳 | 回族 | 交岔 | 庙庄 |
| 妻子 | 马孝连 | 回族 | 交岔 | 庙庄 | 长子 | 李瑞富 | 回族 | 交岔 | 庙庄 |
| 长子 | 李瑞成 | 回族 | 交岔 | 庙庄 | 次子 | 李瑞云 | 回族 | 交岔 | 庙庄 |
| 次子 | 李瑞明 | 回族 | 交岔 | 庙庄 | 三子 | 李瑞环 | 回族 | 交岔 | 庙庄 |
| 长女 | 李瑞兰 | 回族 | 交岔 | 庙庄 | 户主 | 海正龙 | 回族 | 交岔 | 庙庄 |

续表 17

| 与户主关系 | 家庭成员 | 民族 | 原居住地 | | 与户主关系 | 家庭成员 | 民族 | 原居住地 | |
|---|---|---|---|---|---|---|---|---|---|
| | | | 乡(镇) | 行政村 | | | | 乡(镇) | 行政村 |
| 妻子 | 罗有琴 | 回族 | 交岔 | 庙庄 | 长子 | 海富龙 | 回族 | 交岔 | 庙庄 |
| 长子 | 海　浪 | 回族 | 交岔 | 庙庄 | 户主 | 海恒兵 | 回族 | 交岔 | 庙庄 |
| 长女 | 海　雁 | 回族 | 交岔 | 庙庄 | 妻子 | 杨风琴 | 回族 | 交岔 | 庙庄 |
| 母亲 | 白凤花 | 回族 | 交岔 | 庙庄 | 长子 | 海殿鹏 | 回族 | 交岔 | 庙庄 |
| 户主 | 海正鹏 | 回族 | 交岔 | 庙庄 | 次子 | 海殿龙 | 回族 | 交岔 | 庙庄 |
| 妻子 | 周生琴 | 回族 | 交岔 | 庙庄 | 户主 | 海正付 | 回族 | 交岔 | 庙庄 |
| 长子 | 海　鑫 | 回族 | 交岔 | 庙庄 | 妻子 | 杨秀连 | 回族 | 交岔 | 庙庄 |
| 户主 | 李占富 | 回族 | 交岔 | 庙庄 | 长子 | 海　德 | 回族 | 交岔 | 庙庄 |
| 妻子 | 海风萍 | 回族 | 交岔 | 庙庄 | 长媳 | 姬小燕 | 回族 | 交岔 | 庙庄 |
| 长子 | 李　军 | 回族 | 交岔 | 庙庄 | 户主 | 海正品 | 回族 | 交岔 | 庙庄 |
| 次女 | 李　香 | 回族 | 交岔 | 庙庄 | 妻子 | 马风琴 | 回族 | 交岔 | 庙庄 |
| 户主 | 海正贤 | 回族 | 交岔 | 庙庄 | 次子 | 海　鑫 | 回族 | 交岔 | 庙庄 |
| 妻子 | 海维兰 | 回族 | 交岔 | 庙庄 | 长子 | 海　朋 | 回族 | 交岔 | 庙庄 |
| 长子 | 海恒录 | 回族 | 交岔 | 庙庄 | 户主 | 马志平 | 回族 | 交岔 | 庙庄 |
| 户主 | 海　鱼 | 回族 | 交岔 | 庙庄 | 妻子 | 金书霞 | 回族 | 交岔 | 庙庄 |
| 妻子 | 杨爱琴 | 回族 | 交岔 | 庙庄 | 长子 | 马　强 | 回族 | 交岔 | 庙庄 |
| 长子 | 海金龙 | 回族 | 交岔 | 庙庄 | 二女 | 马　琴 | 回族 | 交岔 | 庙庄 |
| 长女 | 海金蓉 | 回族 | 交岔 | 庙庄 | 儿媳 | 白治芳 | 回族 | 交岔 | 庙庄 |
| 母亲 | 马玉连 | 回族 | 交岔 | 庙庄 | 户主 | 马玉成 | 回族 | 交岔 | 庙庄 |
| 户主 | 海正国 | 回族 | 交岔 | 庙庄 | 妻子 | 马晓梅 | 回族 | 交岔 | 庙庄 |
| 妻子 | 马保兰 | 回族 | 交岔 | 庙庄 | 长子 | 马英剑 | 回族 | 交岔 | 庙庄 |
| 长子 | 海　斌 | 回族 | 交岔 | 庙庄 | 长女 | 马英桃 | 回族 | 交岔 | 庙庄 |
| 长女 | 海　丽 | 回族 | 交岔 | 庙庄 | 母亲 | 海克义 | 回族 | 交岔 | 庙庄 |
| 户主 | 马银军 | 回族 | 交岔 | 庙庄 | 户主 | 杨为国 | 回族 | 交岔 | 庙庄 |
| 妻子 | 海正兰 | 回族 | 交岔 | 庙庄 | 妻子 | 顾　荣 | 回族 | 交岔 | 庙庄 |
| 长女 | 马固玲 | 回族 | 交岔 | 庙庄 | 户主 | 李彦发 | 回族 | 交岔 | 庙庄 |
| 次女 | 马固珍 | 回族 | 交岔 | 庙庄 | 妻子 | 马　梅 | 回族 | 交岔 | 庙庄 |
| 长子 | 马　坤 | 回族 | 交岔 | 庙庄 | 长子 | 李瑞虎 | 回族 | 交岔 | 庙庄 |
| 父亲 | 马守荣 | 回族 | 交岔 | 庙庄 | 长女 | 李瑞霞 | 回族 | 交岔 | 庙庄 |
| 妹妹 | 马银花 | 回族 | 交岔 | 庙庄 | 次女 | 李瑞花 | 回族 | 交岔 | 庙庄 |
| 户主 | 海恒军 | 回族 | 交岔 | 庙庄 | 户主 | 马　伟 | 回族 | 交岔 | 庙庄 |
| 妻子 | 马小梅 | 回族 | 交岔 | 庙庄 | 妻子 | 海翠珍 | 回族 | 交岔 | 庙庄 |
| 次女 | 海艳霞 | 回族 | 交岔 | 庙庄 | 长女 | 马丽莎 | 回族 | 交岔 | 庙庄 |
| 三女 | 海兰霞 | 回族 | 交岔 | 庙庄 | 户主 | 杨奉东 | 回族 | 交岔 | 庙庄 |
| 四女 | 海飞霞 | 回族 | 交岔 | 庙庄 | 妻子 | 周玉梅 | 回族 | 交岔 | 庙庄 |
| 五女 | 海银霞 | 回族 | 交岔 | 庙庄 | 长女 | 杨　艳 | 回族 | 交岔 | 庙庄 |

续表 17

| 与户主关系 | 家庭成员 | 民族 | 原居住地 | | 与户主关系 | 家庭成员 | 民族 | 原居住地 | |
|---|---|---|---|---|---|---|---|---|---|
| | | | 乡(镇) | 行政村 | | | | 乡(镇) | 行政村 |
| 次女 | 杨　梅 | 回族 | 交岔 | 庙庄 | 长子 | 杨亮亮 | 回族 | 交岔 | 庙庄 |
| 三女 | 杨　玲 | 回族 | 交岔 | 庙庄 | 户主 | 马玉功 | 回族 | 交岔 | 庙庄 |
| 长子 | 杨　龙 | 回族 | 交岔 | 庙庄 | 妻子 | 李存梅 | 回族 | 交岔 | 庙庄 |
| 户主 | 杨　军 | 回族 | 交岔 | 庙庄 | 长女 | 马金彩 | 回族 | 交岔 | 庙庄 |
| 妻子 | 海玲子 | 回族 | 交岔 | 庙庄 | 长子 | 马　成 | 回族 | 交岔 | 庙庄 |
| 次女 | 杨晓梅 | 回族 | 交岔 | 庙庄 | 户主 | 海恒鹏 | 回族 | 交岔 | 庙庄 |
| 长女 | 杨晓琴 | 回族 | 交岔 | 庙庄 | 母亲 | 姬风花 | 回族 | 交岔 | 庙庄 |
| 户主 | 马文霞 | 回族 | 交岔 | 庙庄 | 妻子 | 马付琴 | 回族 | 交岔 | 庙庄 |
| 长子 | 海河兵 | 回族 | 交岔 | 庙庄 | 长子 | 海路录 | 回族 | 交岔 | 庙庄 |
| 长女 | 海一楠 | 回族 | 交岔 | 庙庄 | 长女 | 海治敏 | 回族 | 交岔 | 庙庄 |
| 户主 | 海恒虎 | 回族 | 交岔 | 庙庄 | 户主 | 海保林 | 回族 | 交岔 | 庙庄 |
| 妻子 | 姬廷梅 | 回族 | 交岔 | 庙庄 | 妻子 | 马全花 | 回族 | 交岔 | 庙庄 |
| 长子 | 海飞龙 | 回族 | 交岔 | 庙庄 | 长子 | 海国徽 | 回族 | 交岔 | 庙庄 |
| 次子 | 海天龙 | 回族 | 交岔 | 庙庄 | 次子 | 海友努 | 回族 | 交岔 | 庙庄 |
| 长媳 | 姬秀琴 | 回族 | 交岔 | 庙庄 | 户主 | 马守林 | 回族 | 交岔 | 庙庄 |
| 户主 | 海占祥 | 回族 | 交岔 | 庙庄 | 妻子 | 海玉英 | 回族 | 交岔 | 庙庄 |
| 长子 | 海正东 | 回族 | 交岔 | 庙庄 | 孙女 | 马小燕 | 回族 | 交岔 | 庙庄 |
| 户主 | 李彦成 | 回族 | 交岔 | 庙庄 | 户主 | 杨占荣 | 回族 | 交岔 | 庙庄 |
| 妻子 | 母文芳 | 回族 | 交岔 | 庙庄 | 妻子 | 海恒凤 | 回族 | 交岔 | 庙庄 |
| 长女 | 李　娟 | 回族 | 交岔 | 庙庄 | 次子 | 杨　虎 | 回族 | 交岔 | 庙庄 |
| 次女 | 李　芳 | 回族 | 交岔 | 庙庄 | 次子 | 杨　财 | 回族 | 交岔 | 庙庄 |
| 长子 | 李瑞平 | 回族 | 交岔 | 庙庄 | 户主 | 马银付 | 回族 | 交岔 | 庙庄 |
| 户主 | 马文智 | 回族 | 交岔 | 庙庄 | 妻子 | 海秀梅 | 回族 | 交岔 | 庙庄 |
| 长女 | 马　蓉 | 回族 | 交岔 | 庙庄 | 长子 | 马　明 | 回族 | 交岔 | 庙庄 |
| 妻子 | 海锁叶 | 回族 | 交岔 | 庙庄 | 次子 | 马　海 | 回族 | 交岔 | 庙庄 |
| 母亲 | 海俊连 | 回族 | 交岔 | 庙庄 | 长女 | 马　梅 | 回族 | 交岔 | 庙庄 |
| 户主 | 海正俊 | 回族 | 交岔 | 庙庄 | 户主 | 海　梅 | 回族 | 交岔 | 庙庄 |
| 妻子 | 杨志花 | 回族 | 交岔 | 庙庄 | 次女 | 杨梅霞 | 回族 | 交岔 | 庙庄 |
| 长子 | 海　锐 | 回族 | 交岔 | 庙庄 | 户主 | 海国龙 | 回族 | 交岔 | 庙庄 |
| 次子 | 海　利 | 回族 | 交岔 | 庙庄 | 长子 | 海青龙 | 回族 | 交岔 | 庙庄 |
| 次子 | 海　发 | 回族 | 交岔 | 庙庄 | 户主 | 马玉宝 | 回族 | 交岔 | 庙庄 |
| 户主 | 海国东 | 回族 | 交岔 | 庙庄 | 妻子 | 王秃买 | 回族 | 交岔 | 庙庄 |
| 妻子 | 马文芳 | 回族 | 交岔 | 庙庄 | 长子 | 马　俊 | 回族 | 交岔 | 庙庄 |
| 长女 | 海向兰 | 回族 | 交岔 | 庙庄 | 户主 | 海国恩 | 回族 | 交岔 | 庙庄 |
| 户主 | 杨　东 | 回族 | 交岔 | 庙庄 | 母亲 | 姬风兰 | 回族 | 交岔 | 庙庄 |
| 妻子 | 马军秀 | 回族 | 交岔 | 庙庄 | 户主 | 马银虎 | 回族 | 交岔 | 庙庄 |

续表 17

| 与户主关系 | 家庭成员 | 民族 | 原居住地 | | 与户主关系 | 家庭成员 | 民族 | 原居住地 | |
|---|---|---|---|---|---|---|---|---|---|
| | | | 乡(镇) | 行政村 | | | | 乡(镇) | 行政村 |
| 妻子 | 马玉萍 | 回族 | 交岔 | 庙庄 | 次子 | 海军 | 回族 | 交岔 | 庙庄 |
| 长子 | 马东 | 回族 | 交岔 | 庙庄 | 户主 | 海占忠 | 回族 | 交岔 | 庙庄 |
| 父亲 | 马守科 | 回族 | 交岔 | 庙庄 | 妻子 | 杨占秀 | 回族 | 交岔 | 庙庄 |
| 户主 | 马玉东 | 回族 | 交岔 | 庙庄 | 长子 | 海正荣 | 回族 | 交岔 | 庙庄 |
| 妻子 | 马雪花 | 回族 | 交岔 | 庙庄 | 孙子 | 海恒富 | 回族 | 交岔 | 庙庄 |
| 次子 | 马飞贵 | 回族 | 交岔 | 庙庄 | 孙女 | 海娟 | 回族 | 交岔 | 庙庄 |
| 长子 | 马飞云 | 回族 | 交岔 | 庙庄 | 儿媳 | 李秀花 | 回族 | 交岔 | 庙庄 |
| 儿媳 | 马有兰 | 回族 | 交岔 | 庙庄 | 孙子 | 海小龙 | 回族 | 交岔 | 庙庄 |
| 户主 | 马玉录 | 回族 | 交岔 | 庙庄 | 户主 | 马玉龙 | 回族 | 交岔 | 庙庄 |
| 妻子 | 周世花 | 回族 | 交岔 | 庙庄 | 妻子 | 海俊琴 | 回族 | 交岔 | 庙庄 |
| 长女 | 马雪兰 | 回族 | 交岔 | 庙庄 | 长子 | 马文慧 | 回族 | 交岔 | 庙庄 |
| 次女 | 马雪莲 | 回族 | 交岔 | 庙庄 | 儿媳 | 马贞 | 回族 | 交岔 | 庙庄 |
| 户主 | 马银飞 | 回族 | 交岔 | 庙庄 | 孙子 | 马新宁 | 回族 | 交岔 | 庙庄 |
| 妻子 | 丁玉花 | 回族 | 交岔 | 庙庄 | 户主 | 李存孝 | 回族 | 交岔 | 庙庄 |
| 长子 | 马万里 | 回族 | 交岔 | 庙庄 | 妻子 | 周风梅 | 回族 | 交岔 | 庙庄 |
| 次子 | 马万成 | 回族 | 交岔 | 庙庄 | 户主 | 海宝山 | 回族 | 交岔 | 庙庄 |
| 户主 | 海正军 | 回族 | 交岔 | 庙庄 | 妻子 | 杨执兰 | 回族 | 交岔 | 庙庄 |
| 妻子 | 马志芳 | 回族 | 交岔 | 庙庄 | 户主 | 海国鹏 | 回族 | 交岔 | 庙庄 |
| 次子 | 海银忠 | 回族 | 交岔 | 庙庄 | 妻子 | 母养娜 | 回族 | 交岔 | 庙庄 |
| 户主 | 海国治 | 回族 | 交岔 | 庙庄 | 长子 | 海向宽 | 回族 | 交岔 | 庙庄 |
| 妻子 | 李花 | 回族 | 交岔 | 庙庄 | 长女 | 海向玲 | 回族 | 交岔 | 庙庄 |
| 长子 | 海清云 | 回族 | 交岔 | 庙庄 | 户主 | 海国君 | 回族 | 交岔 | 庙庄 |
| 次子 | 海清洁 | 回族 | 交岔 | 庙庄 | 妻子 | 母养秀 | 回族 | 交岔 | 庙庄 |
| 三子 | 海清幸 | 回族 | 交岔 | 庙庄 | 长子 | 海向兵 | 回族 | 交岔 | 庙庄 |
| 户主 | 海恒兴 | 回族 | 交岔 | 庙庄 | 次女 | 海琴 | 回族 | 交岔 | 庙庄 |
| 妻子 | 母玉娥 | 回族 | 交岔 | 庙庄 | 母亲 | 马虎梅 | 回族 | 交岔 | 庙庄 |
| 长女 | 海殿兰 | 回族 | 交岔 | 庙庄 | 户主 | 李彦怀 | 回族 | 交岔 | 庙庄 |
| 户主 | 杨启虎 | 回族 | 交岔 | 庙庄 | 父亲 | 李存忠 | 回族 | 交岔 | 庙庄 |
| 妻子 | 海玉梅 | 回族 | 交岔 | 庙庄 | 母亲 | 白生秀 | 回族 | 交岔 | 庙庄 |
| 儿子 | 杨为宗 | 回族 | 交岔 | 庙庄 | 户主 | 马玉立 | 回族 | 交岔 | 庙庄 |
| 儿媳 | 海蜜花 | 回族 | 交岔 | 庙庄 | 妻子 | 姬冬梅 | 回族 | 交岔 | 庙庄 |
| 孙女 | 杨海蓉 | 回族 | 交岔 | 庙庄 | 长子 | 马岗 | 回族 | 交岔 | 庙庄 |
| 孙女 | 杨荣 | 回族 | 交岔 | 庙庄 | 户主 | 海恒荣 | 回族 | 交岔 | 庙庄 |
| 户主 | 海恒贵 | 回族 | 交岔 | 庙庄 | 妻子 | 杨生花 | 回族 | 交岔 | 庙庄 |
| 妻子 | 姬守梅 | 回族 | 交岔 | 庙庄 | 长子 | 海殿军 | 回族 | 交岔 | 庙庄 |
| 长子 | 海龙 | 回族 | 交岔 | 庙庄 | 户主 | 马文平 | 回族 | 交岔 | 庙庄 |

续表 17

| 与户主关系 | 家庭成员 | 民族 | 原居住地 | | 与户主关系 | 家庭成员 | 民族 | 原居住地 | |
|---|---|---|---|---|---|---|---|---|---|
| | | | 乡(镇) | 行政村 | | | | 乡(镇) | 行政村 |
| 妻子 | 母德花 | 回族 | 交岔 | 庙庄 | 长子 | 李瑞鹏 | 回族 | 交岔 | 庙庄 |
| 长女 | 马　翠 | 回族 | 交岔 | 庙庄 | 次子 | 李卫清 | 回族 | 交岔 | 庙庄 |
| 长子 | 马　勇 | 回族 | 交岔 | 庙庄 | 户主 | 姬风智 | 回族 | 交岔 | 保阳 |
| 户主 | 马玉仁 | 回族 | 交岔 | 庙庄 | 妻子 | 海耀梅 | 回族 | 交岔 | 保阳 |
| 长子 | 马　德 | 回族 | 交岔 | 庙庄 | 长子 | 姬宗虎 | 回族 | 交岔 | 保阳 |
| 长女 | 马　梅 | 回族 | 交岔 | 庙庄 | 次子 | 姬宗豹 | 回族 | 交岔 | 保阳 |
| 户主 | 马玉伍 | 回族 | 交岔 | 庙庄 | 三子 | 姬宗成 | 回族 | 交岔 | 保阳 |
| 妻子 | 王　琳 | 回族 | 交岔 | 庙庄 | 户主 | 姬风军 | 回族 | 交岔 | 保阳 |
| 长子 | 马　强 | 回族 | 交岔 | 庙庄 | 妻子 | 海怀梅 | 回族 | 交岔 | 保阳 |
| 户主 | 马金文 | 回族 | 交岔 | 庙庄 | 户主 | 马　飞 | 回族 | 交岔 | 保阳 |
| 妻子 | 海存艳 | 回族 | 交岔 | 庙庄 | 妻子 | 海国智 | 回族 | 交岔 | 保阳 |
| 户主 | 李成虎 | 回族 | 交岔 | 庙庄 | 长女 | 马海兰 | 回族 | 交岔 | 保阳 |
| 妻子 | 母德莲 | 回族 | 交岔 | 庙庄 | 二女 | 马小梅 | 回族 | 交岔 | 保阳 |
| 长子 | 李鹏程 | 回族 | 交岔 | 庙庄 | 三女 | 马小艳 | 回族 | 交岔 | 保阳 |
| 长女 | 李鹏琴 | 回族 | 交岔 | 庙庄 | 长子 | 马小成 | 回族 | 交岔 | 保阳 |
| 户主 | 李国祥 | 回族 | 交岔 | 庙庄 | 户主 | 杨　军 | 回族 | 交岔 | 保阳 |
| 妻子 | 海存芳 | 回族 | 交岔 | 庙庄 | 妻子 | 马如叶 | 回族 | 交岔 | 保阳 |
| 长女 | 李博瑞 | 回族 | 交岔 | 庙庄 | 长女 | 杨彩虹 | 回族 | 交岔 | 保阳 |
| 长子 | 李博贤 | 回族 | 交岔 | 庙庄 | 户主 | 杨占儒 | 回族 | 交岔 | 保阳 |
| 户主 | 李彦富 | 回族 | 交岔 | 庙庄 | 妻子 | 海向兰 | 回族 | 交岔 | 保阳 |
| 妻子 | 海存连 | 回族 | 交岔 | 庙庄 | 次子 | 杨　明 | 回族 | 交岔 | 保阳 |
| 长女 | 李肖艳 | 回族 | 交岔 | 庙庄 | 儿媳 | 马　霞 | 回族 | 交岔 | 保阳 |
| 户主 | 马　军 | 回族 | 交岔 | 庙庄 | 三子 | 杨　杰 | 回族 | 交岔 | 保阳 |
| 妻子 | 海　谭 | 回族 | 交岔 | 庙庄 | 四子 | 杨　荣 | 回族 | 交岔 | 保阳 |
| 长女 | 马慧芳 | 回族 | 交岔 | 庙庄 | 户主 | 姬勤连 | 回族 | 交岔 | 保阳 |
| 户主 | 海恒仲 | 回族 | 交岔 | 庙庄 | 次子 | 杨新财 | 回族 | 交岔 | 保阳 |
| 妻子 | 马守花 | 回族 | 交岔 | 庙庄 | 孙女 | 杨来玉 | 回族 | 交岔 | 保阳 |
| 长女 | 海喜梅 | 回族 | 交岔 | 庙庄 | 孙子 | 杨贵生 | 回族 | 交岔 | 保阳 |
| 长子 | 海　强 | 回族 | 交岔 | 庙庄 | 户主 | 杨新发 | 回族 | 交岔 | 保阳 |
| 户主 | 母全录 | 回族 | 交岔 | 庙庄 | 妻子 | 白治梅 | 回族 | 交岔 | 保阳 |
| 妻子 | 海克梅 | 回族 | 交岔 | 庙庄 | 长女 | 杨晶鑫 | 回族 | 交岔 | 保阳 |
| 长子 | 母玉国 | 回族 | 交岔 | 庙庄 | 户主 | 杨占忠 | 回族 | 交岔 | 保阳 |
| 次子 | 母玉虎 | 回族 | 交岔 | 庙庄 | 妻子 | 海文英 | 回族 | 交岔 | 保阳 |
| 母亲 | 王正兰 | 回族 | 交岔 | 庙庄 | 次子 | 杨小权 | 回族 | 交岔 | 保阳 |
| 户主 | 李彦兵 | 回族 | 交岔 | 庙庄 | 户主 | 杨小军 | 回族 | 交岔 | 保阳 |
| 妻子 | 马占兰 | 回族 | 交岔 | 庙庄 | 妻子 | 顾永花 | 回族 | 交岔 | 保阳 |

续表 17

| 与户主关系 | 家庭成员 | 民族 | 原居住地 | | 与户主关系 | 家庭成员 | 民族 | 原居住地 | |
|---|---|---|---|---|---|---|---|---|---|
| | | | 乡(镇) | 行政村 | | | | 乡(镇) | 行政村 |
| 长女 | 杨　梅 | 回族 | 交岔 | 保阳 | 妻子 | 马冬梅 | 回族 | 交岔 | 保阳 |
| 户主 | 杨克兵 | 回族 | 交岔 | 保阳 | 长子 | 姬军鹏 | 回族 | 交岔 | 保阳 |
| 妻子 | 李向琴 | 回族 | 交岔 | 保阳 | 户主 | 杨克军 | 回族 | 交岔 | 保阳 |
| 户主 | 海金花 | 回族 | 交岔 | 保阳 | 妻子 | 海　燕 | 回族 | 交岔 | 保阳 |
| 儿媳 | 马德兰 | 回族 | 交岔 | 保阳 | 长女 | 杨晓梅 | 回族 | 交岔 | 保阳 |
| 户主 | 杨小亮 | 回族 | 交岔 | 保阳 | 长子 | 杨世升 | 回族 | 交岔 | 保阳 |
| 姐姐 | 杨　玲 | 回族 | 交岔 | 保阳 | 户主 | 姬风朝 | 回族 | 交岔 | 保阳 |
| 母亲 | 马和兰 | 回族 | 交岔 | 保阳 | 妻子 | 海　兰 | 回族 | 交岔 | 保阳 |
| 户主 | 杨克成 | 回族 | 交岔 | 保阳 | 次子 | 姬宗智 | 回族 | 交岔 | 保阳 |
| 长女 | 杨世兰 | 回族 | 交岔 | 保阳 | 二女 | 姬圆圆 | 回族 | 交岔 | 保阳 |
| 长子 | 杨世全 | 回族 | 交岔 | 保阳 | 儿媳 | 马　琴 | 回族 | 交岔 | 保阳 |
| 妻子 | 海　霞 | 回族 | 交岔 | 保阳 | 户主 | 姬风廷 | 回族 | 交岔 | 保阳 |
| 母亲 | 金保连 | 回族 | 交岔 | 保阳 | 妻子 | 海店梅 | 回族 | 交岔 | 保阳 |
| 户主 | 杨克智 | 回族 | 交岔 | 保阳 | 长子 | 姬国军 | 回族 | 交岔 | 保阳 |
| 妻子 | 海耀梅 | 回族 | 交岔 | 保阳 | 二女 | 姬小兰 | 回族 | 交岔 | 保阳 |
| 长女 | 杨世花 | 回族 | 交岔 | 保阳 | 户主 | 杨万林 | 回族 | 交岔 | 保阳 |
| 长子 | 杨　洁 | 回族 | 交岔 | 保阳 | 孙女 | 杨世兰 | 回族 | 交岔 | 保阳 |
| 户主 | 姬文武 | 回族 | 交岔 | 保阳 | 妻子 | 姬风学 | 回族 | 交岔 | 保阳 |
| 长子 | 姬雄安 | 回族 | 交岔 | 保阳 | 次子 | 杨克国 | 回族 | 交岔 | 保阳 |
| 妻子 | 马雪梅 | 回族 | 交岔 | 保阳 | 儿媳 | 海　燕 | 回族 | 交岔 | 保阳 |
| 长女 | 姬亚淑 | 回族 | 交岔 | 保阳 | 户主 | 杨占林 | 回族 | 交岔 | 保阳 |
| 户主 | 马　军 | 回族 | 交岔 | 保阳 | 二女 | 杨　芳 | 回族 | 交岔 | 保阳 |
| 妻子 | 姬宗梅 | 回族 | 交岔 | 保阳 | 长子 | 杨海龙 | 回族 | 交岔 | 保阳 |
| 长子 | 马小莉 | 回族 | 交岔 | 保阳 | 妻子 | 海雪莲 | 回族 | 交岔 | 保阳 |
| 长女 | 马小琴 | 回族 | 交岔 | 保阳 | 户主 | 杨克义 | 回族 | 交岔 | 保阳 |
| 户主 | 姬勤明 | 回族 | 交岔 | 保阳 | 妻子 | 海　兰 | 回族 | 交岔 | 保阳 |
| 妻子 | 杨启芳 | 回族 | 交岔 | 保阳 | 长子 | 杨小军 | 回族 | 交岔 | 保阳 |
| 二女 | 姬改儿 | 回族 | 交岔 | 保阳 | 户主 | 杨占军 | 回族 | 交岔 | 保阳 |
| 长子 | 姬鹏飞 | 回族 | 交岔 | 保阳 | 妻子 | 海牡丹 | 回族 | 交岔 | 保阳 |
| 户主 | 马进良 | 回族 | 交岔 | 保阳 | 长女 | 杨粉粉 | 回族 | 交岔 | 保阳 |
| 妻子 | 杨占梅 | 回族 | 交岔 | 保阳 | 二女 | 杨娟娟 | 回族 | 交岔 | 保阳 |
| 三子 | 马　强 | 回族 | 交岔 | 保阳 | 长子 | 杨小峰 | 回族 | 交岔 | 保阳 |
| 儿媳 | 海桃花 | 回族 | 交岔 | 保阳 | 三女 | 杨小莉 | 回族 | 交岔 | 保阳 |
| 孙子 | 马小军 | 回族 | 交岔 | 保阳 | 户主 | 杨占武 | 回族 | 交岔 | 保阳 |
| 户主 | 姬宗荣 | 回族 | 交岔 | 保阳 | 长女 | 杨　扬 | 回族 | 交岔 | 保阳 |
| 长女 | 姬军琴 | 回族 | 交岔 | 保阳 | 长子 | 杨晓飞 | 回族 | 交岔 | 保阳 |

续表 17

| 与户主关系 | 家庭成员 | 民族 | 原居住地 | | 与户主关系 | 家庭成员 | 民族 | 原居住地 | |
|---|---|---|---|---|---|---|---|---|---|
| | | | 乡(镇) | 行政村 | | | | 乡(镇) | 行政村 |
| 次子 | 杨晓龙 | 回族 | 交岔 | 保阳 | 户主 | 海恒林 | 回族 | 交岔 | 保阳 |
| 母亲 | 海保英 | 回族 | 交岔 | 保阳 | 妻子 | 马存梅 | 回族 | 交岔 | 保阳 |
| 父亲 | 杨志珍 | 回族 | 交岔 | 保阳 | 长子 | 海　波 | 回族 | 交岔 | 保阳 |
| 妻子 | 马维娜 | 回族 | 交岔 | 保阳 | 次子 | 海　涛 | 回族 | 交岔 | 保阳 |
| 户主 | 杨占斌 | 回族 | 交岔 | 保阳 | 户主 | 姬风鹏 | 回族 | 交岔 | 保阳 |
| 长子 | 杨小明 | 回族 | 交岔 | 保阳 | 妻子 | 海恒花 | 回族 | 交岔 | 保阳 |
| 三女 | 杨小燕 | 回族 | 交岔 | 保阳 | 长子 | 姬建林 | 回族 | 交岔 | 保阳 |
| 四女 | 杨小兰 | 回族 | 交岔 | 保阳 | 长女 | 姬　瑞 | 回族 | 交岔 | 保阳 |
| 妻子 | 海　连 | 回族 | 交岔 | 保阳 | 户主 | 杨新民 | 回族 | 交岔 | 保阳 |
| 户主 | 杨占东 | 回族 | 交岔 | 保阳 | 妻子 | 周风兰 | 回族 | 交岔 | 保阳 |
| 妻子 | 海恒花 | 回族 | 交岔 | 保阳 | 二女 | 杨蓉蓉 | 回族 | 交岔 | 保阳 |
| 长子 | 杨峥霄 | 回族 | 交岔 | 保阳 | 户主 | 姬宗亮 | 回族 | 交岔 | 保阳 |
| 二女 | 杨彩霞 | 回族 | 交岔 | 保阳 | 妻子 | 海恒香 | 回族 | 交岔 | 保阳 |
| 户主 | 姬波涛 | 回族 | 交岔 | 保阳 | 长子 | 姬小鹏 | 回族 | 交岔 | 保阳 |
| 妻子 | 马小琴 | 回族 | 交岔 | 保阳 | 长女 | 姬小琴 | 回族 | 交岔 | 保阳 |
| 长子 | 姬瑞星 | 回族 | 交岔 | 保阳 | 户主 | 姬风歧 | 回族 | 交岔 | 保阳 |
| 户主 | 姬文录 | 回族 | 交岔 | 保阳 | 妻子 | 王秀英 | 回族 | 交岔 | 保阳 |
| 妻子 | 海忠梅 | 回族 | 交岔 | 保阳 | 孙子 | 姬俊海 | 回族 | 交岔 | 保阳 |
| 三女 | 姬彩霞 | 回族 | 交岔 | 保阳 | 户主 | 姬宗南 | 回族 | 交岔 | 保阳 |
| 次子 | 姬博浩 | 回族 | 交岔 | 保阳 | 妻子 | 杨克梅 | 回族 | 交岔 | 保阳 |
| 户主 | 姬风成 | 回族 | 交岔 | 保阳 | 次子 | 姬俊龙 | 回族 | 交岔 | 保阳 |
| 妻子 | 海耀玲 | 回族 | 交岔 | 保阳 | 儿媳 | 马建花 | 回族 | 交岔 | 保阳 |
| 长子 | 姬世玉 | 回族 | 交岔 | 保阳 | 户主 | 姬俊信 | 回族 | 交岔 | 保阳 |
| 长女 | 姬雪莲 | 回族 | 交岔 | 保阳 | 妻子 | 顾晓晶 | 回族 | 交岔 | 保阳 |
| 户主 | 海忠梅 | 回族 | 交岔 | 保阳 | 长子 | 姬来宝 | 回族 | 交岔 | 保阳 |
| 长子 | 杨世雄 | 回族 | 交岔 | 保阳 | 户主 | 姬宗川 | 回族 | 交岔 | 保阳 |
| 次子 | 杨世杰 | 回族 | 交岔 | 保阳 | 长女 | 姬娟娟 | 回族 | 交岔 | 保阳 |
| 长女 | 杨　静 | 回族 | 交岔 | 保阳 | 长子 | 姬俊斌 | 回族 | 交岔 | 保阳 |
| 户主 | 姬满荣 | 回族 | 交岔 | 保阳 | 二女 | 姬俊琴 | 回族 | 交岔 | 保阳 |
| 妻子 | 周风莲 | 回族 | 交岔 | 保阳 | 妻子 | 海　梅 | 回族 | 交岔 | 保阳 |
| 户主 | 姬宗福 | 回族 | 交岔 | 保阳 | (户主)父亲 | 姬风才 | 回族 | 交岔 | 保阳 |
| 妻子 | 海飞子 | 回族 | 交岔 | 保阳 | 妻子 | 马志兰 | 回族 | 交岔 | 保阳 |
| 长子 | 姬俊儒 | 回族 | 交岔 | 保阳 | 户主 | 姬风龙 | 回族 | 交岔 | 保阳 |
| 次子 | 姬俊禧 | 回族 | 交岔 | 保阳 | 妻子 | 海粉粉 | 回族 | 交岔 | 保阳 |
| 户主 | 海正忠 | 回族 | 交岔 | 保阳 | 长女 | 姬金蓉 | 回族 | 交岔 | 保阳 |
| 妻子 | 马文花 | 回族 | 交岔 | 保阳 | 长子 | 姬金飞 | 回族 | 交岔 | 保阳 |

续表 17

| 与户主关系 | 家庭成员 | 民族 | 原居住地 | | 与户主关系 | 家庭成员 | 民族 | 原居住地 | |
|---|---|---|---|---|---|---|---|---|---|
| | | | 乡(镇) | 行政村 | | | | 乡(镇) | 行政村 |
| 户主 | 马玉成 | 回族 | 交岔 | 保阳 | 次子 | 杨　成 | 回族 | 交岔 | 保阳 |
| 妻子 | 姬宗兰 | 回族 | 交岔 | 保阳 | 三子 | 杨　忠 | 回族 | 交岔 | 保阳 |
| 长子 | 马文军 | 回族 | 交岔 | 保阳 | 户主 | 海正学 | 回族 | 交岔 | 保阳 |
| 长女 | 马　芳 | 回族 | 交岔 | 保阳 | 妻子 | 马玉梅 | 回族 | 交岔 | 保阳 |
| 次子 | 马文兵 | 回族 | 交岔 | 保阳 | 长子 | 海恒虎 | 回族 | 交岔 | 保阳 |
| 户主 | 海恒东 | 回族 | 交岔 | 保阳 | 儿媳 | 金银花 | 回族 | 交岔 | 保阳 |
| 长女 | 海　丽 | 回族 | 交岔 | 保阳 | 二女 | 海飞子 | 回族 | 交岔 | 保阳 |
| 长子 | 海　军 | 回族 | 交岔 | 保阳 | 孙女 | 海旭芳 | 回族 | 交岔 | 保阳 |
| 次子 | 海　兵 | 回族 | 交岔 | 保阳 | 孙子 | 海旭东 | 回族 | 交岔 | 保阳 |
| 妻子 | 母玉花 | 回族 | 交岔 | 保阳 | 孙子 | 海旭升 | 回族 | 交岔 | 保阳 |
| 二女 | 海小燕 | 回族 | 交岔 | 保阳 | 户主 | 明生瑞 | 回族 | 交岔 | 保阳 |
| 户主 | 海正俊 | 回族 | 交岔 | 保阳 | 妻子 | 海晓花 | 回族 | 交岔 | 保阳 |
| 妻子 | 马金梅 | 回族 | 交岔 | 保阳 | 次子 | 明彦虎 | 回族 | 交岔 | 保阳 |
| 长子 | 海金满 | 回族 | 交岔 | 保阳 | 户主 | 海正有 | 回族 | 交岔 | 保阳 |
| 次子 | 海金库 | 回族 | 交岔 | 保阳 | 妻子 | 马有梅 | 回族 | 交岔 | 保阳 |
| 次女 | 海利利 | 回族 | 交岔 | 保阳 | 户主 | 海正义 | 回族 | 交岔 | 保阳 |
| 户主 | 杨来仓 | 回族 | 交岔 | 保阳 | 妻子 | 马文芳 | 回族 | 交岔 | 保阳 |
| 二女 | 杨萃霞 | 回族 | 交岔 | 保阳 | 三子 | 海恒军 | 回族 | 交岔 | 保阳 |
| 三女 | 杨玉霞 | 回族 | 交岔 | 保阳 | 四子 | 海恒贵 | 回族 | 交岔 | 保阳 |
| 五女 | 杨莉霞 | 回族 | 交岔 | 保阳 | 儿媳 | 海　连 | 回族 | 交岔 | 保阳 |
| 长子 | 杨博文 | 回族 | 交岔 | 保阳 | 户主 | 海恒斌 | 回族 | 交岔 | 保阳 |
| 五女 | 杨芸霞 | 回族 | 交岔 | 保阳 | 妻子 | 海玉兰 | 回族 | 交岔 | 保阳 |
| 妻子 | 李向珍 | 回族 | 交岔 | 保阳 | 长子 | 海登云 | 回族 | 交岔 | 保阳 |
| 户主 | 杨兴林 | 回族 | 交岔 | 保阳 | 次子 | 海波澜 | 回族 | 交岔 | 保阳 |
| 妻子 | 海正梅 | 回族 | 交岔 | 保阳 | 户主 | 姬满鹏 | 回族 | 交岔 | 保阳 |
| 长女 | 杨桂花 | 回族 | 交岔 | 保阳 | 妻子 | 马志兰 | 回族 | 交岔 | 保阳 |
| 长子 | 杨来福 | 回族 | 交岔 | 保阳 | 长子 | 姬文全 | 回族 | 交岔 | 保阳 |
| 二女 | 杨桂萍 | 回族 | 交岔 | 保阳 | 户主 | 姬风成 | 回族 | 交岔 | 保阳 |
| 户主 | 海恒福 | 回族 | 交岔 | 保阳 | 长子 | 姬保明 | 回族 | 交岔 | 保阳 |
| 妻子 | 金登芳 | 回族 | 交岔 | 保阳 | 户主 | 姬满库 | 回族 | 交岔 | 保阳 |
| 长子 | 海登礼 | 回族 | 交岔 | 保阳 | 妻子 | 海　梅 | 回族 | 交岔 | 保阳 |
| 长女 | 海登梅 | 回族 | 交岔 | 保阳 | 户主 | 姬宗鹏 | 回族 | 交岔 | 保阳 |
| 二女 | 海登荣 | 回族 | 交岔 | 保阳 | 长子 | 姬俊杰 | 回族 | 交岔 | 保阳 |
| 户主 | 杨新富 | 回族 | 交岔 | 保阳 | 次子 | 姬俊科 | 回族 | 交岔 | 保阳 |
| 妻子 | 周廷英 | 回族 | 交岔 | 保阳 | 妻子 | 海正梅 | 回族 | 交岔 | 保阳 |
| 长子 | 杨　勇 | 回族 | 交岔 | 保阳 | 户主 | 姬宗治 | 回族 | 交岔 | 保阳 |

续表 17

| 与户主关系 | 家庭成员 | 民族 | 原居住地 | |
|---|---|---|---|---|
| | | | 乡(镇) | 行政村 |
| 妻子 | 苏西夜 | 回族 | 交岔 | 保阳 |
| 长子 | 姬 瑞 | 回族 | 交岔 | 保阳 |
| 户主 | 姬满俊 | 回族 | 交岔 | 保阳 |
| 妻子 | 海店梅 | 回族 | 交岔 | 保阳 |
| 长子 | 姬文强 | 回族 | 交岔 | 保阳 |
| 次子 | 姬文慧 | 回族 | 交岔 | 保阳 |
| 户主 | 马玉兵 | 回族 | 交岔 | 保阳 |
| 妻子 | 姬廷霞 | 回族 | 交岔 | 保阳 |
| 户主 | 马玉仁 | 回族 | 交岔 | 保阳 |
| 妻子 | 姬宗霞 | 回族 | 交岔 | 保阳 |
| 长女 | 马小燕 | 回族 | 交岔 | 保阳 |
| 户主 | 马玉文 | 回族 | 交岔 | 保阳 |
| 妻子 | 姬宗芳 | 回族 | 交岔 | 保阳 |
| 长子 | 马小军 | 回族 | 交岔 | 保阳 |
| 二女 | 马小兰 | 回族 | 交岔 | 保阳 |
| 户主 | 姬文选 | 回族 | 交岔 | 保阳 |
| 妻子 | 杨志兰 | 回族 | 交岔 | 保阳 |
| 户主 | 白治学 | 回族 | 交岔 | 关口 |
| 妻子 | 杨志梅 | 回族 | 交岔 | 关口 |
| 长子 | 白岩松 | 回族 | 交岔 | 关口 |
| 次子 | 白岩伟 | 回族 | 交岔 | 关口 |
| 户主 | 杨永宝 | 回族 | 交岔 | 关口 |
| 妻子 | 达金花 | 回族 | 交岔 | 关口 |
| 长女 | 杨启芳 | 回族 | 交岔 | 关口 |
| 长子 | 杨启旺 | 回族 | 交岔 | 关口 |
| 户主 | 杨永军 | 回族 | 交岔 | 关口 |
| 母亲 | 丁克英 | 回族 | 交岔 | 关口 |
| 妻子 | 海 琴 | 回族 | 交岔 | 关口 |
| 长女 | 杨 杰 | 回族 | 交岔 | 关口 |
| 二女 | 杨 丽 | 回族 | 交岔 | 关口 |
| 户主 | 杨永俊 | 回族 | 交岔 | 关口 |
| 长子 | 杨启满 | 回族 | 交岔 | 关口 |
| 妻子 | 达金梅 | 回族 | 交岔 | 关口 |
| 户主 | 杨永元 | 回族 | 交岔 | 关口 |
| 长子 | 杨启凯 | 回族 | 交岔 | 关口 |
| 长女 | 杨启莲 | 回族 | 交岔 | 关口 |
| 次子 | 杨启文 | 回族 | 交岔 | 关口 |
| 妻子 | 白生梅 | 回族 | 交岔 | 关口 |
| 户主 | 杨永祥 | 回族 | 交岔 | 关口 |
| 妻子 | 马金梅 | 回族 | 交岔 | 关口 |
| 长子 | 杨启亮 | 回族 | 交岔 | 关口 |
| 户主 | 兰生花 | 回族 | 交岔 | 关口 |
| 长女 | 杨小红 | 回族 | 交岔 | 关口 |
| 长子 | 杨小强 | 回族 | 交岔 | 关口 |
| 户主 | 马廷发 | 回族 | 交岔 | 关口 |
| 妻子 | 海怀芳 | 回族 | 交岔 | 关口 |
| 长子 | 马利鹏 | 回族 | 交岔 | 关口 |
| 长女 | 马丽萍 | 回族 | 交岔 | 关口 |
| 户主 | 马廷吉 | 回族 | 交岔 | 关口 |
| 母亲 | 海保秀 | 回族 | 交岔 | 关口 |
| 妻子 | 海克丽 | 回族 | 交岔 | 关口 |
| 长女 | 马晓剑 | 回族 | 交岔 | 关口 |
| 二女 | 马晓玲 | 回族 | 交岔 | 关口 |
| 长子 | 马晓锋 | 回族 | 交岔 | 关口 |
| 户主 | 马廷治 | 回族 | 交岔 | 关口 |
| 妻子 | 兰生芳 | 回族 | 交岔 | 关口 |
| 次子 | 马红林 | 回族 | 交岔 | 关口 |
| 户主 | 马成林 | 回族 | 交岔 | 关口 |
| 妻子 | 马志莲 | 回族 | 交岔 | 关口 |
| 长子 | 马 瑞 | 回族 | 交岔 | 关口 |
| 户主 | 白万贵 | 回族 | 交岔 | 关口 |
| 父亲 | 白治忠 | 回族 | 交岔 | 关口 |
| 长子 | 白 杨 | 回族 | 交岔 | 关口 |
| 户主 | 梁仲堂 | 回族 | 交岔 | 关口 |
| 妻子 | 李改勤 | 回族 | 交岔 | 关口 |
| 长女 | 梁 瑞 | 回族 | 交岔 | 关口 |
| 长子 | 梁 勇 | 回族 | 交岔 | 关口 |
| 次子 | 梁 伟 | 回族 | 交岔 | 关口 |
| 户主 | 马廷贵 | 回族 | 交岔 | 关口 |
| 妻子 | 马贵兰 | 回族 | 交岔 | 关口 |
| 长子 | 马成军 | 回族 | 交岔 | 关口 |
| 长女 | 马成连 | 回族 | 交岔 | 关口 |

续表 17

| 与户主关系 | 家庭成员 | 民族 | 原居住地 | | 与户主关系 | 家庭成员 | 民族 | 原居住地 | |
|---|---|---|---|---|---|---|---|---|---|
| | | | 乡(镇) | 行政村 | | | | 乡(镇) | 行政村 |
| 儿媳 | 马志梅 | 回族 | 交岔 | 关口 | 二女 | 董晓丽 | 汉族 | 交岔 | 关口 |
| 孙女 | 马　雪 | 回族 | 交岔 | 关口 | 三女 | 董晓华 | 汉族 | 交岔 | 关口 |
| 三女 | 马　燕 | 回族 | 交岔 | 关口 | 户主 | 董学兵 | 汉族 | 交岔 | 关口 |
| 户主 | 梁仲恩 | 回族 | 交岔 | 关口 | 妻子 | 黄风琴 | 汉族 | 交岔 | 关口 |
| 妻子 | 王贵霞 | 回族 | 交岔 | 关口 | 次子 | 董贵平 | 汉族 | 交岔 | 关口 |
| 长女 | 梁丽娜 | 回族 | 交岔 | 关口 | 户主 | 董学忠 | 汉族 | 交岔 | 关口 |
| 长子 | 梁　立 | 回族 | 交岔 | 关口 | 妻子 | 郭治霞 | 汉族 | 交岔 | 关口 |
| 二女 | 梁丽雪 | 回族 | 交岔 | 关口 | 长子 | 董鹏辉 | 汉族 | 交岔 | 关口 |
| 户主 | 梁学珍 | 回族 | 交岔 | 关口 | 户主 | 董学有 | 汉族 | 交岔 | 关口 |
| 妻子 | 刘彩琴 | 回族 | 交岔 | 关口 | 母亲 | 张秀花 | 汉族 | 交岔 | 关口 |
| 三女 | 梁贵蓉 | 回族 | 交岔 | 关口 | 妻子 | 陈晓宁 | 汉族 | 交岔 | 关口 |
| 四女 | 梁翠蓉 | 回族 | 交岔 | 关口 | 长子 | 董建国 | 汉族 | 交岔 | 关口 |
| 长子 | 梁仲慧 | 回族 | 交岔 | 关口 | 弟弟 | 董学林 | 汉族 | 交岔 | 关口 |
| 户主 | 梁仲雄 | 回族 | 交岔 | 关口 | 侄女 | 董莹莹 | 汉族 | 交岔 | 关口 |
| 妻子 | 张琴花 | 回族 | 交岔 | 关口 | 户主 | 梁学兵 | 汉族 | 交岔 | 关口 |
| 长子 | 梁　宁 | 回族 | 交岔 | 关口 | 妻子 | 伏秀梅 | 汉族 | 交岔 | 关口 |
| 儿媳 | 雷朝霞 | 回族 | 交岔 | 关口 | 次子 | 梁仲举 | 汉族 | 交岔 | 关口 |
| 户主 | 白治副 | 回族 | 交岔 | 关口 | 长子 | 梁仲科 | 汉族 | 交岔 | 关口 |
| 妻子 | 海　花 | 回族 | 交岔 | 关口 | 儿媳 | 王绍琴 | 汉族 | 交岔 | 关口 |
| 长子 | 白万基 | 回族 | 交岔 | 关口 | 户主 | 梁仲银 | 汉族 | 交岔 | 关口 |
| 长女 | 白萍萍 | 回族 | 交岔 | 关口 | 妻子 | 陈晓红 | 汉族 | 交岔 | 关口 |
| 户主 | 王　花 | 回族 | 交岔 | 关口 | 长女 | 梁双双 | 汉族 | 交岔 | 关口 |
| 长子 | 白万洲 | 回族 | 交岔 | 关口 | 弟弟 | 梁俊杰 | 汉族 | 交岔 | 关口 |
| 次子 | 白万邦 | 回族 | 交岔 | 关口 | 弟媳 | 陈冰凝 | 汉族 | 交岔 | 关口 |
| 户主 | 白万录 | 回族 | 交岔 | 关口 | 母亲 | 蔺怀英 | 汉族 | 交岔 | 关口 |
| 弟弟 | 白万义 | 回族 | 交岔 | 关口 | 户主 | 梁学贤 | 汉族 | 交岔 | 关口 |
| 弟弟 | 白万得 | 回族 | 交岔 | 关口 | 父亲 | 梁福治 | 汉族 | 交岔 | 关口 |
| 母亲 | 马玉花 | 回族 | 交岔 | 关口 | 妻子 | 王万连 | 汉族 | 交岔 | 关口 |
| 户主 | 白万龙 | 回族 | 交岔 | 关口 | 三子 | 梁仲帮 | 汉族 | 交岔 | 关口 |
| 妻子 | 貟宝涧 | 回族 | 交岔 | 关口 | 四子 | 梁仲德 | 汉族 | 交岔 | 关口 |
| 户主 | 白万乔 | 回族 | 交岔 | 关口 | 长女 | 梁金花 | 汉族 | 交岔 | 关口 |
| 母亲 | 杨志琴 | 回族 | 交岔 | 关口 | 户主 | 梁仲昌 | 汉族 | 交岔 | 关口 |
| 妻子 | 杨　兰 | 回族 | 交岔 | 关口 | 妻子 | 卢学香 | 汉族 | 交岔 | 关口 |
| 户主 | 董贵生 | 汉族 | 交岔 | 关口 | 长女 | 梁艳妮 | 汉族 | 交岔 | 关口 |
| 妻子 | 王　玲 | 汉族 | 交岔 | 关口 | 二女 | 梁雅妮 | 汉族 | 交岔 | 关口 |
| 长女 | 董晓娟 | 汉族 | 交岔 | 关口 | 户主 | 白风元 | 回族 | 交岔 | 关口 |

续表 17

| 与户主关系 | 家庭成员 | 民族 | 原居住地 | |
|---|---|---|---|---|
| | | | 乡(镇) | 行政村 |
| 长子 | 白治银 | 回族 | 交岔 | 关口 |
| 二女 | 白小女 | 回族 | 交岔 | 关口 |
| 户主 | 白治仁 | 回族 | 交岔 | 关口 |
| 妻子 | 马福兰 | 回族 | 交岔 | 关口 |
| 长子 | 白万忠 | 回族 | 交岔 | 关口 |
| 长女 | 白晓雪 | 回族 | 交岔 | 关口 |
| 次子 | 白万福 | 回族 | 交岔 | 关口 |
| 妹妹 | 白治明 | 回族 | 交岔 | 关口 |
| 外甥 | 马志伟 | 回族 | 交岔 | 关口 |
| 户主 | 白治军 | 回族 | 交岔 | 关口 |
| 妻子 | 周　芳 | 回族 | 交岔 | 关口 |
| 长女 | 白　钰 | 回族 | 交岔 | 关口 |
| 二女 | 白媛媛 | 回族 | 交岔 | 关口 |
| 三女 | 白丽丽 | 回族 | 交岔 | 关口 |
| 母亲 | 周生花 | 回族 | 交岔 | 关口 |
| 长子 | 白　皓 | 回族 | 交岔 | 关口 |
| 户主 | 马文山 | 回族 | 交岔 | 关口 |
| 妻子 | 马廷琴 | 回族 | 交岔 | 关口 |
| 二女 | 马　荣 | 回族 | 交岔 | 关口 |
| 长子 | 马凤军 | 回族 | 交岔 | 关口 |
| 户主 | 马文孝 | 回族 | 交岔 | 关口 |
| 妻子 | 马志连 | 回族 | 交岔 | 关口 |
| 次子 | 马小平 | 回族 | 交岔 | 关口 |
| 户主 | 马小军 | 回族 | 交岔 | 关口 |
| 妻子 | 杨宗梅 | 回族 | 交岔 | 关口 |
| 长子 | 马建宝 | 回族 | 交岔 | 关口 |
| 户主 | 白治东 | 回族 | 交岔 | 关口 |
| 父亲 | 白凤荣 | 回族 | 交岔 | 关口 |
| 母亲 | 田福花 | 回族 | 交岔 | 关口 |
| 妻子 | 马志梅 | 回族 | 交岔 | 关口 |
| 长子 | 白　亮 | 回族 | 交岔 | 关口 |
| 户主 | 白万海 | 回族 | 交岔 | 关口 |
| 妻子 | 海　荣 | 回族 | 交岔 | 关口 |
| 长子 | 白旭刚 | 回族 | 交岔 | 关口 |
| 长女 | 白菊香 | 回族 | 交岔 | 关口 |
| 户主 | 白治科 | 回族 | 交岔 | 关口 |
| 次子 | 白腾飞 | 回族 | 交岔 | 关口 |
| 三子 | 白银东 | 回族 | 交岔 | 关口 |
| 妻子 | 马志连 | 回族 | 交岔 | 关口 |
| 户主 | 白　军 | 回族 | 交岔 | 关口 |
| 妻子 | 马耀梅 | 回族 | 交岔 | 关口 |
| 户主 | 马文军 | 回族 | 交岔 | 关口 |
| 妻子 | 白未来 | 回族 | 交岔 | 关口 |
| 二女 | 马小梅 | 回族 | 交岔 | 关口 |
| 母亲 | 海恒花 | 回族 | 交岔 | 关口 |
| 户主 | 马世虎 | 回族 | 交岔 | 关口 |
| 妻子 | 海小莲 | 回族 | 交岔 | 关口 |
| 母亲 | 海秀琴 | 回族 | 交岔 | 关口 |
| 弟 | 马世军 | 回族 | 交岔 | 关口 |
| 长女 | 马　兰 | 回族 | 交岔 | 关口 |
| 户主 | 杨志力 | 回族 | 交岔 | 关口 |
| 妻子 | 海正梅 | 回族 | 交岔 | 关口 |
| 次子 | 杨生龙 | 回族 | 交岔 | 关口 |
| 三子 | 杨生豹 | 回族 | 交岔 | 关口 |
| 长子 | 杨生虎 | 回族 | 交岔 | 关口 |
| 儿媳 | 海金芳 | 回族 | 交岔 | 关口 |
| 长孙 | 杨春辉 | 回族 | 交岔 | 关口 |
| 户主 | 杨启华 | 回族 | 交岔 | 关口 |
| 妻子 | 海万秀 | 回族 | 交岔 | 关口 |
| 次子 | 杨志科 | 回族 | 交岔 | 关口 |
| 户主 | 马玉花 | 回族 | 交岔 | 关口 |
| 次子 | 杨生瑞 | 回族 | 交岔 | 关口 |
| 长女 | 杨文静 | 回族 | 交岔 | 关口 |
| 长子 | 杨生利 | 回族 | 交岔 | 关口 |
| 长孙 | 杨旭辉 | 回族 | 交岔 | 关口 |
| 儿媳 | 母全芳 | 回族 | 交岔 | 关口 |
| 户主 | 海　龙 | 回族 | 交岔 | 关口 |
| 妻子 | 杨志花 | 回族 | 交岔 | 关口 |
| 长子 | 海小林 | 回族 | 交岔 | 关口 |
| 次子 | 海小珍 | 回族 | 交岔 | 关口 |
| 户主 | 杨志荣 | 回族 | 交岔 | 关口 |
| 妻子 | 海百琴 | 回族 | 交岔 | 关口 |

续表 17

| 与户主关系 | 家庭成员 | 民族 | 原居住地 | | 与户主关系 | 家庭成员 | 民族 | 原居住地 | |
|---|---|---|---|---|---|---|---|---|---|
| | | | 乡(镇) | 行政村 | | | | 乡(镇) | 行政村 |
| 长子 | 杨生军 | 回族 | 交岔 | 关口 | 二女 | 杨志梅 | 回族 | 交岔 | 关口 |
| 次子 | 杨生发 | 回族 | 交岔 | 关口 | 儿媳 | 马女子 | 回族 | 交岔 | 关口 |
| 户主 | 杨志仁 | 回族 | 交岔 | 关口 | 孙女 | 杨佳乐 | 回族 | 交岔 | 关口 |
| 妻子 | 罗应芳 | 回族 | 交岔 | 关口 | 户主 | 马德英 | 回族 | 交岔 | 关口 |
| 长子 | 杨生月 | 回族 | 交岔 | 关口 | 长女 | 马　娟 | 回族 | 交岔 | 关口 |
| 长女 | 杨玉霞 | 回族 | 交岔 | 关口 | 二女 | 马　翠 | 回族 | 交岔 | 关口 |
| 次子 | 杨生亮 | 回族 | 交岔 | 关口 | 长子 | 马　辉 | 回族 | 交岔 | 关口 |
| 户主 | 马志忠 | 回族 | 交岔 | 关口 | 户主 | 马全德 | 回族 | 交岔 | 关口 |
| 妻子 | 杨占梅 | 回族 | 交岔 | 关口 | 妻子 | 马正梅 | 回族 | 交岔 | 关口 |
| 三女 | 马小玲 | 回族 | 交岔 | 关口 | 次女 | 马文芳 | 回族 | 交岔 | 关口 |
| 四女 | 马晓琴 | 回族 | 交岔 | 关口 | 户主 | 马文川 | 回族 | 交岔 | 关口 |
| 户主 | 马　成 | 回族 | 交岔 | 关口 | 妻子 | 海存香 | 回族 | 交岔 | 关口 |
| 妻子 | 王　珍 | 回族 | 交岔 | 关口 | 长子 | 马军军 | 回族 | 交岔 | 关口 |
| 长女 | 马雪梅 | 回族 | 交岔 | 关口 | 户主 | 马　军 | 回族 | 交岔 | 关口 |
| 长子 | 马亮亮 | 回族 | 交岔 | 关口 | 次子 | 马国强 | 回族 | 交岔 | 关口 |
| 户主 | 马文海 | 回族 | 交岔 | 关口 | 长子 | 马国伟 | 回族 | 交岔 | 关口 |
| 妻子 | 海正琴 | 回族 | 交岔 | 关口 | 妻子 | 海雪梅 | 回族 | 交岔 | 关口 |
| 长子 | 马喜林 | 回族 | 交岔 | 关口 | 户主 | 马克忠 | 回族 | 交岔 | 关口 |
| 户主 | 马志科 | 回族 | 交岔 | 关口 | 母亲 | 海正梅 | 回族 | 交岔 | 关口 |
| 母亲 | 马正花 | 回族 | 交岔 | 关口 | 长子 | 马浩东 | 回族 | 交岔 | 关口 |
| 妻子 | 马　琴 | 回族 | 交岔 | 关口 | 妻子 | 海金琴 | 回族 | 交岔 | 关口 |
| 长子 | 马小利 | 回族 | 交岔 | 关口 | 父亲 | 马文清 | 回族 | 交岔 | 关口 |
| 次子 | 马小东 | 回族 | 交岔 | 关口 | 长女 | 马小梅 | 回族 | 交岔 | 关口 |
| 户主 | 杨启忠 | 回族 | 交岔 | 关口 | 户主 | 马　剑 | 回族 | 交岔 | 关口 |
| 儿媳 | 明　星 | 回族 | 交岔 | 关口 | 长子 | 马国辉 | 回族 | 交岔 | 关口 |
| 妻子 | 马贵芳 | 回族 | 交岔 | 关口 | 长女 | 马语萱 | 回族 | 交岔 | 关口 |
| 长子 | 杨飞虎 | 回族 | 交岔 | 关口 | 次女 | 马国琴 | 回族 | 交岔 | 关口 |
| 户主 | 杨志强 | 回族 | 交岔 | 关口 | 妻子 | 海文琴 | 回族 | 交岔 | 关口 |
| 三子 | 杨生慧 | 回族 | 交岔 | 关口 | 户主 | 杨启军 | 回族 | 交岔 | 关口 |
| 妻子 | 金有芳 | 回族 | 交岔 | 关口 | 长子 | 杨　春 | 回族 | 交岔 | 关口 |
| 长子 | 杨生希 | 回族 | 交岔 | 关口 | 妻子 | 海雪琴 | 回族 | 交岔 | 关口 |
| 次子 | 杨生贤 | 回族 | 交岔 | 关口 | 长女 | 杨　琴 | 回族 | 交岔 | 关口 |
| 户主 | 杨启付 | 回族 | 交岔 | 关口 | 次女 | 杨　蓉 | 回族 | 交岔 | 关口 |
| 孙女 | 杨生清 | 回族 | 交岔 | 关口 | 户主 | 海殿荣 | 回族 | 交岔 | 关口 |
| 妻子 | 金占英 | 回族 | 交岔 | 关口 | 父亲 | 海恒清 | 回族 | 交岔 | 关口 |
| 五子 | 杨志地 | 回族 | 交岔 | 关口 | 妻子 | 海青芳 | 回族 | 交岔 | 关口 |

续表 17

| 与户主关系 | 家庭成员 | 民族 | 原居住地 | | 与户主关系 | 家庭成员 | 民族 | 原居住地 | |
|---|---|---|---|---|---|---|---|---|---|
| | | | 乡(镇) | 行政村 | | | | 乡(镇) | 行政村 |
| 次子 | 海小虎 | 回族 | 交岔 | 关口 | 长子 | 杨　宁 | 回族 | 交岔 | 关口 |
| 长子 | 海小龙 | 回族 | 交岔 | 关口 | 父亲 | 杨永前 | 回族 | 交岔 | 关口 |
| 儿媳 | 马　兰 | 回族 | 交岔 | 关口 | 户主 | 杨启旺 | 回族 | 交岔 | 关口 |
| 户主 | 海　学 | 回族 | 交岔 | 关口 | 妻子 | 马玉兰 | 回族 | 交岔 | 关口 |
| 妻子 | 马和兰 | 回族 | 交岔 | 关口 | 母亲 | 海养彪 | 回族 | 交岔 | 关口 |
| 户主 | 杨宽广 | 回族 | 交岔 | 关口 | 长子 | 杨　洋 | 回族 | 交岔 | 关口 |
| 长子 | 杨东亮 | 回族 | 交岔 | 关口 | 户主 | 杨启宝 | 回族 | 交岔 | 关口 |
| 三女 | 杨季梅 | 回族 | 交岔 | 关口 | 妻子 | 海连芳 | 回族 | 交岔 | 关口 |
| 妻子 | 白万秀 | 回族 | 交岔 | 关口 | 户主 | 杨启义 | 回族 | 交岔 | 关口 |
| 四女 | 杨腊梅 | 回族 | 交岔 | 关口 | 妻子 | 海正花 | 回族 | 交岔 | 关口 |
| 户主 | 杨志平 | 回族 | 交岔 | 关口 | 三子 | 杨小平 | 回族 | 交岔 | 关口 |
| 妻子 | 李永琴 | 回族 | 交岔 | 关口 | 四子 | 杨小龙 | 回族 | 交岔 | 关口 |
| 长子 | 杨生富 | 回族 | 交岔 | 关口 | 二子 | 杨小成 | 回族 | 交岔 | 关口 |
| 长女 | 杨玉玲 | 回族 | 交岔 | 关口 | 儿媳 | 任飞飞 | 回族 | 交岔 | 关口 |
| 户主 | 杨志军 | 回族 | 交岔 | 关口 | 长孙 | 杨梅梅 | 回族 | 交岔 | 关口 |
| 次子 | 杨新鹏 | 回族 | 交岔 | 关口 | 户主 | 张海娃 | 回族 | 罗洼 | 薛套 |
| 长子 | 杨新月 | 回族 | 交岔 | 关口 | 妻子 | 姬晓花 | 回族 | 罗洼 | 薛套 |
| 妻子 | 海俊连 | 回族 | 交岔 | 关口 | 长子 | 张小龙 | 回族 | 罗洼 | 薛套 |
| 户主 | 杨佰连 | 回族 | 交岔 | 关口 | 次子 | 张小荣 | 回族 | 罗洼 | 薛套 |
| 妻子 | 海玉花 | 回族 | 交岔 | 关口 | 户主 | 李世峰 | 回族 | 罗洼 | 薛套 |
| 儿媳 | 海炳梅 | 回族 | 交岔 | 关口 | 妻子 | 马风梅 | 回族 | 罗洼 | 薛套 |
| 长女 | 杨慧玲 | 回族 | 交岔 | 关口 | 长子 | 李彩浩 | 回族 | 罗洼 | 薛套 |
| 孙子 | 杨　哲 | 回族 | 交岔 | 关口 | 户主 | 海维省 | 回族 | 罗洼 | 薛套 |
| 户主 | 杨宽宏 | 回族 | 交岔 | 关口 | 妻子 | 马文兰 | 回族 | 罗洼 | 薛套 |
| 妻子 | 海保英 | 回族 | 交岔 | 关口 | 长子 | 海金东 | 回族 | 罗洼 | 薛套 |
| 长女 | 杨芙蓉 | 回族 | 交岔 | 关口 | 长女 | 海　芳 | 回族 | 罗洼 | 薛套 |
| 父亲 | 杨永昌 | 回族 | 交岔 | 关口 | 户主 | 海维忠 | 回族 | 罗洼 | 薛套 |
| 户主 | 杨启虎 | 回族 | 交岔 | 关口 | 妻子 | 杨占琴 | 回族 | 罗洼 | 薛套 |
| 长子 | 杨小龙 | 回族 | 交岔 | 关口 | 长子 | 海金明 | 回族 | 罗洼 | 薛套 |
| 次子 | 杨文学 | 回族 | 交岔 | 关口 | 长女 | 海　花 | 回族 | 罗洼 | 薛套 |
| 妻子 | 母全花 | 回族 | 交岔 | 关口 | 次子 | 海金鹏 | 回族 | 罗洼 | 薛套 |
| 户主 | 杨启清 | 回族 | 交岔 | 关口 | 户主 | 海维成 | 回族 | 罗洼 | 薛套 |
| 妻子 | 海桂兰 | 回族 | 交岔 | 关口 | 父亲 | 海生玉 | 回族 | 罗洼 | 薛套 |
| 母亲 | 海兰花 | 回族 | 交岔 | 关口 | 母亲 | 海发莲 | 回族 | 罗洼 | 薛套 |
| 四女 | 杨　芳 | 回族 | 交岔 | 关口 | 户主 | 海金军 | 回族 | 罗洼 | 薛套 |
| 长女 | 杨凤琴 | 回族 | 交岔 | 关口 | 妻子 | 母全梅 | 回族 | 罗洼 | 薛套 |

续表 17

| 与户主关系 | 家庭成员 | 民族 | 原居住地 | | 与户主关系 | 家庭成员 | 民族 | 原居住地 | |
|---|---|---|---|---|---|---|---|---|---|
| | | | 乡(镇) | 行政村 | | | | 乡(镇) | 行政村 |
| 长子 | 海　洋 | 回族 | 罗洼 | 薛套 | 长子 | 李彩迁 | 回族 | 罗洼 | 薛套 |
| 长女 | 海　燕 | 回族 | 罗洼 | 薛套 | 次子 | 李彩万 | 回族 | 罗洼 | 薛套 |
| 户主 | 李世林 | 回族 | 罗洼 | 薛套 | 三子 | 李彩元 | 回族 | 罗洼 | 薛套 |
| 妻子 | 姬少兰 | 回族 | 罗洼 | 薛套 | 户主 | 李　军 | 回族 | 罗洼 | 薛套 |
| 长子 | 李彩义 | 回族 | 罗洼 | 薛套 | 妻子 | 张维芳 | 回族 | 罗洼 | 薛套 |
| 儿媳 | 张世花 | 回族 | 罗洼 | 薛套 | 长女 | 李女子 | 回族 | 罗洼 | 薛套 |
| 孙子 | 李会文 | 回族 | 罗洼 | 薛套 | 次女 | 李雪蓉 | 回族 | 罗洼 | 薛套 |
| 孙子 | 李会武 | 回族 | 罗洼 | 薛套 | 长子 | 李雪锋 | 回族 | 罗洼 | 薛套 |
| 孙子 | 李会全 | 回族 | 罗洼 | 薛套 | 母亲 | 海正莲 | 回族 | 罗洼 | 薛套 |
| 户主 | 兰有芳 | 回族 | 罗洼 | 薛套 | 户主 | 李世海 | 回族 | 罗洼 | 薛套 |
| 长子 | 李彩金 | 回族 | 罗洼 | 薛套 | 妻子 | 海立平 | 回族 | 罗洼 | 薛套 |
| 次子 | 李彩宝 | 回族 | 罗洼 | 薛套 | 长子 | 李彩富 | 回族 | 罗洼 | 薛套 |
| 三子 | 李彩银 | 回族 | 罗洼 | 薛套 | 长女 | 李彩英 | 回族 | 罗洼 | 薛套 |
| 户主 | 李世科 | 回族 | 罗洼 | 薛套 | 母亲 | 马正英 | 回族 | 罗洼 | 薛套 |
| 妻子 | 吴治莲 | 回族 | 罗洼 | 薛套 | 户主 | 张风军 | 回族 | 罗洼 | 薛套 |
| 三子 | 李彩银 | 回族 | 罗洼 | 薛套 | 妻子 | 海　芳 | 回族 | 罗洼 | 薛套 |
| 儿媳 | 张进花 | 回族 | 罗洼 | 薛套 | 长子 | 张平利 | 回族 | 罗洼 | 薛套 |
| 孙女 | 李玲蓉 | 回族 | 罗洼 | 薛套 | 次子 | 张耳沙 | 回族 | 罗洼 | 薛套 |
| 户主 | 李世学 | 回族 | 罗洼 | 薛套 | 户主 | 张俊海 | 回族 | 罗洼 | 薛套 |
| 妻子 | 马汉梅 | 回族 | 罗洼 | 薛套 | 妻子 | 王志梅 | 回族 | 罗洼 | 薛套 |
| 四子 | 李彩云 | 回族 | 罗洼 | 薛套 | 户主 | 海维银 | 回族 | 罗洼 | 薛套 |
| 儿媳 | 白学花 | 回族 | 罗洼 | 薛套 | 妻子 | 姬少梅 | 回族 | 罗洼 | 薛套 |
| 孙子 | 李文军 | 回族 | 罗洼 | 薛套 | 长子 | 海　天 | 回族 | 罗洼 | 薛套 |
| 户主 | 李彩龙 | 回族 | 罗洼 | 薛套 | 次子 | 海　平 | 回族 | 罗洼 | 薛套 |
| 妻子 | 王晓英 | 回族 | 罗洼 | 薛套 | 户主 | 海维军 | 回族 | 罗洼 | 薛套 |
| 户主 | 海　强 | 回族 | 罗洼 | 薛套 | 妻子 | 杨志琴 | 回族 | 罗洼 | 薛套 |
| 妻子 | 海存萍 | 回族 | 罗洼 | 薛套 | 长女 | 海金梅 | 回族 | 罗洼 | 薛套 |
| 长子 | 海建国 | 回族 | 罗洼 | 薛套 | 户主 | 海维科 | 回族 | 罗洼 | 薛套 |
| 户主 | 李彩兵 | 回族 | 罗洼 | 薛套 | 妻子 | 苏建梅 | 回族 | 罗洼 | 薛套 |
| 妻子 | 海入平 | 回族 | 罗洼 | 薛套 | 父亲 | 海生潮 | 回族 | 罗洼 | 薛套 |
| 长女 | 李晓燕 | 回族 | 罗洼 | 薛套 | 母亲 | 李存英 | 回族 | 罗洼 | 薛套 |
| 长子 | 李晓平 | 回族 | 罗洼 | 薛套 | 长女 | 海玲玲 | 回族 | 罗洼 | 薛套 |
| 户主 | 李孝功 | 回族 | 罗洼 | 薛套 | 长子 | 海　军 | 回族 | 罗洼 | 薛套 |
| 妻子 | 王正梅 | 回族 | 罗洼 | 薛套 | 次子 | 海　斌 | 回族 | 罗洼 | 薛套 |
| 户主 | 李　强 | 回族 | 罗洼 | 薛套 | 户主 | 张维军 | 回族 | 罗洼 | 薛套 |
| 妻子 | 马志芳 | 回族 | 罗洼 | 薛套 | 妻子 | 海俊梅 | 回族 | 罗洼 | 薛套 |

续表 17

| 与户主关系 | 家庭成员 | 民族 | 原居住地 | | 与户主关系 | 家庭成员 | 民族 | 原居住地 | |
|---|---|---|---|---|---|---|---|---|---|
| | | | 乡(镇) | 行政村 | | | | 乡(镇) | 行政村 |
| 长女 | 张娅妮 | 回族 | 罗洼 | 薛套 | 长女 | 李秀珍 | 回族 | 罗洼 | 薛套 |
| 长子 | 张　旭 | 回族 | 罗洼 | 薛套 | 长子 | 李伟民 | 回族 | 罗洼 | 薛套 |
| 次子 | 张　帆 | 回族 | 罗洼 | 薛套 | 户主 | 海维兴 | 回族 | 罗洼 | 薛套 |
| 户主 | 张世忠 | 回族 | 罗洼 | 薛套 | 妻子 | 马学芳 | 回族 | 罗洼 | 薛套 |
| 妻子 | 马文兰 | 回族 | 罗洼 | 薛套 | 户主 | 海金龙 | 回族 | 罗洼 | 薛套 |
| 长子 | 张成瑞 | 回族 | 罗洼 | 薛套 | 妻子 | 海娟花 | 回族 | 罗洼 | 薛套 |
| 次子 | 张　平 | 回族 | 罗洼 | 薛套 | 长子 | 海　涛 | 回族 | 罗洼 | 薛套 |
| 户主 | 张世科 | 回族 | 罗洼 | 薛套 | 次子 | 海　博 | 回族 | 罗洼 | 薛套 |
| 妻子 | 李彦梅 | 回族 | 罗洼 | 薛套 | 户主 | 李彩兵 | 回族 | 罗洼 | 薛套 |
| 长子 | 张成兵 | 回族 | 罗洼 | 薛套 | 妻子 | 明生梅 | 回族 | 罗洼 | 薛套 |
| 次子 | 张成军 | 回族 | 罗洼 | 薛套 | 长女 | 李　蓉 | 回族 | 罗洼 | 薛套 |
| 三子 | 张成东 | 回族 | 罗洼 | 薛套 | 户主 | 赵世仁 | 回族 | 罗洼 | 薛套 |
| 二女 | 张　霞 | 回族 | 罗洼 | 薛套 | 长女 | 赵一欣 | 回族 | 罗洼 | 薛套 |
| 户主 | 赵世理 | 回族 | 罗洼 | 薛套 | 户主 | 海维富 | 回族 | 罗洼 | 薛套 |
| 母亲 | 王风英 | 回族 | 罗洼 | 薛套 | 妻子 | 母玉梅 | 回族 | 罗洼 | 薛套 |
| 四子 | 赵世智 | 回族 | 罗洼 | 薛套 | 长女 | 海未乃 | 回族 | 罗洼 | 薛套 |
| 儿媳 | 雷彩萍 | 回族 | 罗洼 | 薛套 | 次女 | 海建局 | 回族 | 罗洼 | 薛套 |
| 户主 | 李廷章 | 回族 | 罗洼 | 薛套 | 户主 | 李世伟 | 回族 | 罗洼 | 薛套 |
| 长子 | 李海龙 | 回族 | 罗洼 | 薛套 | 妻子 | 马桂花 | 回族 | 罗洼 | 薛套 |
| 长女 | 李海霞 | 回族 | 罗洼 | 薛套 | 长女 | 李彩花 | 回族 | 罗洼 | 薛套 |
| 外甥女 | 海兰兰 | 回族 | 罗洼 | 薛套 | 次女 | 李彩琴 | 回族 | 罗洼 | 薛套 |
| 户主 | 李廷东 | 回族 | 罗洼 | 薛套 | 户主 | 李世扬 | 回族 | 罗洼 | 薛套 |
| 妻子 | 马玉兰 | 回族 | 罗洼 | 薛套 | 妻子 | 海可子 | 回族 | 罗洼 | 薛套 |
| 长女 | 李　娜 | 回族 | 罗洼 | 薛套 | 长子 | 李建军 | 回族 | 罗洼 | 薛套 |
| 次女 | 李　想 | 回族 | 罗洼 | 薛套 | 次子 | 李建平 | 回族 | 罗洼 | 薛套 |
| 母亲 | 张文梅 | 回族 | 罗洼 | 薛套 | 母亲 | 马风英 | 回族 | 罗洼 | 薛套 |
| 户主 | 赵世义 | 汉 | 罗洼 | 薛套 | 户主 | 李世川 | 回族 | 罗洼 | 薛套 |
| 妻子 | 梁金霞 | 汉族 | 罗洼 | 薛套 | 妻子 | 海向兰 | 回族 | 罗洼 | 薛套 |
| 长女 | 赵红丽 | 汉族 | 罗洼 | 薛套 | 长女 | 李彩蓉 | 回族 | 罗洼 | 薛套 |
| 次女 | 赵丽萍 | 汉族 | 罗洼 | 薛套 | 户主 | 海金成 | 回族 | 罗洼 | 薛套 |
| 户主 | 海维祥 | 回族 | 罗洼 | 薛套 | 妻子 | 海红梅 | 回族 | 罗洼 | 薛套 |
| 妻子 | 白凤梅 | 回族 | 罗洼 | 薛套 | 长子 | 海　洋 | 回族 | 罗洼 | 薛套 |
| 长子 | 海金龙 | 回族 | 罗洼 | 薛套 | 次子 | 海　龙 | 回族 | 罗洼 | 薛套 |
| 次子 | 海金洋 | 回族 | 罗洼 | 薛套 | 父亲 | 海伟国 | 回族 | 罗洼 | 薛套 |
| 户主 | 李彩军 | 回族 | 罗洼 | 薛套 | 母亲 | 马文花 | 回族 | 罗洼 | 薛套 |
| 妻子 | 马志莲 | 回族 | 罗洼 | 薛套 | 户主 | 海金荣 | 回族 | 罗洼 | 薛套 |

续表 17

| 与户主关系 | 家庭成员 | 民族 | 原居住地 | | 与户主关系 | 家庭成员 | 民族 | 原居住地 | |
|---|---|---|---|---|---|---|---|---|---|
| | | | 乡(镇) | 行政村 | | | | 乡(镇) | 行政村 |
| 妻子 | 海启梅 | 回族 | 罗洼 | 薛套 | 次子 | 余广东 | 回族 | 罗洼 | 崾岘 |
| 长女 | 海　玲 | 回族 | 罗洼 | 薛套 | 父亲 | 余忠良 | 回族 | 罗洼 | 崾岘 |
| 次女 | 海　琴 | 回族 | 罗洼 | 薛套 | 母亲 | 海文花 | 回族 | 罗洼 | 崾岘 |
| 长子 | 海　明 | 回族 | 罗洼 | 薛套 | 户主 | 兰有奎 | 回族 | 罗洼 | 崾岘 |
| 户主 | 张维富 | 回族 | 罗洼 | 薛套 | 妻子 | 张维琴 | 回族 | 罗洼 | 崾岘 |
| 妻子 | 海如儿 | 回族 | 罗洼 | 薛套 | 长女 | 兰正梅 | 回族 | 罗洼 | 崾岘 |
| 长女 | 张婷婷 | 回族 | 罗洼 | 薛套 | 次女 | 兰正芳 | 回族 | 罗洼 | 崾岘 |
| 户主 | 张世雄 | 回族 | 罗洼 | 薛套 | 户主 | 兰生发 | 回族 | 罗洼 | 崾岘 |
| 妻子 | 海春兰 | 回族 | 罗洼 | 薛套 | 妻子 | 海正芳 | 回族 | 罗洼 | 崾岘 |
| 户主 | 张维银 | 回族 | 罗洼 | 薛套 | 户主 | 杨　军 | 回族 | 罗洼 | 崾岘 |
| 妻子 | 毛江梅 | 回族 | 罗洼 | 薛套 | 妻子 | 李海梅 | 回族 | 罗洼 | 崾岘 |
| 长子 | 张晓峰 | 回族 | 罗洼 | 薛套 | 长女 | 杨嫣蓉 | 回族 | 罗洼 | 崾岘 |
| 次子 | 张晓兵 | 回族 | 罗洼 | 薛套 | 户主 | 杨得云 | 回族 | 罗洼 | 崾岘 |
| 长女 | 张晓梅 | 回族 | 罗洼 | 薛套 | 妻子 | 海克莲 | 回族 | 罗洼 | 崾岘 |
| 户主 | 张维乾 | 回族 | 罗洼 | 薛套 | 户主 | 兰有兴 | 回族 | 罗洼 | 崾岘 |
| 妻子 | 海　琴 | 回族 | 罗洼 | 薛套 | 妻子 | 马世兰 | 回族 | 罗洼 | 崾岘 |
| 长子 | 张小龙 | 回族 | 罗洼 | 薛套 | 次子 | 兰正龙 | 回族 | 罗洼 | 崾岘 |
| 长女 | 张小梅 | 回族 | 罗洼 | 薛套 | 儿媳 | 马宗兰 | 回族 | 罗洼 | 崾岘 |
| 户主 | 海耀兰 | 回族 | 罗洼 | 薛套 | 长子 | 兰正刚 | 回族 | 罗洼 | 崾岘 |
| 长女 | 李　霞 | 回族 | 罗洼 | 薛套 | 儿媳 | 姬小梅 | 回族 | 罗洼 | 崾岘 |
| 户主 | 海金付 | 回族 | 罗洼 | 崾岘 | 孙子 | 兰国军 | 回族 | 罗洼 | 崾岘 |
| 妻子 | 马治花 | 回族 | 罗洼 | 崾岘 | 户主 | 海生宝 | 回族 | 罗洼 | 崾岘 |
| 长子 | 海　聪 | 回族 | 罗洼 | 崾岘 | 妻子 | 马俊兰 | 回族 | 罗洼 | 崾岘 |
| 次子 | 海　伟 | 回族 | 罗洼 | 崾岘 | 长子 | 海维祥 | 回族 | 罗洼 | 崾岘 |
| 户主 | 杨志勇 | 回族 | 罗洼 | 崾岘 | 次子 | 海维龙 | 回族 | 罗洼 | 崾岘 |
| 妻子 | 马凤琴 | 回族 | 罗洼 | 崾岘 | 父亲 | 海献忠 | 回族 | 罗洼 | 崾岘 |
| 长子 | 杨生茂 | 回族 | 罗洼 | 崾岘 | 母亲 | 马桂英 | 回族 | 罗洼 | 崾岘 |
| 长女 | 杨晓荣 | 回族 | 罗洼 | 崾岘 | 户主 | 李世武 | 回族 | 罗洼 | 崾岘 |
| 户主 | 周志龙 | 回族 | 罗洼 | 崾岘 | 妻子 | 马秀梅 | 回族 | 罗洼 | 崾岘 |
| 长子 | 周　兵 | 回族 | 罗洼 | 崾岘 | 长子 | 李彩龙 | 回族 | 罗洼 | 崾岘 |
| 母亲 | 母生连 | 回族 | 罗洼 | 崾岘 | 儿媳 | 周梅花 | 回族 | 罗洼 | 崾岘 |
| 户主 | 余金海 | 回族 | 罗洼 | 崾岘 | 户主 | 李彩瑞 | 回族 | 罗洼 | 崾岘 |
| 妻子 | 海世梅 | 回族 | 罗洼 | 崾岘 | 妻子 | 杨晓花 | 回族 | 罗洼 | 崾岘 |
| 长子 | 余广财 | 回族 | 罗洼 | 崾岘 | 长子 | 李　帆 | 回族 | 罗洼 | 崾岘 |
| 长女 | 余广芳 | 回族 | 罗洼 | 崾岘 | 户主 | 苏正刚 | 回族 | 罗洼 | 崾岘 |
| 次女 | 余广琴 | 回族 | 罗洼 | 崾岘 | 妻子 | 海　莲 | 回族 | 罗洼 | 崾岘 |

续表 17

| 与户主关系 | 家庭成员 | 民族 | 原居住地 | | 与户主关系 | 家庭成员 | 民族 | 原居住地 | |
|---|---|---|---|---|---|---|---|---|---|
| | | | 乡(镇) | 行政村 | | | | 乡(镇) | 行政村 |
| 长女 | 苏　琴 | 回族 | 罗洼 | 嵝岘 | 户主 | 海正付 | 回族 | 罗洼 | 嵝岘 |
| 长子 | 苏　鹏 | 回族 | 罗洼 | 嵝岘 | 妻子 | 马秀莲 | 回族 | 罗洼 | 嵝岘 |
| 户主 | 海维勇 | 回族 | 罗洼 | 嵝岘 | 次子 | 海　平 | 回族 | 罗洼 | 嵝岘 |
| 妻子 | 杨风琴 | 回族 | 罗洼 | 嵝岘 | 儿媳 | 马　玲 | 回族 | 罗洼 | 嵝岘 |
| 户主 | 杨生贵 | 回族 | 罗洼 | 嵝岘 | 儿媳 | 马拜子 | 回族 | 罗洼 | 嵝岘 |
| 妻子 | 马俊英 | 回族 | 罗洼 | 嵝岘 | 孙子 | 海　楠 | 回族 | 罗洼 | 嵝岘 |
| 长子 | 杨锦国 | 回族 | 罗洼 | 嵝岘 | 孙女 | 海玲玲 | 回族 | 罗洼 | 嵝岘 |
| 户主 | 杨生贵 | 回族 | 罗洼 | 嵝岘 | 户主 | 余金库 | 回族 | 罗洼 | 嵝岘 |
| 妻子 | 海桂花 | 回族 | 罗洼 | 嵝岘 | 妻子 | 兰花旦 | 回族 | 罗洼 | 嵝岘 |
| 次子 | 杨风俊 | 回族 | 罗洼 | 嵝岘 | 三女 | 余彩梅 | 回族 | 罗洼 | 嵝岘 |
| 儿媳 | 姬晒买 | 回族 | 罗洼 | 嵝岘 | 四女 | 余彩琴 | 回族 | 罗洼 | 嵝岘 |
| 孙子 | 杨有钱 | 回族 | 罗洼 | 嵝岘 | 五女 | 余彩萍 | 回族 | 罗洼 | 嵝岘 |
| 户主 | 海金忠 | 回族 | 罗洼 | 嵝岘 | 户主 | 海清荣 | 回族 | 罗洼 | 嵝岘 |
| 妻子 | 妥玲梅 | 回族 | 罗洼 | 嵝岘 | 妻子 | 姬玲玲 | 回族 | 罗洼 | 嵝岘 |
| 长子 | 海麻乃 | 回族 | 罗洼 | 嵝岘 | 长子 | 海　刚 | 回族 | 罗洼 | 嵝岘 |
| 次子 | 海意思麻 | 回族 | 罗洼 | 嵝岘 | 母亲 | 赫忠梅 | 回族 | 罗洼 | 嵝岘 |
| 户主 | 杨生富 | 回族 | 罗洼 | 嵝岘 | 户主 | 武生文 | 回族 | 罗洼 | 嵝岘 |
| 妻子 | 马秀莲 | 回族 | 罗洼 | 嵝岘 | 长子 | 武淑林 | 回族 | 罗洼 | 嵝岘 |
| 长子 | 杨锦涛 | 回族 | 罗洼 | 嵝岘 | 儿媳 | 海　蓉 | 回族 | 罗洼 | 嵝岘 |
| 户主 | 杨志荣 | 回族 | 罗洼 | 嵝岘 | 户主 | 杨宗保 | 回族 | 罗洼 | 嵝岘 |
| 妻子 | 张应梅 | 回族 | 罗洼 | 嵝岘 | 妻子 | 海正梅 | 回族 | 罗洼 | 嵝岘 |
| 儿媳 | 李永梅 | 回族 | 罗洼 | 嵝岘 | 长子 | 杨有才 | 回族 | 罗洼 | 嵝岘 |
| 三子 | 杨生财 | 回族 | 罗洼 | 嵝岘 | 户主 | 马俊学 | 回族 | 罗洼 | 嵝岘 |
| 户主 | 周志荣 | 回族 | 罗洼 | 嵝岘 | 妻子 | 兰小琴 | 回族 | 罗洼 | 嵝岘 |
| 妻子 | 海世梅 | 回族 | 罗洼 | 嵝岘 | 长子 | 马　喆 | 回族 | 罗洼 | 嵝岘 |
| 长子 | 周　刚 | 回族 | 罗洼 | 嵝岘 | 次子 | 马　东 | 回族 | 罗洼 | 嵝岘 |
| 次女 | 周莲花 | 回族 | 罗洼 | 嵝岘 | 祖母 | 杨玉珍 | 回族 | 罗洼 | 嵝岘 |
| 弟弟 | 杨生荣 | 回族 | 罗洼 | 嵝岘 | 户主 | 马志荣 | 回族 | 罗洼 | 嵝岘 |
| 户主 | 兰有福 | 回族 | 罗洼 | 嵝岘 | 妻子 | 海生花 | 回族 | 罗洼 | 嵝岘 |
| 妻子 | 海彭花 | 回族 | 罗洼 | 嵝岘 | 户主 | 马俊科 | 回族 | 罗洼 | 嵝岘 |
| 长女 | 兰彦琴 | 回族 | 罗洼 | 嵝岘 | 妻子 | 海小梅 | 回族 | 罗洼 | 嵝岘 |
| 次女 | 兰彦梅 | 回族 | 罗洼 | 嵝岘 | 户主 | 李世录 | 回族 | 罗洼 | 嵝岘 |
| 长子 | 兰彦东 | 回族 | 罗洼 | 嵝岘 | 妻子 | 杨生琴 | 回族 | 罗洼 | 嵝岘 |
| 次子 | 兰彦军 | 回族 | 罗洼 | 嵝岘 | 长子 | 李彩刚 | 回族 | 罗洼 | 嵝岘 |
| 户主 | 马凤勤 | 回族 | 罗洼 | 嵝岘 | 次子 | 李彩明 | 回族 | 罗洼 | 嵝岘 |
| 长子 | 海恒军 | 回族 | 罗洼 | 嵝岘 | 儿媳 | 海园梅 | 回族 | 罗洼 | 嵝岘 |

续表 17

| 与户主关系 | 家庭成员 | 民族 | 原居住地 | | 与户主关系 | 家庭成员 | 民族 | 原居住地 | |
|---|---|---|---|---|---|---|---|---|---|
| | | | 乡(镇) | 行政村 | | | | 乡(镇) | 行政村 |
| 户主 | 海　东 | 回族 | 罗洼 | 嘤岘 | 妻子 | 母玉兰 | 回族 | 罗洼 | 嘤岘 |
| 妻子 | 武　琴 | 回族 | 罗洼 | 嘤岘 | 长子 | 海春富 | 回族 | 罗洼 | 嘤岘 |
| 长子 | 海小龙 | 回族 | 罗洼 | 嘤岘 | 次子 | 海春贵 | 回族 | 罗洼 | 嘤岘 |
| 次子 | 海小军 | 回族 | 罗洼 | 嘤岘 | 长女 | 海春芳 | 回族 | 罗洼 | 嘤岘 |
| 户主 | 武　荣 | 回族 | 罗洼 | 嘤岘 | 父亲 | 海玉水 | 回族 | 罗洼 | 嘤岘 |
| 妻子 | 乔如叶 | 回族 | 罗洼 | 嘤岘 | 孙子 | 海哈山 | 回族 | 罗洼 | 嘤岘 |
| 长子 | 武飞龙 | 回族 | 罗洼 | 嘤岘 | 户主 | 海清荣 | 回族 | 罗洼 | 嘤岘 |
| 户主 | 兰有升 | 回族 | 罗洼 | 嘤岘 | 长子 | 海　涛 | 回族 | 罗洼 | 嘤岘 |
| 妻子 | 杨秀芳 | 回族 | 罗洼 | 嘤岘 | 户主 | 糟　贵 | 回族 | 罗洼 | 嘤岘 |
| 长子 | 兰彦湖 | 回族 | 罗洼 | 嘤岘 | 妻子 | 马金霞 | 回族 | 罗洼 | 嘤岘 |
| 长女 | 兰琴琴 | 回族 | 罗洼 | 嘤岘 | 长女 | 糟正蓉 | 回族 | 罗洼 | 嘤岘 |
| 次子 | 兰彦军 | 回族 | 罗洼 | 嘤岘 | 长子 | 糟正杰 | 回族 | 罗洼 | 嘤岘 |
| 户主 | 海金祥 | 回族 | 罗洼 | 嘤岘 | 户主 | 兰有仁 | 回族 | 罗洼 | 嘤岘 |
| 妻子 | 周凤梅 | 回族 | 罗洼 | 嘤岘 | 妻子 | 冶凤英 | 回族 | 罗洼 | 嘤岘 |
| 长子 | 海云兵 | 回族 | 罗洼 | 嘤岘 | 三子 | 兰正河 | 回族 | 罗洼 | 嘤岘 |
| 儿媳 | 罗　琴 | 回族 | 罗洼 | 嘤岘 | 儿媳 | 马国花 | 回族 | 罗洼 | 嘤岘 |
| 次子 | 海云东 | 回族 | 罗洼 | 嘤岘 | 孙女 | 兰海玲 | 回族 | 罗洼 | 嘤岘 |
| 三子 | 海云清 | 回族 | 罗洼 | 嘤岘 | 户主 | 海清富 | 回族 | 罗洼 | 嘤岘 |
| 四子 | 海云付 | 回族 | 罗洼 | 嘤岘 | 妻子 | 马彦女 | 回族 | 罗洼 | 嘤岘 |
| 母亲 | 杨得英 | 回族 | 罗洼 | 嘤岘 | 户主 | 海生水 | 回族 | 罗洼 | 嘤岘 |
| 户主 | 糟　林 | 回族 | 罗洼 | 嘤岘 | 妻子 | 马秀琴 | 回族 | 罗洼 | 嘤岘 |
| 妻子 | 马桂兰 | 回族 | 罗洼 | 嘤岘 | 长子 | 海怀仓 | 回族 | 罗洼 | 嘤岘 |
| 父亲 | 糟俊昌 | 回族 | 罗洼 | 嘤岘 | 三女 | 海怀梅 | 回族 | 罗洼 | 嘤岘 |
| 户主 | 杨得义 | 回族 | 罗洼 | 嘤岘 | 户主 | 海　鹏 | 回族 | 罗洼 | 嘤岘 |
| 妻子 | 武生芳 | 回族 | 罗洼 | 嘤岘 | 妻子 | 海怀英 | 回族 | 罗洼 | 嘤岘 |
| 户主 | 杨　兵 | 回族 | 罗洼 | 嘤岘 | 长子 | 海宝君 | 回族 | 罗洼 | 嘤岘 |
| 妻子 | 马治琴 | 回族 | 罗洼 | 嘤岘 | 户主 | 兰生林 | 回族 | 罗洼 | 嘤岘 |
| 长女 | 杨晓丫 | 回族 | 罗洼 | 嘤岘 | 妻子 | 兰勤英 | 回族 | 罗洼 | 嘤岘 |
| 户主 | 杨春梅 | 回族 | 罗洼 | 嘤岘 | 五子 | 兰有明 | 回族 | 罗洼 | 嘤岘 |
| 长子 | 兰俊仓 | 回族 | 罗洼 | 嘤岘 | 儿媳 | 武淑梅 | 回族 | 罗洼 | 嘤岘 |
| 儿媳 | 海　霞 | 回族 | 罗洼 | 嘤岘 | 孙子 | 兰彦兵 | 回族 | 罗洼 | 嘤岘 |
| 孙女 | 兰蓉蓉 | 回族 | 罗洼 | 嘤岘 | 户主 | 兰有青 | 回族 | 罗洼 | 嘤岘 |
| 孙女 | 兰薇薇 | 回族 | 罗洼 | 嘤岘 | 妻子 | 王志梅 | 回族 | 罗洼 | 嘤岘 |
| 次女 | 兰彩琴 | 回族 | 罗洼 | 嘤岘 | 长子 | 兰彦海 | 回族 | 罗洼 | 嘤岘 |
| 母亲 | 兰生得 | 回族 | 罗洼 | 嘤岘 | 次子 | 兰希俩 | 回族 | 罗洼 | 嘤岘 |
| 户主 | 海青德 | 回族 | 罗洼 | 嘤岘 | 三子 | 兰彦河 | 回族 | 罗洼 | 嘤岘 |

续表 17

| 与户主关系 | 家庭成员 | 民族 | 原居住地 | | 与户主关系 | 家庭成员 | 民族 | 原居住地 | |
|---|---|---|---|---|---|---|---|---|---|
| | | | 乡(镇) | 行政村 | | | | 乡(镇) | 行政村 |
| 儿媳 | 王晓红 | 回族 | 罗洼 | 崾岘 | 女婿 | 郭玉升 | 回族 | 罗洼 | 崾岘 |
| 孙子 | 兰　尊 | 回族 | 罗洼 | 崾岘 | 户主 | 苏秀春 | 回族 | 罗洼 | 崾岘 |
| 户主 | 胡玉仓 | 回族 | 罗洼 | 崾岘 | 妻子 | 冶彦华 | 回族 | 罗洼 | 崾岘 |
| 妻子 | 周志花 | 回族 | 罗洼 | 崾岘 | 长子 | 苏社把 | 回族 | 罗洼 | 崾岘 |
| 户主 | 海生林 | 回族 | 罗洼 | 崾岘 | 户主 | 李世军 | 回族 | 罗洼 | 崾岘 |
| 妻子 | 胡玉梅 | 回族 | 罗洼 | 崾岘 | 妻子 | 姬文兰 | 回族 | 罗洼 | 崾岘 |
| 长子 | 海维富 | 回族 | 罗洼 | 崾岘 | 长女 | 李　艳 | 回族 | 罗洼 | 崾岘 |
| 儿媳 | 马文琴 | 回族 | 罗洼 | 崾岘 | 次女 | 李　慧 | 回族 | 罗洼 | 崾岘 |
| 孙子 | 海　军 | 回族 | 罗洼 | 崾岘 | 父亲 | 李孝满 | 回族 | 罗洼 | 崾岘 |
| 孙女 | 海　琴 | 回族 | 罗洼 | 崾岘 | 母亲 | 马秀花 | 回族 | 罗洼 | 崾岘 |
| 户主 | 李世林 | 回族 | 罗洼 | 崾岘 | 户主 | 海清刚 | 回族 | 罗洼 | 崾岘 |
| 妻子 | 麻晓琴 | 回族 | 罗洼 | 崾岘 | 妻子 | 周志梅 | 回族 | 罗洼 | 崾岘 |
| 长女 | 李彩琴 | 回族 | 罗洼 | 崾岘 | 长女 | 海　燕 | 回族 | 罗洼 | 崾岘 |
| 户主 | 海金荣 | 回族 | 罗洼 | 崾岘 | 长子 | 海　洋 | 回族 | 罗洼 | 崾岘 |
| 妻子 | 杨克梅 | 回族 | 罗洼 | 崾岘 | 次女 | 海　霞 | 回族 | 罗洼 | 崾岘 |
| 长子 | 海　峰 | 回族 | 罗洼 | 崾岘 | 母亲 | 赫忠莲 | 回族 | 罗洼 | 崾岘 |
| 户主 | 兰明廷 | 回族 | 罗洼 | 崾岘 | 户主 | 糟　斌 | 回族 | 罗洼 | 崾岘 |
| 妻子 | 马黑女 | 回族 | 罗洼 | 崾岘 | 妻子 | 杨巧玲 | 回族 | 罗洼 | 崾岘 |
| 长子 | 兰俊财 | 回族 | 罗洼 | 崾岘 | 长子 | 糟正龙 | 回族 | 罗洼 | 崾岘 |
| 次子 | 兰俊杰 | 回族 | 罗洼 | 崾岘 | 次子 | 糟正虎 | 回族 | 罗洼 | 崾岘 |
| 户主 | 李世贤 | 回族 | 罗洼 | 崾岘 | 户主 | 海正得 | 回族 | 罗洼 | 崾岘 |
| 妻子 | 马金彩 | 回族 | 罗洼 | 崾岘 | 妻子 | 杨宗英 | 回族 | 罗洼 | 崾岘 |
| 长子 | 李　峰 | 回族 | 罗洼 | 崾岘 | 三子 | 海恒军 | 回族 | 罗洼 | 崾岘 |
| 户主 | 杨德明 | 回族 | 罗洼 | 崾岘 | 儿媳 | 海春梅 | 回族 | 罗洼 | 崾岘 |
| 妻子 | 撒秀平 | 回族 | 罗洼 | 崾岘 | 户主 | 海恒斌 | 回族 | 罗洼 | 崾岘 |
| 二女 | 杨丽婷 | 回族 | 罗洼 | 崾岘 | 妻子 | 李彩香 | 回族 | 罗洼 | 崾岘 |
| 长子 | 杨志富 | 回族 | 罗洼 | 崾岘 | 长女 | 海莹莹 | 回族 | 罗洼 | 崾岘 |
| 三女 | 杨建梅 | 回族 | 罗洼 | 崾岘 | 长子 | 海　东 | 回族 | 罗洼 | 崾岘 |
| 母亲 | 明生英 | 回族 | 罗洼 | 崾岘 | 户主 | 武　军 | 回族 | 罗洼 | 崾岘 |
| 户主 | 杨风忠 | 回族 | 罗洼 | 崾岘 | 妻子 | 马　彩 | 回族 | 罗洼 | 崾岘 |
| 妻子 | 海哈卖 | 回族 | 罗洼 | 崾岘 | 长女 | 武小琴 | 回族 | 罗洼 | 崾岘 |
| 户主 | 苏秀林 | 回族 | 罗洼 | 崾岘 | 次女 | 武晓荣 | 回族 | 罗洼 | 崾岘 |
| 妻子 | 黑中梅 | 回族 | 罗洼 | 崾岘 | 祖母 | 马得英 | 回族 | 罗洼 | 崾岘 |
| 长子 | 苏正龙 | 回族 | 罗洼 | 崾岘 | 户主 | 海金平 | 回族 | 罗洼 | 崾岘 |
| 次子 | 苏正雄 | 回族 | 罗洼 | 崾岘 | 妻子 | 杨　梅 | 回族 | 罗洼 | 崾岘 |
| 长女 | 苏岁女 | 回族 | 罗洼 | 崾岘 | 长女 | 海　娅 | 回族 | 罗洼 | 崾岘 |

续表 17

| 与户主关系 | 家庭成员 | 民族 | 原居住地 | | 与户主关系 | 家庭成员 | 民族 | 原居住地 | |
|---|---|---|---|---|---|---|---|---|---|
| | | | 乡(镇) | 行政村 | | | | 乡(镇) | 行政村 |
| 次女 | 海　楠 | 回族 | 罗洼 | 嘤岘 | 长子 | 海　飞 | 回族 | 罗洼 | 嘤岘 |
| 长子 | 海　东 | 回族 | 罗洼 | 嘤岘 | 长女 | 海　霞 | 回族 | 罗洼 | 嘤岘 |
| 三女 | 海　蓉 | 回族 | 罗洼 | 嘤岘 | 次女 | 海　梅 | 回族 | 罗洼 | 嘤岘 |
| 户主 | 杨志强 | 回族 | 罗洼 | 嘤岘 | 户主 | 海生科 | 回族 | 罗洼 | 嘤岘 |
| 妻子 | 兰花叶 | 回族 | 罗洼 | 嘤岘 | 妻子 | 顾万梅 | 回族 | 罗洼 | 嘤岘 |
| 长女 | 杨女女 | 回族 | 罗洼 | 嘤岘 | 三子 | 海维军 | 回族 | 罗洼 | 嘤岘 |
| 次子 | 杨生君 | 回族 | 罗洼 | 嘤岘 | 户主 | 海世荣 | 回族 | 罗洼 | 嘤岘 |
| 三子 | 杨生文 | 回族 | 罗洼 | 嘤岘 | 妻子 | 李彦花 | 回族 | 罗洼 | 嘤岘 |
| 次女 | 杨小燕 | 回族 | 罗洼 | 嘤岘 | 长女 | 海　燕 | 回族 | 罗洼 | 嘤岘 |
| 儿媳 | 马海花 | 回族 | 罗洼 | 嘤岘 | 长子 | 海　涛 | 回族 | 罗洼 | 嘤岘 |
| 孙子 | 杨建国 | 回族 | 罗洼 | 嘤岘 | 户主 | 苏正军 | 回族 | 罗洼 | 嘤岘 |
| 户主 | 杨生万 | 回族 | 罗洼 | 嘤岘 | 妻子 | 海　花 | 回族 | 罗洼 | 嘤岘 |
| 妻子 | 王　梅 | 回族 | 罗洼 | 嘤岘 | 长子 | 苏　峰 | 回族 | 罗洼 | 嘤岘 |
| 长子 | 杨小龙 | 回族 | 罗洼 | 嘤岘 | 次子 | 苏　龙 | 回族 | 罗洼 | 嘤岘 |
| 户主 | 周志虎 | 回族 | 罗洼 | 嘤岘 | 户主 | 李效珍 | 回族 | 罗洼 | 嘤岘 |
| 妻子 | 马秀萍 | 回族 | 罗洼 | 嘤岘 | 妻子 | 焉得花 | 回族 | 罗洼 | 嘤岘 |
| 长子 | 周　锋 | 回族 | 罗洼 | 嘤岘 | 三子 | 李世忠 | 回族 | 罗洼 | 嘤岘 |
| 长女 | 周　琴 | 回族 | 罗洼 | 嘤岘 | 户主 | 乔珍琦 | 回族 | 罗洼 | 嘤岘 |
| 户主 | 武生朝 | 回族 | 罗洼 | 嘤岘 | 长子 | 乔先锋 | 回族 | 罗洼 | 嘤岘 |
| 次子 | 武欣伟 | 回族 | 罗洼 | 嘤岘 | 父亲 | 乔彦林 | 回族 | 罗洼 | 嘤岘 |
| 户主 | 海金仓 | 回族 | 罗洼 | 嘤岘 | 户主 | 海清河 | 回族 | 罗洼 | 嘤岘 |
| 妻子 | 李世琴 | 回族 | 罗洼 | 嘤岘 | 妻子 | 兰有芳 | 回族 | 罗洼 | 嘤岘 |
| 长子 | 海　斌 | 汉族 | 罗洼 | 嘤岘 | 长女 | 海如莲 | 回族 | 罗洼 | 嘤岘 |
| 长女 | 海　莲 | 汉族 | 罗洼 | 嘤岘 | 长子 | 海　鹏 | 回族 | 罗洼 | 嘤岘 |
| 次子 | 海　军 | 回族 | 罗洼 | 嘤岘 | 户主 | 李世贵 | 回族 | 罗洼 | 嘤岘 |
| 户主 | 海恒珍 | 回族 | 罗洼 | 嘤岘 | 妻子 | 白治平 | 回族 | 罗洼 | 嘤岘 |
| 妻子 | 杨世梅 | 回族 | 罗洼 | 嘤岘 | 长子 | 李荣荣 | 回族 | 罗洼 | 嘤岘 |
| 长女 | 海风琴 | 回族 | 罗洼 | 嘤岘 | 户主 | 李世明 | 回族 | 罗洼 | 嘤岘 |
| 长子 | 海风军 | 回族 | 罗洼 | 嘤岘 | 妻子 | 马治兰 | 回族 | 罗洼 | 嘤岘 |
| 次子 | 海风兵 | 回族 | 罗洼 | 嘤岘 | 长女 | 李彩燕 | 回族 | 罗洼 | 嘤岘 |
| 户主 | 余金仓 | 回族 | 罗洼 | 嘤岘 | 次女 | 李彩娟 | 回族 | 罗洼 | 嘤岘 |
| 妻子 | 马少玲 | 回族 | 罗洼 | 嘤岘 | 户主 | 李效廷 | 回族 | 罗洼 | 嘤岘 |
| 长女 | 余春花 | 回族 | 罗洼 | 嘤岘 | 妻子 | 姬平梅 | 回族 | 罗洼 | 嘤岘 |
| 长子 | 余文明 | 回族 | 罗洼 | 嘤岘 | 孙女 | 李彩霞 | 回族 | 罗洼 | 嘤岘 |
| 户主 | 海恒仓 | 回族 | 罗洼 | 嘤岘 | 户主 | 李效朝 | 回族 | 罗洼 | 嘤岘 |
| 妻子 | 马进花 | 汉族 | 罗洼 | 嘤岘 | 妻子 | 王红梅 | 回族 | 罗洼 | 嘤岘 |

续表 17

| 与户主关系 | 家庭成员 | 民族 | 原居住地 | | 与户主关系 | 家庭成员 | 民族 | 原居住地 | |
|---|---|---|---|---|---|---|---|---|---|
| | | | 乡(镇) | 行政村 | | | | 乡(镇) | 行政村 |
| 户主 | 苏正兵 | 回族 | 罗洼 | 崾岘 | 次子 | 胡小平 | 回族 | 罗洼 | 崾岘 |
| 妻子 | 马志梅 | 回族 | 罗洼 | 崾岘 | 户主 | 乔彦虎 | 回族 | 罗洼 | 崾岘 |
| 长女 | 苏　玲 | 回族 | 罗洼 | 崾岘 | 妻子 | 胡玉花 | 回族 | 罗洼 | 崾岘 |
| 次女 | 苏　蓉 | 回族 | 罗洼 | 崾岘 | 长子 | 乔　利 | 回族 | 罗洼 | 崾岘 |
| 父亲 | 苏秀荣 | 回族 | 罗洼 | 崾岘 | 次子 | 乔主麻 | 回族 | 罗洼 | 崾岘 |
| 母亲 | 兰俊花 | 回族 | 罗洼 | 崾岘 | 户主 | 糟　荣 | 回族 | 罗洼 | 崾岘 |
| 户主 | 海世贵 | 回族 | 罗洼 | 崾岘 | 妻子 | 马凤兰 | 回族 | 罗洼 | 崾岘 |
| 妻子 | 柳艳霞 | 回族 | 罗洼 | 崾岘 | 长女 | 糟正琴 | 回族 | 罗洼 | 崾岘 |
| 长子 | 海　涛 | 回族 | 罗洼 | 崾岘 | 长子 | 糟正刚 | 回族 | 罗洼 | 崾岘 |
| 父亲 | 海玉英 | 回族 | 罗洼 | 崾岘 | 次子 | 糟正鹏 | 回族 | 罗洼 | 崾岘 |
| 户主 | 余金河 | 回族 | 罗洼 | 崾岘 | 次女 | 糟正萍 | 回族 | 罗洼 | 崾岘 |
| 妻子 | 海向兰 | 回族 | 罗洼 | 崾岘 | 户主 | 李世荣 | 回族 | 罗洼 | 崾岘 |
| 户主 | 海　鹏 | 回族 | 罗洼 | 崾岘 | 妻子 | 海　花 | 回族 | 罗洼 | 崾岘 |
| 妻子 | 海向霞 | 回族 | 罗洼 | 崾岘 | 长女 | 李彩霞 | 回族 | 罗洼 | 崾岘 |
| 长女 | 海玉凤 | 回族 | 罗洼 | 崾岘 | 长子 | 李彩栋 | 回族 | 罗洼 | 崾岘 |
| 长子 | 海玉龙 | 回族 | 罗洼 | 崾岘 | 次女 | 李　梅 | 回族 | 罗洼 | 崾岘 |
| 户主 | 杨　清 | 回族 | 罗洼 | 崾岘 | 母亲 | 胡凤英 | 回族 | 罗洼 | 崾岘 |
| 妻子 | 王　芳 | 回族 | 罗洼 | 崾岘 | 户主 | 兰有学 | 回族 | 罗洼 | 崾岘 |
| 长子 | 杨生贵 | 回族 | 罗洼 | 崾岘 | 妻子 | 李东叶 | 回族 | 罗洼 | 崾岘 |
| 户主 | 海恒兴 | 回族 | 罗洼 | 崾岘 | 次女 | 兰正容 | 回族 | 罗洼 | 崾岘 |
| 妻子 | 马治花 | 回族 | 罗洼 | 崾岘 | 三女 | 兰正梅 | 回族 | 罗洼 | 崾岘 |
| 长子 | 海　龙 | 回族 | 罗洼 | 崾岘 | 长子 | 兰正军 | 回族 | 罗洼 | 崾岘 |
| 长女 | 海　琴 | 回族 | 罗洼 | 崾岘 | 户主 | 余金发 | 回族 | 罗洼 | 崾岘 |
| 户主 | 李世文 | 回族 | 罗洼 | 崾岘 | 长子 | 余有素 | 回族 | 罗洼 | 崾岘 |
| 孙女 | 李　琴 | 回族 | 罗洼 | 崾岘 | 户主 | 海清玉 | 回族 | 罗洼 | 崾岘 |
| 孙子 | 李小龙 | 回族 | 罗洼 | 崾岘 | 妻子 | 马义芳 | 回族 | 罗洼 | 崾岘 |
| 户主 | 海清兵 | 回族 | 罗洼 | 崾岘 | 次子 | 海　丽 | 回族 | 罗洼 | 崾岘 |
| 妻子 | 马建兰 | 回族 | 罗洼 | 崾岘 | 三子 | 海　平 | 回族 | 罗洼 | 崾岘 |
| 长子 | 海　平 | 回族 | 罗洼 | 崾岘 | 长子 | 海　富 | 回族 | 罗洼 | 崾岘 |
| 儿媳 | 海维丽 | 回族 | 罗洼 | 崾岘 | 户主 | 海玉朝 | 回族 | 罗洼 | 崾岘 |
| 长女 | 海波澜 | 回族 | 罗洼 | 崾岘 | 妻子 | 姬玉花 | 回族 | 罗洼 | 崾岘 |
| 户主 | 海正清 | 回族 | 罗洼 | 崾岘 | 户主 | 罗金荣 | 回族 | 罗洼 | 崾岘 |
| 长子 | 海恒忠 | 回族 | 罗洼 | 崾岘 | 妻子 | 马小花 | 回族 | 罗洼 | 崾岘 |
| 户主 | 胡玉满 | 回族 | 罗洼 | 崾岘 | 长子 | 罗彦军 | 回族 | 罗洼 | 崾岘 |
| 妻子 | 杨　梅 | 回族 | 罗洼 | 崾岘 | 长女 | 罗彦梅 | 回族 | 罗洼 | 崾岘 |
| 长子 | 胡小利 | 回族 | 罗洼 | 崾岘 | 次女 | 罗彦琴 | 回族 | 罗洼 | 崾岘 |

续表 17

| 与户主关系 | 家庭成员 | 民族 | 原居住地 | | 与户主关系 | 家庭成员 | 民族 | 原居住地 | |
|---|---|---|---|---|---|---|---|---|---|
| | | | 乡(镇) | 行政村 | | | | 乡(镇) | 行政村 |
| 户主 | 罗金文 | 回族 | 罗洼 | 嵝岘 | 次子 | 海　林 | 回族 | 罗洼 | 嵝岘 |
| 妻子 | 海金莲 | 回族 | 罗洼 | 嵝岘 | 户主 | 李世斌 | 回族 | 罗洼 | 嵝岘 |
| 长子 | 罗友拜 | 回族 | 罗洼 | 嵝岘 | 妻子 | 胡玉花 | 回族 | 罗洼 | 嵝岘 |
| 户主 | 海正科 | 回族 | 罗洼 | 嵝岘 | 长子 | 李广财 | 回族 | 罗洼 | 嵝岘 |
| 妻子 | 武得英 | 回族 | 罗洼 | 嵝岘 | 户主 | 杨有付 | 回族 | 罗洼 | 嵝岘 |
| 户主 | 罗金成 | 回族 | 罗洼 | 嵝岘 | 妻子 | 李彩梅 | 回族 | 罗洼 | 嵝岘 |
| 妻子 | 海代代 | 回族 | 罗洼 | 嵝岘 | 长子 | 杨　军 | 回族 | 罗洼 | 嵝岘 |
| 长女 | 罗海梅 | 回族 | 罗洼 | 嵝岘 | 长女 | 杨　花 | 回族 | 罗洼 | 嵝岘 |
| 次女 | 罗海琴 | 回族 | 罗洼 | 嵝岘 | 次女 | 杨　兵 | 回族 | 罗洼 | 嵝岘 |
| 户主 | 苏秀海 | 回族 | 罗洼 | 嵝岘 | 户主 | 罗金仓 | 回族 | 罗洼 | 嵝岘 |
| 长女 | 苏正琴 | 回族 | 罗洼 | 嵝岘 | 父亲 | 罗得有 | 回族 | 罗洼 | 嵝岘 |
| 户主 | 苏秀成 | 回族 | 罗洼 | 嵝岘 | 母亲 | 海文英 | 回族 | 罗洼 | 嵝岘 |
| 妻子 | 姬小琴 | 回族 | 罗洼 | 嵝岘 | 户主 | 刘　勇 | 汉族 | 罗洼 | 罗洼 |
| 长女 | 苏芳芳 | 回族 | 罗洼 | 嵝岘 | 妻子 | 张　春 | 汉族 | 罗洼 | 罗洼 |
| 户主 | 杨生龙 | 回族 | 罗洼 | 嵝岘 | 长子 | 刘飞龙 | 汉族 | 罗洼 | 罗洼 |
| 妻子 | 兰明花 | 回族 | 罗洼 | 嵝岘 | 户主 | 张维刚 | 汉族 | 罗洼 | 罗洼 |
| 长子 | 杨　成 | 回族 | 罗洼 | 嵝岘 | 妻子 | 尚彩萍 | 汉族 | 罗洼 | 罗洼 |
| 孙女 | 杨晓琴 | 回族 | 罗洼 | 嵝岘 | 长女 | 张　娜 | 汉族 | 罗洼 | 罗洼 |
| 户主 | 兰有智 | 回族 | 罗洼 | 嵝岘 | 次女 | 张　琴 | 汉族 | 罗洼 | 罗洼 |
| 妻子 | 海文梅 | 回族 | 罗洼 | 嵝岘 | 长子 | 张　东 | 汉族 | 罗洼 | 罗洼 |
| 三女 | 兰海霞 | 回族 | 罗洼 | 嵝岘 | 户主 | 张君刚 | 汉族 | 罗洼 | 罗洼 |
| 孙子 | 兰长青 | 回族 | 罗洼 | 嵝岘 | 妻子 | 郭小霞 | 汉族 | 罗洼 | 罗洼 |
| 户主 | 兰衣哈牙 | 回族 | 罗洼 | 嵝岘 | 长子 | 张　涛 | 汉族 | 罗洼 | 罗洼 |
| 妻子 | 姬　琴 | 回族 | 罗洼 | 嵝岘 | 次子 | 张　帆 | 汉族 | 罗洼 | 罗洼 |
| 长女 | 兰雨萱 | 回族 | 罗洼 | 嵝岘 | 户主 | 张振刚 | 汉族 | 罗洼 | 罗洼 |
| 户主 | 杨　军 | 回族 | 罗洼 | 嵝岘 | 妻子 | 梁永玲 | 汉族 | 罗洼 | 罗洼 |
| 妻子 | 赫存花 | 回族 | 罗洼 | 嵝岘 | 长子 | 张　磊 | 汉族 | 罗洼 | 罗洼 |
| 长子 | 杨小鹏 | 回族 | 罗洼 | 嵝岘 | 次子 | 张　玥 | 汉族 | 罗洼 | 罗洼 |
| 次子 | 杨小兵 | 回族 | 罗洼 | 嵝岘 | 父亲 | 张学明 | 汉族 | 罗洼 | 罗洼 |
| 户主 | 海生荣 | 回族 | 罗洼 | 嵝岘 | 母亲 | 王玉英 | 汉族 | 罗洼 | 罗洼 |
| 妻子 | 马　萍 | 回族 | 罗洼 | 嵝岘 | 户主 | 张选刚 | 汉族 | 罗洼 | 罗洼 |
| 长女 | 海　娜 | 回族 | 罗洼 | 嵝岘 | 妻子 | 虎占莲 | 汉族 | 罗洼 | 罗洼 |
| 户主 | 海恒福 | 回族 | 罗洼 | 嵝岘 | 长女 | 张　晶 | 汉族 | 罗洼 | 罗洼 |
| 妻子 | 罗金梅 | 回族 | 罗洼 | 嵝岘 | 长子 | 张永强 | 汉族 | 罗洼 | 罗洼 |
| 长女 | 海　霞 | 回族 | 罗洼 | 嵝岘 | 儿媳 | 石红翠 | 汉族 | 罗洼 | 罗洼 |
| 长子 | 海　成 | 回族 | 罗洼 | 嵝岘 | 孙女 | 张雅妮 | 汉族 | 罗洼 | 罗洼 |

续表 17

| 与户主关系 | 家庭成员 | 民族 | 原居住地 | | 与户主关系 | 家庭成员 | 民族 | 原居住地 | |
|---|---|---|---|---|---|---|---|---|---|
| | | | 乡(镇) | 行政村 | | | | 乡(镇) | 行政村 |
| 户主 | 朱玉宏 | 汉族 | 罗洼 | 罗洼 | 户主 | 张怀科 | 汉族 | 罗洼 | 罗洼 |
| 妻子 | 李　霞 | 汉族 | 罗洼 | 罗洼 | 妻子 | 雷　宏 | 汉族 | 罗洼 | 罗洼 |
| 户主 | 朱　智 | 汉族 | 罗洼 | 罗洼 | 长子 | 张　明 | 汉族 | 罗洼 | 罗洼 |
| 长子 | 朱选红 | 汉族 | 罗洼 | 罗洼 | 次子 | 张　刚 | 汉族 | 罗洼 | 罗洼 |
| 儿媳 | 杨惠珍 | 汉族 | 罗洼 | 罗洼 | 户主 | 何玉清 | 汉族 | 罗洼 | 罗洼 |
| 长女 | 朱月晶 | 汉族 | 罗洼 | 罗洼 | 妻子 | 杨惠玲 | 汉族 | 罗洼 | 罗洼 |
| 孙女 | 朱佳颖 | 汉族 | 罗洼 | 罗洼 | 长子 | 何德兵 | 汉族 | 罗洼 | 罗洼 |
| 长孙 | 朱豪鹏 | 汉族 | 罗洼 | 罗洼 | 长女 | 何永春 | 汉族 | 罗洼 | 罗洼 |
| 户主 | 李怀治 | 汉族 | 罗洼 | 罗洼 | 次子 | 何德贵 | 汉族 | 罗洼 | 罗洼 |
| 妻子 | 刘万蓉 | 汉族 | 罗洼 | 罗洼 | 户主 | 梁德银 | 汉族 | 罗洼 | 罗洼 |
| 长子 | 李　宁 | 汉族 | 罗洼 | 罗洼 | 妻子 | 张彩兰 | 汉族 | 罗洼 | 罗洼 |
| 长女 | 李　琴 | 汉族 | 罗洼 | 罗洼 | 长女 | 梁丽丽 | 汉族 | 罗洼 | 罗洼 |
| 户主 | 李怀刚 | 汉族 | 罗洼 | 罗洼 | 长子 | 梁文东 | 汉族 | 罗洼 | 罗洼 |
| 妻子 | 王粉萍 | 汉族 | 罗洼 | 罗洼 | 户主 | 何玉海 | 汉族 | 罗洼 | 罗洼 |
| 长女 | 李清华 | 汉族 | 罗洼 | 罗洼 | 妻子 | 王恒霞 | 汉族 | 罗洼 | 罗洼 |
| 父亲 | 李德福 | 汉族 | 罗洼 | 罗洼 | 长子 | 何德成 | 汉族 | 罗洼 | 罗洼 |
| 户主 | 张怀宽 | 汉族 | 罗洼 | 罗洼 | 次子 | 何德川 | 汉族 | 罗洼 | 罗洼 |
| 妻子 | 马凤霞 | 汉族 | 罗洼 | 罗洼 | 三子 | 何德勇 | 汉族 | 罗洼 | 罗洼 |
| 长子 | 张　锐 | 汉族 | 罗洼 | 罗洼 | 户主 | 刘　岩 | 汉族 | 罗洼 | 罗洼 |
| 户主 | 王李柱 | 汉族 | 罗洼 | 罗洼 | 妻子 | 郭文琴 | 汉族 | 罗洼 | 罗洼 |
| 妻子 | 陶彩兰 | 汉族 | 罗洼 | 罗洼 | 长子 | 刘鹏福 | 汉族 | 罗洼 | 罗洼 |
| 长子 | 李继成 | 汉族 | 罗洼 | 罗洼 | 次女 | 刘艳丽 | 汉族 | 罗洼 | 罗洼 |
| 长女 | 王涛涛 | 汉族 | 罗洼 | 罗洼 | 母亲 | 梁岁英 | 汉族 | 罗洼 | 罗洼 |
| 户主 | 霍玉忠 | 汉族 | 罗洼 | 罗洼 | 户主 | 刘　岳 | 汉族 | 罗洼 | 罗洼 |
| 妻子 | 程凤琴 | 汉族 | 罗洼 | 罗洼 | 妻子 | 张小萍 | 汉族 | 罗洼 | 罗洼 |
| 长女 | 霍　霞 | 汉族 | 罗洼 | 罗洼 | 长子 | 刘鹏军 | 汉族 | 罗洼 | 罗洼 |
| 长子 | 霍　刚 | 汉族 | 罗洼 | 罗洼 | 户主 | 刘世忠 | 汉族 | 罗洼 | 罗洼 |
| 户主 | 张招刚 | 汉族 | 罗洼 | 罗洼 | 妻子 | 杨占英 | 汉族 | 罗洼 | 罗洼 |
| 妻子 | 刘彩兰 | 汉族 | 罗洼 | 罗洼 | 次子 | 刘　强 | 汉族 | 罗洼 | 罗洼 |
| 长子 | 张　鑫 | 汉族 | 罗洼 | 罗洼 | 户主 | 刘　岱 | 汉族 | 罗洼 | 罗洼 |
| 户主 | 霍玉明 | 汉族 | 罗洼 | 罗洼 | 妻子 | 李玉梅 | 汉族 | 罗洼 | 罗洼 |
| 妻子 | 朱冬花 | 汉族 | 罗洼 | 罗洼 | 长子 | 刘鹏飞 | 汉族 | 罗洼 | 罗洼 |
| 长子 | 霍　君 | 汉族 | 罗洼 | 罗洼 | 次子 | 刘鹏祥 | 汉族 | 罗洼 | 罗洼 |
| 次子 | 霍　强 | 汉族 | 罗洼 | 罗洼 | 儿媳 | 田玉霞 | 汉族 | 罗洼 | 罗洼 |
| 父亲 | 霍弟章 | 汉族 | 罗洼 | 罗洼 | 儿媳 | 王　楠 | 汉族 | 罗洼 | 罗洼 |
| 母亲 | 刘桂英 | 汉族 | 罗洼 | 罗洼 | 孙女 | 刘元元 | 汉族 | 罗洼 | 罗洼 |

续表 17

| 与户主关系 | 家庭成员 | 民族 | 原居住地 | | 与户主关系 | 家庭成员 | 民族 | 原居住地 | |
|---|---|---|---|---|---|---|---|---|---|
| | | | 乡(镇) | 行政村 | | | | 乡(镇) | 行政村 |
| 户主 | 刘　桥 | 汉族 | 罗洼 | 罗洼 | 户主 | 郭兴君 | 汉族 | 罗洼 | 罗洼 |
| 妻子 | 张彩芳 | 汉族 | 罗洼 | 罗洼 | 妻子 | 刘广香 | 汉族 | 罗洼 | 罗洼 |
| 户主 | 刘世成 | 汉族 | 罗洼 | 罗洼 | 长子 | 郭　伟 | 汉族 | 罗洼 | 罗洼 |
| 妻子 | 白新花 | 汉族 | 罗洼 | 罗洼 | 户主 | 杜永琪 | 汉族 | 罗洼 | 罗洼 |
| 次子 | 刘　立 | 汉族 | 罗洼 | 罗洼 | 长子 | 杜新才 | 汉族 | 罗洼 | 罗洼 |
| 儿媳 | 张会萍 | 汉族 | 罗洼 | 罗洼 | 长女 | 杜新莹 | 汉族 | 罗洼 | 罗洼 |
| 户主 | 刘世仁 | 汉族 | 罗洼 | 罗洼 | 户主 | 郭　成 | 汉族 | 罗洼 | 罗洼 |
| 妻子 | 张秀彩 | 汉族 | 罗洼 | 罗洼 | 妻子 | 杨慧萍 | 汉族 | 罗洼 | 罗洼 |
| 次子 | 刘　贵 | 汉族 | 罗洼 | 罗洼 | 长子 | 郭耀辉 | 汉族 | 罗洼 | 罗洼 |
| 户主 | 郭兴忠 | 汉族 | 罗洼 | 罗洼 | 户主 | 朱旭宏 | 汉族 | 罗洼 | 罗洼 |
| 妻子 | 杨彩梅 | 汉族 | 罗洼 | 罗洼 | 妻子 | 郭小霞 | 汉族 | 罗洼 | 罗洼 |
| 长子 | 郭　强 | 汉族 | 罗洼 | 罗洼 | 长女 | 朱星颖 | 汉族 | 罗洼 | 罗洼 |
| 次子 | 郭　锋 | 汉族 | 罗洼 | 罗洼 | 户主 | 刘　富 | 汉族 | 罗洼 | 罗洼 |
| 长女 | 郭　燕 | 汉族 | 罗洼 | 罗洼 | 妻子 | 刘万霞 | 汉族 | 罗洼 | 罗洼 |
| 户主 | 郭兴川 | 汉族 | 罗洼 | 罗洼 | 长子 | 刘腾飞 | 汉族 | 罗洼 | 罗洼 |
| 妻子 | 陶金兰 | 汉族 | 罗洼 | 罗洼 | 次子 | 刘文龙 | 汉族 | 罗洼 | 罗洼 |
| 次子 | 郭　鹏 | 汉族 | 罗洼 | 罗洼 | 户主 | 高富云 | 汉族 | 罗洼 | 罗洼 |
| 孙儿 | 郭维辉 | 汉族 | 罗洼 | 罗洼 | 妻子 | 刘文慧 | 汉族 | 罗洼 | 罗洼 |
| 户主 | 张学发 | 汉族 | 罗洼 | 罗洼 | 长女 | 高婉春 | 汉族 | 罗洼 | 罗洼 |
| 妻子 | 曹廷梅 | 汉族 | 罗洼 | 罗洼 | 户主 | 郭兴金 | 汉族 | 罗洼 | 罗洼 |
| 次子 | 张怀成 | 汉族 | 罗洼 | 罗洼 | 妻子 | 刘桂花 | 汉族 | 罗洼 | 罗洼 |
| 妻子 | 安玉琴 | 汉族 | 罗洼 | 罗洼 | 长子 | 郭文栋 | 汉族 | 罗洼 | 罗洼 |
| 孙儿 | 张　源 | 汉族 | 罗洼 | 罗洼 | 次子 | 郭文玺 | 汉族 | 罗洼 | 罗洼 |
| 孙女 | 张　霞 | 汉族 | 罗洼 | 罗洼 | 三子 | 郭丽东 | 汉族 | 罗洼 | 罗洼 |
| 长子 | 张怀君 | 汉族 | 罗洼 | 罗洼 | 户主 | 安重山 | 汉族 | 孟塬 | 玉塬 |
| 儿媳 | 谢红花 | 汉族 | 罗洼 | 罗洼 | 妻子 | 何瑞琴 | 汉族 | 孟塬 | 玉塬 |
| 孙儿 | 张开宁 | 汉族 | 罗洼 | 罗洼 | 长女 | 安秀秀 | 汉族 | 孟塬 | 玉塬 |
| 户主 | 郭兴旭 | 汉族 | 罗洼 | 罗洼 | 长子 | 安克永 | 汉族 | 孟塬 | 玉塬 |
| 妻子 | 吴兰英 | 汉族 | 罗洼 | 罗洼 | 户主 | 安维山 | 汉族 | 孟塬 | 玉塬 |
| 长子 | 郭　福 | 汉族 | 罗洼 | 罗洼 | 妻子 | 杨红兰 | 汉族 | 孟塬 | 玉塬 |
| 儿媳 | 杨粉香 | 汉族 | 罗洼 | 罗洼 | 长女 | 安容容 | 汉族 | 孟塬 | 玉塬 |
| 儿孙 | 郭志坚 | 汉族 | 罗洼 | 罗洼 | 次子 | 安克平 | 汉族 | 孟塬 | 玉塬 |
| 户主 | 李玉玲 | 汉族 | 罗洼 | 罗洼 | 长子 | 安克向 | 汉族 | 孟塬 | 玉塬 |
| 长子 | 郭　鑫 | 汉族 | 罗洼 | 罗洼 | 户主 | 安万勤 | 汉族 | 孟塬 | 玉塬 |
| 父亲 | 郭世祥 | 汉族 | 罗洼 | 罗洼 | 妻子 | 魏国连 | 汉族 | 孟塬 | 玉塬 |
| 母亲 | 谈过梅 | 汉族 | 罗洼 | 罗洼 | 户主 | 安治学 | 汉族 | 孟塬 | 玉塬 |

续表 17

| 与户主关系 | 家庭成员 | 民族 | 原居住地 | | 与户主关系 | 家庭成员 | 民族 | 原居住地 | |
|---|---|---|---|---|---|---|---|---|---|
| | | | 乡(镇) | 行政村 | | | | 乡(镇) | 行政村 |
| 妻子 | 祁登芳 | 汉族 | 孟塬 | 玉塬 | 三子 | 安克尚 | 汉族 | 孟塬 | 玉塬 |
| 三子 | 安富娃 | 汉族 | 孟塬 | 玉塬 | 次子 | 安克峰 | 汉族 | 孟塬 | 玉塬 |
| 户主 | 安万宏 | 汉族 | 孟塬 | 玉塬 | 户主 | 安正山 | 汉族 | 孟塬 | 玉塬 |
| 妻子 | 王粉霞 | 汉族 | 孟塬 | 玉塬 | 妻子 | 李小梅 | 汉族 | 孟塬 | 玉塬 |
| 长子 | 安克成 | 汉族 | 孟塬 | 玉塬 | 次子 | 安克奇 | 汉族 | 孟塬 | 玉塬 |
| 儿媳 | 潘　芳 | 汉族 | 孟塬 | 玉塬 | 户主 | 安宝山 | 汉族 | 孟塬 | 玉塬 |
| 次子 | 安克飞 | 汉族 | 孟塬 | 玉塬 | 妻子 | 李会兰 | 汉族 | 孟塬 | 玉塬 |
| 户主 | 安学锋 | 汉族 | 孟塬 | 玉塬 | 母亲 | 魏效梅 | 汉族 | 孟塬 | 玉塬 |
| 妻子 | 胡双霞 | 汉族 | 孟塬 | 玉塬 | 父亲 | 安志孝 | 汉族 | 孟塬 | 玉塬 |
| 长子 | 安　贝 | 汉族 | 孟塬 | 玉塬 | 长女 | 安秀红 | 汉族 | 孟塬 | 玉塬 |
| 长女 | 安　欣 | 汉族 | 孟塬 | 玉塬 | 次子 | 安克锋 | 汉族 | 孟塬 | 玉塬 |
| 户主 | 时小林 | 汉族 | 孟塬 | 玉塬 | 户主 | 安万存 | 汉族 | 孟塬 | 玉塬 |
| 长子 | 安瑞利 | 汉族 | 孟塬 | 玉塬 | 妻子 | 虎雪花 | 汉族 | 孟塬 | 玉塬 |
| 次子 | 安开科 | 汉族 | 孟塬 | 玉塬 | 二女 | 安秀利 | 汉族 | 孟塬 | 玉塬 |
| 户主 | 安民山 | 汉族 | 孟塬 | 玉塬 | 户主 | 安国山 | 汉族 | 孟塬 | 玉塬 |
| 妻子 | 王应莲 | 汉族 | 孟塬 | 玉塬 | 妻子 | 赵世兰 | 汉族 | 孟塬 | 玉塬 |
| 长子 | 安克强 | 汉族 | 孟塬 | 玉塬 | 长子 | 安克伟 | 汉族 | 孟塬 | 玉塬 |
| 二女 | 安　娟 | 汉族 | 孟塬 | 玉塬 | 户主 | 王建学 | 汉族 | 孟塬 | 玉塬 |
| 父亲 | 安志礼 | 汉族 | 孟塬 | 玉塬 | 妻子 | 虎秀花 | 汉族 | 孟塬 | 玉塬 |
| 户主 | 安荣堂 | 汉族 | 孟塬 | 玉塬 | 次子 | 王军宏 | 汉族 | 孟塬 | 玉塬 |
| 妻子 | 巨小兰 | 汉族 | 孟塬 | 玉塬 | 户主 | 王德武 | 汉族 | 孟塬 | 玉塬 |
| 次子 | 安瑞博 | 汉族 | 孟塬 | 玉塬 | 妻子 | 张淑平 | 汉族 | 孟塬 | 玉塬 |
| 长女 | 安瑞霞 | 汉族 | 孟塬 | 玉塬 | 母亲 | 马步梅 | 汉族 | 孟塬 | 玉塬 |
| 长子 | 安克瑞 | 汉族 | 孟塬 | 玉塬 | 父亲 | 王建忠 | 汉族 | 孟塬 | 玉塬 |
| 户主 | 安吉尚 | 汉族 | 孟塬 | 玉塬 | 长女 | 王　雪 | 汉族 | 孟塬 | 玉塬 |
| 妻子 | 王　珍 | 汉族 | 孟塬 | 玉塬 | 户主 | 王德红 | 汉族 | 孟塬 | 玉塬 |
| 二女 | 安强强 | 汉族 | 孟塬 | 玉塬 | 妻子 | 陈俊芳 | 汉族 | 孟塬 | 玉塬 |
| 长子 | 安涛涛 | 汉族 | 孟塬 | 玉塬 | 长子 | 王海涛 | 汉族 | 孟塬 | 玉塬 |
| 长女 | 安云霞 | 汉族 | 孟塬 | 玉塬 | 户主 | 安维付 | 汉族 | 孟塬 | 玉塬 |
| 户主 | 安荣山 | 汉族 | 孟塬 | 玉塬 | 妻子 | 张西梅 | 汉族 | 孟塬 | 玉塬 |
| 妻子 | 王秀莲 | 汉族 | 孟塬 | 玉塬 | 五女 | 安巧霞 | 汉族 | 孟塬 | 玉塬 |
| 户主 | 安万栋 | 汉族 | 孟塬 | 玉塬 | 四女 | 安会霞 | 汉族 | 孟塬 | 玉塬 |
| 妻子 | 文秀连 | 汉族 | 孟塬 | 玉塬 | 三女 | 安列红 | 汉族 | 孟塬 | 玉塬 |
| 孙子 | 安建东 | 汉族 | 孟塬 | 玉塬 | 二女 | 安宁宁 | 汉族 | 孟塬 | 玉塬 |
| 长女 | 安芳琴 | 汉族 | 孟塬 | 玉塬 | 户主 | 王德元 | 汉族 | 孟塬 | 玉塬 |
| 四子 | 安开发 | 汉族 | 孟塬 | 玉塬 | 妻子 | 任小应 | 汉族 | 孟塬 | 玉塬 |

续表 17

| 与户主关系 | 家庭成员 | 民族 | 原居住地 | | 与户主关系 | 家庭成员 | 民族 | 原居住地 | |
|---|---|---|---|---|---|---|---|---|---|
| | | | 乡(镇) | 行政村 | | | | 乡(镇) | 行政村 |
| 次子 | 王瑞明 | 汉族 | 孟塬 | 玉塬 | 次子 | 王德堂 | 汉族 | 孟塬 | 玉塬 |
| 长子 | 王伟明 | 汉族 | 孟塬 | 玉塬 | 孙女 | 王茜萍 | 汉族 | 孟塬 | 玉塬 |
| 户主 | 安玉山 | 汉族 | 孟塬 | 玉塬 | 孙女 | 王茜梅 | 汉族 | 孟塬 | 玉塬 |
| 妻子 | 魏翻过 | 汉族 | 孟塬 | 玉塬 | 户主 | 安耀军 | 汉族 | 孟塬 | 玉塬 |
| 长子 | 安克禧 | 汉族 | 孟塬 | 玉塬 | 妻子 | 张彩梅 | 汉族 | 孟塬 | 玉塬 |
| 母亲 | 虎志兰 | 汉族 | 孟塬 | 玉塬 | 次子 | 安玉鑫 | 汉族 | 孟塬 | 玉塬 |
| 户主 | 王德军 | 汉族 | 孟塬 | 玉塬 | 长女 | 安玉蓉 | 汉族 | 孟塬 | 玉塬 |
| 妻子 | 贺艳丽 | 汉族 | 孟塬 | 玉塬 | 长子 | 安玉杰 | 汉族 | 孟塬 | 玉塬 |
| 长女 | 王海萍 | 汉族 | 孟塬 | 玉塬 | 母亲 | 虎佐梅 | 汉族 | 孟塬 | 玉塬 |
| 长子 | 王海龙 | 汉族 | 孟塬 | 玉塬 | 父亲 | 安维平 | 汉族 | 孟塬 | 玉塬 |
| 户主 | 安万强 | 汉族 | 孟塬 | 玉塬 | 户主 | 安维斌 | 汉族 | 孟塬 | 玉塬 |
| 妻子 | 高小燕 | 汉族 | 孟塬 | 玉塬 | 妻子 | 倪志花 | 汉族 | 孟塬 | 玉塬 |
| 次子 | 安佩武 | 汉族 | 孟塬 | 玉塬 | 三女 | 安红利 | 汉族 | 孟塬 | 玉塬 |
| 长子 | 安佩佩 | 汉族 | 孟塬 | 玉塬 | 长子 | 安耀才 | 汉族 | 孟塬 | 玉塬 |
| 户主 | 安志信 | 汉族 | 孟塬 | 玉塬 | 户主 | 安维成 | 汉族 | 孟塬 | 玉塬 |
| 妻子 | 刘俊梅 | 汉族 | 孟塬 | 玉塬 | 妻子 | 李桃桃 | 汉族 | 孟塬 | 玉塬 |
| 户主 | 安克俭 | 汉族 | 孟塬 | 玉塬 | 母亲 | 陈玉英 | 汉族 | 孟塬 | 玉塬 |
| 长子 | 安亚楠 | 汉族 | 孟塬 | 玉塬 | 二女 | 安拴娥 | 汉族 | 孟塬 | 玉塬 |
| 户主 | 安克勤 | 汉族 | 孟塬 | 玉塬 | 三女 | 安转娥 | 汉族 | 孟塬 | 玉塬 |
| 妻子 | 魏彩霞 | 汉族 | 孟塬 | 玉塬 | 长女 | 安顺娥 | 汉族 | 孟塬 | 玉塬 |
| 长子 | 安　乐 | 汉族 | 孟塬 | 玉塬 | 长子 | 安　鹏 | 汉族 | 孟塬 | 玉塬 |
| 户主 | 安克让 | 汉族 | 孟塬 | 玉塬 | 户主 | 安维勤 | 汉族 | 孟塬 | 玉塬 |
| 长女 | 安伟伟 | 汉族 | 孟塬 | 玉塬 | 妻子 | 李秀芳 | 汉族 | 孟塬 | 玉塬 |
| 二女 | 安婷婷 | 汉族 | 孟塬 | 玉塬 | 孙女 | 安玉露 | 汉族 | 孟塬 | 玉塬 |
| 长子 | 安建华 | 汉族 | 孟塬 | 玉塬 | 孙子 | 安玉堂 | 汉族 | 孟塬 | 玉塬 |
| 户主 | 安学成 | 汉族 | 孟塬 | 玉塬 | 儿媳 | 王粉花 | 汉族 | 孟塬 | 玉塬 |
| 长女 | 安克娅 | 汉族 | 孟塬 | 玉塬 | 户主 | 安耀会 | 汉族 | 孟塬 | 玉塬 |
| 次子 | 安克智 | 汉族 | 孟塬 | 玉塬 | 妻子 | 魏粉花 | 汉族 | 孟塬 | 玉塬 |
| 长子 | 安克思 | 汉族 | 孟塬 | 玉塬 | 长女 | 安雪荣 | 汉族 | 孟塬 | 玉塬 |
| 母亲 | 康俊梅 | 汉族 | 孟塬 | 玉塬 | 长子 | 安玉亮 | 汉族 | 孟塬 | 玉塬 |
| 父亲 | 安志栋 | 汉族 | 孟塬 | 玉塬 | 户主 | 安治兵 | 汉族 | 孟塬 | 玉塬 |
| 户主 | 安万平 | 汉族 | 孟塬 | 玉塬 | 妻子 | 曹秀连 | 汉族 | 孟塬 | 玉塬 |
| 妻子 | 李天红 | 汉族 | 孟塬 | 玉塬 | 孙子 | 安克雨 | 汉族 | 孟塬 | 玉塬 |
| 长女 | 安克苗 | 汉族 | 孟塬 | 玉塬 | 户主 | 安治民 | 汉族 | 孟塬 | 玉塬 |
| 长子 | 安斐斐 | 汉族 | 孟塬 | 玉塬 | 妻子 | 赵秀兰 | 汉族 | 孟塬 | 玉塬 |
| 户主 | 王建刚 | 汉族 | 孟塬 | 玉塬 | 户主 | 安治仁 | 汉族 | 孟塬 | 玉塬 |

续表 17

| 与户主关系 | 家庭成员 | 民族 | 原居住地 | | 与户主关系 | 家庭成员 | 民族 | 原居住地 | |
|---|---|---|---|---|---|---|---|---|---|
| | | | 乡(镇) | 行政村 | | | | 乡(镇) | 行政村 |
| 孙女 | 安颖镕 | 汉族 | 孟塬 | 玉塬 | 户主 | 安天柱 | 汉族 | 孟塬 | 玉塬 |
| 孙子 | 安克鹏 | 汉族 | 孟塬 | 玉塬 | 妻子 | 张风英 | 汉族 | 孟塬 | 玉塬 |
| 儿媳 | 许梅霞 | 汉族 | 孟塬 | 玉塬 | 户主 | 安维帅 | 汉族 | 孟塬 | 玉塬 |
| 长子 | 安万周 | 汉族 | 孟塬 | 玉塬 | 妻子 | 张秀珍 | 汉族 | 孟塬 | 玉塬 |
| 户主 | 陈占川 | 汉族 | 孟塬 | 玉塬 | 长子 | 安　宁 | 汉族 | 孟塬 | 玉塬 |
| 母亲 | 王巧荣 | 汉族 | 孟塬 | 玉塬 | 长女 | 安彩琴 | 汉族 | 孟塬 | 玉塬 |
| 父亲 | 陈振兴 | 汉族 | 孟塬 | 玉塬 | 户主 | 安维常 | 汉族 | 孟塬 | 玉塬 |
| 户主 | 安治功 | 汉族 | 孟塬 | 玉塬 | 弟 | 安维良 | 汉族 | 孟塬 | 玉塬 |
| 妻子 | 闫云云 | 汉族 | 孟塬 | 玉塬 | 父亲 | 安志君 | 汉族 | 孟塬 | 玉塬 |
| 长子 | 安　博 | 汉族 | 孟塬 | 玉塬 | 母亲 | 张粉霞 | 汉族 | 孟塬 | 玉塬 |
| 姐姐 | 安秀花 | 汉族 | 孟塬 | 玉塬 | 户主 | 安万全 | 汉族 | 孟塬 | 玉塬 |
| 母亲 | 杨春连 | 汉族 | 孟塬 | 玉塬 | 妻子 | 康芳芳 | 汉族 | 孟塬 | 玉塬 |
| 父亲 | 安文库 | 汉族 | 孟塬 | 玉塬 | 长女 | 安春丽 | 汉族 | 孟塬 | 玉塬 |
| 户主 | 安学兵 | 汉族 | 孟塬 | 玉塬 | 母亲 | 虎彩云 | 汉族 | 孟塬 | 玉塬 |
| 妻子 | 孙秀琴 | 汉族 | 孟塬 | 玉塬 | 户主 | 安银怀 | 汉族 | 孟塬 | 玉塬 |
| 长子 | 安盼红 | 汉族 | 孟塬 | 玉塬 | 妻子 | 王花花 | 汉族 | 孟塬 | 玉塬 |
| 长女 | 安翠霞 | 汉族 | 孟塬 | 玉塬 | 母亲 | 虎连英 | 汉族 | 孟塬 | 玉塬 |
| 三女 | 安微霞 | 汉族 | 孟塬 | 玉塬 | 父亲 | 安治龙 | 汉族 | 孟塬 | 玉塬 |
| 二女 | 安翠红 | 汉族 | 孟塬 | 玉塬 | 弟 | 安银宏 | 汉族 | 孟塬 | 玉塬 |
| 父亲 | 安志义 | 汉族 | 孟塬 | 玉塬 | 长子 | 安禧洋 | 汉族 | 孟塬 | 玉塬 |
| 户主 | 安学军 | 汉族 | 孟塬 | 玉塬 | 户主 | 安万富 | 汉族 | 孟塬 | 玉塬 |
| 妻子 | 康秀英 | 汉族 | 孟塬 | 玉塬 | 妻子 | 刘小琴 | 汉族 | 孟塬 | 玉塬 |
| 长子 | 安克鹏 | 汉族 | 孟塬 | 玉塬 | 次子 | 安禧堂 | 汉族 | 孟塬 | 玉塬 |
| 次子 | 安克伟 | 汉族 | 孟塬 | 玉塬 | 长女 | 安霞霞 | 汉族 | 孟塬 | 玉塬 |
| 户主 | 安学良 | 汉族 | 孟塬 | 玉塬 | 长子 | 安堂堂 | 汉族 | 孟塬 | 玉塬 |
| 妻子 | 何国秀 | 汉族 | 孟塬 | 玉塬 | 户主 | 安万丰 | 汉族 | 孟塬 | 玉塬 |
| 长女 | 安红霞 | 汉族 | 孟塬 | 玉塬 | 妻子 | 魏社怀 | 汉族 | 孟塬 | 玉塬 |
| 次子 | 安克权 | 汉族 | 孟塬 | 玉塬 | 长子 | 安克朋 | 汉族 | 孟塬 | 玉塬 |
| 户主 | 安治德 | 汉族 | 孟塬 | 玉塬 | 三女 | 安丽丝 | 汉族 | 孟塬 | 玉塬 |
| 妻子 | 惠玉兰 | 汉族 | 孟塬 | 玉塬 | 母亲 | 虎世花 | 汉族 | 孟塬 | 玉塬 |
| 长女 | 安芳芳 | 汉族 | 孟塬 | 玉塬 | 父亲 | 安治业 | 汉族 | 孟塬 | 玉塬 |
| 长子 | 安平安 | 汉族 | 孟塬 | 玉塬 | 二女 | 安成霞 | 汉族 | 孟塬 | 玉塬 |
| 户主 | 安治席 | 汉族 | 孟塬 | 玉塬 | 长女 | 安利霞 | 汉族 | 孟塬 | 玉塬 |
| 妻子 | 罗宏霞 | 汉族 | 孟塬 | 玉塬 | 户主 | 安万寿 | 汉族 | 孟塬 | 玉塬 |
| 二女 | 安银生 | 汉族 | 孟塬 | 玉塬 | 妻子 | 魏效吉 | 汉族 | 孟塬 | 玉塬 |
| 长子 | 安万银 | 汉族 | 孟塬 | 玉塬 | 父亲 | 安治忠 | 汉族 | 孟塬 | 玉塬 |

续表 17

| 与户主关系 | 家庭成员 | 民族 | 原居住地 | | 与户主关系 | 家庭成员 | 民族 | 原居住地 | |
|---|---|---|---|---|---|---|---|---|---|
| | | | 乡(镇) | 行政村 | | | | 乡(镇) | 行政村 |
| 长子 | 安吉宁 | 汉族 | 孟塬 | 玉塬 | 长子 | 陈　斌 | 汉族 | 孟塬 | 玉塬 |
| 长子妻子 | 贾雯萍 | 汉族 | 孟塬 | 玉塬 | 户主 | 安万乾 | 汉族 | 孟塬 | 玉塬 |
| 户主 | 安维佐 | 汉族 | 孟塬 | 玉塬 | 妻子 | 高小琴 | 汉族 | 孟塬 | 玉塬 |
| 妻子 | 何利丽 | 汉族 | 孟塬 | 玉塬 | 长子 | 安克强 | 汉族 | 孟塬 | 玉塬 |
| 次子 | 安　卿 | 汉族 | 孟塬 | 玉塬 | 户主 | 曹继兴 | 汉族 | 孟塬 | 虎山庄 |
| 长子 | 安　楠 | 汉族 | 孟塬 | 玉塬 | 妻子 | 张秀连 | 汉族 | 孟塬 | 虎山庄 |
| 户主 | 安长平 | 汉族 | 孟塬 | 玉塬 | 二女 | 曹菲银 | 汉族 | 孟塬 | 虎山庄 |
| 妻子 | 陈军银 | 汉族 | 孟塬 | 玉塬 | 三女 | 曹转银 | 汉族 | 孟塬 | 虎山庄 |
| 长女 | 安玉兰 | 汉族 | 孟塬 | 玉塬 | 次子 | 曹登望 | 汉族 | 孟塬 | 虎山庄 |
| 户主 | 安学荣 | 汉族 | 孟塬 | 玉塬 | 长子 | 曹登鹏 | 汉族 | 孟塬 | 虎山庄 |
| 妻子 | 何拴琴 | 汉族 | 孟塬 | 玉塬 | 长子 | 陈　慧 | 汉族 | 孟塬 | 虎山庄 |
| 母亲 | 韩梅英 | 汉族 | 孟塬 | 玉塬 | 长孙 | 曹　博 | 汉族 | 孟塬 | 虎山庄 |
| 长女 | 安圆霞 | 汉族 | 孟塬 | 玉塬 | 户主 | 曹登邦 | 汉族 | 孟塬 | 虎山庄 |
| 长子 | 安克利 | 汉族 | 孟塬 | 玉塬 | 妻子 | 乔世芳 | 汉族 | 孟塬 | 虎山庄 |
| 户主 | 安维科 | 汉族 | 孟塬 | 玉塬 | 次子 | 曹建宁 | 汉族 | 孟塬 | 虎山庄 |
| 妻子 | 周小芳 | 汉族 | 孟塬 | 玉塬 | 长子 | 曹国亮 | 汉族 | 孟塬 | 虎山庄 |
| 三女 | 安富荣 | 汉族 | 孟塬 | 玉塬 | 户主 | 曹登钟 | 汉族 | 孟塬 | 虎山庄 |
| 二女 | 安发发 | 汉族 | 孟塬 | 玉塬 | 妻子 | 王银秀 | 汉族 | 孟塬 | 虎山庄 |
| 长女 | 安富富 | 汉族 | 孟塬 | 玉塬 | 长子 | 曹　鹏 | 汉族 | 孟塬 | 虎山庄 |
| 户主 | 安永尚 | 汉族 | 孟塬 | 玉塬 | 长女 | 曹佩佩 | 汉族 | 孟塬 | 虎山庄 |
| 妻子 | 魏勤勤 | 汉族 | 孟塬 | 玉塬 | 妹妹 | 曹小燕 | 汉族 | 孟塬 | 虎山庄 |
| 长女 | 安桂霞 | 汉族 | 孟塬 | 玉塬 | 母亲 | 王金梅 | 汉族 | 孟塬 | 虎山庄 |
| 母亲 | 郭秀芳 | 汉族 | 孟塬 | 玉塬 | 父亲 | 曹继学 | 汉族 | 孟塬 | 虎山庄 |
| 父亲 | 安志川 | 汉族 | 孟塬 | 玉塬 | 户主 | 曹登昌 | 汉族 | 孟塬 | 虎山庄 |
| 户主 | 安志成 | 汉族 | 孟塬 | 玉塬 | 妻子 | 张成霞 | 汉族 | 孟塬 | 虎山庄 |
| 妻子 | 张志霞 | 汉族 | 孟塬 | 玉塬 | 长女 | 曹亚丽 | 汉族 | 孟塬 | 虎山庄 |
| 三子 | 安常海 | 汉族 | 孟塬 | 玉塬 | 父亲 | 曹继孟 | 汉族 | 孟塬 | 虎山庄 |
| 长子 | 安常安 | 汉族 | 孟塬 | 玉塬 | 母亲 | 陈志兰 | 汉族 | 孟塬 | 虎山庄 |
| 长子妻子 | 魏玉慧 | 汉族 | 孟塬 | 玉塬 | 户主 | 曹继孔 | 汉族 | 孟塬 | 虎山庄 |
| 户主 | 安东堂 | 汉族 | 孟塬 | 玉塬 | 妻子 | 虎秀兰 | 汉族 | 孟塬 | 虎山庄 |
| 妻子 | 魏淑琴 | 汉族 | 孟塬 | 玉塬 | 户主 | 曹继周 | 汉族 | 孟塬 | 虎山庄 |
| 长女 | 安瑞娜 | 汉族 | 孟塬 | 玉塬 | 长子 | 曹登辉 | 汉族 | 孟塬 | 虎山庄 |
| 次子 | 安鹏德 | 汉族 | 孟塬 | 玉塬 | 户主 | 曹继堂 | 汉族 | 孟塬 | 虎山庄 |
| 长子 | 安瑞鹏 | 汉族 | 孟塬 | 玉塬 | 妻子 | 李桂梅 | 汉族 | 孟塬 | 虎山庄 |
| 户主 | 陈占元 | 汉族 | 孟塬 | 玉塬 | 三女 | 曹翠连 | 汉族 | 孟塬 | 虎山庄 |
| 妻子 | 康红红 | 汉族 | 孟塬 | 玉塬 | 长女 | 曹金连 | 汉族 | 孟塬 | 虎山庄 |

续表 17

| 与户主关系 | 家庭成员 | 民族 | 原居住地 | |
|---|---|---|---|---|
| | | | 乡(镇) | 行政村 |
| 户主 | 曹登仓 | 汉族 | 孟塬 | 虎山庄 |
| 妻子 | 王粉兰 | 汉族 | 孟塬 | 虎山庄 |
| 长女 | 曹亚萍 | 汉族 | 孟塬 | 虎山庄 |
| 长子 | 曹国玺 | 汉族 | 孟塬 | 虎山庄 |
| 户主 | 施克证 | 汉族 | 孟塬 | 虎山庄 |
| 妻子 | 杨爱荣 | 汉族 | 孟塬 | 虎山庄 |
| 次女 | 施双雁 | 汉族 | 孟塬 | 虎山庄 |
| 长女 | 施晓雁 | 汉族 | 孟塬 | 虎山庄 |
| 侄子 | 施效鹤 | 汉族 | 孟塬 | 虎山庄 |
| 长子 | 施效宏 | 汉族 | 孟塬 | 虎山庄 |
| 户主 | 施克栋 | 汉族 | 孟塬 | 虎山庄 |
| 妻子 | 杨晶霞 | 汉族 | 孟塬 | 虎山庄 |
| 次子 | 施午平 | 汉族 | 孟塬 | 虎山庄 |
| 长子 | 施效芝 | 汉族 | 孟塬 | 虎山庄 |
| 户主 | 曹登广 | 汉族 | 孟塬 | 虎山庄 |
| 妻子 | 张巧荣 | 汉族 | 孟塬 | 虎山庄 |
| 长女 | 曹　芸 | 汉族 | 孟塬 | 虎山庄 |
| 次子 | 曹　清 | 汉族 | 孟塬 | 虎山庄 |
| 长子 | 曹　成 | 汉族 | 孟塬 | 虎山庄 |
| 户主 | 曹登录 | 汉族 | 孟塬 | 虎山庄 |
| 妻子 | 赵彩霞 | 汉族 | 孟塬 | 虎山庄 |
| 次子 | 曹小军 | 汉族 | 孟塬 | 虎山庄 |
| 长子 | 曹军军 | 汉族 | 孟塬 | 虎山庄 |
| 二女 | 曹番绣 | 汉族 | 孟塬 | 虎山庄 |
| 户主 | 杨维昌 | 汉族 | 孟塬 | 虎山庄 |
| 妻子 | 陈香荣 | 汉族 | 孟塬 | 虎山庄 |
| 次子 | 杨晓东 | 汉族 | 孟塬 | 虎山庄 |
| 长子 | 杨旭东 | 汉族 | 孟塬 | 虎山庄 |
| 户主 | 施效礼 | 汉族 | 孟塬 | 虎山庄 |
| 妻子 | 虎世娥 | 汉族 | 孟塬 | 虎山庄 |
| 长子 | 施炳旭 | 汉族 | 孟塬 | 虎山庄 |
| 母亲 | 李兰英 | 汉族 | 孟塬 | 虎山庄 |
| 长女 | 施沛旭 | 汉族 | 孟塬 | 虎山庄 |
| 户主 | 曹国银 | 汉族 | 孟塬 | 虎山庄 |
| 妻子 | 王小平 | 汉族 | 孟塬 | 虎山庄 |
| 次子 | 曹胜利 | 汉族 | 孟塬 | 虎山庄 |
| 长女 | 曹　珍 | 汉族 | 孟塬 | 虎山庄 |
| 户主 | 施孝堂 | 汉族 | 孟塬 | 虎山庄 |
| 妻子 | 张秀霞 | 汉族 | 孟塬 | 虎山庄 |
| 次子 | 施云飞 | 汉族 | 孟塬 | 虎山庄 |
| 长子 | 施云发 | 汉族 | 孟塬 | 虎山庄 |
| 户主 | 曹登荣 | 汉族 | 孟塬 | 虎山庄 |
| 妻子 | 段世兰 | 汉族 | 孟塬 | 虎山庄 |
| 长子 | 曹国治 | 汉族 | 孟塬 | 虎山庄 |
| 次子 | 曹国发 | 汉族 | 孟塬 | 虎山庄 |
| 长女 | 曹国粉 | 汉族 | 孟塬 | 虎山庄 |
| 户主 | 曹国军 | 汉族 | 孟塬 | 虎山庄 |
| 妻子 | 王志梅 | 汉族 | 孟塬 | 虎山庄 |
| 长子 | 曹顺利 | 汉族 | 孟塬 | 虎山庄 |
| 三子 | 曹田利 | 汉族 | 孟塬 | 虎山庄 |
| 次子 | 曹永峰 | 汉族 | 孟塬 | 虎山庄 |
| 户主 | 曹继武 | 汉族 | 孟塬 | 虎山庄 |
| 妻子 | 王贵兰 | 汉族 | 孟塬 | 虎山庄 |
| 长子 | 曹登军 | 汉族 | 孟塬 | 虎山庄 |
| 户主 | 李海琴 | 汉族 | 孟塬 | 虎山庄 |
| 长子 | 施院利 | 汉族 | 孟塬 | 虎山庄 |
| 长女 | 施院红 | 汉族 | 孟塬 | 虎山庄 |
| 户主 | 曹登伟 | 汉族 | 孟塬 | 虎山庄 |
| 妻子 | 陈小霞 | 汉族 | 孟塬 | 虎山庄 |
| 长子 | 曹国华 | 汉族 | 孟塬 | 虎山庄 |
| 户主 | 曹登霄 | 汉族 | 孟塬 | 虎山庄 |
| 妻子 | 韩巧凤 | 汉族 | 孟塬 | 虎山庄 |
| 长子 | 曹鹏鸿 | 汉族 | 孟塬 | 虎山庄 |
| 长女 | 曹芳红 | 汉族 | 孟塬 | 虎山庄 |
| 父亲 | 曹继尧 | 汉族 | 孟塬 | 虎山庄 |
| 母亲 | 杨占梅 | 汉族 | 孟塬 | 虎山庄 |
| 户主 | 施克东 | 汉族 | 孟塬 | 虎山庄 |
| 弟 | 施克涛 | 汉族 | 孟塬 | 虎山庄 |
| 户主 | 施克文 | 汉族 | 孟塬 | 虎山庄 |
| 妻子 | 王金芳 | 汉族 | 孟塬 | 虎山庄 |
| 五子 | 施效功 | 汉族 | 孟塬 | 虎山庄 |
| 四子 | 施效卓 | 汉族 | 孟塬 | 虎山庄 |

续表 17

| 与户主关系 | 家庭成员 | 民族 | 原居住地 | | 与户主关系 | 家庭成员 | 民族 | 原居住地 | |
|---|---|---|---|---|---|---|---|---|---|
| | | | 乡(镇) | 行政村 | | | | 乡(镇) | 行政村 |
| 三子 | 施效琛 | 汉族 | 孟塬 | 虎山庄 | 长女 | 张彩玲 | 汉族 | 孟塬 | 虎山庄 |
| 次子 | 施效辉 | 汉族 | 孟塬 | 虎山庄 | 长子 | 张智学 | 汉族 | 孟塬 | 虎山庄 |
| 长子 | 施效伟 | 汉族 | 孟塬 | 虎山庄 | 户主 | 施克武 | 汉族 | 孟塬 | 虎山庄 |
| 户主 | 朱正孔 | 汉族 | 孟塬 | 虎山庄 | 妻子 | 陈璞兰 | 汉族 | 孟塬 | 虎山庄 |
| 妻子 | 虎金花 | 汉族 | 孟塬 | 虎山庄 | 长女 | 施　静 | 汉族 | 孟塬 | 虎山庄 |
| 四女 | 朱晶霞 | 汉族 | 孟塬 | 虎山庄 | 户主 | 虎志连 | 汉族 | 孟塬 | 虎山庄 |
| 长子 | 朱戊成 | 汉族 | 孟塬 | 虎山庄 | 孙子 | 朱云龙 | 汉族 | 孟塬 | 虎山庄 |
| 户主 | 张梅轩 | 汉族 | 孟塬 | 虎山庄 | 儿媳 | 闫金萍 | 汉族 | 孟塬 | 虎山庄 |
| 妻子 | 邓粉兰 | 汉族 | 孟塬 | 虎山庄 | 儿子 | 朱正东 | 汉族 | 孟塬 | 虎山庄 |
| 弟 | 张梅龙 | 汉族 | 孟塬 | 虎山庄 | 五子 | 朱正伟 | 汉族 | 孟塬 | 虎山庄 |
| 次子 | 张振升 | 汉族 | 孟塬 | 虎山庄 | 四子 | 朱正鹏 | 汉族 | 孟塬 | 虎山庄 |
| 儿媳 | 吴霞霞 | 汉族 | 孟塬 | 虎山庄 | 户主 | 朱正君 | 汉族 | 孟塬 | 虎山庄 |
| 孙子 | 张浩杰 | 汉族 | 孟塬 | 虎山庄 | 妻子 | 施亮爱 | 汉族 | 孟塬 | 虎山庄 |
| 户主 | 朱正勇 | 汉族 | 孟塬 | 虎山庄 | 次子 | 朱健健 | 汉族 | 孟塬 | 虎山庄 |
| 妻子 | 韩丽霞 | 汉族 | 孟塬 | 虎山庄 | 长子 | 朱元元 | 汉族 | 孟塬 | 虎山庄 |
| 长子 | 朱武刚 | 汉族 | 孟塬 | 虎山庄 | 户主 | 朱正堂 | 汉族 | 孟塬 | 虎山庄 |
| 长女 | 朱玉霞 | 汉族 | 孟塬 | 虎山庄 | 妻子 | 赵东芳 | 汉族 | 孟塬 | 虎山庄 |
| 户主 | 张银升 | 汉族 | 孟塬 | 虎山庄 | 三女 | 朱翠霞 | 汉族 | 孟塬 | 虎山庄 |
| 妻子 | 穆淑萍 | 汉族 | 孟塬 | 虎山庄 | 长子 | 朱宝通 | 汉族 | 孟塬 | 虎山庄 |
| 长子 | 张浩军 | 汉族 | 孟塬 | 虎山庄 | 二女 | 朱双艳 | 汉族 | 孟塬 | 虎山庄 |
| 长女 | 张涛香 | 汉族 | 孟塬 | 虎山庄 | 长女 | 朱银霞 | 汉族 | 孟塬 | 虎山庄 |
| 户主 | 张仕升 | 汉族 | 孟塬 | 虎山庄 | 户主 | 李小梅 | 汉族 | 孟塬 | 虎山庄 |
| 长女 | 张晓敏 | 汉族 | 孟塬 | 虎山庄 | 长子 | 虎　飞 | 汉族 | 孟塬 | 虎山庄 |
| 户主 | 张梅瑞 | 汉族 | 孟塬 | 虎山庄 | 长女 | 虎　慧 | 汉族 | 孟塬 | 虎山庄 |
| 妻子 | 雅爱琴 | 汉族 | 孟塬 | 虎山庄 | 婆婆 | 韩英梅 | 汉族 | 孟塬 | 虎山庄 |
| 长子 | 张玉学 | 汉族 | 孟塬 | 虎山庄 | 公公 | 虎志有 | 汉族 | 孟塬 | 虎山庄 |
| 次子 | 张宁学 | 汉族 | 孟塬 | 虎山庄 | 户主 | 朱正奇 | 汉族 | 孟塬 | 虎山庄 |
| 母亲 | 梁述英 | 汉族 | 孟塬 | 虎山庄 | 妻子 | 王仲芳 | 汉族 | 孟塬 | 虎山庄 |
| 父亲 | 张维俊 | 汉族 | 孟塬 | 虎山庄 | 二女 | 朱麦霞 | 汉族 | 孟塬 | 虎山庄 |
| 户主 | 张梅芳 | 汉族 | 孟塬 | 虎山庄 | 长子 | 朱宝库 | 汉族 | 孟塬 | 虎山庄 |
| 妻子 | 乔国琴 | 汉族 | 孟塬 | 虎山庄 | 长女 | 朱霞霞 | 汉族 | 孟塬 | 虎山庄 |
| 长女 | 张娟琴 | 汉族 | 孟塬 | 虎山庄 | 户主 | 朱小红 | 汉族 | 孟塬 | 虎山庄 |
| 长子 | 张博学 | 汉族 | 孟塬 | 虎山庄 | 妻子 | 虎烈红 | 汉族 | 孟塬 | 虎山庄 |
| 次子 | 张润学 | 汉族 | 孟塬 | 虎山庄 | 次子 | 朱宝刚 | 汉族 | 孟塬 | 虎山庄 |
| 户主 | 张梅强 | 汉族 | 孟塬 | 虎山庄 | 长子 | 朱宝文 | 汉族 | 孟塬 | 虎山庄 |
| 妻子 | 席琴儿 | 汉族 | 孟塬 | 虎山庄 | 母亲 | 王玉梅 | 汉族 | 孟塬 | 虎山庄 |

续表 17

| 与户主关系 | 家庭成员 | 民族 | 原居住地 | | 与户主关系 | 家庭成员 | 民族 | 原居住地 | |
|---|---|---|---|---|---|---|---|---|---|
| | | | 乡(镇) | 行政村 | | | | 乡(镇) | 行政村 |
| 户主 | 朱正明 | 汉族 | 孟塬 | 虎山庄 | 妻子 | 王　芳 | 汉族 | 孟塬 | 虎山庄 |
| 妻子 | 李秀连 | 汉族 | 孟塬 | 虎山庄 | 长女 | 杨　帆 | 汉族 | 孟塬 | 虎山庄 |
| 长子 | 朱宝庭 | 汉族 | 孟塬 | 虎山庄 | 母亲 | 赵桂梅 | 汉族 | 孟塬 | 虎山庄 |
| 三女 | 朱改霞 | 汉族 | 孟塬 | 虎山庄 | 父亲 | 杨玺玉 | 汉族 | 孟塬 | 虎山庄 |
| 二女 | 朱艳霞 | 汉族 | 孟塬 | 虎山庄 | 户主 | 杨海峰 | 汉族 | 孟塬 | 虎山庄 |
| 户主 | 朱正宣 | 汉族 | 孟塬 | 虎山庄 | 妻子 | 虎书红 | 汉族 | 孟塬 | 虎山庄 |
| 妻子 | 席转琴 | 汉族 | 孟塬 | 虎山庄 | 三女 | 杨　丽 | 汉族 | 孟塬 | 虎山庄 |
| 长女 | 朱盼盼 | 汉族 | 孟塬 | 虎山庄 | 二女 | 杨　景 | 汉族 | 孟塬 | 虎山庄 |
| 长子 | 朱保银 | 汉族 | 孟塬 | 虎山庄 | 长女 | 杨　青 | 汉族 | 孟塬 | 虎山庄 |
| 户主 | 虎玉梅 | 汉族 | 孟塬 | 虎山庄 | 户主 | 杨金玉 | 汉族 | 孟塬 | 虎山庄 |
| 四子 | 韩忠平 | 汉族 | 孟塬 | 虎山庄 | 妻子 | 陈　芳 | 汉族 | 孟塬 | 虎山庄 |
| 长女 | 韩军燕 | 汉族 | 孟塬 | 虎山庄 | 次子 | 杨海涛 | 汉族 | 孟塬 | 虎山庄 |
| 户主 | 韩志乾 | 汉族 | 孟塬 | 虎山庄 | 长子 | 杨海博 | 汉族 | 孟塬 | 虎山庄 |
| 妻子 | 张东娥 | 汉族 | 孟塬 | 虎山庄 | 长女 | 杨海燕 | 汉族 | 孟塬 | 虎山庄 |
| 二女 | 韩红丽 | 汉族 | 孟塬 | 虎山庄 | 母亲 | 孟会珍 | 汉族 | 孟塬 | 虎山庄 |
| 长子 | 韩　勇 | 汉族 | 孟塬 | 虎山庄 | 户主 | 杨银玉 | 汉族 | 孟塬 | 虎山庄 |
| 长女 | 韩丽丽 | 汉族 | 孟塬 | 虎山庄 | 妻子 | 李玉霞 | 汉族 | 孟塬 | 虎山庄 |
| 户主 | 韩志福 | 汉族 | 孟塬 | 虎山庄 | 二女 | 杨阳玲 | 汉族 | 孟塬 | 虎山庄 |
| 妻子 | 额尔德尼高娃 | 蒙族 | 孟塬 | 虎山庄 | 长子 | 杨阳辉 | 汉族 | 孟塬 | 虎山庄 |
| 长子 | 韩　德 | 蒙族 | 孟塬 | 虎山庄 | 长女 | 杨小娟 | 汉族 | 孟塬 | 虎山庄 |
| 户主 | 韩志军 | 汉族 | 孟塬 | 虎山庄 | 户主 | 张粉梅 | 汉族 | 孟塬 | 虎山庄 |
| 妻子 | 张　慧 | 汉族 | 孟塬 | 虎山庄 | 夫 | 杨海成 | 汉族 | 孟塬 | 虎山庄 |
| 长子 | 韩永红 | 汉族 | 孟塬 | 虎山庄 | 次子 | 杨鹏鹏 | 汉族 | 孟塬 | 虎山庄 |
| 户主 | 虎维霞 | 汉族 | 孟塬 | 虎山庄 | 长子 | 杨双双 | 汉族 | 孟塬 | 虎山庄 |
| 长子 | 杨海洋 | 汉族 | 孟塬 | 虎山庄 | 二女 | 杨列过 | 汉族 | 孟塬 | 虎山庄 |
| 四女 | 杨翠琴 | 汉族 | 孟塬 | 虎山庄 | 户主 | 祁春花 | 汉族 | 孟塬 | 虎山庄 |
| 三女 | 杨凤琴 | 汉族 | 孟塬 | 虎山庄 | 长女 | 施清燕 | 汉族 | 孟塬 | 虎山庄 |
| 二女 | 杨芳琴 | 汉族 | 孟塬 | 虎山庄 | 三子 | 施尚府 | 汉族 | 孟塬 | 虎山庄 |
| 户主 | 杨海明 | 汉族 | 孟塬 | 虎山庄 | 次子 | 施尚虎 | 汉族 | 孟塬 | 虎山庄 |
| 妻子 | 乔粉琴 | 汉族 | 孟塬 | 虎山庄 | 长子 | 施尚龙 | 汉族 | 孟塬 | 虎山庄 |
| 次子 | 杨武红 | 汉族 | 孟塬 | 虎山庄 | 户主 | 曹继升 | 汉族 | 孟塬 | 虎山庄 |
| 长子 | 杨浩浩 | 汉族 | 孟塬 | 虎山庄 | 妻子 | 刘秀兰 | 汉族 | 孟塬 | 虎山庄 |
| 长女 | 杨利霞 | 汉族 | 孟塬 | 虎山庄 | 长女 | 曹荣荣 | 汉族 | 孟塬 | 虎山庄 |
| 母亲 | 刘志花 | 汉族 | 孟塬 | 虎山庄 | 二女 | 曹登荣 | 汉族 | 孟塬 | 虎山庄 |
| 父亲 | 杨和玉 | 汉族 | 孟塬 | 虎山庄 | 户主 | 虎智荣 | 汉族 | 孟塬 | 虎山庄 |
| 户主 | 杨海荣 | 汉族 | 孟塬 | 虎山庄 | 妻子 | 韩国玲 | 汉族 | 孟塬 | 虎山庄 |

续表 17

| 与户主关系 | 家庭成员 | 民族 | 原居住地 | | 与户主关系 | 家庭成员 | 民族 | 原居住地 | |
|---|---|---|---|---|---|---|---|---|---|
| | | | 乡(镇) | 行政村 | | | | 乡(镇) | 行政村 |
| 长子 | 虎 涛 | 汉族 | 孟塬 | 虎山庄 | 长女 | 李凤琴 | 回族 | 新集 | 谢寨 |
| 户主 | 剡鑫龙 | 回族 | 新集 | 周庄 | 长子 | 李凤明 | 回族 | 新集 | 谢寨 |
| 妻子 | 马学梅 | 回族 | 新集 | 周庄 | 户主 | 李志祥 | 回族 | 新集 | 谢寨 |
| 长子 | 剡国庆 | 回族 | 新集 | 周庄 | 妻子 | 马忠花 | 回族 | 新集 | 谢寨 |
| 户主 | 马宏仓 | 回族 | 新集 | 谢寨 | 长女 | 李凤梅 | 回族 | 新集 | 谢寨 |
| 妻子 | 马登梅 | 回族 | 新集 | 谢寨 | 长子 | 李凤林 | 回族 | 新集 | 谢寨 |
| 三女 | 马天梅 | 回族 | 新集 | 谢寨 | 二女 | 李凤荣 | 回族 | 新集 | 谢寨 |
| 户主 | 马进明 | 回族 | 新集 | 谢寨 | 户主 | 李永福 | 回族 | 新集 | 谢寨 |
| 妻子 | 马维英 | 回族 | 新集 | 谢寨 | 妻子 | 马良梅 | 回族 | 新集 | 谢寨 |
| 三子 | 马德才 | 回族 | 新集 | 谢寨 | 三子 | 李小军 | 回族 | 新集 | 谢寨 |
| 户主 | 李存仓 | 回族 | 新集 | 谢寨 | 孙子 | 李 鸿 | 回族 | 新集 | 谢寨 |
| 妻子 | 马得花 | 回族 | 新集 | 谢寨 | 儿媳 | 马存秀 | 回族 | 新集 | 谢寨 |
| 长子 | 李志明 | 回族 | 新集 | 谢寨 | 孙子 | 李 鹏 | 回族 | 新集 | 谢寨 |
| 三子 | 李小龙 | 回族 | 新集 | 谢寨 | 户主 | 马忠宝 | 回族 | 新集 | 谢寨 |
| 二女 | 李香娃 | 回族 | 新集 | 谢寨 | 妻子 | 剡耀芳 | 回族 | 新集 | 谢寨 |
| 孙子 | 李 辉 | 回族 | 新集 | 谢寨 | 父亲 | 马虎林 | 回族 | 新集 | 谢寨 |
| 儿媳 | 孙天青 | 回族 | 新集 | 谢寨 | 母亲 | 马进莲 | 回族 | 新集 | 谢寨 |
| 儿媳 | 孙天青 | 回族 | 新集 | 谢寨 | 长子 | 马治理 | 回族 | 新集 | 谢寨 |
| 户主 | 马忠财 | 回族 | 新集 | 谢寨 | 户主 | 任兴福 | 汉族 | 新集 | 谢寨 |
| 妻子 | 马 玲 | 回族 | 新集 | 谢寨 | 弟 | 任定军 | 汉族 | 新集 | 谢寨 |
| 长子 | 马小龙 | 回族 | 新集 | 谢寨 | 弟 | 任军义 | 汉族 | 新集 | 谢寨 |
| 次子 | 马小刚 | 回族 | 新集 | 谢寨 | 弟 | 任军凡 | 汉族 | 新集 | 谢寨 |
| 户主 | 李永仓 | 回族 | 新集 | 谢寨 | 户主 | 马和福 | 回族 | 新集 | 谢寨 |
| 长子 | 李小虎 | 回族 | 新集 | 谢寨 | 妻子 | 马成兰 | 回族 | 新集 | 谢寨 |
| 母亲 | 李春花 | 回族 | 新集 | 谢寨 | 长子 | 马忠源 | 回族 | 新集 | 谢寨 |
| 户主 | 马耀军 | 回族 | 新集 | 谢寨 | 次子 | 马小军 | 回族 | 新集 | 谢寨 |
| 妻子 | 马德花 | 回族 | 新集 | 谢寨 | 长女 | 马小梅 | 回族 | 新集 | 谢寨 |
| 长子 | 马 虎 | 回族 | 新集 | 谢寨 | 户主 | 马和平 | 回族 | 新集 | 谢寨 |
| 儿媳 | 张玉花 | 回族 | 新集 | 谢寨 | 妻子 | 马银花 | 回族 | 新集 | 谢寨 |
| 二女 | 马 艳 | 回族 | 新集 | 谢寨 | 长子 | 马小明 | 回族 | 新集 | 谢寨 |
| 三女 | 马 莉 | 回族 | 新集 | 谢寨 | 长女 | 马小玲 | 回族 | 新集 | 谢寨 |
| 长女 | 马 荣 | 回族 | 新集 | 谢寨 | 户主 | 马和珍 | 回族 | 新集 | 谢寨 |
| 次子 | 马 强 | 回族 | 新集 | 谢寨 | 妻子 | 马太梅 | 回族 | 新集 | 谢寨 |
| 户主 | 李志军 | 回族 | 新集 | 谢寨 | 长子 | 马小龙 | 回族 | 新集 | 谢寨 |
| 妻子 | 马玉花 | 回族 | 新集 | 谢寨 | 次子 | 马小成 | 回族 | 新集 | 谢寨 |
| 母亲 | 马世莲 | 回族 | 新集 | 谢寨 | 户主 | 李永清 | 回族 | 新集 | 谢寨 |

续表 17

| 与户主关系 | 家庭成员 | 民族 | 原居住地 | | 与户主关系 | 家庭成员 | 民族 | 原居住地 | |
|---|---|---|---|---|---|---|---|---|---|
| | | | 乡(镇) | 行政村 | | | | 乡(镇) | 行政村 |
| 妻子 | 李阿社 | 回族 | 新集 | 谢寨 | 儿子 | 马天贵 | 回族 | 新集 | 谢寨 |
| 长子 | 李小龙 | 回族 | 新集 | 谢寨 | 兄弟 | 马耀祥 | 回族 | 新集 | 谢寨 |
| 次子 | 李小刚 | 回族 | 新集 | 谢寨 | 孙子 | 马永杰 | 回族 | 新集 | 谢寨 |
| 户主 | 咸志军 | 回族 | 新集 | 谢寨 | 户主 | 马维刚 | 回族 | 新集 | 谢寨 |
| 妻子 | 姬贵花 | 回族 | 新集 | 谢寨 | 妻子 | 马生梅 | 回族 | 新集 | 谢寨 |
| 长女 | 咸　悦 | 回族 | 新集 | 谢寨 | 长子 | 马耀武 | 回族 | 新集 | 谢寨 |
| 户主 | 张拴银 | 汉族 | 新集 | 谢寨 | 儿媳 | 铁红梅 | 回族 | 新集 | 谢寨 |
| 母亲 | 余连英 | 汉族 | 新集 | 谢寨 | 孙子 | 马　龙 | 回族 | 新集 | 谢寨 |
| 户主 | 任成军 | 回族 | 新集 | 谢寨 | 孙女 | 马耀梅 | 回族 | 新集 | 谢寨 |
| 妻子 | 杨　涛 | 回族 | 新集 | 谢寨 | 户主 | 李小平 | 回族 | 新集 | 谢寨 |
| 长女 | 任雪雪 | 回族 | 新集 | 谢寨 | 妻子 | 李买子 | 回族 | 新集 | 谢寨 |
| 次子 | 任亚康 | 回族 | 新集 | 谢寨 | 长子 | 李新义 | 回族 | 新集 | 谢寨 |
| 三子 | 任亚强 | 回族 | 新集 | 谢寨 | 长女 | 李巧兰 | 回族 | 新集 | 谢寨 |
| 户主 | 马得清 | 回族 | 新集 | 谢寨 | 次子 | 李　东 | 回族 | 新集 | 谢寨 |
| 妻子 | 马启花 | 回族 | 新集 | 谢寨 | 户主 | 咸志平 | 回族 | 新集 | 谢寨 |
| 长女 | 马桃花 | 回族 | 新集 | 谢寨 | 妻子 | 马小玲 | 回族 | 新集 | 谢寨 |
| 二女 | 马瑞花 | 回族 | 新集 | 谢寨 | 母亲 | 马存花 | 回族 | 新集 | 谢寨 |
| 三女 | 马俊俊 | 回族 | 新集 | 谢寨 | 户主 | 台应录 | 汉族 | 新集 | 谢寨 |
| 长子 | 马晓东 | 回族 | 新集 | 谢寨 | 妻子 | 宋向莲 | 汉族 | 新集 | 谢寨 |
| 次子 | 马　忠 | 回族 | 新集 | 谢寨 | 长女 | 台跳萍 | 汉族 | 新集 | 谢寨 |
| 户主 | 马得录 | 回族 | 新集 | 谢寨 | 二女 | 台俊萍 | 汉族 | 新集 | 谢寨 |
| 妻子 | 白存花 | 回族 | 新集 | 谢寨 | 长子 | 台永兵 | 汉族 | 新集 | 谢寨 |
| 长女 | 马　绒 | 回族 | 新集 | 谢寨 | 户主 | 任保元 | 汉族 | 新集 | 谢寨 |
| 户主 | 马应军 | 回族 | 新集 | 谢寨 | 妻子 | 王改香 | 汉族 | 新集 | 谢寨 |
| 妻子 | 马七女 | 回族 | 新集 | 谢寨 | 孙女 | 任锦秀 | 汉族 | 新集 | 谢寨 |
| 长子 | 马治国 | 回族 | 新集 | 谢寨 | 二女 | 任小红 | 汉族 | 新集 | 谢寨 |
| 长女 | 马治慧 | 回族 | 新集 | 谢寨 | 长子 | 任丁虎 | 汉族 | 新集 | 谢寨 |
| 户主 | 李永成 | 回族 | 新集 | 谢寨 | 三女 | 任小琴 | 汉族 | 新集 | 谢寨 |
| 妻子 | 海玉兰 | 回族 | 新集 | 谢寨 | 儿媳 | 何初夕 | 汉族 | 新集 | 谢寨 |
| 长女 | 李海棠 | 回族 | 新集 | 谢寨 | 侄子 | 任　鑫 | 汉族 | 新集 | 谢寨 |
| 次子 | 李　虎 | 回族 | 新集 | 谢寨 | 侄女 | 任莹莹 | 汉族 | 新集 | 谢寨 |
| 户主 | 马耀林 | 回族 | 新集 | 谢寨 | 户主 | 张万银 | 汉族 | 新集 | 谢寨 |
| 妻子 | 马发秀 | 回族 | 新集 | 谢寨 | 妻子 | 张连香 | 汉族 | 新集 | 谢寨 |
| 长女 | 马天芳 | 回族 | 新集 | 谢寨 | 长子 | 张　明 | 汉族 | 新集 | 谢寨 |
| 次子 | 马天平 | 回族 | 新集 | 谢寨 | 长女 | 张向云 | 汉族 | 新集 | 谢寨 |
| 姐姐 | 马四花 | 回族 | 新集 | 谢寨 | 次子 | 张　军 | 汉族 | 新集 | 谢寨 |

续表 17

| 与户主关系 | 家庭成员 | 民族 | 原居住地 | | 与户主关系 | 家庭成员 | 民族 | 原居住地 | |
|---|---|---|---|---|---|---|---|---|---|
| | | | 乡(镇) | 行政村 | | | | 乡(镇) | 行政村 |
| 户主 | 马成仓 | 回族 | 新集 | 谢寨 | 长女 | 剡　芮 | 回族 | 新集 | 周庄 |
| 妻子 | 赵志花 | 回族 | 新集 | 谢寨 | 户主 | 牛有福 | 汉族 | 新集 | 周庄 |
| 儿媳 | 秦惠玲 | 回族 | 新集 | 谢寨 | 配偶 | 任桂花 | 汉族 | 新集 | 周庄 |
| 孙女 | 马勤勤 | 回族 | 新集 | 谢寨 | 长女 | 牛　霞 | 汉族 | 新集 | 周庄 |
| 孙子 | 马勤勤 | 回族 | 新集 | 谢寨 | 长子 | 牛　琪 | 汉族 | 新集 | 周庄 |
| 孙女 | 马晶晶 | 回族 | 新集 | 谢寨 | 母亲 | 朱梅英 | 汉族 | 新集 | 周庄 |
| 四子 | 马和清 | 回族 | 新集 | 谢寨 | 户主 | 王文祥 | 汉族 | 新集 | 周庄 |
| 户主 | 郜月英 | 汉族 | 新集 | 谢寨 | 配偶 | 郭小琴 | 汉族 | 新集 | 周庄 |
| 二女 | 台跟珠 | 汉族 | 新集 | 谢寨 | 侄女 | 王利霞 | 汉族 | 新集 | 周庄 |
| 户主 | 张连银 | 汉族 | 新集 | 谢寨 | 长子 | 王天平 | 汉族 | 新集 | 周庄 |
| 长女 | 张　琴 | 汉族 | 新集 | 谢寨 | 次子 | 王天军 | 汉族 | 新集 | 周庄 |
| 二女 | 张双琴 | 汉族 | 新集 | 谢寨 | 户主 | 王治军 | 汉族 | 新集 | 周庄 |
| 户主 | 李小强 | 回族 | 新集 | 谢寨 | 配偶 | 王丁香 | 汉族 | 新集 | 周庄 |
| 妻子 | 马晓梅 | 回族 | 新集 | 谢寨 | 长子 | 王　刚 | 汉族 | 新集 | 周庄 |
| 长子 | 李　鑫 | 回族 | 新集 | 谢寨 | 母亲 | 金玉花 | 汉族 | 新集 | 周庄 |
| 二女 | 李媛媛 | 回族 | 新集 | 谢寨 | 侄子 | 王　力 | 汉族 | 新集 | 周庄 |
| 户主 | 李志龙 | 回族 | 新集 | 谢寨 | 儿媳 | 陈　明 | 汉族 | 新集 | 周庄 |
| 妻子 | 马菊花 | 回族 | 新集 | 谢寨 | 孙女 | 王雪妮 | 汉族 | 新集 | 周庄 |
| 长子 | 李　刚 | 回族 | 新集 | 谢寨 | 户主 | 任正军 | 汉族 | 新集 | 周庄 |
| 次子 | 李　军 | 回族 | 新集 | 谢寨 | 妻子 | 曹军霞 | 汉族 | 新集 | 周庄 |
| 户主 | 张生银 | 汉族 | 新集 | 谢寨 | 长子 | 任　亮 | 汉族 | 新集 | 周庄 |
| 妻子 | 余喜萍 | 汉族 | 新集 | 谢寨 | 长女 | 任　慧 | 汉族 | 新集 | 周庄 |
| 长女 | 张秀云 | 汉族 | 新集 | 谢寨 | 户主 | 王任东 | 汉族 | 新集 | 周庄 |
| 户主 | 辛志明 | 汉族 | 新集 | 周庄 | 次子 | 王利宁 | 汉族 | 新集 | 周庄 |
| 配偶 | 火玉琴 | 汉族 | 新集 | 周庄 | 户主 | 任万祥 | 汉族 | 新集 | 周庄 |
| 长子 | 辛旭军 | 汉族 | 新集 | 周庄 | 妻子 | 李英秀 | 汉族 | 新集 | 周庄 |
| 次子 | 辛旭宏 | 汉族 | 新集 | 周庄 | 孙子 | 任继元 | 汉族 | 新集 | 周庄 |
| 户主 | 郭守玲 | 汉族 | 新集 | 周庄 | 户主 | 王文财 | 汉族 | 新集 | 周庄 |
| 配偶 | 王　瑞 | 汉族 | 新集 | 周庄 | 配偶 | 王玉梅 | 汉族 | 新集 | 周庄 |
| 次子 | 王　婷 | 汉族 | 新集 | 周庄 | 三女 | 王海霞 | 汉族 | 新集 | 周庄 |
| 户主 | 牛维林 | 汉族 | 新集 | 周庄 | 次子 | 王海军 | 汉族 | 新集 | 周庄 |
| 配偶 | 王淑萍 | 汉族 | 新集 | 周庄 | 户主 | 剡军仁 | 回族 | 新集 | 周庄 |
| 长子 | 牛兴旺 | 汉族 | 新集 | 周庄 | 配偶 | 马银花 | 回族 | 新集 | 周庄 |
| 次子 | 牛军旺 | 汉族 | 新集 | 周庄 | 次子 | 剡耀虎 | 回族 | 新集 | 周庄 |
| 户主 | 剡耀龙 | 回族 | 新集 | 周庄 | 儿媳 | 张　林 | 回族 | 新集 | 周庄 |
| 配偶 | 马向燕 | 回族 | 新集 | 周庄 | 户主 | 马国兰 | 回族 | 新集 | 周庄 |

续表 17

| 与户主关系 | 家庭成员 | 民族 | 原居住地 | | 与户主关系 | 家庭成员 | 民族 | 原居住地 | |
|---|---|---|---|---|---|---|---|---|---|
| | | | 乡(镇) | 行政村 | | | | 乡(镇) | 行政村 |
| 长女 | 赫雪婷 | 回族 | 新集 | 周庄 | 长媳 | 陈小梅 | 汉族 | 新集 | 周庄 |
| 次女 | 赫雪艳 | 回族 | 新集 | 周庄 | 长孙女 | 王荣荣 | 汉族 | 新集 | 周庄 |
| 长子 | 赫雪宝 | 回族 | 新集 | 周庄 | 长孙子 | 王　龙 | 汉族 | 新集 | 周庄 |
| 三女 | 赫雪梅 | 回族 | 新集 | 周庄 | 户主 | 张德员 | 回族 | 新集 | 周庄 |
| 户主 | 王小刚 | 汉族 | 新集 | 周庄 | 配偶 | 李德莲 | 回族 | 新集 | 周庄 |
| 父亲 | 王文林 | 汉族 | 新集 | 周庄 | 户主 | 张进宝 | 回族 | 新集 | 周庄 |
| 母亲 | 吴秀英 | 汉族 | 新集 | 周庄 | 妻子 | 马太梅 | 回族 | 新集 | 周庄 |
| 二哥 | 王正刚 | 汉族 | 新集 | 周庄 | 长子 | 张　鹏 | 回族 | 新集 | 周庄 |
| 配偶 | 曾绍俊 | 汉族 | 新集 | 周庄 | 户主 | 张福仁 | 回族 | 新集 | 周庄 |
| 长女 | 王　怡 | 汉族 | 新集 | 周庄 | 配偶 | 马得梅 | 回族 | 新集 | 周庄 |
| 二嫂 | 胡利云 | 汉族 | 新集 | 周庄 | 母亲 | 马玉花 | 回族 | 新集 | 周庄 |
| 户主 | 杜定财 | 汉族 | 新集 | 周庄 | 次女 | 张进芳 | 回族 | 新集 | 周庄 |
| 配偶 | 王巧梅 | 汉族 | 新集 | 周庄 | 长子 | 张进城 | 回族 | 新集 | 周庄 |
| 长子 | 杜鹏飞 | 汉族 | 新集 | 周庄 | 三女 | 张进琴 | 回族 | 新集 | 周庄 |
| 次子 | 任永杰 | 汉族 | 新集 | 周庄 | 二哥 | 张付荣 | 回族 | 新集 | 周庄 |
| 户主 | 王国荣 | 汉族 | 新集 | 周庄 | 户主 | 张进元 | 回族 | 新集 | 周庄 |
| 妻子 | 李改过 | 汉族 | 新集 | 周庄 | 配偶 | 马有梅 | 回族 | 新集 | 周庄 |
| 长子 | 王建强 | 汉族 | 新集 | 周庄 | 长子 | 张小明 | 回族 | 新集 | 周庄 |
| 次子 | 王建刚 | 汉族 | 新集 | 周庄 | 长女 | 张小玲 | 回族 | 新集 | 周庄 |
| 户主 | 任治才 | 汉族 | 新集 | 周庄 | 次子 | 张国庆 | 回族 | 新集 | 周庄 |
| 配偶 | 李桂兰 | 汉族 | 新集 | 周庄 | 户主 | 牛永军 | 汉族 | 新集 | 周庄 |
| 户主 | 王国兵 | 汉族 | 新集 | 周庄 | 妻子 | 郭拴梅 | 汉族 | 新集 | 周庄 |
| 妻子 | 任琴叶 | 汉族 | 新集 | 周庄 | 长女 | 牛　慧 | 汉族 | 新集 | 周庄 |
| 长女 | 王瑞霞 | 汉族 | 新集 | 周庄 | 长子 | 牛　斌 | 汉族 | 新集 | 周庄 |
| 长子 | 王永亮 | 汉族 | 新集 | 周庄 | 户主 | 王术文 | 汉族 | 新集 | 周庄 |
| 次女 | 王瑞丽 | 汉族 | 新集 | 周庄 | 长子 | 王有生 | 汉族 | 新集 | 周庄 |
| 户主 | 张副学 | 回族 | 新集 | 周庄 | 次子 | 王有仓 | 汉族 | 新集 | 周庄 |
| 配偶 | 马文梅 | 回族 | 新集 | 周庄 | 户主 | 王永军 | 汉族 | 新集 | 周庄 |
| 次子 | 张进军 | 回族 | 新集 | 周庄 | 配偶 | 苏　萍 | 汉族 | 新集 | 周庄 |
| 孙女 | 张俏莹 | 回族 | 新集 | 周庄 | 长子 | 王　磊 | 汉族 | 新集 | 周庄 |
| 次媳 | 马进花 | 回族 | 新集 | 周庄 | 次子 | 王　瑞 | 汉族 | 新集 | 周庄 |
| 孙子 | 张　伟 | 回族 | 新集 | 周庄 | 父亲 | 王文义 | 汉族 | 新集 | 周庄 |
| 次子 | 张　瑞 | 回族 | 新集 | 周庄 | 母亲 | 杨玉兰 | 汉族 | 新集 | 周庄 |
| 户主 | 王思学 | 汉族 | 新集 | 周庄 | 二妹 | 王　娟 | 汉族 | 新集 | 周庄 |
| 配偶 | 杨梅花 | 汉族 | 新集 | 周庄 | 妹妹 | 王银霞 | 汉族 | 新集 | 周庄 |
| 长子 | 王存录 | 汉族 | 新集 | 周庄 | 户主 | 任正廷 | 汉族 | 新集 | 周庄 |

续表 17

| 与户主关系 | 家庭成员 | 民族 | 原居住地 | | 与户主关系 | 家庭成员 | 民族 | 原居住地 | |
|---|---|---|---|---|---|---|---|---|---|
| | | | 乡(镇) | 行政村 | | | | 乡(镇) | 行政村 |
| 配偶 | 王桂香 | 汉族 | 新集 | 周庄 | 妻子 | 张金梅 | 汉族 | 白阳 | 老庄 |
| 父亲 | 任正德 | 汉族 | 新集 | 周庄 | 长子 | 袁健楠 | 汉族 | 白阳 | 老庄 |
| 长女 | 任云云 | 汉族 | 新集 | 周庄 | 户主 | 袁来福 | 汉族 | 白阳 | 老庄 |
| 次女 | 任会云 | 汉族 | 新集 | 周庄 | 妻子 | 石春玲 | 汉族 | 白阳 | 老庄 |
| 长子 | 任建华 | 汉族 | 新集 | 周庄 | 户主 | 袁志伟 | 汉族 | 白阳 | 老庄 |
| 户主 | 王维兵 | 汉族 | 新集 | 周庄 | 妻子 | 雷　霞 | 汉族 | 白阳 | 老庄 |
| 长弟 | 王有才 | 汉族 | 新集 | 周庄 | 长女 | 袁雪玉 | 汉族 | 白阳 | 老庄 |
| 次弟 | 王银才 | 汉族 | 新集 | 周庄 | 户主 | 姬俊忠 | 回族 | 白阳 | 陡坡 |
| 户主 | 剡志祥 | 回族 | 新集 | 周庄 | 妻子 | 马存秀 | 回族 | 白阳 | 陡坡 |
| 配偶 | 马生梅 | 回族 | 新集 | 周庄 | 三子 | 姬小刚 | 回族 | 白阳 | 陡坡 |
| 长女 | 剡多女 | 回族 | 新集 | 周庄 | 长女 | 姬成玲 | 回族 | 白阳 | 陡坡 |
| 户主 | 任永军 | 汉族 | 新集 | 周庄 | 长子 | 姬小军 | 回族 | 白阳 | 陡坡 |
| 妻子 | 李国琴 | 汉族 | 新集 | 周庄 | 妻子 | 马正梅 | 回族 | 白阳 | 陡坡 |
| 长子 | 任　卓 | 汉族 | 新集 | 周庄 | 户主 | 陈登广 | 回族 | 红河 | 韩堡 |
| 长女 | 任　慧 | 汉族 | 新集 | 周庄 | 配偶 | 禹秀花 | 回族 | 红河 | 韩堡 |
| 户主 | 任强强 | 汉族 | 新集 | 周庄 | 长子 | 陈永斌 | 回族 | 红河 | 韩堡 |
| 妹妹 | 任园红 | 汉族 | 新集 | 周庄 | 次子 | 陈永明 | 回族 | 红河 | 韩堡 |
| 姐姐 | 任红红 | 汉族 | 新集 | 周庄 | 父亲 | 陈登云 | 回族 | 红河 | 韩堡 |
| 户主 | 张福科 | 回族 | 新集 | 周庄 | 户主 | 马有军 | 回族 | 红河 | 韩堡 |
| 妻子 | 马国花 | 回族 | 新集 | 周庄 | 配偶 | 关存香 | 回族 | 红河 | 韩堡 |
| 长子 | 张浩雄 | 回族 | 新集 | 周庄 | 长子 | 马鸿兵 | 回族 | 红河 | 韩堡 |
| 长女 | 张晓玲 | 回族 | 新集 | 周庄 | 次子 | 马宏强 | 回族 | 红河 | 韩堡 |
| 次女 | 马小红 | 回族 | 新集 | 周庄 | 户主 | 刘志俊 | 回族 | 红河 | 韩堡 |
| 户主 | 张福才 | 回族 | 新集 | 周庄 | 配偶 | 禹粉粉 | 回族 | 红河 | 韩堡 |
| 妻子 | 剡长梅 | 回族 | 新集 | 周庄 | 长子 | 刘小龙 | 回族 | 红河 | 韩堡 |
| 长女 | 张　宇 | 回族 | 新集 | 周庄 | 户主 | 刘世俊 | 回族 | 红河 | 韩堡 |
| 长子 | 张志龙 | 回族 | 新集 | 周庄 | 配偶 | 冶花段 | 回族 | 红河 | 韩堡 |
| 长子妻子 | 杨文英 | 回族 | 新集 | 周庄 | 长孙女 | 刘喜玲 | 回族 | 红河 | 韩堡 |
| 孙子 | 张宏伟 | 回族 | 新集 | 周庄 | 次子 | 刘伟东 | 回族 | 红河 | 韩堡 |
| 孙子 | 张宏霞 | 回族 | 新集 | 周庄 | 母亲 | 冶书心 | 回族 | 红河 | 韩堡 |
| 户主 | 丁正海 | 回族 | 白阳 | 余沟 | 户主 | 刘慧东 | 回族 | 红河 | 韩堡 |
| 长子 | 丁建国 | 回族 | 白阳 | 余沟 | 配偶 | 余东玲 | 回族 | 红河 | 韩堡 |
| 次女 | 丁建宁 | 回族 | 白阳 | 余沟 | 长女 | 刘　颖 | 回族 | 红河 | 韩堡 |
| 户主 | 袁士伟 | 汉族 | 白阳 | 老庄 | 户主 | 刘德俊 | 回族 | 红河 | 韩堡 |
| 妻子 | 杨彩粉 | 汉族 | 白阳 | 老庄 | 配偶 | 马红花 | 回族 | 红河 | 韩堡 |
| 户主 | 袁士昌 | 汉族 | 白阳 | 老庄 | 儿子 | 刘富强 | 回族 | 红河 | 韩堡 |

续表 17

| 与户主关系 | 家庭成员 | 民族 | 原居住地 | | 与户主关系 | 家庭成员 | 民族 | 原居住地 | |
|---|---|---|---|---|---|---|---|---|---|
| | | | 乡(镇) | 行政村 | | | | 乡(镇) | 行政村 |
| 次女 | 刘双艳 | 回族 | 红河 | 韩堡 | 三女 | 兰雅兰 | 回族 | 红河 | 韩堡 |
| 三女 | 刘喜燕 | 回族 | 红河 | 韩堡 | 户主 | 刘万俊 | 回族 | 红河 | 韩堡 |
| 户主 | 刘书俊 | 回族 | 红河 | 韩堡 | 配偶 | 马包巾 | 回族 | 红河 | 韩堡 |
| 配偶 | 秦　娥 | 回族 | 红河 | 韩堡 | 长子 | 刘小成 | 回族 | 红河 | 韩堡 |
| 长子 | 刘群升 | 回族 | 红河 | 韩堡 | 次子 | 刘小峰 | 回族 | 红河 | 韩堡 |
| 儿媳 | 禹海娥 | 回族 | 红河 | 韩堡 | 长女 | 刘彩虹 | 回族 | 红河 | 韩堡 |
| 孙子 | 兰永峰 | 回族 | 红河 | 韩堡 | 户主 | 刘全俊 | 回族 | 红河 | 韩堡 |
| 孙子 | 刘　星 | 回族 | 红河 | 韩堡 | 配偶 | 冶秀芳 | 回族 | 红河 | 韩堡 |
| 次子 | 刘群德 | 回族 | 红河 | 韩堡 | 长子 | 刘飞荣 | 回族 | 红河 | 韩堡 |
| 儿媳 | 兰发吐 | 回族 | 红河 | 韩堡 | 次子 | 刘一飞 | 回族 | 红河 | 韩堡 |
| 孙子 | 刘　荣 | 回族 | 红河 | 韩堡 | 户主 | 刘　岩 | 回族 | 红河 | 韩堡 |
| 孙女 | 刘　波 | 回族 | 红河 | 韩堡 | 配偶 | 杨桂芳 | 回族 | 红河 | 韩堡 |
| 户主 | 马米爱 | 回族 | 红河 | 韩堡 | 长子 | 刘小鹏 | 回族 | 红河 | 韩堡 |
| 儿子 | 刘飞龙 | 回族 | 红河 | 韩堡 | 长女 | 刘琴琴 | 回族 | 红河 | 韩堡 |
| 女儿 | 刘小玲 | 回族 | 红河 | 韩堡 | 户主 | 刘德峰 | 回族 | 红河 | 韩堡 |
| 母亲 | 冶金女 | 回族 | 红河 | 韩堡 | 配偶 | 苏爱爱 | 回族 | 红河 | 韩堡 |
| 户主 | 刘海俊 | 回族 | 红河 | 韩堡 | 长子 | 刘佩贤 | 回族 | 红河 | 韩堡 |
| 配偶 | 马保梅 | 回族 | 红河 | 韩堡 | 次女 | 刘佩丽 | 回族 | 红河 | 韩堡 |
| 儿子 | 刘小荣 | 回族 | 红河 | 韩堡 | 母亲 | 兰淑女 | 回族 | 红河 | 韩堡 |
| 长女 | 刘小梅 | 回族 | 红河 | 韩堡 | 户主 | 陈建军 | 回族 | 红河 | 韩堡 |
| 次子 | 刘小龙 | 回族 | 红河 | 韩堡 | 配偶 | 杨发女 | 回族 | 红河 | 韩堡 |
| 户主 | 兰兴发 | 回族 | 红河 | 韩堡 | 长女 | 陈欣瑶 | 回族 | 红河 | 韩堡 |
| 配偶 | 兰爱叶 | 回族 | 红河 | 韩堡 | 户主 | 冶崇海 | 回族 | 红河 | 文沟 |
| 孙女 | 兰圆圆 | 回族 | 红河 | 韩堡 | 长子 | 冶志龙 | 回族 | 红河 | 文沟 |
| 孙女 | 兰瑞瑞 | 回族 | 红河 | 韩堡 | 次子 | 冶志福 | 回族 | 红河 | 文沟 |
| 户主 | 陈登芳 | 回族 | 红河 | 韩堡 | 妻子 | 兰赛买 | 回族 | 红河 | 文沟 |
| 妻子 | 李阿社 | 回族 | 红河 | 韩堡 | 户主 | 冶玉海 | 回族 | 红河 | 文沟 |
| 长子 | 陈永刚 | 回族 | 红河 | 韩堡 | 妻子 | 苏凤梅 | 回族 | 红河 | 文沟 |
| 次子 | 陈永成 | 回族 | 红河 | 韩堡 | 长子 | 冶阿旦 | 回族 | 红河 | 文沟 |
| 父亲 | 陈文义 | 回族 | 红河 | 韩堡 | 次子 | 冶志强 | 回族 | 红河 | 文沟 |
| 母亲 | 孙爱花 | 回族 | 红河 | 韩堡 | 户主 | 黑文喜 | 回族 | 红河 | 文沟 |
| 户主 | 兰志海 | 回族 | 红河 | 韩堡 | 长子 | 黑永强 | 回族 | 红河 | 文沟 |
| 妻子 | 杨秀英 | 回族 | 红河 | 韩堡 | 次子 | 黑永鹏 | 回族 | 红河 | 文沟 |
| 长子 | 兰亚平 | 回族 | 红河 | 韩堡 | 长女 | 黑瑞瑞 | 回族 | 红河 | 文沟 |
| 长女 | 兰亚琴 | 回族 | 红河 | 韩堡 | 父亲 | 黑天珍 | 回族 | 红河 | 文沟 |
| 次女 | 兰亚玲 | 回族 | 红河 | 韩堡 | 母亲 | 杨水兴 | 回族 | 红河 | 文沟 |

续表 17

| 与户主关系 | 家庭成员 | 民族 | 原居住地 | | 与户主关系 | 家庭成员 | 民族 | 原居住地 | |
|---|---|---|---|---|---|---|---|---|---|
| | | | 乡(镇) | 行政村 | | | | 乡(镇) | 行政村 |
| 户主 | 兰成发 | 回族 | 红河 | 文沟 | 妻子 | 冶纷花 | 回族 | 红河 | 文沟 |
| 长子 | 兰建华 | 回族 | 红河 | 文沟 | 次子 | 冶志荣 | 回族 | 红河 | 文沟 |
| 长女 | 兰建英 | 回族 | 红河 | 文沟 | 三子 | 冶志平 | 回族 | 红河 | 文沟 |
| 妻子 | 兰继梅 | 回族 | 红河 | 文沟 | 儿媳 | 黑　霞 | 回族 | 红河 | 文沟 |
| 户主 | 冶宏恩 | 回族 | 红河 | 文沟 | 孙女 | 冶永彤 | 回族 | 红河 | 文沟 |
| 长子 | 冶宝军 | 回族 | 红河 | 文沟 | 户主 | 兰金升 | 回族 | 红河 | 文沟 |
| 长女 | 冶丽丽 | 回族 | 红河 | 文沟 | 妻子 | 黑凤金 | 回族 | 红河 | 文沟 |
| 妻子 | 马粉霞 | 回族 | 红河 | 文沟 | 次子 | 兰永发 | 回族 | 红河 | 文沟 |
| 户主 | 冶存喜 | 回族 | 红河 | 文沟 | 长女 | 兰红霞 | 回族 | 红河 | 文沟 |
| 长子 | 冶世生 | 回族 | 红河 | 文沟 | 长子 | 兰永红 | 回族 | 红河 | 文沟 |
| 妻子 | 杨桂莲 | 回族 | 红河 | 文沟 | 儿媳 | 冶丽丽 | 回族 | 红河 | 文沟 |
| 户主 | 冶金贵 | 回族 | 红河 | 文沟 | 孙女 | 兰筱雅 | 回族 | 红河 | 文沟 |
| 妻子 | 兰梅花 | 回族 | 红河 | 文沟 | 户主 | 兰天亮 | 回族 | 红河 | 文沟 |
| 长子 | 冶占喜 | 回族 | 红河 | 文沟 | 妻子 | 糟秀叶 | 回族 | 红河 | 文沟 |
| 孙女 | 冶宝琴 | 回族 | 红河 | 文沟 | 长子 | 兰会东 | 回族 | 红河 | 文沟 |
| 户主 | 兰九旦 | 回族 | 红河 | 文沟 | 二女 | 兰会玲 | 回族 | 红河 | 文沟 |
| 妻子 | 冶菊香 | 回族 | 红河 | 文沟 | 母亲 | 兰付叶 | 回族 | 红河 | 文沟 |
| 长子 | 兰小明 | 回族 | 红河 | 文沟 | 户主 | 黑海子 | 回族 | 红河 | 文沟 |
| 二女 | 兰玲霞 | 回族 | 红河 | 文沟 | 妻子 | 马爱连 | 回族 | 红河 | 文沟 |
| 户主 | 冶小海 | 回族 | 红河 | 文沟 | 长子 | 黑小兵 | 回族 | 红河 | 文沟 |
| 长子 | 冶志强 | 回族 | 红河 | 文沟 | 次子 | 黑知伟 | 回族 | 红河 | 文沟 |
| 儿媳 | 马哈买 | 回族 | 红河 | 文沟 | 母亲 | 马花叶 | 回族 | 红河 | 文沟 |
| 户主 | 冶德明 | 回族 | 红河 | 文沟 | 户主 | 黑江志 | 回族 | 红河 | 文沟 |
| 妻子 | 兰秀芳 | 回族 | 红河 | 文沟 | 父亲 | 黑天福 | 回族 | 红河 | 文沟 |
| 户主 | 冶新海 | 回族 | 红河 | 文沟 | 妻子 | 苏雪连 | 回族 | 红河 | 文沟 |
| 妻子 | 杨西女 | 回族 | 红河 | 文沟 | 长子 | 黑喜龙 | 回族 | 红河 | 文沟 |
| 户主 | 冶金芳 | 回族 | 红河 | 文沟 | 二女 | 黑彩玲 | 回族 | 红河 | 文沟 |
| 妻子 | 冶福花 | 回族 | 红河 | 文沟 | 户主 | 黑九旦 | 回族 | 红河 | 文沟 |
| 次子 | 冶云喜 | 回族 | 红河 | 文沟 | 妻子 | 余香连 | 回族 | 红河 | 文沟 |
| 儿媳 | 关冶梅 | 回族 | 红河 | 文沟 | 长子 | 黑会龙 | 回族 | 红河 | 文沟 |
| 孙女 | 冶慧霞 | 回族 | 红河 | 文沟 | 长女 | 黑桂霞 | 回族 | 红河 | 文沟 |
| 孙子 | 冶会平 | 回族 | 红河 | 文沟 | 儿媳 | 秦英女 | 回族 | 红河 | 文沟 |
| 户主 | 冶天有 | 回族 | 红河 | 文沟 | 户主 | 黑天库 | 回族 | 红河 | 文沟 |
| 长子 | 冶会龙 | 回族 | 红河 | 文沟 | 妻子 | 冶星尔 | 回族 | 红河 | 文沟 |
| 妻子 | 兰秀芳 | 回族 | 红河 | 文沟 | 三子 | 黑文军 | 回族 | 红河 | 文沟 |
| 户主 | 冶金岳 | 回族 | 红河 | 文沟 | 户主 | 丁仁彩 | 回族 | 红河 | 文沟 |

续表 17

| 与户主关系 | 家庭成员 | 民族 | 原居住地 | | 与户主关系 | 家庭成员 | 民族 | 原居住地 | |
|---|---|---|---|---|---|---|---|---|---|
| | | | 乡(镇) | 行政村 | | | | 乡(镇) | 行政村 |
| 三子 | 冶宏伟 | 回族 | 红河 | 文沟 | 户主 | 苏五十 | 回族 | 红河 | 文沟 |
| 户主 | 冶荣恩 | 回族 | 红河 | 文沟 | 长子 | 苏主麻 | 回族 | 红河 | 文沟 |
| 长子 | 冶永丰 | 回族 | 红河 | 文沟 | 儿媳 | 马桂兰 | 回族 | 红河 | 文沟 |
| 次子 | 冶永辉 | 回族 | 红河 | 文沟 | 孙女 | 苏珍金 | 回族 | 红河 | 文沟 |
| 户主 | 黑文生 | 回族 | 红河 | 文沟 | 妻子 | 陈花女 | 回族 | 红河 | 文沟 |
| 妻子 | 余存香 | 回族 | 红河 | 文沟 | 户主 | 苏明江 | 回族 | 红河 | 文沟 |
| 长子 | 黑知军 | 回族 | 红河 | 文沟 | 长女 | 苏彩彦 | 回族 | 红河 | 文沟 |
| 次子 | 黑全军 | 回族 | 红河 | 文沟 | 二女 | 苏彩兰 | 回族 | 红河 | 文沟 |
| 父亲 | 黑天有 | 回族 | 红河 | 文沟 | 三女 | 苏彩玲 | 回族 | 红河 | 文沟 |
| 户主 | 兰金堂 | 回族 | 红河 | 文沟 | 妻子 | 兰秀梅 | 回族 | 红河 | 文沟 |
| 妻子 | 丁香娃 | 回族 | 红河 | 文沟 | 户主 | 冶崇喜 | 回族 | 红河 | 文沟 |
| 三子 | 兰春生 | 回族 | 红河 | 文沟 | 妻子 | 兰花绒 | 回族 | 红河 | 文沟 |
| 户主 | 兰志成 | 回族 | 红河 | 文沟 | 长子 | 冶龙龙 | 回族 | 红河 | 文沟 |
| 妻子 | 兰秀连 | 回族 | 红河 | 文沟 | 长女 | 冶红霞 | 回族 | 红河 | 文沟 |
| 长子 | 兰建国 | 回族 | 红河 | 文沟 | 二女 | 冶慧霞 | 回族 | 红河 | 文沟 |
| 次子 | 兰建峰 | 回族 | 红河 | 文沟 | 户主 | 苏春发 | 回族 | 红河 | 文沟 |
| 户主 | 马菊香 | 回族 | 红河 | 文沟 | 妻子 | 秦茂丹 | 回族 | 红河 | 文沟 |
| 长子 | 苏木沙 | 回族 | 红河 | 文沟 | 长女 | 苏凤琴 | 回族 | 红河 | 文沟 |
| 户主 | 苏新庄 | 回族 | 红河 | 文沟 | 二女 | 苏永霞 | 回族 | 红河 | 文沟 |
| 长子 | 苏江龙 | 回族 | 红河 | 文沟 | 三女 | 苏凤霞 | 回族 | 红河 | 文沟 |
| 次子 | 苏国龙 | 回族 | 红河 | 文沟 | 户主 | 苏五俊 | 回族 | 红河 | 文沟 |
| 妻子 | 余海者 | 回族 | 红河 | 文沟 | 妻子 | 杨先朵 | 回族 | 红河 | 文沟 |
| 户主 | 苏贵喜 | 回族 | 红河 | 文沟 | 长子 | 苏小龙 | 回族 | 红河 | 文沟 |
| 长子 | 苏建建 | 回族 | 红河 | 文沟 | 户主 | 黑文秀 | 回族 | 红河 | 文沟 |
| 长女 | 苏青青 | 回族 | 红河 | 文沟 | 妻子 | 兰春香 | 回族 | 红河 | 文沟 |
| 妻子 | 苏玉梅 | 回族 | 红河 | 文沟 | 长女 | 黑彩玲 | 回族 | 红河 | 文沟 |
| 母亲 | 冶春花 | 回族 | 红河 | 文沟 | 二女 | 黑彩红 | 回族 | 红河 | 文沟 |
| 父亲 | 苏五斤 | 回族 | 红河 | 文沟 | 长子 | 黑志发 | 回族 | 红河 | 文沟 |
| 户主 | 苏德喜 | 回族 | 红河 | 文沟 | 户主 | 黑九成 | 回族 | 红河 | 文沟 |
| 长子 | 苏　鹏 | 回族 | 红河 | 文沟 | 妻子 | 冶香草 | 回族 | 红河 | 文沟 |
| 次子 | 苏　龙 | 回族 | 红河 | 文沟 | 户主 | 杨福珍 | 回族 | 红河 | 文沟 |
| 妻子 | 兰宁香 | 回族 | 红河 | 文沟 | 长子 | 杨智东 | 回族 | 红河 | 文沟 |
| 户主 | 苏朝子 | 回族 | 红河 | 文沟 | 长女 | 杨彩萍 | 回族 | 红河 | 文沟 |
| 妻子 | 余书心 | 回族 | 红河 | 文沟 | 妻子 | 兰秀连 | 回族 | 红河 | 文沟 |
| 长子 | 苏尔利 | 回族 | 红河 | 文沟 | 户主 | 杨福显 | 回族 | 红河 | 文沟 |
| 儿媳 | 李小花 | 回族 | 红河 | 文沟 | 长子 | 杨智军 | 回族 | 红河 | 文沟 |

续表 17

| 与户主关系 | 家庭成员 | 民族 | 原居住地 | | 与户主关系 | 家庭成员 | 民族 | 原居住地 | |
|---|---|---|---|---|---|---|---|---|---|
| | | | 乡(镇) | 行政村 | | | | 乡(镇) | 行政村 |
| 户主 | 苏小平 | 回族 | 红河 | 文沟 | 三女 | 冶小玲 | 回族 | 红河 | 文沟 |
| 长子 | 苏国宁 | 回族 | 红河 | 文沟 | 长子 | 冶鹤峰 | 回族 | 红河 | 文沟 |
| 长女 | 苏宁霞 | 回族 | 红河 | 文沟 | 户主 | 黑文全 | 回族 | 红河 | 文沟 |
| 妻子 | 冶桂英 | 回族 | 红河 | 文沟 | 妻子 | 马红兰 | 回族 | 红河 | 文沟 |
| 户主 | 苏文贵 | 回族 | 红河 | 文沟 | 长子 | 黑小会 | 回族 | 红河 | 文沟 |
| 妻子 | 温包叶 | 回族 | 红河 | 文沟 | 次子 | 黑小明 | 回族 | 红河 | 文沟 |
| 次子 | 苏卫军 | 回族 | 红河 | 文沟 | 长女 | 黑海霞 | 回族 | 红河 | 文沟 |
| 户主 | 冶天云 | 回族 | 红河 | 文沟 | 户主 | 苏文华 | 回族 | 红河 | 文沟 |
| 妻子 | 马雪清 | 回族 | 红河 | 文沟 | 长女 | 苏燕燕 | 回族 | 红河 | 文沟 |
| 长子 | 冶会东 | 回族 | 红河 | 文沟 | 户主 | 杨兵周 | 回族 | 红河 | 文沟 |
| 户主 | 黑文亮 | 回族 | 红河 | 文沟 | 妻子 | 禹　发 | 回族 | 红河 | 文沟 |
| 妻子 | 兰会玲 | 回族 | 红河 | 文沟 | 长子 | 杨福利 | 回族 | 红河 | 文沟 |
| 母亲 | 兰宁条 | 回族 | 红河 | 文沟 | 次子 | 杨云利 | 回族 | 红河 | 文沟 |
| 父亲 | 黑天仓 | 回族 | 红河 | 文沟 | 长女 | 杨小女 | 回族 | 红河 | 文沟 |
| 户主 | 冶海红 | 回族 | 红河 | 文沟 | 户主 | 兰存有 | 回族 | 红河 | 文沟 |
| 长女 | 冶雅荣 | 回族 | 红河 | 文沟 | 长子 | 兰国伟 | 回族 | 红河 | 文沟 |
| 妻子 | 李秀琴 | 回族 | 红河 | 文沟 | 妻子 | 糟才平 | 回族 | 红河 | 文沟 |
| 户主 | 黑文江 | 回族 | 红河 | 文沟 | 户主 | 杨军四 | 回族 | 红河 | 文沟 |
| 妻子 | 秦付绸 | 回族 | 红河 | 文沟 | 妻子 | 单文莲 | 回族 | 红河 | 文沟 |
| 长子 | 黑小军 | 回族 | 红河 | 文沟 | 长子 | 杨付林 | 回族 | 红河 | 文沟 |
| 次子 | 黑小龙 | 回族 | 红河 | 文沟 | 长女 | 杨慧玲 | 回族 | 红河 | 文沟 |
| 三子 | 黑小勇 | 回族 | 红河 | 文沟 | 户主 | 杨天明 | 回族 | 红河 | 文沟 |
| 户主 | 黑文海 | 回族 | 红河 | 文沟 | 妻子 | 杨菊香 | 回族 | 红河 | 文沟 |
| 妻子 | 秦社社 | 回族 | 红河 | 文沟 | 户主 | 杨有红 | 回族 | 红河 | 文沟 |
| 长子 | 黑小兵 | 回族 | 红河 | 文沟 | 妻子 | 秦菊香 | 回族 | 红河 | 文沟 |
| 次子 | 黑小东 | 回族 | 红河 | 文沟 | 长子 | 杨小军 | 回族 | 红河 | 文沟 |
| 户主 | 黑文兴 | 回族 | 红河 | 文沟 | 次子 | 杨晓辉 | 回族 | 红河 | 文沟 |
| 妻子 | 苏凤花 | 回族 | 红河 | 文沟 | 户主 | 杨占昌 | 回族 | 红河 | 文沟 |
| 长子 | 黑小伟 | 回族 | 红河 | 文沟 | 妻子 | 兰登草 | 回族 | 红河 | 文沟 |
| 次子 | 黑小强 | 回族 | 红河 | 文沟 | 次子 | 杨金升 | 回族 | 红河 | 文沟 |
| 户主 | 苏福江 | 回族 | 红河 | 文沟 | 儿媳 | 兰秀芳 | 回族 | 红河 | 文沟 |
| 次子 | 苏志强 | 回族 | 红河 | 文沟 | 孙女 | 杨琴琴 | 回族 | 红河 | 文沟 |
| 二女 | 苏慧娟 | 回族 | 红河 | 文沟 | 孙女 | 杨依婷 | 回族 | 红河 | 文沟 |
| 妻子 | 温西连 | 回族 | 红河 | 文沟 | 户主 | 秦生刚 | 回族 | 红河 | 文沟 |
| 户主 | 冶正军 | 回族 | 红河 | 文沟 | 妻子 | 周　筠 | 回族 | 红河 | 文沟 |
| 妻子 | 杨连花 | 回族 | 红河 | 文沟 | 户主 | 秦　全 | 回族 | 红河 | 文沟 |

续表 17

| 与户主关系 | 家庭成员 | 民族 | 原居住地 | | 与户主关系 | 家庭成员 | 民族 | 原居住地 | |
|---|---|---|---|---|---|---|---|---|---|
| | | | 乡(镇) | 行政村 | | | | 乡(镇) | 行政村 |
| 妻子 | 马存花 | 回族 | 红河 | 文沟 | 次子 | 秦发成 | 回族 | 红河 | 文沟 |
| 长子 | 秦治国 | 回族 | 红河 | 文沟 | 妻子 | 马买言 | 回族 | 红河 | 文沟 |
| 次子 | 秦有福 | 回族 | 红河 | 文沟 | 户主 | 秦生周 | 回族 | 红河 | 文沟 |
| 户主 | 杨金玉 | 回族 | 红河 | 文沟 | 妻子 | 马秀芳 | 回族 | 红河 | 文沟 |
| 妻子 | 余绸子 | 回族 | 红河 | 文沟 | 次子 | 秦正春 | 回族 | 红河 | 文沟 |
| 二女 | 杨海锋 | 回族 | 红河 | 文沟 | 次女 | 秦西连 | 回族 | 红河 | 文沟 |
| 三女 | 杨海霞 | 回族 | 红河 | 文沟 | 儿媳 | 冶红霞 | 回族 | 红河 | 文沟 |
| 长子 | 杨海东 | 回族 | 红河 | 文沟 | 孙女 | 秦社社 | 回族 | 红河 | 文沟 |
| 次子 | 杨海治 | 回族 | 红河 | 文沟 | 户主 | 秦正彦 | 回族 | 红河 | 文沟 |
| 户主 | 杨志军 | 回族 | 红河 | 文沟 | 妻子 | 马东芳 | 回族 | 红河 | 文沟 |
| 长子 | 杨福红 | 回族 | 红河 | 文沟 | 长子 | 冶尔沙 | 回族 | 红河 | 文沟 |
| 次子 | 杨永红 | 回族 | 红河 | 文沟 | 次子 | 秦龙龙 | 回族 | 红河 | 文沟 |
| 户主 | 杨金明 | 回族 | 红河 | 文沟 | 长女 | 秦玲玲 | 回族 | 红河 | 文沟 |
| 妻子 | 马　绒 | 回族 | 红河 | 文沟 | 户主 | 秦生付 | 回族 | 红河 | 文沟 |
| 次子 | 杨小宝 | 回族 | 红河 | 文沟 | 妻子 | 余梅叶 | 回族 | 红河 | 文沟 |
| 户主 | 杨金广 | 回族 | 红河 | 文沟 | 长女 | 秦青儿 | 回族 | 红河 | 文沟 |
| 妻子 | 柳虎白 | 回族 | 红河 | 文沟 | 次女 | 秦玉琴 | 回族 | 红河 | 文沟 |
| 儿媳 | 杨海全 | 回族 | 红河 | 文沟 | 三女 | 秦　陶 | 回族 | 红河 | 文沟 |
| 长子 | 杨智慧 | 回族 | 红河 | 文沟 | 户主 | 禹金忠 | 回族 | 红河 | 文沟 |
| 孙子 | 杨少军 | 回族 | 红河 | 文沟 | 妻子 | 马海花 | 回族 | 红河 | 文沟 |
| 户主 | 杨有珍 | 回族 | 红河 | 文沟 | 户主 | 禹生有 | 回族 | 红河 | 文沟 |
| 妻子 | 兰群根 | 回族 | 红河 | 文沟 | 长子 | 禹志兵 | 回族 | 红河 | 文沟 |
| 三子 | 杨世生 | 回族 | 红河 | 文沟 | 户主 | 禹金斗 | 回族 | 红河 | 文沟 |
| 户主 | 杨小成 | 回族 | 红河 | 文沟 | 长子 | 禹儿利 | 回族 | 红河 | 文沟 |
| 妻子 | 冶　琳 | 回族 | 红河 | 文沟 | 儿媳 | 吴女女 | 回族 | 红河 | 文沟 |
| 长女 | 杨媛媛 | 回族 | 红河 | 文沟 | 孙女 | 禹琴琴 | 回族 | 红河 | 文沟 |
| 长子 | 杨　博 | 回族 | 红河 | 文沟 | 孙女 | 禹军红 | 回族 | 红河 | 文沟 |
| 户主 | 秦国兵 | 回族 | 红河 | 文沟 | 户主 | 禹生昌 | 回族 | 红河 | 文沟 |
| 长子 | 秦大宝 | 回族 | 红河 | 文沟 | 妻子 | 马根子 | 回族 | 红河 | 文沟 |
| 次子 | 秦小宝 | 回族 | 红河 | 文沟 | 次子 | 禹得江 | 回族 | 红河 | 文沟 |
| 长女 | 秦欠欠 | 回族 | 红河 | 文沟 | 户主 | 禹江江 | 回族 | 红河 | 文沟 |
| 三子 | 秦志华 | 回族 | 红河 | 文沟 | 妻子 | 马守香 | 回族 | 红河 | 文沟 |
| 妻子 | 王小霞 | 回族 | 红河 | 文沟 | 长女 | 禹琴琴 | 回族 | 红河 | 文沟 |
| 户主 | 秦月明 | 回族 | 红河 | 文沟 | 户主 | 禹占奎 | 回族 | 红河 | 文沟 |
| 长子 | 秦志发 | 回族 | 红河 | 文沟 | 妻子 | 苏发卖 | 回族 | 红河 | 文沟 |
| 三子 | 秦志龙 | 回族 | 红河 | 文沟 | 长子 | 禹志军 | 回族 | 红河 | 文沟 |

续表 17

| 与户主关系 | 家庭成员 | 民族 | 原居住地 | | 与户主关系 | 家庭成员 | 民族 | 原居住地 | |
|---|---|---|---|---|---|---|---|---|---|
| | | | 乡(镇) | 行政村 | | | | 乡(镇) | 行政村 |
| 长女 | 禹西彦 | 回族 | 红河 | 文沟 | 户主 | 禹文智 | 回族 | 红河 | 文沟 |
| 二女 | 禹西平 | 回族 | 红河 | 文沟 | 长女 | 禹志霞 | 回族 | 红河 | 文沟 |
| 次子 | 禹志锋 | 回族 | 红河 | 文沟 | 长子 | 禹魏魏 | 回族 | 红河 | 文沟 |
| 户主 | 禹金明 | 回族 | 红河 | 文沟 | 次子 | 禹惠东 | 回族 | 红河 | 文沟 |
| 妻子 | 苏雪儿 | 回族 | 红河 | 文沟 | 妻子 | 马秀连 | 回族 | 红河 | 文沟 |
| 儿媳 | 任海霞 | 回族 | 红河 | 文沟 | 户主 | 禹文全 | 回族 | 红河 | 文沟 |
| 次子 | 禹崇恩 | 回族 | 红河 | 文沟 | 妻子 | 禹旦女 | 回族 | 红河 | 文沟 |
| 孙子 | 禹会东 | 回族 | 红河 | 文沟 | 次子 | 禹贵平 | 回族 | 红河 | 文沟 |
| 孙子 | 禹小东 | 回族 | 红河 | 文沟 | 三子 | 禹保平 | 回族 | 红河 | 文沟 |
| 户主 | 禹金元 | 回族 | 红河 | 文沟 | 长子 | 禹小平 | 回族 | 红河 | 文沟 |
| 妻子 | 兰虎白 | 回族 | 红河 | 文沟 | 户主 | 禹文珍 | 回族 | 红河 | 文沟 |
| 儿媳 | 兰秀英 | 回族 | 红河 | 文沟 | 妻子 | 马银连 | 回族 | 红河 | 文沟 |
| 次子 | 禹占发 | 回族 | 红河 | 文沟 | 长女 | 禹保荣 | 回族 | 红河 | 文沟 |
| 孙女 | 禹彩琴 | 回族 | 红河 | 文沟 | 长子 | 禹保平 | 回族 | 红河 | 文沟 |
| 孙子 | 禹永平 | 回族 | 红河 | 文沟 | 次子 | 禹建平 | 回族 | 红河 | 文沟 |
| 户主 | 兰德玉 | 回族 | 红河 | 文沟 | 三子 | 禹建华 | 回族 | 红河 | 文沟 |
| 长女 | 兰会英 | 回族 | 红河 | 文沟 | 户主 | 禹文祥 | 回族 | 红河 | 文沟 |
| 二女 | 兰会霞 | 回族 | 红河 | 文沟 | 妻子 | 马社香 | 回族 | 红河 | 文沟 |
| 长子 | 兰会东 | 回族 | 红河 | 文沟 | 长女 | 禹保英 | 回族 | 红河 | 文沟 |
| 妻子 | 勉秀梅 | 回族 | 红河 | 文沟 | 二女 | 禹保琴 | 回族 | 红河 | 文沟 |
| 户主 | 兰德德 | 回族 | 红河 | 文沟 | 户主 | 马启龙 | 回族 | 红河 | 文沟 |
| 妻子 | 兰认花 | 回族 | 红河 | 文沟 | 妻子 | 关存香 | 回族 | 红河 | 文沟 |
| 长子 | 兰会军 | 回族 | 红河 | 文沟 | 长女 | 马相相 | 回族 | 红河 | 文沟 |
| 长女 | 兰会芳 | 回族 | 红河 | 文沟 | 二女 | 马凤霞 | 回族 | 红河 | 文沟 |
| 次子 | 兰会兵 | 回族 | 红河 | 文沟 | 长子 | 马宝成 | 回族 | 红河 | 文沟 |
| 户主 | 兰德文 | 回族 | 红河 | 文沟 | 户主 | 禹占科 | 回族 | 红河 | 文沟 |
| 妻子 | 马相连 | 回族 | 红河 | 文沟 | 妻子 | 兰海连 | 回族 | 红河 | 文沟 |
| 长女 | 兰荣荣 | 回族 | 红河 | 文沟 | 长女 | 禹云霞 | 回族 | 红河 | 文沟 |
| 二女 | 兰英英 | 回族 | 红河 | 文沟 | 二女 | 禹小霞 | 回族 | 红河 | 文沟 |
| 户主 | 禹金良 | 回族 | 红河 | 文沟 | 三女 | 禹会霞 | 回族 | 红河 | 文沟 |
| 妻子 | 冶古度 | 回族 | 红河 | 文沟 | 长子 | 禹永奇 | 回族 | 红河 | 文沟 |
| 三子 | 禹文选 | 回族 | 红河 | 文沟 | 父亲 | 禹金成 | 回族 | 红河 | 文沟 |
| 儿媳 | 海金莲 | 回族 | 红河 | 文沟 | 母亲 | 马翠叶 | 回族 | 红河 | 文沟 |
| 孙子 | 禹　凡 | 回族 | 红河 | 文沟 | 户主 | 马虎忠 | 回族 | 红河 | 文沟 |
| 户主 | 禹文学 | 回族 | 红河 | 文沟 | 妻子 | 冶花根 | 回族 | 红河 | 文沟 |
| 长女 | 禹志梅 | 回族 | 红河 | 文沟 | 三子 | 马占江 | 回族 | 红河 | 文沟 |

续表 17

| 与户主关系 | 家庭成员 | 民族 | 原居住地 | | 与户主关系 | 家庭成员 | 民族 | 原居住地 | |
|---|---|---|---|---|---|---|---|---|---|
| | | | 乡(镇) | 行政村 | | | | 乡(镇) | 行政村 |
| 户主 | 马儿利 | 回族 | 红河 | 文沟 | 妻子 | 冶芳芳 | 回族 | 红河 | 友联 |
| 妻子 | 杨志英 | 回族 | 红河 | 文沟 | 儿媳 | 杨会霞 | 回族 | 红河 | 友联 |
| 长子 | 马会军 | 回族 | 红河 | 文沟 | 长子 | 禹　东 | 回族 | 红河 | 友联 |
| 户主 | 禹生春 | 回族 | 红河 | 文沟 | 长女 | 禹晓燕 | 回族 | 红河 | 友联 |
| 妻子 | 张　鹏 | 回族 | 红河 | 文沟 | 父亲 | 禹德明 | 回族 | 红河 | 友联 |
| 长女 | 禹志霞 | 回族 | 红河 | 文沟 | 长孙 | 禹建伟 | 回族 | 红河 | 友联 |
| 二女 | 禹志江 | 回族 | 红河 | 文沟 | 户主 | 禹正江 | 回族 | 红河 | 友联 |
| 户主 | 马志山 | 回族 | 红河 | 文沟 | 妻子 | 冶粉花 | 回族 | 红河 | 友联 |
| 妻子 | 冶秀秀 | 回族 | 红河 | 文沟 | 长子 | 禹胜利 | 回族 | 红河 | 友联 |
| 长子 | 马宝军 | 回族 | 红河 | 文沟 | 长女 | 禹会平 | 回族 | 红河 | 友联 |
| 父亲 | 马古拜 | 回族 | 红河 | 文沟 | 户主 | 禹正军 | 回族 | 红河 | 友联 |
| 户主 | 禹占省 | 回族 | 红河 | 文沟 | 妻子 | 秦　花 | 回族 | 红河 | 友联 |
| 妻子 | 冶莲莲 | 回族 | 红河 | 文沟 | 长子 | 禹金全 | 回族 | 红河 | 友联 |
| 长子 | 禹海龙 | 回族 | 红河 | 文沟 | 户主 | 禹金龙 | 回族 | 红河 | 友联 |
| 长女 | 禹小琴 | 回族 | 红河 | 文沟 | 妻子 | 白　娟 | 回族 | 红河 | 友联 |
| 二女 | 禹小玲 | 回族 | 红河 | 文沟 | 长子 | 禹佳乐 | 回族 | 红河 | 友联 |
| 嫂子 | 马福香 | 回族 | 红河 | 文沟 | 长女 | 禹佳佳 | 回族 | 红河 | 友联 |
| 侄子 | 禹贵单 | 回族 | 红河 | 文沟 | 户主 | 禹正银 | 回族 | 红河 | 友联 |
| 户主 | 兰麻乃 | 回族 | 红河 | 文沟 | 妻子 | 兰米爱 | 回族 | 红河 | 友联 |
| 妻子 | 秦存娥 | 回族 | 红河 | 文沟 | 次女 | 禹勤花 | 回族 | 红河 | 友联 |
| 长子 | 兰卫平 | 回族 | 红河 | 文沟 | 三女 | 禹林琴 | 回族 | 红河 | 友联 |
| 户主 | 禹文全 | 回族 | 红河 | 文沟 | 长子 | 禹木子 | 回族 | 红河 | 友联 |
| 妻子 | 兰兵郎 | 回族 | 红河 | 文沟 | 孙子 | 禹俊楠 | 回族 | 红河 | 友联 |
| 长子 | 禹国锋 | 回族 | 红河 | 文沟 | 孙子 | 禹昊楠 | 回族 | 红河 | 友联 |
| 长女 | 禹花萍 | 回族 | 红河 | 文沟 | 户主 | 禹正彦 | 回族 | 红河 | 友联 |
| 户主 | 禹金堂 | 回族 | 红河 | 文沟 | 妻子 | 冶绸子 | 回族 | 红河 | 友联 |
| 妻子 | 马娥尔 | 回族 | 红河 | 文沟 | 长子 | 禹小龙 | 回族 | 红河 | 友联 |
| 孙子 | 禹国锋 | 回族 | 红河 | 文沟 | 次子 | 禹小兵 | 回族 | 红河 | 友联 |
| 户主 | 禹春发 | 回族 | 红河 | 文沟 | 户主 | 兰文意 | 回族 | 红河 | 友联 |
| 长子 | 禹志红 | 回族 | 红河 | 文沟 | 妻子 | 姚文花 | 回族 | 红河 | 友联 |
| 户主 | 任爱爱 | 回族 | 红河 | 友联 | 长子 | 兰廷军 | 回族 | 红河 | 友联 |
| 父亲 | 禹贵清 | 回族 | 红河 | 友联 | 长女 | 兰廷芳 | 回族 | 红河 | 友联 |
| 长子 | 禹木山 | 回族 | 红河 | 友联 | 三女 | 兰清花 | 回族 | 红河 | 友联 |
| 长女 | 禹女儿 | 回族 | 红河 | 友联 | 户主 | 兰文德 | 回族 | 红河 | 友联 |
| 母亲 | 冶　梅 | 回族 | 红河 | 友联 | 妻子 | 秦秀梅 | 回族 | 红河 | 友联 |
| 户主 | 禹正文 | 回族 | 红河 | 友联 | 长子 | 兰廷虎 | 回族 | 红河 | 友联 |

续表 17

| 与户主关系 | 家庭成员 | 民族 | 原居住地 | | 与户主关系 | 家庭成员 | 民族 | 原居住地 | |
|---|---|---|---|---|---|---|---|---|---|
| | | | 乡(镇) | 行政村 | | | | 乡(镇) | 行政村 |
| 次子 | 兰青龙 | 回族 | 红河 | 友联 | 妻子 | 温秀梅 | 回族 | 红河 | 友联 |
| 母亲 | 鲜月格 | 回族 | 红河 | 友联 | 长子 | 兰小强 | 回族 | 红河 | 友联 |
| 户主 | 兰文成 | 回族 | 红河 | 友联 | 户主 | 任　敏 | 汉族 | 新集 | 周庄 |
| 妻子 | 姚文林 | 回族 | 红河 | 友联 | 母亲 | 王　英 | 汉族 | 新集 | 周庄 |
| 三子 | 兰廷升 | 回族 | 红河 | 友联 | 户主 | 李孝德 | 汉族 | 新集 | 周庄 |
| 儿媳 | 冶彩芳 | 回族 | 红河 | 友联 | 长子 | 李　虎 | 汉族 | 新集 | 周庄 |
| 孙子 | 兰国辉 | 回族 | 红河 | 友联 | 户主 | 李志成 | 汉族 | 新集 | 周庄 |
| 户主 | 兰廷山 | 回族 | 红河 | 友联 | 配偶 | 火春香 | 汉族 | 新集 | 周庄 |
| 妻子 | 周小霞 | 回族 | 红河 | 友联 | 长子 | 李孝发 | 汉族 | 新集 | 周庄 |
| 长子 | 兰　刚 | 回族 | 红河 | 友联 | 户主 | 王宝裕 | 汉族 | 新集 | 周庄 |
| 长女 | 兰　静 | 回族 | 红河 | 友联 | 配偶 | 台秀玲 | 汉族 | 新集 | 周庄 |
| 户主 | 兰青海 | 回族 | 红河 | 友联 | 长子 | 王丁虎 | 汉族 | 新集 | 周庄 |
| 妻子 | 韩世霞 | 回族 | 红河 | 友联 | 儿媳 | 尚明霞 | 汉族 | 新集 | 周庄 |
| 长子 | 兰　勇 | 回族 | 红河 | 友联 | 次子 | 王平虎 | 汉族 | 新集 | 周庄 |
| 次子 | 兰　强 | 回族 | 红河 | 友联 | 孙子 | 王　攀 | 汉族 | 新集 | 周庄 |
| 户主 | 兰得合 | 回族 | 红河 | 友联 | 户主 | 陈玉财 | 汉族 | 新集 | 周庄 |
| 妻子 | 兰雪莲 | 回族 | 红河 | 友联 | 长子 | 陈海平 | 汉族 | 新集 | 周庄 |
| 长女 | 兰彩平 | 回族 | 红河 | 友联 | 儿媳 | 曹丽红 | 汉族 | 新集 | 周庄 |
| 长子 | 兰彦龙 | 回族 | 红河 | 友联 | 孙子 | 陈文辉 | 汉族 | 新集 | 周庄 |
| 户主 | 兰得成 | 回族 | 红河 | 友联 | 孙女 | 陈文娟 | 汉族 | 新集 | 周庄 |
| 妻子 | 冶花朵 | 回族 | 红河 | 友联 | 户主 | 李富平 | 汉族 | 新集 | 周庄 |
| 长女 | 兰秀花 | 回族 | 红河 | 友联 | 配偶 | 王彦琴 | 汉族 | 新集 | 周庄 |
| 长子 | 兰有堡 | 回族 | 红河 | 友联 | 长女 | 李　雪 | 汉族 | 新集 | 周庄 |
| 四女 | 兰秀平 | 回族 | 红河 | 友联 | 户主 | 袁卫忠 | 汉族 | 新集 | 周庄 |
| 户主 | 兰彦全 | 回族 | 红河 | 友联 | 配偶 | 王彩琴 | 汉族 | 新集 | 周庄 |
| 侄子 | 兰小宝 | 回族 | 红河 | 友联 | 长子 | 袁　浩 | 汉族 | 新集 | 周庄 |
| 户主 | 兰得发 | 回族 | 红河 | 友联 | 次子 | 袁　辉 | 汉族 | 新集 | 周庄 |
| 妻子 | 秦芳买 | 回族 | 红河 | 友联 | 长女 | 袁　梅 | 汉族 | 新集 | 周庄 |
| 长女 | 兰会平 | 回族 | 红河 | 友联 | 母亲 | 王根香 | 汉族 | 新集 | 周庄 |
| 侄子 | 兰母山 | 回族 | 红河 | 友联 | 户主 | 王维祥 | 汉族 | 新集 | 周庄 |
| 二女 | 兰会芳 | 回族 | 红河 | 友联 | 配偶 | 辛有玲 | 汉族 | 新集 | 周庄 |
| 母亲 | 兰晒买 | 回族 | 红河 | 友联 | 长子 | 王亮明 | 汉族 | 新集 | 周庄 |
| 户主 | 兰彦会 | 回族 | 红河 | 友联 | 长女 | 王丽娟 | 汉族 | 新集 | 周庄 |
| 妻子 | 关存连 | 回族 | 红河 | 友联 | 次女 | 王双涛 | 汉族 | 新集 | 周庄 |
| 长子 | 兰咏绮 | 回族 | 红河 | 友联 | 父亲 | 王富裕 | 汉族 | 新集 | 周庄 |
| 户主 | 兰彦省 | 回族 | 红河 | 友联 | 母亲 | 李改兰 | 汉族 | 新集 | 周庄 |

续表 17

| 与户主关系 | 家庭成员 | 民族 | 原居住地 | | 与户主关系 | 家庭成员 | 民族 | 原居住地 | |
|---|---|---|---|---|---|---|---|---|---|
| | | | 乡(镇) | 行政村 | | | | 乡(镇) | 行政村 |
| 户主 | 李孝勤 | 汉族 | 新集 | 周庄 | 长子 | 马　鹏 | 汉族 | 新集 | 周庄 |
| 配偶 | 高淑霞 | 汉族 | 新集 | 周庄 | 次子 | 马　巨 | 汉族 | 新集 | 周庄 |
| 三子 | 李　明 | 汉族 | 新集 | 周庄 | 儿媳 | 孙正玲 | 汉族 | 新集 | 周庄 |
| 户主 | 李　峰 | 汉族 | 新集 | 周庄 | 户主 | 李君恩 | 汉族 | 新集 | 周庄 |
| 妻子 | 曹飞美 | 汉族 | 新集 | 周庄 | 配偶 | 张　艳 | 汉族 | 新集 | 周庄 |
| 长子 | 李博洋 | 汉族 | 新集 | 周庄 | 长子 | 李博涛 | 汉族 | 新集 | 周庄 |
| 户主 | 常生林 | 汉族 | 新集 | 周庄 | 母亲 | 张俊花 | 汉族 | 新集 | 周庄 |
| 配偶 | 王桂芳 | 汉族 | 新集 | 周庄 | 户主 | 辛志和 | 汉族 | 新集 | 周庄 |
| 次子 | 常维军 | 汉族 | 新集 | 周庄 | 配偶 | 龚拴成 | 汉族 | 新集 | 周庄 |
| 长子 | 常小军 | 汉族 | 新集 | 周庄 | 长子 | 辛富海 | 汉族 | 新集 | 周庄 |
| 儿媳 | 张国红 | 汉族 | 新集 | 周庄 | 次子 | 辛富军 | 汉族 | 新集 | 周庄 |
| 孙女 | 常慧甜 | 汉族 | 新集 | 周庄 | 户主 | 李志清 | 汉族 | 新集 | 周庄 |
| 孙女 | 常盼盼 | 汉族 | 新集 | 周庄 | 配偶 | 任巧玲 | 汉族 | 新集 | 周庄 |
| 孙女 | 常　信 | 汉族 | 新集 | 周庄 | 长子 | 李孝武 | 汉族 | 新集 | 周庄 |
| 户主 | 李巧云 | 汉族 | 新集 | 周庄 | 户主 | 李孝宝 | 汉族 | 新集 | 周庄 |
| 长子 | 辛建斌 | 汉族 | 新集 | 周庄 | 妻子 | 辛政香 | 汉族 | 新集 | 周庄 |
| 长女 | 辛建英 | 汉族 | 新集 | 周庄 | 长女 | 李彩彩 | 汉族 | 新集 | 周庄 |
| 户主 | 辛志勤 | 汉族 | 新集 | 周庄 | 户主 | 李孝杰 | 汉族 | 新集 | 周庄 |
| 配偶 | 郑建琴 | 汉族 | 新集 | 周庄 | 配偶 | 王　芳 | 汉族 | 新集 | 周庄 |
| 长子 | 辛永立 | 汉族 | 新集 | 周庄 | 长子 | 李刚强 | 汉族 | 新集 | 周庄 |
| 次子 | 辛永鹏 | 汉族 | 新集 | 周庄 | 次子 | 李小虎 | 汉族 | 新集 | 周庄 |
| 母亲 | 李旭梅 | 汉族 | 新集 | 周庄 | 户主 | 王根裕 | 汉族 | 新集 | 周庄 |
| 户主 | 辛荣福 | 汉族 | 新集 | 周庄 | 配偶 | 伊淑芹 | 汉族 | 新集 | 周庄 |
| 母亲 | 聂秀梅 | 汉族 | 新集 | 周庄 | 长子 | 王引进 | 汉族 | 新集 | 周庄 |
| 长子 | 辛小强 | 汉族 | 新集 | 周庄 | 四女 | 王巧萍 | 汉族 | 新集 | 周庄 |
| 户主 | 辛志平 | 汉族 | 新集 | 周庄 | 长媳 | 李芳芳 | 汉族 | 新集 | 周庄 |
| 母亲 | 徐银花 | 汉族 | 新集 | 周庄 | 孙女 | 王云云 | 汉族 | 新集 | 周庄 |
| 户主 | 李孝和 | 汉族 | 新集 | 周庄 | 孙子 | 王　伟 | 汉族 | 新集 | 周庄 |
| 配偶 | 马君花 | 汉族 | 新集 | 周庄 | 户主 | 辛国顺 | 汉族 | 新集 | 周庄 |
| 长子 | 李小东 | 汉族 | 新集 | 周庄 | 配偶 | 涂志英 | 汉族 | 新集 | 周庄 |
| 父亲 | 李志智 | 汉族 | 新集 | 周庄 | 长子 | 辛　武 | 汉族 | 新集 | 周庄 |
| 弟弟 | 李九宝 | 汉族 | 新集 | 周庄 | 父亲 | 辛志强 | 汉族 | 新集 | 周庄 |
| 户主 | 辛建辉 | 汉族 | 新集 | 周庄 | 母亲 | 王秀兰 | 汉族 | 新集 | 周庄 |
| 配偶 | 张宝慧 | 汉族 | 新集 | 周庄 | 户主 | 李　勇 | 汉族 | 新集 | 周庄 |
| 长子 | 辛　文 | 汉族 | 新集 | 周庄 | 配偶 | 张红红 | 汉族 | 新集 | 周庄 |
| 户主 | 马世祥 | 汉族 | 新集 | 周庄 | 长子 | 李海洋 | 汉族 | 新集 | 周庄 |

续表 17

| 与户主关系 | 家庭成员 | 民族 | 原居住地 | | 与户主关系 | 家庭成员 | 民族 | 原居住地 | |
|---|---|---|---|---|---|---|---|---|---|
| | | | 乡(镇) | 行政村 | | | | 乡(镇) | 行政村 |
| 户主 | 辛小刚 | 汉族 | 新集 | 周庄 | 户主 | 袁卫成 | 汉族 | 新集 | 周庄 |
| 配偶 | 王过萍 | 汉族 | 新集 | 周庄 | 妹夫 | 杨世宏 | 汉族 | 新集 | 周庄 |
| 长女 | 辛佳佳 | 汉族 | 新集 | 周庄 | 户主 | 袁卫平 | 汉族 | 新集 | 周庄 |
| 长子 | 辛佳伟 | 汉族 | 新集 | 周庄 | 妻子 | 苏四香 | 汉族 | 新集 | 周庄 |
| 户主 | 辛志勤 | 汉族 | 新集 | 周庄 | 长子 | 袁　鹏 | 汉族 | 新集 | 周庄 |
| 妻子 | 王天红 | 汉族 | 新集 | 周庄 | 次子 | 袁　瑞 | 汉族 | 新集 | 周庄 |
| 长子 | 辛建伟 | 汉族 | 新集 | 周庄 | 户主 | 剡君林 | 回族 | 新集 | 大火 |
| 次子 | 辛建军 | 汉族 | 新集 | 周庄 | 妻子 | 海玉莲 | 回族 | 新集 | 大火 |
| 户主 | 李孝定 | 汉族 | 新集 | 周庄 | 长子 | 剡耀成 | 回族 | 新集 | 大火 |
| 妻子 | 王丁香 | 汉族 | 新集 | 周庄 | 次子 | 剡耀军 | 回族 | 新集 | 大火 |
| 长子 | 李　文 | 汉族 | 新集 | 周庄 | 三子 | 剡　奇 | 回族 | 新集 | 大火 |
| 长女 | 李　荣 | 汉族 | 新集 | 周庄 | 户主 | 剡君恩 | 回族 | 新集 | 大火 |
| 次女 | 李　田 | 汉族 | 新集 | 周庄 | 妻子 | 马凤梅 | 回族 | 新集 | 大火 |
| 户主 | 辛来红 | 汉族 | 新集 | 周庄 | 长子 | 剡耀文 | 回族 | 新集 | 大火 |
| 次女 | 辛　雨 | 汉族 | 新集 | 周庄 | 次子 | 剡耀武 | 回族 | 新集 | 大火 |
| 长女 | 辛　蕊 | 汉族 | 新集 | 周庄 | 二女 | 剡耀琴 | 回族 | 新集 | 大火 |
| 兄 | 辛建东 | 汉族 | 新集 | 周庄 | 户主 | 剡君虎 | 回族 | 新集 | 大火 |
| 嫂子 | 李淑芳 | 汉族 | 新集 | 周庄 | 妻子 | 马老女 | 回族 | 新集 | 大火 |
| 侄子 | 辛　发 | 汉族 | 新集 | 周庄 | 长子 | 剡耀平 | 回族 | 新集 | 大火 |
| 侄女 | 辛　慧 | 汉族 | 新集 | 周庄 | 次子 | 剡耀安 | 回族 | 新集 | 大火 |
| 户主 | 辛志军 | 汉族 | 新集 | 周庄 | 户主 | 剡常清 | 回族 | 新集 | 大火 |
| 配偶 | 李淑琴 | 汉族 | 新集 | 周庄 | 妻子 | 马仁福 | 回族 | 新集 | 大火 |
| 长子 | 辛永峰 | 汉族 | 新集 | 周庄 | 次子 | 剡东东 | 回族 | 新集 | 大火 |
| 次子 | 辛永东 | 汉族 | 新集 | 周庄 | 孙子 | 剡　斌 | 回族 | 新集 | 大火 |
| 户主 | 辛志林 | 汉族 | 新集 | 周庄 | 户主 | 剡文奎 | 回族 | 新集 | 大火 |
| 配偶 | 崔继琴 | 汉族 | 新集 | 周庄 | 妻子 | 马文翠 | 回族 | 新集 | 大火 |
| 长子 | 辛建民 | 汉族 | 新集 | 周庄 | 长子 | 剡耀龙 | 回族 | 新集 | 大火 |
| 次子 | 辛建建 | 汉族 | 新集 | 周庄 | 次子 | 剡　东 | 回族 | 新集 | 大火 |
| 户主 | 陈万财 | 汉族 | 新集 | 周庄 | 父亲 | 剡常元 | 回族 | 新集 | 大火 |
| 妻子 | 卜秀珍 | 汉族 | 新集 | 周庄 | 母亲 | 李得花 | 回族 | 新集 | 大火 |
| 长子 | 陈明亮 | 汉族 | 新集 | 周庄 | 户主 | 剡治雄 | 回族 | 新集 | 大火 |
| 次子 | 陈东亮 | 汉族 | 新集 | 周庄 | 妻子 | 李莲儿 | 回族 | 新集 | 大火 |
| 长女 | 陈小莉 | 汉族 | 新集 | 周庄 | 长子 | 剡明明 | 回族 | 新集 | 大火 |
| 二女 | 陈莉红 | 汉族 | 新集 | 周庄 | 户主 | 剡治川 | 回族 | 新集 | 大火 |
| 户主 | 辛有军 | 汉族 | 新集 | 周庄 | 妻子 | 马女子 | 回族 | 新集 | 大火 |
| 弟弟 | 辛志东 | 汉族 | 新集 | 周庄 | 长子 | 剡金瑞 | 回族 | 新集 | 大火 |

续表 17

| 与户主关系 | 家庭成员 | 民族 | 原居住地 | | 与户主关系 | 家庭成员 | 民族 | 原居住地 | |
|---|---|---|---|---|---|---|---|---|---|
| | | | 乡(镇) | 行政村 | | | | 乡(镇) | 行政村 |
| 长女 | 剡荣荣 | 回族 | 新集 | 大火 | 四子 | 马小虎 | 回族 | 新集 | 白草洼 |
| 二女 | 剡涛涛 | 回族 | 新集 | 大火 | 长子 | 马杜社 | 回族 | 新集 | 白草洼 |
| 母亲 | 马桂香 | 回族 | 新集 | 大火 | 儿媳 | 马海燕 | 回族 | 新集 | 白草洼 |
| 侄女 | 剡玉兰 | 回族 | 新集 | 大火 | 孙女 | 马东梅 | 回族 | 新集 | 白草洼 |
| 户主 | 剡治富 | 回族 | 新集 | 大火 | 户主 | 马旭东 | 回族 | 新集 | 白草洼 |
| 妻子 | 马存花 | 回族 | 新集 | 大火 | 妻子 | 海均梅 | 回族 | 新集 | 白草洼 |
| 长女 | 剡金芬 | 回族 | 新集 | 大火 | 长子 | 马　鑫 | 回族 | 新集 | 白草洼 |
| 父亲 | 剡保德 | 回族 | 新集 | 大火 | 户主 | 马彦忠 | 回族 | 新集 | 白草洼 |
| 母亲 | 姬凤花 | 回族 | 新集 | 大火 | 妻子 | 马秀连 | 回族 | 新集 | 白草洼 |
| 户主 | 剡治文 | 回族 | 新集 | 大火 | 次子 | 马　成 | 回族 | 新集 | 白草洼 |
| 妻子 | 海玉梅 | 回族 | 新集 | 大火 | 儿媳 | 买玉兰 | 回族 | 新集 | 白草洼 |
| 长子 | 剡金刚 | 回族 | 新集 | 大火 | 孙女 | 马蓉蓉 | 回族 | 新集 | 白草洼 |
| 次子 | 剡金东 | 回族 | 新集 | 大火 | 户主 | 马志云 | 回族 | 新集 | 白草洼 |
| 户主 | 剡治军 | 回族 | 新集 | 大火 | 妻子 | 杨文梅 | 回族 | 新集 | 白草洼 |
| 妻子 | 马启莲 | 回族 | 新集 | 大火 | 次子 | 马继平 | 回族 | 新集 | 白草洼 |
| 长女 | 剡金花 | 回族 | 新集 | 大火 | 长女 | 马彩霞 | 回族 | 新集 | 白草洼 |
| 侄女 | 剡梅梅 | 回族 | 新集 | 大火 | 父亲 | 马玉山 | 回族 | 新集 | 白草洼 |
| 户主 | 剡保录 | 回族 | 新集 | 大火 | 户主 | 马彦平 | 回族 | 新集 | 白草洼 |
| 妻子 | 马桂花 | 回族 | 新集 | 大火 | 妻子 | 明进花 | 回族 | 新集 | 白草洼 |
| 三子 | 剡虎子 | 回族 | 新集 | 大火 | 次子 | 马　林 | 回族 | 新集 | 白草洼 |
| 五女 | 剡社儿 | 回族 | 新集 | 大火 | 妹妹 | 马彦芳 | 回族 | 新集 | 白草洼 |
| 儿媳 | 海小琴 | 回族 | 新集 | 大火 | 户主 | 杨文江 | 回族 | 新集 | 白草洼 |
| 孙女 | 剡金宁 | 回族 | 新集 | 大火 | 妻子 | 兰秀梅 | 回族 | 新集 | 白草洼 |
| 户主 | 剡金鹏 | 回族 | 新集 | 大火 | 长子 | 杨晓平 | 回族 | 新集 | 白草洼 |
| 妻子 | 马雪梅 | 回族 | 新集 | 大火 | 儿媳 | 余秀兰 | 回族 | 新集 | 白草洼 |
| 长子 | 剡斌斌 | 回族 | 新集 | 大火 | 孙子 | 杨鹏辉 | 回族 | 新集 | 白草洼 |
| 户主 | 剡君章 | 回族 | 新集 | 大火 | 孙女 | 杨　琴 | 回族 | 新集 | 白草洼 |
| 长女 | 剡耀慧 | 回族 | 新集 | 大火 | 孙女 | 杨　蓉 | 回族 | 新集 | 白草洼 |
| 母亲 | 马维花 | 回族 | 新集 | 大火 | 户主 | 马志华 | 回族 | 新集 | 白草洼 |
| 户主 | 马　军 | 回族 | 新集 | 白草洼 | 妻子 | 马凤兰 | 回族 | 新集 | 白草洼 |
| 妻子 | 吴玉梅 | 回族 | 新集 | 白草洼 | 长子 | 马　鑫 | 回族 | 新集 | 白草洼 |
| 长女 | 马存存 | 回族 | 新集 | 白草洼 | 长女 | 马永峰 | 回族 | 新集 | 白草洼 |
| 户主 | 马志仁 | 回族 | 新集 | 白草洼 | 次女 | 马小红 | 回族 | 新集 | 白草洼 |
| 妻子 | 马明英 | 回族 | 新集 | 白草洼 | 户主 | 杨文山 | 回族 | 新集 | 白草洼 |
| 次子 | 马杜成 | 回族 | 新集 | 白草洼 | 妻子 | 董锁燕 | 回族 | 新集 | 白草洼 |
| 三子 | 马杜红 | 回族 | 新集 | 白草洼 | 长子 | 杨志贵 | 回族 | 新集 | 白草洼 |

续表 17

| 与户主关系 | 家庭成员 | 民族 | 原居住地 | | 与户主关系 | 家庭成员 | 民族 | 原居住地 | |
|---|---|---|---|---|---|---|---|---|---|
| | | | 乡(镇) | 行政村 | | | | 乡(镇) | 行政村 |
| 母亲 | 武巧玲 | 回族 | 新集 | 白草洼 | 户主 | 姬文得 | 回族 | 新集 | 白草洼 |
| 户主 | 姬风霞 | 回族 | 新集 | 白草洼 | 妻子 | 马志兰 | 回族 | 新集 | 白草洼 |
| 长子 | 马小刚 | 回族 | 新集 | 白草洼 | 次子 | 姬秀东 | 回族 | 新集 | 白草洼 |
| 户主 | 马志忠 | 回族 | 新集 | 白草洼 | 母亲 | 张福荣 | 回族 | 新集 | 白草洼 |
| 父亲 | 马进荣 | 回族 | 新集 | 白草洼 | 长子 | 姬秀龙 | 回族 | 新集 | 白草洼 |
| 母亲 | 海廷梅 | 回族 | 新集 | 白草洼 | 户主 | 余锦川 | 回族 | 新集 | 白草洼 |
| 兄 | 马志军 | 回族 | 新集 | 白草洼 | 长子 | 余振元 | 回族 | 新集 | 白草洼 |
| 嫂子 | 李明花 | 回族 | 新集 | 白草洼 | 儿媳 | 马志连 | 回族 | 新集 | 白草洼 |
| 侄子 | 马小斌 | 回族 | 新集 | 白草洼 | 孙子 | 余秀林 | 回族 | 新集 | 白草洼 |
| 户主 | 马志贵 | 回族 | 新集 | 白草洼 | 孙女 | 余芳芳 | 回族 | 新集 | 白草洼 |
| 妻子 | 马宗梅 | 回族 | 新集 | 白草洼 | 户主 | 姬文梅 | 回族 | 新集 | 白草洼 |
| 长女 | 马　蓉 | 回族 | 新集 | 白草洼 | 次子 | 马启龙 | 回族 | 新集 | 白草洼 |
| 次女 | 马琴琴 | 回族 | 新集 | 白草洼 | 户主 | 马启虎 | 回族 | 新集 | 白草洼 |
| 户主 | 马彦付 | 回族 | 新集 | 白草洼 | 妻子 | 董小英 | 回族 | 新集 | 白草洼 |
| 妻子 | 姬文莲 | 回族 | 新集 | 白草洼 | 长子 | 马建强 | 回族 | 新集 | 白草洼 |
| 次子 | 马　东 | 回族 | 新集 | 白草洼 | 次子 | 马建斌 | 回族 | 新集 | 白草洼 |
| 三女 | 马金花 | 回族 | 新集 | 白草洼 | 户主 | 马继兴 | 回族 | 新集 | 白草洼 |
| 户主 | 马邓飞 | 回族 | 新集 | 白草洼 | 妻子 | 马桂玲 | 回族 | 新集 | 白草洼 |
| 妻子 | 王晓梅 | 回族 | 新集 | 白草洼 | 长女 | 马娟娟 | 回族 | 新集 | 白草洼 |
| 长子 | 马建洋 | 回族 | 新集 | 白草洼 | 户主 | 马彦云 | 回族 | 新集 | 白草洼 |
| 长女 | 马兰兰 | 回族 | 新集 | 白草洼 | 妻子 | 马生花 | 回族 | 新集 | 白草洼 |
| 次女 | 马银凤 | 回族 | 新集 | 白草洼 | 次子 | 马位正 | 回族 | 新集 | 白草洼 |
| 户主 | 马再飞 | 回族 | 新集 | 白草洼 | 五女 | 马宗梅 | 回族 | 新集 | 白草洼 |
| 长女 | 马　晶 | 回族 | 新集 | 白草洼 | 户主 | 杨志林 | 回族 | 新集 | 白草洼 |
| 长子 | 马继业 | 回族 | 新集 | 白草洼 | 妻子 | 何　花 | 回族 | 新集 | 白草洼 |
| 次女 | 马　莉 | 回族 | 新集 | 白草洼 | 弟弟 | 杨志春 | 回族 | 新集 | 白草洼 |
| 次子 | 马建业 | 回族 | 新集 | 白草洼 | 弟媳 | 马小玲 | 回族 | 新集 | 白草洼 |
| 户主 | 马连清 | 回族 | 新集 | 白草洼 | 侄子 | 杨会东 | 回族 | 新集 | 白草洼 |
| 五女 | 马桂霞 | 回族 | 新集 | 白草洼 | 户主 | 姬秀德 | 回族 | 新集 | 白草洼 |
| 户主 | 马玉虎 | 回族 | 新集 | 白草洼 | 妻子 | 马均梅 | 回族 | 新集 | 白草洼 |
| 妻子 | 马良梅 | 回族 | 新集 | 白草洼 | 次子 | 姬晓民 | 回族 | 新集 | 白草洼 |
| 长子 | 马志福 | 回族 | 新集 | 白草洼 | 次女 | 姬晓梅 | 回族 | 新集 | 白草洼 |
| 户主 | 余秀清 | 回族 | 新集 | 白草洼 | 父亲 | 姬文贵 | 回族 | 新集 | 白草洼 |
| 长子 | 余风成 | 回族 | 新集 | 白草洼 | 母亲 | 马进英 | 回族 | 新集 | 白草洼 |
| 妻子 | 海五女 | 回族 | 新集 | 白草洼 | 户主 | 姬秀仁 | 回族 | 新集 | 白草洼 |
| 兄长 | 余秀海 | 回族 | 新集 | 白草洼 | 妻子 | 马秀连 | 回族 | 新集 | 白草洼 |

续表 17

| 与户主关系 | 家庭成员 | 民族 | 原居住地 | | 与户主关系 | 家庭成员 | 民族 | 原居住地 | |
|---|---|---|---|---|---|---|---|---|---|
| | | | 乡(镇) | 行政村 | | | | 乡(镇) | 行政村 |
| 长子 | 姬小龙 | 回族 | 新集 | 白草洼 | 长子 | 马国军 | 回族 | 新集 | 谢寨 |
| 次子 | 姬小平 | 回族 | 新集 | 白草洼 | 次子 | 马国福 | 回族 | 新集 | 谢寨 |
| 户主 | 马学如 | 回族 | 新集 | 谢寨 | 母亲 | 刘金莲 | 回族 | 新集 | 谢寨 |
| 妻子 | 马巧玲 | 回族 | 新集 | 谢寨 | 户主 | 马学付 | 回族 | 新集 | 谢寨 |
| 长子 | 马国林 | 回族 | 新集 | 谢寨 | 妻子 | 剡秀芳 | 回族 | 新集 | 谢寨 |
| 儿媳 | 马冬女 | 回族 | 新集 | 谢寨 | 长子 | 马国龙 | 回族 | 新集 | 谢寨 |
| 孙女 | 马　琴 | 回族 | 新集 | 谢寨 | 儿媳 | 剡进梅 | 回族 | 新集 | 谢寨 |
| 户主 | 马学义 | 回族 | 新集 | 谢寨 | 孙子 | 马　涛 | 回族 | 新集 | 谢寨 |
| 妻子 | 马孝梅 | 回族 | 新集 | 谢寨 | 孙子 | 马　强 | 回族 | 新集 | 谢寨 |
| 次子 | 马国武 | 回族 | 新集 | 谢寨 | 户主 | 马正龙 | 回族 | 新集 | 谢寨 |
| 儿媳 | 马芳莲 | 回族 | 新集 | 谢寨 | 妻子 | 马启秀 | 回族 | 新集 | 谢寨 |
| 孙子 | 马　斌 | 回族 | 新集 | 谢寨 | 长子 | 马忠平 | 回族 | 新集 | 谢寨 |
| 户主 | 马金万 | 回族 | 新集 | 谢寨 | 二女 | 马忠英 | 回族 | 新集 | 谢寨 |
| 妻子 | 马和颜 | 回族 | 新集 | 谢寨 | 户主 | 马海龙 | 回族 | 新集 | 谢寨 |
| 长子 | 马斌财 | 回族 | 新集 | 谢寨 | 妻子 | 单阿社 | 回族 | 新集 | 谢寨 |
| 二女 | 马晓玲 | 回族 | 新集 | 谢寨 | 长子 | 马金元 | 回族 | 新集 | 谢寨 |
| 户主 | 马学治 | 回族 | 新集 | 谢寨 | 二女 | 马金莲 | 回族 | 新集 | 谢寨 |
| 妻子 | 马正兰 | 回族 | 新集 | 谢寨 | 户主 | 单正有 | 回族 | 新集 | 谢寨 |
| 长子 | 马国瑞 | 回族 | 新集 | 谢寨 | 妻子 | 马玉梅 | 回族 | 新集 | 谢寨 |
| 长女 | 马国梅 | 回族 | 新集 | 谢寨 | 长子 | 单　东 | 回族 | 新集 | 谢寨 |
| 户主 | 马忠科 | 回族 | 新集 | 谢寨 | 次子 | 单　露 | 回族 | 新集 | 谢寨 |
| 妻子 | 马正英 | 回族 | 新集 | 谢寨 | 户主 | 马正军 | 回族 | 新集 | 谢寨 |
| 长子 | 马学忠 | 回族 | 新集 | 谢寨 | 妻子 | 马秀花 | 回族 | 新集 | 谢寨 |
| 次子 | 马学军 | 回族 | 新集 | 谢寨 | 母亲 | 马金梅 | 回族 | 新集 | 谢寨 |
| 母亲 | 哈花花 | 回族 | 新集 | 谢寨 | 妹妹 | 马买旦 | 回族 | 新集 | 谢寨 |
| 户主 | 马文科 | 回族 | 新集 | 谢寨 | 妹妹 | 马海花 | 回族 | 新集 | 谢寨 |
| 妻子 | 马梅英 | 回族 | 新集 | 谢寨 | 长子 | 马晓虎 | 回族 | 新集 | 谢寨 |
| 四子 | 马学东 | 回族 | 新集 | 谢寨 | 长女 | 马小琴 | 回族 | 新集 | 谢寨 |
| 儿媳 | 马发买 | 回族 | 新集 | 谢寨 | 户主 | 马正礼 | 回族 | 新集 | 谢寨 |
| 孙子 | 马国强 | 回族 | 新集 | 谢寨 | 妻子 | 马玉秀 | 回族 | 新集 | 谢寨 |
| 孙女 | 马国琴 | 回族 | 新集 | 谢寨 | 次子 | 马　勇 | 回族 | 新集 | 谢寨 |
| 户主 | 马学文 | 回族 | 新集 | 谢寨 | 长女 | 马　霞 | 回族 | 新集 | 谢寨 |
| 妻子 | 马花兰 | 回族 | 新集 | 谢寨 | 户主 | 马正文 | 回族 | 新集 | 谢寨 |
| 长子 | 马国民 | 回族 | 新集 | 谢寨 | 妻子 | 马正雯 | 回族 | 新集 | 谢寨 |
| 户主 | 马学武 | 回族 | 新集 | 谢寨 | 长子 | 马利利 | 回族 | 新集 | 谢寨 |
| 妻子 | 马忠兰 | 回族 | 新集 | 谢寨 | 长女 | 马晓燕 | 回族 | 新集 | 谢寨 |

续表 17

| 与户主关系 | 家庭成员 | 民族 | 原居住地 | | 与户主关系 | 家庭成员 | 民族 | 原居住地 | |
|---|---|---|---|---|---|---|---|---|---|
| | | | 乡(镇) | 行政村 | | | | 乡(镇) | 行政村 |
| 母亲 | 马进花 | 回族 | 新集 | 谢寨 | 户主 | 马忠林 | 回族 | 新集 | 谢寨 |
| 户主 | 马正明 | 回族 | 新集 | 谢寨 | 妻子 | 马成秀 | 回族 | 新集 | 谢寨 |
| 妻子 | 马得萍 | 回族 | 新集 | 谢寨 | 长子 | 马　伟 | 回族 | 新集 | 谢寨 |
| 长子 | 马小斌 | 回族 | 新集 | 谢寨 | 户主 | 剡学梅 | 回族 | 新集 | 谢寨 |
| 户主 | 马正海 | 回族 | 新集 | 谢寨 | 夫 | 禹世德 | 回族 | 新集 | 谢寨 |
| 妻子 | 马现花 | 回族 | 新集 | 谢寨 | 二女 | 马　玲 | 回族 | 新集 | 谢寨 |
| 长子 | 马晓军 | 回族 | 新集 | 谢寨 | 三女 | 马　萍 | 回族 | 新集 | 谢寨 |
| 户主 | 马生林 | 回族 | 新集 | 谢寨 | 户主 | 马晓平 | 回族 | 新集 | 谢寨 |
| 妻子 | 哈玉芳 | 回族 | 新集 | 谢寨 | 妻子 | 马进梅 | 回族 | 新集 | 谢寨 |
| 长子 | 马金宝 | 回族 | 新集 | 谢寨 | 长子 | 马　锐 | 回族 | 新集 | 谢寨 |
| 户主 | 马学宝 | 回族 | 新集 | 谢寨 | 次子 | 马　力 | 回族 | 新集 | 谢寨 |
| 妻子 | 马红梅 | 回族 | 新集 | 谢寨 | 户主 | 马正有 | 回族 | 新集 | 谢寨 |
| 长子 | 马国平 | 回族 | 新集 | 谢寨 | 妻子 | 马秀芳 | 回族 | 新集 | 谢寨 |
| 孙子 | 马国红 | 回族 | 新集 | 谢寨 | 长子 | 马小强 | 回族 | 新集 | 谢寨 |
| 父亲 | 马登科 | 回族 | 新集 | 谢寨 | 长女 | 马小琴 | 回族 | 新集 | 谢寨 |
| 母亲 | 马成梅 | 回族 | 新集 | 谢寨 | 兄 | 马正帮 | 回族 | 新集 | 谢寨 |
| 户主 | 杨付清 | 回族 | 新集 | 谢寨 | 户主 | 马文华 | 回族 | 新集 | 谢寨 |
| 妻子 | 张进梅 | 回族 | 新集 | 谢寨 | 父亲 | 马生清 | 回族 | 新集 | 谢寨 |
| 长子 | 杨　冰 | 回族 | 新集 | 谢寨 | 母亲 | 马有梅 | 回族 | 新集 | 谢寨 |
| 次子 | 杨瑞瑞 | 回族 | 新集 | 谢寨 | 妹妹 | 马西卖 | 回族 | 新集 | 谢寨 |
| 户主 | 杨付林 | 回族 | 新集 | 谢寨 | 户主 | 马正付 | 回族 | 新集 | 谢寨 |
| 妻子 | 马国芳 | 回族 | 新集 | 谢寨 | 妻子 | 剡秀梅 | 回族 | 新集 | 谢寨 |
| 长子 | 杨主麻 | 回族 | 新集 | 谢寨 | 长子 | 马学东 | 回族 | 新集 | 谢寨 |
| 长女 | 杨蓉蓉 | 回族 | 新集 | 谢寨 | 儿媳 | 马哈拜 | 回族 | 新集 | 谢寨 |
| 祖母 | 禹翠莲 | 回族 | 新集 | 谢寨 | 孙子 | 马　荣 | 回族 | 新集 | 谢寨 |
| 叔父 | 杨万有 | 回族 | 新集 | 谢寨 | 孙女 | 马　兰 | 回族 | 新集 | 谢寨 |
| 户主 | 马文学 | 回族 | 新集 | 谢寨 | 孙女 | 马　梅 | 回族 | 新集 | 谢寨 |
| 妻子 | 马德莲 | 回族 | 新集 | 谢寨 | 户主 | 马万科 | 回族 | 新集 | 谢寨 |
| 长子 | 马　兵 | 回族 | 新集 | 谢寨 | 妻子 | 单正花 | 回族 | 新集 | 谢寨 |
| 二女 | 马　玲 | 回族 | 新集 | 谢寨 | 长子 | 马学斌 | 回族 | 新集 | 谢寨 |
| 长女 | 马　慧 | 回族 | 新集 | 谢寨 | 四女 | 马学红 | 回族 | 新集 | 谢寨 |
| 母亲 | 陕得莲 | 回族 | 新集 | 谢寨 | 儿媳 | 柯义琴 | 回族 | 新集 | 谢寨 |
| 户主 | 马学龙 | 回族 | 新集 | 谢寨 | 户主 | 马武科 | 回族 | 新集 | 谢寨 |
| 妻子 | 马买买 | 回族 | 新集 | 谢寨 | 妻子 | 马文兰 | 回族 | 新集 | 谢寨 |
| 长子 | 马国林 | 回族 | 新集 | 谢寨 | 户主 | 单明川 | 回族 | 新集 | 谢寨 |
| 长女 | 马国梅 | 回族 | 新集 | 谢寨 | 妻子 | 剡锁彦 | 回族 | 新集 | 谢寨 |

续表 17

| 与户主关系 | 家庭成员 | 民族 | 原居住地 | | 与户主关系 | 家庭成员 | 民族 | 原居住地 | |
|---|---|---|---|---|---|---|---|---|---|
| | | | 乡(镇) | 行政村 | | | | 乡(镇) | 行政村 |
| 长子 | 单小平 | 回族 | 新集 | 谢寨 | 妻子 | 兰志梅 | 回族 | 新集 | 谢寨 |
| 次子 | 单小兵 | 回族 | 新集 | 谢寨 | 长子 | 马忠学 | 回族 | 新集 | 谢寨 |
| 长女 | 单小菊 | 回族 | 新集 | 谢寨 | 儿媳 | 妥阿社 | 回族 | 新集 | 谢寨 |
| 户主 | 单明月 | 回族 | 新集 | 谢寨 | 孙女 | 马　玲 | 回族 | 新集 | 谢寨 |
| 妻子 | 海山花 | 回族 | 新集 | 谢寨 | 孙女 | 马　慧 | 回族 | 新集 | 谢寨 |
| 长子 | 单小军 | 回族 | 新集 | 谢寨 | 户主 | 单玉清 | 回族 | 新集 | 谢寨 |
| 次子 | 单国庆 | 回族 | 新集 | 谢寨 | 妻子 | 李彩花 | 回族 | 新集 | 谢寨 |
| 户主 | 马忠科 | 回族 | 新集 | 谢寨 | 长子 | 单　飞 | 回族 | 新集 | 谢寨 |
| 妻子 | 马阿社 | 回族 | 新集 | 谢寨 | 长女 | 单　琴 | 回族 | 新集 | 谢寨 |
| 长子 | 马生龙 | 回族 | 新集 | 谢寨 | 户主 | 单玉德 | 回族 | 新集 | 谢寨 |
| 次子 | 马生军 | 回族 | 新集 | 谢寨 | 妻子 | 何玉梅 | 回族 | 新集 | 谢寨 |
| 户主 | 马正义 | 回族 | 新集 | 谢寨 | 长子 | 单福宝 | 回族 | 新集 | 谢寨 |
| 妻子 | 马志阿 | 回族 | 新集 | 谢寨 | 长女 | 单　红 | 回族 | 新集 | 谢寨 |
| 户主 | 马忠元 | 回族 | 新集 | 谢寨 | 户主 | 单正才 | 回族 | 新集 | 谢寨 |
| 妻子 | 马占连 | 回族 | 新集 | 谢寨 | 妻子 | 马凤莲 | 回族 | 新集 | 谢寨 |
| 长子 | 马海成 | 回族 | 新集 | 谢寨 | 三子 | 单玉国 | 回族 | 新集 | 谢寨 |
| 次子 | 马海军 | 回族 | 新集 | 谢寨 | 儿媳 | 马启梅 | 回族 | 新集 | 谢寨 |
| 三子 | 马　飞 | 回族 | 新集 | 谢寨 | 孙女 | 单　彤 | 回族 | 新集 | 谢寨 |
| 户主 | 马正虎 | 回族 | 新集 | 谢寨 | 户主 | 单正录 | 回族 | 新集 | 谢寨 |
| 妻子 | 马启梅 | 回族 | 新集 | 谢寨 | 妻子 | 马凤兰 | 回族 | 新集 | 谢寨 |
| 长子 | 马忠宝 | 回族 | 新集 | 谢寨 | 次子 | 单玉学 | 回族 | 新集 | 谢寨 |
| 次子 | 马忠贵 | 回族 | 新集 | 谢寨 | 儿媳 | 马启梅 | 回族 | 新集 | 谢寨 |
| 户主 | 马正学 | 回族 | 新集 | 谢寨 | 孙子 | 单　勇 | 回族 | 新集 | 谢寨 |
| 妻子 | 马福梅 | 回族 | 新集 | 谢寨 | 户主 | 单正科 | 回族 | 新集 | 谢寨 |
| 户主 | 马正林 | 回族 | 新集 | 谢寨 | 三子 | 单玉龙 | 回族 | 新集 | 谢寨 |
| 妻子 | 马玉芳 | 回族 | 新集 | 谢寨 | 儿媳 | 李彩梅 | 回族 | 新集 | 谢寨 |
| 兄 | 马正清 | 回族 | 新集 | 谢寨 | 孙子 | 单　彪 | 回族 | 新集 | 谢寨 |
| 户主 | 单玉海 | 回族 | 新集 | 谢寨 | 户主 | 单玉明 | 回族 | 新集 | 谢寨 |
| 妻子 | 马立翠 | 回族 | 新集 | 谢寨 | 妻子 | 马忠兰 | 回族 | 新集 | 谢寨 |
| 长子 | 单金山 | 回族 | 新集 | 谢寨 | 长子 | 单　斌 | 回族 | 新集 | 谢寨 |
| 次子 | 单金宝 | 回族 | 新集 | 谢寨 | 长女 | 单　燕 | 回族 | 新集 | 谢寨 |
| 户主 | 马福清 | 回族 | 新集 | 谢寨 | 户主 | 单玉军 | 回族 | 新集 | 谢寨 |
| 妻子 | 剡秀英 | 回族 | 新集 | 谢寨 | 妻子 | 马秀兰 | 回族 | 新集 | 谢寨 |
| 长子 | 马忠成 | 回族 | 新集 | 谢寨 | 长子 | 单　星 | 回族 | 新集 | 谢寨 |
| 次子 | 马　军 | 回族 | 新集 | 谢寨 | 长女 | 单　兰 | 回族 | 新集 | 谢寨 |
| 户主 | 马云清 | 回族 | 新集 | 谢寨 | 二女 | 单玲玲 | 回族 | 新集 | 谢寨 |

续表 17

| 与户主关系 | 家庭成员 | 民族 | 原居住地 | | 与户主关系 | 家庭成员 | 民族 | 原居住地 | |
|---|---|---|---|---|---|---|---|---|---|
| | | | 乡(镇) | 行政村 | | | | 乡(镇) | 行政村 |
| 户主 | 单正福 | 回族 | 新集 | 谢寨 | 长女 | 马国琴 | 回族 | 新集 | 谢寨 |
| 妻子 | 马菊花 | 回族 | 新集 | 谢寨 | 户主 | 马华斌 | 回族 | 新集 | 谢寨 |
| 户主 | 单玉山 | 回族 | 新集 | 谢寨 | 妻子 | 马忠芳 | 回族 | 新集 | 谢寨 |
| 妻子 | 马彦彦 | 回族 | 新集 | 谢寨 | 长子 | 马　军 | 回族 | 新集 | 谢寨 |
| 长子 | 单　强 | 回族 | 新集 | 谢寨 | 次子 | 马　星 | 回族 | 新集 | 谢寨 |
| 长女 | 单　红 | 回族 | 新集 | 谢寨 | 长女 | 马军兰 | 回族 | 新集 | 谢寨 |
| 二女 | 单　梅 | 回族 | 新集 | 谢寨 | 户主 | 马忠和 | 回族 | 新集 | 谢寨 |
| 户主 | 马海云 | 回族 | 新集 | 谢寨 | 妻子 | 马玉花 | 回族 | 新集 | 谢寨 |
| 妻子 | 苏叶叶 | 回族 | 新集 | 谢寨 | 长女 | 马　露 | 回族 | 新集 | 谢寨 |
| 长子 | 马金国 | 回族 | 新集 | 谢寨 | 父亲 | 马正雄 | 回族 | 新集 | 谢寨 |
| 长女 | 马金花 | 回族 | 新集 | 谢寨 | 户主 | 马文恩 | 回族 | 新集 | 谢寨 |
| 户主 | 马学明 | 回族 | 新集 | 谢寨 | 妻子 | 马淑芳 | 回族 | 新集 | 谢寨 |
| 妻子 | 马阿社 | 回族 | 新集 | 谢寨 | 长女 | 马　慧 | 回族 | 新集 | 谢寨 |
| 长子 | 马国良 | 回族 | 新集 | 谢寨 | 户主 | 单玉祥 | 回族 | 新集 | 谢寨 |
| 长女 | 马国梅 | 回族 | 新集 | 谢寨 | 妻子 | 虎占芳 | 回族 | 新集 | 谢寨 |
| 户主 | 马国平 | 回族 | 新集 | 谢寨 | 长子 | 单　军 | 回族 | 新集 | 谢寨 |
| 妻子 | 马有兰 | 回族 | 新集 | 谢寨 | 次子 | 单　伟 | 回族 | 新集 | 谢寨 |
| 长子 | 马小君 | 回族 | 新集 | 谢寨 | 三子 | 单　兵 | 回族 | 新集 | 谢寨 |
| 次子 | 马　刚 | 回族 | 新集 | 谢寨 | 户主 | 马晓林 | 回族 | 新集 | 谢寨 |
| 长女 | 马淑霞 | 回族 | 新集 | 谢寨 | 妻子 | 马云女 | 回族 | 新集 | 谢寨 |
| 户主 | 马学平 | 回族 | 新集 | 谢寨 | 长女 | 马　莲 | 回族 | 新集 | 谢寨 |
| 妻子 | 马贵枝 | 回族 | 新集 | 谢寨 | 户主 | 马学林 | 回族 | 新集 | 谢寨 |
| 长女 | 马国琴 | 回族 | 新集 | 谢寨 | 妻子 | 马月莲 | 回族 | 新集 | 谢寨 |
| 长子 | 马国君 | 回族 | 新集 | 谢寨 | 长子 | 马国斌 | 回族 | 新集 | 谢寨 |
| 户主 | 马国文 | 回族 | 新集 | 谢寨 | 长女 | 马国莲 | 回族 | 新集 | 谢寨 |
| 妻子 | 马进兰 | 回族 | 新集 | 谢寨 | 户主 | 马忠民 | 回族 | 新集 | 谢寨 |
| 长子 | 马　强 | 回族 | 新集 | 谢寨 | 妻子 | 杨如芸 | 回族 | 新集 | 谢寨 |
| 长女 | 马　琴 | 回族 | 新集 | 谢寨 | 长女 | 马　丽 | 回族 | 新集 | 谢寨 |
| 户主 | 马炳科 | 回族 | 新集 | 谢寨 | 长子 | 马　军 | 回族 | 新集 | 谢寨 |
| 妻子 | 马维芳 | 回族 | 新集 | 谢寨 | 户主 | 马连科 | 回族 | 新集 | 谢寨 |
| 次子 | 马学良 | 回族 | 新集 | 谢寨 | 妻子 | 马文梅 | 回族 | 新集 | 谢寨 |
| 儿媳 | 马世芳 | 回族 | 新集 | 谢寨 | 户主 | 单玉宝 | 回族 | 新集 | 谢寨 |
| 孙子 | 马国明 | 回族 | 新集 | 谢寨 | 妻子 | 马治兰 | 回族 | 新集 | 谢寨 |
| 户主 | 马学成 | 回族 | 新集 | 谢寨 | 长女 | 单　花 | 回族 | 新集 | 谢寨 |
| 妻子 | 马兆梅 | 回族 | 新集 | 谢寨 | 二女 | 单　瑞 | 回族 | 新集 | 谢寨 |
| 长子 | 马国斌 | 回族 | 新集 | 谢寨 | 三女 | 单　梅 | 回族 | 新集 | 谢寨 |

续表 17

| 与户主关系 | 家庭成员 | 民族 | 原居住地 | | 与户主关系 | 家庭成员 | 民族 | 原居住地 | |
|---|---|---|---|---|---|---|---|---|---|
| | | | 乡(镇) | 行政村 | | | | 乡(镇) | 行政村 |
| 户主 | 马文贵 | 回族 | 新集 | 谢寨 | 长子 | 马秀林 | 回族 | 新集 | 谢寨 |
| 妻子 | 马太英 | 回族 | 新集 | 谢寨 | 二女 | 马秀花 | 回族 | 新集 | 谢寨 |
| 长子 | 马　力 | 回族 | 新集 | 谢寨 | 长女 | 李军花 | 回族 | 新集 | 谢寨 |
| 户主 | 马文福 | 回族 | 新集 | 谢寨 | 户主 | 马耀明 | 回族 | 新集 | 谢寨 |
| 妻子 | 马治芳 | 回族 | 新集 | 谢寨 | 妻子 | 马兆花 | 回族 | 新集 | 谢寨 |
| 户主 | 马耀才 | 回族 | 新集 | 谢寨 | 长子 | 马玉亮 | 回族 | 新集 | 谢寨 |
| 妻子 | 海玉梅 | 回族 | 新集 | 谢寨 | 二女 | 马玉梅 | 回族 | 新集 | 谢寨 |
| 长子 | 马小龙 | 回族 | 新集 | 谢寨 | 户主 | 马耀忠 | 回族 | 新集 | 谢寨 |
| 长女 | 马小花 | 回族 | 新集 | 谢寨 | 妻子 | 马孝兰 | 回族 | 新集 | 谢寨 |
| 二女 | 马小琴 | 回族 | 新集 | 谢寨 | 长女 | 马玉英 | 回族 | 新集 | 谢寨 |
| 次子 | 马小东 | 回族 | 新集 | 谢寨 | 二女 | 马玉兰 | 回族 | 新集 | 谢寨 |
| 三子 | 马小付 | 回族 | 新集 | 谢寨 | 户主 | 马耀龙 | 回族 | 新集 | 谢寨 |
| 户主 | 李生海 | 回族 | 新集 | 谢寨 | 次子 | 马明岳 | 回族 | 新集 | 谢寨 |
| 兄 | 李生林 | 回族 | 新集 | 谢寨 | 妻子 | 马维芳 | 回族 | 新集 | 谢寨 |
| 弟 | 李秀仓 | 回族 | 新集 | 谢寨 | 户主 | 何志仓 | 回族 | 新集 | 谢寨 |
| 户主 | 何付平 | 回族 | 新集 | 谢寨 | 妻子 | 马进兰 | 回族 | 新集 | 谢寨 |
| 妻子 | 马如叶 | 回族 | 新集 | 谢寨 | 次子 | 何富军 | 回族 | 新集 | 谢寨 |
| 长子 | 何永强 | 回族 | 新集 | 谢寨 | 户主 | 何付荣 | 回族 | 新集 | 谢寨 |
| 长女 | 何玉兰 | 回族 | 新集 | 谢寨 | 妻子 | 马付梅 | 回族 | 新集 | 谢寨 |
| 父亲 | 何志奎 | 回族 | 新集 | 谢寨 | 三女 | 何玉玲 | 回族 | 新集 | 谢寨 |
| 母亲 | 马成英 | 回族 | 新集 | 谢寨 | 户主 | 马耀付 | 回族 | 新集 | 谢寨 |
| 户主 | 何志龙 | 回族 | 新集 | 谢寨 | 妻子 | 白应芳 | 回族 | 新集 | 谢寨 |
| 妻子 | 马保莲 | 回族 | 新集 | 谢寨 | 长子 | 马小平 | 回族 | 新集 | 谢寨 |
| 四子 | 何福财 | 回族 | 新集 | 谢寨 | 长女 | 马小兰 | 回族 | 新集 | 谢寨 |
| 儿媳 | 马玉霞 | 回族 | 新集 | 谢寨 | 二女 | 马小花 | 回族 | 新集 | 谢寨 |
| 孙女 | 何玉莲 | 回族 | 新集 | 谢寨 | 三女 | 马小梅 | 回族 | 新集 | 谢寨 |
| 户主 | 何君成 | 回族 | 新集 | 谢寨 | 户主 | 何付阳 | 回族 | 新集 | 谢寨 |
| 妻子 | 母学梅 | 回族 | 新集 | 谢寨 | 妻子 | 马耀霞 | 回族 | 新集 | 谢寨 |
| 长子 | 何玉虎 | 回族 | 新集 | 谢寨 | 长子 | 何玉军 | 回族 | 新集 | 谢寨 |
| 孙女 | 何　娜 | 回族 | 新集 | 谢寨 | 次子 | 何玉平 | 回族 | 新集 | 谢寨 |
| 户主 | 马维成 | 回族 | 新集 | 谢寨 | 户主 | 何福宝 | 回族 | 新集 | 谢寨 |
| 妻子 | 马进英 | 回族 | 新集 | 谢寨 | 妻子 | 郭生梅 | 回族 | 新集 | 谢寨 |
| 长子 | 马耀福 | 回族 | 新集 | 谢寨 | 长子 | 何玉虎 | 回族 | 新集 | 谢寨 |
| 母亲 | 马继英 | 回族 | 新集 | 谢寨 | 长女 | 何玉兰 | 回族 | 新集 | 谢寨 |
| 户主 | 马福贵 | 回族 | 新集 | 谢寨 | 户主 | 马成海 | 回族 | 新集 | 谢寨 |
| 妻子 | 姬永秀 | 回族 | 新集 | 谢寨 | 妻子 | 马福梅 | 回族 | 新集 | 谢寨 |

续表 17

| 与户主关系 | 家庭成员 | 民族 | 原居住地 | | 与户主关系 | 家庭成员 | 民族 | 原居住地 | |
|---|---|---|---|---|---|---|---|---|---|
| | | | 乡(镇) | 行政村 | | | | 乡(镇) | 行政村 |
| 长子 | 马小宏 | 回族 | 新集 | 谢寨 | 户主 | 马进祥 | 回族 | 新集 | 谢寨 |
| 次子 | 马小军 | 回族 | 新集 | 谢寨 | 妻子 | 马秀梅 | 回族 | 新集 | 谢寨 |
| 户主 | 李秀成 | 回族 | 新集 | 谢寨 | 次子 | 马福林 | 回族 | 新集 | 谢寨 |
| 妻子 | 何富花 | 回族 | 新集 | 谢寨 | 长女 | 马福霞 | 回族 | 新集 | 谢寨 |
| 长子 | 李军虎 | 回族 | 新集 | 谢寨 | 父亲 | 马英杰 | 回族 | 新集 | 谢寨 |
| 二女 | 李军梅 | 回族 | 新集 | 谢寨 | 长子 | 马福忠 | 回族 | 新集 | 谢寨 |
| 次子 | 李军明 | 回族 | 新集 | 谢寨 | 儿媳 | 马小琴 | 回族 | 新集 | 谢寨 |
| 户主 | 马成学 | 回族 | 新集 | 谢寨 | 户主 | 马进林 | 回族 | 新集 | 谢寨 |
| 妻子 | 马志兰 | 回族 | 新集 | 谢寨 | 妻子 | 马正芳 | 回族 | 新集 | 谢寨 |
| 长子 | 马小平 | 回族 | 新集 | 谢寨 | 长子 | 马福科 | 回族 | 新集 | 谢寨 |
| 长女 | 马小兰 | 回族 | 新集 | 谢寨 | 次子 | 马福君 | 回族 | 新集 | 谢寨 |
| 二女 | 马小玲 | 回族 | 新集 | 谢寨 | 长女 | 马福梅 | 回族 | 新集 | 谢寨 |
| 母亲 | 何志莲 | 回族 | 新集 | 谢寨 | 户主 | 何付花 | 回族 | 新集 | 谢寨 |
| 户主 | 马成仓 | 回族 | 新集 | 谢寨 | 长子 | 马福才 | 回族 | 新集 | 谢寨 |
| 妻子 | 马存女 | 回族 | 新集 | 谢寨 | 次子 | 马福成 | 回族 | 新集 | 谢寨 |
| 长子 | 马小歧 | 回族 | 新集 | 谢寨 | 三子 | 马福海 | 回族 | 新集 | 谢寨 |
| 户主 | 李秀仓 | 回族 | 新集 | 谢寨 | 户主 | 李生平 | 回族 | 新集 | 谢寨 |
| 妻子 | 马守梅 | 回族 | 新集 | 谢寨 | 妻子 | 马海海 | 回族 | 新集 | 谢寨 |
| 长子 | 李主麻 | 回族 | 新集 | 谢寨 | 长子 | 李小军 | 回族 | 新集 | 谢寨 |
| 次子 | 李志林 | 回族 | 新集 | 谢寨 | 长女 | 李　容 | 回族 | 新集 | 谢寨 |
| 长女 | 李军梅 | 回族 | 新集 | 谢寨 | 户主 | 李生山 | 回族 | 新集 | 谢寨 |
| 户主 | 马福林 | 回族 | 新集 | 谢寨 | 妻子 | 海玉兰 | 回族 | 新集 | 谢寨 |
| 妻子 | 何玉莲 | 回族 | 新集 | 谢寨 | 长子 | 李君明 | 回族 | 新集 | 谢寨 |
| 长子 | 马景涛 | 回族 | 新集 | 谢寨 | 次子 | 李　军 | 回族 | 新集 | 谢寨 |
| 次子 | 马小明 | 回族 | 新集 | 谢寨 | 户主 | 李生林 | 回族 | 新集 | 谢寨 |
| 户主 | 马付忠 | 回族 | 新集 | 谢寨 | 妻子 | 马雪花 | 回族 | 新集 | 谢寨 |
| 妻子 | 马启梅 | 回族 | 新集 | 谢寨 | 长子 | 李文琳 | 回族 | 新集 | 谢寨 |
| 长子 | 马小强 | 回族 | 新集 | 谢寨 | 二女 | 李小梅 | 回族 | 新集 | 谢寨 |
| 长女 | 马小梅 | 回族 | 新集 | 谢寨 | 户主 | 马耀东 | 回族 | 新集 | 谢寨 |
| 户主 | 马福明 | 回族 | 新集 | 谢寨 | 兄 | 马耀山 | 回族 | 新集 | 谢寨 |
| 妻子 | 马太芳 | 回族 | 新集 | 谢寨 | 户主 | 何付有 | 回族 | 新集 | 谢寨 |
| 长子 | 马小平 | 回族 | 新集 | 谢寨 | 长子 | 何玉贵 | 回族 | 新集 | 谢寨 |
| 次子 | 马小飞 | 回族 | 新集 | 谢寨 | 长女 | 何玉梅 | 回族 | 新集 | 谢寨 |
| 三子 | 马小龙 | 回族 | 新集 | 谢寨 | 户主 | 何付贵 | 回族 | 新集 | 谢寨 |
| 父亲 | 马成俊 | 回族 | 新集 | 谢寨 | 妻子 | 马金花 | 回族 | 新集 | 谢寨 |
| 母亲 | 马秀梅 | 回族 | 新集 | 谢寨 | 长女 | 何玉珍 | 回族 | 新集 | 谢寨 |

续表 17

| 与户主关系 | 家庭成员 | 民族 | 原居住地 | | 与户主关系 | 家庭成员 | 民族 | 原居住地 | |
|---|---|---|---|---|---|---|---|---|---|
| | | | 乡(镇) | 行政村 | | | | 乡(镇) | 行政村 |
| 长子 | 何玉军 | 回族 | 新集 | 谢寨 | 妻子 | 包维花 | 汉族 | 古城 | 川口 |
| 户主 | 李秀才 | 回族 | 新集 | 谢寨 | 户主 | 郭兆远 | 汉族 | 古城 | 川口 |
| 母亲 | 马进芳 | 回族 | 新集 | 谢寨 | 妻子 | 张孝霞 | 汉族 | 古城 | 川口 |
| 弟 | 李秀全 | 回族 | 新集 | 谢寨 | 次子 | 郭　兵 | 汉族 | 古城 | 川口 |
| 户主 | 何志林 | 回族 | 新集 | 谢寨 | 儿媳 | 杨　琴 | 汉族 | 古城 | 川口 |
| 妻子 | 马进梅 | 回族 | 新集 | 谢寨 | 孙子 | 郭佳涛 | 汉族 | 古城 | 川口 |
| 户主 | 李生虎 | 回族 | 新集 | 谢寨 | 户主 | 杨满昌 | 汉族 | 古城 | 川口 |
| 妻子 | 马　玲 | 回族 | 新集 | 谢寨 | 妻子 | 惠连彩 | 汉族 | 古城 | 川口 |
| 长女 | 李晓慧 | 回族 | 新集 | 谢寨 | 长子 | 杨　军 | 汉族 | 古城 | 川口 |
| 母亲 | 海保莲 | 回族 | 新集 | 谢寨 | 儿媳 | 刘巧霞 | 汉族 | 古城 | 川口 |
| 户主 | 马继福 | 回族 | 新集 | 谢寨 | 孙子 | 杨家明 | 汉族 | 古城 | 川口 |
| 妻子 | 铁玉莲 | 回族 | 新集 | 谢寨 | 弟 | 杨满云 | 汉族 | 古城 | 川口 |
| 户主 | 李秀林 | 回族 | 新集 | 谢寨 | 户主 | 王飞舰 | 汉族 | 古城 | 川口 |
| 妻子 | 马秀花 | 回族 | 新集 | 谢寨 | 妻子 | 李兵英 | 汉族 | 古城 | 川口 |
| 长女 | 李军霞 | 回族 | 新集 | 谢寨 | 长女 | 王国香 | 汉族 | 古城 | 川口 |
| 户主 | 何进财 | 回族 | 新集 | 谢寨 | 长子 | 王国伟 | 汉族 | 古城 | 川口 |
| 妻子 | 马天秀 | 回族 | 新集 | 谢寨 | 母亲 | 王九连 | 汉族 | 古城 | 川口 |
| 长子 | 何永健 | 回族 | 新集 | 谢寨 | 户主 | 顾全铎 | 汉族 | 古城 | 川口 |
| 户主 | 何付清 | 回族 | 新集 | 谢寨 | 妻子 | 方玉红 | 汉族 | 古城 | 川口 |
| 妻子 | 马密耐 | 回族 | 新集 | 谢寨 | 次子 | 顾海剑 | 汉族 | 古城 | 川口 |
| 长女 | 何玉梅 | 回族 | 新集 | 谢寨 | 母亲 | 王玉英 | 汉族 | 古城 | 川口 |
| 二女 | 何玉花 | 回族 | 新集 | 谢寨 | 户主 | 顾全新 | 汉族 | 古城 | 川口 |
| 户主 | 马玉兵 | 回族 | 新集 | 谢寨 | 妻子 | 张守莲 | 汉族 | 古城 | 川口 |
| 弟 | 马玉龙 | 回族 | 新集 | 谢寨 | 长子 | 顾海刚 | 汉族 | 古城 | 川口 |
| 妹妹 | 马玉睿 | 回族 | 新集 | 谢寨 | 户主 | 田德龙 | 汉族 | 古城 | 川口 |
| 户主 | 马明珍 | 回族 | 新集 | 谢寨 | 妻子 | 袁志芳 | 汉族 | 古城 | 川口 |
| 长子 | 马　兵 | 回族 | 新集 | 谢寨 | 长子 | 田　东 | 汉族 | 古城 | 川口 |
| 户主 | 何富才 | 回族 | 新集 | 谢寨 | 长女 | 田　晶 | 汉族 | 古城 | 川口 |
| 妻子 | 海小梅 | 回族 | 新集 | 谢寨 | 户主 | 田得兵 | 汉族 | 古城 | 川口 |
| 长女 | 何莹莹 | 回族 | 新集 | 谢寨 | 妻子 | 张富英 | 汉族 | 古城 | 川口 |
| 户主 | 王　海 | 汉族 | 古城 | 川口 | 长子 | 田　虎 | 汉族 | 古城 | 川口 |
| 妻子 | 王爱珍 | 汉族 | 古城 | 川口 | 户主 | 田得富 | 汉族 | 古城 | 川口 |
| 长女 | 王小娟 | 汉族 | 古城 | 川口 | 妻子 | 韩富玲 | 汉族 | 古城 | 川口 |
| 二女 | 王小莉 | 汉族 | 古城 | 川口 | 次子 | 田　杰 | 汉族 | 古城 | 川口 |
| 长子 | 王小勇 | 汉族 | 古城 | 川口 | 父亲 | 田兴泰 | 汉族 | 古城 | 川口 |
| 户主 | 王建刚 | 汉族 | 古城 | 川口 | 户主 | 张万清 | 汉族 | 古城 | 小岔沟 |

续表 17

| 与户主关系 | 家庭成员 | 民族 | 原居住地 | | 与户主关系 | 家庭成员 | 民族 | 原居住地 | |
|---|---|---|---|---|---|---|---|---|---|
| | | | 乡(镇) | 行政村 | | | | 乡(镇) | 行政村 |
| 妻子 | 张晓琴 | 汉族 | 古城 | 小岔沟 | 妻子 | 董书云 | 汉族 | 古城 | 小岔沟 |
| 长女 | 张　璐 | 汉族 | 古城 | 小岔沟 | 长子 | 王　智 | 汉族 | 古城 | 小岔沟 |
| 此女 | 张　磊 | 汉族 | 古城 | 小岔沟 | 户主 | 袁作成 | 汉族 | 古城 | 小岔沟 |
| 母亲 | 曾怀芳 | 汉族 | 古城 | 小岔沟 | 妻子 | 王书梅 | 汉族 | 古城 | 小岔沟 |
| 户主 | 李孝岐 | 汉族 | 古城 | 小岔沟 | 长子 | 袁建军 | 汉族 | 古城 | 小岔沟 |
| 妻子 | 董秀花 | 汉族 | 古城 | 小岔沟 | 户主 | 袁建刚 | 汉族 | 古城 | 小岔沟 |
| 次子 | 李海兵 | 汉族 | 古城 | 小岔沟 | 妻子 | 丁玉凤 | 汉族 | 古城 | 小岔沟 |
| 户主 | 周生福 | 汉族 | 古城 | 小岔沟 | 长子 | 袁　明 | 汉族 | 古城 | 小岔沟 |
| 妻子 | 党爱玲 | 汉族 | 古城 | 小岔沟 | 次子 | 袁明亮 | 汉族 | 古城 | 小岔沟 |
| 长女 | 周婷婷 | 汉族 | 古城 | 小岔沟 | 户主 | 杨志林 | 汉族 | 古城 | 小岔沟 |
| 户主 | 李克栋 | 汉族 | 古城 | 小岔沟 | 妻子 | 董玉霞 | 汉族 | 古城 | 小岔沟 |
| 妻子 | 朱凤霞 | 汉族 | 古城 | 小岔沟 | 长子 | 杨　宽 | 汉族 | 古城 | 小岔沟 |
| 次子 | 李爱军 | 汉族 | 古城 | 小岔沟 | 次子 | 杨　昌 | 汉族 | 古城 | 小岔沟 |
| 户主 | 董生祥 | 汉族 | 古城 | 小岔沟 | 母亲 | 李俊英 | 汉族 | 古城 | 小岔沟 |
| 妻子 | 宋玉莲 | 汉族 | 古城 | 小岔沟 | 户主 | 李孝明 | 汉族 | 古城 | 小岔沟 |
| 户主 | 周生成 | 汉族 | 古城 | 小岔沟 | 妻子 | 王拴爱 | 汉族 | 古城 | 小岔沟 |
| 妻子 | 张有芳 | 汉族 | 古城 | 小岔沟 | 长子 | 李海参 | 汉族 | 古城 | 小岔沟 |
| 长子 | 周景明 | 汉族 | 古城 | 小岔沟 | 户主 | 李孝东 | 汉族 | 古城 | 小岔沟 |
| 长女 | 周景红 | 汉族 | 古城 | 小岔沟 | 妻子 | 马秀花 | 汉族 | 古城 | 小岔沟 |
| 此女 | 周景荣 | 汉族 | 古城 | 小岔沟 | 长子 | 李志雄 | 汉族 | 古城 | 小岔沟 |
| 户主 | 李克祥 | 汉族 | 古城 | 小岔沟 | 长女 | 李信宁 | 汉族 | 古城 | 小岔沟 |
| 妻子 | 王金春 | 汉族 | 古城 | 小岔沟 | 户主 | 武玉琴 | 汉族 | 古城 | 小岔沟 |
| 长子 | 李永宁 | 汉族 | 古城 | 小岔沟 | 长子 | 王永斐 | 汉族 | 古城 | 小岔沟 |
| 次子 | 李建国 | 汉族 | 古城 | 小岔沟 | 次子 | 王永合 | 汉族 | 古城 | 小岔沟 |
| 三子 | 李建宁 | 汉族 | 古城 | 小岔沟 | 长女 | 王利利 | 汉族 | 古城 | 小岔沟 |
| 户主 | 董兆武 | 汉族 | 古城 | 小岔沟 | 二女 | 王蒙蒙 | 汉族 | 古城 | 小岔沟 |
| 妻子 | 袁春梅 | 汉族 | 古城 | 小岔沟 | 户主 | 王　军 | 汉族 | 古城 | 小岔沟 |
| 长子 | 董福强 | 汉族 | 古城 | 小岔沟 | 妻子 | 裴翠苹 | 汉族 | 古城 | 小岔沟 |
| 户主 | 董兆发 | 汉族 | 古城 | 小岔沟 | 长女 | 王静雯 | 汉族 | 古城 | 小岔沟 |
| 长女 | 董亚楠 | 汉族 | 古城 | 小岔沟 | 长子 | 王博文 | 汉族 | 古城 | 小岔沟 |
| 妻子 | 李照红 | 汉族 | 古城 | 小岔沟 | 父亲 | 王凤才 | 汉族 | 古城 | 小岔沟 |
| 户主 | 董代文 | 汉族 | 古城 | 小岔沟 | 户主 | 王兆才 | 汉族 | 古城 | 小岔沟 |
| 妻子 | 闫巧芸 | 汉族 | 古城 | 小岔沟 | 妻子 | 牛秀珍 | 汉族 | 古城 | 小岔沟 |
| 长子 | 董卫经 | 汉族 | 古城 | 小岔沟 | 户主 | 王彦平 | 汉族 | 古城 | 小岔沟 |
| 户主 | 王有成 | 汉族 | 古城 | 小岔沟 | 长子 | 王国建 | 汉族 | 古城 | 小岔沟 |
| 长女 | 王小燕 | 汉族 | 古城 | 小岔沟 | 长女 | 王　敏 | 汉族 | 古城 | 小岔沟 |

续表 17

| 与户主关系 | 家庭成员 | 民族 | 原居住地 | | 与户主关系 | 家庭成员 | 民族 | 原居住地 | |
|---|---|---|---|---|---|---|---|---|---|
| | | | 乡(镇) | 行政村 | | | | 乡(镇) | 行政村 |
| 母亲 | 刘玉清 | 汉族 | 古城 | 小岔沟 | 妻子 | 马金花 | 汉族 | 古城 | 小岔沟 |
| 父亲 | 王进才 | 汉族 | 古城 | 小岔沟 | 次子 | 杨顺利 | 汉族 | 古城 | 小岔沟 |
| 户主 | 李照珍 | 汉族 | 古城 | 小岔沟 | 长女 | 杨君莉 | 汉族 | 古城 | 小岔沟 |
| 妻子 | 王小英 | 汉族 | 古城 | 小岔沟 | 此女 | 杨彩芸 | 汉族 | 古城 | 小岔沟 |
| 长子 | 李　强 | 汉族 | 古城 | 小岔沟 | 户主 | 刘正录 | 汉族 | 古城 | 小岔沟 |
| 长女 | 李雨婷 | 汉族 | 古城 | 小岔沟 | 长子 | 刘国兵 | 汉族 | 古城 | 小岔沟 |
| 户主 | 董生财 | 汉族 | 古城 | 小岔沟 | 次子 | 刘国乾 | 汉族 | 古城 | 小岔沟 |
| 妻子 | 王秀英 | 汉族 | 古城 | 小岔沟 | 户主 | 刘正海 | 汉族 | 古城 | 小岔沟 |
| 户主 | 董学武 | 汉族 | 古城 | 小岔沟 | 母亲 | 王秀英 | 汉族 | 古城 | 小岔沟 |
| 妻子 | 黄建琴 | 汉族 | 古城 | 小岔沟 | 户主 | 何生财 | 汉族 | 古城 | 小岔沟 |
| 长女 | 董　娜 | 汉族 | 古城 | 小岔沟 | 妻子 | 张检花 | 汉族 | 古城 | 小岔沟 |
| 户主 | 董亚楠 | 回族 | 古城 | 小岔沟 | 长子 | 何德智 | 汉族 | 古城 | 小岔沟 |
| 弟 | 董　涛 | 回族 | 古城 | 小岔沟 | 次子 | 何金龙 | 汉族 | 古城 | 小岔沟 |
| 户主 | 董　强 | 汉族 | 古城 | 小岔沟 | 户主 | 何生祥 | 汉族 | 古城 | 小岔沟 |
| 长子 | 董智佳 | 汉族 | 古城 | 小岔沟 | 妻子 | 李芳莲 | 汉族 | 古城 | 小岔沟 |
| 户主 | 史金明 | 汉族 | 古城 | 小岔沟 | 次子 | 何德龙 | 汉族 | 古城 | 小岔沟 |
| 母亲 | 宋会兰 | 汉族 | 古城 | 小岔沟 | 儿媳 | 张汉霞 | 汉族 | 古城 | 小岔沟 |
| 户主 | 李克慧 | 汉族 | 古城 | 小岔沟 | 孙子 | 何　旭 | 汉族 | 古城 | 小岔沟 |
| 妻子 | 董彩虹 | 汉族 | 古城 | 小岔沟 | 户主 | 李建强 | 汉族 | 古城 | 小岔沟 |
| 长子 | 李　伟 | 汉族 | 古城 | 小岔沟 | 妻子 | 王学琴 | 汉族 | 古城 | 小岔沟 |
| 次子 | 李小伟 | 汉族 | 古城 | 小岔沟 | 长女 | 李　娜 | 汉族 | 古城 | 小岔沟 |
| 户主 | 李晓宁 | 汉族 | 古城 | 小岔沟 | 长子 | 李　智 | 汉族 | 古城 | 小岔沟 |
| 妻子 | 张巧红 | 汉族 | 古城 | 小岔沟 | 户主 | 屈孝林 | 汉族 | 古城 | 小岔沟 |
| 长女 | 李金娟 | 汉族 | 古城 | 小岔沟 | 妻子 | 宋玉铃 | 汉族 | 古城 | 小岔沟 |
| 长子 | 李金龙 | 汉族 | 古城 | 小岔沟 | 长女 | 屈亚茹 | 汉族 | 古城 | 小岔沟 |
| 户主 | 王永成 | 汉族 | 古城 | 小岔沟 | 此女 | 屈亚红 | 汉族 | 古城 | 小岔沟 |
| 妻子 | 包尚琴 | 汉族 | 古城 | 小岔沟 | 长子 | 屈　强 | 汉族 | 古城 | 小岔沟 |
| 长女 | 王明娟 | 汉族 | 古城 | 小岔沟 | 户主 | 邵思俊 | 汉族 | 古城 | 小岔沟 |
| 此女 | 王小娟 | 汉族 | 古城 | 小岔沟 | 妻子 | 王亚选 | 汉族 | 古城 | 小岔沟 |
| 长子 | 王　雄 | 汉 | 古城 | 小岔沟 | 长子 | 邵　鹏 | 汉族 | 古城 | 小岔沟 |
| 户主 | 杨志勤 | 汉 | 古城 | 小岔沟 | 户主 | 邵维忠 | 汉族 | 古城 | 小岔沟 |
| 妻子 | 张耀霞 | 汉 | 古城 | 小岔沟 | 妻子 | 李秀兰 | 汉族 | 古城 | 小岔沟 |
| 长女 | 杨　娜 | 汉 | 古城 | 小岔沟 | 长子 | 邵俊仁 | 汉族 | 古城 | 小岔沟 |
| 长子 | 杨　军 | 汉 | 古城 | 小岔沟 | 长媳 | 仇亚亚 | 汉族 | 古城 | 小岔沟 |
| 母亲 | 马俊英 | 汉 | 古城 | 小岔沟 | 长孙女 | 邵巧铃 | 汉族 | 古城 | 小岔沟 |
| 户主 | 杨志华 | 汉 | 古城 | 小岔沟 | 次孙女 | 邵　蕊 | 汉族 | 古城 | 小岔沟 |

续表 17

| 与户主关系 | 家庭成员 | 民族 | 原居住地 | | 与户主关系 | 家庭成员 | 民族 | 原居住地 | |
|---|---|---|---|---|---|---|---|---|---|
| | | | 乡(镇) | 行政村 | | | | 乡(镇) | 行政村 |
| 长孙 | 邵　旭 | 汉族 | 古城 | 小岔沟 | 户主 | 刘国成 | 汉族 | 古城 | 小岔沟 |
| 户主 | 屈孝义 | 汉族 | 古城 | 小岔沟 | 妻子 | 杨小丽 | 汉族 | 古城 | 小岔沟 |
| 妻子 | 王亚茹 | 汉族 | 古城 | 小岔沟 | 长子 | 刘　帅 | 汉族 | 古城 | 小岔沟 |
| 长女 | 屈娇娇 | 汉族 | 古城 | 小岔沟 | 长女 | 刘　晶 | 汉族 | 古城 | 小岔沟 |
| 次女 | 屈云姣 | 汉族 | 古城 | 小岔沟 | 户主 | 邵永强 | 汉族 | 古城 | 小岔沟 |
| 三女 | 屈蓉娇 | 汉族 | 古城 | 小岔沟 | 妻子 | 杨桂桂 | 汉族 | 古城 | 小岔沟 |
| 户主 | 屈真月 | 汉族 | 古城 | 小岔沟 | 长女 | 邵　娟 | 汉族 | 古城 | 小岔沟 |
| 母亲 | 王俊兰 | 汉族 | 古城 | 小岔沟 | 长子 | 邵帅朋 | 汉族 | 古城 | 小岔沟 |
| 户主 | 姚忠义 | 汉族 | 古城 | 小岔沟 | 户主 | 邵治福 | 汉族 | 古城 | 小岔沟 |
| 妻子 | 宋巧莲 | 汉族 | 古城 | 小岔沟 | 妻子 | 李秀英 | 汉族 | 古城 | 小岔沟 |
| 长子 | 姚志文 | 汉族 | 古城 | 小岔沟 | 长子 | 邵建银 | 汉族 | 古城 | 小岔沟 |
| 户主 | 朱晓琴 | 汉族 | 古城 | 小岔沟 | 长媳 | 李会琴 | 汉族 | 古城 | 小岔沟 |
| 长子 | 李鹏辉 | 汉族 | 古城 | 小岔沟 | 长孙 | 邵小恒 | 汉族 | 古城 | 小岔沟 |
| 长女 | 李慧芝 | 汉族 | 古城 | 小岔沟 | 次孙 | 邵小宁 | 汉族 | 古城 | 小岔沟 |
| 母亲 | 宋兰英 | 汉族 | 古城 | 小岔沟 | 户主 | 邵志祥 | 汉族 | 古城 | 小岔沟 |
| 户主 | 赵蕊莲 | 汉族 | 古城 | 小岔沟 | 妻子 | 罗慧香 | 汉族 | 古城 | 小岔沟 |
| 二女 | 李　玲 | 汉族 | 古城 | 小岔沟 | 户主 | 邵建国 | 汉族 | 古城 | 小岔沟 |
| 户主 | 李发魁 | 汉族 | 古城 | 小岔沟 | 妻子 | 段淑苹 | 汉族 | 古城 | 小岔沟 |
| 妻子 | 张淑兰 | 汉族 | 古城 | 小岔沟 | 长女 | 邵燕燕 | 汉族 | 古城 | 小岔沟 |
| 长子 | 李建国 | 汉族 | 古城 | 小岔沟 | 长子 | 邵小兵 | 汉族 | 古城 | 小岔沟 |
| 孙子 | 李　帆 | 汉族 | 古城 | 小岔沟 | 户主 | 刘正江 | 汉族 | 古城 | 小岔沟 |
| 户主 | 何德富 | 汉族 | 古城 | 小岔沟 | 妻子 | 王小兰 | 汉族 | 古城 | 小岔沟 |
| 长子 | 何　斌 | 汉族 | 古城 | 小岔沟 | 长子 | 刘国强 | 汉族 | 古城 | 小岔沟 |
| 户主 | 邵维孝 | 汉族 | 古城 | 小岔沟 | 长媳 | 黄彩霞 | 汉族 | 古城 | 小岔沟 |
| 妻子 | 鲁桂梅 | 汉族 | 古城 | 小岔沟 | 户主 | 袁小琴 | 汉族 | 古城 | 小岔沟 |
| 三子 | 邵永红 | 汉族 | 古城 | 小岔沟 | 丈夫 | 屈效军 | 汉族 | 古城 | 小岔沟 |
| 户主 | 何德义 | 汉族 | 古城 | 小岔沟 | 长女 | 屈亚蓉 | 汉族 | 古城 | 小岔沟 |
| 妻子 | 毛爱英 | 汉族 | 古城 | 小岔沟 | 长子 | 屈帅兵 | 汉族 | 古城 | 小岔沟 |
| 长女 | 何甜甜 | 汉族 | 古城 | 小岔沟 | 户主 | 李世应 | 汉族 | 古城 | 郑庄 |
| 长子 | 何源源 | 汉族 | 古城 | 小岔沟 | 妻子 | 苟占梅 | 汉族 | 古城 | 郑庄 |
| 户主 | 蒙桂琴 | 汉族 | 古城 | 小岔沟 | 户主 | 郑作刚 | 汉族 | 古城 | 郑庄 |
| 长女 | 邵彩银 | 汉族 | 古城 | 小岔沟 | 妻子 | 宗继琴 | 汉族 | 古城 | 郑庄 |
| 户主 | 姚志刚 | 汉族 | 古城 | 小岔沟 | 长子 | 郑　成 | 汉族 | 古城 | 郑庄 |
| 妻子 | 李牡丹 | 汉族 | 古城 | 小岔沟 | 户主 | 郑作恩 | 汉族 | 古城 | 郑庄 |
| 长女 | 姚　桐 | 汉族 | 古城 | 小岔沟 | 妻子 | 王彩芳 | 汉族 | 古城 | 郑庄 |
| 长子 | 姚　顺 | 汉族 | 古城 | 小岔沟 | 长子 | 郑　震 | 汉族 | 古城 | 郑庄 |

续表 17

| 与户主关系 | 家庭成员 | 民族 | 原居住地 | | 与户主关系 | 家庭成员 | 民族 | 原居住地 | |
|---|---|---|---|---|---|---|---|---|---|
| | | | 乡(镇) | 行政村 | | | | 乡(镇) | 行政村 |
| 长女 | 郑　昊 | 汉族 | 古城 | 郑庄 | 长女 | 李雅莉 | 汉族 | 古城 | 郑庄 |
| 户主 | 郑作楷 | 汉族 | 古城 | 郑庄 | 次女 | 李雅萍 | 汉族 | 古城 | 郑庄 |
| 妻子 | 袁国萍 | 汉族 | 古城 | 郑庄 | 户主 | 李治宝 | 汉族 | 古城 | 郑庄 |
| 长女 | 郑　娜 | 汉族 | 古城 | 郑庄 | 妻子 | 李小红 | 汉族 | 古城 | 郑庄 |
| 长子 | 郑　启 | 汉族 | 古城 | 郑庄 | 长子 | 李亚博 | 汉族 | 古城 | 郑庄 |
| 母亲 | 李伯珠 | 汉族 | 古城 | 郑庄 | 户主 | 李振鹏 | 汉族 | 古城 | 郑庄 |
| 户主 | 郑作库 | 汉族 | 古城 | 郑庄 | 父亲 | 李作忠 | 汉族 | 古城 | 郑庄 |
| 父亲 | 郑文俭 | 汉族 | 古城 | 郑庄 | 母亲 | 杨金梅 | 汉族 | 古城 | 郑庄 |
| 母亲 | 陈秀英 | 汉族 | 古城 | 郑庄 | 户主 | 李振旭 | 汉族 | 古城 | 郑庄 |
| 户主 | 郑作贵 | 汉族 | 古城 | 郑庄 | 妻子 | 张甜甜 | 汉族 | 古城 | 郑庄 |
| 妻子 | 席志琴 | 汉族 | 古城 | 郑庄 | 长子 | 李嘉麒 | 汉族 | 古城 | 郑庄 |
| 长女 | 郑　蓉 | 汉族 | 古城 | 郑庄 | 户主 | 李振平 | 汉族 | 古城 | 郑庄 |
| 长子 | 郑　东 | 汉族 | 古城 | 郑庄 | 妻子 | 王巧娥 | 汉族 | 古城 | 郑庄 |
| 次子 | 郑　帅 | 汉族 | 古城 | 郑庄 | 长女 | 李嘉妍 | 汉族 | 古城 | 郑庄 |
| 户主 | 郑作富 | 汉族 | 古城 | 郑庄 | 户主 | 叶强忠 | 汉族 | 古城 | 郑庄 |
| 五女 | 王玉莲 | 汉族 | 古城 | 郑庄 | 妻子 | 李　花 | 汉族 | 古城 | 郑庄 |
| 长子 | 郑　毅 | 汉族 | 古城 | 郑庄 | 长女 | 叶　彤 | 汉族 | 古城 | 郑庄 |
| 户主 | 郑治强 | 汉族 | 古城 | 郑庄 | 次子 | 叶　成 | 汉族 | 古城 | 郑庄 |
| 妻子 | 赵　灵 | 汉族 | 古城 | 郑庄 | 户主 | 刘　强 | 汉族 | 古城 | 郑庄 |
| 长女 | 郑　婧 | 汉族 | 古城 | 郑庄 | 妻子 | 杨芳霞 | 汉族 | 古城 | 郑庄 |
| 户主 | 郑作庚 | 汉族 | 古城 | 郑庄 | 长子 | 刘文博 | 汉族 | 古城 | 郑庄 |
| 妻子 | 袁相相 | 汉族 | 古城 | 郑庄 | 父亲 | 刘俊林 | 汉族 | 古城 | 郑庄 |
| 长女 | 郑　娜 | 汉族 | 古城 | 郑庄 | 母亲 | 袁继琴 | 汉族 | 古城 | 郑庄 |
| 次女 | 郑　倩 | 汉族 | 古城 | 郑庄 | 户主 | 叶强金 | 汉族 | 古城 | 郑庄 |
| 户主 | 郑作瑞 | 汉族 | 古城 | 郑庄 | 妻子 | 刘海红 | 汉族 | 古城 | 郑庄 |
| 母亲 | 铁明花 | 汉族 | 古城 | 郑庄 | 长女 | 叶东东 | 汉族 | 古城 | 郑庄 |
| 侄女 | 郑　艳 | 汉族 | 古城 | 郑庄 | 长子 | 叶　春 | 汉族 | 古城 | 郑庄 |
| 侄子 | 郑　兴 | 汉族 | 古城 | 郑庄 | 户主 | 李作文 | 汉族 | 古城 | 郑庄 |
| 侄子 | 郑　伟 | 汉族 | 古城 | 郑庄 | 妻子 | 王桂梅 | 汉族 | 古城 | 郑庄 |
| 侄女 | 郑　利 | 汉族 | 古城 | 郑庄 | 长子 | 李　君 | 汉族 | 古城 | 郑庄 |
| 户主 | 李世强 | 汉族 | 古城 | 郑庄 | 次子 | 李　平 | 汉族 | 古城 | 郑庄 |
| 妻子 | 王建琴 | 汉族 | 古城 | 郑庄 | 长女 | 李芳霞 | 汉族 | 古城 | 郑庄 |
| 三子 | 李治鹏 | 汉族 | 古城 | 郑庄 | 户主 | 李作仁 | 汉族 | 古城 | 郑庄 |
| 户主 | 李治财 | 汉族 | 古城 | 郑庄 | 妻子 | 袁志琴 | 汉族 | 古城 | 郑庄 |
| 妻子 | 赵　芳 | 汉族 | 古城 | 郑庄 | 长子 | 李　鑫 | 汉族 | 古城 | 郑庄 |
| 长子 | 李亚学 | 汉族 | 古城 | 郑庄 | 长女 | 李　艳 | 汉族 | 古城 | 郑庄 |

续表 17

| 与户主关系 | 家庭成员 | 民族 | 原居住地 | | 与户主关系 | 家庭成员 | 民族 | 原居住地 | |
|---|---|---|---|---|---|---|---|---|---|
| | | | 乡(镇) | 行政村 | | | | 乡(镇) | 行政村 |
| 户主 | 刘俊奇 | 汉族 | 古城 | 郑庄 | 长子 | 刘 忠 | 汉族 | 古城 | 郑庄 |
| 妻子 | 王 莉 | 汉族 | 古城 | 郑庄 | 次子 | 刘 东 | 汉族 | 古城 | 郑庄 |
| 长子 | 刘 顺 | 汉族 | 古城 | 郑庄 | 母亲 | 张海莲 | 汉族 | 古城 | 郑庄 |
| 长女 | 刘 琴 | 汉族 | 古城 | 郑庄 | 户主 | 孙小宏 | 汉族 | 古城 | 郑庄 |
| 母亲 | 汪儒梅 | 汉族 | 古城 | 郑庄 | 妻子 | 王三清 | 汉族 | 古城 | 郑庄 |
| 户主 | 刘俊义 | 汉族 | 古城 | 郑庄 | 长子 | 孙国万 | 汉族 | 古城 | 郑庄 |
| 妻子 | 晁存霞 | 汉族 | 古城 | 郑庄 | 次子 | 孙国里 | 汉族 | 古城 | 郑庄 |
| 长女 | 刘 洋 | 汉族 | 古城 | 郑庄 | 户主 | 孙小强 | 汉族 | 古城 | 郑庄 |
| 父亲 | 刘世军 | 汉族 | 古城 | 郑庄 | 妻子 | 郭芳红 | 汉族 | 古城 | 郑庄 |
| 母亲 | 苏秀英 | 汉族 | 古城 | 郑庄 | 长女 | 孙国荣 | 汉族 | 古城 | 郑庄 |
| 户主 | 刘俊科 | 汉族 | 古城 | 郑庄 | 二女 | 孙福荣 | 汉族 | 古城 | 郑庄 |
| 妻子 | 张世怀 | 汉族 | 古城 | 郑庄 | 长子 | 孙国程 | 汉族 | 古城 | 郑庄 |
| 次子 | 刘利忠 | 汉族 | 古城 | 郑庄 | 户主 | 孙小文 | 汉族 | 古城 | 郑庄 |
| 三子 | 刘 福 | 汉族 | 古城 | 郑庄 | 长子 | 孙国鹏 | 汉族 | 古城 | 郑庄 |
| 户主 | 陈治堂 | 汉族 | 古城 | 郑庄 | 户主 | 孙小德 | 汉族 | 古城 | 郑庄 |
| 妻子 | 袁志兰 | 汉族 | 古城 | 郑庄 | 母亲 | 朱秀兰 | 汉族 | 古城 | 郑庄 |
| 二女 | 刘芳芳 | 汉族 | 古城 | 郑庄 | 父亲 | 孙全安 | 汉族 | 古城 | 郑庄 |
| 四女 | 刘改红 | 汉族 | 古城 | 郑庄 | 户主 | 毛安明 | 回族 | 王洼 | 邓岔 |
| 五女 | 陈芳红 | 汉族 | 古城 | 郑庄 | 妻子 | 姬文花 | 回族 | 王洼 | 邓岔 |
| 户主 | 孙小武 | 汉族 | 古城 | 郑庄 | 长子 | 毛小勇 | 回族 | 王洼 | 邓岔 |
| 妻子 | 李文秀 | 汉族 | 古城 | 郑庄 | 长女 | 毛小娟 | 回族 | 王洼 | 邓岔 |
| 长子 | 孙国银 | 汉族 | 古城 | 郑庄 | 次女 | 毛小红 | 回族 | 王洼 | 邓岔 |
| 户主 | 刘 芳 | 汉族 | 古城 | 郑庄 | 户主 | 毛正成 | 回族 | 王洼 | 邓岔 |
| 长女 | 叶倩楠 | 汉族 | 古城 | 郑庄 | 妻子 | 海买燕 | 回族 | 王洼 | 邓岔 |
| 次女 | 叶柯楠 | 汉族 | 古城 | 郑庄 | 母 | 马玉琴 | 回族 | 王洼 | 邓岔 |
| 长子 | 叶 帆 | 汉族 | 古城 | 郑庄 | 长女 | 毛安花 | 回族 | 王洼 | 邓岔 |
| 户主 | 叶强功 | 汉族 | 古城 | 郑庄 | 次女 | 毛占芳 | 回族 | 王洼 | 邓岔 |
| 母亲 | 康仲莲 | 汉族 | 古城 | 郑庄 | 兄弟 | 毛正龙 | 回族 | 王洼 | 邓岔 |
| 户主 | 刘利平 | 汉族 | 古城 | 郑庄 | 户主 | 沙正祥 | 回族 | 王洼 | 邓岔 |
| 妻子 | 高燕燕 | 汉族 | 古城 | 郑庄 | 妻子 | 海正梅 | 回族 | 王洼 | 邓岔 |
| 长子 | 刘弘毅 | 汉族 | 古城 | 郑庄 | 长子 | 海占川 | 回族 | 王洼 | 邓岔 |
| 户主 | 叶 鹏 | 汉族 | 古城 | 郑庄 | 儿媳 | 姬文莲 | 回族 | 王洼 | 邓岔 |
| 妻子 | 张小兰 | 汉族 | 古城 | 郑庄 | 孙子 | 沙小龙 | 回族 | 王洼 | 邓岔 |
| 长女 | 叶芸欣 | 汉族 | 古城 | 郑庄 | 户主 | 沙占国 | 回族 | 王洼 | 邓岔 |
| 户主 | 刘俊祥 | 汉族 | 古城 | 郑庄 | 妻子 | 海文兰 | 回族 | 王洼 | 邓岔 |
| 妻子 | 袁继平 | 汉族 | 古城 | 郑庄 | 长子 | 沙宏斌 | 回族 | 王洼 | 邓岔 |

续表 17

| 与户主关系 | 家庭成员 | 民族 | 原居住地 | | 与户主关系 | 家庭成员 | 民族 | 原居住地 | |
|---|---|---|---|---|---|---|---|---|---|
| | | | 乡(镇) | 行政村 | | | | 乡(镇) | 行政村 |
| 长女 | 沙雅楠 | 回族 | 王洼 | 邓岔 | 母亲 | 海正练 | 回族 | 王洼 | 邓岔 |
| 父亲 | 沙正海 | 回族 | 王洼 | 邓岔 | 侄女 | 马　蓉 | 回族 | 王洼 | 邓岔 |
| 母亲 | 海克风 | 回族 | 王洼 | 邓岔 | 户主 | 马云福 | 回族 | 王洼 | 邓岔 |
| 户主 | 陈占仓 | 回族 | 王洼 | 邓岔 | 妻子 | 杨志兰 | 回族 | 王洼 | 邓岔 |
| 妻子 | 袁生莲 | 回族 | 王洼 | 邓岔 | 户主 | 李志军 | 回族 | 王洼 | 邓岔 |
| 长子 | 陈　刚 | 回族 | 王洼 | 邓岔 | 妻子 | 马小燕 | 回族 | 王洼 | 邓岔 |
| 五女 | 陈小梅 | 回族 | 王洼 | 邓岔 | 长女 | 李小娟 | 回族 | 王洼 | 邓岔 |
| 父亲 | 陈志明 | 回族 | 王洼 | 邓岔 | 次女 | 李　静 | 回族 | 王洼 | 邓岔 |
| 母亲 | 姬秀莲 | 回族 | 王洼 | 邓岔 | 母亲 | 马秀彩 | 回族 | 王洼 | 邓岔 |
| 户主 | 毛正海 | 回族 | 王洼 | 邓岔 | 户主 | 李志林 | 回族 | 王洼 | 邓岔 |
| 妻子 | 马三女 | 回族 | 王洼 | 邓岔 | 妻子 | 马彩兰 | 回族 | 王洼 | 邓岔 |
| 长子 | 毛安仓 | 回族 | 王洼 | 邓岔 | 长子 | 李小军 | 回族 | 王洼 | 邓岔 |
| 户主 | 毛安武 | 回族 | 王洼 | 邓岔 | 次子 | 李小虎 | 回族 | 王洼 | 邓岔 |
| 妻子 | 姬　梅 | 回族 | 王洼 | 邓岔 | 二女 | 李小红 | 回族 | 王洼 | 邓岔 |
| 长女 | 毛小琴 | 回族 | 王洼 | 邓岔 | 户主 | 李志贵 | 回族 | 王洼 | 邓岔 |
| 户主 | 毛安荣 | 回族 | 王洼 | 邓岔 | 妻子 | 罗志兰 | 回族 | 王洼 | 邓岔 |
| 妻子 | 马海粉 | 回族 | 王洼 | 邓岔 | 长女 | 李小艳 | 回族 | 王洼 | 邓岔 |
| 长女 | 毛小燕 | 回族 | 王洼 | 邓岔 | 户主 | 李志付 | 回族 | 王洼 | 邓岔 |
| 长子 | 毛小龙 | 回族 | 王洼 | 邓岔 | 妻子 | 穆翠花 | 回族 | 王洼 | 邓岔 |
| 户主 | 毛安林 | 回族 | 王洼 | 邓岔 | 长女 | 李小荣 | 回族 | 王洼 | 邓岔 |
| 妻子 | 马风花 | 回族 | 王洼 | 邓岔 | 长子 | 李小亮 | 回族 | 王洼 | 邓岔 |
| 长子 | 毛小军 | 回族 | 王洼 | 邓岔 | 次女 | 李小兰 | 回族 | 王洼 | 邓岔 |
| 长女 | 毛小花 | 回族 | 王洼 | 邓岔 | 户主 | 李志水 | 回族 | 王洼 | 邓岔 |
| 次女 | 毛小芳 | 回族 | 王洼 | 邓岔 | 妻子 | 马　兰 | 回族 | 王洼 | 邓岔 |
| 户主 | 李志强 | 回族 | 王洼 | 邓岔 | 长子 | 李小明 | 回族 | 王洼 | 邓岔 |
| 妻子 | 沙正花 | 回族 | 王洼 | 邓岔 | 次子 | 李小兵 | 回族 | 王洼 | 邓岔 |
| 户主 | 李　虎 | 回族 | 王洼 | 邓岔 | 长女 | 李　霞 | 回族 | 王洼 | 邓岔 |
| 妻子 | 海　琴 | 回族 | 王洼 | 邓岔 | 户主 | 马治安 | 回族 | 王洼 | 邓岔 |
| 长女 | 李茹惠 | 回族 | 王洼 | 邓岔 | 母亲 | 张付连 | 回族 | 王洼 | 邓岔 |
| 户主 | 李　军 | 回族 | 王洼 | 邓岔 | 户主 | 马治平 | 回族 | 王洼 | 邓岔 |
| 妻子 | 米　瑞 | 回族 | 王洼 | 邓岔 | 妻子 | 李世兰 | 回族 | 王洼 | 邓岔 |
| 长女 | 李雅楠 | 回族 | 王洼 | 邓岔 | 长子 | 马敬忠 | 回族 | 王洼 | 邓岔 |
| 户主 | 马志仓 | 回族 | 王洼 | 邓岔 | 户主 | 马治虎 | 回族 | 王洼 | 邓岔 |
| 妻子 | 姬文红 | 回族 | 王洼 | 邓岔 | 妻子 | 海生梅 | 回族 | 王洼 | 邓岔 |
| 长子 | 马　军 | 回族 | 王洼 | 邓岔 | 长女 | 马　雪 | 回族 | 王洼 | 邓岔 |
| 父亲 | 马云贵 | 回族 | 王洼 | 邓岔 | 次女 | 马　蓉 | 回族 | 王洼 | 邓岔 |

续表 17

| 与户主关系 | 家庭成员 | 民族 | 原居住地 | | 与户主关系 | 家庭成员 | 民族 | 原居住地 | |
|---|---|---|---|---|---|---|---|---|---|
| | | | 乡(镇) | 行政村 | | | | 乡(镇) | 行政村 |
| 母亲 | 海文兰 | 回族 | 王洼 | 邓岔 | 子女 | 余俊明 | 回族 | 王洼 | 邓岔 |
| 户主 | 李志龙 | 回族 | 王洼 | 邓岔 | 子女 | 余俊艳 | 回族 | 王洼 | 邓岔 |
| 妻子 | 海建琴 | 回族 | 王洼 | 邓岔 | 户主 | 马飞龙 | 回族 | 王洼 | 邓岔 |
| 长子 | 李　军 | 回族 | 王洼 | 邓岔 | 母亲 | 沙占芳 | 回族 | 王洼 | 邓岔 |
| 长女 | 李　梅 | 回族 | 王洼 | 邓岔 | 兄弟 | 马　宁 | 回族 | 王洼 | 邓岔 |
| 次子 | 李　明 | 回族 | 王洼 | 邓岔 | 户主 | 马飞虎 | 回族 | 王洼 | 邓岔 |
| 三子 | 李场兵 | 回族 | 王洼 | 邓岔 | 妻子 | 马小兰 | 回族 | 王洼 | 邓岔 |
| 母亲 | 明进花 | 回族 | 王洼 | 邓岔 | 户主 | 余海库 | 回族 | 王洼 | 邓岔 |
| 户主 | 李志明 | 回族 | 王洼 | 邓岔 | 妻子 | 海　燕 | 回族 | 王洼 | 邓岔 |
| 妻子 | 海明霞 | 回族 | 王洼 | 邓岔 | 子女 | 余俊尚 | 回族 | 王洼 | 邓岔 |
| 长子 | 李小刚 | 回族 | 王洼 | 邓岔 | 子女 | 余俊儒 | 回族 | 王洼 | 邓岔 |
| 长女 | 李小梅 | 回族 | 王洼 | 邓岔 | 户主 | 余海珍 | 回族 | 王洼 | 邓岔 |
| 次子 | 李小飞 | 回族 | 王洼 | 邓岔 | 父亲 | 余清河 | 回族 | 王洼 | 邓岔 |
| 户主 | 毛安治 | 回族 | 王洼 | 邓岔 | 母亲 | 马文兰 | 回族 | 王洼 | 邓岔 |
| 妻子 | 马保兰 | 回族 | 王洼 | 邓岔 | 户主 | 刘文忠 | 汉族 | 王洼 | 邓岔 |
| 长女 | 毛小琴 | 回族 | 王洼 | 邓岔 | 妻子 | 刘　平 | 汉族 | 王洼 | 邓岔 |
| 父亲 | 毛正录 | 回族 | 王洼 | 邓岔 | 子女 | 刘小彤 | 汉族 | 王洼 | 邓岔 |
| 母亲 | 姬平兰 | 回族 | 王洼 | 邓岔 | 子女 | 刘东旭 | 汉族 | 王洼 | 邓岔 |
| 户主 | 毛安军 | 回族 | 王洼 | 邓岔 | 子女 | 刘东升 | 汉族 | 王洼 | 邓岔 |
| 妻子 | 沙　花 | 回族 | 王洼 | 邓岔 | 母亲 | 高秀英 | 汉族 | 王洼 | 邓岔 |
| 子女 | 毛小虎 | 回族 | 王洼 | 邓岔 | 户主 | 刘文琴 | 汉族 | 王洼 | 邓岔 |
| 子女 | 毛小芳 | 回族 | 王洼 | 邓岔 | 子女 | 杨沛林 | 汉族 | 王洼 | 邓岔 |
| 户主 | 李志江 | 回族 | 王洼 | 邓岔 | 户主 | 李鸿轩 | 回族 | 王洼 | 邓岔 |
| 妻子 | 陈占芳 | 回族 | 王洼 | 邓岔 | 妻子 | 马步芳 | 回族 | 王洼 | 邓岔 |
| 子女 | 李小明 | 回族 | 王洼 | 邓岔 | 子女 | 李志平 | 回族 | 王洼 | 邓岔 |
| 户主 | 马风奇 | 回族 | 王洼 | 邓岔 | 儿媳 | 姬文霞 | 回族 | 王洼 | 邓岔 |
| 妻子 | 明生兰 | 回族 | 王洼 | 邓岔 | 孙子 | 李晓霞 | 回族 | 王洼 | 邓岔 |
| 子女 | 马治仓 | 回族 | 王洼 | 邓岔 | 户主 | 毛占军 | 回族 | 王洼 | 邓岔 |
| 子女 | 马车车 | 回族 | 王洼 | 邓岔 | 妻子 | 杨风梅 | 回族 | 王洼 | 邓岔 |
| 户主 | 余占海 | 回族 | 王洼 | 邓岔 | 大女 | 毛雪梅 | 回族 | 王洼 | 邓岔 |
| 妻子 | 海正连 | 回族 | 王洼 | 邓岔 | 二女 | 毛雪花 | 回族 | 王洼 | 邓岔 |
| 子女 | 余俊仁 | 回族 | 王洼 | 邓岔 | 户主 | 毛正山 | 回族 | 王洼 | 邓岔 |
| 子女 | 余俊杰 | 回族 | 王洼 | 邓岔 | 妻子 | 马占芳 | 回族 | 王洼 | 邓岔 |
| 户主 | 余海忠 | 回族 | 王洼 | 邓岔 | 户主 | 毛安有 | 回族 | 王洼 | 邓岔 |
| 妻子 | 海金玲 | 回族 | 王洼 | 邓岔 | 长子 | 毛小君 | 回族 | 王洼 | 邓岔 |
| 子女 | 余俊林 | 回族 | 王洼 | 邓岔 | 户主 | 沙占朝 | 回族 | 王洼 | 邓岔 |

续表 17

| 与户主关系 | 家庭成员 | 民族 | 原居住地 | | 与户主关系 | 家庭成员 | 民族 | 原居住地 | |
|---|---|---|---|---|---|---|---|---|---|
| | | | 乡(镇) | 行政村 | | | | 乡(镇) | 行政村 |
| 长女 | 沙小琴 | 回族 | 王洼 | 邓岔 | 户主 | 高立阳 | 汉族 | 王洼 | 邓岔 |
| 户主 | 毛安虎 | 回族 | 王洼 | 邓岔 | 妻子 | 史怀子 | 汉族 | 王洼 | 邓岔 |
| 妻子 | 海明芳 | 回族 | 王洼 | 邓岔 | 子女 | 高　奋 | 汉族 | 王洼 | 邓岔 |
| 长子 | 毛进财 | 回族 | 王洼 | 邓岔 | 子女 | 高　琼 | 汉族 | 王洼 | 邓岔 |
| 次子 | 毛进宝 | 回族 | 王洼 | 邓岔 | 子女 | 高　勇 | 汉族 | 王洼 | 邓岔 |
| 母亲 | 沙兰英 | 回族 | 王洼 | 邓岔 | 户主 | 高立正 | 汉族 | 王洼 | 邓岔 |
| 户主 | 马志龙 | 回族 | 王洼 | 邓岔 | 妻子 | 贾淑美 | 汉族 | 王洼 | 邓岔 |
| 妻子 | 马志粉 | 回族 | 王洼 | 邓岔 | 子女 | 高　利 | 汉族 | 王洼 | 邓岔 |
| 长子 | 马　强 | 回族 | 王洼 | 邓岔 | 子女 | 高　钰 | 汉族 | 王洼 | 邓岔 |
| 长女 | 马　兰 | 回族 | 王洼 | 邓岔 | 儿媳 | 安思莲 | 汉族 | 王洼 | 邓岔 |
| 户主 | 马志军 | 回族 | 王洼 | 邓岔 | 户主 | 刘文祥 | 汉族 | 王洼 | 邓岔 |
| 妻子 | 马耀花 | 回族 | 王洼 | 邓岔 | 妻子 | 张吉芳 | 汉族 | 王洼 | 邓岔 |
| 长子 | 马　鹏 | 回族 | 王洼 | 邓岔 | 子女 | 刘　兵 | 汉族 | 王洼 | 邓岔 |
| 次子 | 马　飞 | 回族 | 王洼 | 邓岔 | 儿媳 | 张秀莲 | 汉族 | 王洼 | 邓岔 |
| 长女 | 马　燕 | 回族 | 王洼 | 邓岔 | 孙子 | 刘元元 | 汉族 | 王洼 | 邓岔 |
| 户主 | 马志龙 | 回族 | 王洼 | 邓岔 | 孙子 | 刘园平 | 汉族 | 王洼 | 邓岔 |
| 妻子 | 马晓红 | 回族 | 王洼 | 邓岔 | 孙子 | 刘建国 | 汉族 | 王洼 | 邓岔 |
| 长女 | 马花花 | 回族 | 王洼 | 邓岔 | 户主 | 刘文海 | 汉族 | 王洼 | 邓岔 |
| 长子 | 马　武 | 回族 | 王洼 | 邓岔 | 妻子 | 钱金兰 | 汉族 | 王洼 | 邓岔 |
| 次子 | 马　成 | 回族 | 王洼 | 邓岔 | 子女 | 刘　东 | 汉族 | 王洼 | 邓岔 |
| 户主 | 马志忠 | 回族 | 王洼 | 邓岔 | 子女 | 刘　科 | 汉族 | 王洼 | 邓岔 |
| 妻子 | 海　兰 | 回族 | 王洼 | 邓岔 | 子女 | 刘　春 | 汉族 | 王洼 | 邓岔 |
| 长子 | 马　鹏 | 回族 | 王洼 | 邓岔 | 长子 | 刘　钰 | 汉族 | 王洼 | 邓岔 |
| 次子 | 马　明 | 回族 | 王洼 | 邓岔 | 儿媳 | 贾燕玲 | 汉族 | 王洼 | 邓岔 |
| 三子 | 马　金 | 回族 | 王洼 | 邓岔 | 户主 | 刘文选 | 汉族 | 王洼 | 邓岔 |
| 户主 | 李志成 | 回族 | 王洼 | 邓岔 | 妻子 | 杨志彩 | 汉族 | 王洼 | 邓岔 |
| 妻子 | 张秀琴 | 回族 | 王洼 | 邓岔 | 子女 | 刘　伟 | 汉族 | 王洼 | 邓岔 |
| 长子 | 李小军 | 回族 | 王洼 | 邓岔 | 子女 | 刘　荣 | 汉族 | 王洼 | 邓岔 |
| 次子 | 李小洋 | 回族 | 王洼 | 邓岔 | 子女 | 刘红红 | 汉族 | 王洼 | 邓岔 |
| 户主 | 马治东 | 回族 | 王洼 | 邓岔 | 户主 | 王立财 | 汉族 | 王洼 | 邓岔 |
| 妻子 | 马　燕 | 回族 | 王洼 | 邓岔 | 妻子 | 王彩兰 | 汉族 | 王洼 | 邓岔 |
| 子女 | 马小军 | 回族 | 王洼 | 邓岔 | 父亲 | 王永贤 | 汉族 | 王洼 | 邓岔 |
| 子女 | 马小莲 | 回族 | 王洼 | 邓岔 | 母亲 | 袁士花 | 汉族 | 王洼 | 邓岔 |
| 户主 | 高立财 | 汉族 | 王洼 | 邓岔 | 子女 | 王利红 | 汉族 | 王洼 | 邓岔 |
| 母亲 | 刘满秀 | 汉族 | 王洼 | 邓岔 | 子女 | 王生鑫 | 汉族 | 王洼 | 邓岔 |
| 子女 | 高　尚 | 汉族 | 王洼 | 邓岔 | 子女 | 王　帆 | 汉族 | 王洼 | 邓岔 |

续表 17

| 与户主关系 | 家庭成员 | 民族 | 原居住地 | | 与户主关系 | 家庭成员 | 民族 | 原居住地 | |
|---|---|---|---|---|---|---|---|---|---|
| | | | 乡(镇) | 行政村 | | | | 乡(镇) | 行政村 |
| 户主 | 王立仁 | 汉族 | 王洼 | 邓岔 | 妻子 | 杨彩翠 | 汉族 | 城阳 | 刘河 |
| 妻子 | 顾海蓉 | 汉族 | 王洼 | 邓岔 | 长子 | 刘建科 | 汉族 | 城阳 | 刘河 |
| 子女 | 王跳红 | 汉族 | 王洼 | 邓岔 | 长女 | 刘小玲 | 汉族 | 城阳 | 刘河 |
| 子女 | 王生金 | 汉族 | 王洼 | 邓岔 | 户主 | 刘志义 | 汉族 | 城阳 | 刘河 |
| 户主 | 王生春 | 汉族 | 王洼 | 邓岔 | 妻子 | 黄金梅 | 汉族 | 城阳 | 刘河 |
| 妻子 | 贾　珍 | 汉族 | 王洼 | 邓岔 | 长子 | 刘建辉 | 汉族 | 城阳 | 刘河 |
| 子女 | 王国庆 | 汉族 | 王洼 | 邓岔 | 长女 | 刘　娜 | 汉族 | 城阳 | 刘河 |
| 子女 | 王国萍 | 汉族 | 王洼 | 邓岔 | 儿媳 | 沙淑会 | 汉族 | 城阳 | 刘河 |
| 户主 | 刘文会 | 汉族 | 王洼 | 邓岔 | 户主 | 刘建雄 | 汉族 | 城阳 | 刘河 |
| 妻子 | 何　花 | 汉族 | 王洼 | 邓岔 | 母亲 | 景玉兰 | 汉族 | 城阳 | 刘河 |
| 子女 | 刘　鑫 | 汉族 | 王洼 | 邓岔 | 妻子 | 黄玉霞 | 汉族 | 城阳 | 刘河 |
| 子女 | 刘　毅 | 汉族 | 王洼 | 邓岔 | 女儿 | 刘亮亮 | 汉族 | 城阳 | 刘河 |
| 子女 | 刘　敬 | 汉族 | 王洼 | 邓岔 | 儿子 | 刘蓉蓉 | 汉族 | 城阳 | 刘河 |
| 户主 | 刘文清 | 汉族 | 王洼 | 邓岔 | 户主 | 刘志学 | 汉族 | 城阳 | 刘河 |
| 妻子 | 韩玉连 | 汉族 | 王洼 | 邓岔 | 妻子 | 杨梅岳 | 汉族 | 城阳 | 刘河 |
| 长子 | 刘　龙 | 汉族 | 王洼 | 邓岔 | 户主 | 刘志月 | 汉族 | 城阳 | 刘河 |
| 儿媳 | 安永霞 | 汉族 | 王洼 | 邓岔 | 妻子 | 梁秀梅 | 汉族 | 城阳 | 刘河 |
| 子女 | 刘　虎 | 汉族 | 王洼 | 邓岔 | 次子 | 刘建富 | 汉族 | 城阳 | 刘河 |
| 户主 | 李志忠 | 回族 | 王洼 | 邓岔 | 户主 | 张金虎 | 汉族 | 城阳 | 刘河 |
| 妻子 | 马合买 | 回族 | 王洼 | 邓岔 | 妻子 | 徐淑琴 | 汉族 | 城阳 | 刘河 |
| 子女 | 李　琴 | 回族 | 王洼 | 邓岔 | 长子 | 张永福 | 汉族 | 城阳 | 刘河 |
| 子女 | 李　芳 | 回族 | 王洼 | 邓岔 | 次子 | 张永贵 | 汉族 | 城阳 | 刘河 |
| 子女 | 李　鑫 | 回族 | 王洼 | 邓岔 | 户主 | 张宗昌 | 汉族 | 城阳 | 刘河 |
| 子女 | 李　华 | 回族 | 王洼 | 邓岔 | 母亲 | 黄金花 | 汉族 | 城阳 | 刘河 |
| 户主 | 刘富银 | 汉族 | 城阳 | 刘河 | 户主 | 张宗贵 | 汉族 | 城阳 | 刘河 |
| 长子 | 刘文琪 | 汉族 | 城阳 | 刘河 | 妻子 | 虎秀娟 | 汉族 | 城阳 | 刘河 |
| 户主 | 吴志英 | 汉族 | 城阳 | 刘河 | 次女 | 张　瑞 | 汉族 | 城阳 | 刘河 |
| 弟 | 吴志明 | 汉族 | 城阳 | 刘河 | 长子 | 张　凡 | 汉族 | 城阳 | 刘河 |
| 户主 | 吴金堂 | 汉族 | 城阳 | 刘河 | 户主 | 吴金生 | 汉族 | 城阳 | 刘河 |
| 妻子 | 虎占秀 | 汉族 | 城阳 | 刘河 | 妻子 | 吴玉珍 | 汉族 | 城阳 | 刘河 |
| 儿子 | 吴彦龙 | 汉族 | 城阳 | 刘河 | 儿子 | 吴　涛 | 汉族 | 城阳 | 刘河 |
| 女儿 | 吴慧玲 | 汉族 | 城阳 | 刘河 | 女儿 | 吴　彤 | 汉族 | 城阳 | 刘河 |
| 儿子 | 吴向龙 | 汉族 | 城阳 | 刘河 | 户主 | 刘建国 | 汉族 | 城阳 | 刘河 |
| 户主 | 刘志山 | 汉族 | 城阳 | 刘河 | 妻子 | 刘海霞 | 汉族 | 城阳 | 刘河 |
| 女儿 | 刘雪艳 | 汉族 | 城阳 | 刘河 | 长女 | 刘婷婷 | 汉族 | 城阳 | 刘河 |
| 户主 | 刘志权 | 汉族 | 城阳 | 刘河 | 次女 | 刘娜娜 | 汉族 | 城阳 | 刘河 |

续表 17

| 与户主关系 | 家庭成员 | 民族 | 原居住地 | | 与户主关系 | 家庭成员 | 民族 | 原居住地 | |
|---|---|---|---|---|---|---|---|---|---|
| | | | 乡(镇) | 行政村 | | | | 乡(镇) | 行政村 |
| 女儿 | 刘浩宇 | 汉族 | 城阳 | 刘河 | 次子 | 马爱过 | 汉族 | 白阳 | 老庄 |
| 儿子 | 刘卓卓 | 汉族 | 城阳 | 刘河 | 儿媳 | 杨春相 | 汉族 | 白阳 | 老庄 |
| 户主 | 祁　有 | 汉族 | 城阳 | 杨坪 | 户主 | 朱建国 | 汉族 | 白阳 | 老庄 |
| 长女 | 祁玉玲 | 汉族 | 城阳 | 杨坪 | 妻子 | 史生海 | 汉族 | 白阳 | 老庄 |
| 妹 | 祁　艳 | 汉族 | 城阳 | 杨坪 | 次子 | 朱丁云 | 汉族 | 白阳 | 老庄 |
| 母亲 | 甄吉梅 | 汉族 | 城阳 | 杨坪 | 户主 | 吴雪丽 | 汉族 | 白阳 | 老庄 |
| 妻子 | 韩彩彦 | 汉族 | 城阳 | 杨坪 | 长女 | 袁晓燕 | 汉族 | 白阳 | 老庄 |
| 儿子 | 祁玉珑 | 汉族 | 城阳 | 杨坪 | 长子 | 袁帅楠 | 汉族 | 白阳 | 老庄 |
| 户主 | 刘志兵 | 汉族 | 城阳 | 刘河 | 户主 | 马爱清 | 汉族 | 白阳 | 老庄 |
| 妻子 | 韩多梅 | 汉族 | 城阳 | 刘河 | 妻子 | 朱克芳 | 汉族 | 白阳 | 老庄 |
| 长女 | 刘金凤 | 汉族 | 城阳 | 刘河 | 长子 | 马　龙 | 汉族 | 白阳 | 老庄 |
| 次女 | 刘金存 | 汉族 | 城阳 | 刘河 | 户主 | 袁士武 | 汉族 | 白阳 | 老庄 |
| 女儿 | 刘小丽 | 汉族 | 城阳 | 刘河 | 妻子 | 吴玉霞 | 汉族 | 白阳 | 老庄 |
| 儿子 | 韩秉卓 | 汉族 | 城阳 | 刘河 | 长女 | 袁亚文 | 汉族 | 白阳 | 老庄 |
| 户主 | 杨有治 | 汉族 | 城阳 | 刘河 | 次女 | 袁亚乐 | 汉族 | 白阳 | 老庄 |
| 母亲 | 王生英 | 汉族 | 城阳 | 刘河 | 户主 | 马爱国 | 汉族 | 白阳 | 老庄 |
| 妻子 | 方丽娟 | 汉族 | 城阳 | 刘河 | 妻子 | 景玉芳 | 汉族 | 白阳 | 老庄 |
| 女儿 | 杨诗雨 | 汉族 | 城阳 | 刘河 | 长子 | 马瑞瑞 | 汉族 | 白阳 | 老庄 |
| 女儿 | 杨诗诗 | 汉族 | 城阳 | 刘河 | 次子 | 马瑞祥 | 汉族 | 白阳 | 老庄 |
| 户主 | 李茂军 | 汉族 | 白阳 | 白岔 | 户主 | 张学良 | 汉族 | 白阳 | 老庄 |
| 妻子 | 杨粉兰 | 汉族 | 白阳 | 白岔 | 妻子 | 朱克娟 | 汉族 | 白阳 | 老庄 |
| 长女 | 李列列 | 汉族 | 白阳 | 白岔 | 长女 | 张　玲 | 汉族 | 白阳 | 老庄 |
| 长子 | 李攀登 | 汉族 | 白阳 | 白岔 | 次女 | 张　燕 | 汉族 | 白阳 | 老庄 |
| 母亲 | 王玉花 | 汉族 | 白阳 | 白岔 | 次女 | 张　芳 | 汉族 | 白阳 | 老庄 |
| 户主 | 梁生富 | 汉族 | 白阳 | 白岔 | 户主 | 杨德银 | 汉族 | 白阳 | 老庄 |
| 妻子 | 张彩霞 | 汉族 | 白阳 | 白岔 | 妻子 | 赵生莲 | 汉族 | 白阳 | 老庄 |
| 长子 | 梁建龙 | 汉族 | 白阳 | 白岔 | 长子 | 杨让东 | 汉族 | 白阳 | 老庄 |
| 次子 | 梁建章 | 汉族 | 白阳 | 白岔 | 户主 | 口志发 | 汉族 | 白阳 | 老庄 |
| 父亲 | 梁师祖 | 汉族 | 白阳 | 白岔 | 妻子 | 李春兰 | 汉族 | 白阳 | 老庄 |
| 户主 | 朱建明 | 汉族 | 白阳 | 老庄 | 长子 | 口正东 | 汉族 | 白阳 | 老庄 |
| 妻子 | 任芳琴 | 汉族 | 白阳 | 老庄 | 长孙 | 口　鑫 | 汉族 | 白阳 | 老庄 |
| 母亲 | 申桂兰 | 汉族 | 白阳 | 老庄 | 孙女 | 口　艳 | 汉族 | 白阳 | 老庄 |
| 长子 | 朱缠琪 | 汉族 | 白阳 | 老庄 | 户主 | 袁俊福 | 汉族 | 白阳 | 老庄 |
| 次子 | 朱缠云 | 汉族 | 白阳 | 老庄 | 妻子 | 赵秀琴 | 汉族 | 白阳 | 老庄 |
| 户主 | 马生俊 | 汉族 | 白阳 | 老庄 | 长子 | 袁继鹏 | 汉族 | 白阳 | 老庄 |
| 次子 | 张爱君 | 汉族 | 白阳 | 老庄 | 次女 | 袁倩倩 | 汉族 | 白阳 | 老庄 |

续表 17

| 与户主关系 | 家庭成员 | 民族 | 原居住地 | | 与户主关系 | 家庭成员 | 民族 | 原居住地 | |
|---|---|---|---|---|---|---|---|---|---|
| | | | 乡(镇) | 行政村 | | | | 乡(镇) | 行政村 |
| 户主 | 朱建君 | 汉族 | 白阳 | 老庄 | 户主 | 马玉成 | 汉族 | 罗洼 | 寨科 |
| 妻子 | 张宇琴 | 汉族 | 白阳 | 老庄 | 长女 | 马雪岩 | 汉族 | 罗洼 | 寨科 |
| 长女 | 朱小荣 | 汉族 | 白阳 | 老庄 | 户主 | 韩金录 | 汉族 | 白阳 | 余沟 |
| 长子 | 朱　勇 | 汉族 | 白阳 | 老庄 | 妻子 | 石会英 | 汉族 | 白阳 | 余沟 |
| 户主 | 袁宝德 | 汉族 | 白阳 | 老庄 | 长子 | 韩　军 | 汉族 | 白阳 | 余沟 |
| 母亲 | 王玉花 | 汉族 | 白阳 | 老庄 | 长女 | 韩　莉 | 汉族 | 白阳 | 余沟 |
| 户主 | 朱贵云 | 汉族 | 白阳 | 老庄 | 户主 | 韩金东 | 汉族 | 白阳 | 余沟 |
| 妻子 | 施秀萍 | 汉族 | 白阳 | 老庄 | 妻子 | 贺小艳 | 汉族 | 白阳 | 余沟 |
| 长女 | 朱文燕 | 汉族 | 白阳 | 老庄 | 长子 | 韩　伟 | 汉族 | 白阳 | 余沟 |
| 户主 | 袁继海 | 汉族 | 白阳 | 老庄 | 户主 | 扈志太 | 汉族 | 白阳 | 余沟 |
| 妻子 | 刘　霞 | 汉族 | 白阳 | 老庄 | 妻子 | 窦小红 | 汉族 | 白阳 | 余沟 |
| 父亲 | 袁有福 | 汉族 | 白阳 | 老庄 | 户主 | 禹彦兵 | 回族 | 白阳 | 余沟 |
| 母亲 | 安翠兰 | 汉族 | 白阳 | 老庄 | 妻子 | 张凤梅 | 回族 | 白阳 | 余沟 |
| 长子 | 袁卫东 | 汉族 | 白阳 | 老庄 | 次子 | 禹志龙 | 回族 | 白阳 | 余沟 |
| 长女 | 袁春丽 | 汉族 | 白阳 | 老庄 | 次子媳 | 钮　燕 | 回族 | 白阳 | 余沟 |
| 户主 | 袁继虎 | 汉族 | 白阳 | 老庄 | 长孙 | 禹宝强 | 回族 | 白阳 | 余沟 |
| 长女 | 袁海燕 | 汉族 | 白阳 | 老庄 | 户主 | 禹　虎 | 回族 | 白阳 | 余沟 |
| 长子 | 袁江明 | 汉族 | 白阳 | 老庄 | 妻子 | 丁成香 | 回族 | 白阳 | 余沟 |
| 户主 | 朱秉录 | 汉族 | 白阳 | 老庄 | 长子 | 禹阳阳 | 回族 | 白阳 | 余沟 |
| 妻子 | 袁士花 | 汉族 | 白阳 | 老庄 | 长女 | 禹丽丽 | 回族 | 白阳 | 余沟 |
| 户主 | 袁岐福 | 汉族 | 白阳 | 老庄 | 户主 | 韩金发 | 汉族 | 白阳 | 余沟 |
| 妻子 | 沙桂兰 | 汉族 | 白阳 | 老庄 | 妻子 | 王　玲 | 汉族 | 白阳 | 余沟 |
| 次子 | 袁金广 | 汉族 | 白阳 | 老庄 | 长子 | 韩　升 | 汉族 | 白阳 | 余沟 |
| 次女 | 袁金霞 | 汉族 | 白阳 | 老庄 | 长女 | 韩　娟 | 汉族 | 白阳 | 余沟 |
| 次女 | 袁　丽 | 汉族 | 白阳 | 老庄 | 户主 | 禹彦诚 | 回族 | 白阳 | 余沟 |
| 户主 | 姬鹏辉 | 回族 | 白阳 | 双磨 | 妻子 | 马秀兰 | 回族 | 白阳 | 余沟 |
| 妻子 | 明耀梅 | 回族 | 白阳 | 双磨 | 长子 | 禹小兵 | 回族 | 白阳 | 余沟 |
| 长子 | 姬京斌 | 回族 | 白阳 | 双磨 | 户主 | 禹彦芳 | 回族 | 白阳 | 余沟 |
| 母亲 | 海文花 | 回族 | 白阳 | 双磨 | 父亲 | 禹申全 | 回族 | 白阳 | 余沟 |
| 户主 | 姬秀春 | 回族 | 白阳 | 双磨 | 母亲 | 杨秀珍 | 回族 | 白阳 | 余沟 |
| 妻子 | 马菊花 | 回族 | 白阳 | 双磨 | 户主 | 韩金龙 | 汉族 | 白阳 | 余沟 |
| 长女 | 姬婉盈 | 回族 | 白阳 | 双磨 | 妻子 | 高万丽 | 汉族 | 白阳 | 余沟 |
| 户主 | 王万忠 | 汉族 | 草庙 | 包山 | 长子 | 韩　硕 | 汉族 | 白阳 | 余沟 |
| 配偶 | 袁芳梅 | 汉族 | 草庙 | 包山 | 户主 | 扈志珍 | 汉族 | 白阳 | 余沟 |
| 长女 | 王翠珍 | 汉族 | 草庙 | 包山 | 妻子 | 任义琴 | 汉族 | 白阳 | 余沟 |
| 次女 | 王翠琴 | 汉族 | 草庙 | 包山 | 长子 | 扈文杰 | 汉族 | 白阳 | 余沟 |

续表 17

| 与户主关系 | 家庭成员 | 民族 | 原居住地 | | 与户主关系 | 家庭成员 | 民族 | 原居住地 | |
|---|---|---|---|---|---|---|---|---|---|
| | | | 乡(镇) | 行政村 | | | | 乡(镇) | 行政村 |
| 长女 | 扈文瑞 | 汉族 | 白阳 | 余沟 | 户主 | 扈志君 | 汉族 | 白阳 | 余沟 |
| 户主 | 王怀军 | 汉族 | 白阳 | 余沟 | 父亲 | 扈世宝 | 汉族 | 白阳 | 余沟 |
| 妻子 | 张　琴 | 汉族 | 白阳 | 余沟 | 母亲 | 冯国兰 | 汉族 | 白阳 | 余沟 |
| 长子 | 王　亮 | 汉族 | 白阳 | 余沟 | 弟弟 | 扈志忠 | 汉族 | 白阳 | 余沟 |
| 次子 | 王　选 | 汉族 | 白阳 | 余沟 | 户主 | 王怀福 | 汉族 | 白阳 | 余沟 |
| 次女 | 王　凤 | 汉族 | 白阳 | 余沟 | 三女 | 王　红 | 汉族 | 白阳 | 余沟 |
| 户主 | 禹彦军 | 回族 | 白阳 | 余沟 | 户主 | 禹彦珍 | 回族 | 白阳 | 余沟 |
| 妻子 | 丁汉芳 | 回族 | 白阳 | 余沟 | 二女 | 禹小艳 | 回族 | 白阳 | 余沟 |
| 长子 | 禹志强 | 回族 | 白阳 | 余沟 | 妻子 | 姬东梅 | 回族 | 白阳 | 余沟 |
| 次子 | 禹志鹏 | 回族 | 白阳 | 余沟 | 户主 | 禹小龙 | 回族 | 白阳 | 余沟 |
| 户主 | 王建云 | 汉族 | 白阳 | 余沟 | 妻子 | 马金玲 | 回族 | 白阳 | 余沟 |
| 长子 | 王　富 | 汉族 | 白阳 | 余沟 | 长子 | 禹宏伟 | 回族 | 白阳 | 余沟 |
| 母亲 | 黄金花 | 汉族 | 白阳 | 余沟 | 户主 | 高志富 | 汉族 | 白阳 | 余沟 |
| 户主 | 王金林 | 回族 | 白阳 | 余沟 | 妻子 | 陈玉琴 | 汉族 | 白阳 | 余沟 |
| 妻子 | 杨彩花 | 回族 | 白阳 | 余沟 | 父亲 | 高学仪 | 汉族 | 白阳 | 余沟 |
| 长女 | 王凤兰 | 回族 | 白阳 | 余沟 | 户主 | 高志科 | 汉族 | 白阳 | 余沟 |
| 户主 | 王怀禄 | 汉族 | 白阳 | 余沟 | 母亲 | 韩玉芳 | 汉族 | 白阳 | 余沟 |
| 妻子 | 路志琴 | 汉族 | 白阳 | 余沟 | 户主 | 何秀芳 | 汉族 | 白阳 | 余沟 |
| 长子 | 王　睿 | 汉族 | 白阳 | 余沟 | 长子 | 高彦明 | 汉族 | 白阳 | 余沟 |
| 长女 | 王　婷 | 汉族 | 白阳 | 余沟 | 长女 | 高彦霞 | 汉族 | 白阳 | 余沟 |
| 父亲 | 王国政 | 汉族 | 白阳 | 余沟 | 儿媳 | 扈　娟 | 汉族 | 白阳 | 余沟 |
| 户主 | 韩　龙 | 汉族 | 白阳 | 余沟 | 长孙 | 高亚博 | 汉族 | 白阳 | 余沟 |
| 妻子 | 白　静 | 汉族 | 白阳 | 余沟 | 长孙女 | 高雅婷 | 汉族 | 白阳 | 余沟 |
| 长子 | 韩　帅 | 汉族 | 白阳 | 余沟 | 父亲 | 高学仁 | 汉族 | 白阳 | 余沟 |
| 父亲 | 韩治会 | 汉族 | 白阳 | 余沟 | 母亲 | 马有花 | 汉族 | 白阳 | 余沟 |
| 母亲 | 张忠花 | 汉族 | 白阳 | 余沟 | 户主 | 高志刚 | 汉族 | 白阳 | 余沟 |
| 户主 | 韩金新 | 汉族 | 白阳 | 余沟 | 妻子 | 李凤玲 | 汉族 | 白阳 | 余沟 |
| 妻子 | 刘军香 | 汉族 | 白阳 | 余沟 | 户主 | 高彦杰 | 汉族 | 白阳 | 余沟 |
| 长子 | 韩兵兵 | 汉族 | 白阳 | 余沟 | 妻子 | 杨秀霞 | 汉族 | 白阳 | 余沟 |
| 次子 | 韩　文 | 汉族 | 白阳 | 余沟 | 长女 | 高雅楠 | 汉族 | 白阳 | 余沟 |
| 户主 | 王义山 | 回族 | 白阳 | 余沟 | 长子 | 高亚彬 | 汉族 | 白阳 | 余沟 |
| 妻子 | 马生莲 | 回族 | 白阳 | 余沟 | 户主 | 王学明 | 汉族 | 白阳 | 余沟 |
| 户主 | 韩金刚 | 汉族 | 白阳 | 余沟 | 长孙 | 王　成 | 汉族 | 白阳 | 余沟 |
| 妻子 | 王晓娟 | 汉族 | 白阳 | 余沟 | 户主 | 李袁发 | 汉族 | 白阳 | 余沟 |
| 长子 | 韩　宁 | 汉族 | 白阳 | 余沟 | 妻子 | 刘立红 | 汉族 | 白阳 | 余沟 |
| 长女 | 韩　莎 | 汉族 | 白阳 | 余沟 | 长子 | 李　浩 | 汉族 | 白阳 | 余沟 |

续表 17

| 与户主关系 | 家庭成员 | 民族 | 原居住地 | | 与户主关系 | 家庭成员 | 民族 | 原居住地 | |
|---|---|---|---|---|---|---|---|---|---|
| | | | 乡(镇) | 行政村 | | | | 乡(镇) | 行政村 |
| 次子 | 李袁晨 | 汉族 | 白阳 | 余沟 | 户主 | 高万秀 | 汉族 | 白阳 | 罗堡 |
| 户主 | 王占国 | 汉族 | 白阳 | 余沟 | 长子 | 魏东辉 | 汉族 | 白阳 | 罗堡 |
| 妻子 | 魏正香 | 汉族 | 白阳 | 余沟 | 户主 | 李小瑞 | 汉族 | 白阳 | 罗堡 |
| 儿媳 | 尹小红 | 汉族 | 白阳 | 余沟 | 次子 | 高　炫 | 汉族 | 白阳 | 罗堡 |
| 长孙 | 王伟博 | 汉族 | 白阳 | 余沟 | 户主 | 马玉铎 | 汉族 | 白阳 | 刘台 |
| 户主 | 雷月芳 | 汉族 | 白阳 | 余沟 | 妻子 | 吴亚丽 | 汉族 | 白阳 | 刘台 |
| 长子 | 高志平 | 汉族 | 白阳 | 余沟 | 长子 | 马金辉 | 汉族 | 白阳 | 刘台 |
| 次子 | 高志安 | 汉族 | 白阳 | 余沟 | 母亲 | 徐桂女 | 汉族 | 白阳 | 刘台 |
| 户主 | 郭建军 | 汉族 | 白阳 | 余沟 | 兄 | 马玉尊 | 汉族 | 白阳 | 刘台 |
| 妻子 | 赵小霞 | 汉族 | 白阳 | 余沟 | 次子 | 马金龙 | 汉族 | 白阳 | 刘台 |
| 长子 | 郭　强 | 汉族 | 白阳 | 余沟 | 户主 | 马玉富 | 汉族 | 白阳 | 刘台 |
| 母亲 | 任兆兰 | 汉族 | 白阳 | 余沟 | 长女 | 马莹莹 | 汉族 | 白阳 | 刘台 |
| 户主 | 胡生霞 | 汉族 | 白阳 | 余沟 | 长子 | 马银慧 | 汉族 | 白阳 | 刘台 |
| 长女 | 王　迪 | 汉族 | 白阳 | 余沟 | 户主 | 张富荣 | 汉族 | 白阳 | 老庄 |
| 长子 | 王　坤 | 汉族 | 白阳 | 余沟 | 妻子 | 沙世花 | 汉族 | 白阳 | 老庄 |
| 户主 | 胡生昌 | 汉族 | 白阳 | 余沟 | 户主 | 景维祥 | 汉族 | 白阳 | 白岔 |
| 妻子 | 王海玉 | 汉族 | 白阳 | 余沟 | 妻子 | 祁彩兰 | 汉族 | 白阳 | 白岔 |
| 户主 | 胡付云 | 汉族 | 白阳 | 余沟 | 次子 | 景成财 | 汉族 | 白阳 | 白岔 |
| 妻子 | 甄文霞 | 汉族 | 白阳 | 余沟 | 长子 | 景成功 | 汉族 | 白阳 | 白岔 |
| 长子 | 胡家乐 | 汉族 | 白阳 | 余沟 | 孙女 | 景梓涵 | 汉族 | 白阳 | 白岔 |
| 户主 | 胡正伟 | 汉族 | 白阳 | 余沟 | 户主 | 牛治田 | 汉族 | 城阳 | 长城 |
| 妻子 | 王　琴 | 汉族 | 白阳 | 余沟 | 妻子 | 杨淑红 | 汉族 | 城阳 | 长城 |
| 长女 | 胡富霞 | 汉族 | 白阳 | 余沟 | 户主 | 牛治科 | 汉族 | 城阳 | 长城 |
| 次女 | 胡彩霞 | 汉族 | 白阳 | 余沟 | 次子 | 牛建宁 | 汉族 | 城阳 | 长城 |
| 户主 | 韩金成 | 汉族 | 白阳 | 余沟 | 长子 | 牛建军 | 汉族 | 城阳 | 长城 |
| 妻子 | 郭晓林 | 汉族 | 白阳 | 余沟 | 妻子 | 徐会芳 | 汉族 | 城阳 | 长城 |
| 户主 | 郭治岐 | 汉族 | 白阳 | 余沟 | 户主 | 牛治才 | 汉族 | 城阳 | 长城 |
| 妻子 | 董　彩 | 汉族 | 白阳 | 余沟 | 次子 | 牛多喜 | 汉族 | 城阳 | 长城 |
| 长子 | 郭　昊 | 汉族 | 白阳 | 余沟 | 长子 | 牛多玉 | 汉族 | 城阳 | 长城 |
| 长女 | 郭　婷 | 汉族 | 白阳 | 余沟 | 妻子 | 赵青芳 | 汉族 | 城阳 | 长城 |
| 户主 | 李　较 | 汉族 | 白阳 | 余沟 | 户主 | 虎存山 | 汉族 | 冯庄 | 小寺 |
| 妻子 | 祁永霞 | 汉族 | 白阳 | 余沟 | 妻子 | 魏秀琴 | 汉族 | 冯庄 | 小寺 |
| 长女 | 李满慧 | 汉族 | 白阳 | 余沟 | 户主 | 安真学 | 汉族 | 冯庄 | 高庄 |
| 长子 | 李满博 | 汉族 | 白阳 | 余沟 | 次子 | 安双荣 | 汉族 | 冯庄 | 高庄 |
| 户主 | 赵兰芳 | 汉族 | 白阳 | 老庄 | 户主 | 余德莲 | 汉族 | 冯庄 | 小湾 |
| 长女 | 张　萌 | 汉族 | 白阳 | 老庄 | 父 | 陈树栋 | 汉族 | 冯庄 | 小湾 |

续表 17

| 与户主关系 | 家庭成员 | 民族 | 原居住地 | | 与户主关系 | 家庭成员 | 民族 | 原居住地 | |
|---|---|---|---|---|---|---|---|---|---|
| | | | 乡(镇) | 行政村 | | | | 乡(镇) | 行政村 |
| 户主 | 李国仓 | 汉族 | 冯庄 | 崖湾 | 妻子 | 马生花 | 回族 | 古城 | 海口 |
| 妻子 | 蔺翠梅 | 汉族 | 冯庄 | 崖湾 | 五女 | 海　娟 | 回族 | 古城 | 海口 |
| 户主 | 张有川 | 汉族 | 冯庄 | 上湾 | 户主 | 马志军 | 回族 | 古城 | 海口 |
| 妻子 | 李秀娥 | 汉族 | 冯庄 | 上湾 | 妻子 | 王志梅 | 回族 | 古城 | 海口 |
| 户主 | 安真龙 | 汉族 | 冯庄 | 高庄 | 长子 | 马　平 | 回族 | 古城 | 海口 |
| 妻子 | 虎彩兰 | 汉族 | 冯庄 | 高庄 | 次子 | 马　斌 | 回族 | 古城 | 海口 |
| 三女 | 安小春 | 汉族 | 冯庄 | 高庄 | 三子 | 马　祥 | 回族 | 古城 | 海口 |
| 四女 | 安小青 | 汉族 | 冯庄 | 高庄 | 户主 | 马生君 | 回族 | 古城 | 海口 |
| 长子 | 安神云 | 汉族 | 冯庄 | 高庄 | 妻子 | 马智梅 | 回族 | 古城 | 海口 |
| 母亲 | 王玉英 | 汉族 | 冯庄 | 高庄 | 长子 | 马志平 | 回族 | 古城 | 海口 |
| 户主 | 董宝荣 | 汉族 | 冯庄 | 上湾 | 次子 | 马　宁 | 回族 | 古城 | 海口 |
| 长子 | 董　志 | 汉族 | 冯庄 | 上湾 | 二女 | 马小兰 | 回族 | 古城 | 海口 |
| 户主 | 海生成 | 回族 | 古城 | 海口 | 户主 | 马生财 | 回族 | 古城 | 海口 |
| 妻子 | 马桂兰 | 回族 | 古城 | 海口 | 妻子 | 马科莲 | 回族 | 古城 | 海口 |
| 长子 | 海正满 | 回族 | 古城 | 海口 | 次子 | 马　军 | 回族 | 古城 | 海口 |
| 户主 | 海生军 | 回族 | 古城 | 海口 | 长子 | 马　祥 | 回族 | 古城 | 海口 |
| 妻子 | 明生兰 | 回族 | 古城 | 海口 | 户主 | 马正刚 | 回族 | 古城 | 海口 |
| 长子 | 海　龙 | 回族 | 古城 | 海口 | 妻子 | 海银花 | 回族 | 古城 | 海口 |
| 长女 | 海蓉蓉 | 回族 | 古城 | 海口 | 孙子 | 马海龙 | 回族 | 古城 | 海口 |
| 父亲 | 海万玉 | 回族 | 古城 | 海口 | 户主 | 周文梅 | 回族 | 古城 | 海口 |
| 母亲 | 海玉连 | 回族 | 古城 | 海口 | 长子 | 马阿旦 | 回族 | 古城 | 海口 |
| 户主 | 马生忠 | 回族 | 古城 | 海口 | 次子 | 马　俊 | 回族 | 古城 | 海口 |
| 妻子 | 李宝兰 | 回族 | 古城 | 海口 | 母亲 | 马生梅 | 回族 | 古城 | 海口 |
| 长子 | 马志平 | 回族 | 古城 | 海口 | 妹妹 | 马生花 | 回族 | 古城 | 海口 |
| 父亲 | 马正军 | 回族 | 古城 | 海口 | 户主 | 海生虎 | 回族 | 古城 | 海口 |
| 母亲 | 马付莲 | 回族 | 古城 | 海口 | 妻子 | 马和兰 | 回族 | 古城 | 海口 |
| 户主 | 马平贵 | 回族 | 古城 | 海口 | 长子 | 海小明 | 回族 | 古城 | 海口 |
| 妻子 | 邢春兰 | 回族 | 古城 | 海口 | 次子 | 海龙河 | 回族 | 古城 | 海口 |
| 长子 | 马　斌 | 回族 | 古城 | 海口 | 长女 | 海燕燕 | 回族 | 古城 | 海口 |
| 户主 | 马生奎 | 回族 | 古城 | 海口 | 母亲 | 马成花 | 回族 | 古城 | 海口 |
| 妻子 | 马治兰 | 回族 | 古城 | 海口 | 户主 | 马生海 | 回族 | 古城 | 海口 |
| 长子 | 马志军 | 回族 | 古城 | 海口 | 妻子 | 马有兰 | 回族 | 古城 | 海口 |
| 长女 | 马志花 | 回族 | 古城 | 海口 | 次子 | 马志武 | 回族 | 古城 | 海口 |
| 户主 | 马正万 | 回族 | 古城 | 海口 | 三子 | 马志保 | 回族 | 古城 | 海口 |
| 外孙子 | 海　强 | 回族 | 古城 | 海口 | 长子 | 马志虎 | 回族 | 古城 | 海口 |
| 户主 | 海建录 | 回族 | 古城 | 海口 | 户主 | 马生龙 | 回族 | 古城 | 海口 |

续表 17

| 与户主关系 | 家庭成员 | 民族 | 原居住地 | | 与户主关系 | 家庭成员 | 民族 | 原居住地 | |
|---|---|---|---|---|---|---|---|---|---|
| | | | 乡(镇) | 行政村 | | | | 乡(镇) | 行政村 |
| 妻子 | 马成梅 | 回族 | 古城 | 海口 | 妻子 | 马志芳 | 回族 | 古城 | 海口 |
| 长子 | 马　银 | 回族 | 古城 | 海口 | 长子 | 马　福 | 回族 | 古城 | 海口 |
| 长女 | 马　霞 | 回族 | 古城 | 海口 | 次子 | 马　伟 | 回族 | 古城 | 海口 |
| 侄女 | 马　霞 | 回族 | 古城 | 海口 | 户主 | 马明英 | 回族 | 古城 | 海口 |
| 父亲 | 马正铎 | 回族 | 古城 | 海口 | 长子 | 马生礼 | 回族 | 古城 | 海口 |
| 母亲 | 马凤英 | 回族 | 古城 | 海口 | 户主 | 海生付 | 回族 | 古城 | 海口 |
| 户主 | 马生虎 | 回族 | 古城 | 海口 | 妻子 | 马志连 | 回族 | 古城 | 海口 |
| 妻子 | 马孝英 | 回族 | 古城 | 海口 | 次子 | 海正林 | 回族 | 古城 | 海口 |
| 长子 | 马志忠 | 回族 | 古城 | 海口 | 儿媳 | 海玉梅 | 回族 | 古城 | 海口 |
| 次子 | 马志明 | 回族 | 古城 | 海口 | 长子 | 海正青 | 回族 | 古城 | 海口 |
| 户主 | 马生杰 | 回族 | 古城 | 海口 | 儿媳 | 马　琴 | 回族 | 古城 | 海口 |
| 妻子 | 海正梅 | 回族 | 古城 | 海口 | 孙子 | 海玉虎 | 回族 | 古城 | 海口 |
| 户主 | 马生宏 | 回族 | 古城 | 海口 | 户主 | 海生林 | 回族 | 古城 | 海口 |
| 妻子 | 马有梅 | 回族 | 古城 | 海口 | 妻子 | 周文梅 | 回族 | 古城 | 海口 |
| 长子 | 马　云 | 回族 | 古城 | 海口 | 次子 | 海正文 | 回族 | 古城 | 海口 |
| 长女 | 马　梅 | 回族 | 古城 | 海口 | 三子 | 海　东 | 回族 | 古城 | 海口 |
| 二女 | 马小兰 | 回族 | 古城 | 海口 | 长女 | 海　琴 | 回族 | 古城 | 海口 |
| 父亲 | 马正江 | 回族 | 古城 | 海口 | 长子 | 海正龙 | 回族 | 古城 | 海口 |
| 母亲 | 马建花 | 回族 | 古城 | 海口 | 户主 | 海生龙 | 回族 | 古城 | 海口 |
| 妹妹 | 马生英 | 回族 | 古城 | 海口 | 妻子 | 马志梅 | 回族 | 古城 | 海口 |
| 户主 | 马生祥 | 回族 | 古城 | 海口 | 长子 | 海正发 | 回族 | 古城 | 海口 |
| 妻子 | 马文梅 | 回族 | 古城 | 海口 | 养女 | 马密爱 | 回族 | 古城 | 海口 |
| 三子 | 马　富 | 回族 | 古城 | 海口 | 户主 | 杨克礼 | 回族 | 古城 | 海口 |
| 次子 | 马学林 | 回族 | 古城 | 海口 | 妻子 | 金凤梅 | 回族 | 古城 | 海口 |
| 户主 | 马成玲 | 回族 | 古城 | 海口 | 次子 | 杨小鹏 | 回族 | 古城 | 海口 |
| 长子 | 马　越 | 回族 | 古城 | 海口 | 长女 | 杨小琴 | 回族 | 古城 | 海口 |
| 长女 | 马　元 | 回族 | 古城 | 海口 | 长子 | 杨小云 | 回族 | 古城 | 海口 |
| 二女 | 马　丽 | 回族 | 古城 | 海口 | 户主 | 杨志仓 | 回族 | 古城 | 海口 |
| 户主 | 马生奇 | 回族 | 古城 | 海口 | 妻子 | 赫生花 | 回族 | 古城 | 海口 |
| 妻子 | 马玉秀 | 回族 | 古城 | 海口 | 户主 | 马生朋 | 回族 | 古城 | 海口 |
| 长子 | 马继前 | 回族 | 古城 | 海口 | 妻子 | 马生连 | 回族 | 古城 | 海口 |
| 长女 | 马小玲 | 回族 | 古城 | 海口 | 长子 | 马　军 | 回族 | 古城 | 海口 |
| 二女 | 马小梅 | 回族 | 古城 | 海口 | 长女 | 马　燕 | 回族 | 古城 | 海口 |
| 三女 | 马小琴 | 回族 | 古城 | 海口 | 母亲 | 杨志连 | 回族 | 古城 | 海口 |
| 母亲 | 姬永兰 | 回族 | 古城 | 海口 | 户主 | 马生龙 | 回族 | 古城 | 海口 |
| 户主 | 马生俊 | 回族 | 古城 | 海口 | 妻子 | 海向连 | 回族 | 古城 | 海口 |

续表 17

| 与户主关系 | 家庭成员 | 民族 | 原居住地 | | 与户主关系 | 家庭成员 | 民族 | 原居住地 | |
|---|---|---|---|---|---|---|---|---|---|
| | | | 乡(镇) | 行政村 | | | | 乡(镇) | 行政村 |
| 次子 | 马志云 | 回族 | 古城 | 海口 | 长子 | 马　银 | 回族 | 古城 | 海口 |
| 长女 | 马志琴 | 回族 | 古城 | 海口 | 次子 | 马　东 | 回族 | 古城 | 海口 |
| 父亲 | 马正虎 | 回族 | 古城 | 海口 | 户主 | 马正满 | 回族 | 古城 | 海口 |
| 户主 | 马生东 | 回族 | 古城 | 海口 | 妻子 | 马付香 | 回族 | 古城 | 海口 |
| 妻子 | 普进梅 | 回族 | 古城 | 海口 | 次子 | 马旭东 | 回族 | 古城 | 海口 |
| 长子 | 马　飞 | 回族 | 古城 | 海口 | 长子 | 马生东 | 回族 | 古城 | 海口 |
| 二女 | 马芳芳 | 回族 | 古城 | 海口 | 户主 | 马同仓 | 回族 | 古城 | 海口 |
| 父亲 | 马正林 | 回族 | 古城 | 海口 | 妻子 | 马凤连 | 回族 | 古城 | 海口 |
| 母亲 | 罗德花 | 回族 | 古城 | 海口 | 长子 | 马　俊 | 回族 | 古城 | 海口 |
| 户主 | 马志仁 | 回族 | 古城 | 海口 | 户主 | 马同梅 | 回族 | 古城 | 海口 |
| 妻子 | 马占梅 | 回族 | 古城 | 海口 | 长女 | 马　萍 | 回族 | 古城 | 海口 |
| 二女 | 马小慧 | 回族 | 古城 | 海口 | 父亲 | 马正花 | 回族 | 古城 | 海口 |
| 父亲 | 马生录 | 回族 | 古城 | 海口 | 母亲 | 周志兰 | 回族 | 古城 | 海口 |
| 户主 | 马志东 | 回族 | 古城 | 海口 | 户主 | 马同礼 | 回族 | 古城 | 海口 |
| 妻子 | 海　琴 | 回族 | 古城 | 海口 | 妻子 | 海建花 | 回族 | 古城 | 海口 |
| 长子 | 马小林 | 回族 | 古城 | 海口 | 长子 | 马　贵 | 回族 | 古城 | 海口 |
| 次子 | 马　荣 | 回族 | 古城 | 海口 | 次子 | 马明富 | 回族 | 古城 | 海口 |
| 父亲 | 马生川 | 回族 | 古城 | 海口 | 户主 | 马同儒 | 回族 | 古城 | 海口 |
| 户主 | 马志仓 | 回族 | 古城 | 海口 | 妻子 | 周林花 | 回族 | 古城 | 海口 |
| 妻子 | 马继连 | 回族 | 古城 | 海口 | 长女 | 马丽萍 | 回族 | 古城 | 海口 |
| 次子 | 马小军 | 回族 | 古城 | 海口 | 次子 | 马　龙 | 回族 | 古城 | 海口 |
| 户主 | 马正文 | 回族 | 古城 | 海口 | 长子 | 马　露 | 回族 | 古城 | 海口 |
| 妻子 | 马生连 | 回族 | 古城 | 海口 | 户主 | 马生伟 | 回族 | 古城 | 海口 |
| 户主 | 马正川 | 回族 | 古城 | 海口 | 妻子 | 海生梅 | 回族 | 古城 | 海口 |
| 妻子 | 马世英 | 回族 | 古城 | 海口 | 长子 | 马志仓 | 回族 | 古城 | 海口 |
| 三子 | 马银子 | 回族 | 古城 | 海口 | 户主 | 马生谭 | 回族 | 古城 | 海口 |
| 儿媳 | 海　霞 | 回族 | 古城 | 海口 | 妻子 | 马生连 | 回族 | 古城 | 海口 |
| 孙子 | 马志强 | 回族 | 古城 | 海口 | 二女 | 马青箐 | 回族 | 古城 | 海口 |
| 孙子 | 马小兵 | 回族 | 古城 | 海口 | 户主 | 海生科 | 回族 | 古城 | 海口 |
| 户主 | 马正贵 | 回族 | 古城 | 海口 | 妻子 | 马玉连 | 回族 | 古城 | 海口 |
| 妻子 | 马德芳 | 回族 | 古城 | 海口 | 次子 | 海正伍 | 回族 | 古城 | 海口 |
| 次子 | 马双龙 | 回族 | 古城 | 海口 | 户主 | 马生虎 | 回族 | 古城 | 海口 |
| 户主 | 马桂英 | 回族 | 古城 | 海口 | 妻子 | 马少梅 | 回族 | 古城 | 海口 |
| 孙子 | 马银龙 | 回族 | 古城 | 海口 | 长子 | 马适崇 | 回族 | 古城 | 海口 |
| 户主 | 马正富 | 回族 | 古城 | 海口 | 户主 | 马正龙 | 回族 | 古城 | 海口 |
| 妻子 | 马润兰 | 回族 | 古城 | 海口 | 妻子 | 魏金荣 | 回族 | 古城 | 海口 |

续表 17

| 与户主关系 | 家庭成员 | 民族 | 原居住地 | | 与户主关系 | 家庭成员 | 民族 | 原居住地 | |
|---|---|---|---|---|---|---|---|---|---|
| | | | 乡(镇) | 行政村 | | | | 乡(镇) | 行政村 |
| 母亲 | 姬平英 | 回族 | 古城 | 海口 | 嫂 | 马利素 | 回族 | 古城 | 海口 |
| 户主 | 杨飞虎 | 回族 | 古城 | 海口 | 兄 | 周文林 | 回族 | 古城 | 海口 |
| 妻子 | 马有梅 | 回族 | 古城 | 海口 | 侄子 | 周小虎 | 回族 | 古城 | 海口 |
| 长女 | 杨晓晴 | 回族 | 古城 | 海口 | 侄子 | 周小龙 | 回族 | 古城 | 海口 |
| 二女 | 杨晓蓉 | 回族 | 古城 | 海口 | 侄子 | 周小军 | 回族 | 古城 | 海口 |
| 三女 | 杨晓菲 | 回族 | 古城 | 海口 | 户主 | 王飞航 | 汉族 | 古城 | 川口 |
| 户主 | 马生俊 | 回族 | 古城 | 海口 | 妻子 | 张富玲 | 汉族 | 古城 | 川口 |
| 二女 | 马晓琴 | 回族 | 古城 | 海口 | 长子 | 王国栋 | 汉族 | 古城 | 川口 |
| 外孙子 | 马　凯 | 回族 | 古城 | 海口 | 儿媳 | 王红霞 | 汉族 | 古城 | 川口 |
| 户主 | 马志科 | 回族 | 古城 | 海口 | 孙子 | 王　延 | 汉族 | 古城 | 川口 |
| 妻子 | 苏雪花 | 回族 | 古城 | 海口 | 孙女 | 王　洁 | 汉族 | 古城 | 川口 |
| 长女 | 马小琴 | 回族 | 古城 | 海口 | 孙女 | 王　婷 | 汉族 | 古城 | 川口 |
| 二女 | 马小彦 | 回族 | 古城 | 海口 | 户主 | 郭兆夏 | 汉族 | 古城 | 川口 |
| 户主 | 杨　军 | 回族 | 古城 | 海口 | 妻子 | 方治霞 | 汉族 | 古城 | 川口 |
| 妻子 | 马　琴 | 回族 | 古城 | 海口 | 长女 | 郭　静 | 汉族 | 古城 | 川口 |
| 长子 | 杨晓亮 | 回族 | 古城 | 海口 | 二女 | 郭利霞 | 汉族 | 古城 | 川口 |
| 长女 | 杨小梅 | 回族 | 古城 | 海口 | 三女 | 郭婷婷 | 汉族 | 古城 | 川口 |
| 户主 | 马小平 | 回族 | 古城 | 海口 | 户主 | 郭兆冬 | 汉族 | 古城 | 川口 |
| 妻子 | 马彦梅 | 回族 | 古城 | 海口 | 妻子 | 张云兰 | 汉族 | 古城 | 川口 |
| 长子 | 马　东 | 回族 | 古城 | 海口 | 长子 | 郭玉成 | 汉族 | 古城 | 川口 |
| 户主 | 何德军 | 汉族 | 古城 | 小岔沟 | 户主 | 郭兆秋 | 汉族 | 古城 | 川口 |
| 弟 | 何德龙 | 汉族 | 古城 | 小岔沟 | 儿媳 | 康宏生 | 汉族 | 古城 | 川口 |
| 户主 | 董　咏 | 汉族 | 古城 | 小岔沟 | 孙子 | 郭佳奇 | 汉族 | 古城 | 川口 |
| 妻子 | 陈丽萍 | 汉族 | 古城 | 小岔沟 | 孙女 | 张郭艳 | 汉族 | 古城 | 川口 |
| 长女 | 董家欣 | 汉族 | 古城 | 小岔沟 | 孙女 | 郭小毛 | 汉族 | 古城 | 川口 |
| 长子 | 董嘉泽 | 汉族 | 古城 | 小岔沟 | 女婿 | 张保祥 | 汉族 | 古城 | 川口 |
| 户主 | 马生雄 | 回族 | 古城 | 海口 | 户主 | 王正艇 | 汉族 | 古城 | 川口 |
| 妻子 | 海建梅 | 回族 | 古城 | 海口 | 妻子 | 田彩霞 | 汉族 | 古城 | 川口 |
| 长子 | 马志龙 | 回族 | 古城 | 海口 | 长子 | 王小东 | 汉族 | 古城 | 川口 |
| 父亲 | 马正明 | 回族 | 古城 | 海口 | 户主 | 沈小红 | 汉族 | 古城 | 海口 |
| 儿媳 | 海正琴 | 回族 | 古城 | 海口 | 长子 | 李　鑫 | 汉族 | 古城 | 海口 |
| 孙子 | 马　伟 | 回族 | 古城 | 海口 | 长女 | 李　阳 | 汉族 | 古城 | 海口 |
| 户主 | 周文贵 | 回族 | 古城 | 海口 | 户主 | 张志军 | 汉族 | 古城 | 海口 |
| 妻子 | 马小兰 | 回族 | 古城 | 海口 | 妻子 | 曾绍梅 | 汉族 | 古城 | 海口 |
| 长子 | 周小云 | 回族 | 古城 | 海口 | 长子 | 张小荣 | 汉族 | 古城 | 海口 |
| 母亲 | 马成英 | 回族 | 古城 | 海口 | 户主 | 魏世平 | 汉族 | 古城 | 海口 |

续表 17

| 与户主关系 | 家庭成员 | 民族 | 原居住地 | | 与户主关系 | 家庭成员 | 民族 | 原居住地 | |
|---|---|---|---|---|---|---|---|---|---|
| | | | 乡(镇) | 行政村 | | | | 乡(镇) | 行政村 |
| 妻子 | 吴慧香 | 汉族 | 古城 | 海口 | 长女 | 兰芳芳 | 回族 | 红河 | 友联 |
| 长子 | 魏永刚 | 汉族 | 古城 | 海口 | 孙女 | 兰 倩 | 回族 | 红河 | 友联 |
| 长女 | 魏博辉 | 汉族 | 古城 | 海口 | 户主 | 禹正新 | 回族 | 红河 | 友联 |
| 户主 | 李应发 | 汉族 | 古城 | 海口 | 妻子 | 任花花 | 回族 | 红河 | 友联 |
| 长子 | 李永智 | 汉族 | 古城 | 海口 | 户主 | 兰金虎 | 回族 | 红河 | 友联 |
| 儿媳 | 杨凡凡 | 汉族 | 古城 | 海口 | 妻子 | 买米乃 | 回族 | 红河 | 友联 |
| 孙女 | 李子悦 | 汉族 | 古城 | 海口 | 长子 | 兰会平 | 回族 | 红河 | 友联 |
| 户主 | 包生财 | 汉族 | 古城 | 海口 | 次子 | 兰叶平 | 回族 | 红河 | 友联 |
| 长女 | 包甜甜 | 汉族 | 古城 | 海口 | 三子 | 兰谋沙 | 回族 | 红河 | 友联 |
| 母亲 | 董秀梅 | 汉族 | 古城 | 海口 | 户主 | 兰文礼 | 回族 | 红河 | 友联 |
| 户主 | 张秀林 | 汉族 | 古城 | 海口 | 妻子 | 杨春花 | 回族 | 红河 | 友联 |
| 母亲 | 冯志英 | 汉族 | 古城 | 海口 | 长女 | 兰会霞 | 回族 | 红河 | 友联 |
| 户主 | 包生龙 | 汉族 | 古城 | 海口 | 次女 | 兰会玲 | 回族 | 红河 | 友联 |
| 妻子 | 李军红 | 汉族 | 古城 | 海口 | 长子 | 兰会东 | 回族 | 红河 | 友联 |
| 长子 | 包 鑫 | 汉族 | 古城 | 海口 | 父亲 | 兰长福 | 回族 | 红河 | 友联 |
| 户主 | 王生贵 | 汉族 | 古城 | 海口 | 母亲 | 兰长英 | 回族 | 红河 | 友联 |
| 妻子 | 马淑珍 | 汉族 | 古城 | 海口 | 户主 | 秦占恩 | 回族 | 红河 | 文沟 |
| 户主 | 冶金奎 | 回族 | 红河 | 文沟 | 妻子 | 余秀梅 | 回族 | 红河 | 文沟 |
| 妻子 | 余爱连 | 回族 | 红河 | 文沟 | 次子 | 秦虎军 | 回族 | 红河 | 文沟 |
| 次子 | 冶志宏 | 回族 | 红河 | 文沟 | 户主 | 秦国才 | 回族 | 红河 | 文沟 |
| 长子 | 冶志伟 | 回族 | 红河 | 文沟 | 妻子 | 马凤梅 | 回族 | 红河 | 文沟 |
| 儿媳 | 兰海琴 | 回族 | 红河 | 文沟 | 长女 | 秦彩丽 | 回族 | 红河 | 文沟 |
| 户主 | 兰春元 | 回族 | 红河 | 文沟 | 户主 | 杨六四 | 回族 | 红河 | 文沟 |
| 妻子 | 秦存华 | 回族 | 红河 | 文沟 | 妻子 | 任秀珍 | 回族 | 红河 | 文沟 |
| 长子 | 兰 伟 | 回族 | 红河 | 文沟 | 次子 | 杨小强 | 回族 | 红河 | 文沟 |
| 父亲 | 兰金忠 | 回族 | 红河 | 文沟 | 三子 | 杨会强 | 回族 | 红河 | 文沟 |
| 母亲 | 冶福香 | 回族 | 红河 | 文沟 | 户主 | 杨有科 | 回族 | 红河 | 文沟 |
| 兄 | 兰文九 | 回族 | 红河 | 文沟 | 妻子 | 马林段 | 回族 | 红河 | 文沟 |
| 兄 | 兰蛮旦 | 回族 | 红河 | 文沟 | 次子 | 杨双贵 | 回族 | 红河 | 文沟 |
| 侄子 | 兰保平 | 回族 | 红河 | 文沟 | 三子 | 杨军喜 | 回族 | 红河 | 文沟 |
| 户主 | 陈文轩 | 回族 | 红河 | 韩堡 | 户主 | 杨金贵 | 回族 | 红河 | 文沟 |
| 配偶 | 刘排排 | 回族 | 红河 | 韩堡 | 妻子 | 兰塞卖 | 回族 | 红河 | 文沟 |
| 户主 | 禹正忠 | 回族 | 红河 | 友联 | 长子 | 杨 聪 | 回族 | 红河 | 文沟 |
| 妻子 | 兰喜花 | 回族 | 红河 | 友联 | 二女 | 杨芳兰 | 回族 | 红河 | 文沟 |
| 户主 | 兰文昌 | 回族 | 红河 | 友联 | 三女 | 杨秀兰 | 回族 | 红河 | 文沟 |
| 妻子 | 马西女 | 回族 | 红河 | 友联 | 四女 | 杨秀芳 | 回族 | 红河 | 文沟 |

续表 17

| 与户主关系 | 家庭成员 | 民族 | 原居住地 | | 与户主关系 | 家庭成员 | 民族 | 原居住地 | |
|---|---|---|---|---|---|---|---|---|---|
| | | | 乡(镇) | 行政村 | | | | 乡(镇) | 行政村 |
| 户主 | 杨六金 | 回族 | 红河 | 文沟 | 户主 | 刘名鹤 | 回族 | 红河 | 韩堡 |
| 妻子 | 关白花 | 回族 | 红河 | 文沟 | 父亲 | 刘德全 | 回族 | 红河 | 韩堡 |
| 长子 | 杨少东 | 回族 | 红河 | 文沟 | 户主 | 兰志红 | 回族 | 红河 | 韩堡 |
| 次子 | 杨少康 | 回族 | 红河 | 文沟 | 妻子 | 兰苏女 | 回族 | 红河 | 韩堡 |
| 户主 | 杨奴四 | 回族 | 红河 | 文沟 | 次子 | 兰西龙 | 回族 | 红河 | 韩堡 |
| 妻子 | 马小霞 | 回族 | 红河 | 文沟 | 长子 | 兰亚鹏 | 回族 | 红河 | 韩堡 |
| 长子 | 杨　伟 | 回族 | 红河 | 文沟 | 户主 | 马占得 | 回族 | 红河 | 韩堡 |
| 次子 | 杨　勇 | 回族 | 红河 | 文沟 | 妻子 | 余爱彩 | 回族 | 红河 | 韩堡 |
| 户主 | 杨有岳 | 回族 | 红河 | 文沟 | 次子 | 马小军 | 回族 | 红河 | 韩堡 |
| 妻子 | 兰秀珍 | 回族 | 红河 | 文沟 | 长女 | 马小霞 | 回族 | 红河 | 韩堡 |
| 三女 | 杨粉鱼 | 回族 | 红河 | 文沟 | 户主 | 赵登明 | 回族 | 红河 | 上王 |
| 户主 | 杨有明 | 回族 | 红河 | 文沟 | 妻子 | 王福梅 | 回族 | 红河 | 上王 |
| 妻子 | 杨喜娥 | 回族 | 红河 | 文沟 | 户主 | 海怀军 | 回族 | 交岔 | 关台 |
| 长子 | 杨建宁 | 回族 | 红河 | 文沟 | 妻子 | 李凤梅 | 回族 | 交岔 | 关台 |
| 户主 | 兰兴明 | 回族 | 红河 | 文沟 | 长子 | 海金平 | 回族 | 交岔 | 关台 |
| 妻子 | 马花心 | 回族 | 红河 | 文沟 | 次女 | 海金莲 | 回族 | 交岔 | 关台 |
| 长子 | 兰红喜 | 回族 | 红河 | 文沟 | 户主 | 海炳治 | 回族 | 交岔 | 关台 |
| 户主 | 黑文祥 | 回族 | 红河 | 文沟 | 妻子 | 白凤兰 | 回族 | 交岔 | 关台 |
| 妻子 | 安慧玲 | 回族 | 红河 | 文沟 | 长子 | 海双位 | 回族 | 交岔 | 关台 |
| 长女 | 黑彩英 | 回族 | 红河 | 文沟 | 二女 | 海思霞 | 回族 | 交岔 | 关台 |
| 长子 | 黑建国 | 回族 | 红河 | 文沟 | 户主 | 马治军 | 回族 | 交岔 | 关台 |
| 户主 | 苏春科 | 回族 | 红河 | 文沟 | 妻子 | 海　霞 | 回族 | 交岔 | 关台 |
| 妻子 | 余　发 | 回族 | 红河 | 文沟 | 长子 | 马　宫 | 回族 | 交岔 | 关台 |
| 长女 | 苏英英 | 回族 | 红河 | 文沟 | 次子 | 马　库 | 回族 | 交岔 | 关台 |
| 二女 | 苏彩英 | 回族 | 红河 | 文沟 | 户主 | 海殿俊 | 回族 | 交岔 | 关台 |
| 三女 | 苏小英 | 回族 | 红河 | 文沟 | 妻子 | 李孝英 | 回族 | 交岔 | 关台 |
| 长子 | 苏治国 | 回族 | 红河 | 文沟 | 次子 | 海　宁 | 回族 | 交岔 | 关台 |
| 户主 | 兰会成 | 回族 | 红河 | 文沟 | 儿媳 | 海少林 | 回族 | 交岔 | 关台 |
| 姐姐 | 兰卷红 | 回族 | 红河 | 文沟 | 孙子 | 海晓伟 | 回族 | 交岔 | 关台 |
| 姐姐 | 兰卷卷 | 回族 | 红河 | 文沟 | 户主 | 海　鹏 | 回族 | 交岔 | 关台 |
| 户主 | 刘小东 | 回族 | 红河 | 韩堡 | 妻子 | 马建芳 | 回族 | 交岔 | 关台 |
| 长子 | 刘皓琪 | 回族 | 红河 | 韩堡 | 长女 | 海晓妍 | 回族 | 交岔 | 关台 |
| 户主 | 马占发 | 回族 | 红河 | 韩堡 | 户主 | 海　东 | 回族 | 交岔 | 关台 |
| 妻子 | 冶牡丹 | 回族 | 红河 | 韩堡 | 妻子 | 顾　芳 | 回族 | 交岔 | 关台 |
| 次子 | 马有富 | 回族 | 红河 | 韩堡 | 次子 | 海小强 | 回族 | 交岔 | 关台 |
| 儿媳 | 冶阿十 | 回族 | 红河 | 韩堡 | 户主 | 马佰付 | 回族 | 交岔 | 关台 |

续表 17

| 与户主关系 | 家庭成员 | 民族 | 原居住地 | | 与户主关系 | 家庭成员 | 民族 | 原居住地 | |
|---|---|---|---|---|---|---|---|---|---|
| | | | 乡(镇) | 行政村 | | | | 乡(镇) | 行政村 |
| 妻子 | 海金梅 | 回族 | 交岔 | 关台 | 户主 | 马文仁 | 回族 | 交岔 | 关台 |
| 长子 | 马　意 | 回族 | 交岔 | 关台 | 妻子 | 顾　兰 | 回族 | 交岔 | 关台 |
| 长女 | 马　燕 | 回族 | 交岔 | 关台 | 二女 | 马　娟 | 回族 | 交岔 | 关台 |
| 三子 | 马　龙 | 回族 | 交岔 | 关台 | 户主 | 母得鹏 | 回族 | 交岔 | 关台 |
| 次子 | 马　云 | 回族 | 交岔 | 关台 | 妻子 | 海发买 | 回族 | 交岔 | 关台 |
| 户主 | 海怀治 | 回族 | 交岔 | 关台 | 长女 | 母伊萍 | 回族 | 交岔 | 关台 |
| 妻子 | 马金花 | 回族 | 交岔 | 关台 | 长女 | 母志兰 | 回族 | 交岔 | 关台 |
| 次女 | 海金兰 | 回族 | 交岔 | 关台 | 户主 | 母文山 | 回族 | 交岔 | 关台 |
| 户主 | 海怀兰 | 回族 | 交岔 | 关台 | 妻子 | 海向梅 | 回族 | 交岔 | 关台 |
| 长子 | 马云虎 | 回族 | 交岔 | 关台 | 长子 | 母得宝 | 回族 | 交岔 | 关台 |
| 长女 | 马云梅 | 回族 | 交岔 | 关台 | 儿媳 | 马守莲 | 回族 | 交岔 | 关台 |
| 次子 | 马云录 | 回族 | 交岔 | 关台 | 孙女 | 母志蕊 | 回族 | 交岔 | 关台 |
| 户主 | 母彩桂 | 回族 | 交岔 | 关台 | 户主 | 母得东 | 回族 | 交岔 | 关台 |
| 次子 | 马金月 | 回族 | 交岔 | 关台 | 妻子 | 马少琴 | 回族 | 交岔 | 关台 |
| 儿媳 | 王永慧 | 回族 | 交岔 | 关台 | 长子 | 母小平 | 回族 | 交岔 | 关台 |
| 三子 | 马金星 | 回族 | 交岔 | 关台 | 户主 | 母得学 | 回族 | 交岔 | 关台 |
| 孙子 | 马伟毅 | 回族 | 交岔 | 关台 | 妻子 | 海金梅 | 回族 | 交岔 | 关台 |
| 户主 | 马治荣 | 回族 | 交岔 | 关台 | 长子 | 母小军 | 回族 | 交岔 | 关台 |
| 妻子 | 海怀燕 | 回族 | 交岔 | 关台 | 二女 | 母富花 | 回族 | 交岔 | 关台 |
| 户主 | 海怀荣 | 回族 | 交岔 | 关台 | 次子 | 母小刚 | 回族 | 交岔 | 关台 |
| 妻子 | 马金花 | 回族 | 交岔 | 关台 | 三女 | 母富兰 | 回族 | 交岔 | 关台 |
| 长女 | 海　湘 | 回族 | 交岔 | 关台 | 长女 | 母富燕 | 回族 | 交岔 | 关台 |
| 母亲 | 母文英 | 回族 | 交岔 | 关台 | 户主 | 母文科 | 回族 | 交岔 | 关台 |
| 户主 | 马正海 | 回族 | 交岔 | 关台 | 母亲 | 马付英 | 回族 | 交岔 | 关台 |
| 妻子 | 马云英 | 回族 | 交岔 | 关台 | 户主 | 母得福 | 回族 | 交岔 | 关台 |
| 户主 | 母　霞 | 回族 | 交岔 | 关台 | 妻子 | 马哈卖 | 回族 | 交岔 | 关台 |
| 长子 | 马金明 | 回族 | 交岔 | 关台 | 长子 | 母志强 | 回族 | 交岔 | 关台 |
| 长女 | 马彩虹 | 回族 | 交岔 | 关台 | 次子 | 母自强 | 回族 | 交岔 | 关台 |
| 次子 | 马金鹏 | 回族 | 交岔 | 关台 | 母亲 | 马玉琴 | 回族 | 交岔 | 关台 |
| 户主 | 马守山 | 回族 | 交岔 | 关台 | 户主 | 母文俊 | 回族 | 交岔 | 关台 |
| 妻子 | 海炳秀 | 回族 | 交岔 | 关台 | 妻子 | 海秀花 | 回族 | 交岔 | 关台 |
| 户主 | 马文军 | 回族 | 交岔 | 关台 | 户主 | 母得生 | 回族 | 交岔 | 关台 |
| 妻子 | 姬风彩 | 回族 | 交岔 | 关台 | 妻子 | 海店霞 | 回族 | 交岔 | 关台 |
| 长子 | 马四七 | 回族 | 交岔 | 关台 | 长子 | 母家辉 | 回族 | 交岔 | 关台 |
| 儿媳 | 王河买 | 回族 | 交岔 | 关台 | 户主 | 母文清 | 回族 | 交岔 | 关台 |
| 孙女 | 马　晴 | 回族 | 交岔 | 关台 | 次子 | 母得财 | 回族 | 交岔 | 关台 |

续表 17

| 与户主关系 | 家庭成员 | 民族 | 原居住地 | | 与户主关系 | 家庭成员 | 民族 | 原居住地 | |
|---|---|---|---|---|---|---|---|---|---|
| | | | 乡（镇） | 行政村 | | | | 乡（镇） | 行政村 |
| 儿媳 | 丁义花 | 回族 | 交岔 | 关台 | 妻子 | 丁成兰 | 回族 | 交岔 | 关台 |
| 长孙 | 母志文 | 回族 | 交岔 | 关台 | 户主 | 母得全 | 回族 | 交岔 | 关台 |
| 孙子 | 母志珍 | 回族 | 交岔 | 关台 | 妻子 | 马有琴 | 回族 | 交岔 | 关台 |
| 孙子 | 母志献 | 回族 | 交岔 | 关台 | 长女 | 母雪瑞 | 回族 | 交岔 | 关台 |
| 户主 | 海殿章 | 回族 | 交岔 | 关台 | 户主 | 海金鹏 | 回族 | 交岔 | 关台 |
| 妻子 | 周凤梅 | 回族 | 交岔 | 关台 | 妻子 | 母小燕 | 回族 | 交岔 | 关台 |
| 户主 | 海怀珍 | 回族 | 交岔 | 关台 | 长子 | 海天宇 | 回族 | 交岔 | 关台 |
| 妻子 | 周　兰 | 回族 | 交岔 | 关台 | 户主 | 海怀义 | 回族 | 交岔 | 关台 |
| 长子 | 海　庭 | 回族 | 交岔 | 关台 | 妻子 | 马海秀 | 回族 | 交岔 | 关台 |
| 次子 | 海　宴 | 回族 | 交岔 | 关台 | 长子 | 海东会 | 回族 | 交岔 | 关台 |
| 户主 | 母得学 | 回族 | 交岔 | 关台 | 长女 | 海东兰 | 回族 | 交岔 | 关台 |
| 妻子 | 马彦琴 | 回族 | 交岔 | 关台 | 户主 | 母得成 | 回族 | 交岔 | 关台 |
| 长子 | 母志长 | 回族 | 交岔 | 关台 | 妻子 | 海陆琴 | 回族 | 交岔 | 关台 |
| 三子 | 母志华 | 回族 | 交岔 | 关台 | 长子 | 母　凯 | 回族 | 交岔 | 关台 |
| 次子 | 母志青 | 回族 | 交岔 | 关台 | 长女 | 母志梅 | 回族 | 交岔 | 关台 |
| 户主 | 海怀山 | 回族 | 交岔 | 关台 | 二女 | 母　蕾 | 回族 | 交岔 | 关台 |
| 妻子 | 马晓梅 | 回族 | 交岔 | 关台 | 三女 | 母晓慧 | 回族 | 交岔 | 关台 |
| 长子 | 海雨泽 | 回族 | 交岔 | 关台 | 户主 | 海　洋 | 回族 | 交岔 | 关台 |
| 长女 | 海　霞 | 回族 | 交岔 | 关台 | 妻子 | 李庭彩 | 回族 | 交岔 | 关台 |
| 次子 | 海雨辰 | 回族 | 交岔 | 关台 | 长子 | 海小军 | 回族 | 交岔 | 关台 |
| 户主 | 海怀珍 | 回族 | 交岔 | 关台 | 次子 | 海小兵 | 回族 | 交岔 | 关台 |
| 妻子 | 马文英 | 回族 | 交岔 | 关台 | 户主 | 母得虎 | 回族 | 交岔 | 关台 |
| 长子 | 海东亮 | 回族 | 交岔 | 关台 | 妻子 | 马晓花 | 回族 | 交岔 | 关台 |
| 儿媳 | 杨小青 | 回族 | 交岔 | 关台 | 长子 | 母志涛 | 回族 | 交岔 | 关台 |
| 二女 | 海雪梅 | 回族 | 交岔 | 关台 | 长女 | 母志慧 | 回族 | 交岔 | 关台 |
| 孙子 | 海　岩 | 回族 | 交岔 | 关台 | 户主 | 海怀仁 | 回族 | 交岔 | 关台 |
| 长女 | 马彩霞 | 回族 | 交岔 | 关台 | 妻子 | 马文芳 | 回族 | 交岔 | 关台 |
| 户主 | 海怀文 | 回族 | 交岔 | 关台 | 长子 | 海东成 | 回族 | 交岔 | 关台 |
| 妻子 | 白治霞 | 回族 | 交岔 | 关台 | 次子 | 海东旭 | 回族 | 交岔 | 关台 |
| 长子 | 海旭升 | 回族 | 交岔 | 关台 | 户主 | 海正军 | 回族 | 交岔 | 庙庄 |
| 长女 | 海升梅 | 回族 | 交岔 | 关台 | 妻子 | 李　花 | 回族 | 交岔 | 庙庄 |
| 户主 | 母德龙 | 回族 | 交岔 | 关台 | 长子 | 海　明 | 回族 | 交岔 | 庙庄 |
| 妻子 | 周赛买 | 回族 | 交岔 | 关台 | 长女 | 海　涛 | 回族 | 交岔 | 庙庄 |
| 长子 | 母志瑞 | 回族 | 交岔 | 关台 | 户主 | 海占军 | 回族 | 交岔 | 庙庄 |
| 次子 | 母志强 | 回族 | 交岔 | 关台 | 其他亲属 | 母全珍 | 回族 | 交岔 | 庙庄 |
| 户主 | 母得贵 | 回族 | 交岔 | 关台 | 妻子 | 马文兰 | 回族 | 交岔 | 庙庄 |

续表 17

| 与户主关系 | 家庭成员 | 民族 | 原居住地 | | 与户主关系 | 家庭成员 | 民族 | 原居住地 | |
|---|---|---|---|---|---|---|---|---|---|
| | | | 乡(镇) | 行政村 | | | | 乡(镇) | 行政村 |
| 次子 | 海正洲 | 回族 | 交岔 | 庙庄 | 户主 | 马玉富 | 回族 | 交岔 | 庙庄 |
| 户主 | 王月付 | 回族 | 交岔 | 庙庄 | 妻子 | 买小琴 | 回族 | 交岔 | 庙庄 |
| 长子 | 王　兵 | 回族 | 交岔 | 庙庄 | 户主 | 海正学 | 回族 | 交岔 | 庙庄 |
| 次子 | 王　刚 | 回族 | 交岔 | 庙庄 | 妻子 | 周风梅 | 回族 | 交岔 | 庙庄 |
| 长女 | 王　燕 | 回族 | 交岔 | 庙庄 | 户主 | 马玉宗 | 回族 | 交岔 | 庙庄 |
| 妻子 | 马国梅 | 回族 | 交岔 | 庙庄 | 妻子 | 海正花 | 回族 | 交岔 | 庙庄 |
| 户主 | 马文芳 | 回族 | 交岔 | 庙庄 | 户主 | 李占科 | 回族 | 交岔 | 庙庄 |
| 长子 | 海洋洋 | 回族 | 交岔 | 庙庄 | 妻子 | 海秀花 | 回族 | 交岔 | 庙庄 |
| 长女 | 海青青 | 回族 | 交岔 | 庙庄 | 户主 | 赵志仪 | 汉族 | 罗洼 | 寨科 |
| 二女 | 海纷纷 | 回族 | 交岔 | 庙庄 | 妻子 | 刘凤兰 | 汉族 | 罗洼 | 寨科 |
| 户主 | 王月林 | 回族 | 交岔 | 庙庄 | 次子 | 赵　龙 | 汉族 | 罗洼 | 寨科 |
| 妻子 | 姬风琴 | 回族 | 交岔 | 庙庄 | 户主 | 赵志军 | 汉族 | 罗洼 | 寨科 |
| 次子 | 王　刚 | 回族 | 交岔 | 庙庄 | 妻子 | 刘秀琴 | 汉族 | 罗洼 | 寨科 |
| 户主 | 杨兴富 | 回族 | 交岔 | 保阳 | 长女 | 赵金瑞 | 汉族 | 罗洼 | 寨科 |
| 次子 | 杨来双 | 回族 | 交岔 | 保阳 | 长子 | 赵金麒 | 汉族 | 罗洼 | 寨科 |
| 妻子 | 马成花 | 回族 | 交岔 | 保阳 | 长媳 | 张建华 | 汉族 | 罗洼 | 寨科 |
| 长子 | 杨来东 | 回族 | 交岔 | 保阳 | 孙女 | 赵如馨 | 汉族 | 罗洼 | 寨科 |
| 户主 | 周固鹏 | 回族 | 交岔 | 保阳 | 户主 | 雷金朝 | 汉族 | 罗洼 | 寨科 |
| 次子 | 周奋平 | 回族 | 交岔 | 保阳 | 长女 | 雷　静 | 汉族 | 罗洼 | 寨科 |
| 妻子 | 马成梅 | 回族 | 交岔 | 保阳 | 户主 | 赵金龙 | 汉族 | 罗洼 | 寨科 |
| 长子 | 周奋恩 | 回族 | 交岔 | 保阳 | 妻子 | 王会萍 | 汉族 | 罗洼 | 寨科 |
| 户主 | 海玉勤 | 回族 | 交岔 | 保阳 | 长女 | 赵圆圆 | 汉族 | 罗洼 | 寨科 |
| 长女 | 周晓莉 | 回族 | 交岔 | 保阳 | 次女 | 赵　慧 | 汉族 | 罗洼 | 寨科 |
| 次子 | 周晓亮 | 回族 | 交岔 | 保阳 | 三女 | 赵　涛 | 汉族 | 罗洼 | 寨科 |
| 户主 | 杨永华 | 回族 | 交岔 | 关口 | 户主 | 赵金鹏 | 汉族 | 罗洼 | 寨科 |
| 妻子 | 李生花 | 回族 | 交岔 | 关口 | 妻子 | 尚巧红 | 汉族 | 罗洼 | 寨科 |
| 户主 | 马志梅 | 回族 | 交岔 | 关口 | 长子 | 赵　洋 | 汉族 | 罗洼 | 寨科 |
| 长子 | 马　鑫 | 回族 | 交岔 | 关口 | 次子 | 赵　博 | 汉族 | 罗洼 | 寨科 |
| 次子 | 马　淼 | 回族 | 交岔 | 关口 | 户主 | 段理章 | 汉族 | 罗洼 | 张湾 |
| 户主 | 周风连 | 回族 | 交岔 | 庙庄 | 侄子 | 白　颢 | 汉族 | 罗洼 | 张湾 |
| 儿媳 | 马文兰 | 回族 | 交岔 | 庙庄 | 妻子 | 白秀梅 | 汉族 | 罗洼 | 张湾 |
| 孙子 | 海正平 | 回族 | 交岔 | 庙庄 | 次子 | 段治刚 | 汉族 | 罗洼 | 张湾 |
| 孙女 | 海正霞 | 回族 | 交岔 | 庙庄 | 户主 | 段鹏章 | 汉族 | 罗洼 | 张湾 |
| 孙女 | 海正梅 | 回族 | 交岔 | 庙庄 | 长子 | 段治广 | 汉族 | 罗洼 | 张湾 |
| 户主 | 海　朝 | 回族 | 交岔 | 庙庄 | 长女 | 段芳莉 | 汉族 | 罗洼 | 张湾 |
| 妻子 | 张生梅 | 回族 | 交岔 | 庙庄 | 妻子 | 安秀玲 | 汉族 | 罗洼 | 张湾 |

续表 17

| 与户主关系 | 家庭成员 | 民族 | 原居住地 | | 与户主关系 | 家庭成员 | 民族 | 原居住地 | |
|---|---|---|---|---|---|---|---|---|---|
| | | | 乡(镇) | 行政村 | | | | 乡(镇) | 行政村 |
| 二女 | 段　蓉 | 汉族 | 罗洼 | 张湾 | 长子 | 任文浩 | 汉族 | 新集 | 周庄 |
| 户主 | 段有章 | 汉族 | 罗洼 | 张湾 | 户主 | 何富林 | 回族 | 新集 | 谢寨 |
| 妻子 | 寇玉霞 | 汉族 | 罗洼 | 张湾 | 妻子 | 马忠莲 | 回族 | 新集 | 谢寨 |
| 次子 | 段治斌 | 汉族 | 罗洼 | 张湾 | 长子 | 何宝金 | 回族 | 新集 | 谢寨 |
| 户主 | 段怀章 | 汉族 | 罗洼 | 张湾 | 长女 | 何　丽 | 回族 | 新集 | 谢寨 |
| 母亲 | 张兰英 | 汉族 | 罗洼 | 张湾 | 户主 | 张志安 | 汉族 | 草庙 | 牛湾 |
| 妻子 | 周彦玲 | 汉族 | 罗洼 | 张湾 | 妻子 | 李述兰 | 汉族 | 草庙 | 牛湾 |
| 长女 | 段红红 | 汉族 | 罗洼 | 张湾 | 户主 | 李晓花 | 汉族 | 草庙 | 牛湾 |
| 长子 | 段治文 | 汉族 | 罗洼 | 张湾 | 长女 | 杨丽丽 | 汉族 | 草庙 | 牛湾 |
| 户主 | 段维章 | 汉族 | 罗洼 | 张湾 | 户主 | 顾继军 | 汉族 | 草庙 | 牛湾 |
| 儿媳 | 权海梅 | 汉族 | 罗洼 | 张湾 | 妻子 | 刘春慧 | 汉族 | 草庙 | 牛湾 |
| 孙女 | 段玉婷 | 汉族 | 罗洼 | 张湾 | 长女 | 顾　霞 | 汉族 | 草庙 | 牛湾 |
| 妻子 | 张维梅 | 汉族 | 罗洼 | 张湾 | 次女 | 顾　浩 | 汉族 | 草庙 | 牛湾 |
| 长子 | 段庙保 | 汉族 | 罗洼 | 张湾 | 三女 | 顾　青 | 汉族 | 草庙 | 牛湾 |
| 次子 | 段治利 | 汉族 | 罗洼 | 张湾 | 长子 | 顾　鸣 | 汉族 | 草庙 | 牛湾 |
| 长女 | 段丽霞 | 汉族 | 罗洼 | 张湾 | 母亲 | 康秀花 | 汉族 | 草庙 | 牛湾 |
| 户主 | 海　洋 | 回族 | 罗洼 | 崾岘 | 户主 | 李建成 | 汉族 | 草庙 | 牛湾 |
| 母亲 | 海金英 | 回族 | 罗洼 | 崾岘 | 妻子 | 李艳娟 | 汉族 | 草庙 | 牛湾 |
| 妻子 | 周风花 | 回族 | 罗洼 | 崾岘 | 长子 | 李　磊 | 汉族 | 草庙 | 牛湾 |
| 长子 | 海小清 | 回族 | 罗洼 | 崾岘 | 长女 | 李　婷 | 汉族 | 草庙 | 牛湾 |
| 次子 | 海小朋 | 回族 | 罗洼 | 崾岘 | 户主 | 倪志科 | 汉族 | 草庙 | 牛湾 |
| 户主 | 施克学 | 汉族 | 孟塬 | 虎山庄 | 长女 | 倪春苗 | 汉族 | 草庙 | 牛湾 |
| 妻子 | 乔志梅 | 汉族 | 孟塬 | 虎山庄 | 户主 | 李世勤 | 汉族 | 草庙 | 牛湾 |
| 长子 | 施效琪 | 汉族 | 孟塬 | 虎山庄 | 妻子 | 杨玉兰 | 汉族 | 草庙 | 牛湾 |
| 户主 | 韩志科 | 汉族 | 孟塬 | 虎山庄 | 儿子 | 李顺成 | 汉族 | 草庙 | 牛湾 |
| 妻子 | 虎锦锈 | 汉族 | 孟塬 | 虎山庄 | 儿媳 | 李燕燕 | 汉族 | 草庙 | 牛湾 |
| 长女 | 韩青青 | 汉族 | 孟塬 | 虎山庄 | 孙子 | 李　敬 | 汉族 | 草庙 | 牛湾 |
| 次女 | 韩国圆 | 汉族 | 孟塬 | 虎山庄 | 户主 | 倪志武 | 汉族 | 草庙 | 牛湾 |
| 长子 | 韩盼盼 | 汉族 | 孟塬 | 虎山庄 | 妻子 | 李翠琴 | 汉族 | 草庙 | 牛湾 |
| 三女 | 韩涛涛 | 汉族 | 孟塬 | 虎山庄 | 长女 | 倪小静 | 汉族 | 草庙 | 牛湾 |
| 户主 | 剡小龙 | 回族 | 新集 | 大火 | 户主 | 周田林 | 汉族 | 草庙 | 牛湾 |
| 弟弟 | 剡五子 | 回族 | 新集 | 大火 | 妻子 | 李　亮 | 汉族 | 草庙 | 牛湾 |
| 户主 | 任正科 | 汉族 | 新集 | 周庄 | 母亲 | 虎忠兰 | 汉族 | 草庙 | 牛湾 |
| 妻子 | 赵红霞 | 汉族 | 新集 | 周庄 | 长子 | 周盈先 | 汉族 | 草庙 | 牛湾 |
| 次子 | 任文宇 | 汉族 | 新集 | 周庄 | 长女 | 周香颖 | 汉族 | 草庙 | 牛湾 |
| 妹妹 | 任小丽 | 汉族 | 新集 | 周庄 | 二女 | 周彦银 | 汉族 | 草庙 | 牛湾 |

续表 17

| 与户主关系 | 家庭成员 | 民族 | 原居住地 | | 与户主关系 | 家庭成员 | 民族 | 原居住地 | |
|---|---|---|---|---|---|---|---|---|---|
| | | | 乡(镇) | 行政村 | | | | 乡(镇) | 行政村 |
| 户主 | 杜桂香 | 汉族 | 草庙 | 牛湾 | 次子 | 梁秉杰 | 汉族 | 草庙 | 牛湾 |
| 长子 | 李海生 | 汉族 | 草庙 | 牛湾 | 母亲 | 李世彩 | 汉族 | 草庙 | 牛湾 |
| 户主 | 李天存 | 汉族 | 草庙 | 牛湾 | 户主 | 周田平 | 汉族 | 草庙 | 牛湾 |
| 妻子 | 陈芳琴 | 汉族 | 草庙 | 牛湾 | 妻子 | 陈淑莲 | 汉族 | 草庙 | 牛湾 |
| 长子 | 李智宏 | 汉族 | 草庙 | 牛湾 | 长子 | 周银鹏 | 汉族 | 草庙 | 牛湾 |
| 三女 | 李建华 | 汉族 | 草庙 | 牛湾 | 二弟 | 周田利 | 汉族 | 草庙 | 牛湾 |
| 母亲 | 韩志英 | 汉族 | 草庙 | 牛湾 | 三弟 | 周田政 | 汉族 | 草庙 | 牛湾 |
| 户主 | 梁秉文 | 汉族 | 草庙 | 牛湾 | 母亲 | 路志花 | 汉族 | 草庙 | 牛湾 |
| 妻子 | 惠琴艳 | 汉族 | 草庙 | 牛湾 | 户主 | 王玉文 | 汉族 | 草庙 | 牛湾 |
| 长女 | 梁　芳 | 汉族 | 草庙 | 牛湾 | 妻子 | 赵建琴 | 汉族 | 草庙 | 牛湾 |
| 次女 | 梁　娟 | 汉族 | 草庙 | 牛湾 | 长子 | 王　发 | 汉族 | 草庙 | 牛湾 |
| 长子 | 梁　毅 | 汉族 | 草庙 | 牛湾 | 长女 | 王　雪 | 汉族 | 草庙 | 牛湾 |
| 户主 | 周田宝 | 汉族 | 草庙 | 牛湾 | 户主 | 周田存 | 汉族 | 草庙 | 牛湾 |
| 长子 | 周大伟 | 汉族 | 草庙 | 牛湾 | 妻子 | 陈玉梅 | 汉族 | 草庙 | 牛湾 |
| 户主 | 周田虎 | 汉族 | 草庙 | 牛湾 | 次子 | 周双会 | 汉族 | 草庙 | 牛湾 |
| 子女 | 周雯婷 | 汉族 | 草庙 | 牛湾 | 三子 | 周文会 | 汉族 | 草庙 | 牛湾 |
| 母亲 | 王廷娥 | 汉族 | 草庙 | 牛湾 | 长孙 | 周永钱 | 汉族 | 草庙 | 牛湾 |
| 户主 | 王玉兵 | 汉族 | 草庙 | 牛湾 | 孙女 | 周　霞 | 汉族 | 草庙 | 牛湾 |
| 妻子 | 杨桂玲 | 汉族 | 草庙 | 牛湾 | 次媳 | 吴向红 | 汉族 | 草庙 | 牛湾 |
| 长女 | 王　艳 | 汉族 | 草庙 | 牛湾 | 长子 | 周银会 | 汉族 | 草庙 | 牛湾 |
| 次女 | 王　娟 | 汉族 | 草庙 | 牛湾 | 儿媳 | 贾万彩 | 汉族 | 草庙 | 牛湾 |
| 长子 | 王　东 | 汉族 | 草庙 | 牛湾 | 孙子 | 周永康 | 汉族 | 草庙 | 牛湾 |
| 户主 | 王玉成 | 汉族 | 草庙 | 牛湾 | 孙女 | 周　红 | 汉族 | 草庙 | 牛湾 |
| 妻子 | 张效莲 | 汉族 | 草庙 | 牛湾 | 户主 | 杨志成 | 汉族 | 草庙 | 牛湾 |
| 长子 | 王　军 | 汉族 | 草庙 | 牛湾 | 妻子 | 虎彩霞 | 汉族 | 草庙 | 牛湾 |
| 长媳 | 王　艳 | 汉族 | 草庙 | 牛湾 | 长女 | 杨俊霞 | 汉族 | 草庙 | 牛湾 |
| 长孙 | 王佳宇 | 汉族 | 草庙 | 牛湾 | 次女 | 杨淑霞 | 汉族 | 草庙 | 牛湾 |
| 户主 | 刘粉兰 | 汉族 | 草庙 | 牛湾 | 户主 | 王玉廷 | 汉族 | 草庙 | 牛湾 |
| 母亲 | 虎进花 | 汉族 | 草庙 | 牛湾 | 妻子 | 施录翠 | 汉族 | 草庙 | 牛湾 |
| 户主 | 杨志奎 | 汉族 | 草庙 | 牛湾 | 长子 | 王　新 | 汉族 | 草庙 | 牛湾 |
| 妻子 | 惠文霞 | 汉族 | 草庙 | 牛湾 | 次子 | 王军平 | 汉族 | 草庙 | 牛湾 |
| 长女 | 杨　芳 | 汉族 | 草庙 | 牛湾 | 户主 | 刘天梅 | 汉族 | 草庙 | 牛湾 |
| 长子 | 杨　勇 | 汉族 | 草庙 | 牛湾 | 长女 | 张玉霞 | 汉族 | 草庙 | 牛湾 |
| 户主 | 梁志军 | 汉族 | 草庙 | 牛湾 | 户主 | 倪占银 | 汉族 | 草庙 | 牛湾 |
| 妻子 | 雷彩琴 | 汉族 | 草庙 | 牛湾 | 父亲 | 倪继芳 | 汉族 | 草庙 | 牛湾 |
| 长子 | 梁秉俊 | 汉族 | 草庙 | 牛湾 | 长女 | 倪倩女 | 汉族 | 草庙 | 牛湾 |

续表 17

| 与户主关系 | 家庭成员 | 民族 | 原居住地 | | 与户主关系 | 家庭成员 | 民族 | 原居住地 | |
|---|---|---|---|---|---|---|---|---|---|
| | | | 乡(镇) | 行政村 | | | | 乡(镇) | 行政村 |
| 妻子 | 刘彩琴 | 汉族 | 草庙 | 牛湾 | 长女 | 王海燕 | 汉族 | 草庙 | 牛湾 |
| 户主 | 倪占军 | 汉族 | 草庙 | 牛湾 | 长子 | 王　涛 | 汉族 | 草庙 | 牛湾 |
| 妻子 | 张粉粉 | 汉族 | 草庙 | 牛湾 | 户主 | 贾德富 | 汉族 | 草庙 | 牛湾 |
| 长子 | 倪天龙 | 汉族 | 草庙 | 牛湾 | 妻子 | 曹秀珍 | 汉族 | 草庙 | 牛湾 |
| 次子 | 倪天勇 | 汉族 | 草庙 | 牛湾 | 次子 | 贾会明 | 汉族 | 草庙 | 牛湾 |
| 父亲 | 倪继付 | 汉族 | 草庙 | 牛湾 | 户主 | 王志贤 | 汉族 | 草庙 | 牛湾 |
| 户主 | 倪占武 | 汉族 | 草庙 | 牛湾 | 妻子 | 曹清花 | 汉族 | 草庙 | 牛湾 |
| 妻子 | 虎秀秀 | 汉族 | 草庙 | 牛湾 | 长子 | 王文平 | 汉族 | 草庙 | 牛湾 |
| 长女 | 倪　陶 | 汉族 | 草庙 | 牛湾 | 户主 | 王志有 | 汉族 | 草庙 | 牛湾 |
| 二女 | 倪　婷 | 汉族 | 草庙 | 牛湾 | 妻子 | 冯翠英 | 汉族 | 草庙 | 牛湾 |
| 三女 | 倪　静 | 汉族 | 草庙 | 牛湾 | 长子 | 王院浩 | 汉族 | 草庙 | 牛湾 |
| 户主 | 倪占文 | 汉族 | 草庙 | 牛湾 | 次子 | 王院平 | 汉族 | 草庙 | 牛湾 |
| 妻子 | 李会芳 | 汉族 | 草庙 | 牛湾 | 户主 | 王志刚 | 汉族 | 草庙 | 牛湾 |
| 长女 | 倪　琼 | 汉族 | 草庙 | 牛湾 | 妻子 | 李琴粉 | 汉族 | 草庙 | 牛湾 |
| 户主 | 梁骄过 | 汉族 | 草庙 | 牛湾 | 长子 | 王永安 | 汉族 | 草庙 | 牛湾 |
| 长女 | 李文楠 | 汉族 | 草庙 | 牛湾 | 次子 | 王永平 | 汉族 | 草庙 | 牛湾 |
| 长子 | 李　智 | 汉族 | 草庙 | 牛湾 | 户主 | 王志军 | 汉族 | 草庙 | 牛湾 |
| 户主 | 李宏恩 | 汉族 | 草庙 | 牛湾 | 母亲 | 何粉兰 | 汉族 | 草庙 | 牛湾 |
| 妻子 | 乔桂琴 | 汉族 | 草庙 | 牛湾 | 兄弟 | 王志成 | 汉族 | 草庙 | 牛湾 |
| 长子 | 李　攀 | 汉族 | 草庙 | 牛湾 | 户主 | 李述堂 | 汉族 | 草庙 | 牛湾 |
| 次子 | 李　锋 | 汉族 | 草庙 | 牛湾 | 妻子 | 乔桂琴 | 汉族 | 草庙 | 牛湾 |
| 户主 | 李述付 | 汉族 | 草庙 | 牛湾 | 长子 | 李鸿武 | 汉族 | 草庙 | 牛湾 |
| 妻子 | 虎清莲 | 汉族 | 草庙 | 牛湾 | 次子 | 李鸿文 | 汉族 | 草庙 | 牛湾 |
| 次子 | 李鸿忠 | 汉族 | 草庙 | 牛湾 | 长媳 | 王等兄 | 汉族 | 草庙 | 牛湾 |
| 长孙 | 李　睿 | 汉族 | 草庙 | 牛湾 | 户主 | 贾德俊 | 汉族 | 草庙 | 牛湾 |
| 户主 | 李宏飞 | 汉族 | 草庙 | 牛湾 | 妻子 | 虎秀琴 | 汉族 | 草庙 | 牛湾 |
| 妻子 | 扈文萍 | 汉族 | 草庙 | 牛湾 | 长子 | 贾清贵 | 汉族 | 草庙 | 牛湾 |
| 长女 | 李　静 | 汉族 | 草庙 | 牛湾 | 次子 | 贾清俭 | 汉族 | 草庙 | 牛湾 |
| 长子 | 李　辉 | 汉族 | 草庙 | 牛湾 | 孙子 | 贾治中 | 汉族 | 草庙 | 牛湾 |
| 次子 | 李　鑫 | 汉族 | 草庙 | 牛湾 | 户主 | 王志孝 | 汉族 | 草庙 | 牛湾 |
| 父亲 | 李述珍 | 汉族 | 草庙 | 牛湾 | 妻子 | 乔桂英 | 汉族 | 草庙 | 牛湾 |
| 母亲 | 王志芳 | 汉族 | 草庙 | 牛湾 | 长女 | 王　华 | 汉族 | 草庙 | 牛湾 |
| 户主 | 倪占成 | 汉族 | 草庙 | 牛湾 | 长子 | 王文军 | 汉族 | 草庙 | 牛湾 |
| 长子 | 倪天荣 | 汉族 | 草庙 | 牛湾 | 母亲 | 张德英 | 汉族 | 草庙 | 牛湾 |
| 户主 | 王志录 | 汉族 | 草庙 | 牛湾 | 户主 | 王志俭 | 汉族 | 草庙 | 牛湾 |
| 妻子 | 张冬梅 | 汉族 | 草庙 | 牛湾 | 妻子 | 苏生粉 | 汉族 | 草庙 | 牛湾 |

续表 17

| 与户主关系 | 家庭成员 | 民族 | 原居住地 | | 与户主关系 | 家庭成员 | 民族 | 原居住地 | |
|---|---|---|---|---|---|---|---|---|---|
| | | | 乡(镇) | 行政村 | | | | 乡(镇) | 行政村 |
| 长子 | 王文博 | 汉族 | 草庙 | 牛湾 | 长子 | 倪　正 | 汉族 | 草庙 | 和沟 |
| 三女 | 王　艳 | 汉族 | 草庙 | 牛湾 | 次子 | 倪　成 | 汉族 | 草庙 | 和沟 |
| 四女 | 王　娟 | 汉族 | 草庙 | 牛湾 | 长女 | 倪　玲 | 汉族 | 草庙 | 和沟 |
| 户主 | 张少睿 | 汉族 | 草庙 | 牛湾 | 长子妻子 | 李娟芳 | 汉族 | 草庙 | 和沟 |
| 妹妹 | 张少云 | 汉族 | 草庙 | 牛湾 | 户主 | 倪忠翼 | 汉族 | 草庙 | 和沟 |
| 妹妹 | 张少雯 | 汉族 | 草庙 | 牛湾 | 妻子 | 惠爱琴 | 汉族 | 草庙 | 和沟 |
| 弟弟 | 张少伟 | 汉族 | 草庙 | 牛湾 | 长子 | 倪军利 | 汉族 | 草庙 | 和沟 |
| 户主 | 张燕宁 | 汉族 | 草庙 | 牛湾 | 长女 | 倪云云 | 汉族 | 草庙 | 和沟 |
| 姐姐 | 张燕燕 | 汉族 | 草庙 | 牛湾 | 户主 | 倪彦斌 | 汉族 | 草庙 | 和沟 |
| 户主 | 倪彦海 | 汉族 | 草庙 | 和沟 | 妻子 | 赵琳玲 | 汉族 | 草庙 | 和沟 |
| 妻子 | 朱颖梅 | 汉族 | 草庙 | 和沟 | 次子 | 倪忠科 | 汉族 | 草庙 | 和沟 |
| 长子 | 倪玉龙 | 汉族 | 草庙 | 和沟 | 四子 | 倪小平 | 汉族 | 草庙 | 和沟 |
| 次子 | 倪博龙 | 汉族 | 草庙 | 和沟 | 儿媳 | 王进兄 | 汉族 | 草庙 | 和沟 |
| 母亲 | 李世梅 | 汉族 | 草庙 | 和沟 | 孙子 | 倪　嘉 | 汉族 | 草庙 | 和沟 |
| 户主 | 祁有杰 | 汉族 | 草庙 | 和沟 | 孙女 | 倪　卓 | 汉族 | 草庙 | 和沟 |
| 妻子 | 杨建芳 | 汉族 | 草庙 | 和沟 | 户主 | 杨海林 | 汉族 | 草庙 | 和沟 |
| 长女 | 祁芙蓉 | 汉族 | 草庙 | 和沟 | 长女 | 杨婷婷 | 汉族 | 草庙 | 和沟 |
| 次子 | 祁光华 | 汉族 | 草庙 | 和沟 | 次女 | 杨欣蕊 | 汉族 | 草庙 | 和沟 |
| 户主 | 祁重杰 | 汉族 | 草庙 | 和沟 | 妻子 | 康保红 | 汉族 | 草庙 | 和沟 |
| 妻子 | 杨福琴 | 汉族 | 草庙 | 和沟 | 户主 | 杨　宝 | 汉族 | 草庙 | 和沟 |
| 长子 | 祁光辉 | 汉族 | 草庙 | 和沟 | 妻子 | 曹金莲 | 汉族 | 草庙 | 和沟 |
| 长女 | 祁霄蓉 | 汉族 | 草庙 | 和沟 | 次女 | 杨麦喜 | 汉族 | 草庙 | 和沟 |
| 户主 | 倪忠礼 | 汉族 | 草庙 | 和沟 | 外孙 | 张舒音 | 汉族 | 草庙 | 和沟 |
| 妻子 | 赵　芳 | 汉族 | 草庙 | 和沟 | 户主 | 杨　德 | 汉族 | 草庙 | 和沟 |
| 长女 | 倪正花 | 汉族 | 草庙 | 和沟 | 妻子 | 虎月琴 | 汉族 | 草庙 | 和沟 |
| 次子 | 倪正珠 | 汉族 | 草庙 | 和沟 | 长子 | 杨志峰 | 汉族 | 草庙 | 和沟 |
| 户主 | 倪忠平 | 汉族 | 草庙 | 和沟 | 次子 | 杨志乾 | 汉族 | 草庙 | 和沟 |
| 妻子 | 景秀梅 | 汉族 | 草庙 | 和沟 | 次女 | 杨霞霞 | 汉族 | 草庙 | 和沟 |
| 长子 | 倪　军 | 汉族 | 草庙 | 和沟 | 户主 | 倪彦成 | 汉族 | 草庙 | 和沟 |
| 户主 | 倪忠玉 | 汉族 | 草庙 | 和沟 | 妻子 | 赵文淑 | 汉族 | 草庙 | 和沟 |
| 妻子 | 虎金霞 | 汉族 | 草庙 | 和沟 | 长子 | 倪利民 | 汉族 | 草庙 | 和沟 |
| 长女 | 倪　艳 | 汉族 | 草庙 | 和沟 | 次子 | 倪利斌 | 汉族 | 草庙 | 和沟 |
| 次女 | 倪　静 | 汉族 | 草庙 | 和沟 | 户主 | 杨　军 | 汉族 | 草庙 | 和沟 |
| 长子 | 倪　俭 | 汉族 | 草庙 | 和沟 | 长女 | 杨红霞 | 汉族 | 草庙 | 和沟 |
| 户主 | 倪忠勤 | 汉族 | 草庙 | 和沟 | 次女 | 杨彩霞 | 汉族 | 草庙 | 和沟 |
| 妻子 | 甄巧兰 | 汉族 | 草庙 | 和沟 | 三女 | 杨引弟 | 汉族 | 草庙 | 和沟 |

续表 17

| 与户主关系 | 家庭成员 | 民族 | 原居住地 | | 与户主关系 | 家庭成员 | 民族 | 原居住地 | |
|---|---|---|---|---|---|---|---|---|---|
| | | | 乡(镇) | 行政村 | | | | 乡(镇) | 行政村 |
| 四女 | 杨瑞瑞 | 汉族 | 草庙 | 和沟 | 祖母 | 邓玉英 | 汉族 | 冯庄 | 崖湾 |
| 五女 | 杨瑞杰 | 汉族 | 草庙 | 和沟 | 长子 | 张文龙 | 汉族 | 冯庄 | 崖湾 |
| 户主 | 杨　勇 | 汉族 | 草庙 | 和沟 | 长女 | 张彦霞 | 汉族 | 冯庄 | 崖湾 |
| 妻子 | 虎淑娟 | 汉族 | 草庙 | 和沟 | 二女 | 张彦宁 | 汉族 | 冯庄 | 崖湾 |
| 长女 | 杨晚霞 | 汉族 | 草庙 | 和沟 | 三女 | 张彦梅 | 汉族 | 冯庄 | 崖湾 |
| 长子 | 杨文文 | 汉族 | 草庙 | 和沟 | 妻子 | 周玉东 | 汉族 | 冯庄 | 崖湾 |
| 户主 | 杨　魁 | 汉族 | 草庙 | 和沟 | 户主 | 李志仁 | 汉族 | 白阳 | 余沟 |
| 妻子 | 闫粉琴 | 汉族 | 草庙 | 和沟 | 妻子 | 王彩玲 | 汉族 | 白阳 | 余沟 |
| 长子 | 杨志仁 | 汉族 | 草庙 | 和沟 | 长女 | 李　娜 | 汉族 | 白阳 | 余沟 |
| 次子 | 杨志禄 | 汉族 | 草庙 | 和沟 | 孙女 | 马慧研 | 汉族 | 白阳 | 余沟 |
| 儿媳 | 时博贤 | 汉族 | 草庙 | 和沟 | 户主 | 贾涛清 | 汉族 | 白阳 | 余沟 |
| 孙女 | 杨静怡 | 汉族 | 草庙 | 和沟 | 母亲 | 王桂花 | 汉族 | 白阳 | 余沟 |
| 户主 | 杨　召 | 汉族 | 草庙 | 和沟 | 父亲 | 韩治甲 | 汉族 | 白阳 | 余沟 |
| 妻子 | 张海琴 | 汉族 | 草庙 | 和沟 | 户主 | 海明香 | 汉族 | 白阳 | 余沟 |
| 三子 | 杨学权 | 汉族 | 草庙 | 和沟 | 长女 | 王建华 | 汉族 | 白阳 | 余沟 |
| 孙子 | 杨振华 | 汉族 | 草庙 | 和沟 | 户主 | 张文东 | 汉族 | 冯庄 | 上湾 |
| 长子 | 杨学文 | 汉族 | 草庙 | 和沟 | 妻子 | 醴润霞 | 汉族 | 冯庄 | 上湾 |
| 长媳 | 杨文芳 | 汉族 | 草庙 | 和沟 | 户主 | 李祖科 | 汉族 | 草庙 | 牛湾 |
| 孙子 | 杨渊博 | 汉族 | 草庙 | 和沟 | 妻子 | 闫维玲 | 汉族 | 草庙 | 牛湾 |
| 孙子 | 杨砚博 | 汉族 | 草庙 | 和沟 | 长子 | 李长武 | 汉族 | 草庙 | 牛湾 |
| 次子 | 杨学武 | 汉族 | 草庙 | 和沟 | 户主 | 张文敬 | 汉族 | 草庙 | 牛湾 |
| 户主 | 杨　孔 | 汉族 | 草庙 | 和沟 | 妻子 | 李志兰 | 汉族 | 草庙 | 牛湾 |
| 妻子 | 蔺怀芳 | 汉族 | 草庙 | 和沟 | 户主 | 张文珍 | 汉族 | 草庙 | 牛湾 |
| 次子 | 杨志金 | 汉族 | 草庙 | 和沟 | 妻子 | 虎广粉 | 汉族 | 草庙 | 牛湾 |
| 孙子 | 杨慧博 | 汉族 | 草庙 | 和沟 | 长子 | 王　浩 | 汉族 | 草庙 | 牛湾 |
| 儿媳 | 秦彩云 | 汉族 | 草庙 | 和沟 | 次子 | 张甫鋆 | 汉族 | 草庙 | 牛湾 |
| 户主 | 杨志银 | 汉族 | 草庙 | 和沟 | 父亲 | 张志义 | 汉族 | 草庙 | 牛湾 |
| 妻子 | 马尚利 | 汉族 | 草庙 | 和沟 | 母亲 | 米秀英 | 汉族 | 草庙 | 牛湾 |
| 长女 | 杨慧文 | 汉族 | 草庙 | 和沟 | 户主 | 周田荣 | 汉族 | 草庙 | 牛湾 |
| 长子 | 杨慧峰 | 汉族 | 草庙 | 和沟 | 妻子 | 朱彩萍 | 汉族 | 草庙 | 牛湾 |
| 户主 | 禹彦明 | 汉族 | 白阳 | 余沟 | 长女 | 周婷婷 | 汉族 | 草庙 | 牛湾 |
| 妻子 | 马志芳 | 汉族 | 白阳 | 余沟 | 次女 | 周婉婷 | 汉族 | 草庙 | 牛湾 |
| 长子 | 禹清虎 | 汉族 | 白阳 | 余沟 | 长子 | 周鹏伟 | 汉族 | 草庙 | 牛湾 |
| 次女 | 禹荣荣 | 汉族 | 白阳 | 余沟 | 户主 | 梁志礼 | 汉族 | 草庙 | 牛湾 |
| 户主 | 张宏伟 | 汉族 | 冯庄 | 崖湾 | 妻子 | 李桂兰 | 汉族 | 草庙 | 牛湾 |
| 祖父 | 张发科 | 汉族 | 冯庄 | 崖湾 | 长子 | 梁秉银 | 汉族 | 草庙 | 牛湾 |

续表 17

| 与户主关系 | 家庭成员 | 民族 | 原居住地 | | 与户主关系 | 家庭成员 | 民族 | 原居住地 | |
|---|---|---|---|---|---|---|---|---|---|
| | | | 乡（镇） | 行政村 | | | | 乡（镇） | 行政村 |
| 次子 | 梁秉财 | 汉族 | 草庙 | 牛湾 | 三女 | 张　艳 | 汉族 | 草庙 | 牛湾 |
| 长媳 | 杨雪艳 | 汉族 | 草庙 | 牛湾 | 次子 | 张丰丰 | 汉族 | 草庙 | 牛湾 |
| 孙女 | 梁心蕊 | 汉族 | 草庙 | 牛湾 | 长子 | 张　达 | 汉族 | 草庙 | 牛湾 |
| 次媳 | 杨东东 | 汉族 | 草庙 | 牛湾 | 长媳 | 黄晓霞 | 汉族 | 草庙 | 牛湾 |
| 孙子 | 梁　博 | 汉族 | 草庙 | 牛湾 | 长孙 | 张宇轩 | 汉族 | 草庙 | 牛湾 |
| 孙子 | 梁　硕 | 汉族 | 草庙 | 牛湾 | 户主 | 杨志军 | 汉族 | 草庙 | 牛湾 |
| 户主 | 王玉科 | 汉族 | 草庙 | 牛湾 | 妻子 | 王继霞 | 汉族 | 草庙 | 牛湾 |
| 妻子 | 佘玉芳 | 汉族 | 草庙 | 牛湾 | 长子 | 杨　坤 | 汉族 | 草庙 | 牛湾 |
| 长子 | 王　升 | 汉族 | 草庙 | 牛湾 | 次子 | 杨　浩 | 汉族 | 草庙 | 牛湾 |
| 次子 | 王　伟 | 汉族 | 草庙 | 牛湾 | 儿媳 | 虎院霞 | 汉族 | 草庙 | 牛湾 |
| 户主 | 王凤莲 | 汉族 | 草庙 | 牛湾 | 孙女 | 杨晓燕 | 汉族 | 草庙 | 牛湾 |

## 西夏区移民花名表

表 18

| 与户主关系 | 家庭成员 | 民族 | 原居住地 | | 与户主关系 | 家庭成员 | 民族 | 原居住地 | |
|---|---|---|---|---|---|---|---|---|---|
| | | | 乡（镇） | 行政村 | | | | 乡（镇） | 行政村 |
| 户主 | 杨进元 | 汉族 | 草庙 | 嵝岘 | 户主 | 杨进林 | 汉族 | 草庙 | 嵝岘 |
| 妻子 | 韩玉英 | 汉族 | 草庙 | 嵝岘 | 妻子 | 陈汉琴 | 汉族 | 草庙 | 嵝岘 |
| 长子 | 杨　广 | 汉族 | 草庙 | 嵝岘 | 长女 | 杨　雪 | 汉族 | 草庙 | 嵝岘 |
| 长女 | 杨　花 | 汉族 | 草庙 | 嵝岘 | 次女 | 杨　琼 | 汉族 | 草庙 | 嵝岘 |
| 次女 | 杨　芳 | 汉族 | 草庙 | 嵝岘 | 父 | 杨德清 | 汉族 | 草庙 | 嵝岘 |
| 户主 | 杨进川 | 汉族 | 草庙 | 嵝岘 | 户主 | 李　平 | 汉族 | 草庙 | 嵝岘 |
| 妻子 | 伏志怀 | 汉族 | 草庙 | 嵝岘 | 妻子 | 韩秀秀 | 汉族 | 草庙 | 嵝岘 |
| 长子 | 杨　阔 | 汉族 | 草庙 | 嵝岘 | 长子 | 李　鹏 | 汉族 | 草庙 | 嵝岘 |
| 长女 | 杨　亮 | 汉族 | 草庙 | 嵝岘 | 母 | 姬彩莲 | 汉族 | 草庙 | 嵝岘 |
| 次女 | 杨　娜 | 汉族 | 草庙 | 嵝岘 | 户主 | 杨得明 | 汉族 | 草庙 | 嵝岘 |
| 户主 | 李仲元 | 汉族 | 草庙 | 嵝岘 | 妻子 | 乔淑琴 | 汉族 | 草庙 | 嵝岘 |
| 妻子 | 纳世芳 | 汉族 | 草庙 | 嵝岘 | 次子 | 杨文治 | 汉族 | 草庙 | 嵝岘 |
| 次女 | 李玉玲 | 汉族 | 草庙 | 嵝岘 | 长孙 | 杨　宽 | 汉族 | 草庙 | 嵝岘 |
| 次子 | 李　虎 | 汉族 | 草庙 | 嵝岘 | 母 | 王莲花 | 汉族 | 草庙 | 嵝岘 |
| 户主 | 李仲川 | 汉族 | 草庙 | 嵝岘 | 户主 | 李　斌 | 汉族 | 草庙 | 嵝岘 |
| 妻子 | 刘翠萍 | 汉族 | 草庙 | 嵝岘 | 妻子 | 雅润玲 | 汉族 | 草庙 | 嵝岘 |
| 长子 | 李　军 | 汉族 | 草庙 | 嵝岘 | 长女 | 李红霞 | 汉族 | 草庙 | 嵝岘 |
| 次子 | 李　杰 | 汉族 | 草庙 | 嵝岘 | 次女 | 李海艳 | 汉族 | 草庙 | 嵝岘 |
| 母 | 李　英 | 汉族 | 草庙 | 嵝岘 | 户主 | 刘　萍 | 汉族 | 草庙 | 嵝岘 |

续表 18

| 与户主关系 | 家庭成员 | 民族 | 原居住地 | | 与户主关系 | 家庭成员 | 民族 | 原居住地 | |
|---|---|---|---|---|---|---|---|---|---|
| | | | 乡(镇) | 行政村 | | | | 乡(镇) | 行政村 |
| 长子 | 马飞龙 | 汉族 | 草庙 | 嵝岘 | 长女 | 杨　燕 | 汉族 | 草庙 | 嵝岘 |
| 次子 | 马浩龙 | 汉族 | 草庙 | 嵝岘 | 次女 | 杨　凡 | 汉族 | 草庙 | 嵝岘 |
| 户主 | 杨步银 | 汉族 | 草庙 | 嵝岘 | 三女 | 杨　婷 | 汉族 | 草庙 | 嵝岘 |
| 妻子 | 韩治粉 | 汉族 | 草庙 | 嵝岘 | 女儿 | 杨　宁 | 汉族 | 草庙 | 嵝岘 |
| 长子 | 杨占刚 | 汉族 | 草庙 | 嵝岘 | 户主 | 杨得海 | 汉族 | 草庙 | 嵝岘 |
| 长女 | 杨慧芳 | 汉族 | 草庙 | 嵝岘 | 妻子 | 刘如香 | 汉族 | 草庙 | 嵝岘 |
| 户主 | 安耀发 | 汉族 | 草庙 | 嵝岘 | 户主 | 杨进武 | 汉族 | 草庙 | 嵝岘 |
| 妻子 | 杨志兰 | 汉族 | 草庙 | 嵝岘 | 妻子 | 孙正玲 | 汉族 | 草庙 | 嵝岘 |
| 三子 | 安治才 | 汉族 | 草庙 | 嵝岘 | 长子 | 杨　楠 | 汉族 | 草庙 | 嵝岘 |
| 孙女 | 安洋洋 | 汉族 | 草庙 | 嵝岘 | 四女 | 杨　静 | 汉族 | 草庙 | 嵝岘 |
| 孙女 | 安佩佩 | 汉族 | 草庙 | 嵝岘 | 户主 | 杨得成 | 汉族 | 草庙 | 嵝岘 |
| 孙子 | 安　帅 | 汉族 | 草庙 | 嵝岘 | 妻子 | 陈粉梅 | 汉族 | 草庙 | 嵝岘 |
| 三子妻子 | 杨宝强 | 汉族 | 草庙 | 嵝岘 | 次女 | 杨军花 | 汉族 | 草庙 | 嵝岘 |
| 户主 | 安治军 | 汉族 | 草庙 | 嵝岘 | 长子 | 杨卫民 | 汉族 | 草庙 | 嵝岘 |
| 妻子 | 虎彩玉 | 汉族 | 草庙 | 嵝岘 | 父 | 杨俊富 | 汉族 | 草庙 | 嵝岘 |
| 长女 | 安　芳 | 汉族 | 草庙 | 嵝岘 | 户主 | 韩　龙 | 汉族 | 草庙 | 嵝岘 |
| 次女 | 安　楠 | 汉族 | 草庙 | 嵝岘 | 妻子 | 李银社 | 汉族 | 草庙 | 嵝岘 |
| 三女 | 安　霞 | 汉族 | 草庙 | 嵝岘 | 长子 | 韩宗宝 | 汉族 | 草庙 | 嵝岘 |
| 四女 | 安　娜 | 汉族 | 草庙 | 嵝岘 | 长女 | 韩瑞萍 | 汉族 | 草庙 | 嵝岘 |
| 户主 | 韩世学 | 汉族 | 草庙 | 嵝岘 | 户主 | 韩世玉 | 汉族 | 草庙 | 嵝岘 |
| 妻子 | 虎秀琴 | 汉族 | 草庙 | 嵝岘 | 妻子 | 王桂花 | 汉族 | 草庙 | 嵝岘 |
| 次女 | 韩　英 | 汉族 | 草庙 | 嵝岘 | 户主 | 韩　豹 | 汉族 | 草庙 | 嵝岘 |
| 三女 | 韩　琴 | 汉族 | 草庙 | 嵝岘 | 妻子 | 苏玉红 | 汉族 | 草庙 | 嵝岘 |
| 四女 | 韩　慧 | 汉族 | 草庙 | 嵝岘 | 长子 | 韩宗杰 | 汉族 | 草庙 | 嵝岘 |
| 户主 | 韩世军 | 汉族 | 草庙 | 嵝岘 | 户主 | 韩世荣 | 汉族 | 草庙 | 嵝岘 |
| 妻子 | 周彩芸 | 汉族 | 草庙 | 嵝岘 | 妻子 | 杨凤琴 | 汉族 | 草庙 | 嵝岘 |
| 长子 | 韩　勇 | 汉族 | 草庙 | 嵝岘 | 长女 | 韩　珍 | 汉族 | 草庙 | 嵝岘 |
| 次子 | 韩　强 | 汉族 | 草庙 | 嵝岘 | 长子 | 韩　飞 | 汉族 | 草庙 | 嵝岘 |
| 长女 | 韩新艳 | 汉族 | 草庙 | 嵝岘 | 父 | 韩希勤 | 汉族 | 草庙 | 嵝岘 |
| 户主 | 杨得珍 | 汉族 | 草庙 | 嵝岘 | 户主 | 韩世德 | 汉族 | 草庙 | 嵝岘 |
| 妻子 | 马秀兰 | 汉族 | 草庙 | 嵝岘 | 妻子 | 马丽明 | 汉族 | 草庙 | 嵝岘 |
| 长子 | 杨进发 | 汉族 | 草庙 | 嵝岘 | 长子 | 韩　发 | 汉族 | 草庙 | 嵝岘 |
| 次子 | 杨进宝 | 汉族 | 草庙 | 嵝岘 | 长女 | 韩　婷 | 汉族 | 草庙 | 嵝岘 |
| 户主 | 杨进文 | 汉族 | 草庙 | 嵝岘 | 父亲 | 韩希成 | 汉族 | 草庙 | 嵝岘 |
| 妻子 | 雅彩玲 | 汉族 | 草庙 | 嵝岘 | 母亲 | 乔田英 | 汉族 | 草庙 | 嵝岘 |
| 长子 | 杨　浩 | 汉族 | 草庙 | 嵝岘 | 户主 | 韩世祥 | 汉族 | 草庙 | 嵝岘 |

续表 18

| 与户主关系 | 家庭成员 | 民族 | 原居住地 | | 与户主关系 | 家庭成员 | 民族 | 原居住地 | |
|---|---|---|---|---|---|---|---|---|---|
| | | | 乡(镇) | 行政村 | | | | 乡(镇) | 行政村 |
| 妻子 | 安彩霞 | 汉族 | 草庙 | 崾岘 | 孙女 | 孙正怡 | 汉族 | 草庙 | 崾岘 |
| 长子 | 韩　东 | 汉族 | 草庙 | 崾岘 | 户主 | 雅耀东 | 汉族 | 草庙 | 崾岘 |
| 长女 | 韩　萍 | 汉族 | 草庙 | 崾岘 | 妻子 | 虎兴琴 | 汉族 | 草庙 | 崾岘 |
| 次子 | 韩　广 | 汉族 | 草庙 | 崾岘 | 长女 | 雅　瑞 | 汉族 | 草庙 | 崾岘 |
| 户主 | 雅文军 | 汉族 | 草庙 | 崾岘 | 长子 | 雅　鹏 | 汉族 | 草庙 | 崾岘 |
| 妻子 | 吴小群 | 汉族 | 草庙 | 崾岘 | 次女 | 雅　丽 | 汉族 | 草庙 | 崾岘 |
| 长子 | 雅正国 | 汉族 | 草庙 | 崾岘 | 户主 | 孙维忠 | 汉族 | 草庙 | 崾岘 |
| 长女 | 雅丽红 | 汉族 | 草庙 | 崾岘 | 妻子 | 王凤琴 | 汉族 | 草庙 | 崾岘 |
| 户主 | 雅如元 | 汉族 | 草庙 | 崾岘 | 长子 | 孙国钰 | 汉族 | 草庙 | 崾岘 |
| 妻子 | 乔凤莲 | 汉族 | 草庙 | 崾岘 | 户主 | 孙国银 | 汉族 | 草庙 | 崾岘 |
| 三子 | 雅文升 | 汉族 | 草庙 | 崾岘 | 妻子 | 张巧莲 | 汉族 | 草庙 | 崾岘 |
| 户主 | 雅如川 | 汉族 | 草庙 | 崾岘 | 长子 | 孙正宁 | 汉族 | 草庙 | 崾岘 |
| 妻子 | 王彩霞 | 汉族 | 草庙 | 崾岘 | 长女 | 孙正娥 | 汉族 | 草庙 | 崾岘 |
| 次子 | 雅向军 | 汉族 | 草庙 | 崾岘 | 户主 | 孙国富 | 汉族 | 草庙 | 崾岘 |
| 户主 | 雅如山 | 汉族 | 草庙 | 崾岘 | 妻子 | 虎秀兰 | 汉族 | 草庙 | 崾岘 |
| 长子 | 雅文印 | 汉族 | 草庙 | 崾岘 | 父 | 孙维平 | 汉族 | 草庙 | 崾岘 |
| 儿媳 | 虎　芳 | 汉族 | 草庙 | 崾岘 | 母 | 王改花 | 汉族 | 草庙 | 崾岘 |
| 户主 | 孙国斌 | 汉族 | 草庙 | 崾岘 | 户主 | 孙正文 | 汉族 | 草庙 | 崾岘 |
| 妻子 | 李金梅 | 汉族 | 草庙 | 崾岘 | 妻子 | 王彩芸 | 汉族 | 草庙 | 崾岘 |
| 长子 | 孙正楠 | 汉族 | 草庙 | 崾岘 | 长子 | 孙　瑞 | 汉族 | 草庙 | 崾岘 |
| 父 | 孙维孝 | 汉族 | 草庙 | 崾岘 | 次子 | 孙　毅 | 汉族 | 草庙 | 崾岘 |
| 母 | 贾翠英 | 汉族 | 草庙 | 崾岘 | 户主 | 孙国达 | 汉族 | 草庙 | 崾岘 |
| 户主 | 孙国发 | 汉族 | 草庙 | 崾岘 | 长子 | 孙　健 | 汉族 | 草庙 | 崾岘 |
| 妻子 | 雅小芸 | 汉族 | 草庙 | 崾岘 | 长女 | 孙　娟 | 汉族 | 草庙 | 崾岘 |
| 长女 | 孙　艳 | 汉族 | 草庙 | 崾岘 | 户主 | 孙国俊 | 汉族 | 草庙 | 崾岘 |
| 次女 | 孙　霞 | 汉族 | 草庙 | 崾岘 | 妻子 | 张粉霞 | 汉族 | 草庙 | 崾岘 |
| 长子 | 孙正鹏 | 汉族 | 草庙 | 崾岘 | 长子 | 孙正航 | 汉族 | 草庙 | 崾岘 |
| 户主 | 孙国有 | 汉族 | 草庙 | 崾岘 | 母 | 路凤兰 | 汉族 | 草庙 | 崾岘 |
| 妻子 | 慕占菊 | 汉族 | 草庙 | 崾岘 | 户主 | 孙国元 | 汉族 | 草庙 | 崾岘 |
| 长女 | 孙　露 | 汉族 | 草庙 | 崾岘 | 妻子 | 张秀芳 | 汉族 | 草庙 | 崾岘 |
| 次女 | 孙　淘 | 汉族 | 草庙 | 崾岘 | 长子 | 孙正刚 | 汉族 | 草庙 | 崾岘 |
| 长子 | 孙正乾 | 汉族 | 草庙 | 崾岘 | 户主 | 孙国汉 | 汉族 | 草庙 | 崾岘 |
| 户主 | 孙维岳 | 汉族 | 草庙 | 崾岘 | 妻子 | 王淑芳 | 汉族 | 草庙 | 崾岘 |
| 妻子 | 秦梅英 | 汉族 | 草庙 | 崾岘 | 长子 | 孙正东 | 汉族 | 草庙 | 崾岘 |
| 三子 | 孙国龙 | 汉族 | 草庙 | 崾岘 | 次子 | 孙正涛 | 汉族 | 草庙 | 崾岘 |
| 三子妻子 | 王雪霞 | 汉族 | 草庙 | 崾岘 | 户主 | 孙正军 | 汉族 | 草庙 | 崾岘 |

续表 18

| 与户主关系 | 家庭成员 | 民族 | 原居住地 | | 与户主关系 | 家庭成员 | 民族 | 原居住地 | |
|---|---|---|---|---|---|---|---|---|---|
| | | | 乡(镇) | 行政村 | | | | 乡(镇) | 行政村 |
| 嫂子 | 袁　秀 | 汉族 | 草庙 | 嘤岘 | 父亲 | 王正刚 | 汉族 | 王洼 | 崖堡 |
| 侄子 | 孙　杰 | 汉族 | 草庙 | 嘤岘 | 户主 | 王居荣 | 汉族 | 王洼 | 崖堡 |
| 母 | 王兴连 | 汉族 | 草庙 | 嘤岘 | 妻子 | 王小云 | 汉族 | 王洼 | 崖堡 |
| 奶 | 刘秀花 | 汉族 | 草庙 | 嘤岘 | 长子 | 王小明 | 汉族 | 王洼 | 崖堡 |
| 户主 | 伏志军 | 汉族 | 草庙 | 嘤岘 | 长女 | 王　芳 | 汉族 | 王洼 | 崖堡 |
| 妻子 | 纳世梅 | 汉族 | 草庙 | 嘤岘 | 户主 | 刘建雄 | 汉族 | 王洼 | 崖堡 |
| 长子 | 伏向前 | 汉族 | 草庙 | 嘤岘 | 妻子 | 虎志梅 | 汉族 | 王洼 | 崖堡 |
| 长女 | 伏巧玲 | 汉族 | 草庙 | 嘤岘 | 长子 | 刘小斌 | 汉族 | 王洼 | 崖堡 |
| 次女 | 伏庆玲 | 汉族 | 草庙 | 嘤岘 | 次女 | 刘　彩 | 汉族 | 王洼 | 崖堡 |
| 户主 | 杨秀萍 | 汉族 | 草庙 | 嘤岘 | 妹妹 | 刘　虹 | 汉族 | 王洼 | 崖堡 |
| 长子 | 韩　宏 | 汉族 | 草庙 | 嘤岘 | 户主 | 王居龙 | 汉族 | 王洼 | 崖堡 |
| 次子 | 韩　伟 | 汉族 | 草庙 | 嘤岘 | 妻子 | 陈　霞 | 汉族 | 王洼 | 崖堡 |
| 户主 | 孙　琴 | 汉族 | 草庙 | 嘤岘 | 长子 | 王小科 | 汉族 | 王洼 | 崖堡 |
| 父 | 韩希俭 | 汉族 | 草庙 | 嘤岘 | 长女 | 王雪雪 | 汉族 | 王洼 | 崖堡 |
| 户主 | 雅耀文 | 汉族 | 草庙 | 嘤岘 | 父亲 | 王正孝 | 汉族 | 王洼 | 崖堡 |
| 母 | 景生兰 | 汉族 | 草庙 | 嘤岘 | 母亲 | 杨俊梅 | 汉族 | 王洼 | 崖堡 |
| 妻子 | 马喜梅 | 汉族 | 草庙 | 嘤岘 | 户主 | 张　福 | 汉族 | 王洼 | 崖堡 |
| 户主 | 韩世有 | 汉族 | 草庙 | 嘤岘 | 妻子 | 范秀兰 | 汉族 | 王洼 | 崖堡 |
| 弟弟 | 韩世金 | 汉族 | 草庙 | 嘤岘 | 次子 | 张志奇 | 汉族 | 王洼 | 崖堡 |
| 户主 | 张　东 | 汉族 | 王洼 | 崖堡 | 户主 | 王居斌 | 汉族 | 王洼 | 崖堡 |
| 妻子 | 张进霞 | 汉族 | 王洼 | 崖堡 | 妻子 | 张粉花 | 汉族 | 王洼 | 崖堡 |
| 长子 | 张滋亮 | 汉族 | 王洼 | 崖堡 | 长子 | 王小勇 | 汉族 | 王洼 | 崖堡 |
| 长女 | 张滋兰 | 汉族 | 王洼 | 崖堡 | 长女 | 王　宏 | 汉族 | 王洼 | 崖堡 |
| 户主 | 慕占彩 | 汉族 | 王洼 | 崖堡 | 次女 | 王　楠 | 汉族 | 王洼 | 崖堡 |
| 长子 | 张志涛 | 汉族 | 王洼 | 崖堡 | 户主 | 马志祥 | 汉族 | 王洼 | 崖堡 |
| 次子 | 张志宁 | 汉族 | 王洼 | 崖堡 | 妻子 | 朱彩琴 | 汉族 | 王洼 | 崖堡 |
| 户主 | 张　斌 | 汉族 | 王洼 | 崖堡 | 长子 | 马　伟 | 汉族 | 王洼 | 崖堡 |
| 妻子 | 王桂平 | 汉族 | 王洼 | 崖堡 | 次子 | 马　斌 | 汉族 | 王洼 | 崖堡 |
| 长子 | 张志伟 | 汉族 | 王洼 | 崖堡 | 长女 | 马　婷 | 汉族 | 王洼 | 崖堡 |
| 次子 | 张志鹏 | 汉族 | 王洼 | 崖堡 | 父亲 | 马宏章 | 汉族 | 王洼 | 崖堡 |
| 户主 | 刘建国 | 汉族 | 王洼 | 崖堡 | 母亲 | 马金花 | 汉族 | 王洼 | 崖堡 |
| 母亲 | 王德英 | 汉族 | 王洼 | 崖堡 | 户主 | 王居功 | 汉族 | 王洼 | 崖堡 |
| 户主 | 王居朝 | 汉族 | 王洼 | 崖堡 | 妻子 | 常兆梅 | 汉族 | 王洼 | 崖堡 |
| 妻子 | 张桂萍 | 汉族 | 王洼 | 崖堡 | 长子 | 王小仁 | 汉族 | 王洼 | 崖堡 |
| 长子 | 王　昊 | 汉族 | 王洼 | 崖堡 | 长女 | 王　娜 | 汉族 | 王洼 | 崖堡 |
| 长女 | 王晶晶 | 汉族 | 王洼 | 崖堡 | 户主 | 徐有禄 | 汉族 | 王洼 | 崖堡 |

续表 18

| 与户主关系 | 家庭成员 | 民族 | 原居住地 | | 与户主关系 | 家庭成员 | 民族 | 原居住地 | |
|---|---|---|---|---|---|---|---|---|---|
| | | | 乡(镇) | 行政村 | | | | 乡(镇) | 行政村 |
| 妻子 | 刘秀梅 | 汉族 | 王洼 | 崖堡 | 户主 | 胡世录 | 汉族 | 王洼 | 崖堡 |
| 儿子 | 徐继平 | 汉族 | 王洼 | 崖堡 | 妻子 | 毛向丽 | 汉族 | 王洼 | 崖堡 |
| 儿媳 | 王少丽 | 汉族 | 王洼 | 崖堡 | 长女 | 胡小霞 | 汉族 | 王洼 | 崖堡 |
| 户主 | 刘　伟 | 汉族 | 王洼 | 崖堡 | 长子 | 胡小强 | 汉族 | 王洼 | 崖堡 |
| 奶奶 | 王正花 | 汉族 | 王洼 | 崖堡 | 户主 | 刘建华 | 汉族 | 王洼 | 崖堡 |
| 户主 | 张　清 | 汉族 | 王洼 | 崖堡 | 妻子 | 韩志兰 | 汉族 | 王洼 | 崖堡 |
| 父亲 | 张克忠 | 汉族 | 王洼 | 崖堡 | 长子 | 刘金海 | 汉族 | 王洼 | 崖堡 |
| 户主 | 马志仁 | 汉族 | 王洼 | 崖堡 | 二女 | 刘　楠 | 汉族 | 王洼 | 崖堡 |
| 妻子 | 赵秀珍 | 汉族 | 王洼 | 崖堡 | 三女 | 刘　婷 | 汉族 | 王洼 | 崖堡 |
| 女儿 | 马　锐 | 汉族 | 王洼 | 崖堡 | 户主 | 刘建清 | 汉族 | 王洼 | 崖堡 |
| 户主 | 刘建吉 | 汉族 | 王洼 | 崖堡 | 妻子 | 魏孝梅 | 汉族 | 王洼 | 崖堡 |
| 妻子 | 刘志兰 | 汉族 | 王洼 | 崖堡 | 长子 | 刘小怅 | 汉族 | 王洼 | 崖堡 |
| 次女 | 刘　慧 | 汉族 | 王洼 | 崖堡 | 长女 | 刘　敏 | 汉族 | 王洼 | 崖堡 |
| 三女 | 刘　荣 | 汉族 | 王洼 | 崖堡 | 长孙 | 刘昊林 | 汉族 | 王洼 | 崖堡 |
| 四女 | 刘　雪 | 汉族 | 王洼 | 崖堡 | 户主 | 马　军 | 汉族 | 王洼 | 崖堡 |
| 户主 | 刘小宏 | 汉族 | 王洼 | 崖堡 | 妻子 | 黄东莲 | 汉族 | 王洼 | 崖堡 |
| 妻子 | 张贵玲 | 汉族 | 王洼 | 崖堡 | 长子 | 马重阳 | 汉族 | 王洼 | 崖堡 |
| 长子 | 刘文博 | 汉族 | 王洼 | 崖堡 | 次子 | 马双阳 | 汉族 | 王洼 | 崖堡 |
| 户主 | 刘建军 | 汉族 | 王洼 | 崖堡 | 户主 | 王居文 | 汉族 | 王洼 | 崖堡 |
| 长子 | 刘小明 | 汉族 | 王洼 | 崖堡 | 妻子 | 胡秀芳 | 汉族 | 王洼 | 崖堡 |
| 长女 | 刘　涛 | 汉族 | 王洼 | 崖堡 | 三女 | 王　宁 | 汉族 | 王洼 | 崖堡 |
| 次女 | 刘　媛 | 汉族 | 王洼 | 崖堡 | 长子 | 王晓伟 | 汉族 | 王洼 | 崖堡 |
| 母亲 | 周彦英 | 汉族 | 王洼 | 崖堡 | 四女 | 徐梦瑶 | 汉族 | 王洼 | 崖堡 |
| 户主 | 刘建忠 | 汉族 | 王洼 | 崖堡 | 户主 | 徐继来 | 汉族 | 王洼 | 崖堡 |
| 妻子 | 李慧英 | 汉族 | 王洼 | 崖堡 | 妻子 | 杨春燕 | 汉族 | 王洼 | 崖堡 |
| 长子 | 刘小东 | 汉族 | 王洼 | 崖堡 | 长女 | 徐　露 | 汉族 | 王洼 | 崖堡 |
| 长女 | 刘　乐 | 汉族 | 王洼 | 崖堡 | 长子 | 徐文卓 | 汉族 | 王洼 | 崖堡 |
| 户主 | 马志刚 | 汉族 | 王洼 | 崖堡 | 户主 | 张　勇 | 汉族 | 王洼 | 崖堡 |
| 妻子 | 张正芳 | 汉族 | 王洼 | 崖堡 | 母亲 | 魏孝粉 | 汉族 | 王洼 | 崖堡 |
| 儿子 | 马　龙 | 汉族 | 王洼 | 崖堡 | 户主 | 张志宏 | 汉族 | 王洼 | 崖堡 |
| 女儿 | 马　雪 | 汉族 | 王洼 | 崖堡 | 妻子 | 陈晓琴 | 汉族 | 王洼 | 崖堡 |
| 户主 | 马志礼 | 汉族 | 王洼 | 崖堡 | 长女 | 张睿婷 | 汉族 | 王洼 | 崖堡 |
| 妻子 | 刘彩霞 | 汉族 | 王洼 | 崖堡 | 次女 | 张玉婷 | 汉族 | 王洼 | 崖堡 |
| 儿子 | 马　宁 | 汉族 | 王洼 | 崖堡 | 户主 | 王志荣 | 汉族 | 王洼 | 王洼 |
| 儿子 | 马　勇 | 汉族 | 王洼 | 崖堡 | 妻子 | 王粉珍 | 汉族 | 王洼 | 王洼 |
| 儿媳 | 高红霞 | 汉族 | 王洼 | 崖堡 | 次子 | 王　明 | 汉族 | 王洼 | 王洼 |

续表 18

| 与户主关系 | 家庭成员 | 民族 | 原居住地 | | 与户主关系 | 家庭成员 | 民族 | 原居住地 | |
|---|---|---|---|---|---|---|---|---|---|
| | | | 乡(镇) | 行政村 | | | | 乡(镇) | 行政村 |
| 儿媳 | 吴小云 | 汉族 | 王洼 | 王洼 | 母亲 | 薛占芳 | 汉族 | 王洼 | 尚台 |
| 户主 | 王志桂 | 汉族 | 王洼 | 王洼 | 户主 | 李志贵 | 汉族 | 王洼 | 尚台 |
| 妻子 | 杨小琴 | 汉族 | 王洼 | 王洼 | 妻子 | 刘玉梅 | 汉族 | 王洼 | 尚台 |
| 长子 | 王　旗 | 汉族 | 王洼 | 王洼 | 长子 | 李成斌 | 汉族 | 王洼 | 尚台 |
| 长女 | 王　婷 | 汉族 | 王洼 | 王洼 | 儿媳 | 高芳芬 | 汉族 | 王洼 | 尚台 |
| 父亲 | 王占学 | 汉族 | 王洼 | 王洼 | 孙子 | 李金鹏 | 汉族 | 王洼 | 尚台 |
| 母亲 | 周彦英 | 汉族 | 王洼 | 王洼 | 户主 | 王宏福 | 汉族 | 王洼 | 尚台 |
| 户主 | 王志强 | 汉族 | 王洼 | 王洼 | 妻子 | 常兴芳 | 汉族 | 王洼 | 尚台 |
| 妻子 | 孙玉芳 | 汉族 | 王洼 | 王洼 | 长子 | 王宝权 | 汉族 | 王洼 | 尚台 |
| 长子 | 王　东 | 汉族 | 王洼 | 王洼 | 母亲 | 田士芳 | 汉族 | 王洼 | 尚台 |
| 长女 | 王晓娟 | 汉族 | 王洼 | 王洼 | 户主 | 高吉军 | 汉族 | 王洼 | 尚台 |
| 儿媳 | 贾秀莲 | 汉族 | 王洼 | 王洼 | 母亲 | 吴秀英 | 汉族 | 王洼 | 尚台 |
| 长孙 | 王浩宇 | 汉族 | 王洼 | 王洼 | 妻子 | 张桂芳 | 汉族 | 王洼 | 尚台 |
| 户主 | 王志义 | 汉族 | 王洼 | 王洼 | 长女 | 高　雪 | 汉族 | 王洼 | 尚台 |
| 妻子 | 李宝莲 | 汉族 | 王洼 | 王洼 | 户主 | 贾种石 | 汉族 | 王洼 | 尚台 |
| 长子 | 王晓虎 | 汉族 | 王洼 | 王洼 | 妻子 | 高吉连 | 汉族 | 王洼 | 尚台 |
| 长女 | 王晓红 | 汉族 | 王洼 | 王洼 | 长子 | 贾文选 | 汉族 | 王洼 | 尚台 |
| 户主 | 王志仁 | 汉族 | 王洼 | 王洼 | 次子 | 贾文科 | 汉族 | 王洼 | 尚台 |
| 妻子 | 武应琴 | 汉族 | 王洼 | 王洼 | 二女 | 贾彩云 | 汉族 | 王洼 | 尚台 |
| 长子 | 王晓亮 | 汉族 | 王洼 | 王洼 | 三女 | 贾彩琴 | 汉族 | 王洼 | 尚台 |
| 次子 | 王晓勇 | 汉族 | 王洼 | 王洼 | 户主 | 贾种青 | 汉族 | 王洼 | 尚台 |
| 长女 | 王晓艳 | 汉族 | 王洼 | 王洼 | 妻子 | 韩月英 | 汉族 | 王洼 | 尚台 |
| 父亲 | 王占科 | 汉族 | 王洼 | 王洼 | 长子 | 贾文辉 | 汉族 | 王洼 | 尚台 |
| 母亲 | 雅玉莲 | 汉族 | 王洼 | 王洼 | 次子 | 贾文强 | 汉族 | 王洼 | 尚台 |
| 户主 | 王志刚 | 汉族 | 王洼 | 王洼 | 母亲 | 高志月 | 汉族 | 王洼 | 尚台 |
| 妻子 | 刘锐萍 | 汉族 | 王洼 | 王洼 | 户主 | 铁金昌 | 汉族 | 王洼 | 尚台 |
| 长子 | 王　斌 | 汉族 | 王洼 | 王洼 | 妻子 | 王桂兰 | 汉族 | 王洼 | 尚台 |
| 长女 | 王　宁 | 汉族 | 王洼 | 王洼 | 儿媳 | 王小霞 | 汉族 | 王洼 | 尚台 |
| 户主 | 刘玉龙 | 汉族 | 王洼 | 尚台 | 孙女 | 铁蕾蕾 | 汉族 | 王洼 | 尚台 |
| 妻子 | 陈改进 | 汉族 | 王洼 | 尚台 | 户主 | 王彦宏 | 汉族 | 王洼 | 尚台 |
| 长子 | 刘建平 | 汉族 | 王洼 | 尚台 | 妻子 | 王桂萍 | 汉族 | 王洼 | 尚台 |
| 长女 | 刘淑萍 | 汉族 | 王洼 | 尚台 | 次子 | 高成祥 | 汉族 | 王洼 | 尚台 |
| 户主 | 尹治虎 | 汉族 | 王洼 | 尚台 | 三子 | 高成彦 | 汉族 | 王洼 | 尚台 |
| 妻子 | 李志林 | 汉族 | 王洼 | 尚台 | 户主 | 铁金付 | 汉族 | 王洼 | 尚台 |
| 长子 | 尹金平 | 汉族 | 王洼 | 尚台 | 妻子 | 李志芳 | 汉族 | 王洼 | 尚台 |
| 长女 | 尹芳芳 | 汉族 | 王洼 | 尚台 | 长子 | 铁克让 | 汉族 | 王洼 | 尚台 |

续表18

| 与户主关系 | 家庭成员 | 民族 | 原居住地 | | 与户主关系 | 家庭成员 | 民族 | 原居住地 | |
|---|---|---|---|---|---|---|---|---|---|
| | | | 乡(镇) | 行政村 | | | | 乡(镇) | 行政村 |
| 长女 | 铁克萍 | 汉族 | 王洼 | 尚台 | 次子 | 张志敏 | 汉族 | 王洼 | 尚台 |
| 二女 | 铁小利 | 汉族 | 王洼 | 尚台 | 三子 | 张志斌 | 汉族 | 王洼 | 尚台 |
| 三女 | 铁开玲 | 汉族 | 王洼 | 尚台 | 户主 | 高吉怀 | 汉族 | 王洼 | 尚台 |
| 户主 | 贾仲国 | 汉族 | 王洼 | 尚台 | 妻子 | 刘贵芳 | 汉族 | 王洼 | 尚台 |
| 妻子 | 黄利芳 | 汉族 | 王洼 | 尚台 | 长子 | 高成斌 | 汉族 | 王洼 | 尚台 |
| 长子 | 贾金鹏 | 汉族 | 王洼 | 尚台 | 次子 | 高成龙 | 汉族 | 王洼 | 尚台 |
| 父亲 | 贾义玺 | 汉族 | 王洼 | 尚台 | 儿媳 | 张挑霞 | 汉族 | 王洼 | 尚台 |
| 母亲 | 王桂花 | 汉族 | 王洼 | 尚台 | 户主 | 张志科 | 汉族 | 王洼 | 尚台 |
| 户主 | 张志海 | 汉族 | 王洼 | 尚台 | 妻子 | 赵文强 | 汉族 | 王洼 | 尚台 |
| 兄弟 | 张志鱼 | 汉族 | 王洼 | 尚台 | 长子 | 张　勇 | 汉族 | 王洼 | 尚台 |
| 母亲 | 苏成花 | 汉族 | 王洼 | 尚台 | 二女 | 张　云 | 汉族 | 王洼 | 尚台 |
| 弟媳 | 马海娟 | 汉族 | 王洼 | 尚台 | 户主 | 杨占科 | 汉族 | 王洼 | 尚台 |
| 侄女 | 张亚茹 | 汉族 | 王洼 | 尚台 | 妻子 | 高金琴 | 汉族 | 王洼 | 尚台 |
| 户主 | 郑作龙 | 汉族 | 王洼 | 尚台 | 长子 | 杨　忠 | 汉族 | 王洼 | 尚台 |
| 妻子 | 常兴英 | 汉族 | 王洼 | 尚台 | 次子 | 杨　永 | 汉族 | 王洼 | 尚台 |
| 户主 | 张志宽 | 汉族 | 王洼 | 尚台 | 户主 | 李志龙 | 汉族 | 王洼 | 尚台 |
| 妻子 | 沈文彩 | 汉族 | 王洼 | 尚台 | 妻子 | 薛珍梅 | 汉族 | 王洼 | 尚台 |
| 长子 | 张　宁 | 汉族 | 王洼 | 尚台 | 长子 | 李成祥 | 汉族 | 王洼 | 尚台 |
| 长女 | 张　燕 | 汉族 | 王洼 | 尚台 | 长女 | 李淑萍 | 汉族 | 王洼 | 尚台 |
| 户主 | 余守乾 | 汉族 | 王洼 | 尚台 | 二女 | 李淑兰 | 汉族 | 王洼 | 尚台 |
| 妻子 | 李世芳 | 汉族 | 王洼 | 尚台 | 三女 | 李淑荣 | 汉族 | 王洼 | 尚台 |
| 三子 | 余培红 | 汉族 | 王洼 | 尚台 | 户主 | 黄彦廷 | 汉族 | 王洼 | 尚台 |
| 次子 | 余培方 | 汉族 | 王洼 | 尚台 | 妻子 | 王彩琴 | 汉族 | 王洼 | 尚台 |
| 孙女 | 余金银 | 汉族 | 王洼 | 尚台 | 长子 | 黄永库 | 汉族 | 王洼 | 尚台 |
| 户主 | 铁金玉 | 汉族 | 王洼 | 尚台 | 次女 | 黄丽宁 | 汉族 | 王洼 | 尚台 |
| 妻子 | 李爱萍 | 汉族 | 王洼 | 尚台 | 户主 | 高吉满 | 汉族 | 王洼 | 尚台 |
| 长子 | 铁克俭 | 汉族 | 王洼 | 尚台 | 妻子 | 李成霞 | 汉族 | 王洼 | 尚台 |
| 户主 | 张耀伟 | 汉族 | 王洼 | 尚台 | 户主 | 余广乾 | 汉族 | 王洼 | 尚台 |
| 妻子 | 张　玲 | 汉族 | 王洼 | 尚台 | 妻子 | 李彩莲 | 汉族 | 王洼 | 尚台 |
| 长子 | 张　程 | 汉族 | 王洼 | 尚台 | 长子 | 余　刚 | 汉族 | 王洼 | 尚台 |
| 户主 | 余培东 | 汉族 | 王洼 | 尚台 | 次子 | 余　湖 | 汉族 | 王洼 | 尚台 |
| 妻子 | 古兆霞 | 汉族 | 王洼 | 尚台 | 父亲 | 余守业 | 汉族 | 王洼 | 尚台 |
| 次子 | 余金虎 | 汉族 | 王洼 | 尚台 | 户主 | 陈玉江 | 汉族 | 王洼 | 尚台 |
| 户主 | 张吉成 | 汉族 | 王洼 | 尚台 | 妻子 | 叶培连 | 汉族 | 王洼 | 尚台 |
| 妻子 | 范金华 | 汉族 | 王洼 | 尚台 | 次子 | 陈　伟 | 汉族 | 王洼 | 尚台 |
| 长子 | 张志瑞 | 汉族 | 王洼 | 尚台 | 四女 | 陈　婧 | 汉族 | 王洼 | 尚台 |

续表 18

| 与户主关系 | 家庭成员 | 民族 | 原居住地 | | 与户主关系 | 家庭成员 | 民族 | 原居住地 | |
|---|---|---|---|---|---|---|---|---|---|
| | | | 乡(镇) | 行政村 | | | | 乡(镇) | 行政村 |
| 儿媳 | 铁金萍 | 汉族 | 王洼 | 尚台 | 孙子 | 李金钊 | 汉族 | 王洼 | 尚台 |
| 孙子 | 陈晓明 | 汉族 | 王洼 | 尚台 | 孙女 | 李金凤 | 汉族 | 王洼 | 尚台 |
| 孙女 | 陈慧霞 | 汉族 | 王洼 | 尚台 | 户主 | 张志远 | 汉族 | 王洼 | 尚台 |
| 户主 | 杨美江 | 汉族 | 王洼 | 尚台 | 妻子 | 赵迎春 | 汉族 | 王洼 | 尚台 |
| 妻子 | 王彩云 | 汉族 | 王洼 | 尚台 | 长女 | 张　敏 | 汉族 | 王洼 | 尚台 |
| 长子 | 杨浩杰 | 汉族 | 王洼 | 尚台 | 户主 | 李志虎 | 汉族 | 王洼 | 尚台 |
| 次子 | 杨浩俊 | 汉族 | 王洼 | 尚台 | 妻子 | 苏月利 | 汉族 | 王洼 | 尚台 |
| 户主 | 余守帮 | 汉族 | 王洼 | 尚台 | 父亲 | 李继邦 | 汉族 | 王洼 | 尚台 |
| 妻子 | 贾　云 | 汉族 | 王洼 | 尚台 | 母亲 | 苏安兰 | 汉族 | 王洼 | 尚台 |
| 长子 | 余培军 | 汉族 | 王洼 | 尚台 | 长子 | 李成树 | 汉族 | 王洼 | 尚台 |
| 母亲 | 张玉英 | 汉族 | 王洼 | 尚台 | 长女 | 李淑珍 | 汉族 | 王洼 | 尚台 |
| 户主 | 陈　彦 | 汉族 | 王洼 | 尚台 | 户主 | 张耀军 | 汉族 | 王洼 | 尚台 |
| 妻子 | 张建梅 | 汉族 | 王洼 | 尚台 | 妻子 | 孙　瑞 | 汉族 | 王洼 | 尚台 |
| 长女 | 陈明霞 | 汉族 | 王洼 | 尚台 | 长女 | 张　蓉 | 汉族 | 王洼 | 尚台 |
| 次女 | 陈晓霞 | 汉族 | 王洼 | 尚台 | 长子 | 张　龙 | 汉族 | 王洼 | 尚台 |
| 长子 | 陈晓锋 | 汉族 | 王洼 | 尚台 | 哥哥 | 张耀仁 | 汉族 | 王洼 | 尚台 |
| 次子 | 陈晓东 | 汉族 | 王洼 | 尚台 | 母亲 | 高桂花 | 汉族 | 王洼 | 尚台 |
| 户主 | 张吉学 | 汉族 | 王洼 | 尚台 | 户主 | 余守和 | 汉族 | 王洼 | 尚台 |
| 妻子 | 李秀兰 | 汉族 | 王洼 | 尚台 | 妻子 | 张彩花 | 汉族 | 王洼 | 尚台 |
| 次子 | 张志智 | 汉族 | 王洼 | 尚台 | 长子 | 余培态 | 汉族 | 王洼 | 尚台 |
| 户主 | 张志霞 | 汉族 | 王洼 | 尚台 | 儿媳 | 王小平 | 汉族 | 王洼 | 尚台 |
| 长女 | 高成萍 | 汉族 | 王洼 | 尚台 | 孙女 | 余雪琴 | 汉族 | 王洼 | 尚台 |
| 次女 | 高成芳 | 汉族 | 王洼 | 尚台 | 孙子 | 余金勇 | 汉族 | 王洼 | 尚台 |
| 三女 | 高成蓉 | 汉族 | 王洼 | 尚台 | 孙女 | 余雪林 | 汉族 | 王洼 | 尚台 |
| 四女 | 高成瑞 | 汉族 | 王洼 | 尚台 | 户主 | 刘尚军 | 汉族 | 王洼 | 尚台 |
| 长子 | 高成亮 | 汉族 | 王洼 | 尚台 | 妻子 | 薛占连 | 汉族 | 王洼 | 尚台 |
| 户主 | 张耀虎 | 汉族 | 王洼 | 尚台 | 长子 | 刘玉堂 | 汉族 | 王洼 | 尚台 |
| 妻子 | 薛天彩 | 汉族 | 王洼 | 尚台 | 儿媳 | 薛香香 | 汉族 | 王洼 | 尚台 |
| 长子 | 张　辉 | 汉族 | 王洼 | 尚台 | 孙子 | 刘建东 | 汉族 | 王洼 | 尚台 |
| 长女 | 张　静 | 汉族 | 王洼 | 尚台 | 孙女 | 刘淑兰 | 汉族 | 王洼 | 尚台 |
| 次女 | 张　倩 | 汉族 | 王洼 | 尚台 | 户主 | 贾仲恩 | 汉族 | 王洼 | 尚台 |
| 户主 | 李志明 | 汉族 | 王洼 | 尚台 | 妻子 | 张志林 | 汉族 | 王洼 | 尚台 |
| 妻子 | 明秀连 | 汉族 | 王洼 | 尚台 | 长子 | 贾文鑫 | 汉族 | 王洼 | 尚台 |
| 长子 | 李成校 | 汉族 | 王洼 | 尚台 | 户主 | 铁金刚 | 汉族 | 王洼 | 尚台 |
| 儿媳 | 刘世芳 | 汉族 | 王洼 | 尚台 | 妻子 | 李月琴 | 汉族 | 王洼 | 尚台 |
| 次子 | 李成钰 | 汉族 | 王洼 | 尚台 | 长子 | 铁泽坤 | 汉族 | 王洼 | 尚台 |

续表 18

| 与户主关系 | 家庭成员 | 民族 | 原居住地 | | 与户主关系 | 家庭成员 | 民族 | 原居住地 | |
|---|---|---|---|---|---|---|---|---|---|
| | | | 乡(镇) | 行政村 | | | | 乡(镇) | 行政村 |
| 长女 | 铁开云 | 汉族 | 王洼 | 尚台 | 妻子 | 王巧梅 | 汉族 | 草庙 | 嵝岘 |
| 户主 | 铁金龙 | 汉族 | 王洼 | 尚台 | 长女 | 陈怀利 | 汉族 | 草庙 | 嵝岘 |
| 长女 | 铁　婷 | 汉族 | 王洼 | 尚台 | 长子 | 陈怀鑫 | 汉族 | 草庙 | 嵝岘 |
| 长子 | 铁　东 | 汉族 | 王洼 | 尚台 | 次女 | 陈怀茹 | 汉族 | 草庙 | 嵝岘 |
| 次女 | 铁　冰 | 汉族 | 王洼 | 尚台 | 兄弟 | 陈浩有 | 汉族 | 草庙 | 嵝岘 |
| 妻子 | 孟银花 | 汉族 | 王洼 | 尚台 | 母亲 | 亢岁莲 | 汉族 | 草庙 | 嵝岘 |
| 户主 | 杨美君 | 汉族 | 王洼 | 尚台 | 户主 | 陈浩荣 | 汉族 | 草庙 | 嵝岘 |
| 妻子 | 贾元彩 | 汉族 | 王洼 | 尚台 | 妻子 | 杜廷兰 | 汉族 | 草庙 | 嵝岘 |
| 长子 | 杨浩伟 | 汉族 | 王洼 | 尚台 | 三子 | 陈怀钰 | 汉族 | 草庙 | 嵝岘 |
| 次子 | 杨浩旗 | 汉族 | 王洼 | 尚台 | 户主 | 陈怀德 | 汉族 | 草庙 | 嵝岘 |
| 长女 | 杨香琴 | 汉族 | 王洼 | 尚台 | 妻子 | 高海能 | 汉族 | 草庙 | 嵝岘 |
| 次女 | 杨会琴 | 汉族 | 王洼 | 尚台 | 长子 | 陈　华 | 汉族 | 草庙 | 嵝岘 |
| 母亲 | 陈玉花 | 汉族 | 王洼 | 尚台 | 户主 | 雅进武 | 汉族 | 草庙 | 嵝岘 |
| 户主 | 杨美林 | 汉族 | 王洼 | 尚台 | 父亲 | 雅化祥 | 汉族 | 草庙 | 嵝岘 |
| 次子 | 杨浩武 | 汉族 | 王洼 | 尚台 | 母亲 | 景廷花 | 汉族 | 草庙 | 嵝岘 |
| 儿媳 | 王海玲 | 汉族 | 王洼 | 尚台 | 户主 | 雅进库 | 汉族 | 草庙 | 嵝岘 |
| 户主 | 叶正海 | 汉族 | 王洼 | 尚台 | 妻子 | 杜　莲 | 汉族 | 草庙 | 嵝岘 |
| 妻子 | 王桂兰 | 汉族 | 王洼 | 尚台 | 长子 | 雅　慧 | 汉族 | 草庙 | 嵝岘 |
| 长子 | 叶柏林 | 汉族 | 王洼 | 尚台 | 长女 | 雅　昕 | 汉族 | 草庙 | 嵝岘 |
| 父亲 | 叶红发 | 汉族 | 王洼 | 尚台 | 户主 | 伏志明 | 汉族 | 草庙 | 嵝岘 |
| 母亲 | 李秀花 | 汉族 | 王洼 | 尚台 | 妻子 | 孙正钰 | 汉族 | 草庙 | 嵝岘 |
| 户主 | 袁士仪 | 汉族 | 王洼 | 尚台 | 长女 | 伏　丽 | 汉族 | 草庙 | 嵝岘 |
| 妻子 | 李广霞 | 汉族 | 王洼 | 尚台 | 长子 | 伏　瑞 | 汉族 | 草庙 | 嵝岘 |
| 长子 | 袁　军 | 汉族 | 王洼 | 尚台 | 次女 | 伏　娟 | 汉族 | 草庙 | 嵝岘 |
| 次子 | 袁　阔 | 汉族 | 王洼 | 尚台 | 户主 | 伏志合 | 汉族 | 草庙 | 嵝岘 |
| 户主 | 张吉付 | 汉族 | 王洼 | 尚台 | 妻子 | 石雅琴 | 汉族 | 草庙 | 嵝岘 |
| 妻子 | 王彩兰 | 汉族 | 王洼 | 尚台 | 母亲 | 杨士梅 | 汉族 | 草庙 | 嵝岘 |
| 长子 | 张志伟 | 汉族 | 王洼 | 尚台 | 户主 | 雅进田 | 汉族 | 草庙 | 嵝岘 |
| 次子 | 张根红 | 汉族 | 王洼 | 尚台 | 妻子 | 伏志香 | 汉族 | 草庙 | 嵝岘 |
| 户主 | 陈浩军 | 汉族 | 草庙 | 嵝岘 | 长女 | 雅　琴 | 汉族 | 草庙 | 嵝岘 |
| 长子 | 陈怀龙 | 汉族 | 草庙 | 嵝岘 | 长子 | 雅　楠 | 汉族 | 草庙 | 嵝岘 |
| 长妻子 | 路　荣 | 汉族 | 草庙 | 嵝岘 | 户主 | 伏志兵 | 汉族 | 草庙 | 嵝岘 |
| 孙女 | 陈　雪 | 汉族 | 草庙 | 嵝岘 | 妻子 | 孙芸芳 | 汉族 | 草庙 | 嵝岘 |
| 户主 | 王进梅 | 汉族 | 草庙 | 嵝岘 | 次子 | 伏飞龙 | 汉族 | 草庙 | 嵝岘 |
| 长子 | 陈怀虎 | 汉族 | 草庙 | 嵝岘 | 户主 | 伏飞洋 | 汉族 | 草庙 | 嵝岘 |
| 户主 | 陈浩学 | 汉族 | 草庙 | 嵝岘 | 妻子 | 张小丽 | 汉族 | 草庙 | 嵝岘 |

续表 18

| 与户主关系 | 家庭成员 | 民族 | 原居住地 | | 与户主关系 | 家庭成员 | 民族 | 原居住地 | |
|---|---|---|---|---|---|---|---|---|---|
| | | | 乡(镇) | 行政村 | | | | 乡(镇) | 行政村 |
| 户主 | 惠生金 | 汉族 | 草庙 | 嘤岘 | 次子 | 刘国辉 | 汉族 | 草庙 | 嘤岘 |
| 妻子 | 虎志娥 | 汉族 | 草庙 | 嘤岘 | 户主 | 刘万祖 | 汉族 | 草庙 | 嘤岘 |
| 长子 | 惠亚洲 | 汉族 | 草庙 | 嘤岘 | 妻子 | 李玉珍 | 汉族 | 草庙 | 嘤岘 |
| 长女 | 惠亚菲 | 汉族 | 草庙 | 嘤岘 | 次女 | 李慧琴 | 汉族 | 草庙 | 嘤岘 |
| 次女 | 惠亚雪 | 汉族 | 草庙 | 嘤岘 | 三女 | 刘国花 | 汉族 | 草庙 | 嘤岘 |
| 母亲 | 周彦花 | 汉族 | 草庙 | 嘤岘 | 户主 | 刘万东 | 汉族 | 草庙 | 嘤岘 |
| 户主 | 马仲杰 | 汉族 | 草庙 | 嘤岘 | 妻子 | 尹玉霞 | 汉族 | 草庙 | 嘤岘 |
| 妻子 | 曹金霞 | 汉族 | 草庙 | 嘤岘 | 长子 | 刘国军 | 汉族 | 草庙 | 嘤岘 |
| 次子 | 马启斌 | 汉族 | 草庙 | 嘤岘 | 次子 | 刘国鹏 | 汉族 | 草庙 | 嘤岘 |
| 长女 | 马启娥 | 汉族 | 草庙 | 嘤岘 | 母亲 | 朱凤英 | 汉族 | 草庙 | 嘤岘 |
| 户主 | 康金川 | 汉族 | 草庙 | 嘤岘 | 户主 | 刘志学 | 汉族 | 草庙 | 嘤岘 |
| 妻子 | 闫彩霞 | 汉族 | 草庙 | 嘤岘 | 妻子 | 叶彩霞 | 汉族 | 草庙 | 嘤岘 |
| 长女 | 康茫茫 | 汉族 | 草庙 | 嘤岘 | 长子 | 刘东科 | 汉族 | 草庙 | 嘤岘 |
| 次女 | 康秀芳 | 汉族 | 草庙 | 嘤岘 | 长妻子 | 景彩霞 | 汉族 | 草庙 | 嘤岘 |
| 长子 | 康宏禧 | 汉族 | 草庙 | 嘤岘 | 孙女 | 刘　莹 | 汉族 | 草庙 | 嘤岘 |
| 父亲 | 康瑞祥 | 汉族 | 草庙 | 嘤岘 | 户主 | 刘万杰 | 汉族 | 草庙 | 嘤岘 |
| 母亲 | 王永花 | 汉族 | 草庙 | 嘤岘 | 妻子 | 韩志荣 | 汉族 | 草庙 | 嘤岘 |
| 户主 | 汪生奎 | 汉族 | 草庙 | 嘤岘 | 长子 | 刘国洋 | 汉族 | 草庙 | 嘤岘 |
| 妻子 | 景秀芸 | 汉族 | 草庙 | 嘤岘 | 次子 | 刘国瑞 | 汉族 | 草庙 | 嘤岘 |
| 次子 | 汪志武 | 汉族 | 草庙 | 嘤岘 | 母亲 | 白凤兰 | 汉族 | 草庙 | 嘤岘 |
| 母亲 | 赵玉成 | 汉族 | 草庙 | 嘤岘 | 户主 | 刘万平 | 汉族 | 草庙 | 嘤岘 |
| 户主 | 汪志斌 | 汉族 | 草庙 | 嘤岘 | 长女 | 刘国玲 | 汉族 | 草庙 | 嘤岘 |
| 妻子 | 韩秀兰 | 汉族 | 草庙 | 嘤岘 | 户主 | 刘万安 | 汉族 | 草庙 | 嘤岘 |
| 长子 | 汪　强 | 汉族 | 草庙 | 嘤岘 | 妻子 | 霍玉琴 | 汉族 | 草庙 | 嘤岘 |
| 长妻子 | 赵　敏 | 汉族 | 草庙 | 嘤岘 | 次子 | 刘国森 | 汉族 | 草庙 | 嘤岘 |
| 次子 | 汪　淮 | 汉族 | 草庙 | 嘤岘 | 次子 | 刘国梁 | 汉族 | 草庙 | 嘤岘 |
| 次妻子 | 李淑霞 | 汉族 | 草庙 | 嘤岘 | 父亲 | 刘　荣 | 汉族 | 草庙 | 嘤岘 |
| 长孙 | 汪明辉 | 汉族 | 草庙 | 嘤岘 | 母亲 | 马翠琴 | 汉族 | 草庙 | 嘤岘 |
| 户主 | 汪志荣 | 汉族 | 草庙 | 嘤岘 | 户主 | 刘万刚 | 汉族 | 草庙 | 嘤岘 |
| 妻子 | 赵秀兰 | 汉族 | 草庙 | 嘤岘 | 妻子 | 王粉玲 | 汉族 | 草庙 | 嘤岘 |
| 长子 | 汪　鹏 | 汉族 | 草庙 | 嘤岘 | 长子 | 刘国新 | 汉族 | 草庙 | 嘤岘 |
| 长妻子 | 徐　燕 | 汉族 | 草庙 | 嘤岘 | 长女 | 刘国燕 | 汉族 | 草庙 | 嘤岘 |
| 次子 | 汪　清 | 汉族 | 草庙 | 嘤岘 | 户主 | 刘万章 | 汉族 | 草庙 | 嘤岘 |
| 户主 | 刘万峰 | 汉族 | 草庙 | 嘤岘 | 妻子 | 李志琴 | 汉族 | 草庙 | 嘤岘 |
| 妻子 | 袁粉梅 | 汉族 | 草庙 | 嘤岘 | 长女 | 刘春霞 | 汉族 | 草庙 | 嘤岘 |
| 长子 | 刘国道 | 汉族 | 草庙 | 嘤岘 | 长子 | 刘国栋 | 汉族 | 草庙 | 嘤岘 |

续表 18

| 与户主关系 | 家庭成员 | 民族 | 原居住地 | | 与户主关系 | 家庭成员 | 民族 | 原居住地 | |
|---|---|---|---|---|---|---|---|---|---|
| | | | 乡(镇) | 行政村 | | | | 乡(镇) | 行政村 |
| 次女 | 刘国亮 | 汉族 | 草庙 | 崾岘 | 次子 | 杨德乾 | 汉族 | 草庙 | 崾岘 |
| 户主 | 刘万虎 | 汉族 | 草庙 | 崾岘 | 户主 | 杨德荣 | 汉族 | 草庙 | 崾岘 |
| 父亲 | 刘　仓 | 汉族 | 草庙 | 崾岘 | 妻子 | 张军莲 | 汉族 | 草庙 | 崾岘 |
| 母亲 | 张金霞 | 汉族 | 草庙 | 崾岘 | 长子 | 杨文博 | 汉族 | 草庙 | 崾岘 |
| 户主 | 刘　广 | 汉族 | 草庙 | 崾岘 | 户主 | 刘万贵 | 汉族 | 草庙 | 崾岘 |
| 母亲 | 高桂英 | 汉族 | 草庙 | 崾岘 | 妻子 | 贾仲梅 | 汉族 | 草庙 | 崾岘 |
| 长女 | 刘丽娟 | 汉族 | 草庙 | 崾岘 | 长子 | 刘国元 | 汉族 | 草庙 | 崾岘 |
| 户主 | 党生珍 | 汉族 | 草庙 | 崾岘 | 次子 | 刘国川 | 汉族 | 草庙 | 崾岘 |
| 长女 | 刘丽荣 | 汉族 | 草庙 | 崾岘 | 三子 | 刘国山 | 汉族 | 草庙 | 崾岘 |
| 长子 | 刘万里 | 汉族 | 草庙 | 崾岘 | 户主 | 杨俊杰 | 汉族 | 草庙 | 崾岘 |
| 户主 | 王世祥 | 汉族 | 草庙 | 崾岘 | 妻子 | 王世兰 | 汉族 | 草庙 | 崾岘 |
| 妻子 | 祁彦珍 | 汉族 | 草庙 | 崾岘 | 次子 | 杨德有 | 汉族 | 草庙 | 崾岘 |
| 户主 | 王世虎 | 汉族 | 草庙 | 崾岘 | 孙女 | 杨　宁 | 汉族 | 草庙 | 崾岘 |
| 妻子 | 贾小莲 | 汉族 | 草庙 | 崾岘 | 户主 | 刘　升 | 汉族 | 草庙 | 崾岘 |
| 长子 | 王国平 | 汉族 | 草庙 | 崾岘 | 妻子 | 刘彩琴 | 汉族 | 草庙 | 崾岘 |
| 长女 | 王桂霞 | 汉族 | 草庙 | 崾岘 | 长女 | 刘海燕 | 汉族 | 草庙 | 崾岘 |
| 户主 | 王世魁 | 汉族 | 草庙 | 崾岘 | 长子 | 刘海涛 | 汉族 | 草庙 | 崾岘 |
| 妻子 | 祁秀银 | 汉族 | 草庙 | 崾岘 | 母亲 | 王玉兰 | 汉族 | 草庙 | 崾岘 |
| 三子 | 王国乾 | 汉族 | 草庙 | 崾岘 | 户主 | 王国贤 | 汉族 | 草庙 | 崾岘 |
| 户主 | 王国奇 | 汉族 | 草庙 | 崾岘 | 妻子 | 田秀玲 | 汉族 | 草庙 | 崾岘 |
| 妻子 | 许　琴 | 汉族 | 草庙 | 崾岘 | 子女 | 王双龙 | 汉族 | 草庙 | 崾岘 |
| 长子 | 王智治 | 汉族 | 草庙 | 崾岘 | 子女 | 王春丽 | 汉族 | 草庙 | 崾岘 |
| 户主 | 王国峰 | 汉族 | 草庙 | 崾岘 | 户主 | 刘　勤 | 汉族 | 草庙 | 崾岘 |
| 妻子 | 雅　娟 | 汉族 | 草庙 | 崾岘 | 妻子 | 张维花 | 汉族 | 草庙 | 崾岘 |
| 户主 | 王继财 | 汉族 | 草庙 | 崾岘 | 户主 | 刘万恒 | 汉族 | 草庙 | 崾岘 |
| 妻子 | 杨志琴 | 汉族 | 草庙 | 崾岘 | 妻子 | 祁慧霞 | 汉族 | 草庙 | 崾岘 |
| 次子 | 王　兴 | 汉族 | 草庙 | 崾岘 | 长女 | 刘苗苗 | 汉族 | 草庙 | 崾岘 |
| 三子 | 王　龙 | 汉族 | 草庙 | 崾岘 | 次女 | 刘盼盼 | 汉族 | 草庙 | 崾岘 |
| 户主 | 王继富 | 汉族 | 草庙 | 崾岘 | 户主 | 高广龙 | 汉族 | 草庙 | 崾岘 |
| 母亲 | 杨秀花 | 汉族 | 草庙 | 崾岘 | 妻子 | 贾向燕 | 汉族 | 草庙 | 崾岘 |
| 户主 | 杨俊仓 | 汉族 | 草庙 | 崾岘 | 长女 | 高鹏慧 | 汉族 | 草庙 | 崾岘 |
| 妻子 | 马秀英 | 汉族 | 草庙 | 崾岘 | 父亲 | 高殿帮 | 汉族 | 草庙 | 崾岘 |
| 长子 | 杨德龙 | 汉族 | 草庙 | 崾岘 | 母亲 | 贾玉兰 | 汉族 | 草庙 | 崾岘 |
| 次子 | 杨德科 | 汉族 | 草庙 | 崾岘 | 户主 | 刘　锐 | 汉族 | 草庙 | 崾岘 |
| 户主 | 杨俊义 | 汉族 | 草庙 | 崾岘 | 兄弟 | 刘　福 | 汉族 | 草庙 | 崾岘 |
| 妻子 | 朱广秀 | 汉族 | 草庙 | 崾岘 | 姐姐 | 刘茹桂 | 汉族 | 草庙 | 崾岘 |

续表 18

| 与户主关系 | 家庭成员 | 民族 | 原居住地 | |
|---|---|---|---|---|
| | | | 乡(镇) | 行政村 |
| 姐姐 | 刘茹银 | 汉族 | 草庙 | 崾岘 |
| 母亲 | 闫风英 | 汉族 | 草庙 | 崾岘 |
| 户主 | 刘万斌 | 汉族 | 草庙 | 崾岘 |
| 妻子 | 雅玉珍 | 汉族 | 草庙 | 崾岘 |
| 长子 | 刘建鑫 | 汉族 | 草庙 | 崾岘 |
| 次子 | 刘建瑞 | 汉族 | 草庙 | 崾岘 |
| 户主 | 刘　忠 | 汉族 | 草庙 | 崾岘 |
| 妻子 | 王如秀 | 汉族 | 草庙 | 崾岘 |
| 次子 | 刘万江 | 汉族 | 草庙 | 崾岘 |
| 次子妻子 | 杨小红 | 汉族 | 草庙 | 崾岘 |
| 孙女 | 刘沛娟 | 汉族 | 草庙 | 崾岘 |
| 户主 | 王志清 | 汉族 | 草庙 | 崾岘 |
| 妻子 | 韩耀珍 | 汉族 | 草庙 | 崾岘 |
| 三女 | 王慧元 | 汉族 | 草庙 | 崾岘 |
| 户主 | 王国库 | 汉族 | 草庙 | 崾岘 |
| 妻子 | 刘秀萍 | 汉族 | 草庙 | 崾岘 |
| 长子 | 王浩博 | 汉族 | 草庙 | 崾岘 |
| 次子 | 王浩楠 | 汉族 | 草庙 | 崾岘 |
| 户主 | 刘成海 | 汉族 | 草庙 | 崾岘 |
| 妻子 | 庞金香 | 汉族 | 草庙 | 崾岘 |
| 长子 | 刘国宁 | 汉族 | 草庙 | 崾岘 |
| 次子 | 陈君宁 | 汉族 | 草庙 | 崾岘 |
| 户主 | 王国付 | 汉族 | 草庙 | 崾岘 |
| 妻子 | 刘玉珍 | 汉族 | 草庙 | 崾岘 |
| 长子 | 王　鹏 | 汉族 | 草庙 | 崾岘 |
| 户主 | 王国仓 | 汉族 | 草庙 | 崾岘 |
| 妻子 | 叶正芳 | 汉族 | 草庙 | 崾岘 |
| 次女 | 王雁霞 | 汉族 | 草庙 | 崾岘 |
| 长子 | 王彦明 | 汉族 | 草庙 | 崾岘 |
| 户主 | 邓国付 | 汉族 | 草庙 | 崾岘 |
| 妻子 | 景世兰 | 汉族 | 草庙 | 崾岘 |
| 次女 | 王彦慧 | 汉族 | 草庙 | 崾岘 |
| 长子 | 邓彦龙 | 汉族 | 草庙 | 崾岘 |
| 户主 | 李发荣 | 汉族 | 草庙 | 崾岘 |
| 妻子 | 孙芳琴 | 汉族 | 草庙 | 崾岘 |
| 父亲 | 李银贵 | 汉族 | 草庙 | 崾岘 |
| 长子 | 李春辉 | 汉族 | 草庙 | 崾岘 |
| 户主 | 李发明 | 汉族 | 草庙 | 崾岘 |
| 妻子 | 虎小玲 | 汉族 | 草庙 | 崾岘 |
| 长子 | 李元昊 | 汉族 | 草庙 | 崾岘 |
| 长女 | 李　燕 | 汉族 | 草庙 | 崾岘 |
| 户主 | 王国军 | 汉族 | 草庙 | 崾岘 |
| 妻子 | 万彩莲 | 汉族 | 草庙 | 崾岘 |
| 户主 | 王邓荣 | 汉族 | 草庙 | 崾岘 |
| 妻子 | 朱玉莲 | 汉族 | 草庙 | 崾岘 |
| 孙子 | 王艳聪 | 汉族 | 草庙 | 崾岘 |
| 孙子 | 王彦伟 | 汉族 | 草庙 | 崾岘 |
| 孙女 | 王彦芳 | 汉族 | 草庙 | 崾岘 |
| 户主 | 杜和有 | 汉族 | 草庙 | 崾岘 |
| 妻子 | 王秀兰 | 汉族 | 草庙 | 崾岘 |
| 长子 | 杜进坤 | 汉族 | 草庙 | 崾岘 |
| 次子 | 杜进军 | 汉族 | 草庙 | 崾岘 |
| 三子 | 杜进乾 | 汉族 | 草庙 | 崾岘 |
| 儿媳 | 景迎香 | 汉族 | 草庙 | 崾岘 |
| 户主 | 杜和礼 | 汉族 | 草庙 | 崾岘 |
| 妻子 | 常改儿 | 汉族 | 草庙 | 崾岘 |
| 长女 | 杜　蓉 | 汉族 | 草庙 | 崾岘 |
| 弟弟 | 杜和国 | 汉族 | 草庙 | 崾岘 |
| 户主 | 杜进龙 | 汉族 | 草庙 | 崾岘 |
| 妻子 | 高德芳 | 汉族 | 草庙 | 崾岘 |
| 长女 | 杜志丽 | 汉族 | 草庙 | 崾岘 |
| 次女 | 杜志娟 | 汉族 | 草庙 | 崾岘 |
| 长子 | 杜志颖 | 汉族 | 草庙 | 崾岘 |
| 户主 | 杜和忠 | 汉族 | 草庙 | 崾岘 |
| 次女 | 杜春霞 | 汉族 | 草庙 | 崾岘 |
| 户主 | 吴富兰 | 汉族 | 草庙 | 崾岘 |
| 长子 | 张有财 | 汉族 | 草庙 | 崾岘 |
| 次子 | 张有睿 | 汉族 | 草庙 | 崾岘 |
| 户主 | 刘万强 | 汉族 | 草庙 | 崾岘 |
| 妻子 | 王军军 | 汉族 | 草庙 | 崾岘 |
| 长子 | 刘建华 | 汉族 | 草庙 | 崾岘 |
| 户主 | 王国发 | 汉族 | 草庙 | 崾岘 |

续表 18

| 与户主关系 | 家庭成员 | 民族 | 原居住地 | | 与户主关系 | 家庭成员 | 民族 | 原居住地 | |
|---|---|---|---|---|---|---|---|---|---|
| | | | 乡(镇) | 行政村 | | | | 乡(镇) | 行政村 |
| 儿子 | 王　帅 | 汉族 | 草庙 | 崾岘 | 长子 | 李旭云 | 汉族 | 草庙 | 牛湾 |
| 户主 | 王世文 | 汉族 | 草庙 | 崾岘 | 长女 | 李彩云 | 汉族 | 草庙 | 牛湾 |
| 妻子 | 魏孝梅 | 汉族 | 草庙 | 崾岘 | 户主 | 贾元东 | 汉族 | 王洼 | 花芦 |
| 户主 | 李占春 | 汉族 | 草庙 | 牛湾 | 妻子 | 郑月霞 | 汉族 | 王洼 | 花芦 |
| 妻子 | 张春莲 | 汉族 | 草庙 | 牛湾 | 长子 | 贾永峰 | 汉族 | 王洼 | 花芦 |
| 长女 | 李彩霞 | 汉族 | 草庙 | 牛湾 | 次子 | 贾永明 | 汉族 | 王洼 | 花芦 |
| 长子 | 李旭军 | 汉族 | 草庙 | 牛湾 | 户主 | 张仲昌 | 汉族 | 王洼 | 花芦 |
| 次女 | 李红霞 | 汉族 | 草庙 | 牛湾 | 妻子 | 冯玉兰 | 汉族 | 王洼 | 花芦 |
| 户主 | 王志峰 | 汉族 | 草庙 | 牛湾 | 次子 | 张秉海 | 汉族 | 王洼 | 花芦 |
| 妻子 | 李述兰 | 汉族 | 草庙 | 牛湾 | 儿媳 | 黄小琴 | 汉族 | 王洼 | 花芦 |
| 四女 | 王　静 | 汉族 | 草庙 | 牛湾 | 长孙女 | 张如意 | 汉族 | 王洼 | 花芦 |
| 五女 | 王　颖 | 汉族 | 草庙 | 牛湾 | 长孙子 | 张志杰 | 汉族 | 王洼 | 花芦 |
| 长子 | 王成成 | 汉族 | 草庙 | 牛湾 | 次孙 | 张志鑫 | 汉族 | 王洼 | 花芦 |
| 户主 | 王志兵 | 汉族 | 草庙 | 牛湾 | 长子 | 张秉玺 | 汉族 | 王洼 | 花芦 |
| 妻子 | 陈孝兰 | 汉族 | 草庙 | 牛湾 | 儿媳 | 张建玲 | 汉族 | 王洼 | 花芦 |
| 长女 | 王彩云 | 汉族 | 草庙 | 牛湾 | 长孙女 | 张婷婷 | 汉族 | 王洼 | 花芦 |
| 次女 | 王彩霞 | 汉族 | 草庙 | 牛湾 | 长孙子 | 张浩浩 | 汉族 | 王洼 | 花芦 |
| 三女 | 王彩红 | 汉族 | 草庙 | 牛湾 | 次孙女 | 张蕓蕓 | 汉族 | 王洼 | 花芦 |
| 长子 | 王文乐 | 汉族 | 草庙 | 牛湾 | 户主 | 赵万军 | 汉族 | 王洼 | 花芦 |
| 户主 | 雷秉堂 | 汉族 | 草庙 | 牛湾 | 妻子 | 张亚南 | 汉族 | 王洼 | 花芦 |
| 妻子 | 杨正秀 | 汉族 | 草庙 | 牛湾 | 长女 | 赵佳琪 | 汉族 | 王洼 | 花芦 |
| 次子 | 雷　鸣 | 汉族 | 草庙 | 牛湾 | 父亲 | 赵富祥 | 汉族 | 王洼 | 花芦 |
| 户主 | 雷秉才 | 汉族 | 草庙 | 牛湾 | 母亲 | 纪梅花 | 汉族 | 王洼 | 花芦 |
| 妻子 | 周巧梅 | 汉族 | 草庙 | 牛湾 | 户主 | 张秉金 | 汉族 | 王洼 | 花芦 |
| 三女 | 雷小粉 | 汉族 | 草庙 | 牛湾 | 妻子 | 王玉花 | 汉族 | 王洼 | 花芦 |
| 户主 | 雷秉云 | 汉族 | 草庙 | 牛湾 | 长女 | 张志敏 | 汉族 | 王洼 | 花芦 |
| 妻子 | 李粉琴 | 汉族 | 草庙 | 牛湾 | 长女 | 张贵珍 | 汉族 | 王洼 | 花芦 |
| 长女 | 雷晓玲 | 汉族 | 草庙 | 牛湾 | 次女 | 张兴珍 | 汉族 | 王洼 | 花芦 |
| 长子 | 雷金柱 | 汉族 | 草庙 | 牛湾 | 三女 | 张明明 | 汉族 | 王洼 | 花芦 |
| 次子 | 雷银柱 | 汉族 | 草庙 | 牛湾 | 户主 | 罗炳廷 | 汉族 | 王洼 | 花芦 |
| 户主 | 李占义 | 汉族 | 草庙 | 牛湾 | 妻子 | 瓮海连 | 汉族 | 王洼 | 花芦 |
| 次女 | 李淑萍 | 汉族 | 草庙 | 牛湾 | 长女 | 罗　军 | 汉族 | 王洼 | 花芦 |
| 三女 | 李芙蓉 | 汉族 | 草庙 | 牛湾 | 户主 | 赵权军 | 汉族 | 王洼 | 花芦 |
| 户主 | 景焕峰 | 汉族 | 草庙 | 牛湾 | 妻子 | 罗　红 | 汉族 | 王洼 | 花芦 |
| 妻子 | 李润香 | 汉族 | 草庙 | 牛湾 | 长女 | 赵　龙 | 汉族 | 王洼 | 花芦 |
| 户主 | 李玉勤 | 汉族 | 草庙 | 牛湾 | 次女 | 赵　艳 | 汉族 | 王洼 | 花芦 |

续表 18

| 与户主关系 | 家庭成员 | 民族 | 原居住地 | | 与户主关系 | 家庭成员 | 民族 | 原居住地 | |
|---|---|---|---|---|---|---|---|---|---|
| | | | 乡(镇) | 行政村 | | | | 乡(镇) | 行政村 |
| 户主 | 张旭远 | 汉族 | 王洼 | 花芦 | 长子 | 李风权 | 汉族 | 王洼 | 花芦 |
| 妻子 | 刘建香 | 汉族 | 王洼 | 花芦 | 次子 | 李风刚 | 汉族 | 王洼 | 花芦 |
| 长子 | 张　荣 | 汉族 | 王洼 | 花芦 | 长孙子 | 李卫文 | 汉族 | 王洼 | 花芦 |
| 次女 | 张荣妹 | 汉族 | 王洼 | 花芦 | 儿媳 | 张文霞 | 汉族 | 王洼 | 花芦 |
| 户主 | 张宽远 | 汉族 | 王洼 | 花芦 | 户主 | 贾元有 | 汉族 | 王洼 | 花芦 |
| 妻子 | 何树梅 | 汉族 | 王洼 | 花芦 | 妻子 | 陈　淑 | 汉族 | 王洼 | 花芦 |
| 长子 | 张　强 | 汉族 | 王洼 | 花芦 | 长子 | 贾永财 | 汉族 | 王洼 | 花芦 |
| 次女 | 张　娜 | 汉族 | 王洼 | 花芦 | 次女 | 贾永红 | 汉族 | 王洼 | 花芦 |
| 户主 | 张旭亮 | 汉族 | 王洼 | 花芦 | 父亲 | 贾生华 | 汉族 | 王洼 | 花芦 |
| 妻子 | 王喜红 | 汉族 | 王洼 | 花芦 | 母亲 | 张秉花 | 汉族 | 王洼 | 花芦 |
| 长子 | 张健辉 | 汉族 | 王洼 | 花芦 | 户主 | 罗炳权 | 汉族 | 王洼 | 花芦 |
| 母亲 | 王贵连 | 汉族 | 王洼 | 花芦 | 父亲 | 罗明章 | 汉族 | 王洼 | 花芦 |
| 户主 | 殷玉明 | 汉族 | 王洼 | 花芦 | 母亲 | 潭梅花 | 汉族 | 王洼 | 花芦 |
| 妻子 | 赵登勤 | 汉族 | 王洼 | 花芦 | 长子 | 罗　驰 | 汉族 | 王洼 | 花芦 |
| 户主 | 张秉忠 | 汉族 | 王洼 | 花芦 | 次子 | 罗　宣 | 汉族 | 王洼 | 花芦 |
| 母亲 | 任秀英 | 汉族 | 王洼 | 花芦 | 户主 | 张兴有 | 汉族 | 王洼 | 花芦 |
| 户主 | 赵连军 | 汉族 | 王洼 | 花芦 | 妻子 | 韩应霞 | 汉族 | 王洼 | 花芦 |
| 妻子 | 高迎霞 | 汉族 | 王洼 | 花芦 | 长女 | 张红红 | 汉族 | 王洼 | 花芦 |
| 长女 | 赵　莉 | 汉族 | 王洼 | 花芦 | 户主 | 张秉录 | 汉族 | 王洼 | 花芦 |
| 长子 | 赵　伟 | 汉族 | 王洼 | 花芦 | 妻子 | 王玉巧 | 汉族 | 王洼 | 花芦 |
| 弟 | 赵玉军 | 汉族 | 王洼 | 花芦 | 长子 | 张志伟 | 汉族 | 王洼 | 花芦 |
| 弟媳 | 薛天霞 | 汉族 | 王洼 | 花芦 | 次子 | 张东亮 | 汉族 | 王洼 | 花芦 |
| 侄女 | 赵雅婷 | 汉族 | 王洼 | 花芦 | 母亲 | 李世花 | 汉族 | 王洼 | 花芦 |
| 父亲 | 赵富贵 | 汉族 | 王洼 | 花芦 | 户主 | 张志得 | 汉族 | 王洼 | 花芦 |
| 母亲 | 张勤香 | 汉族 | 王洼 | 花芦 | 妻子 | 郭　霞 | 汉族 | 王洼 | 花芦 |
| 户主 | 殷建明 | 汉族 | 王洼 | 花芦 | 长女 | 张苗苗 | 汉族 | 王洼 | 花芦 |
| 妻子 | 瓮海香 | 汉族 | 王洼 | 花芦 | 长子 | 张　涛 | 汉族 | 王洼 | 花芦 |
| 长子 | 殷芳军 | 汉族 | 王洼 | 花芦 | 户主 | 张志恩 | 汉族 | 王洼 | 花芦 |
| 次子 | 殷芳东 | 汉族 | 王洼 | 花芦 | 妻子 | 叶　霞 | 汉族 | 王洼 | 花芦 |
| 长女 | 殷芳霞 | 汉族 | 王洼 | 花芦 | 长子 | 张　博 | 汉族 | 王洼 | 花芦 |
| 儿媳 | 张红霞 | 汉族 | 王洼 | 花芦 | 长女 | 张　静 | 汉族 | 王洼 | 花芦 |
| 户主 | 张仲发 | 汉族 | 王洼 | 花芦 | 户主 | 张秉刚 | 汉族 | 王洼 | 花芦 |
| 妻子 | 王彦梅 | 汉族 | 王洼 | 花芦 | 妻子 | 韩秀英 | 汉族 | 王洼 | 花芦 |
| 次子 | 张秉峰 | 汉族 | 王洼 | 花芦 | 户主 | 张志虎 | 汉族 | 王洼 | 花芦 |
| 户主 | 李富山 | 汉族 | 王洼 | 花芦 | 妻子 | 田　桂 | 汉族 | 王洼 | 花芦 |
| 妻子 | 王治花 | 汉族 | 王洼 | 花芦 | 父亲 | 张秉文 | 汉族 | 王洼 | 花芦 |

续表 18

| 与户主关系 | 家庭成员 | 民族 | 原居住地 | | 与户主关系 | 家庭成员 | 民族 | 原居住地 | |
|---|---|---|---|---|---|---|---|---|---|
| | | | 乡(镇) | 行政村 | | | | 乡(镇) | 行政村 |
| 母亲 | 张玉花 | 汉族 | 王洼 | 花芦 | 妻子 | 李彩霞 | 汉族 | 王洼 | 花芦 |
| 长子 | 张　科 | 汉族 | 王洼 | 花芦 | 长子 | 张建国 | 汉族 | 王洼 | 花芦 |
| 儿媳 | 赵玉梅 | 汉族 | 王洼 | 花芦 | 户主 | 张志龙 | 汉族 | 王洼 | 花芦 |
| 户主 | 张志鲜 | 汉族 | 王洼 | 花芦 | 妻子 | 王万琴 | 汉族 | 王洼 | 花芦 |
| 妻子 | 王润香 | 汉族 | 王洼 | 花芦 | 次子 | 张　伟 | 汉族 | 王洼 | 花芦 |
| 长子 | 张　蛟 | 汉族 | 王洼 | 花芦 | 儿媳 | 赵玉英 | 汉族 | 王洼 | 花芦 |
| 长女 | 张　霞 | 汉族 | 王洼 | 花芦 | 户主 | 张秉奇 | 汉族 | 王洼 | 花芦 |
| 户主 | 张志峰 | 汉族 | 王洼 | 花芦 | 妻子 | 王桂香 | 汉族 | 王洼 | 花芦 |
| 妻子 | 丘利红 | 汉族 | 王洼 | 花芦 | 长女 | 张晓玲 | 汉族 | 王洼 | 花芦 |
| 长子 | 张　星 | 汉族 | 王洼 | 花芦 | 长子 | 张志宏 | 汉族 | 王洼 | 花芦 |
| 长女 | 张　静 | 汉族 | 王洼 | 花芦 | 户主 | 李玉霞 | 汉族 | 王洼 | 花芦 |
| 父亲 | 张秉武 | 汉族 | 王洼 | 花芦 | 长子 | 张晓明 | 汉族 | 王洼 | 花芦 |
| 户主 | 贾生俊 | 汉族 | 王洼 | 花芦 | 长女 | 张晓娟 | 汉族 | 王洼 | 花芦 |
| 妻子 | 韩云贞 | 汉族 | 王洼 | 花芦 | 户主 | 张秉伟 | 汉族 | 王洼 | 花芦 |
| 长女 | 贾正丽 | 汉族 | 王洼 | 花芦 | 妻子 | 杨金凤 | 汉族 | 王洼 | 花芦 |
| 次女 | 贾巧丽 | 汉族 | 王洼 | 花芦 | 户主 | 张志彪 | 汉族 | 王洼 | 花芦 |
| 长子 | 贾元彪 | 汉族 | 王洼 | 花芦 | 妻子 | 何究风 | 汉族 | 王洼 | 花芦 |
| 户主 | 贾元红 | 汉族 | 王洼 | 花芦 | 长子 | 张　魁 | 汉族 | 王洼 | 花芦 |
| 妻子 | 张麦连 | 汉族 | 王洼 | 花芦 | 次子 | 张　勇 | 汉族 | 王洼 | 花芦 |
| 长子 | 贾永强 | 汉族 | 王洼 | 花芦 | 户主 | 石正如 | 汉族 | 王洼 | 花芦 |
| 长女 | 贾　荣 | 汉族 | 王洼 | 花芦 | 长子 | 石福成 | 汉族 | 王洼 | 花芦 |
| 户主 | 贾生金 | 汉族 | 王洼 | 花芦 | 户主 | 陈　德 | 汉族 | 王洼 | 花芦 |
| 妻子 | 赵丕芳 | 汉族 | 王洼 | 花芦 | 妻子 | 黄盛红 | 汉族 | 王洼 | 花芦 |
| 长子 | 贾元海 | 汉族 | 王洼 | 花芦 | 长子 | 陈景龙 | 汉族 | 王洼 | 花芦 |
| 次子 | 贾元宝 | 汉族 | 王洼 | 花芦 | 长女 | 陈雪丽 | 汉族 | 王洼 | 花芦 |
| 户主 | 何治川 | 汉族 | 王洼 | 花芦 | 次女 | 陈雪艳 | 汉族 | 王洼 | 花芦 |
| 妻子 | 贾元芳 | 汉族 | 王洼 | 花芦 | 户主 | 陈　治 | 汉族 | 王洼 | 花芦 |
| 长子 | 何　宁 | 汉族 | 王洼 | 花芦 | 妻子 | 王彩萍 | 汉族 | 王洼 | 花芦 |
| 次子 | 何　杰 | 汉族 | 王洼 | 花芦 | 长女 | 陈春燕 | 汉族 | 王洼 | 花芦 |
| 长女 | 何　嘉 | 汉族 | 王洼 | 花芦 | 长子 | 陈春雷 | 汉族 | 王洼 | 花芦 |
| 户主 | 张志让 | 汉族 | 王洼 | 花芦 | 户主 | 陈　君 | 汉族 | 王洼 | 花芦 |
| 妻子 | 朱秀勤 | 汉族 | 王洼 | 花芦 | 妻子 | 杨占芳 | 汉族 | 王洼 | 花芦 |
| 长子 | 张金宝 | 汉族 | 王洼 | 花芦 | 长子 | 陈应龙 | 汉族 | 王洼 | 花芦 |
| 户主 | 张志玉 | 汉族 | 王洼 | 花芦 | 长女 | 陈雪玲 | 汉族 | 王洼 | 花芦 |
| 母亲 | 苏秀英 | 汉族 | 王洼 | 花芦 | 户主 | 陈正江 | 汉族 | 王洼 | 花芦 |
| 户主 | 张　鹏 | 汉族 | 王洼 | 花芦 | 妻子 | 蒋桂香 | 汉族 | 王洼 | 花芦 |

续表 18

| 与户主关系 | 家庭成员 | 民族 | 原居住地 | | 与户主关系 | 家庭成员 | 民族 | 原居住地 | |
|---|---|---|---|---|---|---|---|---|---|
| | | | 乡(镇) | 行政村 | | | | 乡(镇) | 行政村 |
| 次子 | 陈　俊 | 汉族 | 王洼 | 花芦 | 长孙女 | 贾晨芮 | 汉族 | 王洼 | 花芦 |
| 户主 | 陈　健 | 汉族 | 王洼 | 花芦 | 户主 | 李富章 | 汉族 | 王洼 | 花芦 |
| 母亲 | 张彩香 | 汉族 | 王洼 | 花芦 | 妻子 | 张秉玉 | 汉族 | 王洼 | 花芦 |
| 户主 | 李克俭 | 汉族 | 王洼 | 花芦 | 次子 | 李有智 | 汉族 | 王洼 | 花芦 |
| 妻子 | 卢桂香 | 汉族 | 王洼 | 花芦 | 儿媳 | 雅忠玲 | 汉族 | 王洼 | 花芦 |
| 次子 | 李　成 | 汉族 | 王洼 | 花芦 | 三子 | 李有军 | 汉族 | 王洼 | 花芦 |
| 户主 | 李　平 | 汉族 | 王洼 | 花芦 | 长孙女 | 李芳蓉 | 汉族 | 王洼 | 花芦 |
| 妻子 | 蒋旭玲 | 汉族 | 王洼 | 花芦 | 户主 | 袁秉清 | 汉族 | 王洼 | 花芦 |
| 长女 | 李风霞 | 汉族 | 王洼 | 花芦 | 妻子 | 虎玉莲 | 汉族 | 王洼 | 花芦 |
| 长子 | 李会生 | 汉族 | 王洼 | 花芦 | 长子 | 袁进福 | 汉族 | 王洼 | 花芦 |
| 户主 | 张秉兴 | 汉族 | 王洼 | 花芦 | 次子 | 袁军福 | 汉族 | 王洼 | 花芦 |
| 妻子 | 王海珍 | 汉族 | 王洼 | 花芦 | 儿媳 | 张桂琴 | 汉族 | 王洼 | 花芦 |
| 长子 | 张国龙 | 汉族 | 王洼 | 花芦 | 户主 | 张廷远 | 汉族 | 王洼 | 花芦 |
| 儿媳 | 张　芳 | 汉族 | 王洼 | 花芦 | 妻子 | 常兴梅 | 汉族 | 王洼 | 花芦 |
| 长孙子 | 张　朔 | 汉族 | 王洼 | 花芦 | 长子 | 张　健 | 汉族 | 王洼 | 花芦 |
| 户主 | 袁秉文 | 汉族 | 王洼 | 花芦 | 母亲 | 张孝莲 | 汉族 | 王洼 | 花芦 |
| 妻子 | 侯梅花 | 汉族 | 王洼 | 花芦 | 户主 | 李有东 | 汉族 | 王洼 | 花芦 |
| 长子 | 袁军红 | 汉族 | 王洼 | 花芦 | 妻子 | 张勤香 | 汉族 | 王洼 | 花芦 |
| 长孙女 | 袁　媛 | 汉族 | 王洼 | 花芦 | 长女 | 李　娜 | 汉族 | 王洼 | 花芦 |
| 户主 | 袁军银 | 汉族 | 王洼 | 花芦 | 二女 | 李　娟 | 汉族 | 王洼 | 花芦 |
| 妻子 | 杜红利 | 汉族 | 王洼 | 花芦 | 三女 | 李　敏 | 汉族 | 王洼 | 花芦 |
| 长子 | 袁　瑞 | 汉族 | 王洼 | 花芦 | 户主 | 张兴明 | 汉族 | 王洼 | 花芦 |
| 户主 | 袁军兴 | 汉族 | 王洼 | 花芦 | 妻子 | 范金芳 | 汉族 | 王洼 | 花芦 |
| 妻子 | 李会琴 | 汉族 | 王洼 | 花芦 | 母亲 | 张佐梅 | 汉族 | 王洼 | 花芦 |
| 长子 | 袁　斌 | 汉族 | 王洼 | 花芦 | 长子 | 张　东 | 汉族 | 王洼 | 花芦 |
| 户主 | 李　星 | 汉族 | 王洼 | 花芦 | 次子 | 张　浩 | 汉族 | 王洼 | 花芦 |
| 妻子 | 薛　萍 | 汉族 | 王洼 | 花芦 | 户主 | 张秉成 | 汉族 | 王洼 | 花芦 |
| 长女 | 李瑞华 | 汉族 | 王洼 | 花芦 | 妻子 | 陈玉琴 | 汉族 | 王洼 | 花芦 |
| 户主 | 李　东 | 汉族 | 王洼 | 花芦 | 长子 | 张旭龙 | 汉族 | 王洼 | 花芦 |
| 妻子 | 李翻翻 | 汉族 | 王洼 | 花芦 | 户主 | 李风春 | 汉族 | 王洼 | 花芦 |
| 户主 | 贾元君 | 汉族 | 王洼 | 花芦 | 妻子 | 袁秀梅 | 汉族 | 王洼 | 花芦 |
| 妻子 | 虎彩连 | 汉族 | 王洼 | 花芦 | 母亲 | 李　勇 | 汉族 | 王洼 | 花芦 |
| 长子 | 贾永鹏 | 汉族 | 王洼 | 花芦 | 长子 | 李　婧 | 汉族 | 王洼 | 花芦 |
| 儿媳 | 李小荣 | 汉族 | 王洼 | 花芦 | 次子 | 袁志英 | 汉族 | 王洼 | 花芦 |
| 长女 | 贾会容 | 汉族 | 王洼 | 花芦 | 户主 | 常兴义 | 汉族 | 王洼 | 花芦 |
| 长孙子 | 贾晨伟 | 汉族 | 王洼 | 花芦 | 妻子 | 贾元林 | 汉族 | 王洼 | 花芦 |

续表 18

| 与户主关系 | 家庭成员 | 民族 | 原居住地 | | 与户主关系 | 家庭成员 | 民族 | 原居住地 | |
|---|---|---|---|---|---|---|---|---|---|
| | | | 乡(镇) | 行政村 | | | | 乡(镇) | 行政村 |
| 长子 | 常金库 | 汉族 | 王洼 | 花芦 | 户主 | 罗永宏 | 汉族 | 王洼 | 尚台 |
| 长女 | 常丽红 | 汉族 | 王洼 | 花芦 | 妻子 | 杨润红 | 汉族 | 王洼 | 尚台 |
| 户主 | 李风忠 | 汉族 | 王洼 | 花芦 | 长子 | 罗佳华 | 汉族 | 王洼 | 尚台 |
| 妻子 | 张红霞 | 汉族 | 王洼 | 花芦 | 户主 | 罗彦应 | 汉族 | 王洼 | 尚台 |
| 次女 | 李金花 | 汉族 | 王洼 | 花芦 | 妻子 | 李林勤 | 汉族 | 王洼 | 尚台 |
| 户主 | 常兴有 | 汉族 | 王洼 | 花芦 | 长子 | 罗永科 | 汉族 | 王洼 | 尚台 |
| 妻子 | 王玉兰 | 汉族 | 王洼 | 花芦 | 儿媳 | 叶翠萍 | 汉族 | 王洼 | 尚台 |
| 三女 | 常金芳 | 汉族 | 王洼 | 花芦 | 孙子 | 罗建华 | 汉族 | 王洼 | 尚台 |
| 户主 | 李　兵 | 汉族 | 王洼 | 花芦 | 母亲 | 赵粉花 | 汉族 | 王洼 | 尚台 |
| 妻子 | 李　霞 | 汉族 | 王洼 | 花芦 | 户主 | 薛志龙 | 汉族 | 王洼 | 尚台 |
| 长女 | 李雪梅 | 汉族 | 王洼 | 花芦 | 妻子 | 铁金莲 | 汉族 | 王洼 | 尚台 |
| 户主 | 张丽容 | 汉族 | 王洼 | 花芦 | 次子 | 薛天银 | 汉族 | 王洼 | 尚台 |
| 弟 | 张　辉 | 汉族 | 王洼 | 花芦 | 父亲 | 薛占岐 | 汉族 | 王洼 | 尚台 |
| 户主 | 刘进明 | 汉族 | 王洼 | 花芦 | 母亲 | 牛莲花 | 汉族 | 王洼 | 尚台 |
| 妻子 | 曹书连 | 汉族 | 王洼 | 花芦 | 儿媳 | 张永红 | 汉族 | 王洼 | 尚台 |
| 三子 | 刘志平 | 汉族 | 王洼 | 花芦 | 孙女 | 薛思婧 | 汉族 | 王洼 | 尚台 |
| 儿媳 | 范金连 | 汉族 | 王洼 | 花芦 | 户主 | 王志科 | 汉族 | 王洼 | 尚台 |
| 户主 | 刘志刚 | 汉族 | 王洼 | 花芦 | 妻子 | 铁金莲 | 汉族 | 王洼 | 尚台 |
| 妻子 | 段建琴 | 汉族 | 王洼 | 花芦 | 长子 | 王　虎 | 汉族 | 王洼 | 尚台 |
| 长女 | 刘丽丽 | 汉族 | 王洼 | 花芦 | 次子 | 王　鹏 | 汉族 | 王洼 | 尚台 |
| 长子 | 刘　宁 | 汉族 | 王洼 | 花芦 | 户主 | 张炳秀 | 汉族 | 王洼 | 尚台 |
| 户主 | 刘志成 | 汉族 | 王洼 | 花芦 | 侄子 | 张锋锋 | 汉族 | 王洼 | 尚台 |
| 妻子 | 杨彩丽 | 汉族 | 王洼 | 花芦 | 长子 | 张银远 | 汉族 | 王洼 | 尚台 |
| 长女 | 刘小云 | 汉族 | 王洼 | 花芦 | 户主 | 张克远 | 汉族 | 王洼 | 尚台 |
| 次女 | 刘小娟 | 汉族 | 王洼 | 花芦 | 妻子 | 袁继红 | 汉族 | 王洼 | 尚台 |
| 长子 | 刘小伟 | 汉族 | 王洼 | 花芦 | 长子 | 张　勇 | 汉族 | 王洼 | 尚台 |
| 户主 | 刘进玉 | 汉族 | 王洼 | 花芦 | 长女 | 张　利 | 汉族 | 王洼 | 尚台 |
| 妻子 | 杨玲芳 | 汉族 | 王洼 | 花芦 | 次女 | 张　雪 | 汉族 | 王洼 | 尚台 |
| 长子 | 刘志兵 | 汉族 | 王洼 | 花芦 | 母亲 | 铁志华 | 汉族 | 王洼 | 尚台 |
| 母亲 | 李月英 | 汉族 | 王洼 | 花芦 | 弟弟 | 张连远 | 汉族 | 王洼 | 尚台 |
| 户主 | 刘刚平 | 汉族 | 王洼 | 花芦 | 户主 | 张　君 | 汉族 | 王洼 | 尚台 |
| 弟 | 刘刚军 | 汉族 | 王洼 | 花芦 | 母亲 | 贾孝粉 | 汉族 | 王洼 | 尚台 |
| 母亲 | 薛治花 | 汉族 | 王洼 | 花芦 | 兄弟 | 张　成 | 汉族 | 王洼 | 尚台 |
| 户主 | 刘志军 | 汉族 | 王洼 | 花芦 | 妹妹 | 张　娟 | 汉族 | 王洼 | 尚台 |
| 妻子 | 闫　梅 | 汉族 | 王洼 | 花芦 | 户主 | 陈芳贤 | 汉族 | 王洼 | 尚台 |
| 长子 | 刘　博 | 汉族 | 王洼 | 花芦 | 长子 | 叶正升 | 汉族 | 王洼 | 尚台 |

续表 18

| 与户主关系 | 家庭成员 | 民族 | 原居住地 | | 与户主关系 | 家庭成员 | 民族 | 原居住地 | |
|---|---|---|---|---|---|---|---|---|---|
| | | | 乡(镇) | 行政村 | | | | 乡(镇) | 行政村 |
| 妻子 | 白忠玲 | 汉族 | 王洼 | 尚台 | 儿媳 | 罗 焱 | 汉族 | 王洼 | 尚台 |
| 孙子 | 叶 展 | 汉族 | 王洼 | 尚台 | 孙女 | 罗银霞 | 汉族 | 王洼 | 尚台 |
| 户主 | 张国远 | 汉族 | 王洼 | 尚台 | 户主 | 罗彦荣 | 汉族 | 王洼 | 尚台 |
| 妻子 | 祁常连 | 汉族 | 王洼 | 尚台 | 妻子 | 孙耀兰 | 汉族 | 王洼 | 尚台 |
| 长子 | 张 伟 | 汉族 | 王洼 | 尚台 | 长子 | 罗金虎 | 汉族 | 王洼 | 尚台 |
| 长女 | 张 霞 | 汉族 | 王洼 | 尚台 | 次子 | 罗金鹏 | 汉族 | 王洼 | 尚台 |
| 儿媳 | 蒙彩铃 | 汉族 | 王洼 | 尚台 | 母亲 | 王秀兰 | 汉族 | 王洼 | 尚台 |
| 户主 | 杨立兰 | 汉族 | 王洼 | 尚台 | 户主 | 罗彦君 | 汉族 | 王洼 | 尚台 |
| 长子 | 薛 明 | 汉族 | 王洼 | 尚台 | 妻子 | 苏安彩 | 汉族 | 王洼 | 尚台 |
| 长女 | 薛 丹 | 汉族 | 王洼 | 尚台 | 长子 | 罗永东 | 汉族 | 王洼 | 尚台 |
| 户主 | 杨世林 | 汉族 | 王洼 | 尚台 | 次子 | 罗永新 | 汉族 | 王洼 | 尚台 |
| 妻子 | 叶玉琴 | 汉族 | 王洼 | 尚台 | 三子 | 罗永成 | 汉族 | 王洼 | 尚台 |
| 岳父 | 叶培义 | 汉族 | 王洼 | 尚台 | 四子 | 罗永强 | 汉族 | 王洼 | 尚台 |
| 次子 | 杨克君 | 汉族 | 王洼 | 尚台 | 户主 | 薛天国 | 汉族 | 王洼 | 尚台 |
| 长子 | 杨克慧 | 汉族 | 王洼 | 尚台 | 妻子 | 张 琴 | 汉族 | 王洼 | 尚台 |
| 儿媳 | 何云霞 | 汉族 | 王洼 | 尚台 | 长子 | 薛思远 | 汉族 | 王洼 | 尚台 |
| 户主 | 王治金 | 汉族 | 王洼 | 尚台 | 户主 | 张金远 | 汉族 | 王洼 | 尚台 |
| 妻子 | 叶培秀 | 汉族 | 王洼 | 尚台 | 妻子 | 郑月琴 | 汉族 | 王洼 | 尚台 |
| 户主 | 刘胜丽 | 汉族 | 王洼 | 尚台 | 长女 | 张利娟 | 汉族 | 王洼 | 尚台 |
| 母亲 | 余成梅 | 汉族 | 王洼 | 尚台 | 户主 | 薛占君 | 汉族 | 王洼 | 尚台 |
| 长子 | 叶 青 | 汉族 | 王洼 | 尚台 | 妻子 | 李秀兰 | 汉族 | 王洼 | 尚台 |
| 长女 | 叶 瑞 | 汉族 | 王洼 | 尚台 | 次子 | 薛志鹏 | 汉族 | 王洼 | 尚台 |
| 户主 | 叶培俭 | 汉族 | 王洼 | 尚台 | 三子 | 薛志亮 | 汉族 | 王洼 | 尚台 |
| 妻子 | 张秉芳 | 汉族 | 王洼 | 尚台 | 儿媳 | 张爱英 | 汉族 | 王洼 | 尚台 |
| 长子 | 叶正亮 | 汉族 | 王洼 | 尚台 | 孙子 | 薛天帅 | 汉族 | 王洼 | 尚台 |
| 孙女 | 叶 娜 | 汉族 | 王洼 | 尚台 | 户主 | 薛志福 | 汉族 | 王洼 | 尚台 |
| 户主 | 叶生芝 | 汉族 | 王洼 | 尚台 | 妻子 | 李小梅 | 汉族 | 王洼 | 尚台 |
| 妻子 | 苏安美 | 汉族 | 王洼 | 尚台 | 长子 | 薛天伟 | 汉族 | 王洼 | 尚台 |
| 户主 | 罗彦学 | 汉族 | 王洼 | 尚台 | 户主 | 叶培俊 | 汉族 | 王洼 | 尚台 |
| 妻子 | 范广兰 | 汉族 | 王洼 | 尚台 | 妻子 | 朱慧萍 | 汉族 | 王洼 | 尚台 |
| 长女 | 罗永琴 | 汉族 | 王洼 | 尚台 | 长子 | 叶正伟 | 汉族 | 王洼 | 尚台 |
| 次女 | 罗转红 | 汉族 | 王洼 | 尚台 | 长女 | 叶 桐 | 汉族 | 王洼 | 尚台 |
| 长子 | 罗永忠 | 汉族 | 王洼 | 尚台 | 户主 | 叶培忠 | 汉族 | 王洼 | 尚台 |
| 户主 | 罗文福 | 汉族 | 王洼 | 尚台 | 妻子 | 胡世琴 | 汉族 | 王洼 | 尚台 |
| 妻子 | 宗玉兰 | 汉族 | 王洼 | 尚台 | 长子 | 叶正彪 | 汉族 | 王洼 | 尚台 |
| 三子 | 罗彦兵 | 汉族 | 王洼 | 尚台 | 次子 | 叶正堂 | 汉族 | 王洼 | 尚台 |

续表 18

| 与户主关系 | 家庭成员 | 民族 | 原居住地 | | 与户主关系 | 家庭成员 | 民族 | 原居住地 | |
|---|---|---|---|---|---|---|---|---|---|
| | | | 乡(镇) | 行政村 | | | | 乡(镇) | 行政村 |
| 户主 | 叶正得 | 汉族 | 王洼 | 尚台 | 户主 | 马启英 | 回族 | 交岔 | 交岔 |
| 妻子 | 王会琴 | 汉族 | 王洼 | 尚台 | 三子 | 海　军 | 回族 | 交岔 | 交岔 |
| 长子 | 叶　辉 | 汉族 | 王洼 | 尚台 | 儿媳 | 母全琴 | 回族 | 交岔 | 交岔 |
| 长女 | 叶　妮 | 汉族 | 王洼 | 尚台 | 孙子 | 海俊龙 | 回族 | 交岔 | 交岔 |
| 户主 | 叶正兴 | 汉族 | 王洼 | 尚台 | 孙女 | 海俊琴 | 回族 | 交岔 | 交岔 |
| 妻子 | 张连珍 | 汉族 | 王洼 | 尚台 | 户主 | 海云忠 | 回族 | 交岔 | 交岔 |
| 三女 | 叶彦红 | 汉族 | 王洼 | 尚台 | 妻子 | 顾万霞 | 回族 | 交岔 | 交岔 |
| 四女 | 叶翻红 | 汉族 | 王洼 | 尚台 | 长子 | 海俊朋 | 回族 | 交岔 | 交岔 |
| 长子 | 叶金龙 | 汉族 | 王洼 | 尚台 | 长女 | 海丽娟 | 回族 | 交岔 | 交岔 |
| 户主 | 叶正银 | 汉族 | 王洼 | 尚台 | 户主 | 海云成 | 回族 | 交岔 | 交岔 |
| 妻子 | 文佐兰 | 汉族 | 王洼 | 尚台 | 妻子 | 白风梅 | 回族 | 交岔 | 交岔 |
| 长子 | 叶金平 | 汉族 | 王洼 | 尚台 | 次子 | 海俊刚 | 回族 | 交岔 | 交岔 |
| 次子 | 叶金库 | 汉族 | 王洼 | 尚台 | 户主 | 海云学 | 回族 | 交岔 | 交岔 |
| 母亲 | 范广花 | 汉族 | 王洼 | 尚台 | 妻子 | 马义兰 | 回族 | 交岔 | 交岔 |
| 户主 | 叶正武 | 汉族 | 王洼 | 尚台 | 长子 | 海军军 | 回族 | 交岔 | 交岔 |
| 妻子 | 蒋让先 | 汉族 | 王洼 | 尚台 | 户主 | 海店明 | 回族 | 交岔 | 交岔 |
| 长子 | 叶　祥 | 汉族 | 王洼 | 尚台 | 妻子 | 秦治花 | 回族 | 交岔 | 交岔 |
| 户主 | 海店军 | 回族 | 交岔 | 交岔 | 长子 | 海　强 | 回族 | 交岔 | 交岔 |
| 配偶 | 张　梅 | 回族 | 交岔 | 交岔 | 长女 | 海　约 | 回族 | 交岔 | 交岔 |
| 长女 | 海　琴 | 回族 | 交岔 | 交岔 | 户主 | 马世忠 | 回族 | 交岔 | 交岔 |
| 次女 | 海　雪 | 回族 | 交岔 | 交岔 | 妻子 | 姬小梅 | 回族 | 交岔 | 交岔 |
| 三女 | 海　兰 | 回族 | 交岔 | 交岔 | 母亲 | 马云英 | 回族 | 交岔 | 交岔 |
| 长子 | 海　刚 | 回族 | 交岔 | 交岔 | 长子 | 马雁睿 | 回族 | 交岔 | 交岔 |
| 户主 | 海云飞 | 回族 | 交岔 | 交岔 | 次子 | 马天宇 | 回族 | 交岔 | 交岔 |
| 妻子 | 马金芳 | 回族 | 交岔 | 交岔 | 户主 | 海云杰 | 回族 | 交岔 | 交岔 |
| 长女 | 海思蕊 | 回族 | 交岔 | 交岔 | 妻子 | 海雪花 | 回族 | 交岔 | 交岔 |
| 长子 | 海东升 | 回族 | 交岔 | 交岔 | 长子 | 海　旭 | 回族 | 交岔 | 交岔 |
| 户主 | 马文梅 | 回族 | 交岔 | 交岔 | 长女 | 海　娜 | 回族 | 交岔 | 交岔 |
| 三子 | 海　浪 | 回族 | 交岔 | 交岔 | 户主 | 海云让 | 回族 | 交岔 | 交岔 |
| 儿媳 | 马红霞 | 回族 | 交岔 | 交岔 | 妻子 | 杨启兰 | 回族 | 交岔 | 交岔 |
| 孙子 | 海　成 | 回族 | 交岔 | 交岔 | 长女 | 海春梅 | 回族 | 交岔 | 交岔 |
| 孙子 | 海　斌 | 回族 | 交岔 | 交岔 | 长子 | 海东升 | 回族 | 交岔 | 交岔 |
| 户主 | 马志梅 | 回族 | 交岔 | 交岔 | 户主 | 海云清 | 回族 | 交岔 | 交岔 |
| 母亲 | 张文英 | 回族 | 交岔 | 交岔 | 长女 | 海慧玲 | 回族 | 交岔 | 交岔 |
| 妹妹 | 海红菊 | 回族 | 交岔 | 交岔 | 三女 | 海慧琴 | 回族 | 交岔 | 交岔 |
| 外甥 | 苏　娜 | 回族 | 交岔 | 交岔 | 户主 | 海俊平 | 回族 | 交岔 | 交岔 |

续表 18

| 与户主关系 | 家庭成员 | 民族 | 原居住地 | | 与户主关系 | 家庭成员 | 民族 | 原居住地 | |
|---|---|---|---|---|---|---|---|---|---|
| | | | 乡(镇) | 行政村 | | | | 乡(镇) | 行政村 |
| 妻子 | 刘　梅 | 回族 | 交岔 | 交岔 | 长女 | 海　英 | 回族 | 交岔 | 交岔 |
| 长女 | 海晓慧 | 回族 | 交岔 | 交岔 | 次子 | 海云军 | 回族 | 交岔 | 交岔 |
| 次女 | 海晓琴 | 回族 | 交岔 | 交岔 | 儿媳 | 马过过 | 回族 | 交岔 | 交岔 |
| 户主 | 海红儒 | 回族 | 交岔 | 交岔 | 户主 | 海云仓 | 回族 | 交岔 | 交岔 |
| 妻子 | 沙得芳 | 回族 | 交岔 | 交岔 | 妻子 | 马梅俊 | 回族 | 交岔 | 交岔 |
| 长子 | 海　森 | 回族 | 交岔 | 交岔 | 次子 | 海　军 | 回族 | 交岔 | 交岔 |
| 儿媳 | 马宗芳 | 回族 | 交岔 | 交岔 | 二女 | 海　莲 | 回族 | 交岔 | 交岔 |
| 长孙 | 海唯特 | 回族 | 交岔 | 交岔 | 户主 | 马世荣 | 回族 | 交岔 | 交岔 |
| 户主 | 马　英 | 回族 | 交岔 | 交岔 | 妻子 | 马义兰 | 回族 | 交岔 | 交岔 |
| 侄女 | 海　雪 | 回族 | 交岔 | 交岔 | 长子 | 马小刚 | 回族 | 交岔 | 交岔 |
| 侄女 | 海　娟 | 回族 | 交岔 | 交岔 | 儿媳 | 马小霞 | 回族 | 交岔 | 交岔 |
| 弟媳 | 马福英 | 回族 | 交岔 | 交岔 | 孙子 | 马子轩 | 回族 | 交岔 | 交岔 |
| 户主 | 海丙仁 | 回族 | 交岔 | 交岔 | 户主 | 海云贵 | 回族 | 交岔 | 交岔 |
| 妻子 | 马进兰 | 回族 | 交岔 | 交岔 | 妻子 | 王彦梅 | 回族 | 交岔 | 交岔 |
| 长子 | 海俊才 | 回族 | 交岔 | 交岔 | 长子 | 海　亮 | 回族 | 交岔 | 交岔 |
| 儿媳 | 刘少霞 | 回族 | 交岔 | 交岔 | 二女 | 海金梅 | 回族 | 交岔 | 交岔 |
| 孙女 | 海欣怡 | 回族 | 交岔 | 交岔 | 户主 | 海红仓 | 回族 | 交岔 | 交岔 |
| 孙子 | 海晓宇 | 回族 | 交岔 | 交岔 | 妻子 | 马进梅 | 回族 | 交岔 | 交岔 |
| 户主 | 海　东 | 回族 | 交岔 | 交岔 | 次子 | 海云华 | 回族 | 交岔 | 交岔 |
| 妻子 | 马兰兰 | 回族 | 交岔 | 交岔 | 三子 | 海云福 | 回族 | 交岔 | 交岔 |
| 长子 | 海亦航 | 回族 | 交岔 | 交岔 | 四子 | 海云贵 | 回族 | 交岔 | 交岔 |
| 户主 | 海云科 | 回族 | 交岔 | 交岔 | 孙子 | 海博文 | 回族 | 交岔 | 交岔 |
| 妻子 | 顾志琴 | 回族 | 交岔 | 交岔 | 户主 | 海　峰 | 回族 | 交岔 | 交岔 |
| 长子 | 海　电 | 回族 | 交岔 | 交岔 | 妻子 | 杨桂琴 | 回族 | 交岔 | 交岔 |
| 次子 | 海　忠 | 回族 | 交岔 | 交岔 | 次女 | 海　娟 | 回族 | 交岔 | 交岔 |
| 户主 | 海红彬 | 回族 | 交岔 | 交岔 | 三女 | 海小清 | 回族 | 交岔 | 交岔 |
| 妻子 | 马文英 | 回族 | 交岔 | 交岔 | 长子 | 海浩东 | 回族 | 交岔 | 交岔 |
| 户主 | 海红录 | 回族 | 交岔 | 交岔 | 户主 | 海红仁 | 回族 | 交岔 | 交岔 |
| 三子 | 海云付 | 回族 | 交岔 | 交岔 | 妻子 | 王彦兰 | 回族 | 交岔 | 交岔 |
| 户主 | 海云山 | 回族 | 交岔 | 交岔 | 长子 | 海锋春 | 回族 | 交岔 | 交岔 |
| 妻子 | 明生梅 | 回族 | 交岔 | 交岔 | 次子 | 海林春 | 回族 | 交岔 | 交岔 |
| 长子 | 海殿龙 | 回族 | 交岔 | 交岔 | 长女 | 海梅梅 | 回族 | 交岔 | 交岔 |
| 孙子 | 海巧婷 | 回族 | 交岔 | 交岔 | 户主 | 海云朋 | 回族 | 交岔 | 交岔 |
| 户主 | 海红义 | 回族 | 交岔 | 交岔 | 妻子 | 马俊梅 | 回族 | 交岔 | 交岔 |
| 妻子 | 姬正芳 | 回族 | 交岔 | 交岔 | 长子 | 海　成 | 回族 | 交岔 | 交岔 |
| 长子 | 海云春 | 回族 | 交岔 | 交岔 | 长女 | 海　琴 | 回族 | 交岔 | 交岔 |

续表 18

| 与户主关系 | 家庭成员 | 民族 | 原居住地 | | 与户主关系 | 家庭成员 | 民族 | 原居住地 | |
|---|---|---|---|---|---|---|---|---|---|
| | | | 乡(镇) | 行政村 | | | | 乡(镇) | 行政村 |
| 户主 | 马世清 | 回族 | 交岔 | 交岔 | 父亲 | 海红云 | 回族 | 交岔 | 交岔 |
| 妻子 | 马进梅 | 回族 | 交岔 | 交岔 | 母亲 | 母生莲 | 回族 | 交岔 | 交岔 |
| 长子 | 马小虎 | 回族 | 交岔 | 交岔 | 孙子 | 海浩楠 | 回族 | 交岔 | 交岔 |
| 次女 | 马小红 | 回族 | 交岔 | 交岔 | 户主 | 周春花 | 回族 | 交岔 | 交岔 |
| 兄弟 | 马世林 | 回族 | 交岔 | 交岔 | 长子 | 海宗富 | 回族 | 交岔 | 交岔 |
| 弟媳 | 马苹花 | 回族 | 交岔 | 交岔 | 次子 | 海金博 | 回族 | 交岔 | 交岔 |
| 侄子 | 马　斌 | 回族 | 交岔 | 交岔 | 户主 | 海殿鹏 | 回族 | 交岔 | 交岔 |
| 侄女 | 马　琴 | 回族 | 交岔 | 交岔 | 弟弟 | 海买儿 | 回族 | 交岔 | 交岔 |
| 侄子 | 马　军 | 回族 | 交岔 | 交岔 | 弟媳 | 白学英 | 回族 | 交岔 | 交岔 |
| 户主 | 海红俊 | 回族 | 交岔 | 交岔 | 侄子 | 海　涛 | 回族 | 交岔 | 交岔 |
| 妻子 | 马玉芳 | 回族 | 交岔 | 交岔 | 户主 | 海云全 | 回族 | 交岔 | 交岔 |
| 次子 | 海　军 | 回族 | 交岔 | 交岔 | 长子 | 海俊生 | 回族 | 交岔 | 交岔 |
| 户主 | 周风海 | 回族 | 交岔 | 交岔 | 儿媳 | 周廷兰 | 回族 | 交岔 | 交岔 |
| 妻子 | 马莲花 | 回族 | 交岔 | 交岔 | 长孙 | 海　亮 | 回族 | 交岔 | 交岔 |
| 长子 | 周玉龙 | 回族 | 交岔 | 交岔 | 次孙 | 海　军 | 回族 | 交岔 | 交岔 |
| 次子 | 周玉虎 | 回族 | 交岔 | 交岔 | 长孙女 | 海珍珍 | 回族 | 交岔 | 交岔 |
| 三子 | 周玉峰 | 回族 | 交岔 | 交岔 | 户主 | 海俊鹏 | 回族 | 交岔 | 交岔 |
| 户主 | 海云清 | 回族 | 交岔 | 交岔 | 妻子 | 何　霞 | 回族 | 交岔 | 交岔 |
| 妻子 | 沙莲花 | 回族 | 交岔 | 交岔 | 长女 | 海　霞 | 回族 | 交岔 | 交岔 |
| 次子 | 海俊明 | 回族 | 交岔 | 交岔 | 二女 | 海　静 | 回族 | 交岔 | 交岔 |
| 户主 | 海　龙 | 回族 | 交岔 | 交岔 | 户主 | 海丙成 | 回族 | 交岔 | 交岔 |
| 妻子 | 海　芳 | 回族 | 交岔 | 交岔 | 妻子 | 马瑛莲 | 回族 | 交岔 | 交岔 |
| 二女 | 海金娟 | 回族 | 交岔 | 交岔 | 长女 | 海瑞琪 | 回族 | 交岔 | 交岔 |
| 长女 | 海金燕 | 回族 | 交岔 | 交岔 | 次女 | 海鑫瑞 | 回族 | 交岔 | 交岔 |
| 户主 | 李秀琴 | 回族 | 交岔 | 交岔 | 三女 | 海斯瑞 | 回族 | 交岔 | 交岔 |
| 长子 | 海俊峰 | 回族 | 交岔 | 交岔 | 户主 | 海殿学 | 回族 | 交岔 | 交岔 |
| 三女 | 海俊兰 | 回族 | 交岔 | 交岔 | 妻子 | 兰玉梅 | 回族 | 交岔 | 交岔 |
| 儿媳 | 白雪花 | 回族 | 交岔 | 交岔 | 长子 | 海亚坤 | 回族 | 交岔 | 交岔 |
| 孙子 | 海　洋 | 回族 | 交岔 | 交岔 | 次子 | 海　利 | 回族 | 交岔 | 交岔 |
| 孙女 | 海　娟 | 回族 | 交岔 | 交岔 | 长女 | 海雯雯 | 回族 | 交岔 | 交岔 |
| 孙子 | 海　瑞 | 回族 | 交岔 | 交岔 | 户主 | 海俊林 | 回族 | 交岔 | 交岔 |
| 户主 | 海　科 | 回族 | 交岔 | 交岔 | 妻子 | 马　玲 | 回族 | 交岔 | 交岔 |
| 妻子 | 马文梅 | 回族 | 交岔 | 交岔 | 父亲 | 海云富 | 回族 | 交岔 | 交岔 |
| 长子 | 海进财 | 回族 | 交岔 | 交岔 | 母亲 | 马廷花 | 回族 | 交岔 | 交岔 |
| 次子 | 海进宝 | 回族 | 交岔 | 交岔 | 长子 | 海　斌 | 回族 | 交岔 | 交岔 |
| 儿媳 | 明芳芳 | 回族 | 交岔 | 交岔 | 户主 | 海俊平 | 回族 | 交岔 | 交岔 |

续表 18

| 与户主关系 | 家庭成员 | 民族 | 原居住地 | | 与户主关系 | 家庭成员 | 民族 | 原居住地 | |
|---|---|---|---|---|---|---|---|---|---|
| | | | 乡(镇) | 行政村 | | | | 乡(镇) | 行政村 |
| 妻子 | 苏小燕 | 回族 | 交岔 | 交岔 | 妻子 | 杨治花 | 回族 | 交岔 | 大坪 |
| 长子 | 海　轲 | 回族 | 交岔 | 交岔 | 长子 | 海建永 | 回族 | 交岔 | 大坪 |
| 次子 | 海　鑫 | 回族 | 交岔 | 交岔 | 长女 | 海　兰 | 回族 | 交岔 | 大坪 |
| 户主 | 海店忠 | 回族 | 交岔 | 交岔 | 户主 | 海万富 | 回族 | 交岔 | 大坪 |
| 妻子 | 丁里霞 | 回族 | 交岔 | 交岔 | 妻子 | 沙贵芳 | 回族 | 交岔 | 大坪 |
| 长子 | 海怀林 | 回族 | 交岔 | 交岔 | 户主 | 金　梅 | 回族 | 交岔 | 大坪 |
| 长女 | 海怀洋 | 回族 | 交岔 | 交岔 | 长子 | 海建军 | 回族 | 交岔 | 大坪 |
| 父亲 | 海云川 | 回族 | 交岔 | 交岔 | 长女 | 海建芳 | 回族 | 交岔 | 大坪 |
| 母亲 | 马宗花 | 回族 | 交岔 | 交岔 | 户主 | 海春林 | 回族 | 交岔 | 大坪 |
| 户主 | 海店仁 | 回族 | 交岔 | 交岔 | 次子 | 海建成 | 回族 | 交岔 | 大坪 |
| 妻子 | 金占琴 | 回族 | 交岔 | 交岔 | 妻子 | 高步兰 | 回族 | 交岔 | 大坪 |
| 长子 | 海怀军 | 回族 | 交岔 | 交岔 | 户主 | 海百富 | 回族 | 交岔 | 大坪 |
| 次子 | 海怀治 | 回族 | 交岔 | 交岔 | 妻子 | 马志梅 | 回族 | 交岔 | 大坪 |
| 儿媳 | 杨文萍 | 回族 | 交岔 | 交岔 | 长子 | 海金龙 | 回族 | 交岔 | 大坪 |
| 孙女 | 海千颖 | 回族 | 交岔 | 交岔 | 次女 | 海如雪 | 回族 | 交岔 | 大坪 |
| 孙女 | 海千蕊 | 回族 | 交岔 | 交岔 | 三女 | 海如婵 | 回族 | 交岔 | 大坪 |
| 户主 | 海丙忠 | 回族 | 交岔 | 交岔 | 次子 | 海家宝 | 回族 | 交岔 | 大坪 |
| 长女 | 海　雪 | 回族 | 交岔 | 交岔 | 父亲 | 海万云 | 回族 | 交岔 | 大坪 |
| 户主 | 海秉忠 | 回族 | 交岔 | 保阳 | 户主 | 海小龙 | 回族 | 交岔 | 大坪 |
| 妻子 | 李秀梅 | 回族 | 交岔 | 保阳 | 妻子 | 马继红 | 回族 | 交岔 | 大坪 |
| 户主 | 海秉荣 | 回族 | 交岔 | 保阳 | 父亲 | 海万华 | 回族 | 交岔 | 大坪 |
| 妻子 | 周志琴 | 回族 | 交岔 | 保阳 | 长女 | 海　蓉 | 回族 | 交岔 | 大坪 |
| 户主 | 海佰林 | 回族 | 交岔 | 保阳 | 次女 | 海　娟 | 回族 | 交岔 | 大坪 |
| 长子 | 海小龙 | 回族 | 交岔 | 保阳 | 长子 | 海建勇 | 回族 | 交岔 | 大坪 |
| 户主 | 姬文秀 | 回族 | 交岔 | 保阳 | 户主 | 海万忠 | 回族 | 交岔 | 大坪 |
| 长子 | 海　龙 | 回族 | 交岔 | 保阳 | 妻子 | 杨志莲 | 回族 | 交岔 | 大坪 |
| 次女 | 海晶晶 | 回族 | 交岔 | 保阳 | 次子 | 海　波 | 回族 | 交岔 | 大坪 |
| 三女 | 海翠玲 | 回族 | 交岔 | 保阳 | 儿媳 | 杨志梅 | 回族 | 交岔 | 大坪 |
| 儿媳 | 姬小兰 | 回族 | 交岔 | 保阳 | 次女 | 海小玲 | 回族 | 交岔 | 大坪 |
| 长孙 | 海雪琪 | 回族 | 交岔 | 保阳 | 孙女 | 海　娜 | 回族 | 交岔 | 大坪 |
| 户主 | 海立鹏 | 回族 | 交岔 | 保阳 | 户主 | 海万春 | 回族 | 交岔 | 大坪 |
| 妻子 | 金　梅 | 回族 | 交岔 | 保阳 | 妻子 | 杨保琴 | 回族 | 交岔 | 大坪 |
| 长子 | 海东亮 | 回族 | 交岔 | 保阳 | 长子 | 海佰仁 | 回族 | 交岔 | 大坪 |
| 长女 | 海兰兰 | 回族 | 交岔 | 保阳 | 儿媳 | 杨三女 | 回族 | 交岔 | 大坪 |
| 次子 | 海东慧 | 回族 | 交岔 | 保阳 | 孙女 | 海娅娟 | 回族 | 交岔 | 大坪 |
| 户主 | 海　江 | 回族 | 交岔 | 大坪 | 孙女 | 海雅彤 | 回族 | 交岔 | 大坪 |

续表 18

| 与户主关系 | 家庭成员 | 民族 | 原居住地 | | 与户主关系 | 家庭成员 | 民族 | 原居住地 | |
|---|---|---|---|---|---|---|---|---|---|
| | | | 乡(镇) | 行政村 | | | | 乡(镇) | 行政村 |
| 长孙 | 海雅宁 | 回族 | 交岔 | 大坪 | 妻子 | 吕正芳 | 汉族 | 草庙 | 张街 |
| 户主 | 祁占科 | 汉族 | 草庙 | 张街 | 次子 | 祁占堂 | 汉族 | 草庙 | 张街 |
| 次子 | 祁　财 | 汉族 | 草庙 | 张街 | 儿媳 | 杨桂霞 | 汉族 | 草庙 | 张街 |
| 次子媳 | 候芳琴 | 汉族 | 草庙 | 张街 | 三子 | 祁占富 | 汉族 | 草庙 | 张街 |
| 母亲 | 杨得山 | 汉族 | 草庙 | 张街 | 儿媳 | 张晓红 | 汉族 | 草庙 | 张街 |
| 长子 | 祁　宏 | 汉族 | 草庙 | 张街 | 孙子 | 祁　晨 | 汉族 | 草庙 | 张街 |
| 孙子 | 祁旭辉 | 汉族 | 草庙 | 张街 | 孙女 | 祁　瑞 | 汉族 | 草庙 | 张街 |
| 孙女 | 祁欣欣 | 汉族 | 草庙 | 张街 | 孙子 | 祁　哲 | 汉族 | 草庙 | 张街 |
| 孙子 | 祁慧慧 | 汉族 | 草庙 | 张街 | 户主 | 杨来军 | 汉族 | 草庙 | 张街 |
| 户主 | 杨志平 | 汉族 | 草庙 | 张街 | 妻子 | 孟文燕 | 汉族 | 草庙 | 张街 |
| 妻子 | 吕东爱 | 汉族 | 草庙 | 张街 | 长女 | 杨金凤 | 汉族 | 草庙 | 张街 |
| 长女 | 杨秀珍 | 汉族 | 草庙 | 张街 | 次女 | 杨金钰 | 汉族 | 草庙 | 张街 |
| 母亲 | 张天花 | 汉族 | 草庙 | 张街 | 户主 | 冯占虎 | 汉族 | 草庙 | 张街 |
| 次女 | 杨秀娟 | 汉族 | 草庙 | 张街 | 妻子 | 薛玉琴 | 汉族 | 草庙 | 张街 |
| 户主 | 冯占库 | 汉族 | 草庙 | 张街 | 长子 | 冯　毅 | 汉族 | 草庙 | 张街 |
| 妻子 | 韩志琴 | 汉族 | 草庙 | 张街 | 父亲 | 冯天杰 | 汉族 | 草庙 | 张街 |
| 长子 | 冯　仟 | 汉族 | 草庙 | 张街 | 母亲 | 赵满莲 | 汉族 | 草庙 | 张街 |
| 次子 | 冯　万 | 汉族 | 草庙 | 张街 | 次子 | 冯　晨 | 汉族 | 草庙 | 张街 |
| 户主 | 祁国成 | 汉族 | 草庙 | 张街 | 户主 | 杨树时 | 汉族 | 草庙 | 张街 |
| 妻子 | 杨俊梅 | 汉族 | 草庙 | 张街 | 妻子 | 陈玉梅 | 汉族 | 草庙 | 张街 |
| 长子 | 祁　永 | 汉族 | 草庙 | 张街 | 长子 | 杨治平 | 汉族 | 草庙 | 张街 |
| 长女 | 祁　燕 | 汉族 | 草庙 | 张街 | 长女 | 杨　丽 | 汉族 | 草庙 | 张街 |
| 户主 | 冯万良 | 汉族 | 草庙 | 张街 | 母亲 | 刘志兰 | 汉族 | 草庙 | 张街 |
| 妻子 | 徐　强 | 汉族 | 草庙 | 张街 | 户主 | 杨树新 | 汉族 | 草庙 | 张街 |
| 长子 | 冯玉祥 | 汉族 | 草庙 | 张街 | 妻子 | 惠秀琴 | 汉族 | 草庙 | 张街 |
| 次子 | 冯玉龙 | 汉族 | 草庙 | 张街 | 长子 | 杨帅军 | 汉族 | 草庙 | 张街 |
| 户主 | 杨树君 | 汉族 | 草庙 | 张街 | 长女 | 杨君丽 | 汉族 | 草庙 | 张街 |
| 妻子 | 李天俊 | 汉族 | 草庙 | 张街 | 户主 | 吕占库 | 汉族 | 草庙 | 张街 |
| 次子 | 杨治向 | 汉族 | 草庙 | 张街 | 妻子 | 张院桂 | 汉族 | 草庙 | 张街 |
| 户主 | 杨树林 | 汉族 | 草庙 | 张街 | 长子 | 吕　华 | 汉族 | 草庙 | 张街 |
| 妻子 | 周利琴 | 汉族 | 草庙 | 张街 | 长女 | 吕鹏香 | 汉族 | 草庙 | 张街 |
| 父亲 | 杨生夺 | 汉族 | 草庙 | 张街 | 户主 | 吕占仓 | 汉族 | 草庙 | 张街 |
| 母亲 | 贾治兰 | 汉族 | 草庙 | 张街 | 妻子 | 赵树琴 | 汉族 | 草庙 | 张街 |
| 长子 | 杨　楠 | 汉族 | 草庙 | 张街 | 长子 | 吕元元 | 汉族 | 草庙 | 张街 |
| 长女 | 杨　桐 | 汉族 | 草庙 | 张街 | 次子 | 吕正发 | 汉族 | 草庙 | 张街 |
| 户主 | 祁国和 | 汉族 | 草庙 | 张街 | 二女 | 吕彤彤 | 汉族 | 草庙 | 张街 |

续表 18

| 与户主关系 | 家庭成员 | 民族 | 原居住地 | | 与户主关系 | 家庭成员 | 民族 | 原居住地 | |
|---|---|---|---|---|---|---|---|---|---|
| | | | 乡(镇) | 行政村 | | | | 乡(镇) | 行政村 |
| 户主 | 冯占夺 | 汉族 | 草庙 | 张街 | 父亲 | 杨树祖 | 汉族 | 草庙 | 张街 |
| 妻子 | 张秀梅 | 汉族 | 草庙 | 张街 | 母亲 | 蔡金花 | 汉族 | 草庙 | 张街 |
| 次子 | 冯平利 | 汉族 | 草庙 | 张街 | 妹妹 | 杨智绚 | 汉族 | 草庙 | 张街 |
| 长女 | 冯有利 | 汉族 | 草庙 | 张街 | 户主 | 马玉鹏 | 汉族 | 草庙 | 张街 |
| 户主 | 王付川 | 汉族 | 草庙 | 张街 | 妻子 | 陈桂林 | 汉族 | 草庙 | 张街 |
| 妻子 | 马有兰 | 汉族 | 草庙 | 张街 | 长子 | 马智国 | 汉族 | 草庙 | 张街 |
| 长子 | 王　伟 | 汉族 | 草庙 | 张街 | 次子 | 马建国 | 汉族 | 草庙 | 张街 |
| 次子 | 王　强 | 汉族 | 草庙 | 张街 | 次女 | 马　翠 | 汉族 | 草庙 | 张街 |
| 三子 | 王　龙 | 汉族 | 草庙 | 张街 | 母亲 | 张志梅 | 汉族 | 草庙 | 张街 |
| 户主 | 王富有 | 汉族 | 草庙 | 张街 | 儿媳 | 王陇艳 | 汉族 | 草庙 | 张街 |
| 妻子 | 董玉琴 | 汉族 | 草庙 | 张街 | 孙女 | 马　卓 | 汉族 | 草庙 | 张街 |
| 长子 | 王　枫 | 汉族 | 草庙 | 张街 | 户主 | 陈宗阳 | 汉族 | 草庙 | 张街 |
| 户主 | 冯占东 | 汉族 | 草庙 | 张街 | 妻子 | 扈银彩 | 汉族 | 草庙 | 张街 |
| 妻子 | 侯秉霞 | 汉族 | 草庙 | 张街 | 兄长 | 陈建兵 | 汉族 | 草庙 | 张街 |
| 长子 | 冯万鹏 | 汉族 | 草庙 | 张街 | 父亲 | 陈启明 | 汉族 | 草庙 | 张街 |
| 长女 | 冯栓丽 | 汉族 | 草庙 | 张街 | 母亲 | 杨树琴 | 汉族 | 草庙 | 张街 |
| 二女 | 冯万莉 | 汉族 | 草庙 | 张街 | 长子 | 陈鑫雨 | 汉族 | 草庙 | 张街 |
| 户主 | 段生智 | 汉族 | 草庙 | 张街 | 户主 | 杨树虎 | 汉族 | 草庙 | 张街 |
| 妻子 | 张国莲 | 汉族 | 草庙 | 张街 | 妻子 | 王月梅 | 汉族 | 草庙 | 张街 |
| 长子 | 段永东 | 汉族 | 草庙 | 张街 | 长子 | 杨贵军 | 汉族 | 草庙 | 张街 |
| 儿媳 | 贾丽莉 | 汉族 | 草庙 | 张街 | 弟弟 | 赵双禧 | 汉族 | 草庙 | 张街 |
| 孙子 | 段振彭 | 汉族 | 草庙 | 张街 | 户主 | 冯占生 | 汉族 | 草庙 | 张街 |
| 孙女 | 段振阳 | 汉族 | 草庙 | 张街 | 妻子 | 杨生林 | 汉族 | 草庙 | 张街 |
| 户主 | 冯占堂 | 汉族 | 草庙 | 张街 | 二女 | 冯　桂 | 汉族 | 草庙 | 张街 |
| 妻子 | 韩秀琴 | 汉族 | 草庙 | 张街 | 户主 | 杨树忠 | 汉族 | 草庙 | 张街 |
| 三子 | 冯万宝 | 汉族 | 草庙 | 张街 | 妻子 | 钟效霞 | 汉族 | 草庙 | 张街 |
| 户主 | 陈启忠 | 汉族 | 草庙 | 张街 | 长子 | 杨治伟 | 汉族 | 草庙 | 张街 |
| 妻子 | 王志芳 | 汉族 | 草庙 | 张街 | 长女 | 杨云丽 | 汉族 | 草庙 | 张街 |
| 长子 | 陈建建 | 汉族 | 草庙 | 张街 | 二女 | 杨小云 | 汉族 | 草庙 | 张街 |
| 次子 | 陈宗虎 | 汉族 | 草庙 | 张街 | 户主 | 杨贵荣 | 汉族 | 草庙 | 张街 |
| 长女 | 陈彩琴 | 汉族 | 草庙 | 张街 | 妻子 | 魏爱兰 | 汉族 | 草庙 | 张街 |
| 二女 | 陈彩虹 | 汉族 | 草庙 | 张街 | 长女 | 杨　瑞 | 汉族 | 草庙 | 张街 |
| 户主 | 杨治鹏 | 汉族 | 草庙 | 张街 | 二女 | 杨　欣 | 汉族 | 草庙 | 张街 |
| 妻子 | 张　缨 | 汉族 | 草庙 | 张街 | 户主 | 杨树科 | 汉族 | 草庙 | 张街 |
| 长子 | 杨小龙 | 汉族 | 草庙 | 张街 | 妻子 | 李俊琴 | 汉族 | 草庙 | 张街 |
| 次子 | 杨金龙 | 汉族 | 草庙 | 张街 | 次子 | 杨会荣 | 汉族 | 草庙 | 张街 |

续表 18

| 与户主关系 | 家庭成员 | 民族 | 原居住地 | | 与户主关系 | 家庭成员 | 民族 | 原居住地 | |
|---|---|---|---|---|---|---|---|---|---|
| | | | 乡(镇) | 行政村 | | | | 乡(镇) | 行政村 |
| 儿媳 | 杨 艳 | 汉族 | 草庙 | 张街 | 孙子 | 杨新鹏 | 汉族 | 草庙 | 张街 |
| 孙子 | 杨 轩 | 汉族 | 草庙 | 张街 | 户主 | 冯万虎 | 汉族 | 草庙 | 张街 |
| 户主 | 马玉东 | 汉族 | 草庙 | 张街 | 妻子 | 吴 芳 | 汉族 | 草庙 | 张街 |
| 妻子 | 刘贵芳 | 汉族 | 草庙 | 张街 | 长子 | 冯玉川 | 汉族 | 草庙 | 张街 |
| 长女 | 马银燕 | 汉族 | 草庙 | 张街 | 长女 | 冯玉荣 | 汉族 | 草庙 | 张街 |
| 长子 | 马治贤 | 汉族 | 草庙 | 张街 | 户主 | 冯万平 | 汉族 | 草庙 | 张街 |
| 户主 | 冯占洲 | 汉族 | 草庙 | 张街 | 妻子 | 杨 丽 | 汉族 | 草庙 | 张街 |
| 妻子 | 姬玉玲 | 汉族 | 草庙 | 张街 | 长子 | 冯玉辉 | 汉族 | 草庙 | 张街 |
| 长子 | 冯万有 | 汉族 | 草庙 | 张街 | 长女 | 冯玉珍 | 汉族 | 草庙 | 张街 |
| 次子 | 冯万发 | 汉族 | 草庙 | 张街 | 户主 | 王 杰 | 汉族 | 草庙 | 周庄 |
| 儿媳 | 朱等霞 | 汉族 | 草庙 | 张街 | 妻子 | 薛治勤 | 汉族 | 草庙 | 周庄 |
| 孙女 | 冯娜娜 | 汉族 | 草庙 | 张街 | 长子 | 王金龙 | 汉族 | 草庙 | 周庄 |
| 户主 | 冯占海 | 汉族 | 草庙 | 张街 | 儿媳 | 梁亚奎 | 汉族 | 草庙 | 周庄 |
| 长子 | 冯万强 | 汉族 | 草庙 | 张街 | 孙女 | 王欣悦 | 汉族 | 草庙 | 周庄 |
| 次子 | 冯万军 | 汉族 | 草庙 | 张街 | 长女 | 王婉柔 | 汉族 | 草庙 | 周庄 |
| 孙女 | 冯梓涵 | 汉族 | 草庙 | 张街 | 三子 | 王金成 | 汉族 | 草庙 | 周庄 |
| 户主 | 祁占统 | 汉族 | 草庙 | 张街 | 户主 | 王永珍 | 汉族 | 草庙 | 周庄 |
| 母亲 | 吴连英 | 汉族 | 草庙 | 张街 | 妻子 | 魏效粉 | 汉族 | 草庙 | 周庄 |
| 叔父 | 祁国连 | 汉族 | 草庙 | 张街 | 长子 | 王海堂 | 汉族 | 草庙 | 周庄 |
| 妻子 | 闫军玲 | 汉族 | 草庙 | 张街 | 儿媳 | 孟冬冬 | 汉族 | 草庙 | 周庄 |
| 长子 | 祁 升 | 汉族 | 草庙 | 张街 | 孙子 | 王 顺 | 汉族 | 草庙 | 周庄 |
| 次子 | 祁 钊 | 汉族 | 草庙 | 张街 | 户主 | 杨志银 | 汉族 | 草庙 | 周庄 |
| 户主 | 冯占奇 | 汉族 | 草庙 | 张街 | 妻子 | 张文华 | 汉族 | 草庙 | 周庄 |
| 妻子 | 韩治琴 | 汉族 | 草庙 | 张街 | 长子 | 杨君成 | 汉族 | 草庙 | 周庄 |
| 子女 | 冯万晶 | 汉族 | 草庙 | 张街 | 次子 | 袁永君 | 汉族 | 草庙 | 周庄 |
| 子女 | 冯丽霞 | 汉族 | 草庙 | 张街 | 长女 | 杨粉琴 | 汉族 | 草庙 | 周庄 |
| 子女 | 冯万金 | 汉族 | 草庙 | 张街 | 户主 | 解正川 | 汉族 | 草庙 | 周庄 |
| 母亲 | 王志兰 | 汉族 | 草庙 | 张街 | 妻子 | 杨生梅 | 汉族 | 草庙 | 周庄 |
| 户主 | 杨树堂 | 汉族 | 草庙 | 张街 | 父亲 | 解富成 | 汉族 | 草庙 | 周庄 |
| 妻子 | 牛碎香 | 汉族 | 草庙 | 张街 | 长女 | 解转娥 | 汉族 | 草庙 | 周庄 |
| 长子 | 杨治斌 | 汉族 | 草庙 | 张街 | 户主 | 杨平忠 | 汉族 | 草庙 | 周庄 |
| 次子 | 杨治统 | 汉族 | 草庙 | 张街 | 妻子 | 张秀成 | 汉族 | 草庙 | 周庄 |
| 长女 | 杨云花 | 汉族 | 草庙 | 张街 | 长子 | 杨 鹏 | 汉族 | 草庙 | 周庄 |
| 二女 | 杨荣涛 | 汉族 | 草庙 | 张街 | 长女 | 杨丽红 | 汉族 | 草庙 | 周庄 |
| 母亲 | 吴占花 | 汉族 | 草庙 | 张街 | 户主 | 解正和 | 汉族 | 草庙 | 周庄 |
| 儿媳 | 安会宁 | 汉族 | 草庙 | 张街 | 妻子 | 陈雪花 | 汉族 | 草庙 | 周庄 |

续表 18

| 与户主关系 | 家庭成员 | 民族 | 原居住地 | | 与户主关系 | 家庭成员 | 民族 | 原居住地 | |
|---|---|---|---|---|---|---|---|---|---|
| | | | 乡(镇) | 行政村 | | | | 乡(镇) | 行政村 |
| 长子 | 解纪阳 | 汉族 | 草庙 | 周庄 | 户主 | 杨宁慧 | 汉族 | 草庙 | 周庄 |
| 长女 | 解燕燕 | 汉族 | 草庙 | 周庄 | 长女 | 王　娟 | 汉族 | 草庙 | 周庄 |
| 次女 | 解娥娥 | 汉族 | 草庙 | 周庄 | 长子 | 王　军 | 汉族 | 草庙 | 周庄 |
| 三女 | 解凤阳 | 汉族 | 草庙 | 周庄 | 户主 | 杨平春 | 汉族 | 草庙 | 周庄 |
| 户主 | 王平文 | 汉族 | 草庙 | 周庄 | 妻子 | 虎金学 | 汉族 | 草庙 | 周庄 |
| 妻子 | 王月琴 | 汉族 | 草庙 | 周庄 | 长子 | 杨　浩 | 汉族 | 草庙 | 周庄 |
| 长子 | 王　贵 | 汉族 | 草庙 | 周庄 | 长女 | 杨　宁 | 汉族 | 草庙 | 周庄 |
| 长女 | 王　娇 | 汉族 | 草庙 | 周庄 | 次女 | 杨　楠 | 汉族 | 草庙 | 周庄 |
| 户主 | 贾秀英 | 汉族 | 草庙 | 周庄 | 母亲 | 王银花 | 汉族 | 草庙 | 周庄 |
| 父亲 | 苗玉荣 | 汉族 | 草庙 | 周庄 | 户主 | 杨平宗 | 汉族 | 草庙 | 周庄 |
| 母亲 | 陈玉兰 | 汉族 | 草庙 | 周庄 | 妻子 | 陈加梅 | 汉族 | 草庙 | 周庄 |
| 长子 | 苗　键 | 汉族 | 草庙 | 周庄 | 三女 | 陈涛丽 | 汉族 | 草庙 | 周庄 |
| 次子 | 苗　康 | 汉族 | 草庙 | 周庄 | 长子 | 杨　岩 | 汉族 | 草庙 | 周庄 |
| 户主 | 王金银 | 汉族 | 草庙 | 周庄 | 户主 | 苗顺子 | 汉族 | 草庙 | 周庄 |
| 妻子 | 霍治兰 | 汉族 | 草庙 | 周庄 | 妻子 | 李　芳 | 汉族 | 草庙 | 周庄 |
| 次子 | 王　磊 | 汉族 | 草庙 | 周庄 | 长子 | 苗佳华 | 汉族 | 草庙 | 周庄 |
| 父亲 | 王永财 | 汉族 | 草庙 | 周庄 | 母亲 | 吴志兰 | 汉族 | 草庙 | 周庄 |
| 户主 | 虎秀琴 | 汉族 | 草庙 | 周庄 | 弟 | 苗成子 | 汉族 | 草庙 | 周庄 |
| 长子 | 苗长慧 | 汉族 | 草庙 | 周庄 | 长女 | 苗佳乐 | 汉族 | 草庙 | 周庄 |
| 长女 | 苗彩芳 | 汉族 | 草庙 | 周庄 | 户主 | 解正科 | 汉族 | 草庙 | 周庄 |
| 三女 | 苗改丽 | 汉族 | 草庙 | 周庄 | 妻子 | 张彩霞 | 汉族 | 草庙 | 周庄 |
| 户主 | 苗玉林 | 汉族 | 草庙 | 周庄 | 母亲 | 王彩萍 | 汉族 | 草庙 | 周庄 |
| 长子 | 苗长水 | 汉族 | 草庙 | 周庄 | 长女 | 解江华 | 汉族 | 草庙 | 周庄 |
| 长女 | 苗蓉蓉 | 汉族 | 草庙 | 周庄 | 次女 | 解思甜 | 汉族 | 草庙 | 周庄 |
| 户主 | 杨培银 | 汉族 | 草庙 | 周庄 | 户主 | 罗玺军 | 汉族 | 草庙 | 周庄 |
| 妻子 | 张秉霞 | 汉族 | 草庙 | 周庄 | 妻子 | 薛治莲 | 汉族 | 草庙 | 周庄 |
| 长女 | 杨燕燕 | 汉族 | 草庙 | 周庄 | 长女 | 罗　源 | 汉族 | 草庙 | 周庄 |
| 次女 | 杨改改 | 汉族 | 草庙 | 周庄 | 长子 | 罗　鹏 | 汉族 | 草庙 | 周庄 |
| 户主 | 王西平 | 汉族 | 草庙 | 周庄 | 户主 | 杨平俭 | 汉族 | 草庙 | 周庄 |
| 妻子 | 王占丽 | 汉族 | 草庙 | 周庄 | 妻子 | 慕岁琴 | 汉族 | 草庙 | 周庄 |
| 长女 | 王霞霞 | 汉族 | 草庙 | 周庄 | 长女 | 杨　蓉 | 汉族 | 草庙 | 周庄 |
| 长子 | 王　强 | 汉族 | 草庙 | 周庄 | 次女 | 杨　盈 | 汉族 | 草庙 | 周庄 |
| 儿媳 | 刘雲芳 | 汉族 | 草庙 | 周庄 | 户主 | 杨平广 | 汉族 | 草庙 | 周庄 |
| 孙女 | 王馨卉 | 汉族 | 草庙 | 周庄 | 妻子 | 李世彩 | 汉族 | 草庙 | 周庄 |
| 户主 | 杨　亮 | 汉族 | 草庙 | 周庄 | 长子 | 杨　健 | 汉族 | 草庙 | 周庄 |
| 母亲 | 张月珍 | 汉族 | 草庙 | 周庄 | 三女 | 杨　鑫 | 汉族 | 草庙 | 周庄 |

续表 18

| 与户主关系 | 家庭成员 | 民族 | 原居住地 | | 与户主关系 | 家庭成员 | 民族 | 原居住地 | |
|---|---|---|---|---|---|---|---|---|---|
| | | | 乡(镇) | 行政村 | | | | 乡(镇) | 行政村 |
| 长女 | 杨瑞 | 汉族 | 草庙 | 周庄 | 长女 | 杨晓燕 | 汉族 | 草庙 | 周庄 |
| 户主 | 刘克仁 | 汉族 | 草庙 | 周庄 | 母亲 | 马占英 | 汉族 | 草庙 | 周庄 |
| 妻子 | 陈秀兰 | 汉族 | 草庙 | 周庄 | 户主 | 韩志君 | 汉族 | 草庙 | 曹川 |
| 长子 | 刘来强 | 汉族 | 草庙 | 周庄 | 妻子 | 刘小红 | 汉族 | 草庙 | 曹川 |
| 次子 | 刘双强 | 汉族 | 草庙 | 周庄 | 子女 | 韩珍 | 汉族 | 草庙 | 曹川 |
| 三子 | 刘强 | 汉族 | 草庙 | 周庄 | 子女 | 韩鹏 | 汉族 | 草庙 | 曹川 |
| 孙子 | 刘鑫鑫 | 汉族 | 草庙 | 周庄 | 户主 | 李国富 | 汉族 | 草庙 | 曹川 |
| 户主 | 罗永军 | 汉族 | 草庙 | 周庄 | 妻子 | 陈强强 | 汉族 | 草庙 | 曹川 |
| 长女 | 罗清 | 汉族 | 草庙 | 周庄 | 子女 | 李小娜 | 汉族 | 草庙 | 曹川 |
| 次女 | 罗环 | 汉族 | 草庙 | 周庄 | 子女 | 李小康 | 汉族 | 草庙 | 曹川 |
| 三女 | 罗晓 | 汉族 | 草庙 | 周庄 | 母亲 | 乔俊花 | 汉族 | 草庙 | 曹川 |
| 户主 | 杨平武 | 汉族 | 草庙 | 周庄 | 户主 | 雅文 | 汉族 | 草庙 | 嵎岘 |
| 妻子 | 万亚梅 | 汉族 | 草庙 | 周庄 | 妻子 | 常春琴 | 汉族 | 草庙 | 嵎岘 |
| 长子 | 杨锋 | 汉族 | 草庙 | 周庄 | 长女 | 雅博宇 | 汉族 | 草庙 | 嵎岘 |
| 次子 | 杨帅 | 汉族 | 草庙 | 周庄 | 次女 | 雅博嘉 | 汉族 | 草庙 | 嵎岘 |
| 长女 | 杨媛 | 汉族 | 草庙 | 周庄 | 户主 | 陈浩银 | 汉族 | 草庙 | 嵎岘 |
| 户主 | 杨平文 | 汉族 | 草庙 | 周庄 | 妻子 | 王继兰 | 汉族 | 草庙 | 嵎岘 |
| 妻子 | 刘玉芳 | 汉族 | 草庙 | 周庄 | 长女 | 陈怀艳 | 汉族 | 草庙 | 嵎岘 |
| 长女 | 杨娇 | 汉族 | 草庙 | 周庄 | 长子 | 陈怀志 | 汉族 | 草庙 | 嵎岘 |
| 次女 | 杨晓 | 汉族 | 草庙 | 周庄 | 次子 | 陈怀恩 | 汉族 | 草庙 | 嵎岘 |
| 户主 | 杨志儒 | 汉族 | 草庙 | 周庄 | 户主 | 陈浩金 | 汉族 | 草庙 | 嵎岘 |
| 妻子 | 安志芳 | 汉族 | 草庙 | 周庄 | 妻子 | 何国宁 | 汉族 | 草庙 | 嵎岘 |
| 长子 | 杨海成 | 汉族 | 草庙 | 周庄 | 长子 | 陈怀春 | 汉族 | 草庙 | 嵎岘 |
| 儿媳 | 虎粉芳 | 汉族 | 草庙 | 周庄 | 长女 | 陈怀利 | 汉族 | 草庙 | 嵎岘 |
| 孙女 | 杨帅蓬 | 汉族 | 草庙 | 周庄 | 户主 | 陈浩邦 | 汉族 | 草庙 | 嵎岘 |
| 户主 | 王加民 | 汉族 | 草庙 | 周庄 | 妻子 | 王如兰 | 汉族 | 草庙 | 嵎岘 |
| 妻子 | 杨春英 | 汉族 | 草庙 | 周庄 | 户主 | 陈浩堂 | 汉族 | 草庙 | 嵎岘 |
| 户主 | 解正鹏 | 汉族 | 草庙 | 周庄 | 妻子 | 张巧梅 | 汉族 | 草庙 | 嵎岘 |
| 妻子 | 贾真玲 | 汉族 | 草庙 | 周庄 | 户主 | 雅进乾 | 汉族 | 草庙 | 嵎岘 |
| 长子 | 解小龙 | 汉族 | 草庙 | 周庄 | 妻子 | 刘彩琴 | 汉族 | 草庙 | 嵎岘 |
| 长女 | 解转霞 | 汉族 | 草庙 | 周庄 | 长子 | 雅军 | 汉族 | 草庙 | 嵎岘 |
| 次女 | 解转香 | 汉族 | 草庙 | 周庄 | 长子妻子 | 祁淑玲 | 汉族 | 草庙 | 嵎岘 |
| 户主 | 杨治财 | 汉族 | 草庙 | 周庄 | 孙子 | 雅文博 | 汉族 | 草庙 | 嵎岘 |
| 妻子 | 孙占彩 | 汉族 | 草庙 | 周庄 | 三子 | 雅珍 | 汉族 | 草庙 | 嵎岘 |
| 次女 | 杨晓娟 | 汉族 | 草庙 | 周庄 | 三子妻子 | 马小梅 | 汉族 | 草庙 | 嵎岘 |
| 长子 | 杨平勇 | 汉族 | 草庙 | 周庄 | 孙女 | 雅文乐 | 汉族 | 草庙 | 嵎岘 |

续表 18

| 与户主关系 | 家庭成员 | 民族 | 原居住地 | | 与户主关系 | 家庭成员 | 民族 | 原居住地 | |
|---|---|---|---|---|---|---|---|---|---|
| | | | 乡(镇) | 行政村 | | | | 乡(镇) | 行政村 |
| 孙女 | 雅博清 | 汉族 | 草庙 | 崾岘 | 次女 | 马治梅 | 回族 | 王洼 | 马掌 |
| 孙子 | 雅博华 | 汉族 | 草庙 | 崾岘 | 户主 | 马耀科 | 回族 | 王洼 | 马掌 |
| 户主 | 雅进海 | 汉族 | 草庙 | 崾岘 | 妻子 | 海　霞 | 回族 | 王洼 | 马掌 |
| 妻子 | 苏玉兰 | 汉族 | 草庙 | 崾岘 | 长女 | 马　荣 | 回族 | 王洼 | 马掌 |
| 长女 | 雅　春 | 汉族 | 草庙 | 崾岘 | 次女 | 马　丽 | 回族 | 王洼 | 马掌 |
| 户主 | 惠占福 | 汉族 | 草庙 | 崾岘 | 三女 | 马　婧 | 回族 | 王洼 | 马掌 |
| 妻子 | 孙国芳 | 汉族 | 草庙 | 崾岘 | 户主 | 马耀廷 | 回族 | 王洼 | 马掌 |
| 长子 | 惠生发 | 汉族 | 草庙 | 崾岘 | 妻子 | 马　芳 | 回族 | 王洼 | 马掌 |
| 长子妻子 | 邱淑玲 | 汉族 | 草庙 | 崾岘 | 长子 | 马海忠 | 回族 | 王洼 | 马掌 |
| 孙女 | 惠亚婕 | 汉族 | 草庙 | 崾岘 | 长媳 | 马文霞 | 回族 | 王洼 | 马掌 |
| 孙子 | 惠亚聪 | 汉族 | 草庙 | 崾岘 | 孙女 | 马晓荣 | 回族 | 王洼 | 马掌 |
| 户主 | 惠占全 | 汉族 | 草庙 | 崾岘 | 户主 | 周生林 | 回族 | 王洼 | 马掌 |
| 妻子 | 朱良兰 | 汉族 | 草庙 | 崾岘 | 妻子 | 海向梅 | 回族 | 王洼 | 马掌 |
| 三子 | 惠生坤 | 汉族 | 草庙 | 崾岘 | 次子 | 周世利 | 回族 | 王洼 | 马掌 |
| 次子 | 惠生乾 | 汉族 | 草庙 | 崾岘 | 次女 | 周世菊 | 回族 | 王洼 | 马掌 |
| 儿媳 | 孙正梅 | 汉族 | 草庙 | 崾岘 | 父亲 | 周文魁 | 回族 | 王洼 | 马掌 |
| 孙女 | 惠亚婷 | 汉族 | 草庙 | 崾岘 | 户主 | 周生科 | 回族 | 王洼 | 马掌 |
| 孙子 | 惠亚泽 | 汉族 | 草庙 | 崾岘 | 长子 | 周世勇 | 回族 | 王洼 | 马掌 |
| 户主 | 刘万乾 | 汉族 | 草庙 | 崾岘 | 户主 | 马保荣 | 回族 | 王洼 | 马掌 |
| 妻子 | 贾粉萍 | 汉族 | 草庙 | 崾岘 | 妻子 | 周生琴 | 回族 | 王洼 | 马掌 |
| 长女 | 刘国娟 | 汉族 | 草庙 | 崾岘 | 长子 | 马治虎 | 回族 | 王洼 | 马掌 |
| 次女 | 刘国玉 | 汉族 | 草庙 | 崾岘 | 长女 | 马治花 | 回族 | 王洼 | 马掌 |
| 户主 | 常兆乾 | 汉族 | 草庙 | 草庙 | 户主 | 董天库 | 回族 | 王洼 | 马掌 |
| 母亲 | 冯玉珍 | 汉族 | 草庙 | 草庙 | 妻子 | 海　芳 | 回族 | 王洼 | 马掌 |
| 弟弟 | 常兆金 | 汉族 | 草庙 | 草庙 | 长子 | 董世龙 | 回族 | 王洼 | 马掌 |
| 户主 | 常兆国 | 汉族 | 草庙 | 草庙 | 次子 | 董世虾 | 回族 | 王洼 | 马掌 |
| 妻子 | 赵梅香 | 汉族 | 草庙 | 草庙 | 弟 | 董天云 | 回族 | 王洼 | 马掌 |
| 女儿 | 常　芳 | 汉族 | 草庙 | 草庙 | 弟 | 董天西 | 回族 | 王洼 | 马掌 |
| 户主 | 马治国 | 回族 | 王洼 | 马掌 | 户主 | 董天有 | 回族 | 王洼 | 马掌 |
| 妻子 | 马桂琴 | 回族 | 王洼 | 马掌 | 妻子 | 沙正英 | 回族 | 王洼 | 马掌 |
| 长子 | 马小生 | 回族 | 王洼 | 马掌 | 长子 | 董世龙 | 回族 | 王洼 | 马掌 |
| 母亲 | 马秀连 | 回族 | 王洼 | 马掌 | 次女 | 董世梅 | 回族 | 王洼 | 马掌 |
| 户主 | 马保虎 | 回族 | 王洼 | 马掌 | 户主 | 董天保 | 回族 | 王洼 | 马掌 |
| 妻子 | 毛志芳 | 回族 | 王洼 | 马掌 | 妻子 | 姬俊兰 | 回族 | 王洼 | 马掌 |
| 户主 | 马保俊 | 回族 | 王洼 | 马掌 | 长子 | 董银富 | 回族 | 王洼 | 马掌 |
| 长女 | 马治琴 | 回族 | 王洼 | 马掌 | 次子 | 董世军 | 回族 | 王洼 | 马掌 |

续表 18

| 与户主关系 | 家庭成员 | 民族 | 原居住地 | | 与户主关系 | 家庭成员 | 民族 | 原居住地 | |
|---|---|---|---|---|---|---|---|---|---|
| | | | 乡(镇) | 行政村 | | | | 乡(镇) | 行政村 |
| 长女 | 董银芳 | 回族 | 王洼 | 马掌 | 儿媳 | 姬贵梅 | 回族 | 王洼 | 马掌 |
| 户主 | 董天成 | 回族 | 王洼 | 马掌 | 户主 | 周志录 | 回族 | 王洼 | 马掌 |
| 妻子 | 海文梅 | 回族 | 王洼 | 马掌 | 妻子 | 马保粉 | 回族 | 王洼 | 马掌 |
| 长子 | 董世虎 | 回族 | 王洼 | 马掌 | 四子 | 周世云 | 回族 | 王洼 | 马掌 |
| 户主 | 周生荣 | 回族 | 王洼 | 马掌 | 儿媳 | 海　梅 | 回族 | 王洼 | 马掌 |
| 妻子 | 马克连 | 回族 | 王洼 | 马掌 | 户主 | 周世东 | 回族 | 王洼 | 马掌 |
| 长子 | 周世虎 | 回族 | 王洼 | 马掌 | 妻子 | 海文梅 | 回族 | 王洼 | 马掌 |
| 长媳 | 董银梅 | 回族 | 王洼 | 马掌 | 长子 | 周　健 | 回族 | 王洼 | 马掌 |
| 长孙 | 周小东 | 回族 | 王洼 | 马掌 | 长女 | 周荣荣 | 回族 | 王洼 | 马掌 |
| 次孙 | 周小刚 | 回族 | 王洼 | 马掌 | 户主 | 马保言 | 回族 | 王洼 | 马掌 |
| 户主 | 周文吉 | 回族 | 王洼 | 马掌 | 妻子 | 周志兰 | 回族 | 王洼 | 马掌 |
| 妻子 | 马金花 | 回族 | 王洼 | 马掌 | 次子 | 马治兵 | 回族 | 王洼 | 马掌 |
| 四子 | 周生库 | 回族 | 王洼 | 马掌 | 三子 | 马治会 | 回族 | 王洼 | 马掌 |
| 儿媳 | 马正花 | 回族 | 王洼 | 马掌 | 父亲 | 马正明 | 回族 | 王洼 | 马掌 |
| 长孙 | 周世斌 | 回族 | 王洼 | 马掌 | 长子 | 马治省 | 回族 | 王洼 | 马掌 |
| 次孙 | 周世强 | 回族 | 王洼 | 马掌 | 儿媳 | 马小玲 | 回族 | 王洼 | 马掌 |
| 户主 | 马治贵 | 回族 | 王洼 | 马掌 | 户主 | 周生西 | 回族 | 王洼 | 马掌 |
| 妻子 | 姬玉梅 | 回族 | 王洼 | 马掌 | 妻子 | 马保芳 | 回族 | 王洼 | 马掌 |
| 次子 | 马小慧 | 回族 | 王洼 | 马掌 | 长子 | 周世国 | 回族 | 王洼 | 马掌 |
| 长女 | 马小兰 | 回族 | 王洼 | 马掌 | 次子 | 周世龙 | 回族 | 王洼 | 马掌 |
| 次女 | 马小芙 | 回族 | 王洼 | 马掌 | 三子 | 周世虎 | 回族 | 王洼 | 马掌 |
| 长子 | 马小东 | 回族 | 王洼 | 马掌 | 儿媳 | 马玲玲 | 回族 | 王洼 | 马掌 |
| 儿媳 | 马雪莉 | 回族 | 王洼 | 马掌 | 户主 | 马保军 | 回族 | 王洼 | 马掌 |
| 户主 | 马治金 | 回族 | 王洼 | 马掌 | 妻子 | 海清梅 | 回族 | 王洼 | 马掌 |
| 妻子 | 姬　梅 | 回族 | 王洼 | 马掌 | 长女 | 马治艳 | 回族 | 王洼 | 马掌 |
| 长子 | 马小龙 | 回族 | 王洼 | 马掌 | 长子 | 马建伟 | 回族 | 王洼 | 马掌 |
| 长女 | 马　梅 | 回族 | 王洼 | 马掌 | 户主 | 马正吉 | 回族 | 王洼 | 马掌 |
| 次女 | 马小燕 | 回族 | 王洼 | 马掌 | 妻子 | 母生兰 | 回族 | 王洼 | 马掌 |
| 户主 | 马治库 | 回族 | 王洼 | 马掌 | 四女 | 马保琴 | 回族 | 王洼 | 马掌 |
| 妻子 | 赵会琴 | 回族 | 王洼 | 马掌 | 孙女 | 马　晓 | 回族 | 王洼 | 马掌 |
| 长女 | 马　静 | 回族 | 王洼 | 马掌 | 孙女 | 马谊飞 | 回族 | 王洼 | 马掌 |
| 次女 | 马　瑞 | 回族 | 王洼 | 马掌 | 户主 | 周世平 | 回族 | 王洼 | 马掌 |
| 母亲 | 海耀英 | 回族 | 王洼 | 马掌 | 妻子 | 姬拴女 | 回族 | 王洼 | 马掌 |
| 户主 | 马保贵 | 回族 | 王洼 | 马掌 | 长女 | 周建华 | 回族 | 王洼 | 马掌 |
| 妻子 | 海国花 | 回族 | 王洼 | 马掌 | 户主 | 周世杰 | 回族 | 王洼 | 马掌 |
| 长子 | 马治雄 | 回族 | 王洼 | 马掌 | 妻子 | 马海治 | 回族 | 王洼 | 马掌 |

续表 18

| 与户主关系 | 家庭成员 | 民族 | 原居住地 | | 与户主关系 | 家庭成员 | 民族 | 原居住地 | |
|---|---|---|---|---|---|---|---|---|---|
| | | | 乡(镇) | 行政村 | | | | 乡(镇) | 行政村 |
| 长女 | 周瑞瑞 | 回族 | 王洼 | 马掌 | 长女 | 马治琴 | 回族 | 王洼 | 马掌 |
| 长子 | 周　霞 | 回族 | 王洼 | 马掌 | 户主 | 马保刚 | 回族 | 王洼 | 马掌 |
| 户主 | 马正西 | 回族 | 王洼 | 马掌 | 妻子 | 海　花 | 回族 | 王洼 | 马掌 |
| 妻子 | 明进芳 | 回族 | 王洼 | 马掌 | 长子 | 马治虎 | 回族 | 王洼 | 马掌 |
| 四子 | 马保富 | 回族 | 王洼 | 马掌 | 父亲 | 马正和 | 回族 | 王洼 | 马掌 |
| 儿媳 | 马　兰 | 回族 | 王洼 | 马掌 | 母亲 | 明进花 | 回族 | 王洼 | 马掌 |
| 孙女 | 马　梅 | 回族 | 王洼 | 马掌 | 户主 | 马保元 | 回族 | 王洼 | 马掌 |
| 孙女 | 马　蓉 | 回族 | 王洼 | 马掌 | 妻子 | 海　兰 | 回族 | 王洼 | 马掌 |
| 孙子 | 马　文 | 回族 | 王洼 | 马掌 | 长子 | 马治瑞 | 回族 | 王洼 | 马掌 |
| 户主 | 马保有 | 回族 | 王洼 | 马掌 | 次子 | 马治贤 | 回族 | 王洼 | 马掌 |
| 妻子 | 明雪芳 | 回族 | 王洼 | 马掌 | 母亲 | 海向梅 | 回族 | 王洼 | 马掌 |
| 长子 | 马　帅 | 回族 | 王洼 | 马掌 | 三子 | 马治海 | 回族 | 王洼 | 马掌 |
| 长女 | 马治花 | 回族 | 王洼 | 马掌 | 姐姐 | 马保莲 | 回族 | 王洼 | 马掌 |
| 次女 | 马　卓 | 回族 | 王洼 | 马掌 | 户主 | 马保珍 | 回族 | 王洼 | 马掌 |
| 户主 | 马保前 | 回族 | 王洼 | 马掌 | 妻子 | 冯正霞 | 回族 | 王洼 | 马掌 |
| 妻子 | 海　梅 | 回族 | 王洼 | 马掌 | 长子 | 马浩浩 | 回族 | 王洼 | 马掌 |
| 长子 | 马治刚 | 回族 | 王洼 | 马掌 | 长女 | 马粉粉 | 回族 | 王洼 | 马掌 |
| 长女 | 马治花 | 回族 | 王洼 | 马掌 | 户主 | 马治荣 | 回族 | 王洼 | 马掌 |
| 次女 | 马　粉 | 回族 | 王洼 | 马掌 | 妻子 | 海玉梅 | 回族 | 王洼 | 马掌 |
| 户主 | 马保廷 | 回族 | 王洼 | 马掌 | 长女 | 马小琴 | 回族 | 王洼 | 马掌 |
| 妻子 | 姬志花 | 回族 | 王洼 | 马掌 | 次女 | 马小宁 | 回族 | 王洼 | 马掌 |
| 长女 | 马　媛 | 回族 | 王洼 | 马掌 | 户主 | 马治虎 | 回族 | 王洼 | 马掌 |
| 次女 | 马　婧 | 回族 | 王洼 | 马掌 | 妻子 | 海玉芹 | 回族 | 王洼 | 马掌 |
| 长子 | 马　伟 | 回族 | 王洼 | 马掌 | 长子 | 马小龙 | 回族 | 王洼 | 马掌 |
| 户主 | 马保治 | 回族 | 王洼 | 马掌 | 长女 | 马小燕 | 回族 | 王洼 | 马掌 |
| 妻子 | 母玉连 | 回族 | 王洼 | 马掌 | 户主 | 马治祥 | 回族 | 王洼 | 马掌 |
| 长子 | 马治仁 | 回族 | 王洼 | 马掌 | 妻子 | 海银梅 | 回族 | 王洼 | 马掌 |
| 长女 | 马治燕 | 回族 | 王洼 | 马掌 | 长子 | 马天宇 | 回族 | 王洼 | 马掌 |
| 次女 | 马治梅 | 回族 | 王洼 | 马掌 | 母亲 | 马梅花 | 回族 | 王洼 | 马掌 |
| 户主 | 马保瑞 | 回族 | 王洼 | 马掌 | 户主 | 马保科 | 回族 | 王洼 | 马掌 |
| 妻子 | 周志琴 | 回族 | 王洼 | 马掌 | 妻子 | 姬秀兰 | 回族 | 王洼 | 马掌 |
| 长子 | 马　军 | 回族 | 王洼 | 马掌 | 户主 | 马治元 | 回族 | 王洼 | 马掌 |
| 长女 | 马　艳 | 回族 | 王洼 | 马掌 | 妻子 | 马桂梅 | 回族 | 王洼 | 马掌 |
| 户主 | 马保清 | 回族 | 王洼 | 马掌 | 长子 | 马小龙 | 回族 | 王洼 | 马掌 |
| 妻子 | 明生兰 | 回族 | 王洼 | 马掌 | 长女 | 马小花 | 回族 | 王洼 | 马掌 |
| 长子 | 马治国 | 回族 | 王洼 | 马掌 | 父亲 | 马保礼 | 回族 | 王洼 | 马掌 |

续表 18

| 与户主关系 | 家庭成员 | 民族 | 原居住地 | | 与户主关系 | 家庭成员 | 民族 | 原居住地 | |
|---|---|---|---|---|---|---|---|---|---|
| | | | 乡(镇) | 行政村 | | | | 乡(镇) | 行政村 |
| 母亲 | 马连梅 | 回族 | 王洼 | 马掌 | 长女 | 马　蓉 | 回族 | 王洼 | 马掌 |
| 妹妹 | 马治琴 | 回族 | 王洼 | 马掌 | 户主 | 周志全 | 回族 | 王洼 | 马掌 |
| 户主 | 马治林 | 回族 | 王洼 | 马掌 | 妻子 | 马保兰 | 回族 | 王洼 | 马掌 |
| 妻子 | 姬文梅 | 回族 | 王洼 | 马掌 | 次子 | 周世仓 | 回族 | 王洼 | 马掌 |
| 三子 | 马小龙 | 回族 | 王洼 | 马掌 | 三女 | 周世琴 | 回族 | 王洼 | 马掌 |
| 养女 | 马小静 | 回族 | 王洼 | 马掌 | 长子 | 周世东 | 回族 | 王洼 | 马掌 |
| 长子 | 马小平 | 回族 | 王洼 | 马掌 | 儿媳 | 海淑梅 | 回族 | 王洼 | 马掌 |
| 儿媳 | 杨忠梅 | 回族 | 王洼 | 马掌 | 孙女 | 周琴琴 | 回族 | 王洼 | 马掌 |
| 孙子 | 马建军 | 回族 | 王洼 | 马掌 | 户主 | 周凤山 | 回族 | 王洼 | 马掌 |
| 次子 | 马小锋 | 回族 | 王洼 | 马掌 | 妻子 | 马秀芳 | 回族 | 王洼 | 马掌 |
| 儿媳 | 马阿西 | 回族 | 王洼 | 马掌 | 户主 | 马治银 | 回族 | 王洼 | 马掌 |
| 户主 | 马保全 | 回族 | 王洼 | 马掌 | 妻子 | 马金叶 | 回族 | 王洼 | 马掌 |
| 妻子 | 马得兰 | 回族 | 王洼 | 马掌 | 长女 | 马　娟 | 回族 | 王洼 | 马掌 |
| 次子 | 马治富 | 回族 | 王洼 | 马掌 | 长子 | 马小东 | 回族 | 王洼 | 马掌 |
| 长子 | 马治鹏 | 回族 | 王洼 | 马掌 | 次女 | 马小花 | 回族 | 王洼 | 马掌 |
| 儿媳 | 海成燕 | 回族 | 王洼 | 马掌 | 户主 | 周文昌 | 回族 | 王洼 | 马掌 |
| 孙子 | 马建国 | 回族 | 王洼 | 马掌 | 妻子 | 张梅英 | 回族 | 王洼 | 马掌 |
| 户主 | 马治龙 | 回族 | 王洼 | 马掌 | 户主 | 马保才 | 回族 | 王洼 | 马掌 |
| 妻子 | 海　俊 | 回族 | 王洼 | 马掌 | 妻子 | 周生琴 | 回族 | 王洼 | 马掌 |
| 长子 | 马　阳 | 回族 | 王洼 | 马掌 | 长子 | 马　锋 | 回族 | 王洼 | 马掌 |
| 长女 | 马　霞 | 回族 | 王洼 | 马掌 | 次子 | 马　军 | 回族 | 王洼 | 马掌 |
| 次女 | 马　梅 | 回族 | 王洼 | 马掌 | 户主 | 马耀宗 | 回族 | 王洼 | 马掌 |
| 户主 | 周生芳 | 回族 | 王洼 | 马掌 | 妻子 | 李红芳 | 回族 | 王洼 | 马掌 |
| 长女 | 马治琴 | 回族 | 王洼 | 马掌 | 长子 | 马海东 | 回族 | 王洼 | 马掌 |
| 长子 | 马治东 | 回族 | 王洼 | 马掌 | 长女 | 马海芳 | 回族 | 王洼 | 马掌 |
| 儿媳 | 金学琴 | 回族 | 王洼 | 马掌 | 父亲 | 马纪文 | 回族 | 王洼 | 马掌 |
| 孙子 | 马　杰 | 回族 | 王洼 | 马掌 | 儿媳 | 海兰花 | 回族 | 王洼 | 马掌 |
| 孙女 | 马　瑾 | 回族 | 王洼 | 马掌 | 户主 | 周生俊 | 回族 | 王洼 | 马掌 |
| 户主 | 周志海 | 回族 | 王洼 | 马掌 | 妻子 | 毛粉花 | 回族 | 王洼 | 马掌 |
| 妻子 | 马秀芳 | 回族 | 王洼 | 马掌 | 长子 | 周世鹏 | 回族 | 王洼 | 马掌 |
| 长子 | 周世利 | 回族 | 王洼 | 马掌 | 长女 | 周世琴 | 回族 | 王洼 | 马掌 |
| 次子 | 周世科 | 回族 | 王洼 | 马掌 | 次女 | 周世芳 | 回族 | 王洼 | 马掌 |
| 三子 | 周世学 | 回族 | 王洼 | 马掌 | 户主 | 马治文 | 回族 | 王洼 | 马掌 |
| 户主 | 马治福 | 回族 | 王洼 | 马掌 | 妻子 | 马珍兰 | 回族 | 王洼 | 马掌 |
| 妻子 | 明彦芳 | 回族 | 王洼 | 马掌 | 户主 | 马保忠 | 回族 | 王洼 | 马掌 |
| 长子 | 马　兵 | 回族 | 王洼 | 马掌 | 妻子 | 海国兰 | 回族 | 王洼 | 马掌 |

续表18

| 与户主关系 | 家庭成员 | 民族 | 原居住地 | | 与户主关系 | 家庭成员 | 民族 | 原居住地 | |
|---|---|---|---|---|---|---|---|---|---|
| | | | 乡(镇) | 行政村 | | | | 乡(镇) | 行政村 |
| 三子 | 马治军 | 回族 | 王洼 | 马掌 | 户主 | 周生才 | 回族 | 王洼 | 马掌 |
| 长女 | 马治粉 | 回族 | 王洼 | 马掌 | 妻子 | 明生秀 | 回族 | 王洼 | 马掌 |
| 次女 | 马治英 | 回族 | 王洼 | 马掌 | 孙女 | 周　芳 | 回族 | 王洼 | 马掌 |
| 儿媳 | 海淑梅 | 回族 | 王洼 | 马掌 | 户主 | 周世清 | 回族 | 王洼 | 马掌 |
| 次子 | 马治成 | 回族 | 王洼 | 马掌 | 次女 | 周　霞 | 回族 | 王洼 | 马掌 |
| 儿媳 | 马兆芳 | 回族 | 王洼 | 马掌 | 户主 | 周世贵 | 回族 | 王洼 | 马掌 |
| 孙子 | 马　龙 | 回族 | 王洼 | 马掌 | 妻子 | 马保英 | 回族 | 王洼 | 马掌 |
| 户主 | 马治成 | 回族 | 王洼 | 马掌 | 长子 | 周　鹏 | 回族 | 王洼 | 马掌 |
| 妻子 | 兰　芳 | 回族 | 王洼 | 马掌 | 长女 | 周　琴 | 回族 | 王洼 | 马掌 |
| 长女 | 马阿社 | 回族 | 王洼 | 马掌 | 次子 | 周　杰 | 回族 | 王洼 | 马掌 |
| 户主 | 马治忠 | 回族 | 王洼 | 马掌 | 户主 | 周世明 | 回族 | 王洼 | 马掌 |
| 妻子 | 张近连 | 回族 | 王洼 | 马掌 | 妻子 | 何登梅 | 回族 | 王洼 | 马掌 |
| 长子 | 马天龙 | 回族 | 王洼 | 马掌 | 长女 | 周　梅 | 回族 | 王洼 | 马掌 |
| 儿媳 | 余正兰 | 回族 | 王洼 | 马掌 | 二女 | 周　兰 | 回族 | 王洼 | 马掌 |
| 次子 | 马嘿河 | 回族 | 王洼 | 马掌 | 三女 | 周　雪 | 回族 | 王洼 | 马掌 |
| 户主 | 周生雄 | 回族 | 王洼 | 马掌 | 户主 | 马保昌 | 回族 | 王洼 | 马掌 |
| 妻子 | 马占玉 | 回族 | 王洼 | 马掌 | 妻子 | 海向连 | 回族 | 王洼 | 马掌 |
| 三子 | 周世龙 | 回族 | 王洼 | 马掌 | 长子 | 马治国 | 回族 | 王洼 | 马掌 |
| 儿媳 | 杨芳芳 | 回族 | 王洼 | 马掌 | 次子 | 马治均 | 回族 | 王洼 | 马掌 |
| 二子 | 周世虎 | 回族 | 王洼 | 马掌 | 长女 | 马治梅 | 回族 | 王洼 | 马掌 |
| 儿媳 | 马学琴 | 回族 | 王洼 | 马掌 | 户主 | 海金宝 | 回族 | 王洼 | 李寨 |
| 户主 | 周世军 | 回族 | 王洼 | 马掌 | 妻子 | 马青花 | 回族 | 王洼 | 李寨 |
| 妻子 | 海正梅 | 回族 | 王洼 | 马掌 | 长女 | 海　琴 | 回族 | 王洼 | 李寨 |
| 长女 | 周　婧 | 回族 | 王洼 | 马掌 | 长子 | 海　军 | 回族 | 王洼 | 李寨 |
| 户主 | 马保文 | 回族 | 王洼 | 马掌 | 次女 | 海　燕 | 回族 | 王洼 | 李寨 |
| 妻子 | 马　芳 | 回族 | 王洼 | 马掌 | 户主 | 海宏发 | 回族 | 王洼 | 李寨 |
| 次子 | 马治平 | 回族 | 王洼 | 马掌 | 妻子 | 妥建花 | 回族 | 王洼 | 李寨 |
| 长子 | 马治龙 | 回族 | 王洼 | 马掌 | 长女 | 海金莲 | 回族 | 王洼 | 李寨 |
| 户主 | 董银保 | 回族 | 王洼 | 马掌 | 次女 | 海金萍 | 回族 | 王洼 | 李寨 |
| 妻子 | 周世芳 | 回族 | 王洼 | 马掌 | 户主 | 海宏秉 | 回族 | 王洼 | 李寨 |
| 长子 | 董　涛 | 回族 | 王洼 | 马掌 | 妻子 | 王宗兰 | 回族 | 王洼 | 李寨 |
| 次女 | 董　瑞 | 回族 | 王洼 | 马掌 | 户主 | 张兴红 | 汉族 | 王洼 | 花芦 |
| 户主 | 周生仓 | 回族 | 王洼 | 马掌 | 妻子 | 郭菊玲 | 汉族 | 王洼 | 花芦 |
| 妻子 | 海　霞 | 回族 | 王洼 | 马掌 | 长子 | 张　伟 | 汉族 | 王洼 | 花芦 |
| 长子 | 周世文 | 回族 | 王洼 | 马掌 | 长女 | 张　娥 | 汉族 | 王洼 | 花芦 |
| 次子 | 周世俊 | 回族 | 王洼 | 马掌 | 户主 | 孙正毓 | 汉族 | 王洼 | 李岔 |

续表 18

| 与户主关系 | 家庭成员 | 民族 | 原居住地 | |
|---|---|---|---|---|
| | | | 乡(镇) | 行政村 |
| 妻子 | 叶玉兰 | 汉族 | 王洼 | 李岔 |
| 户主 | 孙耀文 | 汉族 | 王洼 | 李岔 |
| 妻子 | 杨菊连 | 汉族 | 王洼 | 李岔 |
| 长子 | 孙宏伟 | 汉族 | 王洼 | 李岔 |
| 次子 | 孙宏升 | 汉族 | 王洼 | 李岔 |
| 户主 | 赵丕佳 | 汉族 | 王洼 | 李岔 |
| 妻子 | 许志芳 | 汉族 | 王洼 | 李岔 |
| 次子 | 赵文鹏 | 汉族 | 王洼 | 李岔 |
| 户主 | 陈世贵 | 汉族 | 王洼 | 李岔 |
| 妻子 | 苏　彩 | 汉族 | 王洼 | 李岔 |
| 长女 | 陈金娜 | 汉族 | 王洼 | 李岔 |
| 长子 | 陈金瑞 | 汉族 | 王洼 | 李岔 |
| 户主 | 赵呸玺 | 汉族 | 王洼 | 李岔 |
| 妻子 | 黄玉亮 | 汉族 | 王洼 | 李岔 |
| 次子 | 赵立众 | 汉族 | 王洼 | 李岔 |
| 长女 | 赵佰惠 | 汉族 | 王洼 | 李岔 |
| 三子 | 赵鹏飞 | 汉族 | 王洼 | 李岔 |
| 户主 | 姚安文 | 汉族 | 王洼 | 李岔 |
| 妻子 | 苏秀琴 | 汉族 | 王洼 | 李岔 |
| 长子 | 姚宗刚 | 汉族 | 王洼 | 李岔 |
| 次子 | 姚宗仁 | 汉族 | 王洼 | 李岔 |
| 户主 | 赵文书 | 汉族 | 王洼 | 李岔 |
| 妻子 | 张彩苹 | 汉族 | 王洼 | 李岔 |
| 长女 | 赵玉荣 | 汉族 | 王洼 | 李岔 |
| 长子 | 赵铜牛 | 汉族 | 王洼 | 李岔 |
| 次女 | 赵小容 | 汉族 | 王洼 | 李岔 |
| 户主 | 杜耀东 | 汉族 | 王洼 | 李岔 |
| 妻子 | 张富香 | 汉族 | 王洼 | 李岔 |
| 长子 | 杜立文 | 汉族 | 王洼 | 李岔 |
| 次子 | 杜立鑫 | 汉族 | 王洼 | 李岔 |
| 长女 | 杜玉凤 | 汉族 | 王洼 | 李岔 |
| 户主 | 赵文礼 | 汉族 | 王洼 | 李岔 |
| 妻子 | 赵玉英 | 汉族 | 王洼 | 李岔 |
| 长子 | 赵广满 | 汉族 | 王洼 | 李岔 |
| 儿媳 | 王买买 | 汉族 | 王洼 | 李岔 |
| 户主 | 陈帮君 | 汉族 | 王洼 | 李岔 |
| 妻子 | 谈仲芳 | 汉族 | 王洼 | 李岔 |
| 长子 | 陈世广 | 汉族 | 王洼 | 李岔 |
| 次子 | 陈世全 | 汉族 | 王洼 | 李岔 |
| 户主 | 赵丕义 | 汉族 | 王洼 | 李岔 |
| 妻子 | 王秀梅 | 汉族 | 王洼 | 李岔 |
| 户主 | 陈世有 | 汉族 | 王洼 | 李岔 |
| 妻子 | 刘　莉 | 汉族 | 王洼 | 李岔 |
| 长子 | 陈金柱 | 汉族 | 王洼 | 李岔 |
| 次子 | 陈晓阳 | 汉族 | 王洼 | 李岔 |
| 长女 | 陈义娜 | 汉族 | 王洼 | 李岔 |
| 母亲 | 苏莲花 | 汉族 | 王洼 | 李岔 |
| 户主 | 杜耀升 | 汉族 | 王洼 | 李岔 |
| 妻子 | 王秀娟 | 汉族 | 王洼 | 李岔 |
| 长女 | 杜明晖 | 汉族 | 王洼 | 李岔 |
| 次女 | 杜鑫晖 | 汉族 | 王洼 | 李岔 |
| 户主 | 杜耀旭 | 汉族 | 王洼 | 李岔 |
| 妻子 | 叶玉芳 | 汉族 | 王洼 | 李岔 |
| 次子 | 杜立鹏 | 汉族 | 王洼 | 李岔 |
| 长子 | 杜立峰 | 汉族 | 王洼 | 李岔 |
| 儿媳 | 张娟萍 | 汉族 | 王洼 | 李岔 |
| 孙女 | 杜雪婷 | 汉族 | 王洼 | 李岔 |
| 户主 | 赵文生 | 汉族 | 王洼 | 李岔 |
| 妻子 | 范金莲 | 汉族 | 王洼 | 李岔 |
| 长子 | 赵　鹏 | 汉族 | 王洼 | 李岔 |
| 次子 | 赵　翔 | 汉族 | 王洼 | 李岔 |
| 父亲 | 赵丕政 | 汉族 | 王洼 | 李岔 |
| 母亲 | 范广梅 | 汉族 | 王洼 | 李岔 |
| 户主 | 赵丕洲 | 汉族 | 王洼 | 李岔 |
| 妻子 | 赵文举 | 汉族 | 王洼 | 李岔 |
| 长子 | 贾述彩 | 汉族 | 王洼 | 李岔 |
| 孙女 | 赵思涵 | 汉族 | 王洼 | 李岔 |
| 户主 | 张定军 | 汉族 | 王洼 | 李岔 |
| 妻子 | 佘会琴 | 汉族 | 王洼 | 李岔 |
| 长子 | 张安泰 | 汉族 | 王洼 | 李岔 |
| 次子 | 张安宁 | 汉族 | 王洼 | 李岔 |
| 户主 | 郭富珍 | 汉族 | 王洼 | 李岔 |

续表 18

| 与户主关系 | 家庭成员 | 民族 | 原居住地 | | 与户主关系 | 家庭成员 | 民族 | 原居住地 | |
|---|---|---|---|---|---|---|---|---|---|
| | | | 乡(镇) | 行政村 | | | | 乡(镇) | 行政村 |
| 次子 | 韩应坤 | 汉族 | 王洼 | 李岔 | 户主 | 韩维吉 | 汉族 | 王洼 | 李岔 |
| 三子 | 韩应宁 | 汉族 | 王洼 | 李岔 | 父亲 | 韩正银 | 汉族 | 王洼 | 李岔 |
| 户主 | 赵小银 | 汉族 | 王洼 | 李岔 | 户主 | 孙建军 | 汉族 | 王洼 | 李岔 |
| 长女 | 赵婷婷 | 汉族 | 王洼 | 李岔 | 妻子 | 安永霞 | 汉族 | 王洼 | 李岔 |
| 次女 | 赵冬梅 | 汉族 | 王洼 | 李岔 | 长女 | 孙　娟 | 汉族 | 王洼 | 李岔 |
| 户主 | 赵文珠 | 汉族 | 王洼 | 李岔 | 母亲 | 苏成兰 | 汉族 | 王洼 | 李岔 |
| 妻子 | 张建芸 | 汉族 | 王洼 | 李岔 | 侄女 | 孙玉娜 | 汉族 | 王洼 | 李岔 |
| 长子 | 赵伟龙 | 汉族 | 王洼 | 李岔 | 兄 | 孙学忠 | 汉族 | 王洼 | 李岔 |
| 长女 | 赵银霞 | 汉族 | 王洼 | 李岔 | 侄子 | 孙玉龙 | 汉族 | 王洼 | 李岔 |
| 户主 | 赵文春 | 汉族 | 王洼 | 李岔 | 户主 | 张岳霞 | 汉族 | 王洼 | 李岔 |
| 妻子 | 马彩琴 | 汉族 | 王洼 | 李岔 | 长子 | 孙　鹏 | 汉族 | 王洼 | 李岔 |
| 长女 | 赵　瑞 | 汉族 | 王洼 | 李岔 | 户主 | 张文翰 | 回族 | 王洼 | 李岔 |
| 长子 | 赵　博 | 汉族 | 王洼 | 李岔 | 妻子 | 马占芳 | 回族 | 王洼 | 李岔 |
| 户主 | 赵丕吉 | 汉族 | 王洼 | 李岔 | 户主 | 赵丕印 | 汉族 | 王洼 | 李岔 |
| 妻子 | 叶培琴 | 汉族 | 王洼 | 李岔 | 妻子 | 叶仲兰 | 汉族 | 王洼 | 李岔 |
| 次子 | 赵文禄 | 汉族 | 王洼 | 李岔 | 孙子 | 赵　宁 | 汉族 | 王洼 | 李岔 |
| 户主 | 连沛珠 | 汉族 | 王洼 | 李岔 | 户主 | 赵文平 | 汉族 | 王洼 | 李岔 |
| 妻子 | 张彩莲 | 汉族 | 王洼 | 李岔 | 妻子 | 石玉琴 | 汉族 | 王洼 | 李岔 |
| 长子 | 连伟明 | 汉族 | 王洼 | 李岔 | 长子 | 赵小伟 | 汉族 | 王洼 | 李岔 |
| 儿媳 | 张喜玲 | 汉族 | 王洼 | 李岔 | 次子 | 赵小龙 | 汉族 | 王洼 | 李岔 |
| 孙子 | 连　杰 | 汉族 | 王洼 | 李岔 | 户主 | 赵文恩 | 汉族 | 王洼 | 李岔 |
| 户主 | 赵文泽 | 汉族 | 王洼 | 李岔 | 妻子 | 张军红 | 汉族 | 王洼 | 李岔 |
| 妻子 | 刘　丽 | 汉族 | 王洼 | 李岔 | 长子 | 赵金龙 | 汉族 | 王洼 | 李岔 |
| 长女 | 赵梓萌 | 汉族 | 王洼 | 李岔 | 户主 | 陈世宝 | 汉族 | 王洼 | 李岔 |
| 户主 | 赵丕贤 | 汉族 | 王洼 | 李岔 | 妻子 | 杨小娟 | 汉族 | 王洼 | 李岔 |
| 妻子 | 杨金风 | 汉族 | 王洼 | 李岔 | 长女 | 陈婷婷 | 汉族 | 王洼 | 李岔 |
| 长子 | 赵文鑫 | 汉族 | 王洼 | 李岔 | 三女 | 陈静静 | 汉族 | 王洼 | 李岔 |
| 次子 | 赵文辉 | 汉族 | 王洼 | 李岔 | 儿女 | 陈慧慧 | 汉族 | 王洼 | 李岔 |
| 长女 | 赵　露 | 汉族 | 王洼 | 李岔 | 户主 | 赵丕斌 | 汉族 | 王洼 | 李岔 |
| 父亲 | 赵全海 | 汉族 | 王洼 | 李岔 | 妻子 | 刘玉梅 | 汉族 | 王洼 | 李岔 |
| 户主 | 赵文学 | 汉族 | 王洼 | 李岔 | 长子 | 赵文库 | 汉族 | 王洼 | 李岔 |
| 妻子 | 张　荣 | 汉族 | 王洼 | 李岔 | 儿媳 | 杨　兴 | 汉族 | 王洼 | 李岔 |
| 长女 | 赵雅婷 | 汉族 | 王洼 | 李岔 | 孙子 | 赵伟明 | 汉族 | 王洼 | 李岔 |
| 户主 | 赵丕安 | 汉族 | 王洼 | 李岔 | 户主 | 叶　昌 | 汉族 | 王洼 | 李岔 |
| 妻子 | 何志莲 | 汉族 | 王洼 | 李岔 | 妻子 | 高智兰 | 汉族 | 王洼 | 李岔 |
| 次子 | 赵文升 | 汉族 | 王洼 | 李岔 | 长子 | 叶泽瑞 | 汉族 | 王洼 | 李岔 |

续表 18

| 与户主关系 | 家庭成员 | 民族 | 原居住地 | | 与户主关系 | 家庭成员 | 民族 | 原居住地 | |
|---|---|---|---|---|---|---|---|---|---|
| | | | 乡(镇) | 行政村 | | | | 乡(镇) | 行政村 |
| 次子 | 叶泽贝 | 汉族 | 王洼 | 李岔 | 妻子 | 张彩花 | 汉族 | 王洼 | 李岔 |
| 三子 | 叶泽颖 | 汉族 | 王洼 | 李岔 | 长子 | 叶廷 | 汉族 | 王洼 | 李岔 |
| 户主 | 叶启文 | 汉族 | 王洼 | 李岔 | 儿媳 | 陈海霞 | 汉族 | 王洼 | 李岔 |
| 妻子 | 古兆秀 | 汉族 | 王洼 | 李岔 | 次子 | 叶银 | 汉族 | 王洼 | 李岔 |
| 次女 | 叶璐 | 汉族 | 王洼 | 李岔 | 户主 | 叶启武 | 汉族 | 王洼 | 李岔 |
| 户主 | 叶鹏 | 汉族 | 王洼 | 李岔 | 妻子 | 常兴兰 | 汉族 | 王洼 | 李岔 |
| 妻子 | 韩应琴 | 汉族 | 王洼 | 李岔 | 长子 | 叶敚 | 汉族 | 王洼 | 李岔 |
| 长子 | 叶泽彬 | 汉族 | 王洼 | 李岔 | 长女 | 叶睿 | 汉族 | 王洼 | 李岔 |
| 次子 | 叶泽涛 | 汉族 | 王洼 | 李岔 | 户主 | 叶启科 | 汉族 | 王洼 | 李岔 |
| 户主 | 叶辉 | 汉族 | 王洼 | 李岔 | 妻子 | 王列跳 | 汉族 | 王洼 | 李岔 |
| 妻子 | 吴爱梅 | 汉族 | 王洼 | 李岔 | 长子 | 叶昊 | 汉族 | 王洼 | 李岔 |
| 长子 | 叶泽博 | 汉族 | 王洼 | 李岔 | 长女 | 叶倩 | 汉族 | 王洼 | 李岔 |
| 长女 | 叶玉梵 | 汉族 | 王洼 | 李岔 | 户主 | 叶启录 | 汉族 | 王洼 | 李岔 |
| 户主 | 陈守安 | 汉族 | 王洼 | 李岔 | 妻子 | 罗玉香 | 汉族 | 王洼 | 李岔 |
| 妻子 | 牛桂梅 | 汉族 | 王洼 | 李岔 | 长子 | 叶桐 | 汉族 | 王洼 | 李岔 |
| 三子 | 陈巨宝 | 汉族 | 王洼 | 李岔 | 长女 | 叶妮 | 汉族 | 王洼 | 李岔 |
| 四子 | 陈巨乾 | 汉族 | 王洼 | 李岔 | 户主 | 叶仲泰 | 汉族 | 王洼 | 李岔 |
| 孙女 | 陈芳玲 | 汉族 | 王洼 | 李岔 | 妻子 | 张世芳 | 汉族 | 王洼 | 李岔 |
| 户主 | 叶仲勤 | 汉族 | 王洼 | 李岔 | 长子 | 叶爱东 | 汉族 | 王洼 | 李岔 |
| 妻子 | 古兆霞 | 汉族 | 王洼 | 李岔 | 长女 | 叶爱琴 | 汉族 | 王洼 | 李岔 |
| 长子 | 叶鑫 | 汉族 | 王洼 | 李岔 | 户主 | 叶仲怀 | 汉族 | 王洼 | 李岔 |
| 长女 | 叶毅 | 汉族 | 王洼 | 李岔 | 妻子 | 杨粉连 | 汉族 | 王洼 | 李岔 |
| 次女 | 叶静 | 汉族 | 王洼 | 李岔 | 长子 | 叶涛 | 汉族 | 王洼 | 李岔 |
| 户主 | 陈巨鹏 | 汉族 | 王洼 | 李岔 | 长女 | 叶婷 | 汉族 | 王洼 | 李岔 |
| 妻子 | 杨凤霞 | 汉族 | 王洼 | 李岔 | 次女 | 叶静 | 汉族 | 王洼 | 李岔 |
| 次女 | 陈怀秀 | 汉族 | 王洼 | 李岔 | 父亲 | 叶志聪 | 汉族 | 王洼 | 李岔 |
| 三女 | 陈怀敏 | 汉族 | 王洼 | 李岔 | 母亲 | 席连花 | 汉族 | 王洼 | 李岔 |
| 户主 | 叶仲金 | 汉族 | 王洼 | 李岔 | 户主 | 张彩连 | 汉族 | 王洼 | 李岔 |
| 妻子 | 叶红霞 | 汉族 | 王洼 | 李岔 | 长子 | 郭建君 | 汉族 | 王洼 | 李岔 |
| 母亲 | 张学花 | 汉族 | 王洼 | 李岔 | 儿媳 | 王转琴 | 汉族 | 王洼 | 李岔 |
| 长女 | 叶菡 | 汉族 | 王洼 | 李岔 | 孙女 | 郭靖 | 汉族 | 王洼 | 李岔 |
| 户主 | 叶仲军 | 汉族 | 王洼 | 李岔 | 户主 | 陈国忠 | 汉族 | 王洼 | 李岔 |
| 妻子 | 张峰珠 | 汉族 | 王洼 | 李岔 | 妻子 | 钟彩霞 | 汉族 | 王洼 | 李岔 |
| 长女 | 叶澜 | 汉族 | 王洼 | 李岔 | 长子 | 陈智海 | 汉族 | 王洼 | 李岔 |
| 长子 | 叶挺 | 汉族 | 王洼 | 李岔 | 儿媳 | 常小琴 | 汉族 | 王洼 | 李岔 |
| 户主 | 叶仲礼 | 汉族 | 王洼 | 李岔 | 孙女 | 陈娟 | 汉族 | 王洼 | 李岔 |

续表 18

| 与户主关系 | 家庭成员 | 民族 | 原居住地 | | 与户主关系 | 家庭成员 | 民族 | 原居住地 | |
|---|---|---|---|---|---|---|---|---|---|
| | | | 乡(镇) | 行政村 | | | | 乡(镇) | 行政村 |
| 孙子 | 陈　坤 | 汉族 | 王洼 | 李岔 | 母亲 | 薛治芳 | 汉族 | 王洼 | 李岔 |
| 孙子 | 陈　伟 | 汉族 | 王洼 | 李岔 | 户主 | 叶仲鹏 | 汉族 | 王洼 | 李岔 |
| 母亲 | 叶志英 | 汉族 | 王洼 | 李岔 | 妻子 | 蒋旭梅 | 汉族 | 王洼 | 李岔 |
| 户主 | 叶仲林 | 汉族 | 王洼 | 李岔 | 长女 | 叶　兰 | 汉族 | 王洼 | 李岔 |
| 妻子 | 谢学琴 | 汉族 | 王洼 | 李岔 | 长子 | 叶　玉 | 汉族 | 王洼 | 李岔 |
| 长子 | 叶　慧 | 汉族 | 王洼 | 李岔 | 次女 | 叶　亮 | 汉族 | 王洼 | 李岔 |
| 儿媳 | 王春花 | 汉族 | 王洼 | 李岔 | 户主 | 叶仲科 | 汉族 | 王洼 | 李岔 |
| 孙子 | 叶泽静 | 汉族 | 王洼 | 李岔 | 妻子 | 刘世玲 | 汉族 | 王洼 | 李岔 |
| 户主 | 叶　智 | 汉族 | 王洼 | 李岔 | 长子 | 叶　尚 | 汉族 | 王洼 | 李岔 |
| 妻子 | 刘菊兰 | 汉族 | 王洼 | 李岔 | 户主 | 叶　忠 | 汉族 | 王洼 | 李岔 |
| 长女 | 叶思凡 | 汉族 | 王洼 | 李岔 | 妻子 | 李彩萍 | 汉族 | 王洼 | 李岔 |
| 长子 | 叶泽杰 | 汉族 | 王洼 | 李岔 | 长女 | 叶盼盼 | 汉族 | 王洼 | 李岔 |
| 户主 | 叶　升 | 汉族 | 王洼 | 李岔 | 长子 | 叶泽红 | 汉族 | 王洼 | 李岔 |
| 妻子 | 袁巧荣 | 汉族 | 王洼 | 李岔 | 母亲 | 杨桂春 | 汉族 | 王洼 | 李岔 |
| 长子 | 叶泽坤 | 汉族 | 王洼 | 李岔 | 户主 | 叶志明 | 汉族 | 王洼 | 李岔 |
| 长女 | 叶泽秀 | 汉族 | 王洼 | 李岔 | 妻子 | 刘宗霞 | 汉族 | 王洼 | 李岔 |
| 次女 | 叶泽敏 | 汉族 | 王洼 | 李岔 | 次子 | 叶启虎 | 汉族 | 王洼 | 李岔 |
| 户主 | 何兆儒 | 汉族 | 王洼 | 李岔 | 户主 | 叶仲元 | 汉族 | 王洼 | 李岔 |
| 妻子 | 韩应霞 | 汉族 | 王洼 | 李岔 | 长子 | 叶　伟 | 汉族 | 王洼 | 李岔 |
| 长子 | 何伟强 | 汉族 | 王洼 | 李岔 | 儿媳 | 张秀兰 | 汉族 | 王洼 | 李岔 |
| 次子 | 何伟平 | 汉族 | 王洼 | 李岔 | 孙女 | 叶莉娜 | 汉族 | 王洼 | 李岔 |
| 户主 | 叶　君 | 汉族 | 王洼 | 李岔 | 孙子 | 叶泽鑫 | 汉族 | 王洼 | 李岔 |
| 妻子 | 姬小丽 | 汉族 | 王洼 | 李岔 | 户主 | 叶仲奎 | 汉族 | 王洼 | 李岔 |
| 次子 | 叶泽吉 | 汉族 | 王洼 | 李岔 | 妻子 | 朱建兰 | 汉族 | 王洼 | 李岔 |
| 户主 | 叶　成 | 汉族 | 王洼 | 李岔 | 长子 | 叶晓锐 | 汉族 | 王洼 | 李岔 |
| 妻子 | 苏金巧 | 汉族 | 王洼 | 李岔 | 次子 | 叶晓辉 | 汉族 | 王洼 | 李岔 |
| 长女 | 叶婷婷 | 汉族 | 王洼 | 李岔 | 母亲 | 杨金花 | 汉族 | 王洼 | 李岔 |
| 次女 | 叶华华 | 汉族 | 王洼 | 李岔 | 户主 | 韩淑珍 | 汉族 | 王洼 | 李岔 |
| 长子 | 叶泽磊 | 汉族 | 王洼 | 李岔 | 长子 | 叶　龑 | 汉族 | 王洼 | 李岔 |
| 父亲 | 叶仲芳 | 汉族 | 王洼 | 李岔 | 长女 | 叶　莉 | 汉族 | 王洼 | 李岔 |
| 母亲 | 王桂兰 | 汉族 | 王洼 | 李岔 | 次女 | 叶　毅 | 汉族 | 王洼 | 李岔 |
| 户主 | 叶　广 | 汉族 | 王洼 | 李岔 | 户主 | 陈聚才 | 汉族 | 王洼 | 李岔 |
| 妻子 | 王建兰 | 汉族 | 王洼 | 李岔 | 妻子 | 路风霞 | 汉族 | 王洼 | 李岔 |
| 长子 | 叶泽民 | 汉族 | 王洼 | 李岔 | 长女 | 陈秋艳 | 汉族 | 王洼 | 李岔 |
| 次子 | 叶泽潮 | 汉族 | 王洼 | 李岔 | 户主 | 陈巨宏 | 汉族 | 王洼 | 李岔 |
| 父亲 | 叶仲刚 | 汉族 | 王洼 | 李岔 | 长女 | 陈芳芳 | 汉族 | 王洼 | 李岔 |

续表 18

| 与户主关系 | 家庭成员 | 民族 | 原居住地 | | 与户主关系 | 家庭成员 | 民族 | 原居住地 | |
|---|---|---|---|---|---|---|---|---|---|
| | | | 乡(镇) | 行政村 | | | | 乡(镇) | 行政村 |
| 三女 | 陈帆玲 | 汉族 | 王洼 | 李岔 | 长子 | 周世刚 | 回族 | 王洼 | 马掌 |
| 户主 | 叶仲喜 | 汉族 | 王洼 | 李岔 | 次子 | 周　平 | 回族 | 王洼 | 马掌 |
| 妻子 | 李秀梅 | 汉族 | 王洼 | 李岔 | 长女 | 周世梅 | 回族 | 王洼 | 马掌 |
| 长子 | 叶　东 | 汉族 | 王洼 | 李岔 | 户主 | 周生贵 | 回族 | 王洼 | 马掌 |
| 儿媳 | 刘金香 | 汉族 | 王洼 | 李岔 | 妻子 | 马克芳 | 回族 | 王洼 | 马掌 |
| 孙子 | 叶泽冉 | 汉族 | 王洼 | 李岔 | 长子 | 周世均 | 回族 | 王洼 | 马掌 |
| 母亲 | 郭启花 | 汉族 | 王洼 | 李岔 | 户主 | 周生虎 | 回族 | 王洼 | 马掌 |
| 户主 | 叶　斌 | 汉族 | 王洼 | 李岔 | 妻子 | 马占兰 | 回族 | 王洼 | 马掌 |
| 妻子 | 谢娣秀 | 汉族 | 王洼 | 李岔 | 长子 | 周世勇 | 回族 | 王洼 | 马掌 |
| 长子 | 叶泽滔 | 汉族 | 王洼 | 李岔 | 次女 | 周世霞 | 回族 | 王洼 | 马掌 |
| 户主 | 叶仲凯 | 汉族 | 王洼 | 李岔 | 户主 | 马保义 | 回族 | 王洼 | 马掌 |
| 妻子 | 虎元彩 | 汉族 | 王洼 | 李岔 | 妻子 | 周生梅 | 回族 | 王洼 | 马掌 |
| 长女 | 叶　皓 | 汉族 | 王洼 | 李岔 | 长子 | 马治库 | 回族 | 王洼 | 马掌 |
| 次女 | 叶　佳 | 汉族 | 王洼 | 李岔 | 儿媳 | 马　梅 | 回族 | 王洼 | 马掌 |
| 三女 | 叶　玲 | 汉族 | 王洼 | 李岔 | 长孙 | 马　君 | 回族 | 王洼 | 马掌 |
| 长子 | 叶　立 | 汉族 | 王洼 | 李岔 | 次孙 | 马　强 | 回族 | 王洼 | 马掌 |
| 户主 | 王占林 | 汉族 | 王洼 | 李岔 | 孙女 | 马小菊 | 回族 | 王洼 | 马掌 |
| 妻子 | 阿素琴 | 汉族 | 王洼 | 李岔 | 户主 | 马治祥 | 回族 | 王洼 | 马掌 |
| 长子 | 王富财 | 汉族 | 王洼 | 李岔 | 妻子 | 海潮花 | 回族 | 王洼 | 马掌 |
| 次子 | 王富龙 | 汉族 | 王洼 | 李岔 | 长女 | 马　霞 | 回族 | 王洼 | 马掌 |
| 儿媳 | 张建梅 | 汉族 | 王洼 | 李岔 | 户主 | 马翠兰 | 回族 | 王洼 | 马掌 |
| 孙子 | 王浩鹏 | 汉族 | 王洼 | 李岔 | 长女 | 马　婧 | 回族 | 王洼 | 马掌 |
| 孙子 | 刘向莲 | 汉族 | 王洼 | 李岔 | 次女 | 马　荣 | 回族 | 王洼 | 马掌 |
| 孙女 | 王婧涵 | 汉族 | 王洼 | 李岔 | 户主 | 李邦禄 | 汉族 | 草庙 | 曹川 |
| 户主 | 陈巨山 | 汉族 | 王洼 | 李岔 | 母亲 | 贾廷花 | 汉族 | 草庙 | 曹川 |
| 妻子 | 惠秀玲 | 汉族 | 王洼 | 李岔 | 户主 | 韩国良 | 汉族 | 草庙 | 曹川 |
| 二女 | 陈怀莉 | 汉族 | 王洼 | 李岔 | 妻子 | 杨月英 | 汉族 | 草庙 | 曹川 |
| 三女 | 陈怀荣 | 汉族 | 王洼 | 李岔 | 子女 | 韩志文 | 汉族 | 草庙 | 曹川 |
| 父亲 | 陈守义 | 汉族 | 王洼 | 李岔 | 户主 | 高有军 | 汉族 | 草庙 | 曹川 |
| 儿媳 | 杨慧利 | 汉族 | 王洼 | 李岔 | 父亲 | 高玉兴 | 汉族 | 草庙 | 曹川 |
| 孙女 | 陈　静 | 汉族 | 王洼 | 李岔 | 母亲 | 李桂英 | 汉族 | 草庙 | 曹川 |
| 户主 | 刘金亮 | 汉族 | 王洼 | 李岔 | 弟弟 | 高继聪 | 汉族 | 草庙 | 曹川 |
| 长子 | 陈　晨 | 汉族 | 王洼 | 李岔 | 户主 | 刘太刚 | 汉族 | 草庙 | 曹川 |
| 次子 | 陈　东 | 汉族 | 王洼 | 李岔 | 妻子 | 李冬叶 | 汉族 | 草庙 | 曹川 |
| 户主 | 周生全 | 回族 | 王洼 | 马掌 | 长子 | 刘祥瑞 | 汉族 | 草庙 | 曹川 |
| 妻子 | 马占梅 | 回族 | 王洼 | 马掌 | 次子 | 刘凯瑞 | 汉族 | 草庙 | 曹川 |

续表 18

| 与户主关系 | 家庭成员 | 民族 | 原居住地 | | 与户主关系 | 家庭成员 | 民族 | 原居住地 | |
|---|---|---|---|---|---|---|---|---|---|
| | | | 乡(镇) | 行政村 | | | | 乡(镇) | 行政村 |
| 户主 | 刘玉会 | 汉族 | 草庙 | 曹川 | 户主 | 高继能 | 汉族 | 草庙 | 曹川 |
| 妻子 | 陈启林 | 汉族 | 草庙 | 曹川 | 妻子 | 马金梅 | 汉族 | 草庙 | 曹川 |
| 子女 | 刘太有 | 汉族 | 草庙 | 曹川 | 子女 | 高　翔 | 汉族 | 草庙 | 曹川 |
| 儿媳 | 田兰兰 | 汉族 | 草庙 | 曹川 | 子女 | 高　芸 | 汉族 | 草庙 | 曹川 |
| 户主 | 高继学 | 汉族 | 草庙 | 曹川 | 户主 | 李国旺 | 汉族 | 草庙 | 曹川 |
| 妻子 | 张玉琴 | 汉族 | 草庙 | 曹川 | 妻子 | 王建花 | 汉族 | 草庙 | 曹川 |
| 子女 | 高　哲 | 汉族 | 草庙 | 曹川 | 子女 | 李　龙 | 汉族 | 草庙 | 曹川 |
| 子女 | 高　荣 | 汉族 | 草庙 | 曹川 | 户主 | 冯占林 | 汉族 | 草庙 | 张街 |
| 户主 | 李天平 | 汉族 | 草庙 | 曹川 | 妻子 | 邓秀兰 | 汉族 | 草庙 | 张街 |
| 妻子 | 张军玲 | 汉族 | 草庙 | 曹川 | 长子 | 冯　广 | 汉族 | 草庙 | 张街 |
| 子女 | 李　东 | 汉族 | 草庙 | 曹川 | 户主 | 杨志富 | 汉族 | 草庙 | 张街 |
| 子女 | 李　晶 | 汉族 | 草庙 | 曹川 | 妻子 | 吕彩霞 | 汉族 | 草庙 | 张街 |
| 户主 | 高志科 | 汉族 | 草庙 | 曹川 | 长子 | 杨永宁 | 汉族 | 草庙 | 张街 |
| 妻子 | 徐桂琴 | 汉族 | 草庙 | 曹川 | 二女 | 杨永妍 | 汉族 | 草庙 | 张街 |
| 二女 | 高芸宇 | 汉族 | 草庙 | 曹川 | 户主 | 冯占玉 | 汉族 | 草庙 | 张街 |
| 子女 | 高继通 | 汉族 | 草庙 | 曹川 | 妻子 | 吕桂英 | 汉族 | 草庙 | 张街 |
| 户主 | 韩志荣 | 汉族 | 草庙 | 曹川 | 三子 | 冯万仕 | 汉族 | 草庙 | 张街 |
| 子女 | 韩　杰 | 汉族 | 草庙 | 曹川 | 次子 | 冯万珍 | 汉族 | 草庙 | 张街 |
| 户主 | 李天峰 | 汉族 | 草庙 | 曹川 | 儿媳 | 马占红 | 汉族 | 草庙 | 张街 |
| 妻子 | 韩志慧 | 汉族 | 草庙 | 曹川 | 户主 | 时明霞 | 汉族 | 草庙 | 张街 |
| 子女 | 李　媛 | 汉族 | 草庙 | 曹川 | 长子 | 祁　政 | 汉族 | 草庙 | 张街 |
| 长子 | 李　栋 | 汉族 | 草庙 | 曹川 | 长女 | 祁　鹏 | 汉族 | 草庙 | 张街 |
| 二女 | 李　鑫 | 汉族 | 草庙 | 曹川 | 户主 | 段生仓 | 汉族 | 草庙 | 张街 |
| 户主 | 高继贵 | 汉族 | 草庙 | 曹川 | 妻子 | 张世秀 | 汉族 | 草庙 | 张街 |
| 妻子 | 孟金连 | 汉族 | 草庙 | 曹川 | 长子 | 段永贵 | 汉族 | 草庙 | 张街 |
| 子女 | 高　斌 | 汉族 | 草庙 | 曹川 | 二女 | 段有琴 | 汉族 | 草庙 | 张街 |
| 户主 | 王国强 | 汉族 | 草庙 | 曹川 | 父亲 | 段维学 | 汉族 | 草庙 | 张街 |
| 妻子 | 曹慧芳 | 汉族 | 草庙 | 曹川 | 户主 | 祁国宝 | 汉族 | 草庙 | 张街 |
| 子女 | 王文广 | 汉族 | 草庙 | 曹川 | 长女 | 祁　凡 | 汉族 | 草庙 | 张街 |
| 子女 | 王爱玲 | 汉族 | 草庙 | 曹川 | 长子 | 祁　鑫 | 汉族 | 草庙 | 张街 |
| 子女 | 王奥华 | 汉族 | 草庙 | 曹川 | 二女 | 祁　倩 | 汉族 | 草庙 | 张街 |
| 户主 | 韩志原 | 汉族 | 草庙 | 曹川 | 户主 | 冯占川 | 汉族 | 草庙 | 张街 |
| 妻子 | 贾建莉 | 汉族 | 草庙 | 曹川 | 妻子 | 张桂兰 | 汉族 | 草庙 | 张街 |
| 子女 | 韩　娜 | 汉族 | 草庙 | 曹川 | 长女 | 冯秀丽 | 汉族 | 草庙 | 张街 |
| 子女 | 韩　雪 | 汉族 | 草庙 | 曹川 | 二女 | 冯晓莉 | 汉族 | 草庙 | 张街 |
| 子女 | 韩　帅 | 汉族 | 草庙 | 曹川 | 长子 | 冯万鑫 | 汉族 | 草庙 | 张街 |

续表 18

| 与户主关系 | 家庭成员 | 民族 | 原居住地 | | 与户主关系 | 家庭成员 | 民族 | 原居住地 | |
|---|---|---|---|---|---|---|---|---|---|
| | | | 乡(镇) | 行政村 | | | | 乡(镇) | 行政村 |
| 户主 | 吕国安 | 汉族 | 草庙 | 张街 | 次子 | 冯万顺 | 汉族 | 草庙 | 张街 |
| 妻子 | 韩梅珍 | 汉族 | 草庙 | 张街 | 母亲 | 曹正花 | 汉族 | 草庙 | 张街 |
| 户主 | 马占军 | 汉族 | 草庙 | 张街 | 户主 | 杨治文 | 汉族 | 草庙 | 张街 |
| 妻子 | 赵彩霞 | 汉族 | 草庙 | 张街 | 妻子 | 史会琴 | 汉族 | 草庙 | 张街 |
| 长子 | 马玉龙 | 汉族 | 草庙 | 张街 | 长子 | 杨建宁 | 汉族 | 草庙 | 张街 |
| 长女 | 马向向 | 汉族 | 草庙 | 张街 | 次子 | 杨建兵 | 汉族 | 草庙 | 张街 |
| 三女 | 马玉琴 | 汉族 | 草庙 | 张街 | 长女 | 杨　阳 | 汉族 | 草庙 | 张街 |
| 户主 | 祁占平 | 汉族 | 草庙 | 张街 | 三子 | 杨雨轩 | 汉族 | 草庙 | 张街 |
| 妻子 | 王世霞 | 汉族 | 草庙 | 张街 | 户主 | 马玉才 | 汉族 | 草庙 | 张街 |
| 长子 | 祁　浩 | 汉族 | 草庙 | 张街 | 妻子 | 李军爱 | 汉族 | 草庙 | 张街 |
| 次子 | 祁　威 | 汉族 | 草庙 | 张街 | 长子 | 马治有 | 汉族 | 草庙 | 张街 |
| 户主 | 祁国强 | 汉族 | 草庙 | 张街 | 次子 | 马治勇 | 汉族 | 草庙 | 张街 |
| 妻子 | 范铎秀 | 汉族 | 草庙 | 张街 | 户主 | 马玉发 | 汉族 | 草庙 | 张街 |
| 长子 | 祁　刚 | 汉族 | 草庙 | 张街 | 妻子 | 师国琴 | 汉族 | 草庙 | 张街 |
| 长女 | 祁　荣 | 汉族 | 草庙 | 张街 | 长子 | 马进乾 | 汉族 | 草庙 | 张街 |
| 侄女 | 祁　丽 | 汉族 | 草庙 | 张街 | 长女 | 马小芸 | 汉族 | 草庙 | 张街 |
| 户主 | 祁　彪 | 汉族 | 草庙 | 张街 | 父亲 | 马占俊 | 汉族 | 草庙 | 张街 |
| 妻子 | 张亚红 | 汉族 | 草庙 | 张街 | 母亲 | 赵永珍 | 汉族 | 草庙 | 张街 |
| 长女 | 祁晓敏 | 汉族 | 草庙 | 张街 | 户主 | 马占雄 | 汉族 | 草庙 | 张街 |
| 二女 | 祁晓娜 | 汉族 | 草庙 | 张街 | 妻子 | 姚梅香 | 汉族 | 草庙 | 张街 |
| 长子 | 祁晓逸 | 汉族 | 草庙 | 张街 | 户主 | 杨　斌 | 汉族 | 草庙 | 张街 |
| 户主 | 杨治武 | 汉族 | 草庙 | 张街 | 妻子 | 赵登凤 | 汉族 | 草庙 | 张街 |
| 妻子 | 冯粉子 | 汉族 | 草庙 | 张街 | 长女 | 杨艳玲 | 汉族 | 草庙 | 张街 |
| 长子 | 杨　刚 | 汉族 | 草庙 | 张街 | 二女 | 杨艳霞 | 汉族 | 草庙 | 张街 |
| 次子 | 杨　强 | 汉族 | 草庙 | 张街 | 长子 | 杨彦龙 | 汉族 | 草庙 | 张街 |
| 长女 | 杨建健 | 汉族 | 草庙 | 张街 | 户主 | 杨占元 | 汉族 | 草庙 | 张街 |
| 父亲 | 杨树兹 | 汉族 | 草庙 | 张街 | 妻子 | 张拴琴 | 汉族 | 草庙 | 张街 |
| 母亲 | 邓玉梅 | 汉族 | 草庙 | 张街 | 长女 | 杨亮亮 | 汉族 | 草庙 | 张街 |
| 户主 | 杨占英 | 汉族 | 草庙 | 张街 | 长子 | 杨明明 | 汉族 | 草庙 | 张街 |
| 妻子 | 何国勤 | 汉族 | 草庙 | 张街 | 次子 | 杨利明 | 汉族 | 草庙 | 张街 |
| 户主 | 杨治川 | 汉族 | 草庙 | 张街 | 父亲 | 杨生华 | 汉族 | 草庙 | 张街 |
| 妻子 | 谈　丽 | 汉族 | 草庙 | 张街 | 户主 | 杨　东 | 汉族 | 草庙 | 张街 |
| 长子 | 杨乐晨 | 汉族 | 草庙 | 张街 | 妻子 | 张彩荣 | 汉族 | 草庙 | 张街 |
| 长女 | 杨可萌 | 汉族 | 草庙 | 张街 | 长子 | 杨智辉 | 汉族 | 草庙 | 张街 |
| 户主 | 冯占全 | 汉族 | 草庙 | 张街 | 长女 | 杨智霞 | 汉族 | 草庙 | 张街 |
| 长子 | 冯万安 | 汉族 | 草庙 | 张街 | 父亲 | 杨生荣 | 汉族 | 草庙 | 张街 |

续表 18

| 与户主关系 | 家庭成员 | 民族 | 原居住地 | | 与户主关系 | 家庭成员 | 民族 | 原居住地 | |
|---|---|---|---|---|---|---|---|---|---|
| | | | 乡(镇) | 行政村 | | | | 乡(镇) | 行政村 |
| 户主 | 高继奎 | 汉族 | 草庙 | 曹川 | 长女 | 王　玲 | 汉族 | 草庙 | 刘塬 |
| 妻子 | 王　英 | 汉族 | 草庙 | 曹川 | 长子 | 王　辉 | 汉族 | 草庙 | 刘塬 |
| 子女 | 高翻云 | 汉族 | 草庙 | 曹川 | 次子 | 王　凯 | 汉族 | 草庙 | 刘塬 |
| 子女 | 高　立 | 汉族 | 草庙 | 曹川 | 户主 | 杨汉成 | 汉族 | 草庙 | 刘塬 |
| 户主 | 张进军 | 汉族 | 草庙 | 周庄 | 妻子 | 庞爱秀 | 汉族 | 草庙 | 刘塬 |
| 长子 | 张　晟 | 汉族 | 草庙 | 周庄 | 长子 | 杨继军 | 汉族 | 草庙 | 刘塬 |
| 户主 | 王金付 | 汉族 | 草庙 | 周庄 | 孙女 | 杨　博 | 汉族 | 草庙 | 刘塬 |
| 长女 | 王　鸿 | 汉族 | 草庙 | 周庄 | 户主 | 杨继贤 | 汉族 | 草庙 | 刘塬 |
| 户主 | 常得虎 | 汉族 | 草庙 | 草庙 | 妻子 | 周传林 | 汉族 | 草庙 | 刘塬 |
| 妻子 | 米占兰 | 汉族 | 草庙 | 草庙 | 长女 | 杨　芳 | 汉族 | 草庙 | 刘塬 |
| 长子 | 常兆广 | 汉族 | 草庙 | 草庙 | 长子 | 杨　文 | 汉族 | 草庙 | 刘塬 |
| 次子 | 常兆强 | 汉族 | 草庙 | 草庙 | 户主 | 祁　敏 | 汉族 | 草庙 | 刘塬 |
| 长女 | 常俊丽 | 汉族 | 草庙 | 草庙 | 妻子 | 张慧霞 | 汉族 | 草庙 | 刘塬 |
| 户主 | 陆应军 | 汉族 | 草庙 | 草庙 | 长子 | 祁亚卓 | 汉族 | 草庙 | 刘塬 |
| 妻子 | 方秀珍 | 汉族 | 草庙 | 草庙 | 长女 | 祁亚丽 | 汉族 | 草庙 | 刘塬 |
| 次子 | 陆合祖 | 汉族 | 草庙 | 草庙 | 次子 | 祁亚东 | 汉族 | 草庙 | 刘塬 |
| 四子 | 陆合利 | 汉族 | 草庙 | 草庙 | 户主 | 祁治川 | 汉族 | 草庙 | 刘塬 |
| 孙女 | 陆超越 | 汉族 | 草庙 | 草庙 | 妻子 | 虎志兰 | 汉族 | 草庙 | 刘塬 |
| 户主 | 马占川 | 汉族 | 草庙 | 草庙 | 长子 | 祁亚明 | 汉族 | 草庙 | 刘塬 |
| 长女 | 马秉蓉 | 汉族 | 草庙 | 草庙 | 长女 | 祁亚杰 | 汉族 | 草庙 | 刘塬 |
| 户主 | 李秀兰 | 汉族 | 草庙 | 草庙 | 户主 | 虎安贤 | 汉族 | 城阳 | 陈沟 |
| 次子 | 马成科 | 汉族 | 草庙 | 草庙 | 妻子 | 胡志娟 | 汉族 | 城阳 | 陈沟 |
| 儿媳 | 惠清芬 | 汉族 | 草庙 | 草庙 | 父亲 | 虎治斌 | 汉族 | 城阳 | 陈沟 |
| 孙女 | 马　乐 | 汉族 | 草庙 | 草庙 | 母亲 | 高荣花 | 汉族 | 城阳 | 陈沟 |
| 孙女 | 马　悦 | 汉族 | 草庙 | 草庙 | 长女 | 虎建丽 | 汉族 | 城阳 | 陈沟 |
| 户主 | 王继贤 | 汉族 | 草庙 | 刘塬 | 长子 | 虎建刚 | 汉族 | 城阳 | 陈沟 |
| 妻子 | 吴粉连 | 汉族 | 草庙 | 刘塬 | 次子 | 虎建刚 | 汉族 | 城阳 | 陈沟 |
| 长女 | 王　荣 | 汉族 | 草庙 | 刘塬 | 户主 | 虎忠科 | 汉族 | 城阳 | 陈沟 |
| 长子 | 王　明 | 汉族 | 草庙 | 刘塬 | 妻子 | 刘　翠 | 汉族 | 城阳 | 陈沟 |
| 户主 | 王继福 | 汉族 | 草庙 | 刘塬 | 母亲 | 张爱花 | 汉族 | 城阳 | 陈沟 |
| 妻子 | 杨小燕 | 汉族 | 草庙 | 刘塬 | 长子 | 虎军林 | 汉族 | 城阳 | 陈沟 |
| 长女 | 王　娟 | 汉族 | 草庙 | 刘塬 | 次子 | 虎兵林 | 汉族 | 城阳 | 陈沟 |
| 次女 | 王　智 | 汉族 | 草庙 | 刘塬 | 户主 | 史世平 | 汉族 | 城阳 | 陈沟 |
| 长子 | 王　安 | 汉族 | 草庙 | 刘塬 | 妻子 | 乔秀琴 | 汉族 | 城阳 | 陈沟 |
| 户主 | 王继军 | 汉族 | 草庙 | 刘塬 | 长子 | 史春祥 | 汉族 | 城阳 | 陈沟 |
| 妻子 | 吴彩霞 | 汉族 | 草庙 | 刘塬 | 二女 | 史春艳 | 汉族 | 城阳 | 陈沟 |

续表 18

| 与户主关系 | 家庭成员 | 民族 | 原居住地 | | 与户主关系 | 家庭成员 | 民族 | 原居住地 | |
|---|---|---|---|---|---|---|---|---|---|
| | | | 乡(镇) | 行政村 | | | | 乡(镇) | 行政村 |
| 长子 | 史春旺 | 汉族 | 城阳 | 陈沟 | 妻子 | 白粉琴 | 汉族 | 红河 | 红河 |
| 户主 | 王效祖 | 汉族 | 红河 | 红河 | 长子 | 王兴旺 | 汉族 | 红河 | 红河 |
| 长女 | 王　霞 | 汉族 | 红河 | 红河 | 次子 | 王兴亮 | 汉族 | 红河 | 红河 |
| 户主 | 张生荣 | 汉族 | 红河 | 红河 | 户主 | 韩海吉 | 汉族 | 红河 | 红河 |
| 妻子 | 庞玉英 | 汉族 | 红河 | 红河 | 弟弟 | 韩宏吉 | 汉族 | 红河 | 红河 |
| 三子 | 张登雄 | 汉族 | 红河 | 红河 | 母亲 | 胡拉梅 | 汉族 | 红河 | 红河 |
| 四子 | 张登宝 | 汉族 | 红河 | 红河 | 户主 | 王述会 | 汉族 | 红河 | 红河 |
| 五子 | 张过利 | 汉族 | 红河 | 红河 | 妻子 | 朱海香 | 汉族 | 红河 | 红河 |
| 儿媳 | 李小燕 | 汉族 | 红河 | 红河 | 长女 | 王小凤 | 汉族 | 红河 | 红河 |
| 户主 | 王　明 | 汉族 | 红河 | 红河 | 长子 | 王小冬 | 汉族 | 红河 | 红河 |
| 妻子 | 袁士香 | 汉族 | 红河 | 红河 | 户主 | 王　文 | 汉族 | 红河 | 红河 |
| 长子 | 王维仁 | 汉族 | 红河 | 红河 | 妻子 | 史彩兰 | 汉族 | 红河 | 红河 |
| 儿媳 | 郭佳英 | 汉族 | 红河 | 红河 | 次子 | 王维君 | 汉族 | 红河 | 红河 |
| 户主 | 王　全 | 汉族 | 红河 | 红河 | 户主 | 王耀祖 | 汉族 | 红河 | 红河 |
| 妻子 | 王富荣 | 汉族 | 红河 | 红河 | 妻子 | 张秀兰 | 汉族 | 红河 | 红河 |
| 父亲 | 王光祖 | 汉族 | 红河 | 红河 | 户主 | 王付祖 | 汉族 | 红河 | 红河 |
| 母亲 | 贾秀梅 | 汉族 | 红河 | 红河 | 妻子 | 韩玉英 | 汉族 | 红河 | 红河 |
| 长子 | 王鹏旭 | 汉族 | 红河 | 红河 | 户主 | 王占明 | 汉族 | 红河 | 红河 |
| 长女 | 王洛红 | 汉族 | 红河 | 红河 | 妻子 | 魏生勤 | 汉族 | 红河 | 红河 |
| 二女 | 王洛宁 | 汉族 | 红河 | 红河 | 次子 | 王述贵 | 汉族 | 红河 | 红河 |
| 户主 | 王　敏 | 汉族 | 红河 | 红河 | 户主 | 王小龙 | 汉族 | 红河 | 红河 |
| 妻子 | 杨爱琴 | 汉族 | 红河 | 红河 | 妻子 | 扈相红 | 汉族 | 红河 | 红河 |
| 长女 | 王维香 | 汉族 | 红河 | 红河 | 长女 | 王彤彤 | 汉族 | 红河 | 红河 |
| 二女 | 王维娟 | 汉族 | 红河 | 红河 | 户主 | 王　聪 | 汉族 | 红河 | 红河 |
| 户主 | 张登峰 | 汉族 | 红河 | 红河 | 妻子 | 韩翠琴 | 汉族 | 红河 | 红河 |
| 妻子 | 王小梅 | 汉族 | 红河 | 红河 | 长子 | 王维仪 | 汉族 | 红河 | 红河 |
| 长子 | 张婵婵 | 汉族 | 红河 | 红河 | 次子 | 王维正 | 汉族 | 红河 | 红河 |
| 次子 | 张有禅 | 汉族 | 红河 | 红河 | 户主 | 张生付 | 汉族 | 红河 | 红河 |
| 户主 | 张登兵 | 汉族 | 红河 | 红河 | 妻子 | 祁维勤 | 汉族 | 红河 | 红河 |
| 妻子 | 黄　芳 | 汉族 | 红河 | 红河 | 户主 | 杨希虎 | 汉族 | 红河 | 红河 |
| 长子 | 张　涛 | 汉族 | 红河 | 红河 | 妻子 | 刘淑珍 | 汉族 | 红河 | 红河 |
| 长女 | 张　哲 | 汉族 | 红河 | 红河 | 长子 | 杨德科 | 汉族 | 红河 | 红河 |
| 户主 | 王占虎 | 汉族 | 红河 | 红河 | 户主 | 陈希宝 | 汉族 | 红河 | 红河 |
| 妻子 | 刘丽芳 | 汉族 | 红河 | 红河 | 妻子 | 杨彩霞 | 汉族 | 红河 | 红河 |
| 父亲 | 王安贵 | 汉族 | 红河 | 红河 | 长子 | 陈伟伟 | 汉族 | 红河 | 红河 |
| 户主 | 王占龙 | 汉族 | 红河 | 红河 | 次子 | 陈润润 | 汉族 | 红河 | 红河 |

续表 18

| 与户主关系 | 家庭成员 | 民族 | 原居住地 | | 与户主关系 | 家庭成员 | 民族 | 原居住地 | |
|---|---|---|---|---|---|---|---|---|---|
| | | | 乡(镇) | 行政村 | | | | 乡(镇) | 行政村 |
| 长女 | 陈芳芳 | 汉族 | 红河 | 红河 | 二女 | 李小燕 | 汉族 | 红河 | 红河 |
| 户主 | 陈　林 | 汉族 | 红河 | 红河 | 长子 | 李雪鹏 | 汉族 | 红河 | 红河 |
| 妻子 | 扈志兰 | 汉族 | 红河 | 红河 | 户主 | 王　珍 | 汉族 | 红河 | 红河 |
| 户主 | 陈玺贵 | 汉族 | 红河 | 红河 | 妻子 | 王淑玲 | 汉族 | 红河 | 红河 |
| 妻子 | 王芳明 | 汉族 | 红河 | 红河 | 户主 | 王维刚 | 汉族 | 红河 | 红河 |
| 长女 | 陈佳欣 | 汉族 | 红河 | 红河 | 妻子 | 王东忙 | 汉族 | 红河 | 红河 |
| 二女 | 陈佳慧 | 汉族 | 红河 | 红河 | 长女 | 王路路 | 汉族 | 红河 | 红河 |
| 户主 | 陈　亮 | 汉族 | 红河 | 红河 | 长子 | 王文文 | 汉族 | 红河 | 红河 |
| 妻子 | 胡生珍 | 汉族 | 红河 | 红河 | 户主 | 王安海 | 汉族 | 红河 | 红河 |
| 长子 | 陈希朋 | 汉族 | 红河 | 红河 | 妻子 | 史云霞 | 汉族 | 红河 | 红河 |
| 次子 | 陈希龙 | 汉族 | 红河 | 红河 | 长子 | 王小会 | 汉族 | 红河 | 红河 |
| 长女 | 陈芸霞 | 汉族 | 红河 | 红河 | 次子 | 王银会 | 汉族 | 红河 | 红河 |
| 母亲 | 张凤英 | 汉族 | 红河 | 红河 | 户主 | 王　会 | 汉族 | 红河 | 红河 |
| 户主 | 陈　仁 | 汉族 | 红河 | 红河 | 妻子 | 黄秀丽 | 汉族 | 红河 | 红河 |
| 妻子 | 梁君银 | 汉族 | 红河 | 红河 | 次子 | 王亮亮 | 汉族 | 红河 | 红河 |
| 二女 | 陈海燕 | 汉族 | 红河 | 红河 | 户主 | 王耀明 | 汉族 | 红河 | 红河 |
| 次子 | 陈锡鑫 | 汉族 | 红河 | 红河 | 妻子 | 张彩梅 | 汉族 | 红河 | 红河 |
| 母亲 | 吴凤英 | 汉族 | 红河 | 红河 | 户主 | 赵志刚 | 汉族 | 王洼 | 李岔 |
| 长子 | 陈锡铜 | 汉族 | 红河 | 红河 | 妻子 | 刘进彩 | 汉族 | 王洼 | 李岔 |
| 儿媳 | 郑娟玲 | 汉族 | 红河 | 红河 | 三子 | 赵小利 | 汉族 | 王洼 | 李岔 |
| 孙子 | 陈国杰 | 汉族 | 红河 | 红河 | 户主 | 杨发夺 | 汉族 | 草庙 | 张街 |
| 户主 | 李付海 | 汉族 | 红河 | 红河 | 妻子 | 乔守梅 | 汉族 | 草庙 | 张街 |
| 妻子 | 薛志芳 | 汉族 | 红河 | 红河 | 户主 | 胡召梅 | 汉族 | 白阳 | 余沟 |
| 长女 | 李彩琴 | 汉族 | 红河 | 红河 | 妹妹 | 胡晓军 | 汉族 | 白阳 | 余沟 |

## 灵武市移民花名表

表 19

| 与户主关系 | 家庭成员 | 民族 | 原居住地 | | 与户主关系 | 家庭成员 | 民族 | 原居住地 | |
|---|---|---|---|---|---|---|---|---|---|
| | | | 乡(镇) | 行政村 | | | | 乡(镇) | 行政村 |
| 户主 | 曹　斌 | 汉族 | 草庙 | 曹川 | 长子 | 王宇轩 | 汉族 | 草庙 | 和沟 |
| 妻子 | 陈金花 | 汉族 | 草庙 | 曹川 | 母亲 | 张梅芳 | 汉族 | 草庙 | 和沟 |
| 长子 | 曹文凯 | 汉族 | 草庙 | 曹川 | 户主 | 李治权 | 汉族 | 草庙 | 和沟 |
| 长女 | 曹文婷 | 汉族 | 草庙 | 曹川 | 妻子 | 刘芳萍 | 汉族 | 草庙 | 和沟 |
| 户主 | 王风堂 | 汉族 | 草庙 | 和沟 | 长女 | 李　燕 | 汉族 | 草庙 | 和沟 |
| 妻子 | 李明丽 | 汉族 | 草庙 | 和沟 | 母亲 | 赵德兰 | 汉族 | 草庙 | 和沟 |

续表 19

| 与户主关系 | 家庭成员 | 民族 | 原居住地 | | 与户主关系 | 家庭成员 | 民族 | 原居住地 | |
|---|---|---|---|---|---|---|---|---|---|
| | | | 乡(镇) | 行政村 | | | | 乡(镇) | 行政村 |
| 户主 | 吴建峰 | 汉族 | 王洼 | 陡沟 | 长子 | 余　强 | 汉族 | 新集 | 白林 |
| 长子 | 吴　坤 | 汉族 | 王洼 | 陡沟 | 次子 | 余　虎 | 汉族 | 新集 | 白林 |
| 户主 | 朱克伟 | 汉族 | 王洼 | 陡沟 | 户主 | 常金喜 | 汉族 | 红河 | 徐塬 |
| 妻子 | 张小花 | 汉族 | 王洼 | 陡沟 | 妻子 | 韩燕琴 | 汉族 | 红河 | 徐塬 |
| 长子 | 朱建辉 | 汉族 | 王洼 | 陡沟 | 长子 | 常阳阳 | 汉族 | 红河 | 徐塬 |
| 长女 | 朱建萍 | 汉族 | 王洼 | 陡沟 | 户主 | 李荣安 | 汉族 | 红河 | 什字 |
| 母亲 | 何宪花 | 汉族 | 王洼 | 陡沟 | 长女 | 李宁宁 | 汉族 | 红河 | 什字 |
| 户主 | 王彦昌 | 汉族 | 王洼 | 陡沟 | 长子 | 李鹏鹏 | 汉族 | 红河 | 什字 |
| 妻子 | 丁粉银 | 汉族 | 王洼 | 陡沟 | 母亲 | 杨玉兰 | 汉族 | 红河 | 什字 |
| 长子 | 王永强 | 汉族 | 王洼 | 陡沟 | 户主 | 王树德 | 汉族 | 红河 | 红河 |
| 次子 | 王小强 | 汉族 | 王洼 | 陡沟 | 长子 | 王杜红 | 汉族 | 红河 | 红河 |
| 父亲 | 王仲学 | 汉族 | 王洼 | 陡沟 | 父亲 | 王清明 | 汉族 | 红河 | 红河 |
| 户主 | 王小文 | 汉族 | 王洼 | 陡沟 | 户主 | 王　晨 | 汉族 | 红河 | 红河 |
| 哥 | 王小平 | 汉族 | 王洼 | 陡沟 | 妻子 | 陈秀兰 | 汉族 | 红河 | 红河 |
| 父亲 | 王乃仁 | 汉族 | 王洼 | 陡沟 | 长子 | 王向东 | 汉族 | 红河 | 红河 |
| 母亲 | 张秉霞 | 汉族 | 王洼 | 陡沟 | 长女 | 王向荣 | 汉族 | 红河 | 红河 |
| 户主 | 李宝平 | 汉族 | 王洼 | 梁壕 | 户主 | 王怀玉 | 汉族 | 红河 | 红河 |
| 妻子 | 杨晓芳 | 汉族 | 王洼 | 梁壕 | 妻子 | 冯艳红 | 汉族 | 红河 | 红河 |
| 长女 | 李雅婷 | 汉族 | 王洼 | 梁壕 | 长女 | 王　怡 | 汉族 | 红河 | 红河 |
| 户主 | 王天斌 | 汉族 | 王洼 | 李岔 | 长子 | 王志坤 | 汉族 | 红河 | 红河 |
| 妻子 | 米世瑜 | 汉族 | 王洼 | 李岔 | 户主 | 海　军 | 汉族 | 罗洼 | 嘤岘 |
| 父亲 | 王维兴 | 汉族 | 王洼 | 李岔 | 妻子 | 马　玲 | 汉族 | 罗洼 | 嘤岘 |
| 长子 | 王　科 | 汉族 | 王洼 | 李岔 | 长女 | 海　荣 | 汉族 | 罗洼 | 嘤岘 |
| 次子 | 王　研 | 汉族 | 王洼 | 李岔 | 长子 | 海小兵 | 汉族 | 罗洼 | 嘤岘 |
| 户主 | 余正兵 | 汉族 | 新集 | 白林 | 户主 | 王生科 | 汉族 | 古城 | 川口 |
| 妻子 | 马秀珍 | 汉族 | 新集 | 白林 | 妻子 | 郑万彩 | 汉族 | 古城 | 川口 |
| 长子 | 余建国 | 汉族 | 新集 | 白林 | 长子 | 王文杰 | 汉族 | 古城 | 川口 |
| 长女 | 余凡凡 | 汉族 | 新集 | 白林 | 次子 | 王沛杰 | 汉族 | 古城 | 川口 |
| 二女 | 余建霞 | 汉族 | 新集 | 白林 | 户主 | 刘　正 | 汉族 | 古城 | 高庄 |
| 户主 | 瓮小东 | 汉族 | 新集 | 白林 | 妻子 | 王　洁 | 汉族 | 古城 | 高庄 |
| 妻子 | 王　萍 | 汉族 | 新集 | 白林 | 长子 | 刘金涛 | 汉族 | 古城 | 高庄 |
| 长子 | 瓮玉兵 | 汉族 | 新集 | 白林 | 户主 | 晁云铎 | 汉族 | 古城 | 高庄 |
| 长女 | 瓮玉莲 | 汉族 | 新集 | 白林 | 长子 | 晁　文 | 汉族 | 古城 | 高庄 |
| 二女 | 瓮玉芳 | 汉族 | 新集 | 白林 | 次子 | 晁　克 | 汉族 | 古城 | 高庄 |
| 户主 | 余正林 | 汉族 | 新集 | 白林 | 二女 | 晁　莲 | 汉族 | 古城 | 高庄 |
| 妻子 | 赵小玲 | 汉族 | 新集 | 白林 | 户主 | 谢守仁 | 汉族 | 古城 | 小岔沟 |

续表 19

| 与户主关系 | 家庭成员 | 民族 | 原居住地 | | 与户主关系 | 家庭成员 | 民族 | 原居住地 | |
|---|---|---|---|---|---|---|---|---|---|
| | | | 乡(镇) | 行政村 | | | | 乡(镇) | 行政村 |
| 妻子 | 王玉梅 | 汉族 | 古城 | 小岔沟 | 户主 | 路万龙 | 汉族 | 冯庄 | 虎崾岘 |
| 次子 | 谢永军 | 汉族 | 古城 | 小岔沟 | 妻子 | 张晓萍 | 汉族 | 冯庄 | 虎崾岘 |
| 户主 | 马　荣 | 回族 | 古城 | 羊坊 | 长子 | 路建德 | 汉族 | 冯庄 | 虎崾岘 |
| 长女 | 马静静 | 回族 | 古城 | 羊坊 | 长女 | 路芳芳 | 汉族 | 冯庄 | 虎崾岘 |
| 户主 | 王金权 | 汉族 | 城阳 | 陈沟 | 户主 | 王进军 | 汉族 | 冯庄 | 虎崾岘 |
| 妻子 | 杨等能 | 汉族 | 城阳 | 陈沟 | 妻子 | 吴晓梅 | 汉族 | 冯庄 | 虎崾岘 |
| 长子 | 王正荣 | 汉族 | 城阳 | 陈沟 | 长女 | 王相相 | 汉族 | 冯庄 | 虎崾岘 |
| 次子 | 王正华 | 汉族 | 城阳 | 陈沟 | 长子 | 王二龙 | 汉族 | 冯庄 | 虎崾岘 |
| 户主 | 韩多富 | 汉族 | 城阳 | 涝池 | 户主 | 王进申 | 汉族 | 冯庄 | 虎崾岘 |
| 妻子 | 白艳芬 | 汉族 | 城阳 | 涝池 | 母亲 | 安志香 | 汉族 | 冯庄 | 虎崾岘 |
| 母亲 | 袁　霞 | 汉族 | 城阳 | 涝池 | 长女 | 王语婷 | 汉族 | 冯庄 | 虎崾岘 |
| 长子 | 韩　伟 | 汉族 | 城阳 | 涝池 | 户主 | 王进生 | 汉族 | 冯庄 | 虎崾岘 |
| 户主 | 祁国辉 | 汉族 | 城阳 | 涝池 | 妻子 | 安小琴 | 汉族 | 冯庄 | 虎崾岘 |
| 妻子 | 瓮玉秀 | 汉族 | 城阳 | 涝池 | 长子 | 王永永 | 汉族 | 冯庄 | 虎崾岘 |
| 长子 | 祁建宁 | 汉族 | 城阳 | 涝池 | 长女 | 王利向 | 汉族 | 冯庄 | 虎崾岘 |
| 长女 | 祁雯静 | 汉族 | 城阳 | 涝池 | 户主 | 姬智德 | 回族 | 白阳 | 陡坡 |
| 户主 | 虎翠勤 | 汉族 | 城阳 | 涝池 | 妻子 | 沙得花 | 回族 | 白阳 | 陡坡 |
| 长子 | 祁成瑞 | 汉族 | 城阳 | 涝池 | 长子 | 姬建军 | 回族 | 白阳 | 陡坡 |
| 户主 | 韩万象 | 汉族 | 城阳 | 涝池 | 户主 | 姬小刚 | 回族 | 白阳 | 陡坡 |
| 妻子 | 张玲琴 | 汉族 | 城阳 | 涝池 | 妻子 | 马小琴 | 回族 | 白阳 | 陡坡 |
| 长女 | 韩福荣 | 汉族 | 城阳 | 涝池 | 长女 | 姬建霞 | 回族 | 白阳 | 陡坡 |
| 二女 | 韩福娟 | 汉族 | 城阳 | 涝池 | 二女 | 姬建雪 | 回族 | 白阳 | 陡坡 |
| 户主 | 李俊鹏 | 汉族 | 冯庄 | 虎崾岘 | 户主 | 马国军 | 回族 | 白阳 | 崾岘 |
| 妻子 | 王翠霞 | 汉族 | 冯庄 | 虎崾岘 | 妻子 | 姬文婷 | 回族 | 白阳 | 崾岘 |
| 长子 | 李　博 | 汉族 | 冯庄 | 虎崾岘 | 长女 | 马　瑞 | 回族 | 白阳 | 崾岘 |
| 次子 | 李　欢 | 汉族 | 冯庄 | 虎崾岘 | 长女 | 马　荣 | 回族 | 白阳 | 崾岘 |
| 户主 | 石旭平 | 汉族 | 冯庄 | 虎崾岘 | 长子 | 马凯泽 | 回族 | 白阳 | 崾岘 |
| 妻子 | 安　萍 | 汉族 | 冯庄 | 虎崾岘 | 户主 | 梁守斌 | 汉族 | 白阳 | 白岔 |
| 长女 | 石秉育 | 汉族 | 冯庄 | 虎崾岘 | 妻子 | 景秀莲 | 汉族 | 白阳 | 白岔 |
| 长子 | 石秉乾 | 汉族 | 冯庄 | 虎崾岘 | 四子 | 梁国荣 | 汉族 | 白阳 | 白岔 |
| 户主 | 石旭锋 | 汉族 | 冯庄 | 虎崾岘 | 户主 | 杨彦清 | 汉族 | 白阳 | 余沟 |
| 妻子 | 闫俊琴 | 汉族 | 冯庄 | 虎崾岘 | 妻子 | 吕慧琳 | 汉族 | 白阳 | 余沟 |
| 长女 | 石江涛 | 汉族 | 冯庄 | 虎崾岘 | 长子 | 杨靖翔 | 汉族 | 白阳 | 余沟 |
| 长子 | 石海涛 | 汉族 | 冯庄 | 虎崾岘 | 户主 | 刘利鹏 | 汉族 | 白阳 | 老庄 |
| 户主 | 路万武 | 汉族 | 冯庄 | 虎崾岘 | 妻子 | 魏　江 | 汉族 | 白阳 | 老庄 |
| 长子 | 路建银 | 汉族 | 冯庄 | 虎崾岘 | 长女 | 刘子萱 | 汉族 | 白阳 | 老庄 |

续表 19

| 与户主关系 | 家庭成员 | 民族 | 原居住地 | | 与户主关系 | 家庭成员 | 民族 | 原居住地 | |
|---|---|---|---|---|---|---|---|---|---|
| | | | 乡(镇) | 行政村 | | | | 乡(镇) | 行政村 |
| 二女 | 刘子琪 | 汉族 | 白阳 | 老庄 | 父亲 | 何发孝 | 汉族 | 孟塬 | 何岘 |
| 户主 | 虎　生 | 汉族 | 孟塬 | 虎山庄 | 次子 | 何志科 | 汉族 | 孟塬 | 何岘 |
| 次女 | 虎瑞楠 | 汉族 | 孟塬 | 虎山庄 | 长子 | 何志杰 | 汉族 | 孟塬 | 何岘 |
| 三女 | 虎瑞灵 | 汉族 | 孟塬 | 虎山庄 | 户主 | 杨小东 | 汉族 | 孟塬 | 椿树岔 |
| 妻子 | 张月君 | 汉族 | 孟塬 | 虎山庄 | 妻子 | 胡世翠 | 汉族 | 孟塬 | 椿树岔 |
| 长女 | 虎　瑞 | 汉族 | 孟塬 | 虎山庄 | 长女 | 杨　楠 | 汉族 | 孟塬 | 椿树岔 |
| 户主 | 陈建新 | 汉族 | 孟塬 | 赵山庄 | 户主 | 张占刚 | 汉族 | 小岔 | 米沟 |
| 妻子 | 巨　琴 | 汉族 | 孟塬 | 赵山庄 | 妻子 | 张淑霞 | 汉族 | 小岔 | 米沟 |
| 长子 | 陈　哲 | 汉族 | 孟塬 | 赵山庄 | 长女 | 张　楠 | 汉族 | 小岔 | 米沟 |
| 次子 | 陈　杰 | 汉族 | 孟塬 | 赵山庄 | 二女 | 张　娜 | 汉族 | 小岔 | 米沟 |
| 户主 | 何国斌 | 汉族 | 孟塬 | 何岘 | 三女 | 张　璐 | 汉族 | 小岔 | 米沟 |
| 妻子 | 罗金莲 | 汉族 | 孟塬 | 何岘 | | | | | |

## 第四节　县外重点生态移民新村简介

### 和顺新村

和顺新村隶属于宁夏回族自治区银川市金凤区良田镇，位于银川市区南郊，是宁夏回族自治区“十二五”生态移民安置点之一，为一个纯汉民村落。本村搬迁安置彭阳县生态移民 750 户 3375 人，行政区域划分为三个自然小组。

按照金凤区“121”移民安置规划，为移民户均分配 1 套 54 平方米住房、占地 2 亩大的一栋设施温棚、提供 1 个劳动就业岗位。全村共有两大支柱产业：设施温棚种植和劳务输出。温棚种植蔬菜品种主要是西红柿和小吊瓜，长期在外务工人员 360 人。成立村级经济社会组织 3 个：锦顺绿色果蔬种植农民专业合作社、和顺劳务协会、亿达峰园林绿化工程有限公司。全村共有党员 70 名，非公党组织一个，“中共锦顺绿色果蔬种植合作支部委员会”。成立文化队伍两个：和顺秦腔剧社、和顺社火队。村部、学校、幼儿园、卫生室、文化广场、道路、自来水管道等基础设施全部配套。

### 滨河家园

滨河家园隶属于宁夏回族自治区银川市兴庆区月牙湖，是宁夏回族自治区“十二五”生态移民安置点之一，搬迁 3979 户 16424 人。安置区配套建设幼儿园、小学、卫生院、村级活动场所、农贸市场等公共设施，居民生活非常便利。同时，移民搬迁到新家后，每户有 54 平方米的住房，人均一亩水浇地，户均一头优质奶牛，奶牛全部托管给养殖企业，每年每户移民可领取2800元的分红。另外，月牙湖乡万亩奶牛生态养殖园区建成后，将有20余家企业入驻，可为移民提供近600个就业岗位。

**同阳新村**

同阳新村隶属于宁夏回族自治区银川市西夏区镇北堡镇，是宁夏回族自治区"十二五"生态移民安置点之一，西夏区同阳新村是西夏区生态移民安置区，安置生态移民715户，2981人，同阳新村围绕"党群共富"，积极发展生态鸡养殖产业，培育养殖户26家，养殖生态鸡26000多只，预计实现利润156万多元，现养鸡产业已被列入西夏区扶贫开发重点项目。村支部制定《树下养殖产业发展规划》，积极争取政策支持，申请养殖项目，组织技术培训，组建农民专业合作社，统一管理流转出的全部土地，租用西干渠管理所经果林260亩，实现了现有养殖资源的最大限度整合利用。协会开拓产业市场。成立生态鸡养殖协会，实行统一培训、统一防疫、统一销售、分户养殖、分户指导，积极发挥信息、资金、技术优势，通过"公司+农户"的订单模式拓宽市场渠道，实现了产供销一条龙，保障了养殖户利益。"支部+协会一帮一带三"模式，推动党群共富。在养殖协会建立党小组，充分发挥党员上联党组织、下联养殖户的桥梁作用，形成了党支部抓协会、协会联接党小组、一名党员帮扶一个示范户、一个示范户带三个养殖户的"一帮一带三"党群共富模式。

## 第五节　县内重点生态移民新村简介

**古城镇皇甫新村**

古城镇皇甫新村安置区是我县县内生态移民最大的安置区之一。该安置区分一期、二期、三期工程，总投资6861.42万元，占地653.32亩，建设54平方米移民住房352套，安置移民352户1437人。安置区分移民住宅区、养殖园区、种植区三个功能区，统一配套建设人畜饮水、道路、通信、供电、供排水等基础工程，建设农村社区1处322.88平方米。

2011年完成了一期工程，建设移民住房172套，安置移民172户723人，配套建设70平方米养殖暖棚172座；2012年完成了二期工程，建设移民住房147套，安置移民147户596人，配套建设大中型拱棚147座；2013年完成第三期工程，建设移民住房33套，安置生态移民33户118人，配套建设大中型拱棚33栋，移民全部搬迁入住。

建成的移民新村主要有三个特点：一是设计独具特色。坚持高起点设计、高标准规划，在统筹考虑基础设施、公共服务和产业配套盼同时，实现移民安置区建设与新农村、小城镇、中心村建设"三结合"，前瞻性、实用性、美观性、特色性"四统一"，将彭阳特色、东山文化元素融入建设方案，打破“千村一面”的兵营式布局，充分彰显依山傍水、错落有致的“花园式”生态宜居特色，将移民安置区打造成布局优化、环境净化、村庄绿化、居住舒适化的“四化”新家园。二是产业配套跟进。充分发挥新村光热充沛、牧草优良、交通便捷、交易活跃等资源和区位优势，合理配套配套建设设施拱棚180栋、养殖暖棚172座，引导扶持移民家家户户发展庭院经济，在安置区主街道两侧规划建设商业用房67套6000平方米，着力打造移民商业一条街，为移民发展商贸流通服务业创造了便利条件。三是后续管理到位。在严格落实“5531”管理模式的基础上，充分发挥部门职能作用，推行“1+X”帮扶机制，实行“九个一”的配套模式，按照“六室两栏一场”标准要求，新建了皇甫新村多功能服务大厅，设立“两委”办公室、多功能室、便民服务站、图书室、警务室、医疗服务室，建有民风建设、文化宣传长廊和800平方米室外居民活动广场；建立健全村规民约、民事调解、宗教管理等制度；同时，将回族移民群众宗教活动纳入现有的东山清真寺进行宗教管理。

**新集乡团结新村**

新集乡团结新村位于新集乡街道，该安置区分一期、二期工程，总投资3855万元，占地218亩，建设54平方米移民住房248套，安置移民248户1059人。安置区分移民住宅区、养殖园区、种植区三个功能区，统一配套建设人畜饮水、道路、通信、供电、供排水等基础工程。配套建设村级活动场所并联建标准化农村社区和村级卫生室共200平方米，硬村级活动场所800平方米，建设农村日用品超市1处。

2011年完成了一期工程，建设54平方米移民住房120套，安置移民120户540人，配套建设70平方米养殖暖棚120座；2012年完成二期工程，建设54平方米住房128套，安置移民128户538人，配套建设大中型拱棚128座。移民全部搬迁入住。

该安置区新建养殖园区和设施农业园区各1处，流转土地 190亩，实行统一建造、分户种养、规范管理，户均1栋标准化暖棚和大中型拱棚，配套小型铡草机1台、扶持引进基础母牛1头、建50立方米青贮池1座，突出发展园区种养和第三产业。同时，帮助安置区移民户均培训1—2名农村实用技术人员，促进种养产业的发展，使安置区移民户户有产业、家家有收入，达到“搬得出、稳得住、逐步能致富”的目标。

**城阳乡沟圈生态移民安置区**

城阳乡沟圈生态移民安置区位于沟圈村街道两侧，距乡政府驻地28公里，概算总投资3084万元。安置区占地407亩，规划建设54平方米移民住房146套，安置移民146户558人。配套建设人畜饮水、道路、通信、供电、供排水等基础工程和村级活动广场、公共厕所等基础设施。同时为每户移民配套太阳灶、太阳能热水器各1套。在致富产业方面，为每户移民配套拱棚1座，发展设施蔬菜。同时，开发建设沟圈边贸市场，配套建设二层商业用房80套8246平方米，市场硬化2700平方米，货棚2660平方米，鼓励移民发展商贸流通服务业。安置的移民主要来自沟圈村自然条件恶劣，生产生活条件艰苦的沟嘴、小湾等6个村民小组。

该安置区建设与新农村建设、小城镇开发、边贸集镇有机结合，打破房屋建设兵营式摆布，充分彰显依山傍水、错落有致的“花园式”生态宜居特色。

### 孟塬乡草滩生态移民安置区

该安置区地处孟塬乡东南部，草滩村村部所在地，距乡政府7公里。规划占地40.3亩，项目建设概算总投资774.14万元，安置区统一规划、统一设计、统一建设54平方移民安置房40套、30平方米养殖棚40栋，安置生态移民40户168人。移民安置区建设项目包括移民住房工程，道路、给水、供电、绿化等附属配套工程。

该安置区主要搬迁山体滑坡区、山大沟深、交通不便，人居条件极差的草滩村马嘤岘村民小组，有效解决移民群众行路难、吃水难、用电难、上学难和发展经济难等问题，并充分利用当地饲草资源和特色种植的优势，支持和鼓励移民发展草畜产业，有效增加农民收入。

### 王洼镇劳务移民安置区

该安置区地处王洼镇镇中心，南至东进路、北至矿区活动广场、西至主街道。总占地33亩，建设5栋6层砖混结构县内劳务移民房306套15300平方米，计划安置劳务移民306户1173人。

该安置区由政府统一配套建设道路、供排水、供暖、供电、绿化等公共设施，新建社区服务中心1处200平方米（含图书阅览室、文体活动室、社会组织和专业站点服务室、卫生室、物业办公室），活动广场硬化1000平方米，公共厕所1座，日用品超市2处。工程于2013年4月开工建设，2014年10月底竣工，11月底搬迁入住。

该工程由银川市规划建筑设计研究院设计，宁夏四第五建筑工程公司和彭阳县建筑集团有限责任公司承担主体施工任务，宁夏建业工程监理有限公司负责工程监理。

### 县城栖凤花园劳务移民安置区

该安置区位于彭县城中部生活服务区，栖凤路以南，总建筑面积2.5872万平方米，建设50平方米劳务移民周转房504套，安置移民504户1938人。共7栋6层砖混结构住宅楼。

该安置区由政府统一配套建设道路、供排水、供暖、供电、绿化等公共设施，新建社区服务中心400平方米，新建活动广场1000平方米，公共厕所1座，日用品超市2处。工程于2012年5月开工建设，2012年10月完成，2012年10月搬迁入住。该项目由宁夏新技术建筑设计研究院设计，彭阳建筑集团和国诚集团有限公司施工，宁夏建业和六盘山监理有限公司负责工程监督。

**县城惠民家园劳务移民安置区**

该安置区位于彭阳县城西城区，兴彭大街以南，栖凤街以北，泰和路东侧。总占地面积3.04万平方米，约45.6亩。建设50平方米劳务周转房633套31650平方米，安置劳务移民633户2398人。共9栋6层砖混结构。该安置区由政府统一配套建设道路、供排水、供暖、供电、绿化等公共设施，配套建有建筑面积1000平方米的社区服务中心（含图书阅览室、文体活动室、社会组织和专业站点服务室、卫生室及物业办公室等）、公共厕所一座、日用品超市一处。2013年3月中旬项目开工建设。2014年9月底完成所有外网配套设施项目，11月搬迁入住。该项目由宁夏新技术建筑设计研究院设计，银川三建施工，宁夏发展咨询工程管理有限公司负责工程监理。

# 第五章　附　录

## 第一节　文献史料

### 彭阳县2011年县内生态移民实施方案

为切实做好2011年县内生态移民工作，根据《宁夏"十二五"中南部地区生态移民规划》、《彭阳县"十二五"实施生态移民规划方案》及自治区发改委、移民局有关移民政策，特制定本方案。

**一、指导思想和总体思路**

（一）指导思想。以邓小平理论和"三个代表"重要思想为指导，深入贯彻落实科学发展观，抢抓新一轮西部大开发历史机遇，坚持山内的问题山外解决、面上的问题点线解决的原则，以脱贫致富为目标，通过实施县内生态移民工程，着力改善困难群众生产生活条件及居住条件，加快恢复生态环境，实现移民县内转移致富和生态治理恢复"双赢"的目标。

（二）总体思路。按照"搬得出、稳得住、能致富"的要求，坚持以人为本，贯彻落实区、市党委、政府关于生态移民的有关政策精神，力争利用5年时间将地质灾害区、六盘山水源涵养林外缘区、水库淹没区、煤矿塌陷区、重点生态保护区、极度偏远山区"六区"和就地难以脱贫致富的困难群众实行异地搬迁，走出一条产业支撑富民、生产生活及居住条件得到改善、移民收入稳定增长、生态环境不断恢复的生态移民新路子。

**二、基本原则**

（一）因地制宜，科学选址。依据目标任务，统筹移民住房、产业发展、农田水利、基础设施、公益事业和生态建设，科学选址，建设安置区，防止从一个困难地区搬到另一个困难地区。

（二）整组搬迁，分类安置。根据安置条件，从移民家庭实际出发，采取山川结合、城乡结合、宜工宜农结合，合理确定生态移民和劳务移民比例，妥善安置移民。

（三）整合项目，合力攻坚。坚持移民搬迁与生态建设、退耕还林、新农村建设、危房改造、优势特色产业开发、整村推进、小城镇建设相结合，整合人力、财力、土地等资源，扎实推进生态移民工程。

（四）培育产业，稳定增收。结合当地优势资源，发展劳务和特色产业，形成以特色种养、劳务收入为主体的可持续增收致富格局。整合各类培训资源，加强农业实用技术、就业技能培训，鼓励职业院校面向移民招生。

（五）综合治理，恢复生态。对迁出区部分生产条件较差、不适宜耕作的土地，统一规划，实施退耕还林、退牧还草，有效恢复生态，实现脱贫致富与改善生态“双赢”目标。

**三、安置方式**

（一）生态移民。采取就近适度集中安置，按照靠城镇、近水源、沿公路的区域集中规划建设移民安置区。

（二）劳务移民。在确定的搬迁区域内，家庭4口人以下，基本劳力年龄在20—45周岁，初中以上文化程度，掌握一定务工技能且收入主要以务工为主的家庭，确定为劳务移民。

**四、建设任务**

2011年，建设县内移民安置区5个，其中生态移民安置区4个，分别为古城皇甫新村安置区、新集移民新村安置区、草庙移民新村安置区、城阳杨坪移民安置区。劳务移民安置区1个，县城民生家园劳务移民安置区。共建生态移民安置房585套、劳务移民周转房463套。县内搬迁安置移民1048户4717人，占“十二五”县内移民总任务的32.4%。

1.古城皇甫新村安置区。规划建设生态移民安置房216套，安置移民216户972人。主要安置六盘山水源涵养林外缘区、山体滑坡区、水库淹没区及极度偏远山区和就地难以脱贫致富的移民，突出发展园区养殖和二三产业。

2.新集移民新村安置区。规划建设生态移民安置房120套，安置移民120户540人。主要安置六盘山水源涵养林外缘区、山体滑坡区、水库淹没区及极度偏远山区和就地难以脱贫致富的移民，突出发展园区养殖和二三产业。

3.草庙移民新村安置区。规划建设生态移民安置房167套，安置移民167户752人。主要安置山体滑坡区、生态保护区、极度偏远的山区和就地难以脱贫致富的移民，依托集镇发展商贸流通和设施农业。

4.城阳杨坪移民安置区。规划建设生态移民安置房82套，安置移民82户369人，主要安置山体滑坡区、生态保护区、极度偏远山区和就地难以脱贫致富的移民，突出发展设施林果业。

5.民生家园移民安置区。规划在县城建民生家园劳务移民周转房463套，安置移民463户2084人。将具有一技之长且符合劳务移民条件的农户搬迁安置到县城，通过务工创业等方式加快脱贫致富步伐。

五、建设内容及投资概算

(一)建设内容

1.住房建设。主要建设主房、围墙及大门。配套房由农户自筹建设。

2.产业配套。有条件的安置区，户均建1栋养殖暖棚或1座日光温室。

3.公共设施。主要建设人畜饮水、道路硬化、供电、电讯、供排水等基础设施。

4.技能培训。按每户1—2人计算，每人2800元标准，做好劳动力技能培训。

(二)投资概算。按照《宁夏"十二五"中南部地区生态移民规划》和各行业定额标准，经测算，2011年我县5个移民项目区建设总投资10627万元，其中申请国家投资6587万元，地方政府补贴2483万元，移民自筹1557万元，具体移民资金按自治区发改委下达的投资计划执行。

六、主要政策

1. 住房政策：生态移民建房54平方米，单价按栏标审计结果执行。自治区政府每户补助2.5万元，农民自筹1.28万元，其余资金由政府承担，房屋产权归移民所有，移民住房10年内不准出租、转让。围墙高度1.5米，25米以内，除自治区每米补贴90元外，其余由移民承担，按照设计，超出25米部分，由政府承担。通电、给水及大门等入户工程由移民自筹解决。移民搬迁后，拆除原居住房；劳务移民建周转房40平方米，资金由政府承担，所有权归国家所有。移民入住前交纳2000元押金，免费居住，但不得转租。周转房由县有关部门管理。

2.土地政策：县内移民原有土地承包关系不变。不得将土地流转他人，可以流转给村级合作社或村集体。原土地用于种草种树，政府无偿提供种苗。如有退耕还林项目，优先安排县内移民迁出区。劳务移民原则上不安排耕地，鼓励其从事二、三产业。

3.产业政策：有条件发展设施养牛的移民，政府投资户均建设70平方米养殖暖棚1座，户均扶持1头基础母牛；有条件发展设施农业的移民，政府投资户均建设1栋日光温室；建棚及产业配套所需土地流转费，前3年由政府承担，之后由移民承担。

4.惠农政策：移民享受区、市、县出台的各项支农惠农政策。在原居住地享受的退耕还林等补贴政策继续执行到期满为止。

5.户籍政策：移民户籍实行属地管理，免收在户籍转换和户口迁移中的一切行政性收费。

6.社保政策：移民搬迁后，与迁入区

居民享有同等的教育、医疗卫生、养老保险、医疗保险、社会救助、低保等社会保障政策。对五保人员和夫妻子双方均无劳动能力(重度残疾)人员纳入敬老院供养。

7.教育政策:移民子女初中毕业未考入高中、高中毕业未考入大学的,可在职业院校免费享受两年职业技能教育培训。

8.计生政策:转为非农业户口的移民统一实行城镇计划生育政策。对搬迁安置的农业户口移民,继续实行农村计划生育政策。

**七、责任分工**

对全县生态移民领导小组各成员单位职责明确如下。

县生态移民办公室:负责区市有关移民方针、政策的贯彻落实;编制全县生态移民总体规划、年度计划,制定生态移民搬迁方案;负责县内外生态移民工作牵头、组织、协调、对接等工作;负责移民安置区建设项目论证、申报、审批、检查和验收;对县内外移民进行摸底调查,按照乡镇上报的移民花名册按比例抽查;指导乡镇做好生态移民建档立卡等基础性工作。

各乡镇人民政府:负责生态移民政策宣传动员;对搬迁对象进行摸底调查、登记造册;组织实施县内县外生态移民搬迁、安置等基础性工作;配合县移民办做好移民住房、土地等分配工作;负责本乡镇安置区选址、规划、征地、编制建设方案、施工设计、招投标、聘请监理并签订合同等前期准备工作;负责工程质量日常监督检查;做好移民安置区住房、围墙等主体工程及人畜饮水、道路硬化、供电、电讯、供排水等基础设施建设;解决生态移民过程中出现的各类矛盾和问题;做好迁出区各项后续管理工作。

县城乡建设和环境保护局:负责编制上报安置区移民住房、排水、环境治理等工程建设方案;组织实施安置区排水、环境治理工程项目;负责民生家园劳务移民周转房建设;整合危房窑改造资金,重点向移民安置区倾斜;负责对移民安置区工程质量的监督检查。

县财政局:负责资金筹措及资金使用情况审核;会同有关部门研究制定促进移民搬迁建设的财政政策;筹措移民搬迁建设资金;做好专项资金的使用管理;参与移民搬迁建设投资政策和有关生态补偿机制的研究、制定和实施。

县林业和生态经济局:负责编制上报安置区绿化工程和迁出区生态恢复建设方案;负责安置区绿化及迁出区生态治理恢复。

县供电局:负责安置区电网规划布设及迁出地电网整合等工作。

县文化旅游广播电视局:负责安置区电视信号接收设备配套;负责生态移民工作方面的宣传报道,营造全社会关心、支持和参与生态移民的良好氛围。

县教育体育局:负责安置区学校建设方案申报及工程建设工作;做好移民子女学籍迁转和“两免一补”等教育补助政策

的衔接。

县公安局:负责迁出地人口户籍审查核实、迁转等工作。

县监察局:负责监督生态移民项目实施工作,严肃查处违法违纪行为。

县民政局:负责迁出区村组变更和移民新村行政区划报批工作;安排民政救济、低保资金;对移民搬迁户实行社会救助倾斜;将移民中特困群众纳入社会救助范围;将无土安置移民中符合城乡低保条件的,纳入城乡低保范围。

县人力资源和社会保障局:负责移民医疗保险、养老保险等社会保险迁转工作;做好移民就业指导和技能培训,加快培育劳务中介机构,提供用工信息。

县国土资源局:负责安置区土地报批;配合乡镇做好安置区征用土地的丈量、建档及土地补偿费发放和证件办理工作。

县交通运输局:编制上报道路工程建设方案;负责安置区道路开通、硬化,包括主干道和居民点巷道硬化建设。

县水务局:编制上报人饮工程建设方案;负责安置区水源、给水管网铺设及人畜饮水配套工程建设。

县农牧和科学技术局:编制上报设施农业、养殖园区、农村能源建设方案;负责安置区设施农业、养殖园区和能源建设。

县卫生局:负责安置区附近村卫生室建设及防保人员配备,切实做好安置区群众最基本的医疗服务;整合卫生厕所项目投入到各安置区。

县人口和计划生育局:加强对移民安置区计划生育政策宣传及服务工作。

县审计局:负责对移民项目资金使用情况进行审计。

县扶贫开发办公室:配合县移民办公室做好劳务移民工作。

**八、实施步骤**

2011 年县内生态移民安置区建设工作从 2011 年 1 月 1 日开始,到 2011 年 12 月 31 日结束。具体分四个步骤进行:

(一)调查摸底,编制规划(2011 年 1 月 1 日—2 月 15 日)。各成员单位根据各自分工,科学编制上报 2011 年生态移民方案,合理规划移民安置点布局,明确建设内容、建设规模、建设进度、入住时间、扶持政策、保障措施等。各乡镇对已确定的移民对象开展认真细致的调查摸底,核准户、摸准随迁的人,对纳入搬迁区域群众逐一登记,做到“以户登记、按户建档、按人立卡”,并进行集中审核确认,实行计算机管理,确保生态移民工作基础数据准确无误。

(二)部门联动,开工建设(2011 年 2 月 16 日—3 月 31 日)。各乡镇在国土部门的配合下,完成征地拆迁及地上建筑物清理工作。县供电局要完成安置区电网布设工作,确保施工期间的正常用电。县水务局要完成安置区水源工程建设,确保施工期间的正常用水。乡镇要联系有关部门完成施工图纸设计、审查、预算编制、招投标等工作。

（三）整体推进，全面实施（2011 年 4 月 1 日—10 月 31 日）。各乡镇及成员单位要按照各自职责，按期完成移民住房及附属配套工程建设任务，确保工程进度和质量。积极创造条件，分批次有针对性地开展劳务移民技能培训工作。

（四）工程验收，搬迁安置。（2011 年 11 月 1 日—12 月 31 日）各成员单位于 11 月底前完成工程竣工决算、项目审计和初步验收，初验合格后，由县发改局、移民办、建环局组织相关部门对工程进行竣工验收。12 月 31 日，前各乡镇组织移民全部搬迁入住。相关部门完成户籍、社保等手续迁转工作。

**九、保障措施**

（一）加强领导，健全机构。生态移民是一项重大的政治工程、民生工程、民心工程，更是一项复杂的系统工程，为保证生态移民工程顺利实施，县委、政府成立了由县委书记任组长，政府县长任第一副组长，县委、人大、政府、政协分管领导任副组长，发改、财政、建环、水务、公安等部门和各乡镇负责人为成员的彭阳县生态移民工作领导小组，领导小组下设办公室，办公室设在县发改局。县委、政府将生态移民工作纳入乡镇和部门年度综合考核，各乡镇及各成员单位要把生态移民工作摆上重要议事日程，成立组织机构，确定专人负责，抽调工作能力强、有责任感并熟悉农村工作的干部专抓生态移民工作，切实加强领导，精心组织，积极稳妥，有序推进。

（二）广泛宣传，营造氛围。各乡镇、各成员单位要站在奋力缩小发展差距、维护社会和谐稳定、切实关注和改善民生的政治高度，进一步统一思想，深化认识，强化措施，充分发动群众，组织乡、村干部深入农户，多层次、全方位宣传生态移民政策，提高广大干部群众对实施生态移民工程的认识，使群众能够积极主动参与到生态移民工作中，消除搬迁群众“故土难离”的情结，营造全社会关心、支持和参与生态移民的良好氛围。

（三）创新机制，强化管理。生态移民规模大、涉及范围广、工作任务重、实施难度大，必须采取非常之策，举全县之力打好生态移民攻坚战。切实落实“五定三包”，切实做到“定目标任务、定时间进度、定责任人员、定工作措施、定责任追究”和“县级领导包乡、科级干部包村、一般干部包组包户”，形成全县上下一致攻坚的强大合力。

（四）科学规划，分步实施。根据自治区有关移民政策措施，结合县情实际，在摸清迁出区人口等基本情况和迁入区土地、水资源等安置条件的前提下，充分调研，广泛论证，科学合理地编制有针对性、操作性强的实施方案，为生态移民工程实施提供切实可行的规划指导。

（五）密切配合，搞好协作。各乡镇、成员单位要加强联系沟通，紧密协作，结合各自工作职责，认真研究、周密部署，把各项优惠政策不折不扣的落到实处，让广大移民群众真正得到实惠。各乡镇、各成员单位要依照各自职能，认真履行职责，坚决杜绝相互扯皮、工作推诿现象发生。

（六）整合资金，多方筹措。要建立多渠道投资机制，按照“统一规划、集中使用、渠道不乱、用途不变、各负其责、各记其功”的原则，有效整合退耕还林、以工代赈、整村推进、农田水利、农村饮水、交通电力、危房改造、农村能源、产业发展等各项支农资金，做到统筹使用，发挥整体效益。

（七）强化管理，严肃纪律。生态移民工程建设实行“四制”管理，各乡镇、各成员单位要按照工程批复或计划任务要求建设，不得擅自变更项目建设地点、规模或降低建设标准，确保工程质量。项目建设资金实行专户管理，专款专用，严禁挤占、挪用。对项目资金使用情况进行审计检查，对移民过程中弄虚作假、以权谋私、挤占挪用资金等违规违纪行为将严肃查处。

## 彭阳县2011年县外生态移民实施方案

2011年是实施“十二五”生态移民规划的起步之年，做好今年的生态移民工作，对全面完成“十二五”生态移民任务开好头、起好步，至关重要。为切实做好2011年县外生态移民工作，结合《宁夏“十二五”中南部地区生态移民规划》和银川市及市辖三区有关移民建设方案，制定本实施方案。

### 一、指导思想

高举中国特色社会主义理论伟大旗帜，以邓小平理论和“三个代表”重要思想为指导，深入贯彻落实科学发展观，全面贯彻党的十七届五中全会和自治区党委十届十一次全会精神，抢抓新一轮西部大开发历史机遇，坚持异地置业致富，以创建“生态文明示范县”为前提，以脱贫致富为目标，以改善民生为核心，通过实施生态移民工程，拨穷根、挪穷窝，从根本上改变贫困地区群众生产生活及居住条件，恢复生态，综合治理，确保我县与全国、全区同步进入小康社会

### 二、目标任务

根据《宁夏“十二五”中南部地区生态移民规划》及自治区移民局（宁移民发〔2011〕7号）文件精神，2011年，我县县外移民涉及8个乡镇、17个行政村29个自然村，涉及移民1556户6460人，占县外移民总数的28.6%。项目具体实施中，由县移民办牵头协调，各乡镇具体落实，各成员单位配合，力争10月底前组织移民搬迁入住，12月底前将耕地和设施农业拱棚等分配到户。

### 三、实施范围

（一）迁出区

1.选择条件：生态脆弱、群众生产生活条件极端艰苦的北部乡镇的部分自然

村；县国土部门确定的部分地质灾害险点区；六盘山水源涵养林外缘区的部分自然村；重点生态建设保护及有利于生态恢复的区域。

2.实施原则：坚持整组、整区域、整户搬迁和适度集中连片相结合，以2010年12月31日前公安部门登记的农业户籍为基准界定搬迁区农户户数和人口，将搬迁区年龄在20—45周岁，家庭主要成员拥有一定劳务技能、务工基础和创业经验的农户纳入劳务移民范围。

(二)迁入区

2011年，银川市辖三区第一批安置我县移民1556户6460人，其中：兴庆区月牙湖安置1016户4260人；西夏区安置240户1000人(其中生态移民215户900人，劳务移民25户100人)；金凤区良田镇安置300户1200人。

**四、主要政策**

经与银川市兴庆区、西夏区、金凤区对接，初步提出如下安置政策：

1. 住房政策：建房资金实行政府补助、农户自筹、企业参与、社会捐助等多种筹措形式。生态移民每户建设54平方米住房，政府每户补贴2.5万元，其余由农户自筹，产权归农户所有，移民搬迁后拆除原有住房；移民住房10年内不准出租、转让。劳务移民每户建设40平方米周转房，建房资金自治区承担70%、企业承担30%，周转房由移民租住，不得转租，房屋由银川市辖三区相关部门或企业负责管理。

2.土地政策：兴庆区月牙湖安置区原则上人均提供1亩水浇地；西夏区镇北堡镇安置区原则上人均提供0.6亩水浇地；金凤区良田镇安置区原则上户均提供2亩水浇地。

3.惠农政策：移民享受迁入地的各项支农惠农补贴政策。在原居住地享受的退耕还林等政策继续执行到期满为止。

4. 户籍政策：移民户籍属地管理，凡搬迁的移民必须将户口同时迁出，免收在户籍转换和户口迁移中的一切行政收费。

5.社保政策：生态移民和劳务移民搬迁后，与迁入区居民享有同等的教育、医疗卫生、养老保险、失业保险、社会救助、低保等社会保障政策。

6. 融资政策：对生产生活困难的移民，银川市将积极争取金融机构创新贷款模式，探索以房屋、土地、设施农业等产权作为抵押物，解决移民贷款问题，并给予利率优惠政策。村级扶贫互助资金优先覆盖生态移民新村。

7.教育政策：移民子女初中毕业未考入高中、高中毕业未考入大学的，可在职业院校免费享受两年职业技能教育培训。

8.生态恢复政策：迁出区移民原有住房全部拆除，收回宅基地和承包地，纳入迁出地生态恢复建设规划，恢复和保护当地的生态环境。

9.其他政策：纳入移民规划的农户，

在规划搬迁期间不得办理分户手续。新生和死亡人口在当地政府及派出所核实后办理户口手续。对五保人员和夫妻子双方均无劳动能力(重度残疾)的人员纳入敬老院供养。对特别困难的移民给予临时救助。

**五、搬迁程序**

(一)调查摸底。按照确定的迁出区域选择条件和实施原则,由乡镇负责上报拟迁出区域,县移民办实地考察核实。搬迁区域确定后由乡镇核实迁出区域涉及的户数和随迁人口,编制县外移民花名册,并以自然村为单位进行公示,公示无异议后在移民花名册上签字盖章上报县移民办。县移民办进行抽查核实,抽查核实无异议后作为县外移民搬迁对象备案留存。

(二)组织实施。

1.确定搬迁户。县移民办根据银川市辖三区 2011 年移民搬迁安置计划,给各乡镇下达移民搬迁指标、划分搬迁安置区域。各乡镇按照分配的指标,对迁出区农户基本情况进行再核实。具体步骤:一是由迁出区域农户向村委会提出移民搬迁正式申请,村委会依据农户《户口簿》填写各种表册并收集农户照片等资料;二是由各行政村将各种表册、农户《户口簿》报送乡镇人民政府审查核实,审查核实后由乡镇人民政府编制迁出人员花名册;三是由各乡镇将农户《户口簿》、表册及农户照片等资料报县移民办审定;四是县移民办按拟迁户数的 20%比例抽查核实无误后,将迁出移民名单返还各乡镇,在各迁出村组张榜公示 7 天,以接受群众监督。

2.办理迁转手续。迁出移民名单公示期满,群众无异议的,农户凭乡镇人民政府出具的介绍信到县移民办领取“移民搬迁通知单”,并持“通知单”到公安局、教育局、社保局办理户口、学籍、养老、医疗保险等迁转手续。迁移手续办理完备后,由县移民办进行最终审核盖章,确定为正式搬迁对象。

3.移民搬迁。移民携带迁移手续,由各乡镇选派一名领导和一名干部带队,统一前往银川市安置点,由县移民办派驻银川市安置点工作人员会同银川市移民办对移民手续审核确认无误后,安排移民到当地公安局、社保局、教育局等办理户口、学籍、养老医疗保险迁转手续,然后根据银川市移民办分配的住房及耕地情况,将移民安置到户。

4. 恢复生态。各乡镇对移民迁出区域,除质量较好的公用设施用房留做生态建设管护用房外,统一拆除其余民房。县林业局制定翔实的生态恢复治理规划,在迁出区按计划开展生态恢复建设。

(三)检查验收。移民迁出后,由县移民办会同有关部门单位对各乡镇迁出区域生态恢复工作进行检查验收,并配合银川市移民办检查验收银川三区移民安置年度完成情况,同时规划并研究下一年度生态移民工作。

六、保障措施

(一)加强领导,健全机构。生态移民工程是一项政策性强、涉及面广、操作复杂的系统工程。为切实加强对全县“十二五”生态移民工作的领导,县委研究成立了领导机构和组织机构，抽调了专门工作人员，进一步充实了工作机构。各乡镇、各成员单位一定要站在讲政治的高度，慎重对待这项工作，要切实加强领导,成立相应的组织机构和领导机构,抽调工作能力强、有责任心且熟悉群众工作的干部专门负责此项工作，做到上下合拍、同频共振。

(二)广泛宣传,营造氛围。生态移民涉及千家万户,各乡镇在调查摸底时,要坚持正面宣传、正确引导,做好对群众的宣传、解释和动员工作,充分调动群众参与搬迁工作的积极性和主动性。县委宣传部、县文广局和彭阳政务网站要利用广播电视等新闻媒体，开播生态移民专栏，加大对生态移民工作方面的宣传报道,营造全社会关心、支持和参与移民搬迁工作的良好氛围。

(三)加强对接,搞好服务。生态移民是自治区确定的“十二五”重点民生工程，县移民办要进一步加强与迁入区工作的对接,建立对接工作联席会议制度,及时了解迁入区安置点的规划建设进度,协商确定安置方式,研究组织搬迁工作,协调解决工作中存在的困难和问题,切实做好生态移民各项服务工作，确保移民“搬得出、稳得住、能致富”。

(四)明确职责,狠抓落实。各乡镇、各成员单位要加强联系沟通,紧密协作,结合各自工作职责，认真研究、周密部署,不折不扣地抓好落实,切实做到迁出一户,稳定一户,真正要让迁出群众走得高兴,住得舒心,稳定增收。

(五)强化管理,严肃纪律。生态移民是一项重大的政治工程、民生工程、民心工程，各乡镇、各有关单位一定强化管理、严格纪律,坚决杜绝偏亲后友、弄虚作假、以权谋私、挤占挪用生态移民专项资金等问题发生,县纪委、监察局要加强对违规违纪行为的查处力度，真正做到廉洁移民、廉洁搬迁。

## 彭阳县2012年县内生态移民实施方案

2012年是“十二五”生态移民工作至关重要的一年,为切实做好县内生态移民工作,根据《宁夏“十二五”中南部地区生态移民规划》、《自治区人民政府关于印发宁夏“十二五”中南部地区生态移民规划的通知》(宁政发〔2011〕34号)、《彭阳县“十二五”实施生态移民规划方案》及自治区中南部地区生态移民领导小组办公室《关于下达2012年度中南部地区生态移民计划任务指标的通知》(宁移组办发〔2011〕6号)、《自治区人民政府关于进一步促进中南部地区生态移民的若干政策意见》(宁政发〔2012〕29号)等有关政策精神,结合我县实际,制定本方案。

**一、指导思想和总体思路**

(一)指导思想。以邓小平理论和“三个代表”重要思想为指导,深入贯彻落实科学发展观,抢抓新一轮西部大开发历史机遇,坚持山内的问题山外解决、面上的问题点线解决的原则,以脱贫致富为目标,通过实施县内生态移民工程,着力改善困难群众生产生活条件及居住条件,加快恢复生态环境,实现移民县内转移致富和生态治理恢复“双赢”的目标。

(二)总体思路。按照“搬得出、稳得住、逐步能致富”的要求,坚持以人为本,贯彻落实区、市党委、政府关于生态移民的有关政策精神,力争再利用4年时间将六盘山水源涵养林外缘区、地质灾害区、煤矿塌陷区、水库淹没区以及不适宜居住、不适宜发展且就地难以脱贫致富的偏远艰苦地区等“五个重点区域”纳入县外移民搬迁,确保将条件最艰苦、道路最难行、生活最贫困且最需要搬迁的群众尽快搬迁出来,挪出穷窝、拔掉穷根,实现异地置业就业创业致富。走出一条产业支撑富民、生产生活及居住条件得到改善、移民收入稳定增长、生态环境不断恢复的生态移民新路子。

**二、基本原则**

(一)因地制宜,科学选址。依据目标任务,统筹移民住房、产业发展、农田水利、基础设施、公益事业和生态建设,科学选址,建设安置区,防止从一个困难地区搬到另一个困难地区。

(二)整组搬迁,分类安置。根据安置条件,从移民家庭实际出发,采取山川结合、城乡结合、宜工宜农结合,合理确定生态移民和劳务移民比例,妥善安置移民。

(三)整合项目,合力攻坚。坚持移民搬迁与生态建设、退耕还林、新农村建设、危房改造、优势特色产业开发、整村推进、小城镇建设相结合,整合人力、财力、土地等资源,扎实推进生态移民工程。

(四)培育产业,稳定增收。结合当地优势资源,发展劳务和特色产业,形成以特色种养、劳务收入为主体的可持续增收致富格局。整合各类培训资源,加强农业实用技术、就业技能培训,鼓励职业院校面向移民招生。

(五)综合治理,恢复生态。对迁出区部分生产条件较差、不适宜耕作的土地,统一规划,实施退耕还林、退牧还草,有效恢复生态,实现脱贫致富与改善生态“双赢”目标。

**三、安置方式**

(一)生态移民。采取就近适度集中安置,按照靠城镇、近水源、沿公路的区域集中规划建设移民安置区。

(二)劳务移民。在确定的搬迁区域内,家庭4口人以下,基本劳力年龄在20—45周岁,初中以上文化程度,掌握一定务工技能且收入主要以务工为主的家庭,确定为劳务移民。

**四、建设任务及内容**

2012年，建设县内移民安置区6个，其中生态移民安置区5个，分别为城阳乡沟圈生态移民安置区、新集乡生态移民安置区、草庙乡南湾生态移民安置区、孟塬乡草滩生态移民安置区、古城镇古雁生态移民安置区；劳务移民安置区1个，彭阳县栖凤花园劳务移民安置区。共建生态移民安置房624套、劳务移民周转房504套。县内搬迁安置生态移民624户2622人、劳务移民504户2016人，共计1128户4638人，占“十二五”县内移民总任务的31.1%。

（一）城阳乡沟圈生态移民安置区

1.农田水利工程。在安置区新打机井1眼，解决移民安置区219亩设施农业灌溉水源。

2.移民住房工程。统一建设单户建筑面积54平方米砖木结构移民住房146套，安置生态移民146户614人，主要安置山体滑坡区、生态保护区、极度偏远山区和就地难以脱贫致富的移民。

3.劳务产业工程。计划农业实用技术和劳务产业技能培训292人，使移民安置区每户有2人外出务工，增加移民的工资性收入。

4. 特色产业工程。新建大中型拱棚146亩，户均1亩，同时利用原有耕地发展中药材和烤烟等特色种植业1460亩，户均10亩，开发改造现有市场，建设综合物流市场1处，新建交易货棚4栋，建设牛羊交易市场1处。依托沟圈宁甘边贸集镇改造提升，发挥中药材等物流市场及牲畜交易市场活跃的优势，突出发展商贸流通服务业，使移民逐步脱贫致富。

5.公共服务工程。配套建设供（排）水、供电、道路工程。建设3班型幼儿园一所，建筑面积200平方米，并配套幼儿教育设备。配套太阳能热水器146台，太阳灶146台，安装光伏照明路灯50盏。建村级活动场所200平方米，公共厕所1座，农家店1处，配套垃圾池5个、垃圾箱40个。

6.生态环境建设工程。完成安置区绿化总面积41.1亩，其中道路绿化2.66公里22.5亩、庭院绿化2.6亩（户均12平方米）、幼儿园和社区及市场绿化16亩。

（二）新集乡生态移民安置区

1.农田水利工程。新打机井1眼，发展设施农业灌溉面积128亩。

2.移民住房工程。统一建设单户建筑面积54平方米砖木结构移民住房128套，安置生态移民128户538人。主要安置六盘山水源涵养林外缘区、山体滑坡区、水库淹没区及极度偏远山区和就地难以脱贫致富的移民。

3.劳务产业工程。计划农业实用技术和劳务产业技能培训256人，使移民安置区每户有2人外出务工，增加移民的工资性收入。

4. 特色产业工程。新建大中型拱棚128亩，户均1亩。同时利用原有耕地发展地膜玉米和蔬菜等特色种植业1280

亩,户均10亩,使移民逐步脱贫致富。

5.公共服务工程。配套建设供(排)水、供电、道路工程。配套太阳能热水器128台,太阳灶128台,安装光伏照明路灯20盏。建村级活动场所200平方米,公共厕所1座,农家店1处,配套垃圾池5个、垃圾箱40个。

6.生态环境建设工程。完成绿化总面积31.7亩,其中道路绿化3.4公里27.8亩、庭院绿化2.3亩(户均12平方米)、社区绿化1.6亩。

(三)草庙乡南湾生态移民安置区

1.移民住房工程:统一建设单户建筑面积54平方米砖木结构移民住房130套,安置生态移民130户546人。主要安置山体滑坡区、生态保护区、极度偏远的山区和就地难以脱贫致富的移民。

2.劳务产业工程:计划农业实用技术和劳务产业技能培训260人,使移民安置区每户有2人外出务工,增加移民的工资性收入,使劳务收入成为移民收入的主要来源。

3.特色产业工程:新建标注化养殖园区1个,建设暖棚130栋,户均1栋,配套小型铡草机130台,发展肉牛养殖。利用原有耕地发展特色种植1024亩,人均种植地膜玉米2亩;建设综合物流市场1处,新建交易货棚4栋,仓储式交易厅2栋,安装太阳能路灯15盏,建公共厕所1座、垃圾池2个、垃圾箱10个。依托新建物流市场及309国道交通便利、草庙商贸流通活跃的条件,发展商贸流通服务业,逐步脱贫致富。

4.公共服务工程:配套建设供(排)水、供电、道路工程。配套太阳能热水器130台,太阳灶130台,安装光伏照明路灯30盏。建村级活动场所200平方米,公共厕所1座,农家店1处,配套垃圾池5个、垃圾箱36个。

5.生态环境建设工程:完成绿化总面积37.7亩,其中道路绿化2.28公里19.2亩、庭院绿化2.3亩(户均12平方米)、社区及空地绿化8.7亩、环村防护林建设7.5亩。

(四)孟塬乡草滩生态移民安置区

1.移民住房工程:统一建设单户建筑面积54平方米砖木结构移民住房40套,安置生态移民40户168人。主要安置山体滑坡区、生态保护区、极度偏远的山区和就地难以脱贫致富的移民。

2.劳务产业工程:计划农业实用技术和劳务产业技能培训80人,使移民安置区每户有2人外出务工,增加移民的工资性收入。

3.特色产业工程:新建标准化养殖暖棚40栋,配套小型铡草机40台,突出发展肉牛养殖业。同时利用原有耕地发展地膜玉米和黄花菜特色种植400亩,户均10亩,逐步脱贫致富。

4.公共服务工程:配套建设供(排)水、供电、道路工程。配套太阳能热水器40台,太阳灶40台,安装光伏照明路灯12

盏。配套垃圾池5个、垃圾箱36个。

5.生态环境建设工程:完成绿化总面积16.5亩，其中道路绿化1.35公里10.1亩、庭院绿化0.7亩(户均12平方米)、环村防护林建设5.7亩。

(五)古城镇古雁生态移民安置区

1.农田水利工程:该工程新打机井1眼，可解决移民区设施农业灌溉面积270亩。

2.移民住房工程:统一建设单户建筑面积54平方米砖木结构移民住房147套,安置生态移民147户618人。主要安置山体滑坡区、生态保护区、极度偏远的山区和就地难以脱贫致富的移民。

3.劳务产业工程:计划农业实用技术和劳务产业技能培训360人,使移民安置区每户有2人外出务工,增加移民的工资性收入,使劳务收入成为移民收入的主要来源。

4. 特色产业工程：新建大中型拱棚147栋，户均1栋。同时利用原有耕地发展地膜玉米和蔬菜等特色种植业1470亩,户均10亩。

5.公共服务工程:包括供水、排水、供电、道路、教育、农村能源和其他配套工程。扩建3班型幼儿园一所，建筑面积720平方米,并配套幼儿教育设备。计划配套太阳能热水器147台,太阳灶147台,安装光伏照明路灯50盏。其他配套工程计划硬化活动广场硬化1000平方米,公共厕所1座,农家店1处,移民新村标志牌1座,配套垃圾池6个、垃圾箱50个。

6.生态环境建设工程:完成安置区绿化总面积33.7亩,其中道路绿化3.5公里30.5亩、庭院绿化3.2亩（户均12平方米)。移民迁出区庄院及公共建设用地生态恢复450亩。

(六)彭阳县劳务移民安置区

在县城栖凤花园规划建设劳务移民安置区1个，建劳务移民周转房7栋504套(每套约50平方米),安置劳务移民504户2016人，将具有一技之长且符合劳务移民条件的农户搬迁安置到县城,通过务工创业等方式加快脱贫致富步伐。安置区配套建设供(排)水、供暖、供电、绿化等工程。每户配套太阳能热水器1套，建设1000平方米社区服务中心（含图书阅览室、文体活动室、社会组织和专业站点服务室、卫生室及物业办公室等)1处,建公共厕所1座、日用品超市1处。

**五、投资概算及资金来源**

按照《宁夏“十二五”中南部地区生态移民规划》和各行业定额标准，经测算，2012年我县6个移民项目区建设总投资22290.22万元，其中申请国家投资15496.02万元,地方自筹5808.55万元,农民自筹985.65万元,具体移民资金按自治区发改委下达的投资计划执行。

**六、主要政策**

(一)住房政策。生态移民每户建设54平方米的住房，单价按拦标审计结果执行。自治区政府每户补助2.5万元,农民自筹1.28万元,不得减免或加收,其余不足资金通过整合农村危房窑改造资金来解决,房屋产权归移民所有, 移民搬迁后,拆除原居住房;移民住房10年内不准出租、转让。围墙高度1.6米,除自治区每米(每户补25米)补贴90元外,其余不足资金通过整合农村危房窑改造资金和移民共同承担。劳务移民每户建设50平方米的周转房,周转房由移民租住,不得转租。劳务移民周转房由县有关部门管理,劳务移民5年内享有周转房廉租权,5年后自愿核转户籍、拆除迁出区原住房及附属设施、解除原土地承包合同者,迁入区根据自治区劳务移民相关政策,帮助解决住房并纳入城镇住房保障体系。

(二)土地政策。县内生态移民原有土地承包关系不变。不得将土地流转他人,可以流转给村级合作社或村集体。原土地用于种草种树,政府无偿提供种苗。如有退耕还林项目,优先安排县内移民迁出区。劳务移民原则上不安排耕地,鼓励其从事二、三产业。

(三)产业政策。因地制宜,对有条件发展设施种养业的生态移民,每户建设30平方米养殖暖棚1座或每户建设占地面积1亩的大中型拱棚1栋。

(四)惠农政策。移民享受区、市、县出台的各项支农惠农政策。在原居住地享受的退耕还林等补贴政策继续执行。

(五)户籍政策。移民户籍实行属地管理,严格执行2009年12月31日户籍界定时间点,免收在户籍转换和户口迁移中的一切行政收费。

(六)社保政策。移民搬迁后,与当地居民享有同等的教育、医疗卫生、养老保险、医疗保险、社会救助、社会福利和慈善等社会保障政策。

(七)教育政策。移民子女初中毕业未考入高中、高中毕业未考入大学的,可在职业院校免费享受两年职业技能教育培训。

(八)计生政策。转为非农业户口的移民统一实行城镇计划生育政策。对搬迁安置的农业户口移民,继续实行农村计划生育政策。

**七、责任分工**

对全县生态移民领导小组各成员单位职责明确如下。

县生态移民办公室:与发改局共同为县内生态移民安置区、县内劳务移民安置区建设项目主管单位。负责区市县有关移民方针、政策的宣传、贯彻、落实;编制全县生态移民总体规划、年度计划,制定生态移民搬迁安置方案;负责县内生态移民工作牵头、组织、协调和监管等工作;适时提议召开领导小组成员单位会议和联席会议,研究解决工程建设和搬迁安置过程中出现的各种矛盾和问题;负责生态移民建设项目论证、申报、审批、检查和验收;对县内、县外移民进行摸底调查,按照乡镇上报的移民花名册按比例抽查核实;指导乡镇做好生态移民建档立卡等基础性工作；负责制定劳务移民周转房管理办法。完成领导小组交办的其他各项工作。

有关乡镇人民政府：为县内生态移民安置区建设责任主体。负责生态移民政策宣传动员；确定搬迁对象并进行摸底调查、登记造册；通过，“四步审核”，与辖区派出所共同审核确定移民资格，建档立卡，并按时上报；组织实施县内生态移民搬迁、安置等基础性工作；配合县移民办做好移民住房、土地等分配工作；负责本乡镇安置区选址、规划、征地、拆迁补偿、编制建设方案等前期准备工作；负责工程质量日常监督检查；负责移民自筹款收缴、上解；制订《移民新村管理服务办法》，配合县委组织部做好移民安置区公共服务和社会管理工作；解决生态移民过程中出现的各类矛盾和问题；做好移民入住、迁出区原房屋拆迁等各项后续管理工作。完成领导小组交办的其他各项工作。

县城乡建设和环境保护局：为县内劳务移民周转房建设责任主体。做好光伏照明路灯安装和垃圾点（池）布设建设工作；组织实施安置区排水、环境治理工程项目；负责劳务移民周转房建设与管理工作；整合危房窑改造资金，重点向移民安置区倾斜；制定出台生态移民工程验收标准与办法，负责对生态移民各项工程质量的监督、检查、验收。完成领导小组交办的其他各项工作。

县财政局：负责生态移民资金筹措及资金使用情况审核；制订生态移民资金管理办法；会同有关部门研究制定促进移民搬迁建设的财政政策；筹措移民搬迁建设资金；参与移民搬迁建设投资政策和有关生态补偿机制的研究、制定和实施。配合做好整体项目工程的竣工验收。完成领导小组交办的其他各项工作。

县林业和生态经济局：负责安置区绿化及迁出区生态治理恢复；做好移民新村主干道、巷道绿化、环村防护林及安置区周边空地绿化美化工作。制订绿化工程验收管理办法，完成领导小组交办的其他各项工作。

县供电局：负责安置区电网规划布设及迁出地电网整合等工作；制订供电工程验收管理办法。完成领导小组交办的其他各项工作。

县文化旅游广播电视局：负责安置区电视信号接收设备配套；负责生态移民工作方面的宣传报道。完成领导小组交办的其他各项工作。

县教育体育局：做好移民子女学籍迁转和“两免一补”等教育补助政策的衔接。完成领导小组交办的其他各项工作。

县公安局：负责移民安置区社会治安及维稳工作，防止突发事件的发生；负责迁出地人口户籍审查核实、迁转等工作；完成领导小组交办的其他各项工作。

县监察局：负责监督生态移民项目实施、资金使用管理过程中各种违纪、违法行为查处；配合做好整体项目工程的检查、验收。完成领导小组交办的其他各项工作。

县民政局：负责迁出区村组变更和移民新村行政区划报批工作；对鳏寡孤独及丧失劳动能力的人口，按照有关社会保障政策在敬老院安置；对移民搬迁户实行社会救助倾斜；将移民中特困群众纳入社会救助范围；将无土安置移民中符合城乡低保条件的，纳入城乡低保范围。完成领导小组交办的其他各项工作。

县人力资源和社会保障局：负责移民医疗保险、养老保险等社会保险迁转工作；制订移民培训工作实施方案，做好移民就业指导和技能培训，加快培育劳务中介机构，提供用工信息，对移民就业情况进行跟踪监管，及时制定措施确保移民就业的稳定性。完成领导小组交办的其他各项工作。

县国土资源局：负责安置区建设用地的报批；配合乡镇做好安置区征用土地的丈量、建档及土地补偿费发放和证件办理工作；完成领导小组交办的其他各项工作。

县交通运输局：负责安置区道路建设，包括主干道和居民点巷道硬化建设；制定道路工程验收办法；完成领导小组交办的其他各项工作。

县水务局：负责安置区打水源机井、给水管网铺设、入户工程安装及人畜饮水配套工程建设；制定给水工程验收管理办法；完成领导小组交办的其他各项工作。

县农牧和科学技术局：负责安置区设施农业养殖暖棚、大中型拱棚、养殖园区和农村能源项目实施。制定养殖园区及大中型拱架棚建设、验收、经营管理及运行办法。做好太阳灶的采购、配发和安装；做好养殖园区基础母牛采购补栏工作，加强对养殖园区的项目支持和技术指导，确保移民能够搬得出、稳得住、逐步能致富；做好养殖户铡草机配套投放等工作。完成领导小组交办的其他各项工作。

县卫生局：负责安置区附近村卫生室建设及防保人员配备，切实做好安置区群众最基本的医疗服务；整合卫生厕所项目投入到各安置区；配合乡镇做好卫生厕所建设、验收工作；负责县外移民搬迁医护人员选派等工作。完成领导小组交办的其他各项工作。

县人口和计划生育局：加强对移民安置区计划生育政策宣传及服务工作。完成领导小组交办的其他各项工作。

县审计局：负责对移民项目拦标审计及资金使用情况进行审计，按照要求及时对工程进行决算、审计。配合做好整体项目工程的竣工验收。完成领导小组交办的其他各项工作。

县扶贫开发办公室：配合县移民办公室做好劳务移民工作，具体负责劳务移民的组织实施工作。负责村级发展互助发展资金投放管理，完成领导小组交办的其他各项工作。

县委组织部：负责县内生态移民安置区的组织建设与管理。完成领导小组交办的其他各项工作。

县委宣传部:负责县内外生态移民政策的宣传报道工作。完成领导小组交办的其他各项工作。

八、实施步骤

2012年县内生态移民安置区建设工作从2012年1月1日开始，到2012年9月30日结束。

(一)调查摸底,编制规划(2012年1月1日—1月31日)。各成员单位根据各自分工，科学编制上报2012年生态移民方案,合理规划移民安置点布局,明确建设内容、建设规模、建设进度、入住时间、扶持政策、保障措施等。各乡镇对已确定的移民对象开展认真细致的调查摸底,核准户、摸准随迁的人,对纳入搬迁区域群众逐一登记,做到“以户登记、按户建档、按人立卡”,并进行集中审核确认,实行计算机管理,确保生态移民工作基础数据准确无误。

(二)完成招标,征地补偿(2012年2月1日—4月30日)。各乡镇在国土部门的配合下,完成征地拆迁及地上建筑物清理工作。县供电局要完成安置区电网布设工作,确保施工期间的正常用电。县水务局要完成安置区水源工程建设,确保施工期间的正常用水。县建环局、移民办要协调完成施工图纸设计、审查、预算编制、招投标等工作。

(三)完成房屋及产业配套建设任务(2012年5月1日—6月30日)。各乡镇要完成移民住房、围墙、大门、卫生厕所等主体工程建设任务及市场建设、养殖暖棚、水泥拱架棚等产业配套工程全面完成,为供电、给水、排水、道路、绿化等配套工程建设创造条件。

(四)配套工程建设全面完成(2012年7月1日—7月31日)。建环、交通、林业、水务、供电等成员单位通力合作,合理安排工期,实行互不影响的交叉施工,按倒排工期要求完成各项建设任务。

(五)进行工程验收和决算(2012年8月1日—8月31日)。财政、审计、监察、发改、建环、移民办等单位组织对所有生态移民工程项目进行逐一验收,验收合格的进行工程竣工决算。

(六)组织搬迁,稳定入住(2012年9月1日—9月30日)。各乡镇收缴移民自筹款,并公开、公正地分配住房和暖(温)棚,按摸底确定的移民户,宣传、动员并统一组织移民搬迁入住,协调解决好搬迁安置过程中出现的具体问题。9月30日各乡镇要全面完成移民搬迁安置。相关部门完成户籍、社保、医疗等手续迁转工作。

九、保障措施

(一)加强领导,健全机构。生态移民是一项重大的政治工程、民生工程、民心工程,更是一项复杂的系统工程,为保证生态移民工程顺利实施,县委、政府成立了由县委书记任组长,政府县长任第一副组长,县委、人大、政府、政协分管领导任副组长,发改、财政、建环、水务、公安等部门和各乡镇主要负责人为成员的彭阳县生态移民工作领导小组,领导小组下设办公室,办公室设在县发改局。县委、政府将生态移民工作纳入乡镇和部门年度综合考核,各乡镇及各成员单位要把生态移民工作摆上重要议事日程,也要成立相应的组织机构,确定专人负责,抽调工作能力强、有责任感并熟悉农村工作的干部专抓生态移民工作,切实加强领导,精心组织,积极稳妥,有序推进。

(二)广泛宣传,营造氛围。各乡镇、各成员单位要站在奋力缩小发展差距、维护社会和谐稳定、切实关注和改善民生的政治高度,进一步统一思想,深化认识,强化措施,充分发动群众,组织乡、村干部深入农户,多层次、全方位宣传生态移民政策,提高广大干部群众对实施生态移民工程的认识,使群众能够积极主动参与到生态移民工作中,消除搬迁群众"故土难离"的情结,营造全社会关心、支持和参与生态移民的良好氛围。

(三)创新机制,强化管理。生态移民规模大、涉及范围广、工作任务重、实施难度大,必须采取非常之策,举全县之力打好生态移民攻坚战。切实落实"五定三包"(五定:定目标任务、定时间进度、定责任人员、定工作措施、定责任追究;三包:县级领导包乡、科级干部包村、一般干部包组包户)、"四项制度"(联席会议制度、责任追究制度、周通报制度、值班制度)及倒排工期工作措施,形成全县上下一致攻坚的强大合力,确保各项工程建设的协调有序进行。

(四)密切配合,搞好协作。各乡镇、成员单位要加强联系沟通,紧密协作,结合各自工作职责,认真研究、周密部署,把各项优惠政策不折不扣的落到实处,让广大移民群众真正得到实惠。各乡镇、各成员单位要依照各自职能,认真履行职责,坚决杜绝相互扯皮、工作推诿现象发生。

(五)强化管理,严肃纪律。生态移民工程建设实行"四制"管理,各乡镇、各成员单位要按照工程批复或计划任务要求建设,不得擅自变更项目建设地点、规模或降低建设标准,确保工程质量。项目建设资金实行专户管理,专款专用,严禁挤占、挪用。对项目资金使用情况进行审计检查,对移民过程中弄虚作假、以权谋私、挤占挪用资金等违规违纪行为将严肃查处。

## 彭阳县2012年县外生态移民实施方案

根据自治区中南部地区生态移民工作领导小组办公室《关于下达2012年度中南部地区生态移民计划任务指标的通知》(宁移组办发〔2011〕6号),结合我县与银川市辖区三区实际对接情况,特制定本方案。

### 一、指导思想

以邓小平理论和"三个代表"重要思想为指导,深入贯彻落实科学发展观,全面贯彻党的十七届五中、六中全会和自治区党委十届二十七次全会精神,抢抓新一轮西部大开发历史机遇，以脱贫致富为目标，以改善民生为核心，通过实施生态移民工程，拨穷根、挪穷窝，从根本上改变移民群众生产生活及居住条件，恢复生态，综合治理，确保我县与全国、全区同步全面进入小康社会。

二、基本原则

1.政府引导，群众自愿。坚持政府引导与群众自愿相结合，合理选择和界定移民安置方式，达到移民动迁与接收地“双满意”。

2.整组搬迁，统一安置。坚持整组搬迁和集中连片相结合，将区域内移民统一安置到规划的安置区，做到移民搬迁和安置“两方便”。

3.周密策划，扎实推进。坚持超前谋划，统筹兼顾，做到责任主体、工作责任“两明确”，日常工作和阶段性工作“两促进、两不误”。

4.紧密对接，加强衔接。坚持县外生态移民联系会议制度，采取定期对接与经常性联系相结合，及时落实和解决移民搬迁过程中涉及的各项工作和出现的各类问题，确保移民搬迁工作顺利推进。

5.广泛宣传，上下联动。坚持生态移民工作全县“一盘棋”，树立“大移民、大宣传”思想，搭建宣传平台、活化宣传形式、扩大宣传面，做到“纵向到底、横向到边”，使生态移民工作家喻户晓、人人皆知。

三、目标任务

2012 年我县县外生态移民 1294 户 5334 人，其中金凤区 244 户 1020 人、兴庆区 890 户 3655 人、西夏区 160 户 659 人。

四、主要政策

1.住房政策：生态移民每户建设 54 平方米住房，移民缴纳自筹款 1.28 万元，产权归农户所有，移民搬迁后拆除原有住房。移民住户 10 年内不准出租、转让。

2.土地政策：兴庆区安置区原则上人均安排 1 亩水浇地；西夏区安置区原则上人均安排 0.5 亩水浇地；金凤区安置区每户安排 1 栋设施日光温棚。

3.惠农政策：移民享受迁入地的各项支农惠农补贴政策。在原居住地享受的退耕还林等政策继续执行到期满为止。

4.户籍政策：移民户籍实行属地管理，凡搬迁的移民必须将户口同时迁出，免收在户籍接转和口迁移中的一切行政收费。

5.社保政策：生态移民搬迁后，与迁入区居民享有同等的教育、医疗卫生、养老保险、失业保险、社会救助、低保等社会保障政策。

6. 融资政策：对生产生活困难的移民，银川市将积极争取金融机构创新贷款模式，探索以房屋、土地、设施农业等产权作为抵押物，解决移民贷款问题，并给予利率优惠政策。村级扶贫互助资金优先覆盖生态移民新村。

7.教育政策：移民子女初中毕业未考入高中、高中毕业未考入大学的，可在职业院校免费享受两年职业技能教育培训。

8、生态恢复政策：迁出区移民原有住

户全部拆除，收回宅基地和承包地，纳入迁出地生态恢复建设规划，恢复和保护当地的生态环境。

9.计生政策：转为非农业户口的转民统一实行城镇计划生育政策。对搬迁安置的农业户口移民，继续实行农村计划生育政策。

**五、实施步骤**

（一）确定移民搬迁对象。各乡镇根据县移民办下达的县外移民分配指标，从“十二五”规划区域内选择移民搬迁对象，以行政村和自然村为单位进行张榜公示。公示无异议后，将移民花名册纸质和电子档案上报县移民办，县移民办复核后报县政府审定。县政府审定无误后，由县移民办负责分报银川市辖三区和区移民局。（完成时限 2012 年 3 月底前）

（二）城镇移民审核登记表。移民审核登记表由县移民办统一设置，乡镇组织填写。移民审核登记表一式三份，县移民办留存一份，给区移民局和迁入区各报送一份。（完成时限 2012 年 5 月底前）

（三）收缴移民住房自筹款。移民住房自筹款每户缴纳 1.28 万元。乡镇组织收缴，县移民办专户专存，移民搬迁定居后，由县移民办分别转缴银川市辖区三区。（完成时限 2012 年 6 月底前）

（四）分配移民住房和土地。由县外移民各工作组牵头，各涉迁乡镇配合，与迁入区对接确定移民住房和土地分配方案，采取现场抓阄等办法，将住房和土地分配到移民户。（视银川市辖三区移民工程建设情况确定具体时间）

（五）组织移民群众搬迁。按照“成熟一批、搬迁一批”的原则，以县外各移民工作组为单位，组织涉迁乡镇、涉迁村组移民进行搬迁，做到“有序搬迁、安全搬迁”。

（六）办理移民迁转手续。移民搬迁定居后，由县移民办牵头，组织民政、公安、人社、教育等部门（单位），与迁入区联系，及时办理移民低保、户籍、学籍、养老、医疗保险等接转手续。

（七）做好移民后续工作。移民迁出后，按照成员单位工作职责，由发改、移民等部门（单位）监督乡镇和有关部门做好移民房屋拆除、土地收缴和生态恢复建设等工作。同时，配合迁入区做好移民后续管理工作，确保移民“搬得出、稳得住”。

**六、工作职责**

（一）涉迁乡镇职责

负责移民户籍核定、自筹款收缴和移民搬迁组织、宣传、动员、教育等工作；负责迁出区移民原有住户拆除和公用设施登记移交等工作；配合迁入地做好移民房屋、土地分配等工作；配合有关单位做好移民户籍、学籍、农村低保、新农合等手续接转工作和生态恢复建设等工作；根据工作需要向迁入区派驻工作人员，配合迁入区做好移民管理服务等工作。

（二）县直有关部门（单位）职责

发改局（移民办）：与迁入区对接确定移民搬迁任务指标，下达搬迁安置计划；

制订移民搬迁方案，发布搬迁预告和指令、组织搬迁；负责移民政策咨询解答和移民复核；协调解决移民搬迁安置过程中出现的有关问题；配合做好移民手续转接办理和房屋、土地分配、生态恢复建设等工作。

监察局：负责移民搬迁过程中的监督和监察。

组织部、团委：负责移民党、团费的清缴和组织关系移交工作。

宣传部、文广局：做好移民搬迁政策、典型事例等宣传报道工作。

财政局：负责核拨移民搬迁各项经费。

人社局：负责移民医保、社保等档案资料的移交，配合迁入地做好移民就业培训等工作。

林业局：负责移民搬迁后生态恢复建设工作。

民政局：做好移民低保和困难户相关档案的移交工作。

教育局：负责移民搬迁所涉及的中小学学生学籍移交工作。

卫生局：负责移民搬迁途中出现突发症状病人的急救和治疗以及卫生医疗常识的宣传和普及。

交通局：负责移民搬迁所需车辆及车辆的安检工作。

公安局：负责移民搬迁期间社会治安、维护交通秩序，运输线路车辆疏导和管理，做好移民户籍的审查及转移登记工作。

计生局：负责搬迁移民中计划生育相关档案资料的移交工作。

残　联：负责搬迁移民中残疾人相关档案资料的移交工作。

**七、保障措施**

（一）加强领导，明确责任。各乡镇、各部门（单位）要把移民工作纳入重要议事日程，建立主要领导亲自抓、分管领导具体抓、工作人员直接抓的工作机制，切实把移民工作落到实处。

（二）强化监督，确保公正。各乡镇、各部门（单位）要充分发挥政务公开平台作用，及时将移民迁入区情况、移民对象、自筹资金收缴和低保、医保、社保等情况进行公示，切实保障群众的知情权和监督权。

（三）部门帮扶，协同推进。各乡镇、各部门（单位）严格落实部门（单位）帮扶乡镇和行政村工作责任制，协助乡镇和行政村做好移民搬迁工作，及时掌握和了解涉迁区移民情况，解决移民搬迁中存在的困难和问题，确保移民搬迁工作顺利推进。

（四）跟踪通报，严格考核。县纪委、监察局和县委督查室等部门（单位）要主动介入县外移民工作，要强化过程监督，注重督查记载，及时通报发现的问题，及时备份督查结果，为县委、政府考核乡镇和部门（单位）生态称民工作提供可借鉴的依据。

## 彭阳县2013年县内生态移民实施方案

按照市委、政府“十二五”县内生态移民“五年任务三年完成”目标要求，结合我县实际，现就做好2013年县内生态移民工作，特制定如下实施方案。

### 一、指导思想和目标任务

以邓小平理论、“三个代表”重要思想、科学发展观为指导，全面实施百万贫困人口扶贫攻坚战略，坚持“1255”工作思路，以保障改善民生和保护生态环境为核心，以缩小发展差距和实现脱贫致富为目标，整合项目资源，拓宽安置渠道，因地制宜，科学规划，综合开发，着力发展特色优势产业，着力改善生产生活条件，着力提高劳动者整体素质，着力加强生态环境建设，采取生态移民和劳务移民相结合方式，切实做好生态移民搬迁安置工作，确保实现“搬得出、稳得住、逐步能致富”。全年搬迁安置移民1082户4543人，其中生态移民143户600人、劳务移民939户3943人，全面完成“十二五”县内生态移民任务。

### 二、基本原则

(一)因地制宜，科学规划。坚持与新农村建设、小城镇开发、边贸集镇有机结合，打破房屋建设兵营式摆布，将彭阳历史、东山文化和民俗风情充分融入建设方案，统筹规划移民住房、产业发展、农田水利、基础设施、公益事业和生态建设。

(二)整组搬迁，分类安置。根据安置条件，从移民家庭实际出发，采取山川结合、城乡结合、宜工宜农结合，合理确定生态移民和劳务移民比例，妥善安置移民。

(三)整合项目，合力攻坚。坚持移民搬迁与生态建设、退耕还林、新农村建设、危房改造、特色产业培育、整村推进扶贫开发、小城镇建设等相结合，整合人力、财力、土地等资源，扎实推进生态移民工程。

(四)培育产业，稳定增收。结合当地优势资源，发展特色产业，形成以特色种养、劳务收入为主体的可持续增收致富格局。整合各类培训资源，加强农业实用技术、就业技能培训。

(五)综合治理，恢复生态。探索建立移民迁出区生态环境治理长效机制，对移民迁出区耕地、宅基地实施生态修复，统筹抓好移民新村绿化工程，实现贫困群众脱贫致富和生态环境改善“双赢”目标。

### 三、安置方式及条件

(一)生态移民。采取就近适度集中安置，按照靠城镇、近水源、沿公路的区域集中规划建设移民安置区，配套致富产业、基础设施。主要搬迁安置在六盘山水源涵养林外缘区、地质灾害区、煤矿采空区、水库淹没区以及不适宜居住、不适宜发展且就地难以脱贫致富的偏远艰苦地区等“五个重点区域”居住的贫困群众。

(二)劳务移民。通过加快小城镇建设步伐，大力推进全民创业行动，加大保障性住房建设力度扶持建立全民创业园区等途径，建设劳务移民周转房集中安置移民。主要搬迁安置移民迁出区家庭人口在4人以内且有年龄在20—45周岁、初中以上文化程度、掌握一定务工技能的青壮年劳动力，已在安置区稳定务工就业但无固定住所，或具备务工就业条件并符合劳务移民条件的家庭。

**四、搬迁范围**

生态移民，涉及古城、红河、孟塬3个乡镇5个行政村（古城镇温沟、陋河村，红河乡夏塬村，孟塬乡何岘、玉塬村）10个村民小组。

劳务移民，涉及11个乡镇34个行政村（小岔乡榆树村，古城镇川口、甘海、温沟、田壕村，城阳乡刘河、城阳村，孟塬乡草滩、小石沟村，草庙乡崾岘、王岔、刘塬村，交岔乡关口村，白阳镇崾岘、阳洼、刘台、周沟、白岔村，红河乡友联、韩堡、夏塬、常沟、徐塬、何塬、宽坪、红河村，王洼镇王洼、赵沟、北洼村，冯庄乡崖湾、高庄、崾岘、冯庄村，新集乡沟口村）45个村民小组。

**五、建设内容**

建设县内移民安置区5个，其中生态移民安置区3个（古城镇生态移民安置区、红河乡夏塬生态移民安置区、孟塬乡玉塬生态移民安置区）、劳务移民安置区2个（县城惠民家园劳务移民安置区、王洼劳务移民安置区）。共建生态移民住房143套，劳务移民周转房939套。

（一）生态移民工程

1.移民住房工程。古城安置区统一建设砖木结构移民住房33套，建大门33座，砌筑围墙1434.84米（33×43.48），建卫生厕所33座。红河安置区建移民住房50套，建大门50座，砌筑围墙3485米（50×69.7），建卫生厕所50座。孟塬安置区建移民住房60套，建大门60座，砌筑围墙3600米（60×60），建卫生厕所60座。

2.劳务产业工程。古城计划农业实用技术和劳务产业技能培训66人，红河计划培训100人，孟塬计划培训120人，确保移民安置区每户有2人外出务工，增加移民的工资性收入。

3.特色产业工程。古城安置区新建大中型拱棚33栋，户均1亩，利用原有耕地种植地膜玉米和蔬菜330亩，户均10亩。红河安置区新建标准化养殖暖棚50栋，配套小型铡草机50台，户均1栋暖棚、1台铡草机。孟塬安置区新建标准化养殖暖棚60栋，配套小型铡草机60台，户均1栋暖棚、1台铡草机。

4.公共服务工程。古城安置区修建道路3.28公里，其中主干道0.25公里，巷道3.03公里；配套太阳能热水器33台，太阳灶33个，安装光伏照明路灯16盏；硬化村级活动广场3600平方米，建公共厕所1座；配套新型复合材料双格垃圾箱6个、双格分类垃圾桶11个。红河安置区修建道路2公里，其中主干道1.13公里，巷道0.87公里；配套太阳能热水器50台，太阳灶50个，安装光伏照明路灯8盏；配套新型复合材料双格垃圾箱10个、双格分类垃圾桶17个。孟塬安置区修建道路2.79公里,其中主干道0.66公里,巷道2.13公里;配套太阳能热水器60台,太阳灶60个,安装光伏照明路灯9盏;硬化村级活动广场1570平方米;配套新型复合材料双格垃圾箱12个、双格分类垃圾桶20个。

5.生态环境建设工程。古城安置区绿化17.74亩,其中道路绿化3.28公里15.87亩、庭院绿化1.87亩(户均37.8平方米)。红河安置区绿化18.3亩,其中道路绿化1.95公里13.8亩、庭院绿化0.9亩(户均12平方米)。孟塬安置区绿化37.45亩,其中道路绿化2.79公里15.5亩、庭院绿化1.08亩(户均12平方米)。

(二)劳务移民工程

1.县城惠民家园劳务移民安置区。建六层框架结构劳务移民住房639套31950平方米,配套建设1000平米社区服务中心(含图书阅览室、文体活动室、社会组织和专业站点服务室、卫生室及物业办公室等)1处,配套太阳能热水器639台,建公共厕所1座、日用品超市1处,绿化面积9731平方米,绿化率30%。

2.王洼劳务移民安置区。建六层框架结构劳务移民住房306套15434平方米,小区管理用房132平方米,换热站100平方米。配套太阳能热水器306台,绿化面积6576平方米,绿化率30.7%。

**六、投资概算及资金来源**

5个安置区建设概算总投资17645.94万元,其中申请国家投资16504.9万元,地方自筹847.09万元,农民自筹293.95万元,具体移民资金按自治区发改委下达的投资计划执行。

**七、主要政策**

(一)住房政策。生态移民每户建设住房62平方米,单价按拦标审计结果执行。建设资金由两个渠道筹措,其中54平方米住房由自治区政府每户补助3.06万元,农民自筹1.28万元,不足资金通过整合农村危房窑改造资金和县财政来解决;其余8平方米住房建设资金由移民自筹解决(不再自建配套房)。房屋产权归移民所有,10年内不准出租、转让,移民搬迁后原住房拆除。围墙高度1.6米,除自治区每米(每户补25米)补助90元外,其余不足资金通过整合农村危房窑改造资金和移民共同承担。劳务移民每户建设50平方米的周转房,周转房由移民租住,不得转租。劳务移民周转房由县直有关部门管理,劳务移民5年内享有周转房廉租权,5年后自愿核转户籍、拆除迁出区原住房及附属设施、解除原土地承包合同者,迁入区根据自治区劳务移民相关政策,帮助解决住房并纳入城镇住房保障体系。

(二)土地政策。移民原有土地承包关系不变。不得将土地流转他人,可以流转给村级合作社或村集体。原土地用于种草种树,政府无偿提供种苗。如有退耕还林项目,优先安排移民迁出区。劳务移民原则上不安排耕地,鼓励其从事二、三产业。

(三)产业政策。因地制宜,对有条件

发展设施种养业的生态移民，每户建设30平方米养殖暖棚1座或每户建设占地面积1亩的大中型拱棚1栋。

（四）惠农政策。移民享受区、市、县出台的各项支农惠农政策。在原居住地享受的退耕还林等补贴政策继续执行。

（五）户籍政策。移民户籍实行属地管理，严格执行2009年12月31日户籍界定时间点，免收户籍转换和户口迁移中的一切行政收费。

（六）社保政策。移民搬迁后，与当地居民享有同等的教育、医疗卫生、养老保险、医疗保险、社会救助、社会福利和慈善等社会保障政策。

（七）教育政策。移民子女初中毕业未考入高中、高中毕业未考入大学的，可在职业院校免费享受两年职业技能教育培训。

（八）计生政策。转为非农业户口的移民统一实行城镇计划生育政策。对搬迁安置的农业户口移民，继续实行农村计划生育政策。

**八、责任分工**

县移民办：负责区、市、县有关移民方针、政策的宣传、贯彻、落实；编制调整全县生态移民年度计划，制定生态移民搬迁安置方案；负责县内生态移民工作牵头、组织、协调和监管等工作；适时提议召开领导小组成员单位会议和联席会议，研究解决工程建设和搬迁安置过程中出现的各种矛盾和问题；负责生态移民建设项目论证、申报、审批、检查和验收；对县内、县外移民进行摸底调查，按照乡镇上报的移民花名册按比例抽查核实；指导乡镇做好生态移民建档立卡等基础性工作；负责制定劳务移民周转房管理办法。

有关乡镇：负责生态移民政策宣传动员；确定搬迁对象并进行摸底调查、登记造册；通过“四步审核”，与辖区派出所共同审核确定移民资格，建档立卡，并按时上报；负责移民住房建设与管理工作，组织实施县内生态移民搬迁、安置等基础性工作；配合县移民办做好移民住房、土地等分配工作；负责本乡镇安置区选址、规划、征地、拆迁补偿、编制建设方案等前期准备工作；负责工程质量日常监督检查；负责移民自筹款收缴、上解；制定《移民新村管理服务办法》，配合县委组织部做好移民安置区公共服务和社会管理工作；解决生态移民过程中出现的各类矛盾和问题；做好移民入住、迁出区原房屋拆迁等各项后续管理工作。

县纪委（监察局）：负责对生态移民项目实施、资金使用管理的监督检查，查处各种违纪、违法行为；配合做好整体项目工程的检查、验收。

县委组织部：负责县内生态移民安置区的组织建设与管理。

县委宣传部：负责生态移民政策、好的做法经验的宣传报道工作。

县教体局：做好移民子女学籍迁转和“两免一补”等教育补助政策的衔接。

县公安局：负责移民安置区社会治安

及维稳工作，防止突发事件的发生；负责迁出地人口户籍审查核实、迁转等工作。

县民政局：负责迁出区村组变更和移民新村行政区划报批工作；对鳏寡孤独及丧失劳动能力的人口，按照有关社会保障政策在敬老院安置；对移民搬迁户实行社会救助倾斜；将移民中特困群众纳入社会救助范围；将劳务移民中符合城乡低保条件的，纳入城乡低保范围。

县财政局：负责生态移民资金筹措及资金使用情况审核；制订生态移民资金管理办法；会同有关部门研究制定促进移民搬迁建设的财政政策；筹措移民搬迁建设资金；参与移民搬迁建设投资政策和有关生态补偿机制的研究、制定和实施。配合做好整体项目工程的竣工验收。

县人社局：负责移民医疗保险、养老保险等社会保险迁转工作；制订移民培训工作实施方案，做好移民就业指导和技能培训，加快培育劳务中介机构，提供用工信息，对移民就业情况进行跟踪监管，确保移民就业的稳定性。

县国土局：负责安置区建设用地的报批；配合乡镇做好安置区征用土地的丈量、建档及土地补偿费发放和证件办理工作。

县建环局：负责劳务移民周转房建设与管理工作；组织实施安置区排水、环境治理工程项目；做好光伏照明路灯安装和垃圾点（池）布设建设工作；整合危房窑改造资金，重点向移民安置区倾斜；制定出台生态移民工程验收标准与办法，负责对生态移民各项工程质量的监督、检查、验收。

县交通局：负责安置区道路建设，包括主干道和居民点巷道硬化建设；制定道路工程验收办法。

县水务局：负责安置区打水源机井、给水管网铺设、入户工程安装及人畜饮水配套工程建设；制定给水工程验收管理办法。

县农牧局：负责安置区养殖暖棚、设施拱棚、养殖园区和农村能源项目实施。制定养殖园区及大中型拱架棚建设、验收、经营管理及运行办法。做好太阳灶的采购、配发和安装；做好养殖园区基础母牛采购补栏工作，加强对养殖园区的项目支持和技术指导；做好养殖户铡草机配套投放等工作。

县文广局：负责安置区电视信号接收设备配套；负责生态移民工作方面的宣传报道。

县卫生局：负责安置区附近村卫生室建设及防保人员配备，切实做好安置区群众最基本的医疗服务；整合卫生厕所项目投入到各安置区；配合乡镇做好卫生厕所建设、验收工作。

县计生局：加强对移民安置区计划生育政策宣传及服务工作。

县审计局：负责对移民项目拦标审计及资金使用情况进行审计，按照要求及时对工程进行决算、审计。配合做好整体项目工程的竣工验收。

县林业局：负责安置区绿化及迁出区

生态修复;做好移民新村主干道、巷道绿化、环村防护林及安置区周边空地绿化美化工作。制订绿化工程验收管理办法。

县扶贫办:配合县移民办公室做好劳务移民工作,具体负责劳务移民的组织实施工作。负责村级发展互助发展资金投放管理。

县供电局:负责安置区电网规划布设及迁出地电网整合等工作;制订供电工程验收管理办法。

**九、实施步骤**

2013年生态移民安置区工程建设从2012年12月1日开始，至2013年10月30日结束。

(一)调查摸底,编制规划(2012年12月1日—2013年1月31日)。各成员单位根据各自分工，科学编制上报2013年生态移民方案,明确建设内容、建设规模、建设进度、扶持政策、保障措施等。各乡镇对已确定的移民对象进行调查摸底，做到“以户登记、按户建档、按人立卡”,集中审核确认,确保基础数据准确无误。

(二)工程招投标、征地征收(2013年2月1日—3月10日)。各相关乡镇、国土部门密切配合,完成征地拆迁及地上建筑物清理工作。县供电局要完成安置区电网布设工作,确保施工期间的正常用电。县水务局要完成安置区水源工程建设,确保施工期间的正常用水。县建环局、移民办要协调完成施工图纸设计、审查、预算编制、招投标等工作。

(三)移民住房及各项配套工程建设(2013年3月15日—8月20日)。各乡镇要完成移民住房、围墙、大门、卫生厕所等主体工程建设任务及养殖暖棚、水泥拱架棚等产业配套工程。建环、交通、林业、水务、供电等单位通力合作,合理安排工期,实行互不影响的交叉施工，倒排工期,加快各项配套工程建设。

(四)工程验收和决算(2013年8月21日—9月20日)。财政、审计、监察、发改、建环、移民办等单位组织对所有生态移民工程项目进行逐一验收,验收合格的进行工程竣工决算。

(五)搬迁入住(2013年9月21日—10月30日)。各乡镇收缴移民自筹款,并公开、公正地分配住房和暖(温)棚,宣传、动员并统一组织移民搬迁入住,协调解决好搬迁安置过程中出现的具体问题,确保10月30日前全面完成移民搬迁安置。相关部门完成户籍、社保、医疗等手续迁转工作。

**十、工作要求**

(一)高度重视,加强领导。县生态移民工作领导小组要高度重视，加强领导，精心组织,及时研究解决工作中出现问题和困难。各乡镇及各成员单位要把生态移民工作摆上重要议事日程,确定工作能力强、有责任感并熟悉农村工作的干部专抓生态移民工作,确保生态移民工程顺利实施,有序推进。

(二)广泛宣传,营造氛围。各乡镇、各

成员单位要组织乡、村干部深入农户，多层次、全方位宣传生态移民政策，提高广大干部群众对实施生态移民工程的认识，使群众能够积极主动参与到生态移民工作中，消除搬迁群众“故土难离”的情结，营造全社会关心、支持和参与生态移民的良好氛围。

（三）健全机制，强化管理。把生态移民工作纳入乡镇和部门年度综合考核，继续落实“五定三包”（五定：定目标任务、定时间进度、定责任人员、定工作措施、定责任追究；三包：县级领导包乡、科级干部包村、一般干部包组包户）、“四项制度”（联席会议制度、责任追究制度、周通报制度、值班制度）及倒排工期工作措施，形成全县上下一致攻坚的强大合力，确保各项工程建设的协调有序进行。

（四）密切配合，搞好协作。各乡镇、成员单位要依照各自职能，认真履行职责，加强联系沟通，紧密协作配合，坚决杜绝相互扯皮、工作推诿现象发生，确保把各项优惠政策不折不扣的落到实处，让广大移民群众真正得到实惠。

（五）强化管理，严肃纪律。各乡镇、各成员单位要按照工程批复或计划任务要求建设，不得擅自变更项目建设地点、规模或降低建设标准，确保工程质量。项目建设资金实行专户管理，专款专用，严禁挤占、挪用。对项目资金使用情况进行审计检查，对移民过程中弄虚作假、以权谋私、挤占挪用资金等违规违纪行为将严肃查处。

## 彭阳县2013年县外生态移民实施方案

根据自治区移民局《关于做好中南部地区生态移民第三批安置区建设方案编报工作的通知》（宁移民发〔2012〕53号）有关政策精神，结合我县与银川市辖三区实际对接情况，特制定如下实施方案。

### 一、指导思想

以邓小平理论“三个代表”重要思想、科学发展观为指导，全面实施百万贫困人口扶贫攻坚战略，坚持“1255”工作思路，以保障改善民生和保护生态环境为核心，以缩小发展差距和实现脱贫致富为目标，整合项目资源，拓宽安置渠道，因地制宜，科学规划，综合开发，着力发展特色优势产业，着力改善生产生活条件，着力提高劳动者整体素质，着力加强生态环境建设，切实做好生态移民搬迁安置，确保移民“搬得出、稳得住、逐步能致富”。

### 二、基本原则

（一）政府引导，群众自愿。坚持政府引导与群众自愿相结合，合理选择和界定移民安置方式，达到移民迁出与迁入地“双满意”。

（二）整组搬迁，统一安置。坚持整组搬迁和集中连片相结合，将区域内移民统一安置到规划的安置区，做到移民搬迁和安置“两方便”。

（三）周密策划，扎实推进。坚持超前谋划，统筹兼顾，做到责任主体、工作责任

“两明确”,日常工作和阶段性工作“两促进、两不误”。

(四)紧密对接,加强衔接。坚持县外生态移民联系会议制度,采取定期对接与经常性联系相结合,及时落实和解决移民搬迁过程中涉及的各项工作和出现的各类问题,确保移民搬迁工作顺利推进。

**三、安置方式**

银川市辖三区通过征用或开发土地安置移民,选择具备水源、土地、交通等基本条件的区域集中规划建设移民安置区,每户统一建设54平方米住房一套,同时配套建设社区、学校、幼儿园等公共服务设施,配套日光温棚等致富产业,同时根据移民技能特长,安排各类劳务就业岗位,实现异地置业就业,脱贫致富。

**四、搬迁范围**

涉及全县12个乡镇37个行政村(罗洼乡罗洼、薛套村,古城镇小岔沟、羊坊、郑庄村,城阳乡长城、陈沟村,孟塬乡玉塬村,交岔乡关口、保阳、庙庄、交岔、前庄、马台村,白阳镇老庄、刘台村,红河乡友联、文沟村,冯庄乡小湾、崖湾村,新集乡白草洼、赵沟、谢寨、周庄、大火村,小岔乡榆树、米沟、李渠村,王洼镇崖堡、李寨、马掌、邓岔村,草庙乡赵洼、草庙、周庄、张街、曹川村)46个村民小组。

**五、目标任务**

根据2013年度宁夏中南部地区生态移民计划任务及与银川市辖三区实际对接,我县拟搬迁县外生态移民1361户5700人,其中金凤区110户440人、兴庆区1056户4441人、西夏区195户819人。

**六、主要政策**

(一)住房政策。每户建设54平方米住房,移民缴纳自筹款1.28万元,产权归农户所有,移民搬迁后拆除原有住房。移民住房10年内不准出租、转让。

(二)土地政策。兴庆区安置区原则上人均安排1亩水浇地,金凤区安置区每户安排1栋设施日光温棚,西夏区安置区原则上人均安排0.5亩水浇地。

(三)惠农政策。移民享受迁入地的各项支农惠农补贴政策。在原居住地享受的退耕还林等政策继续执行到期满为止。

(四)户籍政策。移民户籍属地管理,凡搬迁的移民必须将户口同时迁出,免收在户籍接转和户口迁移中的一切行政收费。

(五)社保政策。生态移民搬迁后,与迁入区居民享有同等的教育、医疗卫生、养老保险、失业保险、社会救助、低保等社会保障政策。

(六)融资政策。对生产生活困难的移民,银川市将积极争取金融机构创新贷款模式,探索以房屋、土地、设施农业等产权作为抵押物,解决移民贷款问题,并给予利率优惠政策。村级扶贫互助资金优先覆盖生态移民新村。

(七)教育政策。移民子女初中毕业未考入高中、高中毕业未考入大学的,可在职业院校免费享受两年职业技能教育培训。

(八)生态恢复政策。迁出区移民原有

住房全部拆除，收回宅基地和承包地，纳入迁出地生态恢复建设规划，恢复和保护当地的生态环境。

（九）计生政策。转为非农业户口的移民统一实行城镇计划生育政策。对搬迁安置的农业户口移民，继续实行农村计划生育政策。

**七、实施步骤**

（一）确定移民搬迁对象。各乡镇根据县移民办下达的县外移民分配指标，从“十二五”规划区域内选择移民搬迁对象，以行政村和自然村为单位进行张榜公示，公示无异议后，将移民花名册纸质和电子档案上报县移民办，县移民办复核后报县政府审定，县政府审定无误后，由县移民办负责分报银川市辖三区和区移民局。（完成时限2013年3月底前）。

（二）填报移民审核登记表。乡镇组织移民填报《移民审核登记表》，县移民办审核后上报区移民局和迁入区。（完成时限2013年5月底前）。

（三）收缴移民住房自筹款。移民住房自筹款每户缴纳1.28万元，乡镇组织收缴，县移民办专户专存。移民搬迁定居后，由县移民办分别转缴银川市辖三区。（完成时限2013年6月底前）。

（四）分配移民住房和土地。由县外移民各工作组牵头，各涉迁乡镇配合，与迁入区对接确定移民住房和土地分配方案，分配住房和土地。（具体时间根据银川市辖三区移民工程建设进展情况确定）。

（五）组织移民群众搬迁。按照“成熟一批、搬迁一批”的原则，以县外各移民工作组为单位，组织涉迁乡镇、村组移民进行搬迁，做到“有序搬迁、安全搬迁”。

（六）办理移民迁转手续。移民搬迁定居后，由县移民办牵头，组织民政、公安、教育、人社等部门（单位），与迁入区联系，及时办理移民低保、户籍、学籍、养老、医疗保险等手续。

（七）做好移民后续工作。移民迁出后，按照成员单位工作职责，由发改、移民等部门（单位）监督乡镇和有关部门做好移民房屋拆除、土地收缴和生态恢复建设等工作。同时，配合迁入区做好移民后续管理工作，确保移民“搬得出、稳得住”。

**八、工作职责**

（一）涉迁乡镇职责

负责移民户籍核定、自筹款收缴和移民搬迁组织、宣传、动员、教育等工作；负责迁出区移民原有住房拆除和公用设施登记移交等工作；配合迁入地做好移民房屋、土地分配等工作；配合有关单位做好移民户籍、学籍、农村低保、新农合等手续接转工作和生态恢复建设等工作；根据工作需要向迁入区派驻工作人员，配合迁入区做好移民管理服务等工作。

（二）县直有关部门（单位）职责

县移民办：负责与迁入区对接，确定移民搬迁任务指标，下达搬迁安置计划；制订移民搬迁方案，发布搬迁预告和指令，组织搬迁；负责移民政策咨询解答和移民复核;协调解决移民搬迁安置过程中出现的有关问题;配合做好移民手续接转办理和房屋、土地分配、生态恢复建设等工作。

县纪委(监察局):负责移民搬迁过程中的监督和监察。

县委组织部、团县委:负责移民党、团费的清缴和组织关系移交。

县委宣传部、县文广局:做好移民搬迁政策、典型事例等宣传报道工作。

县教体局:负责移民搬迁所涉及的中小学学生学籍移交工作。

县公安局:负责移民搬迁期间社会治安、维护交通秩序,运输线路车辆疏导和管理,做好移民户籍的审查及转移登记工作。

县民政局:做好移民低保和困难户相关档案的移交工作。

县财政局:负责核拨移民搬迁各项经费。

县人社局:负责移民医保、社保等档案资料的移交,配合迁入地做好移民就业培训等工作。

县交通局:负责移民搬迁所需车辆及车辆的安检工作。

县卫生局:负责移民搬迁途中出现突发症状病人的急救和治疗以及卫生医疗常识的宣传和普及。

县计生局:负责搬迁移民计划生育相关档案资料的移交工作。

县林业局:负责移民搬迁后生态恢复建设工作。

县残联:负责搬迁移民中残疾人相关档案资料的移交工作。

**九、工作要求**

(一)加强领导,明确责任。各乡镇、各部门(单位)要把移民工作纳入重要议事日程,建立主要领导亲自抓、分管领导具体抓、工作人员直接抓的长效机制,切实把移民工作落到实处。

(二)广泛宣传,上下联动。坚持生态移民工作全县"一盘棋",树立"大移民、大宣传"思想,搭建宣传平台、活化宣传形式、扩大宣传面,做到"纵向到底、横向到边"。

(三)阳光操作,确保公正。各乡镇、各部门(单位)要充分发挥政务公开平台作用,及时将移民迁入区情况、移民对象、自筹资金收缴和低保、医保、社保等情况进行公示,切实保障群众的知情权和监督权。

(四)部门帮扶,协同推进。各有关部门(单位)要严格落实部门(单位)帮扶乡镇和行政村工作责任制,协助乡镇和行政村做好移民搬迁工作,及时掌握和了解涉迁区移民情况,解决移民搬迁中存在的困难和问题,确保移民搬迁工作顺利推进。

(五)强化监督,严格考核。县纪委监察局、督查室等部门(单位)要主动介入县外移民工作,定期不定期开展监督检查,发现问题,及时督促整改落实,并纳入年度全县目标管理责任考核之中。

## 第二节　移民传说

### “解手”与“背手”的来历

明初,山西洪洞大槐树下的移民是强制性的。人们不愿意离开故土,用各种办法逃避和反抗。绝大多数是被强征来的,诱骗来的,抓捕来的。起程前移民官兵为了防止有人半路逃跑,就把他们统统捆绑起来上路。捆绑两条胳膊曰大绑,捆绑一条胳膊曰小绑。不仅如此,怕他们带绑逃跑,还要捆绑起来的人用绳子连在一起,才押解上路。一般是迁往一个县的算一大拨,迁往一个里、屯的是一小拨,这一小拨几十个人,指定的里长、屯长牵头连在一条绳子上。男人中青壮年用大绑,妇女、老人用小绑。很多人连在一起,要动都动,要停俱停,一个人要动,牵扯很多,谁也逃不脱。这样歇息、吃饭都得同一口令,统一行动。对押解移民的官兵来说,倒是省了很多事,却苦了捆绑的移民。最麻烦的就算是大小便了。这种事无论是白天行路中,还是晚上睡觉时,不可能统一行动。其中有一个人要大便或小便,就得首先报告押解的官兵,把捆绑着的手解开,才能进行。起初人们为了把自己的意思表达清楚,也为了能让押解官兵听明白,话就说得比较完整,而且一个人一种表达,说得很长。有人要小便了,就说:“启禀大人,请你让大家停住,你把我的手解开,我要小便。”有人要大小便说:“报告大人,我要大便,你得把我手上的绳子解开。”由于人数多,路上解绳子的次数也多,不仅影响走路,官兵也觉得麻烦。但这种办法安全,移民们一个也跑不掉,再耽搁工夫,再烦琐,官兵们也不敢改变它。后来这种话说多了,听惯了。说者渐渐把原来的话简化了,听着也知道是什么意思了。只要说:“报告,把我的手解开。”官兵就知道是要大小便。后来干脆简化成“解手”了。只要有人高喊“解手”,那就是他要大小便了。一路如此,天天这样,“解手”之声不绝于耳。大家说顺了,听惯了,用得也很自然了。

到了新的住地官兵给移民们松了绑,按在大槐树下的编排,安置在各府州县的里屯。在新地方定居下来,开始了新的生产和生活。这时候,他们的手虽然被解开了,也没有人看管了,大小便时也无须再报告大人,央求给他们解手了。但由于移民路上的那段生活,在人们的脑海里打下了深深的烙印,人们总也忘不了,时不时地总要提及。也由于路上时日很长,说的成了习惯,仍然说大小便是“解手”。久而久之,“解手”就成了大小便的代名词在广大的移民地域里,人们走路有背手的习惯,据说这也与大移民有关。本来人走路两臂前后摆动,既能保持身体平衡,又能加快走路速度。但移民路上人们的双臂被绑在身后,动弹不得,两种作用就都没有了。捆绑走路时间长了,便有了这种习惯,至今走起路来,双手背在身后,特别是上坡的时候，走上一段，反觉得优哉游哉，有一种舒服和休息的感觉，既悠闲又精神。

### 问我祖先来何处　山西洪洞大槐树

“问我祖先来何处，山西洪洞大槐树。”这是我国冀、豫、鲁、皖广大地区流传很广的民谣。

洪洞县位于山西省南部，临汾盆地的北端。西周时封为杨侯国，春秋时设杨县，隋时改名洪洞县。全境东、西、北三面环山，汾河由北而南穿越全境，中部是河谷盆地。这里土地肥沃、气候温和，资源丰富，交通发达，历称三晋之雄邑。

古大槐树处，是唐朝贞观二年所建的广济寺遗址，位于县城北郊的贾村西侧，是闻名全国的明代移民遗址。《明史》《明实录》《续文献通考》等都有明初迁民记载。这是我国明代移民圣地。元朝末年，政治腐败，中原战乱，灾疫连绵，人民流离失所，饿寒而死者十之八九，人烟稀少，土地荒芜。朱元璋建立明朝后，为了恢复生产，巩固边防，曾于洪武三年制定了移民屯田之策。当时晋南盆地社会稳定，经济繁荣，人口稠密。故此，明朝官府便在洪洞县广济寺院设局驻员，招募山西南部、东部的居民迁移冀、豫、鲁、苏、皖等地。广济寺院有汉植古槐一株，此时已是枝繁叶茂，荫蔽数亩。明朝移民局便在大槐树下集合移民，编排队伍，发给凭照川资，移往他乡。明时的广济寺和汉植大槐树，早已被汾水冲毁；现在干枯了的那株大槐树是第二代古槐，其侧又根生出三代古槐，已是枝繁叶茂，茁壮成长。

明代，在洪武、永乐年间，移民活动达五十年之久，数十万之众，移民遍及河南、河北、山东、江苏、安徽等地。历时久远，其子孙繁衍中华各地。因而，至今在中华大地仍有“问我祖先来何处？山西洪洞大槐树”的传说。民国三年，有人在洪洞县移民旧址建起了牌坊、碑亭、茶室。碑的正面镌刻“古大槐树处”五字，碑后刻有记述移民历史的碑文。碑亭后边有参拜堂，按移民姓氏排列了一百多个牌位。如张氏先祖牌排一号位，高氏先祖牌排三号位。

《禹州市志》记载：“明洪武四年(1371)将山西居民三万五千户迁到钧州(禹州、新郑、新密一带)。”据碑文记载：“明洪武四年，洪洞县赵姓(回民)迁山货场；洪洞县大枣树刘姓(回民)迁梁北东刘庄；洪洞县丁姓、艾姓迁桑坡，以后，丁姓又迁砖桥，艾姓又迁皂角坪。”

《新郑县志》记载：“明洪武元年，因战乱，新郑居民多流离失所。县令余圭张榜招抚他郡流入新郑籍，令其开田、办学、种桑、麻。”新郑高氏宗谱记载：“元朝末年，因战乱，始祖高成由山西省洪洞县椿树胡洞避兵灾携子逃到河南省新郑县东北十五里处的荆棘林中：不久听说朱元璋已坐天下，便定居下来，即今日高老庄。”

《长葛市志》记载：“明洪武二十二年(1389)迁山西省泽潞民垦田河南；二十二

年，又迁山西民于山东、河南；永乐九年(1411)河南省招流民302230户垦田。”董村乡大李庄李氏祠堂碑文记载：“祖籍原山西省洪洞县，于明洪武五年迁居于此。”

《鄢陵县志》记载：“明朝建立后，由山西省洪洞县向本县迁民两，一次是明洪武年间，迁入44姓，67户在63个自然村定居；二次是永乐年间，迁入23姓，30户在25个自然村定居。”

以上历史资料说明，在明朝洪武、永乐年间的移民活动是我国历史上规模最大、范围最广、有组织有计划的一次移民。这对巩固明朝的统治，恢复生产，发展经济，开发边疆，民族团结，文化交流等，都具有一定的历史意义。

现在洪洞县古大槐树处，已成初具规模的游览公园，每天都有很多外地华人到这里参观了了解移民历史。来大槐树处，如同游子回到母亲膝下，寻根问祖瞻仰凭吊。相互言道：“彼此祖籍皆是大槐树下的，同根同祖”，增强了民族凝聚力。

## 移民屯田话原由

### 政治性迁移

削弱对方。洪武四年(1371)，“沙漠既平，徙北平山后之民三万五千八百户，一十九万七千二百七口散处卫府。籍为军者给以粮，籍为民者给田以粮……又以沙漠民三万二千八百六十户屯田北平府管内之地”。这些“山后之民”和“沙漠遗民”中有相当部分是元朝贵族和蒙古族百姓，这种迁移显然在于方便控制。

填充京师，相比以前各朝，明王朝迁民实都规模更大，并且先后填充过两个都城：南京、北京，洪武二十四年(1391)，朱元璋下令“选取各处富民充实京师”，还迁直隶、浙江民2万户于京师，以充仓脚夫，这是对南京的充实。永乐元年(1403)，成祖朱棣迁都北京，又开始了营造新都的活动，他首先从南京“取民匠户二万七千以行”，后又下令选浙江、江西、湖广、福建、四川、广东、广西、陕西、河南及直隶苏、松、常、镇、扬州、淮安、庐州、太平、宁国、安庆、徽州等府无田粮并有田粮不及五石，殷实大户充北京；“富户附顺天府籍，优免差役五年”，可见迁移者来源之广。北京作为一个新建国都（元虽设都于此，但至永乐时，已经中断30余年)，无疑需要大量人力。永乐二年(1404)，“徙山西民万户实北京”；永乐三年(1405)又于山西迁同样数量的百姓入京。从上可知，明政府在对两个都城的填充时采取的是富民、一般民户同时迁移的策略。

### 军事性迁移

积极防御。明朝大兴军屯、民屯，向周边地区移民屯田，以防边患。自明太祖朱元璋即位之初，即明确提出“兴国之本在于强兵足食”。鼓励移民实边开荒，把屯垦特别是军屯作为强兵富国的一项重要措施，确立戍兵屯田制。明确军制一府设数所，数府设卫，每卫约5000人，卫所遍设于全国,每个卫所的军士三分守城,七分种田,形成较前代更为完备的军屯制度。

军屯在洪武和永乐年间最盛,洪武时全国军屯180万人,按七分屯种计算,直接参与屯种的军士有120万人之多。明对西北边防十分重视,明朝初建,即在辽东西部、漠南南部和哈密一带,先后设置了蒙古卫所27处,遣兵屯垦戍守。设在青海的西宁卫,明初一直由重兵大将镇守。为解决众多军政人员的粮饷,明朝政府组织大规模移民青海屯田。为了便于管理,明政府将屯田分为军屯和民屯。明政府进行的民屯采纳邓愈提出的"移民就宽乡"的主张,从江苏、安徽、湖南、四川、河北、山西、陕西、甘肃等省大量向青海移民,其中有聚族西迁的。明初南方也不稳定,边患不断。洪武十九年(1386),在平定云南后,命沐英镇滇。沐英提出:"云南土地荒芜,宜置屯田,以备储蓄",朱元璋准奏。沐英在云南大兴屯政,从各省移往云南的汉族人有四五十万,其中军屯一项即占29万,可见规模之大。明时鼓励移入云南的外地屯军可携其家属同行。这些外省籍的戍军及家属大都流寓下来,成为当地的农民。明末为阻止女真族在东北的骚乱,在辽阳、锦州大兴屯田,先后建立了384个卫所进行屯垦,满族不敢进犯。后尽撤屯,满族便得以破关灭明。明朝除在边疆实行军屯、民屯外,还在内地兴办民屯,将无地贫民迁移至宽乡屯种。主要分布在安徽、江苏、山东、河北等地,其中规模大的有洪武四年(1371)将内蒙古、山西北部一带居民32000户迁至北京置屯254个。山东一次移民五万八千余户。明中叶后,民屯多设在北部边疆,起实边的作用。明时还提倡商屯,鼓励盐商到云南经营屯田,政府用盐引子(一种购盐的盐票)吸收边地粮食。

消极防御。明政府于整个北方完全采取防御性迁移策略。《明史》卷八九一九二,《兵志》言:"元人北归,屡谋复兴。永乐迁都北平,三面近塞。正统以后,敌患日多。故终明之世,边防甚重"。其迁移方式,太祖时边卫为"有罪谪戍者"和土著兵负责平时守卫;"遇有警,调他卫军往戍,谓之客兵。"永乐年间,"始命内地军番戍"。由于戍守者逃亡甚多,所以正统二年(1437)开始部分实行募兵制。"军余,民壮愿自效者","人给布二匹,月粮四斗。"景泰初,明政府"遣使分募直隶、山东、河南民壮",拨山西义勇守大同。弘治七年(1494),明政府又制定"佥民壮法"。"州县七八百里以上,县佥二人;五百里,三;三百里,四;百里以上五。有司训练,遇警调发,给以行粮。"

**惩罚性迁移**

惩罚与军事结合。明代罪犯徙边规模更大,明代逃军、逃匠、逃囚人等,一律发边卫充军。洪武十年(1377)规定:"将校士卒杂犯罪者免死,杖发戍边"。建文四年(1402)有这样的政策:"杂犯死罪及流罪赴北平种田……自今除十恶死罪及流罪,令挈家赴北平种田,流罪三年,死罪五年”,然后“录为良民”。当时明都城在南京,北平就可谓明朝的北边了。这一政策也有防止蒙古族侵扰之意。

单一惩罚。明代流刑“有安置,有迁徙,有口外为民,其重者充军。充军者明初惟边方屯种,后定制分极边烟瘴、边远、边卫、沿海、附近,军有终身,有永远。”或言明初,“凡官吏人等犯枉法赃者，不分南北,俱发北方边卫充军”。

**经济性迁移**

洪武六年(1373)六月,朱元璋指出:“苏、松、嘉、湖、杭五郡,地狭民众,细民无田以耕,往往逐末利而食不给。”而临濠一带,“田多未辟,土有遗利,宜令五郡民无田产者往临濠开种，就以所种田为己业,官给牛种舟粮以资遣之，仍三年不征其税”。这次共迁移4000余户。洪武二十一年(1388),明政府以山西“生齿日敏”,而将其中泽潞二州民中无田者迁往彰德、真定、临清、归德、太康诸处闲旷之地,“令自便置屯耕种,免其赋役三年”;并“户给钱二十锭,以备农具”。明政府的这项措施对于加快经济恢复起到了积极作用。

**民间流民**

明朝276年间发生灾害1011次,每年平均3.66次。流徙人数有记载的有,宣德四年(1429)山西饥民流徙南阳郡的不下10余万人。景泰四年(1453),山东、河南饥民就食者纷至，经救济饥民55.7万户、185万余人。成化十三年(1477)合计流民得10万余户。成化二十二年(1486),山西连年灾害，平阳一府逃移者57800余户。据统计从正统二年到弘治二年(1437—1489)的52年中,甘肃发生大的雹、旱、霜、蝗、风等自然灾害,就有13次,使人口大量饿死和逃亡,使弘治年间甘肃人口较洪武、永乐时期减少33万多户,67万余人,万历六年(1578),凤阳连年遭灾,逃移者126000人,只剩下十分之一。

人口流动量大，是明代的一大特点,除租赋正额外,更多杂派,使家民破产外逃。明初只出现在个别地方,此后逐渐增多,到英宗时农民破产不断加剧,出现全国范围的破产农民逃亡。其范围包括南北直隶、三布政使司,以北直隶、山西、河南、山东、南直隶、湖广、浙江、福建、云南等地区尤为严重。不少地区农民有半数以上逃亡在外,严重的几乎逃散一空,如朱元璋的故乡凤阳,在洪武初有编民14万人,万历六年(1578)降至1.4万人。天启初年,“只存老幼4700口”。顺天府属人丁,《明会典》原载府属户口“六十六万九千零三十有奇”。到隆庆五年(1571),顺天府属人丁只“十四万七千三百有奇”,减少了“五十二万一千七百三十有奇”。逃亡农民多流入人少地多的宽乡。明中叶时,荆襄地区流民人数量多时近200万人,这些流民只有很少一部分是土著,大多数是从江西流入,有“江西镇湖广”之说。

### “老鹳窝”与“老鸹窝”之说

在山东、河南、河北等广大农村,历来

就有这样的说法:“我们的祖先来自洪洞老鸹窝”;“我们的始祖是从老鸹窝迁来的”;或说:“问我老家在哪坡,洪洞县里老鸹窝”。从没有人说过“老鹳窝”,也没有人认可“老鹳窝”。甚至有人说成是“野鹊窝”“喜鹊窝”“凤凰窝”“野雀窝”“老官屋”等等。

众所周知,明朝山西洪洞古大槐树处迁民是我国历史上规模最大、时间最长、范围最广、意义深远的一项重大国策。古大槐树处迁民后裔已遍及国内外,千百万人民怀乡思土,寻根访祖,古大槐树及古大槐树上老鸹窝已成为人们向往的怀祖胜地。但是,沧海桑田,岁月流逝,不知何故,传来传去,移民后裔们把老鹳窝传成了大槐下的一个村庄。说这个村很大很大,人口很多很多。由于洪洞方言的差异,传至现在“老鹳窝”成了“老鸹窝”。

据记载:“明朝时,洪洞县大槐树旁有一广济寺,为唐贞观二年所建,寺院宏达,殿宇巍峨,僧众济济,香客往来不绝,再加上唐宋以来,又建有驿站,办理四方来往的公差事务。在广济寺旁有一株‘树身数围荫遮数亩’的汉槐,阳关古道从树荫下通过。汾河滩的老鹳在古树杈构巢垒窝,年长日久,特别是到了冬季树叶凋落之时老鹳窝星罗棋布,甚为壮观。明初迁民时,便在广济寺和大槐树下设局驻员,集中移民编排队伍并发给‘凭照川资’。当所迁之民起程时,依依惜别,不忍离去,走了好远频频回首, 只能看见大槐树上的老鹳窝,为此,大槐树和老鹳窝就成为惜别的家乡标志,几百年来传来传去,有的就将老鹳窝误传为村庄了。”

鹳是鹳科鸟类的通称, 为大型涉禽类。鹳形状像鹤,嘴长直,翼大,尾圆短。世界上共有17种鹳类;我国只有五种。即白鹳(白色)、黑鹳(黑色)、灰鹳(灰色)等。生活在近水地区,住在江、湖、池、沼的近旁的草丛或树丛里,捕食鱼虾等,它的凶猛远比秃鹰厉害。从许多资料来看,我国的鹳称呼,有白鹳、黑鹳、灰鹳。但有的地方统称“老鹳”,老鹳之所以招人喜欢,还在于他们的特性和习性里有通人性的地方。它们在高大的树上做窝巢, 大如车轮,相当牢固。用衔来的河泥在窝巢边作一小池,噙上水,把觅到的小鱼、小蛙放在里边养着,供它们的儿女食用。遇有风雨等危险,将儿女们伏压身下,掩护起来。它们还有“长鸣报喜”,“仰天号鸣,必定有雨”的预测功能。因此常常出现在古代诗歌里。《诗经·豳风·东山》中,有“鹳鸣于垤,妇叹于室”的诗句,描写一位征人的妻子,听到老鹳在外鸣叫,知道天要下雨,担忧远征的丈夫又要吃苦,而在屋里长吁短叹。汉王粲《从军诗》里有:“哀比东山人,喟然感鹳鸣。”唐杜甫有:“江鹳巧当幽径谷,邻鸡还过短墙来。”蒲松龄有:“晚寙叫时无雨势,鹳鸣岂不见天光。”唐朝建于山西蒲州(今永济市)黄河之滨的“鹳雀楼”,“前瞻中条山,下瞰大河”,也是因常有老鹳栖息黄河边而得名。

下面再说“老鸹”。老鸹俗称乌鸦或老鸦，羽毛为黑色。由于它的叫声粗粝嘶哑，加上一身黑装，往往被视为不吉利的象征。其实，老鸹是人类的朋友。老鸦的食性较杂，它不仅吃许多害虫，如螟蛾幼虫、金龟子幼虫、蛴螬、鼠类等，而且还爱吃腐肉及一些废弃物，因此有“清道夫”的美称。然而，在农作物的收获季节，它也往往成为丰收的大患。它们不仅啄食成熟的谷物，而且还会将播下的种子挖出来吃掉。但总的来说，老鸹还是一种功大于过的益鸟。在鸟类中，老鸹比较聪明。它吃东西时，不管是硬的贝类或果实，它先在石头上敲打，打开后再吃。而且还喜欢发亮的东西，常常收集玻璃块等物品。

老鸹的窝也往往建在较高的树杈上。雌鸟一次生四五个蛋，呈浅蓝或浅绿色。孵蛋期约20天，这期间，雄鸟外出觅食。小鸟30—35天即可独立生活。老鸹的警惕性很高。当鸦群中的一只发现有什么动静的时候，会发出惊叫声，于是鸦群也会大声惊叫着一哄而散。老鸹大约有百种，遍及世界各地。它们是留鸟，几乎都是群居。因为它是杂食性鸟类，所以很容易适应自然界的季节性变化。但是，洪洞古大槐树不曾有过“老鸹窝”。因为乌鸦在当地被看作是一种不祥之鸟，民间有“喜鹊叫，亲人到，老鸹吼，恶鬼瞅”的谚语。移民后裔不愿把自己的“故乡”说成一种不祥之鸟的窝巢。

古大槐树邻近汾河，相传为汉代所植，“树身十数围，树荫蔽数亩”。老鹳们在大槐树枝杈间，构筑了许多窝巢。每到秋冬树叶凋落时，那满树的老鹳窝，一垛一垛，星罗棋布，远远望去，十分壮观。

明朝初年的大移民，是朱家王朝恢复发展中原经济的一项基本国策，属政府行为。有法令、有政策，带有很大的强制性。移民们从四面八方聚集到这里，被扣押在大槐树下的广济寺里，编排队伍，确定去向，发凭照川资，等候启程。

穷家难舍，故土难离。要去的地方再好，也舍不得世代居住的故乡。人们恋故土，念亲人，生离死别，肝肠寸断。而眼前的看守官员们，看守严紧，竖眉瞪眼，吆三喝四，执刀荷鞭，磕磕打打，视移民为罪犯。在这里，他们失去了自由，只有相互间相思对相思，愁肠对愁肠，泪眼对泪眼。在他们泪流干，声喊哑，陷入静思时，眼前的大槐树像一位胸怀博大，和蔼可亲的老人，张开双臂，接来送往，总是那样恬静、安详。晨曦初露，老鹳们在大槐树顶上，凌空盘旋，放喉鸣唱。夕阳西下，它们衔食归巢，哺育儿女。夜深人静，从老鹳窝里传来低低的一声声温馨、恬美的鸣叫。人们触景生情，以树喻人，以鸟喻人，感慨万端：“老鹳尚且有巢可归，鸟儿还能全家团圆，而我们却有家不能回，要离家别土，流落他乡。”“古槐有情人无情，老鹳有窝人无家”。他们想着看着，听着想着，人要是老鹳该多好啊！在这个时候大槐树若能化成一位神通广大、法力无边的神仙，把人变成老鹳,庇护下来,安然生存,该多好啊!起程的命令下了,离别家乡的时候到了。这时候大槐树下哭声震天,泪流成河,人们望着大槐树,盯着老鹳窝,三步一转身,五步一回首,揪心断肠,不愿离去。离大槐树渐渐远了,大槐树的巨大身影越来越模糊了,只有那一垛一垛的老鹳窝仍清晰可见。老鹳窝啊,老鹳窝,作为故乡最后的标记,永久地深深地刻印在移民的记忆里了。

数百年沧桑变化,原来的故乡在移民后裔中渐渐淡化了。然而先祖是从洪洞大槐树下老鹳窝迁来的,却一代一代传了下来。既然先祖们是从老鹳窝迁来的,那老鹳窝自然就是个村庄。

### 洪洞话沧桑

尧都平阳距洪洞县60华里,这里古称"神圣之邦",许多美丽的神话和民间传说,向人们诉说着这块土地的古老和神奇,许多古代名人在这块土地上留下了特有的足迹刻痕。卦底村是伏羲演"八卦图"的地方,村中有伏羲庙,画卦台和伏羲冢。卦底村周围八村环绕,且距卦底均为8里,呈太极图状。原来卦底村还有两座梳妆楼,象征日月两仪。两仪生四象,四象生八卦,八卦生六十四卦。侯村有中国最早的女娲庙,女娲陵。陵庙近有一高大土堆,土堆里埋有形态各异的彩石。传说是女娲炼石补天的净虚界。女娲庙曾有古柏108株,现存的3株相传为周柏,其一猴头柏树身就有8围。炎黄之一的黄帝,姓公孙,名轩辕,《洪洞县志》称,黄帝生于汾河边上的公孙堡村,村名就是以黄帝的姓氏命名的。汾河东岸有个叫皋陶的村子,是颛顼七子皋陶的出生地。至今村中的皋陶庙仍有祭祀的香火。尧生于临汾伊土,后因洪洞周府村有羊生獬,獬能辨忠奸,识善恶,被尧喻为灵地生灵物,故迁居于周府,更名为羊獬村。唐尧禅位于虞舜,舜生于洪洞诸冯,躬耕于汾河西面的历山。帝尧晚年,急于禅让,访贤历山,始得虞舜。并将两个女儿娥皇、女英嫁给了舜。从那时候起相距70里的羊獬人与历山人便结成了亲戚。羊獬人称娥皇、女英为姑姑,历山人叫娥皇、女英是娘娘。每年三月三,羊獬人要到历山接姑姑,待到四月二十八,历山人便来羊獬迎娘娘。这接姑姑迎娘娘的活动,历四千余年承传至今而不衰。这种习俗已成为羊獬、历山及沿途13个村庄的传统文化节日。古县村背靠着九箕山,那里九个簸箕形成的沟掌和洗耳泉、弃瓢池流传着我国古代大隐士巢父、许由的故事。至于师村是春秋大乐师、我国音乐鼻祖师旷的故乡,赵城为赵简子封地,许村为蔺相如故里,舞阳河旁有舞阳侯樊哙陵墓,兴唐寺有尉迟敬德追赶李世民的马刨泉。这里地理环境尤其险要,素有一夫当关、万夫莫开之称,所以历代战乱对这里影响不大,特别是到了元末明初时,那是中国历史上最残暴最黑暗的一个朝代,特别是到了元末，就在中原地区被战乱水旱蝗疫搞得人烟稀少，饿殍盈途时，这里却仍是日明月朗，稼穑丰茂。《平阳府志》艺文卷里有元人郭嗣兴写于当时的一首诗，描述了元朝时候晋南的境况："贩蔬盈市井，樗槐荫路旁，……苜蓿青供茹，葡萄紫厌浆。肥鼠偏喜食，鱼美鲜求尝。罗雁来秋渚，呼鹅向晓冈……"连老鼠都吃得肥肥的了，吃东西都挑挑拣拣。

对治理国家怀有雄才大略的明朝开国皇帝朱元璋和其子朱棣，曾对这里移民垦荒，充实中原的方略，选中山西、选中晋南、选中洪洞是符合实际情况的。正因为如此，要把这里的百姓迁徙到荒凉的中原是非常不容易的。

一代伟人毛泽东曾说过："洪洞是个好地方，有山有水，在汾河两。"他不曾到过洪洞县。1936年，朱德、彭德怀率领的八路军总部在洪洞的白石、马牧、万安、苏堡等村驻扎过，在陕北窑洞里指挥的统帅，对洪洞的情况当是了如指掌。洪洞土肥水美，气候宜人，物产丰富，素有"北国江南"的美称。霍山脚下有著名的霍泉喷涌而出，秦汉时就用以灌田润稼。到了唐朝开凿了南北两条霍渠，引水远流，扩大了灌溉面积。北宋时邑人闫张，首创"闫张渠"，引汾河水，浇灌赵城、洪洞、临汾3个县18个村庄的土地。汾河水、霍泉水的开发利用，使洪洞这块土地变得美丽丰腴了起来。这里种起了水稻，栽上了莲藕，养起了鹅鸭。水稻飘香，荷叶满塘，楫盘撒网，一片江南景色，洪洞县城有了"水抱座子莲花城"的美称。

### 朱元璋山西移民的传说

传说朱元璋所以要从山西移民，是对山西洪洞人的一种报复。此话怎讲呢？朱元璋起兵以前，在一家寺院里当和尚，曾随师父到山西五台山云游。他看见山西地方富庶，百姓安宁，非常羡慕。不料在往回返的路上，师父年老染病而死。他起兵后首先想到山西地方富庶，人口众多，地势险要，是个可靠的后方。便派兵攻打山西，谁知王保保父子人强马壮，兵力雄厚，久攻不下。他对山西人便有了成见。当了皇帝还怕山西人不拥护他，产生什么变故，便传旨把山西人分散迁移外省，以保大明天下太平。

## 第三节　参考文献

1.西汉·司马迁：《史记》

2.东汉·班固：《汉书》

3.唐朝·房玄龄等：《晋书》

4.唐·李延寿：《北史》

5.唐·魏征等：《隋书》

6.五代后晋·刘昫等：《旧唐书》

7.北宋·欧阳修：《新唐书》

8.唐·杜佑：《通典》

9.元·脱脱等：《宋史》

10.宋·李焘：《续资治通鉴长编》

11.清·吴广成:《西夏书事校正》

12.明·宋濂:《元史》

13.清·张廷玉:《明史》

14.民国·赵尔巽:《清史稿》

15.清·昇允:《甘肃新通志》

16.13 世纪波斯·志费尼:《世界征服者史》,商务印书馆,2004 年

17.瑞典·多桑:《多桑蒙古史》,上海书店,2006 年

18.葛剑雄:《中国人口史》,复旦大学出版社,2002 年

19.葛剑雄等:《中国移民史》,福建人民出版社,1997 年

20.陈育宁:《宁夏通史》,宁夏人民出版社,2008 年

21. 固原县志办公室:《民国固原县志》,宁夏人民出版社,1992 年

22.固原地区地方志纂委员会:《固原地区志》,宁夏人民出版社,1994 年

23. 程云霞:《固原历代碑刻选编》,宁夏人民出版社,2010 年

24.彭阳县地方志编纂委员会:《彭阳县志》,甘肃文化出版社,2011 年

25. 彭阳县文物站:《彭阳县文物志》,宁夏人民出版社,2003 年

26. 彭阳县民政局:《彭阳县民政志》,甘肃文化出版社,2013 年

27. 吴万善著:《清代西北回民起义研究》,兰州大学出版社,1991 年

28.张青:《洪洞大槐树移民考》、魏艳萍:《明初大槐树移民的背景探析》等)

29.杨忠主编:宁夏彭阳县杨坪《杨氏族谱》,2014 年

30.苏生瑜编著:宁夏彭阳红河上王沟里头《苏氏家谱》,2015 年

31. 陈强主编:《陈氏荣先后裔宗谱》,2000 年

32.刘步高主编:平凉刘氏红士嘤岘支系《刘氏家谱》,2012 年

33.安武世(镇原县人)主编:《枣园安氏族谱》,2008 年

34. 韩登科主编: 彭阳韩寨《韩氏支偕》,2013 年

35.惠宇编:《惠氏一族》,2005 年

36. 杨万军主编:《大庄杨氏族谱》,2011 年

37. 董英斌主编:《董氏家谱》(简本),1951 年

38. 马成章主编:《马氏家谱》(简本),2002 年

39. 张和道主编火张:《张氏家谱》,2015 年

# 后　记

《彭阳县移民志》在中央彭阳县委、县政府的领导和在财政、发改、民政、扶贫、移民等部门的大力支持下，经过史志办一班人的努力，历经三载、几易其稿，终于成书。全书5章19节56万字，详今略古，搜集大量的资料，甄别筛选，去粗取精，运用大量表格，力求真实、准确、完整、全面地记录彭阳古今移民，特别是彭阳建县以来向宁夏区内中宁县马家梁(大战场)，吴忠市红寺堡区，银川市金凤区、兴庆区、西夏区及灵武市的三次较大规模的易地搬迁扶贫和生态移民。该志的出版，对响应号召，远离故土，走出大山，他乡创业的彭阳人，念土怀乡，追根溯源，记住乡愁具有十分重要的意义，对存史、资政、育人有着十分重要的价值，为专家学者研究彭阳移民史提供了第一手基础资料。

彭阳县人民政府特聘史志研究顾问杨忠先生，参与了编写目录的制定、审定。宁夏回族自治区地方志办公室研究员叶长青提供了大量的参阅资料和照片。方志出版社专家刘方圆对该志的体例、版式提出了很好的修改意见，对字词句标点进行了认真修改。固原博奥彩色印刷有限公司总经理谢波严把排版、修改、印刷、装订环节，确保了出版质量。县内外生态移民所有资料、照片均由　县移民办公室主任杨广祥审定、曹旭平先生提供。马家梁吊庄移民名单由县扶贫办薛云先生提供；红寺堡生态扶贫移民由许政先生搜集、整理、提供。红寺堡档案史志馆主任田志栋发来大量的文字图片资料，并多次提供电话咨询。彭阳县信息中心摄影人员王彩霞也提供了部分照片。本志收录的移民机构人员名单、任职时间逐一请本人审定。志书古代移民部分邀请杨彦彬先生撰写。杨树林对全志统稿并撰写了大战场吊庄移民内容，还收辑了有关彭阳移民的文献史料，古代移民传说的主要资料。张文明参与了彩页的拍摄、筛选和封面的设计。李娟对移民传说等部分资料打字校对。张智慧参与了部分章节内容的校对。祁悦章对全志进行总纂，还撰写了红寺堡生态扶贫移民部分。在此，对关心和支持本志编辑和出版的所有领导和专家学者表示真诚的谢意！

《彭阳县移民志》是我县第一部记述移民的志书，在编写过程中由于无相关的范例可供参考，高校毕业生就业、务工创业、工作调动、彭阳至青石嘴高速公路等重点工程及自发移民等资料无法搜集，搜集到的资料因为时间跨度长，能够找到的资料有限，加之编写时间紧、任务重，疏漏甚至错误之处在所难免。需要说明的是，为保持资料的真实性，对表格不做统一要求，保持原表格式。请广大移民朋友谅解，请广大读者、学者、专家批评指正。

编　者

2016年8月